世界名人传记丛书

哥伦布传

（上卷）

〔美〕塞·埃·莫里森 著

陈太先 陈礼仁 译

Samuel Eliot Morison
ADMIRAL OF THE OCEAN SEA:
A Life Of Christopher Columbus
Volume I, II
LITTLE, BROWN AND COMPANY, BOSTON 1942
根据波士顿利特尔布朗公司 1942 年版译出

世界名人传记丛书
新 版 说 明

本馆出版名人传记渊源有自。上世纪初林纾所译传记可谓木铎启路，民国期间又编纂而成"英文世界名人传记"丛书，其后接续翻译出版传记数十种。及至二十世纪九十年代，汇涓成流，结集出版"世界名人传记丛书"，广为传布。

此次重新规划出版，在总结经验的基础上续写经典、重开新篇。丛书原多偏重学术思想领域，新版系统规划、分门别类，力求在新时代条件下赋予作品新价值、新理念、新精神。丛书分为政治军事、思想文化、文学艺术、科学发明以及除上述领域之外的综合类，共计五大类，以不同的封面颜色加以区分。

丛书所选人物均为各时代、各国家、各民族的名流巨擘，他们的业绩和思想深刻影响了世界历史进程，甚至塑造了世界格局和人类文明。所选传记或运笔于人物生平事迹，或着墨于智识求索，均为内容翔实、见识独到之作。读者于其中既能近观历史、反思现实，又能领悟人生、汲取力量。

我们相信名人传记的永恒魅力将为新时代的文化注入生机和活力。我们也期待能得到译界学界一如既往的支持，使此套丛书的出版日臻完善。

商务印书馆编辑部
2012 年 12 月

译者前言

哥伦布四次乘帆船横渡大西洋,开创了"发现"美洲的丰功伟业,他成了世界史上妇孺皆知的航海家、探险家和发现家。

所有世界近代史、美洲各国史都讲到了哥伦布其人其事。好些著名史学家指出:"南北美洲的全部历史都是以他的四次西航为开端的。"

美洲许多国家至今还把每年10月12日定为"哥伦布日"(美国从1971年起将这个日子改在每年10月第二个星期一),人们就在这一天休假以纪念他首次在圣萨尔瓦多登陆。1982年联合国有36个国家联名提议要在1992年10月12日为哥伦布发现美洲500周年(1492—1992年)举行世界性的隆重纪念典礼。

哥伦布究竟是怎样的一个人,他是怎样建立丰功伟业成为世界名人,历数百年之久呢?这就得读他的传记。

哥伦布传记差不多已使用世界一切文字出版,数量很多,而且越来越多。

呈献在读者面前的这部《哥伦布传》(原名《海洋统帅哥伦布的生平》),据英国百科全书介绍,是20世纪出版的最佳英文本传记之一。它的著者是美国哈佛大学、英国牛津大学历史学教授,著名散文作家,海军少将塞缪尔·埃利奥特·莫里森。

莫里森醉心研究哥伦布的生平及其航海探险事业有20多年之久。他自己讲,关于这一个问题的一切出版物他都先睹为快。他从博览群书中得出一个结论，认为哥伦布的传记需要由一个海员兼传记作家来写。这个作家应该熟悉帆船的结构和性能，应该善于驾驶帆船，还应该亲自驾驶帆船走遍哥伦布在四次西航中所走过的一切海洋、海岛和陆地。他心里这么想，后来也当真这么做。1937年年底到1938年年初，他乘双桅帆船"普塔米甘"号航行到了加勒比海的向风群岛和背风群岛。1939年9月到1940年1月，他得到哈佛大学的支持，组成哈佛哥伦布远征探险队，率领两条帆船从新英格兰出发横渡大西洋到达里斯本，再从里斯本沿着哥伦布当年西航路线到达加勒比海。同年6月，他又一次乘帆船访问了古巴和巴哈马群岛。三次航海把哥伦布四次西航所走过的地方基本上都考察遍了。有了这些实际航海经验和切身体会（他做了航海日志），再结合自己数十年研究这个问题所得的渊博而精湛的专业知识，就写成了著名的两卷本《哥伦布传》。书中对哥伦布的身世、早年生活、为西航事业奔走呼吁的艰难历程、他的航海技术以及四次西航（连回程是八次）走的什么路线、到过哪些地方、遇到了哪些问题、取得了哪些成绩……都有详细的叙述。400多年以来各国专家学者研究哥伦布航海的人很多，所写的传记及专题著作浩如烟海，其中好些有关哥伦布西航的历史地理问题众说纷纭。本书著者根据哥伦布首次西航的《航海日志》以及费迪南德·哥伦布、拉斯·卡萨斯、彼得·马蒂尔、奥维多等早期权威史学家的著作，再根据自己三次实地考察调查所得，逐一加以考证、鉴别，去粗取精，去伪存真，然后得出自己的结论。原书中不但写下了自己的结论，而且写下了自己怎样取得这些结论的考证过程。全书洋洋数十万言，的确是一部材料丰富、论证周详、见解精辟的学术专著。还因为著者不仅是一位作家，而且是一名海员，他熟悉哥伦布时代的帆船及帆船驾驶技术，他乘帆船走遍哥伦布走过的地方，对哥伦布的航海生活有切身体会，对他扬帆、操舟、观星、测位、舣风、涉水都有实际经验，所以他写哥伦布航海写得深刻、准确、生动、有趣。正因为如此，这部书虽然是学术著作，但读起来引人入胜。这部书无论在美国本国或在其他国家都获得了成功。它在美国获得了普利策传记奖（1943年）并被译成俄、德、西、葡等国文字出版。莫里森的书和他的写作方法曾给美国总统罗斯福以深刻的印象，因而在第二次世界大战期间任命他为海军少将，安排他"替美国海军做他为哥伦布做过的事"，即写美国海军作战史。从1942年起他参加美国海军工作，走遍美国海军大部分作战地区，取得大量第一手资料，荣获七枚战斗星章，终于写成《第二次世界大战期间美国海军作战史》15卷，于1947—1962年陆续出版。

莫里森1887年7月9日生于美国马萨诸塞州波士顿市，就学于哈佛大学，1909年获文学硕士学位，1912年获哲学博士学位。哈佛毕业后，执教于加利福尼亚大学，1915—1955年回哈佛大学教历史，在此期间1919年曾任美国代表出席巴黎和会，1922—1925年还在牛津大学担任美国史教授。1976年5月15日在波士顿去世，享年90岁。莫里森其他著名作品有《约翰·保尔·琼斯》（1959年出版，1960年获普利策传记奖）、《欧洲人发现美洲史》（两卷，1971—1974年出版）、《哈佛300年史》（三卷，1950—1956年出版）、《美利坚共和国的成长》（教科书，1930年出版，天津人民出版社有中译本出版）和《牛津美国人民史》（1965年出版）等。

莫里森这部哥伦布传记赞扬了这位航海家的航海技术，认为他几次西航是办了一所真正的高级航海学校，通过几次远航，他的同事都成了热带美洲海岸的卓越的航海家、考察家和发现家。为了证明这一点，这里只要提一提后来发现亚马孙河的平松、优秀的舵手兼制图专家拉科萨、和亚美利哥一道考察委内瑞拉海岸的霍赫达等人的名字就够了。

扼要地说，作为文艺复兴时代伟大航海家之一的哥伦布四次西航在地理方面的直接成果是：他发现了横渡北大西洋的一条最佳航路，他是头一个在加勒比海航行的欧洲人,他发现了整个大安的列斯群岛、一部分巴哈马群岛和大部分小安的列斯群岛。他还发现了特立尼达岛和西印度许多小岛。他是踏上南美大陆的第一个欧洲人。他还发现中美洲从洪都拉斯到达连湾的大西洋海岸。他头一个注意到了赤道流并且首先察觉指南针偏西现象。由于他打开了新大陆的大门,以后欧洲各国的殖民者、贵族和商人、牧师和盗匪,络绎不绝地涌向美洲大陆。新大陆也就从此结束了它的孤立状态、封闭状态,确定地而且永远地和旧世界从经济上、政治上、文化上联结起来。经过几百年殖民和反殖民、掠夺和反掠夺、奴役和反奴役的斗争,出现了南北美洲今日这些共和国,使美洲历史展开了新的篇章。

新航路的开辟和新大陆的发现,改变了世界历史的面貌,其中哥伦布起了先驱者的作用,但他之所以取得这么大的成就也是以一定的历史条件为前提的。

哥伦布开辟西航航路以前,东西交通主要是陆路:走"丝绸之路"和"翡翠之路"。15世纪土耳其的扩张阻隔了西欧各国通往东方的传统商路。经济日渐发展的西欧各国为了获得价廉物美的东方商品,迫切希望开辟一条通达中国与印度的新商路。

促使西欧各国探寻新商路的另一个原因是它们对于黄金的需求。由于商品经济发展,国家和贵族公私支出的增加,西欧各国迫切需要硬币和铸造硬币的贵金属。在1300—1450年间旧的金矿和银矿产量渐减,使西欧社会对黄金产生强烈的渴望。自从《马可·波罗游记》在欧洲传开以来,贪得无厌的有产阶级特别醉心于神话般的东方财富,仿佛在中国和印度遍地都是黄金。因此在通往东方的陆路受阻后,就渴望另外开辟一条通达东方的新商路。恩格斯说过:"黄金这两个字变成了驱使西班牙人远渡大西洋的符咒。黄金也是白种人刚踏上新发现的海岸时所追求的头一项重要的东西。"

地理知识的增加、造船术和航海术的进步都为探索新航路创造了必要的先决条件。

古代希腊学者早就有了地圆学说。公元4世纪托勒密所著《地理学》于15世纪初译成了拉丁文，于是地圆说日益流行。佛罗伦萨著名地理学家托斯卡内利曾绘制了一幅地界地图，把中国和印度画在大西洋对岸，并断言：从欧洲一直向西航行，可以到达中国和印度。

中国发明的罗盘仪于13世纪传入欧洲，从14世纪起，它已被广泛应用，装置技术也逐步提高了。没有罗盘仪，船只只能以陆地为依据，沿海岸航行；有了罗盘仪才能离开海岸做远洋航行。同时，造船术也有了显著的进步，以前的单桅帆船已为多桅的轻快帆船所取代。多桅多帆等于给船舶增添了马力，马力增大船只才能航行得远，航行得快。

哥伦布适应了时代的要求，掌握了这些科学技术，以他超人的远识、非凡的勇气、无比的毅力，开创并初步完成了这桩伟大事业。

多年以来某些外国学者根据传说、古籍或一两件实物进行考证推测，认为爱尔兰人、挪威人或中国人比哥伦布更早"发现"美洲大陆。当然，在哥伦布以前早就有欧洲人或亚洲人到过美洲，这是可能的，只可惜这些到过美洲的人没有留下半点文字报道，他们到过美洲对美洲历史没有起过什么作用，对世界历史更没有丝毫影响。他们的"发现"自然不能与哥伦布的"发现"相提并论。

哥伦布凭着对地圆说的信念，迎着困难，百折不回，终于开辟了一条新的航路，发现了一个欧洲人从不知道的新大陆。他的成功是汗水和智慧的结晶，他的胜利是意志和毅力的胜利。胜利来之不易，成功绝非偶然。

译者在上小学的时代就读过哥伦布发现新大陆这课书，其中讲哥伦布少年时代在海滨远眺，看海上来船总是先见船桅，后见船身，于是深信地圆之说，以后得西班牙女王之助，就乘帆船冒险向西航行，终于发现了新大陆。课文虽然简单，却引起我极大的兴趣。

1958年读了美国共产党主席威廉·福斯特写的《美洲政治史纲》。该书开宗明义第一章就写哥伦布发现美洲的经过及其对美洲历史所起的巨大作用，但在谈到哥伦布本人的历史时却说："我们不能确切知道他究竟是什么时候生的，也不知道他在哪里出世，他早年的生活如何，他的面貌究竟怎样，他能不能写读，他最初登陆美洲究竟在哪里，也不知他死后葬在何处……"接着他又特别指出："但是近年莫里森教授的研究已经澄清了他的这些情况。他写的哥伦布传记很值得一读。"译者知道莫里森这部著作是从这个时候开始的。

1982年，找到他这部巨著的缩写本——《航海家哥伦布》，随即把它翻译出来，承湖南人民出版社将它列入世界名人文学传记丛书于1983年出版，颇得读者好评。《文汇报》于1987年5月发表潘益大教授的论文《一个勇敢的先驱者》，其中谈道："翻开美国著名史学家塞·埃·莫里森的《航海家哥伦布》一书，谁不为之所感染呢？……书中所记叙的这位勇敢的先驱者四次横渡大西洋的故事依然是那样惊心动魄、那样感人至深，以至于你边读边想，内心也会不时涌起一种激流勇进的澎湃热情。"1985年译者又在国家图书馆找到了这部原书就向商务印书馆历史编辑室推荐，该室及该馆负责人在学术著作出版艰难的情况下毅然决定采用这个选题，这样译者才着手进行翻译。

本书根据1942年版译出，书中地名依据中国地名委员会编的《外国地名译名手册》并参考《世界地图集》及《世界地名录》译出。三书均缺的照外语译音表译出。书中英、法、西、意人名依据辛华编的《英语姓名译名手册》、《西班牙语姓名译名手册》、《意大利姓名译名手册》及《法汉词典》等书译出。

著者学识渊博，才华横溢，书中广征博引，内容涉及天文、地理、气象、历史、航海、船舶及生物等学科，文字涉及西、法、意、葡、拉丁等语种。译者学识有限，虽然做了艰苦的努力并请教过几位外语专家，但所译仍恐有不妥或错误之处，敬请读者指正，是感是幸。

陈太先

1988 年 8 月于酷暑中

目　录

著者序 / 1
注释中常用缩语 / 7
船舶与航海术 / 9

最初的四十年

第一章　楔子 / 37
第二章　热那亚 / 42
第三章　乐意海上航行 / 59
第四章　卢济塔尼亚 / 71
第五章　哥伦布其人 / 90
第六章　印度事业 / 104

第七章　在卡斯蒂利亚　　　　　　　　　　／ 133

第八章　女王同意了　　　　　　　　　　　／ 154

第九章　"尼尼亚"号、"平塔"号和
　　　　"圣玛利亚"号　　　　　　　　　／ 168

第十章　职员和水手　　　　　　　　　　　／ 196

第十一章　开航　　　　　　　　　　　　　／ 218

第十二章　海上一日　　　　　　　　　　　／ 234

第十三章　哥伦布怎样航海　　　　　　　　／ 253

第十四章　横渡大西洋　　　　　　　　　　／ 274

第十五章　前进！前进！　　　　　　　　　／ 290

第十六章　首次登陆　　　　　　　　　　　／ 302

第十七章	寻找日本	/ 320
第十八章	寻找大汗	/ 339
第十九章	奥连特	/ 355
第二十章	伊斯帕尼奥拉岛	/ 369
第二十一章	那个圣诞节	/ 387
第二十二章	返航	/ 403
第二十三章	亚速尔海上的痛苦挣扎	/ 417
第二十四章	在葡萄牙人的掌握中	/ 429

肖像、地图、海图及图解目录

费迪南德和伊莎贝拉时代面值 20 个埃克斯塞伦特的金币 / 8
航海的罗经点 / 11
逆风转向和顺风转向图 / 15
逆风换抢占上风图 / 16
逆风、逆流换抢航行 / 17
逆风脱离下风岸 / 20
顶风漂流和顶风停船 / 22
时而离岸时而近岸地缓缓行驶 / 23
公元 3 世纪的罗马船 / 26
1480 年左右的意大利大帆船 / 26
1450 年左右葡萄牙轻快帆船 / 30

现代阿拉伯的双桅船 / 30

在圣布伦丹一次航海中发生的事件 / 73

1492年马丁·贝海姆的地球仪

（海洋部分一、二） / 118、119

1492年的帕洛斯·拉拉维达和萨尔季斯河 / 136

卷帆船舶 / 170

张满前桅横帆和两幅附帆的方艉船 / 171

挂原来三角帆的"尼尼亚"号 / 176

"平塔"号（改帆装后的"尼尼亚"号也是这个样子） / 176

"圣玛利亚"号模型船 / 181

停泊中的"圣玛利亚"三号 / 182

"圣玛利亚"三号挂半帆在行进中 / 184

主帆和附帆	/ 185
1492年轻快帆船上桁和方帆的索具	/ 189
大加那利群岛 1492	/ 227
根据北极星报时的示意图,1942年	/ 237
海员的星盘	/ 255
1492年的航海象限仪	/ 256
16世纪的罗盘标度盘和现代的罗盘标度盘	/ 262
1492—1493哥伦布旗舰圣玛利亚号西航和 　　尼尼亚号返航的航线图	/ 301 页前
圣萨尔瓦多(瓜纳哈尼)或华特林岛	/ 309
哥伦布船队通过巴哈马群岛航程图	/ 327
古巴北岸(从希瓦拉港到纳兰霍港)	/ 341

古巴的奥连特省 / 357

伊斯帕尼奥拉岛（西北部海岸） / 370

哥伦布所绘海地北部草图和拉科萨地图的对照 / 377

海地的博洛尼亚地图和现代海图 / 378

伊斯帕尼奥拉岛北岸（马里戈特岬—蒙特克里斯蒂） / 389

"尼尼亚"号和"平塔"号在萨马纳湾的抛锚地点 / 401

亚速尔群岛的圣玛利亚岛 / 424

1493年辛特拉、里斯本和特茹河下游地区 / 440

著者序

哥伦布四次向西航行究竟到过哪些地方和他算得上哪一级海员，本书就是为了想弄清这些问题而写出来的。以前关于写美洲发现者的著作没有哪一本回答了这些问题，甚至连能够使一位业余航海家感到几分满意的答案也没有。这位海洋统帅的大多数传记都可以恰当地标上"哥伦布到过海角天涯"这样的书名。这些传记作家要么是对哥伦布在他的探险生涯中所选择的自然环境条件注意不多，要么就是把大量篇幅徒劳无益地用于推测哥伦布的出生时间、性格和早年生活，以致剩不了多少篇幅来说明哥伦布西航到过哪些地方和他是怎样航海的。最早期的作家如彼得·马蒂尔、奥维多、费迪南德·哥伦布和拉斯·卡萨斯曾发表过较多合适的见解，但是他们把太多的信息认为事属当然，于是他们就自然会根据一些地方的现代名称去推断它们就是哥伦布当年到过的地方。冯·洪堡、默多克和欧文弄清了少数几个地方，夏尔科正确地评价了哥伦布的航海技术，但无论欧文也好或是夏尔科也好，都不曾访问过西印度群岛，即使是伟大的洪堡曾把宇宙作为他的研究范围，也只花过很少时间去探讨这个课题。

人们对哥伦布的兴趣，在殖民时代还不那么浓厚，但是在美洲各国赢得了独立，并且迫使欧洲人承认他们的重要性以后就越来越浓厚了。1892年整个西方世界都参加纪念哥伦布发现美洲大陆400周年（1492—1892年）。欧洲所有的图书馆和档案馆都尽力搜集早年的航海资料，连断简残篇也不放过。意大利政府编印的不朽的原始资料汇编《文件和研究全集》就是令人瞩目的巨大成果。20世纪初，纳瓦雷特在所编《航海文集》一书中选载了从西班牙档案馆里找出来的大批最重要的西航文献，而那些研究哥伦布西航的学者如哈里斯、古尔德、阿塞雷托、贝里克-阿尔巴公爵夫人等也相继做出了重要的发现。因此，四次西航的资料可以说得上是既丰富又有实用价值。可是，它们得到有效利用的却不多。因为为哥伦布写传记的作家似乎没有一位曾经下海去实地考察过西航的真情实况，光是待在图书馆里靠地图进行研究，你就不能把一些对现代读者很有价值的15世纪和16世纪的故事写成史书。这种脱离实际、纸上谈兵的航海研究是枯燥无味的和毫不足取的。这样写成的书籍只可以比作古代没有经过实地调查或实验室验证的自然科学书籍。

最杰出的北美历史学家弗朗西斯·帕克曼就不以待在他的波士顿藏书室里研究加拿大的文献历史为满足。他沿着法国一些探险家的足迹，到原始森林里去宿营，在未开化的印第安人中间生活。野外工作的经历，结合历史的想象力，加上生动的文笔，使得他写成的《法国在新大陆的历史》一书，生动活泼并具有特殊的深度。它不仅描写了一个没有其他文字记载的开阔平坦的大陆，而且在三个方面有所创新——写成一部历史，使读者从这儿知道空间和时间，知道脚下的地、头上的天和他的在天国中的上帝。

他这种质朴的求实的写法就是我试着为哥伦布写传记时所采用的方法。1937年冬天，我们乘租来的游艇沿着向风群岛和背风群岛的航线做了一次航行。这次航行经历使我对同时代人对哥伦布第二次西航的记述有了亲身的体会，同时证明帕克曼走出户外的做法应用于海上也大有好处。因此，我想方设法坐帆船跟随着哥伦布另几次航行的路线继续航海。为此目的我与保罗·哈蒙德以及他的和我的一些朋友组成了哈佛大学哥伦布远征考察队。我们购买并装备了一条叫"卡皮坦"号的三桅帆船。它的载重量和船具装置同哥伦布当年那条较大的帆船"圣玛利亚"号十分相近。这就使我们能够以与哥伦布当年航行很相似的条件漂洋过海去考察他曾经看见过的一些岛屿和海洋。威廉·德·斯蒂文斯献出了他那艘长45英尺的双桅帆船"玛丽·奥蒂斯"号当作我们考察队的"尼尼亚"号。这两条船分别于1939年8月和9月开航，航线十分接近哥伦布首次返航的纬度，借以核对哥伦布所观察到的天气、鸟类和马尾藻。在亚速尔群岛，我们看见了并且仔细考察了哥伦布在这里曾有过不愉快经历的圣玛利亚岛，然后沿着哥伦布首次西航的路线依次到达里斯本、圣维森提角和帕洛斯市。再经过桑卢卡尔和加的斯这条航线，趁冬季北风到达圣港岛、马德拉岛和加那利群岛：这一切都和哥伦布有关联。我们从戈梅腊横渡大西洋去特立尼达，所走的航线接近哥伦布在第三次西航时所走的航线，12月12日到达那里，正好在哥伦布1498年7月31日登陆的地点上岸。帆船驶过波卡·德拉·锡厄佩海峡进入帕里亚海湾时，我们的紧张心情比哥伦布在他的《航海日志》里所描写的情形有过之而无不及。在帕里亚湾北岸（属委内瑞拉），我们弄清了哥伦布第一次登上美洲大陆的地点以及他插下绘有城堡和狮子的王旗并以西班牙国王名义宣布加以占领的地区。船队驶出波卡斯·德尔·德拉港后，我们循着哥伦布第三次西航的航线到达马加里塔岛，访问了卡塔赫纳港，然后沿哥伦布第四次西航的航线到达哥伦布和美洲大陆永别的达连湾。我们考察了巴拿马和哥斯达黎加的加勒比海岸，对哥伦布第四次西航多少有些模糊的情节都弄清楚了。在当地的海岸炮舰的帮助下我们费了很大的劲才在哥伦布企图建立大陆殖民地的伯利恒河口登陆。我们认出了从阿尔米兰特到奇里基湖去的通道（当年哥伦布希望通过这里可以到达印度洋），就在哥斯达黎加访问了他的卡里阿伊。再继续前进到达牙买加。我们的卡皮坦号在这里凭吊了她的前辈的幽灵，因为哥伦布的卡皮坦号的最后安息地是在这里的圣安海湾或圣格罗里亚湾。

1940年夏季，我和斯蒂文斯船长驾驶着"玛丽·奥蒂斯"号帆船沿着哥伦布首次西航的航线从圣萨尔瓦多登陆点出发，经巴哈马群岛到达古巴，再沿着美丽的奥特连省海岸到达迈西角。在那里我们选定了哥伦布1494年考察古巴所走过的那条航路，"玛丽·奥蒂斯"号就载着我们进入关塔那摩湾和古巴的圣地亚哥，绕过克鲁斯角，经王后花园群岛①、特立尼达山到达西恩富戈斯港。剩余的一段哥伦布航程需要浅水船只，所以考察"蛮子省"②的任务是靠换乘一艘好客的吃水浅的古巴炮艇才得以胜利完成的。

1938年和1939年，我趁另外几次机会乘坐政府的巡逻艇、当地的小帆船和我所能弄到的其他船只沿着伊斯帕尼奥拉岛、维尔京群岛和波多黎各海岸航行。我曾准备再去尼加拉瓜和洪都拉斯航行一次，但战争条件把我这个愉快的想法无限期地延长了。看来，不等完成这个再考察任务就把这部传记做个结束似乎是最好的办法。

虽然我没有忽视有关哥伦布的国籍、出生时间、早年生活和他所追求的目的等问题，但本书的重点却是他做过些什么事、到过哪些地方和他算得上哪一级海员上面。我非常感谢海洋考古学家如欧内斯托·达伯梯斯、塞萨雷·费尔南德斯·杜罗以及我的有耐心的记者德·朱莉尔·吉伦-塔托和我的已故的令人悲痛的朋友卡皮塔奥·阿方脱拉·达科斯塔等人的工作，是他们为本书提供了关于1492年航海技术方面的知识——船舶的设计和装备、航海的技术、导航的方法、海事常规和宗教仪式。我相信本书各章节对这些课题阐述得十分简明，足以使每个人，海上的也好陆上的也好，懂得当年的航海情况并正确评价哥伦布及其伙伴们所完成的卓越成就。

读者对在本书中找不到哥伦布"真正可靠的肖像"可能会感到失望，但这种真正可靠的肖像的确没有。读者也可能奇怪：为什么我没

---

① 原文 El Jardin de la Reina，一译哈尔迪内斯-德拉·雷纳群岛。——译者
② 蛮子省是《马可·波罗游记》中的地名，指长江以南南宋统治地区。——译者

有在书中附一张哥伦布四次往返的航海总图，因为其他雄心勃勃的海洋统帅传记都有这么一张总图。我之所以不附总图也是因为除首次西航以外确实缺乏绘制总图的可靠资料，第三次西航出航虽有些资料，但也只是有些近似。关于这几次西航，特别是首次西航已由我们考察队里的几位有经验的航海家做过仔细的研究，新的航海图已在准备中。对其他五次跨越海洋的航程我们只知道它们的出发地点和着陆地点。考虑当年的船舶只靠风力推进，所以要想描绘它们的真实航线，那完全只能靠推测。不过根据我们在加勒比海航行的经验，我们已有可能沿美洲海岸并在各岛屿之间跟着哥伦布的航路以适当的精确度标明他的下碇地点，并辨清他所命名的一些地方。哥伦布在加勒比海航行的全套海图已在我的指导下由哈佛地理探测研究所的欧文·雷兹博士和我的外甥伯特兰·格林绘制出来。这些海图和图表是大量调查研究和辛勤劳动的结晶，受版权保护，未经我许可，不得再版。

除不朽的巨著《文件和研究全集》以外，要找一部精印的哥伦布西航原始资料集很不容易。这部全集的拙劣译本很多，可靠的译本一部也没有。因此，我在利用其中资料时就不得不亲自动手翻译。我的译文连同一些经过精选的文章将合成一本书出版，书名为《哥伦布航海日志以及其他有关他的生平和航海的文件》。

协助我完成这桩历史重建工作的个人和团体非常多，恕我不能逐一提名道谢。富兰克林·罗斯福总统、美国国务院、奥古斯托·斯·波伊德总统和巴拿马共和国政府、拉雷多·布鲁总统和古巴共和国政府、葡萄牙、西班牙、哥伦比亚、哥斯达黎加、海地和多米尼加共和国的外交部和海军官员、亚速尔群岛、马德拉群岛、大加那利、戈梅腊、特立尼达、牙买加、维尔京群岛、圣克洛伊赫和巴哈马群岛中几个岛屿的总督和行政长官、里斯本、尼勃拉、拉斯帕尔马斯、特立尼达、巴拿马、古巴的圣地亚哥、哈瓦那和圣约瑟等地的历史学会、科学协会、地理学会和哥伦布学会以及联合果品公司等——所有这些个人和团体都给了我各种帮助。在上述各国各岛之中许多港市官员、学者、文物收藏家以及其他士绅们都乐意与我们合作并极其慷慨地协助我们收集我们所需要的情报，还在岸上盛情地招待我们。给哈佛哥伦布远征考察队捐助资金、劳力和材料的有卡内基有限公司、匹兹堡梅隆教育基金、哈佛大学米尔顿研究基金以及一些商行和个人。在这些私人赞助者中间我特别感谢帮助我组成考察队的保罗·哈蒙德夫妇，捐助始终与我们同行不可或缺的双桅帆船"玛丽·奥蒂斯"号的斯蒂文斯船长以及我的全体同事麦克尔罗伊上校、艾伯特·小哈克内斯（两人都擅长越洋航行）、米尔顿·维·阿纳斯托斯（善于做调查研究）、弗洛伦斯·柏玲小姐（常任秘书）。我还想感谢美国、葡萄牙、西班牙、南美洲和英属西印度各地的新闻界集体和个人，由于他们的同情和广泛宣传使得我们能够遇到各地专家，获得许多重要的实际资料。

每当"卡皮坦"号的帆桁支好和风帆挂满的时候，霍斯默总喜欢说一句海员行话：

最美好的祝愿！

我在这里也把他这句话献给那些热情地招待过我们的主人、一切支持和赞助过考察队的人、队里的同事以及一切向考察队致以良好祝愿的人，借此来表达我对他们的最崇高的敬意！

塞·埃·莫里森
1941年于哈佛大学学位授予典礼日

注释中常用缩语

BRAH　　　　　　《王家历史科学研究院学报》（马德里）

Ferdinand　　　　费迪南德·哥伦布著《海洋统帅克里斯托弗·哥伦布的生平和事业史》（威尼斯，1571年）。卷数和页数查考里纳尔多·卡德奥版（米兰，1930年）。详见本书上卷第五章第100页注①。

Historia　　　　　巴托洛梅·德·拉斯·卡萨斯著《西印度群岛的历史》，除另有说明外，谈到的各章都在第一卷。

Journal　　　　　《航海日志》，哥伦布第一次西航的日记，拉斯·卡萨斯摘录本。

Journal and Docs.　《航海日志和文件》，哥伦布航海日志和有关他的生平及航海文件。

Navarrete　　　　马丁·费尔南德斯·德·纳瓦雷特：《航海和发现文集》，第一至第三卷（马德里，1825—1829年）。

Oviedo　　　　　贡萨洛·费尔南德斯·德·奥维多-巴尔德斯：《西印度群岛通史和自然史》（1935年），卷数和页数据1851年版本（参考本书上卷第五章第102页注②）。

Pleitos Ⅰ. Ⅱ　　 《哥伦布诉讼案卷》第一卷和第二卷（C.费尔南德斯·杜罗版）。《有关美洲发现文件汇编》第二辑第七卷和第八卷（马德里，1892—1894年）。

Raccolte　　　　 《文件和研究全集》，哥伦布文件和研究全集委员会出版（罗马，1892—1894年）。书共六辑分订十四卷另一附录。Raccolte I ii 366 意指第1辑第2卷第366页。

Thacher　　　　　撒切尔，约翰·博伊德·撒切尔：《克里斯托弗·哥伦布：生平、事业和遗物》（三卷本，纽约，1903—1904年）。

本书各章正文前语录大多取自哥伦布的《预言书》。该书由哥伦布本人从《圣经》及其他古书中他认为是对他的航海和发现所做的预言汇编而成。他所用《圣经》版本为拉丁文本①,语录出处见他所用的这个《圣经》拉丁文本。

哥伦布时代的西班牙硬币及其折算表

	折合马拉维迪	重量(克)*	含金量(克)	合1934年美元值
布兰卡铜币	0.5			$0.0035
马拉维迪铜币	1.0	96		0.007
里亚尔银币(1475年)	30.0	67		0.133
杜卡特金币	375.0	$65\frac{1}{3}$	3.48	$2.32
金卡斯特亚诺或金比索	435.0	50	4.55	$3.025
埃克斯塞伦特金币(1475年)	870.0	25	9.1	$6.05

上表根据1475年和1497年的金融法规制成。

*西班牙1马克重230.045克。

费迪南德和伊莎贝拉时代面值20个埃克斯塞伦特的金币

---

① 该文本译于公元4世纪,是天主教所承认的唯一文本。

船舶与航海术

50年前一个人有把握写好一部航海记事，因为那时差不多每一个读者都懂得航海的基本要素。对此有"黑人剧团"演出中的一句古老的俏皮话为证："在我们被暴风雨困住了的那些日日夜夜里，除了蛋以外什么东西都没有吃。""你们被困在海上怎么弄得到蛋吃呢？""怎么没有蛋吃呢？我们的船长会下蛋呀！"这句双关语①不论在什么地方都会引起哄堂大笑。但是哥伦布当年惯用的"顶风停泊"技术到今天除少数老年水手以外已没几个人能够知道它是什么意义了。所以我以一个行将退役的海员资格谨将本章的头一部分献给大多数虽然极其聪明但只会驾驶汽船的人。我恳请他们耐心研究这种效率相当低的运输工具——帆船，因为哥伦布的航海、四次真正有重大发现的航海就是坐这种木制帆船完成的。

甚至在1492年就有了一种大划船可以代替帆船。这是一种有桨可划，又有风帆做辅助动力的远海航行船舶：

> 威尼斯和佛罗伦萨的大船啊，
> 满载着大批可以自豪的物品：
> 有各种香料和其他能赚钱的东西，

---

① 英语"下蛋"和"顶风停泊"是一个词。船员开玩笑，把船长"顶风停船"说成"下蛋"。——译者

还有甜葡萄酒和各种便宜商品。①

在 13 世纪、14 世纪和 15 世纪的时候，地中海和英格兰及佛兰德之间的大宗贸易都靠这种大划船来运输。它们是些顶用的船只，虽然速度不及出色的帆船，但它能经受住恶劣天气的惩罚。在逆风或无风的时候，划桨人（并非全是奴隶）能以中等速度驾驶前进。这比帆船有利得多。欧洲人对大划船是这样熟悉，以致最初描写哥伦布在美洲登陆的几幅版画画的都是哥伦布乘坐一艘狭长而装有两排桨的大划船。

他第一次西航时天气很好，如果他能够在旅途中间找到一个存放粮食和淡水的岛屿，那么他本来就有可能乘坐大划船去西航。限制大划船跨越大洋的一部分原因是它需要人手太多，而主要原因则是我们所谓燃料问题。划手们必须喝足吃饱才能继续前进，而大划船上却没有余地用以装载几个月行船所必需的粮食和饮水。希罗多德曾谈到公元前 7 世纪埃及国王尼科②曾派遣腓尼基人坐大划船从红海出发去环行非洲。这些腓尼基人因为船上所带粮食不足，中途曾两次登陆播种和收获粮食，所以他们花去 3 年时间才得以勉强完成任务。哥伦布不可能像腓尼基人那样去做，因此，他首次西航坐的绝不是大划船。

帆船的一大优点是能随意利用风力，操纵帆索使风帆吃风，让风力推动船只前进。与大划船相比，装同样多的货物，帆船上所需人员很少，大概只需前者的十分之一。但是"风吹它想要吹的地方"，尽管一位海员（与传道者不同）能根据飘动的旗帜、根据浪峰的角位、根据面颊上的感觉毫不费力地"讲出风从什么地方刮来"，但他绝不能顶风航行。在过去 450 年间，航海科学的不断发展和船体及索具的不断改进也只能使船体与风向所成的角度比哥伦布船队中最出色的船

---

① "英国警察的控诉"见理查德·哈克卢特著《航海》（大众版，第 1 卷第 183 页）。
② 尼科——古埃及法老（约公元前 609—公元前 593 年在位）。——译者

只所成的这种角度小 25 度左右。因此，对于一个航海的水手来说，风向异常重要，它决定着这个水手能否按预定方向"走完他的航程"。在风向不如人意，也就是说，在他不得不逆风行船时，为了达到目的地，他就或多或少地要采用"Z"形的航行方法。

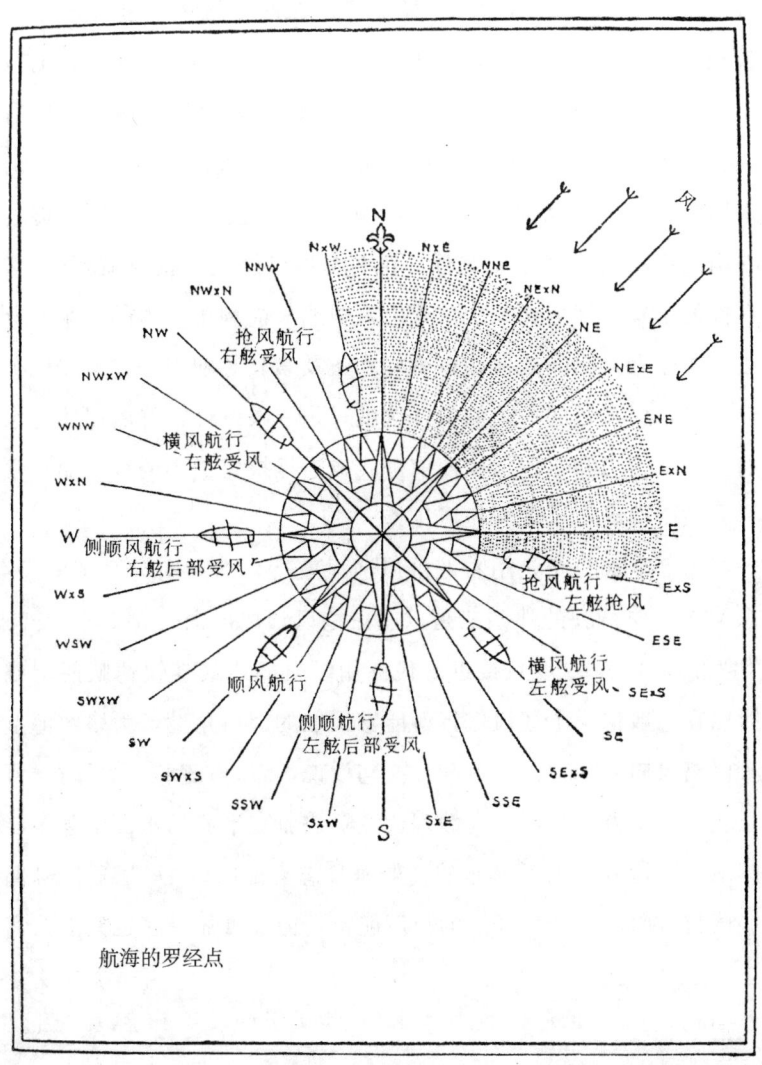

图 1

附图可用来帮助说明航海的罗经点（见图1）。假设风向为东北风（它是使水手最担心的一种风向，故常常用它来标示风向），这时候一艘普通的近代帆船可以在东偏南到北偏西范围内任何地方航行，而在整个画有阴影的扇形地区内则禁止行船，因为"在风眼里行船"十分危险。勉强要走的话，它最多只能在两个抢风线上抢风航行①。这就是说，在风向的两边，每边各隔5个罗经点（56.25度）的范围内抢风航行②，因此，刮东北风时，帆船以右舷抢风（风刮在船右舷上，见图1顶上那只船），不能走比北偏西更近风向的罗经点航行；如果以左舷抢风（风刮在左舷上，见图1东边那只船），则不能走比东偏南更近风向的罗经点航行。在两个抢风线上"抢风航行"，是行船最慢的位置，因为在这个位置上，帆船只能利用风力的一小部分来前进。实际上，除非船体构造得好和帆及索具装配得好，帆船就根本不能前进，而只是向一边倾斜。这就只是一条设计良好的船体对水施加的压力，压力和帆的形状使前进线成为抵抗力最小的线。船只常常朝一旁微微移动，这就叫作风压差③。

图1上端那只船是用右舷抢风迎风航行，离风向为5个罗经点；朝东偏南方向行驶的那条船是以左舷抢风，离风向也是5个罗经点。5个罗经点（56.25度）接近现代商用纵帆船或最佳快速帆船，或三桅帆船在一般情况下迎风航行所能够采取的迎风角度。大多数海上游艇可以离风向4个罗经点行驶，换句话说，就是在刮东北风时，可以朝正北或正东方向行驶。一艘现代竞赛快艇在平静的水面上甚至能够更陡地逆风行驶。据哥伦布的《航海日志》证明，"尼尼亚"号偶尔能够按与风向成5个罗经点的角度航行，但要可靠最多也只能按离风

---

① 现代航海术语，旧时叫作"拉帆角索"，即哥伦布所谓 à la bolina。帆角索是横帆直边上的一种绳索，当船只航行离风眼太近时即可拉紧此索，以防船只偏向或倾覆。单套结局是用以系牢帆角索的。
② 两个罗经点之间的差度为11.25度，5个罗经点差度之和为56.25度。——译者
③ 风压差——帆船在风的影响下不仅沿着航向行驶，而且向下风方向运动，这种运动称为风压差，而帆船航向和航路之间所成的角称为风压差角。——译者

向 6 个罗经点的角度航行。因此，在刮东北风时，他的船队最好莫过于按北北西或东南东方向航行。这是在快速帆船时代以前对一艘挂直角帆的快船所指望的一切。在 1490—1850 年之间，对风帆所做的改进很少，或者说，根本没有改进。

当一艘帆船在迎风航行并试图始终保持向风方向前进时，掌舵的人就不是按罗盘航向航行，而是命令扯满帆航行。这意味着只要扯满帆扯得久，他就尽可能陡地将帆迎风前进（这就常常使船只颠簸不停，即使在贸易风中也是如此）。他如果让帆船略偏航向转向上风，风帆就会开始颤动起来，船只就不能前进；他如果让船只完全对准风向，船就会"被挡住"，就会后退；他如果让船只转向下风（离开风）① 偏过需要的限度时，船就会失去向风距离。由此可见，你要驾驶一艘扯满帆的船只，你就必须与船只"同感觉"。这是驾驶帆船的最佳诀窍。

还有，我们普通的直角帆船都能背风行驶，就是说，刮东北风时，从东到西南以及从北到西南，在各个罗经点上它都能航行。在这个范围内，风角愈大，航行愈快。例如，顺东北风朝西南航行，只要把帆桁和帆与船的龙骨中心线所成的角度调整得适当，船就走得最快。因为帆船改成背风航行②，风力就不是刮向一边，而是刮在船尾，这样推动船只前进的风力所占比例会越来越大。

图 1 另外两只船是在做"横风航向"航行。这就是说，船只航行时，航向与风向成直角（也就是说，风向与船的龙骨成 90 度的角度）。如果它以右舷抢风就是在西北罗经点上航行，如以左舷抢风，那就是在东南罗经点上航行。从这两点转向西南方向行驶，这艘船就叫作顺

---

① 如果帆船改变了航向，结果风角（风向与航向所成的角）减小了，这时帆船便是转上风。如果帆船改变了航向，以致风角增大了，这时帆船便是转向下风。——译者

② 背风指背着风的任何方向，向风指对着风的任何方向。因此，如若刮东北风时，从西北经过北到东南的任何方向都称为向风方向，从东南经南到西北的方向都称为背风方向。向风行驶的船即逆风行船，背风航行就是顺风行船。

风船。它背风行驶，风刮在尾梁①后面，尾梁与龙骨相垂直。

帆船在每一个背风航行的扇形里都有一个最佳吃风位置，它在这里航行最快②。哥伦布的船队大概就是在船尾吃风的位置时航行得最快。一般帆船的要害部位可以说就在它的船尾部。哥伦布的船队第一次出航时大部分时间都是在这个位置上航行。

帆船调整帆桁使之与龙骨垂直朝西南航行，或者在这个方向两边任何一个方位点上航行都叫作顺风航行（哥伦布称之为"船尾吃风"）。虽然人们可以设想顺风航行的角度是航行最快的角度，但实际上这样航行的却不多见。由于我们这里无须探究的种种原因，任何设计合理的深海船只用船的后部受风比直接用船尾受风航行速度要快些。

如果帆船想向风走得更陡的话，那么它就必须抢风行驶或者逆风换抢占上风行驶；哥伦布称它为"andar barloventeando"（逆风前进）。现代的游艇靠调整合适的逆风角度可以做到抢风行驶，因为它能在离风向4个罗经点（45度）上航行。但是如我们所知道的，哥伦布的船队航行时离开风向一般不能少于6个罗经点（67.5度）。因此，他这个船队如果逆风行驶的话，那么他就必须在两条不利的航路中做出选择，一会儿这样走，一会儿那样走是不行的，因为这样一来，逆风转向或顺风转向③都需要时间，都会耽搁前进速度。让我们以哥伦布1493年乘"尼尼亚"号返航的那一次有代表性的航行经过为例（图3）。哥伦布试图走一条好航道——北东偏东，他天真地相信这是对准西班牙方向的航道。风是刮的东北风，他是应该用船的右

---

① 帆船尾部的断面叫尾梁。——译者
② 某些现代赛艇除外，因为赛艇的设计和帆索装配都是最适宜于逆风行驶的。
③ 逆风转向意味着帆要驶过风眼转向。顺风转向（现在常常称为改变航道）意味着船尾受风转向。二者的区别见图2。在哥伦布的《航海日志》里没有他做过这两种转向航行的证据，但他用船尾受风改变航向却很有可能。船尾受风改变航向是很费时、很耽误行程的航行方法，但比较可靠。许多船头垂直而平阔、船楼又高耸的船只在驶过风眼时都不掉过头来。当海面相当平静、风力不太强时，"尼尼亚"号和"平塔"号也许能在风眼里掉头，但我确信"圣玛利亚"号的巨大主帆在风眼里是难以控制的。

舷抢风朝北北西航行呢？还是应该以左舷抢风朝东南东航行呢？显然，他应该用左舷抢风朝东南东航行。这样，他就能够朝着东方前进，使自己离旧大陆愈走愈近。的确，"尼尼亚"号惬意地朝东南东方向前进，多亏老天帮忙，沿途风平浪静。但是到了中午左右，贸易风开始 XXVIII

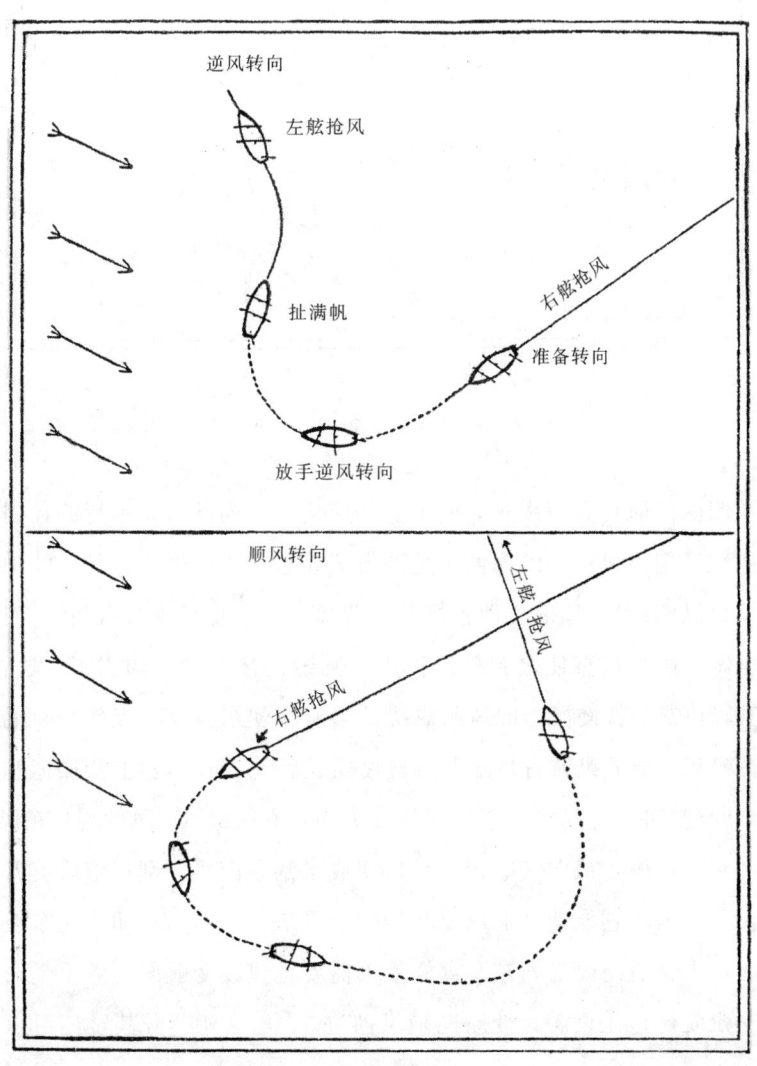

图2

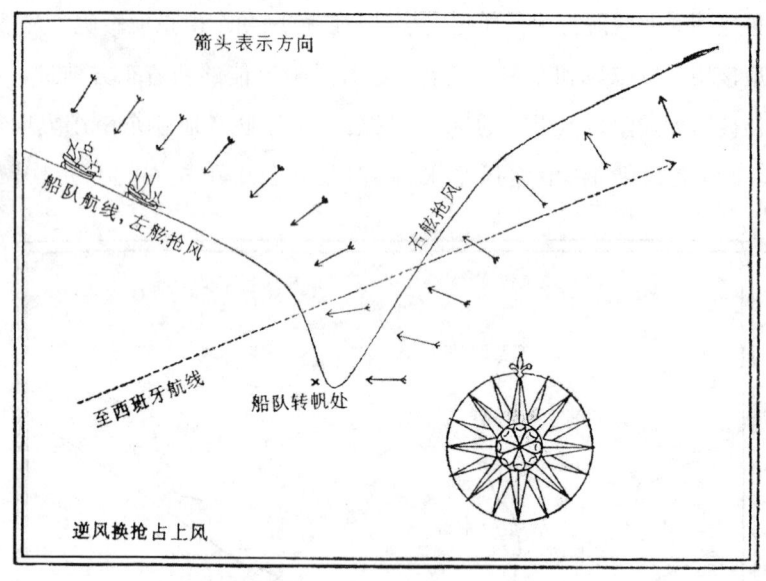

图 3

朝东方顺转①。受风的影响，船队的航向越来越偏南，到刮正东风时，船队已航行在南南东方向上。朝南南东方向航行是不行的，因为这样航行偏离设想中的回西班牙的航线超过了 100 度。于是，统帅下令"抢风调向！"船舵立即被扳到了背风面（这里是指扳右舵），对后帆也做了适当调整使之起杠杆作用；帆桁也被适当地加固了。这样，这艘轻快帆船就慢慢地向风眼靠拢。当船一朝东偏北一点航行，船的斜杠帆和前桅横帆就右边吃风，迫使船头朝左摆。当船重新加速和帆完全调整好时，它就是航行在北北东方向用右舷抢风，风此刻是东风。

到了下午，风向又顺转，最后变成了刮东南风。刮东南风就万事大吉了，因为它能使"尼尼亚"号和"平塔"号两船在朝东北东航行之前，先将航向改为朝东。这样就不需要抢风改变航向。舵手受命做扯满帆航行，他只需改变航向随风前进。"尼尼亚"号甚至还可以将

---

① 风顺时针方向转变时称为风向顺转，反时针方向转变时称为风向逆转。

帆脚索放松一点，在北东偏东方向沿设想中的回西班牙的径直航线航行。这个方向现在距风向 7 个罗经点；但是统帅明智地决定：为了弥补受刮东北风的影响船只过于偏北航行所造成的损失，船队继续沿东北东方向航行。船队继续愉快地航行在东北东航道上，直到第二天早晨贸易风又转成了东北风，风向转换大概成了规律。于是船队又要转向，往东南东方向航行，再一次用左舷抢风。

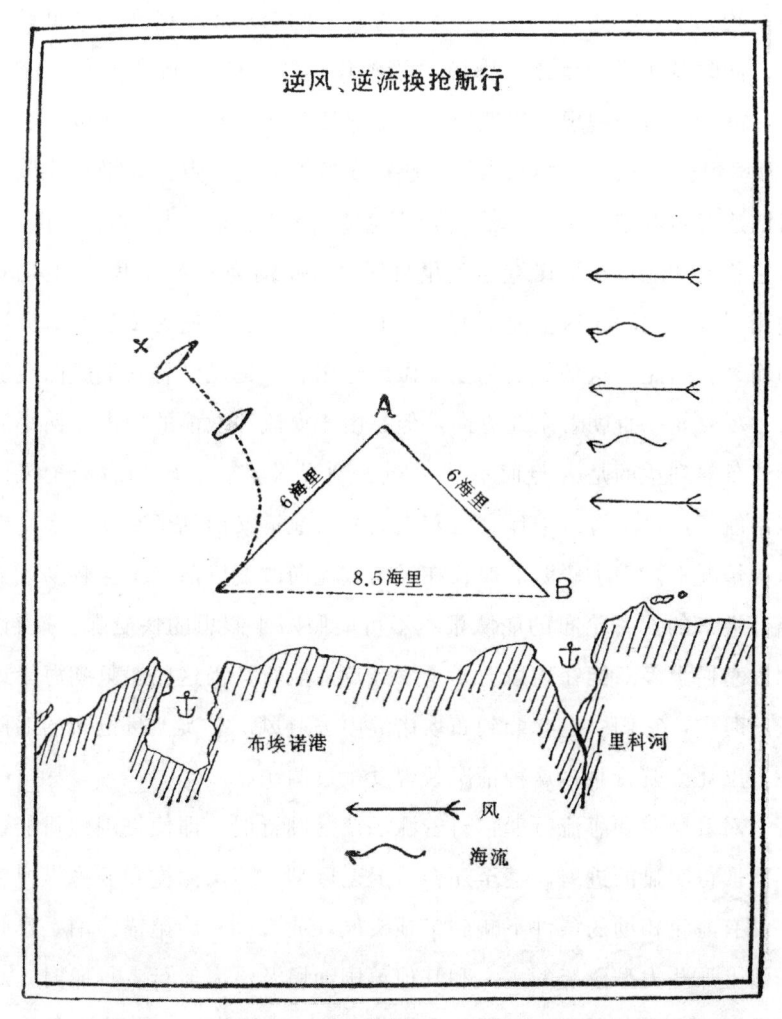

图 4

逆风换抢占上风航行常常不如上面讲的那么容易。高高的惊涛骇浪一个接着一个都在拨弄着小船，使它随波逐流一步一步地退向下风处。它好不容易地挣扎得前进了一步，一个浪头打来就会前功尽弃，能勉强保持住不翻沉就算万幸。还有强大的海流随风冲来使得逆风换抢几乎完全没有希望。像大安的列斯群岛沿岸就有这种情况。我在图4里阐明了哥伦布曾经常面临的一种险恶处境。里科河在布埃诺港正东约8.5海里处。一位船长希望把自己的船从布埃诺港开到里科河口。此时风从对面刮来，海流也沿海岸迎面冲来。如果没有海流的话，港口外边一艘现代快艇能够走好这段航程。它先朝东北抢风航行6海里到达A点，再朝东南抢风航行6海里到达B点。如果它迎风航行的速度是3节的话，那么它走完这12海里正好花去4个小时。这样它就成功地从布埃诺港走到里科河口（距离为8.5海里）。但是它碰到了一个难题。这里海上波涛汹涌，沿岸有股流速为2节的海流迎面而来。因此，这条船实际上要做的是用右舷抢风沿着图上虚曲线航行。尽管船一直朝着东北方向，但是由于海流和激浪的冲击，两小时后这条船到达的是X点而不是A点。到了X点，它转用右舷抢风向东南航行，可是海流迫使它沿着大约同一航道又回到了布埃诺港。在这种情况下，一个聪明的船长在风向或流向改变以前是不会轻易开航离开港口的。哥伦布的船队根本不可能照图4假想的快艇那样航行，因为它们至多只能在离风向6个罗经点上航行。当这些船只朝海岸返航的时候，它们一定会躲到布埃诺港内去避风。事实上哥伦布的船队在古巴北岸航行时，这种情况就曾发生过两次。

　　对着风向和海流行船，对着涨潮或落潮行船，即使是现代帆船也不能取得明显的进展，甚至还会后退。巨型的美国四桅和五桅纵帆船在没有海流相助的条件下碰到了顶头风，通常都只能抛锚停泊。泰晤士河上那些大型游艇的主人和其他英国渔民及沿海航行者行船时，总是既要"利用潮汐"，又要考虑风向。现代快艇的主人喜欢夸耀他们的豪华船只能抢风航行的优良质量,但是人们看到,当风和海流同时袭击快艇的船头时,他们通常都得启动马达。所以我们可以理解哥伦布的船队在第二次西航时,在伊斯帕尼奥拉岛北部海岸一带为什么逆风和逆海流航行 25 天只走了 32 海里。我们也能够看懂哥伦布在他那封 1503 年的最珍贵的书简中讲的是什么意思。他在书简中写道:"你必定没有想到,船在印度仿佛出了什么毛病,因为它们只能顺风航行。随风而来的海流是那样的强大,以致没有哪个人能在这样的海面上用单套结冒险开船。船只一天倒退的航程比顺风 7 天所走的航程还要多。连葡萄牙的挂三角帆的轻快小帆船也别想在这样的海面上航行。这就是船队在港口里为等顺风而停留了几个月的原因。"①

帆船设计的一个重大问题是如何在船的运载能力、顶风能力(顶风能力指帆船逆风走"Z"形路的航行能力)和顺风航行速度三者之间实现协调一致。帆船要执行特别任务,最需强调的是船舶质量。顶风能力必须常常合乎理想,特别是那些用于探险的船只。在港外逆风航行时,帆船具有逆风航行的能力不但给逆风行船提供了方便,而且能拯救一艘帆船避免毁灭之灾。你必定在航海故事中看到过"逆风脱离下风岸"这句海上用语。图 5 分两种情况来说明这句用语的意义。第一种情况,船只在刮离岸风②时停泊在小海湾的进出口处,由于是刮离岸风,所以这个小海湾是个安全的抛锚地。到晚上,风从相反方向吹来,船锚开始朝岸边移动。解危的唯一办法是迅速起航,解开锚链由下风岸转向上风岸。一艘能抢风航行的船只在重新朝前行进时,总会朝岸边漂移,在做迎风航行时,漂移更显著,及时转帆避免碰撞左

---

① 《文件和研究全集》第 1 辑第 2 卷第 198 页(引文为意译)。参看冈萨雷斯·德·门多萨(1584年)论沿波多黎各和伊斯帕尼奥拉岛航行:"他们平常从这个港口到另一个港口只要 3 天,但是回程却需要一个多月,因为风是逆风。"《中国史》(哈克卢特社,1854 年)第 2 卷第 216 页。
② 由陆吹向海面的风,叫作离岸风。——译者

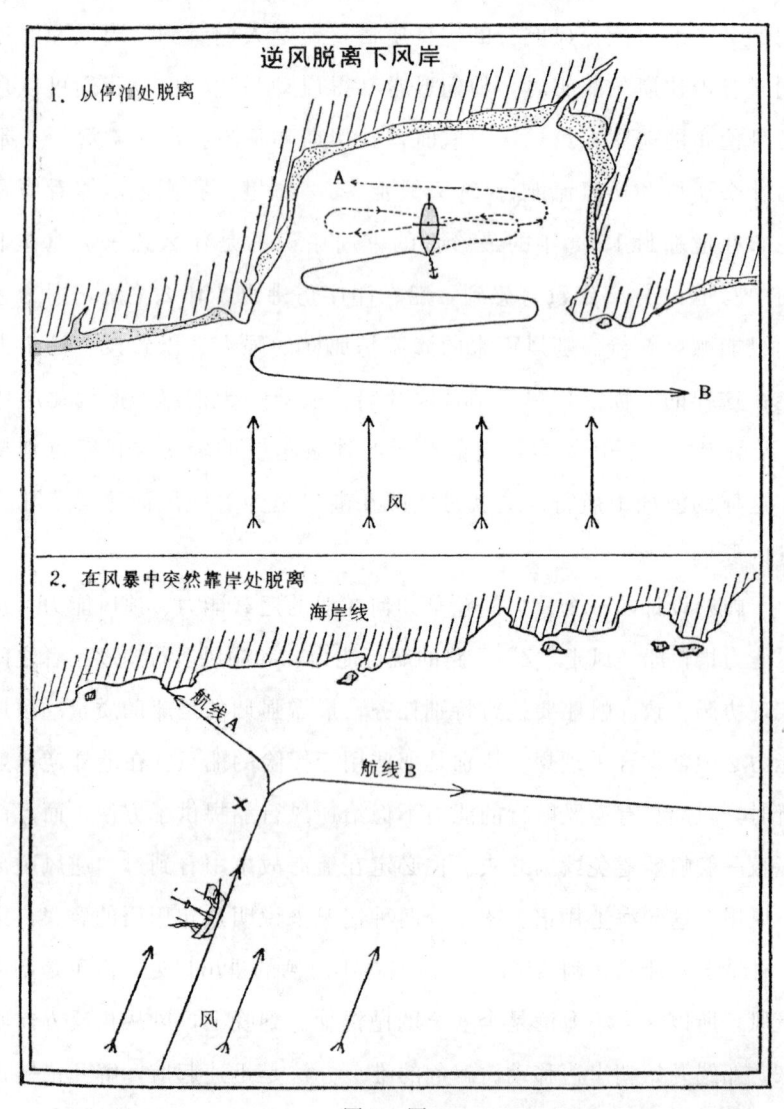

图 5、图 6

岸；用同样的方法又避开右岸，这样照需要多少次就进行多少次的往返航行，船只才得以安全地离开海岸（如 B 航道）。1493 年 2 月，哥伦布在亚速尔群岛中的圣玛利亚岛就照上述方法航行过两次。但是，帆船转向上风（转帆）过慢，或者逆风不能行船的话，那它就会照近似于 A 航线的航道，做几次短暂无益的逆风换抢，结果毫无所得，帆船最后将冲向岸滩。

逆风脱离下风岸的第二种情况，如图 5 所示。这是 1493 年 3 月"尼尼亚"号帆船驶近葡萄牙海岸时所发生的情况。假定一艘船在狂风暴雨波涛汹涌的海面上被狂风追赶着。船在 X 点时，听到海浪的声音加剧，在与航线稍偏一点的前方隐隐出现一排悬崖峭壁。时间紧迫，无暇仔细思考，假如船长将船转向，用船的左舷抢风的话，那狂风巨浪就会把船冲向海岸（A 航线），因为在这种处境下，即便船只吃风角度好，它也不可能航行。但是，在漂流过程中如果利用三角帆以右舷抢风的话，那么船只就会凭惯性继续前进（顶着浪涛前进），完全做到由下风转向上风行驶（B 航线）。哥伦布就是这样做的。

现在你已经学到了什么叫作抢风航行或扯满帆顺风航行，什么叫做迎风航行、横风航行以及什么叫作背风、顺风和船尾吃风；船如何抢风才使航行速度最快和怎样逆风脱离下风岸等。航海术这些要点和机动动作在哥伦布四次西航过程中将逐一予以阐明。不过还有一件事，那就是你必须知道顶风漂流和顶风停船的意义。

当狂风大作、海面波涛汹涌、船只不能在它们面前安全行驶的时候，或者你如果希望在手砣测深限度以外的深水区域暂时保持船位不变的话，你就落帆扳舵转向，只留一两张小帆保持船只平衡。如果船只确实稳住了，船只就会迎风（船只用哪边迎风听便）停泊，但向一边慢慢漂流，也向前微微移动。船只处在这种位置就叫作顶风停船（图 7）。哥伦布在接近海岸而不熟悉的海面上航行时以及在夜晚航行感到不安全时就经常使用这种航海技术。1939 年除夕，我们乘坐"卡皮坦"号帆船离开达连湾时就碰到过类似的情况。下午 4 点钟，我们看见了陆地，正待顶风靠岸时，山那边却陡起乌云飑①，陆地看不见了，我们无法确定自己的位置，深海测深锤放下去落不到底，于

xxxiii

---

① 飑：气象学上指风向突然转变，风速突然增大，气温突然下降的自然现象。——译者

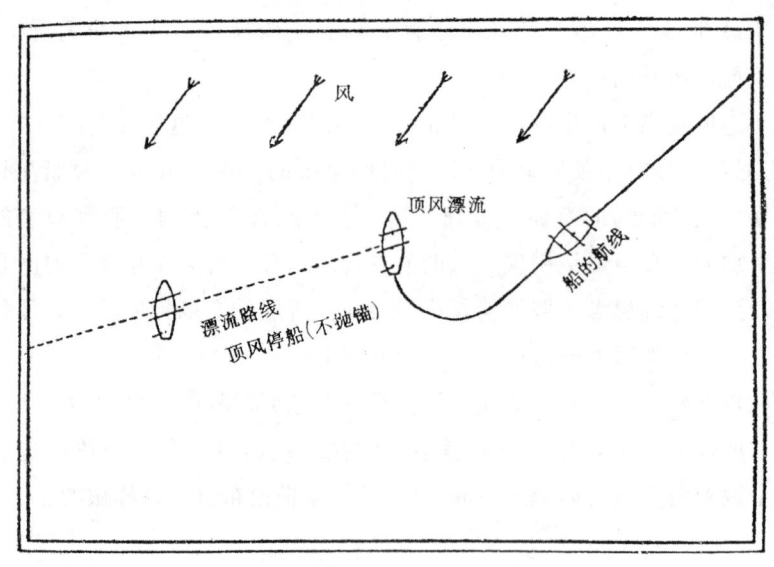

图7

是我们只好将船顶风停泊,张着主支索帆和前支索帆过了一夜。是夜乌云密布,电闪雷鸣,我们就在十六下钟声中迎来了1940年的元旦。经过长时间的海上航行后,船顶风停泊给人以一种特殊的感觉。一切显得异常平静,听不见海浪拍船的声音,也听不见风刮帆索的呼啸声。船只老是两个不同的动作:一会儿左右摇晃,一会儿上下颠覆。你听得出奇怪的嘎吱声和呻吟声。这在行船时你是听不到的。这时候听不到那种熟悉的喧闹声,也没有例行公事可做(因为本来就无事可做,甚至连船只也不要操纵)。船只出奇地孤独,仿佛已与世隔绝了似的。直到早晨船只张帆,在你的航道上乘风前进时,这种感觉才得以解除。

哥伦布在夜晚还有一种消磨时间的方法,他称之为 estar al reparo(正在调整),我们把它叫作时而近岸,时而离岸缓慢行驶(见图8)[①]。

[①] 1492年10月27日《航海日志》。解释见加西亚·帕拉西奥斯著的术语汇编《航海指南》第153页。拉斯·卡萨斯著《西印度群岛的历史》第149章(1927年,第1卷第581页)中把这叫作 estar al reparo barloventeando(正在游荡调整之中)。

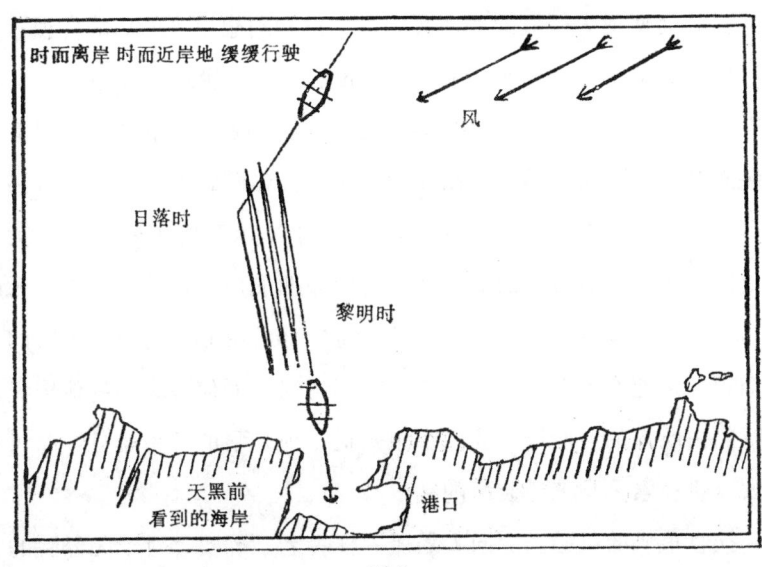

图 8

它的意思是用缩帆和正横风的办法让船只不断地做短促的迎风换抢，使船只"缓慢行驶"——让船在同一航道上来来去去做往返多次的航行。缓慢行驶比顶风停船要麻烦得多，因为你必须扳舵和操纵风帆。这样才能使船只受到控制，免除漂向不熟悉的浅滩或海岸的危险。如果你知道或估计在下风处有海岸或暗礁的话，那么做时而近岸时而远岸地缓慢行驶比顶风停船要安全一些。1492 年 10 月 12 日哥伦布在美洲首次发现陆地后当天晚上他就是这样让他的船队缓慢地行驶直到天亮后才登陆的。

学完航海术这个基本课程之后，我们可以进一步来研究船舶。我们的时代是这样充满着创造发明的时代，以致哥伦布的伟大地理发现往往被归功于近代某些新的发明创造（如星盘的创造），被归功于北欧人、葡萄牙人或你所推崇的某个民族所提供的一些地理线索，或者被归功于某些设备完善的新式船舶，如轻快帆船。但是，哥伦布必不可少的仪器仅有一个航海罗盘，而且他搞到手的这个罗盘还是 15 世纪的式样；促使他去西航的地理线索也不过是幻想出来的岛屿传说；而可以航行到美洲并返回来的船只在南欧至少已通用过两个世纪了。虽说在1492年前的半个世纪中，对于适合远洋航行的船只在构造上和帆装上都做了大量的改进，因而使得去美洲做环球航行能比较容易办到。但是，并不是某种新发明，也不是用X标明所去的地方有黄金的地图，更不是有特大的船只使得哥伦布西航成功；使得哥伦布西航成功并且返回来的主要原因是他的坚定不移的决心，是他的丰富的航海知识，是他有着对上帝和对自己的不可遏制的信心。不过他毕竟是乘帆船去航海的，所以，我们很想知道，他是乘的哪种船只，船只有多大，帆和索具是怎样装配的。

挂直角帆的帆船至少同大划船一样古老。确实，对于无经验的人或者未开化的人来说，他们用帆时自然会用直角帆：在桅杆上交叉装一根桁，往桁上挂一块布，再用帆脚索①将帆的两个下端（角）绑好，这样你就可以开船了。在奥斯蒂亚有3世纪时的罗马镶嵌图案，图案上面画的帆船的帆装同哥伦布的轻快帆船的帆装非常相似：主桅位于船的中间，上挂一张很大的直角帆，后桅接近船尾，上面挂一张小直角帆（哥伦布是挂三角帆）；船首第一斜桅上有桁，而直角斜杠帆则从船首第一斜桅的桁上垂下来。在12世纪时，哥伦布的故乡热那亚与摩洛哥的港口做生意，用的是一种很大的双层甲板船，在船头和船尾安装了很高的"船楼"，还有宽大的客舱和货舱。13世纪时威尼斯造出了重量为500吨的大型战船。

人们不要那样大的船只。哥伦布的帆船甚至没有它的三分之一大。海上救生船、水平底渔船和长不过16英尺的小船在北纬度上横渡大西洋许多次了。实际问题过去是、现在还是如何使船只横渡过去

---

① 帆脚索在海员的惯用语中总意味着绑帆的下角绳索，作用是将帆扯紧或放松；帆脚索绝不是指帆。

并且能够返回来。

中世纪典型的帆船式样像桶子。它的宽度为长度的一半，上面只装一根桅杆，只挂一张直角帆。它的航速很慢，逆风时不能行驶，在风暴中很难做到顶风停船。绅士们是宁愿坐有两排桨的单层甲板帆船的。可是在 1450 年前后挂直角帆的帆船得到了迅速发展。挂这种帆的帆船其最大宽度与长度之比已缩小到 1∶3，它新增了三根桅杆（前桅、后桅和前斜桅）；船舵以前是一块"驾驶板"，是装在右舷上的一种桨状物，现在用舵栓和舵梢将它固定在船尾柱上。这种挂直角帆的新型帆船在威尼斯叫作大帆船。船上挂了五张帆：船首斜桅上挂斜杠帆，前桅上挂直角前桅帆或叫前横帆；主桅上挂主帆或者叫作主横帆，在它的上方还挂了一张小型的直角中桅帆；在后桅上挂三角帆。这些设备使得大帆船（在西班牙简称为"nao"——船）远比单桅船灵活而安全。风除开从船正后方吹来以外，从任何地方吹来，这号船对它都显出较大的帆面积：当抢风航行时，后桅帆帮助它保持迎风航行，操纵前横帆和斜杠帆能帮助它顺风掉抢或掉过头来。它在劳力和有用货物方面保留的舱容超过双排桨。单层甲板帆船是这么大，以致在 15 世纪下半叶三桅船或大帆船一年能从威尼斯到黎凡特走两次，而旧式单桅船却只能航行一次。就单桅船而论，操纵一张庞大的直角帆并非易事。这就使单桅船船体的扩大受到了限制。但是，当造船者开始把大帆拆开装置时，轻便灵活性的提高就使得建造更大的船只有了可能。1450 年时，威尼斯就造出了配备 6 套直角帆和索具的、载重为 600 吨甚至超过 600 吨的大帆船。它差不多比哥伦布的"圣玛利亚"号大 5 倍。在 1491 年就有过一艘载重量为 985 吨的威尼斯船只航行到达了英格兰的记载。[①]

---

① F.C.莱恩著《威尼斯的船舶》第 28、35—48 页，吨的含义见后面第九章。

公元 3 世纪的罗马船
据奥斯蒂亚的镶嵌图案复制

1480 年左右的意大利大帆船
据威尼斯科学院所藏油画绘制

哥伦布不想要这样大的船只，因为他的目的是发现和考察新陆地，而不是做生意。他对那种由葡萄牙人在与非洲通航过程中研制出来的轻快帆船非常感兴趣。1456年威尼斯水手卡达莫斯托在一次非洲航行后写道："葡萄牙的轻快帆船是最好的航海船只，它们能够航行到任何地方去。"他本人驾驶的那艘轻快帆船在一次从西南刮来的暴风中走西北航道，离风6个罗经点。[1]

轻快帆船这种优势是由一些什么条件构成的呢？这不单是取决于船体类型，也不单取决于船体大小或某种帆装，而是取决于这三者结合得好不好。三者结合得好就能达到一个主要目标——迎风操作非常出色。哥伦布时代一艘典型的葡萄牙轻快帆船载重量为50—60吨，从船头到船尾两个垂直面之间总长大约70—75英尺，最大宽度23—25英尺。他的"平塔"号和"尼尼亚"号的大小就是这样。[2] 它装有两根或三根桅杆，挂三角帆，主桅大致安装在船中间，桅上装一根与船的长度相等的桁木，两根较短的桅柱装在船尾部。它没有船首斜桅、前桅或上桅。

轻快帆船的整个秘密并不在于挂三角帆，因为即使当它的两根桅杆上挂的是直角帆时，像"平塔"号和"尼尼亚"号以及哥伦布所用过的所有轻快帆船（除了1494年航行到古巴的那两艘）那样，它仍然能保持快速和抢风航行。但是挂三角帆却使得轻快帆船显出了它的与众不同的外貌并使它在逆风航行中具有原始的优点。三角帆成三角形，绑在一根长长的、用两根圆木嵌接起来的弧形帆桁上，帆桁上端叫作彭纳（Penna），总是指着前方的下端叫作卡尔（Car）或卡罗（Carro）[3]。帆桁用帆桁固定器连接在桅柱上，像挂直角帆的帆

---

[1] G. R. 克朗著《卡达莫斯托的航海》(*Voyages of Cadamosto*, 哈克卢特社，1937年）第263页。
[2] 我找不到15世纪船舶吨位统计数字。哥伦布1502年在圣多明各遇到的奥万多船队里，有19条轻快帆船，吨位是30—160吨不等，但其中有10条在50—80吨之间。
[3] H. H. 布林德勒著《三角帆的早期图像》，载《海员之镜》1926年第10期。

桁一样用升降索把它升起，但是帆桁和桅杆交叉的角度是 30—40 度。桁下端下垂几乎挨到了桅柱前方的甲板上，桁上端指着船尾上空。这样，三角帆就只有一面向风，与现代马科尼帆装赛艇的纵主帆没有什么两样。帆的较大部分挨着船首尖部①。它的边缘贴近帆桁。据近日曼弗雷德·柯里和其他一些人士所做的空气动力试验证明：这是帆在逆风航行中最起作用的部分。柯里甚至还说桅顶上的翼状弯曲部位与桁上端的翼状弯曲部位相似。现代赛艇的帆装事实上是三角帆的翻版，但它在高桅上安装一个帆轨，用以代替长长的三角帆帆桁，使系帆、升帆和操纵帆更加方便。

　　至少在五个世纪中没有什么船能够打破挂三角帆的船只在逆风航行中的优势，今天它仍旧是地中海沿岸商人和渔民所喜爱的船只。但是，正如我们所看到的，逆风航行意味着船只要抢风转向；采用这类帆装的船只一个大的不利之处是把帆桁和帆从一边转到另一边操作十分困难，十分棘手。葡萄牙人称这种操作为调桁②。古代轻快帆船做这个动作是通过风眼转帆，还是用船尾受风顺风掉抢，这个问题至今仍然引起激烈的争论。基里诺·达·丰塞卡主张前一说法，海军上将加戈·考廷霍赞成后者③。上将的看法大概是对的，因为适于远洋航行的阿拉伯的巴加拉船（一种现代帆船，其船体和帆装都与葡萄牙的轻快帆船极其相似）就常常是用船尾受风顺风掉抢的。阿兰·维利尔斯讲过，其所以要这样做的原因是因为挂三角帆的帆船在风眼里转帆很危险，船只很难控制。他还讲到了你怎样使一艘大型双桅三角帆船顺风换抢。首先将位于船尾的后帆放下，全体船员各就各位：见习水手操纵耐暴风雨的左右支桅索④，水手们操纵帆角索（连接帆桁下端的

---

① 船首尖部指船舷向船首柱弯曲的船首部分。——译者
② 我国水手称这个动作为调索。——译者
③ 丰塞卡著《轻快帆船》第 140—151 页。
④ 在挂三角帆的船上只有经得住暴风雨的支桅索能够支得起来，因为下风支索将妨碍风帆鼓风。结果使一组支索不得不弃置，另一组就在船只抢风时随时支起。

绳索）、帆脚索（连接帆下角的绳索）和稳索（连接帆桁上端的绳索）。舵手掌住舵柄。当船在风前压向下风时，水手放松稳索，把帆角索往后拉紧，重桁就会处于中央纵垂面上，在桅前部上下摆动。如哈克卢特讲的，一到关键时刻，三四个"身体最强壮的水手"就迅速把主帆脚索抓在手中绕着主桅快跑，即使撞倒或踩着甲板上挡路的乘客也在所不顾。其他健壮水手则转移帆角索使尽全身力气把桁下端推到另一边。这时主帆桁就对着桅柱隆隆作响，大肆咆哮。因为两组支索桅已松开，桅柱就只靠主升降索支持。要迅速把主帆脚索接到下风扶手上，把帆角索系紧在上风首舷上，把稳索拉紧，把桅杆左右耐风雨支索支起来。于是，舵手驾驶船只重新抢风前进。最后还要升起后帆。 XXXIX

把帆桁安装到桅柱上去是一桩很复杂又棘手的工作，在清风时有危险，在大风时办不到。巨大的帆桁长度等于双桅船或轻快帆船的全长，要把它安装在它的固定器上（轴环）使之能在桅上转动。为此风帆就必须挂在环索上，使帆桁能转动而不致把帆卷起来。这种操作危险重重：帆可能撕毁，固定器可能被卡住，支桅索松动时，桅柱可能折断掉入水中；在船只逡巡不前时，帆脚索或帆角索都可能脱离人手。每出一次事故都得付出巨大痛苦的代价。随着船体增大，桁长和帆幅相应地增长增大而困难递增。再说，卷起三角帆也是一件难事。卷帆是为了漏风；为了漏风，当时缺乏卷帆机，也没有屈伸起重机，水手们不得不口衔束帆索攀登帆桁，在没有脚带的情况下进行高空作业。

与此相比，一艘挂直角帆的帆船逆风换抢或顺风改道又是多么容易！它的首帆和后帆经过适当调整后可以像杠杆一样操纵自如，以帮助帆船转向。三角帆桁必须以卡罗（桁下端）向风，而直角帆的主桁则可以任使一端向风；只要把转帆索向后拉，把帆桁旋转90度，帆船就会转向。要漏风以减少风帆受风面积的话，在直角帆船上只需从

1450年左右葡萄牙轻快帆船
从里斯本马德雷德迪奥斯教堂一幅绘画中复制

现代阿拉伯的双桅船
亚历山大·克劳斯比·布朗摄

甲板上拉帆耳索和拢帆索就可以办到；在三角帆船上则除非葡萄牙水手找到了某种办法把三角帆用卷帆索卷起（维利尔斯的阿拉伯朋友肯定毫无办法），在遇到暴风突起时减少风力的唯一办法只有把帆桁迅速放下来放在甲板上。再说，一艘三角帆船所需水手比起载重量相等的一艘直角帆船来人数要多些，人的机智程度也要高些。

　　在由葡萄牙去几内亚的贸易航路上，三角帆船因为这些有利条件，所以它的那些不利条件就被人忽视了。沿非洲西岸航行最大的困难不在于把船只驶到那里去，而在于从那里逆风及逆流地驶回来。这就是非洲西岸凸出地带的开普嫩（Cape Nun）在亨利亲王（航海家亨利克亲王）劝使他的水手们更远地航行以前长久博得恶名的原因。水手们一直把从半岛刮来经过马德拉群岛和加那利群岛直到佛得角的北风和东北风叫作"葡萄牙贸易风"，在"葡萄牙贸易风"面前，你能够顺利地向几内亚航行。离开马拉吉塔海岸（现在的利比里亚海岸）风向就不大有利了，但是几内亚湾流能帮助你稳步东进，在接近著名的圣若热达米纳堡时最大航速可达每小时 3.5 海里。在几内亚湾航行需要最高的航海技术和最高的警惕性才能应付那里变化不定的风向、突然袭来的飑和龙卷风以及几乎总是会碰到岸边危险的浅滩和岩石。在返航中经受的考验更大。在下几内亚盛行的是南风到西南风，通常多半是南南西风，归程在越过帕尔马斯角以前航向是向西。所以，帆船如果希望沿马拉吉塔海岸一面做生意一面返航，那它就必须在晚上利用从陆上吹来的微风并寻找近岸逆流徐徐前进。这样航行非常困难，以致它常常要流到赤道或赤道附近去，那里刮东南贸易风，还有向西移动的海流①。如果帆船离开时间不迟于 3 月 1 日，它们就能

---

　　① 这就是美国水文局现在所介绍的西向海流。这条航路从拉各斯（在米纳东约 250 海里的贝宁湾）到纽约向下落到南纬约两度，再延伸到巴西海岸。

在赤道无风带的最狭部分越过它（哥伦布第三次西航时曾在这里遭遇过许多困难）。接着长久的费力的逆风"Z"形航行开始了。在北纬10度、西经20—25度之间，帆船可以离开赤道无风带，从这里起一直到葡萄牙海岸航程2 000海里，它能够指望的除顶头北风或东北风以及正巧的海流以外别无其他希望。运气好的话，它可能在大部分航程中以右舷抢风迎风航行；运气不佳的话，那就是一次使人精疲力竭的"Z"形航行。这时候速度比什么都重要，因为几内亚商船带回来的都是些"易死的货物"——奴隶，奴隶是必须喝水和吃东西的。

XLI　　现在你知道为什么轻快帆船是这么引人注意的船只了。1492年的轻快帆船在索具方面以及在船体形态方面（二者对迎风作业和张帆作业同样做过大致充分的考虑，即使不十分彻底）都是亨利亲王把数学知识和实际航海技术巧妙结合的结果，都是半个世纪航行非洲的经验和20年几内亚贸易经验的结果，也是在葡萄牙和安达卢西亚船坞不断试验的结果。

我把安达卢西亚和葡萄牙相提并论是因为哥伦布准备西航的涅夫拉地区接近葡萄牙边界，廷托河或萨尔蒂吉斯河口距葡萄牙边境不过25英里；距亨利亲王用它作非洲航行起点和终点的拉古什也不过90英里。再说，帕莱尼奥斯人1475—1480年已积极航行到几内亚，到阿尔卡苏瓦什条约缔结后才告终止（至少是合法航行终止了）。1478年葡萄牙和卡斯蒂利亚之间发生战争。伊莎贝拉女王呼吁帕洛斯的水手准备20条轻快帆船航行，让这些船只装足大批以物易物的商品到黄金海岸葡萄牙所辖米纳城堡进行强迫贸易。据估计大约有35条船只参加了这次航行。

所以，哥伦布如果从欧洲所有全部商船中进行选择的话，那么除载重量50—60吨的葡萄牙轻快帆船或其近邻涅夫拉地区的轻快帆船以外没有更好的选择。这些完好、坚固的小帆船在迪奥戈·卡奥驶过刚果的航行中，在迪亚士往返12 000海里的航行中都证明它对 4 000—5 000 海里的来往航行是有价值的。它们不仅显示了最高级的抢风航行能力，而且显示了在一切航向上的适当速度。它们便于沿海岸航行，能够迅速开航并由上风岸转向下风岸航驶。在哥伦布看来，它们唯一的缺点就是当顺风行驶时操纵大幅三角帆有困难。他在最后一次启程前曾对此进行过整治。

轻快帆船横渡大西洋的航速将使现代竞赛快艇的驾驶人吃惊。他们想象中以为比起他们的尖长赛艇来，哥伦布的船只是一些"又慢又老木盆一样的小船"。为了保存哥伦布航行故事中的实际成就，提一提人人所希望知道的速度是有意义的。注意，这儿所谈 1 里格大约等于 3.18 海里。拉斯·卡萨斯说过："一艘帆船在暴风雨中挂低帆一日一夜能走 100 里格。在仅剩光杆（船员用语，意即没有帆）的情况下，风刮在左右支桅索上，刮在桅杆上和船壳上，帆船 24 小时能走 30 里格、40 里格或 50 里格。"① 安德烈斯·贝纳德斯在塞维利亚访问过哥伦布和其他水手以后写道："水手们宣称船只航行一天一般走 50 里格，极成功的一天航行可达 72 里格。"② 西班牙最早的一位航海作家佩德罗·德·梅迪纳在谈到行船速度时讲过："让舵手知道，他 1 小时能航行的最大速度是 4 里格，1 小时 3 里格是高速度，1 小时 2 里格或 1.5 里格或 1 里格都是合情合理的。"③

拉斯·卡萨斯在上面这段文字中试图证明航行 10—15 天就能够跨过大洋，这无疑是夸大之词；因为 24 小时走 100 里格就意味着平均速度为 13 节。这样持久不变的速度在那个时代是没有哪一条船只能够办到的④。安德烈斯·贝纳德斯说得比较合理。他的一天 50

---

① 《西印度群岛的历史》第 14 章（1927 年，第 1 卷第 73 页）。拉斯·卡萨斯进一步引证哥伦布曾声言他 1498 年沿帕里亚湾海岸航行 12 小时走 65 里格。关于这点的不大可能性将在第三次西航中讨论。
② 《文件与研究全集》第 1 辑第 1 卷第 261 页。
③ 佩德罗·德·梅迪纳在《航海的技术》（巴利亚多利德，1545 年）中照第 12 章计算的。但是从 15 章起似乎他是照 1 里格 3 英里计算的。也许这是与哥伦布所用的罗马里不同而产生的差异，罗马里 1 里格合 4 里（=3.18 海里）。
④ 节为速度单位不是距离单位。它意味着海里/小时。海里 6 080 英尺，等于纬度 1 分或赤道上的经度 1 分。

里格，即 6.6 节，72 里格即走 9.5 节，如我们将在后面看到的，轻快帆船对这个速度是办得到的。但是，佩德罗·德·梅迪纳作为一个真正的海员说话，提供一个航行尺度从"合理的" 3.2 节（假定为迎风航行）到"非凡的" 12.7 节。不过，一条帆船并不会有"平均"速度或"固定"速度这么一回事。行船速度完全决定于风量和风向。一个人能够平均实际一天航程或一段航程，但同一条船的速度是变化很大的：在一味风平浪静的水面上，它的速度为零，在海面平静又遇到适合于它的强风时，它的速度将使造船者或船主人大吃一惊。试图计算一条发现者的船只在已知的一段航程中会走多少或能走多少是没有益处的，除非我们知道风力和天气，甚至即使知道风力和天气，所得结果也只是一个近似值。

XLIII 所以，佩德罗·德·梅迪纳的叙述可用来说明在地理大发现时代一艘构造良好、帆索装备完善的轻快帆船的航行速度：3—5 节是顺利的，6 节是合理的，9.5 节是高速度，12.5 节是最高速度。这几个数字正好是哥伦布的船队连续几次在顺风中所创造出来的纪录。但是，如果他在航程中需要逆风换抢的话，那么他能走 1 节就算是运气好。如果既要逆风又要逆流航行的话，那他就寸步难行，代替前进的将是后退。因此，为了"漂洋过海"，当时一个航海家就必须选择适当类型的船只，知道如何最好地装备它和驾驶它，同时还要知道如何善于利用风力和海流。在海洋知识和航海经验一切方面，哥伦布都不愧为一个能人、一个行家。

最初的四十年

　　参孙说道：我赞成你的意见，但是像一个诗人那样去描写一件事物，这是一回事；像一个史学家那样去描写事物，那是另外一回事。诗人描写或歌颂一件事物不是照事物本来怎样就怎样描写，而是照它应该怎样就怎样去描写。反之，史学家却不是照事物应该怎样就怎样描写，而是照事物本来怎样就怎样描写，对事物的真相不允许有任何夸大或缩小。

——《堂·吉诃德》卷二，第三章

第一章　楔子

　　1492年年底，西欧大部分人士对前途都感到非常悲观失望。基督教文明的势力范围似乎缩小了。随着势力范围的缩小，它又分裂成一些互相敌视的小团体。因为100年中自然科学没有什么重大进展，因为大学教育日益枯燥，无生气，所以各大学的注册人数减少了。社会事业机构越来越衰败，有心为善的人逐渐变得愤世嫉俗或者铤而走险。许多才智之士由于没有较好的事情可做就借研究异教往事，逃避现实。

　　现在伊斯兰教就乘基督教衰败之机扩张自己的势力。基督教以收复耶路撒冷圣墓作为自己威望的试金石，但它每一次努力都以失败而告终。奥斯曼土耳其在消灭拜占廷帝国一切残余势力以后，蹂躏了大部分希腊、阿尔巴尼亚和塞尔维亚，随即砰砰地敲打着维也纳的大门。半个世纪之中每一位继位的教皇照例呼吁一次新的十字军东征，但欧洲人民却认为这些呼吁只是教皇借故敛财的诡计。这并不奇怪，因为教皇外交同任何外交一样都是令人怀疑的。英诺森八世甚至利用一个土耳其王子做人质要挟苏丹献纳金钱并支持他反对法国①，而法国国王则明白无误地表示要入侵意大利，用这个容易的冒险去代替进攻土耳其那个困难的冒险。基督教一个巨大的丑闻即教会大分裂，虽

---

① 土耳其帝国穆罕默德二世卒，其子拜齐德二世继位。拜齐德二世之弟吉姆自立于布卢萨，后为其兄所败，逃到罗德岛，为圣约翰武士团所俘获。罗马教皇英诺森八世以吉姆为人质要挟土耳其苏丹拜齐德二世献纳金钱并派兵协助他和法国国王查理八世作战。——译者

确已克服，但这只是以压制教会内部改革为代价才取得的，结果却使得更大更久的新教分裂不可避免。到1492年，当一个腐败的教会政客罗德里戈·博季亚被选举为亚历山大六世登上圣彼得宝座时，教皇的统治就达到了最坏的地步。

如果回头看看与天主教相当的世俗的神圣罗马帝国，其景象也不见得比较光辉。态度温和但委靡不振的皇帝腓特烈三世被匈牙利国王逐出他的奥地利领地之后，终于退隐以占星术和炼丹术娱其晚年。他的儿子马克西米利安长于许诺，短于行动。在英国，玫瑰战争（1455—1485年）是过去了，少数人却希望条顿王朝能够维持长久。只有在伊比利亚半岛、在葡萄牙和卡斯蒂利亚出现了新生活的征兆，但这些王国地处欧洲边缘，不能使全欧整个衰败和腐朽局势改变面貌。

由于帝国实际解体，加之教会已失去了精神上的领导地位，基督教徒对于自己可以墨守的一切都已丧失殆尽。皇帝和教皇所象征的统一大义已等于过去的梦想，不可能真正实现。人们对于他们列祖列宗旧制度的信心正在动摇着。似乎魔鬼已把"分而治之"作为自己的统治原则。笼罩欧洲的普遍感觉是高度的幻灭，是玩世不恭的悲观主义和极端的绝望。

读《纽伦堡纪事》的最后几页，就能够了解人们当时普遍的精神状态。这部古老的对开本巨作（刊行时期是1493年7月12日）末页宣称："本书包括自世界开创至灾难的当代中间一切值得注意的事件。"这部《纽伦堡纪事》唯恐读者发生不正确的乐观情绪，把1493年放在世界的第六纪或倒数第二纪，并且留下六个空白页去记录从出书之日起到世界末日之间的各种事件。然后开始预言第七纪即最后一纪："和那个世纪比较，我们时代的不义和罪恶虽已达到最高峰，但还要算是幸福和近乎黄金的时代。"在那个世纪里，只有邪恶行将昌盛，好人行将受辱和陷入赤贫；那时行将没有信念，没有法律，没有正义，没有和平，没有人道，没有羞耻，没有真理。歌革和玛各①行将"出来迷惑地上四方的列国……叫他们聚集争战"（《启示录》第20章，8节）。战争和内乱行将遍布全球，相邻各城邦争夺相杀，情况变得如此险恶，以致没有一个人能够过好日子。充斥《启示录》全书的都是洪水、地震、瘟疫和饥馑；粮食长不成，果子长不熟，春天干旱，水和血汗同流，空中飞禽、田间走兽、海中鱼虾都将绝灭。到第七位天使把神灵大怒的第七个金碗倒在空中时②，圣约翰梦幻中看成血红色彩的可怕的世界末日就会结束一个邪恶世界的历史。

这就是萨沃纳罗拉③当年向得意的佛罗伦萨市民布教说教的要点。可以说，这是1492年一个严肃的思想家的普通愿望。可是，恰恰在《纽伦堡纪事》根据科伯格新闻修正它的论证的时候，一艘名叫"尼尼亚"号的西班牙轻快帆船却在冬季八级大风前面驶入里斯本。它带来一个新发现的新闻，给古老的欧洲提供了另一个机运。于是，我们发现几年之间人们的心理状态完全改变了。强有力的君主在扑灭私人的阴谋和叛乱。教会经过新教改革运动在净化和精炼，恢复内部秩序；新思想在意大利、法国和北方各国发扬光大。对上帝的信仰复活了，人的精神更新了。变化是完全的和令人吃惊的。"对世界的新展望开始了。人们不再在想象的邃古的黄金时代后面唉声叹气，而是设想这个时代可能就在不久的将来。"④

克里斯托弗·哥伦布属于过去的一个时代，但是他变成了这个充满希望，渴望光荣和成功的新时代的信号和象征。他的古老的信

---

① 在《圣经·启示录》中歌革和玛各指世界末日出现的撒旦、魔鬼等邪恶势力；在《创世记》里，玛各是地名，歌革就在这个地方出现。——译者
② 见《圣经·启示录》，第16章，1—19节。——译者
③ 吉罗拉莫·萨沃纳罗拉（1452—1498年）；意大利宗教改革家。他在布道时抨击教皇和教会腐败，揭露美第奇家族的残暴统治，并预言people如不及时悔改，将遭上帝的惩罚。1494年领导佛罗伦萨人民起义，赶走美第奇家族，恢复佛罗伦萨共和国。1497年进行改革，焚毁教堂奢侈品被开除教籍。后来又以异教和煽动叛乱二罪受审，最后被判火刑处死。——译者
④ 查理·奥曼爵士著《论历史的著作》第117页。

念驱使他采取现代的解决办法——扩张。既然不能用普通方法使土耳其人离开圣墓，那就让欧洲向海外去寻找新办法。于是，他——圣婴基督的肩负者就甘愿做一个虽微不足道但可以自豪的欧洲复兴的工具。结果，事实果然如此，虽说这并非他始料所及。第一次美洲航行，他是用最大的信心和最低的技术，用勉强够用的装备和超凡的坚强决心去完成的。这一次西航成功给欧洲人增添了对自己的新的信心，成倍地扩展了基督教的传播领域，无限地扩大了人类思维和探索的范围，并且"带头开路，把道路通到那些辽阔的自由地区，在那些地区播撒下伟大的种子，到现在，那些地区已结出了具有世界意义的硕果"。

就哥伦布的信念、他的演绎推理方法、他毫不踌躇地接受时代伦理观念的态度而论，他是一个中世纪的人物。就他准备化理想为行动的素养而论，就他的强烈的猎奇心和准确地观察自然现象的能力而论，就他的愉快地赴汤蹈火的冒险精神和致富成名的急切心情而论，他是一个现代人物。这个两重性使得哥伦布的性格和事业在脑子迟钝而又喜欢刨根究底的人看来是个难解的谜。了解了他的两重性，那么大多数所谓哥伦布之"谜"、"问题"和"难题"就都可以迎刃而解。在他的同时代人看来，这些"谜"、"问题"和"难题"并不是"谜"、"问题"，更不是"难题"，而只是那些从未品尝过航海探险之乐的并且信心全无的、脑子迟钝的学究们的最新创造物。

我最关心的是行动中的哥伦布。这位发现家手中抓着未来的锁钥，并且确实知道在千百万个可能存在的锁眼中用自己手中这个锁钥能够打开哪一个锁眼。我甘愿把哥伦布的"心理"、他的"动机"及其一切问题留给别人去研究。但是，当我想起几条轻快帆船航行在热带海洋上，朝着新的和更加奇妙的海岛驶去，朝着大陆的悬崖陡壁的海岸驶去，那里贸易风掀起的巨浪在不停地咆哮和冲击的时候，我不能忘记那个驱使着这个人为了未来一切时代的利益而奋勇前进的永恒的信念。因此,当我在苦难降临欧洲,也将降临美洲的日子[①]里进行写作的时候,我敢于借哥伦布在开始他的工作时一句祈祷词来结束我的楔子:

  耶稣和玛利亚
  在这条道路上
  和我们同在。

[①] 指第二次世界大战。——译者

第二章 热那亚①

1451—1473 年

> "他的量带通编天下。"(《圣经·诗篇》第 19 篇，4 节）。不管怎样，在我们的时代里，由于热那亚的克里斯托弗·哥伦布的惊人的勇敢精神，几乎是另一个世界已被发现并且已参加了基督教徒的行列。
>
> ——朱斯蒂尼亚尼②：
> 《赞美诗集》（1516 年）

哥伦布在第三次启程去新大陆以前曾经在一份有关他的财产、头衔和权利的长子继承权问题的文件上签名盖章使文件生效。他在这份文件中叮嘱他的继承人"要经常为热那亚这个城市的名誉、幸福和繁荣出力"。他在热那亚保留一栋住宅，让他的家族中某些成员"能够体面地在那里生活，并且有立足点、有根据地做一个当地居民……因为我是在那里出生的，是从那里出来的。"接着他又说："由于我诞生在热那亚，我的遗嘱执行人行将积累一笔资金存放在热那亚'这个高尚而伟大的海滨城市'中的一家有名的圣乔治银行③。"

---

① 《热那亚市文件》一书为对开本，其全名为《热那亚市克里斯托弗·哥伦布，他出生于热那亚的文件和证据》，1932 年出英文、德文版，出版地点为意大利贝加莫。另有意文本，1931 年出版。本书内容包含一些古老文件的复制本、早期的版权说明和地图，对哥伦布在热那亚出生和居住提供了一些参考材料，有些精选部分并附有译文。出版此书的过高目的在于希望结束对哥伦布出生地的继续推测。

② 阿戈斯蒂诺·朱斯蒂尼亚尼（1470—1536 年）：意大利语言家，法国巴黎希伯来语教授。——译者

③ 日期是 1498 年 2 月 22 日。《文件和研究全集》第 1 辑第 1 卷 311 页第 10 行；第 309 页第 40 行；第 310 页第 9 行。同一文件也收录在纳瓦雷特《航海和发现文集》第 2 卷第 226—235 页。纳瓦雷特在原手稿遗失后根据韦腊瓜一个抄本印制。当他在辛曼卡斯档案馆首次开始研究时发现了这个文件的

看到海洋统帅这番清楚明白的叙述，你们一定认为他的出生地和国籍已毫无疑问。此外，几位早期写哥伦布传记的作家如费迪南德·哥伦布和巴托洛梅·德·拉斯·卡萨斯也都说他是热那亚人①。彼得·马蒂尔在发现家1493年到达巴塞罗那以后不久就写过他，认为"这个克里斯托弗·哥伦布是利古里亚人"，利古里亚人即拉丁文中的热那亚人②。塞维利亚的安德烈斯·贝纳德斯在哥伦布二次西航后曾同他待在一起。他是这样开始报道这次伟大发现的："有一个热那亚人，名叫克里斯托瓦尔·哥伦。"③杰拉尔迪尼主教1492年曾在格拉纳达见过哥伦布，他说后者是"利古里亚的一个城市热那亚的人"④。威尼斯人安杰洛·特雷维桑和哥伦布在西班牙有交往。他在1504年发表的《全航手册》中一开始就说："克里斯托弗·哥伦布，热那亚人，身高、脸长、颜色红润、体格健壮，有巨大的创造才能。"⑤

有四位同时代的热那亚籍年代史编辑兼评论家都认哥伦布为同胞⑥。

王家批准书。到19世纪"西班牙的哥伦"运动开始时，这个批准书又不见了。于是，这个限定继承权文件被宣告为伪造品，而ფ瓦雷特别被称为伪造者。但是从他首次开始研究（1800年）到《航海和发现文集》出版（1825年）这期间，拿破仑的军队占据了辛曼卡斯，把一些文件给马匹当作了垫草。后来接手的王家档案保管员从骑兵军需品堆积处抢救出了无数文件，但也有许多把类抑搞乱了。波士顿的艾丽丝·贝奇·古尔德小姐在1925年整理了这些文件，发现了部份丢失的限定继承权的王家批准书，批准书的内容除去了对文件本身真实性的一切怀疑。阿尔托吉雷于1926年印好这份批准书并说明经过情况（《王家历史科学研究院学报》第88期第330—355页）。可是，萨尔瓦多·德·马达里加在所著《克里斯托弗·哥伦布》（Christopher Columbus，1940）第428页上还是写道："哥伦布从来没有讲过他来自热那亚。1497—1498年的限定继承权文件不能认为可靠。"

① 费迪南德著《海洋统帅克·哥伦布的生平和事业史》第1章（第1卷第11页）。参看引文 Janua Cui Patria est（《热那亚是他的故乡》）第2章（第1卷第96页）。在1539年一份文件中他也谈到他父亲是热那亚人（《王家历史科学研究院学报》第86期第323页）。拉斯·卡萨斯著《西印度群岛的历史》第2章（1927年，第1卷第27页）。

② 《文件和研究全集》第3辑第2卷第39页。

③ 《教皇史》（Historia de las Reyes Catolicos）第118章，在塞西尔·简所著《哥伦布的航海》（Voyages of Columbus）第309页有译文。

④ 《旅程》（Itinerarium，1522）第14卷（见1631年，第202页）。

⑤ 《全航手册》（Libretto De Tutta La Navigatione，1504），摹真本见《热那亚市文件》第87页和撒切尔著《克里斯托弗·哥伦布：生平、事业和遗物》（Christopher Columbus: his Life his Work and his Remains）第2卷第457页。

⑥ 安东尼奥·加洛在1506年写的《哥伦布航海》（De Navigatione Columbi）中说哥伦布兄弟是利古里亚人；巴塞洛缪·塞纳雷加在稍后写的《热那亚之谜》（De Rebus Genuensibus）中称克里斯托弗为热那亚人（原文据穆拉托里，译文见撒切尔上述著作第1卷第190、196页）；巴斯斯塔·弗雷戈索在同年代史中说他是热那亚人（见《文件和研究全集》第3辑第2卷第75页）；阿戈斯蒂诺·朱斯蒂尼亚尼在有数种文字对照的《赞美诗集》（热那亚，1516年，常常被看作头一部哥伦布传记）中的一个长注中以及引用在本章首页该诗开头部分都称哥伦布为热那亚人。

记载着哥伦布国籍的每一幅地图都称他为热那亚人①。许多谈到哥伦布的同时代人没有一个不称他为热那亚人或意大利人。他死后不久国王就打算取消原来保证给他的后嗣的权利,理由就是说他是一个没有西班牙国籍的外国人。②的确,在哥伦布去世后300年间关于他的出生地问题的唯一推测就是他出生在热那亚市或是出生在热那亚共和国其他城市③。不管怎样,如果你认为上述各项事实肯定能解决问题,那你就有幸识别一些所谓讨论"哥伦布问题"的文献。

侈谈民族性,其内幕大都是企图歪曲事实。卡斯蒂利亚人骄傲自大,不愿承认哥伦布和麦哲伦这两个打着狮子和城堡旗帜远航的大航海家是外国人,虽然一些主要的西班牙史学家已承认哥伦布在热那亚出生这个事实,并且以西班牙把他的伟大事业作为本身事业为荣,但也有为数很少的人物却忙于打破他们所谓"热那亚传说"。其惯用方法就是断言哥伦布是一个赋有完全血统的西班牙人、一个加泰罗尼亚人,或者是一个西班牙血统或加泰罗尼亚血统的犹太人④。

---

① 最早的是1502年热那亚的卡内里奥和葡萄牙"国王"地图,其中谈到哥伦布是个土生的热那亚人(K.克雷奇默尔:《发现美洲地图集》[*Entdeckung Amerika's Atlas*]图8),其他有皮里·雷伊斯编绘1513年的土耳其世界地图,其中谈到一个名叫哥伦布的热那亚异教徒(《地图评论》第23期第624页);还有1513年托勒密地图和1519年的葡萄牙地图均称哥伦布为热那亚人;还有1520年的舍内尔世界地图,说法同上;载克雷奇默尔的地图集第12图和第13图,参见F.孔斯特曼的《发现美洲历史地图集》([*Atlas Zur Entdeckungsgeschichte Amerikas*],慕尼黑,1859年)第5图和第12图。

② "No natural ny vecino del reino"(《哥伦布诉讼案卷》第1卷第16页)。这个natural意味着一个取得国籍的公民,也意味着一个土生土长的公民。这点可由女王一道敕令来作证。敕令是要使哥伦布的弟弟迭戈"natural de estos nuestros reinos"(取得我们王国的国籍),以便享受一个基督教士的权利(《王家历史科学研究院学报》第88期第344页和第86期第324页)。阿尔托拉吉雷在《王家历史科学研究院学报》第88期第344页及《哥伦(布)是西班牙的吗?》(*Colón Español?*)第86页上证明,在卡斯蒂利亚所有民政机关及军事机关对外国人都是开放的,但是基督教会的利益却不如此。如果一个外国人获得民政机关认可可在教会中任职,那在教会中任职的人就变成了一个Súbdito(公民),但不是一个natural(本地人)。

③ 因此,奥维多这位西印度官方史学家在他的《通史和自然史》(1535年,第1卷第12页)中说:哥伦布是利古里亚本地人,但他究竟是热那亚人、萨沃纳人、内尔维人或科戈莱托人他却不知道。费迪南德和拉斯·卡萨斯对于哥伦布究竟生在共和国哪个城市也不能肯定。费迪南德后来在科戈莱托访问过一个哥伦波之家,但也没能收集到任何明确的信息。

④ 亨利·维尼奥在《哥伦布:一个西班牙人还是一个犹太人?》(《美洲历史评论》第18期[1913年]第502—512页)中谈这个课题清理了一些早期文献;C.E.诺埃尔在第13期(1939年)第807—810页中清理了最近一些文献。对认为哥伦姆是加泰罗尼亚人的这学派来说,路易斯·德·乌略亚的著作最令人感到有趣。他认为哥伦布与一个名叫哥伦姆的神话式的加泰罗尼亚人完全相合,后者使自己变成约翰尼斯·斯科古斯,一个波兰人或丹麦人,以曾于1477年左右航海到过格陵兰而着名于世;乌略亚发现此人曾航行到过佛罗里达和西印度,然后返回西班牙;在西班牙他变成克里斯托瓦尔·哥伦,此人根据某些知识为他的伟大事业奔走呼吁!另一个说法坚持说,当哥伦布提到热那亚时,他指的是加泰罗尼亚(西班牙)的托尔托萨市的热那亚区。

这种违反常情的爱国主义还有一个更耸人听闻的贡献，那就是在加利西亚的蓬特韦德拉地方发现一份文件。文件大意是说当地一个哥伦家族的基督教名与热那亚哥伦布的基督教名相同。这个蓬特韦德拉文件曾在讲西班牙语的一些地区掀起一阵过早的欢乐，并促成许多西班牙哥伦学会的诞生，但随后就受到一些正直而有才华的西班牙史学家的严格检验。他们证明，这个重要的基督教名是晚近添加进去的，这个文件已经过另样的窜改和润色，目的是想把蓬特韦德拉的哥伦与发现家的宗族挂钩①。更晚近一个时候，萨尔瓦多·德·马达里加开创了捏造假说和影射的有影响的先例，把一个毫无根据的、如此庸俗的假说当成事实，硬说哥伦布是一个原籍加泰罗尼亚、流亡的改变了宗教信仰的犹太人的后裔。

　　虽然16世纪一位葡萄牙大史学家若昂·德·巴罗斯②说过哥伦布是热那亚人，还有两位为哥伦布谒见他们的国王时做记录的葡萄牙年代史编辑称他为意大利人，但还是有少数现代葡萄牙作家既承认哥伦布发现了美洲，又坚持说他是个改了装的葡萄牙人。有人把三本不同的书籍硬塞给我们的哈佛哥伦布远征考察队。这三本书根据十分奇怪的理由"证明"哥伦布是三个不同的葡萄牙人③。如果你愿跟着这个线索去考究古怪的哥伦布，那你还能够找出种种论据去证明哥伦布是科西嘉人、马霍卡人、法兰西人、德意志人、英吉利人、希腊人和亚美尼亚人。另外还有几个打着爱国幌子图谋私利的美国人继续出头，主张哥伦布真正是一个印第安人，出生在这里的海岸边，"风把他吹

---

　　① 古文书专家萨拉戈萨大学教授塞拉诺-桑斯和王家历史科学研究院领导人安赫尔·德·阿尔托拉吉雷-杜瓦尔都是清理庞特韦德拉文件的主要负责人。参考罗慕洛·德·卡尔维亚《哥伦布的故乡》及复写本阿尔托拉吉雷的《哥伦（布）是西班牙人吗?》。

　　② 若昂·德·巴罗斯（1496—1570年）：葡萄牙史学家，著作很多但仅留下名著《亚洲几十年》。——译者

　　③ 若昂·德·巴罗斯著《亚洲几十年》（Da Asia），1552年，dec. I Liv. iii Ch. ll（1778年第247页）。参考后面第二十四章其他各点。帕·里贝罗著《克·哥伦布的葡萄牙国籍》（里斯本，1927年）。马·格·小佩斯塔纳著《克里斯托瓦尔·科伦或西马姆·帕尔哈》（1928年）。A. L. 德·阿维拉和S. 桑托斯·费雷拉著《克里斯托瓦尔·哥伦：救世的葡萄牙亲王贡萨尔韦斯·萨尔科》（1939年）。

过去"（这是那些神话故事中的令人津津乐道的一种交通方法），所以他知道返回家乡的道路。

列举这些疯疯癫癫的话已经足够了。哥伦布的姓名有各种不同的写法（Ccolón，Colom，Colomb，Columbus 等），其原义都是"鸽子"，他的姓名在南欧是众所周知的。由于他在中世纪有许多动人的成就，所以某些极其势利的种族主义分子和狂热的民族主义分子就用发现家的远祖可以是犹太人或西班牙人或他们所喜欢的其他什么人的想法来安慰他们自己。但是，怀疑乔治·华盛顿是一个在弗吉尼亚州出生的英裔美国人，并以做一个美国人自豪来怀疑克里斯托弗·哥伦布是一个在热那亚出生的并以他的故乡自豪的、信仰坚定的天主教徒，不见得更有理由[①]。

哥伦布沉默寡言给他的传记作者造成了一些不必要的困难。他的非婚生儿子费迪南德由于冒犯了断言他父亲出身平民的一位热那亚编年史学家，又由于替他的尊敬的父亲捏造了一个受过大学教育的学历以致把一件糟糕的事情弄得更糟糕。哥伦布出身平民、没受多少教育，可是自己历尽千辛万苦挣得的地位却使他不得不厕身于贵族和学者之列。这点常常成为哥伦布窘迫不安的原因。巴望有几个高贵的祖先甚至在现代民主社会中也绝不是绝无仅有的。所以，发现家纵然暗示说他不是他家的头一个统帅，这点我们可以原谅。他儿子费迪南德是个非婚生子，处境更为困难，所以他要用他的祖先是个名叫哥伦乌斯的罗马将军的想法来安慰自己。这一点我们也可以宽恕。两人都承

---

① 除了这许多收集在《热那亚市文件》（见第 XXIX 页注 1）这部书中的有关哥伦布及其家庭的文件（有一些狂热分子使用培根的哲学方法贬低这些文件，说什么"的确是有一个热那亚纺织工的儿子名叫克里斯托弗·哥伦布，但是另一个发现美洲的人却冒用他的名字，因为发现家愿意做个隐瞒姓名身份的人"）以外，还有少数同时代的证据可以提一提。1498 年西班牙驻英大使在 7 月 25 日向他的国王写道：卡波特是"像哥伦布那样的另一个热那亚人"（H. P. 比格著《雅克·卡尔捷的先驱》[*Precursors of Jacques Cartier*] 第 27—29 页）。除首次西航外，哥伦布把历次西航的重要指挥权都交给热那亚人。晚年他把他的《权利书》抄录两份送到圣乔治银行安全保存，其中一份的封面上写道："虽然身于此，但心里常常忆念那里"（《文件与研究全集》第 1 辑第 2 卷第 171 页）。银行回信说：业已注册保存好，感谢他"对自己出生国"的善良意愿（《热那亚市文件》第 88—91 页）。他在 1506 年的遗嘱中还给几个热那亚人馈赠了财物，（《文件与研究全集》第 1 辑第 2 卷第 265—266 页）。

认，发现家的辈分接近的祖先出身卑微：这是十分确切的。

我们不希望这个时期会有出生证书或浸礼证书可找，因为直到特兰托宗教会议①以后教会才要求做这种记录。幸而当地有个古物收藏家经过耐心的探索，在热那亚的档案中找出两份文件，使我们对哥伦布的家庭得出一个明晰的印象。两份文件把哥伦布的出生日期限定在1451年某两个月中的某一天。1470年10月31日"多梅尼科的儿子克里斯托弗·哥伦布，年逾19岁"②承认在热那亚欠了一笔债务。1479年8月25日"热那亚公民克里斯托弗·哥伦布"从里斯本回来访问热那亚，宣誓证实他"年龄为27岁或27岁左右"③。既然他在1470年10月31日年龄超过19岁但不到20岁，而在1479年8月25日为27岁左右，那么，克里斯托弗·哥伦布一定出生在1451年8月25日—10月31日之间。④

因此，哥伦布的41岁生日是在他的伟大的发现航程中到临的。很可能他不记得生日的确实日期，因为在天主教国家里，男男女女都重视庆祝他们的保护神的节日，其重视程度胜于庆祝自己的生日。年轻的克里斯托弗跟母亲参加弥撒和收到他父亲的一小袋钱和一杯葡萄酒，日期大概是在6月25日圣克里斯托弗节。

在中世纪对圣克里斯托弗的故事每一个儿童都熟悉。这个故事使得哥伦布的洗礼名对他远比自己的姓氏重要。著名的圣克里斯托弗是一个体格魁伟的异教徒。他听说基督下凡就跑去探寻。一位圣洁的隐士对他说："你如若斋戒和祈祷，我们的基督也许会下凡显圣。"

---

① 特兰托宗教会议——1545—1563年举行过25次会议。召集者为罗马天主教会，讨论纪律改革事项。其主要目的在对付基督教改革运动。——译者
② 原文为："Christofforus de Columbo filius Dominici, maior annis decem noven"。——译者
③ 原文为："Cristoforus Columbus Civis Janue"及"etatis annorum viginti septemvel circa"。——译者
④ 亨利·维尼奥把这两份文件合并到一起（第二个文件名叫作阿塞雷托文件，1904年初次发表），《美洲历史评论》第12期（1907年）第270—279页曾做出了合适的结论，摹真本见《热那亚市文件》第132、137页。

克里斯托弗说:"斋戒我办不到,怎样祈祷我也不懂,叫我做点容易做的事情吧!"于是隐士就对他说:"你知道:那条河上没有桥,人们只有冒着淹死的最大危险才能渡过吗?"克里斯托弗说:"我知道。"隐士说:"那很好,你身高体壮,你何不把你的住宅移到河边,这样你就可以帮助贫穷的旅客过河。你那样去做是符合基督的意愿的,那时他就可能在你面前现身。"于是,克里斯托弗就在河畔盖一间小屋,削一根树干做手杖,用他宽阔的肩膀背徒步旅行者过河。

有一个晚上这个巨人睡在自己的小屋里。他忽然听到一个孩子的叫喊声:"克里斯托弗!起来,送我过河去!"克里斯托弗起身,掌着手杖,抱起小孩,让孩子骑在自己的肩上。他刚开始蹚水过河,孩子就突然变得异常沉重起来,以致他几乎背负不起。他竭尽全力才勉强避免跌倒在水里。经过一番艰苦的挣扎才到达彼岸。"现在好了,我的孩子,"他说,"你让我冒了一次巨大的危险,因为你的体重逐渐增加到这个地步,以致我觉得即使把整个世界背在身上也不会比你重。"孩子回答说:"克里斯托弗,你不要惊奇,要知道你身上背的正是整个世界和创造世界的造物主。我就是基督,你在做好事就是在为基督服务。为了证明我的话千真万确,你把手杖放在你小屋旁边,它明天就会开花结果。"克里斯托弗照孩子的吩咐做了。第二天早晨他的手杖果然变成了一棵美丽的枣椰树。

12   这个故事一定对孩提时的克里斯托弗·哥伦布的前辈留下深刻的印象。后来哥伦布把圣婴的神圣语言传过大洋,传到那些未开化的蒙昧国家里去当作自己命中注定要完成的任务。许多年月过去了,无数阻拦克服了,才有人愿意给予资助使他能够担负起这个重大任务。一旦承担起这个任务,他就把这个任务看成刻不容缓的事情。他常常为它到处奔走张罗,不把它完成就决不罢休。我们完全可以说:当哥伦布的父母在热那亚某一所古老的教堂里给他施洗礼并命名克里斯托弗的时候——1451年夏末或初秋的某一天，他们就是在发现美洲的道路上走出了第一步。

　　克里斯托弗家族的历史和他早年的生活情况都是根据15份或20份公证人记录和地方文献汇集出来的。像哥伦布那样一些没有文化的人在需要签订一个协议、平息一次争端或做成一笔重要交易时就去找公证人（一个受过教育的绅士），请他用拉丁文记下这些重要事情的详情细节。没有签名，也不画押。公证人记下见证人是谁和他们讲了些什么话。他的记录在任何一个法庭上都是有价值的。这些记录有许多经过几百年还留存在公证人家里，有些仍然属于私有；但如果这个家系绝了嗣，这些记录就交给地方档案馆收藏。有关哥伦布家这一类记录大部分都在档案馆里寻找出来了。

　　发现家的祖父乔瓦尼·哥伦布是一个毛织工人。他老家住在热那亚东面20英里处一个名叫基阿瓦里的海港上游方塔纳布奥纳溪谷的莫科内西村。我们首次看到的纪录是说他1429年住在昆托镇，那里之所以叫作昆托镇是因为它位于旧热那亚东面第五个里程碑处[①]。他当时让他"大约11岁"的儿子多梅尼科（哥伦布的父亲）向一个住在热那亚的来自布拉班特的人学织呢绒的手艺。

　　学徒期限届满后几年，1440年，多梅尼科·哥伦布变成了一名精通毛织技艺的优秀织工。他刚好在热那亚东门（奥利韦拉门）内租了一所住房。大约是1445年，他和苏珊娜·丰塔纳罗萨结了婚。苏珊娜也是织工的女儿，家住比萨格诺河流域，从热那亚东门可以望见这个地方。她带给多梅尼科一份微薄的妆奁，多梅尼科被任命为奥利韦拉门的看门人（除非这是另外一个多梅尼科·哥伦布，否则事情很有可能），年薪84个热那亚镑（大约合160个金元），其中还包含一个助手的工资。1451年9月或10月，就在靠近东门的这所住房里，

[①] Quinto：音译为昆托，意译为第五。——译者

克里斯托弗呱呱坠地。由于这个地区房屋都已重建，所以孩子的诞生地究竟是哪一栋房子现已无法确定①。

由于多梅尼科和苏珊娜结婚已有6年，克里斯托弗大概不算他们的大儿子，不过即使他有哥哥和姐姐，他们也早已夭亡。后来担任西印度总督的巴塞洛缪至少比克里斯托弗小一岁或两岁。②他还有一个弟弟名叫乔瓦尼·佩莱格里诺，在年轻时候就早死了；还有一个妹妹名叫彼昂基内塔，对于她的情况我们一无所知。他的小弟弟贾科莫要比他小17岁，因为有一份记录说他的小弟弟1484年当学徒学织呢绒时是16岁。贾科莫的更著名的名字是迭戈（与贾科莫相对应的西班牙名字），对于他，克里斯托弗怀着通常人皆有的一种哥哥对小弟弟的义务感。他在第二次西航中带着后者同行。在确认这个青年当海员、当殖民地开拓者都不合适以后就帮他谋得一个牧师职位。他也曾为他尽力向女王请求一个西班牙主教职位，但不成功。哥伦布的儿子迭戈大约就是根据叔叔的名字命名的。

1455年，当克里斯托弗4岁时，他父母搬到一栋附有庭院和花园的房子里，地近圣安德烈亚门。现在这栋房子的原地基上已建立起一栋新式房屋，挂上了哥伦布故居的牌子。

多梅尼科·哥伦布不是一个靠工资吃饭的受雇的织工，而是一个织工主。他拥有一台或多台纺织机。他买进毛线进行加工，然后出售成品，教徒弟们做买卖。作为热那亚的公民和地方同业公会的会员，他在中下层阶级中占有一个受人尊敬的地位。在举行仪式时，当教友们在主教座堂他们自己的小礼拜堂做大弥撒的时候，他大概会显示他的纹章（金色底子上画上蓝色的中斜带和红色的头像），后来海洋统帅将卡斯蒂利亚纹章安排在盾的上角四分之一处。在意大利各城市里

---

① 《热那亚市文件》（第XV页）编者只能说诞生地靠近波托里亚区帕马托内宫。
② 1512年证词说他"年龄50岁或50多岁"（《哥伦布诉讼案卷》第1卷第182页），在一些公证文件中巴塞洛缪的名字常常在克里斯托弗之后被提到。

商业同业公会会员通常正是用这样一种简单的纹章。

克里斯托弗的母亲的形象现在已无法弄清楚，对他父亲的人品根据一些干巴巴的记录却能略知一二。多梅尼科像他儿子那样乐观，却缺少儿子的那种意志力。他常常做出诺言，但总是不能兑现；他能购进货物，却付不出货款；他会搞副业——制乳酪和葡萄酒，却不能坚守他的纺织机。我们碰巧知道了一个乳酪商的名字，这个乳酪商娶了多梅尼科的女儿彼昂基内塔，后来因为丈人答应的一份妆奁没有兑现而提出过控诉。① 多梅尼科对自己的家庭虽然是个可怜的供养者，但他一定是个逗人喜欢的能说会道的人物，因为不如此他就不可能凭信用获得这么多财物，也不可能充当他那个同业公会的委员。他是这么一个父亲，当店里生意清淡时他就关起铺门带着孩子们下水捕鱼；他也是这么一种酒商，他自己做自己店里的最佳顾客。

记录中有 15 年我们对哥伦布的事情毫无所知。大约在他 18 岁生日那天，他以身材高和头发红很惹人注目，当时他弟弟巴塞洛缪也才 10 多岁。根据热那亚年代史编辑的记载，这两个著名的兄弟在年轻时代干的活儿多半是当梳毛工而不是织工。很可能是由他两兄弟梳理父亲买回来的原毛，再由他们的母亲把毛纺成线，毛线染好色以后就上机子，由母亲带着两个孩子把它们织成呢绒，而多梅尼科本人则坐在一旁跟他的酒友一道，慢慢地喝酒。

1470 年年初，多梅尼科·哥伦布被推选为他所属同业公会的委员，奉派前往萨沃纳考察该地熟练职工一些规则章程，想把这些规章在热那亚采用。显然，这一次考察使他相信萨沃纳的生意比热那亚好做些，所以到 3 月月初，他就把纺织机、把家庭连同一个学徒一起搬到萨沃纳。我们知道，他在那里的副业是零售葡萄酒，因为有一份文件把他说成酒馆老板（Tabernarius），而且这一年 10 月 31 日 "年逾 19 岁" 15

---

① 《文件与研究全集》第 2 辑第 1 卷第 52—53、199—200 页。

的克里斯托弗承认了一笔葡萄酒债务，账单是开给他和他父亲两人的，金额为48热那亚镑。按照热那亚法律，克里斯托弗已达法定年龄，作为一个勤恳稳重的年轻人，人们认为他比他父亲更可靠。

没有明确的证据证明克里斯托弗已跟他父亲搬到了萨沃纳，因为那笔酒债是在热那亚承认的。1472年3月20日，"热那亚呢绒商克里斯托弗·哥伦布"在萨沃纳亲眼看见了一份遗嘱，8月26日萨沃纳居民呢绒商多梅尼科·哥伦布和他的儿子克里斯托弗一致同意向一位商人购进一批羊毛，然后以织成的呢绒偿付价款。克里斯托弗可能已在1471年下海工作。如果是这样的话，那么他现在对父亲的纺织机就是个旁观者。不过，他在萨沃纳一定居住得相当长久，因为住得久才能在那里交上一个出身较高阶层的好朋友——米凯莱·德·库内奥，此人曾随哥伦布参加第二次西航，在伊斯帕尼奥拉岛东面的绍纳岛就是他们的友谊的明证。①

1473年8月7日，克里斯托弗跟父母和弟弟吉奥旺尼·佩列格里诺一道把热那亚奥利韦拉门附近那所房子出售。1474年"萨沃纳居民、昆托镇的呢绒商人多梅尼科"向萨沃纳大教堂的牧师会租了一块地皮。自此以后连续9年我们找不到这个家庭的记录。在此期间苏珊娜和乔瓦尼·佩莱格里诺先后去世，多梅尼科和小儿女贾科莫及彼昂基内塔搬回热那亚，定居在圣安德烈亚门附近。老人已放弃纺织业，靠住在葡萄牙的两个儿子汇款维持生计。他觉得住房太宽敞了，所以"乔瓦尼的儿子、热那亚公民原织布工多梅尼科"就在1483年把花园和大部分房屋出租给一个鞋铺老板，自己保留底房一部分和一个顶楼。几年以后多梅尼科的债主逼他出售房屋，一个乳酪商人表示愿意出250热那亚镑买进。但是，因为苏珊娜对房屋有

① 大概因为他住在萨沃纳时，被同时代人偶然写成萨沃纳人（《文件与研究全集》第3辑第1卷第166页；《热那亚市文件》第187页）。

权利，克里斯托弗兄弟对它也有利害关系，所以多梅尼科作为克里斯托弗、巴塞洛缪和贾科莫三个儿子的财产管理人（他们三人又是已故母亲苏珊娜的遗产继承人），能够以产价不足为理由拒绝出售。多梅尼科的名字作为证人在1494年9月30日一个文件中出现，这是我们最后一次接触到克里斯托弗父亲的踪迹。当时贾科莫已离家随他哥哥出去碰运气，彼昂基内塔则已结婚。老人大约是在三年之内去世的，因为在1498年克里斯托弗的权利继承书中没有提到他。不过他并没有被忘记，克里斯托弗和巴塞洛缪兄弟后来给新京起名圣多明各，用的就是他们父亲的保护神的名字。①

对于这一点，持西班牙哥伦（布）说的人一定会说："所有这些都是很动听的故事，但是你有什么证据证明织工的儿子克里斯托弗·哥伦布就是很高贵的海洋统帅堂·克里斯托瓦尔·哥伦呢？我反对这种牵强附会。"

幸而我们有三个文件可以证明我这不是牵强附会，两人实是一人，而所谓西班牙的哥伦（以及葡萄牙的哥伦、加泰罗尼亚的哥伦和科西嘉的哥伦）则确是异端邪说。

1. 1470年9月22日"多梅尼科·哥伦布和他的儿子克里斯托弗"在热那亚同意一位名叫耶罗尼莫·德·普埃尔托的人把他们之间一项争端交给一位公断人仲裁。公断人叫哥伦布支付25个热那亚镑。36年以后，海洋统帅在他的最后遗言和遗嘱中吩咐他的遗嘱执行人付20个杜卡特给热那亚的耶罗尼莫·德·普埃尔托的后人。显而易见，这是为求得良心安宁而付出的钱。

2. 多梅尼科的兄弟安东尼奥有个大儿子名詹内托（"约翰尼"）。他1460年跟一位裁缝当过学徒，时年14岁。1496年10月11日安

---

① 这是对这个城起名的一个解释。他在圣多明各告诉过奥维多，后者在他的《西印度群岛通史和自然史》第1卷第52页加了注解。这部书（第1卷第13页）也是哥伦布在多梅尼科老年时候负责维持他生活的有力证据。

东尼奥死后,他的三个儿子约翰尼、马泰乌斯、阿米格土斯在热那亚一个公证人办事处相会,同意当过裁缝学徒的约翰尼去西班牙,寻找"西班牙王国海洋统帅克里斯托弗·哥伦布",旅费由三人分摊。① 这次旅行的目的是帮已故父亲收账,是为约翰尼找工作,还是仅仅为了跟一个富有的堂兄弟保持联系,我们不很清楚,但无论如何,约翰尼终于有了工作。哥伦布在第三次西航中派他担任一条轻快帆船的船长,迭戈(哥伦布的弟弟)后来还在遗嘱中留给他100个金卡斯特亚诺。②

3. 最后,在15、16世纪交替之际,我们发现萨沃纳一位塞巴斯蒂亚诺·库内奥曾试图对多梅尼科·哥伦布的后人进行一次违约诉讼。多年以前克里斯托弗的父亲曾从库内奥父亲手里购得某一块土地,但他生性马虎,忘记了支付购地的价款。库内奥找了多梅尼科的两个住在萨沃纳的邻人(一个面包师、一个制帽商人)出庭做证。1501年1月26日,他们证明,多梅尼科的儿子和继承人"克里斯托弗、巴塞洛缪和贾科莫"早已离开共和国"寄居在西班牙某些地方"。③ 他们确实如此。

以上是关于22岁以前的克里斯托弗·哥伦布以及关于他家的仅有的一点实际材料。对于他早年的家庭生活和性格要依靠这点材料做结论自然是少。设想我们还不大清楚的这个年轻人是创历史纪录的男子汉的带头人,那么他就是一个敏感的自尊心很强的人。他相信他自己的宗教义务,为了资助他的父母,他曾从事过一种卑微的职业,但他渴望探险,内心深深地确信他的崇高的使命。如果我们喜欢像诗人那样描写他的话,那么他就是一个白皮肤、红头发的小伙子,青年时

---

① 《热那亚市文件》第116—117页。
② 拉斯·卡萨斯著《西印度群岛的历史》第130章(1927年,第1卷第515页)称这个船长为"胡安·安东尼奥·哥伦波,热那亚人,海洋统帅的亲属"。安东尼奥是父名,费迪南德叫他"乔瓦尼·安东尼奥·哥伦波,他的亲属"。遗嘱载哈里斯的《哥伦布》第2卷476页。——原注。又,卡斯特亚诺为古金币名,每枚含金量重0.46克。——译者
③ 《热那亚市文件》第177页。这只是从朱利奥·萨利内罗发表的《对科尔尼利厄斯·塔西佗的注释》(*Annotations ad Cornelium Tacitum*)(热那亚,1602年)中一个印刷体注释中得知的。

代就是一个好深思的、梦想联翩的年轻人：

　　　　他时而站在山崖之巅仰望苍穹，
　　　　时而从蓝色的海湾里操舟启程，
　　　　时而默默地踱步在海洋之滨。

或者我们可以设想他在热那亚那种喧嚣的市井生活中是一个头面人物，或者设想20多岁那个时期他在萨沃纳是一颗燃烧得炽旺的火星。不管怎样，有一件事情是肯定无疑的，他即使进过学校的话，所受的教育也很少。

　　费迪南德断言他父亲在帕维亚大学上过学。这个说法不仅已为那个古老的基金会所保存完好的入学登记簿所否定，而且也为哥伦布的拉丁文是在他已完全掌握好西班牙文以后才学到手的这个内证所否定。在保存下来的哥伦布作品中除偶有的名词或成语以外没有用意大利文字写成的东西。这是西班牙哥伦派的重要论点。此外这些人还举出下列一些事实。可能属于他的一些最早期作品（有一本书边注时间为1481年）都是用西班牙文夹杂着葡萄牙文写的。他的一切信件甚至连写给热那亚朋友和圣乔治银行的信件都是用西班牙文写的。当他晚年给普林尼的《自然史》意大利文译本加注释时，除一个边注以外（这个边注用的是很蹩脚的意大利文）都是用西班牙文写的。他提到的作家没有一个用意大利文字写作的。对但丁的《神曲》中的美人、对尤利西斯①的最后航行和海洋上光的游戏，哥伦布显然不知道。

　　实际上，哥伦布作品中缺乏用意大利文字写成的东西这点与其用来说明他不是意大利人，倒不如说这是他出生于热那亚的有力证据。哥伦布时代的热那亚方言和托斯卡纳语或古典意大利语大不相同，其

———
① 尤利西斯又称俄底修斯或奥德赛，是《伊利亚特》和《奥德赛》两大史诗的主人公。——译者

不同的程度胜过于现代（1910年左右一个热那亚人在罗马法庭上讲话必须雇请一个意大利语翻译），甚至比威尼斯方言和那不勒斯方言的差别还大。这是一种用于普通谈话、从来没有用文字写过的语言。一个贫穷的热那亚孩子一定不懂意大利文字，除非他在学校里学过它。克里斯托弗即使不是完全没有受过教育，也肯定是早就几乎完全离开了家乡。他最终才知道用卡斯蒂利亚语言读书和写字，因为这是他在新伙伴中间必须使用的语言文字。许许多多的意大利农民侨居外国的情况正是如此。他们在家乡未受过教育，在到达新世界以后根据所在国的需要，学会了用英文、西班牙文或葡萄牙文读书和写字，最后把早年学会的语言忘记了。

近年一位很著名的当代的西班牙语文学家拉蒙·梅嫩德斯-皮达尔[①]曾对哥伦布的作品进行过仔细的研究，〔他发现〕发现家写作用的不是犹太人的西班牙文或意大利人的西班牙文，而是葡萄牙人的西班牙文。到晚年的时候他用卡斯蒂利亚文字写作，但拼音方法却是葡萄牙文的拼法，特别是对元音字母如此。这就证明他在学会卡斯蒂利亚语文以前讲的是葡萄牙语言。在他以里斯本为根据地从事航海业的10年间，卡斯蒂利亚语言在葡萄牙知识阶层中间是最受欢迎的语言，当时哥伦布已和他们密切结合在一起。稍后，吉尔·比森特[②]用卡斯蒂利亚文字写他的剧本。甚至连卡蒙斯[③]也用这种文字写他的十四行诗。所以像我们所熟知的哥伦布那样一个有雄心壮志的年轻人自然会选择这种广泛使用的比较文雅一点的语言。但同时用葡萄牙文写作也是可能的。在他去西班牙以前这个时期里，他的作品中只有一些简短的注释保存下来，这些注释都是用卡斯蒂利亚文字写成的。

哥伦布在热那亚这个地区居住大约有22年之久。这对他未来的

[①] 《克里斯托瓦尔·哥伦的语言》，载《西班牙公报》XILII，i（1940年1—3月）第1—28页。
[②] 吉尔·比森特（1465—1537年）：葡萄牙剧作家。——译者
[③] 卡蒙斯（1524—1580年）：葡萄牙诗人。——译者

事业如果有影响的话究竟有什么影响呢？热那亚肯定是一个适宜于任何一个积极肯干的渴望从事海洋探险的年轻人的活动场所。利古里亚共和国把自己的胸膛沐浴在利古里亚海之滨，把一双手臂环抱着大海：一只手臂伸向萨沃伊，一只手伸向托斯卡纳。壮丽的热那亚，从它那里向南望去看到的是一个清澈的地平线。热那亚充分享受着太阳的光热。整个冬季太阳天天在大海上空自东向西旋转，到了夏至节落到贝古伊亚山后去。清新的西南风经过漫长旅途从地中海吹向沿岸梯田，给那里的葡萄园和牧场带来足够的墒情。造船业在沿岸一些小海湾和港口里进行。有两排桨的单层甲板帆船和大帆船经常收拾得干干净净地从爱琴海、黎凡特地区[①]和北非开来。虽然共和国已有过一些较好的日子（像当时大多数共和国那样），它还是珍爱着像维瓦尔迪（他早在 1291 年就找到了经非洲去印度的海洋航路）那样一些航海家的传统，珍爱着马洛·切洛（加那利群岛发现者之一）的传统，而安德烈亚·多里亚[②]则尚未出世。热那亚有一所培养制图人才的著名学校。它供应了半个地中海所需航海指南图。当葡萄牙人需要他们的非洲新领土地图时，他们也来找它。可以很好地设想年轻的哥伦布是在这样一个店铺里开始学习制图工艺的，因为他后来和他弟弟在里斯本曾努力地从事这个职业。也可以描写他是在圣港安德烈亚家里从一个编织机房间若有所思地在注视着海港的，或者设想他在萨沃纳干他所不喜欢的行业时，让自己的目光从他家里凝望着辽阔的地中海。在这里他甚至也可能是在思索他的伟大事业，因为一个大人物的成就往往只是他少年时代梦想的实现。[③]

[①] 指地中海东部沿海地区。——译者
[②] 安德烈亚·多里亚（1468？—1560 年）：热那亚海军上将、政治家。1528 年解放热那亚建立新政府。1532 年战胜土耳其军队，1535 年征服突尼斯。——译者
[③] 这是保罗·雷韦利《哥伦布与热那亚制图学校》（三卷本，热那亚，1937 年）的主题。此书推理丰富，但联系的事实很少。

这种推测要让诗人或小说家去做而不要让史学家来做。总而言之，关于哥伦布 23 岁以前的生活我们现在所知道的和将来可能知道的大概永远只是：他在热那亚和萨沃纳帮助他父母从事过体面的毛纺织业务，他没有进过学校，没有享受过特权，但是，他青少年时代的生活也并不那么艰难和那么痛苦，以致使他日后对"这个高尚而伟大的海滨城市"失去忠诚。

第三章 乐意海上航行

1473—1477 年

> 愉快地在海上航行，
>
> 胜利更会使你
>
> 去挣得珠宝和黄金……
>
> ——迈克尔·德雷顿：
>
> 《献给弗吉尼亚人的航海》（1606 年）

克里斯托弗什么时候开始首次航海呢？他自己的叙述似乎前后矛盾。大约在 1501 年他写信给两位国王说："我在年纪还小的时候就在海上航行，这样一直持续到现在。这种〔航海〕艺术使得沉溺其间的我觉得非要了解这个世界的秘密不可。现在我从事这个行业已过去 40 年了。"① 在 1492 年 12 月 21 日的《航海日志》中，他又说："我从事航海事业已 23 年，中间没有任何值得一谈的事情离开过一阵。"据费迪南德讲，在另一个地方"他父亲说过，他开始航海是在 14 岁的时候"。一位了解哥伦布家庭的热那亚年代史编辑安东尼奥·加洛说过，克里斯托弗和弟弟巴塞洛缪"Puberes deinde facti"（这几个字可指 14—21 岁任何年龄的青年人）照着他们同胞的习惯开始航海。②

---

① 此信全文（哥伦布本人抄件）载他的《预言书》（《文件和研究全集》第 1 辑第 2 卷第 79 页）。这一部分是费迪南德（第 4 章）和拉斯·卡萨斯（第 3 章）引用复印过来的，后者只注日期。这封信肯定是他第三次西航回国后写的。

② 费迪南德著《克里斯托弗·哥伦布的生平和事业史》第 4 章（第 1 卷第 32 页）。撒切尔著《克·哥伦布：生平、事业和遗物》第 1 卷第 190 页。

因此，照哥伦布自己的讲法，他开始航海是在 1461 年、1465 年或 1469—1470 年；照加洛的讲法，如果他是 14 岁下海，那就是在 1465 年的某一天；如果是 21 岁开始航海，那就是在 1472 年的某一天。可是，如我们已经讲过的，已有文献证明，1470 年 9 月 22 日和 10 月 31 日他在热那亚；1472 年 3 月 20 日和 8 月 26 日他在萨沃纳。1473 年 8 月 7 日他也在萨沃纳。这些事实说明什么问题呢？

让我们这一次接受马达里加的建议，"丢开沾满灰尘的文件，回到肉体和灵魂上来吧。"① 我们并不打算硬要一个海员做这些记忆上的加减，或者设想克里斯托弗在做织工的时候双脚从未跨过船舷一步。一个在海边长大、终于变成著名海员的孩子根据哪一点要说他什么时候首次下海呢？他什么时候开始玩小船、做首次通宵航行、因出了一把力接受首次报酬呢？或者说他什么时候启程、开始首次远航呢？这位作者如果回忆他乘一条独桅帆船绕着德塞特山做首次巡航，他就可以夸口说（无疑他已夸过海口）他"这 40 年"都从事海上航行。但是，如果他首次真正航行说的是跟随哥伦布之后做出来的，那么这 40 年应缩短为 4 年。他这话使人想起一位老水手在缅因州一个邮局里高声朗读一张明信片。明信片是一个乘一条海岸纵帆船刚刚离家的青年人写来的。明信片上写道："我已平安抵达波士顿，航行顺利！"这个惯去霍恩角的老水手鼻子哼了一哼说道："这算航海吗？出去才两晚！"

克里斯托弗生活在一个航海业发达的社会里，那里每一个健康的青少年都尽可能早地下海操舟。先说下海捕鱼吧！黄昏时候，人们驾着渔舟随着海岸微风出海，在星光下整晚点起火把网沙丁鱼，到天亮时候，趁清新的西南风返航，然后把捕获的鱼儿争先送到市场上去。再说短程旅行，人们乘坐班船（单桅快艇）东到内尔维、菲诺港、拉

---

① 《克里斯托弗·哥伦布》1940 年第 36 页。

帕洛，西到科戈莱托和萨沃纳。也许再来一次远航，从热那亚去科西嘉，再从那里回来。一次大胆的冒险，他就可以得到许多愉快的感受。他会看到一座高高的凸凹不齐的海岛：远远望去，就像是一排小岛浮现在海面上，走近了才看出它们已并成一座大岛；颜色也由蓝色变成绿色。原来看见岸上那些白点都变成了房屋。船只停靠在一个陌生的港口里，那里的人望着你，用一种离奇古怪的方言急促不清地说着话。如果你给他们以机会，他们就是海盗（斯基珀曾经这样讲过）。岸上还有不少奇妙的女郎，比老家市镇上那些姑娘要美丽和开朗得多。

利古里亚沿岸绝大部分贸易都是从海上来去。如果克里斯托弗喜欢航海的话，他父亲自然会让他沿着这个海岸去购买羊毛、葡萄酒和乳酪，并且让他去推销纺织品。多梅尼科自己或许待在萨沃纳，而克里斯托弗则驾驶一条小小的三角帆船每周一次或两次去热那亚，帮邻人接送货物。这种沿海岸航行的经验不会受人轻视。谁能驾驭好一条小帆船，谁就是在驾驶大船的道路上前进。谁能战胜一场突然从山上袭来的狂风，谁就做好了一半迎接海上暴风雨的准备。

统帅的儿子费迪南德原不妄想了解他父亲是什么时候和在什么情况下首次下海的。他说，因为"在我有这个胆量去请求他讲明这件事情以前"统帅就去世了；"或者更确切地说，在那个时候我还是个少年，脑子里远远想不到这类事情。"不过在他那部"百宝全书"第四章中，费迪南德却引用了他父亲1495年1月在伊斯帕尼奥拉写给两位君主的书信（此信已遗失）中的一段话。为了说明领航的机运和错误，哥伦布写道：

"碰巧国王雷内（上帝已夺去他的生命）派我到突尼斯去掳取一条三桅帆船'费南迪娜'号。离开撒丁尼亚附近圣皮埃特罗岛时，我得悉那里有两条普通船：一条大帆船和这条所谓的三桅船。这个消息打乱了同伴的计划，他们决定不再前进，立即折回马赛，夺取另一条船和更多的人。我看到不用点儿计谋就无法违抗他们的意志。于是听从他们的心愿,'改变'磁针的'馈给',夜晚起航,到次日日出,当大家确信我们是在回马赛的途中时,我们已到了离迦太基角不远的地方。"①

对于一个海员来说,这是哥伦布所有作品中最有吸引力的篇章之一。这位日后的海洋统帅宣称,他作为一个青年船长设法修改了罗盘磁针,以致当罗盘标度板上读北西偏北(去马赛的航线)时,他的船实际上是走西南偏南方向(即去突尼斯的航向)。这样办得到吗?我应该说,这样骗骗水手们是办得到的,虽然据我所知在一切航海文献中都没有这种记录,但哥伦布在第一次西航期间这种"做伪"计谋曾经做得巧妙无比。普通水手不会观察星辰而风向又多变化,所以船在风浪中方向错误他们看不出来。在当时罗盘标度板上把磁针向下按住就可以使它的指向变动。即使不如此,船长也可以用磁石破坏磁针这一端的极性,而把另一端重新磁化。

另一个疑难点是距离。从圣皮埃特罗岛到瓜迪亚角(船只在到迦太基角以前一定经过此角)是 130 海里。从圣皮埃特罗岛南面托罗岛走东南方向到非洲最近点是 110 海里。当时没有哪一条船航行一夜就能到达迦太基角。不过我们可以允许哥伦布稍微夸张一点儿,也许到中午他们已抵达非洲海岸了。一个人在若干年后忘记了这些事情。这就常常使得一个老水手要根据他的测程仪去查证出色的一日航程和海洋交通费用。

这个故事和安茹的雷内(幸福纪念中的贤王雷内)的历史相符合。他的军队虽然已在 1461 年被撵出了热那亚,但他仍继续租赁热那亚的大划船去抵抗北非伊斯兰教各国的海盗船以保卫普罗旺斯地

---

① 费迪南德著《克·哥伦布的生平和事业史》第 1 卷第 28 页;《文件和研究全集》第 1 辑第 1 卷第 289 页;相同的一段文字引自拉斯·卡萨斯著作(1927 年,第 1 卷第 32 页),它无疑是从费迪南德著作的西班牙原文本引用过来的。

区，还要去抵抗加泰罗尼亚以保护他的各种事业。直到1472年，他还支持过加泰罗人反对阿拉贡的胡安二世（他的王位被儿子觊觎）的叛乱①。三桅船"费南迪娜"号这个名字使人想起它是一条阿拉贡船。我们在前面一章已经讲过，年轻的克里斯托弗在1470年10月31日（那时他在热那亚承认一张葡萄酒账单）至1472年3月20日之间没有活动记录。在1472年8月26日—1473年8月7日之间也缺乏记录。在头一个间歇期（15个月），雷内还在同阿拉贡国王作战。这时候克里斯托弗竟能够乘一条武装的热那亚船只为昂热人出力，哥伦布自称当时他担任船长，这是件不可能的事情。一个大部分时间都从事梳毛和织布的20岁左右的青年人哪里能够这样迅速地上升到船长地位！我疑心哥伦布在雷内的船上实际不过是一个普通海员，是当迦太基角进入视线时那些发现玩弄他们的这个阴谋的水手之一。到差不多四分之一个世纪以后在给国王的一封信中谈到这件事时，他所以自称船长为的是这样比较适合他当时的海洋统帅身份。②

如果说为雷内服务给哥伦布提供了首次海上冒险的机会，那么为了援助希俄斯离开故乡远征，那就是他第二次海上冒险。他在发现美洲首次西航中，两次（一次在古巴，一次在伊斯帕尼奥拉岛）把当地的秋葵树写成乳香黄连木（不大准确），他说，"我在爱琴海希俄斯岛上曾经看见过"这种乳香黄连木，从它身上能榨出有用的乳香胶汁来（现在仍然如此）。③

---

① R. B. 梅里曼著《西班牙帝国的兴起》(*Rise of the Spanish Empire*) 第2卷第56—57页；约瑟夫·卡尔梅特著《路易十一世、胡安二世与加泰罗尼亚的革命》(*Louis XI, Jean II et la révolution Catalane*)（图卢兹，1903年）；A. 列科伊·德·拉马尔什著《国王雷内》(*Le Roi René*)（巴黎，1875年）。昂热档案馆似乎从未找到过为雷内服役的热那亚船舶记录，确认或否认这个故事的证据如果能在那里找到的话，那就应该在昂热这个地方。

② 给整个故事提出来的一个过分挑剔的异议是说这件事"把哥伦布"当作凤敌"泄露了给费迪南德国王"。在15世纪费迪南德一定不愿意每个人改变立场。

③《航海日志》11月12日（两次）和12月10日，他在日志中提到在希俄斯收集乳香黄连木的经过，在首次西航给两君主的书简中也谈到了这件事。

希俄斯岛在1346年已被热那亚一个私掠船队占据。共和国把岛上的土地、贸易税收的垄断权酬给船队的主人们。这些特权所有人组织一个公司取名莫奥纳。莫奥纳统治和开拓这个岛确实像17世纪法国、英国和尼德兰的股份公司开拓北美洲他们的几个地区一样。统治希俄斯实质上就是让莫奥纳垄断乳香，乳香当时享有名药声誉，其价值远高于现在。在土耳其人出现在该岛以前，莫奥纳赚钱非常多。此后，由于献金和搞防务，这个公司不得不向圣乔治银行借贷巨款。①

哥伦布在他的最后遗言和遗嘱中吩咐给五个热那亚个人或家族分赠遗产，其中三个的姓名是"热那亚商人"路易斯·琴图廖内、他的女婿巴蒂斯塔·斯皮诺拉和琴图廖内的朋友保洛·迪·尼格罗的后人。② 这个琴图廖内家族是在早期财富开发中占重要地位的那些商业金融企业中的一家。它在地中海沿岸以及西班牙和葡萄牙都设有分支机构。甚至还派遣了一个远征队深入非洲内地寻找黄金。③ 据悉哥伦布曾在1478—1479年受他们雇用，看来他们派他去希俄斯是很可能的。因为1474年吉奥弗雷多·斯皮诺拉曾在萨沃纳装备好一条船名叫"罗哈纳"去希俄斯做生意并防备土耳其人。关于这条船的记录现在仍旧保存着。其中提到它除载运水手和士兵外还载有一批"萨沃纳的工人"，其中包含织布工人。哥伦布肯定是这批工人中间的一员。他怎能放过这种机会呢？到1475年，另一次更艰难的远征包含尼科洛·斯皮诺拉和保罗·迪·尼格罗两家的船只，又离开热那亚前往希俄斯。

---

① 威廉·密勒著《论拉丁东方》(*Essays On the Latin Orient*)（1921年）第298—313页；卡尔·诺普夫：词条"朱斯蒂尼亚尼"载《科学和技术大百科全书》(*Allgemeine Encyclopädie der wissenschaften und künste*)。

② 《文件和研究全集》第1辑第2卷第266页。

③ 查理斯·德拉·龙锡埃雷著《中世纪非洲的发现》(*Découverte L'Afrique au moyen âge*) 第3卷第30页。

在这些航海活动中，哥伦布不是参加这一次就是参加了另一次。① 我们可以设想他和一群水手乘一条热那亚大帆船或大划船航行在墨西拿海峡，经过斯基拉和查古迪斯两地，跨过爱奥尼亚海，到达马塔潘角，再通过塞提拉岛后面的塞尔维海峡，看到建立在休尼龙姆角上的波塞冬②神庙的圆柱，在安德罗斯岛和埃维亚之间过德奥罗海峡，最后幸而趁上清新的北风就走完最后旅程到达马斯蒂卡角，即希俄斯岛。如果不是在雷内手下那些时日的话，他就是在这些航程中学会了"收帆、缩帆和掌舵"，学会了目测距离，学会了适当地抛锚、起锚以及其他一切航海技术。哥伦布只是在一座实践的大学校中用老式方法、经过艰苦奋斗才学会航海技术的。至于书本知识如数学和一些占星术概念，那是后来在岸上学到手的。

从希俄斯回来不久，哥伦布参加了一支舰队。命运之神玩弄他，把他抛向了葡萄牙海岸。1476年5月，当时大多数地中海国家都在进行战争。热那亚组织了一支庞大的运输船队，把大批希俄斯的乳香送往里斯本、英格兰和佛兰德去销售。三条三桅帆船、一条大军舰分属于斯皮诺拉家族、迪·尼格罗和他们的同伙，组成这支大船队。第五条船名叫"贝查拉"号。这是一条佛兰德船（这个型号英国人称为科格，意为小渔船），水手大部分是萨沃纳人。哥伦布大概就驾驶这条船。在船上职员或旅客名单中找不到他的名字，可见他只是一个普通水手。这个船队于5月31日由诺利开航西进，安然无恙地通过了直布罗陀海峡。1476年8月13日当他们沿葡萄牙南部海岸前进到达拉古什附近，离圣维森提角不远时，一支法兰西—葡萄牙联合舰队突然向他们展开攻击。联合舰队由13艘或者更多的舰只组成，指挥官是著名的海军英雄纪尧姆·德·卡塞诺瓦。热那亚和法兰西被认为处于

---

① G. 佩萨格诺著《哥伦布问题》(*Questioni Colombiane*)（《研究祖国历史的利古利亚学会学报》, LIII, 1926年）第601—604页。
② 波塞冬：海神，传说他常用三叉戟砸开岩石呼风唤雨。——译者

和平状态，但因为"贝查拉"号挂的是勃艮第国旗，勃艮第与法王路易十一正在交战，所以卡塞诺瓦把热那亚整个船队视为合法的战利品。不过热那亚人也并不是容易就范的猎获物。他们以三条三桅船对抗对方同数量的船只，另两艘对抗其余敌人。激烈而艰苦的战斗进行整日。到夜幕降临时，三艘热那亚船和四艘敌舰被击沉，几百名水手被淹没。幸存的船只乐得退出战斗去寻找最近的友好港口进行修理。哥伦布参加了战斗，所乘船只（可能是"贝查拉"号）被击沉。他受伤落水，幸而抓住漂浮在水面上的一条长桨。他推桨前进，疲倦时就骑在桨上歇息。漂流了6海里，才设法在拉古什附近登陆。当地人民亲切地接待了这位生还者。最后，哥伦布取道去里斯本，在那里受到热那亚侨民的接待并帮他治好了创伤。①

克里斯托弗就是这样偶然地置身于这个殷勤好客的国度里的。他在开始他后来那桩伟大的新事业以前就在这个国度里多次从事过海洋探险航行。据费迪南德讲，海洋统帅在一个论证热带和北极可以住人的笔记中写道：

"1477年2月，我航行到图勒岛以外100里格的地方，这个岛的北部在北纬73度，而不是某些人所说的63度。它也不在托勒密所讲的西方从此开始的子午线上，而是在更远的西边。这个岛面积有英格兰那么大。英国人，特别是来自布里斯托尔港的英国人，都带着他们的货物来到这里。在我到达那里的季节里，海上并不冰冻，但海潮非常大，有些地方海潮一掀起就高达26布拉乔②，一落下去就如堕入深渊。"

现在从这段笔记里我们能得出什么结论呢？图勒指的是冰岛，

---

① 费迪南德著《海洋统帅克·哥伦布的生平和事业史》第5章（第1卷第33—35页）是这次事件的材料来源。但书上说哥伦布站在一个名叫小科伦波的海盗一边则是误会，因为小科伦波和威斯尼舰队的战斗发生在1485年，那时哥伦布已到了西班牙。可参考欧文·华盛顿的《哥伦布传》第3卷和萨尔瓦格尼尼的作品（载《文件和研究全集》第2辑第3卷第135—177页）。
② 1热那亚寻（即布拉乔）等于22.9英寸。

这是肯定的。克里斯托弗到达里斯本时身无分文，一旦有机会他自然会上船航海。已经知道，里斯本、亚速尔群岛、布里斯托尔港和冰岛之间海上贸易兴旺。北纬 63 度 30 分（不是 73 度）正好在冰岛南岸，不过哥伦布对于勘查纬度并不那么在行，而他这趟航程中的船长大概也不比他高明。冰岛没有英格兰那么大，它的西岸确是在托勒密视为僻远的地方——费罗岛那个子午线的西边。北极开拓者同意冰岛以北 300 英里以内有几个冬季不结冰的说法，而斯特方松①则找到了历史上的证据——1476—1477 年冬季没有冰封。奇怪的是哥伦布既然访问过冰岛，看见了那里的峡湾，他为什么在他的《航海日志》（1492 年 12 月 21 日）里谈到了他以前航海的极限，却没有提到这些峡湾，并且做出结论说海地的阿库尔湾是他看见过的海港中最好的一个？但作为一个南方人他可能觉得那些峡湾是令人厌恶的，所以不提它们。还有，他在手抄的《世界的形象》的边注中写过："一天航行越过图勒岛，那里海面是结了冰的。"这个说法也奇怪。但是哥伦布一定访问过爱尔兰的戈尔韦湾，这里是去冰岛航程中的一个停靠港。他在手抄的埃内亚斯·西尔维奥著《自然史》②的页边空白处写道："位于东方的中国有人到过这里。我们见过许多异常事物，特别在爱尔兰的戈尔韦，我们见过两条随波逐流的小船，船上有一个男人和一个女人，样子非常奇特，他们大概是脸型扁平的芬兰人或拉普人。"著者还说，"北边海洋既不冰冻，也不是不能航行的。"③

这次冰岛之行中唯一使人困惑的事情是所谓 50 英尺高的巨浪。

---

① 维尔希奥米尔·斯特方松（1879—1962 年）：北极开拓者，《我和爱斯基摩人生活在一起》、《顺适的北极》和《格陵兰》等书著者。——译者

② 埃内亚斯·西尔维奥（1405—1464 年）即意籍教皇庇护二世。著述很多，《自然史》是名著之一。《自然史》原名 Historia Rerum 可译物质史或物质的探究，但通译《自然史》。——译者

③ No. 307《世界的形象》，No. 10《自然史》（《文件和研究全集》第 1 辑第 2 卷第 395、292 页）。

这种巨浪在地球上只有两三个地方可以看到。在冰岛首都雷克雅未克巨浪起伏范围不过 13 英尺①。要解释这个现象需要花费好些时间和精力。"他们乘船航海、在大海上从事他们的业务",看见了许多不可思议的"深海奇观"。老水手们知道赞美诗作者讲的是真话。我们今天却不谈论这些事情,因为我们知道事情并非如此。在哥伦布时代什么事情都是可能发生的,每一件明显的怪事或奇迹都有人报道过。因为海潮这个"庞然大物"而去否认哥伦布这次冰岛之行,并不比因为哥伦布在第三次越洋航行时,报错了北极星的极地距离(他在帕里亚湾航行时根据错测的结果就说这里是地球的隆起部分,好像妇女的胸膛一样)而去否认他的这次西航更有理由。

  冰岛之行记载在费迪南德所著《海洋统帅克·哥伦布的生平和事业史》第 4 章。在这一章里他把哥伦布作品里所能找到的有关他早年航海的每一件资料都收录进来,其中大部分资料都根据别的资料核对证实过,所以无疑都是可靠的②。因此,哥伦布在 1476—1477 年冬季曾航行到过戈尔韦和冰岛,并且北向挪威的扬马延岛航行了若干距离,然后于春初返回里斯本:这点是没有理由可以怀疑的了③。

  承认这次航行确有其事,那么它的可能有的目的是什么呢?普林尼讲过:北极气候是这样温和和适度以致使那里的居民厌世而轻生自杀④。大概哥伦布或他的船长是急于想到那里去检验普林尼这个论断吧。说真的,这次航行把哥伦布带到冰岛和冰岛以远的地方,也可能是某一个有胆识的葡萄牙船长另有一种没有记录下来的企图——结合

---

① 我把哥伦布和他的儿子在第四次西航时对伯利恒河口沙洲深度所做叙述做个比较就弄清了费迪南德测量水深浅的寻 braccio 不是西班牙文的寻 braza,而是热那亚的寻 braccio,它合 22.9 英寸。

② 这一章包含"我已航海 40 年"这封信的一部分(全文载《预言书》),哥伦布抄写的皮埃尔·德·阿伊著作里的两个边注、第一次西航《航海日志》上的两段引文,没在别处证实的安茹的勒内和冰岛之行。

③ 佩萨格诺在前引书(见前第 65 页注①)第 608 页上指出,1476 年 12 月 12 日热那亚派一支船队去英格兰,并吩咐船队顺道访问里斯本。哥伦布可以乘坐其中某一条船,到亚布里斯托尔换乘英国船去冰岛。

④ 致双王书简,1502 年 2 月 6 日,载《文件和研究全集》第 1 辑第 2 卷第 161—162 页。

北极开发事业兼做盐渍鳕鱼生意以谋求利润。

还有一个问题没有解答。哥伦布这次航行到冰岛是否收集到了有利于他后来的伟大事业的任何信息呢？谈到这一点，一个新的"北欧"神话现在正在形成中。据暗示说（原先在议论，最后竟断定是已经证明了的事实），哥伦布在冰岛获得了有关格陵兰和莱夫·埃里克松①的温兰的信息，但那是他的"秘密"。温兰这北欧人的野葡萄之地就是他打算横渡大西洋去重新发现的地方。

有关温兰的信息一定很受哥伦布欢迎，但是如果有这方面的信息，费迪南德也一定会把它写入他那部著作的第10章中，因为在这一章中他已把他父亲在注释中提到的一切神秘的和"传说的"岛屿汇集在一起。既然这一章里没有写到温兰，那我们就可以肯定哥伦布从来没有听人说过这个地方。换句话说，我们如果承认费迪南德关于冰岛之行的肯定的证据，那我们也必须承认他说哥伦布在那里不曾获得有用的信息这个否定的证据。温兰的故事是不容易被他听到的，除非他学会了冰岛语言并且上岸参加过讲英雄传奇故事的集会。不过，格陵兰他却很可能听人讲过，因为冰岛只是最近才和那里的斯堪的纳维亚侨民失去联系，在1492年以前的文献中曾有少数地方提到它。新"北欧"神话的作用是指出格陵兰就是美洲，格陵兰在冰岛西边，所以格陵兰给哥伦布指引过道路。但是在哥伦布以前的地图上格陵兰常常被描绘成为亚洲西北部一个半岛出现在冰岛上方。这样对哥伦布就没有什么重要性。他对格陵兰的主要产品白隼和海象长牙也不感兴趣②。因此，没有理由去设想哥伦布在他的冰岛之行中除航海经验和探险精神双丰收以外还有任何收获。

---

① 挪威水手、探险家，他向西航过北大西洋，发现他起名温兰的一片大陆，温兰意为葡萄之地，因为那里盛产野葡萄。——译者

② 洛利斯关于冰岛之行的讨论以及关于哥伦布计算纬度不准确的推测，见《文件和研究全集》第1辑第2卷第212—217页。

克里斯托弗自从丢开他父亲的纺织机以来从未有一刻偷闲过。从热那亚到马赛和突尼斯航行一次。从热那亚到希俄斯航行一次或两次。从热那亚出直布罗陀海峡航行一次，这次以参加一次海战告终。他负伤落水，泅水上岸到达里斯本。再从里斯本航海去爱尔兰、冰岛和北欧一部分地区。眼下他在准备一桩伟大的事业，也许这桩伟大事业已在他的灵敏的头脑中酝酿成熟了。

第四章 卢济塔尼亚

1477—1485 年

> 看她坐在这里,
> 卢济塔尼亚的女神!
> 这里是全欧的命脉和要冲:
> 海洋从此开始,
> 大陆在这里告终,
> 太阳也在这儿落入碧绿的大洋中。
>
> ——卡蒙斯:[①]《卢济塔尼亚人之歌》,iii20

到1477年春,哥伦布回到了里斯本。他自从在圣维森提角附近参加海战后,晒干了衣服和恢复了元气以来,头一次在这里待到了初秋。

哥伦布侥幸在葡萄牙登陆,这成了他一生事业的转折点,因为葡萄牙当时是世界海洋航运业和探险发现事业的中心,机运把他冲到这个中心的海岸上来了。他如饥似渴地想学习每一件事物:葡萄牙语文、卡斯蒂利亚语文、远航水手语言、读古老地理著作的拉丁文本、掌握天体导航术的天文学和数学、造船学、帆缆装配方法等,而最重要的则是探险和发现;他也正好待在能够教他学会这一

[①] 卡蒙斯(1524—1580年):葡萄牙诗人,所著《卢济塔尼亚人之歌》是一部享有世界声誉的葡萄牙英雄主义史诗。初作于印度果阿,续作于我国澳门(澳门现尚存诗人写诗时所住过的石洞)。——译者

切的人群中间。

葡萄牙这个古代的卢济塔尼亚,是当时欧洲最有生气和最先进的国家。在中世纪末叶只有它在扩展这个已知世界的边界。它不仅发现了以前毫无人烟的亚速尔群岛并向那里移民,还在差不多半个世纪之内不断地把船只沿西非海岸越来越远地驶向南方。卡蒙斯的粗鲁的水手已经证明,热带海洋可以通航,赤道一带的陆地可以住人。他们已经打破了阿拉伯人所谓"阴暗的绿海"的神话。他们正在学习靠天上星辰找航路的技术。在海上航行中,他们已获得这么大的信心以致每隔几年就兴起一个越过亚速尔群岛去发现新陆地的企图。

亨利亲王[①]是这个开拓前进运动的创始人。在这以前人们已有了这种开拓发现精神。他组织好这种发现活动。他的总部就设在圣维森提角,地处葡萄牙和欧洲西南角,距哥伦布泗水登陆的地点只有几英里远。由于当地常年刮的是北风,由南欧开往北欧的大划船和帆船都要在这个角的南面萨格里什锚地停泊,等候顺风。于是,锚地就成了一个天然的航海信息交换中心。突出在锚地之上的是挡风的悬岩,亲王就在这个荒凉的悬岩上兴建一座小城,小城备有吸引水手们所需一切服务设施和供应品,其中包含一个信息服务机构。这就使得这个荒凉的村镇变成为现代海洋观测所和水文站的先驱[②]。亨利亲王尽其所能地搜集已知世界的海图和旅行指南或航海指南,尽力网罗能够鼓励水手由海岸进入深水区域的数学家和有能力找到返航航路的领航员。他还鼓励年轻、勇敢、富有进取精神的船主开拓前进,把他们的船舶从拉古什港(沿海岸走去相距只有数十英里)派往一些未知

[①] 对英国作家来说,航海家亨利亲王这个头衔是 19 世纪创始的。
[②] A.方杜拉·达·科斯塔的《亲王城》,载《航海史档案》(*Arquivo Historico do Marinba*) 第 1 卷(1933—1936 年)第 25—26、162—182、251—258 页,它对亲王这些建筑做了很好的文献记录式的描述。亲王确定把这些建筑物建立在萨格里什。

在圣布伦丹一次航海中发生的事件
据1513年皮里·雷伊斯地图

的目的地。

亲王在他收集到的加泰罗和马霍卡地图上发现了远离葡萄牙的大洋中有一连串的岛屿。但这些岛屿除附会圣布伦丹的传说以外没有更确定的意义。圣布伦丹是6世纪的一位爱尔兰的航海圣徒，他的远航传奇是中世纪家喻户晓的故事之一。亲王的船长们在寻找神秘的圣布伦丹群岛时，找到了亚速尔群岛：情况很像哥伦布在寻找印度时无意之间发现了一个新大陆一样。亚速尔群岛中有7个岛是在1439年以前发现的，1452年发现了辽阔的弗洛雷斯岛和科尔武岛（后者离拉布拉多只1000多海里），发现者为迭戈·德·特维和一个西班牙领航员——这位领航员的寿命长到足以鼓励哥伦布西航。这些美丽富饶的岛屿离海岸700海里到将近1000海里远，很快就被葡萄牙人和弗拉芒人占领殖民①。马德拉岛和附近的圣港岛是上个世纪发现的,1418年亲王下令开始殖民。圣港岛的主人巴塞洛缪·佩雷斯特雷洛是哥伦布的岳父②。佛得角群岛是被为亲王服务的一个威尼斯人和一个热那亚人③发现的,时间在1456—1459年之间。④

在亨利亲王指挥下所做的这些非洲航行甚至和美洲发现的关系也比较密切。因为亲王所称佩的史学家阿祖拉拉说过:"最重要的是这位亲王决心要发现别人所不知道的秘密事物。"他的头一个目标就是要发现非洲凸出部分的瑙角或嫩角附近的秘密,但那不是一件容易的事情。

"虽然许多人已经开始行动起来了,而且这些人又都是在武器贸易中因开拓有功而赢得了美好声誉的人,但是没有一个胆敢跨过这个角……说实在的,其所以跨不过去并不是由于他们缺乏勇气或坚强的意志,而是因为他们不得不和一桩完全新奇的事情打交道。这桩事情已经同古老的、在西班牙水手中间流传了许多世代的传说搅混在一起了。⑤虽然这些传说是骗人的,发现的想法,他们即使有也似乎充满着危险,谁愿意在这桩探险事业中头一个去冒生命危险,这确实是个问题。"

年复一年亲王下令把船只派出去寻找嫩角更远的地方,年复一年他们因为跨不过这个角而回到拉古什并一再向亲王道歉。但是,"亲

---

① 萨·伊·莫里逊著《葡萄牙人15世纪航行到美洲》(*Portuguese Voyages to America in the Fifteenth Century*)(哈佛大学出版社,1940年)第11—26页,参考发现亚速尔群岛的文献。

② E. 普雷斯塔格著《葡萄牙的开拓者》(*The Portuguese Pioneers*)第3章。这是写葡萄牙人发现事业的一部最佳英文著作。

③ 威尼斯人卡达莫斯托和热那亚人安东尼奥·德·诺利在1457年发现了佛得角群岛(见江苏人民出版社《葡萄牙史》上册第71页)。——译者

④ G. R. 克朗给《卡达莫斯托的航海》(*Voyages of Cáda Mosto*)一书所写的序言(哈克卢特社,1937年)第XXXVI—XLII页。

⑤ 葡萄牙人有一句语意双关的谚语,把这个传说一语道破了:
当古老的嫩角进入视线时,
我小伙子就不得不转身,要不然就得说声永别了。
这句谚语说的不是现在的嫩角,而是博哈多尔角,或它南面的另一只角。1500年以前所谓西班牙指的是伊比利亚半岛一切国王。

王总是以很大的耐心欢迎这些出去探寻新地转来的船长,从不对他们表示不满。他有礼貌地听他们讲他们的探险故事,并因为他们忠心出勤而给以报酬;随后他立刻又派他们转身再去进行一次同样的远航"①。到 1434 年,当吉尔·埃阿内斯②绕过这个角的时候,亲王的坚韧不懈精神终于得到了报偿。人们发现北纬 28 度以南的所谓大洋恐怖事实上并不存在。不多的若干年之间欧洲船舶就远航到足以俘虏黑奴和进行黄金沙交易的地区。几年后葡萄牙人在靠近北纬 20 度的阿吉恩岛上建筑堡垒,设立商行,到 1460 年亲王去世时他的船只已走过达喀尔,到达听得见塞拉利昂人打招呼的距离内,离赤道已只有 10 纬度了。

亨利亲王重视派船只绕过非洲,是不是想到达印度?当教皇在 1456 年允许葡萄牙对几内亚海岸享有绝对的管辖权并且"沿南岸一直达到印度"时,他的意见是指真正的印度或者是指普雷斯特·约翰③所讲的"邻近的印度",这仍然是个有争论的问题。普雷斯特·约翰是一位基督教精神上的权威人物,据说他统治着亚洲或非洲某个国家。这个神话后面的实体就是阿比西尼亚(埃塞俄比亚)。但是在欧洲人的想象中,普雷斯特·约翰比他们本国哪一个国王都富裕和强盛。为了点燃基督教的逆火④以对抗异教的土耳其,他们都热切希望同这位基督教权威人物取得联络。哥伦布曾一度设想他在古巴就是紧紧追赶着普雷斯特·约翰⑤而前进的!

---

① 阿祖拉拉(戈麦斯·埃阿内斯·德祖拉拉)著《几内亚的发现和征服史》(*Chronica do Descobrimento e Conquista de Guiné*)的伯纳德·迈阿尔译本《航海家亨利的征服和发现》(*Conquests and Discoveries of Henry the Navigator*) 1936 年第 133—135 页。全章完好地说明了水手们的保守思想和他们勉强开辟新航路以及哥伦布对此不得不全力以赴的情况。
② 吉尔·埃阿内斯:葡萄牙航海家,以 1434 年首先航过博哈多尔角出名。——译者
③ F. G. 达文波特编著《影响 1648 年以前美国历史的欧洲条约》(卡内基协会,1917 年),第 9—32 页。马尼亚吉在《意大利王家地理学会学报》(Boll. R. Soc. geog. Ital.)第 6 辑第 5 卷第 553—555 页中引用教皇马丁五世的一道训谕证明他的目的是真正的印度,但是达文波特认为这个训谕是不足凭信的。
④ 逆火,指故意点燃林木以阻止野火蔓延的火。——译者
⑤ 关于普雷斯特·约翰,可参看 G. H. F. 金布尔的《中世纪地理》第 128—132 页。

在亨利亲王去世后,葡萄牙人除了向佛得角群岛移民外,差不多有 10 年没有再向南方前进。到 1469 年国王阿方索五世给一个名叫费谛·戈麦斯的里斯本商人以垄断几内亚海岸贸易之权,条件是他每年要向南考察这个海岸 100 里格。毫无疑义,到这个时候,王室是在寻求一条通往印度的南海航路。戈麦斯的船只迅速绕过非洲的凸出部分,开拓了西非最富饶地区:黄金海岸、象牙海岸和马拉吉塔,在那里找到了几乎和东印度胡椒一样辛辣的胡椒品种。到 1474 年垄断期满时,戈麦斯的船只已完全开过几内亚湾,到达北纬 3 度 30 分费尔南多波岛,非洲海岸从这儿起重新向南伸展①。

当时对非洲的贸易已在亲王若奥指导之下变成了王室的垄断事业。亲王若奥②在 1481 年继承王位称为若奥二世。所以,当哥伦布到达里斯本定居的时候,葡萄牙的海洋事业显然已产生了最丰硕的成果。每年春天一队队悬三角帆的轻快帆船(专门为进行这种贸易而设计的船只)运来一袋一袋的马拉吉塔胡椒、一捆一捆的象牙、一队一队的黑奴和一箱箱的金沙驶入塔古斯河(即特茹河)。到秋天,它们又满舱装着红帽、鹰铃③、威尼斯念珠和各式各样用以换取黑人黄金的物品启碇南行,舱面上则载着马匹以便向黑人酋长换取过高价款。在沿岸各个码头和古老城镇的一些窄街小巷里,从冰岛到喀麦隆各地的语言都能听到。从斯堪的那维亚、英格兰和佛兰德来的水手同西班牙人、热那亚人、摩尔人、柏柏尔人以及改变了信仰的黑人头目互相竞争。若奥通过位于商业广场上的他的宫殿窗口能够看到 12 个不同国家的船只紧紧拉着帆索在水势湍急的塔古斯河上行驶,从船上卸下来的香料使得王室成员鼻孔发痒,船上烤饼干的香味也使得王子

---

① 约翰·W.布莱克的《欧洲人在西非的开端》(1937 年)对葡萄牙人在这个时期的进展做了最精确的描述。
② 若奥二世:即胡安二世或茹安二世。——译者
③ 鹰铃原文 hawkbell,指缚在鹰腿上,中间有活动小弹子,圆形的铃铛。——译者

的胃口大开。新的教堂和宫殿兴建起来了。意大利银行家和犹太钱商围着广场设立了许多办事处。里斯本变成了富裕的、有进取心的、大有希望的城市。所有这一切和死气沉沉、其财物任土耳其人不受惩罚地恣肆掠夺的热那亚形成明显的对比。

里斯本，这个卡蒙斯的高贵的里斯本，现在仍旧是世界较大海港中一个最美丽的海港，在当时对像哥伦布这样一个有雄心壮志的年轻海员来说是全欧最富有鼓舞作用的一个城市。里斯本面向世界而不是面向内部；它追求世界统治，而不留恋历史上的光荣。从它的码头边开航无须经过漫长乏味的航程就可以到达开阔的大海上。跟着落潮从塔古斯河下驶，趁东风越过沙滩，一个180度的扇形水域就会展开在眼前。哥伦布和其他许多水手就从这里向北航行到冰岛和冰岛以远的地方。葡萄牙的水手也从这里向南航行，再沿着非洲海岸前进。为什么不试着从这里向西航行走到日本、中国和印度去呢？

阻碍西航的原因是什么呢？肯定不是天圆地方学说。就和哥伦布有关的一切世俗谬论而言，其中流传最久和最可笑的是说他不得不说服世人使之确信"地球是圆的"。其实当时每一个受过教育的人都相信地球是个球体，每一所欧洲大学都是这样在讲授地理学。水手们虽然可能怀疑"往地球背面航行"或到那里"继续前进"的实际可能性，但是根据在海边观看远处来船时，先只见船桅而不见船身，要待它走近时才"看得见"船如山立这一事实，完全知道地球表面是圆形。据说亚里士多德曾经写过 paucis diebus（只要少量时日）你就能从西班牙跨越大洋到达印度。希腊地理学家斯特拉波（大约死于公元25年）也曾暗示说，这件事情实际上有人尝试过。"那些从环球航行中中途折返的人不说他们没有继续航行是因为受了反面大陆的阻碍（因为海洋仍然是完全敞开的），而是因为决心不够，粮食不足。"

在哥伦布到达葡萄牙以前不久，国王阿方索五世曾经想到过，他的人民也许正在艰难地寻找去印度的通路，西面这条海洋航路可能证明是一条路程较短、危险较少的航路。一位佛罗伦萨学者向他保证：情况肯定如此。

里斯本大教堂教士会一位名叫费尔南·马丁斯的教士在意大利遇见一位佛罗伦萨医师兼慈善家保罗·达尔·波佐·托斯卡内利。15世纪的医师是容易变为好数学家和天文学家的，因为星辰能帮助他们"行医"。从天文学短促地一跃就跃到了地理学，就能估计地球的形状大小。这种转变恰好就是托斯卡内利的癖好。

早在14世纪，马可·波罗和他的哥哥就从东方带回有关中国、中国大汗以及日本岛国繁荣昌盛的奇妙故事，他说日本离中国海岸1500英里。他的想法有些是正确的。《马可·波罗游记》这部书在印刷术发明以前就以无数手抄本流传于世。它在所有读者中特别激起了哥伦布的创造力。但是在15世纪，那些书斋地理学家都认为马可·波罗是个说谎的人，因为他所讲的亚洲疆域比他们从托勒密①地理学所学到的要向东扩展得多。当时崇拜古人崇拜得这么厉害，以致任何发现如果和托勒密的学说相抵触，发现者就得大倒其霉。在哥伦布死后差不多半个世纪美洲制图学还出现一个特点，那就是制图工作者还可笑地妄图把新发现去套合托勒密的亚洲。现在托斯卡内利成了少数承认马可·波罗见解的科学家之一。所以他相信亚洲的东边比其他人所设想的要接近葡萄牙得多。他的朋友马丁斯教士首先把这个意见告诉葡萄牙国王，国王吩咐马丁斯转告托斯卡内利：请他回个信详细说明他的见解。

托斯卡内利从佛罗伦萨给教士回了一封信，回信日期是1474年6月25日。后来哥伦布得到了这封信的抄件，他把它作为他的"案件"的"第一号证据"。托斯卡内利医师听说国王对"由海路去香料之国，比你们（葡萄牙人）经过几内亚去那里路程比较短"这句话感

---

① 托勒密：3世纪时希腊天文学家、地理学家、数学家。——译者

兴趣，十分高兴。他制作了一幅航路图，图上绘有经圈和纬圈，随信寄给国王。在这幅地图上他已标明了一条船由葡萄牙西航到哪里可以登陆的若干地点，这就使得这条船上的船员能够识别陆地，能够使当地人相信"他们对那个国家已有所了解，这肯定会给他们本地人增添不少快乐"——这种快乐是哥伦布永远无法提供的。从里斯本向正西航行 5 000 海里到达中国"蛮子"地区的首府行在（杭州）①。另外一个地区称震旦，住着中国皇帝，即大汗，"这个称号在拉丁语中意思为万王之王"（关于这位统治者稍后我们还要听说许多）。另一条去中国的后备航路要经过"你们所知道的安第利亚岛②，航行 2 000 海里后到达壮丽的日本岛"。那里"黄金、珍珠和宝石最多，他们用赤金盖庙宇和宫殿"。"可见走这条人所不知的航路到达那里要经过的海洋并不太宽阔"。还有更多的事情托斯卡内利都可以解说明白，但是他希望国王最好自己为自己把它们调查研究出来③。

　　无论是阿方索五世也好，或是他的儿子也好，对这封非常重要的信札都毫无作为。对这封信的回答，我们将在哥伦布每一次重要航行的《航海日志》中看得到。葡萄牙满足于她的有希望的沿非洲西岸前进，满足于朝这个方向开拓所给王室带来的巨大利润，满足于奋勇前进的帆船总有一日能打通印度航路的远大前程。

　　哥伦布在葡萄牙旗帜下八九年间确实进行了一些什么活动从来没有人弄清过，因为里斯本遭到一次地震，把我们可能从中发现某些哥伦布活动痕迹的公证人文件和法庭文件都毁坏了。据同时代年代史编辑热那亚人安东尼奥·加洛讲，巴塞洛缪·哥伦布原先已在里斯本站住了脚跟，开设了一个制图所，在他哥哥克里斯托弗到来时就邀他入

---

① 元朝蒙古人称长江以南南宋统治区为蛮子地区，南宋建都杭州当时称为行在。——译者
② 安第利亚：古希腊神话中所讲大西洋中一个想象的岛屿。——译者
③ 信的拉丁文本载《文件和研究全集》第 1 辑第 2 卷第 364 页。亨利·维尼奥的译文（经我修正）见他编写的《托斯卡内利与哥伦布》(*Toscanelli and Columbus*)（1902 年）附录Ⅰ。我很了解前段文章每一件事情都充满争论。

伙，给他传授一些导致后来大发现的概念①。塞维利亚的安德烈斯·贝纳德斯很了解哥伦布，在他著的当代史中把哥伦布写成"一个叫卖印版书籍的小贩，在安达卢西亚地方做生意……一个大有智慧的人，虽然书本知识少，在编写宇宙志和绘制世界地图方面技艺却很熟练"。②哥伦布制图技艺熟练可从他信手绘制出来的海地北部略图（这是现存无疑出自他手的唯一的一幅地图）的精细笔触上看出来，但是说巴塞洛缪教他制图技艺这句话却有问题，因为巴塞洛缪说过他哥哥到达里斯本时他还只有十几岁，如果他的话可信的话，弟弟就不可能教哥哥。诚然，他离家比哥伦布早些，他到里斯本也比后者早，在哥伦布到来以前他可能通过热那亚同乡的帮忙经过了制图学徒阶段。或者，热那亚也有许多制图车间，他可能已在某一车间里学好了制图的基础知识，他找到里斯本来只是把它看作一个有希望的码头。超过50岁的男人像超过30岁的妇女一样容易忘记生日，所以，总督在1512年比50岁更接近60岁，这一点比那位热那亚年代史编辑弄错他的事实似乎更有可能。让我们假定，克里斯托弗确实找到了只比自己小一两岁的弟弟巴塞洛缪，后者1477年正在里斯本经营制图业务；从此兄弟俩变成制图业上的伙伴。他们编制海图以供应葡萄牙海上扩张所产生的巨大需要。

关于热那亚人在里斯本工作并不是一件新鲜事情。50年前或者更早一点，一批热那亚人出钱买下了亨利亲王在圣维森提角所建立的企业，如阿祖拉拉所讲的，"你知道，热那亚人没有赚大钱的希望是不肯花一文钱的"③，许多热那亚船长如乌索迪马雷和安东尼奥·达·诺利都参加了亲王或国王的事业，做出了重要的发现。在早期的西非

---

① 原文和译文载撒切尔《克里斯托弗·哥伦布：生平事业和遗物》第1卷第190、193页；塞纳雷加和朱斯蒂尼亚尼二人抄袭加洛的见解，其说法则随后各页。
② 《教皇史》第118章；译文见塞西尔·简著《哥伦布的航海》(1930年第369页)。
③ 前引迈阿尔译本第128页。

第四章 卢济塔尼亚

地图上甚至有一条热那亚河①。热那亚在黎凡特（地中海东部诸国和诸岛）的势力范围缩小，许多优秀水手和商人被迫迁到里斯本来。他们人数这么众多以致葡萄牙议会在1481年曾吁请国王把他们排斥出境，断言他们除偷窃非洲和西部群岛的机密以外一无是处。最后，国王在非洲终于采取排斥政策；但是当哥伦布到达里斯本时，这个城市里已经有了一个重要的热那亚侨民区。年轻的哥伦布当时是一个乘船遇难的人，大家对他很关心。眼下他们大概都照顾他的制图业务，帮他补充贫乏的知识。我们可以设想，克里斯托弗到达葡萄牙的头一两年就学会了读、写卡斯蒂利亚语文。他也开始掌握了拉丁文的要义。因为他如若希望和绅士及学者们交往，就非得学好拉丁文不可；只有拉丁文能帮助他打开过去知识之锁。

哥伦布在葡萄牙陆上待了多久，我们不知道，但他是1478年夏天重新开始海上生涯的。保罗·迪·内格罗是曾经雇用过哥伦布跑希俄斯的琴图廖内的同事，他在里斯本请哥伦布为琴图廖内去马德拉岛洽商购买2 400阿罗瓦或者更多一点的糖（约6 000磅）。琴图廖内已给内格罗1 290个杜卡特金币去做这笔生意，但内格罗只给哥伦布103.5杜卡特。哥伦布带着这小部分贷款到丰沙尔，在那里立约购买所需的糖，约定待货款付清才把货物装船启运。但是，到船只靠岸装糖时，欠款尚未交清，马德拉商人不肯赊账就拒绝发货，所以哥伦布不得不带着一纸简略的委托书到热那亚去进行诉讼。这件事证明琴图廖内处境为难，他多半已经立约承诺付清全部货款。1479年8月25日，他使哥伦布和其他证人出庭听审，事实都已记录在案。公证员把哥伦布写成热那亚公民。哥伦布报了自己的年龄（27岁或27岁左右），承认有100弗罗林金币由他来支付，还表示希望第二天早晨离开这里去里斯本。②

---

① 皮加费塔的地名表载《文件和研究全集》第5辑第3卷第115页。
② 《阿索雷托文件》，全文载《利古里亚历史和文学杂志》(Giornale Storico e Letterario della Liguria) 1904年第5期第13—16页，译文载抽编《〈航海日志〉与其他文件》。

显然，这位年轻人已赢得了他的热那亚雇主的信任，这才把一笔价值几千元的交易委托他去做①。在他的一生中另一件重要事情就是和堂娜·费莉帕·佩雷斯特雷洛-莫尼斯结婚，这表明他已被葡萄牙一个上层家族认为是一个前程远大的人了。

据费迪南德说，克里斯托弗是在里斯本参加多斯桑托斯修道院附设的一个小教堂做弥撒时遇见他的妻子的。这座修道院属于圣伊亚戈军界骑士团。原来打算是在骑士出征时把它供他们的女眷做静休所，到这个时候却已变成一个时髦的供葡萄牙贵族小姐上学的寄宿学校。修道院俯瞰塔古斯河，离克里斯托弗和巴塞洛缪兄弟的制图所不远。它附设一座允许公众进出的小教堂，青年人在寻找佳偶时都认为这里是一个履行他们的宗教义务的合适场所②。克里斯托弗是怎样求婚的，我们没听说过。这大概是那些逛马路、望窗口的事件之一，其过程就是现代西班牙和葡萄牙青年人所谓"蚀铁"或"含漱"。传记作者只是说"由于他行为高尚、风度不凡而且很诚实"，所以费莉帕女士"就这样认识他，和他交朋友，然后成了他的妻子"。结婚的日期和地点我们都不清楚，但因为他们的儿子似乎是1480年生的，我们可以设想克里斯托弗和费莉帕是1479年下半年结婚的，时间是在他从马德拉岛和热那亚归来以后，地点就在他们初次晤面的小教堂里。不过，婚礼早些时间举行也十分可能。那就是说，克里斯托弗去马德拉购买食糖时，费莉帕曾陪他同行。

在某些作者看来，这种婚姻似乎是不可思议的事情。一个出身卑微，几年以前确实"贫穷潦倒"的外籍制图员怎么能够和王国一个贵族之家的小姐缔结姻缘呢？费莉帕是堂·巴塞洛缪·佩雷斯特雷洛和他

---

① 当时英国食糖零售价每磅为6—8便士（索罗尔德·罗杰斯著《农业和价格史》［History of Agriculture and Prices］第3卷第530—532页）。

② 亨利·维尼奥著《对哥伦布生平的研究》第440页。女修道院在15世纪末以前已有变动，这座古老的建筑物经过无数次变迁后变成了法国公使馆。小教堂在地震后已经重建，公园是里斯本这个花园城市中最可爱的地点之一。

的第三位妻子堂娜·伊莎贝尔·莫尼斯夫人的女儿。佩雷斯特雷洛是高贵的皮亚琴察家族的儿子，这个家族于 14 世纪迁来里斯本，曾在 1425 年参加第二次殖民地远征去过圣港岛和马德拉岛。佩雷斯特雷洛从亨利亲王那里接受一个小岛的世袭总督职位，大约是 1457 年死在那里。伊莎贝尔夫人的父亲希尔·艾雷斯·莫尼斯是最古老的阿尔加维家族中的一员，曾随亨利亲王在休达打过仗。伊莎贝尔夫人在丈夫死后，把她在圣港岛的总督职位出卖给她的继女的丈夫佩德罗·科雷亚·达坎哈，自己退休住在里斯本。她的儿子巴塞洛缪成年后宣告她的出售行为无效，在 1473 年亲自接任圣港岛的总督职位。这使得他的母亲只有微薄的收入以维持她的身份。由于堂娜·费莉帕是她的长女，当她获得年轻的克里斯托弗的青睐时，她芳龄已达 25 岁左右，她的母亲很乐意从此不再支付女修道院的账单，也乐意得到一个风度翩翩的、不要求嫁妆的、很有前途的女婿①。

　　费迪南德·哥伦布不是这次婚姻，而是他父亲继配所结之果。他告诉我们，哥伦布和他的岳母生活过一段时间。他岳母发现他对海上生活怀着巨大的兴趣，就把她已故丈夫讲过的故事搬出来重讲。她讲了一个巴塞洛缪阁下如何几年间就毁坏了圣港岛的有趣的故事。巴塞洛缪初到圣港岛时带去一只母兔和母兔睡的草垫。母兔繁殖得异常迅速，只一年时间就使得全岛到处有兔子踪迹，以致把岛上的青草啃个干净。这迫使葡萄牙人不得不把它们迁移到马德拉岛上去。等到圣港岛生态平衡恢复，才重新向这里移民。费迪南德继续写道，"航海和

---

　　① 维尼奥在他写的《对哥伦布生平的研究》第 424—504 页，用他惯有的彻底手法整理了佩雷斯特雷洛和莫尼斯两个家的族谱。这一段解释则是我做出来的。一些葡萄牙作家和埃德加·普雷斯塔奇对像哥伦布这样一个贫寒的青年能够和一位葡萄牙淑女缔结良缘感到非常惊奇，以致对哥伦布是一个葡萄牙贵族的化名或者是国王的惯用左手做事的堂兄弟这种完全站不住脚的说法也予以青睐。把现代社会这种用势利眼看人的现象应用到 15 世纪去是荒谬可笑的。实际上，堂娜·伊莎贝尔的妹妹比奥兰特就嫁给了一个名叫米格尔·莫尔雅特的人，此人既无门第，又无金钱，更无才智，但乐意受哥伦布庇护。哥伦布把年金或遗产留给比奥兰特，她的侄儿堂·迭戈·哥伦也赠她年金。迭戈还赠过一笔年金给他的表兄弟克里斯托弗·莫尼斯主教，他可能是从海洋统帅的名字而取名的人。

这些故事都使海洋统帅欢欣鼓舞",伊莎贝尔夫人又"把她丈夫留下的海图和书籍拿给他看,使海洋统帅更加激动,于是他用葡萄牙人正在进行的另一些航海活动鼓励自己"①。

关于哥伦布这位贤慧的妻子容貌如何、性情如何,没有半点儿线索留给我们。她的形象在后人的印象中就和发现家的母亲一样模糊。我们甚至不知道她是什么时候去世的,只知道这事发生在1485年哥伦布离开葡萄牙以前。她死后葬在卡莫教堂,地震后的教堂遗迹仍旧能看到在里斯本的老城。关于哥伦布另外几年的活动情况只有有限的一点资料保存下来。显然,他和妻子在里斯本跟伊莎贝尔夫人同住一个短时期后就迁往圣港岛,那里是费莉帕夫人的兄弟巴塞洛缪·佩雷斯特雷洛第二在担任总督和舰长,他们的独一无二的儿子迭戈·哥伦大约是1480年在岛上出生的。②

圣港岛在马德拉岛东北30海里,同大多数西部岛屿一样又高又凸凹不平,从海上望去老远就能看见它。1939年11月14日我们从非洲的布兰科角向圣港岛靠近时,上午10点45分就望见了这个地方,虽然我们的矫健的快艇乘东北贸易风每小时能走5海里,但直到下午4点45分我们才到达巴莱拉镇附近的锚地停泊。我们的主人十分肯定说,哥伦布岳母给他的海图和文件埋藏在岛上某个地方,因为在17世纪人们遭到摩尔人突然搜查时总是把有价值的东西埋藏起来。为堂·迭戈施洗礼的教堂仍旧耸立着。根据传说,附近一栋朴素的房屋就是哥伦布和费莉帕夫人同居过的地方。不过我疑心这个传说是

---

① 费迪南德著《海洋统帅克·哥伦布的生平和事业史》第1卷第38—39页。佩雷斯特雷洛不是以当海员出名的,但是他收集海图和航海日志收集得很完备。

② 迭戈·哥伦1519年在巴塞罗那告诉拉斯·卡萨斯(《西印度群岛的历史》第4章,1927年第1卷第37页):他出生在圣港岛。维尼奥据他平生经历的几件事情,例如他曾给堂·胡安当过小侍从,推算他出生的时间可能是1480年某一个不能确定的日期(《历史考证》[Histoire Critique]第1卷第407页注90)。安赫尔·奥尔特加在《拉拉比达修道院》(La Rabida)第2卷第79页引奥维多的话说迭戈和他同年,而他是1478年诞生的。哥伦布在1477年或1478年结婚,费莉帕在丈夫去圣港岛买糖时同他一道去她兄弟那里居住,就在那里生下迭戈;这些都是可能的。

为 50 多年以前一位来这里寻找哥伦布遗迹的美国人编造的。圣港岛近看不如远看美丽,当年佩雷斯特雷洛的兔子群毁坏了岛上的绿面积似乎至今尚未复原。

也许(没有哪位读者比我更讨厌这些没完没了的或然性说法了),哥伦布夫妻随后几年大部分时间是花在马德拉岛上。当他 1498 年第三次西航中访问丰沙尔时,他在他的《航海日志》中(照拉斯·卡萨斯的解释)写过"他在这个市镇里受到过很好的欢迎和接待,因为他曾在这里居住过一些时候,是这儿的知名人物"①。由于丰沙尔成为一座繁荣的城市已持续 50 年,它自豪地耸立在辟有著名葡萄园的山腰间,哥伦布作为一个经营商业的人很可能在那里居住过。凭借他和森图里翁的关系,以及因结婚而建立的一些新关系,哥伦布应该干得很惬意。据当地传说关于他们夫妻住过的房子还提出了几个可能的地点。②

1481 年老国王去世,他的儿子若奥二世"完美的国王"继位。年轻而精力旺盛、聪明而有学识、精明而有雄心的若奥二世在能力上可与当时任何一个国王媲美。刚好在他登位以前,和卡斯蒂利亚进行的一场持久而无结果的战争以缔结《阿尔卡苏瓦什条约》而告结束,在这个条约中西班牙承认葡萄牙对非洲海岸和加那利群岛以南西班牙所保持的诸岛的绝对权利。若奥二世在当太子时就设法由王室垄断非洲贸易。他决定在黄金海岸建筑一座强固的城堡或设防的商行,借以战胜任何欧洲的竞争对手并使土人遵守秩序。一支由九艘轻快帆船和两

---

① 《文件和研究全集》第 1 辑第 2 卷第 1 页。维尼奥有一个总原则,即除了他已在别处表示过支持的以外,对哥伦布、拉斯·卡萨斯或费迪南德所写的每件东西他都斥之为伪造。这是他的论证方法中一个有代表性的缺点。根据这个原则他无视这段文字并且在他的《对哥伦布生平的研究》中宣称哥伦布从来没有到过马德拉群岛。接着《阿索雷托文件》出现了,维尼奥走得这么远,直到此时才在他的《历史考证》第 1 卷第 41 页中勉强承认"Il est donc permis de supposer que Colomb habitait alors Madère"(因此,可以设想那个哥伦布当时是住在马德拉岛的)。谢谢你,维尼奥先生!

② 丰沙尔平常供人参观的"哥伦布之家"已毁于 1877 年,不过在哈利·欣顿先生的花园里还保留着一个从那里搬来的哥特式的大窗户。哥伦布这栋房子是在 1470 年以前由一个名叫埃斯梅拉多的热那亚商人建造的,此人大概很推崇哥伦布。1478—1479 年间哥伦布曾安然地待在那里,但他结婚时可能有一栋自有的住房。

艘大运输船（货船，像哥伦布乘过的那艘不走运的"贝哈尔"号）组成的船队在里斯本准备好，还配备几百名士兵、石匠及其他工匠。教皇承认对所有参与这桩事业因而献出生命的基督教徒完全免罪。1481年这支船队在迪奥戈·达阿赞布雅的统率下从里斯本出发。当年冬季就在黄金海岸勤快而完善地展开工作，建起了一座中世纪式样的大型石砌城堡。城堡内有塔楼、外有壕沟，还设有小教堂、货栈和商务法庭，并成立了一支警备队伍担负保卫责任。这座城堡起名圣乔治·达米纳商行（意为圣乔治在矿上的）。它维持葡萄牙在黄金海岸的统治，保护它在黄金海岸的商务，直到葡萄牙失去独立为止。[①] 现在米纳商行旧址和遗物被称为海岸城堡角[②]。

哥伦布要么是参加了阿赞布雅的远征队伍，要么是在城堡建成后不久航海到过米纳。这点儿由他在他特别喜爱的书边上所写的旁注可以证明。在他手抄的埃内亚斯·西尔维奥著《自然史》一书中对着所引埃拉托色尼的一段关于赤道下气候温和，哥伦布写道："最尊贵的葡萄牙国王所属米纳城堡矗立在赤道下面，我们曾看见过。"谈到皮埃尔·达阿伊所讲的热带不能住人因为那里太热时，哥伦布表示不同意："那里不是不能住人的，因为葡萄牙人现在已航行通过那里。那里甚至可以说人口稠密，在赤道下面有最尊贵的葡萄牙国王所建造的米纳城堡，我们曾见过这座城堡。"此外，他对皮埃尔·达阿伊关于地球形状所做的推测也说过："常常注意它，我在从里斯本向南航行到几内亚时，曾仔细观察了这段航程……"[③]

"常常"两个字曾使某些人推测哥伦布到几内亚不止航行一次，

[①] 葡萄牙在1581—1640年间受西班牙统治，到1910年才再次独立，成立葡萄牙共和国。——译者

[②] J. W. 布拉克著《西非》(*West Africa*) 第98及其他页。

[③] 《自然史》边注22，《世界的形象》边注16、234、490（《文件和研究全集》第1辑第2卷第294、375、390、407页；E. 比隆版法译本《世界的形象》第3卷第744页；第1卷第197、343页；第2卷第530页）。此外，在费迪南德著作第4章中（《文件和研究全集》第1辑第2卷第524页）也有一个孤立的旁注写道："我待在葡萄牙国王的米纳城堡，它就在赤道下面。"

不过这个"常常"显然是讲他为测定船位而常常观测太阳,并不是说他常常航行到几内亚。什么时候航行到几内亚呢?哥伦布哪儿也不曾谈到迪奥戈·达阿赞布雅,如果他是在这样一位著名船长领导下去过那里,他大概一定会谈到他。我因此得出结论说,他在1482—1483年或1483—1484年或者在这两段时间内作为一支贸易考察队的船长或作为一支派去增援警卫队的王家船队的职员访问过圣乔治·达米纳。哥伦布在早期航海有一次日期不明的事件。那次他指挥两条船,他留下一条在圣港而带另一条开往里斯本:这次事件同他从黄金海岸返航的情节完全吻合[①]。

哥伦布对西非的印象很深。他在第一次西航的《航海日志》里多次把"印度"的人民及出产和几内亚的人民及出产相比较;他常常谈到在伊斯帕尼奥拉岛上寻找"矿物";在第三次西航中也特别提到塞拉利昂的设想的纬度。他伴随葡萄牙领航员去黄金海岸并从那里返回的一次航海经验,一定能大大地增进他的航海技术,虽然在天体导航法方面是否也使他大有长进尚可怀疑。

哥伦布在他手抄的《世界的形象》第490条旁注中说过他在几内亚航行中"常常……像领航员和水手那样,仔细观察航程,随后多次用象限仪和其他仪器测量太阳的高度,于是我发现我和阿尔弗腊甘的见解一致,即一度相当于 $56\frac{2}{3}$ 罗马里"[②]。理论上,任何一个天体导航员在向南航行时利用一只转盘缩小向西和向南航行的船位推测结果,并在行进中算出很精确的目测纬度,从而算出一度的长度,是可能的。但实际上却从来没有做过,因为即使用现代仪器也不可能测得

[①] 费迪南德在所著《海洋统帅克·哥伦布的生平和事业史》(第1卷第32页)中把这件事情列入第二次西航返航时(1496年)的航海日志里,而德·洛利斯《文件和研究全集》第1辑第1卷第102页则猜想这件事情是早期发生的;但费迪南德显然不这样想,或者他是不愿把这件事放在他父亲早期航海的章节中。这件事显然属于早期航海,哥伦布在1496年回忆起这件事,是想用以说明圣港和里斯本两地之间的盛行风的差别。

[②] 见前第86页注③。

十分精确；所以哥伦布相信他和他的葡萄牙同事能够用木制象限仪和估计的距离做好测算工作；这种信心是荒唐可笑的。① 葡萄牙人不能把自己不懂的一种技术教会他懂。他们根据北极星测算纬度可能很轻快，但是在北纬 10 度以下北极星是看不准的，6 度以下一般是看不见的。他们还没有学会拿太阳的子午圈高度并利用倾斜度去寻找纬度的诀窍。这点用哥伦布对《世界的形象》另一旁注，第 860 条可以证明。他的旁注是说，若奥二世显然对所报的西非海岸位置不满意，于 1485 年派他的海事委员会一位委员若泽·维辛奥去那里选择沿岸几个地点根据太阳观测法计算纬度，维辛奥当着哥伦布的面向国王报告塞拉利昂附近的洛斯群岛的纬度为 5 度若干分②。实际上它们的纬度为北纬 9 度 30 分。同样，圣乔治·达米纳的实际纬度为北纬 5 度 6 分，而哥伦布则相信他的葡萄牙导师的话，把它的纬度放在赤道下面。

幸而从一个已知地点出发向西航行到一个未知的目的地去，纬度观测的用处并不很大。因为葡萄牙水手是当时世界上最优秀的水手，所以哥伦布从他的葡萄牙同事那里学到了许多比较有用的东西：怎样在海上操纵一条轻快帆船顶风航行，怎样使船头从下风岸转向上风岸，长途航海需要带一些什么样的补给品，怎样把这些补给品收藏好和原始民族进行物物交换应带些什么货物。在葡萄牙国旗下每一次航海都使得他脑子里酝酿着的那件伟大的事业更加有成功的希望。更重要的是他向葡萄牙人学得一种信心：由他掌握一条好船，靠上帝的支持就能够把已知世界的边界无限地扩大，发现的年代才刚刚开始。根

---

① 乔治·纳恩在《哥伦布的地理概念》（*Geographical Conceptions of Columbus*）中（第 1—26 页）怀着我所不能怀着的一种敬意探讨了一度的长度。甚至假定哥伦布的船位推算和用转盘计算南向纬度差是正确的（他在一次长途航海中不准确度从不大于 9%），在观测纬度时，每一分的误差在一度的长度上会造成 1 英里的误差。当时使用仪器渐渐变为每 60 分一个满度。在 1500 年以前没有记录说哪一个航海家即使在岸上测定的纬度误差少于一个满度！哥伦布显然是编造他的数字去迎合一个预拟的一度长度。

② 纳恩这部著作（第 7 页）译这个旁注有误，理由见我的《哥伦布和北极星》一文，载《美洲海神》第 1 期（1941 年）第 128 页注 72。

据他自己的经验他已经学会了前人所不知道的每一件事情；热带是可以住人的；他克里斯托弗·哥伦布已经到过罗马人从未见过或希腊人从未写过的地方。

到这个时候他已经从几内亚航海归来，他正在准备向葡萄牙国王提出一个惊世骇俗的建议。

56

第五章 哥伦布其人

> 克里斯托弗·哥伦布，热那亚人，个子高大、身体结实、红光满面、有巨大的创造才能、态度严肃。
>
> ——安赫洛，特里维桑[①]

克里斯托弗·哥伦布，年龄30岁、一个有经验的海员和一个可信托的经纪人，同意大利一个重要的商业银行有业务关系，因联姻与葡萄牙两个名门望族建立了亲戚关系，按照当时的标准来衡量，他已经"功成名就"，他只需跟着航运上升曲线前进就能获得胜利。如果说这就是他所需要的一切的话，大概他的家庭和他的朋友有时也希望这就是他所需要的一切了。也许堂娜·费莉帕也极力劝说过她的丈夫丢弃青年时代的梦想，把更多的注意力放在海运业的经营上。"我的天，你现在做爸爸了，像我爸爸那样安定下来吧！一所整洁的房子、一座漂亮的花园，从窗口俯瞰特茹河上那些精致的船舶来来去去……不，绝对不！我已被命名为克里斯托弗，我将作为克里斯托弗奋斗到最后一天。"

因此，让我们稍停一下看看，如果看得出来的话，这位哥伦布在危险的30岁的时候对人生抱什么态度。说危险是说对年轻时代的野

[①] 特里维桑1501年致多梅尼科·马利皮耶罗的信收集在所谓斯尼德或撒切尔抄本中（现藏国会图书馆）。摹真本载《热那亚市文件》第87页。在《全航手册》(*Libretto De Tutta La Nauigatione*) 中照原样印刷；在撒切尔著作第2卷第457页有摹真本。

心、理想和幻想有危险，因为这个危险的年龄能使流浪汉安定下来，使炽热的青春之火熄灭掉，把人变成个终日躺在火炉旁边的懒猫。听听那些知道哥伦布的人、他们的生活和哥伦布的生活交织在一起的人关于哥伦布说些什么吧。

恰好在这个时期关于哥伦布的记述一点也没有，我们就不得不根据人们在他获得巨大成就以后所讲的话来回溯他的往事。奥维多曾目睹海洋统帅1493年胜利从海外回到巴塞罗那。他在40年后出版的一部著作中谈到他一些情况。"一个双亲诚实、生活朴素的人，身材和仪态良好、四肢健壮、身高超过常人、双目灵活、五官端正、头发赤红、脸色红润微有斑点；语言清楚动听、为人机智而且有巨大的创造才能；他是个优秀的拉丁文学者、学识十分丰富的宇宙学研究家；当他愿意谦和时他十分谦和，当他不得不恼怒时，他性情暴躁。"①

费迪南德·哥伦布在12—18岁时常常和父亲待在一起。他在自己写的父亲传记中关于哥伦布有这样一段描写：

>　　海洋统帅是身体结实，身高超过中等身材的人；脸长、双颊微微凸出，但既不瘦也不胖。他有一只鹰钩鼻子、两眼颜色浅淡、肤色白皙，但在光线照耀下却显得鲜红。年轻时代他的头发是淡黄色，到30岁时就转成白发了。在饮食和服饰方面他常常朴素节俭。同生人在一起时他谈吐文雅，和蔼可亲；在家人中间他很愉快，但带有快乐而朴实的庄严表情。在宗教事务方面他非常严格，以致在斋戒和祈祷时他把自己当成宗教团体中的普通一员。他是诅咒和立誓的大敌，我可以发誓说：他除了说声"当着圣·费南多起誓！"以外，我从未听见他发过其他誓言。当他对

---

① 奥维多著作（见第102页注②）第1卷第12页。我把奥维多著作中的ingenio和特里维中的ingegno都译为"创造才能"。

随便哪个人生气时，他的谴责语也只是做也罢，讲也罢，"愿上帝宽恕你!"当他必须写什么东西时，他不先写"在这条道路上耶稣和玛利亚与我们同在"这几个字就绝不动笔；在这些美好的字眼中他可能光靠它们就已经获得了自己的面包①。

拉斯·卡萨斯1500年曾在伊斯帕尼奥拉岛见过海洋统帅，他的父亲和叔父都是哥伦布的同事和殖民者，他在《西印度群岛的历史》中进一步充实了对费迪南德的描写：

  谈到他的仪表和体态，他的身材超过中等身材的普通人，脸长，显示出颇有权威的气概，鹰钩鼻子、蓝色的眼睛、肤色白皙却容易变得通红。年轻时须发都是红色，但由于辛勤劳动所以很快变成灰白色。他谈话时和蔼可亲，使人愉快。如上述葡萄牙史所介绍的，他在谈判时能言善辩、自命不凡。他对陌生人态度也和蔼，但在温和中又显得严肃；他对家人态度温和，举止文雅，不过分庄重，也不随便说话，因此他能够不大费力地赢得见到他的人敬爱他。总而言之，他的举动和表情都能给人以最深刻的印象，他是一个庄严而有权威的值得大家尊敬的人。他饮食有节、衣履适度；普通的说法是：他随便交谈时说话愉快，在对人生气或加以谴责时就表示愤慨："你不同意这点和那点吗？愿上帝宽恕你!"或者说："你为什么要做这件和那件事呢?"在宗教事务方面，他无疑是个天主教徒并且非常虔信。他在所讲所做或所追求的每一件事情上总要插上这么一句话："以圣三位一体的名义我一定要做这件事"或"发起这件事"，或者说："这点将来会成为事实。"无论写哪封信或写别的什么东西，他开头总要写"在

---

① 费迪南德著作（见后面第100页注①）第1卷第22页。这部著作是在费迪南德读过奥多维著作之后写的，或者至少是在这以后修改过的，因为他在第9章指责了奥维多在描写海洋统帅以后随即提出来的某些说法。

这条道路上耶稣和玛利亚与我们同在"。关于他手写的这类作品我现在已掌握了许多。他的誓言有时是"当着费南多起誓！"当他在文书中用誓言肯定什么重大事情时，特别是当他向国王们陈述什么事情时，他总是说："我发誓保证我讲的都是真实的。"

他奉行教堂斋戒最虔诚，他向上帝忏悔，他天天进圣餐，他像一个教士或教团成员那样正经地做祷告；他不喜欢亵渎神明的言行，厌恶不圣洁的誓言；他对我们的圣母、对天使般的神父圣·弗朗西斯最诚心；他似乎因为从神手得到了好处所以很感激上帝；因此像箴言中讲的，他时刻承认上帝对他大慈大悲，像对待大卫一样。当黄金或珠宝落到他手中时，他就走进船舱，双膝跪下，召唤一些旁观人说："让我们感谢我们的天主，是他认为我们值得去发现这么多的珍贵物品。"他对这种神圣的仪式非常热心。他希望并且热望这些人（印第安人）皈依基督教，于是在每一个地区都把对耶稣基督的信仰树立起来并且加强起来。对于上帝应当相信他有资格为恢复耶路撒冷圣墓提供若干帮助这种思想，他特别铭记在心并且愿意为此献身……

他是一个具有巨大精神力量和崇高理想的有教养的人物。他自然地倾向于采取正义的行动，干非凡的事业（根据一个人可以从他的生活、事业、作品和言论得出来的结论）；他坚韧不拔，长期蒙受伤害（如后来事实所表现出来的），是一个宽恕伤害行为的人。他除了希望冒犯他的人承认自己的过错，除了希望失职的人跟随自己一同前进以外，别无所求。艰难困苦常常发生，数量多，性质又不可思议，他在这些艰难困苦面前最坚定、最能克制自己。他对天意永远具有很大的信心。毫无疑问，根据我从他口中亲耳听到的、从我父亲口中听到的（我父亲在他1493年到伊斯帕尼奥拉岛移民时同他相处在一起）以及从其他跟他生活在一起或为他服务的人口中所听到的，他对两位国王从内心深处保持着而且经常保持赤胆忠心和献身精神①。

看来,对于那些认识他的人、苦心研究他的品质的人以及在他去世后几年内描写他的品质的人来说,哥伦布就是这么一个人。读者将有充足的机会去让自己判断清楚发现家的品质。实实在在的勇敢精神,这是早期历史学家一致承认的,读者将发现他具有十分充足的勇敢精神;此外他还有不屈不挠坚持到底的精神和坚不可摧的意志力。他身上也出现过某些缺点,特别是对部下的工作缺乏适当的理解;他不愿承认他作为一个殖民地开拓者的缺点,当国王因为他这些缺点而撤回他们信任他的某些措施时,他有抱怨和懊恼的倾向。这些都是使他成为一个伟大历史人物的品质中的缺点。因为他不像华盛顿、克伦威尔、玻利瓦尔那样是公众选举出来表达自己意志和领导一桩事业的人物。他是一个肩负使命的人,这种人容易超出常情,甚至同那些看不清这种使命的人难以相处。在哥伦布背后,没有唱赞美诗的新模范军,没有1776年精神,也没有打鼓吹号的解放军②。他只是一个跟上帝同在反对愚昧和堕落、反对贪婪的征服者和怯弱的海员,甚至敢和大自然及海洋做斗争的人。

常常与上帝同在,在这点上,他的几位传记作者都是正确的;因为上帝总是与那些为了一桩美好事业而把信仰寄托在自己身上的人同在。人们可能怀疑这点,但毫无疑义,哥伦布的信仰是真心诚意的,他常常与一种无形的力量心心相印:这是他取得巨大成就的一个极其重要的因素。这给他以对自己命运的信心,给他以对自己的行为符合

---

① 《西印度群岛的历史》(见第100页注③)第2章,1927年第1卷第28—30页。
② 指英国克伦威尔、美国华盛顿及南美玻利瓦尔。克伦威尔,在1642—1648年两次内战中先后统率铁骑军和新模范军战胜王党军队。华盛顿在1776年7月4日大陆会议通过著名的《美国独立宣言》。玻利瓦尔和他领导的"解放军"打败了西班牙殖民者,解放了南美诸国(地区)。今南美玻利维亚共和国就是以他的名字命名的。——译者

自己名字所许诺的东西的保证。上帝注定他要做传播宗教信仰的工具这个信念，比赢得光荣、财富和世界声誉的意愿要强有力得多；他对于后面这些肯定是漠不关心的。

第二次西航中的一次偶然事件说明哥伦布在积极航海中是怎样完全专心致志地进行祈祷的。在牙买加波特兰湾附近，一天早晨当"尼尼亚"号像幽灵似的顺着陆地微风徐徐航行时，一个本地酋长带着大批随员登船，这时候海洋统帅正在他的舱中进行祈祷。酋长登船这件事理应引起甲板上不小的骚动，但事实上高谈阔论或喧哗的声音却一点儿也没有扰乱他的祈祷，他毫不怀疑有异常事情在身边发生，却仍虔诚地做完自己的祈祷。

关于哥伦布身体的描写表明他是一个北部意大利人。这种体型今天在热那亚仍屡见不鲜。他身材高大、结实、头发红色、皮肤红润有斑点，鹰钩鼻、长脸盘、蓝眼睛、高颧骨。可惜，他在世时不曾画像，因为西班牙照相的大时代尚未到来，甚至连国王费迪南德和伊莎贝拉除铸币上有头像外也没有留下别的像。1893年芝加哥博览会上展出被说成是哥伦布原像或复制品的不下71幅之多。这些像中有些是脸瘦、下巴长的哥伦布；有些是面孔丰腴、身体矮胖的哥伦布；有些是白肤金发碧眼的哥伦布；有些是皮肤黝黑带橄榄色的哥伦布；有些是面容光洁的哥伦布；有些是有小胡子又有络腮胡子的哥伦布。穿着也各式各样：有穿世俗服装的、有穿教士服装的；有贵族服饰，也有普通服饰；从方济各会的长袍到朝臣服装都有；服式年代也前后有三个多世纪。它们绝大部分绝不符合当代的服式，评判它们的评奖团找不出完美的论据来决定哪一种最可靠、可信[①]。

拥有最大权利要求承认其权威性的肖像是焦维奥收藏的肖像画。它属于（至少最近如此）亚历山德罗·德·奥尔基伯爵[②]所有。医师、

[①] 评奖委员会的报告，57届国会第一次会议，议会文件510号第189—192页（总编号4373号）。
[②] 最佳复制品是一张三色画像，见《热那亚文件》第233页，画像尺寸为48.5厘米×40厘米。

人道主义者、收藏家保罗·焦维奥（或约维乌斯）主教（1480—1552年），在科莫湖畔的别墅里辟有一个名人肖像陈列室。陈列室始建于1537年，瓦萨里①在所著《画家的生平》（1550年）中曾介绍过，其中收藏品以早在1551年就收藏有一幅哥伦布像而著名，因为那一年焦维奥在他的陈列室中发表了一系列人物简介，其中就含有哥伦布。奥尔基伯爵是焦维奥一个外甥的后嗣，他相信他拥有的肖像画是原作。肖像画上题写了 COLOMBVS LYGVR NOVI ORBIS REPERTOR 等字。它给人看到一位老人的头部和双肩、头发稀疏、灰色、双目褐色、向下看，脸孔与其说是圆的不如说是长的，表情显得有点儿沮丧。他的最显著的特色是口腔端正、下唇突出。他的服装简朴，式样为教会人士剪裁样式，肯定不是天主教方济各会式样。

焦维奥以委托美术家画名人肖像而出名，但他直到哥伦布去世后很久才开始收集名人肖像画，所以即使这张肖像画的确是焦维奥收集的原作，也没有理由不设想它不外是一个从未见过哥伦布的二等画家在哥伦布死后凭想象描绘出来的作品。

1577年巴塞尔出版了一部名叫 Musaei Joviani Imagines 的四开本书籍，其中刊有焦维奥画廊的130幅木刻像。这些像中有一幅哥伦布像，但和奥尔基伯爵所拥有的哥伦布像大不相同。这幅像带着和蔼可亲的和相当温柔的表情，穿着方济各会式服装——大家知道，这是哥伦布在第二次西航回来后所采用的装束。16世纪的雕刻家对所刻的对象采取这样随便的雕刻法，以致使一个人对这个木刻像和焦维奥原作有任何相似之处毫无把握②。

每一个哥伦布传记作家都能在这80幅或者更多的所谓海洋统帅

---

① 瓦萨里（1511—1574年）：意大利建筑师、画家、作家。——译者
② 撒切尔著作第3卷第8—79页，对所谓哥伦布像（内有39幅中间色调的）有最详细的讨论；收在《文件和研究全集》第2辑第3卷第249页以后的尼里专题著作中有37幅，还有一张完备的目录单；1893年出现的半元币和邮票上的"官方的"哥伦布像是由洛伦佐·洛托根据一幅所谓哥伦布像改制而成的，它肯定不代表哥伦布，大概也不是洛托绘的。R. H. 马乔在他编的《哥伦布书信选》（1870年）第 LXXXVIII 页上似乎已开始一个"传统的做法"，即把胡安·德·拉科萨地图上的圣克里斯托弗像当作哥伦布肖像。

肖像中找到一幅自己最感兴趣的肖像,从而把它选作"他的"哥伦布。19世纪有人为马德里海军博物馆绘制出了一幅理想的哥伦布肖像,它和前人对哥伦布仪表的描写十分吻合,给人以一种庄严、完美和有气魄的印象。这幅像我把它选作本书第一卷的卷首插图①。

还有另一幅画像由于脑子一直存在着一种想法认为这可能是一个认识哥伦布的人在他死后绘制出来的,所以我喜欢它。大约在1520年左右,科尔多瓦的阿莱霍·费尔南德斯为塞维利亚一些领航员、船长及船员的宗教团体或兄弟会绘制了一幅名叫"我们的顺风圣母",这个宗教团体也就起名"我们的顺风圣母"。跪在圣母右边的一个人像穿着富丽的长袍,头发稀疏灰白,下巴和两腮均有胡须,白皙的肤色、长长的脸孔、鹰钩鼻子。一位西班牙艺术评论家相信这就是哥伦布的画像。但是它更可能代表一个出钱画这幅画的塞维利亚商人;如若指的是哥伦布,那一定是他死后大约15年画的。像的脸孔、头发、高颧骨和鹰钩鼻子都很像海洋统帅。这就差不多可以完全证明:这位画像的人认识哥伦布。阿莱霍·费尔南德斯住在科尔多瓦。在发现家以科尔多瓦做他的大本营的时候,他就在那里结婚;他很可能属于他们同一个朋友圈子,他一定在哥伦布1493年胜利归来时看见过哥伦布。这样一来,如果他有意用这个像代表哥伦布的话,他就可以凭记忆画出这个像来;那么关于意大利艺术家画的死后像就不是真的。无论如何,这幅作品画得这么美丽,其海员精神和宗教精神画得这么恰如其分,所以我选它"我们的顺风圣母"作为本书第二卷的卷首插图。②

关于写哥伦布及其航海事业的四个早期权威作家是费迪南德·哥

---

① 撒切尔著作第3卷第41页。亨利·拉福德根据这幅画像雕了一个像,我认为它是一幅甚至比这幅画像更理想的像,撒切尔和我都用它做卷首插图。
② "我们的顺风圣母玛利亚"也叫作"航海的保护神圣母玛利亚"(La Virgen del Amparo de Los Navegantes),以前挂在塞维利亚的兰萨宫即西印度群岛档案馆所在地。

伦布、拉斯·卡萨斯、彼得·马蒂尔和奥维多。本书在写作过程中将频繁地引用他们的著作。我仰仗这四位作家的东西大概多过自华盛顿·欧文以来的任何一位哥伦布传记作家；因为19世纪那些"科学的"历史学家都倾向于把他们的先行者看作毫无希望的外行或看作无可救药的撒谎者，认为他们都是不可信任的。我自己在研究历史和写作历史中的经验使我得出与他们几乎截然相反的见解；这就是要依靠同时代人的作品，除非那些作品已被证明是假的。著名的贾斯蒂斯·科克曾讲过"当代人的阐述是最强有力的阐述"。对一个人的地位的评判可能不是最终的，但是这是根据无数事实（也有想象）、根据所见所闻的、现在已一去不复返的许多事实做出来的。当代的传记家和史学家可能受资料的限制，如果你有资料的话；可能轻视偏见，如果偏见能被觉察出来的话。他们对我们现代人特别希望回答的问题常常保持使人不愉快的沉默。但是，就有关哥伦布及其事业的知识的主体和背景来说，同发现家本人的作品和西班牙的文献一样，这四个人的著作都是必不可少的。

费迪南德·哥伦布（堂·埃尔南多·哥伦）是发现家和比阿特丽丝·恩里克斯·德·哈拉纳的儿子，1488年8月或9月诞生于科尔多瓦[①]。他10岁时被任命为女王的小侍从，12—16岁期间随父亲参加了第四次西航。为了继续受教育又随父亲回到了西班牙。1509年他随异母哥哥第二任海洋统帅堂·迭戈去圣多明各，6个月以后又返回西班牙，从此过着学者、收藏家、旅行者和文化人的生活。通过遗传他获得他父亲的身材高大、肤色红润等特征，但长得很肥胖，温和的性情使他赢得了许多朋友。

费迪南德是个富有财物的人。由于王家任命，他享受几个有收入

[①] 撒切尔著作第3卷第422—453页，对费迪南德及其图书馆介绍很详细。维尼奥《历史考证》第1卷第638—642页讨论了他的出生日期。

的挂名职务，又拥有伊斯帕尼奥拉岛 400 名奴隶的收入。此外，他父亲还给予他一份遗产。这些条件使他能够收藏大批图书，能够遍游意大利、法兰西和荷兰、比利时、卢森堡等低地国家。他在荷兰遇见了伊拉斯谟[①]，接受后者著作中的一个赠送本。一些有学问的人和费迪南德通信，把他看作他们自己中间的一员。他是从新大陆把新鲜空气带进欧洲文化界的头一个欧洲知识分子。1525 年，堂·埃尔南多在塞维利亚定居，他的房子靠近河畔，附设一座花园，园中栽植了从美洲移来的各种花木。他收集了大批珍贵图书，到他 1539 年辞世时，藏书总数已超过 15 000 册。这些图书最后落到塞维利亚大教堂教士会之手。在他们手中图书受到可耻的忽视和糟蹋，以致费迪南德自己的书籍幸存下来的不过 2 000 册。可是这个哥伦布图书馆（毗连海洋统帅做过礼拜和他的儿子安葬所在的大教堂）到今天对每一个美洲学者还是一种鼓舞力量。它好像一个蒸馏器，一种新文明就通过它从古典学术成果中、从中世纪的虔敬和现代的科学中提取出来。在这里你可以看到一些经过发现家亲手批注的书籍，看到为他的伟大事业服务的知识武器库。在这里你也能够从塞尼加的悲剧《美狄亚》的一个早期版本中读到他的有名的发现预言[②]。《美狄亚》这部书是费迪南德的，从它上面你还能读到费迪南德亲自写的一个简明而漂亮的注解：

  Haec profetia impleta est per patrem meum ... almirantem anno 1492。

  这个预言已经在 1492 年由我的父亲……海洋统帅完全实现了[③]。

---

 ① 伊拉斯谟（1466—1536 年）：荷兰学者、人文主义者、批评家、牧师。——译者
 ② 见下章首页所引语录。
 ③ 西蒙·德·拉罗萨·洛佩斯著《哥伦布藏书目录》（塞维利亚，1888 年）；阿切尔·M. 亨廷顿照目录原稿复制的摹真本名为《费迪南德·哥伦布藏书目录》（纽约，1905 年）。

费迪南德早在什么时候开始写传，我们不知道，但是直到他去世前不久这部书才写完。手稿在出版任何西班牙文本以前于1568年由统帅的孙儿堂·路易·哥伦把它带到意大利。它后来丢失了。现时唯一幸存的文本就是一个意大利文译本，译者阿方索·乌略亚，1571年在威尼斯出版。这本书书名很长，一般在提到它时都只用它的第一个词《历史》①。

这部书的权威性虽曾受过哈里斯的攻击，但他在世时已承认自己攻击错误。甚至连维尼奥这位反对崇拜圣像的大专家也承认这部著作是"我们研究美洲发现家生平的最重要的信息来源"②。这部书在意大利首印是十分自然的，因为意大利在16世纪下半叶对航海和开拓事业表现了极强烈的兴趣。乌略亚翻译这部著作译笔忠实，可以媲美卡什塔尼亚达的《印度史》。如果说对一个孝顺儿子所写出来的卓越的父亲的任何传记都无须加以怀疑的话，那么对费迪南德写的这部《历史》就更加不必抱怀疑态度了。这部书特别有价值的地方是它的第一次西航和费迪南德亲自参加过的第四次西航。

巴托洛梅·德·拉斯·卡萨斯写的《西印度群岛的历史》，是一本专谈美洲发现的书，即使其他一切著作都毁弃了，我还是愿意保存这部书。这部篇幅很长的著作大约是1527年在伊斯帕尼奥拉岛开始写起的，但大部分是在著者回西班牙后在1550—1563年写成的。书到1875年才开始出版。拉斯·卡萨斯手里掌握了哥伦布一切文件，其中包含哥伦布的《航海日志》和费迪南德所写传记的丢失的西班牙文原本。他家住巴利亚多利德圣格雷戈里奥大学校内，据说他家所藏手稿非常丰富以致使你几乎无法进出③。

---

① 费迪南德·哥伦布的《历史》全名为《千辛万苦发现西印度群岛（西欧人士称之为新大陆）的海洋统帅堂·克里斯托弗·哥伦布的生平和事业史》，阿方索·乌略亚据西班牙文原文译为意大利文。
② 维尼奥的《历史考证》第1卷第24—26页对争论做了良好的概述。
③ 《西印度群岛的历史》首次在马德里发表为五卷本（1875—1876年）。

拉斯·卡萨斯的父亲和叔父都在哥伦布第二次西航中作为殖民者到过伊斯帕尼奥拉岛。他自己在1500年也到过那里。一个年方26岁的生气勃勃的大学毕业生像其他人一样准备在那里寻找出路。转变机会到来了，1510年他在新世界被委任为第一个牧师。由于在古巴担任传教士的切身经验，他兴起一种动人的信念：印第安人是人，是兄弟，应该让他们信仰基督教，把他们当作基督教友看待，于是他把自己的余生完全奉献给这桩事业。他一直充当印第安人的传道者、保护人和朋友。他在各个不同时期，在法庭上当他们的辩护人，在珍珠海岸担任总督，在墨西哥担任恰帕的主教。《西印度群岛的历史》由一位学者兼牧师、一位走遍广大领域的社会活动家写成，它有根有据、思想高尚，具有强大的生命力。拉斯·卡萨斯敬佩哥伦布但有若干保留。他毫不踌躇地指责他对待土人的政策。他在处理正文时的批判意义从论韦斯普奇的一章中可以看出来。虽然有时在我们现时渴望了解的一些事情上他讲得含糊令人失望，虽然在一些接近他内心的论题上，例如说印第安人并不完全可靠，但是他终归留给我们一部发现和首次征服美洲的宏伟而杰出的历史著作。

彼得·马蒂尔享有担当新世界最早的史学家的盛名。他是意大利人，1457年出生在马焦雷湖畔，受过人文主义的教育，30岁时到西班牙。他的学识和成就使他成为那里宫廷中受欢迎的人。他在萨拉曼卡对热心的大学生讲学，他参加了反对摩尔人的战争，当哥伦布从新大陆回来时，他在巴塞罗那与宫廷人士一道欢迎他。彼得·马蒂尔热切地关心"印度群岛"，认真地向哥伦布及其他和他同船回来的海员打听消息，写信给意大利朋友传播这个好消息。早在1494年，他就决心写一部发现和征服新大陆的历史（新大陆这个名词就是他首创的）。尽管外交官的职位和宫廷里面年轻贵族教师的任务频频干扰他的计划，但他始终坚持了这个计划。为了使他能享受不在位的牧师收益，包含牙买加一所修道院的收益，为了使他在巴利亚多利德生活过得豪华，他担任了牧师职务。

《新大陆十年》(*Decade de Orbe Novo*) 初版于 1511 年，理查德·艾登的英译本初版于 1555 年。此书具有伊丽莎白时代我们语言的全部生动性。马蒂尔的书信和他的这本《十年》价值很大，因为他具有敏锐而带批判性的智力，能看破哥伦布某些宇宙论的幻想（拉斯·卡萨斯博学不及他，所以倾向于接受哥伦布的论点）。关于第二次西航，他给我们提供了比当代任何史学家更多的信息。他从未访问过新大陆，显然他也不特别佩服哥伦布，但是对哥伦布的工作做了公正而直率的叙述①。

贡萨洛·费尔南德斯·德·奥维多·巴尔德斯船长简称奥维多。当 1493 年哥伦布到达巴塞罗那时，他还是个 15 岁的西班牙低级贵族青年。作为堂·胡安王子的密友，他在冈萨尔沃·德·科尔多瓦的指挥下在那不勒斯战争中参过战。经过各种不同的冒险和职业后，他于 1515 年与佩德拉里亚斯·达维拉航行到达美洲，在达连金矿担任审计员。奥维多在加勒比海沿岸各地待了 34 年。1526 年他在一次出访回国后写下了一部美洲概况。事实证明，概况写得这么好以致使他成了"印度群岛"的官方编年史学家。1535 年出版了他的大作《西印度群岛通史和自然史》②。奥维多具有不平凡的观察力，对西印度群岛动物群和植物群的描写还用他自己画的草图加以说明。他的讨论航海的篇章以及诸如此类的内容都是卓越的。在叙事史方面他次于拉斯·卡萨斯，但他对哥伦布航海的叙述，虽然略嫌枯燥，却比费迪南德和拉斯·卡萨斯的著作写得早，而且吸收了一些他们所没有得到的口头资料。

这样，关于哥伦布及其西航我们就有了四部公正而全面的同时代

---

① 对彼得·马蒂尔·德·安吉埃拉（安格卢斯、安格列里亚及其他异名使你在查目录卡片时迟疑不决）及其著作的最佳叙述见撒切尔著作第 1 卷第 3—110 页。

② 奥维多的《西印度群岛通史和自然史》内含对哥伦布及其西航的叙述，第 1 卷印行于 1535 年。

人作品。一部是由他的孝顺而博学的儿子写的；一部是由一个热心的向印第安人传教的使徒写的；一部是由一个老练的拉丁语学者和廷臣写的；一部是由一个贵族、艺术家、活动家写的。他们四个人都见过哥伦布，其中费迪南德还以至亲骨肉和同船水手资格随他长期航海；除彼得·马蒂尔以外他们都访问过新大陆，都在那里住过若干年，熟悉哥伦布的开拓情景。除了他们的著作和一些比较不大重要的同时代人的作品以外，还有相当多的哥伦布本人信札、手稿和他亲自注释的书籍保存下来；还有纳瓦雷特编辑出版的当代文献以及《哥伦布文件和研究全集》都可用以充实这部历史著作。关于他40岁以前的生活我们仍然觉得资料不足，但也没有理由把他看作神秘不可思议的人物。他的生平和航海的记录资料比起17世纪以前的任何一位航海家或发现家都丰富得多。

第六章 印度事业

1474—1492 年

> 多年以后，一个时代行将到来，那时海洋会将打开它的锁链，一个辽阔的大陆就会展现出来；那时忒提斯会发现一个新世界，而图勒①就不再是大地的极限了。
>
> ——塞尼加②：《美狄亚》③

现在我们必须面对几个严肃的问题：哥伦布朝思暮想想干的是一桩什么事业？他从哪儿兴起这个念头？他怎样进行这桩事业？

印度事业（La Empresa de las Indias），如哥伦布后来所称道的他的事业，简单说来就是向西航行到达印度——即亚洲。这是他的主要思想，其他一切念头都附属于这个思想。他希望抵达"印度"时通过贸易或征服能得到黄金、珠宝和香料。他希望在路上找到一个或几个岛屿，即使它们本身无利可图，也便于作为中途的停靠港。他虽然不怀疑大陆的存在，但并没有找到我们称之为美洲大陆的想法或打算。发现美洲完全事出意外，他只在第三次西航中才承认他已找到了

---

① 图勒：格陵兰西北部一个村镇，原名为拉丁文，意为地球上最后的陆地。——译者

② 塞尼加（公元前 4？—公元 65 年）：罗马哲学家、政治家，著《自然科学问题》和《美狄亚》等书。——译者

③ 塞尼加著《美狄亚》第 375—379 页，哥伦布把这段文字抄在他的《预言书》中（《文件与研究全集》第 1 辑第 2 卷第 141 页），和 R. 阿尔马吉亚《美洲最初的开拓》（*I primi Esploratori dell'Ameriea*）(1937 年) tav. XXXii 中的摹真本比较，确实如此。哥伦布自己译了一段文字，文中把未来的发现家比作 Tiphys，约逊的阿尔戈船上的舵手，但公认的现代读法是：Tiphys 应为 Tethys（忒堤斯），Tethys 是海上女神。

一个新大陆。

这些论点在一些注意了最近50年所谓哥伦布文献的读者眼中似乎是最明显不过的，它们都是经过深思熟虑才提出来的。直到发现美洲400周年纪念前后并没有人提出过怀疑意见。这些论点来源于哥伦布本人，来源于他的儿子费迪南德，来源于拉斯·卡萨斯，来源于新大陆第一个史学家彼得·马蒂尔，来源于西班牙帝国官方史学家奥维多以及葡萄牙史学家若昂·德·巴罗斯。他们或者直截了当地，或者略有含蓄地同意一个论点，即哥伦布西航以亚洲为目的地事属当然，无须解说或证明。不是这样的话，事情就无法理解。在1600—1892年这300年中所有史学家如本索尼、埃雷拉、穆尼奥斯、冯·洪堡、华盛顿·欧文、亨利·哈里斯、贾斯廷·温泽、切萨雷·德·洛利斯一致同意：哥伦布是去探寻"印度"的某一部分如日本或中国，或同时探求日本和中国，找到美洲完全是偶然。

大约在1900年左右人们在谈到哥伦布时，开始写自己是这样聪明，以至于"发现"了隐藏已若干世纪的东西，虽然他们只有少数片段的文献证据，而没有一件哥伦布同时代人所获得的人证和物证。亨利·维尼奥在他那两卷扎实的著作和许多小册子中建立起一个假说，即哥伦布并不是去探寻"印度"，他也没有到中国去的想法。他所探寻的是一座大西洋中的新岛屿，他已获得了存在这么一座岛屿的秘密信息，他想为自己及其家属找到这一笔很值钱的财产。他走过他想找到这些岛屿的地方，在更远的西方登陆，他做出结论说他已到达了亚洲。于是他伙同他的儿子费迪南德并把拉斯·卡萨斯作为同谋者，伪造航海日志、伪造托斯卡内利书信，甚至在藏书边旁加注，以证明他始终在寻找亚洲。

对于这个歪曲事实的巨大阴谋，从来没有人做过令人满意的论证，但是这个维尼奥假说却是无数"揭露者"的议论主题，另外一些人还在维尼奥停止议论的地方，拾其唾余、喋喋不休①。

要一点一点弄清维尼奥及其追随者的议论，需要较多的篇幅，而我却如我希望于读者的那样渴望离开这个胡乱猜测的污浊港口进入蓝色的大海中。我的兴趣与其说在于考究哥伦布打算做什么，倒不如说在于研究他做了些什么。在这里我可以说，他的事业如果不是向西航行到亚洲去，那他就无须长时期和专家及国王们争论，就不需要精心制作的设备，就无须要求荣誉及权利，就无须克服各种障碍，更无须听取各种反对意见。因为在1492年以前的40年中，葡萄牙的国王们已多次答应把未发现的岛屿给予特定的开拓者，如果他们能够找到它们的话。哥伦布按照同样的简单条件一定能够获得同样的许诺。如果他打算做的事情不是比这更新奇、更重要、结果更有利的话，那么他要求拨三条帆船、要求世袭职衔、要求贸易利润以及其他一切就毫无意义了。

怀疑哥伦布西航的目的在于到达亚洲这个传统的概念是没有正当理由的，但谈到他在哪里和在什么时候兴起这个念头，却大有讨论的余地。

对这些问题从来不能做出任何肯定的答复，哥伦布本人也显然没有对任何人讲过，也许连他自己也记不清楚了。任何一位已经把生命奉献给一种思想的哲学家或科学家要说清这种思想的第一个胚芽是什么时候进入他的脑海中的一定很困难。向西航行到东方去的念头可以在他童年时代想起他的同名人的故事时兴起，或者在他青年时代在使他心灵易受鼓舞的禁食和祈祷期间兴起，或者在他成年时期当他从一

---

① 亨利·维尼奥著《克里斯托弗·哥伦布伟大事业的历史考证》（第2卷，巴黎，1911年）；《哥伦布发现美洲的传说》（*The Colombian Tradition on the Discovery of America*）（牛津，1920年）。另一些采纳维尼奥理论或攻击哥伦布亚洲目标论的人是R.D.卡维亚，他著有《发现美洲新史》（*La Nueva Historia del Deseubrimiento de America*）（布宜诺斯艾利斯，1936年）；还有塞西尔·简，他给《哥伦布四次航海文选》（*Select Documents illustrating the Four Voyages of Columbus*）（哈克卢特社，第2卷1930—1933年）写了长篇序言，还写了一本《克里斯托弗·哥伦布的航海》（伦敦，1930年）。

艘船的甲板上看到壮丽的落日的时候兴起。它可能像上帝的恩典一样是悄悄地到来的，或者也可能是在感情和信心的一阵激动和冲动之中诞生的。

当然，这个理论不是他首创的。我们已经知道，亚里士多德就据说曾经讲过向西航行可能到达东方，斯特拉波①也讲过这句话。因为地球是圆的已无可怀疑，所以差不多每一个人都承认哥伦布的理论有根据；他的创造精神就在于他打算在这方面真正采取行动，有所作为。在1480年说向西航行到中国去，就很像1900年说要飞上蓝天或者像今天说人要飞上月球一样；理论上合理可行，靠现有的工具却办不到。反对哥伦布的人在某种意义上说比他更正确，因为在1492年以前从来没有人能够西航到亚洲去，即使途中没有一个美洲大陆存在也是如此。

在学者们中间对哥伦布伟大理想的最喜爱的解释是说他在某些书本中看到了这点，因为他们觉得从其他途径得出这种理想是难以想象的。费迪南德·哥伦布既是一个学者又是一个收藏家，他再三强调他父亲研究过古代一些作家如亚里士多德、托勒密、推罗的马里努斯②、斯特拉波和普林尼③等。哥伦布肯定从这些古代和中世纪的地理学家的著作中得到了许多安慰（我们很快就会看到）。他读过他们绝大部分人的著作汇编的普及本；不过他利用他们的著作以支持自己的理论，比从他们的著作得出自己的理论更有可能。由于他十分醉心于预言，由于他已航行跨过图勒（冰岛），所以他对于本章开头所引塞尼加的悲剧《美狄亚》中的那段话印象深刻。"一个时代行将到来，那时海洋将会打开它的锁链，一个辽阔的大陆行将展现出来；那时忒

---

① 斯特拉波（公元前63？—公元24？）：希腊地理学家。——译者
② 推罗的马里努斯：公元1—2世纪叙利亚地理学家，他的著作主要是由托勒密在他的著作中转述的。——译者
③ 普林尼（23—79年）：古罗马作家，有哲学、历史等多种著作，今仅存一部百科全书式的著作——《自然史》37卷。——译者

提斯（约逊的舵手们）会发现一个新世界，而图勒就不再是大地的极限了"。①

　　费迪南德承认"海洋统帅从事发现印度事业的第三个和最后一个动机是希望在到达那里以前，找到几个大有用处的岛屿和陆地，从那里出发就能够更好地实现他的主要企图"。他根据其父亲的笔记编成了一张著名岛屿及其他证据的目录表②，看来这件事是有意义的。

　　葡萄牙人从亨利亲王时代起就在寻求更多的岛屿，工作几乎从未间断。这使他们在 20 多年中找到了由 9 个岛屿构成的亚速尔群岛。1452 年发现其中的科尔瓦岛，他们自然没有理由设想这就是他们的目录单中的最后一个岛，因为在科尔瓦岛上有一尊由天然岩石构成的骑士像，骑士面向西方。据说哥伦布曾在他的一次早期航海中看见过这尊像，并且把它用来比喻自己。科尔瓦岛上这座岩石的确奇怪，1939 年我们乘"卡皮坦"号环绕它航行，清晨的太阳照见一个面目狰狞、脸盔下放、手按宝剑的十字军骑士像。在我们看来它确实十分可怕，因为纽芬兰离这里仅仅有 1 054 海里远。但愿不是不祥之兆！

　　迭戈·德·特维和他的舵手佩德罗·巴斯克斯 1452 年从科尔瓦向东北航行到达了与爱尔兰克莱尔角同纬度的地方。他们确实觉得陆地就在他们西边不远处，但是他们却转身回来了。10 年以后阿方索五世答应把神话式的圣布伦丹群岛中的两个岛洛沃岛和卡拉里亚岛授予一个名叫沃加多的人，如果他能找到这个群岛的话。就在这一年在加那利群岛和马德拉群岛的西北方向发现了一个岛屿。1473 年，从加那利群岛出发去寻找圣博龙当岛（主要的圣布伦丹岛），人们起

---

① 费迪南德拥有一个版本（威尼斯，1510 年）的抄本，藏在哈佛大学。预言在随后第 93 页。
② 费迪南德著《哥伦布的生平和事业史》第 9 章（第 1 卷第 64 页），拉斯·卡萨斯著《西印度群岛的历史》第 13 章包含这些资料及其他。

初看见了这个岛，到18世纪它又消失了。次年国王答应一个名叫泰莱斯的人"无论他将来找到什么岛，包括安第利亚岛或七城岛，都让他管辖"。

安第利亚是号称神话式的群岛中的最大一个岛，托斯卡内利认为它当然存在，它的名字也写在地图上。传说在18世纪蛮族入侵以前有七个葡萄牙主教带领他们一批信徒逃到岛上定居。哥伦布听说在亨利亲王时代有一艘遭暴风雨袭击的葡萄牙船舶曾在那里靠岸。全体水手都被欢迎上岸，生活在善良的葡萄牙人中间，并被邀请定居下来，但他们害怕遭到暗算，俟西风一起，便扬帆启程向葡萄牙前进。在回国途中他们从拿上船去垫火箱的沙子里找到了黄金。有人在马德拉岛和特塞拉岛之间看见另外一个岛，但寻找几次没有结果。一位名叫马德兰的人告诉哥伦布说他看见马德拉岛西边有三个岛，他想那只是些岩石或者是普林尼谈到过的一些漂浮岛屿，但是哥伦布相信它们一定是圣布伦丹群岛中的某几个岛屿。在英格兰，布里斯托尔的人民在1480年开始寻找爱尔兰外面的神秘的巴西岛，人们赌咒发誓地硬说甚至早在上一个世纪就看见过。

为什么这些航海家中某些人没有抵达或者抵达过美洲呢？现代葡萄牙的史学家使他们自己相信他们葡萄牙人到过美洲。但是这些航行找到了什么东西哪一次也没有记录，这就没有理由设想他们找到了什么东西。一艘艘的船舶全部在西风强劲的季节里、在大西洋西风强劲的纬度上航行，即使在今天这种航行也充满着危险，很不稳当。葡萄牙的轻快帆船是一种能抢风航行的船只，但是它们也不能战胜顶头的狂风巨浪。约翰·卡博托[①]是循北边捷径横渡大西洋的第一个水手，但是尽管他是从布里斯托尔开船（从这里开船比从亚速尔群岛开船，

[①] 约翰·卡博托（约1450—1498年）：为高级纸版商办事的意大利航海家，1497年横渡大西洋。他始终走北纬50度以北，后来才折转向南。他是否到达了新英格兰半岛只有推测，没有确证。1497年7月他回到了英国。——译者

他有较好的机会趁上东风），尽管他选择了一年中的最佳季节，他到达加拿大的布雷顿角岛还是差不多需要八个星期。他在哥伦布西航后还做过两次成功的航行。因此对葡萄牙水手来说，他们在到美洲以前就被他们的缓冲物挡住而中途折返，这并不算丢脸，甚至连他们中间某些人幻想他们看见了的那些岛屿也鼓舞了哥伦布，甚至在他们失败的地方哥伦布却获得了成功，那也只是因为哥伦布有意识地或碰巧地走上了一条东北贸易风盛行的纬度带。

至于传说中的亚速尔群岛西面的岛屿，那只有一个从未下过海的人才相信它们的存在。看见幽灵似的岛屿，看见消失着的海岸，这是海洋航行中常有的现象，地平线上一片雾霭、一抹云彩（特别在日落时候）常常是那么煞像岛屿，甚至使在经验中明明知道那里没有陆地的有经验的水手也受其欺骗。在哥伦布时代任何事情都可能出现。一位船长在落日中看见一座幻觉的岛屿，如果风向有利他就会专程赶去寻找；天亮后，陆地不见了，他就会做出结论说由于罗盘或其他错误，他夜晚错过了那个地方。哥伦布在第一次西航中曾两次看见这种虚幻的陆地。向 100 年前或更老一点儿的地球仪请教，你将发现大西洋上公平地散布了许多想象的岛屿、礁石和"有名的暗礁"。巴西礁，这些幽灵中的最后一个直到 1873 年才从英国海军部的海图上抹去。如果过去 400 年间某些水手自以为亲眼看见过的那些岛屿都是真实的，那么这些岛屿就会像佛罗里达环礁一样紧紧地串联在一起①。

在海外西方存在有更多的陆地的物证是哥伦布待在葡萄牙和马德拉群岛时期收集到手的。一个名叫维森特的葡萄牙舵手在亚速尔群岛外边捡起过"一块精制的、但不是用铁器精制的木料"。哥伦布姻兄

---

① 葡萄牙人寻找海岛，若奥·巴斯·科尔特·雷亚尔、若奥·费尔南德斯或其他人在哥伦布以前已发现了美洲的说法以及神秘的岛屿问题。这些在拙著《葡萄牙人航海到美洲》（*Portuguese Voyages to America*）（1939 年）中已做了详细讨论。

弟佩德罗·科雷亚·达库尼亚在圣港也收集到同样一块切开过的浮木。甘蔗是这么粗壮，以致每节都能制出两夸脱汁来。非洲不知道有这种甘蔗，哥伦布认为这一定是托勒密书中所谓竹子（虽然不用那个名字）。在弗洛雷斯岛海面出现两具尸体，他们不像基督教徒，脸孔宽阔像哥伦布曾在戈尔韦湾见过的"中国人"。

浮木的确是一种实物线索。湾流在亚速尔群岛西北呈扇形展开得这么宽广，以致很少破船残骸能够漂到亚速尔群岛附近或马德拉群岛附近来，如果不是比重低的物品借西风从西方刮来的话。每一次暴风骤雨之后这些岛上的居民都能在他们的海滩上拾起一些普通马蚕豆样品，他们把马蚕豆叫作海豆①。这是 Entada gigas 的种子，即一种和含羞草植物有关的生长在加勒比海沿岸的攀缘植物的种子。它的外表颜色一律，质地像马栗；中心是空的，这就使它能漂浮长远距离。热带雨水把它们冲入江海。湾流和海风使它们漂过大西洋。从设得兰到马德拉，人们都照样把它们从海岸边拾起来。一个亚速尔的渔民曾送给我一粒海豆，他已把它钻了一个孔做鼻烟盒用。四个月后，当我们在巴拿马②岸边寻找哥伦布当年筹划建立商站的地址时，我们在海滩上找到了几百粒同样的海豆。

大浮木很少会漂到亚速尔群岛外边海面上来，但是有一位老绅士记得 1869 年大暴风雨后看见圣米格尔岛附近海面上出现着许多木料，"带蓝色现水平黑色条纹"。很容易看出这些木料就是产于中美洲的奎波树③。它非常轻，所以能趁风漂流得很远。这样一来，哥伦布根据海外漂来的植物，对大西洋彼岸陆地获得了有数的实物线索，而对海上岛屿也得到了无数的传说。他获得了什么确定的信息呢？在他的大

---

① 原文为 fava do mar，在圣港，人们称它们为哥伦布豆（favas colon），因为他们以为这种豆是哥伦布引进来的。
② 原文 Panama。——译者
③ 原文 cuipo tree，按音译出。——译者

发现以后不久就有一个故事开始流行,说什么哥伦布不过是执行某人的航海指示。奥维多首先发表一个不知姓名的舵手的故事(1535年),他说:

> 有些人讲,一条轻快帆船装载商品和粮食如酒和其他常运货物从西班牙去英格兰,途中遭遇暴风骤雨以致被迫向西航行许多天,以致会发现那些地区和西印度群岛的一座或多座岛屿。〔舵手〕登陆,看见一些赤身露体的人……当强迫他西航到那里的暴风雨平息后,他补足了淡水和木柴就回到他原来的航程上。他们还讲,这条船所载货物中较好的就是粮食、酒和其他食品。依靠这些东西他们才能在这么长久的航行期间维持生命。

> 但是,这一次航海花了四五个月才得返回。全体船员除三四个水手和这个舵手以外,都在路上死了。回来的人的情况也非常糟,除舵手以外其他的人不久也死了。

> 还有,据说这个舵手是克里斯托弗·哥伦布的最亲密的朋友。他知道一点所到之处的纬度,他把所发现的陆地笔录了下来。他要求哥伦布绘制海图,在图上标明他已看见过的陆地。然后与哥伦布共同保存这份图纸,并严守秘密。据说,哥伦布把这位舵手当作好友接待在自己家里,尽力为他疗养好身体,因为他回来后身体很衰弱。但是后来他同其他水手一样也离开了人世,所以只剩下哥伦布一人知道那个地区的陆地和航行方法——他独享这个秘密。有些人说,这个舵手或船长是安达卢西亚人;另一些人说他是葡萄牙人;还有一些人说他是巴斯克人。有些人说当时哥伦布住在马德拉岛;另一些人说他住在佛得角群岛,上述船只到那里停泊,哥伦布就从舵手口中知道了他去过的那个陆地。事情究竟是这样

或者不是，没有人能够认真加以肯定，但是这个故事却在普通人民中间传播开了。至于我呢？我认为故事是虚构的。圣奥古斯丁说得好："怀疑不清楚的事情比争论不能确定的事情要好。"①

少数近年研究哥伦布的作家采纳了圣奥古斯丁的卓越的劝告。拉斯·卡萨斯说他 1500 年首次抵达圣多明各时，这个故事正在那里流传。他重复讲这个故事，内容几乎和奥维多讲的完全相同。另外几个说法是由戈马拉（1553 年）、印加年代史编者加西拉索·德·拉维加（1609 年）、奥雷利亚纳（1553 年）和其他几个近代史学家提出的②。有些人把这个不知名的舵手叫阿隆索·桑切斯，说他家住帕洛斯、韦尔瓦、加利西亚或葡萄牙，说他那条漂泊不定的船只是在伊比利亚半岛和马德拉群岛，或和加那利群岛，或黄金海岸之间做生意，在 1484 年被"狂暴无情的东风"在 28 天或 29 天之内"吹刮过去"，后来回到格拉西奥萨、特塞拉、马德拉、圣港或加那利；在这些地方的每一个地方哥伦布都采取友好行动给予充分报偿。

某些现代权威评论者，其评论标准竟严厉到不承认哥伦布的航海日志具有权威性的地步。他们抓住这个"一个古代水手的故事"，轻易地完全相信它。否认这个故事的真正理由还是在气象学方面。一条船要从东到西让风把它"刮过"北大西洋是不可能的，我敢跟任何人打赌，请他举出一个简单的事例来。船只在一场暴风雨把风帆撕成碎片后，在贸易风中随波漂流是可能的；但是它在那里即使留下任何风

---

① 奥维多著作第 1 卷第 13 页。
② 拉斯·卡萨斯《西印度群岛的历史》第 14 章（1927 年，第 1 卷第 72 页）；弗朗西斯科·洛佩斯·德·戈马拉著《印度通史》第 1 卷第 13—15 章（安特卫普，1554 年，其次是第 17—19 页）；加西拉索·德·拉贝加著《真实评论第一部》（*Primara Parte de los Commentarios Reales*）第 1 卷第 3 章（马德里，1609 年）；费尔南多·皮萨罗·奥雷利亚纳《新大陆令人尊敬的著名人物》（*Varones Ilustres del Nuevo Mundo*）第 2 章（马德里，1639 年，第 7—8 页）。维尼奥在他《历史考证》第 2 卷第 212—215 页为所有提到这个故事的作家编了个名单。但这些人中间有一个持不同意见的人值得注意。这个人就是阿列山德罗·格拉迪尼，他在所著《1522 年的航程》（第 207—208 页）中首先谈到这个故事，不过他不考虑这个故事，认为荒谬可笑。所持理由与我的相同："这么远的航程靠一阵暴风雨把船只刮走没有千分之一的可能。"

帆，要向西漂流却不可能；它要在暴风雨平息后才可能寻路返航。1940年8—10月间，两个水手，被鱼雷袭击"盎格鲁—撒克逊"号的幸存者，乘一条长18英尺的单座汽艇从亚速尔群岛西南偏南大约800海里处航行了70天才得以到达巴哈马群岛中的伊柳塞拉岛，到达时人已半死，没有人扶助就几乎不能回家。假设这个不知名的舵手在暴烈的东风中损坏了风帆，然后漂流到安的列斯群岛。船只会在那里停泊，可是无法安装新帆。它也不能北上走到西风带从那里返航，除非靠超自然力量的帮助，像它送柯尔里奇①的古代水手在平静无风的大气中扶摇直上那样。

　　为什么这个故事在16世纪使那么多人似乎信以为真呢？因为，首先，在19世纪以前风向没有绘入海图，人们也不想把它绘入海图，所以，也许有人以为有了一阵足够强劲的东风就能把一条船刮到地狱或伊斯帕尼奥拉岛去也未可知。再就是也许有一个神秘的老水手死在哥伦布家里，在大发现之后人们就窃窃私语："那个老人一定把西航的道路告诉了哥伦布。"更可能的是伊斯帕尼奥拉岛上某一个不满分子编造出这个不知名舵手的故事。拉斯·卡萨斯就是1500年在这个岛上首次听到这个故事的。由于嫉贤妒能、盗名窃誉是不幸的人类的偏好，所以故事就得以流传。冯·洪堡曾经愤慨地指出：公众对待大发现的态度有个"三步曲"：第一步是怀疑有这件事情，第二步是否认它的重要性，最后一步是相信这件事不是他而是别人干出来的。

　　当哥伦布刚刚把他的计划酝酿成熟正开始有所作为的时候，还不可能讲什么。"收集证据"必须进行若干年，结束与托斯卡内利通信一定不迟于1481年，因为这个佛罗伦萨人是1482年5月去世

---

① 柯尔里奇（1772—1834年）：英国诗人、哲学家。——译者

第六章　印度事业

的。不知怎么哥伦布风闻托斯卡内利同他一样认为从西班牙西航到亚洲是可行的。经过住在里斯本的一个名叫杰拉尔迪或贝拉尔迪的佛罗伦萨人介绍，他写信给这位哲人请求说明详细情况。托斯卡内利回信并附上1474年他给费尔南·马丁斯复信的抄件，还给附件做了个补充说明：

"医师保罗向克里斯托弗·哥伦布致意。

欣悉你有高尚的雄心壮志，想跨过大洋到出产香料的地方去。为了答复大函，我把几年以前写给我的朋友的另一封信的抄件寄给你。我这位朋友在卡斯蒂利亚战争以前是最尊贵的葡萄牙国王的一个仆人，他受国王之命写信向我询问同一个问题。此外我还寄给你一幅海图，它的内容与寄给敝友的相同。借此我想可以满足你的要求。"①

这封信附有寄给他的友人马丁斯的信，我们已在本书第四章研究过了。这封信和这幅海图（已无法挽救地丢失了）②虽然使哥伦布懂得了这位佛罗伦萨人意见的要旨，但他还需要了解更多的情况，于是他又给托斯卡内利写信。后者第二次复信也没有注明日期。信里对这个年轻人的纠缠不休表示有点儿不耐烦，它只重复写信人1474年答复马丁斯信的若干意见。信的结语说："我毫不感到惊奇，你是有高超的勇敢精神，而整个葡萄牙民族在一切伟大事业中又一贯表现杰出，你们一定会更加奋发，渴望把上述航海事业付诸实施。"这几句话表明托斯卡内利把他的收信人看成葡萄牙人。③

一位卓越的学者赞成哥伦布的事业，这就提高了他这桩事业的威

---

①　这封信和随后的信都是根据收录在费迪南德《历史》第8章和拉斯·卡萨斯《西印度群岛的历史》第12章中的两个现存文本综合译出的，和维尼奥在《托斯卡内利和哥伦布》第320—326页中所复印的一样。

②　在有关哥伦布的各种著作中所找到的托斯卡内利海图的各种版本（维尼奥的最好），都是根据他这封信重绘的。拉斯·卡萨斯在哥伦布的文件中找到一幅海图，他认定是托斯卡内利的海图，并且猜想这就是哥伦布和平松在第一次西航中来去所用的海图，不过因为哥伦布自己是制图家，他在西航中大概无须用托斯卡内利的海图。

③　顺便说，这是信件真实性证据之一，假如哥伦布或某一位哥伦布传记作家假造托斯卡内利信件，他们一定不会写这样一句话。

望。除此以外，他从托斯卡内利那里获得的重要结果就是这位佛罗伦萨学者赞成马可·波罗。因为这位威尼斯旅行家把托勒密描写过的中国极东点的经度增加了大约30度。他把富裕惊人的日本国及其屋面盖金、道路铺金的宫殿摆在蛮子、震旦、行在、刺桐（泉州）以外1 500英里的海洋中。托斯卡内利预言，从西班牙向中国甚至只要航行大约5 000海里就可以到达那里，虽然航程在神秘的安第利亚岛（他给马丁斯写道，"你清楚地知道"）和日本岛可能中断。但哥伦布认为自己知道得更清楚，海洋甚至比托斯卡内利料想得更狭窄。

把1度之长乘以360，地球圆周长容易计算出来。但是1度有多长呢？这个问题至少曾在18个世纪中使好些数学家绞尽脑汁。埃拉托色尼①在公元前200年左右做过一次猜测，他以59.5海里取代60海里，结果近似正确。亚历山大学院做过一次有价值的实测尝试，太阳的子午线观测从井底进行（可避免大的误差）。在估计同经度相距较远的两个地点打两口井，然后从井底观测太阳，依照倾斜角度测出它们各自的纬度，再测出两地距离，以纬度差数除距离得出纬度1度大约长50海里。这个结果是由托勒密宣布的。9世纪有几位地理学家重复做实测试验（用骆驼测距离），结果是由阿尔弗腊甘②公布的。按照这位博学的穆斯林的计算，1度合 $56\frac{2}{3}$ 阿拉伯"里"。他用的这个"里"有2 164公尺长，结果，阿尔弗腊甘的1度合66.2海里。现在哥伦布采用阿尔弗腊甘的数字（$56\frac{2}{3}$ 阿拉伯"里"），但设想它这是罗马里或意大利里，每里合1 480公尺。根据这个不正确的基数得出1度合48海里，粗略地计算只及实际长度的75%，于是1度的最

---

① 埃拉托色尼：公元前3世纪的希腊天文学家及地理学家。——译者
② 阿尔弗腊甘：10世纪著名乌兹别克天文学家和数学家阿尔贝·阿巴斯、阿赫默德、阿尔·费尔加尼的拉丁化名字。他的阿拉伯文手写本著作《天文学原理》到1493年才在意大利译成了拉丁文。——译者

短长度就估算出来了。① 哥伦布从这个有错误的前提出发得出结论：地球比埃拉托色尼的数字小 25%，比托勒密教导的小 10%。

哥伦布把 1 度的长度缩减 25% 还不满足，又把亚洲向东延伸几乎使日本和亚速尔群岛相吻合。他计算地球大小的方法大致就是这样，你能跟随他去计算任何一个天体，不管它怎样小。地球纵向划分为 360 度。托勒密教导说，已知世界从西向东量成 180 度，沿赤道从圣维森提角算起，而圣维森提角在格林威治西经 9 度上。但是另一个更早的、哥伦布兄弟更喜欢的权威家推罗的马里努斯从圣维森提角东到已知世界的边缘算成 225 度②，所以我们将发现马里努斯的亚洲东部边缘在现代地球上是在格林威治以东 225 度减去 9 度等于 216 度③，换言之，即西经 144 度。这条子午线切割阿拉斯加半岛、刚好通过马

---

① 计算地球一度的长度和地球的圆周长

	测量长度单位	一个单位折合公尺数	一度长度（当时长度）	一度长度（折合海里）	周长（当时长度）	周长（折合海里）
现代			69.1*	60.0	24,876*	21,600
亚里士多德	亚氏的斯达地	99.8	$1,111\frac{1}{9}$	59.8	400,000	21,528
埃拉托色尼	埃氏的斯达地	157.5	700	59.5	252,000	21,420
托勒密	托氏的斯达地	185	500	49.9	180,000	17,964
阿尔弗腊甘（10世纪）	阿氏的里	2,164	$56\frac{2}{3}$	66.2	20,400	23,832
哥伦布	罗马里	1,480	$56\frac{2}{3}$	45.2	20,400	16,272
西班牙和葡萄牙（16世纪）	里格，4 罗马里	5,920	$17\frac{1}{2}$	55.9	6,300	20,124

哥伦布在所藏埃内亚斯·西尔维奥《自然史》（《文件和研究全集》第 1 辑第 2 卷第 294 页）第 28 条旁注中说：托勒密一度长 62.5 罗马里，本表用其等值。

*法定英里。变法定英里为海里，乘以 0.8684；变海里为法定英里乘以 1.515。

1 度之长合多少海里（周长也是据此计算的）只计算到小数点后一位。本表根据下列的数字制成：①S. 德伊斯皮佐亚斯著《地理和宇宙志的历史》（Historia de la Geografia y da la Cosmografia）第 1 卷第 159—164 页，第 2 卷，第 235、326—330 页。②奥尼·肯茨著《托勒密地理》（Die Geographie des ptolemacas），第 110—120 页。③E.G. 拉文斯蒂因著《马丁·贝海姆》第 26 页。④乔昆·本苏德《葡萄牙航海天文学》（L'Astronomie Nautique au Portugal）第 128 页。⑤霍勒斯·多尔斯瑟著《度量衡通用辞典》（Dictionaire universal des Poids et mesures）第 279 页。我的同学 A.P. 厄谢尔教授协助我制成此表。

② 在巴塞洛缪·哥伦布的 1506 年地图上有一个注释（别处也复述过），注释说："马里努斯说，从圣维森提角到卡蒂加拉（托勒密的亚洲东端）是 225 度或 15 小时。托勒密讲圣维森提到卡蒂加拉是 180 度或 12 小时。"

③ 马里努斯从圣维森提起亚洲东部边缘经度为 225 度，圣维森提角纬度为西经 9 度，所以从格林威治算起，亚洲东部边缘经度为 225 度－9 度＝216 度。——译者

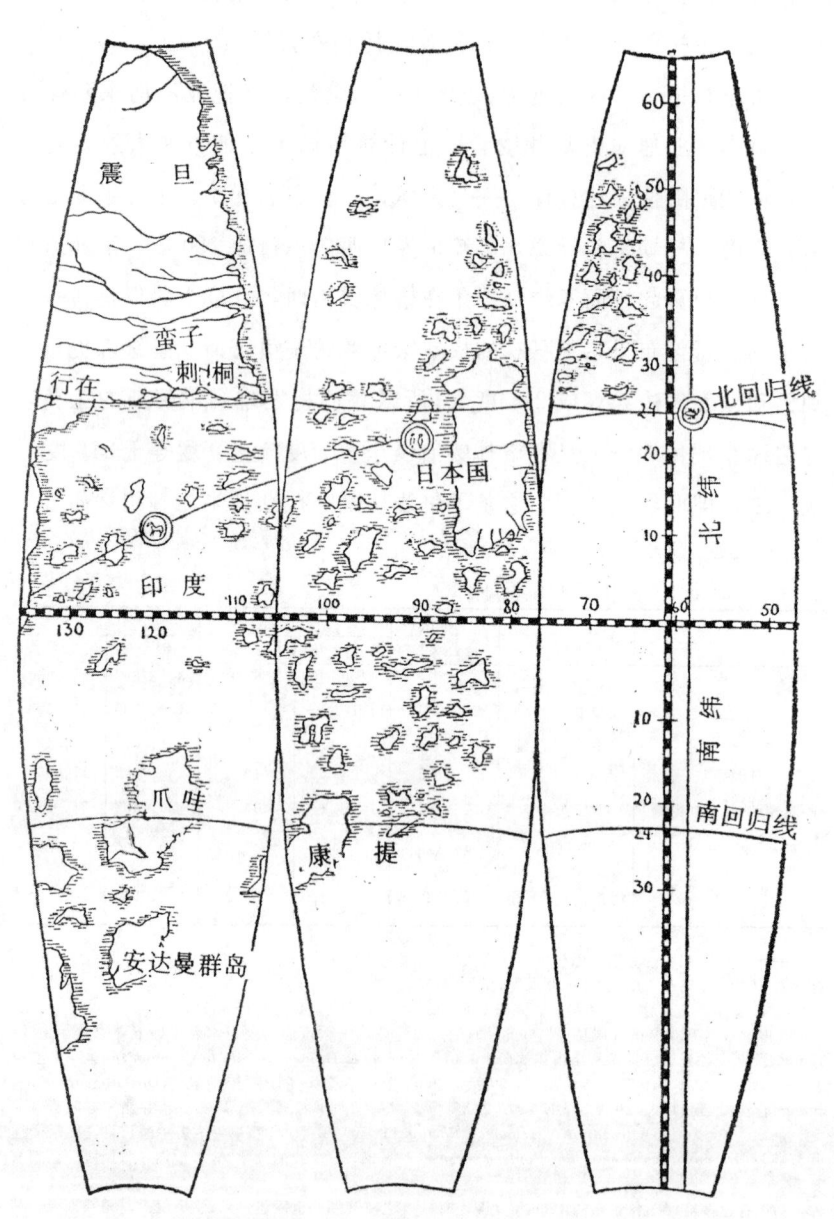

1492年马丁·贝海姆的地球仪（海洋部分一）

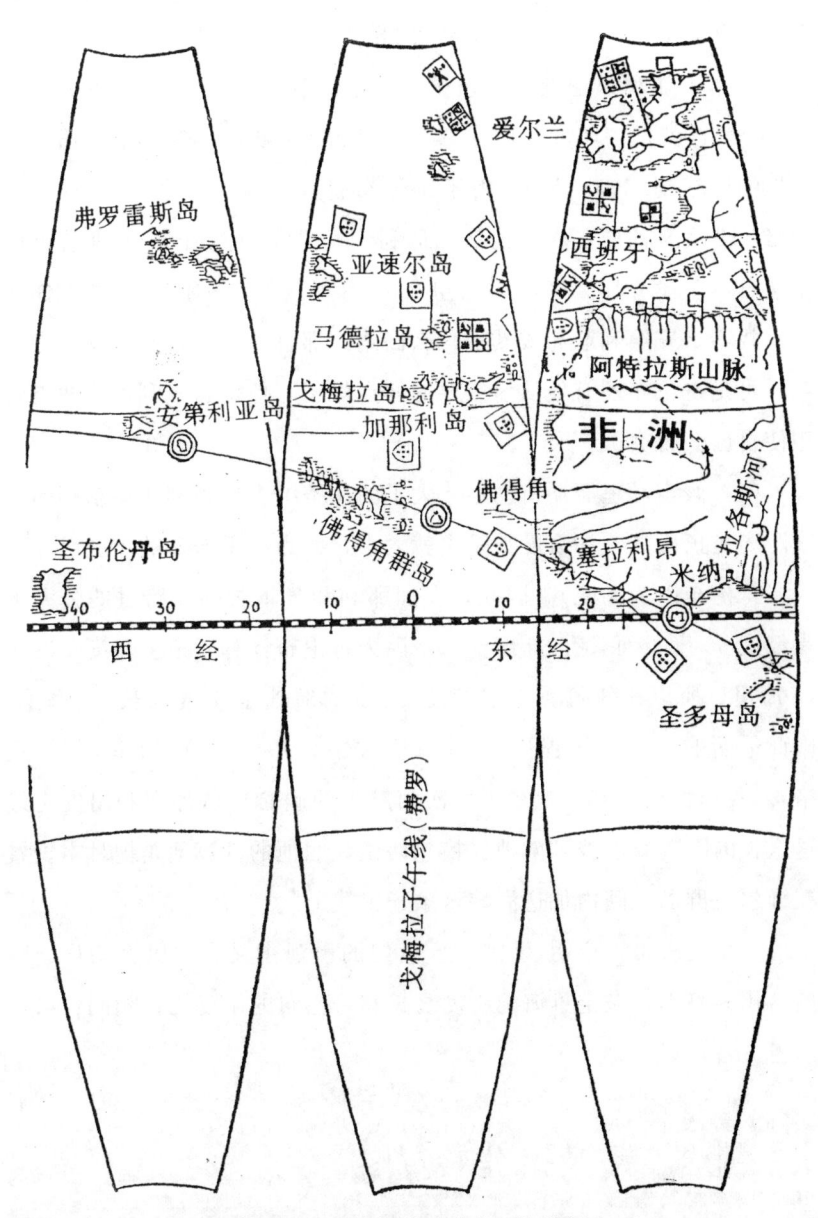

第六章 印度事业 | 119

1492年马丁·贝海姆的地球仪（海洋部分二）

克萨斯群岛西部。马可·波罗给亚洲东部边缘的经度加 28 度使得刺桐（泉州）到达了西经 144 度减去 28 度等于 116 度[①]，这等于把这个城市移到了加利福尼亚州、圣迭戈东边。他所讲的日本国还要东移 30 度[②]，这就把"印度"向东移到了西经 86 度，一条子午线通过尤卡坦的科苏梅尔岛（墨）。由于哥伦布打算从加那利群岛的费罗岛（西经 18 度）西航，所以他从加那利出发只需向西航行 68 度就可以抵达日本。没有那么好，68 海里×53 海里＝3 040 海里[③]，如果你在路上找不到安第利亚岛或其他什么岛屿，那真是一次过硬的航行呀！

可是哥伦布还有他认为重要的两点修正，他就这样利用这两点希望使自己获得突破。

（1）假定马里努斯所已经夸大了的从圣维森提角到亚洲东端的直线距离是正确的，那么度数距离就太小，因为马里努斯的 1 度尺寸过大（哥伦布以为如此）。因此，在加那利和日本之间要跨过的公海不是经度 68 度，而只有 60 度。（2）因为哥伦布计算赤道上经度 1 度长 45 海里，所以他打算走的纬度 28 度的航线上 1 度只长 40 海里；因此他西航要走的航程只有 60 海里×40 海里＝2 400 海里（750 里格）。我们将要看到，他在第一次西航中的确希望从加那利出发走过这么长的距离就能找到陆地。换句话说，照他的计算他是把日本安置在维尔京群岛、阿内加达海峡这条子午线上[④]。

一张简表可以说明这几位 15 世纪的乐观主义者的巨大错误，距离已化为海里，假定贝海姆 1 度之长和哥伦布的 1 度之长相同：

[①] 马可·波罗给亚洲东部边缘加 28 度，即 216 度＋28 度＝244 度，244 度减去东半球的 180 度，余 64 度。这 64 度在西半球，西经 180 度－64 度＝116 度，故 244 度即西经 116 度。——译者

[②] 亚洲向东扩张超过了托勒密的卡蒂加拉以及增加经度到达日本东海岸，这些数值都是根据马丁·贝海姆的地球仪推算出来的。贝海姆同哥伦布一样都信奉马可·波罗的地理学。他把费罗岛到日本的海上距离算成 77 度，因为他从戈梅拉算起把欧亚大陆算成 225 度，他把戈梅拉放在费罗这个地方。

[③] 如果赤道上 1 度长 60 海里，那么在哥伦布打算走的这条从加那利群岛（纬度 28 度）出发的航路上，1 度长 53 海里。

[④] 在乔治·E. 纳恩的《哥伦布的地理概念》第 28—30 页上可以找到不同的计算结果（有附图）。在这种假设的计算中有这么多的变数以致使你能够用若干不同的方法得出哥伦布令人鼓舞的结论来。

	托斯卡内利	贝海姆	哥伦布	实际空间直线距离①
从加那利到日本	3 000	3 080	2 400	10 600
从加那利到行在（杭州）	5 000	4 440	3 550	11 766

当然，这种计算是不合逻辑的，但哥伦布心里并无逻辑观念。他知道能够做这件事情，这些数字就必须适应他的要求。事先略知一点点，那么葡萄牙国王的数学家委员会在认清他的推理上的缺陷时就不会遇到困难。因为即使关于1度之长他的说法对而托勒密错了（他们简直都无意承认这点），但他已经用他的两点修正意见，把海洋的辽阔程度尽可能地缩小了。一个人能够很好地想象他怎样去说明这桩事业的——他的双目炯炯发光，他的红润的脸孔满面生辉，他身边还站着弟弟巴塞洛缪做他的后盾；一个人也能够预料到数学家委员会的答复。不用讲暗礁和海怪怎样可怕，不讲天圆地方这种胡言乱语，讲的只是像下面这样一些扎扎实实的论据：

哥伦布船长，很遗憾，我们否认你计算地球数字的可靠性，我们怀疑贵同乡马可·波罗计算的正确性，我们怀疑他的日本国的存在；托勒密并不曾谈过这个地方。根据我们一些数学家的计算，当你勤奋地从事织布业的时候他们已在研究天体了，向西航行要走10 000海里才得到达卡蒂加拉——已知世界的东方边缘。你说的保罗长老计算到行在（杭州）去，如果有这个地方的话，航程是5 000海里，即使你走过这么宽的洋面一路都遇上顺风（我们十分怀疑），即使你的船平均每小时能走4海里（这是我们的轻快帆船在长途航海中所能走的最快速度），你走完这段航程也需要100天。14个多星期看不见陆地的影子！我们不认为，把我们的主人国王（他受上帝保护）的金钱或他的臣民的生命放在这桩无把握的事业中去冒险是正当的。也许将来有

---

① 按各地经度在28度纬度线上测量。

92　一天，航海条件更完备了，这桩事情能够办得到，但现在去做就危险太大了。我们的同胞已经走在绕道非洲去印度的航路上，你自己也曾到过圣乔治·达米纳。无疑，最尊贵的国王陛下会给你一条船朝那个方向更向前开拓前进，好些年纪比你大、经验比你丰富的海员正在那里赢得荣誉和财富。

但是先生们这些都不是我所需要的，你们不知道医学家保罗长老说过：

够啦，哥伦布船长：我们已经倾听了你的合理的申诉，做出了我们的决定：你可以去。

哥伦布是不是首先努力使他本国的城市①注意这个印度事业，我们不知道。我们知道他头一个明确的建议就是向葡萄牙国王若奥二世提出的那个建议。

对年轻、精力充沛的国王和他的航海家来说，当时正是工作繁忙的年月。1482 年 6 月，紧接兴建米纳城堡的远征队归来后，国王又派遣迪奥戈·卡奥沿非洲海岸南下，做更进一步的开拓。卡奥走过赤道——他是公历纪元以来第一个这样做出成绩来的知名的欧洲人②——发现水势浩大的刚果河，并继续南进，最远到达圣玛利角南纬 13 度 26 分。他在 1484 年春季返回里斯本。国王在他奉命做第二次远航前，封他为骑士和贵族并答应授予一枚盾形纹章。一个发现家受到如此奖励，这是第一次，哥伦布却断定说这不是最后一次。

同一年，1484 年，国王任命了一个数学家委员会、海事咨询委

---

①　热那亚故事，虽然哥伦布·费迪南德或拉斯·卡萨斯谁也没有谈过，但首次在 1534 年被刊印出来。它依据的是档案中一个想象的从未找到过的文件和一封署名"哥伦波·克里斯特"的伪造信函，(维尼奥《历史考证》第 1 卷第 413—424 页)。在这个热那亚故事中可能有若干真实情节。哥伦布可能在 1479 年访问热那亚时，或者通过侨居里斯本的热那亚人放出过"试探者"，但得到的鼓舞不足以使他提出正式的建议。即使他提出过建议，也肯定被否决了；因为当时热那亚议院是充斥孤立主义气氛的。

②　不过某些较早访问黄金海岸的葡萄牙人为了找顺风返航很可能顺流而下，跨过了这条线。

员会，处理航海及发现事宜。它的主要成员有一个极得国王恩宠的圣职者迪奥戈·奥蒂斯·德·维尔希斯和两名博学的犹太医师：御医罗德里戈长老和萨拉曼卡大学数学教授著名的亚伯拉罕·萨库托博士的学生——若泽·维辛奥长老。他们奉命承担的第一个任务就是准备仪器和图表，让航海家在看不见北极星低纬度条件下能借以确定他们的位置。为此目的罗德里戈简化了占星学家的星盘，使它变成一架测太阳子午线高度的有效仪器[①]，若泽·维辛奥翻译萨库托的星历表，1485年国王派他去非洲测定那里一些重要地点的纬度。当他回来报告路斯群岛位于北纬5度（4度30分之误）时[②]，哥伦布在场。

在国内，堂·若奥二世不得不面对内部阴谋和叛乱，1483年布拉甘沙公爵因叛国被处以死刑，1484年8月王后的兄弟维塞乌公爵被国王亲自处死。现在国王才准备考虑哥伦布提出的建议，这正像西班牙国王要在征服格拉纳达之后才考虑他的计划一样。我们可以设想印度事业是1484年最后几个月中向国王提出来的。

若昂·德·巴罗斯这个"葡萄牙的李维"[③]是帮助我们了解哥伦布和国王谈判情况的头一位权威作家。他有不同寻常的获取信息的方法[④]。在他的《亚洲数十年》（1539年开始等，1552年初版）中巴罗斯写道：

> 众所周知，克里斯托弗·哥伦布是热那亚人，是一个有经验、有口才的优秀拉丁语学者，对自己的事业很自豪。由于热那亚当时是意大利半岛上强国之一，商品丰富、商业发达、航运业

---

① 参考后面第十三章。
② E.G.雷文斯坦著《马丁·贝海姆的生平和他的地球仪》（1908年）第13页。哥伦布给埃涅阿斯·西尔维乌斯《自然史》写的旁注第860号《文件和研究全集》第1辑第2卷第369页）。雷文斯坦认为维辛奥会犯这样一种错误是不可思议的，他相信是哥伦布报道错了；但是因为哥伦布第三次西航的全部计划都以这个观测为根据，他一定十分相信这个。海员不会轻易忘记纬度，特别当他们所知不多时，更是如此。
③ 李维：著名《罗马史》的作者。——译者
④ 见埃德加·普雷斯塔吉在《不列颠百科全书》中所写的巴罗斯条目。这里可能是设想巴罗斯深知他所谈的那件事，因为他是葡萄牙的印度院（India House）首脑，所处地位使他能从一切了解哥伦布的以及与他交谈过的葡萄牙人那里获得确切的信息。

也很兴盛，所以他遵循他国家的习俗和个人的特殊爱好，很长时间从事海上航运业向东方航行；随后来到西班牙这些地区重操旧业，继续从事海洋航行。由于看到国王堂·若奥二世频频命令部下开拓非洲海岸以期从这条航路到达印度，由于他精通拉丁语，喜欢研究地理学，也因为他反复读过马可·波罗的著作，相当了解震旦王国和强大的日本岛等地的东方事务，所以他起了通过西面海洋能够到达日本岛和其他未知陆地的念头。因为亨利亲王时代已经发现了亚速尔群岛，因为大自然不能把地球结构弄得这样无章法以致海洋面积超过陆地，所以认为西面还应该有其他的岛屿和陆地，所以命运注定他毕生要从事这桩事业并铸造灵魂①。他带着因连续航海以及因常与熟知王国开拓历史并精通海事的人交谈而得来的幻想，向国王堂·若奥二世提出请求，请他拨几条帆船由他率领向西面大洋航行，去寻找日本岛，而不要这样深信他已知道的（毋宁说梦想的）某些西方岛屿，像他经验中所谓外国人很相信这些事情那样……

巴罗斯间接提到某些外国人如安东尼奥·德·诺利曾为葡萄牙发现事业，他还花时间驳斥了卡尔丹关于哥伦布航海和迦太基人航海有关系的议论。接着他又写道：

> 国王把这位克里斯托弗·哥伦布看成吹牛皮的空谈家，说他夸大地吹嘘他自己的成就，所谈除某几点以外，都充满有关他的日本岛的幻想与空想，因此对他不大相信。但由于他纠缠有力，所以命令他去和休达主教堂·迪奥戈·奥蒂斯及罗德里戈长老、

---

① 地球七分之六是陆地，这是中世纪最受欢迎也为哥伦布所接受的一个地理概念，这个概念作为典据还可以参考伪经中的《以斯拉记》，其中第6章第42节有一句话："于是您干旱六大洲"。——原注

铸造灵魂：指传布基督教，改变土人信仰。——译者

若泽长老商谈，国王已把有关宇宙志及发现的事务交给由他们组成的委员会处理。他们经过研究一致认为克里斯托弗·哥伦布的话全是空谈，纯粹建立在他的幻想之上，或建立在马可·波罗所讲日本岛那一类事物之上……①

注意把着重点放在日本、放在马可·波罗的故事上，这是哥伦布关于亚洲可能达到的认识的基础，也是托斯卡内利信札的基础。哥伦布一个最坚强的论点就是到达黄金盖屋的日本实际上是可能的。他的论点一定有什么精确的根据，否则国王不会把它提交海事委员会讨论②。

费迪南德暗示过，他父亲要索的代价对葡萄牙国王来说是太高昂了。他说："就海洋统帅而论，他是个思想高尚、胸怀豁达的人，他要求用契约保障他的荣誉和权利，使得他自己的荣誉和家庭的尊严与他的工作和他的功绩的宏伟规模相适应。"③

拉斯·卡萨斯在巴罗斯的报道发表后写成《西印度群岛的历史》，它基本上重复葡萄牙史学家所写的东西，但补充了一些重要的详细情节。他说哥伦布建议航行到印度大陆和日本大岛去，到大汗的领土里去。用我们的方言来说，大汗就是万王之王。他要求的航海工具和报酬条件如下：（1）国王准备三条轻快帆船、选派适量的水手、储备一年的粮食、船上装载一批货物如鹰铃、铜盆、玻璃珠、红冠鸡、色布；（2）国王封哥伦布为骑士，使他和他的子孙能够得到"堂"的尊号；国王封他为海洋大统帅享受卡斯蒂利亚统帅所享有的一切权力与权

---

① 约奥·德·巴罗斯著《亚洲数十年》（*Da Asia*）dac. Ⅰ libiii ch Ⅱ（1778 年，第 247—250 页）。奇怪，他谈马可·波罗的日本国谈得这样随便，实际上在他写书的时候葡萄牙人已访问过日本。
② C. E. 诺威尔在《西班牙美洲历史评论》第 17 期（1937 年）第 346—347 页持这个论点，还论证说：巴罗斯的报道进一步证实托斯卡内利信札的真实。我看不出它特别加强了托斯卡内利的论点，因为马可·波罗的故事在意大利是普通常识。真的，哥伦布图书馆所藏哥伦布读过的《马可·波罗游记》是在 1485 年才印行的，根据旁注稀少这点来判断，那显然是在威尼斯人已经不大重视这部著作以后注释的。但是到处流传的《马可·波罗游记》的手写本却多得很。14 世纪有一个西班牙文本，前面序文指出它对哥伦布的重要性，载 R. 斯图布布著《来自赫尔曼·克鲁斯特博士遗物中的马可·波罗游记》（*El libro de Marco Polo aus dem Vermächtnis des Dr. Hermann Knust*）（莱比锡，1902 年）。
③ 费迪南德著作第 11 章（第 1 卷第 93 页）。

利；国王任命他为他可能发现的一切岛屿和陆地的终身总督；(3)从这些地方得来的收益和贵金属，哥伦布可以保留十分之一；凡在他所发现的地区从事贸易的船舶，哥伦布有权用它们装载货物，载运量可达总装载量的八分之一。①

　　这些条件确实与后来哥伦布向卡斯蒂利亚国王所要求的和从他们那里得到的完全相同。这种差不多字字相同的情况引起人们怀疑拉斯·卡萨斯只是把已知的1492年西班牙"协定"条件复写成葡萄牙的谈判条件。特别因为谈判条件中有哥伦布要求葡萄牙国王授予卡斯蒂利亚统帅头衔的说法，所以更加使人为此怀疑。为什么要说卡斯蒂利亚统帅呢？在葡萄牙，统帅职衔是热那亚的佩萨格诺或佩桑哈斯家族的世袭职衔。确实这对于另一个未来的热那亚（海洋）统帅显然是个榜样②。看来很像是拉斯·卡萨斯从费迪南德那里得到暗示说他父亲和葡萄牙的谈判是因为他要求过高所以谈不成，他只不过设想像1492年那样一些条件已被提出来罢了。我十分怀疑他的推断是不是正确。哥伦布无疑注意到了迪奥戈·卡奥这个像他自己一样的人中之杰，仅仅因为发现了一条大河和竖立了一个"更向南方前进"的石柱就被封为贵族。他可能已很好地下了决心：他一定要做出比发现刚果河更重要、更显示独创性的重大发现，以猎取某些有重大价值的东西，作为一个出身中下层阶级谋生无计的父亲的儿子，他已懂得贫困和奋斗，不在乎当大人物，不计较安全；他很自然地决心以他的事业去换取后嗣也能继承的职衔、荣誉和财富。但是，他是否到了把这些条件向国王直陈的地步，这是很可怀疑的，而报酬和荣誉问题又不是海事委员会要讨论的事情。

　　关于1484—1485年葡萄牙谈判只有一点是肯定无疑的，这就是

---

① 拉斯·卡萨斯著《西印度群岛的历史》第28章（1927年，第1卷第151—152页）。
② S.E.诺威尔在《葡萄牙的若奥否决哥伦布建议》一文中论证这点很有力量。见《密执安大学历史论文集》(1937年) 第25—44页。

第六章 印度事业

哥伦布要求国王给他不止一条的船只，他把日本作为他建议中的目的地。这个建议被专家委员会根据技术方面的理由否定了。当时大家知道，日本是东方国家、是亚洲或"印度"的一部分，哥伦布打算到"印度"去，而不仅是找到安第利亚或其他传说的岛屿，这在当时也被认为业已证实①，于是，我们可以公正地指明：专家们反对这桩事业是因为他们知道他估计的距离这么小是不可能的。多么老练的尼普顿海神一定会嘲笑这个热心的航海家和这些多疑的专家；在一定意义上他们双方都对，然而实际上他们双方都完全错了。

可是哥伦布已给国王留下了一个印象。他们不伤感情地分了手，很可能堂·若奥曾鼓励哥伦布在迪奥戈·卡奥第二次绕道非洲航行万一失败时再去拜访他。

1485年，国王和他自己的两个臣民谈成一笔交易，让他们至少实行哥伦布和托斯卡内利的一部分计划：发现葡萄牙人称之为七城岛的安第利亚岛。这两个臣民，一个就是特塞拉岛的费尔南·杜尔莫。他请求国王准许他率领两条轻快帆船，"去探寻一个大岛或群岛，或它们岸旁一个大陆。据推测那里就是七城岛；航行中一切由他自己适当处理，费用也由他自己负担"。他可能发现的任何东西都作为王室赠品赠给他。发现如果成功，国王同意授予他适当的"荣誉衔头"。无疑那一定很像迪奥戈·卡奥的骑士称号。杜尔莫一人不能胜任，邀丰沙尔的若奥·伊什特雷托合作。国王批准由他们两人负责，还加上一个有趣的附带条件：在他们从特塞拉岛启程后的头40天中由杜尔莫统率船队，在这期间所发现的一切土地均归他所有。此后，由伊什特雷托挂船队队长的三角旗，保管所发现的一切东西直到他们返航回家。从前历朝国王对大西洋早期的开拓者从未提供过支援，现在，若

---

① 维尼奥在他的《历史考证》中试图用以回避这个严重事实的诡辩和遁词是逗人发笑的。希潘戈（Cipangn）不是"印度"，因为它不是日本（马可·波罗不是说它离岸1500海里吗？），希潘戈只是大西洋中一个神秘的岛屿，像安第利亚一样，等等。

奥二世答应在万一安第利亚的居民用暴力抗拒吞并他们的祖国时派海军支援①。

因此很显然，若奥二世即使不是找一条西方航路去印度的话，对大西洋的开拓事业已变得很感兴趣了。杜尔莫已经同他做好一笔比哥伦布提供的更好的交易。他的船队的全套装备不要王室花一文钱。杜尔莫和伊什特雷托同意西航至少40天，他们估计到达日本最多需要这些时间。如果他们发现了安第利亚，那为什么不继续西航到达日本呢？西航成功，葡萄牙就有了一条到印度的后备航路。如果不成功，王室也毫无损失。

这次有意义的航海开航日期是1487年3月1日。关于这次航海在葡萄牙文献中完全无可查考，但是根据费迪南德提到杜尔莫曾经"极力寻找"的土地和他曾打算写（但忘记了）杜尔莫的航海故事等间接资料来看，杜尔莫和伊什特雷托显然曾经开航。他们计议的开航地点特塞拉岛属亚速尔群岛。这里就是他航行失败的要害所在。像葡萄牙一些更早期的大西洋航路开拓者一样，他们从这里开航就不得不沿高纬度顶着西风前进。假如哥伦布也像他们那样犯同样的错误，那我们所知于哥伦布的，大概就会同所知于杜尔莫及伊什特雷托的一样少。

我们已经讲过，哥伦布在他的印度事业计划遭到否决以后就同若奥二世好好地分了手，他们最终达成协议的可能性是悬而未决的②。

---

① 莫里逊著《葡萄牙人的航海》第44—47页。乔基姆·本索德在《航海发现史的缺陷与惊奇事物》（*Lacunes et Surprises dans l'histoire des découvertes maritimes*）（科英布拉，1930年）中提出一个迷人的但不可信的假说，说国王答应科尔莫，不答应哥伦布完全符合葡萄牙目光远大的政策，另一些葡萄牙史学家提出这样一种诡辩，说航行33天发现了美洲，杜尔莫希望在40天内到达七城岛，因此，七城岛（安第利亚岛）是他们国家已经有人发现过的美洲的一部分的葡萄牙名称。这40天更可能是由诺亚方舟航海才使人想起来的。

② 费迪南德和拉斯·卡萨斯都说国王曾秘密地派一条船去考察哥伦布的理论看是否有什么实在的东西。维尼奥否认这个，认为不足凭信。我也赞成维尼奥的观点。这个故事大概是依据谣言编写出来的，因为他们认为哥伦布同若奥国王已完全决裂。他们或者是忽视或者是不知道1488年国王给哥伦布写了回信。这件事哥伦布从来没有提到这种骗他的企图，他在后来的作品中提到国王时始终表示尊重，甚至是崇敬的态度。

哥伦布于1485年去西班牙，但是在那里事情进展很慢。1488年年初他从塞维利亚写信给若奥二世，表示愿意重申前请，如果他获得不受逮捕的通行许可证（大概他在葡萄牙负过债），他就再次访问里斯本。国王复信措辞很亲切，称哥伦布为"我们的特殊朋友"，赞美他"工作勤劳、才能优良"，要求他甚至恳求他立刻到里斯本来并担保他不会因任何原因遭受逮捕或拘留，还保证他到来时将受到高度的欢迎①。国王这样令人惊异地乐意接待哥伦布，除归因于杜尔莫空手返航和寻找去印度的非洲路线的巴塞洛缪·迪亚士一去音讯杳然以外还能有什么原因呢？

事实证明哥伦布不如国王那么急切，因为他并没有立刻动身到葡萄牙去。可能他在等待一个西班牙委员会的报告，这个委员会把他的西航建议郑重考虑已有两年多了。但是到12月，哥伦布又来到了里斯本，及时亲眼看见了一次伟大航海的动人心弦的结局。

巴塞洛缪·迪亚士于1487年夏天率领两条轻快帆船和一条补给船从葡萄牙开航。以印度为目的地。过了迪奥戈·卡奥第二次航行的最南点（南纬22度），他试着沿海岸航行，在圣诞节节期抵达安格拉·佩克纳、奥兰治河南边南纬26度38分的一个地点。他把一条补给船丢在这里，当海风加强时，两船离岸把船头转向上风行驶，它们突遇大西北风（在这个纬度大风是罕见现象）袭击，被吹向南方。到1488年1月6日，迪亚士就看不见陆地了。当大风缓和转向后，他就向东方航行，有几天看不见陆地，然后改变航程向北方前进。1488年2月3日船上瞭望员报告在左舷船头方向望见陆地。实

---

① 维尼奥著《历史考证》第1卷第647—678页，附有贝拉瓜手稿原件的摹真本（现存塞维利亚印度档案馆，我亲自核实过）和法译本。A.科尔介绍有一个比较确实的版本，均见《葡萄牙的制图术和制图师》(*Cartografia e Cartografos Portuguese*) 第1卷第208—210页。纳瓦雷特在1825年首次印刷这封信。他对信修补得拙劣以致大多数葡萄牙权威认为它是伪品，理由是国王不可能如此缺乏语言方面的知识（参考维尼奥否认托斯卡内利信的拉丁文本的论点）。维尼奥最后从贝拉瓜公爵那里得到了国王信札的照片，据葡萄牙古文书权威学家判断，认为真实无疑。

际上他们已到了摩泽尔湾、海角东面 200 海里的地方。迪亚士指挥两船沿海岸北进大约到了大鱼河,水手们拒绝继续前进,迫使迪亚士返航。在回程中迪亚士访问了这个海角,他也好,后来国王也好,都把这个海角叫作 Cabo de Boa Esperanca,即好望角[①]。

1488 年 12 月当迪亚士的船队傲然驶入特茹河时哥伦布正好也在里斯本。在他手抄的皮埃尔·德·阿伊利著《世界的形象》中他做过一些旁注,为了驳斥托勒密地球上陆地只占六分之一的这个论点,他在一个旁注中写道:"注意 1488 年这一年 12 月由三条船组成的船队总队长巴塞洛缪·迪亚士在奉最尊贵的葡萄牙国王之命探寻了几内亚境内陆地之后回到了里斯本。他报告……他到达一个海角,他称这个海角为好望角。我们相信这个海角在阿比西尼亚。他说他在这个地方用星盘观测发现他是在赤道下 45 度[②]。他已记述了他这次航海情节,把所获知识一里格一里格地标绘在海图上,以便呈献给国王过目。他在讲这一切时我都在场。"[③]

既然非洲已经绕过去了,通印度的东方海路已打通了,葡萄牙国王就无须再使用哥伦布了,于是哥伦布只好重返西班牙。

在我们跟着他叙述他到西班牙的情况以前,还要说一个葡萄牙的插曲。1484 年一个名叫马丁·贝海姆的纽伦堡青年来到了里斯本。

[①] 关于迪亚士航海所知很少,若昂·德·巴罗斯的记述是混乱的;在海军上将 G. A. 巴拉德著《印度洋的统治者》中记述使人激动,但有些想象成分。对这事的仔细查考可参看 E. G. 雷文斯坦写的《迪奥戈和迪亚士的航海》,载《地理杂志》第 16 期(1900 年),第 638—649 页。

[②] 海角在南纬 34 度 21 分,迪亚士不可能到南纬 37 度以下;另一个天体观测不可靠的例子也是在哥伦布时代制造成的。

[③] In quibus omnibus interfui。《世界的形象》第 24 号旁注(《文件和研究全集》第 1 辑第 2 卷第 376—377 页和伯伦版《世界的形象》第 1 卷第 206—209 页)。拉斯·卡萨斯曾见过这个注解。他说注解出自巴塞洛缪·哥伦布之手,可能他是渴望证明 1485 年后哥伦布不曾回过葡萄牙。现代手迹专家意见不同。我已考查过这个原始旁注,看来它同其他一些被公认属于哥伦布手迹的文字一样出于同一人之手。若昂·德·巴罗斯断定迪亚士航海在 1486—1487 年,据此则日期和旁注都成问题。但是,杜阿尔特·帕切科·佩雷拉(Duarte pacheco Pereira)在迪亚士返航时曾遇见过他,他在 Esmeraldo de situ Orbis(1505)中写道:迪亚士在 1488 年发现了这个海角(金布尔版),再者,哥伦布给《自然史》做第 6 号旁注写道:"1488 年一位船长向最尊贵的葡萄牙国王报告,他奉命探寻几内亚的陆地,已越过赤道,到达了 45 度的地方。"(《文件和研究全集》第 1 辑第 2 卷第 291 页)。这些旁注的复制品见《文件和研究全集》第 1 辑第 3 卷第 40、70 页。

他冒充数学家雷吉奥蒙塔努斯①的学生设法挤入最高级的学术界。若奥二世把他安排在王家海事委员会（显然当哥伦布的计划提出时他并不在场）。他访问了亚速尔群岛，和法阿尔的船长女儿结婚，1485年国王授予他骑士称号。次年他被推荐为杜尔莫-伊什雷托航海队伍的成员，但他可能没有去成。1490年他回到纽伦堡，1492年制成了他的著名的地球仪，终于在《纽伦堡纪事》上受到赞美。地球仪的缩尺、亚洲向东扩张的情况、海洋狭窄情况，和哥伦布西航所依据的不正确的地理概念非常相似，以致使人想起哥伦布与贝海姆是串联在一起的合作者。但是实际上并没有确实证据证明他们的足迹曾经交错在一起过。②

不过，我们从一个德国天文学家希埃罗尼穆斯·门策尔写给若奥二世的一封特别信札中看到了贝海姆和哥伦布之间有另外一种紧密的联系。门策尔1493年7月14日在纽伦堡写信，完全不顾哥伦布已在4个月前从"印度"回来的事实。他强调走海路，东方很接近西方，许多论据说明横渡海洋，只要少数日子就可以到达东方的震旦。这点从亚洲和非洲都出现大象、从亚速尔群岛海岸边有蔗秆漂来可以证明。陛下的海员已经证明非洲的热带地区可以住人，由此就可以说，同样的陆地可以在亚洲同纬度的地带找到。"您拥有许多工具，也拥有充足的财富，您还拥有许多能干的海员，他们渴望立不朽之功，扬名海外。您如果使西方人都知道适于居住的东方，您行将获得多么巨大的声威！同那些东方国家贸易那会给您提供多么巨大的利润！因为您将使那些东方岛屿成为您的进贡者，它们的国王在惊惧之后一定会完全臣服于陛下！"此外（这就是他要说的主题），我们的青年马丁·贝海姆正准备负起这个西航的责任，您什么时候说一句话，他就立刻

---

① 原文为Regiomontanus，1436—1476年，为德国天文学家约翰·缪勒的笔名。——译者
② 雷文斯坦著《马丁·贝海姆》第32—34页。

可以从亚速尔群岛扬帆启程。①

　　这里写的简直就是哥伦布的印度事业，甚至连漂木的证据和只要头一个欧洲人一上岸那些东方国王就会驯顺地屈服，这种天真的设想也完全相同。不论贝海姆这些想法是从哥伦布那里得来的，抑或是根据同一些资料独立思考出来的都不关紧要，反正门策尔的信是从1474年托斯卡内利的信开始以来这一段长时期的最后一个界限。哥伦布的向西航行到达东方的计划在付诸实施以前悬而未决者达18年之久。如果他畏缩不前或者航行失败，那么另一个人就会准备开始实行同样勇敢的探险航行。

　　可是，马丁·贝海姆如果从亚速尔群岛出发横渡大西洋，那他就要重蹈前人覆辙，陷入猛烈的西风口中。

----

① 葡萄牙文本和不完全的拉丁文本及法文译本载维尼奥《历史考证》第2卷第620—625页综合的英文译本载雷文斯坦著作第113页。维尼奥说过，哥伦布西航只是想寻找一两个岛屿，这封信伤害了他这个论点，所以他努力解释这封信（第2卷第447—480页），他的努力很可笑。要么是(1)贝海姆业已知道哥伦布西航，知道他没有到达亚洲（但《纽伦堡纪事》是1493年7月12日写成的，它没提到哥伦布）；要么是(2)哥伦布同他的伙伴看见了门策尔的信，决定使首次西航符合这样一个了不起的计划，并且立刻修改航海日志使它与计划相合：二者必居其一。

第七章　在卡斯蒂利亚①

1485—1490 年

　　　　　容我的百姓去，好事奉我。

　　　　　　　　　　　　　　——《出埃及记》，第 9 章，1 节

　　大约在 1485 年间，克里斯托弗·哥伦布带着他的五岁的孩子迭戈从里斯本动身到安达卢西亚地区的帕洛斯港去，目的是向卡斯蒂利亚国王提出他的印度事业计划。②他离开里斯本是悄悄的和匆忙的，大概是因为害怕当地的债主留难他。③他在里斯本多月销售活动的生活费用和备办适合费莉帕夫人身份的葬仪支出已把他航行到几内亚和在丰沙尔做买卖所有积蓄消耗殆尽了。他弟弟巴塞洛缪仍继续留在里斯本至少三年，他靠编制和销售海图维持生活。

　　载着哥伦布及其小儿子的船只从里斯本出发绕过圣维森提角，经过萨尔季斯沙洲在廷托河畔的帕洛斯镇停船。这儿是哥伦布有意或无意来到的西班牙的一个有点儿使人忧郁的地区。这个古老的涅夫拉地区是一个波浪形的海岸平原，奥迭尔河和廷托河两条潮汐河横贯其间，在离海面几英里处汇合成为萨尔季斯河。海港周围有一大片荒废

---

　　① 哥伦布离开葡萄牙、他在西班牙的活动和他弟弟在英国和葡萄牙的活动，这一切在维尼奥的《历史考证》第 1 卷第 399—730 页和第 2 卷第 9—134 页中已做了详细研究。
　　② 费迪南德说他是 1484 年离开里斯本的，拉斯·卡萨斯说他是 1484 年或 1485 年离开的。哥伦布在一个旁注里写过，若泽·维辛奥 1485 年 3 月测量了洛斯群岛的纬度，5 月回来向国王报告时，他自己在场（见前面一章）。这说明这年 5 月哥伦布仍待在里斯本。
　　③ 堂·若奥在 1488 年答应不逮捕他，证明他在葡萄牙那里欠了什么债务，在受着债主的威胁。后来他的遗嘱给两个里斯本人赠送财物，那很像是良心钱。

的沼泽地。起初看到韦尔瓦和帕洛斯这两个沉睡的小海港,把它们和光辉活跃的里斯本或整洁的四周尽是葡萄园的丰沙尔相比较,甚至连一个性格比哥伦布更乐观的人也会觉得情绪低沉。其实,韦尔瓦、帕洛斯和莫格尔的萧条只是暂时现象。涅夫拉地区曾经是卡斯蒂利亚的非洲奴隶贸易中心,它的人民在进行长途的非洲航行方面,技能仅次于葡萄牙人。不过卡斯蒂利亚在 1481 年条约中已放弃了它的非洲贸易,现在和那儿通商是被禁止的①。哥伦布在西班牙除住在韦尔瓦的妻妹和连襟莫尔阿特以外不认识任何人,而这两个亲戚对他的事情无能为力。

当他的船绕过海角进入廷托河时,哥伦布看到陡岸上一座高大的建筑物,那是拉拉维达方济各会的修道院。这使他想起要解决头一个问题。这就是当他在西班牙找朋友、想办法、筹资金来支持他的印度事业时,怎样先把迭戈安顿好。少数派以他们的殷勤好客著名,并且常常为年轻的孩子办学校,也许这座修道院可以帮他照管孩子。他父子在帕洛斯上岸后立即去拜访拉拉维达修道院。

这时候,修道院门口发生了一次美妙的施舍事件。韦尔瓦的医生加西亚·费尔南 1513 年在帕洛斯证实说:"该海洋统帅堂·克里斯托瓦尔·哥伦带着他的儿子、现在的海洋统帅堂·迭戈步行来到拉拉维达镇上一个修道院,向守门人要求给一个小孩、他的儿子一些面包和饮水。"② 毫无疑问,这件事情是发生过的。从帕洛斯到拉拉维达是一段漫长的枯燥无味的旅程,小孩子一定拖得又饥又渴。但是,费尔南医生把这件事情摆在 6 年之后就太迟了。他说哥伦布穷困潦倒,去找弗雷·胡安·佩雷斯谈话,后者走到门口同这

---

① 涅夫拉,它的历史、贸易和海港,在修道士安赫尔·奥尔特加写的《拉拉维达,文献评论史》(*La Rábida, historia documental Criticá*)(四卷,塞维利亚,1925—1926 年)中有详细的叙述。

② 《哥伦布诉讼案卷》第 2 卷第 191 页。和西印度档案中的原本对照,前者由于好奇的人像我核实这件事情那样反复查阅以致沾有油污。

位未来海洋统帅交谈，了解他的计划，安排他和女王会见。从此机缘凑合，施舍行为及时地推动了历史的车轮，终于导致伟大的美洲发现。

这个故事的一部分属于1491年，费尔南医生把哥伦布两次访问拉拉维达混为一谈。哥伦布到达西班牙后很快就把儿子寄养在拉拉维达这是确凿无疑的，① 但当时帮助他的修道士是安东尼奥·德·马切纳，塞维利亚方济各会分教区的守护人、一个有气魄、有才智的人物，作为天文学家也享有高度声誉。弗雷·胡安·佩雷斯是拉拉维达方济各会修道院院长或首脑，1491年帮助过哥伦布。在哥伦布首次访问拉拉维达时，他也许写了介绍信给弗雷·安东尼奥，把他送到塞维利亚，或者在修道院接待两位未来的印度统帅的意外访问时，这位守护人可能也正在访问这个修道院。②

安东尼奥·德·马切纳对于地球真相的认识并没有固定到不受争论影响的地步，哥伦布后来就得到他的信任，使他成为相信他的意见并支持他的事业的少数西班牙人之一。他是一个有想象力而又有同情心的人。他断定哥伦布有所作为，他变成了他的支持者。根据弗雷·安东尼奥的劝告，哥伦布首先向高贵的堂·恩里克·德·古斯曼，西班牙的高级贵族、国王手下最豪富的大臣梅迪纳·西多尼亚公爵提出请求。公爵很感兴趣，谈判已到了即将应允为哥伦布装备一个船队的地步，但由于和加的斯公爵一件不体面的争端，国王命令他离开塞维利亚，谈判中断了。于是哥伦布转而请求堂·路易斯·德拉·塞尔达、梅迪纳·塞利伯爵支援，伯爵在圣玛利亚港拥有大企业，还拥有一个商船队。

---

① 费尔南讲（《哥伦布诉讼案卷》第2卷第192页），哥伦布是去韦尔瓦看他的妻妹和连襟莫尔阿特的，但是因为拉拉维达并不在帕洛斯到韦尔瓦的路上，或者在去任何地方探亲的路上，所以他去那里一定有某些目的，而不仅是作为一个疲倦的徒步旅行者专门去那里访问的。

② 安赫尔·奥尔特加著《拉拉维达》第2卷第82—92、112、118—119页。

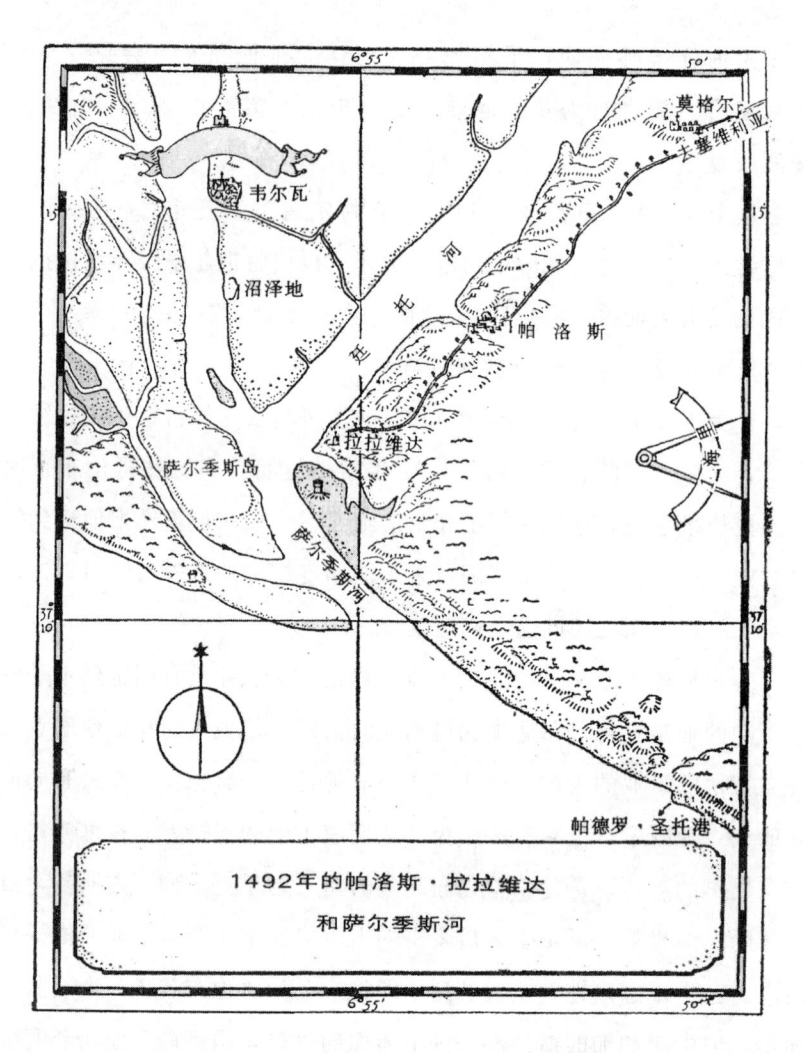

1492年的帕洛斯·拉拉维达和萨尔季斯河

关于这一点，我们获有当时的确实证据。在海洋统帅首次西航回来后，梅迪纳·塞利（当时他已升为公爵）写信给西班牙大红衣主教，宣称他在哥伦布由葡萄牙首次来西班牙时曾予以接待，他当时就已决定赞助这桩事业，"给这位热那亚人拨三四条装备完好的轻快帆船，因为他只要求这么多船只"。但想到这么重要的一件大事以取得王家同意为佳，他就向女王提出请求。女王命令哥伦布到宫廷去见她。她在听取哥伦布的陈述后，决定把他的建议交一个顾问委员会研

第七章　在卡斯蒂利亚

究，但也同意梅迪纳·塞利装备船队，准备投资，如果她的决定获得赞成的话。后来她决定由她自己负担全部经费。这时公爵款待哥伦布已经两年了。鉴于这次伟大的航海是由他间接促成的，所以他——梅迪纳·塞利请这位红衣主教要求女王允许他派少数轻快帆船每年开往新发现的地方去。①

最有趣的是哥伦布当时除三四条装备完好的帆船以外不要别的东西的说法。显然，光是一位贵族自然无权授予世袭封号或职务，或应允他从印度收入和贸易中抽取十分之一的利益。根据葡萄牙人在西部群岛的先例，"印度"如果在公爵赞助下被哥伦布发现了，国王一定给公爵加封，公爵可以用世袭船长和他认为合适的若干份收入回报发现家。因此，如果拉斯·卡萨斯关于1484—1485年葡萄牙谈判的记述是正确的，那么哥伦布现在要求的代价是大大地缩减了。说拉斯·卡萨斯记述不正确，哥伦布在1491年以前从未要求过职衔、荣誉和收益，这更有可能。②

哥伦布主要是一个实行家，他经常瞻前而不顾后，所以在他的著作中回忆旧事的文字很少。其中有一处把他到达科尔多瓦王城的日期确定在1486年1月20日③。他要赶上国王和女王是来得太迟了（他们已在1485年年底离此去马德里），但他常常认为自己从到达之日起就在不停地为他们效劳④。

在这个等候期间哥伦布结识了科尔多瓦一个年轻的姑娘，芳名比阿特丽丝·恩里克斯·德·哈拉纳。1488年夏末她就变成了他的儿子费迪南德的母亲。关于这个女人曾有过多种多样的推测之词，从说她

---

① 梅迪纳·塞利公爵1493年3月19日致西班牙红衣主教科戈拉多的信（马丁·费尔南德斯·德·纳瓦雷特著《航海和发现文集》第2卷第20页，维尼奥著《历史考证》第1卷第528页，附法译；撒切尔著《克·哥伦布：生平事业和遗物》第1卷第411页，附不高明的英译文）。维尼奥著作第1卷530—546页对和公爵们谈判有最佳叙述。
② 参考上一章第126页注②。
③ 哈里斯著《哥伦布》第1卷34，参考其他确证；维尼奥著《历史考证》第1卷第491—492页。
④ 维尼奥著《历史考证》第1卷第552—556页，附宫廷搬迁行程记。

是科尔多瓦一位贵族女人到说她是哥伦布居住的旅馆的侍女的都有。幸而,经过我的好友 D. 何塞·德·拉托雷的调查研究,在科尔多瓦市政档案馆中找到了材料,确实弄清了比阿特丽丝是什么人和哥伦布是怎样遇上她的①。

哈拉纳家在科尔多瓦是一个源远流长的家族,其近亲多是农民、榨取葡萄汁酿酒的工人和园艺工人。比阿特丽丝是一个名叫佩德罗·德·托克马达(一位宗教法庭庭长的远亲)的农民和安娜·努涅兹·德·哈拉纳所生的女儿,大约是 1465 年出生在科尔多瓦西北部一个名叫圣玛利亚·德·特拉西拉的山村里。她童年时父母双亡,和哥哥佩德罗·德·哈拉纳(后来在哥伦布第三次西航时指挥一条帆船)一道,生活在科尔多瓦她母亲的堂兄弟罗德里戈·恩里克斯·德·哈拉纳家。

罗德里戈虽然以榨葡萄汁酿酒为职业,却是个有文化、有知识的人,他结婚找的是个身份比他高的对象,过的生活也超过自己的收入。他有个儿子名迭戈·德·哈拉纳,是比阿特丽丝的从表兄弟,后来在哥伦布首次西航中担任船队安全和消防事务的负责人。这些哈拉纳家子弟都是马埃斯特雷·胡安·桑切斯(后任圣"玛利亚"号外科医师)的朋友和邻居,也是一个名叫莱奥纳多·德·埃斯瓦拉亚的热那亚药商(他的药店靠近科尔多瓦的耶罗港)的朋友和邻居。那时候药店是内科医师、外科医师和业余科学家的非正式的俱乐部。哥伦布大概也常到这家药店来,因为这家药店是一个同乡人开的,它已成为当地科学家常常会面的场所。他和这个非正式俱乐部的一个成员迭戈·德·哈拉纳交上了朋友。后者请他到他父亲家里做客,他在那里遇见这位年轻的孤女,孤女后来就变成了他的主妇。

虽然这位易动感情的信奉基督教的哥伦布传记作家坚决认为哥伦

---

① 何塞·德·拉托雷-德尔·塞罗著《比阿特丽丝·恩里克斯·德·哈拉纳和克里斯托瓦尔·哥伦》(马德里,1933 年)。我不能过高地夸奖这部材料充实的著作,它证明在利用地方档案研究哥伦布方面仍然有好多的事情要做。

布和比阿特丽丝的结合是秘密婚姻，但是不论秘密也好，非秘密也好，在哥伦布一生中没有哪一件事比他没有同她正式结婚这件事更肯定无疑①。拉斯·卡萨斯和奥维多宣称费迪南德是非婚生子。哥伦布在他现存的作品中曾两次（1502年和1506年）提到比阿特丽丝，但两次都只提她的少女名字，没有称她为自己的妻子。她比他多活了14年，她在各式各样的文件中签名，或者在公证人提到她时，都写成比阿特丽丝·恩里克斯·德·哈拉纳，而不写成堂娜·比阿特丽丝·哥伦·恩里克斯，也不写成大海洋统帅的遗孀②。

有些文件无意之中证明比阿特丽丝知道读书和写字，但是关于她的容貌、品格或性情却毫无所知。我们甚至连哥伦布和她同居多久也不知道，也许不到他首次西航以后吧。不过哥伦布却终生把她放在自己心上。1502年他命他的合法的儿子迭戈送给她年金10 000马拉维迪。这是从他首次发现新大陆得来的酬金。他在1506年一份遗嘱附言中指示迭戈照看她："比阿特丽丝·恩里克斯是我儿子堂·费迪南德的母亲，要使她生活过得稍微尊贵一些，因为她是一个有恩惠于我的人，她在我心上很有分量，你照看她使我良心宽慰。"③

尽管他妻子已故，他为什么不和比阿特丽丝正式结婚，这是容易推测出来的。一句话，正式结婚对他没有好处。堂娜·费莉帕是一个有地位的女人，她帮助他在世间出人头地，如果他要再次结婚，他必须找另一个像堂娜·贝特丽丝·德·佩拉萨（据说哥伦布在戈梅腊岛曾向她求过爱）那样有地位的女人。一个农民的女儿是不能登大雅之堂的。当他还是一个向权贵恳求支持的海员时同她正式结婚对他的野心将是一个障碍。一个农民的女儿也绝不是一位海洋统帅和总督的合适配

---

① 最近文学界一个奇怪的事例是弗朗西斯科·马里亚·保利尼写的《精神生活方面的克里斯托弗·哥伦布》（莱戈恩，1938年），它依据学究逻辑的规则证明哥伦布一定已正式娶了比阿特丽丝，对于信奉天主教的青年来说他在各方面都是完美的典范。
② 何塞·德·拉托雷：引证前书第21—26、101—104、107—126页。
③ 《文件和研究全集》第1辑第2卷第169、265页。

偶。从道德方面讲，这种关系并不会使我们担心，因为它并不曾使他的同时代人感到困惑。当时参加教会的贵族、主教和亲王都公然夸耀自己的情妇，公然为他们的私生子谋取荣誉和头衔。在这样一个时代里，哥伦布不同他的第二个儿子的母亲正式结婚，自然无人加以指责。比阿特丽丝的家人显然以这种关系自豪，因为她的侄子和兄弟都在哥伦布的船队里担任了负责的职位。他们和嫡生的迭戈一家的亲密关系，至少维持了三代。印度海洋统帅二世堂·迭戈不仅遵父命给比阿特丽丝支付年金，而且在自己的遗嘱中也没有忘记她。他的遗孀堂娜·玛利亚·德·哥伦·托莱多总督夫人还慷慨地给比阿特丽丝的侄子佩德罗·德·哈拉纳以及他的女儿卡塔琳娜赠送一笔遗产。另一方面，正是他们的非婚生子费迪南德工作勤奋，为统帅写了一部传记，还成功地保护了他的异母哥哥堂·迭戈的世袭权利。

4月底，在安达卢西亚已差不多到了夏天，双王重新进驻科尔多瓦的阿尔卡萨宫，这座宫殿临瓜达基维尔河，过摩尔人式的石桥，紧接一座华丽的清真寺（已改为大教堂），哥伦布首次被带到费迪南德国王和伊莎贝拉女王御前，命运注定他要用自己的成就使他俩的王朝大放异彩。

1469年，卡斯蒂利亚王国公主伊莎贝拉和阿拉贡王国王子费迪南德结婚[①]，把卡斯蒂利亚和阿拉贡统一成为现代的西班牙。这个国家通过她自己的勇猛的扩张在下一个世纪变成了欧洲的霸主。她要用大量的财富充实自己，现在哥伦布正是来请求她准许他把大量的财富倾注到她的磨盘中来。当他首次出现在"信仰天主教的国王"（人们通常都这样称呼费迪南德和伊莎贝拉）面前的时候，他们两人已经担

[①] 费迪南德原为阿拉贡王国王子，1469年与卡斯蒂利亚王国公主伊莎贝拉结婚，1474年伊莎贝拉继承王位，与丈夫共治，1479年，费迪南德登阿拉贡王位，两国正式合并称为西班牙。——译者

任卡斯蒂利亚、莱昂和阿拉贡三个王国的共同统治者12年。在此期间他俩已经削弱了贵族的势力,加强了王室的权威,安定了国内的秩序,并且"继续从多方面复苏卡斯蒂利亚的经济潜力,使它达到前所未有的高度"。① 他俩放弃西非和取得加那利群岛以结束与葡萄牙的长期斗争。② 对加那利群岛的征服已在进行中。这是他们征服美洲的一次彩排。因为加那利群岛是哥伦布西航预定的出发点,所以,征服它只会带来好处。但是当时征服摩尔人的格拉纳达王国之战正在坚决进行中,这个战争需要投入非常多的人力和财力,以致双王无法再关心远洋事业。这好比正当林肯总统在打葛底斯堡战争之际,一个极地探险者就休想劝说他去征服南极一样。

阿拉贡的费迪南德不是一个容易同意别人见解的人。在这方面把他和伊莎贝拉对比就会看不清他的才能。他的巨大的和压倒一切的兴趣放在外交事务上面:欺骗像法国国王路易十二那样的傻瓜是他的最大的乐趣,他自己夸口说他愚弄他已不下十次之多。对大陆上那些国与国之间的结盟或联合,他没有一次不插手。他的加泰罗尼亚和巴伦西亚两地区(原为王国)濒临地中海,那里人民有航海兴趣和航海习惯,但是他注意东方胜于注意西方。哥伦布不能对他抱奢望。

卡斯蒂利亚的伊莎贝拉是一位引人注目的漂亮女人:容貌端庄、肤色白皙、蓝蓝的眼睛、金色的头发,她的外貌在西班牙特别使人赞美,因为它稀有、罕见。她的仪态优雅、庄重、和蔼可亲,她待人处事态度非常机智得体,以致闹事的臣民甘拜下风。这一点没有哪一位卡斯蒂利亚国王能够〔在她面前〕夸口。她嗜好简单、饮食适度。只因为想使贵族中间一些恶少放弃粗野的娱乐,她在她的宫廷里容忍了

---

① R.B.梅里曼著《西班牙帝国的兴起》(*Rise of the Spanish Empire*)第2卷第143页。
② 葡萄牙国王阿方索五世在1481年结束对卡斯蒂利亚的战争,双方订立了《阿尔卡苏瓦什条约》,其中规定卡斯蒂利亚保有加那利群岛,但不能到博哈多尔角以南探险和占有土地,而葡萄牙在那里则有自由行动的权利。——译者

一些无意义的娱乐。卡斯蒂利亚内部问题多而复杂，对于这些问题，她显示出一个政治家的手腕，执行一种既坚定又灵巧的政策。当她一旦把她的信任交给一个人时，这个人就可以指望得到她的经久不变的支持。她的虔诚和模范的品行达到这样一个程度，以致即使她继承的是她兄弟和先人造成的那样一个腐败的宫廷，却没有传出丝毫丑闻，玷污她的声誉。不幸的是她也有过狭隘、偏执那种性质的普通缺点，她驱逐犹太人，使她的国家遭受损失。这种损失把她征服格拉纳达的所得抵消了。①

克里斯托弗·哥伦布和天主教徒伊莎贝拉体格类型相似，性情也很相似。她年龄比他仅小四五个月。大约是在1486年5月1日，当哥伦布在科尔多瓦的阿尔卡萨宫的接待厅首次觐见她的时候，肯定他们之间有某种相互理解和相互谅解的激情，女王虚心地听他热情地陈述他的理想，但在进一步给他的鼓励以前，有几个问题需要解决。她的顾问官们（在这方面他们都是专家）认为西航去印度能做得到吗？在那个时候王国政府担负得起这笔经费吗？或者就让梅迪纳·塞利去操办这件事吧？她叫哥伦布同他的财务审计官阿隆索·德·金塔尼利亚商谈。金塔尼利亚请哥伦布住在他家里，介绍他同托莱多大主教、西班牙大红衣主教、卡斯蒂利亚王国政府首席大臣、显贵的堂·佩德罗·冈萨雷斯·德·门多萨见面②。

在沐浴了一阵王室恩典后，云雾又浓集起来了。随后五年或六年是哥伦布生平最艰难的一个时期。如果允许他接受梅迪纳·塞利所提供的帮助，事情一定会比这样做简单得多。拉斯·卡萨斯写道："他开始面临一场可怕的、痛苦的、连续的、持久的战斗，他要说服那么多自以为什么都懂其实什么都不懂的人，要耐心地回答许许多多既不

---

① 威廉·H.普列斯科特著《费迪南德和伊莎贝拉》（波士顿，1838年）第3卷第183—198页。
② 维尼奥著《历史考证》第1卷第565页；奥维多著《西印度群岛通史和自然史》第1卷第20页。

了解他更不尊重他的人的疑问，还要听一些令人痛心疾首的带侮辱性的闲言冷语。比较起来，一场真刀真枪的战斗还不像这场战斗那么尖锐、那么可怕。"因为哥伦布不仅是一个海员，而且也是一个自傲的和敏感的人。他知道他是正确的，而愚昧无知的人的粗鲁的戏谑和古怪的嘲笑却差不多超过了他所能忍受的限度。他后来一再痛苦地提到那些年月，那时几乎每个人都嘲弄他和他的事业。他每每超出常情最不明智地提醒国王及其他权贵，说他们每个人都错了，而他自己是对的。①

女王选派他的忏悔神父、当时任普拉多修道院（在巴利亚多利德附近）院长、后来任格拉纳达大主教的埃尔南多·德·塔拉韦拉领导一个特别委员会来审议哥伦布的计划。委员会议于1486年初夏首先在科尔多瓦举行，后来移到萨拉曼卡，因为王室已到了那里过圣诞节。

当时萨拉曼卡有一个由几个寄宿学院组成沿袭着中世纪晚期体制的大学（现在只牛津和剑桥还保存着这种体制）。其中有一个学院名叫圣斯蒂芬学院，由多明我会神父迭戈·德·德萨主持（德·德萨后来任帕列西亚主教和塞维利亚大主教）。哥伦布发现他竟是他在西班牙的最热心的和最有效的支持者之一②，塔拉韦拉委员会就在这个学院里开会。因为1515年一个名叫罗德里戈·马尔多纳多博士的市政评议员证明，委员会开会时他正在那里，他看见塔拉韦拉"和几位智慧的学者及海员在讨论海洋统帅去寻找海岛的计划，他们认为统帅所讲的都不可能是真实的，在他们绝大多数人看来，情况与统帅所坚决主张的相反……"③

显而易见，所谓"不可能是真实的"这件事情就是指哥伦布理论

---

① 维尼奥著《历史考证》第1卷第568页；引拉斯·卡萨斯著《西印度群岛的历史》第29章（1927年）第1卷第158页和哥伦布的书信。
② 哥伦布给儿子堂·迭戈信，1504年11月21日。纳瓦雷特著《航海和发现文集》第1卷第333页。
③ 《哥伦布诉讼案卷》第2卷第101—102页。

中所谓西班牙和印度之间洋面不辽阔这点。这个理论是不确实的。不过由于迭戈·德·德萨觉得，可能塔拉韦拉也觉得，哥伦布计划中仍然有某些真实的东西，所以委员会决定延期提出审查报告。①

当时，萨拉曼卡大学这次著名的会议究竟开得怎样呢？有人说，哥伦布在那么几位数学、地理学和天文学教授面前为自己的意见做辩解，但因为他不能使他们相信地球是圆的，所以他的意见遭到了否决。这纯粹是捕风捉影之谈。华盛顿·欧文②闻风而动抓住这个写景的机会写小说似的叙述了这个并不存在的事后130年才见诸公告的大学讨论会，细致地刻画它，让他自己的想象力恣意驰骋。结果就写出了他那部大著中奇怪的一章。其中说"一个不引人注意的航海者、一个渊博学识的社会成员，既无排场也不铺张，这些有时能使神谕权威张口结舌，靠的只是天赋的才能"，坚持用他的地圆理论去对抗教士们的天圆地方迂腐"偏见"，还引用《圣经》、拉克坦希厄斯和圣奥古斯丁的语录以加强自己的论点，直到他对宗教法庭感到紧张不安时为止。谈到哥伦布怎样在"他们的阵地上去对付他们？他倾吐基督圣经中一些漂亮的经文，引用一些预言家的神秘预言，在热情高涨之际就把这些经文和预言看作他建议中的那个异常发现的宣告，看成那个发现的榜样"。③ 如欧文所讲的，这是一出扣人心弦的戏，它已变成最流行的哥伦布神话之一，因为我们大家都爱听教授和专家被简单的常识弄得张皇失措。

然而这整个故事都是欺人的和害人的胡说。萨拉曼卡大学并没有被要求做出决定。哥伦布和塔拉韦拉是在圣斯蒂芬学院举行意见听证会，会上双方谁也没有把谁说服，大地是球形并未成为争论的问题。

---

① 维尼奥著作第1卷第569—599页。
② 华盛顿·欧文（1783—1859年）：美国作家、史学家，著有《哥伦布的生平和航海》、《华盛顿传》及《见闻杂记》等。——译者
③ 欧文著《哥伦布》第2卷第3章。

争论的问题是大洋的宽度,在这点上,反对意见是对的。

这些非正式会议和听证会大概是在1486年圣诞节节期前后举行的,当时王室正在萨拉曼卡。此后不久,哥伦布的名字就列入了王家薪俸册。卡斯蒂利亚国库的记录表明:"克里斯托瓦尔·哥伦、外国人",在1487年5月5日到王家营地(当时正在围攻马拉加)支薪俸3 000马拉维迪,7月3日支3 000,8月27日支4 000,10月15日支4 000;1488年6月16日支3 000。① 换句话说,他支取的薪俸是一年大约12 000马拉维迪的一笔生活维持费,粗略计算是80—90美元,一个一等水手的工资。这样生活不算豪华,但能够保持一个嗜好简单的人身心两可。

关于哥伦布自己这一年的活动,除领取薪饷使他能够进出王家营房以外,我们别无所知。王家营房设在马拉加前面,马拉加是摩尔人保持的最后一个西班牙海港。1487年8月18日,马拉加港投降,哥伦布无疑希望这将是促使国王对西航事业感兴趣的一个适当时机。如果他这样想的话,那么他又想错了,因为还有强大的城市留在异教徒手里! 双王对战争的压倒一切的兴趣对于哥伦布来说是甚至比科学家的怀疑更大的障碍。显然,次年宫廷对他已丧失兴趣,因为自1488年6月后他的生活维持费再未发放。在这年8月或9月,比阿特丽丝在科尔多瓦生下了费迪南德。塔拉韦拉委员会仍未提出报告,也未正式通知哥伦布离开,但因为他的一笔微薄收入断绝了,他想最好是接受堂·若奥的邀请,重新到葡萄牙去和他谈判。

如我们所见,这些想法在巴塞洛缪·迪亚士从好望角回国后都已成为泡影。若奥二世找到了一条通印度的海洋航路,其他航路就不需要了。于是哥伦布重新来到西班牙,派他的弟弟巴塞洛缪赴伦敦。

对巴塞洛缪的活动情况甚至比对克里斯托弗的活动更不清楚。大

---

① 纳瓦雷特著《航海和发现文集》第2卷第4页。

概他在哥哥1485年首次离去后仍旧待在里斯本，直到迪亚士回国破坏了他们向葡萄牙提出的交易后才离开。① 对英国的史料和档案做过最细致的调查研究也未曾发现巴塞洛缪在英国的活动踪迹。但这并不足惊奇，因为关于约翰·卡博托也几乎是什么资料也找不到。据费迪南德讲，他叔父曾晋见英王亨利七世，献给他一幅世界地图，地图上有几句有意义的但使人很费解的拉丁文题词，大意是："您希望知道各国的海岸，您就必须依靠这幅根据斯特拉波、托勒密、普林尼和伊西多雷教导制作出来的地图。"② 费迪南德还讲，亨利七世相当感兴趣，当大发现的消息传来时，他仍旧按照都铎王朝那种过分小气的作风与巴塞洛缪讨价还价，不过写书比费迪南德早的奥维多却说，巴塞洛缪的建议被国王的顾问们否决了，"他们嘲笑哥伦布提的建议，认为他的话都是空谈。"

巴塞洛缪到法国宫廷里去不迟于1490年。事实证明在那里他的建议同在英国一样未被接受。再者，我们对档案里毫无记载也同样感到恼火，不过在下一个世纪的法国资料中却有个声明说，查理八世对这项事业的想法同英王亨利七世一样。可是，巴塞洛缪却在法国宫廷里找到了一个恩主和女保护人，她就是国王的姐姐、曾在国王年幼时担任摄政王的安娜·德·博热。由于她，他的法国会给予支持的希望才可能继续保持，因为哥伦布即将在1491年亲自到法国来。巴塞洛缪作为安娜·德·博热的门客继续住在枫丹白露，当他哥哥大发现的新闻传来时，他还是闷闷不乐地受雇在那里绘制地图。

我们可以设想，克里斯托弗·哥伦布是早在1489年回西班牙的，他在等待、希望和祈求塔拉韦拉委员会提出一个赞许的报告，也在等

---

① 常常有这种可能的事情，如拉斯·卡萨斯所坚持的，关于迪亚士回国的旁注，出自巴塞洛缪之手，克里斯托弗并没有应若奥二世1488年3月的邀请重访葡萄牙，参看上章正文及第130页注③。

② 费迪南德著作第11章（第1卷第96页）。在维尼奥著作中（第1卷第453—479页）讨论了巴塞洛缪的活动。地图上注明1488年2月3日于伦敦。因为英国是在3月25日开始新年，这个日期可能意味着1489年2月3日。

待、希望和祈祷进攻格拉纳达的最后一战迅速结束。他等待了两年多。在 1491 年下半年，他重新出现在拉拉维达以前时，他的活动情况纯靠猜测。这期间他有一部分时间大概是和比阿特丽丝住在科尔多瓦，因为后者生下了他们的儿子费迪南德。在 1493 年①他一定把科尔多瓦当作他安家的地方，很可能他还不时访问拉拉维达和年轻的迭戈保持接触。他也可能在塞维利亚经营图书销售业务。由于女王那里发放的微薄薪俸到 1488 年 6 月已经停止，他这时可能是依靠好客的梅迪纳·塞利公爵维持生活。

不论怎样他总有充足的时间读书。在 1485—1490 年间为了收集"弹药"和专家们再做一次较量，哥伦布对古代和中世纪一些地理方面的权威著作进行过彻底的研究。任他们抬出托勒密来对付他吧，他一定以其人之道还治其人之身，而且加倍回敬。哥伦布所有书籍中有四部还保存下来：《马可·波罗游记》的拉丁文译本、1489 年印行的普林尼的《自然史》的意大利文译本、皮埃尔·德·阿伊利的《世界的形象》和一些次要的论文（均系拉丁文，1480 年和 1483 年在卢万印成），以及埃涅阿斯·西尔维乌斯（教皇庇护二世）著、1477 年出版的《自然史》②。

特别是《世界的形象》和普林尼《自然史》这两部书中的大量旁注或边注。它们是用各种不同的笔和各种不同的墨水写的，但笔迹差别很小。通过这大量旁注或边注可以表明：哥伦布，大概还有他的弟弟巴塞洛缪都曾经从头到尾反复地读过这些书。《世界的形象》似乎多年都是克里斯托弗的床头读物，他也利用《自然史》后面的空页作为他的包罗各种杂感的记事本。这些旁注都已经被从费迪南德和拉

---

① 疑为 1491 年之误。——译者
② 一部由哥伦布兄弟注解过的普鲁塔克的《希腊罗马名人传》也保存在那里，但注解中没有一句话涉及地理学；还有一部 1479 年出版的托勒密著作，其中哥伦布除签名外没写一个字。

斯·卡萨斯开始的一些哥伦布传记作家研究过了。一些自封的笔迹识别专家对于哪个旁注是克里斯托弗注的，哪个是他弟弟注的，进行了许多争论。但这实在无关紧要①，因为他们两弟兄是为了共同理想、为了共同计划而工作在一起的②。

在《世界的形象》、《自然史》和《马可·波罗游记》三书之中，手写旁注不下 2 125 个之多。旁注文字多少不等，少的一个字，多的超过一千字。字数最多的是从眉批或正文中摘下来的摘要。例如，《世界的形象》第 55 章《论河流，首先论尼罗河》中报道了地上天堂，哥伦布后来在第三次西航中曾以为自己到了那里。把印成的正文和手写的旁注翻译出来（原来都是拉丁文），把哥伦布画线的文字和他加的旁注用斜体字编排，该节全文如下：

正　文	哥伦布注解
天堂那里有泉水滋润这快乐的花园，有四条河流分布其间。此外，据伊西多尔、大马士革的约翰、比德、斯特拉波和 P.科梅斯特的意见，天堂是很快乐的地方，它位于东方某些地区，陆上海上离我们适于住人的世界都很远。它地势很高，高到接近月球，大洪水永远淹不到它，你别以为这么说就是它真的高到触及月球，那不过是个夸张的说法……水从很高的山上流下来形成一个大湖。水下泻造成这样大的噪音，使那	天堂里有泉水 天堂是个很快乐的地方，它在东方离我们可以住人的世界陆路、水路都很遥远。 地上天堂 一个湖

---

① 但涉及巴塞洛缪·迪亚士和若泽·维辛奥的三点除外，这三点可用来确定发现家或他的弟弟的活动日期。
② 在《文件和研究全集》第 1 辑第 2 卷第 289—525 页上所有哥伦布的旁注都印在正文对面相应部位上；而《文件和研究全集》第 1 辑第 3 卷及附录则专用来影印哥伦布手写的旁注和其他样张。对哥伦布的手迹已有多人做过研究，但尚无定论。

里人生来耳聋……天堂四条大河同源，水都从那个大湖里流出来。菲桑就是恒河，吉昂就是尼罗河，还有底格里斯河和幼发拉底河。①

恒河、尼罗河、底格里斯河、幼发拉底河

有些旁注一侧画有食指以唤起读者注意，另一些则围有小框以表示重要，总的说，要看清这些书中哪些地方特别使哥伦布感兴趣是不难的。

坎特伯雷红衣主教皮埃尔·德·阿伊利的《世界的形象》是一部综合性的世界地理学。写成于西欧再发现托勒密地理学以前，时间在1410年左右。哥伦布为什么在托勒密和阿伊利二人中更喜欢阿伊利，这是一个原因。法国宇宙志学家遵循推罗的马里努斯的体系，后者说欧亚大陆宽广而大西洋狭仄。红衣主教后来的宇宙志论文（写于他读过托勒密著作以后）有两篇被编入哥伦布手抄的《世界的形象》中，它们对哥伦布更有用处，因为德·阿伊利敢于不赞成这位亚历山大哲人的意见②。例如，他说："陆地向东方的延展长度比托勒密认可的要大得多。……陆地中心③不仅是从东方〔尽头〕起的一个90度的距离，它远得多，因为在东方可住人的地面长度超过地球半周。据哲学家和普林尼的意见，以比西班牙更远的地方（即摩洛哥）为一极，以印度的东边为另一极，大洋在两极之间的宽度并不太宽，显然，如果顺风的话，海洋在很少日子里就可以通过。海洋并不如某些人

---

① 埃德蒙·伯朗著《皮埃尔·德·阿伊利的〈世界的形象〉》（*Ymago Mundi de pierre d'Ailly*）（第3卷，巴黎，1930年）。这部宏伟的著作包含哥伦布手抄的《世界的形象》及其旁注，并附有二者的法语译文对照，另外还有学术注解和序言。哥伦布自己的手抄本是在马萨诸塞州历史学会据《美洲史料丛书》用直接影印机复印的。

② 纳恩先生在《〈世界的形象〉和哥伦布》、《美洲历史评论》第40期［1935年］第646—661页）中分析了德·阿伊利著作中的旁注，结论说："《世界的形象》一书对于形成哥伦布首次西航计划的重要性不大。"我同意这个见解。哥伦布的地理体系得自马可·波罗的多于德·阿伊利的。不过《世界的形象》和《自然史》仍然是他用以支持他的计划的两个主要的理智上的论据。

③ （Arim 或 Aryim）按照古人的说法，陆地中心应该在托勒密的可住人世界长度180度的中途。

所描绘的那样大到能占地面四分之三。"哥伦布在这些语句下面画粗线并做长注,每当有人提到托勒密的陆地180度时,心里就记起这些画粗线的字句①。

哥伦布注意1度之长的每一个提法,有时在书页旁写着"不是这样,1度等于 $56\frac{2}{3}$ 罗马里",或者写上意思相同的话。② 我们已经引用过他根据航行非洲的经验证明热带可以住人的注解。在《世界的形象》中关于大洋狭仄的任何叙述,哥伦布都热心地摘抄或评注,例如:

适于居住的地面的朝东方一端和朝西方一端之间很近,两端之间有一个小海。

在西班牙尽端和印度起点之间相距不太宽。

海的一臂在印度和西班牙之间伸展。

印度接近西班牙。

东方的起点和西方的起点是接近的。

陆地上从西方的尽头到印度的尽头的距离比地球的一半即180度,要大得多。

水在西班牙尽头和印度起点之间从一极流到另一极。

亚里士多德〔说〕,在西班牙尽头和印度起端之间是一个少数日子就可以航行通过的小海……以斯拉〔说〕,〔地球上〕六部分适于居住,第七部分弥漫着大水。注意:圣安布罗斯、奥古斯丁和其他许多人都认为以斯拉是先知③。

---

① 《宇宙志概要》(*Compendium Cosmographiae*)第19章,包括在哥伦布手抄的《世界的形象》中(伯朗版,第3卷第659—661页)。

② 这些旁注大部分(《世界的形象》中旁注第4、28、30、31、481、491号)被收集和翻译在G. E. 纳恩著《哥伦布的地理概念》第6—11页。

③ 《世界的形象》旁注第43、363、76、364、366、486、497、24号。哥伦布对所引用的以斯拉语录(《以斯拉记》下,第6章第42节)略感不安,因为那部书是伪经,不足凭信。

尤利乌斯〔索利努斯〕教导说，从印度到西班牙（非洲背后）整个海洋是可以航行的。①

西班牙的尽头和印度起端之间相距并不遥远。显而易见，遇到顺风，这个海在少数日子里就能通过。②

哥伦布抓住每一点"证据"来充实海洋狭窄这个论点，以至于注意到亚洲距离太长。

注意到他施国国王③到耶路撒冷觐见上帝，像圣耶罗米那样路上走了一年又十三天。

从红海一个港口到印度航行了一年。所罗门费三年时间航行一周……从西方一端（葡萄牙）到东方一端（印度）陆上距离非常遥远。④

哥伦布对德·阿伊利的论印度（亚洲）一章注释很多。大河、黄金、白银、珍珠、宝石、大象、鹦鹉、怪兽和怪物都使他激动。有一个附有参见号的旁注叫人注意印度周围有无数岛屿，那里珍珠和宝石充斥⑤。他看到《世界的形象》中提到俄斐的地方不多，觉得失望，就写了一个旁注，写得很长以致差不多成了一段补充文字。他叫人参考《列王纪》第 3 章和《历代志》第 2 章所罗门和约瑟法斯的活动。接着他又说："请看看我们几幅绘成球体的地图。"⑥ 当然，一个制图家一定能够给出一张地图来说明他的海洋不辽阔理论。

埃涅阿斯·西尔维乌斯的《自然史》（1477 年）虽然比《世

---

① 《自然史》旁注 6（《文件和研究全集》第 1 辑第 2 卷第 291 页）。
② 德·阿伊利著《世界的形象》旁注 677 号（伯朗版，第 3 卷第 660 页）。
③ 《圣经》中古国名，见《旧约·列王纪》第 10 章，22 节。——译者
④ 同②旁注 166 号、374 号。
⑤ 《世界的形象》第 15 章旁注 68—79 号；第 16 章《关于令人惊异的印度》，写到独腿的、无头脑的人等，也注解得有趣。
⑥ 《世界的形象》第 24 章旁注 166 号。

界的形象》出版早几年，但写成时间却大约晚 30 年。它大量摘录了托勒密的言论，内容比《世界的形象》精确而有信息根据，但是由于同样原因不大受哥伦布欢迎。不过，埃涅阿斯·西尔维乌斯引述了大量托勒密及其他古代作家的言论，哥伦布有时能加以利用。例如，书上说东亚幅员广大，从赤道伸展到图勒所在 60 度纬圈，此话意思是说他无论如何不能忽略它。① 书上又说，中国人民很温柔，很和平。哥伦布注释道："这个国家在印度起点上，在西班牙和爱尔兰的正对面。"② 这句话起了部分作用，使哥伦布兴起一个奇怪的想法，认为亚洲居民对外来征服者不会制造麻烦。书中也有许多地方哥伦布不赞成，例如，亚洲的短距离（180 度）、托勒密的度数、北极和热带不能住人。③《自然史》对《世界的形象》是个有价值的补充，因为它把马可·波罗带回家的有关东亚及中国的情报和很可能来自一个晚期东方旅行家和德理④的记录合并在一起。哥伦布的旁注表明他对中国特别关注。例如，大汗一词他在旁注中提到不下十八次之多⑤。中国人在欧洲受浪涛冲击的故事引起哥伦布回忆起他曾看见两具脸孔扁平的尸体在戈尔韦湾水面漂流。⑥ 哥伦布获悉食人肉者和亚马孙族女战士的踪迹，他以为事在 1492—1493 年；这些也记载在《自然史》的边注中。

如我们所要做的，研究和分析这些"难以捉摸的、引人注目的，写在这些书页空白处的秘密"：⑦ 一切都指向一个目标、唯一的一个伟大事业的目标，这就是向西航行到达东方。皮埃尔·德·阿伊利著

---

① 旁注 36 号，《文件和研究全集》第 1 辑第 2 卷第 295 页。但是《世界的形象》旁注 75 号对它的幅员甚至描写得更加辽阔——从"印度前面"扩展到了南回归线。
② 《自然史》旁注 56 号，《文件和研究全集》第 1 辑第 2 卷第 297 页。
③ 旁注 2 号（英国人和瑞典人航行到北极葡萄牙人航行到热带）、6 号、22 号、860 号。
④ 和德理（Oderico da Pordenone）（1265—1331 年）：意大利人，约于 1316 年启程赴东方旅行，从事传教活动，到过北京，居留两年，于 1330 年返回意大利。——译者
⑤ 伯朗版《世界的形象》第 3 卷旁注 748 号，伯朗在这里译出了《自然史》中几个比较重要的旁注。
⑥ 旁注 10 号，《文件和研究全集》第 1 辑第 2 卷第 292 页。
⑦ 莎士比亚著《鲁克丽丝受辱记》。

作中《论大洋中另一群著名的岛屿》这一章引不起哥伦布的兴趣，除了注意到戈尔加德斯岛和幸福岛就是现代的佛得角群岛和加那利群岛以及地上天堂肯定不在那里以外①。因此，这些旁注就使得那些企图证明哥伦布所寻求的除新大西洋群岛以外没有更重要的东西的人，以及说他是在找不到安第利亚岛时才对东方感兴趣的人大失所望。提出这些说法的作者要么就无视旁注中那些明白无误的证据，要么就无动于衷似的断言这些旁注都是在第一次西航后写的，其目的在于（1）使后代误解哥伦布的真正目的；（2）或为《预言书》搜集材料。第一个指责太无意义，不值一驳；《预言书》除主要是从《圣经》里引用的预言以外，没有别的东西，从《世界的形象》、《自然史》和《马可·波罗游记》，只偶然摘录少数文字②。注明时间在 1481 年和"in hoc anno'88"（1488 年这一年）的三个旁注证明哥伦布至迟在 1490 年以前已好好地读过《自然史》。为了驳斥正文中某些论点，这些和另一些旁注以及由费迪南德保存下来的一些独立的旁注都提到克里斯托弗航行到非洲、爱尔兰和冰岛所收集起来的一些经验和论据。

　　哥伦布航行到美洲获得了许多更了不起的经验，说他是在 1492 年后写下这些旁注，却一句也不提他这些经验，谁能相信呢？③

----

①　伯朗版《世界的形象》第 2 卷第 389—391 页。
②　塞西尔·简在所写两卷《文献选编》的两篇序言（Ⅰ第 xc—xcii 页和Ⅱ第 lxxii—lxxiv 页）中对此有争论。他做出了使人惊奇的结论，说哥伦布在 1492 年不能读也不能写。印在《文件和研究全集》第 1 辑第 2 卷 75—160 页中的预言书，主要是选集一些《圣经》经文，少量是教会神父的语录和从塞尼加所写悲剧《美狄亚》中摘来的著名文字。其中只包含少量从地理书中摘来的材料，这些都是符合《圣经》的。哥伦布在他的《自然史》的背面抄录了一些来自《圣经》、奥古斯丁、约瑟法斯犹太史学家（约公元 37—100 年。——译者）和奥维德（罗马诗人，公元前 43—约公元 17 年。——译者）的预言（《文件和研究全集》第 1 辑第 2 卷 365—367 页）。
③　在哥伦布所藏普林尼《自然史》的意大利文译本中有一个谈在海地寻找琥珀的旁注。它给人看到一个 1492 年后做注解的证据。但哥伦布在这部书中找到的使他感兴趣的东西很少，就收集论证材料而言，它并不重要。书里一共只有 24 个旁注，除耶稣和玛利亚等以外，海地是最后一个旁注。《文件和研究全集》第 1 辑第 2 卷第 472 页，只有七个涉及地理。普鲁塔克《希腊罗马名人传》中的旁注也是如此。这本书他一生任何时候都可能在读它和注它。哥伦布的《马可·波罗游记》意大利文译本中的旁注只是一连串的参见号，不含新颖的评论。不过谈到哥伦布的地理观念，那么马可·波罗对他的贡献比任何其他作家都大。在他的首次西航《航海日志》中，我们找到日本国、行在、刺桐（泉州）香料、食人肉者、"印度坚果"、裸体男人和女人、胡椒等名词，所有这一切都已在马可·波罗的书中谈到过。

第八章　女王同意了

1489—1492 年

> 列王必做你的养父，王后必做你的乳母。
>
> ——《以赛亚书》，第49章，23节

就1489年这一年而论，哥伦布只留下一点踪迹是确凿无疑的。5月12日，两位国王为他发出一封公开信给所有地方官吏，命令他们给"必须到宫廷来的克里斯托瓦尔·哥伦布[①]提供免费膳宿的方便"。当时国王正在指挥围攻巴萨。一座庞大的兵营设在这座摩尔人的城外，"西班牙骑士团之花"已到达那里，每一件事情都以极其宏伟的方式在进行。为什么双王愿意在这个关键时刻接见哥伦布，我们不知道。也许是塔拉韦拉在做出报告以前建议这一次会见，更可能的是哥伦布在从葡萄牙回来后重新向女王提出了请求，女王通情达理地允许他前来陛见，但由于他经济拮据，不得不由地方供给膳宿，以便通行。

哥伦布在国王行营待了多久，他做了些什么事情，如果说做了的话，都不知道。据说他曾以志愿兵身份参过军，并且配合着他的机智和崇高的愿望"表现了惊人的勇猛精神"[②]。考虑他的反对伊斯兰教

[①] 纳瓦雷特著《航海和发现美洲文集》第2卷第6页，据塞维利亚市政府王家函件登记处资料。这封信曾被当作哥伦布当时住在塞维利亚的证据，但它所证明的一切都是哥伦布去宫廷路上经过这个城市，曾出示这封信以便获得食宿的方便。

[②] 苏尼加著《塞维利亚编年史》（*Anales de Sevilla*）(1793年) 第3卷第145页。维尼奥著《历史考证》第1卷第681页曾加以引述。苏尼加在事件发生大约150年后才记述它，但所记事情是可信的。

的热忱，他自然欢迎有这种为基督教而打几仗的机会。在这次围攻中有一件奇怪的偶然事件帮他完成了他最崇高的愿望。埃及苏丹派来一位使节，他威胁说，除非费迪南德和伊莎贝拉停止攻击西班牙的穆斯林，否则他将迫害他辖区内的基督教徒，并铲平耶稣的坟墓。哥伦布抓住这个机会向女王十分肯定地指出，让巴勒斯坦圣地放在异教徒控制之下是多么危险！他呼请女王派他向西航行寻找新的财源以便装备一支十字军。但是，当摩尔人的格拉纳达王国还在顽抗的时候，女王不可能分神去考虑"印度事业"。当1489年11月4日巴萨攻下来的时候，哥伦布再度陷入无事可做的境地。

这是他感到真正苦恼的一个时期。据杰拉尔迪尼主教讲，当时他曾向安达卢西亚一个与马切纳接近的方济各会修道院请求接待。[①] 他打算怎样生活，打算在什么地方过日子呢？是像安德烈斯·贝纳德斯讲的，当他第一次遇见他时他正在以销售地图和书籍为职业吗？他已经耗尽梅迪纳·塞利公爵的客情吗？他是同哈拉纳一家住在科尔多瓦吗？差不多任何猜测都是可能的，因为没有实际的事迹留存下来。这不是哥伦布晚年乐意谈起的一个时期。

1490年宫廷把一部分时光花在塞维利亚，大概是在这一年后半年，塔拉韦拉委员会终于提出了一个报告。据拉斯·卡萨斯说，委员会"断定哥伦布所许诺和提供的东西都是办不到的，都是空谈，应该予以否决"。委员会劝告双王说："让王室支持一桩基础这样不稳固的事业，支持一桩任何一个受过教育的、小有知识的人都似乎觉得靠不住的和不可能的事业，这不是一个恰当的目标。"[②] 费迪南德和拉斯·卡萨斯概括了塔拉韦拉委员会的六个论点，证明哥伦布

[①] 杰拉尔迪尼著《航程》(*Itinerarium*)第203页。我在神圣不可侵犯的西班牙找不到这个修道院，我疑心杰拉尔迪尼指的是不是拉比达。

[②] 拉斯·卡萨斯著《西印度群岛的历史》第29章（1927年，第1卷第160页），他对费迪南德所讲的只稍微增补了一点点，由于他把否决时间定在哥伦布到西班牙后五年，那就必定是在1490年。维尼奥（第1卷第702—705页）提出新的理由说时间晚于1490年。

是错误的。(1) 航行到亚洲一定需要三年时间;(2) 西方海洋无限辽阔,也许是不能航行的;(3) 如果他到达安蒂波迪斯(从欧洲西去地球另一边的大陆),他会回不来了;(4) 根本不存在安蒂波迪斯,因为地面上大部分是水覆盖着,因为圣奥古斯丁这样说过(据拉斯·卡萨斯讲"圣奥古斯丁怀疑"[duda Sant Aguscin]变成了塔拉韦拉委员会的口头禅);(5) 地球上五带,只有三带可以住人;(6) 创造世界已这么多世纪了,说谁还能找到人所不知的有价值的陆地是靠不住的。①

虽然这套理由被维尼奥及其他人士斥为捏造的和无意义的(因为它们有助于证明哥伦布的亚洲目标并且不大为 1490 年西班牙知识界所置信),但人们似乎也没有更好的理由去怀疑拉斯·卡萨斯的话。在 1490 年那个时候,卡斯蒂利亚在航海事业上远远不及葡萄牙人进步,在它当时那种地理知识水平局限下,这些理由确实是当时任何人都提得出来的反对意见。② 何况葡萄牙人毕竟只是沿着一个古人已知的大陆海岸向前推进,而向西航行,到东方去,那是一件大不相同的新事、险事和完全没有把握的事。③ 哥伦布在他读过的那些书上所写的旁注证明,他对前面五点理由已搜集好答案,而塞尼加的《美狄亚》又足以答复第六点理由。当然,发现哥伦布的 60 度海洋完全错误,也并不需要许多知识。我们可以问,为什么当时委员会需要四年半才能对此案提出报告呢?这仅仅是因为这个国家的官场习惯如此。

费迪南德和伊莎贝拉对塔拉韦拉委员的报告既未采纳也未否定。

---

① 费迪南德著作第 12 章(第 1 卷第 105—107 页)中有较好的议论;拉斯·卡萨斯著《历史》第 1 卷第 159—160 页;维尼奥著作第 1 卷第 709—730 页;塞尔·简:《文献选集》第 2 卷序。
② 拉斯·卡萨斯(《历史》第 1 卷第 159 页)说,宇宙志学得好的人当时卡斯蒂利亚少见,所以"卡斯蒂利亚当时对这些事情知识贫乏和忽视到多么大的程度是一件令人惊奇的事"。这是诚实的拉斯·卡萨斯的直率的评论之一,它使现代的西班牙人生气,使他们渴望破坏他的权威。反对理由第三条有时受到攻击,仿佛费迪南德或拉斯·卡萨斯是在暗示:塔拉韦拉委员会相信地球是平的。他们不曾这么说,塔拉韦拉也不可能这么想,不过也没有谁确切知道人能"倒立着"生活。
③ 拉斯·卡萨斯说(《历史》第 1 卷第 160 页)这个论点是有人用过的。

据拉斯·卡萨斯讲，他们让哥伦布知道，到一个比较合适的时候，当讨伐格拉纳达之战结束后，他的事业可以再提请他们考虑。

哥伦布可能是住在梅迪纳·塞利家又等候了 6—9 个月。到这年年底他"当着圣费尔南多"起誓，他不再等待女王的恩宠了。他已尝够卡斯蒂利亚拖延不决的滋味了。我们不知道是不是他弟弟巴塞洛缪从枫丹白露来信鼓励他，但他已决定到法国去，把他的事业提交给查理八世考虑。

在 1491 年夏天，哥伦布重回拉拉维达去看他的儿子迭戈，现在这个孩子已经 10 岁或 11 岁了。也许是这个孩子不乐意同男修士生活在一起，也许是哥伦布不想再麻烦他们，总之他打算在离开西班牙去法国以前把孩子送到韦尔瓦交给他的姨妹（莫利阿特的妻子）抚养。

现在，著名的拉拉维达故事的下半部出现了。修道士的首领、胡安·佩雷斯修士痛惜哥伦布永远离开西班牙的意图。他邀请当地天文学和宇宙学权威费尔南医师去商量。帕洛斯一位船主首脑马丁·阿隆索·平松十之八九也参加了。胡安修士多年以前曾担任女王的忏悔神父或审计官（也许同时兼任两职）[1]，答应为哥伦布获得另一次陛见的机会，如果他愿意留下来的话。女王当时驻跸在圣塔菲军营，这座城市是在 1491 年 7 月专门兴建，在围攻格拉纳达时用来做卡斯蒂利亚的大本营的。胡安修士派莱佩的舵手塞瓦斯蒂安·罗德里格斯送信给女王。两星期后接到一封讨人喜欢的回信。伊莎贝拉命令胡安修士到宫廷来，还叫他慰勉哥伦布和通知他等待另一次召见。神父立刻乘哥伦布雇来的骡子动身，雇骡子的钱大概是马丁·阿隆索·平松付的。不久女王直接写信给哥伦布，叫他启程入宫。或者因

---

[1] 安赫尔·奥尔特加著《拉拉维达》第 2 卷第 112—130 页，对佩雷斯和这第二次访问拉拉维达做过深入的研究。他把时间定在 1491 年 5—11 月之间。哥伦布在 1502 年左右的一个纪念仪式上感谢胡安·佩雷斯修士对他的恩惠；见杜克萨·德·贝尔威克-阿尔瓦著《哥伦新手稿》（*Nevous Autografos de Colón*）第 25 页。

为她记起上次召见时他那副寒酸相，或者因为胡安修士诉说哥伦布的极贫境况引起她的同情，女王随信付来20 000马拉维迪，让哥伦布买一匹骡子和置备几件像样的衣服。①

不是在1491年8月以前，大概是在稍微晚一些时候，哥伦布穿着他的一套新衣服出现在女王面前。他的事业计划已被交到一个委员会手里。据拉斯·卡萨斯说，几位天文学家、航海水手、舵手和哲学家参加了讨论。经过这个特设委员会（像葡萄牙的奥蒂斯委员会和西班牙的塔拉韦拉委员会）从技术方面审查后提出了报告。计划又交给卡斯蒂利亚王家评议会。王家评议会由高级贵族和高级教士组成。他们大概又从技术方面审查了计划。杰拉尔迪尼主教出席了会议，他记得又是"圣奥古斯丁怀疑"这句老话把计划拖延下来了；但他对西班牙红衣主教说：尽管圣奥古斯丁无疑是一位大神学家，不过，像哥伦布那样一个曾经跨越过赤道的航海家，对于地球反面的地理情况很可能比他要了解得详细一些。②

哥伦布自然提出了他的海洋并不辽阔的假说并且展开一幅世界地图。我们知道，他在各种"证据"中掌握了一个或多个证据，为了找到一幅可以属于他的地图，他曾在欧洲每一个古老地图储藏室中进行过热心的搜索。在1629年的一份图书目录中有一个条目"Declaratio Chartac nauigatoriae Domini Almirantis"（"统帅多米尼航海图的发现"），但它被证明是一个不真实的报道，因为统帅多米尼几个字是较晚时期插进去的。③本世纪查理斯·德·拉隆西埃尔认为自己已在国

---

① 加西亚·费尔南和提供骡子的卡维苏多在1515年证明此事，见《哥伦布诉讼案卷》第2卷第192—193页，18（在维尼奥著作第2卷第600—606页另有法译文）。拉斯·卡萨斯进一步证实佩雷斯骑骡子旅行的故事。被信以为真的佩雷斯的上女王书是一件伪造品（维尼奥著作第2卷第53页）。平松兄弟后来声称他们是促使哥伦布入宫的人（摘自《哥伦布诉讼案卷》，见维尼奥著作第2卷第54页注68）；但我相信这是平松自我吹嘘的一部分，而费尔南是对的。
② 杰拉尔迪尼著《航程》第204页（译文见维尼奥著作第2卷第58页）。利拉的尼古拉斯是在王家评议会上信口雌黄的一个大名鼎鼎的人物。
③ 哈里斯著《北美的发现》第640页。

家图书馆的藏书中找到了哥伦布地图的真本,他把它复制成豪华本;但是在这个地图中却没有哪一点可以同哥伦布挂得上钩,因为它并没有表明哥伦布论证完成:海洋不辽阔,亚洲接近西班牙。[1]

费迪南德和拉斯·卡萨斯两人都推断,哥伦布的计划再度被否决的原因是作为成功的报酬他在荣誉、头衔和收益方面要价太高。[2] 这使人想起,这个事业计划已得到特设委员会赞成,却被王家评议会否决。因为向国王建议给成功的发现家以什么样的荣誉和头衔不是特设委员会的任务。他们的任务是提出报告讲清哥伦布的计划是否可行;只有他们赞成这个计划,评议会才有必要继续讨论这个计划。评议会自然要重新审议这个案子并决定是不是冒这个风险,付出这个代价。这样,在探讨过同时代人各种不同的和互相矛盾的叙述以后,看起来哥伦布的计划之所以第三次即最后一次被否决,原因很可能只因为他的出人意料的要求被认为过高。

这是我们可以肯定哥伦布提出他希望获得的报酬的最早的一次。可能在他想提出要求的若干年以前他心里就有了这个想法,但因为没有机会,所以他没有讲出来。葡萄牙的奥蒂斯委员会和西班牙的塔拉韦拉委员会所承担的任务都只是从技术方面审查哥伦布的计划。拉斯·卡萨斯确实说过,哥伦布向葡萄牙要求的代价和他向西班牙所要求的及所得到的相同,但是我们怀疑他这句话的准确性。哥伦布在他的事业原则上获得认可以前,一定充分保持乡下人那种讨价还价的本能,在头衔和酬金方面先绝口不谈个人要求。他的策略是科学地宣传计划的正确性、技术方面的可行性和它给王室带来财富的可靠性,然

---

[1] 查理斯·德·拉隆西埃尔著《克里斯托弗·哥伦布的地图》(巴黎,1924 年);在菲特和弗里曼的《一本旧地图册》(1926 年) 和 A. 科特绍的《葡萄牙的制图术和制图家》第 2 卷第 454 页有一幅不清楚的复制品和拉·隆西埃尔的论点摘要。

[2] 费迪南德著作第 13 章 (第 1 卷第 116—118 页),拉斯·卡萨斯著《历史》第 31 章 (1927 年,第 1 卷第 169 页)。拉斯·卡萨斯除了说"谈判中这个哥伦布要求很多,要王家接受,遇到许多困难"以外没有做进一步说明,但是他一定推测那是这个时候的真正障碍。

后逐步向国王、女王或王家评议会提出报酬问题。

关于哥伦布心里什么时候才决定要求以贵族身份、纹章、响亮的头衔、高级的官职和有实际价值的收入作为印度事业成功后的他的相应报酬的问题可以做无止境的推测。梅迪纳·塞利的信表明，1485年他在这方面的野心还是有节制的。据我看，这张最后的荣誉和酬金单子在1491年以前并没有制订出来。他当时已决心到法国去，预期查理八世会优渥地接待他（他这个期望肯定会失望）。他对自己在西班牙白白地浪费6年时间深饱受侮辱和委屈的感觉。某一个没有头脑的"大人物"能够不受惩罚地打击一个有理想的"小人物"，他无数次对这种侮辱性的打击感到痛心疾首。哥伦布毕生痛恨这种待遇，屡次痛苦地提到这点。所以他认为："如果那些骄傲的卡斯蒂利亚人终于要我效劳的话，他们就必须付出高昂的代价。上帝容忍他们！我决不会无偿地为西班牙增光。如果双王答应给我以适当的头衔和荣誉，让我建立一个高贵的家庭，给我以适当的资金，让我的后嗣能保持他们的地位，那就很好很好。如若不然的话，那我就到法兰西去。"①

穆斯林在天主教西班牙的最后一个要塞格拉纳达在1492年1月2日投降，哥伦布有幸参加进城队伍，分享胜利的喜悦。随后，斧子为他落下。他好些日子以前就得到了通知：他的事业计划已被明确地、绝对地否定了。双王在一次接见中亲自确定了这点，他们认为这是最后一次接见，在这次接见中他们祝愿他一路平安。

这是他在西班牙六年半等待、再等待的结果。"当着圣费兰多起誓"，他要走了。

哥伦布给他的骡子上了鞍，把不穿的衣服、世界地图、《世界的

---

① 我并不妄想这对于1491年发生的事情是唯一可能的答案，我只仿佛觉得在应用普通常识去解释同时代人提出的许多互相矛盾的说法（维尼奥都曾引述过）时，这比较可信。可能有一个或两个评议会和委员会；他们这个或那个可能因技术上的理由或政治上的理由接受或否决这个印度事业；双王可以采纳一个报告或两个报告，或者也可以驳斥一个或两个报告；你翻来覆去爱怎么想就怎么想吧！但是，结果还是一样——哥伦布的要求被拒绝了。

形象》和《自然史》装入鞍囊里,和忠诚的胡安修士结伴启程去科尔多瓦。无疑,他已经把女王赠送的财物节省下来,以便前往法国。在任何情况下,他都能够走出自己的道路来。

忽然,整个局势起了变化。哥伦布在宫廷里已另外结识了一个朋友:国王费迪南德的王室司库路易斯·德·桑坦赫尔。就在哥伦布离开圣塔菲的这一天,路易斯·德·桑坦赫尔去晋谒女王,他用渴望说服她的语言,对女王说:陛下在一些意义重大而且重要的事情上面常常显示果断精神,可是眼下对这桩小有风险的事业却踌躇不决,使他觉得惊奇。这桩事业能够证明它是对上帝做出巨大的贡献,是对他的教会的地位的抬高,且不说它将大大地扩大女王的领域和提高王室的声威了。哥伦布奉献给她的这样一桩事业如果让别的国王拿去做了,那这对她的王国将是一个巨大的损失,对她本人则是一个巨大的耻辱。[①] 如果是考虑钱的话,他桑坦赫尔乐意自己筹款装备这个船队。伊莎贝拉深深地为他的热情和诚意所感动,当即表示她只要稍有喘息时间,就立刻重新考虑这件事情;如果还要加快的话,她就把自己拥有的珠宝首饰拿出来做西航费用。于是桑坦赫尔向她保证:完全不需她自己出钱。女王随即派出一名使者去追赶哥伦布。使者在松木桥村赶上了他,那里离格拉纳达约 10 英里,离当时宫廷所在地圣塔菲 4 英里。[②]

王家的命令必须服从。旅伴们碰上了转机,航行到达美洲一直都是顺风。

女王为什么忽然回心转意呢?一个人可以设想这与人的品格大有关系。哥伦布提出他的计划使人印象最深刻的不是他叙述的事实,不

[①] 费迪南德著作第 14 章(第 1 卷第 118—119 页),卡德奥在其著作(第 2 卷第 351—354 页)中说桑坦赫尔是个"改信基督教的人"或阿拉贡一个改信基督教的犹太人,他主要是个曾经代表半岛上热那亚和其他意大利商行的生意人。维尼奥(《历史考证》第 2 卷第 75 页)也同意桑坦赫尔是一个改信基督教的犹太人,并且是马达里加的印度事业(一种犹太复国主义者运动)幻想故事中的中心人物。

[②] 费迪南德著作第 1 卷第 120 页,但松木桥是这个村子的名字。哥伦布被截住的地方在这村里,但未必如通俗画所示,正好是在桥上被拦住的。

是他列举的论据，而是他这个人。他态度庄严、诚恳、绝对肯定必然会给女王留下深刻的印象。拉斯·卡萨斯写道："当他打定主意的时候，他就确信他就会发现他要发现的东西，找到他要找到的东西，好像他已经把这个东西放在一间上了锁的屋子里一样。"①

他的性格很像女王的性格，他根据固定的观念和宗教偏见进行推理也很相似。因此，如果说伊莎贝拉叫哥伦布来时还在犹豫的话，那么他的到场就一定给她增添了信心。何况，桑坦赫尔的说理是无可反驳的，所冒的风险这么小，而收获却是那么大！即使专家们或他们之中某些人嘲笑这桩事业，说这个热那亚人的地理见解如何荒唐、可笑、办不到，那又有什么呢？这些闭门造车的宇宙学研究者和那些地中海的海员们，他们怎么会知道这么多呢？女王在她执政18年间已经见过大批专家，知道他们几乎经常不知道他们自己在讲些什么。哥伦布或哥伦②这个人所呼吁的不仅是她的理智，而且是她的直觉。

让我们给女性的直觉以应有的信任，不过不是完全信任。女王做的每一件事情，国王都不得不表示同意。桑坦赫尔是他的部下，而不是她的。桑坦赫尔至少筹集了一半经费。关于第一次西航费用的确切数字已不可能得到，但是根据各种线索和迹象估计，总数大概是200万马拉维迪（约14 000美元）。伊莎贝拉曾打算把她的王冠上的珠宝换钱，但这并不需要。说她当真为哥伦布典当首饰，这个传说是从17世纪开始的。桑坦赫尔和弗朗西斯科·皮内洛都是圣赫曼达德（一支自己拥有基金的王家警卫队）的司库，他们向库里借支了140万马拉维迪（最后由政府归还）。哥伦布在这桩事业中自己筹措了25万马拉维迪。他是向朋友和支持者塞维利亚的佛罗伦萨商业银行家胡

---

① 拉斯·卡萨斯著《历史》第14章（第1卷第74页）。
② 在协议签字以前哥伦布在西班牙明明自称哥伦莫 Colomo，这时改称哥伦也许是暗示他和法国海洋上将卡塞诺瓦·库伦（西班牙人称他为哥伦）有关系，也许是避免和国王的秘书胡安·德·哥伦马的姓名相混。

安诺托·贝拉尔迪或梅迪纳·塞利公爵借的。不足的数目大概是桑坦赫尔从他自己的账上或从阿拉贡国库预支的。总数 200 万马拉维迪还不包含工饷——工饷数字每月达到 25 万。①

在大事业计划原则上被采纳以后,差不多还需要 3 个月时间和双王进行谈判;不过关于谈判的情况我们并不知道,我们只知道胡安·佩雷斯修士担任哥伦布的代理人,而胡安·德·科洛马则代表双王,谈判进度迟缓的原因很可能是由于衙门办事拖拉,文件要一抄再抄,办事人员贪财索贿以及其他等。这时政府官吏还要赶紧肃清摩尔人的格拉纳达国王、复员军队和准备驱逐犹太人——当时正在进行的另一桩使人们不大乐意的工作。

大事业计划主要文献有七件:4 月 17 日协议的条文或条款、1492 年 4 月 30 日的职衔或称号(有时也叫作授衔令)、致外国君主的信任状(日期为 4 月 30 日)、护照(未填日期)、国王的三道诏书,日期为 4 月 30 日,内容是有关装备船队事项。②

4 月 17 日协议条文一共分五条,每条都写上"使陛下满意,胡安·德·科洛马"字样;全文由国王和女王签字。我们保存一个最古老的 1495 年的抄件,其序言把这个文献说成是"陛下批准堂·克里斯托瓦尔·哥伦所恳求的事项,这是双王陛下对哥伦在海洋航行中已发现的以及靠上帝帮助他现在还要去发现的给予一些满足"。句中"发现"一词用过去时态曾引起无止境的推测,但它并不曾使当代人士苦恼,所以我们也不必为此苦恼。③ (1) 双王陛下任命堂·克里斯托瓦尔·

---

① 维尼奥著《历史考证》第 2 卷第 110—128 页,工饷名单见后面第十章。
② 协议的古抄本可参看我们将出版的《航海日志及其他文献》,其中将附有译文。同时还可以参考纳瓦雷特《航海和发现文集》第 2 卷第 7—17 页和维尼奥《历史考证》第 2 卷第 573—586 页中的两个绝非无瑕的文本,后者还附有法译。两者之中无一包含护照。
③ "ha descubierto"(已经发现)在纳瓦雷特著作中不幸又改为现在时态。这是路易斯·德·乌略亚发表哥伦布曾用斯科乌斯这个名字发现美洲这个理论的出发点。维尼奥设想这点涉及那个不知名的舵手!当然,这件事除了是抄写员在伊莎贝拉抄写经过对证的文本时,或者在 1493 年把它抄誊好放到阿拉贡王家档案中(这里还找得到 ha descubierto 两字)去时有笔误外,没有别的问题。参看塞西尔·简《文献选编》第 1 卷第 100—101 页。可能"堂"这个称号也是 1495 年插进去的,因为哥伦布返航后才获得这个权利。不过在护照和信任状上他都被称为 nobilis(高贵的)。

哥伦为"他通过勤奋劳动行将发现或获得的"一切海岛和陆地的统帅，所授予他的职衔以及权利和特权将归他的后嗣和继承人永远享受。(2) 任命堂·克里斯托瓦尔为他行将在所述海洋上发现或获得的陆地和海岛的副王和总督；对于每一个官职他可以提出三个候选人，由国王任选其一。(3) 在这些地区由生产、挖掘和交换得来的一切黄金、白银、珍珠、宝石、香料及其商品他都可以征收和保留十分之一，并且一概免税。(4) 任何涉及这些商品或产品的案件都由他或他的代理人以统帅身份进行裁定。(5) 他被赋予选择权，即对驶往这些新属地的船只是负担其总费用的八分之一[①]；或收取其利润的八分之一。

4月30日的授衔令确认职位或称号，这是严肃的或仍然是有条件的。

"有鉴于你，克里斯托瓦尔·哥伦接受王命行将启程到海洋中去发现和取得岛屿及陆地……由于你要为朕等冒险犯难，所以你获得报酬是公正的、合理的……你，克里斯托瓦尔·哥伦在发现和取得上述岛屿和陆地……或其中任何地方以后，你可以担任上述岛屿和陆地的统帅，可以担任那里的统帅、副王和总督，有权在今后享受堂的称号，称自己为堂·克里斯托瓦尔·哥伦；你的后嗣和继承人可以永远具有这样的称呼，永远享受海洋统帅及上述岛屿和大陆的副王及总督的职衔。这是我等的意愿和乐趣。"

这些文献中有一个令人惊异的问题，那就是它们没有提到去印度的路线，没有用任何方式确实提到印度这个地方；而只是说要在海洋中发现和取得一些陆地和岛屿。维尼奥就以此为反证，建立他的假说，说哥伦布从未想到要西航到印度去，说他除发现至今未知的岛屿和陆地，如安第利亚和无名舵手所到过的地方以外，没有别的打算或意图，

[①] 指投资占八分之一的股份。——译者

说他改变了全部工作重点，改变了原来的目标，在驶过这些岛屿的预定位置时，在他设想是中国和日本的经度上发现了另外一些岛屿。

可是，如我们所已见到的，尽管协议措辞含糊，哥伦布以东方为目标的证据却是很充足的。双王打算支持那个目标是不会弄错的。"海洋中的岛屿和陆地"这两个名词就意味着日本、中国和附近的岛屿。当哥伦布1493年远航归来时，他坚决认为他已发现日本和大汗所辖一些边缘领土，谁也不否认他充当这些地区的统帅、总督和副王的权力，教皇还轻易地承认西班牙对这些地区的统治权。这一连串事实充分证明了这一点。再者，4月17日协议在海洋统帅要征十分之一利润的产品中提到"珍珠、宝石、黄金、白银和香料"，这些宝贵东西都是东方出产的，任何一种想在大西洋岛屿找到，过去没有找到过，将来也没有希望。① 这件事显然和约翰·卡波特的事情相类似，我们确实知道约翰·卡波特曾奉命寻找去印度的西航通道。但1496年亨利七世颁发给他的权利书，措辞隐晦，与哥伦布这个协议条文很相似。权利书上没有提印度这个地名，国王只授权给卡波特去"征服、占领和占有野蛮人和异教徒所有岛屿、国家、地区或省区。只要它们是基督教徒前所不知的地方，就不管它们在世界哪一部分"。②

读者无疑会问，你不认为费迪南德和伊莎贝拉（以及亨利七世）会这样地无知，竟会设想让90名（或18名）船员驾驶三条小船（或一条更小的），就能够驶入日本或中国的某个港口并且轻易地就把它接管过来？答复是，对，他们确是那么无知。回忆门策尔博士写给堂·若奥二世的信，它不也是设想基督教君主派出的船只一旦出现在东方国家的水域，无疑哪一个东方君主都只会大喜过望并宣誓向基督教君主效忠吗？③ 这就是西非和南非对葡萄牙人所发生过的事情。东

---

① 关于这点我很感谢伦纳德·奥尔斯奇基博士。他对哥伦布航海的文书背景进行了迷人的研究。他的研究成果在发表在美洲哲学协会会刊上以前曾特许我先睹为快。
② J. A. 威廉森著《卡波特父子的航海》（*Voyages of the Cabots*）(1929年) 第26页。
③ 见前面第六章末尾。——译者

方各国国王碰到欧洲人,他们的国防准备也不会好过黑暗大陆的黑人统治者。还有,欧洲官吏所获中国情报竟是这样过时,以致在蒙古王朝1368年垮台、大汗称号废除124年以后①还称中国的皇帝为大汗。②

再说,以东方为目标还有国王给哥伦布准备的两个文件为证。第一个文件没有填写日期,是一张简短的拉丁文护照:

为了某些理由和目的,我们派高贵的克里斯托弗·哥伦率领三条装备良好的帆船携带一些礼品漂洋过海,走向印度地区③(ad Partes India)。

另一个文件是介绍信。信任状的案卷已在阿拉贡的登记处找到,它的内容部分翻译如下:

致最尊敬的君王:

我们很亲爱的朋友、卡斯蒂利亚、阿拉贡和莱昂等国的国王费迪南德和女王伊莎贝拉向您致敬和祝福。我们已愉快地获悉您尊敬和尊重我们和我们的国家,您渴望获得关于我们胜利的消息〔!〕为此,我们决计派遣我们的高贵的船长克里斯托弗·哥伦携带信函来拜望您,通过信函您可以知道我们身体健康、国运昌隆……

国王　　　　女王

一式三份④。

---

① 1368年朱元璋称帝建立明朝,元朝垮台。——译者
② W. E. 苏西尔著《中国和西方》(China and the West)(1925)第五章。
③ 护照原文是艾丽斯·古尔德小姐从阿拉贡王室登记处找出来的,载《王家历史科学院学报》第90期(1927年)第545页。维尼奥故意避免谈及这个文件。罗慕洛·D.卡维亚〔《发现美洲新历史》(Le Nueve Historia del Descubrimiento de América)第65—74页〕,勇敢地正视这个问题,他断言ad Partes Indiae(走向印度地区)只意味着"总方向在印度",插入这句话意在表明哥伦布不是航行在葡萄牙的水域。它确实是用来消除葡萄牙人疑虑的最后一句话!
④ 文件由古尔德小姐从阿拉贡王室登记处取来,载《王家历史科学院学报》第90期(1927年)第544页。维尼奥的文本(《历史考证》第2卷第582页)错误百出。

拉斯·卡萨斯这样解释介绍信后面的空白处和"一式三份"的签署。他说哥伦布带着"王室给大汗以及给印度和其他任何可能在他发现的陆地上可以找到的地区的国王和贵族的介绍信"。① 大概在一份的空白处眷写人填上大汗,其他几份则空白着以便船队秘书罗德里戈·德·埃斯科韦多能自己去填上日本天皇、蛮子省的君主或船队可能遇上的其他君主的名号和头衔。大汗这个称号,哥伦布在他首次西航航海日志的序言就已经特别提到过。

装备船队的实际事务没有写入正式协议中,在4月30日前它们大概是由哥伦布和宫廷某些大臣做了口头约定。4月30日双王发布了他们认为必要的几道诏令,规定在帕洛斯租用、装备几条帆船,并准备粮食和船员。

1492年5月12日,哥伦布离开格拉纳达,前往他首次在西班牙落脚的港口,他预备从那里启程,开始他的伟大的发现航程。

---

① 拉斯·卡萨斯著《历史》第33章(1927年,第1卷第176页)。卡维亚(前引书,第61—64页)照拉斯·卡萨斯常常说谎的办法,断言空白和签署表明这封信并不打算一定交给谁。

第九章 "尼尼亚"号、"平塔"号和"圣玛利亚"号[①]

1492—1493 年

> 也看见了船只……
>
> ——《雅各书》，第 3 章，4 节

哥伦布赍着国王给他的信任状和协议书，怀着远航的渴望，精力充沛地于 1492 年 5 月 22 日到达边境港口帕洛斯市。为什么选择帕洛斯作为准备远航的港口呢？逻辑上，安达卢西亚地区的主要港口塞维利亚或加的斯定然是准备这次重要远航的最合适的地点，但因为当时国王已决定驱逐犹太人出境，有 8 000 个犹太人家庭要在这年夏季离开，加的斯已被指定为犹太人上船地点，所以这里不宜作为哥伦布启程港口。无论如何，选择帕洛斯很合适是因为那里有帆船队，还有一批在几内亚航行中获得了丰富经验的职业水手。何况帕洛斯还是几位对于促成这次远航事业做出了这么多贡献的友好的修道士的家乡。此外，因为市政工作上一时的失误，双王罚这个市镇拿出两条轻快帆船供远航使用，12 个月为期。如果说其他理由已够好和够充足的话，那么这最后一条理由就更是确定不移的了。

5 月 23 日（星期三），"在帕洛斯镇圣乔治教堂，在胡安·佩雷斯神父"和市长及地方议会议员们到场的情况下，克里斯托瓦尔·哥伦

[①] 海军上校埃内斯托·德·阿尔贝蒂斯所推测出来的这几条船的轮廓图刊登在《文件和研究全集》第 6 辑第 1 卷第 45—99 页，附有绘制日期和说明。

拿出双王陛下的诏书，交给上述人士传阅，再由本市公证人弗朗西斯科·弗尔南德斯当众宣读，经弗朗西斯科证明的国王诏书（颁发日期为 4 月 30 日，与颁发授衔令的日期相同）内容如下：

> 奉天承运卡斯蒂利亚、莱昂、阿拉贡、西西里等国国王费迪南德和女王伊莎贝拉向迭戈·罗德里格斯·普列托及帕洛斯市其他全体居民致意和施恩。
>
> 有鉴于你们行事曾损害公益，应该受到谴责，地方议会责成你们把两条装备完善的轻快帆船供王家使用，使用周期为一年，使用期内由你们负责适当照管并负担用费……现在我们已任命克里斯托瓦尔·哥伦为船队的领队，率领三艘武装的轻快帆船①到某些海洋地区去执行任务为我们出力。我们希望他迅速接收你们理应交供公用的上述船只，因此我们命令你们在接到诏书十日之内把应交出的两条帆船做好一切开航准备，然后在克里斯托瓦尔·哥伦的指挥下，到他奉命要去的任何地方去……我们已命令他按照上述三条船上船员工饷标准预付给乘这两船出航的人员四个月工饷。对我们命令他租用的另一条轻快帆船则照本海岸出航人员惯常标准支付工饷……我们禁止克里斯托瓦尔·哥伦或其他任何人乘这些船只到我们的兄弟葡萄牙国王控制的圣若热·达米纳去或者到那里从事贸易……我们主耶稣基督1492 年 4 月 30 日于格拉纳达市。
>
>   国王   女王

147

真是一道诏令。当公证人在圣乔治教堂院子里宣读这道王家诏令时，在帕洛斯市议会众议员中间一定有某些人深深地吸了一口气，并

---

① 纪廉和基里诺·达·丰塞卡相信武装的轻快帆船指像"平塔"号那样的横帆式轻快帆船，这种船在安达卢西亚是常见的。

相互交换了意味深长的一眼。如果哥伦布设想这些船舶在一次远洋航行中所需人力和物力将在 10 天之内准备完善的话，那他对于在一个远非热心办事的社会里准备船舶所遇到的困难和阻力就有许多事情要学习了。

装备"尼尼亚"号和"平塔"号以及租赁"圣玛利亚"号这些准备工作是在什么时候完成的，我们不知道。我们已经讲过，前两艘船是由市政当局用纳税人的钱装备的。上述诏令并不意味着要哥伦布支付工饷，船队里每一个操纵船只的人都列名在王家工饷册里。哥伦布也许是在说服市议会的议员们同意装备第三条船后，才亲自向船主租来"圣玛利亚"号的。装备船只和准备粮食等项物资的详细情节完全无资料可考，但一切手续似乎办得公平有效，因为在以后航行中并没有控告工作疏忽和商人奸诈的纪录。做好出海准备所花的时间不是10 天而是 10 个星期。但这并不算太多。这次延期是幸运的，因为哥伦布是在 9 月离开加那利群岛西航，所以他幸而避开了西印度群岛的12 级飓风，如果他在 6 月开始西航，他就不可能避免某种"龙卷风"。

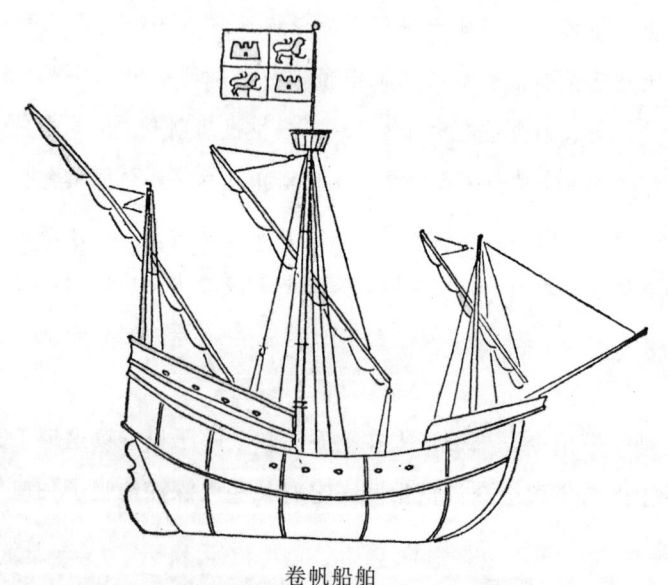

卷帆船舶
采自胡安·德·拉科萨约 1508 年图

第九章 "尼尼亚"号、"平塔"号和"圣玛利亚"号

同日（4月30日），另三封王家文件也由哥伦布带到帕洛斯-安达卢西亚地区，所有的人特别是木材商人、木匠、出售船用杂货的商人、面包师和粮食商人都奉命按合理价格供应哥伦布所需一切物资。149 对上述粮食，或物资器材一概豁免关税或货物税。对任何一个愿意随哥伦布航海的人所涉民事或刑事诉讼案件一概暂时停止处理。①

张满前桅横帆和两副附帆的方艉船
采自佩利·雷伊斯1513年图

我的读者们对于我不能把正在准备伟大航行的三艘著名帆船的可靠图像拿出来给他们看将感到失望。但的确是没有数据或文件可据以忠实地绘出它们的图像来。没有哪个人知道"尼尼亚"号、"平塔"号和"圣玛利亚"号真正是什么样子。见到的图像（包括我们的）大约都有一半是想象的，它们几乎全都在某些重要方面可以明确指出

---

① 《航海和发现美洲文集》第2卷第11—16页。这些文件重印在拙编《〈航海日志〉及其他文件》中。安赫尔·奥尔特加的《拉拉维达》第2卷第4章对这次准备工作做了最详细的和最实际的叙述。

其不准确的地方来。对于哥伦布航海所使用过的船只没有一条我们有过它当时画的图像或图样。插入已出版哥伦布首次西航书简中的木刻画,在1486年于美因茨印行的一部著作中已经尽其本分。所谓"圣玛利亚"号及其伴船的模型、翻版或复制品都不是模型、翻版或复制品,因为原船并没有留下轮廓图、样图或尺寸。它们只代表某些船舶设计师、考古学家、艺术家或船舶模型制造人认为它们看来应该像的那个样子。它们中间塑造得最好的、体现着经过大量调查研究工夫的,有(1)海军上校埃内斯托·德·阿尔贝蒂斯1892年绘制的轮廓图,据此为热那亚附近的佩利海洋博物馆塑造出几个船舶模型;(2)"尼尼亚"二号模型、"平塔"二号模型和"圣玛利亚"二号模型都是照费尔南德斯·杜罗和蒙莱昂为1893年芝加哥博览会绘制的轮廓图塑造的;(3)堂·胡利奥·纪廉的"圣玛利亚"三号模型是为塞维利亚博览会于1927年塑造的;(4)R.C.安德森的"圣玛利亚"号袖珍模型,陈列在马萨诸塞州、安多费、爱迪生英国艺术陈列馆。我自己对哥伦布西航船舶的叙述是以我从各种案卷中所能搜集到的少量实际资料为依据,并利用德·阿尔韦蒂斯、费尔南德斯·杜罗、纪廉和安德森等海洋考古专家所发掘出来的当年大量船舶数据来加以阐明的。

"尼尼亚"号是哥伦布特别喜爱的和非常顺手的船只。他在1493年2月风暴后写过:"如果不是它构造牢固非常耐航的话,恐怕我已葬身鱼腹了。"① 他从不喜欢的"圣玛利亚"号在离开伊斯帕尼奥拉岛时触礁,因此就留置在那里。"平塔"号回国后就在历史上消失了。但"尼尼亚"号却是一条受人歌颂的船只!它是在廷托河的一个河口湾(现已淤塞)里维拉·德·莫古尔造成的。它走完了第一次西航的全部航程,还把海洋统帅平安地送回家。② 它在第二次西航中又伴随庞

---

① 2月12日《航海日志》改成第一人称。
② 弗朗西斯科·贝尔特兰的证词,见1552年的《哥伦布诉讼案卷》。安赫尔·奥尔特加著《拉拉维达》第1卷第326页。

大船队到达伊斯帕尼奥拉岛,在考察古巴的航行中哥伦布从17艘船只中选它作为指挥船,并且收购了它的一半股份。在1495年的飓风中它是在西印度水域唯一得以生还的船只。1496年它载着海洋统帅和100多名船客回西班牙,回国后又从加的斯到达罗马做过一次越权航行;在离开撒丁岛时被海盗俘虏,由于船长和水手努力才得以脱险返回加的斯,并作为哥伦布第三次西航的前卫于1498年年初及时前往伊斯帕尼奥拉岛。1500年它停在圣多明各。我们最后听说它于1501年为贸易而航行到了珍珠海岸。[①] 假定它第三次平安地抵达了西班牙,那么"尼尼亚"号在海洋统帅指挥下就至少航行了25 000海里。它是世界史上最伟大的小船之一。

它依据莫格尔的守护神的名字,命名"圣克拉腊"号,在那个时代一艘西班牙船只有一个正式的宗教名字,但通常大家知道的却是它的诨名,诨名可能是女性形式,来源于船主或船长的姓氏,或来源于埠港的名称,或者按船只航行素质取名。例如,冈萨雷斯·巴奇列尔所有的一条轻快帆船就得名"巴奇洛拉"号。"圣地亚哥·德帕洛斯"号船就仿照它的主人弗朗西斯科·贝穆德斯的姓氏得名"百慕大"号;"卡斯蒂利亚"号船就因为它的主人名叫卡斯蒂洛。在西班牙南部一条巴斯克或加利西安船可以得名"拉比斯凯纳"号或"拉加列加"号。哥伦布的第二条"圣玛利亚"号之所以获得诨名"加兰特"号就因为它的航行素质显得勇敢豪侠;[②] "圣克拉腊"号常常被称为"尼尼亚"号是因为它的船长兼船主叫莫格尔的胡安·尼尼奥。

"尼尼亚"号是这个船队中我们对其载重量没有记录的唯一的一

[①] 关于"尼尼亚"号这些事实由古尔德小姐适当地汇集在《王家历史科学院学报》第88期(1926年)第740—742页注释中;另见安赫尔·奥尔特加《拉比维达》第290—295页。

[②] 见前引艾丽斯·古尔德著作和奥尔特加著作第三卷第13页。关于这些船只的命名问题,有某些胡言乱语,据说来自他的"西班牙语深层的知识",见马达里加的《哥伦布》第193页。的确,在阿拉伯人中间一个正式的教名和一个通用的船主名字同样的惯例都存在着(阿兰·比利尔斯著《辛巴德的后裔》第59—60页)。

条船。米凯莱·德·库内奥在1494年曾乘它往返于古巴和伊斯帕尼奥拉岛间,他说它的载重量"大约是60吨"。它在1497年去罗马的那次越权航行中,装载的货物是51吨①,由于这次租它的货主货物不足额,所以设想它所载货物只是接近它的容量,因此我们可以肯定"尼尼亚"号的吨位大约是60吨,而55吨则是一条轻快帆船的普通容量。

在1492年吨位意味着什么呢？它不是船舶的重量或排水量,也不是它的载重量；吨位只意味着它以葡萄酒桶为单位的容量。卡斯蒂利亚吨或葡萄牙吨（二者我都译吨）实际都是一桶葡萄酒。一大桶在量上等于两个皮帕（西班牙文 pipas）或派普（英文 pipe）——销售红葡萄酒的锥形桶。由于葡萄酒是一种普通货物,或酒的桶有标准尺寸,②所以代表一条船甲板下的载运量的登记吨（西班牙文 toneladas）就变成了这条船大小的指标；因此在1492年一条船的吨位就意味着它所能装载的葡萄酒大桶数（Tuns）或两倍派普数（pipes）,大桶（Tun）、登记吨（tonelada）或吨（Ton）大约（很粗略地计算的）等于40立方英尺。随着时光的流逝,最后这个数字就变成了英国船只的装载量（或吨位,或容量）单位。美国在内战以前也使用这个单位。③从17世纪起,每个国家都照例测量船只长度、宽度和深度,用一个公式粗略计算出船的容量,从而确定它的正式吨位。但是在1492年吨位只意味着船只所能装载的葡萄酒桶数,这个数字由船

---

① 《文件和研究文集》第3辑第2卷第103页第18行；见拙编《〈航海日志〉和其他文件》。

② 早在1423年照议会法令英格兰一桶合63加仑（3×20+3）,1派普合126美加仑（6×20+6）,一大桶合252加仑（12×20+12）。这些单位指英国葡萄酒的加仑数,依美制标准加仑（合$277\frac{1}{4}$立方英寸）计算,数量相同。

③ F.C.莱恩在所著《威尼斯船舶》（*Venetian Ships*）（第246—248页）中对船舶吨位做过仔细研究,得到一个不能令人完全满意的结论：威尼斯的船货单位（博塔）是1吨的70%或75%,假定它是一个完整的圆柱体（"当然不是的"）,它就等于25.5或29.3立方英尺。1495年一个论胡安·阿瓜多船队的文件说：1托内尔·马乔=2皮帕；5博塔=3托内尔；2卡伊斯（36蒲式耳）小麦或大麦,或$22\frac{1}{2}$担货物算成1托内尔（安赫尔·奥尔特加的《拉拉维达》第2卷第282页）。

第九章 "尼尼亚"号、"平塔"号和"圣玛利亚"号 | 175

主估计或据普通记录核实。它不是一个常数，而是个可变数。

当时"尼尼亚"号的吨位大约是 60 吨，这个数字宁少于此数，不要比此数多。① 困难在于把古代的容量折成三维尺寸（体积）。如果我们能得出一维，就能推断出其他两维来，因为船舶结构的传统的比例式似乎是横梁：龙骨长度：船身全长＝1：2：3。② 可惜，我们找不出"尼尼亚"号任何一维的尺寸以便开始推算，而且船舶考古学家所提出的根据船舶吨位推断它的尺寸的公式也鼓舞不起信心。③ 如果对于 1492 年一条 55—60 吨的船只我个人的推算结果有什么用处的话，那么结果就是：船体总长（两垂直面之间）大约 70 英尺、龙骨长约 50 英尺、横梁长约 23 英尺、货舱纵中线深度约 9 英尺。根据我在古巴南部海上所获经验，我应该说，"尼尼亚"号的吸水不超过 6 英尺。④

"尼尼亚"号像它的两条僚船一样是单层甲板船只。说它们是敞开或半敞开船只，这个荒谬的概念是伊登在 1555 年译述彼得·马蒂尔的《文艺复兴时期的拉丁语》⑤时错译的结果。"尼尼亚"号必然有一块凸起的后甲板在它上面建立起"船尾上的船楼"或船长室和船主舱。它船首的船楼比较小而低矮，只容纳锚链和帆箱，船上可能有面包间，另外还有炉灶或火箱。

---

① 根据船员人数推论是不可靠的，因为同一条船只各次出航的人数是大有差别的。"尼尼亚"号在 1492—1493 年大约有船员 22 人（见下章），它在 1494 年载 25 人去古巴，在 1496 年大约载 130 人（含旅客）返国。
② 纪廉著作第 89 页注 7。
③ 德·阿尔贝蒂斯上校通过我不能领会的一个测算过程得出"尼尼亚"号全长 24 公尺（78.7 英尺）、横梁宽 7.28 公尺（24 英尺）、舱深 3.36 公尺（11 英尺）。照他的根据测量尺寸求吨位的公式计算，结果为 105 吨（tonelada），两倍于它的实际载重量。
④ "尼尼亚"二号和"平塔"二号的尺寸（英尺）如下表（据小安德鲁·考尔著《圣玛利亚》号历史教育旅行正式指南》，芝加哥，1914 年）：

	"尼尼亚"二号	"平塔"二号
全长	67	68
横梁	22	22
舱深	10	9.5
吸水深	6	6

⑤ 彼得·马蒂尔在《新大陆》（1516 年）dec. 1 Lib. i 写道：三条船：一条是货船，装有下桅盘；另两条是轻巧的商船，没有装下桅盘，后两者西班牙人称之为轻快帆船。他所谓 Cavea 意指下桅盘，这点由他后来在同一部书里关于第二次西航的船队的叙述可以证明。

挂原来三角帆的"尼尼亚"号

"平塔"号（改帆装后的"尼尼亚"号也是这个样子）
根据德·阿尔韦蒂斯设计制造出来的模型船
藏热那亚佩格利海洋博物馆

第九章 "尼尼亚"号、"平塔"号和"圣玛利亚"号

现在再谈谈"尼尼亚"号的帆装，通常无论是热那亚模型，还是其他一种流行图样，它都被描写成为葡萄牙式的三桅三角帆船；主桅和它上面最长的一根横桁几乎都装在船中央，另两桅则装在船尾。当它从帕洛斯启程时，它大概是这样竖立桅杆的，虽然它启程时只竖立双桅也未可知。不过到达大加那利岛后，它一定要换成〔方帆〕，这才使"它能够比较平稳地和比较安全地跟上其他船只"①（费迪南德语）。这个判断是正确的。当"尼尼亚"号向加那利群岛下驶时，风正从船侧吹来，它一定左右摇转，偏航厉害，弄得舵手精疲力竭。风从左舷到右舷或从右舷到左舷，略一转变，它就不得不随机应变，绕着桅杆转动主帆，再升降其他两帆。与此同时，"圣玛利亚"号和"平塔"号则沿着它们的主航线平静地飞速前进。这样每个人都被方帆"迷住"，于是"尼尼亚"号的大三角帆（对向风作业有效），就不得不摆在一旁。

它到底是怎样改变帆装的呢？当葡萄牙人要把一条三角帆船改成直角帆船时，他们只需在船首竖立一根前桅，并在前桅和中桅上，安装两根帆桁，挂上一幅下桁大横帆和一幅中桅帆，同时卷起原来的三角帆就可以顺风前进。这就为通过海角造成一种难看的但有用的帆装。但是没有证据证明葡萄牙人在 1500 年以前已发明了这种帆装。哥伦布的航海日志证明"尼尼亚"号两桅上有方帆。在 1493 年 2 月和 3 月的暴风雨中，他几次提到主桅方帆和它的附帆，一次提到 triquet，意指前桅方帆。② 这种改变帆装也需要适当地改装桅杆：原二号三角帆的桅杆可以竖立在船首作为新的前桅，原来的主桅大概必须向船尾移动几英尺。两根不用的三角帆桁必须卸下来或者换成两根较短的横帆桁。③ 哥伦布在拉斯帕尔马斯修船无疑得到了那里船坞工

---

① 为了比较平静地和比较安全地跟上其他船只，一定要把三角帆换成方帆（费迪南德著作第 16 章〔第 1 卷第 131 页〕）。拉斯·卡萨斯节录哥伦布 8 月 9 日—9 月 5 日《航海日志》说，"平塔"号方帆，以前是三角帆。但这里显然是抄写人把"尼尼亚"号写成"平塔"号，因为"平塔"号原来就是方帆。
② 《航海日志》1493 年 2 月 14 日、15 日，3 月 4 日。
③ 德·阿尔贝蒂斯在《文件和研究全集》第 4 辑第 1 卷第 70 页谈到"尼尼亚"号原来可能仅有两桅。既然那样，它就只需一杆新桅，竖在前面，也就无须重新竖立旧主桅。

人的帮助,他花了一周时间从事这个工作。这个工作显然做得很好,因为对于"尼尼亚"号的桅杆所要注意的只是一根新的后桅和桁,水手们后来是斫古巴当地松木经过加工,再安装上去的。①

直角帆就是这样装配的,"尼尼亚"号的轮廓图除主桅上没有顶盖、船上没有中桅或中桅帆,也没有斜杠帆以外,总的形象和"圣玛利亚"号相同。它的航海素质甚至在逆风时也未受重大损害,因为直角帆装近年已大有改进以致它的功效接近了三角帆的功效。谈到顺风行船,哥伦布船队西航,去程绝大部分和回程至少一半都使用直角帆,航行具有无数的非常优越性。顺贸易风西航,因贸易风白天常常从东北东变为西南西,所以一条三角帆船迫不得已一天至少要做两次像维利尔斯所描写的那种困难的机动操作。② 可是,如若是直角帆船,那么当风转向越过你的船尾时,你只需调整主桅帆以适应风向就万事大吉了。1939年我们登上我们的三桅帆船"卡皮坦"号,当它开到特立尼达时,使我们感到麻烦的唯一的一件事情就是改变纵主帆和后帆下桁的方向。由于前桅上的直角帆起了最大的推拉作用,我们终于靠卷起主帆和后帆使我们自己得救。哥伦布船队无疑要卷起它们的后帆和前横帆,因为当风从船尾正吹时主横帆会抢前帆的上风,而后帆则会使操舵困难,改装后,"尼尼亚"号就变成船队出航或返航中最灵巧的帆船。③ 此外,它的帆装也变成西班牙轻快帆船在横渡大西洋的航运中一种最受欢迎的帆装,至于三角帆船它们就很少开到西印度群岛去。

"平塔"号是我们了解得最少的一条船。它是帕洛斯市一条直角帆船或方帆船,帆装和"尼尼亚"号在拉斯帕尔马斯改装后的相同。没有理由怀疑它像"尼尼亚"号一样是在本地建造的。④ 哥伦布讲

---

① 《航海日志》1492年11月25日。
② 参考本卷前"船舶和航海术"章。
③ 《航海日志》1492年10月7日;1493年1月21日和23日。
④ 安赫尔·奥尔特加著《拉拉维达》第2卷第169页。

过，该船的主人是帕洛斯以海员身份扬帆行驶的克里斯托瓦尔·金特罗。它的真名我们不知道。它的诨名并非来自平松（其阴性名词为平松娜）。在帕洛斯有个平托家族，这条船可能在金特罗以前为平托家族所有。① 我的猜测是金特罗似乎是一个普通人，但娶妻于有名的平托家，因此海员们就把他的船称为"平塔"号用以嘲笑他。"平塔"号吨位多少，没有肯定的线索可寻。它在胜利地完成大发现航行后就从有记录的历史中消失了。金特罗在 1495 年或 1496 年租了一条 55 吨的轻快帆船给王室，它载海员 40 人作为王家海军舰队的一部分参加过那波利战争，这条船可能就是"平塔"号，② 不过据悉金特罗还有其他船只，就轻快帆船来说，55 吨是很普通的一个型号。根据"尼尼亚"意味着"最小"这个错误的概念，习惯上总认为"平塔"号比"尼尼亚"号大，也许它真的比较大吧！但拉斯·卡萨斯说它不大。③ 我估计它的吨位为 55—60 吨，全长 73—75 英尺；横梁约 25 英尺，船舱深约 11 英尺。

事实证明"平塔"号是一条轻快帆船。在有希望发现陆地时，平松船长为了获得奖赏曾驾驶它奋力前进，他这个做法曾使哥伦布感到烦恼。④ 它的水手之一首先望见新大陆，它自己首先到达伊斯帕尼奥拉岛，它也首先返回西班牙。在归航中两条帆船都尽可能逆风行驶，"尼尼亚"号却走在"平塔"号前面，哥伦布认为这是由于"平塔"号后桅开裂，马丁·阿隆索·平松懒于（或者因为忙于找金子）更换所致。这一点至少证明三角帆后帆对于这些直角帆船在逆风中行驶时

---

① 艾丽斯·古尔德的文章载《王家历史科学院学报》第 85 期第 491—492 页。平松所有权说（一种颇受像费南德斯·杜罗那样一些西班牙史学家喜爱的说法）的"论点"是在一些诉讼案卷中"平塔"号被称为 Su navio（他的船），其实，这话只不过表明平松是船长，正如现在任何一个人都会说船是船长的或是"他的船"一样。哥伦布说金特罗是所有主，是他在 8 月 6 日的《航海日志》中写的。古尔德小姐证明，拉斯·卡萨斯在所有权上涉及拉斯孔的断语是误印。
② 《王家历史科学院学报》第 85 期 495 页。
③ 《西印度群岛的历史》第 34 章（1927 年，第 1 卷第 80 页）。"平塔'号最轻又最快"。但拉斯·卡萨斯在别处却把二者弄混淆了。费迪南德写得较早更关心海洋事业，他说（第 15 章［第 1 卷第 123 页]）"尼尼亚"号挂三角帆，在船队中它最小。奥维多的著作写作时间比前二者都早，仅仅按正次序列举三船名号。
④ 《航海日志》1492 年 9 月 18 日、25 日，10 月 11 日。

所起作用多么重要。

旗舰"圣玛利亚"号比起其他船只来更是人们仔细研究和无根据地猜测的主题。"尼尼亚"号和"平塔"号都是当地建造的，因此它得名"拉加列加"号，[①]当时加利西亚是西班牙建造大船的主要地区。[②]但"圣玛利亚"号在当时却是一只小船。关于它在1492年5月以前的历史我们一无所知。当哥伦布在寻找西航船舶时，它碰巧做一次商业航行来到廷托河上。由于帕洛斯市民除照双王命令供应两条帆船外，怎么都不再供应更多的船只，哥伦布就从船主桑托尼亚的胡安·德·拉科萨手里租了"圣玛利亚"号。因为它是船队中最大的一号船只，所以它成了指挥船或旗舰。但是海洋统帅因为它行动迟缓，也因为它吸水深不符合他的目的，所以并不喜欢它，在它后来遇难破损以后（虽然遇难非船只本身之过），他在1492年12月26日的《航海日志》写道："这条船很笨重，不宜供开发事业之用，提供这么一条不适用的船只，帕洛斯的人是要负责任的，因为他们没有履行自己向双王做出的承诺——献出八条适合这次远航的船只……"他们如果做出过任何这样的承诺（未必可能）的话，那也只是口头承诺，因为仔细翻查档案文卷没有找到这种书面承诺或合同，找到的只有王家叫帕洛斯市提供两条轻快帆船的命令。

就我们所知，"圣玛利亚"号的吨位或其他尺寸都没有留下记录可查。有点像根据猛犸的颚骨去恢复猛犸的形体一样，奥古斯特·哈尔在1840年曾打算根据哥伦布《航海日志》中一句话设想"圣玛利亚"号的僚船长度为5英寻，然后据此算出"圣玛利亚"号的大小，但不幸他捡到的是一块不好的颚骨。在那个记载中所谓5英寻是指巴

[①] 这是奥维多专用的一个船名（第1卷第21页），经查明它在别处被作为"圣玛利亚"号的代用名，纪廉公正地认为（第56页），说它是为了同佛兰德人做生意而在加利西亚建造的只是推测之词。他相信它是在南方建造的。但是根据它的船主是桑托尼亚人（西班牙北部居民。——译者），它的船员中有巴斯克人（比利牛斯山西部地区古老居民。——译者），说它是一条北方建造的船，这种推论是合理的。因此，根据它的诨名说它是加利西亚建造的，这是一个合理的推论。可是贾克教授指出，拉加利加可能只指它是一条不灵活的帆船。因为加利西亚人在西班牙其余地方都被认为手脚不灵活的蠢人。

[②] A.P.厄舍尔著《经济史中的事实与要素》（*Facts and Factors in Economic History*）第189—194页。

第九章 "尼尼亚"号、"平塔"号和"圣玛利亚"号 | 181

"圣玛利亚"号模型船
上图：安德森制造存安道弗·菲利浦斯研究院美国艺术馆
下图：仿达尔贝蒂斯图样制造出来的，存热那亚佩格利海洋博物馆

停泊中的"圣玛利亚"三号
根据一幅照片制成

拉科阿港口的深度,深度从僚船上去测是 5 英寻,并非僚船本身长 5 英寻,① 按"圣玛利亚"号原样推算吨位的 4 个人中有 3 个是根据这个僚船长 5 英寻的假说做出来的,但看来没有一个人能够同意他们。费尔南德斯·杜罗把它的吨位算成 120—130;蒙莱昂算成 127;达尔贝蒂斯(他没有用这条僚船)说是 150—200;纪廉算成 120。显然,它们之间要争论的差别并不大;但照我看来,这些估计数字都比"圣玛利亚"号的实际吨位大,理由如下。②

157　拉斯·卡萨斯说,"圣玛利亚"号比其他两条船大一点,但大得不多。如拉斯·卡萨斯所摘录的,在哥伦布第三次西航的《航海日志》中也有个暗示说它的吨位大约是 100 吨左右。他说,统帅从 1498 年直接从玛格丽塔岛去伊斯帕尼奥拉岛,一个理由是"因为他

---

①　关于这点安德森在《海员之镜》第 16 期第 188—189 页上和他的前人开了点儿玩笑。《航海日志》记载的是 1492 年 11 月 27 日的事。哥伦布写道:"显然,他说的是港口深 5 英寻,港内深 8 英寻。"费迪南德也是这样看待这点的,而且海员从不把英寻当作测量船身长度的单位。

②　"La nao algo mayor que todas",《西印度群岛的历史》第 34 章(1927 年,第 1 卷第 180 页)。卡尔·劳顿先生在安德森讨论会上(《海员之镜》第 16 期第 191 页)坚决认为安德森根据原来的"圣玛利亚"号"曾安全地漂过大巴哈马岛的浅滩"和"女王的花园群岛"就把他的船搞大了大约 3 倍,但是它越过的大巴哈马浅滩唯一部分是该岛尾端、最浅处深度为 6 英寻,它从未去过靠近"女王的花园"的任何地方。

第九章 "尼尼亚"号、"平塔"号和"圣玛利亚"号 | *183*

所拥有的船只一条超过100吨,另一条超过70吨,均嫌大不宜于勘探工作。只有吨位较小的几条船才适合于勘探工作。他首次西航时所用船只吨位大,结果在纳维达德港失事,他丧失了那条较大的船"。[①]现在1498年的旗舰(名字不详),吨位超过100吨,吃水近6英尺,[②]而纪廉设计的"圣玛利亚"三号吨位为120吨,所要求的吃水深度为7.2英尺。哥伦布说,1498年它的吨位分别为100多吨和70多吨的两条船都太大,不适宜沿海岸考察,而"圣玛利亚"号也太大。根据他做的比较,我们可以得出什么结论来呢?我觉得似乎"圣玛利亚"号是一条不到100吨的船只,它肯定小于"圣玛利亚"三号或任何其他"模型"或原物的复制品。如果有人想建造第四条"圣玛利亚"号的话,他最好力争造成这样一条船:舱内能容200大桶或100派普葡萄酒,载货后船尾吃水不超过6.5英尺。[③]

---

① 《文件和研究全集》第1辑第2卷第23页;《西印度群岛的历史》第147章(1927年第1卷第575页)。纪廉(第90页)说:统帅首次西航的《航海日志》证明:"圣玛利亚"号不能驶过一个深2英寻的浅滩。我不知道有哪一个记载会产生这样一个说法。哥伦布说"圣玛利亚"号不能驶入的唯一港口是巴哈马群岛中长岛边的马拉维洛索港,轻快帆船也不能进入那里。猜测1492年"圣玛利亚"号在那里搁浅的珊瑚礁的深度是没有用的。

② 费迪南德著作第71章(第2卷98页)说,1498年指挥船载重量100吨,吃水3布拉乔(btaccio 热那亚寻)。你可以设想"braccio"是西班牙"braza"(西班牙寻)的直译,后者等于5.58英尺(《插图通用百科辞典》[*Encielopedia Ueniversal Ilustrada*]和H.多尔斯瑟的《度量衡通用辞典》)。但是,把第四次西航中费迪南德所记录的伯利恒河浅滩的深度和哥伦布在最珍贵的书简中(Lettera Ravissima)所记的深度比较,显然,费迪南德的译者用的是热那亚寻braccio合22.885英寸,因此3寻=5.71英尺。

③ 四艘"圣玛利亚"号的大小比较

	"圣玛利亚"二号 1892(费尔南德斯·杜罗)		德·阿尔贝蒂斯的轮廓图 1892年 Rac. IVi95		"圣玛利亚"三号 1927 (纪廉,75—76)		安道弗模型船 1930 比例尺 $\frac{1}{4}"=1'$ M. M. XVI 189	
	公尺	英尺	公尺	英尺	公尺	英尺	公尺	英尺
龙骨长度	18.5	60.7	19.0	62.3	18.7	61.3	16.5	54
船体总长(两垂直面之间)	22.6	74.1	26.3	86.3	25.7	84.3	24.7	81
横梁	7.8	25.6	8.4	27.6	7.6	24.9	8.2	27
船中部货舱深度	3.8	12.5	4.5	14.7	3.4	10.2	4.1	13.5
船尾吸水深度	3.2	10.5	*2.9	9.5	*2.2	7.2	3.3	*11
主桅高度(龙骨至桅帽)	27.25	89.4	*28.7	94.1	*28.0	91.8	24.7	*81
主桁长度	18.2		*19.0	62.3	*18.0	59.0	19.5	*64
容量	登记吨		登记吨		登记吨			
	127*		150—200†		120			

*据轮廓图或模型测量。

†这些数字据丰塞卡著《轻快帆船》第264页。

158　　哥伦布的"圣玛利亚"号是一条普通帆船（a nao or ship），而不是一条轻快帆船，根据他的《航海日志》来看，这一点十分清楚。当他谈到旗舰时，他反复说 la nao（船），当他提到"尼尼亚"号或"平塔"号，或同时提到这两条船时，他总是说 la Carabela or las carabelas（三桅轻快帆船）。① 因此，我们有把握地设想它的模型是圆的和矮胖的，像威尼斯的大帆船和当时其他船舶一样。也许因为它的北方建造者不曾体现非洲航行的经验，所以它航行不如"尼尼亚"号和"平塔"号那样迅速或者像它们那样能抢风航行，而它的总的外貌也不像它们那样优雅。它的甲板上的舷弧（从船首至船尾的曲线）被船楼分开了。"圣玛利亚"三号有个 3 英尺的舷弧。以原物是一条轻快帆船的假想为依据，它前面没有合乎体统的船楼，只有一个几乎和舷墙的弧同高度的见习生宿处；"圣玛利亚"二号和热那亚及安道弗模

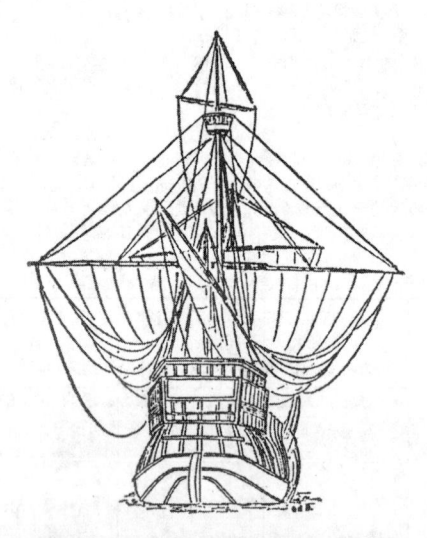

"圣玛利亚"三号挂半帆在行进中

---

① 费迪南德著作中也是这样讲的，拉斯·卡萨斯讲得很少，因为他不大留心船只。当哥伦布提到这三条船时他称它们为 navios，即船舶。《航海日志》里 8 月 8 日和 9 日也有把三条船总称轻快帆船的地方，这是唯一的例外，原因是为了文字的简便。

型有高耸的三角形前楼屹立船首，我相信这是正确的。① "圣玛利亚"二号的设计者犯了个大错误，给它设计个方艉；"圣玛利亚"三号和安道弗模型都有个"圆艉"——把厚木板镶在艉柱上构成一个整齐的终点。② "圣玛利亚"号的最大宽度在甲板上，而不像后来的船舶那样在船的水线处。船舷"大幅度内倾"是1500年后兴起的，为的是使战舰能够经受枪炮的重量。

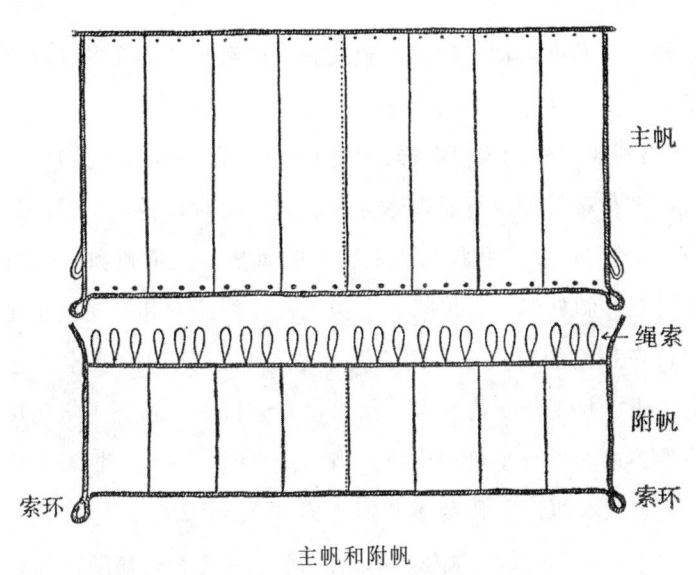

主帆和附帆
摘自加西亚·帕拉西奥《航海指南》（1587年）

在圆材（船桅和帆桁）图样方面。"圣玛利亚"号引起现代海员最注目的特征是比起别的船只来它的主桅特别高和主桁特别长，它的主桅一节节连接起来整个竖立在龙骨中央的桅座上，高度高于船身长

---

① 前楼原来正如这个名词的含义位于船艏，以便作战，但海事的保守主义却保留此名用以指船员住宿处，而不论住宿处是在船上哪个部位。"圣玛利亚"二号前楼下房间不会比"圣玛利亚"三号多，但是船楼本身完全是个站台。

② 安德森（《海员之镜》第6期第98页）说，圆形船尾来源于中世纪双头船的船尾，制作法是把船肋骨散开越过船尾柱顶去接一根船尾横梁。这需要一个丰满的船后体和一个凸出的尾端部。方形船尾出现在16世纪，它是作为一种使航行容易而不损害艉太多宽度的方法而介绍出来的。我见过的最早的方艉船图像是画在1513年皮里·雷伊斯地图上。参考纪廉著作第44—45、48页。

度，主桁则和龙骨一样长。前桅和后桅的高度大约只等于主桅高度的三分之一，它们足够轻便地竖立在主甲板上，但保持一个显著的斜度。第一斜桅也是一根很细长的圆木。① 这样一根圆木图样在我们看来自然很笨拙，使用不便，因为方帆帆船从中世纪的单桅船演变而来，而且预期主横帆及其附帆起推进作用；前横帆和后帆则主要是在逆风行船时起平衡作用。为了充分展开风帆使船只行动，主桁就必须用两节圆木接在一起。当它在桅杆高处时，千斤索承担了它的若干重量，但要把它升上去却必须用一根装有三层滑轮的结实的升降索。升起主桁是一件需众多人手的工作。

"圣玛利亚"号的风帆图样是我们能够信以为真的少数物品之一，因为当哥伦布希望加速行船以弥补失去的时间时，曾在10月24日的《航海日志》中写过："我扬起船上所有的风帆：主横帆和它的两块附帆、前横帆、斜杠帆、后桅帆、上桅帆，此外还升起船尾救水艇上的风帆。"② 在我们的时代里，附帆几乎总是用以代替收帆索，它是狭长的矩形帆、长度与主帆相等，借一排套索钉和套索与主帆连接，或者用系带穿过套索与主帆相连接。当你缩帆时，你首先把帆桁放低一点，移开附帆，再缚住帆角索和帆脚索。在1492年上桅帆是一块方形的小"避尘布"，其推动力并不比后代的一块上桅辅助帆强；但是在贸易风中航行时很快就证明它可能成为一种推进器。首先，上桅帆的下边加长，使它成梯形，随后加长它的帆桁，到17世纪时，所谓哥伦布的手帕就演变成为方帆船上最重要的风帆。甚至直到后来才有人有这种才智用船首三角帆去代替低垂的斜杠帆（在狂风暴雨天气中它必须扯上桁），或用三角形支索帆去填补桅与桅之间的空间。"圣玛利亚"号可能做过几次。"圣玛利亚"二号在1893年渡海时，挂上几

---

① 我相信"圣玛利亚"二号和"德·阿尔贝蒂斯（热那亚）"模型船是照16世纪中叶的圆材图样制作，那是在重视主桅的程度已有所衰减的时候。

② 维利尔斯注意到现代阿拉伯人对他们的长船帆正是这个做法。

副三角帆和一副主支索帆"行驶在孤寂的海洋中",那里没有人愿意提到这个时代的错误。

现在我们来研究这三条船只或哥伦布远洋航行中所使用过的其他任何船只的共同特征,因为他后来所用船只的细节我们所知很少。多次漂洋过海的经验使得他能够对船只进行改良工作。在第四次西航以前,他曾希望有一种设计新颖专门供他西航而制造的船只。[①] 但是他没能办到这点,他只好拿到什么船就使用什么船。

铁钉大概是在预计应力最大的地方用来加固的,但3—4英寸的船壳板则用木钉钉到船骨架上;这就是"圣玛利亚"号在伊斯帕尼奥拉岛附近海上搁浅时船身很快就散裂开的原因。[②] 为了减少附在船底的甲壳动物藤壶和蛀船虫的破坏作用,每隔几个月就得把船只拖上便于施工的河滩,先倾倒一边,再倾倒另一边,分别清除船底附着物,然后涂上树脂等涂料。为了使倾倒作业不致损伤船只,造船时必须使用厚重的腰部外板、宽阔的船舭部[③]和肋根材;为了保护船壳板,舷侧可加竖式护舷木。舷侧也可以涂一种黑色防腐剂,它大概是涅夫拉地区出产的一种鲸油和松焦油的混合物。

经过了几个世纪,造船工人才学会从外边给船上添加压船物。在哥伦布时代(其他时代也差不多如此)商船如果满载沉重物如葡萄酒之类就无须再在船内添加压船物;否则必须用足量的沙子、卵石或石块以保证船只稳定。哥伦布的船队从加那利起航,虽然装满航海补给品,但还是需要若干压船物。哥伦布写过他船上一个见习水手用石子击落海鸟的故事,试问船只在大洋中如果不是自身带有压船石子,这个水手另外从哪儿去找石子呢?在回程中"尼尼亚"号因为携带的补

---

① 《最珍贵的书简》见《文件和研究全集》第1辑第2卷第202页。
② "我了解一条造好了的在大洋上走来走去的船只,它龙骨上所用的紧固件与其说是铁钉,不如说是木梢。"——约翰·史密斯的《航海入门》。
③ 船底和船侧间的弯曲部分称舭。——译者

给品已消耗完毕，所以它航行时摇晃得很厉害，以致水手们不得不拿海水灌满酒桶作为压船物。他们在亚速尔群岛首要目的之一就是在驶向西班牙之前尽力取得石块或卵石。

在某些情况下每一条木船都不免多少有点儿漏水，一般说哥伦布的船只漏水程度不是较少而是较多。一台固定的木制抽水器由一个早班水手操使，直到它吸不上水为止，应该是能够处理好每日的漏水量的，但是没有哪种抽水器能够保持船舱完全干爽。随着船只在行进中左右摇晃和前后颠簸，底舱各处污水在犀斗、木桶和压船物之间发出溅泼声。由于水手们把大部分废油倒入舭部，于是舭部就变成蟑螂（海员不可避免的伙伴）的惬意的庇护所。有一曲古老的歌词为证①：

啊！潜蚤与我何干，
啊！蜘蛛与我何干，
只要使劲赶走
　蟑螂就好了。

在发现时代，每一个下海的新水手都对害虫、对从舭部传来的可怕的恶臭叫苦不迭，特别是在抽水器正在工作的时候。如伊丽莎白时代海员所称呼的，当这些"刺鼻的恶臭"变得不能忍受的时候，船舶就要"接受清查"。清查的程序是：先把船只开入浅水区，再把船舱里的补给品和货物搬到甲板上，把压船物（如果有压船物的话）扔出船外，把木桶和船舱洗刷干净并洒上醋消毒，然后换上新的压船物。②

----

① 费尔南德斯·杜罗的《航海的动物》，载《航海研究》第 2 卷第 378 页。关于虱子以及它们在航行中途退居幽静处的习惯可参考后面我的外交插曲一章。
② A.L.罗斯《理查德·格伦维尔爵士》（1937 年）第 300 页，"复仇"号是在亚速尔群岛弗罗雷斯被拦截住的，因为她经过了"仔细的检查"。在《伦敦弗吉尼亚公司的记录》IV 第 77—78 页上对于如何用醋保持船只清洁以及"治好从下面发生的如此刺鼻的霉味"有有趣的说明。

哥伦布船上的白帆画有十字架，或者还画上其他纹章或宗教方面的图案。活动索具和固定索具都用麻绳，钢绳有 350 年没在船上露过面。滑车（对新水手就是辘轳）确实是滑车，把一块硬木切削成椭圆形或扁桃形，挖空中心以容纳滑轮，一头钻孔以穿短索，但孔要磨得光滑以防割断绳索。① 双饼滑车组或三饼滑车组用在升降索上。用以固定桅杆的左右支索是凭借滑车组固定和升起，还是凭借穿孔木滑车和小绳索固定和升起，这是个有争论的问题。桅梯横索可能只用在后帆上，如安多弗型船所显示的，前帆装用的是雅可布式绳梯，它置于桅杆后边，像现时舵手用来登船的梯子一样，是水手们攀登桅杆高处的工具。

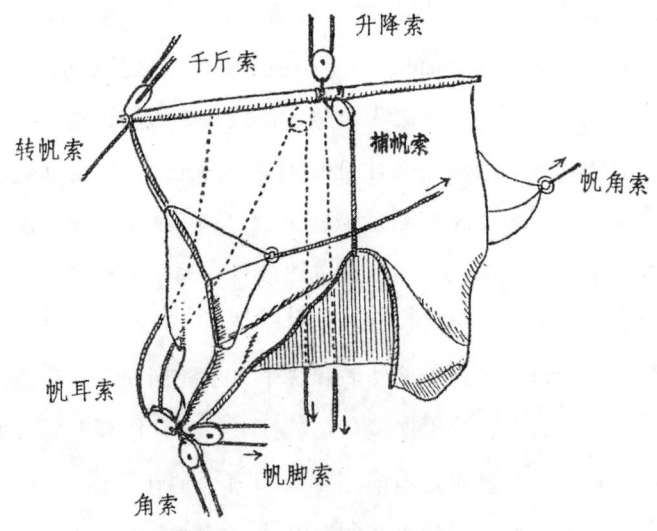

1492 年轻快帆船上桁和方帆的索具
胡利奥·纪廉：三桅帆船"圣玛利亚"号

活动索具的详细情节除非使用技术语言，描写非常困难，真正对此感兴趣的人最好去考察安道弗或坎布里奇的模型船，或者去观察纪

---

① 《海员之镜》第 16 期第 193 页。

廉先生著作中的清晰图样。这里只说一艘现代直角帆船的所有索具差不多全都使用过就足够了。这些索具包含：起升索、支持和调整帆桁作用的升降索、千斤顶和转帆索，调整船帆以适应风向的角索和帆脚索、防帆漏风以准备卷帆的帆耳索、帆角索和打桩锤、船只顺风航行时使其垂直边绷紧的帆角索。"圣玛利亚"三号大桅脚边设有一个结实的挽绳栓，使所有主要活动索具活动迅速；安道弗型号船只则沿舷墙隔一定距离设置多个系绳栓可挽除主升降索外每一种索具。

在哥伦布时代大西洋各岛和非洲西海岸大多数锚地都是敞开的锚地，它们暴露在相当大的海涌中，只能部分防御海风。船只普通用两个首锚和一个尾锚停泊。预计船只在长途航行中船锚不免损失一个或多个，通常船舶须备七个锚：四个首锚（其中两个经常放在船首）、一个中锚（保持船首朝海涌）、一个小锚（在浅水区拉船前进）、一个备用船首大锚（西班牙人称之为应急大锚或救生大锚，这个锚和它的链都放在舱中，要到最后关头才把它们拿出来救急）。在海上航行时两个首锚都用绳索绑在船舷侧系锚杆上。[①] 它们的链穿过船首锚链孔接到卧式西班牙起锚机上，起锚机位置或者在艏楼下或者在船腰主舱口前面。[②]

那时一切船只都靠一个舷外舵和一个大木舵柄操纵，舵柄前端配有缓冲滑车组，后端直接用榫接合在舵柱上。这种接合需要在船尾开个大窗口，窗口不能封闭，因为这里要留有余地让舵柄工作。结果，当船只在大浪中前进时，海水就会一浪接一浪地溅入驾驶室。在轻快帆船上，由于它们的艉楼甲板比较低矮，舵手可能观看主横帆的气象角，但是，在"圣玛利亚"三号上，后甲板或艉楼甲板在他的头上方

[①] 纪廉著作第 114—115 页；参考福尔科纳诺著《海洋辞典》（Marine Dictionary）。
[②] 在安道弗模型船上，链条、一根横梁位于首楼下、主甲板上，形状似乎是当代样式。它被用来作为一对系缆柱的骨架，它的凸出端作吊锚架用。在航行中把锚甩出船舷外似乎不是熟练水手的做法，但是当时的图片表明确是那样做的，那里甲板上无放锚余地，也没有滑车把它们扯到船内。

(他必须是个不弯腰的矮人），完全模糊了他看海或看帆的视域。"圣玛利亚"三号的船长孔卡斯在做越洋航行前坚决主张在尾楼甲板上装配一个舵轮。[①] 安道弗船则在艉楼甲板切去一块让舵手能看见帆和天空，但是这种考虑是不必要的，因为到 18 世纪，当舵轮已经发明出来时，舵手就被认为什么都不要看了。他们靠指南针、靠船只感觉、靠值班员的呼喊指点驾驶船只。

你对哥伦布时代的船只了解得越多，你对它们的适航性、对它们现在所谓"机能"特征就越是钦佩；但是它们的生活设备却如此简陋，以致你一定认为造船者仍然设想每一个船员都像古希腊时代那样晚晚要上岸投宿。船上唯一的烹调工具是一只敞开的火箱，箱后硬板挡风，箱下铺沙子垫底，上面烧木柴生火。"圣玛利亚"三号的建造者没有在甲板上为每一个船员安排卧舱，但对统帅为例外，在艉楼甲板上为他设置了一个房舱——我们应该称它为"狗窝"。艏楼下除放置绳索、火箱和各种备用工具以外没有余地安置任何东西。"圣玛利亚"三号货舱内前头部分被间开了，那一部分被称为"胡安·德·拉科萨之舱"，但说船主人竟愿意睡在有恶臭的货舱中，与老鼠及蟑螂为伍似乎不可信。船上某些地方必须有铺位让舵手、船主、治保主任、会计、译员及其他后勤头面人物安歇，甚至连"尼尼亚"号在亚速尔群岛时也供应铺位给葡萄牙客人。[②] 大概在实际船舶上，它的艉楼甲板（toldila）大于复制品的艉楼甲板。它给船长提供了一间避风寒的特别房舱，给其他职员一间普通房舱。要不然就是驾驶室较高，普通舱设在它周围。那个时代船上是不给一级水手、索环工、士兵供给卧处的。他们在艏楼、在驾驶舱随地躺下，天气好时就在甲板上躺下。[③]

[①] 孔卡斯著作第 52 页"指挥杆"（Whipstaff），一个垂直部件，它加杠杆作用到舵柄上，使驾驶工作可以在甲板上进行。它直到 16 世纪才发明出来。
[②] 《航海日志》1493 年 2 月 19 日。
[③] 费尔南德斯·杜罗的《"圣玛利亚"号》第 81 页上说，禁止海员在舱里睡觉。

像当时一切船舶那样,"圣玛利亚"号的甲板是弓形的,所以甲板也有相当大的上跷度,甲板上唯一平坦处是船中部主舱口盖板,这是一个令人喜爱的睡卧地点。在哥伦布第四次西航中,正是这里出现过一次偶然事故。当"卡皮坦"号在伯利恒河畔停泊时,关在舱里的几个印第安人俘虏,把舱口盖板撬开,把睡在这里的西班牙水手推入排水口,自己就跳出船外了。最后,印第安人的吊床(首先看见吊床是在1492年)为各国海员解决了船上睡眠问题。"圣玛利亚"二号的船员在货舱中挂吊床,比起原有睡处来,吊床使他们睡得香甜、清静。

这些船只侧面低处主桅和前桅之间叫作中甲板或腰部。这一部分在战斗时用围布封闭保护船员免受弓箭伤害。在节日里,一条船遍挂围布,舷外还悬护板,船员佩骑士纹章。遇上这种时机还要把卡斯蒂利亚和莱昂的王家舰旗上升到主桅顶端。① 哥伦布在他的船队里备有一面特别旗帜,旗帜为白地缀绿十字,十字每臂缀锚冠,一臂上有 F 字样,代表国王费迪南德,另一臂上有 Y 字样,代表女王伊莎贝拉。在以后几次西航中他肯定曾在船首旗杆上展示了他自己的纹章。(在大礼拜节日里如果船只碇泊的话)种种彩旗、桅顶小旗、指挥船只旗都想挂在桅顶和桁端。比起船只的长度来这些旗帜较今日所认为适当的要大得多。尽管流行的说法相反,这些船只在海上航行中是没有旗帜飞扬的,因为它们很快就用坏了。

当时所有船只都备有若干长桉木桨。它们通过舷窗工作,在平静无风的海面上常常给船舶以舵效速率,② 或者在软风中使它们不随海流漂移上岸。我们在"圣玛利亚"三号上曾试过其中一个,对它的非凡的平衡力印象深刻,对于一个人能够那么容易地把这么宽这么重的一条船推向前边感到惊奇。如果用这条船的小划子去拖它,那么哥伦

---

① 如拉科萨船上所显示的,哥伦布亲自擎着王家舰旗在圣萨尔瓦多登陆。旗上没有标示阿拉贡的纹章色彩,这是肯定的,因为这是一支卡斯蒂利亚船队,女王在这项事业中起了很特殊的作用。

② 舵效速率:使舵生效的船速。——译者

布的"圣玛利亚"号在平静无风的水面上大概每小时能走两海里。每条船只带一个小划子,它在船腰部载起左舷梯或右舷梯。这是一只牢固的、沉重的船载小划,扯它上船非常困难,当它已下水时人们只有在风平浪静时才拖得动它。

三条船都载有大炮:铁"伦巴德"炮口径约 9 厘米,安装在甲板上,放出石炮弹。"小口径长炮"口径约 4.5 厘米,是由后膛装填的回旋炮。它装满五金碎片,用以击退企图登船的敌人,安装在舷墙上。① 哥伦布在第一次西航中提到的唯一的小武器是弓箭和枪,枪是一种原始的滑膛枪,由铜管或铁管做枪身,另接木柄。

继"尼尼亚"二号之后,1892 年在西班牙建造了"平塔"二号和"圣玛利亚"二号("尼尼亚"二号和"平塔"二号由美国出资,"圣玛利亚"二号由西班牙政府出资),这两条轻快帆船都由另外船只牵引越过大西洋。但是西班牙海军为了它的光荣和信誉让"圣玛利亚"三号自己扬帆从加那利群岛开往古巴,它于 1893 年 2 月 22 日从特内里费的圣克鲁斯港启程。那一年贸易风变化无常,"圣玛利亚"二号的航程比它的母船要艰苦得多。当风从西北方向吹来时,据船长记录,它连续几天"上下颠簸"和"左右摇晃"十分厉害,甚至连捆装好的货物也自然散包,船身和桅杆都不停地摇晃、嘎吱作响以致人不能入睡。3 月中旬北纬 21 度附近起风暴的日子到来了,镇浪油袋迎风安置,主帆一度被卷拢。贸易风在这次航行中似乎有两天多一刻也不停止,当它吹向船尾时,甚至就是使用现代舵轮船也很难驾驶。在一个相当疯狂的七级海浪中,"圣玛利亚"二号偏航多达 7 个罗经点。船长无视海洋考古学竖起偷带上船的三角帆和支索帆,卷起主帆两侧的气象帆角略有助于船只安稳航行,但在整个航程中掌舵都极其

---

① 费尔南德斯·杜罗著《"圣玛利亚"号》第 45—46 页,纪廉著作第 110—122 页,对哥伦布所携炮火枪支有全面叙述。

困难。34 天过去，到了 3 月 28 日望见维尔京、戈尔达岛才使全体船员大为宽慰。这次航行比哥伦布当年横渡大西洋正好少花一天，但是后者所走路程却远了几百海里。① 3 月 30 日，"圣玛利亚"二号驶入波多黎各圣胡安港。它最好的一天航行 139 海里，最差的一天只走 11 海里。显然易见，"圣玛利亚"二号的速度和平稳度都不如 1492 年那条原始船，使得它颠簸和摇晃得这样厉害的构造特点是它的龙骨短、腰部圆——这是 15 世纪远洋帆船的特征。②

"圣玛利亚"三号也是以横渡大西洋为目的设计制造的，但因政治形势的阻隔，没有达到目的。它扬帆做过 5 次短程航行，达到时速 8 海里。它顺风航行（风吹在横梁后面）驾驶容易，船随舵转，没有困难。它航行中摇晃得厉害，简直像木桶搁在波浪中一样，③ 虽说没有危险，它的主桁长，又缺少压船物，这大概能助长任何舢圆船只行动摇晃的趋势。

船型这些变化是能引起丰富的联想的，但对于原来"尼尼亚"号、"平塔"号和"圣玛利亚"号的实际性能绝不具有结论性。它们这三条船是由一些以数百年造船经验做后盾的造船工人、在大批曾经多次航行过非洲的水手监督下造成的，比起那些由考古学家根据从历史记录中找来的非常贫乏的数据造成的所谓复制品和再造品来，它们在一切重要方面大概都是比较优秀的好船。"圣玛利亚"二号和三号的一个重要缺点是它们航行时摇晃和颠簸厉害，原因在对比船身全长

---

① 可是，如果像哥伦布那样从过费罗岛那一天算起，就是一天有多。
② 孔卡斯著作（见第 191 页注①）第 70—82 页。这条船 4 月 2 日离圣胡安港沿伊斯帕尼奥拉岛北岸航行（孔卡斯船长意气沮丧地认为这是我们民族的繁荣的坟墓），4 月 7 日到达向风海峡航行告一段落，以后就由一艘西班牙巡洋舰拖带前进。到芝加哥其余航程都是拖带，但为了 3 月 21 日威武地进入汉普顿路才破例解索扬帆。它在航行 8600 海里后于 1893 年 7 月 8 日和"平塔"二号及"尼尼亚"二号结伴抵达芝加哥。这三条船在哥伦布世界博览会上受千百万人参观，闭会时它由西班牙国王赠送给美国。最后，它们变成了芝加哥公园区的财物。1913 年一位发起人借了这三条船，打算把它们送到旧金山。"平塔"二号和"尼尼亚"二号不久中途退出折回芝加哥（后来一条被烧毁，另一条在 1918—1919 年间沉没），只有"圣玛利亚"二号继续在不同湖上和不同沿海城市展览，1918 年到达波士顿。在这里钱用完了，在归途中它受侮辱、受贵备，为抵发起人的债务，在爱德华太子岛夏洛特敦出卖。芝加哥公园区又把它买下来，拖回芝加哥。它停泊在南杰克逊公园，现在仍然看得到。
③ A. S. 里格斯著《艺术和考古学》(*Art and Archaeology*) XXVIII (1929 年) 第 30 页。

而言它们的龙骨短，和它们的舭部太圆。哥伦布抱怨原始的"圣玛利亚"号从加那利出发第一天就颠簸、进水，不过经过再装储备品这个缺点大概就克服了，因为他以后再没有这种埋怨。根据我们所能了解的资料来看，"尼尼亚"号和"平塔"号都是经得起风浪的、海上航行平稳的、深受海员喜爱的轻快的小帆船。当哥伦布拥有全部商船的选择权时，他在第二次西航中选择了"尼尼亚"号并把它作为考察古巴海岸的指挥船。

现在任何人都能设计制造更佳的远洋航行船舶，把它们的帆装得更好，但是优点大都在舒适、省力和安全方面，而不是在速率方面。"尼尼亚"号、"平塔"号和"圣玛利亚"号构造好、帆装好、设备好、人员配备也好，如哥伦布在他的《航海日志》的前言中写过的，muny aptos para semejante fecho（很适合这样一桩事业）。它们是优秀船只，能胜任所承担的任务。因此让我们不再听人喋喋不休地说什么哥伦布西航乘的是"浴盆"、"板条箱"或"乌蛤壳"了。

第十章　职员和水手

1492—1493 年

> 西顿和亚发的居民做你荡桨的，推罗阿！你中间的智慧人做掌舵的，迦巴勒的老者和聪明人都在你中间做补缝的。
>
> ——《以西结书》，第 27 章，8—9 节

为这桩伟大事业征募职员和水手的工作，完全同征集船舶的工作本身一样重要。幸而因为每一个职员和水手的工资都是由王国政府支付的，所以我们得到了几乎是一份完备的第一次西航的工资表和船员名单。但可惜这次西航引起了哥伦布和平松家族之间的一场争讼，争讼破坏了档案记录中全部数目；这场争讼拖延了 50 年之久，史学家们至今还在热情多于见解地争论不休。

这场哥伦布诉讼案的目的在于保卫或取消哥伦布后嗣的世袭权利。哥伦布家族搜集证人证据用以支持一个普通的报道：第一次西航是哥伦布倡议的，是在他的领导下并且违反大多数人的意愿和劝告进行的。王室试图靠另一些证人证据证明，哥伦布只是一个名义上的西航头目，西航的起步和胜利完成都依靠马丁·阿隆索·平松的能力、勇气和航海技术。第一次和随后几次西航的幸存者和组装船队时在场的人以及当两条轻快帆船返航被安置在西班牙帝国不同地方时在场的人都被讯问过一些重要的问题，他们的回答由一位公证人记录下来却未经仔细审核，所以每一个单独的讯问记录要么就是有利于哥伦布

的，要么就是反对哥伦布的。①

普通常识告诉我们：在这种情况下，在事情已经过去这么长的时间以后取得的证据只能用以支持或补充当时的证据，这样得来的证据一定有很多是毫无价值的。但是，有许多热望破坏哥伦布声誉的作家却偏信有利于平松的案卷而忽视有利于哥伦布的案卷，并且把他当时其他文献一概斥为抱有偏见和伪造的文献。② 可是，我们却不可以完全轻视这些诉讼案卷，甚至在亲平松的证词里也有许多东西符合和补充哥伦布《航海日志》里的证据。

马丁·阿隆索·平松是帕洛斯市一个属于中产阶级的航海世家的首领，1492 年他年龄在 46—50 岁之间，"平塔"号的乘务员加西亚·费尔南德斯宣称："马丁·阿隆索是一个很勇敢的人，胆子很大，他知道他不向海洋统帅提供两条帆船，他一定得不到他所得到的位置，而统帅也得不到他所需要的海员，因为〔在帕洛斯市〕没有哪个人认识这位统帅，由于该马丁·阿隆索给该统帅提供两条帆船，该海洋统帅才得以进行上述西航。"③

有一个很有见识的说法。哥伦布在帕洛斯市并不著名，而且他又是一个外国人，除非有几个当地声望卓著的人走在前头，并表示自己深信这项事业，他要吸引一批海员（他们一般都是怀疑任何新事物的）参加这次安全可虑、成功毫无把握的航行，差不多完全不可能。

----

① 最重要的 1512—1515 年诉讼案卷和少数较晚期的案卷都由塞萨雷·费尔南德斯·杜罗集刊在《未发表的文献》第 7 卷和第 8 卷中。少数较晚案卷见费尔南德斯·杜罗写的《哥伦布与平松》一文中，此文载《王家历史科学研究院论文集》（Mémorias de a Real Academia de la Historia）第 10 卷（马德里，1883 年）第 163—267 页，另有单行本。这些诉讼案卷中有些已为奥维多、拉斯·卡萨斯及其他早期西班牙发现史学家所熟知，它们的简写本已由纳瓦雷特首次印行。

② 说这个把一个新大陆献给卡斯蒂利亚王室的人竟是一个外国人，这不免有损西班牙的尊严，因此西班牙的历史学家或则热衷于西班牙的哥伦布邪说，或则抬高平松以贬低哥伦布；把哥伦布贬低到仅仅扮演一个敦促者的角色。另一方面，意大利研究哥伦布的史学家则用蔑视态度漠视有利于平松的证词，忘记了要办成任何大事除带头人之外其他人员也是必不可少的。王室认为，这点应归功于哥伦布，加以否定是很方便的。这个时期，奥维多是名官方的西印度史学家，他却驳斥他那个时代所记下的有利于平松的证词，认为不值得考虑。见下文第十五章。

③ 《诉讼案卷》第 2 卷第 162 页。所有有关平松家族的有用资料都收集在安赫尔·奥尔特加所著《拉拉维达》第 2 卷第 161—162 页和第 3 卷第 30—175 页，并由古尔德小姐收集在《王家历史科学研究院学报》第 90 期（1927 年）第 554—560 页和第 91 期（1928 年）第 319—375 页。

马丁·阿隆索指挥"平塔"号,他弟弟弗朗西斯科·马丁当船长,他另一个弟弟比森特·亚涅斯·平松(弗朗西斯科之兄)指挥"尼尼亚"号,另一个名叫"老家伙"的堂兄弟迭戈·平松则在"平塔"号上做水手①。平松兄弟既不是"平塔"号又不是"尼尼亚"号的船主,但是,要使那些占重要地位的帕洛斯人接受他们的指挥,就必须使被征船只的主人与自己大体步调一致。

1515年,在塞维利亚的一次审讯中,检察长(他多少有些相当于我们的地方检察官)讯问到两个主要问题:"(1)你是否知道,当海洋统帅去发现那些地方的时候,帕洛斯市的马丁·阿隆索·平松大概也驾着自己的两条船在认真地寻找那些地方;他在从罗马来西班牙的那一年已经在教皇英诺森的图书馆里读过有关著作并且有了一定的知识,他已经谈到他要去发现它们,并且鼓励他……你是不是知道这件事情呢?""(2)据说该马丁·阿隆索·平松曾把有关陆地的事告诉过该海洋统帅堂·克里斯托瓦尔·哥伦,还同他讨论过上述著作,该著作中据说含有所罗门时代的一种意见,说是示巴女王由地中海航行到西班牙的一端,再从那里循一条方便的通道向西航行90度,会找到南北之间一个名叫日本国的地方,它的土地肥沃、物产丰富,面积大过非洲和欧洲。你是否知道这件事呢?"②

不管这个故事的真实性如何,1515年它已在安达卢西亚广泛地流传着。几个经过精选的证人都干脆地回答说:"是的。"(其中一个还说在从罗马来的那次航海中他同马丁·阿隆索在一道),他们都听说过这个故事,或者知道这是真的,但是,马丁·阿隆索的儿子阿里亚斯·佩雷斯却讲得更多。他说在那次航海中他跟他父亲在一起。他

---

① 《王家历史科学研究院学报》第87期第25—35页和第86期第517—521页,这两处谈了最后二人。维尼奥的《历史考证》第2卷第530页又谈了两人,但没有证据证明还有更多的平松家族的人参加首次西航。

② 《诉讼案卷》第2卷第126页。

说他父亲马丁·阿隆索有个朋友似乎是一个宇宙学研究者，受雇在梵蒂冈图书馆工作，他父亲到罗马时曾去拜访过他。有一天这个人从教皇图书馆里借出一个文献给他看，文献描写一个示巴人横渡大西洋到达日本。这个神秘的航海故事给马丁·阿隆索印象是这样深刻，以致使他决心亲自去试做一次这样的航行。当他正在想方设法实现自己决心的时候，哥伦布到拉拉维达来接自己的儿子，他打算离开此地到法国去。马丁·阿隆索鼓励他读这个文献，劝他再一次去拜访宫廷。后来哥伦布得到王室授权，带着他和王室的协议书回到帕洛斯。他在与平松联合把这桩事业付诸实施以前，曾试图以两个月的时间招募水手和准备轻快帆船。①

你能够把阿里亚斯·佩雷斯的故事看作无稽之谈，说它是为了光宗耀祖，为了妒忌别人、仇恨别人而捏造出来的吗？我想不是的。关于谈示巴女王奇怪的航海的"文献"始终不曾被找到或被证实过，但是，在梵蒂冈图书馆某些希伯来经典中这样一个航海女王的传说却很可能有之。是什么原因使得这个传说这样貌似真实呢？原因就在哥伦布自己写的《航海日志》里证实平松对发现日本和在大西洋中寻找其他岛屿特别感兴趣。但是，许多鼓舞哥伦布不确实的指导，像示巴女王西航到达日本这样动人心弦的故事却不曾被费迪南德和拉斯·卡萨斯提到过。

在平松故事中其真实的根据似乎是马丁·阿隆索在某些横渡大西洋的神秘的航海中捡到了一个线索，它引导他设想马可·波罗书中的日本国可以走哪条路去达到，因此，他就去支持哥伦布西航。毫无疑问，他的带头示范和他的努力对于招募水手是有用的，但是他在西航

---

① 《诉讼案卷》第 2 卷第 228—230 页；在维尼奥著作第 2 卷第 608—612 页上有蹩脚的法文译文。在稍后的平松文件中（记他的后嗣要求奖赏之类），示巴女王航海变成一幅表现新大陆的地图。一个人可以指出，"大约等待两个月"这个传说有一部分是办不到的，因为哥伦布到达韦尔瓦后的两个月是 7 月 22 日，离他开航日期（8 月 3 日）只有 12 天。

中的行为如此，以致使哥伦布不能以平松家族所认为应当得到的适当感谢去感谢他们。

在首次西航返航途中，一个平松神话就已在"平塔"号上开始形成。在马丁·阿隆索死后他的朋友和家人都把这个神话夸大到似乎"平塔"号的船长就是首次西航的真正发动者和领导人的地步，而哥伦布则被贬低到仅仅充当一个在宫廷里有势力的窗口装饰师的角色。① 让·夏尔科对这类事有丰富的经验，他指出："拉丁国家的一个共同习气是贬低一个赢得普遍赞美的大领袖的声誉。一些低级职员常常怀着这种妒忌心。他们如果不公开攻击的话，那么更加意味深长的冷嘲热讽或沉默无言就会很快出现，而那些希望借贬低他人以抬高自己的人则添油加醋地予以曲解。"② 其实，这种风气绝不限于拉丁国家。

不管你对马丁·阿隆索是怎样想的，他的弟弟、"尼尼亚"号船长比森特·亚涅斯（1492年年龄大约是30岁）却被证明是个一级水手。他不像他哥哥，他服从命令。比森特在1499—1500年一次独立航海中发现了亚马孙河。这一成就使他在西班牙本国发现家中间获得首席地位。③ 他们的小弟弟弗朗西斯科·马丁在第一次西航后就默默无闻了。但他们的堂兄弟"老家伙"迭戈在1498年曾随哥伦布到帕里亚湾，次年又随比森特·亚涅斯做过亚马孙航行。④

当代的记录不曾给帕洛斯的平松兄弟在这次西航大事业中赋予任

---

① 在对亲平松人士的审讯中并非所有证词都对马丁·阿隆索有利。如时在"平塔"号上任索环工的佩德罗·德·阿科斯在被迫要讲西航的真正领袖是平松而不是哥伦布时，宣称："马丁·阿隆索决定去……并且有许多亲人跟他去，这是真的，因为这个证人看见他们去了，但是他听说国王给船舶付了款，供应了粮食。""他是受该哥伦布指挥的。"他也提到当哥伦布上宫廷去时，马丁·阿隆索耗光了他自己的货物（《王家历史科学研究院学报》第92期第782页注3，证据是1536年提出的）。在1519年王室同意授纹章给平松家族时（纳瓦雷特著作第3卷第145—146页），承认哥伦布是首次西航中的总船长，没有说到平松家族有特殊贡献。

② 夏尔科著《航海家哥伦布》（Chr. Colomb vu par un marin）第20页。

③ 哈里斯著《北美洲的发现》（Discovery of North America）第730—731页。他还做过另外几次航海，亲自让奥维多和拉斯·卡萨斯了解航行情况。他死于1519年以前。

④ 迭戈·普雷托事见《诉讼案卷》第2卷第174页。

何特殊地位，也不曾证明他们比涅夫拉地区另一个航海世家——尼尼奥家族——施加了更大的影响和提供了更多的帮助。尼尼奥家族在莫格尔一带的社会和经济地位同平松家族在帕洛斯的社会和经济地位是旗鼓相当的。尼尼奥家族至少有三个人参加了第一次西航。四兄弟中老大胡安是"尼尼亚"号的船主，在西航中还兼任它的船长。老二佩拉隆索当时（1492年）年约24岁，担任"圣玛利亚"号的舵手，在1496年还驾驶过补给船往返于西班牙和伊斯帕尼奥拉岛之间，1499—1500年间曾被任命为卡斯蒂利亚的一级资深舵手单独航行到达珍珠海岸，随后不久去世。老三弗朗西斯科在首次西航时年约19岁，在船上照管索环，第二次西航时升为"尼尼亚"号舵手，还随哥伦布参加了第四次西航。① 该家族还有几个人跟哥伦布参加了最后三次西航。根据《诉讼案卷》上的证词来看，他们对海洋统帅一贯忠诚不贰。从这些尼尼奥家族成员身上可以辨认出忠诚能干的海员典型来。这种人的工作对于任何一次航海的成功都是重要的。他们这种人除自己应得的奖赏外从不提更高的要求，或者在他们的船长背后反对船长。胡安·尼尼奥是哥伦布心爱的同船伙伴，他随后者一道凯旋回到巴塞罗那。② 由于尼尼奥兄弟既不妄图用欺诈手段破坏哥伦布的名声，也不想变成地方或爱国舆论的宠儿，所以他们不像平松家族那样著名，但是，我觉得他们在募聚海员和促进西航方面的确同其他任何人一样做了许多事情。

和尼尼奥家有关系的是莫格尔的金特罗家。金特罗家有两个人与

---

① 尼尼奥家情况见古尔德小姐的论文，载《王家历史科学研究院学报》第87期第24、146—147页和第88期第730—740页；安赫尔·奥尔特加著《拉拉维达》第3卷第8、9章；哈里斯著作第678、726页；《诉讼案卷》第1卷第399—400页；纳瓦雷特著作第2卷第145页。还有另外一个阿隆索和另外一个弗朗西斯科·尼尼奥（可能是佩拉隆索的儿子），他们在第二次西航中分别在"尼尼亚"号和"卡德拉"号上当索环工（前书第146、148页），当时佩拉隆索的弟弟克里斯托尔·佩雷斯任"卡德拉"号的驾长。克里斯托瓦尔和他的弟弟巴塞洛缪参加了首次西航也有可能。阿隆索在第三次西航中当一级水手。

② 《王家历史科学研究院学报》第88期第754—755页。

哥伦布同在船上工作。克里斯托瓦尔·金特罗是"平塔"号的船主。他放弃对平松的指挥权，而在第三次西航中变成哥伦布指挥船上的船长。胡安·金特罗是"平塔"号的水手长，除哥伦布本人以外他是因四次西航都曾参加而著名的人物。①

据《诉讼案卷》中的证词，当地海员踌躇不前的原因是怀疑大于恐惧。"大家认为这件事情是徒劳无益的"，这句话经常有人反复唠叨着。这些证人中至少有两人说出了他们为什么这样做的缘故——因为许多葡萄牙人曾经跑到西方大洋中去"发现"，结果什么也没有找到。一个在第二次而不是在第一次西航中跟随哥伦布的葡萄牙人承认：他曾经认为这桩事业"是徒劳无益的事，他认为他们会找不到陆地"，因为他"知道葡萄牙国王曾一次、两次组织过这种远航，结果都徒然而返"。②

事情确实如此，在帕洛斯市凑巧住着一个年老的水手，这对哥伦布来说是一件幸事。这个水手名叫佩德罗·巴斯克斯·德·拉弗朗特拉。他1452年曾和一个名叫迭戈·德·特维的马德里人奉亨利亲王之命做过一次发现航行。巴斯克斯从亚速尔群岛的法阿尔岛向西航行，到达马尾藻海（他顺便提醒哥伦布对这个海不必怕）再折向东北，发现了亚速尔群岛最西面两个岛屿——弗洛雷斯岛和科尔瓦岛。他延伸这个航程继续寻找神秘的巴西岛并且到达了与爱尔兰克里尔角同纬度的地方。虽然心里确信自己已接近一个从未发现过的海岛，但他们还是把船只掉头走回来了。40年后，佩德罗·巴斯克斯跑来告诉哥伦布和平松"他已获得了有关印度大陆的信息"。在1535年另一个证词上说："他鼓励人们并公开告诉人们大家应该航行到那里去，到那里一定会找到一块很富饶的土地……他说这番话是在大庭广众之中公开说

---

① 《王家历史科学研究院学报》第86期，第491—497、第88期第750—753页；安赫尔·奥尔特加著作第3卷，第240页。
② 《诉讼案卷》第2卷第79、59页。

出来的。"①

这一切是多么清楚明白！这个头发灰白的舵手相信自己 40 年前确实错过一次大发现的机会，所以现在看到哥伦布准备西航大为兴奋。他同哥伦布、同平松交换意见，热心地赞佩他们的事业，协助他们在帕洛斯各集市招募新水手（当时那里没事的人麇集，像现在那样在闲荡）。一个人可以想象出他是怎样进行这种谈话的："水手们！你们就跟克里斯托弗老板签订一份雇用合同吧！他将叫你们终身富裕，我知道那里有桩大事在等待你们！"从群众当中发出的声音是："你曾经见过什么东西吗？老船长。""的确是有希望的，如果我年轻 20 岁，我一定同你们一道去。为什么不去呢？当我给堂·迭戈领航的时候，有一天我们看见了一个大岛，岛岩上金光闪烁……那是什么呢？——正待去看清时，雾气升起了。当雾气消散时，我们却找不到那个岛了。那时天气寒冷，堂·迭戈要回去看他的妻子（你们知道这是怎么一回事），所以我们错过了这次机会。但是，如果我回头 20 年，我又碰上你们这些拼命工作的人一半机运的话……"

不幸佩德罗·巴斯克斯没有活到亲眼看见自己的热情被事实证实的时候。他在哥伦布首次西航回到帕洛斯以前就被害死了。

现在，让我们来看看哪些人接受了他的劝告。经过艾丽斯·贝奇·古尔德小姐反复深入研究，使得参加首次西航发现新大陆的 90 名水手及勤杂人员中有 87 人有姓名可考，并且了解他们中间大部分人的工资和级别，还了解少数人的历史细节。有少数人的姓名是从哥伦布自己的《航海日志》里找出来的。另一些人是从后来的《诉讼案卷》中找出来的，但大部分是从西班牙档案馆或其他地方所藏工

---

① 《王家历史科学研究院学报》第 92 期，第 783—784 页。虽说这个证明是 1536 年提出来的，但毫无疑问，上面提到的这个巴斯克斯是有意义的，因为见证人佩德罗·德·阿科斯说：他原是葡萄牙国王的仆人（雇员或臣民）。参考莫里逊著《葡萄牙人的航海》第 21—26 页；巴连特的《诉讼案卷》见《王家历史科学研究院学术论文集》第 10 卷第 253—254 页；《地理杂志》第 89 期（1937 年）第 33 页译文。这就是海梅·科特萨所依据的故事，他把开拓者的航程改为由东北到西北，以证明巴斯克斯和德·特维到达了纽芬兰的大浅滩。

饷表中查出来的，因为西航人员的工饷是由王家支付的。①

"圣玛利亚"号失事后有39人留在纳维达德。这个数字差不多相当于失事船只的船员人数，虽然有一些守备人员是从"尼尼亚"号调来的，但也从"圣玛利亚"号上调出了同数目的水手去接替他们。其余51人中过半数是属于"平塔"号的。②我们已知姓名的87人中除哥伦布外只有4人不是西班牙人。这4人为葡萄牙塔维拉的胡安·阿里亚斯、热那亚的雅科姆·耶尔·里科、安东·卡拉布雷斯（大概是卡拉布里亚人）和胡安·韦康诺（大概是威尼斯人）。说每个民族都有一个人参加这支船队，这个说法曾使英国人和爱尔兰人的民族自豪感得到充分满足，但事实上并没有一个英国人或爱尔兰人或其他北欧人参加这次西航。③

王室有令对一些和哥伦布签订应募合同的海员的所有民事刑事诉讼案件均暂停执行。这件事引起一种传说（喋喋不休达到了令人作呕的地步），说海洋统帅手下的船员是由一些亡命之徒：罪犯和囚犯组成的。事实的真相是：在哥伦布来到帕洛斯前不久，当地一个名叫巴托洛梅·德·托雷斯的人在一次争吵斗殴中犯了杀人罪，被判处死刑。在等待执行期间，他的三个朋友阿隆索·克拉维霍、胡安·德·莫格尔和佩德罗·伊斯基多尔把他从监牢中营救出来。根据卡斯蒂利亚一种奇怪的法律，这三个人也判处死刑。四人在尚未被逮捕判刑期间遵照

---

① 艾丽丝·古尔德·昆西著《1492年哥伦的已知船员新名册》，载《王家历史科学研究院学报》第85（1924）—92期（1928年）分期连载。她对资料来源的叙述，数目的讨论和姓名总册都载ZXXXV第1号第34—49页；第2号第145—159页。在第85期第353页上开始刊载船员人名索引，索引按教名依西班牙语字母次序排列，但这张表已通过佩德罗·德·莱佩发表过（第42期795页）。古尔德小姐现正在完成这项工作，有独创性的哥伦布研究中最重要部分至本世纪仍在进行。

② BRAHLXXXV第152—153页。总人数为90，是费迪南德和拉斯·卡萨斯讲的，奥维多说是120人。

③ BRAHLXXXV第34—35页。这个说法始于登在纳瓦雷特著作第2卷第18—20页上的一张死在西印度群岛的40人名单。他们的后嗣于1511年得到了王家的抚恤金。这个名单中含"吉列尔莫·伊雷斯：爱尔兰加尔内人"和"塔拉尔特·德·拉赫斯：英吉利人"。纳瓦雷特设想这是在纳维达德被土人杀死的死者名单，但这40个人没有一个参加了首次西航。吉列尔莫和塔拉尔特一定是后来到达西印度群岛的。

王室规定应募跟哥伦布西航。在西航归来后,四人都获得赦罪处理,"因为你们冒着生命危险为我们服务,你们经历了许多艰难困苦,跟海洋统帅堂·克里斯托弗去发现西印度群岛。"甚至还可以说这四个人都不是普通意义的囚犯,他们中间至少有三个人做了好事变成了好人。巴托洛梅·德·托雷斯在第二次西航中在船上充任弓箭手,胡安·德·莫格尔在哥伦布指挥船上当二等水手,胡安后来还在阿瓜多手下当舵手。①

除少数外国人、一个穆尔西亚人和十个北方人(他们大概是"圣玛利亚"号原有的水手)以外,哥伦布手下所有船员或者来自尼勃拉地区的几个市镇或乡村(帕洛斯、莫格尔、韦尔瓦、莱佩),或者来自安达卢西亚其他几个市镇如加的斯、塞尔维亚、科尔多瓦、赫雷斯、圣玛利亚港。除尼尼奥、金特罗和平松三个家族外,至少还有三个家族集团:"平塔"号上的吉尔·佩雷斯和他的侄子阿尔瓦罗,"尼尼亚"号上的佩德罗·阿拉埃斯和他的儿子胡安,"平塔"号上的梅德尔兄弟。哥伦布船队的船员远不是由罪犯、凶手和亡命之徒构成的,而是由当地青少年和他们的邻人以及附近海港的朋友组成的。这个船队正是我们新英格兰所叫惯了的"家乡船队"。他们无疑代表着航海人民的精华。他们是一批积极肯干的青年水手,是事业的新奇性和发财致富的希望激发了他们的运动家的精神的。除开害怕航程太远这点可以原谅的心理外,他们在统帅指挥之下表现都很好。那些被留在纳维达德的人虽然因表现恶劣引起土人仇恨以致全遭杀身之祸,但即使如此,他们的行为大概也不会比任何一批水手在这种情况下所做出来的更坏。总而言之,我认为哥伦布手下这些海员都是些"好小伙子",勇敢、能干、对自己的指挥人忠诚不贰。除非是真正的水手,谁也不能驾驶"尼尼亚"号和"平塔"号平安回国。他们中间相当一

---

① 古尔德小姐在 BRAH LXXXV 第 358、375 页和 LXXXVIII 第 723—729 页上谈了细节并印了赦书原文。她认为胡安·德·莫格尔曾逃到了加那利群岛并在那里被逮捕。

部分人以在哥伦布以后几次航海中始终追随他而闻名于世。

西航人员每月工资总额是 250、180 马拉维迪，但除预付工资以外这些工资都允许储蓄起来到他们返航回来后一次付清。① 船长和舵手每月 2 000 马拉维迪、一级水手 1 000 马拉维迪，见习水手（索环工、新水手或练习生）666 马拉维迪一月或 22 马拉维迪一天。② 这是长途航行的普通工资，4 月 30 日的王家命令曾做过详细的说明。哥伦布 1502—1504 年在第四次西航中确实是照同样工资标准支付工资的。

这几个数目按现代货币说值多少钱是难以说清楚的。1 000 马拉维迪如果用黄金支付（因为这些人似乎拿过黄金）相当于 1934 年以前的 6.95 金元。如果用白银支付，它们只值一半。③ 不管你用什么方法去计算它，1 马拉维迪都少于硬币 1 分，但它的购买力却大得多。王家规定，海军一个水手的每日工资为 12 马拉维迪。1493 年 1 蒲式耳小麦值 73 马拉维迪。桑丘·潘萨从堂·吉河德那里得到的工资是 1 天 26 马拉维迪，膳宿自理，比哥伦布的见习水手略高一些。

对这些海员不供给衣服，在航行后支付工资时也不扣除若干制作"工作服"费用。当时海员一般是有什么就穿什么。唯一出色的海员外衣是一件带头兜的罩衫或风雪大衣，所戴便帽是一顶红色的绒线帽，它与今天葡萄牙渔人戴的便帽相似。人人都赤脚走路，让胡须尽量地长，因为船上没有修面工具。④

从船首谈到后瞭望哨，哥伦布船上的职员有船长、驾长⑤和舵手（在发现时代西班牙所有船只上都是这个样子）。船长是指挥官，对船

---

① BRAH XCII 第 779 页。有些被害者的亲人，到 1511 年尚未领到工资（LXXXVI 第 530—531 页）。

② BRAH XCII 第 779 页和 LXXXV 第 363—365 页，在有些情况下数目略有出入，因为他们的工资或者以金"多乌拉"（合 365 马拉维迪）支付，或者用杜卡特（合 375 马拉维迪）支付。

③ 参考本书前面的"哥伦布时代的西班牙硬币及其折算表"，此表根据德·西莫尼的专题著作编成，这个著作载《文件和研究全集》第 2 辑第 3 卷第 124 页和撒切尔著作第 1 卷第 481—490 页。

④ 费尔南德斯·杜罗著《"圣玛利亚"号》第 89—92 页；纪廉著《"圣玛利亚"号轻快帆船》第 148 页，指出胡安·德·拉科萨地图上的风向是由船员戴的帽子表示。

⑤ 英汉辞典上 captain 和 master 都译船长，这里照我国船上称呼把后者译驾长。——译者

上每一个人和每一件事负责。哥伦布除担任"圣玛利亚"号的船长外,还担任整个船队的总船长。加西亚·帕拉西亚在1587年发表的第一部西班牙航海手册,说船长应该是一个优秀的基督教徒,"很敬畏上帝",具备一切男子汉的气概、品德,性情开朗能使同事愉快满意,热情地关心每个职工尽忠职责,更重要的是事事提高警惕,确保航行安全。他无须把自己变成一名水手,因为还有驾长在及时指挥全体船员,对行船、载货、船只管理和停泊负完全责任。驾长的首要条件是他必须是一个优秀的水手。①

一条船的所有人当他把船只租给王国政府或私人的时候,他照例就担任该船的驾长。因此,"尼尼亚"号的所有人胡安·尼尼奥也就是他这条船的驾长。哥伦布兼任"圣玛利亚"号的船长而他的副手就是该船的主人胡安·德·拉科萨。但是,马丁·阿隆索·平松却把他的弟弟弗朗西斯科作为"平塔"号的驾长,而把该船主人克里斯托瓦尔·金特罗任命为一级水手。

"圣玛利亚"号的驾长胡安·德·拉科萨通常被误认为就是绘制著名世界地图和后来开发西班牙美因地区的胡安·德·拉科萨。其实,他们是完全不同的两个人。这种混淆是自然的,因为两人原来都是巴斯克人,一个住在名叫圣玛利亚港的圣托尼亚行政区或教区,另一个把他的住处移到加的斯湾一个名叫圣玛利亚港的小镇。参加首次西航的胡安·德·拉科萨当他的船只搁浅时曾因自己表现不好而蒙耻含羞,以后再未见统帅谈到他。地图绘制家胡安·德·拉科萨于1493年以一级水手资格乘"尼尼亚"号与哥伦布一道做古巴航行。当第二次西航在行进中时,第一个胡安·德·拉科萨在西班牙另外得到一条船。他请求王国政府允许他从安达卢西亚运200卡伊斯②小麦去吉

---

① 加西亚·帕拉西奥著《航海指南》第111、112页。
② 干量单位,合666升。

普斯夸。费迪南德和伊莎贝拉显然因为他已在西印度群岛损失了自己的船只，① 所以在1494年2月28日批准授予他这个权利。这时第二个胡安·德·拉科萨已到了伊斯帕尼奥拉岛。

当时西班牙船上的舵手相当于今天英、美两国船上的大副，次于驾长，指挥全船船员，还负责领航、推算船舶位置并将每日船舶位置和行进路程记录在海图上。加西亚·帕拉西奥说这个职员应有相当的年纪和相当丰富的经验、警惕性高、善于预测天气、知道如何缩帆并熟悉天文学知识。② 哥伦布的舵手都是忠诚的好人。在海外航行方面，"圣玛利亚"号的舵手佩拉隆索·尼尼奥领航工作比统帅做得更准确，但是没有人知道天体导航法，在返航途中哥伦布仅仅根据测程器和罗盘也能够较好地推算船位。克里斯托瓦尔·加西亚·萨米恩托（或哈尔米恩托）驾驶"平塔"号，桑乔·鲁伊斯·德·伽马驾驶"尼尼亚"号。巴托洛梅·罗尔丹也在"尼尼亚"号上面"找罗经点"。他和萨米恩托参加了第二次西航，罗尔丹还参加第三次西航并且和阿瓜多、霍赫达、莱佩一道航过海。最后他定居下来变成圣多明各的一位绅士。舵手每月工资2000马拉维迪，为水手的两倍，和驾长的工资相同。③

---

① 纳瓦雷特著《西班牙海洋丛书》(*Biblioteca Maritima Española*)（马德里，1851年第2卷第208—209页）。头一个胡安·德·拉科萨的最后踪迹是女王在1496年3月25日给他一道诏书，诏令说因他的服务而付给他的薪金将付到他死亡时为止（纳瓦雷特选集第3卷第77页）。不过纳瓦雷特和其他每一位西班牙作家都混淆了这两个胡安·德·拉科萨。贾斯廷·温泽第一个指出这位船主兼驾长和那位地图绘制者是两个不同的人。在《诉讼案卷》中还有许多涉及地图绘制者的资料证明同一件事情。这些资料见该案卷第1卷第380、382、406、411页；第2卷第51、106、108、135页。当问到地图绘制者兼开拓者胡安·德·拉科萨的时候，所有证人都说他首次是跟哥伦布参加第二次西航的。在其他证人中胡安·希尔（第1卷第406页）曾听说他承认他所知道的有关"海洋事物"的一切都是从哥伦布那里学来的。再者，参加首次西航的加西亚·弗兰德斯曾发誓证明，他不认识地图绘制者胡安·德·拉科萨（第2卷第158页）。此外根据下面两点也可以看清这件事情：一、如果说两个拉·科萨是一个人，那么试问：一、一个西班牙人在第一次西航中在指挥船上任驾长会愿意在第二次西航中到一只小船上去当水手吗？二、在胡安·德·拉科萨的著名地图上对巴哈马群岛的位置画得这样不准确。这就证明这位绘图的胡安·德·拉科萨从未到过这个群岛，也就是说他不曾参加第一次西航，参加第一次西航的是另一个胡安·德·拉科萨。

② 《航海指南》第112页。关于抱怨舵手的疏忽可参看哥伦布怎样航海一章。

③ BRAH LXXXV 第370—374页、LXXXVI 第498—499页。古尔德小姐认为佩拉隆索·尼尼奥和桑乔·鲁伊斯是在"平塔"号上，但是刚刚着陆前舵手们的谈话（引述在下面）却说明前者是在"圣玛利亚"号上，并且如果鲁易斯不在"尼尼亚"号上，"尼尼亚"号上除业余爱好者罗尔丹以外就没有舵手。

除船上的职员、水手以外，还有许多未出过海的人在船队里担负特别任务。路易斯·德·托雷斯是一个改变了信仰的犹太人，因为他懂希伯来语和一点阿拉伯语，所以请他在船队里当翻译。当时一般人都认为阿拉伯语是一切语言的母语，所以希望托雷斯能想方设法和大汗及其他东方统治者交谈。迭戈·德·哈拉纳是哥伦布在科尔多瓦居住时一位女房东的堂兄弟，他充当船队的保安和消防主任参加西航。到 17 世纪英国船舶上也设置了这个职位。约翰·史密斯上校说过：[188]"负责保安和消防的职责是惩办犯罪的人，按照驾驶规程进行讯问。例如，让帆桁端点水、硬拖浅水船只、在他跟前把一桶沙砾捆在主桅上、在船头两侧放杂物。"① 迭戈·德·哈拉纳坐的是"圣玛利亚"号，"平塔"号和"尼尼亚"号上都各有自己的负责保安和消防的。

罗德里戈·德·埃斯科韦多是船队的秘书，除保管航海日志以外无事可做，但在哥伦布以国王名义宣布占有任何一个海岛时都要由他做详细记录。如果碰到印第安人能读能写时大概也得叫他去写交际信件。

两位王家官员待在"圣玛利亚"号上。罗德里戈·桑切斯·德·塞戈维亚是王室库房监督，负责检查船队开支，负责王室所应得的一份黄金和宝石。佩德罗·古铁雷斯被称作国王餐厅保管员。他似乎是一个志愿参加的绅士，因为哥伦布已有一个私人管家（即佩德罗·德·特雷罗斯，他在后来一次西航中指挥一条轻快帆船）和一个小听差。

每条船上都带了一个外科医师。"圣玛利亚"号上的医师为马埃斯特雷·胡安·桑切斯。他属于科尔多瓦市哈拉纳家的那个朋友圈子。莫格尔的马埃斯特雷·阿隆索负责照顾"尼尼亚"号，马埃斯特雷·迭戈照顾"平塔"号。船队里健康人多，所以他们要做的事非常

---

① 参考《海事入门》(*Sea Grammar*, 1627) 第 35 页；马克列霍斯版，史密斯著《通史》第 2 卷第 259 页。

少，以致前两人曾被批准留在纳维达德。为了报答阿隆索的服务，王室曾给他的后嗣支付了 11 688 马拉维迪。①

在"圣玛利亚"号这些低级职员和水手中有 9 个北方人（巴斯克人和加利西亚人），这大概是该船原有职工能够被劝说留下的仅有人数。他们在胡安·德·拉科萨领导下形成一个小集团，其中 5 个人（大都是接替安达卢西亚人的）被选中留在纳维达德。"圣玛利亚"号的水手长查丘是这帮人的头目。当时这个水手长和现在一样专门掌管索具，其职责的细目是引导船员执行驾长或舵手的命令、指挥装载货物、检查桅柱和帆桁的牢固程度和索具的磨损情况、检查绳索在海上是否干燥、检查一卷卷活动索具是否收拾得好、唧筒是否保持清洁、灶火是否晚晚熄灭、僚船是否装配完善并保持清洁、下碇时是否注意防止鼠咬帆、索②。他在船上必须是一个最忙的人。胡安·金特罗这位陪同哥伦布经历四次西航的船主职位与查丘相同，但在"平塔"号上工作。巴托洛梅·加西亚则是"尼尼亚"号的水手长。这两个人每月工资都是 1 500 马拉维迪，查丘的略微高一点③——他有额外津贴，说是让他安心在这条船上工作。即使是现在，找一个好水手长比找一个船长要困难一些。

伙食管理员或乘务员是另一种低级职员。他对船上所需水、酒、食物、柴火以及某些零星物品如蜡烛之类负完全责任。他要准备灯盏，要照管灶火，也要检查见习水手学会收拾罗盘仪，遇到沙漏计翻转和值班人换班时还要唱几支小曲。④ 加西亚·费尔南德斯是"平

---

① BRAH LXXXV 第 355—358 页、LXXXVII 第 53—57 页；约瑟·德·拉托雷同前书第 35、38—39、78 页。马埃斯特雷·迭戈这个人在 11 月 5 日哥伦布的《航海日志》里被提到过，他可能只是个药剂师，甚至只是一个草药采集者（LXXXVI 第 504 页），但马埃斯特雷或巴奇列尔却是跟着他学而有了医师的普通头衔。
② 《航海指南》第 113、115 页。
③ BRAH LXXXV 第 370 页、LXXXVI 第 501—503 页、LXXXVIII 第 750—753 页。在"圣玛利亚"号上另一个北方人多明戈·德·莱克蒂奥平常支水手长工资，但照规定并不如此，也许他是查丘手下的保管员（水手长的助手）。LXXXVI 第 522—523 页。
④ 《航海指南》第 115—116 页，说乘务员应当是一个饮食有节的人。

塔"号的乘务员，其他两船乘务员的姓名我们不知道。

在水手长和乘务员下面还有一批称为工匠的小职工。他们拿一级水手的工资，但担负特殊职务，如木匠、桶匠和捻缝工。木匠的任务和现时相同。捻缝工除负责填塞船体缝隙以外还负责排水并检查舱面、船体侧面和船底（当船体倾倒一侧时）有无缝隙，如有缝隙则用树脂和兽脂填补。他还要督促索环工利用工余时间制造填补船缝的材料并禁止他们爬船桅船索做无谓游戏。桶匠"要留意木桶、桶箍和细木料，要修补木桶、吊桶、罐头桶、直管、导管及其他大小水桶以便贮藏葡萄酒，饮用水或其他液体"。[①]"平塔"号上还有画匠一人。"圣玛利亚"号有一索环工享有银匠、金属化验员、黄金淘洗者等漂亮称号。它上面还有一名船员能做衣服，因而被称为成衣匠。

现在我们可以为每条船开一张船员名单。名单中打星号的是指后来留在纳维达德再没有回西班牙的船员。罗马数字指他们后来还参加过哥伦布哪一次西航[②]。

"圣玛利亚"号

克里斯托弗·哥伦布	船长
胡安·德·拉科萨	船主兼驾长
佩拉隆索·尼尼奥	舵手
*迭戈·德·哈拉纳	舰队保安和消防主任
*罗德里戈·德·埃斯科韦多	秘书
*佩德罗·古铁雷斯	国王餐厅保管员
罗德里戈·桑切斯·德·塞戈维亚	库房监督
*路易斯·德·托雷斯	翻译

---

① 约翰·史密斯《海事入门》第36页。
② 这里我只插入被古尔德小姐放过的几个名字，不过在把船员列入哪号船上我有几处同她意见不一致或者走得更远。例如，我设想四个"犯人"都在"圣玛利亚"号上，因为在《诉讼案卷》里有一个证人讲过：他们是唯一由哥伦布亲自招募的几个人。马丁·德乌图维亚阿是个北方人，所以我把他列入"圣玛利亚"号；还因为他向克里托瓦尔·卡罗和迭戈·莱阿尔借过钱，他们必定是他的同事。多余的索环工就按照加西亚·帕拉西奥他们要占水手三分之二的原则分配在三条船上。应该记住，古尔德小姐还没有发表其中大约十二人的简介，所以在把哪些船员列入哪条船这个问题上容许大有商谈余地。

*马埃斯特雷·胡安·桑切斯	外科医师	
*查丘	水手长	
*多明戈·德·莱格蒂奥	水手长的助手	
*安东尼奥·德·奎利亚尔	木匠（？）	
*多明戈·比斯凯诺	一级水手、桶匠	
*洛佩	一级水手、捻缝工	
*胡安·德·梅迪纳	一级水手、成衣匠	
*迭戈·佩雷斯	一级水手、油漆工	
巴托洛梅·比韦斯	一级水手	
阿隆索·克拉维霍	一级水手	
*冈萨洛·佛朗哥	一级水手	
胡安·马蒂内斯·德·阿科克	一级水手	
胡安·德·莫格尔	一级水手，Ⅱ	
胡安·德拉·普拉卡	一级水手	
胡安·路易斯·德·拉培尼亚	一级水手	
巴托洛梅·德·托雷斯	一级水手，Ⅱ	
胡安·德·塞雷斯	一级水手，Ⅱ	
罗德里戈·德·塞雷斯	一级水手	
佩德罗·伊斯基埃尔多·德·莱佩	一级水手	
191 克里斯托瓦尔·卡罗	银匠兼索环工　Ⅱ	
迭戈·贝穆德斯	索环工　Ⅲ	
阿隆索·乔塞罗	索环工	
罗德里戈·加列戈	索环工	
迭戈·莱亚尔	索环工　Ⅱ	
*佩德罗·德·莱佩	索环工	
*哈科梅·埃尔·里科（热那亚人）	索环工	
*马丁·德·乌图韦亚	索环工	
安德烈斯·德·耶文斯	索环工	
胡安	索环工	
佩德罗·德·特雷罗斯	船长的服务员　Ⅱ、Ⅲ、Ⅳ	
佩德罗·德·萨尔塞多	船长的听差　ⅡⅢ	

"平塔"号

马丁·阿隆索·平松	船长	
克·金特罗	船主、一级水手　Ⅲ	

弗·马丁·平松	驾长
克·加西亚·萨米恩托	舵手，Ⅱ
胡安·雷纳尔	保安、消防主任，Ⅱ
马埃斯特雷·迭戈	外科医师或药剂师
加西亚·费尔南德斯	乘务员
胡安·金特罗·德·阿尔格鲁塔	水手长　Ⅱ、Ⅲ、Ⅳ
安东·卡拉夫雷斯	一级水手，Ⅱ
弗·加西亚·巴列霍	一级水手
阿·佩雷斯	一级水手
希尔或古铁雷·佩雷斯	一级水手
迭戈·马丁·平松	一级水手，Ⅲ
桑乔·德·拉马	一级水手
戈梅斯·拉斯孔	一级水手
胡安·罗德里格斯·贝尔梅霍（即罗德里戈·德·特里亚纳）	一级水手
胡安·贝卡诺	一级水手
胡安·贝·德·特里亚纳	一级水手，Ⅱ
佩德罗·德·阿科斯	索环工
胡安·阿里阿斯	索环工
费尔南多·梅德尔	索环工
弗朗西斯科·梅德尔	索环工
阿隆索·德·帕洛斯	索环工，Ⅱ
胡安·夸德拉多	索环工
佩德罗·特格罗	索环工
贝尔纳尔	索环工兼船长听差

"尼尼亚"号

比森特·亚涅斯·平松	船长
胡安·尼尼奥	船主兼驾长，Ⅱ
桑乔·鲁伊斯·德·伽马	舵手
*马埃斯特雷·阿隆索	外科医师
*迭戈·洛伦索	保安和消防主任
巴托洛梅·加西亚	水手长，Ⅱ，Ⅳ
*阿隆索·德·莫拉莱斯	木匠
胡安·阿拉埃斯	一级水手，Ⅱ
佩德罗·阿拉斯	一级水手

192

路易·加西亚	一级水手
罗德里戈·蒙格	一级水手
巴托洛梅·罗尔丹	一级水手，Ⅲ，可能Ⅱ
胡安·罗梅罗	一级水手
佩·桑·德·蒙蒂利亚	一级水手
佩·德·比利亚	一级水手
加西亚·阿隆索	索环工，Ⅱ
*安·德·韦尔瓦	索环工
*弗·德·韦尔瓦	索环工
弗·尼尼奥	索环工，Ⅱ
佩德罗·德·索里亚	索环工
费·德·特里亚纳	索环工
米格尔·德·索里亚	索环工，船长听差

总计

"圣玛利亚"号	39人
"平塔"号	26人
"尼尼亚"号	22人
三船合计	87人

193　　还要说明，"圣玛利亚"号和"尼尼亚"号各需增加乘务员一名，"尼尼亚"号则更需补充一级水手一名才能开航。这就使得总人数达到了90人。①

按照当时标准，一般而论，为了发现和开拓，这支船队已经是一个非同寻常的组织完备的船队了。船队里除开王家的库房监督、秘书和译员外没有"闲人"，即使是秘书和译员在哥伦布接待某一位中国长官时还是有用的。流行的插图上常常画着一个佩长矛戴头盔的武士在"圣玛利亚"号上面高视阔步地来回走动，那显然是一名海船卫

---

① 承认拉斯·卡萨斯和费迪南德的意见，总人数为90人，古尔德小姐相信这个数目是正确的（BRAH LXXXV第152—153页）。她注意到《诉讼案卷》中及其他地方有些自称上过船的人或被他人列入船队名单的人，但她没有把这些人加入名单中，因为经查证这些人并没有参加过第一次西航。这些人是：胡安·贝穆德斯、佩德罗·毕尔巴鄂、巴托洛梅·科林、鲁易·费尔南德斯、吉列尔莫、伊雷斯、塔拉尔特·德·拉赫斯、佩德罗·德·莱德斯马、埃尔南、佩雷斯、马特奥斯和胡安·德·翁布里亚。

士，但是哥伦布在这次西航中并没有带卫士上船，甚至连炮手或弓箭手也没有。他装备船队的目的不是为战斗或征服，而仅仅为了一件事情，即发现新地区。这三条轻快帆船带的给养至少可维持一年。这使人想起哥伦布预计是以比这个更短的时间回国。① 他不打算像巴塞洛缪·迪亚士那样去南非做长期航行。

哥伦布装备船只出航也不是为了传教，他这次西航并没有带教士去美洲。一些虔诚崇奉宗教的人担心缺乏教士，曾试图捏造一个。怀疑论者轻蔑地指出这个疏忽，把它作为哥伦布动机不真诚的证据。但是在一次以发现为目的航行中一定没有机会传教。自从圣保罗航海以来，教士在船上从来不是受欢迎的人。如我们将要看到的，海员们自己也完全能够做祷告，甚至举行礼拜仪式。万一遇到意外事件，他们的航前告诫和忏悔就有效了。卡蒙斯常常认为葡萄牙人负有传教使命，而葡萄牙人在他们的开拓航行中却从来不带一个教士，只在一次接一次继续航行时才有教士参加。要使异教徒改变信仰，你至少要有一只脚上了岸②。

哥伦布在他的著作中不止一次地谈到一个灾难性的活动在他准备西航时同时进行。它一定有点儿妨碍他的努力并延缓他的启程。这就是指驱逐犹太人离开西班牙这件事。就在与哥伦布订立协议前一月，1492年3月30日，费迪南德和伊莎贝拉签署一道灾难性的法令，规定犹太人在4个月内要么接受基督教洗礼，要么离开他们无数同胞多少世纪以来生息于此并曾对它的智力生活做出远远超过他们人数的巨大贡献的国家。当哥伦布从格拉纳达到帕洛斯去的时候，他必定在路上亲眼看见了这种伤心惨目的景象，和今天在欧洲复现的现代盲信狂

---

① 哥伦布留下足供一年食用的"面包和饼干"给纳维达德的守卫人员（1493年1月2日《航海日志》）。船队出来已四月，给守卫人员的一年粮食一部分是从"尼尼亚"号的储备粮中分出来的。当他向堂·若奥二世申请时他只要求六个月的粮食，如果巴罗讲的是对的话。

② 安赫尔·奥尔特加著《拉拉维达》第2卷第188—190页；E. 沃德·洛林的论文载《天主教历史评论》(*Catholic Historical Review*) (1930) XV第164—170页；《卢济塔尼亚人之歌》vii 第25页。

一模一样。一群群的犹太难民卖掉自己多年辛苦积成的微薄财物，蚁集在通向海洋的道路上。他们牵着驴车、车上堆满可以带走的家用什物，徒步行进。一些犹太教士念着《圣经》经文，另一些敲起小鼓吹着管乐奏起传统的赞歌，企图振作这些难民的精神，但是一方面因为大家都伤心掉泪，另一方面因为有些老人和病人死在路旁田野里，这终归是一支令人伤感的队伍。当他们抵达圣玛利亚港时，因为是首次看见海洋，这些犹太人就高声大叫并开始祈祷，希望耶和华辟开海浪引导他们不湿脚地走到某一个新的希望之乡去。他们露宿在自己就近能够找到的空间地方或者麇集在较富犹太人租赁的船舶上，无望地在等候离境命令。最后，双王命令下来，规定每只装运犹太人的船只都必须在1492年8月2日离港。这个日子正是哥伦布从帕洛斯开航的前一日①。也许这就是哥伦布要等到8月3日才开航的原因。但即使如此，他也无法避免同这些多余的伴侣同行。60年后，一个老人在危地马拉宣誓做证，说他曾经是这次大迁徙中一条船上的索环工，那条船和哥伦布的船队一道趁同一落潮顺萨尔季斯河而下；由于奇怪的巧合，当他的船在黎凡特地区卸下那批遭受苦难的人之后回到西班牙北部时碰上大发现归来的"平塔"号，两船打招呼他从而听到一个消息说是到适当时候，将给这个受迫害的民族创造新生活。②

为了使他们的船员上船和使他们的船只出海，哥伦布和平松兄弟不得不克服许多困难，可是关于怎样克服困难的详情细节却没有记录留存下来，一切都在航海本身的非凡利益中淹没了。传说靠近帕洛斯圣乔治教堂有一眼泉水井，一条罗马导水管把它和山上的甜水源连接起来，哥伦布船队上的水桶就是在那里灌满饮水的。最后一件事情就是每一个水手和见习水手都必须忏悔罪过接受赦免并进圣餐。第一位

---

① 安德烈斯·贝纳尔德斯著《教皇史》(*Historia de las Reyes Catolicos*) 第112章；萨尔瓦多·德·马达里加著《克里斯托弗·哥伦布》(1940年) 第188—189、196页。
② 胡安·德·阿拉贡的诉讼案，1552年 (BRAH LXXXVIII 第734—735页)。

写印度历史的史学家写道:"哥伦布在举行过他的忏悔仪式后,就在他下海的这一天接受最神圣的圣餐,然后以耶稣的名义下令船队(三艘装备完善的轻快帆船)启程,离开帕洛斯港,顺萨尔季斯河进入海洋,开始第一次西航并发现了印度群岛。"[1]

---

[1] 奥维多著作第5章(第1卷第21页)。

第十一章　开航

1492年8月3日—9月9日

> 甚至可以说，在你启程的日子，海岛都必战兢。
> ——《以西结书》，第20章，18节

哥伦布开始写他的《首次西航和发现印度之书》①。这部书通常被称为《哥伦布首次西航的航海日志》，书前并写有一篇表现统帅本人以及他那个时代的特征的序言——

以我们的圣父耶稣基督的名义

最富于基督精神的、极其高贵、杰出和伟大的两位君主，西班牙以及海中列岛的双王，我们的君王和王后，由于在1492年这个时刻，与曾统治着欧洲的摩尔人的战争有了一个结局，即在格拉纳达这个极其伟大的城市结束了这次战争之后，我于本年1月2日，看见两位陛下的王室旗标随着军威所至，高悬于阿兰布拉（上述城市的城堡）的城楼上。我看到摩尔人的国王自该城出迎，亲吻两位陛下和王子、我们的君主的高贵之手。不久，在同一月里，我写给陛下的有关印度地区、据称有一位"大汗"在统治着的国家的报告即得到了恩准。这个"大汗"照我们本地语言的意思是"众王之王"。他和他的祖先曾多次派遣使者到罗马，聘请

---

①　这是哥伦布本人给他的航海日志题的书名，这个书名在1492年10月12日他的日志正文里出现过，并在《西印度群岛的历史》（简写本）第67章（1927年，第1卷第305页）出现过。

第十一章 开航

我们圣教的博士,前往给他传教;① 但教皇却从未允诺,因而使极多人众陷入偶像崇拜,并接受沉沦地狱之邪说。

于是,两位陛下,作为虔诚信奉神圣的基督教并致力为其传播的天主教徒和君主,作为穆罕默德教派与一切其他偶像崇拜和异端邪说的仇敌,决意派遣我,克里斯托弗·哥伦布前往上述印度地区,谒见那里诸位君主,访查各地的风土人情,旨在使他们皈依我们神圣的宗教;您命令我不依通常途径取旱道东行,而取水道西航;时至今日,我们还不能确知这西行水道是否曾有人行走过。

因此,在犹太人从您的王国版图上被驱逐殆尽之后,在同一个月里,陛下命我率领一支装备精良的船队前往上述印度地区,并恩允事成之后给我很多奖赏,给我晋爵,使我能以贵族头衔称呼自己,使我成为海洋统帅,成为我在海洋中所发现并占领的一切岛屿及陆地,或以后可能发现并占领的岛屿及陆地的副王和终身总督,并答应我的这些权利和职衔将来可由我的长子继承,世袭罔替。

于是我在同年(1492年)5月12日(星期六)离开格拉纳达,来到帕洛斯镇这个港口。为了这桩事业我在该镇征集并装配好了三艘下海所用的船只。在给船只补足给养和配备好水手后,我于同年8月3日(星期五)在太阳升起前一个半小时,离开了帕洛斯,朝两位陛下的加那利群岛驶去。该岛位于上述海洋中,我就从那里开航向西航行直至抵达印度,并将两位陛下的国书送给那里的君主,从而完成两位陛下交给我的使命。

为此,我打算极其详细地逐日记下这次航行中我之所见所为和所遇。这些在下文即能见到。双王陛下:除了每日夜晚详记白天所发生的一切,以及在白天详记夜晚行船的一切情况之外,我还打算绘制一份新的航海图。我要把整个海洋以及海洋中的陆地,按其适当位置及方向绘在图上,然后汇编成册。我还要将这

---

① 这段语言与托斯卡内利给他的信中的语言口气相似。

些地方如实地标出其北纬和西经的度数。此外,更加重要的是我在这次航行中就夜以继日地勤奋工作,因为这是必要的。所有这一切工作都是伟大的工作。

历史上一切航海日志中最详细、最有趣和最迷人的一部航海日志就是这样开头的。而且我们所得到的有关发现美洲大陆的原始资料大约98%都来源于这部日志。哥伦布的《航海日志》虽然远胜一般的航海日志,但为了尊重长期习惯,以后我将继续这样称呼它。它的内容不但包括航海家在航海过程中的"日常工作"(自然,指驾驶工作)、船队航行的距离、在海上所看到的物体和所发现的陆地,而且花很长的篇幅描叙了所见各地的风土人情、动、植物概况,以及统帅本人对这些地方、对未来在这些地方建立殖民地的政策和其他许多事情的印象和结论。

哥伦布《航海日志》的原始手稿失踪已久。当年哥伦布亲自把它交给或者献给了驻跸在巴塞罗那的双王①,它在那里无疑已存入老是搬动的王家档案馆里,以后在某一个动乱的日子里被遗失或丢弃了。幸而在《航海日志》送至巴塞罗那后不久,就有人把它完整地抄写了一份或多份。有一个抄本归拉斯·卡萨斯所有。他按自己的用途摘录日志,一长段一长段地抄录原文。费迪南德·哥伦布在写《历史》时曾用过同一抄本或另一个抄本。他在这部书中直接引用《航海日志》原文时保存了拉斯·卡萨斯只做摘录的某些部分;这就证明主教对《航海日志》所做的摘录是可信的和令人满意的。拉斯·卡萨斯亲手摘录的哥伦布《航海日志》现仍然保存在马德里的国家图书馆里。它是我们今天仅有的原本②。

---

① 古尔德小姐论证的结果,见《王家历史科学院学报》第88期第761—762页。
② 参考塞·埃·莫里森著《哥伦布首次西航航海日志的原文和译文》,见《西班牙美洲历史评论》第19期(1939年)第235—261页。《航海日志》摘录本的一个新版本连同我自己的译文即将出版,它根据《文件和研究全集》第1辑第1卷中一个最佳印件印制,并照原本逐字逐句校对过。这个原文和译文统统收在《〈航海日志〉和其他文件》一书中。

第十一章 开航

拉斯·卡萨斯所摘录的《航海日志》一直是一切见解奇特的作家们的攻击目标。这些作家中间包含那些妄称哥伦布从未探寻过"印度群岛"的人、那些鼓吹是别人首先发现这些岛屿或者说他以前曾用化名到过那里的人、那些坚持说发现家哥伦不是热那亚人哥伦布的人、那些热望为马丁·阿隆索·平松增光的西班牙爱国主义分子、那些硬说哥伦布蓄意隐瞒了他在冰岛所获重要信息的斯堪的那维亚人。所有这些人以及其他议论甚至更加粗野、硬要证明《航海日志》摘录本内容十分荒谬的人，定会千方百计竭尽全力诋毁这个文献。其中特别要提到维尼奥和卡维亚俩人。为了要证实他们所谓一个名叫克里斯托弗·哥伦布的热那亚人于1492年12月12日发现美洲的传说是一个被戳穿了的谎言，他们两人竟向法庭起诉说《航海日志》摘录本已被拉斯·卡萨斯或费迪南德或其他什么人删节、窜改、歪曲甚至重写过了。

抄写《航海日志》的人犯有通病，例如都将"西方"写成了"东方"，对这一点，人们只要将哥伦布船队的航线在图上标出就可以看出。拉斯·卡萨斯在摘录过程中无疑省略了某些我们希望了解的哥伦布船队的航海细节，并添上一些他自己的无聊议论，这是容易看出来的。但是以此来控告他或别人窜改了哥伦布的《航海日志》却是错误的。参加哈佛哥伦布远征考察队的同事们和我对《航海日志》的研究大概要算最深刻的了（从未这样深刻研究过），我们还将做更深入的研究。我们说，这部文献里关于航行方位、航程和观察结果记得这么精确，如果不是海员，就没有哪个人能够伪造得出来；就是海员，如果他不跟着哥伦布的航路去航行，肯定也伪造不出来。再说，哥伦布探寻"印度"的强烈的热情和他对全新的经历所表示出来的那种惊奇情感在日志的字里行间流露得那么真切，任何一个像他那样的航海家都得请一个聪明绝顶的文字捏造者帮忙才能完成这项工作。然而哥伦布甚至对日志中所记的他在航行中所犯的许多错误亦不曾费力去修正——尽管这些错误在犯了之后几天内他就认识到错了。

我们在本章开头所引用的哥伦布《航海日志》开场白是那些批评者的重点攻击对象，因为它提到了"印度地区"和大汗。① 所有的"揭穿者们"坚持说哥伦布的这些记载是在他首次西航回来后写的，他在尽量把航行中严重失误之处往好的方面写。开场白不是在他开始西航的日子里写的，这大概确实，当时哥伦布在忙于其他的事情。开场白是在他到达加那利群岛后写的。为什么说这段记述不是在那之后很久写的，这可以从记述中最后一段许诺并未兑现看出来。那段许诺是这样写的：记下一切"在海洋中发现的陆地和内海"，用经度和纬度标明"其方向与适当位置"。这件事情哥伦布为什么没有办到呢？因为他没有这个技术。像其他航海者一样，他可能认为自己能够"在海上做到"，可是在他整个的航海记载中我们仅见到三个纬度数据（全都错了），经度数据一个也没有。他的许诺和事实之间的差距并没有逃开双王的眼睛，他们曾直截了当地要求他在第二次西航开始前将这些遗漏的数据补上。他们如果没注意到他在开始时所做的许诺是轻率的，那么，当时别的航海家无力做到的事情他们是多半不会要他去做的。

哥伦布的计划是先航行到加那利群岛，然后再朝正西方向航行到达印度。关于这个简单的计划他已编好了一些特别的理论。他为什么要选择这条航路，用意似乎十分明显。葡萄牙人曾多次顶着北大西洋上空的巨风航行，结果徒劳无功，根据他们的经验，从西班牙直接西航是行不通的。但是，加那利群岛位于东北贸易风地带，在那个季节里，顺有利的北风行船，船队到达加那利群岛是有保证的。在《航海

---

① 反对开场白是出发时写的论点中最有说服力的是马格纳希（Alberto Magnaghi）的论点。他指出：关于统帅头衔这一段忽视了除非他发现了什么否则他不会有头衔这个事实。在我看来，这点是可以理解的。过分强调事业的传教方面也是作为一种事后想法提出来的。但是，如我们所见到的，传教常常是哥伦布的一个主要动机。直到17世纪，西班牙、葡萄牙、法国和英国几乎每一桩发现和殖民事业都是过分鼓吹它的传教动机。读一读1629年麻省海湾公司（Massachusetts Bay Company）的许可证，你一定会想到普利坦神父们的唯一目的是使土著居民皈依基督教。

《日志》或别的什么文献中并没有暗示过：哥伦布知道东北贸易风可助他横渡大西洋；但是他在非洲的航程中必定看得出，船只从加那利群岛往西航行，一过加那利无风区就会遇上顺风。哥伦布真是好幸运，他的船队从加那利群岛出发后，好风就一路伴随它直到美洲。

哥伦布选择加那利群岛为他首次西航的出发点，还有另一个使人信服的理由，即加那利群岛和日本国处于同一纬度。回头看一看我们前面画的马丁·贝海姆在哥伦布西航出发那一年制的地球仪草图，注意一下他所选择的去印度的路线按照当时流行的错误地理概念来说是最简便和最短捷的。① 设想出目的地的纬度，然后照纬度向东或向西航行一直到到达目的地为止，这是那些简单地根据测程仪和罗盘进行船位推算的航海家所惯用的航海办法。照哥伦布的推算，在加那利群岛所处的纬线上东方最接近西方。在加那利群岛风总是从东方刮向西方。那么作为西航出发点除了加那利群岛之外还有什么地方比这里更合适呢？再说，在航行中做一次停顿，把开始的那段航程作为"试探性的航行"，这对考验船只的性能和船员的品质也是极其有用的。

船队总指挥（在哥伦布首次西航出去的这一段路上，我们将一直这样称呼他②）于 8 月 3 日（星期五）半夜两三点在帕洛斯镇圣乔治教堂领了圣餐，拂晓前他走上旗舰的甲板，"以耶稣的名义"发出开航的命令。在水手们欢呼的号子声中，起锚机吱吱嘎嘎地随着响了起来。日出前一个半小时（照当地纬度计算，这个时间大约是 5 点过一刻），"圣玛利亚"号、"平塔"号和"尼尼亚"号上的锚链都已卷上

---

① 见前第 124—125 页贝海姆的地球仪图和第 138 页门策尔家人的信。
② General Capitán 出自拉斯·卡萨斯著作第 37 章（1927 年，第 1 卷第 189 页）；Capitán mayor 出自一位眼见这种准备工作的人（《哥伦布诉讼案卷》第 2 卷第 166 页）。以上两种称呼与葡萄牙文里的 Capitão mor 意思相同，都是指船队的高级首领或指挥官。这种头衔在 16 世纪译成英文一般是 "Great Captain" 或 "Captaine Generall"。哥伦布在没有新发现以前人们都不称他为统帅。

来了。这是一个平静无风的阴天，这种日子预示着秋天即将到来，那时海面就像一面抛了光的钢镜一样。卡斯蒂利亚上空变化万千的壮丽的云团（只有像埃尔·格雷科才能描绘的那样）此刻似乎已经凝固了。真是一个海上平静的日子，岸上树叶纹丝不动，除潮水在往外流以外，你能够想象到时间已经停滞不前了。没有风，对船队并不要紧，因为它们的出发时间定在落潮开始之际。在潮水落到"圣玛利亚"号吃水线以下前，它是有足够的力量将船队送出沙洲地带的。操起长桨，让船能达到使船舵生效的速度。随着风帆软塌塌地挂起，船上除了长桨划水的泼水声和桨柱晃动时发出的咿哑声以外，万籁俱寂。船队就这样顺流直下。离帕洛斯港1.5英里，船队左舷紧挨耸立的拉拉维达修道院往下驶。此时正是做晨祷的时候，修道院的男修士们为这个礼仪唱起古老的赞美诗：Iam lucis orto sidere…

船队总指挥在拉拉维达修道院居留期间曾经常参加这种祷告仪式，此刻他脱下了帽子；没有干活的船员也学着他的样子将帽子脱下。大家都在自己身上画十字祈求上帝保佑。当修士们唱出的末句诗 et nume in perpetuum 在水面上荡漾时，很多人跪了下去。

"永远，永远。"这支小小的船队眼下出发正是为比世间所有帝国都要长寿的基督教去进行一次远征。

船队离开拉拉维达修道院往前行驶了几百码，朝左转驶入奥迭尔河（当时叫萨尔季斯河）。借助落潮之力，趁着微弱的晨风，船队在大陆和萨尔季斯岛之间穿行，这一带河流两岸都是沙洲，沙洲上长了一些松树；随后，船队向右转了50度，早晨8点，它驶出了沙洲地带。

出了沙洲地带，船队碰上了一股"强劲的海风"。海风使得船队只好朝正南而无法更靠近风向航行，船的速度也无法超出4节。直到太阳西下之前，陆地仍在船员视线之内。此时风逆转，吹向了北方，船队朝西南方向行驶，以保持好与海岸的距离。夜晚，当船队离海岸已够远时，统帅将他们的航向拨向加那利群岛：南偏西①。

尽管《航海日志》没有讲到这一点，但哥伦布必定曾设计过一套信号制度或采用过他从葡萄牙师傅那儿学到的一套信号制度，以保持船队联系和行动一致。船尾挂着铁制标灯或火盆，可能是晚上用来点火或白天用来放烟，不用时就用湿帆布将火焖熄。采用这个办法能够连续发出两种、三种甚至四种烟火或烟缕信号，作为改变航向，升、降风帆的命令，或者指示船只向旗舰靠拢。在用火盆点火当信号时可能使用了灯笼或松油火炬相配合②。在特别重要的场合，例如准备靠岸时，从《航海日志》中我们得知船队甚至开过枪。任何一个由帆船所组成的船队，其自然航道都是分开的，如同我们今天所见到的海上快艇比赛一样，但是哥伦布的目的却是要让他的船队老在一起，保持行动一致。这样做并不容易，因为旗舰"圣玛利亚"号的速度比"平塔"号和"尼尼亚"号要慢，为了不使指挥船落后，其他两船不得不经常用落帆的办法来限制自己的速度。

西班牙和加那利群岛之间海面波涛是汹涌一点，通常西班牙人走过这段航程需要 8—10 天。他们称这里为"牝马之海"，因为有许多牝马在运往加那利群岛的航程中死在船上。奥维多说："也许叫巴卡斯海湾还好些，因为在贩运途中死的母牛不会比牝马少。"③哥伦布的船队是幸运的，它们仅过 6 天就看见了大加那利岛，不过也并非没出事故。8 月 6 日，"平塔"号的大外舷舵跳过它的舵枢脱位，

---

① 航向和时间与《航海日志》里所记的相同。高水位时所需时间已经核算出来；说是一个风平浪静的早晨是根据下面事实推断出来的。事实是船队从帕洛斯到萨尔季斯沙洲几英里路程却走了三小时又一刻钟之久。此处水流速度现时是 3 节，当时大约还要小。今天从帕洛斯到沙洲距离为 9 英里，但 1755 年的地图（我们已经把它改画成我们的地图，见本书第 128 页）把它的距离弄得短得多，在 1492 年一定还要短。至于入口的海图，可参见《文件和研究全集》第 4 辑第 1 卷第 179 页。

② 见 1500 年瓦斯科·达·伽马介绍给佩德罗·阿尔瓦雷斯·卡夫拉尔（Pedro Alvares Cabral）的制度（《海员之镜》第 24 期第 406 页）和麦哲伦所采取的制度（皮加费塔著《麦哲伦的航海故事》(Narratiue of Magellan's Voyage) 罗伯特逊版第 1 卷第 27—29 页）。

③ 《西印度群岛通史和自然史》第 1 卷第 36 页；冈萨雷斯·德·门多萨著《中国史》(History of China)（1584 年）哈克卢特社版本第 2 卷第 209 页；洪堡著《批判研究》第 4 卷第 85 页。到洪堡时代，这个名字已变成了我们的"马纬度"，它在北回归线和湾流之间。

它按规定发出了求救信号,"圣玛利亚"号驶近它,哥伦布上了该船。马丁·阿隆索·平松私下对哥伦布说,他认为此事是该船船主克里斯托瓦尔·金特罗蓄意破坏的结果,因为金特罗不满他的船只被这次航海征用,从一开始他就口出怨言,牢骚满腹。海面波涛过分汹涌不宜让"圣玛利亚"号与"平塔"号并肩同行,也不宜借索具给后者安装沉重的舵,但是哥伦布"想到马丁·阿隆索·平松是个精力充沛、足智多谋的人",他能够独自处理好这件事情。

在统帅的《航海日志》里这是首次也是最后一次记下对平松的赞美之语。但是我有特别的理由不同意平松所谓舵坏是有人故意造成的论点。根据我本人的经验,我知道船此处操舵很困难。1939年11月4日当我们迎风斜驶从加的斯去马德拉时,"玛丽·奥蒂斯"号的舵就从舵柱上松脱下来;当我们赶到卡萨布兰卡进行大修时,一位英国木匠给船装上一个像"平塔"号上一样的大外舷舵,这个舵在我们离开非洲海岸时又坏了。再说,如果金特罗为了逃避驶入深海的危险,而想让"平塔"号退出远航的话,那么他搞鬼的地方应该选在加那利群岛。在深海上故意破坏船的转向装置既会危及他自己的生命,又会毁坏他的船只。

第二天(8月7日),"平塔"号的舵暂时修好了,船队乘风朝兰萨罗特岛驶去。船队在漂流过程中疏忽了船位推算工作,到8日,关于船队位置,几位领航员意见不能一致。但哥伦布的船位推算经证明却是最接近事实的,他们于是承认指挥官常常是正确的。不久,"平塔"号的舵又出了毛病,船开始进水了。于是哥伦布命令船队改向大加那利岛驶去,打算到那里弄条别的船只将"平塔"号换掉;或者,如果调换不可能的话,就找个有锻铁设备的地方将船舵修好。8月9日拂晓时分,大加那利岛在望了,但是船队已进入一个平静无风的海域,要到达该岛,既不是当天也不是随后两天所能够办得到的。因此,为了节省时间以及为了给购买或租赁一艘合适的帆船多一个机会，哥伦布在第三天晚上当一阵轻风吹起的时候，让马丁·阿隆索率"平塔"号去拉斯帕尔马斯，他自己则带领"圣玛利亚"号和"尼尼亚"号去戈梅拉岛。①

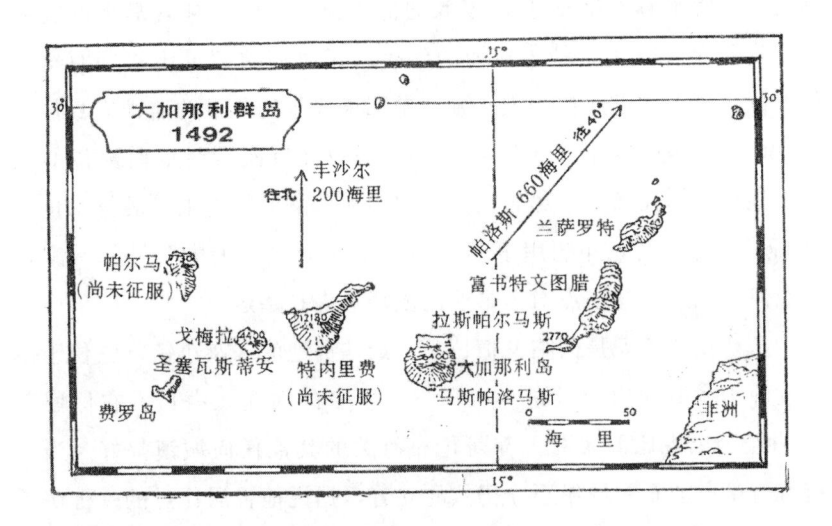

[图：大加那利群岛 1492]

当时加那利群岛仅有一部分是西班牙人从当地土著好战、体魄强健的关切斯人手中夺过来的；这些岛屿被征服的历史，如罗赫梅尔·里曼所指出的，正是早期美洲史的缩影。② 当时人们还在议论一件事情，哥伦布一定也听说过。两个西班牙殖民主义者曾错误地受到控诉，结果被逮捕，铐送回国。哥伦布从这些事件中可以看到自己命运的预兆，也可看到印第安人命运的预兆。关切斯人是被暴力和背信弃义的手段所征服，然后被迫皈依天主教，并沦为奴隶的。帕尔马岛就在当年夏天被征服，而特内里费岛则仍然整个留在土人手中。

哥伦布走大加那利岛北岸和特内里费岛南岸经过，两岛海岸陡峭、美丽，使我们有时对哥伦布那样醉心于巴哈马群岛感到诧异。8

---

① 关于哥伦布船队在加那利群岛停留时的详细情况，我们的一个权威性根据是费迪南德著的《海洋统帅克·哥伦布的生平和事业史》第 16 章（第 1 卷第 126—131 页）。
② 《西班牙帝国的兴起》(Rise of Spanish Empire) 第 2 卷第 16 章。

月12晚,他叫自己率领的两条船在戈梅拉岛圣塞瓦斯蒂安的锚地停泊。

戈梅拉岛,属于加那利群岛中最早被征服的岛屿之一,是卡斯蒂利亚国王赐予赫雷拉-佩拉萨家族的世袭领地。1492年,岛上的实际统治者是年轻貌美、精力充沛的已故总督遗孀堂娜·比阿特丽丝·德·佩拉萨·波巴迪拉夫人。她以她那未成年的儿子的监护人身份统治着该岛。她这个儿子即是后来戈梅拉岛首次晋封伯爵爵位的纪廉。她当时不在岛上,尽管天天希望她从兰萨罗特岛乘一艘排水量为40吨的帆船(哥伦布想用事实证明这是能取代"平塔"号的一艘合适船只)到来,这一点对于事业的成功也许是幸运。

圣塞瓦斯蒂安是面临戈梅拉岛上最佳锚地的一座小镇。它位于一条发源于多山的内地经过高山深谷流下来的河流入海口。它保留着15世纪的风貌比旧大陆上与哥伦布有关的其他任何城镇都好。当年接待哥伦布的石头城堡至今仍然屹立着,据说他曾居住过的一栋房子现在仍然对外开放,当年他必定在此做过礼拜的圣母升天节教堂实际上与当年并无两样。[①] 戈梅拉出产优质肉类、面粉和奶酪。一条水质特好的淡水河流经圣塞瓦斯蒂安。高地森林茂密。因此,哥伦布派出几批人员,有的去弄木材和水,有的去采购粮食。船上备有许多廉价买来的大酒桶,由制桶匠把它们安装好,水手们将这些桶全部注满淡水。要是没有盐做腌肉,他们就在加那利利用阳光把牛肉烤成牛肉干。为了告诉马丁·阿隆索自己在什么地方并帮助他修理"平塔"号的船舵,8月14日,哥伦布派了一名能干的水手乘一艘可在近海航行的小帆船去拉斯帕尔马斯。

9天不知不觉地过去了,看不见有什么船只载着比阿特丽丝到来,哥伦布终于觉得不能再等待了,他决定去拉斯帕尔马斯和马丁·阿隆索会合。在途中,他赶上了比他早走9天的那艘小帆船。他把驾

---

① F.P.蒙特斯·德·奥卡·加西亚著《哥伦布在戈梅拉岛》(*Colón en la Gomera*)(1929年)。

小船的水手叫回大船上。是夜他靠近特内里费岛航行。岛上壮丽的火山海拔 12 000 英尺，正在喷出烟火。8 月 25 日，哥伦布到达拉斯帕尔马斯，得知"平塔"号在海上漂流了大约两个星期，仅比他先到一天。① "平塔"号的转向装置必定是坏透了。比阿特丽丝夫人已于 5 天前返回戈梅拉。哥伦布决定不再跟她玩捉迷藏的把戏，而是要尽力把"平塔"号修好。

大加那利岛是在 1483 年被"平定"的，到哥伦布访问的时候，它的主要殖民区拉斯帕尔马斯已变成加那利群岛的主要城市（到今天仍然如此），变成了商人和种植园主的一个生气勃勃的和繁忙的小殖民区，这些商人和种植园主是靠惊人肥沃的土壤和好极了的气候而发财致富的。甘蔗来自摩洛哥，葡萄来自西班牙，奴隶来自非洲；岛上一些自然条件特别好的地方，一年收获禾本科植物或谷类作物可有四茬之多。拉斯帕尔马斯是供"平塔"号修舵最好的地方；此处离海滩不远有铁匠铺，船上的新舵栓、舵枢、螺栓和滑车带就是在此由马丁·阿隆索亲自监制出来的。

与此同时，"为了使'尼尼亚'号可能比较平稳地和较少危险地跟上其他船只"，哥伦布就通过在主桅和前桅上安装横桁以及重新裁剪大三角帆，把它的三角帆改成四方帆。② 哥伦布和平松兄弟显然赞同下述见解：葡萄牙式帆船挂操纵不灵活的大三角主帆在深海上特别在顺风中行驶是一种冒险行为。一次不小心的帆向改变，就会使你的桅杆和索具损坏。三角帆的巨大功效、它的使船只吃风的能力行将减少效用，因为它对使"尼尼亚"号在迎风换抢行驶时不起作用，帆装改变就能使"尼尼亚"号的速度和性能差不多和它的两个较大伙伴并驾齐驱了。

---

① 也许帮助"尼尼亚"号和"圣玛利亚"号走到戈梅拉岛去的是南风，此风对去大加那利岛的"平塔"号却不利。拉那·卡萨斯称拉斯帕尔马斯为高多港（Puerto de Gaudo）（1927 年，第 1 卷第 183 页）。

② 见前面第九章关于"尼尼亚"号改变帆装的叙述。

从哥伦布船队的船员名单来看，名单是相当完备的，它十分清楚地表明，尽管在加那利群岛时有一名新手上船，但全体船员在这里并没有一个开小差的。这个事实很好地说明哥伦布和平松兄弟在船员中已赢得了信任；要知道海员们在第一个停靠站是最喜欢发牢骚和"跳码头"的。

9月1日（星期五）下午，船队离开了拉斯帕尔马斯港，次日到达圣塞瓦斯蒂安。哥伦布终于在这里见到了戈梅拉岛美丽的、虽然多少有点儿令人可畏的女统治者比阿特丽丝·德·佩拉萨夫人。她出身于比阿特丽丝·德·波巴迪拉家族，是曾被暗杀的莫亚侯爵[①]的嫡亲表姐

[①] 比阿特丽丝并非像那么多作家所讲过的是伊内斯·莱昂诺尔或伊莎贝拉，也不是那个被暗杀的侯爵的姐妹或女儿，也不是大家公认所谓"女猎手"（西尔拉西奥所说的女猎手，显然是 Beatricis 之误植）。下面是有关她的一份正确的家谱，录自 A-A. 加西亚·卡拉法编《西班牙语美洲人世系和家谱百科全书》(*Encicl. Heráldica y Genealogica Hispano—Americana*)（1924 年版）第 17 卷，据卷内多处资料综合而成。

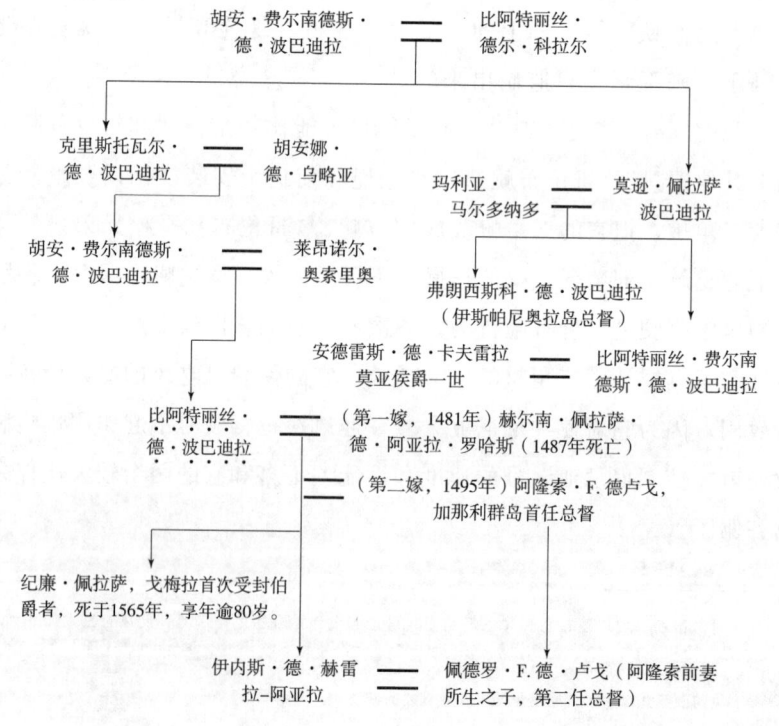

```
            胡安·费尔南德斯·         ═══      比阿特丽丝·
            德·波巴迪拉                          德尔·科拉尔
                   │
      ┌────────────┼─────────────────────────┐
   克里斯托瓦尔·  ═══  胡安娜·           玛利亚·  ═══  莫逊·佩拉萨·
   德·波巴迪拉        德·乌略亚        马尔多纳多        波巴迪拉
          │                                    │
   胡安·费尔南德斯·      莱昂诺尔·        弗朗西斯科·德·波巴迪拉
   德·波巴迪拉           奥索里奥        （伊斯帕尼奥拉岛总督）
          │
                      安德雷斯·德·卡夫雷拉  ═══  比阿特丽丝·费尔南
                      莫亚侯爵一世                德斯·德·波巴迪拉
          │
       比阿特丽丝·  ═══  （第一嫁，1481年）赫尔南·佩拉萨·
       德·波巴迪拉        德·阿亚拉·罗哈斯（1487年死亡）
                    ═══  （第二嫁，1495年）阿隆索·F.德卢戈，
                          加那利群岛首任总督

纪廉·佩拉萨，戈梅拉首次受封伯
爵者，死于1565年，享年逾80岁。

            伊内斯·德·赫雷       佩德罗·F.德·卢戈（阿隆索前妻
            拉–阿亚拉            所生之子，第二任总督）
```

妹，当她还是个年轻漂亮的女孩时，就被伊莎贝拉女王任命为随身侍从，并且为费迪南德国王所垂涎。当伊莎贝拉注意到这个情况，并且觉得不知如何处置之际，戈梅拉岛的首领赫尔南·佩拉萨出现在宫廷里，他是被控犯有谋杀加那利群岛征服者中的一名竞争对手之罪前来答辩。他得到宽恕，条件是和比阿特丽丝结婚，并把她带回戈梅拉。此安排除国王外，其他人皆大欢喜。赫尔南极其专横、暴虐、残酷，在一次因诱奸当地一名少女所引起的暴动中被杀。比阿特丽丝和她的两个儿子当时被围困在圣塞瓦斯蒂安城堡里，她设法捎信给大加那利岛的总督佩德罗·德·韦腊，后者来给她解了围。佩德罗的这一豪侠行为并没能拯救他的儿子赫南多。后来比阿特丽丝为了重新获得女王对她的好感而悬赏缉拿赫南多，罪名是写诽谤诗反对女王。幸运的是，赫南多成功地逃脱了。[①]

当哥伦布在该岛停留的时候，这个精力充沛的寡妇年龄还不足三十，非常漂亮；我们有足够的根据说哥伦布爱上了她。[②] 为什么不呢？他心目中的比阿特丽丝跟他差距遥远，而实际上比阿特丽丝夫人出身卡斯蒂利亚名门望族之一，与他匹配十分合适。当他1493年另一次访问该岛时她曾给他以盛情接待，这证明她即使不是报答他的爱情，也是报答他的敬慕；不过，这个尚未成熟的风流韵事并未延误这桩伟大事业。

比阿特丽丝夫人必定在圣塞瓦斯蒂安古老的石头城堡里款待过哥伦布，该城堡的部分：孔德塔楼现今仍然屹立在那里。我们从哥伦布的《航海日志》里看到这么一段文字："很多与戈梅拉伊内斯（原文如此）·佩拉萨（她是后来戈梅拉第一位封伯爵的纪廉·佩拉萨之

[①] 这些轶闻来自一些有关加那利群岛的古老著作，特别是乔治·格拉斯根据西班牙文手稿（著者胡安·德·阿夫雷乌·德·加林多，1632年）译过来的《加那利群岛之发现和征服史》(*History of the Discovery and Conquest of the Canary Islands* 伦敦，1764年，第111—113、128—136、162—165页)。

[②] 见《〈航海日志〉和其他文件》中所收米凯莱·德·库内奥1495年的信。

母）在一起的尊敬的西班牙绅士以及许多属于费罗岛本地人的西班牙绅士声称，他们每年都望见加那利群岛的西边出现陆地；其他人（戈梅拉岛的土著人）也赌咒地肯定这件事情。"①

这个陆地就是神话式的圣布伦丹岛，或叫圣波伦当岛——一个在大西洋中经常出现的幻象岛屿。马丁·贝海姆在1492年所制作的地球仪上将此岛的位置标在赤道北侧；18世纪时，加那利群岛上的居民仍在寻找该岛。② 今天，你们在费罗岛或戈梅拉岛还能找得到上了年纪的渔民声称自己曾看到过圣布伦丹岛。就像戈尔韦岛上年老的渔民仍然相信他们不时见到巴西岛一样。

哥伦布没有为与比阿特丽丝调情花去很多的时光，他在岛上甚至没有待到月满的那个夜晚（9月6日）。他的那些先前被派去采购物品的船员并没有偷懒。在4天之内，3条船的舷边就被新补充的给养品压得快与水相平了；一桶桶的淡水稳置在舱板上；一捆捆的柴火塞满船上每一个闲空的角落。9月6日清晨，哥伦布在圣母升天节教堂听完最后一声弥撒（1939年我们"哈佛哥伦布远征考察队"在这个教堂参加了一次给人印象深刻的追思礼拜），接着向比阿特丽丝夫人告别（一次亲切的告别，我们希望），之后未来的海洋统帅上船，起锚——这是此次西航中在旧大陆上的最后一次起锚。

那天的整个白天和黑夜，风力微弱，风向不定，到9月7日早晨，船队发现自己还在戈梅拉岛和特内里费岛之间航行。9月8日（星期六）早上3点，"开始刮东北风，他认为他应走正西航道"，于是船队右转，好好地离开了戈梅拉岛。"圣玛利亚"号负荷沉重，船

---

① 《航海日志》拉斯·卡萨斯摘录本，8月9日—9月6日。因为1492年时纪廉还是个年轻小伙子，要到好些年后才受封伯爵，这段叙述显然是拉斯·卡萨斯加进去的。把比阿特丽丝夫人的名字弄错可能也是他的责任。伊内斯夫人是比阿特丽丝夫人的头一个丈夫的母亲，是纪廉的祖母。可能她当时住在戈梅拉岛（1493年她住在兰萨罗特岛），是一个参加款待费罗岛绅士们的人。
② 参考华盛顿·欧文著《哥伦布传》第3卷，其中有学术价值和有趣味的附录25，谈到了圣布伦丹岛。

体吃水过深，影响了船队的行进速度，以致在以后的 27 小时里，船队的平均时速小于 1 海里。当 9 日（星期天）太阳升起的时候，这个缺点（大概由于在前进中装 4 000 磅粮食和淡水是太重了）才得到改正，所以在随后的 24 小时里，船队航行顺利，一共走了 130 海里。

离开圣塞瓦斯蒂安之前，有人从费罗岛乘船赶来通知哥伦布，说有 3 艘葡萄牙武装船只离开了该岛，"目的是要抓他"。很可能这 3 艘船是堂·若奥二世派出来的，目的不过是监视卡斯蒂利亚船队，警告他们不要在非洲以西、加那利群岛以南做开发工作，因为葡萄牙国王认为这一大片海域是他的势力范围。不论这报告是否属实，哥伦布却没有见到这支葡萄牙的舰队。不过，当他从费罗岛上风 12 海里处经过时，那支舰队还待在费罗岛的避风场所，也有可能。

9 月 9 日上午和午后不久的这段时间里，费罗岛的海岸一直躺在船队的一侧，特内里费岛的山峰在船尾仍然可见。到夜幕降临之际，一切陆地的影像都已消失，3 艘船只进入了它们一无所知的茫茫大洋中。

第十二章　海上一日

> 他们在海上航行的人讲述海上航行危险万状，我们亲耳聆听的人也为之惊奇不已。
>
> ——《圣经外传》，第43章，26节

船只在海上航行一直奉行一套正式的规矩，甚至直到今天我们亦复如此。舵轮的替换按一定的方式，交班接班按一定的程序，观测太阳和星辰按规定的时间；对固定习惯的任何背离都为海员所深恶痛绝。在哥伦布的船队里奉行这些规矩还含有举行一种宗教仪式的意味。它让这些规矩起了一种美妙作用，无论白天黑夜每半小时提醒海员一次：他们行船的安全不仅靠船只的坚固、靠船员的技术，而且靠上帝的恩惠。

从哥伦布时代到16世纪末，船上唯一通用的计时装置是沙漏或叫沙漏时计——一个装有足够沙子的半时制沙漏。沙子从装置的上部漏到下部恰好是30分钟。① 那种产于威尼斯的沙漏极易损坏，故而需要带上大量的备用品——麦哲伦在做环球航行时，其旗舰上就备有18个这种沙漏。船上每一班值班人员中有一名见习水手或一名服务员负责看管沙漏，并在沙子漏完时立刻将沙漏翻边。② 海上浪涛汹涌

---

① 参见莎士比亚的《暴风雨》V.i. 第265页："我们的船上以前只有3只沙漏时计，我们将它们砸碎了……"英国海军直到1839年，还在用一个半小时的沙漏时计掌握时间。

② 在罗兰德的船上，亚里奥斯托有两个沙漏计时装置："一个在船尾，另一个在船头，站着观看沙子的溢漏；每半小时翻个边，并核实船只走了多远，以及走的什么航向。"——《愤怒的奥兰多》XIX 第45页。

可能会妨碍沙漏里沙子流动，负责照管沙漏的见习水手也可能打瞌睡；哥伦布在《航海日志》里有一次就表示担心见习水手照管沙漏疏忽大意。① 由于船只朝东航行时计走得快些，朝西航行时计走得慢些，即使是最现代化的船上计时装置也不得不每天借助无线电来校正时间。哥伦布可以用来校正半时制沙漏计时的唯一办法是在他的罗盘盘面中央竖一根别针或一根日晷指针，当指针的影子缩小到标志北方的鸢尾时，此时就是正午时分，随即将沙漏翻边。不过，用这种方法所测出的正午比实际的正午起码要慢15—20分，因此他不大常用此法；从他的《航海日志》中一些记录来看，显而易见，他的"船上时间"都比实际的太阳时间要慢半小时之多。

全体船员中的水手、见习水手和工匠——指熟练水手、见习水手（普通水手和服务员）以及其他新参加的船员，如捻船工、修桶工——被分成两班（哥伦布称之为"值班"或"值勤"），每班值4个小时。每班由一名职员为领班。在"圣玛利亚"号上，船主胡安·德·拉科萨，职位较高，负责在右舷值班，而领航员佩拉隆索负责在左舷当班。根据哥伦布《航海日志》里各种各样的记载来看，显而易见，船员值班时间是安排在3点、7点和11点②。这种时间安排在一个现代海员看来似乎会感到诧异，按照古老的习惯，他希望换班时间要改成4点、8点和12点才好。把换班时间定为3点、7点和11点可能是哥伦布时代的习惯做法。③ 也许当时把这件事情留给船队总指

---

① 《航海日志》1492年12月13日。
② 《航海日志》1492年11月12日、20日、22日，12月7日、25日；1493年1月11日、17日、22日。但值班的时间也不完全一致，如1月17日一个晚班当班人员值了10个沙漏时计即5个小时的班；而22点接班的值第二个晚班的人员仅值了4个沙漏时计的班。
③ 我无法从早期葡萄牙和西班牙航海文献中找到任何有关换班时间的精确记载。卡蒙斯在《卢济塔尼亚人之歌》第6章第38节中写道：
　　当白昼之灯离开埃翁（希腊神话：夜的儿子，是转动时间之轮的老人。——译者）半球远了，
　　就在这个时刻，
　　那些值第一个夜班的正准备躺下休息，
　　另一些接第二班的人早已穿衣起身。
但是，诗中讲这个时刻指的是什么时刻呢？《卢济塔尼亚人之歌》（里斯本，1927年，第2卷第37页）的编辑弗朗西斯科·德·萨莱斯·兰卡斯特雷说是在11点，一位1732年版（第2卷第25页）罗马编辑伊格纳西奥·加切兹·费雷拉说是"午夜前"；我认为卡蒙斯的意思是指午夜本身。

挥自由处置，于是哥伦布在他开始西航的第一天就将夜晚值班时间定为下午7点（大约是日落时分），并在此基础上，坚持隔4小时一换班制。大概像我们现在仍然在坚持的那样，下午值班时间是"一成不变的"，为的是使船员在夜晚可以变换休息时间。例如，假定左舷值班从下午3点起，到5点止，然后再从7点值到11点。之后他们可有4小时的睡眠，一直睡到早上3点。第二天上午7点后，他们又可下舱休息，然后值中午班从上午11点到下午3点。接着，他们在甲板上值第二个两小时班，从下午5点至7点。这样到第二个夜晚从7点到11点这段时间他们就可下舱睡觉。在很多现代轮船上值班时间不再是"一成不变"的。在每次开航时值班时间有变动，因为在短期航行中每个白天和黑夜都采用同一值班时间总有点儿不方便。但是乘帆船航海，船在海上可能要走几个星期甚至几个月，"不变换"每天的值班时间从各方面来看是比较合理的，这样，每个船员就可隔一晚才值一次那个令人讨厌的午夜至早上4点（或晚上11点至晨3点）的"墓地看守班"。

海员考虑时间不是按钟点计的，而只讲沙漏数和值班次数，8个沙漏构成一个班。我们所熟悉的船上每半小时敲一次钟的制度不过是提醒船员翻动沙漏的一种办法。我所见过的16世纪的航海日记没有哪部日记提到过船上的钟。就是加西亚·帕拉西奥所写的《航海指南》（墨西哥，1587年）——西班牙海员的第一部"鲍迪奇"[①] 著作——也没有一个字提到它。

夜晚，每当天空清朗，船队所处纬度不太低时，哥伦布能根据北极星的护极星说出近似的钟表时间来。小熊座或小北斗每24恒星时绕北极旋转一周。该星座中的两颗最亮的星，β星（中名帝星）和γ

[①] 纳撒尼尔·鲍迪奇（1773—1838年）：美国天文学家、数学家、航海家，所著 New Practical Navigator（1802年）至今仍是海员常用的一部标准航海著作。——译者

星（中名太子星）标明长柄勺的边界，距北极星最远，它俩被称为北极星的护极星。如果你知道 β（kochab）这个主要的护极星一年中每隔两星期于半夜出现在空中的位置，那你就可以像根据钟表的指针一样根据它讲出时间来。早期的航海家制作了一张示意图，示意图上画着一个小人，小人中间的那颗星表示北极星，小人的两前臂一个指着东方，一个指着西方，两肩一个指东北，一个指西北。这个小人图为 kochab 星标出了 8 个位置：头部、右肩（西肩）、右臂（西臂）、右臂下面的线、脚、左臂（东臂）下面的线、左臂和左肩（东肩）。由于 kochab 从一个位置移到另一个位置所需时间为 3 小时，所以，你如果知道 kochab 在那一天午夜的关系位置，你就能讲出时间来。大约在1500年左右，4月15日午夜 kochab 位于"小人的头部"，7月

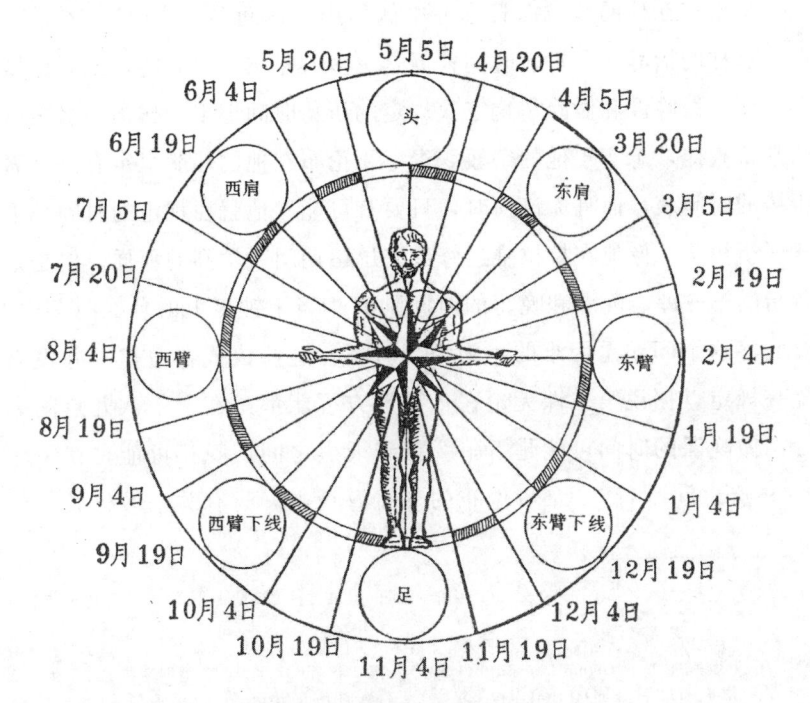

根据北极星报时的示意图，1942 年
kochab（小熊座中的 β 星）逆时针方向运动，每小时移动一格。它在午夜与北极星处于图上相应位置时，图上标出的日期表明当天的日期。

15日午夜位于"小人的右臂",10月15日午夜位于"小人的脚部",1月15日午夜位于"小人的左臂"位置。这样,在1月15日如果你发现这个自然钟的指针位于"左肩"位置时,你就知道此时是早上3点,换班的时刻到了。

哥伦布1492年9月30日在《航海日志》里有一段记载,显示了他熟悉此种推算时间的方法。他可能拥有一架简单的仪器,用来晚上观测天象。使用此种仪器的时候,将仪器的中心孔瞄准北极星,然后转动表示星宿的活动臂,让其指着 β 星,这样你就可以知道你所处的准确方位,并知道当时的时间了。① 任何做长途航海的人只要稍加练习几次,都可以在一刻钟内用此方法讲出时间来。

哥伦布在他的《航海日志》中偶尔用"夜间第一小时"(午夜1点)这样的措辞表示钟表时间;但是更多的是按换班时间,或者按做第三课、做晚课和做晚祷这三次规定的祈祷时间记事。作为一名虔诚的基督教徒,忠实于他的宗教职责,哥伦布在他的船舱里定有一个做祈祷的时间表,而且无论何时,只要有可能,他就在规定的时间私下背诵祈祷文,像他在拉拉维达修道院逗留期间所学到的那样。但是他所指的第三课、晚课和晚祷的时间到底相当于钟表上的什么时刻呢?要回答这个问题是困难的,因为当时举行这些仪式在习惯上并没有统一规定。据说第三课无论在什么地方可能都是在上午八九点间举行,做晚课的时间可能是下午2点到天黑之间,晚祷可能是在下午6—9点之间举行②。拿哥伦布的《航海日志》与有关宗教仪式的经

---

① 见《美洲海神》第1期第2—5页,附有示意图。现在这种北极星钟由于岁差,比1500年慢一小时。

② 对于规范的时刻,帕拉琼先生传下来的圣特雷萨著作摘要本中说晚课是在下午2点举行;还有 J.M. 卡瓦利埃里的 *Opera Omnia Liturgica* (1778年)第2卷第137页以下,他把晚课定在下午3点(当时没有把3点提到中午的);还有库特韦尔特·巴特勒的 *Benedictine Monachism* (1919年)第280页,他把第三课放在上午八点一刻举行,晚课在下午4点15分,晚祷放在下午5点15分。此外,大卫·劳莱斯的《修道院的时间表》(*The monastic Horaium 970—1120*)、《下层评论》(*Downside Review*) LI 第702—725页、卢德维格·艾森霍费尔著《天主教仪礼手册》(*Hand buch der Katholischen Liturgik*)第2卷(1933年),第537页及以下注页 中也有记载。祈祷时刻原是随季节改变的。

典著作仔细对照就可以看出，他所说的第三课是上午 9 点，在上午早班中途举行；晚课是在下午 2 点或 3 点举行；晚祷是在 7 点或者 7 点过一点点，在唱完赞歌《万福啊！慈爱的圣母》后立即举行。① 因为晚祷实质上是一天的最后仪式——Completas，意味着完成和结束。它的内容包含唱赞美诗 Te lucis ante terminum，和念那壮丽的《诗篇》中谈论信仰和信心的第九十一章：

谁置身于至高者的保护下，谁就将得到全能者的庇荫。

这些规范的祈祷文哥伦布是在他的房舱里私下做祷告时念的，仪式也是私下举行的。公开的祈祷则是另外一回事。

在那用帆船航海的大时代里，在人的发明和设计不曾使他产生人力足以征服海洋的虚假信心以前，海员是一切在陆地或在海上干活儿的人中最笃信宗教的人。海员的哲学源自《诗篇》第一〇七篇："在海上坐船，在大水中经理事务的。他们看见耶和华的作为，并他在深水中的奇事。因他一吩咐，狂风就起来，海中的波浪也扬起……"海员是应该服从诗篇作者的命令的，"于是，人们会为耶和华的慈爱，会为他给人类子孙所行的奇事而赞美他！"这正是他们照他们自己的方式所能做的一切。即使是基督教改革运动也没有改变船上这种虔敬的老习惯。例如约翰·史密斯船长在 1627 年写道："他们可以首先去做祈祷，接着吃晚饭，6 点钟时吟一篇《诗篇》，诵一篇祈祷文，船主和他的那伙人开始值班，其他人直到午夜都各随其便；午夜后，船上的大副和他那伙左舷当值的人接

---

① 从《哥伦布首次西航的航海日志》里的几个地方来看，晚课似乎是在下午举行的；他在第三次西航，1498 年 7 月 31 日靠近陆地时间是在"做晚祷的时候"。考虑到哥伦布根本不可能在天黑后靠近不熟悉的海岸，我相信他做晚祷的时间不会迟于午后 7 点，不过也可能那天做晚祷的时间提前了，因为船们早就唱完了赞美诗。能使人相信的唯一一件事是哥伦布祈祷的时间绝不会与船员的交接班时间相冲突。

班,接班仪式也是吟咏与他们有关联的一篇《诗篇》和一篇祈祷文,此班要值到早上 4 点。"①

这些宗教仪式每天几乎每隔半小时就举行一次。宗教仪式由船上最年轻的小伙子领头或完成。如果船上有"执尘掸的侍童"的话,那就是由他们负责。我想这种做法同家庭做感恩祷告由最小的孩子念祷文一样,是基于同一原理,因为孩童的嗓音纯真,上帝会喜欢听些。在哥伦布的第一支船队里没有侍童这个等级,但是这个职责由船上最年轻的见习水手担当,或许这些人亦可叫仆人。他们所得到的报酬比他们的同事稍许要好一点。②

至于做集体祷告或唱赞美诗,哥伦布的《航海日志》仅提及了其中最重要的,即日落时高唱起古老的赞美诗《圣母颂》(Salve Regina)向圣母玛利亚致敬。不过我们手中有一份 1573 年由西班牙到圣多明各的航海报道。它为一个名叫欧亨尼奥·德·萨拉萨尔幽默的西班牙官员所写,其中对仪式讲得非常详细。③ 设想一个像哥伦布那样虔诚的指挥官,在一无所知的茫茫大洋上冒险航行,他在那里迫切想得到神的保护,他自然不会忘记这些传统的宗教仪式的。下面我完全照萨拉萨尔所写再现他的报道,并附上译文。

黎明时分,由一名年轻的值早班的水手唱起下面这首小调:

感谢啊!白昼的光芒,

还有神圣的十字架,我们说;

还有真实的耶和华,

---

① 《航海入门》第 39 页(麦克莱豪斯版,史密斯的《通史》第 2 卷第 263—264 页)。
② 《王家历史科学研究院学报》第 92 期第 776—779 页。
③ 见卡塔斯·德·欧亨尼奥·德·萨拉萨尔著《致其十分特殊的朋友的书信》(西班牙藏书家协会,1866 年)。在费尔南德斯·杜罗著的《航海术研究》第 2 卷(1877 年)第 178—200 页和胡耳奥·纪廉所著"圣玛利亚"号三桅帆船》第 167—171 页,重印歌词是照此样子分行印刷的。加西亚·帕拉西奥在《航海指南》(1587 年)第 116 页说在天亮时"照常做祷告,恳请赐给吉日良辰",在日落时高声唱颂基督教义;这些都是小听差的职责。

>还有神圣的三位一体。
>感谢啊！不朽的灵魂，
>还有保护它一切的耶和华。
>感谢啊，白昼的光芒，
>还有送走黑夜的上帝。

接着，这位水手吟诵《我们在天的圣父》和《万福玛利亚》，然后又唱道：

>主赐予我们美好的日子，让我们做愉快的航行，让我们的船儿航行顺利，让船长先生、船主和咱们大伙儿航行顺利；让我们这样，让我们做一次顺利的航行；愿这许许多多美好的日子都是上帝赐给你们的恩惠，后卫的先生们，前进的先生们。

在早班交班前，值班水手要用水桶打来海水，用细树枝紧紧扎成的扫帚将甲板洗刷干净。6点半时，把沙漏做此班第七次也是最后一次的翻边，这时值班水手唱起了下面的歌：

>逝去的时光多么美呀，
>即将到来的时光更美呀！
>7点过去，8点就来呀，
>只要主高兴，再多的也会来呀，
>数呀数呀，去呀去呀，航行将更快呀。

7点，当沙漏里的沙子连续八次漏完时，看管沙漏的水手就把沙漏翻边，他不是像往常那样唱小调，而是大声叫喊：

甲板，甲板，右边当值的船员先生们，请立刻上甲板①；你领航员先生的班，时间已到，赶快！赶快！

接班人员无须花时间穿衣服，因为没有人脱衣睡觉。当他们早上3点"下舱"去休息时，每个人都只找块自己喜欢的不太硬的木板，随意找个地方躺下，只要不太纵摇或横摇就行。他们睡觉很警觉，醒来后揉揉眼睛，咕哝几句，抓上一个船上自制的饼子，带上几个蒜球、一点奶酪、一条盐腌沙丁鱼或者有什么拿什么当早餐②，磨磨蹭蹭地到艉楼端部接班。当班的舵手将船的航向告诉当班的头儿船主胡安·德·拉科萨，船主将航向告诉接班的领航员头儿，然后再由领航员告诉接班舵手。接班舵手听后需复述一遍。绝不允许出差错！在这次西航的过程中，船队的航向在绝大部分时间里都是简单明了的。

向西：既不偏北，又不偏南。

船头安排了一名瞭望员，樯楼上也安排了一名。交班的驾长将写在石板上的船位推算结果填写在航海日志上，然后由一名青年水手替接班的领航员将石板擦干净。船上木匠看管水泵（如果捻船工当班，那就由他负责），如果船在夜晚进水，就要派两三名船员把水抽干。下班的水手不管怎样总要吃点东西作早餐，在太阳出来时，他们已蜷缩在某个角落里进入梦乡了。

眼下，甲板上是干干的，太阳在桁端上方高照着。帆船乘着信风摇晃着船体，破浪前进。哥伦布的仆人已将一桶海水、一杯淡水和一些早点送到了他的船舱里，他走上甲板，环视周围的地平线，

---

① 意思指船员不论在左舷还是右舷值班，都应当在甲板上。
② 这是加西亚·帕拉西奥所描述的各种早餐。

为这大好天气不由自主地赞叹一声——谢天谢地，然后就和领航员闲聊起来。

每班值班人员负责该班值班时间内船上的全部工作，除非是遇到暴风雨或者出了事故，那时才会将船上所有人员都招拢来。值班人员通常的职责是保持甲板整洁，如需要时就整船帆，清理帆脚索和转帆索。无其他事可做时，就擦洗船栏杆、搓细油麻索、用旧索擦索具，并彻底检修索具。在早上值班时间里，俟露湿的帆缆一干，值班人员就必须将它们扯起来。每隔几天，还必须将船上系物的小绳或支持左右支索的滑轮整理好。

在大船上，驾长或领航员的命令是通过水手长传达给船员的。水手长的脖子上挂着一个穿绳的哨子或笛子。用它可吹出各种信号来。① 但是在哥伦布的船上没有听说有过此种物品。值班头儿亲自发出一切命令，就像在萨拉萨尔的船上一样。萨拉萨尔说过他从来没有见过下级服从上级，能像值班船员服从当班的领航员那样迅速、准确。他只要喊一声嗨：到船头来！值班人员就全都从船尾跑到前面来，"像应招的精灵那样"等待他的差遣。下面是这种类型的几个命令②：

　　　　"弄好纵帆后下角索"

　　　　"松掉那根帆角索"

　　　　"系好附帆"

　　　　"抓住横帆的那只角"

　　　　"快把绳针交给他们穿绳子"

　　　　"升起主桅横帆"

---

① 加西亚·帕拉西奥提到水手长的哨子和笛子是用来发布各种命令的，但萨拉萨尔没有提及此事；哥伦布船队里的船只都很小，在这样小的船上是无须用哨子来传达命令的。

② 见卡塔斯·德·萨拉萨尔的著作第 40—41 页。见前第 240 页注③。

"升起前桅帆"

"埋头干好这件活儿"

"把斜杠帆的帆脚索放松一点"

"卸下后帆"

"把升降索系在系缆柱上"

"拉中桅帆的帆脚索"

"你们两人爬上桁端"

"给装在帆桁中央部两侧的索具小木冠上油"

"将后牵索系上"

"疏通排水孔"

"抽动唧筒柄，让它抽水"

在海上航行的卡斯蒂利亚人，像上个世纪在海上航行的英国人一样，对于船上的每样用具只用一个单词，对每一项行动只用一个动词。在狂风大作中高声喊叫的时候，只有准确有力的语言才可能不会被人误解。

对于任何要花长时间的工作，像卷绕锚链或升帆桁，水手们都要喊适当的劳动号子。对此萨拉萨尔曾举过例，因译出无用，所以就没有翻译出来。喊号子的水手在唱或喊每行号子的前半行时，其他水手就唱"O"长声附和，并在唱后半行时齐声合唱，同时齐心合力扯一下升降索。

号子临时编凑，直到升降索成了相等的两节，值班船长发出口令"升降索拉好，作业停！"为止。

当值班船长无须安排值班水手工作时，他就待在船尾楼上，通过楼舱内罗经柜正前方的小窗口来与舵手联系。舵手依靠罗盘掌舵，但他看不到船帆，所以他必须是一个凭感觉行船的行家才能保持船的航向。关于领航员发给舵手的命令，萨拉萨尔也给我们举了几个例子：

>舵左转
>
>照直走
>
>转舵使船向风①
>
>舵转西偏南

除了航海语言外，还产生了海上俚语。就像现代海员假装轻蔑地说起"这部囚车"或者"这个破旧箱子"一样，西班牙人称他的船为"笨拙的老马"或"飞猪"。绰号"火箱"意思指"壶状岛屿"。生活在船上的人沾染了用海上用语称呼其他事物的习惯。例如，萨拉萨尔说"当我想要一瓶果酱时，我就说'落下斜杠帆'。如果我想要一块桌布，我就说'领我去贮帆舱'。如果我希望按规定标准吃喝，我就说'竖后桅'。当一个海员弄翻了一个罐子时，他会说：'哦！真会拍马屁！'当突然起风时（因为这在海上是常见的），必然就会有人高声喊道：'嗨，注意那里，船尾！'。"

船的前后栏杆上挂着一些座位，以备船上水手和艉楼职员休息之用。当然对于这些座位也有许多笑话。它们被称为"船上厕所"，也许是用以纪念通常的家庭厕所。萨拉萨尔用虚拟的感情描写过这些座位所形成的月亮和星星的可爱景象，也描写过他在那里意外受过波浪的冲洗。后来一位名叫安东尼奥·德·格瓦拉的航海家曾埋怨把一位很受尊敬的主教大人这样完全放在全体船员面前不合适，他还尖锐地指出焦油绳头所起的作用据美洲民间传说来源于玉米穗轴。②

---

① 或者，照我们现在所说，"Keep her off"。

② 见卡塔斯·德·萨拉萨尔的著作第46页；费尔南德斯·杜罗的《"圣玛利亚"号》第83—84页；纪廉的《"圣玛利亚"号三桅帆船》第147页。

哥伦布船队里的水手显然每天仅吃一顿热食，①时间自然是在上午11点左右。这样，准备接班的水手可在上甲板前吃到，而当班的水手则在他们之后再吃。

船上的烹调工作由谁干呢？我不知道。在哥伦布的任何一艘船上，或在麦哲伦的船上，是没有厨师这一工种的。1587年的《航海指南》里面列举了船上的所有职工等级，交代了各人的职责。尽管它说过船上的乘务员负责烧火，但是它既没提到烹调也没提及厨师。也许除船长的仆人自然负责照管船长、也可能照管干后卫工作的志愿人员的伙食以外，那些干繁重活儿的见习水手要担负船上烹调任务。②后文将要提到，当海地和平港那里的酋长来访时，哥伦布正在他的船舱里吃东西。显然他是独自进餐的。加西亚·帕拉西奥曾描述过，在大型的西班牙帆船上，船员进餐时在船头摆了一张桌子。此事由船上的水手长指挥，桌子的搬动和清扫由童仆负责。在"圣玛利亚"号、"平塔"号和"尼尼亚"号上，普通水手进餐更可能是各人用木碗盛着各人的那一份，随意找个什么地方用手指抓着吃。在一艘小帆船上，靠一个小小的炉灶或露天火箱怎能满足125人的食物需要，如1496年"尼尼亚"号在回国途中确实做到的那样，真难以想象。

在哥伦布的《航海日志》里以及在他的供给命令里所提到的饮料仅仅是水和酒。这两样东西都是用桶装着；是瓦斯科·达·伽马才首次向阿拉伯人学到用木制水柜盛水放在甲板下。修桶匠的任务是防止水桶漏水和将水桶码好，用绳子捆紧，以免它们滚动。咖啡和茶叶当时还未传入，而啤酒西班牙人是不喜欢喝的。

---

① 昌卡医生在第二次西航中说过，他们到达圣克鲁斯岛时在"吃饭的时候"，他还提到他们"饭后"曾上岸一趟；在伊斯帕尼奥拉岛，当哥伦布正在"吃饭"时，一位酋长上船，哥伦布招呼他吃东西。

② 这是奥古斯特·雅尔的看法，引自他的《航海考古学》，该书注释中谈到见习水手及其职责，见《海员之镜》第11期（1925年）第95页。来往于英国与几内亚之间的商人早在1553年就在船上安排了厨师。这从温德海姆的航海报道中偶然提到的一件事上可以看出（见哈克卢特的《航海》一书的大众版第4卷第44页）。约翰·史密斯船长在《海事入门》（1672年）一书中提到厨师是船上一个有正式级别的船员。

西班牙海员的主食是酒、橄榄油和适合航海用的软、硬饼干。饼干是在岸上用麦子、面粉烘制而成，收藏在船上最干燥的地方。船队的供应怎样才恰当，哥伦布对此的看法，从他的一次美洲航海中给西班牙君主的信中可以看出。写信的日期大约是1498—1500年："应该这样给他们供应食物：〔食物〕分三份，一份为新鲜软饼干，饼干要烘烤好，不要烤太久了，不然这主食就会浪费掉；一份为加盐面粉，盐是在磨粉时加进去的；还有一份是小麦。另外还需要供给他们酒、咸肉、油、醋、奶酪、鹰嘴豆、小扁豆、蚕豆、咸鱼和钓鱼用具、蜂蜜、米饭、杏仁和葡萄干。"① 橄榄油盛在大陶制罐子里，用于烧鱼、烧肉和煮豆子。加盐面粉不经发酵即可制成食物，利用火箱里的灰烬烤熟，就像今天的阿拉伯海员所做的那样。关于船队当时各船的储存物，经常被提及的有成桶的咸沙丁鱼和鳀鱼，大蒜当然也没被忘记。② 大概哥伦布手下的海员进食完全同岸上的农民、工人一样，除非遇到风暴，或者天气坏到烧不成火的时候。

通知住在船尾的职员吃饭由一名青年水手用下面的方式：

> 桌子，桌子，船长和驾长先生以及好心的伙伴们，桌子摆好，肉已备齐，淡水如同往常那样给你们各位备好了。对着大地和海洋高呼，卡斯蒂利亚国王万岁！谁对他宣战，就让谁的脑袋搬家；谁不高唱阿门，谁就别想有什么可喝。桌子摆上，谁不来谁就吃不成。③

---

① 《文件和研究全集》第1辑第1卷第290页；哈里斯著《哥伦布》第2卷第528—530页。两书所载这封信的写作日期全都不对。

② 麦哲伦提供的食物单（在马丁·弗兰德斯·德·纳瓦雷特著《航海和发现文集》第4卷第8页）包括了文中所提到的这几样，另外还有干无花果和干榲桲、芥末和蔗糖；这些东西（还有大米、杏仁和葡萄干）数量不多，看来是为住在船尾的职员们准备的。加西亚·帕拉西奥著作（第109页）允许每人每日 1$\frac{2}{3}$ 磅面包，1$\frac{1}{2}$ 品脱酒，1$\frac{1}{2}$ 夸脱水；另外每30人供给 $\frac{3}{4}$ 蒲式耳豌豆或蚕豆，或者一份未确定总数的肉、鱼、油、醋和梅霍特（Mejot）。看起来这种供应算是相当丰盛的。在第116页，他确切地说出了每餐供给船员的食物品种；肉仅在星期四和星期天才能吃到。

③ 美国商船上厨师的好心警语："来吃啊！不然我会将它扔到海里去！"看来它起源于比较客气的卡斯蒂利亚语。

萨拉萨尔描写小侍从怎样把盛着没煮烂的多筋咸肉的木盘砰的一声放在桌子上,此时,每个水手就会急速抓住各自的份儿,然后用带鞘的刀子将肉割下,仿佛他就是一位解剖师似的;他还描写每一根骨头都被切削得"如同象牙一般干净"。桌旁谈话,他说,大部分是瞄准你在船上得不到的东西——"哦,我多想吃到一串瓜达拉哈拉的白葡萄——我应当吃一点儿索莫塞拉的萝卜——我们船上要是有一盘伊莱斯卡斯干果仁就好了!"

正餐过后,我们可以设想哥伦布回到了自己的船舱里,合眼稍事休息,直到做晚祷时才起来。

下午3点,值头个两时制班的水手开始值班。白天要做的工作,如擦洗甲板,捻接绳索,用细绳索捆绑东西,修理船具,到此时都已干完;如果风向顺利以致无须操纵索具的话(这次出航中情况差不多经常如此),船员们就坐下来扯扯闲话和讲讲故事,清理清理钓鱼线,能洗海水澡的就洗洗澡。这些西班牙海员生性爱清洁;在首次西航中哥伦布至少两次提到了船员去游泳,而且在每一个登陆地点只要附近有河流,他们决不放弃一次洗澡和洗衣服的机会。

在第二个两时制值班时间内,即在夕阳西下第一个夜班开始之前,船上所有人员都被叫去做晚祷。仪式由一名见习水手修剪罗经柜灯开始,当他拿着灯沿甲板走到船尾时,就唱道:

> 主把一个美好的夜晚赐给我们,
> 主让我们做一次顺利的航行;
> 愿我们的船儿航行顺利,
> 愿船长、驾长和咱们大伙儿一路顺风。

接着见习水手带领全体船员严格遵照所谓基督教教义行事。[①] 全

[①] 卡塔斯·德·萨拉萨尔著作第48页。此语在加西亚·帕拉西奥的著作中也有,见本书第240页注③。

体水手吟诵起《我们的圣父》、《万福玛利亚》和《使徒信经曲》，然后唱起了《万福啊，慈爱的圣母》。这首美丽的赞美诗，属于那些古老的祈福圣歌之一，非常适合作白昼的终曲。它的乐曲一流传至今，使得我们能够多少再想象出哥伦布船队在迅速前进之际，那些赞美天国王后的古代诗歌在一无所知的茫茫大洋上荡漾的情景。①

我们不认为海员们会把这首乐曲唱得很准。哥伦布有一次曾指出"船员们都是按着他们各自的方式唱或诵《万福啊，慈爱的圣母》"的。萨拉萨尔在给朋友的一封信中写道："此刻开始唱起了《万福啊！慈爱的圣母》，我们都是歌唱者，因为人人都有喉咙……由于水手们是来自各地区的朋友，他们把四声分成三十二声，所以把乐曲的八个音调分成了另外不同的三十二个音调。声音反常的、共鸣的和很刺耳的都有，仿佛我们今天在唱《万福啊》和《连祷文》时遇到了一场音乐大风暴一般。因此，每当我们所祈祷的上帝和他那光荣的圣母以及各位圣者俯视下界时，所看到听到的不是我们的诚心和灵魂，而是我们的声音和声调，用这样一片混乱的高声大叫要想恳求上天恩德，大概会办不到吧！"②

在下午 7 点开始的第一个晚班之前，船上的水手长或水手长的助手（无论谁，只要在当班就行）负责将船上炉灶的火熄掉。当沙漏翻边时，领唱的见习水手唱道：

    赞美基督诞生的这个时刻，
    赞美生他的圣母玛利亚，
    赞美给他施洗礼的圣约翰。
    晚班在召唤，

---

① 由贝内迪克特·菲茨·赫拉尔德改编的。
② 卡塔斯·德·萨拉萨尔著作第 51 页。说的是星期天，因而是谈船员在念连祷文的情形。

SALVE REGINA

沙漏在流淌，
我们将做一次美好的航行，
只要上帝愿意。

在航行中，船队度过了惬意的热带夜晚。每隔半小时，值班的见习水手边翻沙漏边唱小调：

一个沙漏时计过去了，
第二个现在又在流动；
更多的都会过去，
只要我的上帝愿意。
主啊，让我们向您祈祷，
请给我们一次美好的航行！
通过他的神圣的母亲，我们的高高在上的保护者，保护我们防止海龙卷，别让暴风雨临近。①

接着，他叫喊瞭望员向前看：

"喂！看着前面，注意力集中，好好值班。"

对此，瞭望员应该答应一声或咕哝几句以证明他醒着（就像我们今天所说的"灯正在明亮地燃着，先生！"）。舵手和瞭望员每小时都要换人；但值班的头儿整班都要看守后甲板。他在后甲板上走来走去，注视罗经柜，看舵手是否保持了船的航向。如果夜晚平静无事，所有值班人员不是靠着瞭望台或舵柄，而是越过艏楼栏杆低头望着波

---

① 费尔南德斯·杜罗著《航海术研究》第2卷第261页。

光粼粼的迷人的大海，梦想着具有重大历史意义的明天就会到来，那时一些金碧辉煌的名城就会从地平线上升起，传说中的日本黄金就会归他们所有，归他们使用。①

---

① 在若斯·玛利亚·德·埃雷迪亚（1842—1906年，法国诗人，按族系为西班牙人。——译者）的十四行诗《征服者》中，这种感情得到了充分的发挥：

有如一群隼飞出故国的停尸场，
被骄傲的穷困压得头昏脑涨，
帕洛斯和莫格尔的舵手和船长们，
陶醉在英雄和野蛮的甜美梦乡。

他们要去夺取童话中的贵重金属，
它就在日本遥远的矿山里成长，
贸易风刮歪了他们的桅杆，
在那神秘的西方世界边疆。

每夜都盼望着史诗般的远方。
碧蓝色的热带海洋闪烁着粼影波光，
用金黄色的幻景抚慰着他们的梦乡。

或者向前斜靠在挂白帆的快船之上，
向不为人知的天空凝望，
许多新星从大洋远处升起。

第十三章　哥伦布怎样航海[①]

1492—1504 年

> 我所测不透的奇妙有三样……
>
> 就是鹰在空中飞行的道，
>
> 蛇在磐石上爬行的道，
>
> 船在海上航行的道……
>
> ——《箴言》，第 30 章，18—19 节

许多人把这段语录应用于哥伦布。如果他一直航行下去，就算他找到了陆地，但他怎能返回西班牙？更重要的是，他怎能再次找到"印度"呢？换句话说，哥伦布怎么知道他在地球表面上的位置呢？

保留"船在海中航行"的航迹有两种主要办法：天体导航法和船位推算法。天体导航法意思指通过观察天体运行来测定你在地球表面

[①] A. 丰图拉·达科斯塔船长所著《地理发现的航海术》（*A Marinharia dos Descobrimentos*）（里斯本，1933 年）；塞贡多·德·伊斯皮苏亚著《地理学和宇宙志史》（*Historia de la Geografia y de la Cosmografia* II）（马德里，1926 年）；E. A. 德·阿尔贝蒂斯著《哥伦布时代航海技术》（*L'Arte della Navigazione al Tempo di Chr. Colombo*）（载《文件和研究全集》第 4 辑第 1 卷第 4 章）和卢西亚诺·佩雷拉·达西尔瓦著《葡萄牙人的航海技术》（*A Artè de Navegar dos Portugueses*）（载《葡萄牙人在巴西殖民史》第 1 卷第 30—104 页），都是大发现时代有关航海的最佳著作，但是对天体方面强调得太多。劳伦斯·C.罗思著《船的航道》（*Jhe Way of A Ship*）（波特兰，1937 年）是本不错的航海入门书，E. G.雷文斯坦因在所著《马丁·贝海姆》（1908 年）第 13—20 页对适用的航海仪器做了简短的描写。有关哥伦布航海天相问题，我在《哥伦布和北极星》中论述过，见《美洲海神》第 1 期（1941 年）第 1—20、123—127 页。对哥伦布的航海术的研究肤浅的和不准确的很多，好的只有下面少数几个：阿尔贝托·马尼亚吉根据《意大利王家地理学会学报》第 VI 辑（1828—1833 年）V 第 459—494、553—582 页、VII 第 497—515 页；X 第 595—641 页重印的几篇文章。A. 克赖顿·米切尔（A. Crichton Mitchell）的《磁偏角的发现》（*The Discovery of the Magnetic Declination*），见所著《地磁和大气层电荷》XLII（1937 年）第 241—280 页，它取代了德·阿尔贝蒂斯所写的罗盘磁差的问题，见《文件和研究全集》第 4 辑第 1 卷第 4 章第 191—200 页。

上的位置，此法给海员带来幸运，它能预测到毫发之微。当使用精密仪器（哥伦布没有这种仪器）来实测时，天体导航法所测出的位置最为准确，现在每一位高级船员都必须学习此法。但是，在哥伦布时代，这种技术刚刚处于萌芽阶段，不论是哥伦布本人还是他手下的船员都对此了解很少。

在天体导航方面，统帅喜欢摆出一副专家的样子。对于那些未入门的人来说，天体导航（他说得好）是不可思议的事情，就像预言家的幻想一样。[①] 在40年的航海生涯中，为了在海上有所发现，他断断续续地（他是在1501年这样写的）学到了足够的"占星术"（即天文学）、几何学和数学知识，并掌握了实际操作知识。[②] 在一份没有明确日期的边注中，他谈到了他在几内亚的航海途中曾"利用太阳"来确定船的位置。[③] 但是他本人的《航海日志》里的记载却证明那种根据在子午圈观察太阳来确定纬度的简单方法他并不了解，[④] 这种方法阿拉伯人在骑沙漠之舟——骆驼航行时早已使用过。在最后的两次航海中对用观察北极星以确定纬度的方法他用得不经常，但是这些观察，尽管"不太糟"，然而对他的航海却没有用处，因为他从来就不知道在用此法定纬度时还要做适当的修正。[⑤] 有人讲过，星盘的发明使哥伦布得以发现美洲；[⑥] 但是，他的《航海日志》证明他首次西航时并不会使用星盘，另外几次西航也没有证据证明他曾使用过这样一

[①]《最珍贵的书简》(Lettera rarissima)，载《文件和研究全集》第1辑第2卷第196页，参照《美洲海神》第1辑第1期。

[②] 致双王的书简，大约在1501年由费迪南德引用在他的著作第4章，并被编在《预言书》(《文件和研究全集》第1辑第2卷第79页）中。1502年2月6日他写给双王的那封谈论"航海技巧"的信（撒切尔所著第3卷第228—241页）讲的是在佛兰德和地中海之间沿海岸航行的情况和有关风及气候变化的情况，此信大概是为回答一个有关这个课题的询问而写的。

[③]《文件和研究全集》第1辑第2卷第407页，刊印在前书第4章。

[④] 纬度＝90度－(Ho±D)，Ho为正午所测到的太阳高度，而D为它的磁偏角。天体导航的由来是个难解的和引起争议的问题，在此我不可能深入探讨，倒愿推荐一篇由约翰·K.赖特所写的论点可靠的文章：《对中世纪纬度和经度知识的评述》，见《伊西斯》V (1923年) 第75—98页。

[⑤] 讨论细节见我的《哥伦布和北极星》一文（见253第页注①）。

[⑥]"阿拉伯人发明的星盘使哥伦布得以找到横渡大西洋的航道"——这是D.C.皮蒂在所著《荒原歌声》(1935年) 第106页上讲的。星盘并不是阿拉伯人发明的，他们所用的那种星盘对哥伦布没有用处，而近代由葡萄牙人发明的那种航海星盘他却不知道使用。

种仪器。① 图像册上也是画着哥伦布用十字杆直角照准仪测量太阳或星星的高度。那种简单仪器对他来说可能比一架在低纬度测量北极星的象限仪更有用，但是哥伦布却从来没有过，也可能从来没有看见过。②

海员的星盘

据加西亚·帕拉西奥。根据旋标装置的指针上端得出地平纬度

---

① 《航海日志》1493年2月3日。像加西亚·帕拉西奥出示的这种星盘无疑只是简单的海员星盘，不是在图书上画着的哥伦布拿着它在睐眼观察的那种星占学家所用的复杂的星盘。海员星盘极其罕见，R.T.冈瑟著的《世上的星盘》（牛津，1932年）第2卷第428页，仅列举了7个：No.318，产于巴伦西亚，7英寸大，1845年从沉于爱尔兰附近海底的西班牙无敌舰队残骸中打捞上来的；No.319，7.25英寸大，从韦拉克鲁斯港打捞上来的（由牛津埃又斯学院复制）；No.320，塞缪尔·德·张伯伦的，5英寸大，掘自他在美洲内地考察时遗失此物的地方，由纽约泰孔德罗加堡（Fort Ticonderoga）博物馆收藏；No.321，15.6英寸大，用英文注明产于1616年；No.322，7.3英寸大，法国产，年代为1632年，由科德贝克-科博物馆收藏；No.323，6英寸，荷兰产；No.324，葡萄牙产，20英寸，由科英布拉大学收藏，制作日期不会早于1650年，上面照准仪的瞄准孔装有一块小透镜，这是一个漂亮的仪器，我用它在科英布拉大学观察了一中午，误差仅有12分钟。

② 塞贡多·德·伊斯皮苏亚前书（见本章第253页注①）第2卷第138页。尽管十字杆早在14世纪就已发明，而且在1502年一艘德国船的舷侧上对它有过描绘（见沃斯前书第25页），但是哥伦布或与他同时代的伊比利亚半岛居民显然不知道，也没有用过十字杆（葡萄牙人叫它为balestilhao，西班牙人叫它为balestilla，意为"小弩"）。不管是杜亚尔特·帕切科·佩雷拉所著的 Esmeraldo（1505年）或是 Regimento do Estvolabio（大约1509年，见本索德著《葡萄牙航海科学史》第1卷），还是1519年麦哲伦的航海仪器清单（清单中包括了21个木质象限仪和7个星盘，见《航海和发现文集》第4卷第8页），都没有提到十字杆。在那些西班牙或葡萄牙的航海文献中，最早提及十字杆的可能是约·德·里斯波亚著的《航海条约》，出版大约是1515—1525年（布理托·雷贝洛版，1903年）第41页。本章我所做的注解亦有摘译自佩德罗·努内斯著《领土条约》（1537年）一书的。在《葡萄牙人在巴西殖民史》第1卷第47页画了一个早期的十字杆，这是据佩德罗·德·梅迪纳所著《航海守则》（1552年）中的插图复制的；丰图拉·达科斯塔前书第23—24页，对这种仪器的构造与原理做了一番描述。

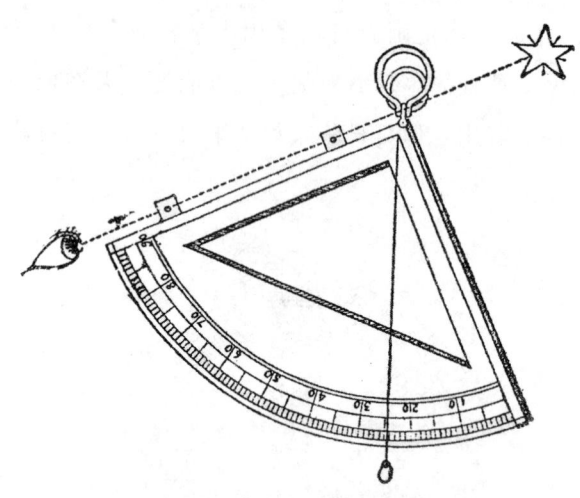

1492年的航海象限仪
根据垂线与圆弧的交点能了解地平纬度

普通象限仪（不要将这种象限仪与哈德利的象限仪或其他任何一种反射仪相混淆）是哥伦布使用的唯一的天体导航仪器。它是一个用硬木制成的简单的直角圆弧板。在一条直角边下设有瞄准器，通过它能瞄准天体。在直角顶系一根丝线，丝线下系一个铅锤。圆弧划分 90 度标出各个度数。通过瞄准器观察太阳或星星，当直角边与观察对象成一条直线时，丝线下垂所指圆弧度数即为所求的高度。在一艘既摇晃又颠簸的海船上，要使象限仪的平面与水平保持垂直状态，同时要通过瞄准器的针眼捕捉到你要观察的星星，办成这两点都是很困难的。即使你做到了这两点，在你招呼同伴记下垂线与圆弧交点的度数时，垂线可能已做了相当大的摆动。[①] 哥伦布在

[①] 纯铜象限仪，据多数图说表明（尤其是《葡萄牙人在巴西的殖民史》第 1 卷第 43—47 页）它是在岸上使用并且是当日规用。这里图示的海员象限仪很小而且中间是挖空的，像海员星盘一样。加西亚·帕拉西奥在《航海指南》(1587 年) 第 24 页对使用这种象限仪观察太阳做了一番介绍："在你认为是正午以前一刻钟，双手拿起象限仪，转动象限仪顶部，使阳光进入上面的瞄准孔，并又进入下面的瞄准孔，当上下瞄准孔与太阳成一直线时铅锤线与刻度盘交点的读数即为你所要的数据。"使用海员星盘的说明见伊斯皮苏亚所著前书第 2 卷第 135 页。用象限仪或星盘观察太阳时，绝不许斜着身子去看瞄准孔或照准仪，像一般的插图一贯表示的那样，你只要调整象限仪或星盘的旋标装置，让太阳光从上、下瞄准孔的正中通过就行。

受困牙买加的那一整年之前，从来没有用他的象限仪做过任何准确的观测工作。

在哥伦布时代唯一已知确定经度的办法是测定一次食的时间。雷吉奥芒塔努斯的《星历表》和萨库托的《万年历》分别列出了在纽伦堡和萨拉曼卡发生日全食的预计时间。无论你在什么地方，只要你将观察到的当地发生全食的时间与书中所列的时间相比，再乘以 15 就把时间变成了弧度数①，这就是你所需要的历书编者所定子午圈以西的经度数。意思十分简明，但是哥伦布碰到两次机会（1494 年和 1503 年），两次都错过了，而再要遇上这样一次机会几乎每次都要等一个世纪。1541 年墨西哥城的知识界做了巨大的努力，通过测定两次月食的时间来确定当地的经度。令人印象深刻的结果是托莱多以西 8 时 2 分 32 秒（＝120 度 38 分）；但是两地间正确的经差是 95 度 12 分。这说明墨西哥学者把经度算错了 25.5 度，或者说把距离算错了 1 450 英里！② 甚至到 18 世纪，最早的作家（据我所知）佩雷·拉巴曾正确地测出了伊斯帕尼奥拉岛的位置，但为了防止误解他还要添上这样一个说明："我通报这个经度目的只在于告诫读者：没有什么东西比这个更靠不住，而且直到现在所用测定经度的方法没有一个曾经产生过固定和可靠的结果。"③

很多足不出户的地理学家和在扶手椅上空想的舰队司令官们以哥伦布对天体导航法的无知为证据来证明他不是海员，对此我必须强调

---

① 时间 1 小时相当于经度 15 度。
② 墨西哥总督安东尼奥·德·门多萨给奥维多的信见后者编的《通史》第 33 卷第 52 章，而奥维多那封表示怀疑的回信在第 53 章（第 3 卷第 540543 页）。墨西哥联邦区（D. F.）的经度，在格林威治以西 99 度 17 分，托莱多是西经 4 度 5 分。迟于 1630 年，德拉·埃特在经度上还造成一个 7 度 54 分的误差，见 M. 曼纽尔·德·佩拉尔尔塔著《哥斯达黎加的历史地理》(*Géographie historique de Costa Rica*) 第 32—33 页。
③ 让·巴蒂斯特·拉巴著《美洲诸岛之新航行》(*Nouveau Voyage aux Isles de L'Amérique*)（巴黎，1722 年）第 4 卷第 119 页。他得出伊斯帕尼奥拉岛经度是 306 度，此数据我猜他是从费罗岛的子午线（格林威治以西 17 度 54 分）往东计算出来的；海地角的经度是西经 72 度 11 分，所以从费罗岛往东算它的经度是 305 度 43 分。

两点：

（1）在哥伦布时代，以及在他死后的很长一段时间里，天体导航法并没有成为专业领航员和船长的训练科目。只有那些学问高深的人，如数学家、星占学家和医生，或那些有教养的绅士，如安东尼奥·皮加费塔（他曾跟随麦哲伦做环球航海）或堂·若奥·德·卡斯特罗（他在1530年和1540年参加印度航行期间，曾使船上下至捻船工每个人都测得了太阳的子午线高度）才实用它。那时普通学校对数学讲授得这样少，当时使用的历书（大部分是为星占学家编纂的）编得这样复杂，以致连最内行的海员也不能利用它们而有所作为。① 对于像利用磁偏角求高度并将90度减去所得结果这样简单的运算也非他们力所能及。② 游标尺的发明者、伟大的葡萄牙籍犹太人数学家佩罗·努内斯在哥伦布发现美洲大陆约45年后写道："我们为什么要容忍这些舵手？为什么要容忍他们的粗鄙的语言和粗鲁的行为？他们既不懂太阳、月亮，又不懂星星，更不知道它们的轨道、运行或偏角。他们不懂得它们怎样升起怎样落下，也不懂得它们对地平线倾斜到什么角度。他们既不知地球上各处的纬度和经度，也不懂得使用星盘、象限仪、直角照准仪或船用天文钟。他们知道什么叫平年或闰年、什么叫春分与秋分、夏至与冬至吗？"③

（2）天体观测在哥伦布时代即使是葡萄牙人也不曾用来给海上船只导航，但为了把新发现的海岸和岛屿正确地画在海图上却用来确定

---

① 犹太医学家如乔塞·维辛奥（他曾是批驳哥伦布西航计划的葡萄牙特别委员会成员，并曾在非洲海岸做过一次令他印象深刻的纬度测量）和梅斯特雷·若奥（他在1500年曾随卡布拉尔航过海）都完全精通导航数学，因为他们为了知道进行操作的恰当时机，就必须在占星学方面有良好的修养，如果连行星的方位都弄不清，那则要消除错误是无法办到的。

② 在一次加勒比海的航行中，我花许多时间着力教一位航海经验丰富的美国海员，但是他根本无法正确地进行子午圈观察，在我离船之后，他竟在从特里尼达去巴巴多斯的途中迷失航向。

③ 《领土条约》(*Tratado da Sphera*, 1537) 第126页。这些和其他一些专职舵手发出的怨言都由葡萄牙航海家引述在 D. 若奥·德·卡斯特罗著《印度海岸初级航程指南》(*Pvimeivo Roteiro da Costa da India*) （奥波尔托，1843年）第241页。

这些地方的纬度。瓦斯科·达·伽马在他那次 1497—1499 年去印度的伟大航行中，对利用天体导航的准备远比哥伦布要好，但他总是在登陆后才将他的星盘挂在一棵树上或搁在一个三脚桌上借以测量太阳的高度，像诗人卡蒙斯形容他所做的那样。[①]

所以，为了确定他每天在海中的位置，为了探索（画出）他在一望无际的大西洋上的航行路线，哥伦布依靠的是推算航行法（D.R）。此法简单说来就是在一张海图上标出船只的罗盘航向和算出船只航行的距离。但实际操作并不像讲的这么容易。在上一章我们已经知道他怎样用沙漏（或叫半时制沙漏）来计算时间，那么他怎样知道他的航向和怎样估算距离呢？

哥伦布选取航向靠的是航海罗盘，此物在船上是最可靠的，而且是一个必不可少的导航仪器。我们不知磁针首次用于导航目的是在什么时候，但至少先于哥伦布三个世纪，而且葡萄牙人在非洲航行中一定对磁针的安装已做了实际改进。[②] 哥伦布所用的罗盘与不久前在船用杂货商店中可买到的供小平底渔船上用的那种干卡罗盘相似。圆形标度板上用菱形、半菱形、线条标好了 32 个罗经点，再把它安装在圆形钵里的一个枢轴上，使它能随着船的行动朝任何一个方向转动自如。[③] 它的效能来自一枚磁针或磁丝，磁针安装在标度盘下南、北两

---

① 参见佩雷拉·达西尔瓦著《卢济塔尼亚人之歌中的天文学》（科英布拉，1915 年）第 134—136 页。这部杰出著作的作者收集了像瓦斯科·达·伽马所用过的一些古代的航海仪器。我曾在科英布拉大学自然科学院图书馆检查瓦斯科·达·伽马用过的航海仪器。这些仪器包括一架像哥伦布用过的那种象限仪，一个木制星盘并备有三脚架。在《研究院》(O Instituto) 第 74 期（科英布拉，1927 年）第 479—534 页和《卢济塔尼亚人之歌》第 3 卷（里斯本，1926 年）第 409—416 页中，对这些收藏有过描述。

② 论述磁罗盘的起源和发展的文献很丰富，经 A. 克里奇顿·米切尔概括成文，见《地磁和大气层电荷》第 37 期（1932 年）第 105—146 页和第 42 期（1937 年）第 241—247 页。对亚玛菲和皮特勒斯·佩里格里努斯的起源说进行挑战的是海因里希·温特，见《海员之镜》第 23 期（1937 年）第 95—102 页。关于古斯塔夫·赫尔曼所写的标准著作：《15 和 16 世纪的气象预测和气象学》(Wetterprognosen und Wetterberuhte des XV und XVI Jahrhunderts)，关于气象学和地磁学的论文和地图的再版本 No. 112（柏林，1899 年）；L. A. 鲍尔做了一个良好的摘录，见《1902 年美国磁偏角表和等磁偏线图》（华盛顿，1902 年）。佩德罗·德·梅迪纳的《航海技艺》（巴利亚多利德，1545 年）花了一整章的篇幅（第 6 卷第 3 章）论述了罗盘的误差和效能，我的描述有许多是从该书推论出来的。

③ 万向接头发明于 1545 年，哥伦布或许用过它。罗盘钵里不装万向装置，盘面在船只颠簸厉害或摇晃剧烈时，必定会被卡住。

罗经点之间。① 无论什么时候当指针显示出不愿"指北"时，就用一些船长爱惜如命的天然磁石来使其重新磁化，而且船上还带很多备用磁针——麦哲伦在他的旗舰上就备有 35 枚。② 罗盘钵边的前面划有一条黑色垂线（"船首基线"），由于指针永远指着磁北极，假如钵体的那条穿过船首基线的直径线与龙骨平行，那么浮动着的标度板上对着船首基线的那个罗经点所标示的方向就是船前进的方向。上述办法要靠罗盘在罗经柜里有固定的位置；罗经柜是一个用木栓闩住并固定在甲板上的长方形盒子，它备有一个保护罗盘以防天气变化的柜罩和一盏用于夜晚给罗盘盘面照明的铜制小油灯。这个罗经柜内藏我们所谓"标准"罗盘，位于船的后甲板船长或值班职员能照看到的地方。③ 在主甲板上靠近大舵的地方还有一个罗经柜，是为舵手操舵而准备的。值班职员将船的航向通知舵手，并通过观看标准罗盘来控制他。他与舵手的联系是通过在后甲板的一个敞开的舱口。

现代罗盘的标度盘减略到仅留有罗经点或度数，或者两者都有，是印上去的，但是哥伦布所用过的那些罗盘标度盘上这些全都没有，就连标度盘上的字母也写得不甚好，因为能辨认出的海员不多。他们只能靠罗经点间的菱形、半菱形之长度、形状或颜色来辨认；只有北向的罗经点，当时和现在一个样，都是用鸢尾形标志。④ 1939 年我们的"卡皮坦"号在圣米格尔岛雇用了一位目不识丁的亚速尔人当舵

---

① 哥伦布在第二次西航中有一部分时间使用过弗拉芒罗盘（见后面的第二十八章和第三十六章），在这种罗盘上面磁针指着标度盘上偏东的一个罗经点，即在北偏东和南偏西之间摆动。
② 纳瓦雷特著《航海和发现文集》第 4 卷第 8 页。
③ 标准罗盘的位置是由哥伦布时常拿它在岸上测方位这个事实来证实的。
④ 拉斯·卡萨斯说："北向用鸢尾形标志"，见《西印度群岛的历史》第 36 章（1927 年，第 1 卷第 185 页）。fleur-de-lis（鸢尾形）通常解释为规范化的 T，T 用以代表 Tramontana，Tramontana 为意大利语，意义为北方或北风，但是温特在《海员之镜》第 23 期（1937 年）第 91 页指出，就地图而论，这种做法首次使用并推广此法的是葡萄牙人和西班牙人。在一些早期的地图上有些风向图（wind rose）用马耳他十字表示东方，可能罗盘标度盘上也照着这样做。

手，以后事实证明他是我们当中最优秀的舵手。那些讲英语的人不得不用手指着罗盘标度盘上的罗经点来指挥他该如何操舵；但是当我说 Leste cuarta del Sudeste（东偏南）时，他完全听懂了，并将舵扳到了该方位。文化对船舶驾驶术确实用处很小。

西班牙海员，像同时代的其他海员一样，考虑方向不像我们讲度数，或者说不像我们的上一辈祖先那样讲罗经点，而是讲方位，los vientos①。尽管古人承认 12 个方位，并在中世纪地图上按此方式标有罗经方位，到哥伦布时代，方位已被减少到只有 8 个：北、东北、东、东南、南、西南、西、西北。②居间的罗经点（北北东、东北东、东南东、南南东、南南西、西南西、西北西、北北西）被叫作中间方位；我们所说的"偏"方位（北偏东、北东偏北等）他们叫 1/4 方位；因此，他们所说的 1/4 方位就表示一个罗经点（$11\frac{1}{4}$）。③这样，假如哥伦布希望将船的航向拨至我们所说的西偏南的话，那他就会说 Oeste cuarta del Sudoeste，照字面的意思是"西往西南偏 1/4 个方位"。④

关于罗盘磁差问题，即磁航向与实际航向之间的差别问题是怎样呢？我们将看到哥伦布在前三次西航中就已仔细考虑了这个问题，如果说他没解决此问题的话，那他至少已认识到了磁差的存在。幸而他的航行路线很少要通过磁差大于 6 度或者大于半个罗经点的地区。在西印度群岛的大部分时间里，他都是处于无磁差的地带。罗盘偏

---

① 葡萄牙人仍称罗盘标度盘为 a rosa dos ventos, the wind rose（风刻度盘或风罗经卡、风向图）。

② 理查德·尤登著《中世纪海图基本原理》（Die antiken Grundlagen der mittelalter lichen Seekarten），《世界的形象》第 1 卷（1935 年）第 1—19 页；E. G. R. 泰勒做了进一步解释，见《世界的形象》第 2 卷第 23—26 页。

③ 在英文中"quarter"从前也是用来表示罗经点或方位，见《新英语词典》"Quarter"词条，12 解。《麦克白》（莎士比亚四大悲剧之一。——译者）里的大巫婆呼唤风暴从"船员的标度板（罗盘标度板）上人们所知道的各个方位"吹来。

④ 解释见加西亚·帕拉西奥的《航海指南》（1587 年）第 23—24 页。不懂得这点，结果就在翻译哥伦布《航海日志》的罗经点时造成可怕的误译，见《西班牙美洲历史评论》第 19 期（1939 年）第 254—256 页我的一篇论文。

差——由局部引力所引起的磁差，没有使他伤脑筋，因为在他的船只中所载铁的数量微不足道。

对于值班的职员来说，进行船位推算是一桩轻而易举之事。他只要将船只航行路线画在挂在船尾楼舱壁上的一块石板上，他每半小时画一笔指明船只在哪条航线上行驶。但是在进行船位推算时，他还必须计算船位推算法中的第三要素——航速。

16 世纪的罗盘标度盘
（加西亚·帕拉西奥）

现代的罗盘标度盘
凯尔文-威尔弗里德·奥·怀特公司

16 世纪发明的拖板测程器，一段加重并有凸缘的木块，它能浮在水面上但不会翻滚，用一根轻便绳索绑着，轻索分节，节的间距要这样划分：越过船栏杆往水中放索，每半分钟（时间有专门的沙漏测量）放下的节数要等于船只每小时航行的海里数。从此我们所讲的"节"这个名词就成了船在海上航行的速度单位了。每一个班，或者无论什么时候当船只增速或减速时，你就把"测程器抛下海"，并记下这个航速。将航速乘以时间，就得出距离。但是，这个测航速的简单仪器哥伦布并不知道。在"圣玛利亚"号船上，不管是他或是值班的职员都只能凭肉眼观察从船旁流过的海水中的水泡或果囊马尾藻，用每小时罗马里为单位，估出该船的航行速度。①

任何判断准确、经验丰富的海员都可用这个原始的方法来估算船的航速，误差不会有1节，而常用此法的人甚至能做到不超过半节。但是，正如现代海上的船位推算可用日常的观察来校正一样，现代估算的船速也可用拖曳式测程器或标准英里来核对。哥伦布没做过这样的核对，他没有码尺或其他固定的计量标准。他估算速度用每小时罗马里为单位，距离用里格，4罗马里为1里格，1里格等于3.18海里。② 但是由于哥伦布在估算中仅有经验没有标准，而且没经核对，所以他的估算是不准确的。把他1492年横渡大西洋的过程详细标绘在图上，可以看出，他所估算的船只航行距离平均多估了9％，而且他在通过克鲁克德岛海峡和向风海峡时所做的估算很接近此值。换句话说，就算"圣玛利亚"号航速确实很快，那他实际估算的每里格仅等于2.89海里。③ 此外，当他在看得见陆地的范围内航行时，哥伦布要么是在使用另一种里格计量，要么是由两眼注视着岸上的目标而没管海上的漂浮物，因而估出的数据比实际要多出很多；因为当人们用实际距离来核对他的《航海日志》中所记的沿岸的距离时，可以看出，他在靠近海岸时所记的每里格大约等于1.5海里。这种错误经常

---

① 据推测，哥伦布使用的那种所谓"荷兰人的测程仪"是从船头丢下或抛下一块木块到水里，人随木块的漂流速度从船头走到船尾，然后算出人走路的速度即可。但是用这种办法测船速只有当船甲板长平而且无障碍时才能办到；哥伦布的船只上船楼高耸，他根本不可能从船头顺利走到船尾。在毕加费塔（麦哲伦做环球航行的伙伴和他的传记的作者。——译者）记述麦哲伦航海的著作中关于船速计算有一些争论，对于这场争论的讨论，可见罗伯逊版第1卷第85、245页。像数脉搏这样的幻想方法是小说家的发明。

② A.丰图拉·达·科斯塔："La lieue marine des Portugais"，见《里斯本地理协会简报》第56辑（1938年）第370—379页。1罗马里或意大利里等于1480米或4850英尺（有些权威人士说等于1481米或1482米，但我一贯用1480米）。4罗马里等于1里格，因此1里格等于3.18英制或美制海里（每海里约等于6080英尺）。哥伦布在首航时经常讲，而在其他几次航行中（例如，《文件和研究全集》第1辑第2卷第36页）也宣称过，他所讲的1里格等于4罗马里，因此，毫无疑问，在海上航行时，他认为自己所用的是大约等于3.18海里的里格。

③ 哥伦布乘"尼尼亚"号回国时，在伊斯帕尼奥拉岛到亚速尔群岛之间，他所计算的距离平均多算了15％。这多算的距离可以用下面两点来解释：a."尼尼亚"号比"圣玛利亚"号要小些，而它的吃水却深些；b.在航程的头一个月做逆风换抢航行时忽略了计算风压差。见约翰·W.麦克罗的"哥伦布首次西航时的越洋航行"，载《美洲海神》第1期（1941年）。德·阿尔贝蒂斯由于误解出航时的船位推算法，因而做出结论说哥伦布在出航时多算了15％的距离，因此他的1里格等于2.665海里（《文件和研究全集》第4辑第1卷第185—190页）。

可见，致使我倾向于相信他是有意识地在"陆地"使用另一种里格计算。① 哥伦布从来就没有准确地知道他的船只航行有多快，因为他没有固定的计量标准，而且估算后没有进行核对。

关于哥伦布首次西航大家都知道的一件事是他让自己掌握"准确的"估算结果，而将缩小了的或"虚假的"距离告诉全体船员，这样才使船员们不会因离家太远而埋怨。但是由于他多估算了距离，这个"伪造的"缩小了的距离反倒比船只每日"准确的"航行距离数更接近实际。

关于时间、速度和距离的计算就讲到这里。然后，对哥伦布所用的航海术一个必不可少的帮助是一套海图集。这些海图都是用大羊皮纸绘制的，上面绘制的西班牙、葡萄牙、北非、亚速尔群岛、马德拉群岛和加那利群岛的海岸线还算相当准确；想象中的岛屿，如安第利亚则全凭猜测标示在图上；对日本国和中国则根据提尔的马里努斯和马可·波罗的说法绘在哥伦布认定的地方。海图上交叉画着一些恒向线（即直线），它们从许多风向图箭头延伸出来，风向图画在大洋中

---

① 首先启发我的是我的古巴朋友班·德尔·格奇特和帕拉洪两先生（极其宝贵的著作《克里斯托瓦尔·哥伦在古巴北海岸的旅程》[*Ruta de Cristóbal Colón por la Costa Norte de Cuba*] 一书的共同作者）。而且我发现这点可由下表证明，也可以由第三次西航中帕里亚湾的距离证明：
1492 年哥伦布在巴哈马群岛和古巴航行时所计算的距离及其实际距离

		哥伦布计算的里格数	实际海里数
10 月 15 日	拉姆岛的长度和宽度	15	15
10 月 19 日	伯德礁——圣佛尔岑岛	12	18
10 月 29 日	巴里艾——贝拉斯克斯角	6	9
10 月 29 日	巴里艾——卡涅特角	10	12
10 月 30 日	希瓦拉——乌维罗角	15	24
11 月 12 日	希瓦拉——纳兰霍	8	13
11 月 12 日	希瓦拉——卢克雷西亚角	18	29
11 月 12 日	纳兰霍——萨马	4	7
11 月 26 日	莫阿岛——坎帕纳角	8	24
11 月 26 日	梅迪奥岛（周长）	2	3
11 月 27 日	坎帕纳角——普拉亚·杜阿瓦	5	8
11 月 27 日	普拉亚·杜阿瓦——弗赖角	8	16
		111	178

平均比率是 1.6 海里等于 1 里格。现在来看安东尼奥·毕加费塔（他曾随麦哲伦航过海）的记载，他说在海中 1 里格等于 4 罗马里，而在陆上 1 里格等于 3 罗马里（＝2.2 海里），或许这就是哥伦布心目中认为他在沿岸航行时所用那种里格，见《文件和研究全集》第 5 辑第 3 卷第 113 页。

一些适当的间隔中。每张海图标有以里格为单位的标度尺，但没有经纬坐标。哥伦布是不考虑纬度的，但注意托勒密的"气候带"（这个亚历山大的地理学家随意画纬度圈），他曾把一张气候表抄入他那本《世界的形象》的空白地方。他以加的斯以西多少"小时"这种说法来代替经度，经度 15 度等于 1 小时。

1492 年 9 月 7 日夜间，哥伦布从戈梅拉岛和特内里费岛之间的停泊地点起航，开始为这一大段航程在海图上"标点"。此时不过是月圆后的两三天，所以他可以看得见两岛。他眯眼看着罗盘标度盘，测出两岛的方位，并计算出与它们的距离。他在他的海图上标出了相应的点，此点即他的出发点。接着他将去印度的航向定为正西方向。9 月 9 日（星期天）黎明时，他估计船只已离出发点 9 里格远了，于是他取来直尺，将直尺边按在海图的出发点上，并使尺边与最近的西向恒向线平行，再用两脚规从海图上的出发点开始沿直尺边截取 9 里格的长度，然后标上一个新的点。这个过程西班牙人叫作 fazer 或 echar punto（标点或加点）过程，或者干脆叫作制图；在英国习惯叫"标图"或"将点标上"。两脚规在海图上刺出一系列的小孔把船只的航行进程勾画出来了。①

哥伦布并不全是独自干此事的。有一次他提到了当他在海图上标记船的航向时，领航员和水手们在一旁观看，并提出了建议。② 此事我们似乎觉得奇怪，哥伦布竟会在他给航行"弄假"时让水手们在场；不过，由此可以看出，在哥伦布时代这种做法人们习以为常。加西亚·帕拉西奥说过（1587 年），高级水手应该有能力在海图上"标点"，他还劝告领航员，如果他领航遇到困难，那他就应该向船长和驾长以及一些可靠的高级水手请教，同他们商量，而且态度应

---

① 《西印度群岛的历史》第 69 章（1927 年，第 1 卷第 312 页）；实例见《牛津词典》和约翰·史密斯船长著《航海入门》中。
② 《航海日志》1492 年 9 月 25 日。

该谦虚。①不过我确信，关于船速，哥伦布是不允许讨论的，我也确信他经常走上甲板，查看值班职员使用他的标准记录航行速度，而不许使用其他标准。

当你不常常改变航向，如同哥伦布出航的大部分情况那样，在海图上"标点"是十分简单的；但是当你必须做逆风换抢航行，如哥伦布返航的头一个月时所遇到的情形那样，要将做"Z"形航行过程中的大量很短促的直线航行路线标在海图上，那会出现严重的误差。在此情况下，靠船位推算法来航行的人就会求助方位表。在哥伦布的《航海日志》里，有证据证明他有方位表，并且知道如何使用它。②方位表的工作原理是将许多条斜向航线化作一个大直角航线：让东或西方向的海里数（横距）与"Z"形航线的东、西向各航线之和等量，让南或北方向的海里数（纬度差）与"Z"形航线的南、北向各航线之和等量。此原理可拿在纽约城寻路来相比。假如你要从五十三街区和第一大街（交叉路口）走到五十八街区和第五大街（交叉路口），你可以这样走：做一连串的北转西转"Z"形运动，碰到交通灯就相应"转弯"，偶尔遇到"顺风"，你还可从某街区的对角线抄近路，因为此街区是个公共停车场。但是，如果你找到一个纽约当地人，并向他问路时，他会说"北五区，西六区"。在他的脑中他已将这短距离的"Z"形运动按方位表的原理化作"纬度差"和东西距了。所以，通过极其简单的计算，哥伦布就能够将多个"Z"形航线或多个方向变化的航线化作一大直角航线。他将这个直角航线画在海图上，并将得出的位置在图上标上一点。接着他在图上测量新点和起点之间的航

---

① 《航海指南》第113—114页。阿廖斯托在《愤怒的奥兰多》（*Orlando Furioso*）XIX第45—46页有船长要全体船员就他们所处的位置进行讨论的记载。

② 在安德烈娅·比安乔所编的《1436年地图册》里画有一个简单的方位表。这是照A. E. 诺尔登斯克霍尔德的《航行》第53页复制的，并且经过德·阿尔贝蒂斯加以改进，见《文件和研究全集》第4卷第1章第176—177、117—153页。参考哥伦布的《航海日志》1493年1月18日和24日的记载。很可能，哥伦布在做短程的Z字形抢风航行时，就使用一种古老的仪器——转罗盘或钉罗盘。这种仪器约翰·史密斯船长在所著《航海入门》中描写过，到本世纪斯堪的那维亚的帆船仍旧在使用。

向和距离，并在《航海日志》上记下"我们往东北足足走了 13 里格"，或者记下别的什么计算结果。

作为一个曾绘制过海图的人，哥伦布对在海图上绘下他自己的发现做好了充分准备。毫无疑问，当他航行前进时，他记下了所发现的每一个新岛屿并将大致的海岸线轮廓描绘在一份空白图上。在哥伦布第二次西航的资料中，我们发现有两处提到在他打算制作的一份海图上连最小的岛屿他都未遗漏；霍赫达 1499 年的航海公认是按统帅送回国的一张大陆地图进行的。1514 年的《诉讼案》中有份证词说，所有哥伦布以后的大陆发现家都是"按统帅绘制的海图前去航海的，因为只有他把他所发现的一切岛屿都绘成了海图"。[①] 随着新的陆地不断被发现，新的海图也不断绘制出来，哥伦布的海图就废弃了，除所绘制的海地岛北部那张草图外，全都废弃不用了。此事给人一种确切的感觉，即哥伦布的制图者声誉已得到了完全确认；同时又使我们觉得十分迷惑不解——哥伦布呈送给双王的海图中竟会没有一幅较大型的。[②]

像一切富有实践经验的航海家一样，哥伦布在船只靠近海岸，或他认为会接近陆地时，经常用测深锤来测量水的深度。在哥伦布的那个年代，以及在那之后的几个世纪里，小船所用锤索的标准长度为 40 英寻；然而哥伦布的船队中任何一只船上所带的深海锤索却长到了 100 英寻，而且有一次，他将两根接起来，制成了一根可测 200 英寻水深的测深锤。对于他试图在海洋中间——这些地方现代海图上标深大约是 2 400 英寻——用测深锤来测量海水深度的举动，我们可以加以嘲笑，但是船只在马尾藻丛生的海中航行，让测深员经常报告"没到底，先生"，对于船只航行的安全来说比在马尾藻海中靠盲目推

[①] 《哥伦布诉讼案卷》第 1 卷第 375 页。
[②] 复制，见后面第 377 页。

测航行要令人放心得多。船只在微风中测量水深是件麻烦的事，因为为了核对船只的航向并使测深锤有落底的机会，船只不得不部分缩帆。由于测水深，船只在靠岸时常常忽略了做基本的防范动作，而且在众多撞岸的船只中，由于忽视收测深锤所引起的撞岸比由于其他原因所引起的要多。[①] 哥伦布在抵达巴哈马群岛之前对测量水深一直是极其谨慎的，在到达巴哈马群岛后，由于一路所见的岛屿之海岸极其陡峭，海水是那样地清澈，以致在见底之前你还以为是无底的，于是他粗心大意起来，所以在圣诞节前夜丧失了他的旗舰。

当时哥伦布航海的辅助工具仅有航海罗盘、两脚规、象限仪、测深锤、海图、直尺、方位表、常用乘法运算表、一种约翰内斯·弥勒（雷吉奥芒塔努斯）的星历表，这种星历表与其说是为航海家设计的，不如说更是为占星家设计的。[②] 没有证据证明他在后来的任何一次航海中增添了此类设备。实际上他在首航中带了星盘，由于不会使用，看来已被扔在一边。两位随他参加第三次西航的海员后来证实他带了"海图、象限仪、乘法表、地球仪以及其他东西"。[③] 所以，实际上，哥伦布是个地地道道的靠船位推算法来航海的航海家。

这不是说哥伦布是个蹩脚的航海家，远非如此。在 1492 年，航海家的技艺大约 99% 是靠使用测程器和罗盘的船位推算法，何况在高纬度地带天气长期阴暗和多风暴，使天体观测根本不可能。所以船位推算法总是航海的基础。在每一艘海洋班轮或战舰的航行工作台上你会找到这条船的"推算航行法"标在一幅海图上，而最现代的天体

---

① 近年有几艘大轮船搁浅是由于过分依赖电测深仪引起的，游艇的主人亦有过同样糟的命运。

② 关于雷吉奥芒塔努斯 1493 年前发表的众多年历、星历表和历书的一份书目提要，见恩斯特·齐纳所著的《柯尼斯堡的约翰内斯·弥勒（雷吉奥芒塔努斯）的生平与事业》（*Leben und Wirken des Johannes Müller von Königsberg genannt Regiomontanus*）（慕尼黑，1938 年）。经 A. 波戈在《伊西斯》XXX（1939 年）第 109—111 页做过考证。哈佛大学图书馆收藏有威尼斯 1484 年的星历表和奥格斯堡 1489 年的年历。说哥伦布用过那个版本是不可能的，除非它是拉丁文本，而不是德文本。在塞维利亚的哥伦布图书馆里没有它的拉丁文副本，也没有它的德文副本。

③ 《哥伦布诉讼案卷》第 2 卷第 22、25 页。有问题的地球仪可能是指浑天仪或天球仪，例如堂·曼纽尔就把它作为葡萄牙的武器。它只被用来帮助航海家去把设想中的热带、黄道和黄道十二宫形象化。

导航制度的设计乃是先假定你用推算法得出的位置，然后通过天体观察来予以校正。哥伦布在 1504 年以前观察天体的不多的几次记录尽是些最荒诞的描述——因为近前一看就会看得出来；但是，像优秀的使用船位推算法来航海的航海家一样，哥伦布凭常识就能把它们丢在一旁不予考虑。现在这样做得比你所想象得更经常。哪一个航海家没有听见过他的同事在经过一番长时间的计算后说道："哦，那不可能对，据我用船位推算法推算的结果表明……"一条由伦敦至百慕大的新航道近几年湮没了，原因就是因为航海家在航行时宁愿信赖天体导航法而不愿信赖他自己的推测航行法，因而改变了航向——航海者自我辩解说是因为在观察天体中看到了金星的下缘！

不过，必须记住，现代航海家是用纬度或经度观察或同时两者都观察（如果天气允许的话）的办法逐日来核对他的推算航行法的，但哥伦布却从来没有学过这个办法。而且由于在航向上误差半个罗经点就意味着船只在横渡大西洋后登陆时将误差 250 海里。显然哥伦布使用船位推算法定船位时是非常小心和非常准确的。也许他比他同时代的优秀海员技术并不特别高超，尽管在第一次西航返航中领航员的不良猜测和在 1496 年他们对他在预定地点准确着陆的惊奇似乎都证明事实恰恰相反。安德烈斯·贝尔纳德斯曾在事后直接从统帅那里获得过信息，他写道："尽管他必须从一个大陆去到相距很遥远的、中间看不见任何其他大陆的另一个大陆，尽管他横跨大西洋 1 000 里格，如果不是风暴的力量压迫他，阻止他施展技巧，他连 10 里格的误差也不会有，然而却无人认为他是优秀的领航员和优秀的驾长。"[①] 今天像哥伦布那样靠船位推算法航海的航海家是不复存在了；在活着的人中间，能够用哥伦布所掌握的仪器及工具获得他那样准确结果的人，一个也没有了。

---

① 《教皇史》（见《文件和研究全集》第 1 卷第 1 章第 261 页）。

253 　　当然，首次出航是不好检验航海术的，因为船队决心连续走一段足够长久的时间去找到它想找到的什么地方。但是它在巴哈马群岛和沿古巴海岸航行一个月的月底，哥伦布就差不多确切知道，对他在巴哈马群岛中所经过的一个岛而言，他实际上已到了什么地方。他在回国途中看到了亚速尔群岛可能是他碰上了好运，但他的《航海日志》却证明他当时已知道离亚速尔群岛相当近了。还有，就算在多米尼加登陆是走运，但是他又一次找到了回国的航路，此次没有瞄准亚速尔群岛，而且靠岸处偏离预定目标也不过 35 海里。第三次西航时他采用大迂回航行的办法，找到去伊斯帕尼奥拉岛的航线；在第四次西航他找到了安的列斯群岛，该群岛的位置与他预想的相差不过 50 海里。他在尼加拉瓜和达连湾之间往返航行了数月之后，他就知道了牙买加所处的位置。这一切他是怎样做到的呢？靠坚持不懈的警惕性和小心谨慎的推测航行法，将每次航向或速度的变化记下，将所发现的一切新岛屿和海岸随时标记在海图上。别人睡觉了，他还在观察和计算；他是那种只要风向或航向一变化，即刻就能醒来并走上甲板去查看和测量的指挥员。他在后来几次航行中深受健康恶化之苦、关节炎老是折磨着他。他这个有病之身主要是睡眠不足和责任心太强，常年风吹、雨打、日晒所造成的结果。但是撇开这一切不谈，哥伦布必定具有血统航海家所具有的天生的方向感，他也具备一个经验丰富的海员根据云层、水状和风的运动来预测气象变化的知识。

　　哥伦布曾受到两个人的称赞，一个是与他同船航过海的水手，另一个是位科学家。一个航海家要得到比这更好的称赞是不可能的了。米凯莱·德·库内奥在他第二次西航中所写的信的末尾写道：

　　"但是有件事我希望你知道，那就是，依本人的愚见，因为热那亚毕竟是热那亚，在实际航海中像上面提到的那位尊贵的统帅那样生来就风格高尚和工作热心的人还没有第二位：因为在航行中，他仅仅依靠观察云层或在夜晚观察星星，就可以预知会发生什么事情和天气是否会变坏。他本人既会驾驶又会掌舵；而当风暴过去后，别人还在睡觉时他就亲自在张帆了。"

一个船长如果不能管好船员，那他就什么事也办不成。库内奥的赞誉说明哥伦布的品质是构成他的航海术的基本成分。任何一个受蒙蔽相信哥伦布是一个监工、一个严峻的军纪官和一个残忍的利己者的人，想一想库内奥的这段话：看这位海洋统帅当筋疲力尽的水手在休息的时候，是不是像上面讲的他在亲自掌舵或亲自张帆。我喜欢设想：当船只在大风中顶风停泊之际，哥伦布大概是和一两名水手一道在值班；还有，当天气宜人之际他大概是从睡在"尼尼亚"号甲板上的人群中小心翼翼地选择路径去解帆下角索和帆脚索，并且迎风把大主帆的帆脚索扣紧，使大主帆张平。

另外的称赞来自布拉内斯的海梅·费雷尔。他在科学航海方面的声望这样高，以致双王都向他请教如何划分（西班牙和葡萄牙在海外的）分界线。他在提出各种各样的建议后，回答道："如果在这上面我的决定将会出现什么错误的话，我将常常接受那些比我知道和了解得多的人所提出的修正，我特别乐意接受印度统帅所提出的意见，在这些事情上他比当今（1495年）其他任何人要知道得多，因为根据他那值得纪念的成就表明他是一个伟大的理论家和了不起的实践家。"[①]

此外，与哥伦布同时代的一些伟大的西班牙航海家和发现家——胡安·德·拉科萨、佩拉隆索·尼尼奥、比森特·亚涅斯·平松、阿隆索·德·霍赫达——都是在他的指导下被培养出来的。西班牙人惯于妒忌外国人，在承认上述事实时并不大方，而且在哥伦布死后，王室还利用它的巨大势力来贬低他并抬高马丁·阿隆索·平松的声望。我们将在适当的时候再谈论此事，现在暂且记下一名普通的退

---

① 撒切尔著《克里斯托弗·哥伦布：生平、事业和遗物》第2卷第194、197页。

役海员米古埃尔·德·托罗于1514年在波多黎各的圣胡安城所写的一份证词：

"对于第十个问题"（一些陆地的发现家都跟统帅一道航过海，统帅在海员技术方面向他们传授过许多东西，他们看到统帅的努力和知识都深受教育：这些是不是真的？）他回答道："他和几个领航员航行过几次，著名的有佩罗·尼尼奥和胡安·德·拉科萨。他们都说他们了解他们经过的那些地区，因为统帅曾引导他们去过；他们经常赞扬统帅，赞扬他的航海知识和技术。"①

如果哥伦布用数学充实了他的实际技术，那他会不会成为更优秀的航海家呢？当然，他会。如果他能够靠观测太阳或北极星确定某地的纬度使误差不超过1度，像1500年别人所知道的那样，那么后来的航海家定会获益匪浅。甚至连双王也曾抱怨他没有做到这点，他们曾盼咐他在第二次西航中带上一位像安东尼奥·德·马切纳修士那样博学的占星学家，完全由他来确定航行位置。但是，像很多旧时代的指挥官一样，哥伦布不想要船上任何什么人来告诉他船到了什么地方。而且他把西印度群岛看作东方的印度这一固执观念又是那样的强烈，以致他在1493年和1503年根据日食观察，参照雷吉奥芒塔努斯的历书，算出来的经度也完全不切实际。

在未知海洋中用船位推算法无法对付的另一现象是海流。当帆船跨越或进入像湾流那样的海洋巨流时，你在球面上一天的航程可能和你通过水面的航程相差50海里之多。除非你预先知道海流的力和方向，那只有依靠天体观察才能校正你靠罗盘和推测航行法所定的船位，并得出以纬度和经度为标志的近似位置来。对哥伦布来说，幸而除第三次西航的出海航行外，他几次横渡大西洋都是在海流微不足道的海域航行。看来他受到加勒比海赤道暖流阻扰的唯一的一次是在

---

① 《哥伦布诉讼案卷》第1卷第396—397、417页（和塞维利亚所藏的原件核对过）。

1498年，当时他从马格丽塔岛出发打算去圣多明各，结果却到了阿尔塔·贝拉岛。

因此，说哥伦布是个伟大的航海家，这并不单是根据他做了些什么事，而是根据他怎样做好这些事来判断的。他不是作为一个拥有最受欢迎的计划的业余爱好者，而是作为一个在航海技术方面具有实际经验的船长率领船队航行的。他为他的船队装备了他那个时代生产出来的优良的——虽然不是最优良的——航海用具和仪器。他朴实地意识到自己的不足，他在最后那次航海前写给双王的信中断言："随着船用仪器和设备的完善，那些打算去已发现的岛屿航海和做买卖的人，将会获得比他更多的知识。"[①] 他是光靠罗盘和推测航行法推算船位的航海家。除了这种惊人的才能之外，他还具有法国大航海家吉恩·夏尔科所承认并命名的"海员感觉"（Le sens marin），这种感觉使得他知道怎样去指出"船在海洋中间航行的航路"并且把这条航路标绘在海图上：这种感觉是不可理解的和学不到的，它是由上帝赐予的天才。

[①] "航海技术"，1502年的信（撒切尔著《克里斯托弗·哥伦布：生平、事业和遗物》第3卷第241页）。

第十四章　横渡大西洋[①]

1492 年 9 月 9—30 日

> 摩西就向海伸杖，到了天一亮，海水仍旧复原。
> ——《出埃及记》，第 14 章，27 节

按照海员的观点，近代史上这次最重要的航海也是最容易的一次航海。哥伦布的最大困难，找船只、募集人员和求得王室认可，在他的船队驶离帕洛斯港时都已经得到解决。船队在"试航"至加那利群岛并在拉斯帕耳马斯修整一番并重新装帆后，就进入了航行的良好状态。他们准备的淡水、酒、粮食和备用品足够维持一年。所有职员和水手在船上相处已有 5 个星期，彼此已互相熟悉，对船只也已习惯。现在，加那利群岛已消失在东方的地平线下，葡萄牙的战舰没有露面，而"风儿又来得顺利"，哥伦布心情平静，对成功满怀信心。他知道（因为他读过大量的地理书籍）西班牙与印度地区之间的海面是狭窄的，能够在不多的日子里轻松地横渡过去。[②] 假如我们在"印度"的前面加上个"西"字，他的估计难道不对吗？从出发到首次登陆花了 33 天，算得上时间不多，因为那个时代旅行是记日子的。33

[①] 就绘制哥伦布首次西航出航的航路图而论，哈佛哥伦布远征考察队的约翰·W. 麦克罗船长的研究——《哥伦布首次西航的航海术》，见《美洲海神》第 1 期（1941 年）第 209—240 页——取代了早期的尝试研究，例如，邓拉温的研究（见费尔逊·扬著《克里斯托弗·哥伦布及他发现的新世界》[Christopher Columbus and the New World of his Discovery] 一书的附录）。德·阿尔贝蒂斯的研究（见《文件和研究全集》第 4 辑第 1 卷第 178—207 页）和奥伊根·盖尔基希（Eugen Gelcich）著《哥伦布首次西航时的去程航路》(Die Route des Columbus auf der ersten Hinreise)（社会地理学杂志）（柏林，1885 年）。有关哥伦布《航海日志》的题名可参考前面第十一章第 218 页注①。

[②] 见前面第六章。

天的时间比一个罗马人走到英国去所花的时间要少，比一个香客从法国北部走海路去圣地朝圣所要花的时间也要少。唯一的问题是，这"不多的日子"对哥伦布手下那些船员是不是太多了？在目标刚要冒出地平线时，这些船员由于害怕，是不是会强迫哥伦布返航？此事在巴塞洛缪·迪亚士的船上就曾发生过。无疑，对别的勇敢的船长也是如此。

换言之，哥伦布此次航海，摆在他前头的困难完全属于精神上的或（如果你要这样认为的话）心理上的，实际困难一个也没有。他既没有遇到过暴风雨，也没有碰到长久的无风天气；既不是逆风航行又没遇到波涛汹涌的海面；食品或饮料都不曾短缺，也没有什么麻烦事情来打扰他这样一支结构合理、装备精良、专为远洋航行所建造的船队。如果哥伦布在这支船队返回西班牙之前就死在西印度群岛，那倒是有理由认为他不过是个理想的能干海员，但不是一个伟大的航海家。能证明他具有最高级的航海技术的机会出现在 1493 年的回国航行中以及在其他另外三次航行中。

邓拉温勋爵这个曾对哥伦布首航时所采用的航海术做过一番研究的英国快艇主人宣称，假如有艘现代帆船想从帕洛斯航行到巴哈马群岛，然后再返回来，它"不可能找到一条比哥伦布出航和返航所采用的更佳的航线"。[①] 乔治·纳恩，在研究了哥伦布的首次西航后，断言哥伦布了解所有有关海风和海流的一切基本知识，"他了解得如此详尽彻底，以致在整个航行中，他连一个简单的错道都没走过"。[②] 对这两项评价都需要留有考虑的余地。从加那利群岛往西航行，离开信风地带就进入了无风和不定风的"回归线无风带"。而且在哥伦布

[①] 费尔逊·扬著《C.哥伦布及他发现的新世界》（第三版，1911 年）第 422 页。

[②] 乔治·E.纳恩《哥伦布的地理概念》第 43 页。我没有找到证据证明哥伦布说过他具有如此广博的海洋学知识。我们可以有把握地设想哥伦布知道北大西洋盛行西风，非洲海面刮东南信风和加那利群岛那个纬度带刮东北信风。他无疑希望这几种风最后会将他送往印度。

航行了几天后，10月所刮的（儒略历的9月22日是我们所讲的10月1日）东北信风北界刮到了他的航线的南边，大约沿着北纬26度延伸，所以他只在这段航程的最后几天才又进入信风地带。信风的北界是不固定的，其变化无法预料。有些年你要走得更北一点才遇上这种风，像哥伦布所遇到的就是这样；而在另外一些年月中，你又要走得更南一些，才碰得着它。1937年11月，我们的"玛丽·奥蒂斯"号直到南纬20度才遇上它。在这段海面上哥伦布船队平均航速达到了5节多，而"玛丽·奥蒂斯"号却不到2节。今天任何一艘从西班牙出发行去西印度群岛的帆船，不论是否在加那利岛停靠，建议在转上西向航线前最好尽量沿北纬15度（特内里费岛以南500海里）航行。甚至连9月从北欧到纽约的受欢迎的信风航线也是按北纬24度（距费罗岛所处纬线以南约250海里）行驶的。所以说哥伦布选取的路线并不是最佳航线，哪怕就他想象中的日本国位置——加那利群岛以西750里格——而言也是如此，所以对于进行这样的一次航海，他选取的航线并不恰当。他有着我们美国人称之为"了不得的好运气"，在刮飓风的季节里如他所做过的，他是沿着回归线无风带的边缘航行的。他所经过的，没有一个暴风雨的日子，也没有哪个日子绝对平静无风，而只是风向不定而已。你可以说他运气好透了，但是幸运总是赐福于勇敢者。①

9月9日，是哥伦布走过费罗岛的日子，"他决定计算航程要少于他走过的航程，这样如果航程远了，船员们就不会害怕和沮丧"。②施行这种骗术对他来说极其容易，因为根本就没有人敢于检查一个指

---

① 据我所知，还没有人试图完全按哥伦布的航线航行过。"圣玛利亚"二号于1893年3月在改变航向前顺流直下，到达了北纬21度、西经33度18分（孔卡著《圣玛利亚》号船史》[*La Nao Historica Santa Maria*] 第74页），而E. A.德·阿韦蒂斯船长1893年7月乘小帆船"科萨罗"号横渡大西洋时，选择的航线在哥伦布的航线以南约4度。"科萨罗"号于6月23日离开加的斯，27日见到特内里费岛，29日在西经21度30分附近穿越哥伦布的航线，7月20日出现在圣萨尔瓦多（《"科萨罗"号的巡航》[*Cruciera del Corsaro*] 第23—37页，并附有航线图）。

② 这些引用语和所有其他那些别处没有提到过的引用语都取自《航海日志》。

挥官的计算。考虑到他必须与之打交道的这种人，采用这种策略是完全恰当的和合乎道德的。海员是伙奇特的人，令陆地上的人不大理解。同是一个人，他既有特大胆子能在8级大风中往桅杆上爬，或者驾一条小舟去救援一个同事；但是碰到自己没经验的事情时，却又害怕得像一匹胆小的屠马。如果他的迷信习俗受到某件事情妨碍，例如要他在星期五出航，那他会在整个航程中心神不宁。为探险考察队征集普通海员一直是件困难的事情，至少到宣传"海狗"的时代①都是如此。哥伦布知道得非常清楚，船员们吵着要返航的时候会要到来。他想通过告诉他们，说他们离家并不很远，只不过比去非洲那样的航程稍远一点儿，非洲他们不是已经去过吗？他希望借此能够使他们平静下来。有趣的是他心中高估了的速度和距离，和他向无知的海员所低报的速度和距离，数量差不多相等。这样就使得他的"伪造"计算结果比他的"真实"计算结果更接近实际！② 几个领航员都各自独立进行船位推算，有一次对4个推算数据进行比较，结果，"圣玛利亚"号的佩拉伦索·尼尼奥的推算最接近实际。

那些航海知识受现代大功率船只（它们常常有偏离航向的趋势）局限的人可能会对哥伦布在《航海日志》中所谈航向的准确性表示怀疑。但是通常保持方帆帆船的帆向比保持汽艇的航向比较容易些。在风向稳定的情况下，舵手只要看着罗盘不时亲自进行检查核对，就能迅速觉察出帆船航行平稳。哥伦布的舵手小心翼翼地接受值班职员的指挥，值班职员的眼睛则盯着罗经柜里的一只标准罗盘。在9月9日

---

① 大约指伊丽莎白一世时代（1533—1603年），因海狗（sea dog）指有经验的水手，尤指伊丽莎白一世时代的船长。——译者

② 麦克罗船长（《美洲海神》第1期）查明哥伦布在首次西航出航途中所估算的距离多估了9%。换言之，如果你将《航海日志》所提供的逐日距离数减去9%，再按《航海日志》绘制航路图时，再应用范·贝梅伦在1500年所做的罗盘磁差图，这样你就会使船队在10月12日早上2点时离圣萨尔瓦多不会超出几海里。我发现哥伦布在以后的航行中有两个距离测量数字（克鲁克德岛海峡、向风海峡）同样需要减去9%。因此，当哥伦布说用里格表示海中距离单位时，他的意思是指每里格为2.89海里，而不是实际应该的3.18海里。见前章有关里格的注解。

的《航海日志》中，哥伦布说"船员，驾驶得很糟，竟使船朝西偏北，甚至朝西北西方向航行，统帅为此多次责骂他们"（假如把他们看作是驾一条渡船在横渡塞维利亚河，那可以想象出这责骂是挖苦式的询问：是不是有个姑娘在亚速尔等你，等等）。现在像"圣玛利亚"号那样大小的帆船，借助清新的信风和涨潮的力量在海上飞速行驶，如果舵手使船向上风处偏离航向一两个罗经点，假使他又能使船的航向向下风做相应的调整，弥补了损失的话，那他不会被认为是犯有严重的过失。驾驶"圣玛利亚"号和它的伙伴一定是十分注意的，半点也马虎不得。因此，在《航海日志》里再没有看到更多抱怨舵手操舵技巧低劣的语言。

航行的头 10 天（指 9 月 9—18 日），信风不断地刮着，好像会永远刮下去似的，船队坚定不移地朝西前进，一共航行了 1 163 海里。航速最少的时候，24 小时走 60 海里，最多的时候达到 174 海里，对于载重量像它们这样的帆船来说，这个航速确实要算最好的了。[①] 这是航行的蜜月时期，也是老练的水手梦寐以求的一种航行。信风和海流在船尾推动着船儿前进，船做着有规律的起伏和摆动，水手们在船上行走自如，他们无须修帆和升帆，又无须拉动帆脚索和转帆索。海景无比美丽（你这个自以为懂美学的人，别以为普通海员不会欣赏海上美景），蓝蓝的大海闪闪发光，大团大团的信风云从船的后面不断升起，不慌不忙地越过头顶，消失在西边的地平线下。天气温和，不冷不热，但可爱的信风总使人有清新之感。打扫打扫船儿，处理一下船上的例行公事，观看小鸟和飞鱼，除此以外就无事可干：船员们就这样打发时光，一心盘算着去日本国采黄金。

拉斯·卡萨斯给 9 月 16 日《航海日志》所作的摘录是："统帅在此说道，清晨的风给人以很大的愉快。"这句话引起了多少回味啊！

[①] 哥伦布所记的距离数平均都算了 9%，本书所引用的数字均为扣除后的净值。

在信风习习中，迎来一个芬芳、清新的黎明，狡猾的东方喷射出金字塔形的灰白色光芒，星星渐渐变得暗淡无光；海员们在这热带曙光微明的短促的早晨忙上忙下，连珠炮似的说出各人的爱好。随着太阳渐渐升起，云层上射出了玫瑰色的光芒，使横帆突然从深灰色变成金黄色，甲板上的露水在渐渐干涸，从那里发出难闻的气味。总的感觉是上帝在天上布施恩泽，使世界上一切都变好了。"这里的气候像安达卢西亚的4月，"哥伦布说，"唯一的欠缺是听不到夜莺歌唱。"嗯，你岸上人能听到夜莺歌唱，我却会看到闪光的水手鸟不时尖叫着从头顶飞过。还有毛茸茸的小海燕远远地绕着船儿掠过水面。它们一面啄食着船的泔脚中或尾波中的浮游生物，一边轻柔地喊喊喳喳叫唤着。

这些鸟儿或者被哥伦布称呼为芦苇尾的热带鸟儿在这儿并不少见。旧时海员称它们为水手鸟，"因为它们的尾部带有捻索锥"。我们的"卡皮坦"号在大洋中航行时曾有两只水手鸟落到了船上。哥伦布和他手下的船员（他们并非鸟类学家）认为，这些鸟儿以及一些他称为北极燕鸥或者指小水手鸟的鸟儿的出现显示离陆地不远。不过那天（9月14日）离船队最近的陆地是亚速尔群岛的圣玛利亚岛，在北北东方向，距离为570海里。

9月16日（星期天）船队越过西经33度。哥伦布他们首次看到了马尾藻或叫果囊马尾藻——"众多簇生颜色碧绿的水生植物，骤然一看，它们似乎是从陆地上扯来扔在水中的（看上去很像）。据此大家判断船队已接近某一岛屿，但是统帅认为没有接近大陆，他说：'因为我觉得大陆离此还远着呢。'"① 第二日，他们见到的果囊马尾藻更多，并在里面发现一个活的螃蟹。这种小小的绿色的节肢动物大约有

---

① 注意，此陆地是指他正在寻找的大陆。维尼奥忽视了这段重要记载，如果他看到这个记载的话，那他无疑是把它作为拉斯·卡萨斯的不诚实捏造而不予考虑。

拇指那样大。船队正在进入马尾藻海。这是北大西洋中一个极大的椭圆形海区,它东起西经32度,西至巴哈马群岛,南起北纬18度,北至墨西哥湾流。或许船上的人以前都没有看到过马尾藻,因为在往亚速尔以西不超过一天的航程中,人们难得遇见它,而在西班牙或葡萄牙至非洲的航程中这种东西几乎根本就没有。但是关于此物我们的老朋友佩德罗·德·贝拉斯科曾告诫过哥伦布,并建议他遇到此种水生植物时应保持直线航行。① 费迪南德说,9月21—22日船队进入一大片黄色和绿色的海中草原时,船员都感到惊恐,他们害怕自己被"冻结"在马尾藻里,花了很多时间试图寻找开放的水域。实际上,马尾藻对航行是无妨碍的,② 因为即使它在海面形成一块几乎不断连续的草垫,但草垫的厚度绝不会超过半英寸,它容易分开使船头进入并不困难。只过几天,每一个船员对它习以为常,司空见惯了,而"看见大量的水草"却几乎成了哥伦布《航海日志》里天天都有的一句老话。不过,哥伦布受阻于马尾藻海所产生的迷信传说至今仍旧存在。

哥伦布进入马尾藻海安然无恙,这就足以使他这一次航海成为航海史上最重要的一次航海。③ 关于这次航海迄今知道的仅有一些模糊不清的、自相矛盾的和耸人听闻的资料。哥伦布认为这种水草生长在离亚速尔群岛不远的海中礁石或海底暗礁上,风暴把它们从那里吹刮而来。他的理论消失很难,因为沿美洲热带海岸的礁石上确实长有类似植物。哥伦布的理论在一个世纪以前仍然是像洪堡这样的大科学家

---

① "平塔"号船上的水手弗朗西斯科·加西亚·巴列霍 1515 年所写的证词(《哥伦布诉讼案卷》第 2 卷 222 页),说哥伦布大约在 9 月 21 日时曾表示,愿意在航行 160 里格后返航。这个奇谈在阿隆索·贝莱斯(阿利德)和阿隆索·加莱戈(两人均未参加哥伦布的航海)1536 年所做的证词中已变得非常圆满。贝莱斯说,当他们到达马尾藻海,哥伦布打算返航时,巴斯克斯告诉马丁·阿隆索,他不应该同意返航,而应该照直走下去,因为不可能找不到大陆,而且他们非这样做不可;因为上述葡萄牙王子(佩德罗·巴斯克斯曾受雇于他)就是由于没有继续走下去,而未发现上述大陆,也就没有到达该大陆。在马丁·阿隆索和哥伦布航行回来后,据说确有人讲哥伦布在到达马尾藻海时曾打算返航,而马丁·阿隆索由于他(巴斯克斯)提出的建议,而没有同意。

② 奥维多提到此事,见他的著作第 2 篇,第 5 章(第 1 卷第 23 页)。

③ 夏尔科著《航海家克里斯托弗·哥伦布》第 119—129 页。

所主张的理论，甚至直到本世纪也得到了严肃的维护。① 1873 年"挑战者"号的探险否认了这种海岸的存在，给他这种理论一个打击。丹麦科学家温格在参加 1908—1910 年的丹麦海洋学考察②后所写的报告中，断言果囊马尾藻是一种浮游的多年生植物，是在史前年代分散的藻类的后裔。它自身分段繁殖。它的一头不断地长出略呈绿色的新嫩芽（这个情况哥伦布看到了），而另一头却干枯变成棕色。哥伦布所记的"一种果实"是一种浆果似的充满气体的小球，小球使海藻能在海面漂游。

在这理想的 10 天航行中唯一使人沮丧的现象是罗盘指针明显存在磁差。9 月 13 日，哥伦布报道，夜晚开始时，磁针朝北极星的方向偏移，而到早晨，它偏到了北极星的东北方向。还有，在 17 日这天，领航员"为了做标记，定北向"。定北向是一种古老的风俗情况，这个曾被叫作"领航员祈福"的传统做法是将手臂抬起，手掌摊平至两眼前，并指着北极星，再让手臂垂直落在罗盘盘面上，看磁针是否偏离正北方。这次定北向，他们发现磁针"向西北偏了整整一个罗经点，水手们惊恐，苦恼，然而又说不出原因来"。船员们一直习惯于在罗盘磁针有偏东现象的地区航行，船队在 14 日进入了磁针偏西地区，他们之中就没有一个人曾经有过这种经验。"统帅知道，"9 月 17 日的《航海日志》继续写道，"并命令在黎明时再定一次北向，找出磁针所指的实际方向。看来原因是北极星有移动，而不是磁针偏离。"

哥伦布是对的。据天文学家描述，1492 年北极星距天球北极的

---

① A. 范·洪堡《批判研究》第 3 卷（1837 年）第 64—107 页，此书附有一份取自中世纪作家和传说的最有用的资料集；C.C. 狄克逊：《马尾藻海》，《地理学杂志》第 66 期（1925 年）第 434—442 页。

② 霍斯·施密特编《丹麦海洋考察报告》（哥本哈根，1923 年）No. 7，III 第 1—34 页。F. S. 柯林斯所做的摘要"马尾藻海"不错，见《若多拉》XIX（1917 年）第 77—84 页。耶鲁大学 A. E. 帕尔教授据在马尾藻海不同海域所采取的标本估浮漂的果囊马尾藻总重量，结果表明漂浮在海面的马尾藻其体积比附着在海底的马尾藻的体积要大上好几倍。

半径范围大约是 3 度 27 分，现在，这个半径范围或极距是 1 度。

在 1492 年 9 月中的傍晚时分，北极星位于天球北极运行轨道东方的最远端，在 13 日（当时没有磁差）刚刚黄昏以后磁针指着北极星以西大约 3.5 度的地方，而在就要天亮时，磁针以同样小的角度指着北极星以东的地方。在仅标划 32 个罗经点、两罗经点夹角为 11.25 度的罗盘标度板上能看出这么小的磁差是令人感到惊讶的。9 月 17 日，船队进入磁差西偏 2 度的海域，磁针在傍晚时偏离大约 5.5 度，不到半个罗经点，不过，"领航员祈福"法并不十分准确。天快亮时，北极星已从一头移至另一头，它和磁针相差不过 1 度多一点。预测一下，9 月 30 日，船队到达磁差西偏 7 度的等偏线上，哥伦布观察到，磁针在傍晚时西偏整整一个罗经点。北极星此时位于天球北极以东约 3 度 20 分的地方，这个角度加上实际磁差 7 度简直可以说将近一个罗经点所占的角度（11.25 度）。拂晓，哥伦布说，他们处于"北极星的右方"。北极星已移至运行轨道中另一端的最远点，实际的磁差偏西 7 度要减去用磁针观测到的 3.5 度，而此次，哥伦布却没有注意到这个小误差。哥伦布终于认识到他观察到了罗盘有偏西现象，而指出这种现象的，哥伦布无疑是第一人。但是，在这次航行中，他却多少在力图拒绝接受如此新奇并令船员不安的这一现象。当时他自己所发现的是北极星每天有自转的现象，这是一个事实，这是中世纪和文艺复兴时代后期许多天文学家所拒绝接受的一个事实。好几个世纪以来，注重实践的海员都设想北极星标志正北方。①

9 月 18 日，船队 24 个小时航行了 159 海里。这是当月最后一个航行顺利的日子。哥伦布的航线正在使他离开信风地带；他很幸运，他

---

① 进一步的论述见后面 1496 年哥伦布返航那一章和《哥伦布与北极星》一文（《美洲海神》第 1 期第 13—17 页）。在此文中，我把 1492 年的极距定为 3 度 39 分，但是自那之后詹姆斯·G.贝克博士为我计算了一次，他算出的结果为 3 度 27 分。如果哥伦布在这次航行中断定他发现了罗盘存在有偏西磁差，那他就会据此修正他的航向，因为他的目的地是正西 270 度。1498 年，他于玛格丽塔岛以北处观测到 17 度的偏西磁差，他随即修正了他的航向。

沿着北纬28度航行，船队到了西经40度，19日，"海上平静无风"，船队仅往西航行了72海里。海涛逐渐平息下来，天空出现多少有点静止不动的云团，一阵阵的蒙蒙细雨，鲣鸟和其他海禽（例如北极燕鸥、一种往西迁徙的海燕科海鸟，哥伦布不认识它，还以为是陆地鸟）在翱翔，"尼尼亚"号捕捉到一条金枪鱼，甚至在马尾藻中看见了螃蟹。对于首次横渡大西洋的这些头脑简单的海员来说，这么多现象都是船队快靠近陆地的迹象。哥伦布在船上所用的那份海图，像现代最糟的海图自吹的那样是"根据最可靠的原始资料编纂而成"，它表明船队所处位置的两边都有岛屿。于是人人都兴高采烈起来。"尼尼亚"号和"平塔"号快速地走在旗舰"圣玛利亚"号前头，希望获得首次发现陆地的奖赏。但哥伦布命令松开"圣玛利亚"号主帆的附帆，因为此时风力正在增强。①

19日，三船的领航员合计船队的位置，"圣玛利亚"号的佩拉隆索·尼尼奥估计船队处在加那利群岛以西400里格的地方。这是根据哥伦布提出的"伪造"的船位推算出来的结果——这个结果几乎是很正确的！"平塔"号的克里斯托瓦尔·加西亚·萨米恩托推算是420里格，而"尼尼亚"号的桑乔·鲁伊斯则推算为440里格，这个数据非常接近哥伦布自己以9月8日起风时所处位置为起点所做的估算。实际距离约为396里格或1261海里。② 哥伦布说，尽管他确实感觉到船队正从两岛的"中间穿过"，但他不希望为了确定是否有陆地而做

---

① 见费迪南德著作第17章（第1卷第141页）。
② 此为到20号日出时的船行距离，由麦克尔罗伊船长计算出来的。不幸的是不清楚领航员们所估算的海里数是从9月8日早上3点他们在戈梅拉和特内里费之间的海峡的出发点算起的，还是从9月9日他们经过费罗岛时那个地点算起的，此地方我估算比9月9日拂晓时哥伦布所处位置远8海里。哥伦布在晚年叙述此次航海时间为33天，暗示了后者。计算可用下表表示，每里格为3.18海里：

	鲁伊斯	加西亚·萨米恩托	佩·尼尼奥	哥伦布		麦克尔罗伊所算	
				以费罗岛为起点	以9月8日出发点为起点	以费罗岛为起点	以9月8日出发点为起点
船行距离 9月8—19日（单位：里格）	440	420	400	418	436	379	396

"逆风换抢航行,这样会耽误行程,因为他的愿望是继续前进直去印度。'天气是有利的,因此,到返航时如果上帝照应,一切都会看得到,这些话是他说的'。"① 实际上,当时离船队最近的陆地是亚速尔群岛的佛洛雷斯岛,在东北方向大约 850 海里处。去美洲,他们还未走完一半路程。

次日,9 月 20 日,信风停息,船队不得不改变航向:"今日朝西偏北和西北西方向航行,因为风向变化不定。"一些鸟儿落在船上,其中有些被误认为鸣禽。尽早登陆的愿望增强了。在风平浪静之际,哥伦布命令抛下深海测深锤。测深锤放下 200 英寻仍不到底② (在现代海图上这里标示的最深度是 2 292 英寻)。在此后的两天中船队走了 57 海里,因为船队所在的大西洋北部海域在 9 月份,绝大部分日子是处于无风、微风和风向不定的状态,而不论刮什么风只要有风就算幸运了。21 日清晨,〔船队来到〕一片长满水草的海面,海水"像河水似的很平静,空气也是最好的"。这一天在太阳下落后,船员们见到了新月。

哥伦布对没有信风是感到懊丧的,但他总能从反面事物中找到安慰。在 9 月 22 日的《航海日志》中(当时船队只有朝西北西航行为宜)他写道:"这种相反方向刮来的风对我更加有用,因为我的船员心情正在激动,认为在这个海面上不会刮能让他们返回西班牙的风。"他们遇到的好事太好了,可是他们总能找到可抱怨的事情来。翌日,当风势减弱之时,"船员们抱怨开了,说既然在海上一直没有见过汹涌的波涛,那就证明回西班牙时绝不会刮大风"。行了,孩子们,只要等上几个钟头,老头子就会明白他的废话了。"后来,海上平静得

---

① 《航海日志》9 月 19 日;单引号内的话是拉斯·卡萨斯从原本上摘录来的。参见《航海日志》10 月 3 日记载,"这里统帅说,上星期他不想耽误时间做逆风换抢航行,虽然他掌握了此地区必然有岛屿的资料,还是不停留,因为他的目的是去印度"。马丁·阿隆索当时可能强烈要求他为此岛屿再做一次探索,在探寻此岛一事上,他显然比哥伦布更感兴趣。

② 见费迪南德所著《海洋统帅克里斯托弗·哥伦布的生平和事业史》第 18 章 (第 1 卷第 142 页)。

多，风也没有了，这情况使船员们惊讶。"在西南方远处必定起了飓风，因为眼下正是赤道大风盛行的时节。哥伦布的信心提高了："这样，波涛汹涌对我很有用，这样一个征兆除在犹太人时代外从未出现过，当时犹太人逃出埃及，反而埋怨引导他们摆脱俘虏生活的摩西。"①

哥伦布常常喜欢把《圣经》中的故事比拟他本人的生活和冒险，但是把他这次航行与摩西率领犹太人私下进入迦南地区，或者把它与摩西为一个受迫害的民族寻找新家园的雄心相提并论，那是滑稽可笑的。在9月22—23日所做的这些记载中，真正意味深长的事情，如夏尔科指出，②是船员们对连续多天的顺利航行觉得心神不安了。此事证明他们以前没有在信风中航行的经验。如果说哥伦布无论什么事都比船员知道得多些的话，那也多不过一点点；他的安详自如来自内心的信念和信仰，而不是来自知识上的优势。前面说"对我很有用"，这是一个海员对众多海员所讲的话。小帆船上的水手谁也不会欢迎波涛汹涌的海面。波涛汹涌的海面会使航行更加困难，更加危险。哥伦布能在恶劣的天气中或在波涛汹涌的海面上航行，但他绝不会喜欢这种航行，而且恐怕也不会这样说。哥伦布解释说他之所以欢迎波涛汹涌的海面只因为这样能提高他在船员中的声望。而当海上平静时，他会情不自禁地喊道："感谢上帝！"在狂风暴雨的天气中和在波涛汹涌的海面上假装得意，以及在平静的海面上航行总爱说单调乏味的人，不过是贪图声誉装模作样以蒙骗别人罢了。

在秋分节那个星期里，5天行驶234海里，船速确实够慢的了。船员中甚至有些人下水去游泳。在这些个无风和微风的日子里，船员们自在地相互取笑，职员们从容地协商事情。海上风平浪静，船

---

① 这个故事见《旧约·出埃及记》第13、14、15、16等章。——译者
② 《航海家哥伦布》第140—141页。

队总指挥无论什么时候发出信号，船员们都能划动长桨使船只前进。没有风的呼啸声和汹涌的波涛声，船员就可以毫无困难地隔船交谈。9月25日，"平塔"号为了与哥伦布讨论海图上一个神话式的群岛位置（此图是哥伦布三天前借给马丁·阿隆索的），靠近旗舰与之并排前行。平松显然对找到此岛特别感兴趣，他希望花更多的时间去寻找它，因而他声称它们必定在周围的某个地方。哥伦布"回答说，他的看法也是如此，但是既然没有碰到，那必定是存在着海流……船队一直在向东北方向漂移，因而他们没照领航员所说的那样走很远去寻找"。[①] 马丁·阿隆索用一根绳子将海图送至旗舰上，于是哥伦布"和他的领航员以及船员一道开始在图上标绘船队所处的位置"。

进行标绘之际正好是25日日没之时，马丁·阿隆索突然奔到"平塔"号的船尾甲板上，高兴地大叫："陆地，陆地，先生！给我奖赏！"[②] 三艘帆船上的船员们纷纷攀上帆缆，人人声称他看到了陆地，位置就在船队的西南方距离大约25里格。哥伦布双膝跪下感谢上帝。全体船员唱起了《光荣归于至尊的上帝》。船队改向西南方向行驶，"是夜人人坚持声称所看到的是陆地"。他们认为所看到的是像特内里费那样的一座高山，在天气晴朗时，特内里费在100海里远的地方可以见到。

天亮了，陆地并未见到，哥伦布沿着同一航向继续行驶直至下午为止，此时他断定"那个被以为是陆地的地方并不是陆地，而是天空"。幻觉的陆地是海上的一种常见现象。太阳落下时地平线上的一

[①] 德·阿尔贝蒂斯以莫里和芬德利的著作为根据，对哥伦布航路上的海流做过极其仔细的研究（《文件和研究全集》第4章第182—184页）。他断定哥伦布遇到的是从南往西南流动的海流，速度为每天6—8海里。我不认为莫里有足够的数据对这条不寻常的航路得出如此明确的结论。麦克尔罗伊船长在标绘航海图时则没有理会海流。

[②] 费迪南德·哥伦布著《海洋统帅克·哥伦布的生平和事业史》的译者将此段话译为："陆地，陆地，先生；(non si perda la mia buona mano)。"

块云团，由于外表看上去像陆地，所以常被误认为陆地，尤其是在船上的人员渴望找到陆地的时候；而人是易受暗示影响的，只要一个人看见了，所有的人都会说看见。大西洋中出现哥伦布想把它作为去印度途中好歇脚港的幻觉岛屿，其由来就是如此。

由此幻象引起的惊恐并没给哥伦布带来很大影响，因为在此时他推算出他们的航行距离仅仅533里格，不过是去"印度"整个航程的三分之二多一点。他两次声明由于此次航海的主要目的是去印度，所以他不愿为寻找额外的岛屿而耽搁时间。他的《航海日志》除反映他在这美丽的大海中内心充满自信、宁静和快乐以外，其他什么也没有。"大海像条河似的，"9月26日他写道，"空气清新，极其温和。"风是这样轻柔，他们又是这样接近信风北缘，以致海上波涛不升。这样的夏季日子一个人在北大西洋常常见到。然而，船员们——费迪南德说——看着西向的航线，心情又沉重起来。一天接着一天，"风老从船尾刮来"，但又不大，船队只能慢慢地向西航行。在6天中（9月26日—10月1日）仅行驶了382海里。没有什么事能使船员保持忙碌状态，除了让船只保持干净，使船具保持良好状态，钓钓鱼（他们钓到过一些美味可口的海豚，其味道像大马哈鱼）以及看看鸟以外，[①]其他就无事可干了。

在此情况下，通常的抱怨就开始带有早期的反叛成分。有人猜想这个热那亚人，在他那愚蠢的怪念头中正试图牺牲我们的生命去把他自己变为一个大贵族。跟着这条西向航线再走下去，我们将会被毁灭。食物和淡水会用完，因为在这一片荒无人烟仅有咸水的大海上，天是绝不会下雨的（确实，在东北信风的北缘地带很少下雨）。他毕

[①] 在《航海日志》9月29日的记载中，哥伦布说"看见一只名叫'叉尾巴鸟'的鸟，它不吃别的东西，专以鲣鸟的呕吐物为生，它使鲣鸟将吃进去的东西吐出来，然后食之。它是一种海鸟，但不在海上停留，也不会离开陆地20里格远；在佛得角群岛有很多此种鸟"。10月4日，他又提到了这种鸟。"叉尾巴鸟"的意思是炮船鸟或军舰鸟。哥伦布9月29日离陆地大约900海里远，10月4日离最近的陆地约435海里，他当时必定是把一些别的鸟，例如猎鸥当作军舰鸟了。

竟是个外国人，将他丢下船去难道不是一个稳妥的计划？就说他在观看星星时偶然掉下海去了。① 为了使我们平安返航，这不是唯一的好办法吗？

276　　哥伦布必定知道正在酝酿中的事态。西班牙水手脸上毫无表情不可能保持很久。当一伙船员聚集在一起玩牌时，他们的愠怒的脸色、凶恶的神态（用斜眼看人）告诉哥伦布，某种极其邪恶的事情正在酝酿中。哥伦布确实显示出他了解这一情况，因为当一些职员向他抗议并说他应该返回去时，他指出，如果他们愿意的话可以杀死他，他和他的仆人是没有多大反抗力的；但是这样干对他们没有好处，如果他们回去时没有他的话，双王会将他们全部吊死。② 不过，他常用的策略，如奥维多所说，还是采用"温和的语言"。当一般水手的忧虑增加时，他们的总指挥就越是显示出镇静和有信心的神态，越是拿东方的财富和航行成功后他们将得到宫廷的赏赐这一前景来使他们高兴。

　　维持船员的士气已变得越来越困难。船队至此已3个星期未见到陆地，船上的人大概从来没有过类似的记录。只有那些有过此经历的人才知道在长时间的海上航行过程中船上水手们的心情相互间受到何等的折磨。在岸上，你可以恨你的上司或鄙视你的同辈工人，但是你和他们相处不过是从上午9点到下午5点。就是在一所孩子们的学校里或者军训营地里，你还是能常常找到偏静之处做短暂休息。但是在一艘类似哥伦布这些船只的船上，船员甚至不得不当众方便；除非睡觉，否则要避开其他水手是不可能的。就连睡了，别人还要用些无聊的问题来打扰你或叫醒你，例如问，你下班时将接绳索的铁笔扔在什么地方了？在一次像哥伦布这次一样的确实花了很长时间的航海中（这种航

---

① 见费迪南德著《海洋统帅克里斯托弗·哥伦布的生平和事业史》第19章（第1卷第146—147页）。奥维多在著《西印度群岛通史和自然史》（第1卷第23页）中说平松三兄弟都参与了此事。

② 弗朗西斯科·莫拉莱斯的证词，见《哥伦布诉讼案卷》第1卷第421—422页；较好的文本见《王家历史科学院学报》第88期第731—732页。

海充满了担忧和失望），特别是如果天气不恶劣，没有很多事可干，船员们就总是会拉帮结派，慢慢就会发展到相互憎恨，并恨船上的职员。他们郁闷地思索一些虚构的坏事和一些非故意的轻蔑，幻想他们是和几个世上最坏的歹徒待在一起的船员。在海上，温暖的友谊也曾形成过，最高尚的忠诚和牺牲精神也表现过，但是，一日接着一日，一星期接着一星期，每天仅仅看到同样的面孔，听到同样的声音，没有机会摆脱，哪怕摆脱一小时也办不到：这一切使好动的人厌烦透顶。猜测"圣玛利亚"号、"平塔"号和"尼尼亚"号船上的人际关系比同时代其他船上的人际关系要糟是无理由的。根据记载判断，这些人都是勇敢的好小伙子，但是在9—10月的这段时间里，他们不但慢慢对一无所知的茫茫大洋产生了极大的恐惧，而且相互之间也很恼火。哥伦布和平松兄弟必须以他们的全部精神力量和威望来防止反抗或叛乱。

第十五章　前进！前进！

1492年10月1—11日

> 让海洋和其中所充满的澎湃。
>
> ——《历代志》上卷，第16章，32节

10月1日是在变风区航行的最后一天。黎明时分，"圣玛利亚"号的领航员佩拉隆索·尼尼奥计算出他们离开费罗岛已航行了578里格远。"统帅告诉船员的偏低的计算结果是584里格，但是他自己实际计算的、并对船员隐瞒的数据是707里格。"① 根据麦克罗船长的计算，佩拉隆索此次计算又算对了，因为正确的数据是575里格。不过，真正朝西航行，所计算出来的确切结果只是1 794海里或564里格。所以，哥伦布"伪造的"计算结果比真实的计算结果更接近实际。由于他曾预言陆地在加那利群岛以西750里格，所以在这个紧要关头，他心里一定很焦急，为了赢得时间，为了在鲁莽的船员闹事之前找到陆地，而且因为月亮即将圆了，所以他坚持日夜

---

① 除非拉斯·卡萨斯在摘录哥伦布的航海日志时遗漏了一些数字（此事根本不大可能），否则哥伦布的数字就合计错了。根据上章第283页注②的数字再合计一下，我们就得出如下的从费罗岛算起的航行距离数（单位：里格）：

	尼尼奥	哥 伦 布		麦克尔罗伊
		实　际	伪　造	
9月9—19日	400	418	400	379
9月20—30日	?	215	?	196
合计	578	707	584	575

当然，尼尼奥可能也利用了哥伦布的"伪造"估算结果，只在合计时，得数稍有不同。但是，令人难以理解的是他的合计总数与正确的总数仅少3里格。

不停地航行。

在 10 月的第一个星期里他们是怎样航行的呢！5 天之内（10 月 2—6 日）平均每 24 小时航行 142 海里，其中包含出海航行中航速最佳的一天——一天走了 182 海里，即每小时航行将近 8 海里。罗盘航向仍为正西航向，但是由于意外的罗盘磁差，船队正慢慢地向南偏移（幸亏有此偏移）。船队在前进中又听到了叽里咕哝的埋怨声，但是在 10 月 3 日和 4 日，一群群的海燕和其他海鸟营救了当权者，对陆地燃起了新的希望。关于海燕的生活习性，船员们要了解的还多，但哥伦布这时却判定海燕是远洋来的，因为在 10 月 3 日他相信鸟儿是从船后面他标在海图上的那个岛上飞来的。"统帅在这里说道，上星期虽然是逆风换抢航行，而且在那些日子里，他们见到了很多陆地迹象，但是他并不想停留；尽管他掌握了此地区必定有岛屿的信息，他还是没有停留。之所以如此是因为他的目的是去印度。他说，如果他为此延误时间，那肯定没有多大意义。"他重复这段议论是有趣的，并不光是作为他寻找东方目标的一个补充证明而已。哥伦布显然担心返航后他会因为错过什么东西而受到指责，他希望向双王讲清楚他为什么要这样奋勇前进。

马丁·阿隆索·平松在一次诉讼中说他在 10 月 6 日曾提出将航向改为西南偏西，当时船队已驶过了西经 65 度，位于波多黎各的正北方。哥伦布说，他好像觉得"马丁·阿隆索没有说过（即，没有这个意思）这就是为了要到日本岛去，统帅认为如果他们走错的话，那他们就不可能这么快地找到陆地，最好是立刻找到大陆，然后再找岛屿"。

谈到哥伦布的航线和目的，这是记在他的《航海日志》里的最重要的记载之一。这个详尽的和稍微复杂的、任何人也无法捏造出来的陈述，证明哥伦布的计划是朝正西航行去日本。体会这段航海日志字里行间的意义，人们即可猜出所发生的一切。10 月 6 日拂晓时分，船队的航程已大大超过预想的 750 里格，① 以致每个在心里估算船队航程的船员都在询问，假如我们已经错过日本呢？"平塔"号跟在旗舰后面急驰而来，马丁·阿隆索在喊叫什么"西南偏西，先生，西南偏西……日本"。为什么要求改变航向，以及改变航向与日本的关系，他的解释在波涛汹涌的海浪声中无法听清，但是哥伦布（他本人是够担心的）以为马丁·阿隆索相信他们已从远处经过了日本，为了去中国所以建议把航向改为西南偏西。或者，也许是"平塔"号的船长认为日本在〔船队的〕西南偏西方向。② 总而言之，哥伦布断定，就算他们错过了日本，朝正西航行比朝稍偏南航行只会使他们更快地找到陆地，虽说这样干可能会错过中国的东南角，即错过马丁·贝海姆所示的刺桐（泉州）。最好先搞清楚陆地，在返航途中再去访问日本。

10 月 7 日（星期天）黎明，船队此时离最近的陆地（特克斯岛）大约 370 海里，海上第二次出现了陆地幻象。"尼尼亚"号走在它的伙伴前头，希望赢得奖赏，它违背哥伦布的命令，③ 在前桅杆上升起了一面旗子并放了一炮——此信号表示前面突然发现了陆地。旗舰上的船员其实早已看到了这个"陆地"，但是不敢叫喊，因为船队总指挥对陆地幻景极其厌倦。他有令，谁在又看到陆地幻象时咋呼什么陆地，哪怕他以后真正发现了陆地也要取消他的获赏资格（基于同一原因，哥伦布后来也应该取消他本人的获赏资格）。

---

① 10 月 1—5 日船队航行了 231 里格。将此数加上本书第 290 页注①所列之数，人们就可得出哥伦布的"实际"估算距离是 938 里格。另外，如果剔除他伪造的虚假数，我们就得出 864 里格，按佩拉隆索·尼尼奥的数字计算（578+231）是 809 里格。将 10 月 6 日日出至日落船队的航程算进去就还要加上 25 里格多。

② 这是拉斯·卡萨斯所设想的平松的意思，他还补充说哥伦布决定继续向西航行"他们并不同意，而且他们对哥伦布不照他们说的去办牢骚满腹"。见《西印度群岛的历史》末章第 38 页（1927 年，第 1 卷第 195 页）。

③ 他说，船队曾奉令在日出和日落期间靠近旗舰航行，因为这段时间最有利进行远距离观察，而且他希望人人都有同等的获奖机会。

日落时分船队已走了 67 海里，所看到的陆地幻景没有成为事实。哥伦布命令将航向改为西南西（比马丁·阿隆索曾建议的更偏西一个罗经点），因为，此时大批鸟儿正飞过船队上空，飞往西南方向。他记起了葡萄牙人因为留意鸟儿飞行，就发现了远离海岸的亚速尔群岛。这个判断是正确的，因为这些北美洲的鸟儿正在做秋季迁徙，它们取道百慕大成群飞往西印度群岛。哥伦布决定跟着这些长羽毛的领航员航行，而不照他那张不准确的人工绘制的海图航行。这个决定对西班牙殖民事业的整个前途是至关重要的。因为当哥伦布决定按鸟飞行的方向航行时，船队正处在北纬 25 度 40 分，即很快接近罗盘磁差为零的地区。如果从这个地点继续向正西航行的话，那至少还要航行一天多，船队才能碰见陆地，即使哥伦布能设法再控制住船员的反叛情绪一天，那首次登陆的地点就一定是伊柳塞拉岛或大阿巴科岛的墙洞村（Hole-in the wall）。接下去怎样呢？除非发生未必可能的意外情况，由当地的印第安人引导哥伦布往南通过巴哈马海舌（Tongue of Ocean），船队就会经过普罗维登斯海峡直接陷入墨西哥湾流；而船队一旦陷入强大的湾流中，就绝不可能朝南行驶，那么船队就会在丘庇特湾与卡纳维拉尔角之间的某个地方碰撞佛罗里达海岸（或许比碰撞更糟——而是搁浅）。接下去呢？船队即使在此海洋坟场上幸免于难，那它们也会被风浪刮走，沿乔治亚州海岸和南北卡罗来纳州海岸漂流，（假如他们设法返航）那就走哈特勒斯和百慕大以北的西风带返回西班牙。

显然，就哥伦布所追求的和他的君主们所需要的来说，如此航行的任何结果都是非常令人失望的，而且多久能允许他再试一试都成了问题。因为吸引西班牙人去新大陆的是伊斯帕尼奥拉岛的黄金，而不是别的什么东西。对于这次航行中改变航向一事，事后进行了大量的调查分析，结果表明这样做是正确的，但是大多数证据把此归功于平松的建议。而哥伦布的《航海日志》则指出，这些北美洲的鸟儿应受到称赞。

在10月的第八天,当"统帅说'感谢上帝'时,'微风习习,有如塞维利亚的4月天气,置身这种天气中令人愉快,也令人心醉'",船队仍旧朝西南西方向航行。第九天一股不定风使船队在西偏北方向上行驶了43海里,但是到第十天,船队朝西南西顺利地走了171海里。月亮在第五天就已圆了,因而不存在因船速快而错过发现陆地的危险。在10月9—10日的整个夜晚中,船员可听见大群鸟儿从头顶飞往西南方向,有时就着月光还可看见它们的身影。马丁·阿隆索·平松对他的船员们说,"这些鸟儿知道他们的事情"。

尽管有这个鼓舞人心的迹象,但10月10日仍是整个航行中最关键的一天,当时由于船员的顽固保守,〔哥伦布的〕事业已濒临失败的边缘。把哥伦布和他的船员之间的争论看作一个勇敢者和懦夫之间的争论,这种提法是不公正的;把它看作知识和愚昧、教育和迷信之间的争论,也是不妥当的,因为如果说哥伦布受过大学教育,或留神听取了他那时代最好的意见的话,那他就绝不会期望日本位于加那利群岛以西750里格的地方。更确切地说,对任何诸如此类的事情在一个具有一种伟大的、使人非相信不可的理想的人和那些并不具有此看法的人之间冲突是不可避免的。回顾此次航行中所发生的事情,想想两次出现的陆地幻景,想想那些无数没有兑现的"陆地迹象";再用一幅抹掉了美洲的现代海图来看看10月10日所在的位置,并考虑一下已经过去了的30多天时间,此时间比过去所记录的海洋航行时间翻了一番,考虑他们的航行也比哥伦布预言可发现陆地的位置超出很远,同时考虑到,船员对此也是清楚的;"捏造的"计算结果不可能掩盖那来自领航员的事实,而领航员也和别人一样急于返航,并把他们的恐惧感传染给了其他船员。那么我们还能理直气壮地责备这些船员吗?他们和指挥官之间的冲突是想象与怀疑、创造精神与否定精神之间的一种无休止的冲突。有时怀疑者是对的,因为人类对每一种

第十五章 前进！前进！

合理的见解总有上百种荒谬的见解；当无法预料的力量正在摧毁团体时，这是危急存亡之际，这时候无所作为就会犯灾难性的错误。在人类事务中有好些消长时机，这个时刻就是这种消长时机之一。

就这样，在 10 月 10 日，当时船队正直驶向巴哈马群岛，最近的陆地就在前方，相距不到 200 海里。此时郁积在船员心中的不满情绪突然爆发为公开的反抗。他们已经航行得够远了，而且比够远还远，船队应该而且必须返航。这种反抗，就我们所掌握的记载来看，只发生在旗舰上，尽管"尼尼亚"号和"平塔"号的船员也渴望返航。在"圣玛利亚"号船上有个不听调遣的团伙——一些自称无所不知的巴斯克斯人和加利西亚人，他们对全体船员散布船队总指挥是一个外国人的论调。哥伦布对此事所做的记载（拉斯·卡萨斯所做的摘录）不多，但在此事上，他对船员们确是宽宏大量的：

"这时候水手不愿再忍受，纷纷抱怨这次航行的时间太长。但是统帅尽力安慰他们，向他们指出他们将来可能得到的种种好处；他还补充说：埋三怨四毫无益处，因为依靠上帝的帮助，他已经踏上了去印度的路程，所以他应当继续航行，不达印度决不罢休。"①

或许船队总指挥所讲的并不完全如此使人信服；因为作为一个普通传说，后来据说，他曾答应水手们如果在随后两三天内看不见陆地，大家就可以返航。② 他一定也曾明确指出，在强劲的东信风面前，在波涛汹涌的海面上，船队在返航途中将寸步难行，所以最好是继续前进，到天气好转时再说。总之，这次反抗被平息了。

---

① 《航海日志》1492 年 10 月 10 日。在 1493 年 2 月 14 日的记载中，他同样提到了船员曾发生短暂的骚乱。有关 9 月 22 日前后发生的船员说闲话、发怨言之事，费迪南德提供了一些细节，而拉斯·卡萨斯则附和他；但是奥维多和彼得·马蒂尔则说此事的关键时候是第 30 天以后。我相信他们说得正确，因为如果事情是出在 9 月 22 日，那哥伦布根本就不可能航行到 10 月 10 日。

② 《哥伦布诉讼案卷》简略地引用了这段记录。在《哥伦布诉讼案卷》第 2 卷第 75 页还有胡安·莫雷诺 1515 年的谈话。他说他听到尼尼奥兄弟说："在海中航行时发现船们希望返航，说发现陆地是不可能的。该统帅告诉他们，让他当日和第二天继续朝前航行。如仍未发现陆地，他们可以将他扔下海去。到第二天他们看见了陆地……"阿隆索·塞亚和佩德罗·德·比沃亚 1514 年的诉讼案卷也提到了此事，见案卷第 2 卷第 407—408、410 页。

平松说哥伦布在这次航行进入马尾藻海的初期曾害怕过，尽管他的这个奇谈难以使人相信，我们可以不予考虑，但是我们不能忽视在1514—1536年间那场旷日持久的诉讼案中所提出的损人名誉的证词。此证词说在10月第二个星期中某一时刻统帅或者由于丧失了信心，或者由于对船员的态度感到恐惧曾提出返航，但被平松兄弟劝阻了。

尽管这些证词都是事后至少22年、有的甚至是事后44年提出来的，但生活在简单朴素的社会环境中、没有频繁受到报纸广播以及诸如此类工具袭击的未受过教育的人是有很好记忆力的，何况哥伦布的首次航海又是一件很难使人忘怀的大事。另一方面，马丁·阿隆索是个心怀不满的人，他单独指挥"平塔"号航行，与旗舰没有任何联系几乎达4个月（11—3月）之久。在此期间，他有充足的时间来编造一种"平塔"号发现陆地的神话，并将此神话反复灌输给同船的亲友和其他帕洛斯人。

1515年检察官或王室代理人为了向安达卢西亚各港口收集证人证据，曾提出一个主要问题，提问的结果就引出了这个证词：

"你是否知道……他们从费罗岛往西航行了800里格后，在统帅发现陆地前的200里格航程中，当时他不知往哪里走并以为他不会有所发现，于是他登上马丁·阿隆索的船只询问后者：他们该怎么办？因为他们的航程已经比他预计的多走了200里格，到此刻本应该见到陆地了。

还有，你是否知道，该马丁·阿隆索说过：'前进！前进！因为我们是西班牙的双王陛下这样极其伟大的君主所派出的一支船队和外交使团……但是，如果你，先生，打算返航的话，我决定继续航行下去，直至发现陆地，否则我决不返回西班牙。'你是否知道是由于他的努力和劝告，他们才得以继续前进？"①

---

① 《哥伦布诉讼案卷》第2卷第127—128页。

许多证人说出了别人想要他们说出的话，并对上述主要提问适当加工，大肆宣扬。例如，"平塔"号船上的水手弗朗西斯科·加西亚·巴列霍声称：10月6日，船队航行了800里格，还打算再航行200里格，哥伦布召集所有船长开会，并说："船员们在抱怨，船长们，我们怎么办？嗯，先生们，你们认为我们该怎么办？'接着，比森特·亚涅斯说，'先生，让我们再航行200里格，如果仍未找到我们要找的陆地，那我们就返航。'随后，年纪较大的船长马丁·阿隆索说道，'得啦！先生，刚离开帕洛斯，阁下就不高兴朝前走了，先生，上帝会让我们成功地找到陆地的，因为他不希望我们这样可耻地返回去。'堂·克里斯托瓦尔·哥伦统帅接着答道，'祝你如意！'多亏马丁·阿隆索，他们就继续前进。……"还有，马丁·阿隆索建议，为了发现陆地，船队改为朝西南航行，哥伦布也回答道："就照你说的办。"①

　　由热衷以航海为业的平松兄弟所挑起的哥伦布是位缺乏自信心的航海新手的传说，随着16世纪那场贾恩迪斯对贾恩迪斯诉讼案件②令人厌烦地久拖不决而逐年被渲染和扩大。1536年，平松的一位已达耄耋之年的、自称参加过首次西航（事实并非如此）的表弟声称：在发现陆地前7天，哥伦布召开了一次会议，在会上他透露了他的船员处于骚乱状态，他征询各位船长的意见。马丁·阿隆索回答道，"先生，以你的面子去激励他们6个人，或者将他们扔下船去，如果你不敢干的话，我和我的兄弟合伙来跟你干；奉最高君主之命的船队不能毫无好消息就返航。'由于马丁·阿隆索的这番话，全体与会人员都很振奋。堂·克里斯托瓦尔·哥伦说道：'马丁·阿隆索，让我们

---

　　① 《哥伦布诉讼案卷》第2卷第217—219页；维尼奥著《历史考证》第2卷第616—619页，附有法语译文。
　　② 狄更斯著名小说《荒凉山庄》(*Bleak House*) 中的一场拖延几十年的大法官法庭诉讼案。——译者

安顿好这些小伙子,并再往前走几天,如果仍未发现陆地的话,那我们再来商量该怎么办。'于是他们又航行了7天多……"①

另一方面,对于上述主要问题,大部分证人只是表示一下"是"或者"不是"。有些还出人意料地表示了根本不同的看法。随比森特·亚涅斯·平松航行到过亚马孙河的曼纽尔·德·巴尔多维诺斯(Manuel de Valdovinos)曾听比森特·亚涅斯和他的旗舰上的其他帕洛斯人说过,想要返航的人其实是平松兄弟。他们对哥伦布提出:"先生,现在还打算往哪里去呢?我们已走了800里格,仍未发现陆地,船员们都说他们是在朝死亡航行。"而哥伦答道:"马丁·阿隆索,帮我一个忙,给我一整天整夜的时间,如果在明天天亮前,我还没有给你找到陆地……砍下我的头,你就返航吧。"当时平松兄弟让了步,于是,次日早晨陆地就发现了。②

在由哥伦布的后嗣主持召开的听证会上,他们所问的恰好是上述主要问题。例如,"听说许多职员和水手讲过,他们是正在走向死亡,希望找不到陆地,也立刻返航,这个说法你是不是知道?是不是相信?这个说法是不是公开的、众所周知的呢?"③ 然而,谴责平松兄弟制造了这个阴谋的,既不是哥伦布,也不是哥伦布的子孙(就我们所掌握的记载而言),而是曾跟随"尼尼亚"号的原船主胡安·尼尼奥一道参加第二次西航的弗朗西斯科·莫拉莱斯。他揭发平松曾说过"在大洋中间或者在更远点的某个地方,参加首航的三船船长联合一致要求统帅返回卡斯蒂利亚,因为大洋中东信风劲吹,他们不相信继续前走还能返回西班牙。而统帅的答复却是:他对此事毫不担忧,因

---

① 见埃尔南·佩雷斯·马特奥斯(马丁·阿隆索的表弟,时年80岁)1536年在圣多明各所做的证词,《科学院纪事》(*Memorias de la Acadamia*)第10卷第262—263页;和维尼奥《历史考证》第2卷第612—613页。在1536年召开的同一听证会上,曾和参加首航的"平塔"号船上的水手希尔·佩雷斯同船共过事的贡萨洛·马丁揭发佩雷斯,说佩雷斯曾说过哥伦布变得灰心丧气了并告诉马丁·阿隆索他要返航。见《王家历史科学院学报》第87期第33—34页。

② 《哥伦布诉讼案卷》第2卷第147—148页。

③ 《哥伦布诉讼案卷》第1卷第396页(波多黎各,1514年)。

为上帝既然赐予他们这种好天气出航，那也必定会赐予另外一种好天气让他们返航……他还说，他们是不可能如愿的，因为他们即使将他和他的仆人（人数不多）杀死，他们也捞不到很多好处……不过他们可以做一件事：他们可以给他三四天时间，让他沿原航向继续航行，如在期限内没有发现陆地，那就照他们的希望返航；在达成这个协议后，船员们继续前进，并在期限内发现了陆地。"[1]

在所有这些证词中篇篇都提到了的唯一事情是：在即将发现陆地前的某个时候，统帅召集了一次船长会议，哥伦布（或者平松兄弟）想要返航，而平松兄弟（或者哥伦布）则赞成再往前航行几天。目前，要在海上召开这样的会议并非易事；而当海面波涛汹涌，狂风呼啸之际，要召开这种会议就根本不可能。用原始索具松开和放下一艘笨重的小艇，将这两船的船员送到第三条船上去，此事既困难又危险。何况，为了避免碰撞，船和船之间必须保持足够的距离，在此种情况下，你不可能照证词写的那样，隔船大声呼前喊后地举行会议。假如说在发现陆地前不久，船上确实召开了一次会议，那开会的时间必定是在10月9日，当时风向不定，船队仅航行了58海里。或者是在9日的前一天，当时船队仅航行了33海里。说会议是10月10日召开的那根本不可能，哥伦布和奥维多都称此日是船员叛乱危险最大的日子，因为船队那天航行了171海里，而且此日海上的浪也加大了。在1941年坚持对400年以前众所周知的、并且连原始背景及附带情节（是这些情节使有些故事被采纳，另一些被掐头去尾）都已洞悉无遗的一些文献赋予新的解释，似乎我是非常自以为是。可是，像费尔南德斯·杜罗、维尼奥和卡维亚这样一些历史学家竟毫不踌躇地

---

[1] 《哥伦布诉讼案卷》第1卷第421—422页；《王家历史科学院学报》第88期第731—732页。看来弗朗西斯科或尼尼奥简化了两件事情：一是航行中的恐惧，一是航行快结束时那场几乎发生的叛乱。胡安·希尔（《哥伦布诉讼案卷》第1卷第405页）对于文中提到的问题简单地表示了同意，但是他说他听比森特·亚涅斯谈过这件事。的确，从小平松或尼尼奥兄弟那里获得信息的人倾向于支持哥伦布，而支持平松的论调则来自那些跟随马丁·阿隆索航行的人，或来自那些从马丁·阿隆索手下人口中获得信息的人；这一情况值得注意。

宣称哥伦布的《航海日志》是伪造的，拉斯·卡萨斯和费迪南德都是说谎者，而在事情过后 16 年和 45 年之间出现在一宗偏袒平松的案卷的记载却是"真正的事实"！

费迪南德的看法（他没有谴责平松兄弟，但声称船员的叛乱事件是他父亲独自处理的），我们把它看作是偏袒亲人或许可以不予重视；就拉斯·卡萨斯而论，他是没有什么理由要偏袒谁，但是也让我们不去理睬他。在哥伦布首次西航的问题上，确实谁也不偏袒的权威是费尔南德斯·德·奥维多，写西印度群岛的第一位公认的历史学家。他对采纳王室官员的意见很有兴趣，但在此事上却有独立见解。他认识比森特·亚涅斯·平松和赫尔南·佩雷斯·马特奥斯（"将他们丢下船去"这句话的创造者）并和他们交谈过。奥维多明确地说，哥伦布用得体的、令人愉快的语言"鼓舞了那些胆小怕事的、想采取不光彩手段的人的勇气，特别是鼓舞了我曾提到过的那三位兄弟船长的勇气，他们同意听从哥伦布的指挥，又航行了 3 天，没再闹事"。在此时间内，他们发现了陆地。奥维多用下面的话表示了他对平松的看法："有些人对此处所说的哥伦布态度坚定的说法持相反意见，他们甚至声称，如果不是平松兄弟劝他继续朝前航行的话，那他一定会自动返航，他一定会完不成这个任务。他们还说，是因为平松兄弟才得以发现陆地，哥伦布当时已丧失信心想改变航向。这件事情涉及统帅与王室检察官之间的一场为期很长的诉讼案。在此案中很多事情都有争议，对此我不介入，因为它们是司法人员的事情，他们会照他们应采取的程序做出判决……读者可以照判决所讲的做出判断。"① 毫无疑问，奥维多当时已很好地传达了平松的观点，而且把这种观点作为谬误将其抛弃了。

下面是我所相信的事情的经过：10 月 9 日，由于风向朝南，船队的航向改为西偏南。风力十分微弱，船队的航速平均只有 2 节多一

---

① 奥维多著《西印度群岛通史和自然史》第 2 篇，第 5 章（第 1 卷第 23—24 页）。

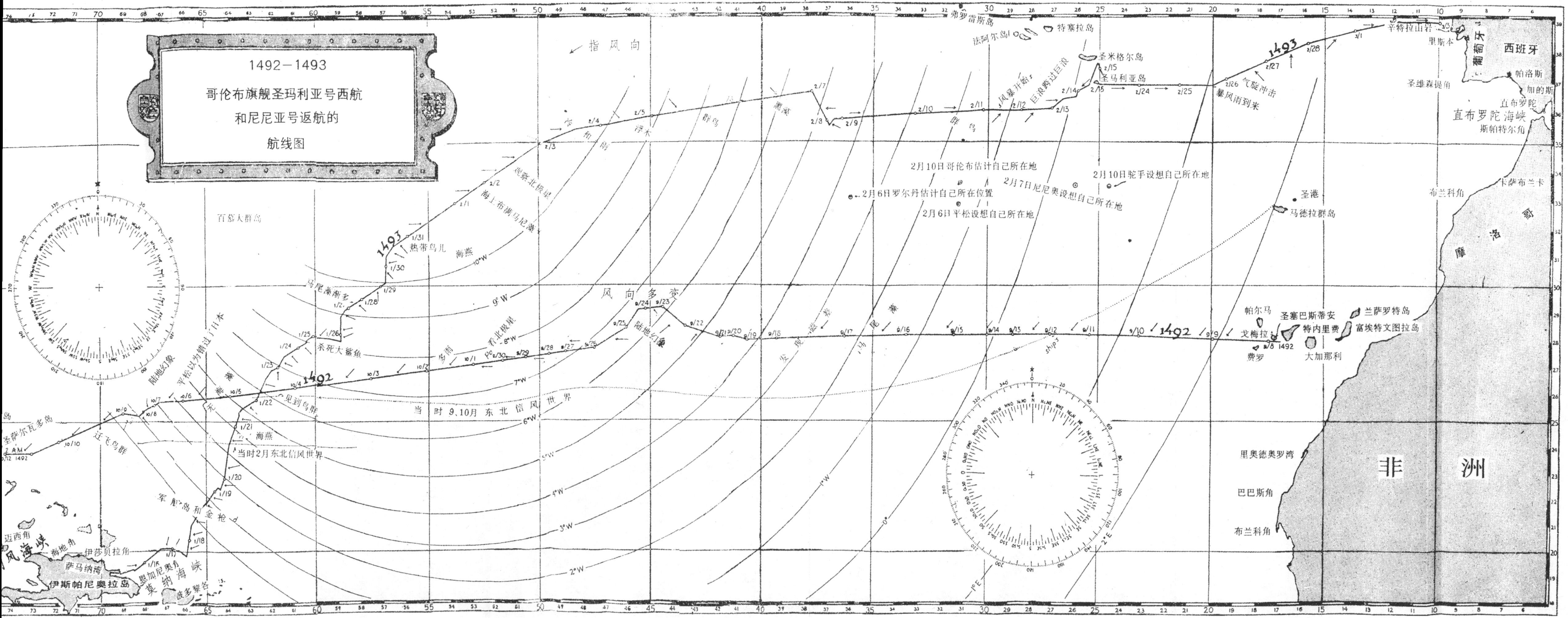
1492—1493
哥伦布旗舰圣玛利亚号西航
和尼尼亚号返航的
航线图
指风向
弗罗雷斯岛
法阿尔岛
特塞拉岛
圣米格尔岛
圣马利亚岛
风暴开始
巨浪跨过巨浪
气旋冲击
暴风雨到来
辛特拉山岩
里斯本
葡萄牙
西班牙
帕洛斯
圣维森提角
加的斯
直布罗陀
直布罗陀海峡
斯帕特尔角
卡萨布兰卡
布兰科角
摩洛哥
2月10日哥伦布估计自己所在地
2月10日舵手设想自己所在地
2月7日尼尼奥设想自己所在地
2月6日罗尔丹估计自己所在位置
2月6日平松设想自己所在地
圣港
马德拉群岛
帕尔马
圣塞巴斯蒂安
兰萨罗特岛
戈梅拉
特内里费
富埃特文图拉岛
费罗
大加那利
风向多变
陆地幻象
当时9、10月东北信风世界
当时2月东北信风世界
百慕大群岛
热带鸟儿
海燕
马尾藻渐多
杀死大鲨鱼
陆地幻象
平松以为错过日本
见到鸟群
迁飞鸟群
圣萨尔瓦多岛
军舰鸟和金枪鱼
迈西角
海地角
伊莎贝拉角
萨马纳湾
恩加尼奥角
伊斯帕尼奥拉岛
莫纳海峡
波多黎各
里奥德奥罗湾
巴巴斯角
布兰科角
非洲
1492
1493

点。马丁·阿隆索和比森特·亚涅斯登上旗舰，在哥伦布的船舱里与哥伦布展开了一场多少有点儿激烈的争论。他们要求放弃寻找陆地，趁着南风不大的有利条件动身回家。① 但是哥伦布（以鸟飞为依据）成功地说服了两兄弟让船队再朝前航行3天多，于是他们就分别返回了各自的船上。接着，在10月10日日出时分，刮起了信风。船队的航速达到了7节。这个情况重新唤醒了"圣玛利亚"号上船员们的恐惧感。他们认为自己绝不可能回家了。因此船员们当天发生了反抗。哥伦布用曾对平松兄弟许过的诺言再向船员们许诺。黄昏时，在接近成功之际，要求放弃伟大事业的最后威胁就这样过去了。

10月11日（星期四），信风整天仍旧猛烈地刮着，海浪比这次航行中的任何时候都要大，船队在日出至日落之间航行了78海里，平均航速为6.7节。陆地的迹象如此之多，出现如此频繁，以致"每个人都松了一口气并且变得高兴起来了"。"尼尼亚"号捞到一根带有一朵小花的嫩树枝，花的样子像卡斯蒂利亚的篱笆上长着的一种野玫瑰。"平塔"号收集到的更多：一根藤茎、一根枯树枝、一块木板、一株在陆地上才可见到的植物，而且"还有一根经过加工的小木棍，似乎是铁器加工"，无疑，它是印第安人用石凿凿成的。这些东西必定是从小安第列斯群岛或者是从南美洲漂来的；但是它们的出现终止了船员的抱怨，使船队的每个船员有了思想准备——首次横渡大西洋即将结束了。②

---

① 那么会有人问，为什么哥伦布没将此事记入他的航海日志呢？我认为这是由于没有哪位指挥官愿意将他手下的职员之间的分歧或令人不愉快的事记下来，因为这样做只会使他自己丢脸。仅有的一回是11月21日，当时阿隆索·平松没有奉命令就擅自离开了船队，显示了他的极端不服从的态度。哥伦布发觉有记下的必要，于是才适当地在航海日志中记下他这个错误行为。接着他又注明："许多别的事情他做过，也对我讲过。"

② **第一次西航出航航程总表：**

	哥伦布		麦克尔罗伊
	里 格	海 里	海 里
9月9日从费罗岛启程至10月12日发现陆地时所测全程距离	1 072	3 409	3 066
加9月8日晨3点启程至费罗岛的距离	18	57	51
总计	1 090	3 466	3 117

第十六章　首次登陆[1]

1492年10月11—14日

> 他的权柄必从这海管到那海，从大河管到地极。
>
> ——《撒迦利亚书》，第9章，10节[2]

〔10月11日下午〕5点30分左右，太阳在清晰的地平线下消失，船队中的每一个船员都看到了以红色的日轮为背景的一个陆地影像，但是那里并没有陆地。像往常一样，全体船员都被招拢来；在"他

---

[1] 对这有史以来最重要的一次登陆的地点问题，最早几位权威作家的意见实质上是一致的。甚至连《诉讼案卷》中对哥伦布不利的证词也是补充《航海日志》的记录，而不是反对它的记述。这些资料都由古尔德小姐准确而适当地刊载在《王家历史科学院学报》第88期（1926年）第756—765页上。拉斯·卡萨斯完全根据《航海日志》的记录写法。奥维多所著《西印度群岛通史和自然史》第2卷第5章中另外补充了一点他从比森特·亚涅斯·平松那里得来的细节。费迪南德的补充资料也引自奥维多的这一章。许多学术著作对哥伦布首次登陆地点的见解彼此相同。J. B. 穆尼奥斯的《新大陆史》（Historia del Nuevomundo）（1793年）是选定华特林岛为哥伦布首次登陆地点的头一部权威著作。纳瓦雷特在所著《航海和发现文集》（第1卷第20页并附有海图）中说他首次登陆是在大特克岛，这个论点偏离了他对哥伦布抵达古巴以前那一段航程中的一切论断。华盛顿·欧文（1828年）和亚历山大·冯·洪堡（1837年）凭借他们的有分量的权威主张是卡特岛。英国皇家海军上校A. F. 比彻尔在所著《哥伦布的首次登陆处》（The Landfall of Columbus, 1856）又回头认为是华特林岛。F. A. 巴恩阿亨在所著《真正的瓜纳哈尼岛》（Verdadera Guanahani, 1864）挑选了马亚瓜纳岛。美国海军上校古斯塔夫斯·V. 福克斯在1880年勘测美国海岸和大地的报告附录18中（华盛顿，1882年再版发行了单行本，以《方法和成果》为书名）选择萨马拉岛或阿特伍德岛。这份报告中有一幅详尽的巴哈马群岛及古巴东北部地图，地图上标明了一条人人都喜爱的航道。福克斯上校的海图被美国海军上尉J. B. 默多克（后来任海军上将）复印在他著的《哥伦布在巴哈马群岛的航行》一文中，见美国海军学院《记录汇编》第10卷（1884年）第449—486页。此文也有单行本。默多克在此文中对福克斯的观点做了压倒性的（我认为是无可反驳的）批判，重新认定是华特林岛。鲁道夫·克罗劳博士先在《美洲·它的发现史》（Amerika. Die Geschichte seiner Entdeckung, 1892）第1卷第209—222页中，再在《美洲的发现和哥伦布的首次登陆处》（1921年）中支持默多克的观点。英国皇家海军少校R. T. 高尔德在《哥伦布首次登陆地——旧话重提》一文中为支持华特林岛提出了一些新的论据，见《地理杂志》第69期（1927年）第403—429页。乔治·D. 梅西先生在经过长期私人调查研究后（承他盛情把他的调查研究通知了我）后同意默多克上将的意见。我本人在1940年6月对圣萨尔瓦多岛进行了实地考察，结果进一步证实默多克、克罗劳和梅西的见解。我认为这个问题已经彻底解决了。

[2] 参考《诗篇》第71篇，8节，哥伦布引用它来暗示他的地理发现，见《文件和研究全集》第1卷第2章第104页。

们按各自的习惯方式"念完晚祷文和唱毕《万福啊，慈爱的圣母！》之后，哥伦布在船尾楼上对他的船员做了简短的讲话，提醒他们感谢我主的恩德：是我主赐予顺风和畅通的航道才使得他们航行这样平安和顺利；也是我主用即将到来的更美好的事物的迹象鼓舞他们继续前进。他强烈要求在船艏楼上值夜班的船员要保持高度警觉。他提醒他们，尽管他下过在航行抵达距加那利群岛700里格远后不再夜晚航行的命令，但是大家想见到陆地的强烈愿望促使他下决心当晚继续航行。因此大家必须特别认真值班，严密地搜寻陆地，以防因疏忽大意而错过陆地。对于第一个发现陆地的人随时随地会获得他奖给的一件绸的紧身上衣，外加王室许诺的一万马拉维迪年薪。① 接着，青年水手唱起了换班的小调并翻转沙漏。水手长查立用卡斯蒂利亚语大声喊叫，意思是说"下面注意，各就各位！"于是船员们就各人严守岗位，睁大眼睛认真值班。

由于信风活跃和碰上整个航程中最大的顺航向而流动的海浪，使得船队在日出后11个半小时内走了78海里，平均速度几乎达到了7节，即每小时7海里。与此同时，哥伦布命令将船队的西南西航向改为原来的西向航向。他为什么要这样做，无人做过解释。我猜他只不过是想证明自己正确而已。他在航行开始时将航向定为正西对着日本，所以他希望在正西航向上找到陆地。我认识一些指挥官，他们也是一些优秀的海员，他们就喜欢这样干。或许哥伦布只是凭预感而改变航向的。如果是这样的话，那他改得好，因为朝西南西航行就会错过瓜纳哈尼岛，而会使船队在次日处于一种危险的境况中——到达长岛的无避难所的漫长下风海岸。惯有的谨慎作风使哥伦布在夜晚都是

---

① 《航海日志》10月11日记载和费迪南德著作第21章（第1卷第159—160页）。在以为看到了光亮后，《航海日志》（拉斯·卡萨斯摘录本）记下了这段插曲。费迪南德（他先就得到了《航海日志》原件的抄本）说这段插曲是在太阳落下地平线时发生的。我不怀疑费迪南德的正确，因为当日落时分换班时，船上所有的水手才集合起来唱《万福啊！慈爱的圣母》。

顶风停船，因为靠月光看不见可能躺在前方的浅滩和暗礁。据说"圣玛利亚"号的领航员佩拉隆索·尼尼奥就曾这样劝过他；①但是船队总指挥觉得此刻无时间来保持惯有的谨慎了。他曾答应船员在3天内如没发现陆地就返航，因而他打算趁着强劲的信风尽可能向西航行，所以发出的信号是朝西前进。

任何一个在夜晚从无法确定位置的地方乘帆船来到一个陆地的人都知道船上的气氛会怎样紧张。而10月11日黄昏至12日早晨的这个夜晚是有关人类命运的一个重要夜晚，是迄今在任何船上、在任何海中所经历过的夜晚中最重要的一个夜晚。有些见习水手无疑已经睡了，但是其他的船员却一个也没睡。胡安·德·拉科萨和平松兄弟在他们各自高高的船尾楼上踱来踱去，不时烦躁地朝操舵的船员下达命令——睁开眼睛，掌好舵！难道要我本人下来扳舵吗？他们有时也在船楼端部停留一下，从大桅横帆下面凝视前方，并眺望西方地平线，眼睛疲劳了就望望天上的星星。关于商量是否缩帆这件事，马丁·阿隆索可能曾向舵手克里斯托瓦尔·加西亚吐露过：他不喜欢在风大并且前面可能有暗礁的情况下如此扬帆航行，但是如果那个疯狂的热那亚人可以航行的话，那我们也可以航行；"平塔"号比那艘行驶缓慢的加利西亚"浴盆"更适于做这种航行。如果出现什么意外，它也能较快地做顶风停船；我想要你们帕洛斯镇船员中有人赢得那笔赏金，你明白吗？在前艏楼上和在圆形桅楼上瞭望的船员在相互低声

---

① 弗朗西斯科·加西亚·巴列霍："平塔"号上的水手，23年后为了回答有关哥伦布在首次登陆之前不久，根据马丁·阿隆索的建议，改变船队航向这个主要问题，曾在帕洛斯讲述了下面这段经历："10月10日（原文如此）星期四，领航员佩德罗·尼尼奥尖声尖气地对统帅说，'先生，今晚我们不必加紧航行，因为照你的推算表明，我发现自己离陆地16里格，最多20里格。'他的话使统帅大为高兴。他说要将此事告诉'平塔'号的舵手克里斯托瓦尔·加西亚·萨米恩托。他将此事告诉克里斯托瓦尔·加西亚，克里斯托瓦尔·加西亚（应是尼尼奥）说，'说什么呢？照我的判断，今晚我们既不要落帆，也不要努力前进，因为我发觉自己已近陆地了。'克里斯托瓦尔·加西亚回答说，'照我看，我说要开航，而且要尽力前进。'于是佩拉隆索·尼尼奥这时答道，'照你的意思办吧，只我请求你前头走，听到你的招呼后，我就跟上来。'"《哥伦布诉讼案卷》第2卷第219—220页（这段文字核对过原文）。当然，说哥伦布会将如此重要的决定留待"平塔"号的领航员主动做出那是根本不可能的，而且在风狂浪大的海面上也不可能隔船做长时间的交谈。

交谈——听到了什么？我好像听到了拍岸的海浪声——你这个傻瓜，什么拍岸声，不过是船头劈浪的声音——我告诉你，在星期六以前我们不会见到陆地。我梦见了陆地，我有我的梦——你有你的梦。这里有100马拉维迪，我们赌一下，谁在天亮前发现陆地，这笔钱就归谁……他们相互吹嘘，讲他们会怎样指挥好这个船队——这个老头子如果征求我的意见，我会告诉他，他还在热那亚街上玩耍时，我已在做第三次航海了。他听了我的意见就不会装那种斜杠帆，船头吃水就不会那么深……在这种情况下，每个人的神经都紧张得像恶劣天气中用以转帆的转帆索一样，这时候发出见到陆地的错误警报就几乎是不可避免的了。①

月亮出来前1小时，时间是晚上10点，发生了一件事情。站在后甲板上的哥伦布认为他看到了亮光，"事情非常靠不住，所以他不想宣布那现出亮光的地方是陆地。"但是他喊佩德罗·古铁雷斯来看看，而佩德罗·古铁雷斯也认为他见到了光亮。接着罗德里戈·桑切斯也被叫了来，"但是他没看到什么东西，因为他站的位置不对，无法看到什么。"有人认为罗德里戈在听说见到亮光后，只是将头伸出升降口，就令人泄气地表示他什么也没看到。不，不是这么一回事。哥伦布说，所见到的亮光"像一支忽明忽暗的小蜡烛光"，而在告诉古铁雷斯后，此烛光他也只见到一两次。

在这个节骨眼上，海员中一位莱佩当地人名叫佩德罗·伊斯基埃尔多的认为他看到了亮光并喊叫起来："亮光！陆地！"给哥伦布当差的小侍从佩德罗·德·萨尔塞多尖声尖气地喊道："这是我的主人已经看到过的！"哥伦布听到喊叫声，就喝住他说："我先前看到和谈论到的那个亮光是在陆地发出来的。"②

---

① 1515年诉讼案中的一个证人，曼纽尔·德·巴尔多维诺斯指出，在圆形桅楼和船楼上的瞭望员不停地说："La veys? no la veys?"（《哥伦布诉讼案卷》第2卷第148页）。

② 见奥维多所著《西印度群岛通史和自然史》第1卷第24页。他说这个对骗取奖赏极为愤怒的莱佩当地人"回到非洲去，并放弃了他的信仰"。古尔德小姐认为这个莱佩当地人即佩德罗·伊斯基尔多，见《王家历史科学院学报》第88期第764页。

297　　这个哥伦布承认除他本人外仅有少数几个人曾看见过的像忽明忽灭的蜡烛光那样的微弱光亮是什么呢？它不可能是圣萨尔瓦多岛或其他岛上的火光或其他光亮，因为据4小时后真正踏上陆地的事实证明，夜晚10点时船队距圣萨尔瓦多海岸至少有35海里远。现今在圣萨尔瓦多岛上海拔170英尺高的地方点燃一盏亮度为40万烛光的灯，从35海里远的地方去看是看不见的。有个作家曾提出个见解，说此光亮是印第安人捕鱼所点的灯火——为什么不说是点燃的一支雪茄呢？——但是印第安人是不会在大风呼啸中在离岸35海里、水深3 000英寻的水域捕鱼的。① 伤感派人士认为此光亮是超自然的光亮，是上帝用来指引和鼓励哥伦布的。但是在全航程的所有时刻中，这个时刻是他最不需要鼓励的时刻，当时他的航向正对着最近的岛屿。我完全同意海军上将默多克的意见："光亮之说是由于哥伦布那天见到了无数的陆地迹象，心情非常激动，因而产生了错觉之故。"② 哥伦布承认那少数几个人也只是以为他们看见了亮光。任何一个对经过长期海上航行后力图夜晚着陆富有经验的人都知道，在这种情况下人是多么容易上幻觉之当、受幻象之骗！特别是当你极其渴望见到光亮的时候。同船的水手总有两三个会附和你，说他们也见到了"光亮"。"光亮"消失之后，你才会认识到那不过又是一个幻觉而已。无须因为哥伦布看见一点幻觉的光亮而批评他的航海术，但是他为这个虚幻的陆地发现（他在次日一定知道那只是幻觉）而要求并得到了王室答应给第一个看见陆地的人的10 000马拉维迪年金，对这个事实要加以辩护却不是容易的。③ 即使偏袒，我们最多也只能指出引起一个海

---

① "有些人把哥伦布见到的光亮解释为一个火把。此火把是当地一个妇女点的，她为了使她丈夫的渔船能在夜晚找到回家之路，在岸边把火把点着并不断摇动它"（撒切尔著《克里斯托弗·哥伦布：生平、事业和遗物》第1卷第530页）。多么大的火把！还有其他的说法，某些报纸也跟着宣扬过，说此光亮是那种仅能在平静污浊的海水中生存的发光水母所发出的光。
② 美国海军学院《记录汇编》第10期（1884年）第484—485页。
③ 赏金数额相当大，它与一个熟练水手10个月的酬金相等。双王用那个时代所特有的方式即给塞维利亚的肉店征收附加税的办法来筹措这笔赏金。哥伦布在第四次西航出发时将此项年金分给了比阿特丽斯·恩里克斯，后者在哥伦布死后仍继续领取此项年金。

员的这种非正直行为,与其说是贪婪不如说是虚荣心在作怪;一想起是别人而不是他自己第一个发现陆地,哥伦布就无法忍受。这种强烈的男性虚荣心在现代以航海为业的民族中也在所难免。

10月12日早上2点,此时是月圆之后,月亮位于船队左舷的猎户座之上,高约70度,此位置使月亮恰好能照亮船队前头的任何东西,木星正在东方升起,土星刚好落下去,天津四(天鹅座α星)正靠近西边的地平线。船队中未睡的人睁眼看着这个方向。正方形飞马座悬挂在北天,在仙后座椅之北,稍高一点。北极星的卫星远出"底座"15度。种种情况告诉领航员,此时是午夜后两点钟。① 三船加速前进,"平塔"号处于领先位置,它们的风帆在月光下泛出银光。信风强劲地吹着,船只摇晃着破浪前进,将浪花抛向身后,仿佛它们正在吹断旧大陆与新大陆之间的最后一道无形屏障似的。此刻,只要再过几瞬间,一个时代就要在极其漫长的古代结束之际开始了。

"平塔"号前甲板上瞭望员罗德里戈·德·特里亚纳②就着月光看见了西边的地平线上露出一个白沙色的悬岩似的东西,接着又看见一个,而且连接它们的是一条陆地的黑线。"陆地!陆地!"他喊道,这次真正是看见陆地了。

马丁·阿隆索·平松飞快地核实了一下,按照原来的约定放了一炮,为了等候旗舰,并缩了帆。当"圣玛利亚"号一靠近("平塔"号的乘务员多年后这样回忆道),哥伦布就叫道,"马丁·阿隆索先生,你已发现了陆地!"平松回答道:"先生,我的奖赏靠得住了吧?"而哥伦布答道:"我给你5 000马拉维迪作为奖赏!"③

---

① 这些星辰的位置在海登天文馆核实过。
② 亦叫胡安·罗德里格斯·贝尔梅霍,人们有时说他是莫利诺斯人,有时说他是塞维利亚人。实际上,特里亚纳是塞维利亚郊区人。1507年升为商船船长,1525年在洛阿萨(Loaysa)的探险队中任首席领航员航行到了摩鹿加群岛,并在那里失踪,见安赫尔·奥尔特加著《拉拉维达》第2卷第218—221页。
③ Aguinaldo是圣诞节或新年礼物的称谓。由于看到了想象中的光亮,哥伦布显然已决定留下宫廷答应的赏金,而提供一笔安慰奖给马丁·阿隆索。马丁·阿隆索的话是在暗示9月25日发现虚幻陆地之事。加西亚·费尔南德斯1513年的证词,见《哥伦布诉讼案卷》第2卷第160—161页;弗朗西斯科·加西亚·巴列霍的证词说罗德里戈"看见一个白色的沙丘,举目向上看,看见了陆地,他就放了一炮并叫道,陆地,陆地"。看来,没有船长的命令,他放炮是不可能的。

按照哥伦布的计算，此刻离陆地大约还有 6 海里远，船队在太阳下落后的 8 个半小时里行驶了 65 海里，平均时速 7.5 海里多。根据我们的计算，当罗德里戈叫喊时，船队处于十分靠近北纬 24 度、西经 74 度 20 分的地方。①

当船队正笔直朝该陆地的下风海岸行驶时，哥伦布明智地命令除主帆外其余的风帆全都落下。此主帆据拉斯·卡萨斯的解释是指没有附帆的主帆。随着主帆桁急剧转动和船的左舷吃风，"圣玛利亚"号、"平塔"号和"尼尼亚"号就时而离岸、时而近岸地缓缓行驶，直至天明。② 当他们航行快离开陆地时，船只就往右掉头做 Z 字形航行，于是最后的结果是，在之后有月光的两个半小时里，船队向南漂流，始终与海岸保持着安全的距离。③ 今天，此岛的上风处就留有由于疏忽大意没采取此种措施而失事的船只残骸。

哥伦布所看到的西半球第一片陆地，或者说自从北欧人航海以来任何一个欧洲人在西半球所发现的第一片陆地是现今巴哈马群岛中一个岛屿的东边海岸。这个岛屿的正式名称叫"圣萨尔瓦多岛或华特林岛"④。对此荣誉具有候选资格的其他岛屿有：大特克岛、卡特岛、鲁姆岛、萨马纳岛和马亚瓜纳岛。但是，这个原名瓜纳哈尼、哥伦布为纪念上帝和救世主而重新将其命名的岛屿即现今的圣萨尔瓦多或叫华特林岛却是确凿无疑的。在巴哈马群岛、特克斯群岛或凯科斯群岛的所有岛屿中仅有这个岛符合哥伦布的描述。如果我们从古巴逆哥伦

---

① 麦克尔罗伊船长将哥伦布用船位推算法所测定的位置标绘在海图上，10 月 12 日早上 2 点，船队的位置在北纬 23 度 47 分 24 秒，西经 74 度 29 分。这个位置位于我在正文中所指望见陆地地点的西南约 15 海里处。我所以认定我那个地点有两个根据，一是根据哥伦布自己的叙述，他说当时船队距离陆地 2 里格远（6.36 海里，如减去他惯常多算的 9%，那就是 5.75 海里）；二是根据一个假设，假设陆地在船队正前方，依照《航海日志》来看这个假设是合理的。

② 见开始章《船舶和航海术》中有关此种航海手段的说明和图解（第 23 页译文图 8）。

③ 根据费迪南德说（第 1 卷第 21 章第 162 页）和拉斯·卡萨斯说的（《西印度群岛的历史》1927 年，第 1 卷第 39 章第 200 页），无疑船队当时是时而离岸，时而近岸缓慢行驶，而不是顶风停船。

④ 据 1926 年英国议会法案（1617 年）乔治五世，第 27 章，引自《地理杂志》第 68 期第 338—339 页。英国人在 17 世纪依照在那里定居的一个冒险家的称呼法称它为华特林岛，现在在巴哈马群岛，人们还是这样称呼它。

圣萨尔瓦多（瓜纳哈尼）或华特林岛

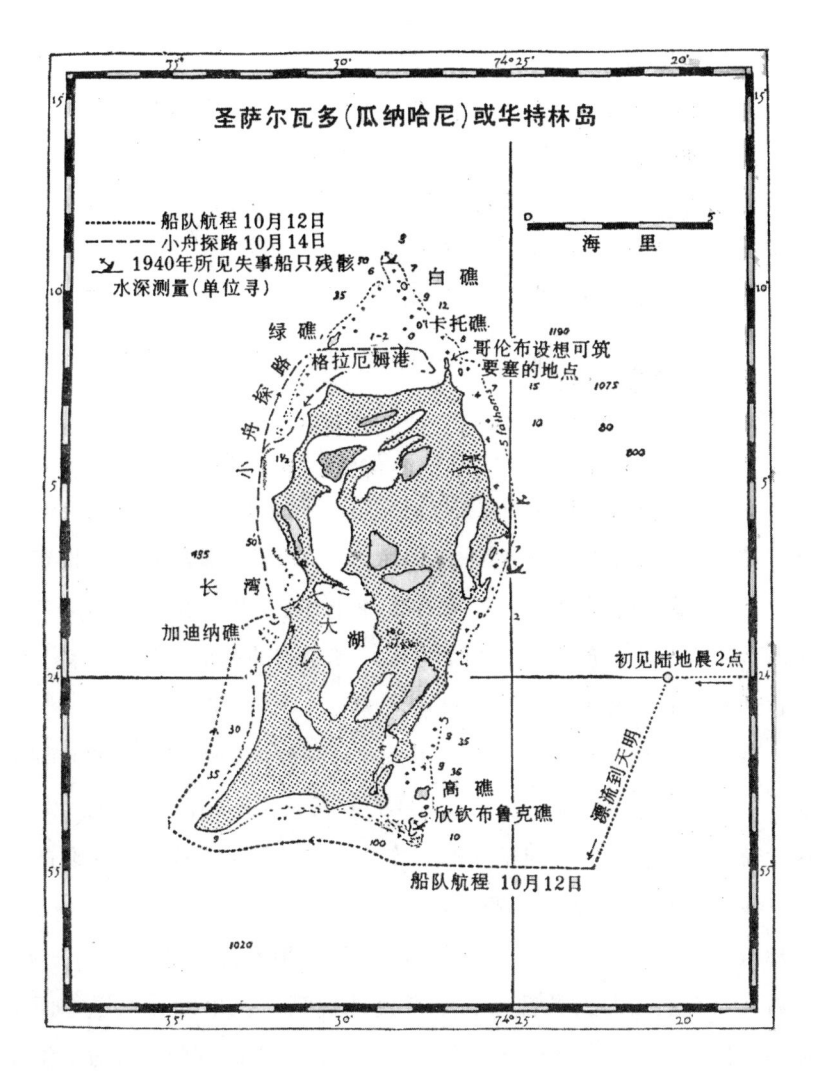

布的航海日志所叙述的航线航行，也只有圣萨尔瓦多岛而不是其他岛屿的位置与日志所记载的相符合。

圣萨尔瓦多是个珊瑚岛，长 13 英里，宽 6 英里。北纬 24 度纬圈和西经 74 度 30 分经圈在该岛中央附近相交。整个岛，除西边海岸或叫下风海岸有块范围约 $1\frac{3}{4}$ 英里的空地外，其余的海岸布满了危险的暗礁。到天亮时，哥伦布的船队必定已漂流到该岛东南角的欣钦布鲁克礁（Hinchinbroke Rocks）附近的一个地点。它们升帆并乘风前进，在暗礁中寻找一条能使船队安全下碇、并可派小船登陆的通道。船队能够找到的第一个突破口，一个在波涛汹涌的海面上容易辨认之处，是在该岛西海岸西南角以北大约 5 海里的地方。船队在绕过一个露出海面的、现叫加迪纳礁的礁石后，突转帆桁，进入一个浅湾（长湾或叫费尔南德斯湾）。它们在这里不再受北偏东到南偏西之间的风的侵扰。在经过一个弯曲的微微闪光的珊瑚沙滩后，船队找到了一个水深 5 英寻的防风锚地。

在长湾或费尔南德斯湾①岸上某处发生的名传千古的哥伦布登陆事件，经常有艺术家将其描绘，但对其实际地形学却未给予任何重视。拉斯·卡萨斯的《航海日志》摘录本，以及费迪南德·哥伦布所著《海洋统帅克·哥伦布的生平和事业史》（费迪南德在给其父亲作传时手中有一份《航海日志》手抄本）都是有关此事的珍贵资料。综合这两种资料，我们得出如下描述：

现在，他们看到了裸体人，于是统帅乘飘扬着王室旗标的武装小艇登陆。"平塔"号和"尼尼亚"号的船长马丁·阿隆索和他的弟弟比森特·亚涅斯也乘各自的小艇上岸。他们的船上都插有探险队的队旗，旗上绘有绿色的十字架，十字架的一臂上标有 F 字母，另一臂上标有 Y 字母，在 F 字母和 Y 字母上方各画有国王和女王的王冠。随后，所有登陆的人员都因为上帝使他们到达这里的无限恩德而下跪，五体投地地表示感谢，并流下了欢喜的眼泪。统帅起身后，给该

---

① 哥伦布登陆的准确地点引起了差不多同该岛本身一样众多的争议。"芝加哥先驱者探险队"1891 年从东面到达圣萨尔瓦多，他们选择他们见到的头一个陆地——该岛东北边的一个小丘，并竖立一块标石在那里作为哥伦布登陆纪念处（芝加哥《先驱报》1891 年 7 月 4 日）。但是，海员在神志清醒时是不会在海上波涛汹涌之际离开下风岸去下碇的，而且船上的小艇也无法从暗礁中通过。默多克、克罗劳和格伦·斯图尔特都坚持说船队是绕该岛北端航行，停泊在现今的科克本镇住宅区（或里汀礁）附近的避风处。但哥伦布说他次日考察岛的北部。这证明他并不是首先到达该岛北部。达尔贝蒂斯同意船队是绕该岛北端航行，在该岛西南暗礁群之外下碇的。关于哥伦布的下碇处，我同意梅西先生的意见。他指出加迪纳礁东北一带海滩是船队一定到达过的首块有屏障的锚地，已经知道哥伦布急于登岸，再设想他会更往北过霍尔斯兰丁礁，在科克本镇一个滩上登陆是没有理由的。德·阿尔贝蒂斯的《科萨罗》号在圣萨尔瓦多的巡航》第 44 页有一幅该岛的地图，图上标有以前提到过的一切锚地。

岛命名为圣萨尔瓦多岛。他随即把两位船长、船队的秘书罗德里戈·德·埃斯科韦多和塞哥维亚的罗德里戈·桑切斯以及所有登陆的人召集到跟前，要他们作为证人，当着许多聚拢来的该岛土人的面，以信奉天主教的西班牙君主的名义以适当的言辞和仪式宣布占领该岛，并且将这一切详细记在证书之中。① 同来岛上的基督徒们即刻向他欢呼，拥立他为统帅和总督，并宣誓服从他作为陛下的代表所发出的命令。他们非常高兴和快乐，仿佛这胜利是他们大伙儿的一样。大家请求哥伦布原谅他们由于害怕和不坚定所给他带来的伤害。许多印第安人②看到他们举行仪式和十分高兴的情景就围拢过来。统帅看到他们是一些温顺、和平和十分纯朴的人，就赠给他们一些小红帽和玻璃珠子（他们将玻璃珠子挂在脖子上），以及其他一些价值不大的东西，而他们却把这些东西当作极其贵重的物品看待。③

在这一点上，拉斯·卡萨斯开始引用了统帅的正式语言（原话）。由于他的引用，我们今天才得以正确地尊称哥伦布，④ 我们对站在一个行将被奴役和被灭绝的种族的前沿阵地上的这一支美洲印第安人才能获得若干印象，对他们的语言也能够获得一些理解：

> 因为我知道他们是一个能够较好地接受解放的民族，并且用爱而不用暴力就能够使他们皈依我们神圣的基督教，为了使我们能赢得良好的友谊，我把一些小红帽子和一些玻璃珠子（他们将

---

① 这些宣言不幸遗失了。哥伦布大概是从葡萄牙人那里学来的这套办法，他常常用这套办法去宣布占领土地，从此以后未来一个多世纪期间，公证人、笔、纸和兽角制成的墨水瓶就成了探险者必不可少的装备。
② 这个名称是费迪南德写的；哥伦布在他的《航海日志》中随后几天都没有称土人为印第安人。
③ 《航海日志》10月11（12）日记载：费迪南德著作第22章（第1卷第164—166页）。奥维多描写哥伦布在和他的船员们登陆前曾在"圣玛利亚"号船上飞吻〔印第安人〕并请求原谅。
④ 塞西尔·简和其他人都争论说哥伦布在回到西班牙向双王汇报以及在答应给他的头衔被确认以前，并没被合法地尊称为统帅。事情可能是如此，然而1493年11月他第二次访问伊斯帕尼奥拉岛的纳维达德营地时，印第安人乘独木舟向船队划来并喊叫着"阿尔米兰特！阿尔米兰特！"（西班牙文意为统帅。——译者）这件事实表明哥伦布的手下人早在1492年12月就这样称呼他了。费迪南德说哥伦布的手下人在10月12日宣布占领该岛时就称呼哥伦布为统帅。怀疑费迪南德这个陈述是没有理由的。

珠子挂在脖子上）以及其他一些不太贵重的物品赠给他们中间一些人，对此他们高兴异常。他们对我们如此友善，真是奇事。后来，他们又游泳来到我们乘坐的小船上，给我们带来鹦鹉、成束的棉纱和投枪以及其他许多东西。我们拿些东西，像小玻璃珠子和鹰铃跟他们交换。最后他们同意交换并好心好意地将他们所有的东西都给予了我们。不过，据我们看，这些人各方面都很贫乏。他们一丝不挂，出娘肚子时是什么样子现在还是什么样子。女人也是如此，尽管我只看见过一个确实年轻的女孩子。我所见到的年轻男子年纪都没超过30岁。他们体格强壮、身躯美丽、脸孔漂亮、头发很粗，粗得几乎像马鬃，但短得多。除开脑后的一绺头发要蓄长并且从来不剪以外，其余的头发长到齐眉为止。他们有些把自己涂成黑色（他们也有人涂加那利群岛土人涂的那种不黑不白的颜色），有些涂成白色，另外有些涂红色的，也有有什么颜色就涂什么颜色的。他们有些涂脸，有的涂全身，有的只涂眼睛，有的仅涂鼻子。他们没有携带武器，也不知武器作何用处，因为我拿刀给他们看，他们由于无知竟抓住刀口，以致割伤了自己的手。他们没有铁器。他们的投枪是一种没有铁刺的木棒，木棒末端有的装上鱼牙，有的装着别的什么东西。他们一般都长得相当高并且模样好看，体格强壮。我看见有些人身上有伤痕，就比画着问他们这是怎么一回事。他们告诉我，附近岛上的人来此岛想俘获他们，身上的伤疤是他们为保护自己而留下的痕迹。起先我相信，现在我仍然相信从大陆来此岛的人可以使唤他们。他们会成为好的仆人和优秀的熟练工，因为我知道他们能够迅速复述对他们所说的话；而且我相信不费多大力气就能使他们成为基督教徒，因为我觉得他们是些没有宗教信仰的人。如果上帝同意，我在离开该岛时将带6个土人来朝见双王陛下，这样他们就能够学会讲话。我在该岛除看见鹦鹉外，没看见任何牲畜。

10月13日（星期六）天亮时，海滩上来了很多本岛土人，像我所说的那样都是年轻人，他们身材都长得很好，非常漂亮。他们的头发不卷曲但蓬蓬松松的，粗得像马鬃。所有人的额角和头部都很宽阔，比我所见过的其他种族的人都要宽些。他们的眼睛很漂亮而且不小。他们的皮肤并不全是黑色，而是跟加那利岛上土人的肤色一样。不要指望他们还有别的什么不同之处，因为此岛与加那利群岛中的费罗岛处在同一纬度。他们的腿很直，成一根直线没有腿肚子，但都非常结实。他们乘独木舟向船队划来，独木舟用树干凿成，样子像长艇，就该地条件而论，整块整件可称做工巧妙。独木舟容量很大，可容纳大约40人或45人，其他的较小，小到只能坐一个人。他们用一种像面包师用的长柄铲那样的划船器具做船桨，使船走得非常快。独木舟如果翻了的话，他们就下水将独木舟翻过来，并用随身携带的葫芦将舟内的水舀干。他们带来成束的棉线、鹦鹉和投枪以及其他一些写出来令人厌烦的无价值的东西，并将所有东西给了我们，只要我们随便给点东西给他们就行。

在他写给双王陛下的信中（此信到达巴塞罗那不久即被付印，并译成拉丁文在欧洲广为传播），哥伦布重点提到了该岛土人的温顺和慷慨：

> 他们是那样地单纯并对自己拥有的东西是那样地慷慨，不是亲眼看见，简直不敢相信。他们有什么东西，你如果问他要，他们绝不说二话。他们甚至请人家去分享他们的东西，好像要把心掏给你一般。你把什么东西给他们，不论东西贵重不贵重，也不论这是什么东西，他们立刻表示满意。我禁止把破陶器、未加工的玻璃或皮带尾子这类无价值的东西给他们，虽然他们得到之后也把它们当作世间宝贝。①

---

① 我的译文是据此信初版的复制本翻译的，见撒切尔著《克里斯托弗·哥伦布：生平、事业和遗物》第2卷第18页。

不幸的是，这些头脑简单的原始人的坦诚和慷慨品质都引发了普通欧洲人的贪婪和残暴的劣根性。甚至连统帅的博爱、仁慈似乎也只是在政治上作为最终奴役和掠夺他们的一种手段。但是，对于欧洲的知识分子来说，似乎哥伦布已跨回了几千年，遇到了生活在黄金时代，即生活在只存在诗人想象中的那个光辉的人类黎明时代的人民。哥伦布的发现使欧洲人能够看见他们自己的、在潘多拉的盒子①被打开之前仿佛处于"原始状态"的祖先。"善良的原始人"神话于1492年10月12日在瓜纳哈尼岛兴起，在18世纪达到其顶峰。彼得·马蒂尔首先传播了这个神话，他描述了这些印第安人。下面以他的描写为例（根据理查德·艾登1555年的古英语译文）：

> 确实，如果他们都信奉我们的宗教，而且还能享有他们那种原始的自由的话，那我会认为他们的那种生活是所有人过的生活中最幸福的生活。他们容易满足，不善奢华，而其他地方的人却是挥霍无度，尽干着一些不合法的勾当，而且总是贪得无厌，从不满足。但是，在这些生活简朴的人中，仅用一点棉片遮掩着他们赤裸的身子。他们无须度量衡器，他们既不会玩诡计，又不会耍阴谋，同时也不需要使用那万恶的金钱。这样那无数的灾难也就不会发生。他们似乎生活在黄金时代里。这个黄金时代，一些作家曾多次叙说：人们简朴而单纯地生活，无须法律的约束，无须裁决争端，更没有诽谤。他们心满意足地自然生活，对于外界的情况，即便知道了也不会表示出更多的烦恼；明白了这些真相，难道我们不应感到羞愧吗？②

巴哈马群岛上的这些印第安人，实际上哥伦布首次西航时遇到的

---

① 据希腊神话，主神宙斯命潘多拉（宙斯命火神用黏土制成的人类第一位女性）带一盒子下凡。潘多拉私自打开盒子，于是里面的疾病、罪恶、疯狂等各种祸害全跑出来散布在人间。——译者
② 《在新大陆或西印度群岛上的数十年》（*The Decades of the Newe Worlde or West India*）（伦敦，1555年）第8页；爱德华·阿尔伯著《关于美洲的最初三本英文书籍》（伯明翰，1885年）第70—71页。

一切印第安人，都属于阿拉瓦克语系的所谓泰诺文化这个范畴。他们的祖先从南美洲大陆移居到安的列斯群岛，在哥伦布航海的一个世纪内从海地发源，分支发展到古巴、牙买加和巴哈马群岛各地，他们侵略或奴役一个以锡沃内（Siboney）著称的比他们更古老更原始的民族。泰诺人的文化相当进步，他们种谷类、薯类和其他块根植物，拿丝兰属植物制作木薯面包；他们纺纱织布，制作雕有奇形怪状人头的棕色陶器，用贝壳做成各式各样的装饰品和用具；他们住的是用木料制作屋架、用棕榈叶盖顶的棚屋。哥伦布所提到的他们前额低、宽阔，那是他们长期用木板夹婴儿头盖骨，有意将其弄平所造成的后果。

哥伦布的观点记下来是很有趣的。他的观点一部分来自非洲，一部分属于传统观点。他曾期望找到像他在几内亚海岸遇到过的卷发黑人，因为亚里士多德曾讲过同一纬度地方的人和产物相类似。他想到该岛跟费罗岛同一纬度（实际相差3度41分），看见像关切人（加那利群岛的土著）那样同是棕色皮肤的人并不奇怪。他把印第安人所乘的独木舟叫作木筏，葡萄牙人就曾用这个名词来称呼西非的独木舟。他带来做交易的物品，如威尼斯的玻璃珠、铜圈子、红帽子和系猎鹰用的圆形小铜铃，确实是葡萄牙人所发觉的在黑人中最受欢迎的物品。①

泰诺人唯一的武器是一种一端装有鱼齿或淬火木刺的短矛或投枪，尽管他们曾赶跑过原始猎人，但拿这种武器还是不足以对付偶尔从加勒比各岛前来袭击的加勒比人。他们要想抗拒西班牙人的统治，力量就差得更远了。从哥伦布10月12日《航海日志》的结句中可以明显看出正是在发现该岛的这个日子里，一个这些人民很容易奴役的邪念掠过他的心头。10月14日他记道："这些人根本不会摆弄武器……用上50个人就能全部征服他们，并使他们做一个人想要做的一切事情。"可悲但值得注意的是：唯一幸存下来的加勒比印第安人是那些经证明既有决心保卫自己又有能力保卫自己的印第安人。至

---

① 在《卢济塔尼亚人之歌》第5卷第29页中，瓦斯科·达·伽马把下列物品赠给一个非洲人：一些晶莹剔透的小珠，一些叮当作响的小鹰铃，一顶鲜红的帽子……

于那些被哥伦布感觉那么温顺、那么大方、那么好客的泰诺人则早已绝种了。

瓜纳哈尼,该岛土人的称谓,意思是鬣蜥,一种现已在该岛绝种的爬行动物。①哥伦布描述该岛"非常大,非常平坦,树木葱翠,水源众多,岛中央有个大湖,但没有山,整个岛一片绿色,看一眼令人愉快"。该岛被众多的盐水湖分割成蜂窝状,咸水湖中最大的距哥伦布登陆的海滩不过几百码远。岛上最高的小山丘海拔仅140英尺。哥伦布随即考察了该岛的北部地区。他看到了片片树林,其树林之美是他从未见过的,"而且树木葱茏得如同卡斯蒂利亚四五月间的树木一样。"到圣萨尔瓦多岛和巴哈马群岛中其他岛屿访问过的人发现,哥伦布对那里大自然的描写有些夸张。他们倾向于谴责他,为了加深双王的印象故意在拼命夸大其词。

对于经过长期危险的海上航行后的海员来说,不管什么陆地看来都是好的,不管什么女人看来都是美丽的;但是哥伦布对巴哈马群岛的描述在1492年来说并不过分。在那个时候,岛上土地都极其肥沃,到处覆盖着生长稠密的热带硬木林。这些树林印第安人曾进行过开垦,但很少触及那些植物园。到18世纪后期,英国殖民者(他们中很多是从美国流亡来的亲英分子)为了在海岛上种植棉花,就把大部分树木砍掉了。这种做法耗费尽了土壤肥力,加上飓风不断地剥蚀,使土壤更加贫瘠。当种棉花无利可图时,土地就荒废了。今天,巴哈马群岛这一部分土地当黑人不用它种马铃薯和放牧时,就长满矮小的二茬作物和散布古老种植园住宅的败瓦颓垣。可用来制作大小如哥伦布描写过的那样的独木舟的大树已不复存在。在圣萨尔瓦多岛一个内

---

① 里瓦斯·普伊赫塞韦尔在《新大陆的犹太人》(墨西哥,1891年)中对瓜纳哈尼的来历有个解释(引自《王家历史科学院学报》第90期,第549—550页)。哥伦布手下那个犹太水手,用希伯来语叫道:"I, I! Wcana hen-i? Waana hen-i!"("陆地!陆地!它在哪儿?它在那里!")因此,哥伦布照这个水手的喊声给这个岛取名瓜纳哈尼!

陆湖附近，我们看见过一片葱翠美丽值得哥伦布赞美的幸存的原始森林。在这片树林里聚藏了一种变体的热带啄木鸟，证明此处必定存在过广阔的原始森林区。博物学家还在该岛发现过仅能在稠密阔叶林里生活的其他鸟类残骸。

10 月 13 日（星期六），船队整天停泊在长湾。上岸人员的往返用划子接送。是日，西班牙人轮流上岸度假，他们漫步走进土人的棚屋，私下与他们做点交易，换回水手们人人喜爱的珍品。同时无疑也弄清了瓜纳哈尼岛上的少女与他们所熟悉的其他女人是十分相似的。哥伦布（他总是能够看出"更有价值的东西"）说他发现了"一坑天然形成的石头，石头很适合于建筑教堂那样的大厦或供其他公共建筑用"①。过了 3 个世纪才有人想起在圣萨尔瓦多建筑一座教堂，这时发现把这种软质的珊瑚石制成长方形砖块比较容易。哥伦布当年在登陆处北面（后建有登陆纪念堂）看见的岩石露头，至今仍未采掘，不过这些露头已部分沉浸在水下，有的已巧妙地被劈成石板那样的正方形石块。

统帅忙于搜集从手势和动作方面理解出来的情报。他的阿拉伯语译员在这个印度狭窄地带没有用处。星期六晚上，他决定，不应再浪费时间，应该赶紧继续航行前去日本。但圣萨尔瓦多岛却必须首先探查明白。星期天早上，3 条船所备有的小划子载着统帅朝北沿下风海岸行进，"去探查另一面，即岛的东面看有些什么，同时也去看看岛上的村落。不久，我就看到了两三个村落。所有的村民都向海滩涌来，叫喊着并感谢上苍。他们有的给我们带来淡水，有的给我们带来食品。其他的人看到我毫无上岸的样子，就跳入水中向船队游来并上了船。我们明白他们是在询问我们是不是从天上来的。一位老者上了船，其他的人就大声对所有的男人和女人高声喊叫：'来看天上来的

---

① 《航海日志》1493 年 1 月 5 日（在谈到蒙特里斯蒂有类似的石头时，谈到这里的石头）。

客人，给他们拿吃的和喝的来。'又来了很多人，其中有些妇女，每人都带了些物品。他们感谢上苍，仰卧在地，手指天空。接着他们喊叫着要我们上岸去。但是我不敢上岸，因为我看到该岛周围布满礁石，礁石里边水很深。有一个港口可以容纳基督教世界的一切船只，港口的入口很狭窄。"

这里就是现在以格拉厄姆斯港闻名于世的这个港口所在地。它由岛周围一些礁石构成，礁石堆集起来成一个倒 V 字形。有三四处的礁石高高耸起，形成珊瑚礁。在西部那些礁石中有一个礁石名叫格林岛。它旁边有条水深 7 英尺的水道，适合小舟航行。这大概就是哥伦布把小舟开进去的那条水道，比起另一个说法说他是从高礁进去的未走这条水道，更有可能，因为对一个地形不熟悉的外地人来说，找到后面这条水道是有困难的。"里面有些地方水浅"，哥伦布正确地看到，"但是里面海水流动并不比井水快"。在这些珊瑚礁港口内，水面平静的现象常常使海员们既感到惬意，又觉得惊奇。

在 1930 年 1 月一次刮北来暴风、海上波涛汹涌期间，格伦·斯图尔特的游艇停泊在格拉厄姆斯港内却平安无事。[①]

哥伦布的小舟一划过该港，大约朝东划行了 2 海里，在那里看到一个岩石半岛。它从圣萨尔瓦多北边伸出，它有一半几乎像个岛，而且"在两天内它一直被当成一个岛"，这个岛适合做要塞。在哥伦布访问过以后，海水在这里开辟了一条航道，水浅时人能蹚水过去。有人（可能是英国人）接受过哥伦布认为这里是个天然要塞的建议，因为克罗博士 1891 年曾在这里发现过一尊铁炮。[②] 小舟在探查了该港口后返回停泊在长湾的船队里，来去一趟大约航行了 20 海里。下

[①] 《地理评论》XXI (1931 年) 第 126 页。
[②] 《美洲》第 1 卷第 216 页；《美洲的发现和哥伦布的首次登陆处》(Discovery of America and Landfall of Columbus) (1921 年) 第 24—26 页，并附有草图。我在 1940 年 6 月参观了该"要塞"，但没有见到那尊铁炮。

午刚开始，船队就升帆去寻找"日本国"。于是，或许任何一个海员所有经历中最奇妙的48小时经历就这样结束了。一个平坦、多沙的、挺立在信风之中、漂浮在美洲大陆前沿的小岛被发现了。在那里其他许多发现诚然比发现这座小岛更加引人注意，但正是在这个地方，塞尼加所预言的"海洋之锁链第一次"被打开了；"正是在这个地方"，自从欧洲人开始探询西方地平线边缘躺着什么东西以来，这个一直使他们困惑不解的秘密被揭穿了。比温和的泰诺人更陌生的民族、比瓜纳哈尼岛上葱翠的草木更奇异的植物都被发现了，甚至在哥伦布以前就已被葡萄牙人发现了；但非洲的发现不过是把已露曙光的大陆呈现出来而已，至于圣萨尔瓦多却是在西航33天的最后一刻才从海上露面，这是对过去经验的一次彻底决裂。西班牙人所看见的每一棵树、每一种植物对他们都是陌生的。他们所看见的土人不仅陌生，而且完全没有想到过。这些人讲的是听不懂的语言，他们不像哪一种民族，甚至连最有学问的探险家在从希罗多德到马可·波罗等人所写的旅行故事中也没有读到过。在1492年10月的那些日子里，新世界彬彬有礼地向征服它的卡斯蒂利亚人奉献了它的童贞，人世间的凡夫俗子别再希望尝到那些日子里的惊奇、诧异和快乐滋味了。

第十七章　寻找日本[①]

1492 年 10 月 14—28 日

　　该岛（日本）之王有座宏伟的宫殿，其屋顶全用上等黄金覆盖，如同我们的教堂用铅做顶一般；该宫殿的窗户全用黄金装饰，其大厅和众多房间的地板都用金砖铺成，每块金砖都有两指厚；它的珍珠也十分丰富。

——哥伦布手抄《马可·波罗游记》，第 57 页[②]

　　此岛确实属于印度地区吗？这个问题必定是哥伦布抵达瓜纳哈尼时要自己询问自己的头一个问题，也是他在返航时对他的全部发现要自己问自己的最后一个问题。或许它不过是大西洋中像安第利亚那样的岛屿吧？可以说，统帅在其后的整个 6 年航行中，都一直在寻找证据，以期使他能够对这第二个难题响亮地回答个"不！"字。圣萨尔瓦多岛必定属于印度地区，因为它是处在印度地区应该处的位置；而且，可以在船队每个人面前清楚叫喊"印度！"确实的线索是黄金。这里的黄金固然不多，仅有一点点"从他们穿在鼻子上的一件像针盒子样的东西上垂下来"的金子，但必定是黄金，所以此岛必定属于印

[①] 上章第 302 页注[①]提到过的那些讨论登陆地点的大部分作者以及格伦·斯图尔特在《地理评论》第 21 期（1931 年）第 124—130 页中，都试图描绘哥伦布通过巴哈马群岛的航线。我在本章所画的航线图是以我乘玛丽·奥蒂斯号亲自做过调查为基础而描绘出来的。对于 1492 年罗盘在此地区实际可能存在磁差的问题，我曾做过适当的考虑，但经过仔细查对后我发现，假设巴哈马岛果如冯·贝梅伦所做出的结论当时是无磁差地区，那么，哥伦布《航海日志》所提供的航线就几乎很准确的。

[②] *Marci Pauli de Venecils de cosuetudinibus et condicionibus orientalium regionum*（《威尼斯的马可·波罗谈东方地区的风俗习惯和情况》，即《马可·波罗游记》，1485 年）。塞维利亚，哥伦布图书馆，附有哥伦布亲手写的边注："黄金和珍珠最多。"

度地区。——我那尊贵的统帅,你不记得,那些向亨利亲王谈论安第利亚岛的葡萄牙人带回了黄金吗?——呵,不,此岛不会是安第利亚,它离得太远了,而且这里的人不是葡萄牙人;它肯定不是安第利亚。——然而,这个瓜纳哈尼可不可能是日本呢?可不可能是那个伟大的、繁华的、居住着白肤色文明人的、其王宫用黄金做屋顶、用黄金铺地、妇女用黄金穿鼻的日本国呢?——就算是的,但有谁说过,日本国是印度地区的唯一岛屿呢?

在两张 15 世纪的标有日本国的世界地图(1457 年热那亚人绘制的一张和 1492 年贝海姆的地球仪)上,日本国位于离中国海岸大约 1 500 海里的地方(因为马可·波罗曾这样报道过),它的北面是一个由大小岛屿所组成的群岛。哥伦布愿意相信而且确实相信他抵达了这个群岛的边缘,经过此群岛他的船队就能够从西南方向航行到达日本国。如果日本没有找到的话,那他们必定会抵达中国海岸。显然,瓜纳哈尼土人所展示的那一点点黄金首饰是来自别的什么地方。① 日本国、震旦、大汗这些字眼在这些原始人的简单头脑中没有得到反应,看样子他们仿佛渴望讨得统帅的喜欢,他们做手势让统帅明白:从这里看过去,在西北和南方之间那一带地平线上还有其他岛屿,或许是个大陆。日本国必定在那个方向的某个地方。于是,哥伦布在他的 10 月 13 日的《航海日志》里记下他的结论:"我打算去看看能否找到日本岛。"事实上,哥伦布第一次西航中其余全部时间都是在寻找黄金、日本国、震旦和大汗,其中尤以黄金最为重要。为了向国王证明他西航成功,别的找不到不要紧,黄金却必须带回国。

就这样,为了寻找日本,船队在 10 月 14 日下午离开了圣萨尔瓦多朝西南方向驶去。对于走哪条航道,哥伦布有点感到为难,因为那

---

① 巴哈马群岛不产黄金,如果说古巴有的话那也是微乎其微。无疑,哥伦布看到的装饰品是最早来此的印第安人从海地岛带来的,或者是从那之后在物物交易中获得的。

6个被他留下来做向导和做译员的印第安人把他们的手臂从西方绕向南方划了一个大弧,在这个范围内"被他们叫出名字的岛屿就有100多个"。西南方向显然是哥伦布从这个大弧中选取的折中航向。航行平稳,信风适度,船队趁顺风颠簸地前进。在后半下午船队离圣萨尔瓦多大约15海里的时候,他们看到了似乎排成一列的6个岛屿,统帅下令朝其中最大的一个驶去。当船队靠得比较近时,那6个岛屿似乎连在一起了,因为它们实际上只是一个岛屿上的几个山丘。① 天黑前,无法到达这个六合一的岛屿,这一晚船队只好顶风停船。次日黎明船队乘风前进,到中午时抵达该岛。哥伦布依照他信奉的圣母玛利亚圣灵怀胎之说,给他所发现的第二岛取名为圣玛利亚·德拉·康塞普西翁岛,现在叫拉姆岛。②

哥伦布描述此岛长10里格,宽5里格。哥伦布在做沿岸航行时所使用的里格与1里格等于3.18海里的海洋里格不相同。他这里所讲的是我们将会发现的无数个例子中的第一个。哥伦布在海上航行,无论何时估算距离通常在10%范围内是准确的。但当他估算海岸线的长度时,不管有意还是无意,他所用的折算率是1里格大约等于1.5海里③。

10月15日(星期一)必定是个不寻常的晴朗日子,因为离开拉姆岛的东南角后,哥伦布"看到了西边另有一个较大的岛屿"。那就是长岛,相距22海里。哥伦布沿拉姆岛南岸航行,大约在太阳落山时,在该岛西南端的桑地角停泊。该岛看上去当然与日本国不大相

---

① 从哥伦布在圣萨尔瓦多的停泊处,或者再朝大海航行数海里,都不可能见到岛屿,但是他在10月14日的《航海日志》中说:"我……扬帆航行,所见岛屿如此之多以致使我无法确定该先去哪一个岛屿……最后,我看到了其中一个最大的,就决定去那里。"对此的解释是当海岸线低于地平线时,这些长形巴哈马珊瑚岛上的众多低矮的山丘看起来就像一个个单独的岛屿。我在圣萨尔瓦多岛西南10英里的地方,见到拉姆岛就像6个单独的岛屿。我断定哥伦布就是朝其中最大的一个山丘驶去的。通常他又是写注《航海日志》后就并不再修改错处的。鲁道夫·克罗劳在所著《美洲》(*Amerika*)第1卷第216页绘有一张分6个部分的拉姆岛地图,那是他在刚看到拉姆岛时画的。

② 关于此鉴定没有什么疑义,但是,拉姆岛西北13海里的一个岛屿在19世纪曾被命名为康塞普西翁岛,那是以卡特岛即圣萨尔瓦多岛这个说法为依据而被命名的。

③ 见本书第十三章第264页注①附表。

似，但是哥伦布从他的那些被迫来当向导的土人那里得知，岸上的居民有很多金臂环和金踝环，所以认为此岛还是有考察的必要。星期二早上，晨曦初露，统帅乘小艇上岸，查明岛上土人人数众多，全都裸体，在各个方面都与圣萨尔瓦多岛上的土人相似。他们"让我们走遍全岛，我们要什么东西，就给予我们什么东西"。金臂环和金踝环都没有见到，说岛上有显然"都是谎言"。同来的圣萨尔瓦多人希望他在拉姆岛停靠只不过是"为了逃跑"。其中有一个头天晚上就已游水上岸；当统帅上岸时，又有一名瓜纳哈尼少年跳到一艘划拢来的拉姆人的独木舟里。独木舟迅速划开，去抓他的西班牙人因所乘坐的小舟笨重，其速度远不如独木舟快。追捕持续至岸上，但"他们像小鸡似的逃之夭夭了"，统帅说。追捕紧张进行时，一艘小独木舟从该岛的另一角划到"尼尼亚"号旁边，舟上只有一名想来出售棉纱的土人。水手们将他抓住，欲将他替代逃掉的圣萨尔瓦多人。但统帅在"圣玛利亚"号船尾看到了，命令将他送到旗舰上。统帅赠给他一顶普通的红帽子、一些玻璃珠子和鹰铃，并让他高高兴兴地上岸。哥伦布写道："为了让他们尊重我们，使陛下在下一次再派人来此时，他们（土人）不至于与我们为敌，所以我就这样优待他们。"不幸统帅对印第安人的这种友好行动反而使印第安人对继他而来的拐子手们放松了警惕，准备不足。第二个到达该地区的西班牙人是阿隆索·德·霍赫达，为了抓人做奴隶，他袭击了该地区。

这些令人吃惊的事情和离题的活动是在10月16日清晨发生的。那些印第安人的向导一点也不因为他们原先提供的情报不正确而感到难为情，现在他们高兴地向哥伦布保证，在已经看到的西方那个岛屿上"有许多黄金，人们将它制成镯子模样戴在手臂上、腿上、耳上、鼻子上以及脖子上"。上午，风向改为东南并继续向南转移，使得拉姆岛的锚地无法停船，于是哥伦布命令起锚。船队整日在习习的南风中朝西漂流。中途，旗舰抓到一名驾独木舟的土人。他显然是从圣萨尔瓦多来的，因为在他那本地产的篮子里放有一串玻璃珠和两个小硬币；他还带了"一大把鲜红的先弄碎后被揉合成团的泥土（这无疑是颜料），以及一些枯干的叶片，这些枯叶必定是被他们十分看重的东西，因为在圣萨尔瓦多时，他们把它当作礼物送给了我一些"。几乎可以肯定，这些叶子是烟叶，但是在抵达古巴之前，西班牙人没有看到过有谁吸它。这个土人获得食物，并得到保证到下一个岛时让其自由，结果他被释放了。

哥伦布以卡斯蒂利亚和阿拉贡国王的名字给该岛命名为费尔南迪纳岛。这个按国王的名字起名的岛名早已无人知晓，而它的普通名称长岛却受人青睐。就主要方面来说，后名比前名更合适，因为该岛长60英里，宽不过4英里。哥伦布说费尔南迪纳岛"非常平坦，没有像圣萨尔瓦多岛上和圣玛利亚岛上那样的山岭。可是，当我们从同一角位靠近该岛时，它上面却有一串互不连接的小山丘呈现在我们面前"。统帅准确地描述了该岛的上风海岸，除"岸边水下有些暗礁外，所有海滩均无砾石"。"当你打算抛锚时，你必须睁大眼睛，小心谨慎，不要将锚抛得太近海岸，虽然海水一直极其清澈，可以见底……为了不丢失船锚，在此处下碇必须特别小心"。哥伦布正在与巴哈马航海家们的祸根、从清澈的海底出人意料升起的珊瑚礁尖打交道。这些"黑色的礁顶"可割断任何缠在它上面的锚链，并使不幸撞上它们的任何木船漏洞累累。"而且在所有的这些岛屿中，"他公正地补充道，"离岸两伦巴德射程远①的地方，水深无法见底。"他那深海测深锤，如我们所知道的，可测量100英寻深，但在长岛的上风海岸，显然不能着底。水文学家曾在这一带不厌其烦地测量，测得长岛与拉姆岛之间的海沟深1 400英寻，超

---

① 对照哥伦布测量距离时所经常使用的伦巴德炮弹射程数（他的大型炮所能射到的距离），此单位似乎是在500—1 000码之间变动。

过 1.5 英里。

在离现在的本特格朗德①不远某处的一个村庄附近，船队靠近长岛海岸，由于天黑前无法到达一个锚地，于是当夜就顶风停船。哥伦布派人步行上岸，他的出现使长岛的土人纷纷传诵这些"天堂来人"的消息，立刻就有一支由独木舟组成的船队带着"淡水和他们所拥有的东西"到来。淡水在巴哈马群岛是贵重物品，因为在整个群岛没有一条淡水河流或小溪——甚至连庞塞·德·莱昂②的长生不老泉也没有，淡水仅靠收集雨水或掘井才能得到。〔哥伦布〕对自愿提供淡水的土人赠以珠子、敲起来叮当作响的铜手鼓和饰带套（这种金属的饰带套当时人们用以代替衣上的纽扣）。对那些上了船的土人则以糖浆招待。现在难以推测糖浆在西印度群岛被当作珍品是在什么时候，但是在西班牙人从非洲带回糖蔗之前若干年，泰诺人唯一的甜品是野蜂蜜。

翌日（10月17日）上午9点，旗舰上的小艇送水手上岸找淡水。岛上的土人带领他们去井边，殷勤地将满桶满桶的水送到小艇上。印第安人这些助人为乐的行为在哥伦布登陆过的大部分地区都发生过，但对他们自身来说，高尚的行为却招来不幸的后果。哥伦布本人在他航行结束前就说过："只要懂得语言，只要发出命令，就什么也不会缺少，因为下给他们的命令他们都一一服从，从不反抗。"③船队中每一个人，从打杂的少年仆人到统帅，全都确信，基督教徒在西印度群岛连一举手之劳的活儿也无须干；于是一幅剥削驯良土人的劳动以发财致富的喜人的幻景就在他们面前展开了。

---

① 梅西先生相信此村庄在长岛的南角附近，对此我不敢苟同，因为那个地方离哥伦布在拉姆岛的下碇处有50多海里，哥伦布不可能在微微东南风、随后又变成南风的状况下，于上午10点或正午（两个时间是《航海日志》里提到的，正午可能是指经过陆地的时候）到天黑之间到达该处。

② 庞塞·德·莱昂，胡安（1460—1521年）；1493年随哥伦布到美洲，后任波多黎各总督。1513年他到达他命名的佛罗里达地区，国王任命他为佛罗里达总督。1521年他企图在这里殖民，为当地人所杀死。——译者

③ 《航海日志》1492年12月21日。

哥伦布注意到，在长岛除鸟外，没有绵羊、山羊或其他任何有生命的动物；没有哺乳动物是西印度群岛动物群的特色之一。他首次在一块地里见到了玉米，对此他还以为是一种黍①。他对在旗舰周围游玩的颜色艳丽的鱼感到惊奇，这种鱼在清澈的海水里容易见到。他看到岛上土人身穿棉织的短斗篷，这种斗篷与圣萨尔瓦多岛上的不同。这些土人有努力做成一笔交易的打算。或许那个被放走的独木舟划手曾暗示过他们，说这些"天堂来的人"比起卖主来，更乐意当买主。期望中的金手镯和金踝镯并没有出现。它们多次被说成是存在于下个岛屿。

作为他上岸访问的结果，哥伦布报道了一种特殊树。它有"各种不同的枝条，全长在一根主干上。它一根枝条属于这一种，其另一根嫩枝属于另一种，如此各不相同，真乃世上最大的奇观……例如，有根枝条长的叶子像根甘蔗，另一根却像乳香树。这样一棵树上，枝条有五六种，它们各不相同"。当然，世间并没有这种多体形植物，即使是近似的也不会有。哥伦布看到的必定是在西印度群岛常见的那种长满了寄生菌的树。撇开这段令人难以相信的记述不谈，他对自然现象的记载是客观的和准确的。就算是这种报道，还是有人接受，因为马可·波罗、约翰·曼德维列爵士以及那些仿效他们的人就曾经使欧洲人期待任何一个从无人知晓的地区旅行回来的人向他们报道各种奇景异物，例如鱼生活在树上，人长尾巴和无头人眼睛生在肚皮上。哥伦布完全清楚人们对他的期望，他确实希望见到此类事物，但是他却虚构不出来，于是只好间或把所见到的略加编造或夸大，以满足双王猎奇好胜的渴望。

从先天晚间起，船队就一直在走走停停，因为该岛的下风海岸极

---

① 费迪南德在他的著作第 27 章（第 1 卷第 184 页）就认为这种黍是玉米，而彼得·马蒂尔 (dec. i, 第 1 章) 详细地描述了它的穗和谷粒，他说后者成熟时呈黑色，将其磨成的粉 "比雪还白"。

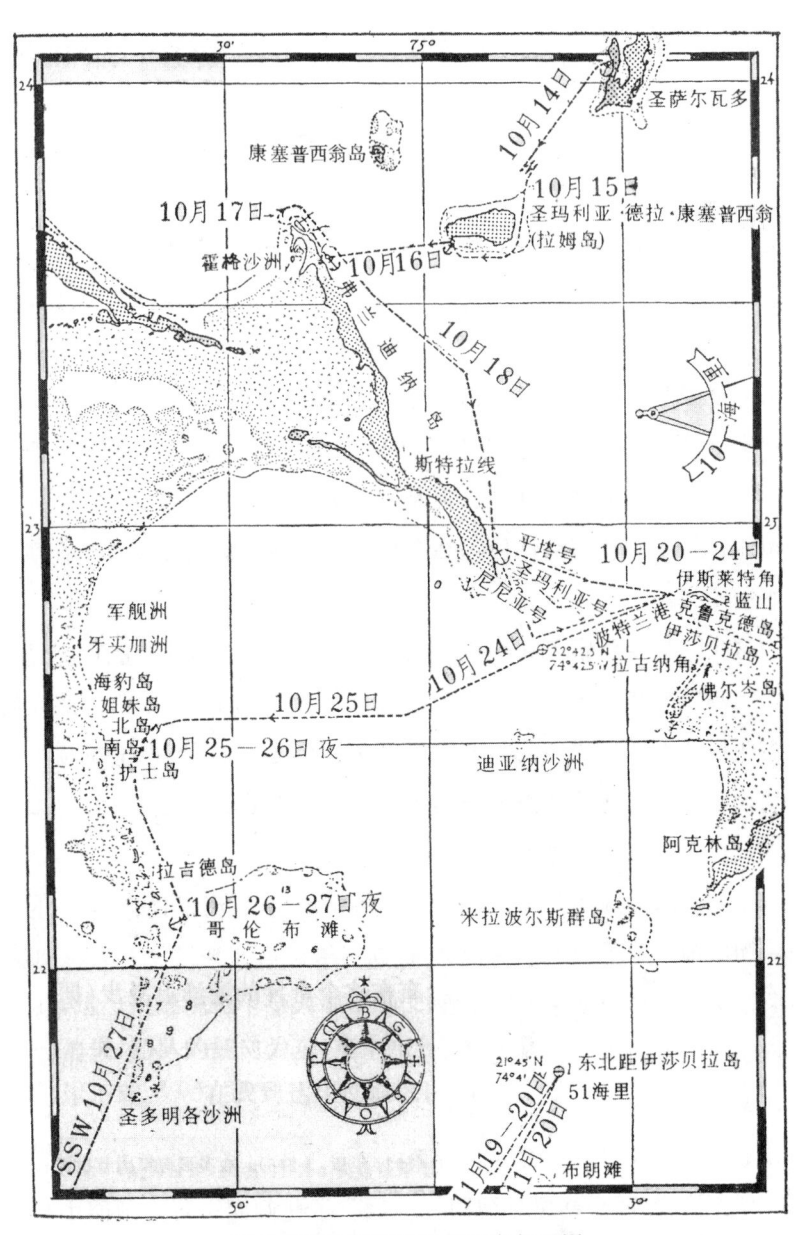

哥伦布船队通过巴哈马群岛航程图

其险峻，下碇不安全。10月17日正午，船队乘一股轻微的离岸风开船，打算朝东南方向驶往克鲁克德岛，此岛印第安人叫绍梅特岛。但是马丁·阿隆索把船驶近旗舰，极力主张到绍梅特岛的最近路线是绕长岛往北北西方向航行，这个走法是一名俘虏告诉他才明白的。极糟的建议，或者说是个错误，因为比小艇大些的船只是不可能绕长岛的下风海岸航行的。然而，哥伦布却决定试一试，因为这样走是顺风航行，走其他航线则是逆风。"当我离该岛海角（圣玛利亚角）2里格远时，我发现一个极好的港湾。它有……两个入口，因为在其中央有个小岛，两入口很狭窄，港里面如果水深的话，足可容下100艘船只"——不幸的是并非如此。但是"看来完全有理由进去好好瞧瞧并测测水深，于是我将船队停泊在港外，所有的小艇载人入内，看到那里水并不很深"。

这个马拉维洛索港在现代地图上没被标出，但是那些航行到过那里的人却容易辨认出来。它是个有两个入口的港湾，两个入口之间有个名叫纽托礁的岛屿，港湾内水深最多1英寻左右。[1] 哥伦布相当愚蠢地设想这个浅浅的港湾是条大河的河口，他派小艇入内寻找更多的淡水，在一村庄的水井里他们获得了淡水。

这队找水的人访问了几家土人的住所，他们汇报说："这些土人的床和服饰品像棉织的网状物。"拉斯·卡萨斯注释道："这些东西在伊斯帕尼奥拉岛叫吊床，样子像网兜，但不像网兜那样用线成锯齿状进行编织。它的纵长的线是那样的松散，以致你可将手和手指插进去；隔一手左右宽，像织花边似的用另外纺得紧紧的线横着穿过，式样像塞维利亚人用茅草所编的格筛。这些吊床的宽度和长度大致合乎人的身长[2]，其两头结尾时用同一棉线打了些圆圈，每一圆圈中加进

---

[1] 拿骚王室土地局的G.E.约翰逊先生和长岛前任专员J.V.马隆先生以及罗得岛纽波特的亨利·霍华德先生为该港做鉴别并拍照，令我十分感激。

[2] 5.5英尺。

了一些纤细的比棉线更结实的其他物质如大麻纺成的线，而这些线，每根有1英寻长。每头的线圈被缠在一起，仿佛缠刀柄似的。吊床的两端绑在屋中的桩子上，这样它就离地，悬了空；好的吊床宽有三四巴拉①或者更多。当我们把它悬挂起来，再打开它，仿佛就像打开一个巨大的网兜一样。你斜着身子躺下去，只占住它一个角落，你把剩余部分包住身子，那是足够的，因此你绝不会怕冷。睡在里面人很舒适。"②

接二连三相继到达西印度群岛的每一位航海家都提到并赞美这种吊床。西班牙人在炎热的天气里首次尝到它的甜头，他们第一个将其介绍上船。现在它正在联邦海军中推广。在尤卡坦和中美洲的其他地区，当地人仍在使用拉斯·卡萨斯所描写过的这种五颜六色的家用大吊床。

在找水的人离开期间，哥伦布在这个奇异的港湾上漫步（据我们所知，再没有西班牙人来重访过这里）并亲自做了一些实地观察。土人的住房他将其外形比作摩尔人的帐篷"非常高并有合适的烟囱"，这些住房有一种敞开式的圆顶，让烟能排出去。他的手下人说这些住房"很简陋但里面干净"，使人想起卡斯蒂利亚人的茅舍质量与之相反。这里的土人与已见到过的那些土人十分相似，"已婚的妇女有破棉布遮身，少女却一丝不挂"。他们饲养一种供玩赏的狗——一种不汪汪大叫的狗（关于这个狗种以后再谈）。有个土人佩戴了一个大金鼻栓，哥伦布渴望得到它，因为它上面好像有字，哥伦布以为这些字是日本或中国钱币上的铸文。但是那个小伙子不愿放弃这个鼻栓，而哥伦布对外顾虑太多不想用武力夺取。费尔南迪纳岛的植被引起了统帅的热情，他向国王夫妇保证说，该岛是"世上最好的地方，它的土地

---

① 8—11英尺。
② 《西印度群岛的历史》第42章（1927年，第1卷第215页）。在英国海军内首次提及吊床是在1596年，所以有人怀疑吊床是德雷克引进来的（《海员之镜》第1期第144页）。

极其肥沃，气候温和，地势平坦，而且地域相当宽广"。可怜的长岛！自1492年以来，再没有人如此赞美过你了。现在你那浅浅的港湾、贫瘠的土壤、荒芜的牧场、枯萎的植物，使得大多数访问者恨不能立刻离开。

"在取来淡水后，"哥伦布说，"我回到船上，扬帆起航，航行方向为西北，一直到我考察完该岛从东往西的整个海岸为止"。换句话说，他是绕圣玛利亚角的伊欧林石灰岩峭壁航行，并航行了很远，看到了长岛折到西南的海岸。现在风向变为西北西，那几个心情多变的或者说受误解的印第安人向导此时坚持说到绍梅特的最近航道在相反的方向。这个意见是正确的。于是船队在天黑时转帆，这一夜通晚是个令人难以忍受的多雨之夜，为了不让该岛从眼前消失，船队的航向为东、东南东和东南。"风不大，情况不允许我靠岸下碇。"① "在我到达印度地区以来的这些日子里，天或多或少总在下雨。"统帅说。这个短短的句子有两点值得注意。其一，在哥伦布的《航海日志》中，自从他首次登陆以来，这是他第一次对巴哈马群岛使用"印度地区"这个名词；其二，它这是有关新大陆的第一次气象报告。多雨季节已经来到。

10月18日拂晓，发现船队"位于该岛的东南角，我希望在此停泊，直到天气晴朗再去看看我非去不可的其他岛屿"。在该岛的东南角，他的意思一定是指从斯特朗礁前进，到达了长岛南部即第三部。"天气晴朗后，我乘着顺风，绕着该岛尽可能远地航行，直至天气使我无法再航行时，我才下碇停泊，但我没有上岸。"这个锚地必定离罗西斯村很近。

19日黎明，大约早上5点，哥伦布命令起锚。为了寻找绍梅特

---

① 《航海日志》10月17日。风是从岸上刮去的，他可以在长岛东岸任何地方下碇。在这3天中（10月16—18日）风向绕了整整一个圈回到原方向，这现象在巴哈马群岛一带并非不常见。

岛，他指挥船队成扇形前进："平塔"号往东南东，"尼尼亚"号往南南东，"圣玛利亚"号在两船之间航向为东南。各船受命在各自的航向上前进，除非较早地发现了陆地，否则要到中午才与旗舰会合。北风强劲地吹着。上午 8 点左右，"平塔"号离长岛锚地已航行了 14 海里或 15 海里，看见了克鲁克德岛的蓝山（海拔 200 英尺），方向大约是东偏南，距离 20 海里。"圣玛利亚"号离"平塔"号下风面约 5 海里，"尼尼亚"号则相距更远；但哥伦布有放炮为号的规定，所以他们能够互相联系。于是三船都改变航向驶向绍梅特岛，哥伦布以他的女庇护人女王之名把该岛命名为伊莎贝拉岛。中午前，船队在现称为伯德礁的小岛外会合。伯德礁上现在建有一座很高的、功率很大的灯塔，为那些通过克鲁克德岛海峡的船只指引航向。①

　　哥伦布刚刚通过的这个航道，现在是世界上行船最频繁的航道之一。轮船从美国北大西洋各港口出发通过此航道可去古巴的东部，去伊斯帕尼奥拉岛的南部，去牙买加，去从哥斯达黎加到委内瑞拉这一带的大陆。1940 年 6 月 10—11 日夜当我们乘坐"玛丽·奥蒂斯"号在此航道上顶风停船时，船只正处在伯德礁灯塔闪烁不停的灯光照射范围之内（因为我们也像哥伦布那样耽误了动身的时间）。轮船上来回扫射的灯光使得我们的值班人员丝毫不敢懈怠。但是我们分享了 1492 年人们在此享受到的快乐。是夜，风从岸上刮来，如哥伦布所说的，"它带来从岛上飘出的极其清新极其芬芳的花香或树香，世上最美妙的事物就是它了"。

　　为了让"尼尼亚"号赶上来，"圣玛利亚"号和"平塔"号才在

---

　　① 这段奇妙的航行细节是根据 10 月 19 日的《航海日志》推断出来的（《文件和研究全集》第 1 辑第 1 卷第 25 页）。照海图所示，我们只能说船队那天早上是从离罗西斯村的海岬附近某个地方动身的，我设想此处为船队在长岛的最后一个下碇站。从这个地点更北的地方启程就没有一条船能够在 3 小时内看见克鲁克德岛，而且"尼尼亚"号就会要沿海岸航行。它们动身如若偏南几英里，那"尼尼亚"号就不可能在中午抵达伯德礁。说"平塔"号首先发现陆地是我的猜测，如果是"圣玛利亚"号首先发现的话，那哥伦布应该在日志里讲出来。

伯德礁停了很久。幸好一直刮北风，所以"尼尼亚"号能够赶上。船队接着调整帆桁，沿克鲁克德岛和佛尔岑岛海岸做弧形航行，航行大约18海里，到达佛尔岑岛南端，哥伦布可能认为此处极其美丽，所以给其命名为埃尔莫索角。①"此处确实漂亮。"统帅说，"它弯弯曲曲、地势低洼，离岸没有沙滩……今晚（星期五）我停泊在此直至天明。"佛尔岑岛的南端地势险峻，但由于其海底极好，所以作为锚地它仍受人欢迎——令人惊奇的是哥伦布为什么经常能找到最佳锚地。但是，今天没有人再称呼佛尔岑岛的南端为埃尔莫索角了。这里边缘是由风化的黑色石灰岩构成的悬岩峭壁（这种岩石远非漂亮岩石），中间杂以少数海岸沙滩，悬岩峭壁拱卫着中央高原，高原上覆盖着矮树和灌木林。佛尔岑岛上的小山是苍翠和美丽的。哥伦布曾夸奖它是"一种能使全岛美化的自然物，——但并不认为它有被称为山岭的资格"。不过在1492年，该岛和该海角必定是长满了茂盛的热带硬木林，所以引起了哥伦布的极大热忱。佛尔岑岛"是我所见过的最美丽的地方，"他写道，"草木如此青翠而且与我们的极不相同，以致我百看不厌。我相信岛上的许多花草树木很有价值，运到西班牙去可做染料，可做香剂；但我叫不出它们的名字来，令我极其难过。"在这次航行中，哥伦布常常想起要是带上一名生物学家而不是一名希伯来语译员那该多好。但是他那岛上的植物可做染料的猜想是对的。巴哈马群岛曾盛产洋苏木树；1641年，从伊柳塞拉岛运回一船洋苏木在哈佛学院院内可购买一栋房子和一块地皮。

从佛尔岑岛南端他的锚地（尽管他注意到此处与克鲁克德岛不相连接，但他没有给它命名），哥伦布看到一个巨大的现叫阿克林湾的

---

① 10月19日《航海日志》说，船队"从该岛出发沿着海岸朝西"航行"12里格"到达埃尔莫索角。Gueste（西）必定是 Sueste（东南）之笔误；因为从伯德礁（该"岛"唯一可能的标志）往西航行会使船队横渡克鲁克德岛海峡退回长岛，而从伯德礁附近一个地点动身沿岸航行的最初航向应该是朝东南航行。距离12里格，是哥伦布的"陆上里格"等于1.5海里的又一例证。

防护海湾，但却找不到进入海湾的航道。此湾水很浅。在 10 月 20 日（星期六）太阳升起之时，船队起锚朝离克鲁克德岛和佛尔岑岛间的豁口不远的锚地（正式的《航海指南》仍如此介绍）前进。哥伦布想从此处进入阿克林湾，他给其命名为德拉拉古纳角，从此处再往前走横渡环礁湖就到达了阿克林岛。这就是被硬拉来的向导所说的能找到拥有大量金器的土王所在的地方。但此处的水甚至比埃尔莫索角的还要浅，所以统帅决定尽力离克鲁克德岛海岸较远的水面航行。天黑前，船队又驶进大海。风和缓下来，是夜"圣玛利亚"号顶风停船；而其他船却误解了统帅的信号，做靠岸停泊。21 日（星期天）上午 10 时，船队全部抵达伊斯莱特角（这是哥伦布给克鲁克德岛西北角所起的名字）并在波特兰港下碇。波特兰港是伊斯莱角和伯德礁之间的一个防护力很好的小型锚地。风已转为东风，所以照原来方向继续前进已没有用处。

统帅和他的船长们在这里上岸游览了一阵子。他们看到一派奇异的景象，草木青翠如同安达卢西亚的春天，空中到处有小鸟的歌唱声，成群的鹦鹉将"太阳都遮蔽了"；他们还看到一个很大的咸水湖，在湖边还猎到一只大鬣蜥并将其杀死。哥伦布认为他认识的唯一植物是芦荟，但由于芦荟是在他的下一世纪才引进到美洲的，所以他见到的必定是龙舌兰中的一种，如巴哈马的世纪树。探险者仅仅见到一个村庄，村里的土人全都跑光了。有位比同伙胆子大点的土人走过来，得到了一般的施舍物——珠子和铃，而他就将能使基督徒把一直空着的水桶注满淡水的地方告诉了他们。

在星期天好好地工作了一天后，哥伦布坐下来确切地记下他次日要做的事情。

"我打算从这里出航，绕着岛到各地走走，我想找岛上的首领对话，看是否可从他那里得到我听说他拥有的黄金。随后我将动身去另一更大的岛屿，据我带来的那些印第安人的描述，我相信那里一定是日本。他们称该岛为科尔巴并说岛上的船只很大、水手很多。此岛过去还有一个岛，他们叫它博希奥（Bohio），据他们说，那个岛也很大。这些岛中间还有其他岛屿，我们经过时会看到的。鉴于我将采集到黄金或香料，所以我得决定我必须做些什么事情。但无论如何我一定要到大陆上去，一定要去行在（杭州），一定要将双王陛下的国书呈献给大汗，在求得回书后，再带它回国。"

显然，抓来的向导现在已经明白了黄金就是这些"天堂"来客所追求的东西。很有可能，他们先前屡屡指错航向是出于误解。看到这些基督徒采集植物标本、看到他们在土人住宅内为搜集黄金而翻箱倒箧，这些头脑简单的野蛮人还以为他们是在收集树叶、陶器和吊床，而这些东西到处都有。现在，印第安人决定将这些莫名其妙的抓他们的人经那条独木舟经常走的航道引到"科尔巴"（古巴）去。从古巴他们可以去访问海地，海地那里才确实有黄金，很多很多的黄金。单词 Bofio 或 Bohio①（此单词哥伦布后来才弄清是指海地），如拉斯·卡萨斯所解释的，在阿拉瓦克语言中确实是"房子"或"住宅"的意思。在古巴，那种用棕榈叶做顶的农家棚屋现在仍被叫作博希奥。哥伦布的向导兼译员们要么是在尽力叙说海地岛有大房子，要么是在力图表达一个概念，说海地岛是他们的祖国。② 哥伦布根据他们的手势和被他误解的语言，相信科尔巴就是日本，而博希奥是连马可·波罗也不知道的另一大岛屿。他打算在访问这两个岛后再去行在——"天堂之城"。马可·波罗用这样光辉的名词来描写这个城市，使得欧洲人把它看成为印度地区巨大财富的象征。在马丁·贝海姆的地球仪上，行在正位于刺桐那个遥远地区的附近。如

---

① 字母"F"和"H"在卡斯蒂利亚当时是通用的。
② 第一种解释是拉斯·卡萨斯做的，后一种是我做的。"ould country"一概念对泰诺人来说可能似乎太抽象；然而在往古巴的这段航程中，直到最后一天（12月5日），哥伦布的印第安人向导还坚持说 Bohio 是古巴以东的下一岛屿之名称，我不理解，对"大房子"的误解怎么会持续这么久。

第十七章　寻找日本　335

果哥伦布的船队错过了日本国，那就一定容易找到行在。不幸的是船队自离开费罗岛以来，仅往西航行了 56 度（经度），想到达行在还有 186 度要走，而且中间还隔了个美洲。

哥伦布决定走这条航道，但他并不打算逆着信风、绕着克鲁克德—阿克林群岛航行。星期天和星期一（10 月 21 日和 22 日），船队停靠在波特兰港，"期待着看此处的土王或其他人是否会带黄金或其他有价值的东西来"。一群土人涉水而来，拿了一点金鼻栓来换了一个鹰铃或一把珠子；"但所换的东西如此之少，以致等于说根本就没做什么交易。"哥伦布写道。马丁·阿隆索又杀死了一条大鬣蜥，船员们砍下很多无用的龙舌兰，他们以为这是贵重的利格纳姆芦荟。

哥伦布准备星期二（10 月 23 日）起航，但海上风平浪静并下着雨。半夜时刮起了一股微风，"我从伊莎贝拉岛的伊斯莱特角起锚（此角在我停泊处的北边）前往古巴岛。我从土人口中听说这个岛幅员辽阔，贸易发达，岛上有黄金、香料、大船和商人。他们告诉我，朝西南西方向航行就能到达该岛。至于我所以要走这个航向，是因为我相信……它就是日本岛，好些奇异的事物都涉及这个岛；在我见过的地球仪上①，以及在世界地图的说明中，日本岛是在这个地区。因此在天亮以前，我就朝西南西方向开航"。

现在是 10 月 24 日，哥伦布又一次渡过了克鲁克德岛海峡。拂晓时，风平静下来，只在中午时，风又刮了起来，但很微弱。由于"圣玛利亚"号与其他船只相比更不利于在轻风中航行，于是哥伦布像一名真正的海员那样将他所掌握的船帆全都撑开：带有两个附帆的主帆、主中桅帆、前帆、在第一斜帆下的斜杠帆，三角后帆，甚至还加上船尾楼上的那面波拉温特后帆，最后竟弄到把小艇上的桅、帆都利

---

① 哥伦布自己说曾经看见过一个地球仪，这是一个很有意义的承认；这个地球仪必定与马丁·贝海姆的地球仪相似。

用起来的地步。但是，到夜幕降临之际，哥伦布指出"费尔南迪纳的佛德角在该岛南端西面"，位于船队西北，相距7里格，这样一来，可见船队离伯德礁仅走了21海里。①

哥伦布接着发信号，命令船队除前帆外其余的帆通通落下；稍后，当风力加强，他又命令将前帆落下，仅剩几根光桅。他以双王的利益做解释说，一切优秀的船员都知道，夜晚扬帆是轻率的，"因为这里所有的岛屿都很险峻，其周围在两伦巴德炮弹射程以外的海域深不见底，而射程内的海域却布满了礁石和沙滩，像打了补丁似的，由于这个原因，除非肉眼能见到，否则就不可能安全下碇"。狩猎季节的满月仅有4个夜晚，眼下月亮所提供的光亮很小，而且黑得很早。是夜"我们航行不到两里格"，他说。

10月25日太阳出来时，船队扬帆开航，航向仍是西南西。上午9点，大概是接受了印第安人向导的建议，向导们渴望找到一条珊瑚礁带——指点他们去古巴的一条独木舟航线，统帅将航向改为向西。这一天信风强劲，结果到下午3点钟，船队航行了32海里。这时，"他们看到了陆地，从北到南成一列，有七八个岛屿"。② 这是大巴哈马海滩东端的一列珊瑚礁（海豹岛、姊妹岛、北岛、南岛、护士岛）。哥伦布给它们命名为多沙群岛（Las Islas de Arena），它们的确是名副其实的。船队向最近的岛屿靠拢，这一晚不是顶风停船就是沿着该岛时近时远地缓慢行驶。26日船队沿列岛缓缓航行，直到哥伦布发现自己已来到南边其中最末的一个岛屿——小拉吉德岛的浅水海域为止。大巴哈马海滩在此处向南和向东呈鲸尾状，这里就以发现者之名

---

① 10月24日《航海日志》。从伯德礁往西南西航行将使船队从佛德角的东南方（本文为NW疑误，改为SE。——译者）经过，方位是北纬22度42分5秒，西经74度42分5秒。地点距佛德角仅12海里，不是7里格；但是据我观察过，最远到14海里仍可望见佛德角。克鲁克德岛海峡的海流无法预测。

② 在标绘此航线时，我假定哥伦布在西南西航行的一晚走了6.5海里（大约2里格），同时我将哥伦布船队在上午9点前向西南西航行的5里格，和到下午3点时向西航行的11里格，全都缩减9%，这样，船队在下午3点时大约位于北纬22度34分，西经75度38分。此方位离最近的珊瑚岛约12海里。哥伦布说最近的岛屿相距5里格（16海里），但是，相距这么远要看见它是办不到的。

恰当地被叫作哥伦布浅滩。眼下是10月26日（星期五）下午。船上的印第安人说，从这里到古巴坐他们的独木舟有一天半的航程。哥伦布相信，他的船队到古巴不要花这么多时间，但是由于他希望在白天渡过此海滩，所以他决定在此下碇停船，到翌日日出时再起航。①"由这里动身去古巴，"《航海日志》里写道，"因为印第安人说那个岛很大，岛上有黄金和珍珠，根据这些他认为此岛就是日本。"

如果说这条航道似乎是去古巴的一条特别的航道的话，那么，当我们乘"玛丽·奥蒂斯"号照此航道航行一次以后，我们对这句话就不难做出解释了。哥伦布是在受着他抓来的印第安人的摆布，这些印第安人仅仅知道这一条从珊瑚礁到珊瑚礁跃过蓝色大海的可能最短的航道。10月27日（星期六）太阳出来之时，统帅按印第安人手指方向，将航向定为南南西。8点，信风增强，船队以6节的速度很快驶过哥伦布滩，航程16海里或17海里。它离艾斯里礁和劳埃德礁时，都是擦舷而过，随后经圣多明各礁进入深水区。圣多明各礁是巴哈马群岛最南端的前哨岛，离古巴海岸将近30海里。我们曾从十分接近哥伦布下碇处的一个地点出发，沿着这条古老的独木舟航道，在天黑前抵达古巴，这是我们超过哥伦布时代的少数机会之一。1492年10月27日，风力在下午减弱了，统帅在夜幕降临之际，才得以见到古巴的山岭。

此夜，哥伦布为了控制船的位置和避免搁浅，他时而靠岸，时而离岸地，逆风做短促的"Z"形航行。28日（星期天）日出时分，船队重新朝南南西方向航行，此航向将船队"引到一条非常美丽的并且没有搁浅危险或其他阻碍的河流。他走这个航向沿途所见海岸很

---

① 拉斯·卡萨斯没有为我们留下哥伦布下碇的时间，至于方位，也只是说了是在拉吉德群岛的南边。根据他翌日的航线往回推算，我认为船队在10月26—27日晚大约位于小拉吉德岛东南4海里。此处现代海图标示深度7—8英寻。船只在此处是无保障的，但是，如像哥伦布在后两天所遇到的那样，风力不大不小的话，船只是可以在哥伦布海滩任何一个海水清澈之处下碇的。

陡峭，很清澈。河口水深12英寻，河宽足以使船只进入。他将船只开入河内停泊"。①

"统帅说他从未见过如此美丽的地方；河两岸树木众多，美丽葱翠，与我们国内所有的树木不同，树上的花朵和果实各异，千姿百态，小鸟在树上歌唱，歌声很悦耳。"但是，河岸上并没耸立着金碧辉煌、象牙或雪花石膏般的城市；没有站在大理石码头上、穿着金丝织就的锦缎来迎接基督教徒的日本绅士；没有坐着四人抬轿，行走于弯曲石桥上的老爷太太；没有钟声嗡鸣的庙宇；没有嘟嘟发声的银喇叭；没有鸣放着的铸着龙口形的青铜炮。当然，这里不是日本，否则，马可·波罗就是个说谎的人。难道这里是震旦，难道那个"天堂的城市"就在下一个海角附近？

---

① 假定从上面注解中的下碇处出发，船队在进入深海区之前，在看得见海底的哥伦布海滩朝南南西航行16海里或17海里，就会经过几个岛屿，右舷命了名的有两个，左舷一个被命名为圣多明各岛。上述经历就是我们在1940年6月12日乘坐"玛丽·奥蒂斯"号曾有过的经历。令我们大为惊奇的是，朝南南西方向航行就把我们几乎毫无偏差地引到了古巴海岸一个准确地点，即希瓦拉港（Puerto Gibara）和巴里艾湾（Bahia Bariay）之间的中点。在海图上，南南西的罗盘方位线就正对着此点。换言之就是说我们在此没有遇到海流，虽然《美国水文局航海气象图》表明6月横渡此海时会遇上1.2节的西向海流。古巴的领航员告诉我们说，此处的海流变化无常，但一般随风改变。10月28日的《航海日志》摘录有不准确之处。哥伦布说他在"太阳出来时"（当时大约是早上6点10分）起锚，以每小时8罗马里的速度航行至下午1点，共航行了40罗马里。显然，他的计算应从上午8时算起。从下午1点至天黑，他航行了28罗马里，由此他断定白天航行了68罗马里，折合为17里格，即54海里。把这个距离数缩小9%（此百分比是我发觉的哥伦布的偏高估算平均值），我们就得出船队的位置大约为北纬21度21分，西经75度57分。在此处看希瓦拉港后面的山脉（相距约20海里）是容易看见的。我推测船队在夜晚缓慢航行时，往东偏移了一点，因而在28日重新按南南西航向航行时，船队就进入了巴里艾湾。

第十八章 寻找大汗
1492年10月28日—11月20日

> 看见你们所看见的,那眼睛就有福了。我告诉你们,从前有许多先知和君王,要看见你们所看见的,却没有看见……
> ——《路加福音》,第10章,23—24节

由于哥伦布以费迪南德和伊莎贝拉之名为巴哈马群岛中两个较大的岛屿命了名,所以他以卡斯蒂利亚和阿拉贡王位继承人——王子堂·胡安之名给这个被印第安人称作古巴岛的岛屿取名胡安纳岛。①

在美丽的古巴奥连特省,从巴拉科阿到帕德雷港之间的几乎每一个城镇乡村,以及卡马圭省的努埃维塔斯,都自称是1492年10月28日哥伦布进入古巴的地点——圣萨尔瓦多。沿着哥伦布从拉吉德群岛往南南西的航道航行之后,在我们的头脑中毫无疑义地认为圣萨尔瓦多就是巴里艾湾。② 正如哥伦布所说,进入此港湾"没有搁浅、没有遇到其它妨碍行船的危险"。此港湾相当宽——四分之三海

---

① 在哥伦布离开古巴之前所写的《航海日志》里没有发现此名,此名并没沿用下来。在16世纪,该岛有许多别的名称,例如圣地亚哥和费尔南迪纳,但古巴这个名字比其他所有名字要用得长久些。

② 在古巴,有关哥伦布首次到达古巴的登陆点(圣萨尔瓦多)问题已发表了3篇精心写成的论文。弗朗西斯科·R.德尔·普埃约在所著《统帅的旅程》(*La Ruta del Almirante*,哈瓦那,1937年)里提出是帕德雷港,但该港的瓶颈形入口对帆船来说很难进入,而且在入口处或在港内都看不见山脉。路易斯·莫拉莱斯-佩德罗索在所著《哥伦布在古巴首次登陆的地点》(*Lugar donda Colón desembarcó por primera vez en Cuba*,《古巴地理协会纪事录》第1卷,哈瓦那,1923年)里极其精巧地提出是希瓦拉港,但是在一些有争议的地理问题上,他的论据不完善;还有一张由埃内斯托·塞赫特所绘的大型《古巴列岛历史考古图》(*Mape Histórico—Arqueologico Insulae Cubensis*,1934年),该图指明哥伦布首次抵达的地点是希瓦拉港。J.范·德·格奇特和S.M.帕拉洪在所著《克里斯托瓦尔·哥伦布在古巴北海岸的旅程》(*Ruta de Cristobal Colón*,学术论文油印品,哈瓦那,1936年)里以其对古巴海岸的丰富

里——够船只走 Z 字形进入港内，港内弯曲部分水深有 12 英寻西班牙（等于我们的 11 英寻），此深度为哥伦布所提供；在两海岬之内船只可回转自如地航行。如哥伦布所看到的，两岸长满了美洲红树，而在这个地区后面则山岭耸立。在这些山岭之中，有座山使他想起了位于格拉纳达王国的佩尼阿·德·洛斯·埃纳莫拉多斯（Peña de los Enamorados）——恋人伤心跳岩之地，说的是从前有个名叫曼纽尔的基督徒与一位名叫莱娜的摩尔人相爱，由于父亲反对，两人出逃，逃至此山时，盛怒的父亲已追上来，一对恋人只好从山上跳岩身亡。另一座山（作为巴里艾湾的一个陆上明显标志不会被人弄错）"在其山顶还有一个像座美丽的清真寺（una hermosa mezquita）一样的小山峰"。在古巴的西班牙拓荒者，比哥伦布更富于家庭观念，而少诗意，他们称它为巴里艾的奶头山。巴拉科阿以东再没有其他这样的山峰。①

由于受印第安向导的影响（无疑这是无意之间感受到的），统帅非常希望在大汗的巨大石头城以外抛锚时会遇上中国的舢板，但巴里艾湾的实际情况却有点儿令人失望。哥伦布乘坐第一艘小艇上岸；但是除发现一些渔民用过的用棕榈叶盖顶的茅棚外，没有发现什么人类的踪迹。那些茅棚内有用棕榈纤维织成的网，用骨头制成的鱼钩和鱼叉，以及"一只不会叫的狗"。这些不叫的小狗，西班牙人在整个安的列斯群岛都曾见到过，它们不是一种特殊培育的狗，而是泰诺人主要为食用目的而驯化的一种黄色的普通"猎狗"。它们发出的声音

知识及不可避免的必然性逻辑，论证圣萨尔瓦多是巴里艾湾。我们的发现只不过是进一步证实了他们的看法。圣萨尔瓦多问题和马雷斯河问题是分不开的，确定这一个才能确定另一个。虽说哥伦布对圣萨尔瓦多的描写符合希瓦拉港，在事实上可能多少有点儿牵强附会，但是他抵达古巴后的第二港口，如我们将看到的，必定是希瓦拉港而不是其他的港口，而且在巴里艾湾以东的港口中，没有哪个港口可能符合哥伦布对圣萨尔瓦多的描写。

① 《航海日志》10 月 29 日。从比塔湾也可望见此山，但比塔湾的入口极其狭窄并且弯弯曲曲，它不可能是圣萨尔瓦多。

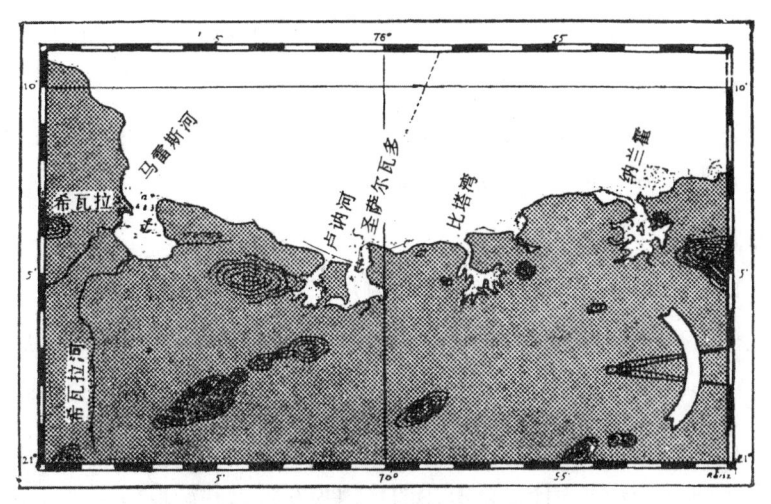

古巴北岸（从希瓦拉港到纳兰霍港）

像打呼噜而不是固有的狺狺声。它们对于看家毫无用处。米凯莱·德·库内奥（曾跟随哥伦布参加第二次航海的热那亚绅士）说这种不叫吠的狗烤熟后"一点儿也不好吃"；但奥维多声称，由于西班牙人实在太喜欢烤狗肉的味道，使这种哑巴狗已经绝了种。有些哑巴狗逃到树林里，恢复其种类并成为令农场主们极其讨厌的一种动物，以致在上个世纪它们就被猎捕殆尽。①

哥伦布叫人划船送他溯河而上，来到一个地方，那里"草深如同安达卢西亚四五月的草一样"。他看到这里的马齿苋、苋菜和棕榈与在非洲所见的不相同。"他看到那些葱翠的树木花草，听到鸟儿歌唱，感到十分愉快"，以致他简直不忍返航。但是大自然的美丽他是无法带回国的，于是在10月29日（星期一），船队起锚朝西航行去寻找行在城。船队上路之际差不多是正午时分，而且风力微弱。在经过一条"河口不太宽"统帅为其取名为卢纳的河流后，船队在"做晚祷的

---

① 奥维多著《西印度群岛通史和自然史》第12篇，第5章（第1卷第390页）；胡安·伊格纳西奥·德·阿马斯著《哥伦的动物学》（*Zoölogia de Colón*，哈瓦那，1888年）第32—40页；M. R.哈林顿著《哥伦布以前的古巴》（*Cuba before Columbus*）第1卷第48页和第2卷第297页。

时候"到达"比其他河流要大得多的另一条河流",该河①的河岸有一大村庄。②哥伦布给这里的海湾取名为马雷斯河。此港湾是他在西印度群岛迄今所看到的最好的港湾,而且他预言(这次他预言正确)此港湾会成为一个重要的贸易场所。马雷斯河("众海之河")无疑就是希瓦拉港。③

此港的西岸有个印第安人的大村庄,其茅棚使人想起在摩尔人营地里的西班牙人帐篷。首批上岸寻找黄金的人④都在这些茅棚里焦急地搜索着,但什么也没有找到。哥伦布没有谈到在古巴找到过纯金,他也没掘到过什么黄金;奇怪的是他仍然相信印第安人的说法。但是那几个印第安人作为译员是有用的,因为在古巴和海地如同在巴哈马群岛一样通行着同一语言。特别是其中有一个,他后来到过西班牙(他在西班牙接受基督教洗礼并被命名迪戈·科隆)并自始至终随同统帅参加了第二次西航,成为船队中一位不可缺少的人物。迪戈在当时还未充分学会卡斯蒂利亚语言,不是一个双通译员,但是他能使土人相信:抓获他的人都是一些好人,而且有一套做买卖的有趣方法。那么这也就足够了。

---

① 据地图看,马雷斯河即希瓦拉港,由海港通内地的河流却叫作希瓦拉河,原文 Rio、bay 和 harbor 三字混用。——译者

② 卢纳河即茹鲁鲁河,其河口距巴里艾湾 1 英里多一点,而距希瓦拉湾还要远五六英里;但是船队开航可能迟点,趁的风又轻微,到达时间大约是下午 3 点左右做晚祷的时候。离开巴里艾湾时,哥伦布注意到了贝拉斯克斯角和卡涅特角(纳兰霍以东);两海角都比海图上所标示的显得更凸出些。

③ 由于哥伦布在马雷斯河差不多度过了两个星期,所以我们有许多资料可以识别它。下面列举他《航海日志》里有关日期的几点记载,以证明此河就是希瓦拉港湾。10月29日:大的印第安人村落,有发掘物做证;入口宽,足够船舶做Z字形航行,入口深 7—8 英寻,湾内深 5 英寻(现在确实如此);往东南有两座环形山脉(希瓦拉山和另一座山),往西北西有一伸出海面的美丽的低矮海角(巴里尔角)。10月30日:起航朝西北方向航行(从港湾的东边出发,船队停泊在东边可能要安全些)。11月1日:在港口,船只可靠岸停泊(该港的东岸确是如此)。11月3日:希瓦拉河在流入希瓦拉湾之前变宽流入泻湖,而且沿泻湖上溯 2 里格远可找到淡水(我们在 4 英里处找到了淡水)。11月5日:港湾内有一多岩石岬角,适合建要塞(现在此处有座费兰多七世炮台)。11月12日:一个又宽又深的港湾,湾底清澈,湾后岸上地势逐渐增高,西边有一条河流(卡科尤古因河),湾头还有一条河流。离开时,古巴角(卢克雷西亚角)方位东偏南,距离 18 里格(方位基本正确,距离 27 海里,相当于哥伦布的 18 "陆地里格")。

④ 在 11 月 1 日的《航海日志》中,哥伦布说土人称黄金为 nucay,拉斯·卡萨斯则指出他错了,在伊斯帕尼奥拉岛,泰诺人用来表示黄金的单词为 caona,见拉斯·卡萨斯所著《西印度群岛的历史》第 45 章(1927 年,第 1 卷第 226 页)。

向西寻找大汗没有花费多久的时间。在一个平静的日子，船队从希瓦拉港出发，航行来到一个长满棕榈的海角。此海角无疑就是乌维罗角，现在它仍以盛长棕榈出名。此时风向反常地往西逆转。10月30日夜晚船队整晚做逆风换抢航行。翌日，仍做迎风航行，看到"一个能停泊几只小船的水湾或叫海湾"和一个向外突出的海角。此海角要么是科瓦鲁维阿角，要么是布拉瓦角。① 上午由于风向北转而且气温下降，一种典型的加勒比冬季北风正在形成。由于在北风中做朝北北西向的沿岸航行是不可能的，并且做此尝试也是危险的，所以哥伦布命令船队掉头，朝马雷斯河飞驶。一夜的顺风航行，特别是凭着上弦月光，船队航行没有遇到什么困难。在11月1日黎明时分，船队抵达希瓦拉港，并在此待了11天。

哥伦布首要的目的是要取得土人的信任，以期找到能获得黄金的地方和大汗居住的地方。译员迭戈消除了当地泰诺人的疑虑后，一场用实物换取食物、棉线和吊床的贸易开始兴旺起来。土人渴望讨好哥伦布，这就无意中助长了他的幻想，以致他误认为他正在紧紧地追踪着中国皇帝，那个"宏伟的刺桐城"和天堂的城市行在（杭州）离这里并不远。统帅怎么会被那些帮他忙的主人错误地引入歧途呢？对此，拉斯·卡萨斯有个似乎可信的解释：在古巴内地有个地区存在着一定数量的黄金，土人称这个地区为古巴纳罕（意为古巴中部）；每当哥伦布出示一件金器，并询问在什么地方可找到更多的这类东西时，土人总是回答说古巴纳罕，而他却把这个词误解为爱尔大汗（El Gran Can）。② 也许土人只是把西班牙人这种显示王家威仪的哑剧动

---

① 当一个人沿海岸航行时，圆形的海角看上去会比它们实际状况或比从地图上去看要显得更加突出些，平凡的海湾也显得更加深湛些。我挑选科瓦鲁维阿角（西经76度39分）或布拉瓦角（西经76度50分）为哥伦布在古巴往西到达的最远处是以实地勘察为基础的。当你从帕德雷港往北航行时可看出，两海角似乎都伸到了海里很远。说哥伦布在抵达帕德雷港入口以前就看到了科瓦鲁维阿角并朝东转，那是可能的，但我倒是认为他已驶过了该入口而没有看到它，因为此入口狭窄，弯弯曲曲并被浅滩沙洲所包围。他可能是在夜晚经过这里的，或者他当时正在做远岸航行。说哥伦布可能航行到达努埃维塔斯，如大多数著作所说，那是不可能的。

② 拉斯·卡萨斯著《西印度群岛的历史》第1卷第225页。对古巴纳罕的位置，A.札亚斯在所著《安的列斯词汇学》(Lexicografia Antillana) 进行了详尽的论述。

作误解为他们渴望见自己的酋长，而他们的酋长确实住在现在的奥尔金镇附近，从希瓦拉港出发沿美丽的卡科尤古因河谷大约要上溯25海里。

于是统帅派遣了一个使团一本正经地去朝见住在奥尔金的"中国皇帝"。官方译员路易斯·德·托雷斯是这使团的首领，他是一位皈依基督教的犹太人，"懂得希伯来语和阿拉米语①，甚至还懂得一些阿拉伯语"。托雷斯受命带上所有的外交物品：拉丁文护照、费迪南德和伊莎贝拉用拉丁文写的国书以及一些王室礼物（礼物包含些什么，可惜我们不知道）。陪他同往的有罗德里戈·德·塞雷斯（他曾在几内亚拜访过一位黑人酋长）、一位当地的印第安人和一位来自瓜纳哈尼的印第安人。使团带了香料的样品，用来与当地土产相比较，还有为换取食物的威尼斯串珠。"使团"受令在6天内返回。

当两位西班牙人和他们热情的向导溯卡科尤古因河谷缓慢前行时，统帅并没闲着——他永远不会闲着。11月2日夜（月圆前两天）他用他那木质象限仪测量北极星的高度，竭力确定他的位置。经过稍微修正后，他断定希瓦拉港位于北纬42度（实际是北纬21度06分），此纬度为科德角所处的纬度！随后他用船位推算法计算出，从离开加那利群岛的费罗岛以来，他朝西航行了1 142里格，也就是3 630海里。换言之，他的船队朝西航行了90多度。哥伦布对地球的估算比实际要小而对亚洲的估算却比实际的要大，据此，这个长长的距离就使他自己置身于中国。② 因此，他断定古巴不是日本，而是亚洲大陆。

地理方面那个前提错了，哥伦布在纬度方面所做结论其错误也在

---

① 古代西亚的通用语言。——译者
② 显然，哥伦布根据记录所得的西航距离数是3 466海里，然后根据船位推算法加上160多海里。实际上希瓦拉港在圣萨尔瓦多首次登陆地点以西，距离110海里。他大概是把中纬度（23度45分）每度经度之长估计为39海里。他认为从费罗岛（西经18度）西航以来就已航行了大约90度30分，这样想他就应该到达了西经108度30分（墨西哥太平洋海岸上的科连特斯角之经度数），而不是西经76度05分（希瓦拉港的实际经度数）。

所难免。但是为什么那错误的纬度数恰好是实际纬度的两倍呢？11月21日船队在海上，大约位于同一纬度时，他又一次用那陈旧的象限仪进行了一次测量，并获得相同的结果。对于产生这个大错误的原因曾使一些权威学者大伤脑筋。纳瓦雷特提出了一个设想，传说中的那个哥伦布象限仪，其读数是加了倍的。马尼吉亚争辩说哥伦布是在设法不让葡萄牙人以及其他人知道他的真正航道。拉斯·卡萨斯相信是抄写员在抄写时将"21"写成了"42"。真正的解释是简单的：哥伦布把所测量的星星选错了，他"瞄准"的星星是阿尔法星（仙王座的β星）。此星在11月里于每日黄昏时出现在正北方，被误认作北极星，而它那亲密的"指极星"此时还在地平线下。哥伦布十分清楚地知道，北纬42度是个大得令人难以相信的错误。在此之前不久，他曾在《航海日志》里记过，瓜纳哈尼与加那利群岛所处纬度相同，而在那封出过版的首航书简中，他将新发现的岛屿的纬度定为北纬26度。但是当时他在《航海日志》里却极其哀怨地写道："北极星（实际是阿尔法星）看上去如同在卡斯蒂利亚所看到的一样高。"①

乘小艇在希瓦拉河考察了一天。马丁·阿隆索·平松带回来一点当地产的克里奥耳胡椒样品，以及一些他认为是肉桂的东西，这两样东西使他燃起了做香料买卖可以图利的希望。哥伦布首次尝到了带有"栗子味道的"甘薯（它们或许是薯蓣？）和人工栽培的美洲豆的滋味。在同一未开垦的丛林地里，他看到了正在开花结铃的野生棉属植物。② "尼尼亚"号的水手长从秋葵叶缘里取到了树脂，这东西统帅

---

① 有关此纬度问题的详细讨论，见《美洲海神》第1期（1941年）第18—24页。这两个有关古巴的错误纬度数据（以在伊斯帕尼奥拉岛测得的最糟）证明哥伦布当时没有掌握天体导航的技术或实际经验，而且证明他过于老实，而没有在事后检查航海日志以改正其"愚笨可笑的错误"。

② 这种"肉桂"是古巴人称为白桂皮树的一种植物，带有强烈的肉桂气味。至于有关哥伦布所说的niames和ajes（三裂叶薯蓣）是指什么东西的讨论，见佩德罗·亨利克斯·乌雷尼亚著《三裂叶薯蓣之谜》（*Enigma del Aje*，布宜诺斯艾利斯，1938年）。对哥伦布提到的古巴植物所做的详细讨论载在我那本《〈航海日志〉及其他文件》中。

认为他认识,好像他早年一次航海中在希俄斯岛曾见过的乳香。当西班牙人打听约翰·曼德维列爵士曾说过的长着一只眼睛和狗样头颅的人时,[①] 有些印第安人对他们回答"是";而当问及黄金来自何处时,有的印第安人竟准确地朝东指着海地岛。

哥伦布在离开希瓦拉港之前,一直得到了当地人的信任,因为他对船员的约束很严,而且土人也没有黄金去诱发船员的贪财心。至于船员和印第安少女之间寻欢作乐的事情肯定会有,因为泰诺人的习俗完全是男女乱交的。但是哥伦布没有提到过这种事情,因为他的《航海日志》是打算要给庄重的女王过目的。哥伦布倒是详细记述了印第安人性格驯良和喜爱模仿。当他们在太阳西下之际听到客人们吟诵《万福玛利亚》以及唱《万福啊!慈爱的圣母》的时候,他们也试图学着唱,并且很快地学会了画十字。有关希瓦拉港土人的情况,拉斯·卡萨斯直接引述了哥伦布本人的语言:

> 他们是一个很正直的和不好战的种族,男人和女人全都裸体,都是他们母亲生下他们时的那种一身光光的样子。真的,妇女们身上除仅有的一块大到足以遮住下身的棉片外再没穿什么别的东西。他(她)们非常漂亮,不很黑,加那利群岛的居民要比他们黑得多。最尊贵的双王:我认为,如果他们有机会接触虔诚的宗教人士所熟悉的语言,那他们就都会皈依基督教。所以我站在我主的立场上希望双王陛下,为了让人口如此众多的一个种族转向教会并改变他们的信仰,您在对其做出什么决定时要极其慎重,因为您曾消灭过那些不承认圣父、圣子和圣灵的人。如此,您在百年之后(因为我们都是凡人)才会摆脱异端邪说之羁绊,心安理得地离开您的王国,才会在永恒的上帝面前受到良好的接待。这样做才会使永恒的上帝同意您长寿,同意您更大地扩大您

---

① 《航海日志》11月4日;首航书简,哥伦布在书简中说,长尾巴的人栖居在一个叫阿瓦恩(哈瓦那)的地方。

的疆土和权力，同意您扩大神圣基督教的意愿和部署，像您在此以前所做的那样。阿门。①

11月5日夜，使团带着一份令人极其泄气的报告从霍尔古因返回。他们沿卡科尤古因河河谷往上行，经过一些种有甘薯、豆和玉蜀黍的耕地，见到了多种多样的鸟儿，其中包括他们误认为夜莺的那种伊斯帕尼奥拉模仿鸟；但是他们戳穿了此地有大汗的妄想。他们没有在那震旦帝国宫殿里做客（路易斯·德·托雷斯原来打算在那里炫耀他的阿拉伯语言），而是在一个仅有50座用棕榈叶盖顶的棚屋和人口几百的村庄里受到一种原始的欢迎。他们被奉为上宾，"被用椅子抬着"进入主要住宅，坐在泰诺酋长所坐的雕花座位上。费迪南德曾很好地描写过这种座位：它"用木头做成，形状怪异，差不多像只动物，短短的腿、短短的臂，而且有尾巴，尾巴宽度不会少于座位，它向上翘起便于靠背，座位前面有头，头上面的眼睛和耳朵是金子做的。这种座位叫杜奇"。②水手罗德里戈无疑喜欢这种招待，但托雷斯却感到丢脸，不得已只好指派那位来自瓜纳哈尼的译员同土人讲话。在以上礼节完毕之后，妇女和儿童才被允许来观看这些"天上来客"。他们怀着敬慕之情亲吻来客的手和脚。他们力劝客人在那里住上一两星期，但是西班牙人看到该处"根本不像一座城市"，次日在酋长及其儿子的陪同下返回原地。招待酋长父子在船队中的一艘小船上举行，因为"圣玛利亚"号此时已搁了浅。

如果说使团没有见到万王之王的话，但他们却遇到了势力更大的统治者——尼古丁女士。"两个基督教徒在路上遇见许多回村的土人，女人和男人都是手持一根燃烧着的木棍和一些植物叶子，他

---

① 《航海日志》1492年11月6日。
② 费迪南德著《海洋统帅克·哥伦布的生平和事业史》第27章（第1卷第183页和第2卷第32页的插图）。M. R.哈林顿称这些东西为dujos（见《哥伦布以前的古巴》第1卷第116页的插图），但大多数考古学家称它们为碾盘石，并相信它们最初是为给玉米去壳而制成的。

们用木棍点燃植物叶子，吸其冒出的烟，看来，好像他们是习惯于此道的。"① 泰诺人并不知道北美印第安人所用的那种烟斗，他们将烟叶卷起来称作雪茄（今天在古巴仍是如此）。他们将雪茄的一端插入鼻孔，用燃烧着的木棍点燃另一端，在吸上两三口烟后将雪茄递给一位朋友吸或将其熄灭。当成群的泰诺人行路时，如罗德里戈和路易斯·德·托雷斯所看见他们的那样，为防备想吃烟的人要火，由小孩负责拿一根或更多燃烧着的木棍，泰诺人每走一小时就要停下来吸阵烟，或者大家围成一圈美美地"吸上一口"，印第安人是善于长距离行走的。拉斯·卡萨斯在此次航行大约40年后评论说，伊斯帕尼奥拉岛的西班牙人此时已开始吸烟了，"虽然我不知道他们从中得到了什么感受和益处"。显然地，主教从来没有吸过一口烟。在他写下这段话后的一个世纪里，烟的使用遍及了整个西方世界，任凭君主和牧师反对，男人和女人还是照样吸。作为新大陆送给旧大陆的一件礼物，经证明它比黄金贵重得多。

11月5日上午，为了修船，统帅把"圣玛利亚"号开入希瓦拉港内的一个小湾里，在小湾里统帅将"圣玛利亚"号倾斜清扫船底，这是海员针对凿船虫而采取的一种保护措施。次日船浮了起来。计划是在8号起航，但是强烈的东信风使船队在港内又待了四天多。"平塔"号和"尼尼亚"号可能也利用过这个机会进行倾斜修理，但在《航海日志》里却没有提及。② 从这里带走的样品有哥伦布把它看作乳香的秋葵叶缘树脂和被他当作芦荟而弄来的龙舌兰。作为对这些"不知道什么是邪恶……而且如此胆怯，以致他们100个人在我们的一个人面前

---

① 《航海日志》1492年11月6日。
② "平塔"号和"尼尼亚"号正好已于7月底在帕洛斯镇筹给养前倾斜修理过，它们的船底经过了清除并涂上了沥青，所以不需再修理；而圣玛利亚号却是从它故乡的港口出发，经过一段长距离的航行，所以在这次西航开始时，船底已沾满了海藻和贝壳。据说船队在返航中都进了水，但是，起码就"尼尼亚"号来说，它的进水不应怪凿船虫，因为它被租用参加了第二次西航，如果凿船虫将其船底凿穿了的话，那不论怎样修理都无法使它再用于航海。

也要逃跑的",生活在黄金时代的不抵抗暴力的印第安人的最终报答,343 统帅绑架了 5 名上船做告别访问的年轻人,接着派小艇载船员上岸抓获了"大小 7 个妇女和 3 个小孩",有几个人的丈夫和父亲出来乞求同往,结果他们也被带走。哥伦布解释说:他想把这些年轻的印第安人训练成翻译,而妇女们则能使这些年轻人不被宠坏,因为他航海到葡萄牙时已注意到,那些为学语言而从几内亚带回国的黑人在葡萄牙受到如此大关注,而他们在返回非洲时都没什么用。哥伦布所抓的印第安人中有两个年轻人在塔那摩湾逃脱,其余的人没有一个在这次航行中活着到达西班牙。

11 月 12 日(星期一)"黎明换班之际",船队离开希瓦拉港"去访问一个被船上许多印第安人称作巴韦克的岛屿,船上的印第安人用手势表明该岛的居民晚上点蜡烛在海滩上捡黄金,然后用锤子将其锤成金条"。①"巴韦克"无疑就是大伊纳瓜岛,因为印第安人指出了到达该岛的正确航道,而"平塔"号实际上也抵达过该岛。②

是日整天风向稳定,但却十分微弱。哥伦布朝东 1/2 北方向笔直航行,去卡涅特角,沿途他记下了纳兰霍港但没有进去考察,记下了萨马港并给其起名 Rio del Sol(太阳之河)。对于没有考察这些港口,他自我辩护的理由是,就他的船队来说,这些港口的水太浅(事实也是如此),而且因为风是朝巴韦克岛刮去的。在他的第二次古巴之行中,统帅以"尼尼亚"号做旗舰并率领另两艘较小的船只,而且即使是这些船只,在做沿岸航行时,水也不能太浅。乘坐吃水在 6 英尺以上的船只航行,除非甘冒巨大危险,否则你就不可能进入狭窄、未经探查的港口和河流。船上的瞭望员可看见水深 6 英尺的水底,而天气晴朗,就着阳光还可看得更深些。

---

① 《航海日志》11 月 12 日。
② 拉斯·卡萨斯由于某种原因拒绝接受与巴韦克岛是明显的同一处,或许他不知道大伊纳瓜岛。他在一处地方说巴韦克是海地岛的别名,而在另一处他又说巴韦克是牙买加的一个讹误。

日落时分，船队航行将近 30 海里，到达卢克雷西亚角旁边，哥伦布给其命名为古巴之角，因为他认为它是该岛最东的海角。朝南看，从该海角到尼佩湾，你可看到地平线下马亚里河谷的低洼地；朝东看，高山林立，仿佛它们属于另一岛屿。哥伦布猜想它是"博希奥"岛，即海地岛。为了掌握它的位置，整个夜晚他时走时停，到 11 月 13 日天亮时，他朝陆地航行，经过穆拉斯角。但是天气转多云，空气沉闷，以致即使在当时，哥伦布也无法看清古巴和他想象中的博希奥是邻近的。又一个北来大风正在形成，于是，以寻找巴韦克岛和避开在北风中往下风海岸航行的危险为目的，哥伦布命令船队的航向改为正东，这样风就与船的龙骨成直角，到日落时，船队航行了 31 海里。

船队小心翼翼地又走走停停了一个夜晚之后（月亮为下弦月，天空阴暗），风向转东北，走东向航线寻找巴韦克岛已不再可能了，于是在朝东偏南航行片刻后，统帅决定在博希奥海岸一带寻找港口。南向航线将他带至比较靠近大莫亚港东入口的一个地方。在浪高水急中，他不敢从此豁口进入大莫亚港，于是沿西北海岸航行寻找安全的航道。在沿海岸航行约 30 海里或 35 海里后，① 他偶然发现一个瓶颈形入口，宽有 200 码多一点。派一艘小艇前去测量水深，得到报告说测深锤在此放下 40 英寻仍不见底，于是船队大胆驶入。航道上有个转弯处，需要 3 次变换航向，但在刮顺风时，船要这样航行是可能的。而哥伦布的大胆得到了报偿，当弯弯曲曲的航道变宽后，船队进入一个岛屿密布的巨大海湾，海湾内的岛屿高且美丽。这就是塔那摩湾。哥伦布称它为"我们的圣母之海"（La Mar de Nuestra Señora）；首先看到的港口恰好在海湾的入口内（可能是胡卡罗港），但他没有停下来考察该港，而只是以西班牙王子堂·胡安之名义给其取名为太子港。

---

① 这些距离数是根据哥伦布《航海日志》里的数据并按他通常多算的 9% 进行缩减得出来的。

此时是 11 月 14 日（星期三）夜晚。

对奥连特省这一带海岸，哥伦布的描写是这么准确，以致人们只要根据其外貌就可以辨认出这就是他所到过的港口。乘坐吃水为 7.5 英尺的"玛丽·奥蒂斯"号（大约与"圣玛利亚"号相同），循哥伦布的航线航行，我们对他大胆靠近海岸航行，在港口众多的奥连特省发现许多通道，以及对他判断正确地选好了锚地并进行了详细的考察，印象很深刻。

马丁·阿隆索·平松认为哥伦布是个粗心大意的莽撞汉，但是一个探险家如果想发现许多值得发现的东西，那他就非冒普遍商船船长所不愿冒的危险不可。例如，波士顿"哥伦比亚"号（以伟大统帅的名字命名）船长罗伯特·格雷就因为紧靠海岸并偶尔擦海岸航行受到同船的高级船员的尖锐批评。但正是这个格雷船长，他甘冒危险才使"哥伦比亚"号得以渡过那即以该船船名命名的一条大河河口的冲积沙洲，这个沙洲早期的探险者是不敢进入的。哥伦布确实没有去过世上最好港口之一的尼佩湾，但是，任何在那些海域遇到过北来大风的人都不会因为他当时寻找可以机动的宽阔海面而责备他。

塔那摩湾很值得统帅热情称赞。它那一溜树林密布的岛屿，正如哥伦布所说的，有的陡峭"如钻石刻刀"，有的顶部平坦"如饭桌"，还有一座高耸入云的山岭，从周围都是贝壳的海岸拔地而起。海湾到处没有岩石，很柔软，"使船员们非常喜欢"，拉斯·卡萨斯说，"因为岩石会割断船的锚链"。哥伦布坐小艇在湾内到处考察，到入口的上风处，看到两棵大树。"圣玛利亚"号船上的木匠将大树制成一个大十字架，并且把它竖立在那里。在每个停泊处竖立一个十字架，这是统帅的习惯。他发现印第安人在钓"大螺"（海螺），于是要船员下水去抓牡蛎，想找珍珠；船员们抓到一条稀奇古怪的长嘴鱼，统帅将其腌后收藏起来，准备献给双王观看。船员们首次见到了硬毛鼠，一种产于古巴的类似大老鼠的四足动物。此物现仍被当地人当作食物。在塔那摩湾看到的最有趣的新植物是"与印度坚果树同类的大坚果树",哥伦布曾在《马可·波罗游记》里读到过椰子(nueces de India),于是就以为这些坚果树是椰树。但事实上它们不可能是椰树,因为椰树是在此以后由西班牙人引进到加勒比海地区来的。再说,哥伦布并没提到这些坚果长在一棵棕榈树上——马可·波罗也没有这样说过。他所看到的可能是当地一种名叫作 nogal del pais(Juglans insularis)的胡桃树,这种果树以前在奥连特省很多。①

虽然到 11 月 19 日哥伦布离开塔那摩湾的那一天,月亮已不是新月,但他还是进行了一次值得注意的太阴潮观察。在哥伦布的那个时代,每个港口潮汐的确定由月亮处于低潮时的方位决定。②"涨潮与我们在西班牙时所见相反,"他说,"因为在此处当月亮位于西南偏南的位置时是低潮。"11 月 15 日大约正午对分,在塔那摩湾的西南偏南方向出现了下弦月,哥伦布可能在晴朗的天空中看到了它。③ 鲍迪奇举出在西班牙的韦尔瓦太阴潮高潮的平均间隔时间是 1 小时 40 分,而在塔那摩湾是 7 小时 51 分,相差 6 小时 11 分。由于高潮和低潮之间的平均间隔时间是 6 小时 13 分,所以当韦尔瓦是处于高潮时,在塔那摩湾,用当地时间,在同一小时、同一分钟里应是处于低潮。而且,由于在古巴北海岸,涨潮的平均变动范围是两英尺少一点,统帅在这里就证明他自己是个几乎不可思议的准确的观察家。

在这个秀丽的海湾里没有黄金,除那被错认为椰子的坚果树外再没有任何标志着亚洲的线索:没有土人的大村庄,没有对西班牙人有利可图的东西。哥伦布在此待了 5 天,只是因为他喜爱此处大自然的

---

① 这是哈瓦拉萨莱学院莱昂修士的观点,对于他友好的接待以及他对古巴植物的鉴别,我深表谢意。
② "在加的斯,当月亮位于东南东方向时,是低潮;在萨尔季斯,月亮位于东南偏东时是低潮";由威尼斯人赞蒂洛莫(路易吉·达卡达莫斯托?)编写的适用于全航程的"航海指南"上这么讲过(威尼斯,贝尔纳迪诺·里佐,1490 年第 1 页)。参见一份 16 世纪的《海图册》,收在《世界的形象》第 2 卷(1937 年)第 55—59 页。
③ 《航海日志》11 月 18 日。詹姆斯·G.贝克博士曾帮助我解释过这段记载。

第十八章 寻找大汗　353

美，这种爱好在那个时代是不寻常的，即使到了现在在海员中间也不常见。对于第四天没有离开此海湾的原因，他自我辩解说因为那天是星期天。但是，光只风景是根本不可能留住他的，他另一个企图必定是在筹划如何到巴韦克岛去。

11月19日太阳升起之前，船队在一股轻微的陆风中动了身。哥伦布正在学习乘帆船离开大安的列斯群岛北部港口的技术：你必须在夜晚或清晨趁离岸风启程，因为太阳出来后，信风就会像灌入漏斗那样刮来。是日，信风从正东吹来，船队朝北北东方向航行，离风向6个罗经点。太阳西下之际，船队位于塔那摩湾入口的南南西方向，距离20海里，哥伦布认为他看到了巴韦克岛，方向在船队的正东。实际上，大伊纳瓜岛距哥伦布当时的位置有80多海里，这么远的距离哥伦布是不可能看见该岛的。可能是印第安人在日落时，看到地平线上集结了一片云，他们指着那片云叫"巴韦克！"而哥伦布也就相信了他们。从11月19日日落时分至次日上午10点，船队朝东北偏北方向足足航行了52海里，这样，船队就大约来到了北纬21度45分、西经74度41分的地方。①

这样航行将会使船队很快偏离想象中的巴韦克岛位置；于是，当风向转为东南东和海浪开始从东方涌来时，哥伦布决定返回塔那摩湾。另一个航行的办法，他写道，是继续朝东北方向航行至伊莎贝拉岛（克鲁克德岛），他相信此岛位于前方12里格。假如我精确地标绘他的航线，那正确的距离是16里格；而自从他离开伊莎贝拉的埃尔莫索角以来，时间已过去一个月零一天了。现代用船位推测法航海的人没有几个可望比他做得更好。

哥伦布说，他返回古巴有两个理由：其一，他担心从瓜纳哈尼来的印第安人会在伊莎贝拉岛逃跑，因为有两个希瓦拉少年就在塔那摩

---

① 我没有计算风压差或海流，因为我们没有计算它们的精确资料。风显然为东南风。

湾逃跑了；印第安人曾提出过要求，说在送统帅到古巴后就要允许他们回家，而统帅却想将他们带回西班牙；其二，他看到南边有两个岛屿，他希望去考察一下。其实他看到的是云，不是岛屿，因为他肯定在之后的一两个小时内就将此事弄清楚了，只是没有再剔除《航海日志》中的这段记载。对于任何一位船长来说，当他的记载经证明错了时，他想干的就是将其改正或用笔一画将其删掉，然而哥伦布却一直让其错误留下；在第二次航海中，哥伦布同船的一位水手就曾注意到他对记载事故是多么小心谨慎。那些放肆批评哥伦布的人的理论根据一直建立在一个假设上，这个假设说《航海日志》经哥伦布或拉斯·卡萨斯审查过，他们删除了其中前后不一致的和愚弄"印第安人"的地方；但是拉斯·卡萨斯的摘录本却披露了统帅所犯的大量错误，并且还披露了该摘录本编者完全不赞同的诱拐事件。

第十九章　奥连特

1942年11月20日—12月5日

> 我们在东方看见他的星，特来拜他。[①]
>
> ——《马太福音》，第2章，2节

返回塔那摩湾，决定比做要容易；随后那几天航行的日子里，所有的船员完全沉浸在沮丧和苦恼之中。塔那摩湾大约位于南南西方向，离风向8个罗经点，但此距离（约71海里）对于船队当天欲到达的话却显得太远，而且海流总是将船队冲往下风海岸。所以，在11月20日夜幕降临之际（此时已看得见陆地），哥伦布决定再试一次寻找巴韦克岛。他命令船队转帆，在强烈的东南东风中做一次朝东北的航行。到值第三个夜班时（大约是11月21日早上3点），风变得缓和并在南和东南之间变成不定风。这样一来，船队就可朝东航行了。11月21日日出时，塔那摩湾出现在西边的西南方向，距离约35海里。尽管白天一直刮南风，然而海浪极大以致阻碍船队朝东方前进，到做晚祷时（大约下午3点），船队往东仅航行了15—18海里。风接着朝东逆转，迫使船队往南偏东航行。

此夜，当北极星一出现（我按哥伦布的船位推算方法推算，此时他应位于北纬20度52分），哥伦布就取出了他的象限仪并小试一下天体导航法。他得出与他11月2日所获得的同样可悲的结果——北

[①] 见《文件和研究全集》第2辑第2卷第142页，哥伦布关于这个引文的注释。

353 纬42度，其所以弄错的原因同样是把阿尔法星当作了北极星。统帅本人对此困惑不解，而且"这时他说，他将象限仪挂了起来，等到陆地再去修理，因为他似乎觉得他不可能那么远离"赤道。即使在我们所处的这个世纪里，许多比哥伦布更优秀的航海家都怀着厌恶心情放弃了对星星的观察，而去依赖"用惯了的旧式船位推算法"。事实是，哥伦布没有意识到星星，哪怕从一种美学观点去考虑也没有。在四次西航中，他曾多次评论过热带地区景色之美丽，有时在深海区航行时，也提到过海浪之壮观，但是他确实从来没有提及过热带地区星辰之美观。他没有提到过一次南十字星座，也没提到过巨大的南船星座或耀眼的老人星，自从他航海去非洲以来，这些星星他必定是第一次见到。他的眼睛没有注意天上，至少没有注意天上携带着风雨信息的云层。他要注意的事情太多了：他要注意罗盘标度板和海洋的表面，他要计算并要不断地注意帆桁和船具，以防它们磨损或破裂。旧时代的船长几乎每一位都能准确地建造一艘他曾在其上负责过的船舶的模型，使船上所有的圆木、滑轮和绳索各就各位，十分恰当。但是，只有熟练掌握天体导航法的航海家才能不查恒星轨迹图就能辨认出星星来。不过，经过几次航海，原来丰富的经验知识也会很快地忘掉。我们重申，哥伦布是个用船位推算法航海的航海家，不是用天体导航法航海的航海家。

354 马丁·阿隆索·平松的不尽职比起他所测得的不切实际的纬度数更令统帅烦恼。在11月22日值天亮班期间（早上3—7点），风朝向北北东，统帅希望找到陆地继续朝南航行。"尼尼亚"号顺从地跟随其后，但是马丁·阿隆索"在没有得到统帅的许可或者说在违背统帅意愿"的情况下，趁风向改变之机将"平塔"号改为向东航行。直到新年的第二周，哥伦布才在蒙特克里斯蒂重新见到他。哥伦布说，马丁·阿隆索·平松不服从命令的一个原因是他有贪心。"平塔"号船上的一名印第安人向导曾用巴韦克岛上有黄金的传说来满足他的

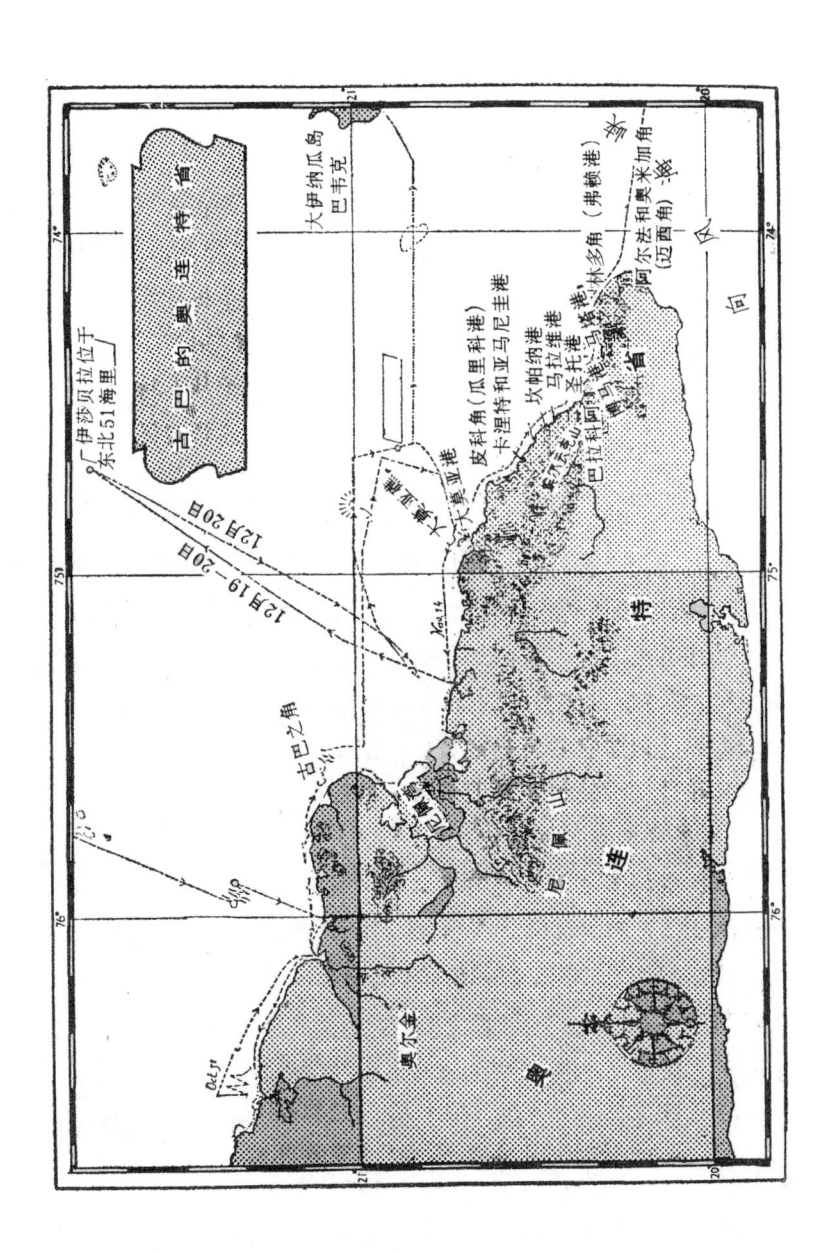

贪心，于是平松就希望第一个到达该岛。

尽管这是《航海日志》里有关统帅与他那年长的船长之间不愉快的首次暗示，但这种不愉快显然不是第一次发生。"他曾针对我做过和说过很多其他事情",11月21日的工作日记这样结尾道。马丁·阿隆索在这次航海结束后不久就去世了,而在1512年开始的那场旷日持久的诉讼案中,对于这次严重的违纪行为,他的朋友和忠实信徒所提供的唯一解释是软弱无力的,说什么那是因为平松在航行中与统帅失去了联系。由此可以推定,平松是没有道理的,哥伦布说他出于贪财之目的并没说错,而且还可以设想他这么干一定还有别的什么动机。"平塔"号是艘比"圣玛利亚"号轻快些的船只,尤其是处在11月21日整日微风习习和船头浪涛汹涌的情况下;统帅当时下令"平塔"号继续缩帆,以免超越旗舰太远,很可能平松对此命令感到气恼。11月22日,风朝巴韦克岛方向刮,统帅此时没朝东航行而是继续朝古巴航行,这样做对马丁·阿隆索来说是太过分了。他要是再跟随那自命不凡的热那亚人航行,那他就该死!在他的想象中,该做的正经事是寻找黄金。虽然他在大伊纳瓜岛没找到一点儿黄金,但他确实找到了海地岛并且对西瓦阿的黄金做了首次试探。①

哥伦布的"他曾针对我做过和说过很多其他事情"这句话使人产生大量的联想。这两个强人之间的不和是不可避免的。马丁·阿隆索在帕洛斯镇的势力曾是组成这支探险队人员的基础,哥伦布可能没有为这些实际事务逐一处理给予他应有的荣誉。正如我们曾知道的,船队就要在巴哈马群岛登陆之前,他们两人产生了意见分歧,而哥伦布反复提及那些事实上他正确的事情,可能使得马丁·阿隆索恼羞成怒,以致他说了和做了上述那些未被哥伦布讲明的事情。有才干的人每每不安于从属地位。但是,与马丁·阿隆索不服从相对照,特别要提到他弟弟比森特·亚涅斯的忠诚。比森特·亚涅斯同样受到诱惑想去巴韦克岛,但他终于驾驶着"尼尼亚"号驶往他的统帅命令他去的

---

① 胡安·德·卡斯蒂罗(不过他并未参加哥伦布的首次西航)在1515年由堂·迭戈·哥伦进行的调查中声称,首先抵达伊斯帕尼奥拉岛的是"平塔"号(《哥伦布诉讼案卷》第2卷第106页)。

第十九章 奥连特

地方。

11月22日风力是那样地微弱,以致"平塔"号整天都在其他两船的视野之内,而且它们也没前进多少。23日(星期五)情况大致相同,西向海流使得"圣玛利亚"号和"尼尼亚"号向下风处漂移,漂移的速度比它们往南边航行的速度要快。那几个印第安向导惊恐万状,因为他们以为前面的陆地属于那些"被叫作吃人的生番"的民族。那些人即加勒比人,他们通常为抓奴隶而袭击泰诺人。11月24日上午9点,这支数量减为两艘的船队终于在"一个平坦的岛屿"(大莫亚礁)靠岸。10天前他们曾经过此地,当时海上波涛汹涌,以致统帅不敢进入这个海港。我们不责备他,因为即使你掌握了一份海图,要在激浪中通过一豁口进入这个大莫亚港,看来还是相当棘手的。

由于3天以来风力微弱,海浪已平静下来,所以大莫亚港的入口此刻显得不那么险峻。"圣玛利亚"号的小艇受命前去测量水深,它回来报告说,航道上水深20英寻,港内水深6英寻,且海底清澈多沙(此情况与现在相同)。在航行中船队"一会儿将船头对着西南,一会儿对着西边,始终让那平坦的海岛紧靠船只的北边(1940年我们在此发现哥伦布所提到的方位是有用的,当时此处没有一个浮标),随后他们发觉自己来到一个泻湖内,湖内可停泊所有的西班牙船只,并且不论风从哪个方向来,船只不下锚链也都安全"[①]。此时是11月24日上午,首航中最无益处的一段航程至此结束。在5天中,"圣玛利亚"号和"尼尼亚"号航行了大约200海里,而有益处的航程仅25海里。

---

① 11月24日《航海日志》。哥伦布常常用"不用下锚链停泊"或"不下碇停泊"这样的语句来形容一个港口的安全,当然这种写法跟形容岛屿和棕榈树"高可达天"一样是种夸张写法,因为即便在最平静的港口,也没有哪艘船敢于在停泊时不下锚链。下锚是害怕船只向岸边漂移,何况在莫亚港还有股强大的海流通过。

大莫亚港与古巴奥连特省其他港口不同。它长约 8.5 英里，宽 1.5 英里，位于一个山脉的脚下，北边有那"平坦的岛屿"（大莫亚礁）和"一溜长如那山脉，样子像个沙洲似的暗礁"做其屏障。通过此暗礁有两个入口，进入入口的航行方向哥伦布在《航海日志》里已提及。几条小溪流到山麓，在入港处形成一些小小的三角洲和一个沙洲；但是，正如哥伦布所看到的，此处海水不像进入希瓦拉河的海水那样往低航道回流。统帅命令船员用小船将他送至莫亚河。在莫亚河的河床和河岸上，他探查出一些有价值的矿石露头——一些石头的颜色为铁色，有些石头有人把它和银子相联系，还有些黄铁矿石向探险者闪闪发光，但它们绝不是金子——"而且他记得金子是在塔古斯河口发现的"。当统帅和他的同事正在勘探矿石之际，"船上的青年水手大声叫嚷说他们看到了松树。统帅朝山脊望去，看到许多高大而奇异的树，树像卫矛既高且直，使他无法形容。树林茂密，树干挺拔。由此他想到这些树木可以造船，可以锯成无数板材，可制成西班牙最佳船只的桅杆"。① 今天，那里有座木工厂正利用山上溪流的水力将这些树木的后裔锯成木板和船壳板，而这条河流水的轰鸣声，统帅在那遥远的 1492 年的一个星期天就已经听到了。当时他曾盼咐砍了几棵树，给"尼尼亚"号做了一根后桅和一根帆桁，不过他想在这里建设一个大造船厂的计划，虽然也曾用他的大手笔向国王描写过，但终归没有变成事实。今天从外表看，除岸上有几间渔民的简陋小屋，岭上松林间有几处空旷之地以外，此港仍是人类接触极少的处女地。

哥伦布既是以诗人身份又是以海员身份来欣赏莫亚港的。他说"这里的土地和空气比以往所到过的任何地方都要温润些，这得归功

---

① 11 月 25 日《航海日志》。他还说他见到过栎树，但在奥连特没有栎树。他见到的可能是 Tabebuia pentaphylla，此树当地人叫白栎树（罗伊格的《植物学辞典》第 612 页）。

于此山的高耸和美丽"。他无法用言辞来形容此港罕见的美丽。我们也觉得如此。在高山峻岭和水声潺潺的弧形暗礁之间,他无法使自己的心境平静下来。"最后他说,"拉斯·卡萨斯写道,"既然他,一个亲眼看见此情此景的人是那样满怀惊奇之感,那么他如果是听人谈起此情此景,那又该怎样更加惊奇呢!它的确是那么美,美到不是亲眼所见,就不会相信的地步。"

11月26日日出时,船队依依不舍地从大莫亚港起锚,趁着一股轻微的西南风慢慢朝瓜里科角(统帅称它为皮科角)① 驶去。在瓜里科角,海岸线朝南转。不久,他就看到了奥连特省这个地区中最突出的海岬,并命名它为坎帕纳角(钟角)。这里大地表面光秃秃的,成弧形,可能1492年印第安人就在此耕种过。② 在这两个海角之间"由于他常常沿岸航行,能看清这里一切,他记下并提到其特征的有9个港湾和5条大河。那9个港湾极其显眼,使所有船员都惊讶不已"。我们曾乘一艘牵引船沿此海岸航行,哥伦布的航行必定比我们更靠近海岸,因为我们仅能找出7个港湾和河流,其中包括卡涅特港和亚马尼圭港。它们都是统帅曾特别详细描写过的。我们相当赞同统帅所说:"整个这个地区山都很高且美丽,湿润,岩石多,但都是可攀登的;还有最美丽的山谷,山谷和山上一样密密地长着枝深叶茂的树林。看到这些真是愉快极了。"

由于26日夜离开坎帕纳角时,风已停息,天气晴朗,哥伦布决定不再进入这众多港湾中的任何一个港湾,而是将船只停航、任其漂泊。到27日拂晓,他离海岸已是很远很远了。此时云层压得很低,巴拉科阿后面的地区似乎是大海的一个水湾,那"高耸并成正方形的山岳就像是一个岛屿"矗立在它的中间。此山即埃尔云克山。这个铁

---

① 它是一个低矮的圆形海角,但当你靠近此海角时,它比许多样的海角显得要尖些和突出些。
② 当地人将此海角的两尖端分别叫作普拉塔岬和巴埃兹岬,但在现代地图和现代海图上并没标出它们的名称。

砧形的山岳在50英里外还可以看到，是所有在此海域航行的人都熟悉的陆地标志。借助吹在左舷边的一股从西南方向刮来的陆地微风，船队转身朝坎帕纳角驶去，以便重新考察该海岸。接着风向转北，船队紧紧地沿着海岸愉快航行，记下了8个小小的水盆模样的港湾和V形河口。绿草葱翠和巨型棕榈密布的丘陵地带从白色的拍岸浪边缘升起。在它们上面就是高高的、树林密布的山脉。山脉连绵起伏，山峰参差不齐，直插云端。信风云不断聚集、飘荡其间，随即又化作阵雨。在抵达这一溜小港湾中最末的马拉维港外一个地方时，统帅发现，猜想中的那个水湾"不过是山脉中的一个大凹处"。

在沿奥连特北岸做游览性的巡航时，哥伦布的泰诺客人一直以为船队会停靠在那个叫博希奥的岛上，因而害怕得发抖，因为他们认为他们的加勒比敌人就是从该岛来的。"在看到统帅打算朝此岛航行后，他们害怕得说不出话来，生怕他们（加勒比人）会吃掉他们，连统帅也无法减轻他们的恐惧。他们说，加勒比人只长了一只眼睛，面孔像狗。统帅认为他们是在说谎"，——为什么，他本人当时想到这些妖怪与曼德维尔所说的有出入呢？——于是他认为，加勒比人"应当真正是大汗的臣民"——换句话说，他们应当是中国士兵！统帅比那些头脑简单的土著人要想得远得多。

这些人曾受到加勒比人一次喧嚷声音的袭击。船队经过马拉维港时，看到港那边一个大村庄，并且"看到无数的加勒比人来到海岸边大叫大嚷。他们全都裸体，手里拿着标枪"。看到这个可怕的场面，船上所有的印第安人飞快地躲到船舱里。由于极度恐惧，任你怎样努力也无法使他们上岸充当翻译。船队停船下碇，哥伦布派两艘小船携带可供交换的物品上岸安抚发怒的土人。小船船员在德杜阿巴海滨（正在巴拉科阿以西）上岸，船上的水手用从船上的泰诺人那里学来的表示抚慰对方的用语大声喊叫，但是所有的土著居民全都逃跑了。

11月27日正午，两船从现为不毛之地的上述海滩外的它们的锚地出发，朝东航行去迈西角。航行还不到 2 海里，海面就开阔了，往南的不远处有"一个最奇特的港湾"（巴拉科阿港），港湾周围是片开阔的土地，有些大的村落，哥伦布决定前去访问它们。经宽 300 码的航道进入，避开正位于迎风点旁的一块礁石，"圣玛利亚"号和"尼尼亚"号就发现自己已置身于一个圆得"像只小杯子似的"港湾里，港湾被一溜狭窄的河滩跟一条河流隔开，"那河很深，大划船可进入。"哥伦布当即断定此港湾（他将其命名为圣托港）是他迄今所见过的港湾中最适于建设城市和要塞的港湾——"好水，好地，好环境，树木也很多"。由于他的推荐之力，1512 年此处被选为西班牙人在古巴的第一块殖民地。巴拉科阿现在是哥伦布首航航线上最大的城镇，一个充满生气的小城市，香蕉和椰子出口贸易兴旺。当地的单桅小帆船和驳船仍可驶进那个"大划船可进入"的河里卸货，此河绕河滩后面的港口边缘流过。

　　恶劣的气候使得"圣玛利亚"号和"尼尼亚"号在巴拉科阿停泊了一个星期。在这期间，有的船员上岸去河中洗衣裳，因为海员喜爱在河水中洗东西。其他船员在港岸深处闲逛。他们发现岸上的土地种满了薯蓣属植物、玉蜀黍和南瓜。他们访问了很多泰诺人居住的村庄。在这些村庄里，当他们一出现时，所有的土著人就跑光了。他们回来报告，说他们在一间棚屋里发现了"一颗放在篮子里的人头，装人头的篮子另用一篮子罩着，挂在一木桩上"。"统帅相信这些人头必定是这个人家祖先的头颅"。或许这是一种古老的几内亚人风俗？但是既没听说过泰诺人保存他们先人的颅骨，也没听说过他们是人头收集者，因此人们猜测，这是船员在愚弄他们的统帅。[①] 这里看到几只庞大的独木舟，整齐地停泊在棕榈叶盖顶的水边船坞内，其中有一艘

————————
[①] 在首次西航和第二次西航的报道中这个唯一令人夸张的传说是船员告诉哥伦布的，而并非哥伦布亲眼所见：这一点似乎意味深长。

长 70 多英尺，大得足可容纳 150 人。船员们在巴拉科阿港的上风处立了一个巨大的十字架，此处现有一个倾圮了的要塞。①

逆风给哥伦布一个继续停留在这里的借口，同时也给他乘小船考察巴拉科阿以东邻近海湾的机会。在那里，他越过水深 1 英寻的沙洲进入米尔河河口，发现里面有个可停泊整个西班牙舰队的潟湖。②逆流而上，在一回水湾处，他发现 5 艘大独木舟以及一间为保护它们而建的并盖了顶的水边停船房。他舍船上岸，爬上山坡，来到一片种植了南瓜并有许多茅棚的平原。在此，他派"迪戈"领头携带铜环、玻璃珠和鹰铃前行，终于设法与巴拉科阿的土人取得联系。他们有做交易的愿望，但除有淬了火的木标枪外，他们却无物可供交换。回到小船后，哥伦布又派一伙船员上山腰去调查那被他错认为蜂房的一排小屋。在这些船员走了之后，大批土人走来聚集在西班牙人周围，"其中有个人下河来到小船船尾，说一大堆统帅听不懂的话。除此之外，其他印第安人也不时手指天空高声大叫。统帅以为这是他们在向他再次声明，他的到来使他们高兴。但是他看到他带来的那个印第安人脸上变色，变得蜡黄，而且身子颤抖得厉害。他比画着说统帅最好离开此河，不然当地人会杀死他们。这个印第安人又走到一个箭已上弦的基督教徒身旁，一面指箭一面指着那些印第安人。这下统帅明白了他是在告诉他们，说他们都会被杀掉的，因为箭射得很远，并能置人于死地。统帅也取来一口剑，他将剑抽出鞘挥舞了一下，并学着印第安人叫了一番，那些印第安人听到后全都逃跑了。哥伦布带来的那个印第安人由于懦弱和勇气不足而颤抖不已，但他也是个个子中等、体格强壮的男子汉啊！"

---

① 号称是哥伦布当年竖立的那个十字架现时陈列在巴拉科阿大教堂里。但是这个十字架矮小、顶端包有金属，说它是哥伦布所竖的那个，似乎不大可能。人们说它每年都要神秘地从大教堂消失，而总是在最初发现它的地方附近再找到它。

② 由于米尔河带来的大量淤泥，以致这个潟湖现已消失。此河现仅可通航独木舟。

与此同时，另一批泰诺人聚集在统帅渡过的米尔河对岸。"他们人数众多，身上全都涂成红色并都像从娘肚子出世时那样一丝不挂。他们有些人头插翎毛，另一些头戴羽毛饰物，人人手里拿着标枪。"这种标枪在通常的物物交换中，也被用来交换物品。船上少年水手就曾用杀死的一只海龟壳碎片换取过一些标枪。哥伦布离开时对土人制造独木舟和搭茅屋的手艺赞叹不已，但对这里没有发现一点"黄金和香料"却感到失望；另外他也瞧不起当地人的胆量。"他们是那样地懦弱、那样地胆怯，十个人就能把上万人赶跑。"既然一个相当仁慈的哥伦布其看法尚且如此，那么一般船员认为泰诺人可鄙，只配做奴隶，就不足为怪了。

12月4日，"圣玛利亚"号和"尼尼亚"号趁着一股微弱的顺风离开了巴拉科阿。两船沿海岸航行，一路考察了博马港（一个狭窄的、高海岸的V形港湾）和马塔港（古巴北海岸常见的圆形瓶颈口港湾中的一个①）。日落时，他们离开了迈西角的弗赖岬（哥伦布称此岬为 Cabo Lindo，意为"美丽岬"）并见到了古巴和伊斯帕尼奥拉岛之间的向风海峡。②统帅曾两次上当，错把海湾认成海峡，开始他也认为这个海峡不过又是个海湾而已。他在弗赖岬停船度过了一整夜，直至翌日早晨才发现自己的错误。12月5日太阳出来之时，他看到了迈西角的尖端，过此点，陆地就往南转，随后又往西转南，而且他在西南方向看到一个又黑又高的海岬——内格拉岬，所以他终于断定这里是海峡。他给古巴的最东端取名为"阿尔法和奥米加角"，指明它和欧洲的圣维森提角相对应，是欧亚大陆的起点

---

① 此港大概就是胡安·德·拉科萨所制地图上所称维加港（平原港）的那个港，其所以这样称呼它是因为它周围是一大片平原。

② 范·德·古克特先生和帕拉洪先生（《哥伦的旅程》第83页）认为林多岬是指从马塔港的东南到尤穆里湾的那一大片高地；但我不敢苟同，因为哥伦布在12月4日的《航海日志》中说："在林多岬后面有一大海湾，此海湾是朝东北东和东南以及南南西航行的一个极好的通道。"这海湾必定是指向风海峡。还有，他提到的从拉马角到林多岬的距离（5里格）与到弗赖岬的距离相符，而且他没有提到锡伦西奥角附近那个值得注意的峡谷——尤穆里河。

或终点。①

12月5日上午,哥伦布打算到他考察完古巴后的下一站大伊纳瓜岛(巴韦克)去,因为现在正是关键时候,他要赶在马丁·阿隆索将所有黄金装出"平塔"号船舱之前收集一些黄金。但是那天上午,信风从东北方向吹来,据印第安向导讲,东北方向正是去巴韦克岛的航向(十分正确)。当"圣玛利亚"号朝东南东方向做左舷迎风换抢航行时,统帅看到船的右侧前方有陆地,"而且是个极大的岛屿,有关此岛的情况,他已从印第安人那里得悉,他们称它为'博希奥岛'"。此岛就是海地岛。这一发现受西班牙人欢迎,却令瓜纳哈尼和希瓦拉来的向导失望。他们曾在巴拉科阿成功地逃脱被杀死和被吃掉的厄运,现正试图将统帅引到栖居着他们同类人的大伊纳瓜岛去。如果说他们没有忘记海地岛是他们的发源地的这个传说的话(根据他们称海地为"老家"这点来说,情况似乎可能是如此),那么他们也相信加勒比人是后来迁入该岛,并在饥饿时吃泰诺人的肉那个说法。

哥伦布此时迅速改变计划(这个举动对他来说并不常见),他决定趁顺风去海地岛,而不是做逆风换抢去大伊纳瓜岛。为使航向占点上风(因为他已注意到信风每日在东北到东南之间变化),船队朝东南偏东航行。12月5日他越过向风海峡并在当日天黑时(圣尼古拉节的前夜)抵达"与加的斯湾相似"的一个大港湾的入口附近。此港被哥伦布命名为圣尼古拉港,它是哥伦布在新大陆所命名的地方中第一个至今一直未改名的地方。

在他离开古巴并横渡向风海峡时,哥伦布必定想知道,靠他那些工作拙劣的卡斯蒂利亚人以及他现在收集到的这么可怜的一点儿证据,他怎样能够使双王相信,这个他曾沿着航行了5个星期的美丽的海岸

---

① 此名在《航海日志》里没有出现,但拉斯·卡萨斯的《西印度群岛的历史》和费迪南德的《海洋统帅克里斯托弗·哥伦布的生平和事业史》都提到了,而他们两人是有关哥伦布第二次西航问题的权威。在胡安·德·拉科萨的地图上,此角叫古巴角。

线确实属于那半传说中的震旦。① 他没有遇到大汗,没有遇到身穿绫罗绸缎的君王和达官贵人,而只看到一些光披一点儿棉片的裸体野蛮人;没有遇到庞大的中国船队,而只看到一些独木舟;没有见到桥梁千座的众多城市,而只看见几个用棕榈叶盖顶的茅屋组成的村庄;没有找到一点儿黄金或其他贵重金属,而只看到用木头、骨头和贝壳制成的用具;没有发现有经营价值的香料,而只看到低劣的肉桂和胡椒的代用物;没有看到稀奇的人种和古怪的植物,而只看到几棵古怪的坚果树和一条腌制的长嘴鱼。我们这些从哥伦布的西航中得到好处的人简直无法想象,在圣萨尔瓦多产生的首次惊奇和欣喜之情消失以后,他们沮丧到了什么程度。只是由于访问了海地岛,在那里找到了黄金,这次航行才毫无疑义地被双王作为一次奇特的冒险行为、而不是作为一次代价高昂的失败给记录下来。不过,在1492年12月5日,平松兄弟和哥伦布手下的大多数船员却显然把此行当作一个极大的失败来看待的。但是统帅相信,上帝派他前来是为了上帝的荣耀和人类的利益,这信念使他看到事物的光明之面。在巴拉科阿逗留期间所记的《航海日志》中有一段意义深长的文字,其中指出,即使他没有发现去亚洲的西行航道,他已趁机揭开了新世界的面纱。

我不写今后得到的好处将有多么大。尊贵的双王陛下,那里的土地很多,有用之物多得数不清,这是肯定的。但是我没在任何一个港湾停留,因为我要尽可能多看一些地方,好将看到的情况讲给陛下您们听。再说,我不懂他们的语言,这些地方的人不了解我,我也不了解他们,船上的人谁也不了解他们。对船上这些印第安人,我常常误解他们的意思,把一件事情误解成相反的

---

① 统帅对古巴是大陆仍有怀疑,因为在那天《航海日志》摘录中提到了"古巴和其他一切岛屿",他还说:"直到当时,由于其长度,他还是认为古巴岛(或胡安纳岛)是大陆。"参考哥伦布的首航书简,书简中谈到古巴同样未确定。

另一件事情；而且我不大信任他们，因为他们曾多次企图逃跑。但是现在，如果幸运的话，我要尽最大可能，并要一点点地将他们的语言弄懂弄明白，同时，我要使我船上的同事都掌握这种语言，因为我知道，迄今所看到的印第安人全都说这一种语言。学会后才会知其好处，那样才能设法使这些人成为基督教徒，因为他们既不信教，又不是偶像崇拜者，所以这点容易办到。

  双王陛下，您应下令在这些地区、在这些皈依了基督教的地区建起一座城市和要塞。两位陛下，我向您保证，我觉得天下似乎再没有土地如此肥沃，气候如此冷热适宜，水如此新鲜纯净的地方了。这里的河流不同于几内亚的河流，几内亚的河流全都传播瘟疫。至于我的船员，感谢上帝，直到现在，除一位老船员因长期患尿道结石而疼痛发作外，没有谁头痛或由于病痛卧床休息过，而那个老船员也只痛了两天就好了。我们三条船上的船员情况都是如此。这样，两位陛下您请把有知识的人派到这里来，弄清一切事实真相，那将使上帝愉悦……我的意见，两位陛下除派基督教徒来此地以外，不要允许任何一个外国人来此插足或经商。因为这是这桩事业的结局和开端，为了繁荣基督教和为基督教增光，任何非善良基督教徒都不应到这些地方来。

  就这样，在新世界还没待上 7 个星期，哥伦布就概略地叙述了西班牙给美洲留下一永久印记的殖民政策的主要原则。他预言，欧洲人在那里将发现"无数有用之物"，他还预言他的发现将使基督教大规模扩展成为可能。

第二十章　伊斯帕尼奥拉岛[①]

1942 年 12 月 6—24 日

> 他一到新世界、新天堂的时候，就细心地观察那里的地形、各种植物的形状、动物的习性、气温的分布和地磁的变化；并且尽力去发现印度的香料和大黄，这些东西是由于阿拉伯和犹太的医师以及由于意大利的旅行家而闻名于世的。他还极其认真地观察植物的根、果实和叶子。
>
> ——洪堡[②]：《宇宙》，第 2 卷，第 320 页

12 月 5 日晚，当"尼尼亚"号安稳地在圣尼古拉斯港停泊、而印第安人在四周小山上升起篝火的时候，"圣玛利亚"号乘陆上微风朝北北东方向前进，目的在找一个合适的位置，好沿海岸顺风航行，以便在次日早晨抵达海地的头一个港口。

黎明时，哥伦布测定几个方位角，确定了自己船只的位置。这次测量测得如此准确，以致我们现在也能够有把握地把"圣玛利亚"号的位置确定在圣尼古拉斯·莫莱角北偏东相距 12 海里的地方。这个 12 海里就是哥伦布当年计算出来的确实距离。任何一个人如果不用哑罗经或其他测量仪器，仅仅眯起一只眼睛通过一个小小的罗盘盘

[①] 参考我的论文《哥伦布沿海地北岸航行的路线和纳维达德的位置》，载《美洲哲学学会学报》（不确）XXXI，IV，1940 年第 239—285 页。该文对第一次西航中这一段航程有较详细研究。

[②] 亚历山大·洪堡（1769—1859 年）：德国自然科学家、自然地理学家，近代气候学、植物地理学、地球物理学创始人之一。主要著作有《宇宙》五卷，《中部亚洲》三卷和《新大陆热带地区旅行记》三十卷等。另一译名为洪保德。——译者

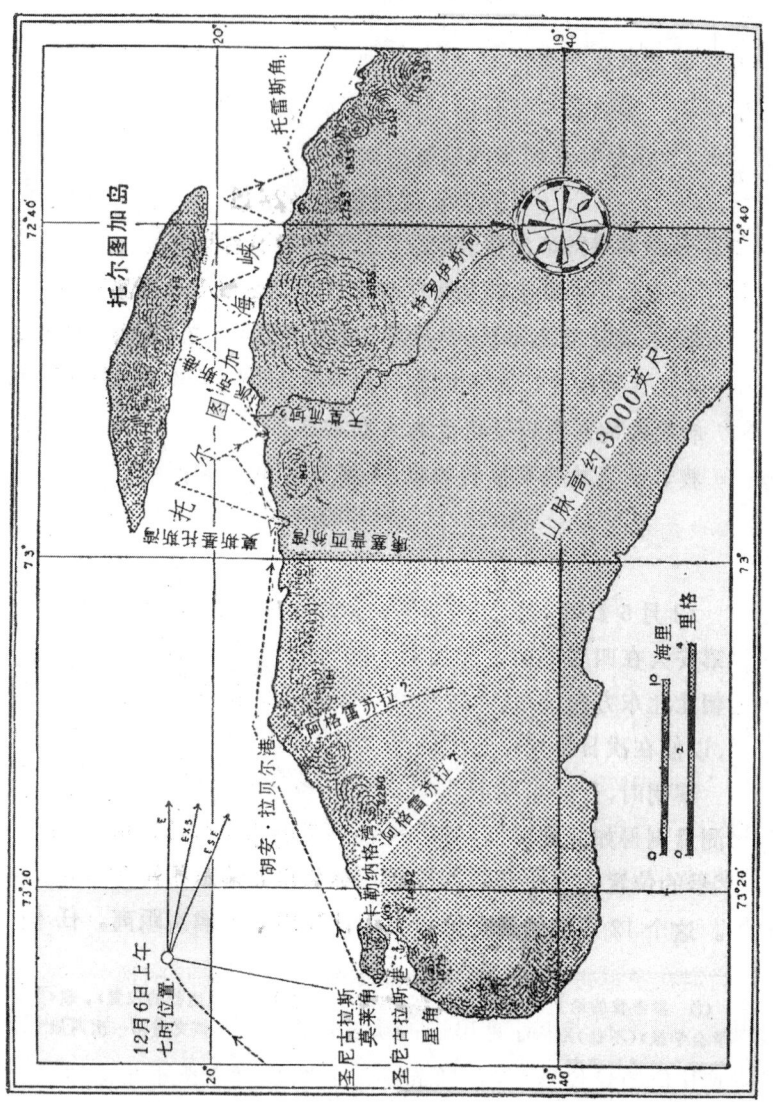

伊斯帕尼奥拉岛（西北部海岸）

面去测定船只的方位，他对哥伦布的 5 个方位中有 4 个竟然能符合在现代海图的一点上，定会同我一样感到惊奇。那一点就是北纬 20 度 3 分和西经 73 度 24 分。他从这个位置瞄准前方一个岛屿，看见它像一只海龟，就给它起名为托尔图加（海龟）岛①，即有名的海盗岛②；再瞄准海地岛的西北角，给它起名斯塔角（星角）；又瞄准胡安·拉贝尔角，给它起名辛基角；再瞄准哈特·皮唐山及其北坡，就给它起名象角。哈特·皮唐使人联想到一头大象走到托尔图加海峡饮水的样子。不过哥伦布从未见过大象。这种联想大概是一种书本上的联想，因为亚里士多德讲过：象出现在非洲和亚洲，证明同纬圈的地区，它们的动物群也相同。③毫无疑问，海洋统帅此刻是希望看见象群在伊斯帕尼奥拉岛的森林中漫游的。

  12 月 6 日，由于风力小，使得"圣玛利亚"号走了整整一个上午，直到下午才到达圣尼古拉斯港。哥伦布给这个港取名圣尼古拉斯港，其所以如此是因为这一天是儿童的保护神圣尼古拉斯的节日。这里是他已发现的最好的一个海港，海水深，清澈见底，还有良好的依托场地；海港顶部是一个完全由陆地包围的内港（现代的卡勒纳吉湾），那里一条船能够紧紧靠岸，把它的跳板搭到草地上。哥伦布注意到一片良好的海滩和一条河流，还有"上千种树木，树上果实累累，海洋统帅相信这些就是香料和肉豆蔻树。但因为它们尚未成熟，所以他认不准确"。他建议在内港顶部地颈狭处开凿第二条航道。他预言这里大有发展前途。这个海港我们现在称它为圣尼古拉斯莫莱港。它是这么优秀的一个港口，它又这么密迩向风海峡，似乎命中注定要变成一个海军基地。可是到今天连 18 世纪建成的防御工事也已经破败不堪。港口已经荒废，仅留下一个贫穷的村庄和少数渔船。

---

  ① Tortuga 西班牙文意为海龟，译音为托尔图加。——译者
  ② 这是哥伦布给这个岛取的第一个地名，它以后没有改动过。
  ③ 载皮埃尔·德·阿伊利《世界的形象》（伯伦版）第 2 卷第 427 页边注第 365 号。这是哥伦布对象纬圈感兴趣的许多例证之一。

船队一到达，当地印第安人就逃散了，所以哥伦布认为这里不宜长留。12月7日（星期五）早晨，"换过天亮班"后，"圣玛利亚"号和"尼尼亚"号就趁陆上微风起锚开航。走出港口后，它们运气好遇上了西南风，西南风帮助它们很快地绕过圣尼古拉斯莫莱角，然后沿着海岸向东方前进。在一个哥伦布叫作阿格雷苏拉（崎岖不平之地）的地方，有个肥沃的溪谷可通内陆，但是居民却一个也看不见。离胡安·拉贝尔角不远，他们看到一座孤零零的岩石，这座岩石在18世纪的海图上曾标示过，但后来渐渐被海水侵蚀坏了。船队经过阿尔埃库港，没有进去。下午1点船队在群山之间一个港口抛锚，哥伦布给这个港口命名康塞普西翁港。康塞普西翁意为圣母受孕节，因为12月8日是圣母受孕的日子。为了更实际的原因，西班牙人很快就把它改名为莫斯基托斯湾。这就是现在的莫斯蒂克湾。

虽然这里的锚地只算具备中等条件，但因为下雨和刮东风不利行船，所以哥伦布在这里停留了5天。据拉斯·卡萨斯说："海洋统帅看到这个海岛气势雄伟，风景美丽，看到它像西班牙本土而且更优越，看到他们所捉到的鱼也像卡斯蒂利亚的鱼……还根据其他诸如此类的几个理由，12月9日（星期日）就在这个康塞普西翁港决定给这个海岛取名伊斯帕尼奥拉岛。这个名称一直沿用至今。"[1] 伊斯帕尼奥拉岛是西班牙岛这个名字的拉丁化（拉丁化译者为彼得·马蒂尔）。它至今仍然是这个美丽的大岛的名称。它是欧洲人在新大陆首次殖民的舞台，是哥伦布受磨练、受极大侮辱的场所，也是他的遗骨的最后安息地。[2]

---

[1] 拉斯·卡萨斯著《历史》第52章，1927年，第1卷第255页。
[2] La Isla Española 译音为伊斯帕尼奥拉岛，译意为西班牙岛，不是小西班牙。它的拉丁文形式 Hispaniola 显然是彼得·马蒂尔创造出来的，因为它首次出现在他1494年10月20日写的信札中（《文件和研究全集》第3卷第2章第43页）。到16世纪它变成了这个岛的通用英文地名。美国已正式把 Hispaniola 用在地图和其他出版物中，以消除海地和圣多明各两个地名之间的混乱。海地是阿拉瓦克人给该岛取的名字，现在只限于讲法语的海地共和国，位置在西部，面积只占全岛的三分之一。圣多明各原来是一个城市的名字（该城市由巴塞洛缪·哥伦布建于1496—1497年），也曾被西班牙人用以称呼全岛，现在只限于多米尼加共和国。这个共和国位于伊斯帕尼奥拉岛东部，面积占全岛三分之二。

第二十章 伊斯帕尼奥拉岛

对印第安向导"我们每天都了解得深一些，他们对我也是如此"。他们使哥伦布相信，这块陆地是个孤立的海岛，越过它有一个名叫加勒比的陆地——加尼巴人或加勒比人的陆地。哥伦布老是渴望与东方建立联系，他匆匆做出结论说：这些加尼巴人就是大汗的臣民，这些袭击文雅的泰诺人把他们虏作奴隶的异教徒是中国海盗或海上入侵者。

12月12日，哥伦布在莫斯蒂克湾的西角上竖立一个大十字架，宣布为费迪南德和伊莎贝拉正式占领伊斯帕尼奥拉岛。同一日，他的水手同海地居民开始第一次接触。3个海员到海港顶端去考察一个肥沃的谷地，找到一批逃散的居民，俘获了其中一个佩戴金鼻饰的"很年轻貌美的妇女"。他们把她带回"圣玛利亚"号。她在船上和古巴来的俘虏交谈。后者一定向她详细介绍了西班牙人所给他们的好处，因为当统帅"很礼貌地送她上岸"并且把船员们穿旧了的衣服送给她帮她体面地打扮起来，还给她佩戴上响叮咚的小商品时，她声称：她宁愿和这些"自天而降的"人待在一起，显然这些人的天神般的品质给她印象很深刻。可是，人们相信，把她作为引人进入圈套的引诱物，她的用处更会大得多。

次日，哥伦布派9名船员带一个印第安人翻译深入内地，希望已放回的那个年轻妇女已经把本地人的惧外心理减少了。他们走上一条踏平的小径，小径把他们引到特雷伊斯河谷。他们在那里偶然发现一个有上千栋小屋的大村庄，但居民却已纷纷逃走了。西班牙人放肆追索，本地向导则大声喊叫，一再保证说这些人"是从天上来的，不是从加尼巴来的"。话说得这样恰当，使大约2 000多虽然还有点儿恐惧但充满好奇心的土人很快就把这个使团包围起来，凯旋似的引导他们走到自己的村子里。他们拿木薯粉做的面包和鱼款待客人并且尽量满足了客人的其他要求。他们知道客人喜欢鹦鹉就把整群的鸟儿相送。船员们随即训练鹦鹉学卡斯蒂利亚人的航海语言。西班牙人说这些土人比古巴土人漂亮大方。"在他们中间看见两个少女,皮肤白净,同在西班牙看到的一样。"这里土地也很肥美,赛过科尔瓦多平原。向河谷上游走去有一条宽阔的道路。伊斯帕尼奥拉岛上夜晚蟋蟀唧唧地叫,青蛙呱呱地鸣,也同家乡一样。"鱼同西班牙的鱼也相同",到达这个地方,碰上这些事物,"确是人生最大乐事"。哥伦布唯一失望的事情是这里没找到黄金。只有那个美丽女郎鼻子上的金饰才是例外,因为她是一位酋长的女儿。

哥伦布在莫斯蒂克湾做过另一次天文观测。这是他在海地记录下来的唯一的一次天文观测。他测得的结果是北纬34度,这大约是威尔明顿的纬度[①],莫斯蒂克湾的纬度为19度55分。他曾把仙王座的一颗星(阿尔法)误认为北极星[②]。

哥伦布仍旧打算去访问巴韦克,他不知道马丁·阿隆索已经把"平塔"号开到那里,什么黄金也没找到。印第安向导认为这个地方在托尔图加岛东北。所以,12月14日"圣玛利亚"号和"尼尼亚"号对着正东风循北北东方向向托尔图加岛航行。他们走到近边才弄清楚这是一个地势高、土地耕种良好的"像科尔多瓦平原一样"的高原。哥伦布给3个海角取了名字。由于风向和去巴韦克的预定航程相反,当晚船队又折回莫斯蒂克湾。12月15日,他们重新启程,在托尔图加海峡迎风换抢艰难地走到特罗伊斯河口。这是一条清水河流,到这里入海。哥伦布访问水手们13日已经访问过的那个村庄,他叫他们改乘"圣玛利亚"号带来的小舟越过河口浅滩,发现水流湍急就用粗绳拖着小舟逆流上驶。但因为特罗伊斯河是一条山间急流,和古巴北部那些容易泛滥的平原河流完全不同。他想看见"适宜于种各种庄稼、畜养各种牲口(此刻他们一无所

---

① 该地在美国北卡罗来纳洲,纬度为北纬34度14分。——译者
② 《美洲海神》第1期(1941年)第20—24页。

有）种植各种果树以及适宜供应世人所需一切物品的陆地",路程还十分遥远。

1939年1月15日,我访问了哥伦布小舟航行终点所在的地点,亲眼看见这个河谷打开了通往深远内地的门户,河谷两边是树木茂盛的山岭和成片成片的香蕉林。我证实这是安的列斯群岛中最可爱的岛屿之一。哥伦布恰当地给它取名"天堂河谷"。这条河像西班牙的瓜达尔基维尔河,因为它使人想起科尔多瓦那边那条有名的安达卢西亚河。"这个岛到处都是地上天堂,"拉斯·卡萨斯评论说,"至于托尔图加,我在它附近住过多年,它的景色真是一种不可思议的美丽景色。"① 他们说,一个人如果不曾在托尔图加岛上猎过野猪,他就领会不到打猎的最大乐趣。

哥伦布在西航时很少亲自长途跋涉,他习惯于打发一些水手去,自己则待在船只附近或待在船上。我不知道,这是不是因为他身体有病以致步行感到困难和痛苦,或者是因为他觉得作为统帅他应该留在船上。当这个新瓜达尔基维河上的大村庄看来不能靠小舟走到的时候,他就决计放弃这个计划,当晚留在船上;看到印第安人的篝火从群山上出现,从托尔图加岛上高处升起微光闪烁的时候,他感到惊奇。"这伙人一定是被别人追逐得紧",他正确地做出推断说。

事实证明,在托尔图加海峡对着顶头风逆着海水和急流前进是这么困难,以致哥伦布宁愿在午夜借陆上微风从天堂河谷附近出发航行,希望这样前去看清托尔图加岛,而不想在天亮后碰上突然吹起的贸易风。大约在次日上午9点左右"在举行第三次每日祈祷的时候,东风刮起来了"。他们在风浪最厉害的海峡中部,遇见一个孤孤单单的印第安人驾一条这么小的独木舟,使他们惊奇他怎么能够在大风巨

---

① 拉斯·卡萨斯著《历史》第54章,1927年,第1卷第262—263页。

浪中保持这条小舟漂浮在海面上。他们把这个印第安人连同他的独木舟扯上船，拿出一些珠子铃子和圈子送给他，走到伊斯帕尼奥拉岛一个岸滩附近看见那里有一个新建许多小屋的村庄后就送他上岸。这个居民区大概就在派克斯港这个地方，派克斯港是1664年法国人建立起来的小镇。①

这个孤单的印第安人充当了一名不平凡的使节，使西班牙人在这个地方同海地的泰诺人进行了第一次美满的接触。大约有500个本地人在他们的"土王"率领下来到海滩上。土王很年轻大约只有21岁，很受这些土人的尊敬。"这位土王和他的臣民都是赤身露体，同他们母亲生下他们来那个时候一个样子。妇女们也是如此，而且并不觉得有任何羞耻。他们是他在此以前所见到过的人中最美丽的男人和女人。他们是这样白皙，如果他们穿着衣服，避免了日晒雨淋，他们一定会同西班牙人一样白皙。"现在，我们航行在加勒比海的人穿着适宜，和印第安人差不多，我们尽可能让太阳晒黑，也晒出了晒斑，但是西班牙人却坚决认为太阳晒得太多使身体不健康，皮肤晒黑了有损人的尊严。

有几个土人走上船来，哥伦布于是派他的负责保安和消防的迭戈·德·哈拉纳带一个翻译上岸给土王送去礼物并打听黄金和巴韦克的情况。这位土王提供了所需要的航海指南并于当日黄昏（12月16日）上船。哥伦布对他"表示了应有的尊敬"赠予卡斯蒂利亚食品。他吃了一口就把剩余的拿给随从人员中的年长者吃，哥伦布估计这些年长者是他的家庭教师和顾问。

村子里的土人佩带的金饰比较丰富，还有别的什么东西比这个更能使哥伦布感到快慰的呢？次日，当水手被派遣上岸做生意的时

---

① 海地的菲利普·查姆上校和我一同研究过这个问题。他设想抛锚地在鲁日角正西一个小海湾里，而《航海日志》则说：这是在距发现这个孤单的印第安人的地点16罗马里的地方。但是，如果这个抛锚地在东边这么远的地方，那就一定难以说明船队以后几天的行动。

候，他们遇见一位酋长（哥伦布首次使用这个称号）。他们把他看作"一省的总督"。这位酋长拿出他私有的一片大如手掌的金叶，显示他强烈的买卖意向。但他不是把金叶交出来换取提供给他某种舶来品，而是把金叶放在自己屋子里，使西班牙人弄不清他究竟有多少黄金。他一次只拿出一小片，逗得这些西班牙船员竞出较高的价格以便换取自己所渴望的一份。他宣称托尔图加岛上黄金丰富，但显然不欢迎在那方面引起竞争，因为当一条独木舟载40人从那个岛上过来时，酋长往水里投石子，直到他们躲开为止。哥伦布在这个锚地停留两天，他希望答应给他的黄金将会运到。

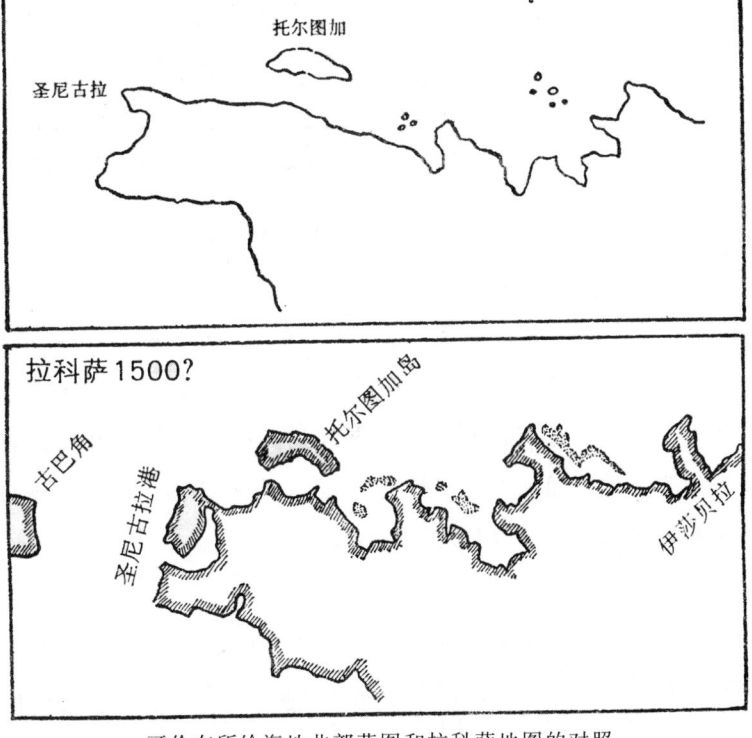

哥伦布所绘海地北部草图和拉科萨地图的对照

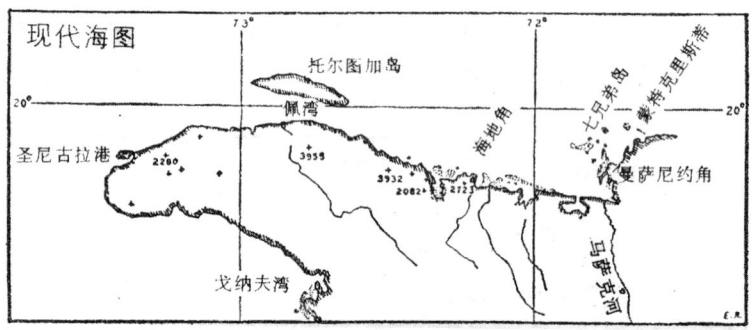

海地的博洛尼亚地图和现代海图

12月18日,天使报喜节①(西班牙人称之为"圣玛利亚·德奥节",因为这一天的专用赞美诗是以这几个字开头的),"圣玛利亚"号和"尼尼亚"号都盛装起来。船上每一面旗帜都张挂着,饰有纹章的盾悬在舷墙和船腰上。用一阵伦巴德炮弹当礼炮鸣放。但是火药显然吓不倒土人。在第三次举行每日祈祷时,年轻的酋长出现在海滩上,随后带领他的随从走上"圣玛利亚"号。拉斯·卡萨斯为我们保存了哥伦布自己对这次国事访问的生动的记录:

> 无疑,他的庄重态度和众人对他的尊敬,在二位陛下看来一定会产生好感,虽说他们人人都是赤身裸体的。他走上船时,发

---

① 指天使加里布埃尔通知圣母玛利亚她将生育耶稣。——译者

现我正在艉楼里面餐桌旁边进餐，就赶紧走进来坐在我身旁。他不要我起身接他，也不要我离开餐桌，而只求我继续进餐。我以为他一定喜欢我们的食品。我叫他马上拿些食品吃。他走进艉楼时，做手势叫随从人员留在艉楼外边。他们这样做是怀着人世间最大的诚心和敬意做出来的。随从们都待在甲板上，只有两个年长的盘膝而坐，我估计这两个人是他的顾问和教师。他把摆在他面前的食品每样都拿一点儿，数量以够尝为限，其余大部分都交给随从人员，于是大家吃起来。对酒也是这样，他只拿到嘴边尝一尝，然后递给其他的人。大家神态庄严，很少讲话。据我所能听懂的说，他讲的那些话都是准备得好好的，并且合情合理……饭后，一个随从拿出一条腰带，腰带形状像卡斯蒂利亚的腰带，但做工不一样。他把这条腰带送给我，还送我两片加过工的金子，金子细小，所以我相信他们这里得到的金子很少，虽然我认为他们离产金地区很近，那里金子很多。我看到我床上的华盖使他高兴，我就把华盖送给他，还把我颈上挂的很好看的琥珀珠子、几双红鞋子和一瓶橘子汁送给他。他得到这些东西后那种心满意足的神态，真令人惊奇。因为他们不懂我的话，我也不懂他们的话，他和他的教师顾问都感到苦恼得很。然而我听得出，他说如果这里有什么东西能使我喜欢的话，这整个岛屿都可以听命于我。我再送他一些珠子之类，其中有一枚上面绘有两位陛下的肖像的埃克斯伦特金币①，为了作为一种王权象征，我把金币指给他看，并且和昨天一样再告诉他：两位陛下统治这个世界最美好的一部分，作为这一部分的君主，世界上再没有这样伟大的君主。我把王旗、十字架及其他东西指给他看②。对此他印象深刻。他当着他的顾问说两位陛下必定是多么伟大的君主，因为两位陛下无所畏惧地把我从这么遥远的地方，从天上派到这里来。

---

① 卡斯蒂利亚的一种金币，值两个卡斯特亚诺，约 6.05 美元。
② 探险考察队的旗帜；白地上绣绿色十字架，另绣有王家的交织字母，与登陆圣萨尔瓦多时用的相同。

>他还讲了其他许多事情,但是我听不懂,我只看清了他们对每一桩事情都深表敬佩之情。

这使人回忆起哥伦布在古巴曾经在船上接待过一位来自霍尔古固镇附近村庄的酋长,但是眼下这位年轻的海地土王(他只是瓜卡纳加利酋长手下一个次要头目)的港口和国家却给他以深刻的印象,因为事实表明,这里的文化状态远高于那个姐妹岛的文化状态。他按适当的海军仪式让这个裸体而庄重的未开化土王在管乐吹奏声中跨出船舷,当他划舟上岸时,为他发射"无数伦巴德炮弹",以代替我们的鸣放礼炮二十一响。上岸后,他坐上一顶小轿由他的随从人员把他抬回位于内地若干英里的住处。

尽管哥伦布可以更庄严甚至更体面的礼仪接待来访的酋长,但是,如他在他给双王看的《航海日志》里所表明的,他的真实想法是打算充分利用泰诺人的软弱和善良性格。"两位陛下可以相信……这个岛屿以及其他一切地方都同卡斯蒂利亚一样是属于两位陛下的。这里除设置一个殖民地以外其他什么都不需要,您可以指挥他们去做您将要做的一切事情。因为我率领船上这些为数不多的人员就能够走遍这里所有海岛而未曾遇到阻碍。我已经看到,我仅仅派三个船员上岸,那里无数印第安人都只顾四处逃散,没有一人敢向船员们为非作歹。他们没有武器,没有自卫力量,他们是这样胆小怕事,以致上千人不能对付三个人。由此可见他们适于俯首听命,适于受迫工作,适于播种以及做我们需要做的其他任何事情。这样您就可以叫他们建设城镇,教他们穿着衣裤以适应我们的风俗习惯。"

关于西班牙人和美洲印第安人的关系在哥伦布及其同伙那些发现家和征服者的心目中除开主人和奴隶这个概念以外没有其他任何概念。这种概念是在西班牙人奴役加那利群岛的关切人和葡萄牙人奴役非洲黑人的基础上形成的。哥伦布同意这个概念并奉行这个概念,而教会则宽容这个概念。由那个虔诚的基督教徒葡萄牙亲王堂·亨利开始和批准的这种种族关系模式，他从来没有想过这当中有什么不对的地方。只有拉斯·卡萨斯把自己光辉的一生中的最好一部分时间徒劳无益地用来引证耶稣的言论和事例以批判卡斯蒂利亚那些基督教徒的残酷而过分贪婪的行为，他用严厉而精当的语言评论了哥伦布的这一段话：

"这里请注意，印第安人这种天真纯朴和友好的高贵风度和他们的谦虚作风以及他们缺乏武器、缺乏自卫力量的情况，使得西班牙人对他们傲慢无礼、目空一切，并且把自己找得到的最苛刻、最艰苦的工作强迫他们去做，使他们饱受压迫和面临灭亡之灾。的确，这里哥伦布用语言过分夸大自己，他在这里所设想的和他嘴里讲出来的，就是他后来使印第安人蒙受暴虐待遇的开端。"①

如果黄金或其他价值大、利益直接的东西不曾在这里发现的话，那么赢得新大陆也就可能成为基督教史上比较光辉的一页。但是哥伦布现在正在接近伊斯帕尼奥拉岛上的产金地区，星期一他仍旧在谈论巴韦克，星期二，"这位统帅就从一个老人那里获悉在附近100多里格以内许多岛屿都大量产金子。老人甚至告诉他：有一个岛满地黄金，另一些岛上金子也多到好像从筛子里去拿金子、筛金子一样。人们冶炼金子做成金条和上千种工艺品。他做样子把那些工艺品比画给统帅看。这个老人把产金地的位置和去那里的路线都讲给统帅听。统帅决计到那里去。他说如果这个老人不是土王一个这么重要的臣民的话，他一定留住他，叫他跟着一道行走。或者，如果他懂得语言的话，他也一定聘用他……但是，他觉得这样做会激怒他们，没有意义，所以他决定让他走"。

这个老人对遥远的哥斯达黎加，那里印第安人确实在炼金和铜，

---

① 拉斯·卡萨斯著《历史》第54章，1927年，第1卷第263页。

是不是确有所知，以及是不是哥伦布误解了他的手势，这些都无关紧要。问题的关键是哥伦布现在深信产金地区是在这里的东方，于是他当晚就趁陆上轻风开航，向东方前进。

"随着白昼的到来，海风转变成为东风，由于东风阻滞，他奋斗整日仍然走不过两岛之间的这个海峡，入夜又看不见明摆在那里的一个海港。"[①] 不过他从海峡中部远望东方，看见一个海角又一个海角突出在海上，一条新的山脉显露出来，还看见一座高高的岛屿（似乎是初次出现），他把它叫作加勒巴塔山，因为他以为这就是加勒比的陆地。其实这是海地山岬。黄昏，新月出现，很快又隐没了。但是哥伦布在明亮的热带星光指引下趁陆上微风冒险向东方继续前进。

12月20日，日出时他发现南面一个海湾。海湾是这样美丽以致哥伦布搜索枯肠竟完全无词可以形容它。他后悔自己不该在以前看见那些海港海湾时把一切好形容词都用尽了。拉斯·卡萨斯扼要地写道："他原谅自己，他说他夸奖以前所见港湾太过分，以致他不知道怎样去赞美眼下所见的这个海湾；他害怕他将被认为夸奖这个海湾夸奖得太好。但是……以前的水手是这么说的，以后的水手也会这么说。"在23年的航海生涯中，他从黎凡特地区到英格兰，再南下到几内亚，始终不曾见过另一个这么美丽的海湾。

哥伦布称这个海湾为圣托马斯湾，因为这一天是使徒圣托马斯的斋戒前夕。现在这个海湾叫作阿库尔湾。这是由于一个受众多水手爱恋的少女而得名的。[②] 阿库尔湾的确是世界上最可爱的港湾之一。它对一切恶劣气候提供如此完善的抵御能力，以致赢得了饱受风浪熬煎

[①] 12月19日记载使我相信，他遇见酋长的那个港口为派克斯港（Port de Paix）而不是鲁日内角的一良港，因为后者位置已过了托尔图加海峡。

[②] 莫罗·德圣-梅里著《圣多明各法国部分概况》（*Description de la Partie Française de Saint-Domingua*）（费城，1797—1798年）第1卷第633页上面说，阿库尔是露易莎之舟（Acon de Luysa）的误用。露易莎是很久以前在那里接待海员的一个妇女。甚至在现代的海地地图上这个旧名维纳斯堡的地方还被尊称为"露易莎营地"。

的水手们的一致赞美。哥伦布写过，这里山岳"高耸入云，使得特内里费的顶峰相形见绌"。① 在河谷上游河流发源处露出一个圆锥形的埃韦克峰，海地国王亨利·克里斯托弗曾在峰顶上建了一座大型的岩石堡垒。山峰周围景色秀丽，宛如克洛德·洛兰的一幅风景画。但是，阿库尔湾的入口由于受外围礁石的阻碍使哥伦布不得不靠探测索以及靠爬在桅杆上的见习水手用锐利的双眼探路。他留下精确的方向指南至今仍旧完好，你把一个多树的小岛和这个海港顶部瞄成一线，然后向前直驶，再略偏海峡东边在这个岛（哥伦布称它为拉阿米加）的伦巴德炮弹射程之内进入海港。

这一天风很轻微，吃水浅而行动灵活的"尼尼亚"号领先航行，在等待"圣玛利亚"号赶上来的时候，比森特·亚涅斯打发一条小舟在一个土人表现友好的小岛登陆。岛上居民挖出一些树根，他和哥伦布都看作是药用大黄——一种中国药材，曾跨过漫长的陆上商队之路输入西班牙。哥伦布把此物当作是自己已到了震旦（中国）的证据，显得非常兴奋。他随即派一条小舟走30海里去寻找这种植物，但事实表明它毕竟只是一种假大黄。

夕阳西下时，船队在这个港内停泊，西班牙人后来把这个内港叫作伦巴德港，其所以如此称呼无疑是因为越过港口进去距离为半英里，即"一颗伦巴德炮弹的射程"。统帅说，港口保护能力这样好以致"一个人用一根最陈旧的船链也能把船只系牢"。几年以前一条美国快艇"艾丽斯"号以自己的经历证明这个说法是正确的。当它顶着猛烈的北风开进伦巴德港的时候，它甚至无须拉直它的锚链。

次日（12月21日）早晨，哥伦布乘小舟考察了这个港口。他上岸派两名船员上山去寻找村落的影迹。他知道附近一定有个村庄，因为昨日天晚前有一条独木舟来拜访他的指挥船。两名船员回来报告离

---

① 实际上，特内里费比从那个位置望得见的任何山岭都至少高3 000英尺。

海岸不远处有个村庄（泰诺人害怕加勒比人袭击不在海岸边盖房子），于是把小舟划到最近村子的登陆点，那里"男人、女人、小孩那么多人都来了，布满海岸"。因为对昨晚的来访者接待得好，这些印第安人就送来薯粉面包和用葫芦和陶器盛的淡水，还送来他们所有的其他东西。统帅说过："不应当说他们随便送来这些东西是因为这些东西不大值钱，要知道那些有金子的人送金子会同那些送一葫芦水的人一样随便，当人们以一片真心去送什么东西的时候，这道理是容易辨认清楚的。"

阿库尔湾这里的人民甚至比别处的人更加处于天真无邪的原始状态，因为这里的妇女甚至连惯常用的破棉布片也不披挂。在其他地方"所有男人出于猜忌都把自己的女人对基督教徒隐藏起来，这里他们却不这么做。妇女们有很健美的身体，她们首先感谢上天，献出自己所有的一切特别是食物如薯蓣面包、皱缩的樠桲和五六种水果"①。哥伦布曾极力保存这些东西，想带回西班牙给女王看，但结果恐怕一种也没有带回巴塞罗那。

海洋统帅照自己的习惯仍旧留在小舟上，派6名船员去看印第安人的村庄。当船员们不在时，有几条独木舟奉其他村庄"头目"的差遣来访问哥伦布，力劝后者去访问他们。他在这一天应邀去看望了他们。心甘情愿的送礼和有利的物物交换，一幕又一幕的情景重复出现。

22日天亮后，船队乘陆上微风启程，旋发现港外东风强劲，他们就不得不转身在海湾口附近停泊。哥伦布在这里接待了瓜卡纳加利的使者。瓜卡纳加利是统治整个海地西北部的酋长，他的活动中心在海地角的另一边。这位酋长的使者带来哥伦布在"印度"迄今从未见

---

① 12月21日《航海日志》，这里也是直接引用。所谓樠桲状果子大概是一种曼密苹果，其他果子很可能是人心果、释迦果、刺果番荔枝及番荔枝。

第二十章 伊斯帕尼奥拉岛

过的最好的工艺品作为礼物。拉斯·卡萨斯把这件礼物写成为一根上面绣有红色和白色鱼骨的布腰带，工艺精致，和"卡斯蒂利亚绣工在神父所着十字褡上绣制出来的相同"。这根腰带有四指宽，它这样坚固以致从火绳枪里射出来的子弹也穿不透它。带子中间有一个面具，面具上佩有锤金做成的耳、鼻、舌。

由于印第安翻译不大懂话，所以到使者想方设法转达清楚他们的邀请时，一上午已经过去很久了。哥伦布决定接受邀请。他先派一条小舟由本地独木舟引路去报告行期。下午他派 6 名船员到内地另一个村庄去，秘书罗德里戈·德·埃斯科韦多同行，目的是看印第安人是不是诚实。结果那个村庄全村居民出动护送这个使团回船。他们把西班牙人背在背上过河过沼泽，还带来宽体的木鸭子①、棉纱和若干小金块。当晚和次晨西班牙人都警觉地招待这些来访者。哥伦布计算有 1 000 土人乘独木舟靠拢"圣玛利亚"号，每只独木舟都带来若干礼品，还有 500 多人由于没乘独木舟就泅水跑来，尽管"圣玛利亚"号离岸差不多有 1 里格远。每一个似乎享有若干权威的人都通过翻译被问到产金子的事情。哥伦布写道："我主好意指导我，我能够找到金子。我指的是他们的金矿，因为这里许多人讲他们知道有这个东西。"哥伦布怀着很大的希望，想找到一个产金丰富的地区，像他在几内亚那里访问过的米纳地区一样。

12 月 23 日（星期日）黄昏，小舟从瓜卡纳加利的村子回来，报告有大批土人渴望看见统帅，"如果圣诞节能在他们那个港口举行庆典，岛上（他猜想那个岛比英格兰大）居民都会跑来看望他"。他们给统帅捎来一篮礼物，其中有金子和鹦鹉，还有殷勤接待的诺言。操小舟的人又讲到土王官邸去的路线很清楚，还介绍那里的情况，说那里是个过圣诞节的好地方。

---

① 可能是鸭形的独木舟。——译者

一个十分欢乐的节日可以在阿库尔湾度过！瓜卡纳加利这次邀请的真正吸引力其实是他的一个臣民随小舟来见哥伦布，谈到他们所谓 Cybao（锡瓦奥）被哥伦布误会成 Cipango（希潘戈），他回想起来，希潘戈就是马可·波罗给日本国取的名字。日本国就在面前，这才是瓜卡纳加利邀请的真正吸引力。虽然他想把第一个音节"ci"拼成意大利语的"chi"，但西班牙人还是把它拼为 sipango。所以当印第安人提到锡瓦奥（当地人讲西瓦阿，意指伊斯帕尼奥拉岛中部，至今仍旧如此称呼）说"那里产大量的黄金"（这话有几分真实）和"酋长佩戴金箔旗帜"（这话不确）时，哥伦布就做出结论说：他终于走到了通往传说那里宫殿以黄金做屋顶的日本国的道路上来了。

因此，在对他将要奴役的印第安人的善良、慷慨和"异常的仁慈行为"做出又一次的称赞后，哥伦布在 12 月 24 日日出以前离开阿库尔湾，他打算和瓜卡纳加利一道在日本过一个欢乐的圣诞节。但是，事实上他却正在朝着他第一次严重事故发生的地点进发。

第二十一章　那个圣诞节[①]
1942年12月24日—1943年1月16日

> 他们在保障和洞里的必遭瘟疫死。
> ——《以西结书》，第32章，27节

这两条帆船走了一段航程之后，贸易风从东方刮起来（在伊斯帕尼奥拉岛北部东风是沿着海岸吹的），迫使它们不得不逆风换抢行驶——拔锚启程时，船头朝着上风以右舷抢风离开海岸，走了一段时间后掉过头来改以左舷抢风向海岸行驶，由于风力微弱，海流向西，它们走这种之字路疲累整日，进程很小。哥伦布利用这个机会记下走向阿库尔湾的航行方向，写下我们前面已经提到过的表扬土人的文字。圣诞节前夕，黄昏时他发现"圣玛利亚"号和"尼尼亚"号面临一座高耸的石岬，他想到圣诞节临近之意给这个岬取名圣塔角，这个角现名海地角。

下午11点换班时，"圣玛利亚"号越过这个海角仅走1里格远。风已停息，只偶有微风吹皱这平静的海湾水面，除远处传来拍岸浪的沙沙声（那是海水拍在海地湾港口珊瑚礁上和拍在卡拉科尔湾的海洋堤礁上所发出的声音）以外，听不见别的声音。这正是密尔顿描写过的圣诞节前夕的一个夜晚，这时候：

风儿带着惊奇轻柔地让水库安静下来，

[①] 参考第二十章题注，那里我已做过详细的研究。

> 它对温顺的海洋低声诉说新的欢乐，
> 现在它已完全忘记呼啸、咆哮，
> 沉着的鸟儿正伏窝似的浮在可爱的波涛上。

由于连续两晚因好奇的土人挤在旗舰上使水手们不能入睡，所以这时候当中班（午夜至凌晨4点）的人很不愿意别人把自己从床上叫起来。他们到达目的地的航路似乎已完全清楚了，因为乘小舟去过那里的水手已经研究过。这实在是其航程以前已大致标示在海图上的整个西航中头一个夜间航行。"尼尼亚"号照常走在前面开路，在西沉的三更残月的朦胧月色下，它的桅杆和松弛的风帆影像模糊，但月亮太低光太小，以致在3个珊瑚礁水下隆起部分的缓裂处看不出水面有任何波纹，前面几乎是一片死寂。一种十足的安全感（一个海员所能怀抱的最要命的错觉），像鸦片剂一样把"圣玛利亚"号上睡着的人都麻醉死了。海上大多数事故的发生往往不是由于境况险恶或船只本身有缺陷，而是由于对船只处境的疏忽和过于自信。

11点，圣诞节前1点钟。当班的见习水手翻过沙钟，唱起了他的小曲。舵手在他的记事板上写记"圣玛利亚"号过去4小时中所走的里程，让舵离开了手。每一个不当班的人都蜷缩在船舱里或沿舷墙就地躺下，很快就睡熟了。哥伦布在后甲板上踱步几分钟，同新接班的胡安·德·拉科萨交谈了几句无关紧要的话后，就退回他的舱里。他感谢上帝赐给他又一天的安全航程，感谢上帝打发他唯一的儿子降世为世人赎罪。他反复默念伯利恒马厩里的情景，再祷祝一声：万福啊！圣母玛利亚，然后躺下睡着了——他一上床就仿佛要睡48个多小时才够似的。

老头子一走开，这些瞭望员、见习水手和其他值中班的人立刻就在甲板上选个安稳的地点一心睡觉去了。胡安·德·拉科萨在后甲板上踱了一会儿步，张开大口打着哈欠，环顾四周远方看不见一丝风的

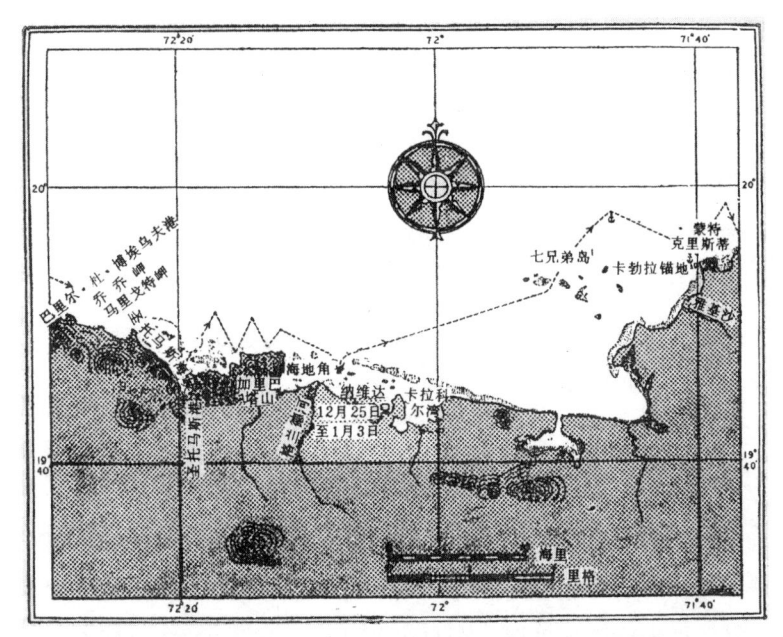

伊斯帕尼奥拉岛北岸（马里戈特岬—蒙特克里斯蒂）

信号，注意到"尼尼亚"号走在前头，命令舵手（指挥舵手是他的职责）看准一颗星行船，如果发现风或天气有变化就去叫醒他。吩咐过后，他就继续睡他的觉去了。不久，舵手也打起瞌睡来了（他已打过一两次瞌睡），他觉得自己已支持不住就踢醒一个环索工（他的职责是翻沙钟），叫他掌握这个巨大的难于操纵的舵柄（这个做法是哥伦布绝对禁止的），自己就蜷缩在驾驶室睡着了。因此，旗舰上40名船员和见习水手（不算印第安俘虏）除一个小环索工以外都睡觉去了。这个环索工看不见"尼尼亚"号。他从又暗又矮的驾驶室什么也看不见。大舵在它的舵枢上吱吱嘎嘎地作响，在静寂中任何一只行动的船只都免不了要发出吱嘎声、轧轧声、噼啪声、格格声，这些声音把他两耳本应听见的海水拍岸声淹没了。

正当沙钟里的沙子第二次漏完表明圣诞节已经开始的时候，"圣玛利亚"号不知不觉地滑上了卡拉科尔湾一座倾斜的珊瑚礁，滑落得这样轻柔以致谁也没有被它震醒。困倦的孩子感到船舵触地才开始警觉起来，随即听到紧挨船底有地隆撞船声音，于是"大声叫喊起来"（哥伦布语）。统帅头一个走上甲板，然后是胡安·德·拉科萨从他的舱里跑出来。没多久甲板上就站满了船员，于是宁静的夜晚就被叫喊声、命令声、咒骂声、祈祷声闹翻了。

哥伦布很快弄清了情况。"圣玛利亚"号已经轻轻地触礁搁浅，船头抬起。由于船尾吃水比船首深，使船身浮起的最佳办法是把锚投在深水中，再把绞索通过舵柄窗口连到船首的大起锚机上，然后转动起锚机使船只后退，退出搁浅处。

他叫船长用力拉拖在船尾的小舟，把锚和索拿上船，再照他的办法行事。但胡安·德·拉科萨不听这个熟练水手的正确的命令，反而带领他那几个巴斯克同乡离开"圣玛利亚"号挤上小舟驶到"尼尼亚"号那里去躲避，以期保全自己的性命。于是，"圣玛利亚"号就完全孤立无助了。"尼尼亚"号船长比森特·亚涅斯正确地拒绝这些胆小鬼上船，命令他们回到原岗位上去，还派出自己的小舟配备几名得力水手前去尽力支援海洋统帅。

这时，"圣玛利亚"号由于海边滚滚而来大浪把它在礁石上推得越来越高，它的尾部打转，船身打横，每一个浪头都把它抬高一下。它下落时又要撞一下礁石，礁石给木船打洞比任何东西都快。为了减轻船重，哥伦布下令斫掉沉重的主桅。这时，"尼尼亚"号派出的小舟赶来了。但靠小舟用锚移船已为时太晚。"圣玛利亚"号由于连续遭受撞击，船缝开裂，船内进水。哥伦布眼见自己已无能为力，就让自己和同伴一齐转移到"尼尼亚"号上，在那里等待天明。

因为这次事故是历史上著名的海难事故之一，所以我们可以多花一点儿篇幅来评论一下。在哥伦布后人和王室之间打的那场长期诉讼中，对方尽一切努力给哥伦布泼污泥浊水，因此做结论说这次事故归哥伦布自己负责是很自然的，但诉讼案卷中却没有一点暗示提到这次事故。看来主要责任应该归胡安·德·拉科萨承担，因为他不但是"圣玛利亚"号的船长和部分船主，而且是当晚值中班的职员，考察值班水手是否遵纪尽责是他的职责，他没有权利进舱睡觉，是他走开了，舵手才敢把操舵任务交给一个环索工。当船只遇难时，他不听统帅命令，表现严重的抗拒情绪，似乎连普通海员的技术常识也缺乏。他丢弃"圣玛利亚"号让它听任命运安排，自己跑到"尼尼亚"号上去躲避，这是背叛行为。他这是胆怯吗？哥伦布称这位船长及其伙伴的行为是背叛行为①，没有说他胆小或怯弱。我认为，这是十足的背叛行为。对一些做过首次横渡大西洋航行的水手来说，在寂静的夜晚，在离岸不过几英里的地方，一次轻轻的触礁是没有什么理由可害怕的。体会哥伦布《航海日志》字里行间的言外之意，似乎胡安·德·拉科萨是一个妒忌上司、在海员中爱搞小宗派活动的卑鄙小人。也许他认为自己是一个比哥伦布优秀的海员，也许还由于自己的命令多次不生效觉得面子受了伤害（一个有创造能力而且沉溺于一个理想的海员常常不考虑部下意见），也许他们之间对于当晚这一次夜航原已发生过争论，因此我以为胡安·德·拉科萨走出舱来发现船只搁浅时，头一个想法是"诅咒他，他把船只送上礁石，他就应该自己有能力把船只弄下来"。他听从一个不忠诚的动机的驱使——拯救他一批特别亲近的朋友——尽快丢开这些卡斯蒂利亚人逃到"尼尼亚"号上去。就一个船主兼船长而论，这样一种头脑简单的行动除开他性格上存在某些重大缺点以外几乎无可解释。

庆祝新大陆第一个圣诞节不是通过做弥撒和唱颂歌或摆盛宴和搞娱乐来表示，而是通过不停歇的艰苦劳动来表示的。艰苦的劳动包含把"圣玛利亚"号浮起来和卸下船上装的补给品货物及设备。天明后，哥伦布派迭戈·哈拉纳和佩德罗·古蒂埃尔雷斯上岸去向瓜卡纳

---

① 《航海日志》11月26日，《文件与研究全集》第1辑第1卷第83页。

加利求援，而他自己则乘另一条小舟从礁石后面直接去考察难船。到太阳高照的时候，瓜卡纳加利派遣他所有独木舟和许多土人赶来帮助难船卸载。全部繁重任务差不多全在圣诞节这一整天办好了。这位酋长和他的兄弟都留心监视船上和岸上看有没有货物或船具失窃事件发生。对此哥伦布曾经写过：虽然甲板和舷侧上的接合处都已劈开以便于搬运货物，可是后来检查甚至连一块针绣花边、一个钉子或一块木板都不曾失窃过。这位酋长"不时派一个亲信来安慰掉眼泪的海洋统帅，劝他不要伤心或忧愁，他一定把自己所有一切来支援他"。12月26日，日出后瓜卡纳加利来到"尼尼亚"号船上（哥伦布已把队旗挂到这船上），"差不多是哭泣般地说，统帅不必忧愁，他一定尽其所有支援他。他已经空出两间大房子来安置基督教徒们。如果需要的话，还可以再供给多的房子……海洋统帅说'他们对别人财物竟忠诚和廉洁到这个地步！首先就因为这位土王是品德高尚的'"。

黄金比同情拭干更多的眼泪。恰恰在他接受瓜卡纳加利的清晨安慰时，一条独木舟从另一个地方赶来，舟上桨手迫切需要鹰铃，他们站直身子亮出一片黄金，模仿他们发狂似的想加以占有的响叮咚的鹰铃声音高声叫喊"丘克！丘克！"瓜卡纳加利神情严肃地站在一旁一言不发，一直看到这笔不体面的物物交换做完。接着，他有意无意地似乎露出口风：如果统帅愿意为他保留一个鹰铃，他将给他"四片手掌大的金子。统帅听到这个消息，十分高兴。随后一个船员从岸上跑来告诉统帅：很奇怪，他们在岸上换金子差不多是以无易有，因为一块针绣花边能换到价值2 000多卡斯特诺亚的金片；至于一个月以后会变成什么样子，那是无须计较的。这位土王看见统帅高兴也十分高兴。他知道统帅希望得到很多的黄金就打手势说：他知道附近一个地方金子很丰富。他知道统帅听了一定更高兴，他会把金子拿给他，要多少有多少……特别在他们叫作西瓦阿（Cybao）的希潘戈（日本国）地方金子更多，那里的人不把金子当回事"。

在提供了这个值得欢迎的信息以后,这位酋长获得一件内衣和一双手套。两件礼物使他欢喜异常。他穿上衣服又应邀在"尼尼亚"号上进餐,进餐大概不及穿衣那样满心喜悦。受礼和赴宴以后他就请哥伦布上岸用他所谓真正的正餐款待客人。哥伦布吃了他们的两三种薯蓣或马铃薯、吃了烤鼠肉和龙虾,还吃了"他们叫作卡卡比的面包(即木薯面包)"。这位酋长很爱清洁,很讲究礼貌,进餐后洗手甚至要用香草擦手,使哥伦布把他看成天然绅士之一。宴会完毕后,瓜卡纳加利引导客人去参观海滩。这是位于他的村庄和卡拉科尔湾边缘的红树沼泽地之间的一溜分布均匀的白沙滩。当他谈到凶恶的加勒比人和他的弓箭使泰诺人非常恐惧时,哥伦布说道:"我拿件东西给你看。"他叫一个同伴把从难船上抢救出来的土耳其弓箭拿来做射箭表演。接着又拿滑膛枪和若干伦巴德子弹做射击表演。两次表演都使土人惊服,也使瓜卡纳加利相信自己的客人是值得与之结盟的。他显然毫无讽刺意图地把一个嵌有金眼和金耳的大面具送给海洋统帅。

在哥伦布的《航海日志》里没有哪一个条目写他的心理活动像新大陆第一个圣诞节后这一天写得这么清楚。他现在得出结论说,这次船难是上帝旨意预先注定的,目的在使他发现这个西瓦阿金矿和建立一个殖民地。拉斯·卡萨斯引用过他一段明白无误的话:"这么多东西得到手,这的确不是灾祸而是大幸事。因为这个地点是在一个大海湾内,船只不触礁,我肯定继续航行,肯定不会在这里停泊……在这次航海中我更不会留一批人住在这里;或者,即使我想留下他们,我也不可能给他们留下这么些良好的设备或这么多的武器和补给品。"甚至连被损坏的可怜的"圣玛利亚"号现在也在统帅的书中贬值了,因为它被说成是一条"很笨重的不适宜于搞发现事业"的船只。他抱着虔诚的希望把这一天的工作做了个总结:留下来的人通过物物交换将获得一桶金子,也会找到"金矿和香料"。双王有了黄金和香料就能够在"三年之内前往收复圣墓"。他说:"我禀告两位陛下,我这些事业的收入应该用在收复耶路撒冷上,两位陛下将含笑颔首并且说这样做使您俩高兴,即使没有这个,您俩也怀抱着那种强烈的愿望。"如果你觉得好笑,你就笑吧!但是哥伦布对这桩事业的一片真心确是无可怀疑的。甚至在这航海危机中他的思潮仍旧奔驰到收复耶路撒冷这桩大事上去了。

在"圣玛利亚"遇难以前,哥伦布并未打算在这次发现航行中建立殖民地,因为他的人力仅足以驾驶船只。现在建立殖民地可借以解决怎样安置难船上船员的问题。"平塔"号目前情况如何一无所知,"圣玛利亚"号上的40名船员都挤到原来已有22人的小小的"尼尼亚"号上一定人满为患。瓜卡纳加利是友好的,甚至是充满好感的。希潘戈·西瓦阿就在附近,而西班牙人都恳求统帅把他们留在这里,希望在大批卡斯蒂利亚人蜂拥而来以一枚硬币换得两个金卡斯特拉诺以前先获得头一大份黄金。这样一来,哥伦布就下令在海岸上建立一座"塔楼和堡垒",并把它取名纳维达德(圣诞节)以纪念船只遇难的这个日子。如他所设想的,这次事故就这样出乎意外地转祸为福了。

这里是一个浅水海湾,命运注定欧洲人要在此建立他们在新大陆的头一个倒霉的殖民地。虽说在18世纪这里是全美洲最富饶的地方之一,但它始终不出名。海湾长约12海里、宽3海里,西部以海地角形成的一个多石的半岛为界(法国人后来在这里建成了他们的安乐窝——"安的列斯的巴黎"),南面是一个肥沃的冲积平原、一溜红树交织的沼泽地,海中有一道堤礁,堤礁中有一条宽广的水道,这就是"圣玛利亚"号做最后一次航行的地点。堤礁从海上保护这个海湾。海湾东部西班牙人称之为卡拉科尔湾[①],因为那里有一条蜗牛似的小舟通道通过这个红树沼泽地。卡拉科尔湾岸上进去不远就是瓜卡

[①] 西班牙语 Caracol 译音为卡拉科尔,意为蜗牛。——译者

纳加利的村庄。

面对"圣玛利亚"号遇难的礁石，靠近海湾的中部向南大约两英里远，是一片沙滩。哥伦布就在它东端选定了建设纳维达德城堡的地址①。

法国人曾在这里为富裕的、冲积而成的利莫纳德教区建筑了一座码头，教区在革命前拥有 37 家糖厂（年产糖 800 万磅）、无数咖啡园、靛蓝厂、糖酒厂。现在这一切都已化为乌有，只剩下一个小小的海地渔村——利莫纳德-博德·德·默尔②。当年统帅的纳维达德港，今天是渔人停泊渔舟之地，他们除非受北风强迫改变惯例，就都在这里停泊他们的小舟。哥伦布决定把第一个美洲殖民地建筑在海地港角附近一定经过了一番深思熟虑，但这里距出事地点很近，搬运便利是显而易见的。不论把堡垒建筑在什么地点，警卫人员胡作非为都会产生同样的结果。

纳维达城堡的建筑材料大部分是利用"圣玛利亚"号的板条、肋材和扣栓物。其中还建有一个"大地窖"用以储藏酒、饼干及其他从旗舰上打救出来的补给品③。播种的种子和用以换取黄金的小件商品一概留下。从两条船上选出 39 名船员统统由船队的负责保安和消防的主任、统帅继配的堂兄弟迭戈·德·哈拉纳统率④。自认为有幸被选中留下来充实这个堡垒的志愿人员有成衣匠胡安·德·梅迪纳、捻缝工洛佩、"尼尼亚"号的木匠阿隆索·莫拉莱斯、桶匠多明戈·比斯卡诺、巴斯克水手长查丘、油漆工迭戈·佩雷斯（"技术精巧的枪手"）、改变信仰的犹太翻译路易斯·托雷斯、秘书罗德里戈·德·埃斯科韦多、外科医师马埃斯特雷·胡安和马埃斯特雷·阿隆索、前国王餐厅保管

---

① 详细研究和讨论见前面第 369 页注①提到的那篇文章。
② Limonade bord-de-Mer 法文译音为利莫纳德·德·默尔，译意为海边饮料零售业。——译者
③ 拉斯·卡萨斯著《历史》第 61 章（1927 年，第 1 卷第 285 页）。《航海日志》12 月 26 日。地窖建在低岸上，只有一脚或两脚立在高处。它的建造一定是在地面一层堆积土壤，在上面筑堡垒。
④ 第八章船员名单中凡是加了星号的都是留守人员。

员佩德罗·古铁雷斯等。哥伦布留下"圣玛利亚"号的小舟和警卫人员，让他们继续开拓海岸、发现金矿、寻找比纳维达德更合适的港口以便建立永久的殖民地。

几天过去了，这期间西班牙人利用印第安人干搬运和起重工作积极修建堡垒。哥伦布自己和瓜卡纳加利及其手下的小酋长不时互相拜访、宴会和赠送礼品。到 27 日有几个印第安人带来消息说"平塔号"停泊在由此向东有两日航程的一条河里。于是由瓜卡纳加利提供一条独木舟载一个信使持哥伦布一封"亲切的信"去找马丁·阿隆索。哥伦布在信里很有分寸地对他擅自离开船队的行为表示不满，要求他把船开回来，"因为我主已向他们大家显示了这么大的恩德"。① 哥伦布不希望在没有僚船配合的情况下一条船单独去开拓这未知的海岸，假如再一次触礁搁浅，那就可能发生致命的后果。独木舟回来没有把信送到，送信的人报告说他看见一个土王头上佩戴两块大金牌。30 日另一个印第安人从东方来说他已看见了"平塔"号。虽然有人相信他是在说谎，但统帅还是认为最好赶快朝那个方向走去。

在哥伦布去世后流行一时的虚构故事集中，有一个精选的条目就来源于此。这个条目说哥伦布在去伊斯帕尼奥拉岛的途中迷了路，是靠马丁·阿隆索送来的领航员和书信，他才得以设法找到了这个岛并且和"平塔"号相会合。②

1493 年 1 月 2 日，瓜卡纳加利给哥伦布举行告别宴会③。统帅做了一次摹拟战表演。他从"尼尼亚"号上发射伦巴德子弹去射击"圣玛利亚"号的残骸，借以吓唬土人。"这位酋长在分别时向统帅表示

---

① 拉斯·卡萨斯著《历史》第 61 章（1927 年，第 1 卷第 285 页）。
② 这是 1515 年在塞维利亚的审讯中王家律所所提出来的主要问题（《诉讼案卷》第 2 卷第 128—129 页），但是，关于这个问题他从证人口中所得甚少。
③ 在拉斯·卡萨斯著《历史》第 63 章（1927 年，第 1 卷第 291—292 页）找到统帅对警卫人员一篇令人伤感的告别词，题目是《对印第安人要仁慈为怀并且以身作则》。德·洛利斯认为（我们也认为）这是拉斯·卡萨斯的一个发明。这是他认为统帅应该说的，如果他不说的话。

非常爱戴和很大的伤感之情,特别在他看见后者上船的时候"。哥伦布在做过最后拥抱表示互相敬爱以后乘小舟走上他的新旗舰"尼尼亚"号,打算立刻拔锚启程。但这时候风向忽然转成东风,据报海湾外面又掀起了巨浪,所以他决定当晚和次日仍旧留在港内。由于有几个印第安人下落不明,所以次日晚上也没有开船。他希望给他们另一个机会好回到船上来。为了让几个行动拖拉的或喝醉了酒的或不愿继续航行的同事愉快地归队,把行期耽搁下来。这是多么典型的开拓航行!最后,在1月4日(星期五)早晨,"日出时趁轻风拔锚起程"。小舟在前面开路,引导"尼尼亚"号避开礁石朝西北方向前进。

哥伦布打算把航向直指西班牙。他害怕马丁·阿隆索赶在自己前面把发现消息带回国,以逃避"因擅自离队的恶劣表现而应得的处罚"。在堤礁外边,他看见东方似乎出现一个岛,"样子像一个完好的帐篷",他就给它取名蒙特克里斯蒂,这个名字一直沿用至今。后来判明它是个半岛。从海上望去它确实像一个带脊梁的黄色帐篷。从海地角走去大约要走到中途才看得出它与陆地相连。

由于风小"尼尼亚"号当天未能抵达蒙特克里斯蒂。它通过几个名叫七兄弟的小岛中间并在一个岛岸边停泊,这里出海方便。5日它到达蒙特克里斯蒂和卡布拉岛之间一个天然港。这个海港"除北风和西北风以外,什么风都能躲避,他还说那个地区很少刮北风和西北风"。啊!不刮这两种风吗?拉斯·卡萨斯比他更清楚,他在这里插话说:"这两种风的狂暴程度是统帅从未经历过的。"

1月6日,由于他急忙赶路,所以星期日也在行船。清晨统帅乘海岸吹来的轻风向东顺利地走了一段航程。中午贸易风劲吹迫使"尼尼亚"号离开海岸抢风行驶。它走近了几个浅滩。1781年孔特·格拉塞的大旗舰"巴黎"号在赶往切萨皮克湾去的途中曾在这里搁浅。哥伦布派一名船员攀登桅杆高处去侦查深水航道。当他本应有所发现时却看见"平塔"号顺风迎面疾驶而来。由于附近没有抛锚地,"尼尼亚"号就转向,和"平塔"号一道返回卡勃拉锚地。

当晚,马丁·阿隆索来到旗舰上请求"宽恕他自己,他承认离开统帅违背了统帅的意旨,但他举出几条理由做解释。不过统帅也说,他们彼此都有不是,他由于骄傲和贪财所以那天晚上和他分手,以致自己也离开了他。他不知道他在这次航行中表现出来的孤傲和不忠诚是出于什么原因。魔鬼撒旦力图阻碍这次西航,为了不使撒旦的罪恶企图得逞,他愿意忘记这一切。"看来,"平塔"号已经访问了巴韦克(大伊纳瓜),却没有找到金子,因此它才开始向东航行,到达蒙特克里斯蒂,在东面一个港口——大概是布兰科港——待了3个星期,在那里找到了大量金子。据马丁·阿隆索的儿子阿里亚斯·佩雷斯(他在巴约纳参加"平塔"号的航海)讲,他从他父亲口中听来的故事是:马丁·阿隆索曾从这个港口深入内地,到达势力更加强大的卡奥纳波的领地,取回许多黄金①。如果这话是真的,而不是平松"谎言"的一部分,那么马丁·阿隆索就首先到了锡瓦奥产金区——这原是哥伦布待在伊斯帕尼奥拉岛的目的。

大概马丁·阿隆索已从印第安人口中听说"圣玛利亚"号遇难,所以他趁顺风前来归队,因而与"尼尼亚"号相逢。② 在归程中找到了伴侣,统帅和船长双方都一定感到宽慰。哥伦布原来决心在启程回国以前现在就去考察伊斯帕尼奥拉岛北部某些地方。但是因为他们已经分裂过,所以这次会合一定是不愉快的。比森特·亚涅斯已表现出联合平松家族其他成员一致反对哥伦布的意图,并且"不服从他的命令,说了许多反对他的话,做了许多不正当的事……他们是一些不守纪律的人",是"一伙背信弃义分子"。因此,统帅决计"以最大可能的速度"赶快回国。他说:"我不能容忍无德小人的行为,他们反对

---

① 《诉讼案卷》第 2 卷第 232 页。
② 同上书,第 220 页。

授予他们荣誉的人,凭自己意志行动,毫不尊重领导。"

在蒙特克里斯蒂受风阻的两天里,船员们为"尼尼亚"号捻船缝隙、搞木材和淡水上船、探测亚克河下游的航道。哥伦布曾说这条河充满黄金以致当他们用桶打水时精美的金属粒子沾满桶箍,有些粒子大如小扁豆。拉斯·卡萨斯在书页边缘注解说:我以为大部分金属粒子一定是黄铜(愚人金),因为那里黄铜蕴藏丰富,统帅过于喜欢闪光的东西就是金子。也许如此吧,但是亚克河来源于西瓦阿,那是伊斯帕尼奥拉主要产金地,1494年哥伦布在河上游建立了头一个内地堡垒。即使到现在亚克河流域还是产黄金,当地妇女用淘盆法淘出金粒,把金粒收集在火鸡羽毛管里,然后拿到市场上去当作通货使用。因此,我认为西班牙人在这里找到了他们在新大陆的首批纯金。

在去奥罗河(哥伦布称之为北亚克河)的路上"他看见三条美人鱼,它们从海面浮起很高,虽然它们面部有些人的形态,但并不像描绘的那样美丽。他说他曾在几内亚马拉圭塔海岸边看见过几条"。他最后看见的这几个是非洲西部的儒艮(一种海生哺乳动物),而海地的美人鱼则是加勒比海的海牛。它的有关节的头和手臂样的前肢显示离奇的人的形状。它们当然不美,但是剥制的海牛常常是我们家乡市集上的重要商品,被看成真正的美人鱼。哥伦布拒绝诱惑,不把这些海牛牵强附会到古典神话中去,证明他养成了精确和认真观察研究的习惯。可爱的富有魅力的美人鱼把西班牙人引导到他们的第一条黄金之河里去,如果给双王制造这么一个故事,那多么动听啊!

哥伦布渴望继续前进,早日回国,以打破这个平松阴谋。1月8日午夜他不顾东南风下令开航朝北东方向抢风行驶。白天风向改变,当晚两条船在一个海角掩蔽处停泊,哥伦布给此地取名罗哈角,这大概就是现在的鲁西亚角。富饶的内地乡村和林深木茂的山岭没有诱使他多停留,他急于继续赶路。1月10日,两船在布兰科港抛锚,"平塔"号曾在这里大做其赚钱生意。马丁·阿隆索照自己的意见给这条河取了名字,但哥伦布不喜欢这个不忠实的部下独断专行,把它改名为格拉西亚河——宽恕之河①。这说明马丁·阿隆索已得到了宽恕,但最好还是他自己将来把行为放规矩些。哥伦布评论说,"他的恶劣行为是有名的,因为他把找到的黄金给自己留下一半。他还用暴力掠夺4个印第安男人和两个印第安妇女",是哥伦布把他们释放上岸的。显然,诱拐印第安人除他自己以外谁都认为这是不道德的行为。

次日,船队望见托雷斯的伊萨贝拉山,哥伦布把它叫作普拉塔山(银山),因为银色的云彩覆盖了它的顶峰。他注意山麓一个港口(普拉塔港),但没有停留。这一天还发现了许多海角及海港,夜晚通晚在埃斯科塞萨湾外面时而靠岸时而离岸地缓缓游弋,因为再向东走害怕触礁。1月12日天亮时,这两条船开航,顺一阵新鲜的西风飞速前进。因为要利用良好时机趁西风东进,所以跳过了几个引人入胜的海湾和海港。当日黄昏,它们绕过萨马纳角。哥伦布恰当地说这个角像圣维森提角,不过他又浪漫式地给它取名埃纳莫拉多角(恋人角),大概因为这个角使他想起他曾在西班牙看见过的"某一对恋人的快速行动"。两船继续沿海岸向西南前进,绕过巴兰德拉角,在萨马纳湾口附近莱万塔多岛(哥伦布把它写成一个小小的海岛)和北岸之间抛锚。这里水深12英寻。

这里,在一个现在仍然叫作弗莱查斯岬(弓箭岬)②的东边一个美丽的岸滩上,哥伦布差点同这次西航中老是碰到的一样又一次和印第安人发生危险的冲突。据拉斯·卡萨斯讲,萨马纳湾有一个名叫锡瓜约的部族(阿拉瓦克人),他们既受加勒比人的侵略,又采用加勒比人的武器以便自卫。当"尼尼亚"号的小舟靠岸去采购薯蓣时(因

---

① 《诉讼案卷》第211页,但是前一个名字已停用。拉斯·卡萨斯说他在那个时代这个港口叫作马丁·阿隆索河。

② 在拉斯·卡萨斯时代,根据遇到带弓箭的土人这一事件把萨马纳湾叫作弗莱查斯湾(弓箭湾)。参见《历史辩护》(*Apolgética Historia*)(塞拉诺圣斯版第3卷)。

哥伦布已大方地把粮食都留给了纳维达德的戍守人员,所以想在这里采办粮食以供返国途中食用),采办人员遇见几个奇形怪状的土人,他们面部涂了黑炭不像泰诺人那样光彩。他们的头发又长又粗,收拢扎在脑后,还插上鹦鹉羽毛。此外,还有一个更重要的特色,就是佩带弓箭——这是西班牙人在西印度群岛首次见到的。哥伦布过了埃斯科塞萨湾后离岸很远,远得站在船头看不见陆地。最后,他相信萨马纳角和巴兰德拉岬属于一个独立的海岛,而这些不怀好意的人属于可怕的加勒比人。他通过翻译询问其中一人,如拉斯·卡萨斯所注记的,翻译不懂土人语言,当问到黄金时,他听到了瓜宁(guanin)两个字音。这是印第安人在内地熔炼出来的一种金铜合金。但西班牙人误以为是一个可以找到黄金的岛名。经过询问后,这个印第安人被带到船上。他被当作一个招引其他土人的引诱物受到适当的款待,上岸时还得到了几件小饰物和一件染色衣服。不过这些免费赠品并不曾给来客产生惯常的良好印象。

当"尼尼亚"号的小舟靠岸时,遇上50多个佩带弓箭的和手拿

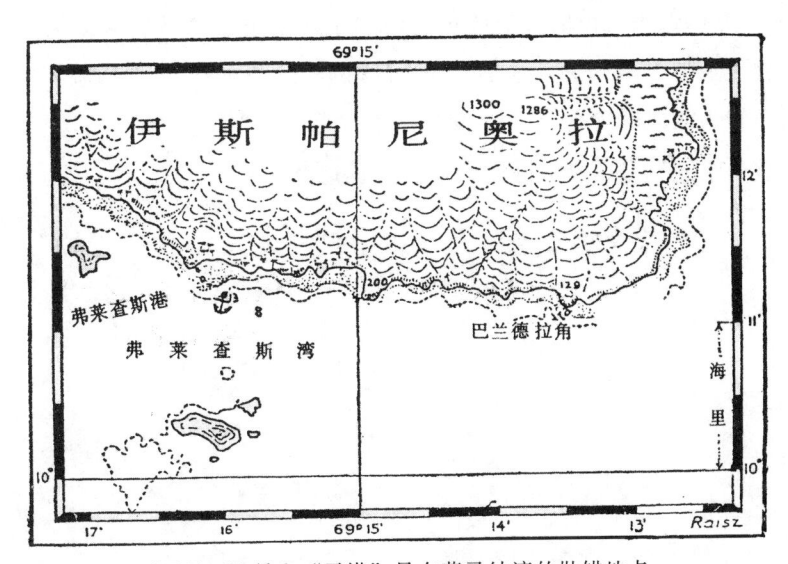

"尼尼亚"号和"平塔"号在萨马纳湾的抛锚地点

棕榈棍棒①的裸体印第安人。应上岸土人的请求,他们把武器放在一旁。西班牙人尽力买这些东西,才买好两张弓,这些印第安人就跑回他们武器库好像是要拿起武器来进攻西班牙人一般。"这些基督教徒也在准备着,因为统帅常常告诫他们要做好准备。他们向印第安人展开攻击,打伤其中一个人的臀部,又用箭射伤一人的胸部。印第安人眼见得自己占不到便宜,虽然他们有50多人而基督教徒不过5人,就转身逃跑了,逃得一个不剩。一个人丢下了武器,一个丢下他的弓在那里。"上岸的这几个人获得了大量的纪念品。

次日,1月14日,一个酋长没有携带武器来到海滩上。他被接待上船并获得饼干、蜂蜜、一顶红帽和若干有孔的小珠子等"礼品"。他答应回赠一顶金冠。15日金冠送来了,还附有几支棉线。

两条船都漏水很厉害,统帅说是因帕洛斯造船厂制造草率所致,他和平松都热望在长途航海回国以前找个合适的海滩,把船放侧,修好船漏。但因为对当地锡瓜约人怀有一种奇怪的和不吉祥的感觉,水手们心里都不安静,因而渴望早早起程。哥伦布说过,他原计划逗留到17日以便观察他的历书所预言的火星与水星会合以及木星与太阳对立等现象。但因为不敢冒长时间逗留的危险,到16日(星期三)风向转为西风时,他就决计离开这个"弓箭湾"。这里是"平塔"号和"尼尼亚"号在新大陆的最后一个锚地。

---

① 拉斯·卡萨斯对棕榈棍棒曾予以详细描写。它被叫作 macaria。海地本地人至今仍旧拿棕榈棍棒,他们把它叫作 macacques。

第二十二章　返航[①]

1493年1月16日—2月11日

> 于是斫断缆索，抛锚在海里……拉起头篷，顺着风向岸行去。……
>
> ——《使徒行传》，第27章，40节

　　1493年1月16日（星期三）天亮前3点钟，月亮下落后，统帅率领两条帆船乘陆上微风"离开了他叫作弗莱查斯湾（弓箭湾）的这个海湾，随后风向转变为西风，两条船就掉头转朝东偏北方向前进"。他第一次从美洲返回欧洲的《航海日志》就是这样开始的。因为没有温和的信风可借以把这两条船轻轻地刮回西班牙，所以事实证明返航的驾驶技术远比出航困难。哥伦布必须使这两条船走出信风区域，进入西风带。现在还是冬季，北大西洋上的西风强劲而又狂暴，并且还伴有大雨和大浪。海洋统帅在他能够把他的新发现向西班牙双王做报告以前一定要使用他的全部驾驶技艺和恶劣天气搏斗，还要使出他的全部天生才智去对付葡萄牙人。他而且还要在没有"圣玛利亚"号的

[①] 写返航同写出航一样，所依据的主要典籍是《航海日志》（见本书第十一章第218页注①），次要的是费迪南德和拉斯·卡萨斯所写的两部《历史》。在测定航程时我遵循麦克罗船长发表在《美洲海神》第1期（1941年）第209—240页上的研究结论。他认为哥伦布在《航海日志》中讲的航程同出航航程一样也是正确的，但为了使船队在指定日期到达圣玛利亚岛而不超越范围，距离必须缩小15%而不是缩9%。他认为，所以把距离额外扩大的主要原因是因为"尼尼亚"号比"圣玛利亚"号小得多，它的舱面离水面近得多，所以看起来似乎它走得比实际走得快得多。我以为主要原因是风压差，在返航头两周中"尼尼亚"号是逆风行驶，它一定向下风处滑动得这么厉害以致它在2月1日趁上西风时，它接近百慕大群岛一定比附图所示至少多2度。但很可能是哥伦布作为一个实际的航海家考虑到风压差而给它留有余地，也很可能是记入每日作业的航程是需要修整的估计航程。

条件下去完成这个任务。返航是一个有天才的人所创造出来的迷人的故事。这个人心里藏着一切时代里的最大的地理秘密,为了把这个喜讯让世人知晓,他既要战胜人类的腐化堕落习气,又要战胜恶劣的冬季气候。

当"尼尼亚"号和"平塔"号在 1 月 16 日天亮前通过萨马纳湾、巴兰德拉角的时候,还不意味着这次发现航行业已完结。从伊斯帕尼奥拉岛的印第安人、特别从在萨马纳登"尼尼亚"号并且立刻获得良好印象的四个青年人口中哥伦布知道"从那里"① 可以看到一个加勒比岛(大概就是波多黎各)。统帅出于好奇心,想看看那些可怕的吃人的加勒比人,关于他们的不可思议的业绩,他已从怯弱的泰诺人口中听说过。他甚至更渴望去验证他们的一个名叫马蒂尼诺的"居民全是妇女没有男人"的海岛传说。后来,征服者把这个传说和一个古典的亚马孙神话②联系起来,因而把新大陆一条最大的河取名亚马孙河,不过哥伦布却是想找到一个自己到达了东方的证据。他在马可·波罗的书中读到印度洋中有一个男子岛和一个女子岛。前者住的都是男子,后者住的只有妇女。男子每年都去访问女子岛,在那里住三个月,之后就被妇女们赶出来,所生下的男孩长大以后也要被赶出来。看来这个传说对于永恒的两性战斗似乎是这么一个有趣的和实际的解决,以致它变成了传播最广的马可·波罗奇谈之一。

十分奇怪,阿拉瓦克人也有一个类似的神话故事。他们的文化英雄瓜古乔纳精选一伙水手和女旅客从卡西巴吉亚瓜洞穴(所有人类祖先都在这个洞穴里住过)出发去发现一个新的生存空间。他把妇女

---

① 从萨马纳湾肯定看不见波多黎各,从船队抛锚地点到那里最近处也有 127 海里。印第安人可能指的是从恩加尼奥角看去可以看到那里。越过莫纳海峡两地相距 60 海里,这么说是合理的。参考何塞·冈萨雷斯·希诺里奥《波多黎各的发现》(*Descubrimiento de Puerto Rico*)(1936 年)第 5 页。

② 亚马孙人——古希腊神话中的尚武善战妇女族。据说住在黑海沿岸一带。她们为了传宗接代而同邻近部落的男子成婚,然后把丈夫送回家乡,生下的男孩交还其父,生下的女孩便留下抚育成人,使其练习武艺。——译者

留在一个名叫马蒂尼诺的岛上。她们从此在岛上过着一种亚马孙人式的生活①，每年接纳一次男人的访问，其情况正如马可·波罗所描写过的印度洋中的妇女岛一样。哥伦布热望看看妇女岛，其出发点不仅由于一种天生的男人好奇心，想写一件真正令人惊奇的事情，而且由于想找到一个他曾到过印度的不容置疑的证据，目下还缺少这种证据。如他自己写过的，他希望"带五六个"这里的妇女"献给双王"。因此，统帅的计划是先走上这个加勒比岛，访问马蒂尼诺，然后首途回西班牙。

"尼尼亚"号和"平塔"号在1493年1月16日趁西风（在这个季节里这是例外现象）走过萨马纳海湾，朝东偏北方向航行，——据有印象的印第安人说这是去妇女岛的航路。其实，这条航路把船队引向了大海。在他们航行到40英里以前，印第安人开始做手势告诉他：亚马孙岛位置在东南方。假定他们讲的就是实际存在的马提尼克岛，那么这就是正确的。哥伦布相应地改变航程，很快也就改变了他的计划。如《航海日志》里所讲的：

"在他走过两里格以后，风力加强了，很便于直航西班牙。他看到水手中有些人因为船只偏离了直线，因为它们漏水相当厉害，除祈告上帝外无可救治，就开始沮丧起来。他不得不放弃他认为是前去该岛的航路，掉转船头直走东北偏东方向，直航西班牙，在夕阳西下以前这样走了48罗马里，即12里格。"

这是哥伦布迅速改变计划的少数事例之一。这样改变肯定是明智的。当他第二次西航返航时（1496年冬季），"尼尼亚"号从伊斯帕尼奥拉岛北部伊莎贝拉港到瓜德罗普一路都是逆风换抢航行，那段路程比到马提尼克近些。找到几名妇女的可能性、几个东方的证据、一

---

① 弗雷·拉蒙·潘恩1497年收集的泰诺民间传说被费迪南德编在他的著作第61章和第62章中（第2卷第34—54页）。马蒂尼诺是一个真实的岛屿的土名，这个岛西班牙人叫马蒂尼科，法国人叫马蒂尼克。

个难以置信的故事，都不值得耽搁时间。

　　了解哥伦布返航计划的关键在于他 1 月 16 日《航海日志》中关于改变航线的一句话："他转向回西班牙的直接航路；航向北东偏东"①。如果他设想这就是去帕洛斯的罗盘方位，他就大错了。从他当时的位置（伊斯帕尼奥拉岛东端的北面略偏西）走北东偏东方向，一定会超出亚速尔群岛和不列颠之外。②他怎会犯这么大的一个错误呢？我能够想到的唯一答案是由于他把沿海岸航行的距离估计过长，以致船位推算不准确③。不过就是这么说还不能令人满意，因为哥伦布大约是在西经 68 度 30 分改变航程的，他要向东大约走 1 660 海里，走到西经 40 度，然后改走北东偏东方向才能对准圣维森提角。

　　事情这样凑巧，走北东偏东航向，对于到达西风带，趁顺风回国竟颇为有利。但这只算是哥伦布走好运，而并不是如纳恩先生所相信的那样应把它归功于统帅对北大西洋的风向和洋流具有科学知识。④他对于那里冬季风向确实一无所知，而根本没有办法获知任何情况。否则，他一定不会设想，他能够走一条径直的航线回西班牙。他实际走的航线简直是他根据自己的经验，利用老天乐意提供的风力，所能选择的最佳航线。这是新英格兰船长们惯常称呼的"靠猜测和靠上帝"的一种航行。

　　哥伦布实际上发现了这条重要的返回西班牙的航行原则，却不懂

---

　　① 这句关键性的话常常受到译者的粗暴对待。撒切尔和塞西尔·简把它译成"他回到直航西班牙的航路北东 1/4 东"，这里没有提到返航，而原文航向也不是北东 1/4 东。马卡姆和伯恩把北东偏东误译成东北东。

　　② 到西班牙南部的直接罗盘方位大约是 73 度正或东偏北 1/2 北。哥伦布的北东偏东就一个大圆圈航程来说是一个好起点，但那只是巧合，他对大圆圈航行本来毫无所知。

　　③ 哥伦布算大了古巴和他已发现的伊斯帕尼奥拉岛两部分的长度，这是异乎寻常的和难以理解的，因为这和每日航程的计算不相符合。在他的首次西航书简中（撒切尔著作第 2 卷第 17—18 页）他两次说：他循古巴海洋"由西向东直走 107 里格（340 海里），循伊斯帕尼奥拉岛海岸"由西向东直走（a）"178 大里格"、（b）"188 大里格（598 海里）"。从角到角测出实际距离大约分别为 180 海里和 260 海里。哥伦布两次说"大里格"，他说的不是"陆地里格"。可是，一个人在彻底考察几部早期著作以后却不再对西班牙人高估距离觉得惊奇。奥维多在 1527 年写的书中说：伊斯帕尼奥拉岛长 150 里格（474 英里）宽 55 里格（175 英里）（摘要本第 3 页）。实际上它的最大尺寸大约是 350×155 英里。

　　④ 《哥伦布的地理概念》第 50 页。

得这条原则。一个名叫冈萨洛·迪亚士的古巴领航员，在 1515 年把这件事说得很简单明白。当时他证明说："这位目击者相信（因为他是一个惯于航海的人），如果该海洋统帅不从他回来的那条路回来，而从另一条路上回来，那就是把自己放在北风底下回来，那就一定回来不了。所有离开这个大陆去卡斯蒂利亚的船只都是走他实际走的那条路。"① 但哥伦布并不知道这点，这可由他 1496 年第二次西航返航时的走法得到证明。他当时逆风换抢走到向风群岛，再从那里直接返航。他的儿子说："因为他们还没有我们现在已有了的经验，他们让自己走向北方，希望找到西南风。"②

直到 2 月 3 日船队的行动都可以用哥伦布极力使它尽可能地接近北东偏东方向，即所设想的直接回西班牙的航线行船来说明。在 1 月 17 日（海上第二日）日出西风渐渐停息以后，由于东贸易风阻碍，船队再不能照北东偏东方向行驶了，根据《航海日志》所记风向和航向，我们能推断出："尼尼亚"号常常是离风向 6 个罗经点（67.5 度）航行，有时，即当海上平静时也按 5 个罗经点航行。"平塔"号显然也同旗舰走得一样陡，但不能走得同它一样快。1 月 23 日哥伦布写道："'平塔'号逆风行驶能力不行，他等它等了好几次。其所以不行是因为它的后桅不好，使后帆所起的作用很小。他说，它的船长如果用他擅自离开船队贪图黄金满舱那股子热忱注意修好后桅，那他就一定能把返航这件大事办好。"这些话对你合适吗？马丁·阿隆索！

当风像通常那样从东北东以南各个方向吹来时，"尼尼亚"号和"平塔"号就以右舷抢风在北偏西和东北东之间寻找航路前进。当风

---

① 《诉讼案卷》第 2 卷第 85 页。
② 费迪南德著作第 63 章（第 2 卷第 62 页）。奥维多在 1526 年写的著作中认为返航船只肯定是从伊斯帕尼奥拉岛向北航行到百慕大群岛以便在那里趁上西风的（摘要本论航海一章，《通史和自然史》第 1 卷第 38 页）。几年后，当湾流的重要性被发觉时，阿隆索·德·圣克鲁斯认为返航船只向西航行通过老巴哈马海峡以便借湾流之助向北航行，找到百慕大群岛才顺风扬帆（维译版 *Isolario*，第 34 页。参考 C. H. 哈森著《西班牙与印度之间的贸易与航运》第 227—228 页）。

如船员所讲的背靠北方对着船队吹刮以致它们不能走东北航向时，它们就改以左舷抢风在正东和东南之间选择航路，因为这样做它们比较接近设想中的"直接航线"——北东偏东。向正北方向航行似乎一点儿不会使它们更走近西班牙，虽然如我们已经见到的，那实在是一条最快捷的回乡之路①。幸而大部分时间贸易风都有利于以右舷抢风行驶，结果这两条船相当平稳地向北朝百慕大群岛的纬度走去，那里有猛烈的冬季西风把它们送回家乡。哥伦布返航同出航一样都碰上了良好时机，他所犯的唯一错误——有时以左舷抢风向东南行驶——是十分自然的，因为他在试图坚持尽可能接近北东偏东的罗盘方位。

总的看来，这两条帆船在这次长途抢风航行中都走得很好。它们的表现使人们珍视它们的耐气候性能。虽然每昼夜 24 小时航行大多不到 100 海里，但"尼尼亚"号（尽管"平塔"号落后）在 1 月 21 日走了 127 海里，在 1 月 19 日走了 138 海里，最后这个数字是 4 段不同的航程的总里程，平均每小时 5.7 海里，这实在是很好的航行速度！② 贸易风至今没有掀起足够凶猛的当头巨浪以困扰这几条船。"统帅讲过：'风很柔和、惬意，好像塞维利亚四五月的天气那样。十分感谢上帝，海面老是很平静。'"次日，到达北纬 25 度，气温显然变冷了。在你已习惯于热带气候以后，气温下降摄氏 5 度似乎也可怕。

第一天过后，船队进入马尾藻海。第三天黄昏，他们望见了一弯新月。每天水手鸟、鲣鸟和海燕都在船只周围飞翔。军舰鸟从海岛起就跟着这几条船飞行了 200 海里。哥伦布看见其中一只鸟绕着船只飞翔"然后向南南东方向飞去"，就断定"那边有几座岛屿。这就引起了他做第二次西航的念头。一个可喜的景象是看见了一群西班牙人在

---

① 参考卷首"船舶和航海术"一章中的抢风行船图解。
② 《航海日志》里把返航航程估计得较高，这里引述的数字是减去平均高估值（15％）以后的净值。

故乡早已熟悉的金枪鱼。当这个鱼群向东北方向游去时,统帅和水手们开玩笑说:要为加的斯公爵设在特拉法尔加角附近的刚尼尔鱼肉加工厂把这些金枪鱼打捞起来;让它们成批走掉,太可惜了!"

1月19日—1月底,两条轻快帆船几乎经常是以右舷抢风,视风允许程度朝北直到朝东北东方向行驶。① 在1月底和2月初,东北贸易风的通常北限是沿第24个纬圈吹刮,"尼尼亚"号在1月21日超越了这个界限,但她是这样幸运遇上贸易风吹到了31度或32度。贸易风的确吹得柔和,而且只有一天刮不定风。1月22日午夜前不久,"尼尼亚"号和"平塔"号通过外航路进入宽阔而连绵的、以前从无船只走过的北大西洋。船员们习惯地根据它长期平静无风对牲畜不利的情况称之为"马纬度"(回归线无风带),但哥伦布幸而对此毫无所知。1月25日,当他越过北纬28度航行仅49海里时,"船员们宰了一只海豚和一条大鲨鱼。他说他们很需要它们,因为船上除面包、酒和印度薯蓣以外船员们已没有别的东西可吃了"。想到食物,那就是一抹不祥的前景。对于这一点哥伦布除开像出航时那样再玩一套"哄骗"花招以外别无办法。这时他只有完全更改行程使船员们相信他们已更加接近故乡了。

1月27日中午—1月30日日出时,两船乘一股轻柔的南风走东北东方向,66个小时只走112海里。它们走得这么好是幸运的。鱼捉到了,鸟儿和马尾藻每天都见得着。在1月份最后两天里,风力加强了一点。1月31日日没时据麦克罗船长测定,统帅的船只已到达北纬31度46分,很接近百慕大群岛的纬度(32度15分),位于它西面约450海里。如西班牙几年以后获悉的,这是一个人可以希望趁上西风径直返回家乡的位置。就哥伦布而论,这是他偶然走上的地

---

① 例外情况是1月20日朝南东方向航行7.5海里,1月26日朝东偏南航行38海里,朝东南航行26海里。

点。1月31日日出—2月3日日没时,"由于同样的风在船尾吹拂,再加上天照顾海面又很平静",两条船朝东北东方向走了358海里。"海里遍布海藻,要是他们以前不曾见过的话,他们一定会害怕这里有暗礁。"他们正是到了马尾藻海中间。2月1日夜间是个满月之夜,月光洒在布满马尾藻的海洋上,清新的和风催促着你们的船只以高速度通过波浪状的草海,船草相擦发出一种特别柔和的窸窣声,产生出一种奇妙不可思议的美感。

无疑,哥伦布已采取了一个新的航向(东北东)——他直航西班牙的南边一个罗经点,因为他认为多日以来船只都是被迫向北航行,所以他需要用这新航向来补偏。但是,他在直航西班牙方向以北走了多远呢?由于航向差不多每日都有变化,靠测程仪和罗盘推算船位很困难,所以哥伦布也不太相信这个东北东航向一定能把他引向西班牙。实际上,这个航向会把他引向苏格兰和爱尔兰之间的某个地方。因此,哥伦布在2月2—3日夜晚,把滥用过的象限仪和此前从未提到过的星盘拿到甲板上试着又一次瞄准北极星。但是由于久不练习,所以他等待了太久的时间。3天西风已掀起了相当大的浪涛,"尼尼亚"号左右摇晃和前后颠簸得很厉害,以致这些简陋的仪器瞄不准天上一个光点。真可惜,因为这一次哥伦布在观测北极星方面并无错误。他说,"北极星看来似乎很高,好像就在圣维森提角上方一样"。这就是说在北纬37度。根据我们对哥伦布推算船位的理解,2月2日日没时他已越过北纬33度36分,3日日没时他已到达了34度15分。所以,他的计算差错不少于165海里不多于200海里。就凭肉眼观星这点而论这个结果并不算坏。①

——————
① 1493年北极星在下中天时位于圣维森提角地平线上33度33分。1493年2月2日薄暮时北极星只在天极高处以下几分之几度,上升约33度30分;黎明时它通过下中天回到大约同一高度。我们不知道哥伦布这一晚是在什么时辰进行"目测"的,但是,依照他的智慧设想他所处的纬度和圣维森提角的纬度大致相等,他是正确的。

第二十二章 返航

哥伦布相信他正在接近北纬 37 度。这个信念在 2 月 3 日由于气候变化进一步得到证实。"天空很阴暗又下着雨,气候相当寒冷,因此他知道他没有到达亚速尔群岛的高纬度。"这个说法似乎还是个合逻辑的结论,因为亚速尔群岛冬季素以寒冷多雨著名。[①] 不过,他显然相信,"尼尼亚"号向北走已走够了,因而在 2 月 4 日日出时,让这船改向正东航行。

按照我们推算哥伦布的船位,"尼尼亚"号和"平塔"号当时在北纬 35 度 30 分,大约在圣玛利亚岛(亚速尔群岛最南面的一个岛)这个纬圈以南 100 海里。从这点做 90 度(准确的)转向,船只会到不了亚速尔群岛,而会到达斯帕特尔角,但是由于两种情况使结果相反。船队此时正通过罗盘磁差西偏 7 度和 10 度的等磁偏线,因而磁东航向根据地极算来是在 80—83 度之间。这样航行就使得船队不断略微偏向北方。另一种情况是一路暴风雨迫使"尼尼亚"号走东北方向,最后到达圣玛利亚岛。

现在,一阵阵冬季的大西北风把这两条船按汽船航速刮向家乡前进。在 2 月 4—7 日 4 天中它们一共走了 598 海里,平均每天差不多走了 150 海里。这是它们出航和返航整个航程中最快的航行速度。从 2 月 5 日日没到 2 月 6 日日出这一夜间,两船出色地走了 198 海里,有时每小时几乎走 11 海里。

假设我们抢风行驶 1 分钟,细想想这意味着什么。1493 年这两条船在阳光灿烂的冬季天空下、在波涛翻滚的深蓝绿色海洋上行驶,风吹在它们的右舷上,前桅帆和主桅帆都竖立着,它们是在创造一种使今天任何一艘海上快艇都可以羡慕的速度。无论什么时候一条长度和"尼尼亚"号相似的现代纵帆船或双桅帆船一昼夜能创造出 200 海

[①] 这个"不是"不可能是抄写者的插入语,因为经过 3 天连续朝东航行后哥伦布把船队开到了弗洛雷斯岛南面 238 海里处。

里的航速，船主人的朋友就都会听到人人都在议论这件事情。在海上竞赛中快艇建造只以速度快为目的，它装备的是金属索具和轻薄的风帆，行走时高度倾斜，驾驶的人又是一帮能吃苦耐劳的科林斯青年，这种船的航速能超过"平塔"号和"尼尼亚"号，但是老式的斜桁头纵帆船和方帆双桅船则常常比不过它们。

由于船只本身的美妙，由于风声和水声和谐悦耳，也由于个个海员内心蕴藏着某种深不可测的情感，使得扬帆航海的船只甚至在现在也产生出一种敏锐的快速感。只有滑雪的雪橇或越野赛跑的奔马才能与之媲美。水上、岸上甚至空中的摩托化旅行（但战斗机除外，关于战斗机我没有驾驶经验）比起来也嫌缓慢和平淡无奇。设想一下，如果你可能的话，那些海员坐上"尼尼亚"号和"平塔"号会产生多么令人愉快的体会。除非他们之中每个人都骑过比赛用的马，11节的确是比他们所已知的任何速度都要大的绝对速度。他们是在进行人类史上最大的一次海洋探险后才决定返航的——这次海洋探险充满着连古代最勇猛的海盗也不知道的、连罗马人在他们最光辉的时代也从未接触过的，甚至连敏感的阿拉伯人也从未预卜过的一个新世界的传奇故事。他们的统帅知道这条道路，所有天上的圣者都齐心协力给他赠送顺风、晴天和顺流。不过这里是异教的海神和风神的领地，他们正在准备把某些非常险恶的东西抛出来。

在这次可喜的、持久的航速大增中，2月6日，"尼尼亚"号上关于自己在海上的位置有过一次有趣的争论。"平塔"号上船员的意见由于风刮得太凶猛所以没听到。比森特·亚涅斯·平松宣称，2月6日早晨亚速尔群岛中的弗洛雷斯岛位于正北，马德拉群岛位于正东。巴托洛梅·罗尔丹在这次航海中研究过领航术，他说法阿尔岛位于东北方向，圣港岛位于东方。其实这两说都很错误，不过业余航海家比职业航海家错误少些。据哥伦布按其船位推算法所确定的，罗尔丹讲的位置在真实位置东南偏东大约375海里，平松讲的在真实位置东南东大约 600 海里。

2 月 7 日，另一名舵手佩拉隆索·尼尼奥宣称"尼尼亚"号已到达特塞拉岛和圣玛利亚岛两处子午线之间，行将通过马德拉岛北面 38 海里处。他在纬度上只算错 200 海里，在经度上差错 600 海里！哥伦布本人认为船队位于弗罗雷斯纬圈南面 75 里格处，算多了 65 海里左右。他很聪明，对这个地点的经度不曾说出明确的数字来。①

船员之间这种意见分歧在仪表原始、测量方法不精细的时代是可以料想得到的。现在，当我们有了精密的测量仪器和科学的测量方法的时候，这种分歧绝不会发生。欧亨尼奥·德·萨拉萨尔 1573 年从加那利群岛横渡大西洋到达伊斯帕尼奥拉岛，在一封家信中惊呼："啊！全能的上帝怎么会把这么精巧、这么重要的航海技术让像这些舵手那样智力这么手脚迟钝、这么笨拙的人去掌握呢？看看他们互相询问：'先生，你觉得是多少度？'一个说'16 度'，另一个说'将近 20 度'，又一个说'13 度半'。一会儿他们又问：'对于陆地来说，先生，你自己觉得怎样呢？'一个说，'我觉得自己离陆上 40 里格远'，另一个说，'我说是 150 里格'，第三个说，'今早上我觉得离陆地有 92 里格远'，哪怕是三个人或三百个人，总没有哪一个人的意见跟另一个人的意见相同，或者说同真理一致。"②

2 月 7 日黄昏，强劲的西北风渐渐减弱，据拉斯·卡萨斯讲，随后两日间，船队遭遇的是"柔和而多变化的风"。刮东风时，它们向南南东走了 75 海里，这就使这几条船远离亚速尔群岛上的一个着陆点，但是在 9 日天亮前风向转为东南东，所以两船以右舷抢风朝东北方向航行。哥伦布本不打算访问亚速尔群岛，但是现在他大概希望找

---

① 船队向东走了几天，据麦克罗船长测算，2 月 7 日中午位置大约是北纬 36 度 35 分，西经 38 度 50 分。圣玛利亚岛位于北纬 37 度、西经 25 度 12 分。特塞拉岛位于北纬 38 度 40 分，西经 27 度 17 分。弗洛雷斯位于北纬 39 度 30 分，西经 31 度 15 分。不同航海家所推测的位置已标记在我们的首次西航海图上。
② 《欧亨尼奥·德·萨拉萨尔书信集》(Cartas de Eugeniode Salazar)（1866 年）第 54—55 页。

到其中一个岛,借以检查他自己所在的位置。2月9日上午10点,船队又改向正东航线航行,但到日没时只走24海里。猛烈的西风又回来了,随后24小时"尼尼亚"号和"平塔"号趁风快驶,这样的好航程走了154海里。

2月10日,这一天又进行一次更加令人焦心的船位测定工作。比森特·亚涅斯、佩拉隆索·尼尼奥、桑乔·鲁伊斯和业余航海家罗尔丹一致认为他们已经到达亚速尔群岛中的圣玛利亚岛以东5里格的子午线上,大约是在马德拉岛和圣港岛的纬线上。这是在他们的实际位置东偏南1/2南大约500海里的地方。哥伦布估计到这一天航程结束时(据我们计算,这时船队会到达北纬35度58分、西经33度15分),弗罗雷斯将位于船队正北方。他也推断出南特(摩洛哥的卡萨布兰卡)位于正东方。换句话说,他把船队放在离它们的实际位置南东3/4南175海里的地方——假定他知道弗洛雷斯和卡萨布兰卡的正确位置的话。①

可是,和这些领航员的计算相比较(并且假定他们一致同意是在亚速尔群岛、马德拉群岛和卡萨布兰卡的相关位置上),哥伦布的计算比他们中间任何人的计算大约都要接近真正纬线30海里,接近真正经线340海里。

很可能是在这3个星期天气好有顺风(虽说并不经常)帮忙的一段时间里,哥伦布写出了他那封有名的首次西航书简,这封书简通常叫作《致桑坦赫尔或桑切斯书简》。这封书简不是写给某一个特定的人物的,而是打算作为一封他的西航的公开通报。这封书简,在一封

---

① 哥伦布的计算,1493年2月10日:

	北纬	西经
弗罗雷斯,确实位置	39度30分	31度15分
卡萨布兰卡,确实位置	33度34分	
"尼尼亚"号的位置,麦克罗测定	35度58分	33度15分
"尼尼亚"号的位置,哥伦布测定	33度34分	31度15分

中纬(32度)上经度1度之长等于50英里。

现已遗失的①向双王的呈报中。书简另外抄了几份分给各不同宫廷官员，其中之一是给路易斯·德·桑坦赫尔的。这一份1493年夏天曾在巴塞罗那印成一个四页对开本（印刷质量很差）。这个版本现时仅留一本存在纽约公共图书馆。这个书简的拉丁文译本译者为莱安德罗·德·科斯科，所据原文是比巴塞罗那印刷商所用较好的一个抄本。拉丁文本在1493—1494年一共出过9版（罗马、巴黎、巴塞尔、安特卫普）。它很快又被改写成意大利文诗篇，在1493年底以前印了三版。最早的拉丁文版本中有些附有木刻插图，但插图和哥伦布、和他的船舶或和西印度群岛无任何关系，那是从别的书籍中转载过来的。② 书简的日期为2月15日并注明"写于加那利群岛附近船上"。但它一定是在2月12日以前写的而不是在随后遭遇暴风雨时写的。其中加那利群岛应该是亚速尔群岛之误印。哥伦布望见亚速尔群岛是在2月15日③。他大概是在12日以前开始写书简，直到"尼尼亚"号在圣玛利亚岛抛锚后才在船上继续把它写完并签了名。他怕万一在最后一段航程中出事故，所以希望把书简从葡萄牙寄出去，但是，如我们将要看到的，亚速尔群岛当局的态度如此，才使他决计亲自带回去。

---

① 塞西尔·简在他一篇优秀的评论性文章《哥伦布通报首次西航成功的书简》（《西班牙美洲历史评论》第10期［1930年］第33—50页）中就是这样令人信服地论证的。因此我把此信简称为《首次西航书简》。它也常常被人称为《致桑坦赫尔书简》或《致桑切斯或桑锡斯书简》。有些根据手写本印刷的版本署名《致阿拉贡王室司库路易斯·德·桑坦赫尔或加布里埃尔·桑切斯书简》。关于这封书简的8个不同版本的讨论见塞西尔·简上述论文和《文件选》第1卷第123—143页；也可以参考《文件和研究全集》第1辑第1卷第25—74页洛利斯的文章。关于第一次印刷本的摹本及其译文见撒加尔著作第3卷第10—29页。本文和新译文见抽编《〈航海日志〉及其他文件》。《文件和研究全集》第1辑第1卷第120—135页的本文。塞西尔·简也引用在他的《文件选》中，那是一个综合本。
② 关于首次西航书简的文献目录可参考《关于发现美洲的哥伦布书简》（*Letter of Columbus On the Discovery of America*）。《一个插图版的摹真本》（*A Facssimile of the Pictorical Edition*）（纽约，1892年）第8—13页和《纽约公立图书馆公报》（*Bulletion of the New York Public Library*）第28期（1924年）第595—599页，二都是威尔伯福斯·埃姆斯编写的。伦道夫·G. 亚当斯著有《哥伦布书简案件》（*The Case of the Columbus Letter*）一书（1939年）。当哈佛大学300周年纪念时，牛津大学盛情可感地把一个1493年的巴黎版本的复制品赠送给我们。
③ "加那利群岛"大概是一个抄写者或印刷者的误抄或误印。这个书简最早出处之一在《威尼斯王储新闻》（*Cronaca Delfina of Venice*）（1493年4月18日），其中说："这封书简是2月15日在加那利岛附近船上写完日期的。"（《文件和研究全集》第3辑第2卷第2页）。这大概是书简印刷的最早出处之一。参考后面第二十七章的进一步讨论。

每一件重要事情或估计会使双王感兴趣的事情以及要求支持第二次西航的事情都写在这封书简中，但航程和距离都省略了，以防别的野心家窃据禁果。对损失"圣玛利亚"号一事只字未提，他只哄骗似的说留下了一条船和一批船员在纳维达德。总而言之，这书简是《航海日志》的极好的摘要，它证明哥伦布在表达思想情感方面已经相当高明了。

第二十三章　亚速尔海上的痛苦挣扎

1493 年 2 月 12—24 日

> 他们摇摇晃晃，东倒西歪，好像醉酒的人。他们的智慧无法可施，于是他们在苦难中哀求耶和华。他从他们的祸患中领他们出来。
>
> ——《圣经·诗篇》，第 107 篇，27—28 节

1492—1493 这一年冬季，南欧地区异常寒冷，暴风骤雨也异常猛烈。甚至连热那亚港在圣诞节期间也在结冰，使小船不能进港或者不能畅通无阻，[①] 在里斯本也有一些船只被困在港内几个月不能出海。"尼尼亚"号和"平塔"号有幸走了那么远平安无事，但最后却迎面走入北大西洋上一个风暴最凶猛的地区。

2 月 12 日（星期一），船队在又一个天气美好的日子里向东航行了 150 海里之后，遇到了这一次航海中从未体验过的恶劣天气。随后几天哥伦布自己的叙述非常有意义，因为这是最早的一次对一次真正的海上风暴的描写，即使不算是第一次详细描写的话。根据现代气象学[②]来考察他的《航海日志》中的记录，说明这不是一次普通的气旋[③]风

[①] 阿戈斯蒂诺·朱斯蒂尼亚尼著《插图热那亚共和国史》（修订本）(1537 年) 第 249 页。

[②] 蓝山天文台台长查理士·F. 布鲁克斯教授已根据该地区最近气象学资讯研究过哥伦布 1493 年 2—3 月对两次暴风雨所写《航海日志》。他的论文（承他好意地让我先睹为快）将连附图在 1941 年的《美洲气象学会公报》上发表。

[③] 气旋：它是占有三度空间的、在同一高度上中心气压低于四周的大尺度涡旋。在北半球它做逆时针旋转，在南半球其旋转方向相反。——译者

暴，而是一次以"锋"①充分发展为标志的大气骚动，"锋"分开辐射区，那里一个由北极向南运动的冷气团②和一个由热带向北运动的暖气团在此处交锋。

这种性质的暴风雨在亚速尔地区并非不平常的现象。它对航海和航空的重要性非常巨大，以致近年来已加强对它的研究。在过去5年间，所有对这种暴风雨的描写中至少有两次描写几乎在所有细节上都和哥伦布所经历的相符合。我们能够看出，给"尼尼亚"号和"平塔"号造成巨大灾难的大气骚动是由一个强烈的低气压区引起的。这个低气压中心挟着南部及西南部的"强"力或"猛"力的西南风到西风（蒲福风级9级或10级）通过亚速尔群岛北面。等压线体系大概是从西南西到东北东方面伸展，它驱使不同方向的风彼此靠拢，才造成这个可怕的、几乎把"尼尼亚"号掀翻的愤怒的海洋。由一暖锋面和两个冷锋面隔开的三个截然不同的气团似乎都被卷入涡旋，通过隔开它们的锋面从一个气团到另一个气团的运动给两条帆船以最凶狠的打击。

2月12日黎明时，哥伦布"开始看到暴风雨和波涛汹涌的海面。他说，如果不是这条船构造很坚固、设备完好，他一定会害怕船毁人亡"。从日出到日没，西南风劲吹，风力7—8级。"尼尼亚"号只剩下几条光桅杆——西班牙人称之为"枯木"——十分艰难而危险万状地走了35海里；夜晚也在上下颠簸地努力前进。闪电三次照耀着北北西——低气压中心的方向。13日晨，风势稍微缓和一点，当时他们正位于大气骚动的南面，"尼尼亚"号才得做短时间的航行。下午风力又加强了，"海洋掀起可怕的滔天巨浪"，愤怒的巨浪使船只寸步难行。两船在波浪翻滚的海上纵横摇晃，船员们惊恐万状。两条船上

---

① 锋：不同气团交锋的界面称为锋面，锋面与地面之交线称为锋线，习惯上锋面和锋线统称为锋。——译者
② 气团：指气象要素（主要指温度及湿度）水平分布比较均匀的大范围（水平尺度达几千公里，垂直尺度达几公里或十几公里）的空气团，气团可分暖气团和冷气团两种类型。——译者

每一件没有被冲走的物品都在舱面上和舱里翻筋斗。西边一个被另一个风暴掀起的巨浪在通过和跨过一个被西南风掀起的浪峰。

2月13日黄昏，风吹得更加强劲，愤怒的海洋形成一个又一个危险的金字塔状的巨浪，使船只战栗不停，不能前进一步。巨浪还挟带着绿水和白沫的洪流不时冲上甲板。这种巨浪对"尼尼亚"号更加危险，因为它的压船物不足。哥伦布解释说，它从伊斯帕尼奥拉岛开船时，船原载有沉重的储备物资和粮食，本来打算在这些东西消费完了之后到妇女岛去补充淡水和食粮，但因为中途改变计划，没有去妇女岛，所以补充物资没有办成。在这次航行期间，船员们已尽了最大努力用海水灌满一切空桶以保持船只稳定，但是用海水代替装满舱底的石头压船，重量显然不够。

现在照罗盘航向行船的一切企图都放弃了。舵手奉命让船只在暴风前一般朝东北方向行驶，值班员则注视每一个迎面而来的波涛，迅速通知舵手，使船只采取最佳角度。没有极高度的警惕和极熟练的驾驶技术，"尼尼亚"号肯定难免因侧面受风浪而导致倾覆和进水。这对于所有船员都是毁灭性的灾祸，即使有幸存者漂流海上，"平塔"号也毫无办法搭救。就风帆来说，"尼尼亚"号只剩下它的主帆——一块小主帆和附帆，它挂在桁上尽可能放低以减少主桅所受压力。一艘现代海船备有《北大西洋航行指南》和水文站的海图，还有鲍迪奇式的航海家在船上坐镇，遇到这种风浪也一定是以右舷顶风漂流以期尽可能远离风暴中心，可是哥伦布对风暴规律却一无所知。即使他知道，顺风行船也是唯一适当的方针，因为在浪涛翻滚的愤怒的海洋中，任何顶风停船的企图都可以使一条像"尼尼亚"号这样在浪涛中下落得在这样低下的船只沉没。这些极端筋疲力尽的船只在波涛汹涌的海洋中还要算是走得相当好，因为它们被随后一次浪涛冲倒的机会很少。不过，每一次大浪都会从舵窗冲进来，溅湿舵手全身：这是他们在风浪前稳住船只防止倾覆危险所能做的一切。

"平塔"号在上周强风期间谁也没有跟它打招呼。它在暴风雨前面同"尼尼亚"号一样把船首转向下风，随风行动。2月13日夜，统帅"发出信号，对方做了回答"，以后它们相距越来越远，无法交换信号，到次日早晨它们就相互看不见了。"平塔"号错过了亚速尔群岛。两条船直到一个月以后在帕洛斯相逢以前就再也不曾相遇过。

2月14日，接连两个冷锋头一次突然袭击"尼尼亚"号。这种情况持续了一整天。它仍旧使用主横帆和帆桁低挂地随风行驶，显然由于北风越过了离北方不远的第二个冷锋，可怕的苦难又在增长。全体船员现在只好按照当时的典型做法恳求老天帮助。在统帅的指导下他们的做法还含有深一层的意义。这就是使大家有事可做免得胡思乱想。这在某种意义上也是一种苦中作乐的消遣活动。他们连续三次拈阄儿，借以决定在船只得救后，谁当代表前去朝拜圣地。船上有多少人（我们设想，未受洗礼的印第安人除外）就拿出多少鹰嘴豆（其中一粒上刻十字）放在一顶帽子里，然后每人拿一粒，谁拿着刻十字的豆子，谁将来就要到埃什特雷马杜拉山去向瓜德罗普的圣玛利亚那里去朝拜谢恩。哥伦布头一个拈阄儿，拈到了刻十字的豆粒，因此他"认为自己以后要作为一个朝圣者履行这个还愿的义务"。由于风浪毫无缓和迹象，他们又搅乱豆子再一次拈阄儿，这一次规定拈中的人要代表"尼尼亚"号到遥远的安科纳去朝拜洛雷托的圣母院。一个圣玛利亚港的海员佩德罗·德·比拉拈中了阄儿，统帅答应支付他的旅费，让他将来去还愿。不过，这时候老天还是没有可怜这些受尽风浪折磨的船员们的迹象，于是大家又做第三次许愿：他们得救后，将来要到帕洛斯附近莫古尔的圣克拉拉教堂去守夜、做弥撒。统帅又一次中阄儿——可能是船员中某一个赌博专家用豆子给他玩的花招。但天气还是没有好转，也许是我们的圣母不赏识这种玩"豆子宴"的酬恩方式吧。于是大家又发誓许愿，"要穿长衣衫列队到他们所遇到的头一个圣母院去做祷告。此外，每人还要立个特别誓言，因为想到自己一切无望，没哪个愿意躲避立誓。"2月14日以后，风浪缓和了。第一个冷锋已带着阵雨刮过"尼尼亚"号的航线，风变成了正西风，"尼尼亚"号就朝东北方向航行。

哥伦布有十足的男子汉气概，他承认他和别人一样感到恐惧。他在"尼尼亚"号安全停泊后草草地记下他对这些可怕的暴风雨日子的印象。他承认，在信赖老天保佑方面如他一向所做的一样从未动摇过。老天已保佑他平安地经历了这么多的危险和苦难，老天还赐给他发现一条通向印度的西航航道。老天一定有意使这次发现对世界有益。但是，"我的软弱和焦虑不允许我的心灵得到安慰"，他承认。他的最大的焦虑不是怕这次发现湮没无闻，因为有这么一个好机遇："尼尼亚"号如果沉没的话，"平塔"号一定会带回去；他最焦虑的是他的儿子迭戈的前途和费迪南德的命运。这两人目前都留在科尔多瓦的学校里。如果他本人淹死了，而马丁·阿隆索会带着新闻回国，人们会把这对孤儿放在一个陌生的地方①，无人照顾，因为平松兄弟无疑会窃取这次发现的全部荣誉。

因此，统帅就在他那个摇晃不停的船舱里拿出羊皮纸、羽毛笔、墨水瓶，写一份简要的西航和发现记录，用蜡布包好，放在一只木桶里，加盖密封好，然后投入大海中。以后"这份桶装手稿"一直没有消息。1892年，有一个不可信赖的伦敦出版商厚颜无耻地宣称他已得到了这个文件。他说那是近年由一个渔人在威尔士海岸附近捞起来的！他说明，文件是用英文写的，因为统帅以为文件用海员通用的语言写出就会遇到较好机会为世人所了解。在德国还出版过一个"摹真本"。它模仿羊皮纸上的手迹写成，题名《我的秘密航海日志》。这个版本还适当地把一些藤壶和海藻之类作为装饰物。它得到了许多轻信的购买者，其中有几个曾试着把他们的倒霉的所得

---

① 这是重要的。哥伦布《航海日志》中有记述，后来费迪南德·哥伦布对此也有记述。

的东西卸给现代作家。①

2月14日（3次许愿的日子）日落后，"西方天空开始出现晴朗的迹象，说明风打算从那边吹来"——一个很不好的猜测。但是风势已缓和，海浪已开始低落，于是哥伦布吩咐在"尼尼亚"号的大桅横帆下系上附帆（等于打开一副缩帆）。船继续向东北方向行驶，时速仅仅3海里。2月15日（星期五）日出后，一个名叫路易·加西亚的船员望见前头静静地躺着一片陆地。对于那是什么地方，大家展开了最广泛的猜测。有些人认为那是卡斯蒂利亚，另一些人说是里斯本附近的辛特拉山岩，还有一些人说那是马德拉群岛。哥伦布一人坚决认定那是亚速尔群岛中的一个岛。像往常一样，他又一次说对了。那是圣玛利亚岛——亚速尔群岛中最南面的一个岛，也是最小岛屿之一。在"尼尼亚"号到那里抛锚以前，还得走72小时。

夜晚风力比较缓和，据他们估计，此时"尼尼亚"号距该岛16海里。不久风突然转向东北东，第二个冷锋已越过"尼尼亚"号把它留在高气压带的边缘，但海浪继续自西向东高涨。造成这个奇怪现象的原因一定是由于西风越过这个锋，这个锋离南方，一般地说离东方和西方都不远。幸而"尼尼亚"号是一只饱经风雨的小船，所受损害还不算重要，所以在12月16日当风转向东、又转向东南东时统帅能够尽可能让它抢风航行。2月16日日出正当"尼尼亚"号掉抢时，船员们从船尾望去，看到了较大的圣米格尔岛，相距大约是25海里。这一天整天和夜晚"尼尼亚"号乘清新的东向风朝躲在大片流云后面捉摸不定的圣玛利亚岛探索前进。哥伦布开始三四天当中的第一次睡眠，"由于常常置身于寒冷和雨水中，由于食物营养不足，他两足跛得厉害"。统帅在这次航海中所患关节炎竟缠绵他一生，随着年龄增

---

① 找到哥伦布《航海日志》原本或《秘密的航海日志》的消息差不多每年在报纸上都有报道（最近俄罗斯卡尔加波尔地方图书馆也传说过）。这些都是《我的秘密的航海日志》的复制本，该《日志》已由伦道夫·G.亚当斯在《哥伦布书简案》中逗人发笑地描写过。

长，痛苦日益加剧。

2月17日日出时，"尼尼亚"号向东走过了头，随即乘东南东风向南南西走，在暮色苍茫中到达圣玛利亚岛。但因为"大云团"模糊了岛的上坡，"统帅辨不清它是哪一个岛"①。天黑以后，他在几栋房屋附近停船，想同几个居民打招呼，弄清自己到了什么地方。疲倦已极的船员们很想在这宁静的夜晚好好休息一下，但眼下锚索已被尖锐的岩石磨断了，他们只好驾着这条船通晚不停地时而近岸时而远岸地游弋。哥伦布原不打算在返航途中访问亚速尔群岛——一切葡萄牙岛屿他都小心避开，但因为船员和船只已经受到了这么大的打击使他决计趁机会在这里弄一些木材、淡水和新鲜食物，并稍稍休息几天。

圣玛利亚岛是葡萄牙人在亚速尔群岛殖民最早的一个岛屿，仅有10英里长和5英里宽。岛上多山，山峰高达1870英尺，其中有许多富饶的溪谷和小平原适宜饲养牲畜，但是它没有天然港口，只有几个锚地。当海风吹向海岸时，没有一个锚地有防御能力。

2月18日（星期一）日出后，哥伦布再搜查该岛北部海岸，"看来那里适宜于用一只锚停泊，再用一只小舟上岸。上岸后和当地居民交谈，获悉这里就是亚速尔群岛之一的圣玛利亚岛。居民把可以停船的锚地告诉他，并且说他们从未见过像过去15天那样猛烈的暴风雨，对于他是如何逃脱这次灾难的，深感惊奇。他们再三感谢上帝，对统帅发现印度这个新闻表示十分高兴。"②

圣玛利亚岛是座崎岖不平的山岛，山势向海边倾斜，山麓有个绿色的海岸平原宽约半英里。哥伦布手下这些船员自离开伊斯帕尼奥拉岛后首次登陆的地点就在这个海岸平原边。这里有块小沙滩，是一个

---

① 显然，哥伦布和他的同事不大熟悉亚速尔群岛，否则根据这个岛对圣米格尔岛的方位一定能认出这个岛就是圣玛利亚岛，因为群岛中其他两岛并不在同一关系位置上。
② "说葡萄牙人表示十分高兴似乎并不确实"，拉斯·卡萨斯在2月18日的《航海日志》页边曾这样加了边注。

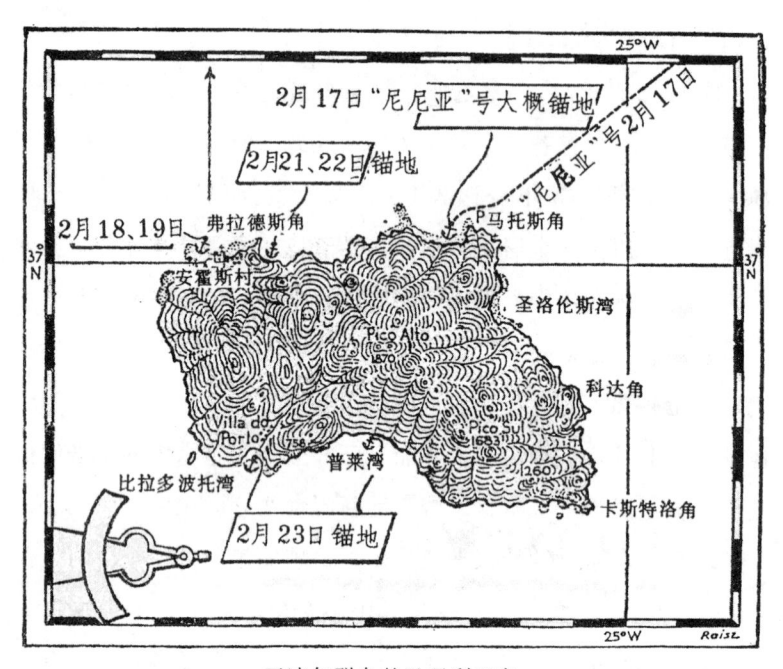

亚速尔群岛的圣玛利亚岛

良好的小舟靠岸处所，还有一条从山间流出来的小溪供应淡水。哥伦布访问这里以前50年，圣玛利亚岛的首批移民就在这里上岸。他们的村庄叫作"我们的圣母和小天使"（Nossa Senhora dos Anjos）。传说圣母曾在好些小天使簇拥之下在这里一座低潮时候也被水淹的岩石上向一个渔人显圣。于是居民在这个地点附近兴建了一座小教堂或修道院用以纪念圣母显圣。"尼尼亚"号所选锚地在小教堂附近不很安全，照居民意见移到西面在一个名叫弗拉德斯角的高石岬边。那里有个面向东北敞开的海湾，海湾西面靠一个高高的火山岩，像西印度群岛的任何一个锚地那样人迹稀少。只要是刮南风"尼尼亚"号待在这儿是安全的。留3名船员在岸上安霍斯村，离锚地1.5英里远，任务是采办新鲜食物和淡水。

那一天整个下午，"尼尼亚"号停泊在这个荒凉的海湾里，看不见村落，跟岸上也没有联系。日落后，岛上有3个人出现在高岩边，向船员们打招呼。哥伦布派小舟接他们上船。"很幸运，这一天是忏悔节，所以他们送来了新鲜面包、家禽和其他岛上首领赠送的东西。那位名叫若昂·德·卡斯塔涅拉的首领说：他知道他（统帅），因为是夜间，所以未来看他，明天天亮后他会偕同留在他那里的3名船员带更多的食物来拜访他，他把3名船员留在他那里是因为他同他们呆在一起好听他们讲西航的故事，听他们讲故事十分愉快"。上船的3位使者都获得床位过夜，因为夜间回去是件麻烦事情。

哥伦布听这些客人讲"海滨有座修道院似的小教堂"是供奉我们的圣母的，就决定利用这个好机会还海上暴风雨中所许的第三个愿。这座小教堂虽然在17世纪重建过、扩充过，但规模仍旧很小，设备也简陋，因此一个人在看过它后跟着就容易想象出它那既庄严又滑稽的景象来。2月19日（星期二），天亮时哥伦布派船上一半船员上岸请客人带路去寻找做弥撒的乡村教士。这批人还过愿后应随即回来看守船只，然后让哥伦布和其余一半船员再去小教堂履行他们发过的誓。

教士找到了，这些上岸船员就脱掉鞋子袜子和一切衣裤仅穿一件长衫（忏悔装束）走进小教堂。当他们向祭坛上3张古老的弗拉芒人的宗教画[①]做感恩祈祷时，全镇居民有的骑马、有的徒步一齐赶来袭击他们，把他们全部当作俘虏抓起来；因为他们身上除一件长衣衫外别的一无所有，他们怎能抵抗这种突然袭击呢？如华盛顿·欧文所评论的："这是统帅回到旧大陆所受到的头一次接待，这是他，一个为他的同类做出了最大贡献之一的人，毕生都要受苦难的预兆。"[②]

[①] 这幅宗教画中绘有圣母像，圣母周围是一些小天使，左边是圣者菲利普和詹姆士，右边是圣者科西莫和治愈一个病人的达米安。这幅画是15世纪弗拉芒学派的作品，揣想是在哥伦布访问这里以前为这个小教堂所得，因为有些移民其祖先是弗拉芒人。不过这幅画也可能是葡萄牙艺术家画的，因为葡萄牙画派也源自弗拉芒人。1939年9月28日，《发现和移民亚速尔群岛有关文献集》（Colecção de documentos relatives do descobrimento e povoamentos dos Açores）一书编者曼纽尔·蒙泰罗·维尔霍·阿鲁达博士陪我参观了小教堂和弗拉德斯角。他亲切地赠我一部有关小教堂及这幅宗教画的历史的研究报告。我也愿意以个人名义并代表我的同事向在哈佛哥伦布远征队访问安ংস村时帮过忙的佩德雷·查维斯-卡勃拉尔牧师，以及向《哥伦布在非洲群岛上》一文作者C.威灵顿·弗尔隆先生表示感谢。后者的大作（见《哈泼斯》杂志第135期第745—757页）帮助我们毫无耽搁地找到了这地方。

[②] 《哥伦布的生平和航海事业》第5卷第3章。

下令卑怯地俘虏这10名没穿裤子的祈祷人的地方官吏不是岛上当权的首领，而是他的临时代理人，一个名叫若奥·德·卡斯塔涅拉的年轻人。[①] 他夸口说（哥伦布也相信）他已接到葡萄牙国王要逮捕他们的旨意。卡斯塔涅拉是否接到这种命令，或他是否坚决要执行这种命令，都是可疑的，因为他曾因允许一个俘虏逃跑而受到上级谴责。葡萄牙人久已为卡斯蒂利亚人违反《阿尔卡苏瓦什条约》侵入几内亚海岸而深感苦恼，加上亚速尔群岛又是船舶从几内亚返回半岛的停靠站，看来，卡斯塔涅拉大概是怀疑哥伦布一伙人做了一次非法的几内亚航行却又大谈其不可信的"印度"故事以掩饰事实真相。

　　哥伦布焦急地等待小舟从看不见的村庄转回来，大约等到上午11点，他猜想要么是小舟已触了礁石，要么是船员们被拘留了。他起锚把"尼尼亚"号绕过弗拉德斯角，"看见许多骑马的人下马走上一条武装小艇朝'尼尼亚'号开来"。这是卡斯塔涅拉指挥的一条兵船。他们的意图显然是想逮捕统帅。一次谈判在帆船和小艇之间开始进行。我们觉得很有趣，哥伦布则很难受。他试着诱使卡斯塔涅拉上船以便抓他做人质，葡萄牙人也力图哄哥伦布登他们的小艇，以便把他逮起来和那些虔诚的朝圣者关在一起。哥伦布把护照和信任状亮出船樯，但不许葡萄牙人近前读它们。双方高声交谈。哥伦布说"他是海洋统帅和隶属双王陛下的印度总督"（你可以想象得到，卡斯塔涅拉会挖苦地大声高叫恁大的官"坐这么小的船！"），说如果不把他的人释放回来的话，他会带身边的一半人回卡斯蒂利亚去，让犯罪的葡萄牙人受到应得的处罚。卡斯塔涅拉回答说：他不知道什么卡斯蒂利亚双王，他也不在乎他们，这里是葡萄牙的地方，谁要反抗，谁就会

[①] 承蒙里斯本 E. 加兰德·杰妮夫人的好意，托雷多·唐波档案馆已为我仔细查过，除了他曾经任过海关税吏以及1488年当过马德拉群岛的地方官吏以外，没有找到其他材料。他在马德拉群岛曾因为让一个囚犯逃跑被国王处以罚金，后获赦免。维利乌·阿鲁达博士告诉我：此人出身贵族，是圣玛利亚岛贵族比塞乌公爵的家臣。他后来住在圣米格尔岛。

遭天谴。哥伦布也大发雷霆，当着圣费尔南多起誓：除非消灭岛上一些人口并且抓100名俘虏回国做奴隶，他绝不离开这个岛。上帝要惩罚他们的。就这样他开船回到他首次停泊的地点抛锚，因为风和气象都很恶劣，不能做别的事情。

这个锚地显然就是村民劝哥伦布要注意的那个村庄附近的锚地。20日，当他吩咐留船船员们用木桶灌海水压船的时候，锚索断了，于是哥伦布就向圣米格尔岛航行。"虽然在当时他们遇到的天气条件下，亚速尔群岛中没有一个岛有良好的港口……他们除躲到海里去以外，别无其他办法。"圣米格尔岛在天气好时从圣玛利亚岛望去可以看见，但现时天气非常恶劣[①]，"尼尼亚"号走到黄昏，还是没有到达该岛。由于水手留在岸上，船上只有3名水手，其余的都是些职员、新水手或印第安人，他们不曾学好驾驶技术，所以在此紧要关头"尼尼亚"号航行很困难。那一夜它"顶着暴风雨、冒很大危险、艰难地"下不了锚地顶风停泊，"幸亏海水和海浪都朝一个方向运动"，所以船未出事故。2月21日日出时刮北风，圣米格尔岛还是看不见。哥伦布于是决定再向圣玛利亚岛航行，看看交涉产生了什么结果。到下午很晚的时候回到了圣玛利亚岛，他用剩下的两个锚把船停泊在弗拉德斯角以东的海湾里。

在那里，他受到的第一次欢迎是听见来自石岩上的一个好事之徒的挑战式的叫喊声。可是，一会儿"尼尼亚"号的小舟绕过海角出现了。她带来5名曾被俘去的船员、两名牧师和一个公证人。统帅招呼他们上船，晚间尽可能款待客人，留他们在船上过夜。牧师和公证人仔细看了统帅的证件表示满意，答应让"尼尼亚"号自由来去。卡斯塔涅拉显然已经认识自己的行动鲁莽，也许他在审问俘虏后没有得到

[①] 关于这一点，哥伦布在他的《航海日志》里详细讲过他在"印度"群岛所遇到的可爱的天气，并第一次暗示"神圣的神学家和聪明的哲学家"所谓地上天堂就在那里。这点我们将在写第三次西航时看到更详细的叙述。

他们侵犯几内亚海岸的任何证据。小舟又朝岸边开去，再载着其余船员回来。船员们说：释放他们的真正原因是卡斯塔涅拉没有抓到哥伦布，他对小猎物是毫不在意的。

最后，2月23日，"尼尼亚"号载着全部回来的船员离开这个令人心神不安的锚地，向西绕过圣玛利亚岛去寻找良好锚地以便采办木材和压船石头。到晚祷时（下午6点），它在岛南岸比拉多波托湾或普莱湾停泊。这里是一个良好着陆海滩，散乱的石头很充足。但是，在头一个夜班交班时（下午11点），开始刮西风，随后又转为西南风，哥伦布写道："这些岛上刮西南风，一会儿又刮南风。"刮南风时，他的锚地保护不了船只，船就需要出海。哥伦布下令起锚开航，让"尼尼亚"号走东向航路，离开了这个海岛。

现在是2月24日（星期日），"尼尼亚"号在圣玛利亚岛停泊和环行花了10天时间，损失了两三只锚。哥伦布在这里逗留了这么些日子除了补充新鲜淡水、少量食物以及获得对卡斯塔涅拉的外交胜利以外，别的就没有什么可以表述了。

第二十四章 在葡萄牙人的掌握中[①]

1943年2月24日—3月13日

> 神啊！您曾经试验我们，熬炼我们，如熬炼银子一样……我们经过了水火，你却使我们到丰富之地。
>
> ——《圣经·诗篇》，第66篇，10、12节

2月24日（星期日）零点，哥伦布"观察天象看出这是回卡斯蒂利亚的天气好的日子。他放弃采办木材和淡水的打算，下令循向东走的航线前进"。日出前，"尼尼亚"号顺利地走过一座无人居住的荒岛。这条向东走的航线是经过仔细考虑才选定的，因为圣玛利亚岛和圣维森提角同纬度，而圣维森提角又是船舶自西方走向帕洛斯一个适当的落脚点[②]。这一段距离大约是800海里。由于在这个季节里这一带盛行北风，所以在普通情况下走完这段路程肯定不需要一个多礼拜。但是在亚速尔群岛和葡萄牙之间这一大片水面上冬季里多风暴，据1941年2月里斯本报道，风速每小时超过100海里。低气压带也显示"停留"在这个区域的趋势，同时还存在一个缓缓运动的极锋。这意味着猛烈的风暴可能紧紧追逼，而且可能持续一段长久时间。

[①] 哥伦布的《航海日志》仍然是这最后一段航程的唯一资料来源，但是或者因为暴风雨，或者因为拉斯·卡萨斯的疏忽，航海资料是不完备的。因此，我在海图上标绘这段航程是近似性的（麦克罗船长对此没有责任）。我对这次暴风雨的解释就是布鲁克斯教授的解释（见上章第417页注②）。

[②] 对于任何一位不怕麻烦肯细看地图的人来说，这似乎是很清楚的。从洛佩斯·德·贝拉斯科开始，航海指南就建议从印度回来的船只要把圣维森提角作为它们的落脚点。可是，某些哥伦布的人竟是这样无知或故意诬蔑以致把他提到以圣维森提角为目标看成一种"投效"，说他打算"出卖"给葡萄牙。

另一个可怕的风暴在"尼尼亚"号离开圣玛利亚岛大约250海里的时候追上了它。这个风暴和它并驾齐驱一直追到了特茹河口的沙洲上。另一方面，哥伦布《航海日志》中的资料构成一份引人注意的气象记录。它表明，这次风暴是一个发展充分的大气旋，显然，还加上一个从热带来的开阔的暖气团在猛冲从较高纬度来的冷气团。这两个旋转气团大概是向东或向东北缓缓移动（大约每小时10海里），6天追过了和它们一道前进的哥伦布。这个气旋对于"尼尼亚"号的考验甚至比亚速尔群岛以西那个暴风雨更厉害，因为气旋中心向北方移动所经路线离船只比较近，大概只有150海里左右。

2月26日晨，当前进风暴的冷区中那个由疾风向强风跃进的暴风带追上"尼尼亚"号的时候，麻烦的第一个征候出现了。风改从南东吹来迫使"尼尼亚"号朝东北东方向前进，离开它走向圣维森提角的航线两个罗经点。次日，从南东和南方吹来的风力加强，海浪高涨，哥伦布再也瞄不准自己的航向。他写道："眼见得他们就要回到自己的家门口了，偏偏遇到这场大风暴，真正令人很伤脑筋。"那一天（2月27日），哥伦布发觉自己离圣维森提角125里格，离马德拉群岛80里格，离圣玛利亚岛106里格。他或比森特·亚涅斯或佩拉隆索·尼尼奥对这个大洋颈部本来有十分准确的了解，因为从这三个地点各自的控制点标出这三个距离，对过高估计不做任何扣减，我们就把"尼尼亚"号放在北纬37度05分、西经17度30分和18度之间。根据我对哥伦布的船位推算结果所做的测定，他这个经度大致是正确的，至于纬度在"尼尼亚"号被迫向北航行后该船一定到了北纬38度。马德拉群岛在哥伦布的海图上大概已北移太远，这就是他对三个估计距离有一个估计错误的原因。

2月28日，海上波涛汹涌，风向由南东转南，要比向北东和东北东更靠近航向已不可能。随后两天（3月1日和2日），情况继续如此，尽管缓缓移动的气旋赶过了"尼尼亚"号。那一天夜晚，气旋的暖锋显然已赶过该船，它走进了这个风暴的热区。风改从南西吹来，向东偏北航行是可能的。3月2—3日夜晚，第五个风暴冷锋面袭击"尼尼亚"号，凶猛的飑也突然出现，"它撕裂了船上所有的风帆，他发现自己处在巨大的危险之中"。这时候，"尼尼亚"号除挂一副低帆外几乎不能再用其他更多的帆。飑使其他前帆和后帆都离开它们的束帆索，从帆桁上剥落下来。

"尼尼亚"号凭着几杆光桅在危险万状的苦海上令人惊心动魄地纵横摇晃、颠簸不前。船员们把豆子搅乱放在帽子里，又一次拈阄儿朝圣活动开始了。这一次朝圣地点预定在韦尔瓦附近①圣玛利亚教堂。像往常一样，哥伦布又拈了个刻十字的豆子。于是船员们都赌咒发誓上岸后头一个星期六夜晚以禁食代替饱餐和狂饮。这的确是一种极端绝望的心理状态。

3月3日是全航程中最糟糕的一日。"尼尼亚"号所遇到的冷锋面、飑线似乎已经扩张到它的航线南边，几乎和它的航线平行。它好像已遇到一支敌人舰队正好从地平线上向它开火一样。风刮得很凶猛，风力至少已达蒲福风级10级。照布鲁克斯博士的意见，在飑中风力达到了12级。稍许令人安慰的是风从北西方吹来使"尼尼亚"号可以向东方前进。但是，海岸正在危险地逼近，和处在早先的暴风雨中一样，眼前正处在同样的苦海中。随着黑暗的下午过去，黄昏临近，忧虑加深，因为哥伦布根据他的船位推算结果和事物的现象知道，他已渐渐靠近陆地，正在朝岩石壁立的葡萄牙海岸冲去。

3月3日下午6点，太阳西沉了。一会儿，气旋的尾部做它的最后一次冲击。风力猛然增强，变成了"这样可怕的一场大风暴，它掀起的巨浪从两面翻滚上船，使他们觉得自己仿佛已丧生海底，随后，

---

① 这座圣母院在海员们看来仍旧具有神奇威力，它中间还装饰了几件有意思的民间艺术品，上面绘有船舶遇难和船员获救等图像。

风浪又似乎把他们掀入空中，水从天下落下来，四面八方电光闪闪"。幸亏这是一个月圆之夜，皓月透过风暴的云层，放射出足够的光辉使得当夜班第一班（7点）就位时，船员们就望见陆地安静地躺在正前方。这是值得快速思考的一瞬。为了在自己认清这个地点，看清那里能否找到一个港口或一个锚地以便拯救自己以前，不靠近那个陆地。哥伦布升起备用的前桅帆（因藏在帆舱内才得以幸免于难），把船头转向上风，迎风转向。风从西北方吹来，他使船以右舷抢风①。"上帝就是这样保护他们直到黎明，这是付出无限辛勤的劳力和经历着无数恐怖才得以完成的一次行动"。让小船碰撞罗卡角，就意味着全体船员必死无疑，仅仅一块小帆把他们救了。"尼尼亚"号，由于驾驶得非常好，就变成了一条勇敢的小船。在这种危险万状的情况下不是每一条现代帆船都能够安然脱险的。

"黎明（3月4日），他认出了这个陆地就是贴近里斯本河的辛特拉山岩。他决定从这里进港，因为他已不能做别的选择。"这个辛特拉山岩是一个多山的半岛，现时宫殿和别墅林立。它突出在葡萄牙特茹河北面，形成进入里斯本的一个完整的陆上标志。悬岩峭壁绕以海浪的泡沫向海员们表明：这里硬碰不得，非得避开不可。

当哥伦布到达西班牙时，他曾受到苛刻的指责，说他不该访问里斯本、向葡萄牙国王公开推销他的西航发现计划，许多现代作家也喋喋不休地重复这种小气的和荒谬的指责。但每个人不论是海员或非海员应该清楚：在气旋把"尼尼亚"号驱逐到圣维森提角的纬圈以北，把它的每一片风帆都剥光（仅剩一块小小的备用帆），风向又突然转为西风和西北风、逼它走向下风岸以后，哥伦布就非得进入特茹河不可。正如他自己讲的，"因为他别无其他做余地"。凭它仅剩下的一块小方帆，任何向北走225海里到加利西亚，或向南

---

① 参考前面"船舶和航海术"章第4图。

转东到帕洛斯的企图，都不是熟练的海员所应该采取的做法，而且很可能导致自杀的后果。①

太阳出来后一会儿，"尼尼亚"号绕过拉索角进入特茹河口。它走过卡斯凯什村时，那里的渔夫看见这么小的一条破帆船竟能从公海上安全航行归来都感到很诧异、很惊奇，"他们整个早晨都为这些船员祈祷"。在往常这个暴风雨大作的冬季里，佛兰德船队中有许多船遭难沉没，还有许多船被大风困在特茹河内4个月不能出海。

"尼尼亚"号紧沿海岸航行，安全地跨过里斯本沙洲的北水道，在通过堂·曼纽埃尔几年后在此建筑哥特式的贝伦塔楼的一个半岛后，于3月4日（星期一）上午9点来到雷斯特洛附近抛锚。这个地方后来改名贝伦，它是里斯本的外港，上距该城4英里。"尼尼亚"号的锚地现已填土，离热罗尼莫斯修道院不远。修道院所在地是哥伦布同时代人航海家达·伽马以及用高雅的长诗歌颂航海英雄的卡蒙斯俩人的墓地。

现在哥伦布站在一个容易出事的是非之地。他完全处在他本国双王的主要竞争者和新近对手若奥二世的权势掌握之中。他自己在圣玛利亚岛所得到的经验使他想起这位国王对他将是什么态度。他无力抵抗被俘虏或受虐待，他不得不依靠自己天生的机智和外交才能。

由于知道国王现时在国内，他打发一个信使带去一封书信请求国王允许他溯流而上去里斯本，因为他停泊在一个荒凉的锚地里害怕歹

---

① 塞萨雷·费尔南德斯·杜罗在他写的《平松在发现印度期间》（*Pinzon en el Descubrimiento de las Indias*）一书（第116—117页）中争论说（他是一位海军军官本应该知道得比别人清楚）：当"尼尼亚"号看见辛特拉山岩时，风向是南风或东南风，所以哥伦布完全可以向北航行到加利西亚去。但是据《航海日志》记载，2月28日起风已经不是南风或东南风，到3月2日当气旋中心向东过去时，风已转从北西吹来，"尼尼亚"号靠光桅向海岸冲去就是乘这种风。即使这种风来得合适，但是当一个友好邻国的港口正敞开着，舍此港不进，却要靠几根光桅走225海里到一个较远的西班牙港口去，这肯定是一次不恰当的冒险。塞西尔·简在《文件选编》第1卷第18页把哥伦布南风和东南风错译成南南西风以增添他的过失，还在这部书第2卷，第23页上做了一次美丽的书房航海，断言哥伦布"总是由于海上波涛汹涌自己胆小怕事"，受恐惧心理驱使，把船开进特茹河的。他完全可以好好地北航到加利西亚去，但他却开进里斯本避难，"他这是失策的，也是不合理的"行动，在波涛汹涌的海洋上的确缺少男子汉大丈夫气概！某位葡萄牙史学家责备哥伦布走到里斯本去，特别责备他对国王说："我告诉你如此这般……"这种指责，即使不大卑鄙，也是比较浅薄的。

徒"以为他携带巨金"会向他进行攻击。他引证费迪南德和伊莎贝拉的信任状，通告国王"他并非来自几内亚而是来自'印度'"。这是他必须向国王确证明白的。

哥伦布写了这信给国王后，又在致费迪南德和伊莎贝拉报告西航结果的书简（在海上写成，在圣玛利亚岛写上日期）末尾加一个附言："书简写完后，我正到达卡斯蒂利亚的海上。海上刮起了巨大的南风和西南风，使我不得不亲自缩帆稳船①。今天我把船开入里斯本。这就成了轰动世界的大事。在这里我决定写信给两位陛下。在印度各地我常常发现天气和这里 5 月一样。我前往印度走了 33 天。回来应该走 28 天。但因为在这个海上遇到了暴风雨把我阻留了 14 天。此地所有海员都说，这里从来没有见过这样恶劣的冬天，也没有损失过这么多的船员。

3 月 4 日写完书简。"②

无论是在水上行船或是在港口抛锚，麻烦事情总不会远离哥伦布。停在"尼尼亚"号旁边的是一艘大型的葡萄牙战舰（皇家海军的骄傲），它装备了足量的炮火可用以射击海外来的这条小帆船。一会儿，来了一位副舰长，副舰长不是别人，他正是发现好望角③的巴塞洛缪·迪亚士。他乘小艇前来，走上"尼尼亚"号，命令哥伦布同他一道回去向舰长报告自己的情况。哥伦布保持他作为海洋统帅的尊严回答说：除非使用武力他不会去。迪亚士以为如果比森特·亚涅斯携带船上证件同他回去，他的舰长一定会满意。但哥伦布答复说，除非

---

① descargar los navios 通常被误解成为"船舶卸载"，但这里实在是指放松帆索或缩帆。哥伦布或许有意把船（navio）字用复数（navios），因为不想让国王知道"平塔"号已不再跟他在一起。

② 译自第一版（巴塞罗那，1493 年，摹真本收在撒切尔著作第 2 卷第 20 页）重印在抽编《航海日志》及其他文件》中。哥伦布从里斯本发出这封书简经陆路寄回西班牙。这是没有疑问的。一本威尼斯历史（注明时间 1493 年 4 月 18 日）提到这封书简是由葡萄牙经罗马转来的。

③ 有人对这个人是否是巴塞洛缪·迪亚士表示怀疑。理由是发现家屈居附属地位，因为他位在舰长之下。不过伟大的迪亚士从来没有得过应得的奖赏，1497 年他只是一条几内亚商船的船长，1500 年逝世时也只指挥卡布拉船队中的一条。

武力压迫，他的船长或其他的人都不会去；对于卡斯蒂利亚的统帅来说，他本人也好，他的人民也好，宁死不屈是民族的传统。接着迪亚士要求看证件，哥伦布这才高兴地拿出证件给他看。小艇回到大战舰旁边，迪亚士把交涉情况报告舰长阿瓦罗·达毛。于是迪亚士和舰长命令部下"打起鼓，吹起号，奏起各种乐器举行盛大的庆祝仪式"。他们向新的海洋统帅做礼节性的拜访，"答应做他们需要做的一切"。

为统帅环行一周。

当天整天和次日，"尼尼亚"号接待了大批岸上访客，其中有些是哥伦布的老友。人们对所听说的西航故事，对所看见的印第安俘虏印象非常深刻，"对我们的天父把这么多优秀的基督教徒赐给卡斯蒂利亚双王"，表示十分感激上帝。友好的葡萄牙人民正是这个样子。他们没有卡斯蒂利亚人的那种骄傲和嫉妒习气，似乎把别人的好运当作自己的，对别人的好运真正高兴。不过，还要看看，国王的反应是不是同他的臣民一样。

3月8日（星期五），马丁·德·诺隆哈，国王宫廷一位年轻的官吏送来若奥二世一封信，邀请统帅去王宫相见，"因为天气还不利于开船"。显然仍旧刮西风。国王还命令他的代理商给"尼尼亚"号供应粮食、杂货，价款由王室支付。哥伦布决定接受邀请，以便"消除猜疑，虽然他本不愿去"。他既害怕不公正的对待，又怀疑拜访的目的受误解，后来事实果然如此。骡子由堂·马丁提供，少量金鼻栓和其他"印度"纪念品无疑都装在驮袋里。作为他到过一个从未发现过的地区的不可否认的证据，哥伦布从10名印第安俘虏中挑选了几名最健壮的"标本"同去宫廷度周末。这些可怜的"动物"在饱尝惊涛骇浪之苦后，现在又要骑在骡子背上体验葡萄牙陆上旅行的惊恐。此外很可能，他们还需要打赤脚在泥泞的地上跋涉，并且要在里斯本的大街上任好奇的群众挤压和抚摸。当时一场"大瘟疫"在特茹河下游流行，"尼尼亚"号上的船员（白人和红人）侥幸未受传染。

当哥伦布一行穿过房屋栉比、街道狭仄的里斯本时，有些什么记忆和想法一定会闪过他心头呢？他脚下的道路引导他经过二圣修道院的小教堂，那里是他和妻子首次相逢的地点，还引导他走过卡尔莫大教堂的下方，那里是他妻子长眠所在的莫尼斯家族殡仪馆。也许他要抽出时间去凭吊费莉帕夫人的坟墓，为她的灵魂祈祷。他甚至会经过他和弟弟巴塞洛缪从事制图谋生的社址，他们当时计划的伟大事业而今已开花结果了。当他走出这个城市经过高墙围绕的葡萄园、沿特茹河右岸向北方前进时，他一定在字斟句酌地考虑该向国王讲些什么话，要用什么好听的语言才能平息国王对他为另一个国王效力所引起的恼怒之情。当这一行人走了12英里到达特茹河上一个小镇萨卡文时，夜幕已经降临。他们就在小镇过夜。次日，3月9日（星期六），国道在大雨之后非常泥泞，致使他们走了一整天才到达国王驻跸地——这一段路程现在坐汽车去走大约只需3刻钟。

阿韦斯王室不像他们的布拉甘萨家系继承人那样准备了许多宫殿，而是习惯于住在王国一些富裕的修道院里，这样可以节省他们臣民的许多开支，也有利于消耗些过多的教会收入。当时堂·若奥二世为了躲避瘟疫，正在贝尔图德斯的圣玛利亚修道院长住。这个修道院位于天堂河谷附近一个松林里，这里是个富庶的农业区，离里斯本约30英里。现在这个大修道院除一座无顶的哥特式教堂外已很少遗迹留存，中殿西头有几间房子，从那里王家客人能私下和独自举行弥撒仪式。砖石建筑物上面刻的印记表明，靠教堂北面建了另外若干房间，它们和国王住室毗连，其中有一间可能曾拨给哥伦布居住过。[①]

[①] 我很感谢前美国驻葡萄牙公使尊贵的赫伯特·C.佩尔和里斯本的R.加兰德·杰恩夫人。是他们找出了贝尔图德斯旧址并引导我到那里参观。这些建筑物现为波沃阿公爵所有，它们周围是个贫穷的村庄，居民营养不良，身体不健康。破败的教堂从里斯本—桑塔雷姆铁路上可以望见，它位于左边（北）一个斜坡上，大约在阿赞布雅和雷古恩萨两地中间。或者，走一条乡间道路也可以到达那里。这条乡间道路在一个政府森林站那里离开里斯本—圣塔伦公路，越过这条路约半英里就到了现代的巴莱多·帕拉伊索村。

国王和统帅两位高度英勇、意志坚强的人物会晤一定是惹人注目的。哥伦布 42 岁，堂·若奥 38 岁。哥伦布第一次是以一个请求者的身份会见他的，当时他的请求被批驳了；1488 年是国王召见他，他的要求又被批驳了。哥伦布清楚地知道，只有害怕触怒卡斯蒂利亚双王这种心理才能防止堂·若奥虐待他。他常常有一种不舒适的感觉："平塔"号可能已带着发现的新闻回到了西班牙，所以即使某项"事故"中止了他的使人烦恼的统帅总督和副王的权利，对此费迪南德和伊莎贝拉也可以不大关心。

哥伦布在贝尔图德斯受到体面的接待。这对他一定是一种安慰。他 3 月 9 日的《航海日志》记述了这次会见：

"国王命令他接受宫廷主要官员和他的家人的很体面的招待。国王本人也很有礼貌地接见他，向他表示好感，请他就座，说话很有分寸，还表示愿意吩咐部下慷慨地提供一切对卡斯蒂利亚双王有用的东西，并且完全为他们服务超过为他本人的服务；最后还表示他对这次航海结束得这么顺利、这么有成绩十分高兴。"

对这次会见我们幸而还有另外一份记录，那是鲁伊·德·皮纳以宫廷记录官身份当场记录下来的①。据他记录，国王对哥伦布的成功表示高兴并非真心实意。他内心实在激动和恼怒，"因为该统帅多少有几分抬高自己，谈西航故事常常言过其实，还捏造一个黄金故事，所讲金银财宝比实有的多得多"。还有，国王"认为这次发现是在他的领地几内亚海上和境内进行的：这样做是不许可的"。他不打算指责哥伦布侵入西非海岸非法活动，那样做就再拙劣也没有了。如他后来的外交活动所证明的，国王所主张的是加那利群岛以南和非洲以西的

---

① 鲁伊·德·皮纳：《国王堂·若奥起居注》（*Chronica d'El Rey D. João*），载 J. 科里亚·德塞拉《未刊葡萄牙史书全集》（里斯本，1792 年）第 2 卷第 177—178 页。译文见拙编《〈航海日志〉及其他文件》。哥伦布访问贝尔图德斯也记在加西亚·德·雷森德的《国王堂·若奥二世起居注》第 165 章（《葡萄牙古典丛书》第 34 卷第 20 页）。皮纳是正式的宫廷史官，加西亚·德·雷森德是国王的私人秘书，所以国王接见哥伦布时他们总有一人或两人在场，但雷森德的记述大部分是抄皮纳的。

"海洋"属他的势力范围，完全保留归葡萄牙人去考察开拓。他相信费迪南德和伊莎贝拉已在《阿尔卡苏瓦什条约》中公开承认了这点。条约已在1481年由教皇训谕所肯定。堂·若奥告诉哥伦布，如果所讲的新发现正确无误的话，"他根据与国王签订的条约知道，那些收获物应属于他。"① 统帅以和解态度回答说：他不曾看见这个条约，但双王曾命令他"不要去米纳，或去几内亚任何地方"。他是遵照命令办事的。堂·若奥保持他没有表情的面容说道，他深信一切可以友好地协商解决。他随即把他的客人介绍给克拉托大修道院长，"他是那里最杰出的人物，统帅从他那里获得许多恩惠和优遇"。②

在这次会见以后，有些朝臣领会国王的真实意图，群集在他左右，吁请他把这个自命不凡的说大话的统帅立刻处死。这样，"卡斯蒂利亚双王所经营的事业就会随着发现家之死而中断。如果他同意下令这样做的话，事情就可以谨慎地做好，因为哥伦布正自鸣得意而且很不礼貌。他们断定这点，为的是使他的任何一个缺点都仿佛可以成为他致死的原因。但是国王像他曾经是惧怕上帝的国王那样，不仅禁止那样做，反而对客人表示很尊重和很仁慈"。

考虑到堂·若奥曾亲自杀死自己的兄弟的事实，这位记录官对国王忍耐心的歌颂是逗人发笑的。但是统帅的态度和国王的激动都是可信的。哥伦布已不再是一个恳求者，而是一个成功的发现家。很可能他自己被骄矜之气冲昏了头脑（他惯常如此），不策略地提醒国王他曾经怎样受过嘲弄，并且告诉他再也不能这样做了。可是，甚

---

① 3月9日《航海日志》。在《阿尔卡苏瓦什条约》(1479年)中，由教皇训谕进一步确定，费迪南德和伊莎贝拉答应：他们对"葡萄牙国王在几内亚领地或准领地内所有土地、贸易、物物交换以及金矿开采，不加干涉、扰乱或麻烦"，对从加那利群岛南下到几内亚将发现或征服而获得的其他岛屿也照样办理。堂·若奥显然知道，这最后一条就意味着"加那利群岛的纬度以南和非洲以西"。这就是他为什么要激烈反对1493年佛得角群岛以西100里格的教皇分界线的原因，随后就把这条分界线移动了。F.G.达文波特：《关系美国历史的欧洲条约》(*European Treaties bearing on the History of the U. S.*)(1917年)第38、44、50、53页。J. W.布拉克著《欧洲人在非洲的开端》(1937年)第66页。这个课题将在下面第二十六章做进一步的讨论。

② 3月9日《航海日志》。克拉托勋章是葡萄牙三种骑士勋章之一。大修道院长职位常常是授予某一出身高贵的人物。1493年任此职是堂·迭戈·费尔尼奥阿尔梅达（国王非婚生子堂·乔根的管家）。

至关于他的第一次西航这个明明白白的事实对于一位一点一滴地而不是场面盛大地进行远征开发的国王来说,似乎也是轻率而过分的自我吹嘘。

星期日早晨弥撒过后,国王"和统帅就他的西航进行长久的交谈。他多次请他坐下并给以优渥的款待",垂询各种问题,听取各种详细说明,"尽量掩饰内心的懊恼"。① 周围的人都争着来看这个陌生人,一致认为,像他讲的那些事物他们在全世界都是见所未见、闻所未闻。当哥伦布向国王夸口说他带来的印第安人都长得聪明时,堂·若奥做了一次测验。他叫人拿来一碗干豆子。他把豆子胡乱摆在桌子上,然后叫一个印第安人把这些豆子摆成一幅粗略的"印度"地图,把哥伦布所称他已发现的陆地一一标示出来。一个印第安人非常迅速地把豆子摆好并指明哪些豆子代表伊斯帕尼奥拉岛,哪些代表古巴,哪些代表巴哈马群岛和小安的列斯群岛。国王面带阴郁的表情注视这个地理游戏,又装作漫不经心地把这个摆好的地图打乱,再叫另一个印第安人把打乱的地图重新摆好。这个印第安人(无疑,他就是聪明的迭戈·哥伦)重新摆成一幅安的列斯群岛的豆子地图并添加更多的岛屿和陆地,还用他自己的方言为我们解释和指示他所描绘的一切,虽然没有人听得懂他讲的话。国王因此清楚地懂得了哥伦布所发现的土地的范围和他想象中蕴藏在那些地方的财富。由于自己的过错,让这些土地和财富都从自己手中溜走了,所受损失是无法估计的。他再也掩饰不住他强忍已久的巨大懊恼之情,在万分激动中他捶胸顿足高声叫道:"理解力差的人啊!我为什么让这样重要的一桩大事溜走了呢?"此外,还说了这样或那样一些诸如此类的话。但他还是

---

① 3月10日《航海日志》和《历史》第74章(1927年,第1卷第327页)。拉斯·卡萨斯继续写道:"统帅在他的首次西航记事(哥伦布给他的航海日志所取的书名)没有说他带着任何印第安人一道。"不过两位葡萄牙年代史编者提到这些人是哥伦布带来的。

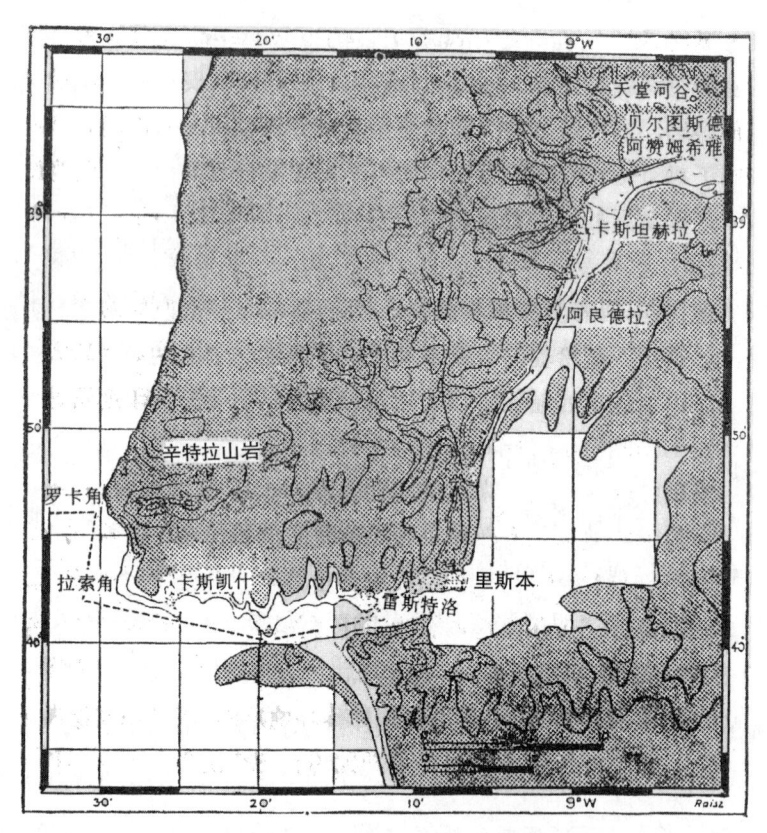

1493年辛特拉、里斯本和特茹河下游地区

拿几件绯红色的衣服送给这两个阿拉瓦克制图员，然后有礼貌地结束了这一幕表演。①

鲁伊·德·皮纳用几句奇怪的议论作为他这个会见记录的开头语，大意是说，"一个意大利人克里斯托弗·哥伦布发现了日本岛和安第利亚岛以后远道归来"。安第利亚使人回忆起它就是许多葡萄牙人屡次寻找而终无结果的神秘的七城岛。哥伦布无疑认为伊斯帕尼奥拉岛就是日本。他可能告诉国王他已发现安第利亚，借以使他误解，或借

---

① 拉斯·卡萨斯著《历史》第1卷第327—328页。书内有一个页边注解，引自加西亚·德·雷森德。雷森德写的《国王堂·若奥二世起居注》初版于1545年。王室赠送礼物就根据雷森德的记述。

以"捉弄"葡萄牙人。或者说鲁伊·德·皮纳只是反映国王对哥伦布发现的意见,而不是发现家自己的主张。因为给西印度群岛添加一个普通名称如安的列斯(Antilles)的正是葡萄牙人。[①]

就这样,堂·若奥郁积着满肚子怒火,听取了一次西航的第一手报告。这次西航给他的卡斯蒂利亚对手产生一个世界史上最大的帝国。由于这次西航他自己的王国和他的一切非洲及印度属地在阿韦斯王室的种子撒开时都注定要被吞并。

紧张的和激动的周末很快就过去了。3月11日(星期一),堂·若奥把一封致费迪南德和伊莎贝拉的信札交给哥伦布,向他道别,"向他表示殷切的感情"。宴会后,统帅由马丁·德·诺罗尼亚及一队士兵护送离开了贝尔图德斯。为了让哥伦布向王后致敬,他们绕道而行,不直接回里斯本。

堂娜·莱昂诺尔(她的臣民都这样称呼她)住在离贝尔图德斯大约15英里或20英里的一个修道院里,因为在一个院里要同时招待国王和王后费力太大了。她已获悉国王接待一个非常客人的消息,听客人亲口讲述西航故事而不等待书面报告,这是王家的权利,所以堂娜·莱昂诺尔寄语哥伦布:他在拜会她以前,一定不要离开葡萄牙。

王后居住所在的卡什塔涅拉、圣安东尼奥修道院是葡萄牙最可爱的地方之一。老修士在特茹河流域西坡选择一处平坦的高地,那里葡萄园、耕地和牧场分布均匀,使每一种人类的需要都能从他们自己的土地上获得供应,甚至连鱼也不缺乏,他们在主要建筑物和斜坡裂口之间挖掘池塘,用瓷砖或彩砖给池塘砌边墙。葡萄牙人做彩色瓷砖是从摩尔人那里学来的。修士所需各种舒适的生活设备都准备得非常完

[①] 在里斯本出版的《1502年的坎蒂诺地图》称西印度群岛为 has Antilbas descobertas por Colombo Almirante(海洋统帅哥伦布发现的安的列斯群岛)。葡萄牙史学家若奥·德·巴罗斯在《亚洲几十年》中称之为 Ilhas Occidentaes, a que agora Chamamos Antilhas(西印度群岛,我们现在叫安的列斯群岛)(莫里逊著《葡萄牙人的航海》第9页)。这个名词西班牙人也使用,但范围较小。El Mar de las Antillas "安的拉斯海"是16世纪他们对加勒比海的通用名称。

美，以致在一个多世纪以前当葡萄牙把她的修道院改作世俗使用时，圣安东尼奥修道院就变成了一座完好的乡间庄园，让一个绅士可以在这个幽静美丽的土地上自由自在过日子。修道院中藏有雕刻精细的墓碑的哥特式大教堂和小礼拜堂，都已成了酒馆。唱诗班的房间和走廊都被大酒桶和压榨机占用。鲜葡萄和发酵酒味久已驱除了香烛气味。鱼塘已改成了游泳池。但走廊下面堂娜·莱昂诺尔锻炼身体的院子仍旧保留着，同哥伦布当年访问这里时一样。

3月的日子是寒冷、有风的。在这座修道院里或者说在这个大庄园里，哥伦布带领几个光身子的印第安人跪在堂娜·莱昂诺尔王后的跟前，吻她的手，"接受她的礼遇"。他说："同她在一起的有他的向导之父堂·佩德罗·德·诺罗尼亚、马尔奎斯·德·维拉雷阿尔和王后的兄弟堂·曼纽埃尔、迪克·德·贝哈尔以及王储。"① 如果说统帅在圣安东尼奥的观众不多的话，那这是值得注意的。因为在1495年继承堂·若奥二世的年轻公爵推进海外事业比当时任何一位国王都更有魄力和成绩。由于堂·曼纽埃尔的指挥，达·伽马实现的一次航海比西班牙国王指挥下刚刚完成的这一次航海更加困难。

哥伦布在圣安东尼奥耽搁不久，当日黄昏就告别堂娜·莱昂诺尔王后到阿良德拉投宿——这是特茹河畔的一个小镇，距里斯本22英里。在骑了几个小时的骡子以后，统帅感觉得身上酸痛，决计次日租一条船或划桨或扬帆顺流而下回到雷斯特洛锚地。

次日（3月12日）早晨发生了一个稀奇古怪的插曲。正当哥伦布在阿良德拉旅店准备雇船的时候，堂·若奥的一个侍从或副官代表国王来看他，说哥伦布如果想从陆路回卡斯蒂利亚的话，他可陪他同行，一路上帮他找宿处雇牲口并提供他需要的一切。这个意见为什么

---

① "同她在一起的有公爵和侯爵"——哥伦布在3月11日的《航海日志》中写道。这点已被杰恩夫人证实。佩德罗·德·诺罗尼亚是堂·若奥二世提升为侯爵的唯一的一人，而且是以最隆重的仪式当着全宫廷人士提升的。堂马丁·德·诺罗尼亚大概是他的儿子，但不能肯定。

不在贝尔图德斯提出来呢？这个可能成为刺客的人得到国王同意吗？这是一个圈套吗？在埃尔瓦斯和巴达霍斯之间的山岭上安排一幕"土匪袭击"的戏，让这个好吹牛的自命不凡的统帅"偶然"遇难身亡，这是轻而易举的。这幕戏甚至可以安排在边界上或卡斯蒂利亚那一边演出，使葡萄牙能够完全规避责任。或者说，这个建议的确只是一种迟来的礼貌表示吗？哥伦布猜不透，但他决定不冒险。使这个邀请更可疑的是堂·若奥的侍从叫统帅骑一匹骡子，他另外赠一头骡子给他的带路人……他又送这个带路人 20 个埃斯帕迪内斯的小费（大约等于 50 个金元）。这个侍从在极力设法贿赂这个带路人吗？没有人讲得明白。堂·若奥除个人忿恨以外没有其他暗杀哥伦布的动机。即使"平塔"号翻沉了，"尼尼亚"号一定会把发现的新闻在西班牙传扬出去。实际上这个新闻已从里斯本经陆路送出去了。3 月 19 日梅迪纳·塞利公爵从科戈拉多（马德里东北 50 英里左右）写信给西班牙红衣主教说哥伦布已到了葡萄牙首都"他已找到他要去寻找的一切，成就很完美"。① 不过，对卡斯蒂利亚是好消息，对葡萄牙却是坏消息。杀死带坏消息的人是暴君的权利。哥伦布显然害怕这个最糟糕的后果，因为他在他的《航海日志》里提了一下这个建议和这种小费以后说道："这一切讲出来，为的是让双王明鉴。"

不论怎样，哥伦布拒绝把自己的脑袋放到别人袋子里去，让自己和随从人员都顺特茹河下驶，夜晚回到了"尼尼亚"号船上。3 月 13 日清晨 8 点"尼尼亚"号起锚开船，趁快速的落潮，趁北北西风走过里斯本的沙洲。②

现在哥伦布永远地完全地摆脱了葡萄牙势力的控制了。

---

① 关于梅迪纳·塞利的信，参考第七章第 137 页注①。哥伦布一定在把首次西航书简寄给国王时，同时写了信给他的公爵保护人（恩主），因为科戈拉多位于去巴塞罗那的路上。

② Marea de Ingente, 德·洛利斯说它等于 marea de montante（涨潮）（《文件和研究全集》第 1 卷第 1 章第 118 页）。但字面上这个字的意义是大潮，除非哥伦布害怕再多待几个小时，他一定不会趁涨潮开船，涨潮时雷斯特洛附近流速每小时 5 海里。

世界名人传记丛书

世界名人传记丛书

哥伦布传

(下卷)

〔美〕塞·埃·莫里森 著

陈太先 袁大中 陈礼仁 译

商务印书馆
The Commercial Press
创于1897

目　录

凯旋

第二十五章　水手回家　　　　　　　　　／ 3
第二十六章　外交插曲　　　　　　　　　／ 14
第二十七章　新闻传播　　　　　　　　　／ 30

第二次美洲航行

第二十八章　庞大的船队　　　　　　　　／ 45
第二十九章　众多的玛利亚　　　　　　　／ 58
第三十章　　圣徒们和贞女们　　　　　　／ 73
第三十一章　锡瓦奥　　　　　　　　　　／ 94
第三十二章　古巴和牙买加　　　　　　　／ 109
第三十三章　女王的花园　　　　　　　　／ 120
第三十四章　回到伊莎贝拉　　　　　　　／ 137

第三十五章　伊岛的苦难　　　　　　　／ 150

第三十六章　拥挤不堪的越洋航行　　　／ 165

第三十七章　导致灾难的牧羊人　　　　／ 178

第三次美洲航行

第三十八章　准备　　　　　　　　　　／ 205

第三十九章　特立尼达　　　　　　　　／ 216

第四十章　帕里亚　　　　　　　　　　／ 233

第四十一章　地上的伊甸园　　　　　　／ 252

第四十二章　人间地狱　　　　　　　　／ 268

第四次美洲航行

第四十三章　最后的机会　　　　　　　／ 283

第四十四章　飓风　　　　　　　　　　／ 293

第四十五章	探寻海峡	/ 304
第四十六章	贝拉瓜	/ 321
第四十七章	贝伦	/ 334
第四十八章	漏船航海	/ 345
第四十九章	困在牙买加	/ 354
第五十章	援救和结局	/ 372

附录一	哥伦布首次西航的书简	/ 386
附录二	哥伦布安葬在何处？	/ 397
索引		/ 400
外文书刊译名表		/ 424
译后记		/ 428

插图目录

哥伦布的纹章 / 17
西班牙和葡萄牙之间的分界线 / 24
哥伦布第二次西航，1493年——从多米尼加到伊斯帕尼奥拉 / 64
皮里·雷伊斯地图上的瓜德罗普及其附近群岛与现代海图的比较图 / 69
胡安·德·拉科萨地图上的加勒比群岛 / 76
圣克鲁斯岛盐河湾 / 78
纳维达德的地址 1492—1493 / 89
伊莎贝拉和锡瓦奥 / 102
古巴南部和牙买加地图 / 117
古巴南部（航海透视）图 / 127 页前

哥伦布第三次西航的航路示意图	/ 224
哥伦布第三次西航：从特立尼达岛到玛格里塔岛	/ 227 页前
1489 年 8 月 4—13 日哥伦布考察帕里亚湾北部图	/ 241 页前
哥伦布担任总督时期的伊斯帕尼奥拉岛	/ 272
哥伦布在 1502 年第四次西航中沿洪都拉斯、 　　尼加拉瓜和哥斯达黎加的航行路线图	/ 307
巴塞洛缪·哥伦布绘制的中美洲、哥伦比亚和委 　　内瑞拉海岸略图	/ 308
1502—1503 年哥伦布第四次西航中沿贝拉瓜和 　　巴拿马海岸航程图	/ 331 页前
圣格洛利亚地图	/ 355

凯　旋

第二十五章　水手回家

1493年3月13日—4月20日

> 就这样，他就引他们到了他们所愿去的港口。
> ——《圣经·诗篇》，第107篇，30节

当统帅不在船上的这段时间里，"尼尼亚"号上的船员也没有偷闲。的确，除了工作以外，他们并没有其他的事情可做。他们许过愿，星期六夜晚要在斋戒中度过，在受过圣玛利亚岛上的苦难以后，他们再也不想看见另一个葡萄牙监牢了。"尼尼亚"号要添加一套风帆和一些活动索具。它不但需要油漆装饰、木工修整，而且已获得国王批准开进王家船坞，做全面检修。每一件事情都很快地做好了。肮脏的船舱已用醋擦洗过，渗水漏水的缝隙已重新堵死。压船的石头已从特茹河对岸搬运上船。到统帅上船的时候，这条船已经是"井井有条、面貌一新"了。星期二夜晚，全体船员、基督教徒和印第安人，都已上船，准备开航。

3月13日（星期三）上午8点从雷斯特洛起航①，整日缓缓前进。太阳西沉后，它才远离大陆进入海洋，掉头向南，朝圣维森提角前进。此时"平塔"号正好在它的后面，在望不见的北方地平线下，沿着同一条航道行进。

---

① 3月13日《航海日志》写道"起航去塞维利亚"。我相信这是抄写人的笔误，把去萨尔季斯写成了塞维利亚。说哥伦布决计溯瓜达尔基维尔河而上，做一次长途的艰难的航行去塞维利亚，这是不合情理的，因为"尼尼亚"号和大多数船员来自帕洛斯及其附近，从那里走陆路去塞维利亚比走水路要快得多。

马丁·阿隆索是在2月13日暴风雨之夜和他的统帅分开的。他不曾遇见亚速尔群岛。"平塔"号在维哥湾附近的巴约纳港抛锚。这个地点正在葡萄牙边境的北部，离帕洛斯约450英里，在圣维森提角以北，纬度相差5度以上。显然，马丁·阿隆索和他的兄弟相信：当2月13日暴风雨袭击船队的时候，他们已走近马德拉群岛，风雨过后，他取东北航向，这个航向使他们错过预定的目的地好几百英里。他们到达的日期没有记录。但是，当"尼尼亚"号耽搁在圣玛利亚岛的时候，"平塔"号却在继续赶路，它躲开了2月26日突然袭击它伙伴的那场飓风，在2月最后一周的某一天到达加利西亚省的一个意外的港口停泊①。对于"平塔"号来说，这是另外一面胜利的锦旗：第一个看见美洲，第一个到达海地，第一个带着大发现的新闻凯旋回国。

哥伦布常常担心马丁·阿隆索企图抢在自己前面把喜讯禀告双王，而"平塔"号的船长马丁·阿隆索正是这样想和这样做的。他发出一份呈报，穿过西班牙整个大陆送给驻跸在巴塞罗那的费迪南德和伊莎贝拉，要求准许他前往那里面禀发现的新闻。双王以完全责备的口吻答复他，说他们要直接听取统帅本人的禀报。②于是，马丁·阿隆索可以说是夹起尾巴从巴约纳起航。无疑，他既希望"尼尼亚"号

---

① 在1515年的诉讼案卷中，一位帕洛斯海员证明：当"平塔"号停泊在巴约纳时，他正在巴约纳那里。他上过船，看见过印第安人。一个担任水手长的帕洛斯人曾赠给他4比索黄金（见《王家历史科学研究院学报》第90期［1926年］第750页）。"平塔"号离开巴约纳不会迟于3月11日，因为它到达帕洛斯是在15日。它在巴约纳收到国王从巴塞罗那发出的回信至少得10天。因此，我推断它抵达巴约纳是在2月21日（它从离开"尼尼亚"号的地点不停地航行到达巴约纳港最早的日子）和2月27日之间。

② 这段故事见费南德·哥伦布所著《海洋统帅克里斯托弗·哥伦布的生平和事业史》第41章（第1卷第241页），部分来自迭戈·罗德里古斯·科尔曼涅罗的证明（安赫尔·奥尔特加著《拉拉维达》第109页）。费南德斯·杜罗（《平松在这次发现中》）强调马丁·阿隆索只是设想"尼尼亚"号已经失踪，所以力图把发现的消息呈报双王，但是他不顾自己生病硬是提议亲自跑到巴塞罗那去报告已发现的消息，这充分表明他是力图打败统帅，夺取首功。作为远航中一名部下，正确的做法是当统帅如果在一个适合的时间内没有回来，这才写一份有关发现新岛屿的报告亲自送呈国王。胡安·德·莫格尔1515年在莱普证实，当马丁·阿隆索和比森特·亚涅斯在发现后到达巴约纳时，他也在那里（《诉讼案卷》第2卷第154页）。胡安·卡尔沃和马丁的儿子阿利阿斯·佩雷斯·平松证明：他们从弗兰德来到巴约纳时，正好遇见了"平塔"号停泊在那里（《诉讼案卷》第2卷第179、231页）。80高龄的埃尔南·佩雷斯·马特奥斯在1536年做证时说，他1493年在巴约纳同平松交谈过，平松说："他们是在暴风雨中分离的，那个克里斯托瓦尔·哥伦已经到里斯本去了。"（《王家历史科学研究院学术论文集》X第264页）不过平松在巴约纳不可能知道"尼尼亚"号的行踪。其他《诉讼案卷》载《王家历史科学研究院学报》第88期第750页。

翻沉海底，又害怕自己的兄弟葬身鱼腹，希望和害怕两种心理交织在一起，弄得自己六神无主。

3月13日夜晚，修整过的"尼尼亚"号以它惯常的勇敢姿态，乘刮遍埃斯皮切尔角和圣维森提角之间85英里洋面的"葡萄牙贸易风"，向南飞驶。日出以前，萨克雷岬的朦胧的轮廓已在左舷的船艏隐约出现。当哥伦布在海岸峭壁掩护之下，背风转舵并照传统做法鸣放礼炮的时候，他一定在思念堂亨利亲王，希望自己能够向这位会理解他的冒险犯难精神的水手亲王报告自己的发现。无论如何，他总算望见了17年以前他抓住一皮桨在那里泅水上岸的海岸。3月14日，风儿轻轻地吹来，落日照见了"尼尼亚"号离开了阿尔加维最南的一个港口——法鲁港。这时，"平塔"号正在绕过圣维森提角。

3月15日太阳出来时，哥伦布"发现自己已经到了萨尔季斯河口外边"。他把航向对准蓬塔尔山的满是松树的山顶，让船只时而近岸时而离岸地游弋，直到潮水退尽。"正午，才乘涨潮，沿河口沙洲驶入去年8月3日离开的这个港口。"环绕半个地球的航行，至此圆满结束，经历的时间恰好是32个星期。

"'从这次航行我认识到'，统帅写道，'上帝的意旨是在这次远航探险中通过许多奇迹令人惊叹地向我显示出来的。在这般伟大的时代里，我待在陛下宫廷里，和这么多的高贵人物争斗，他们都反对我，断定这项事业计划是耗费巨大而又会毫无效果的。可是眼下如我所希望的，靠上帝保佑，这桩事业已有几分成功了，它为基督教增添了荣耀。'这些话是海洋统帅堂·克里斯托弗·哥伦布关于他第一次西航到西印度群岛以及发现了这些岛屿的最后一席话。"

当"尼尼亚"号在帕洛斯镇附近廷托河中停泊的时候，哥伦布就用这样一席话结束了他的首次西航《航海日志》。

"平塔"号紧跟着"尼尼亚"号的航迹行驶。同一次涨潮把两条船送过沙洲，进入河口。当"平塔"号绕过拉拉维达圣方济派修道院挺立在那里的一个地岬时，马丁·阿隆索睁开他的疲倦的双眼，首先望见了他的故乡城镇。船上有人指着前方，高声喊道："'尼尼亚'号在那里，船长先生！它靠近圣伊亚戈，停泊得妥妥帖帖，说怎么好，就有怎么好，可能已在那里停泊一个月了。"我们在驶近亚速尔群岛时曾设想要永远摔开那个自命不凡的热那亚人，可是他毕竟比我们强，把发现的新闻带回来了。现在，伊莎贝拉女王的这个蓝眼睛臣仆也许已经吻过她的手了。

可怜的老马丁·阿隆索就在这次彻底垮了。由于西航中的日晒夜露，艰苦备尝，他原已生病。加以受到双王斥责深感耻辱，他再也忍受不住了。没有等待"平塔"号卷起风帆，也没有向指挥船告别，更没有看见人们向他的兄弟比森特·亚涅斯那样热烈欢呼，马丁·阿隆索就独自舍船上岸，跑到帕洛斯附近的家园里，爬上床，不过一个月就与世长辞了。①

这两艘帆船、全体船员和船上乘客都成了帕洛斯、莫格尔和韦尔瓦三个市镇所有居民赞美和好奇的对象。许多年以后，一位市民还回忆起他是怎样跟随一个调查官委员会（那些调查官当时正在帕洛斯搜索犹太人和异教徒）访问"尼尼亚"号的，他们是怎样看见了船上的印第安人的（如果他们能够使对方理解的话，他们一定会把这些印第安人列入"第三等级"），以及海洋统帅是怎样把土王瓜卡纳加利赠给他的金面具拿出来给他们观赏的。统帅还拿刀子割下一点点纯金送给他们做纪念。② 这是对待调查官们的一个很高明的巧妙办法！尼尼奥兄弟回到他们的故乡莫格尔镇，多少年后一个名叫胡安·罗尔丹的人清楚地记得那里曾举行聚会和宴会向英雄们致敬。③

---

① 见奥维多《西印度群岛通史和自然史》（第1卷第27页）。奥维多是比森特·亚涅斯的朋友，他同后者谈论过这次西航。费迪南德·哥伦布的著作（第1卷第241页）也证明了这一点。古尔德小姐刊印的文件（BRAHXC第56页）证明，马丁·阿隆索死于1493年4月12日以前。据弗朗西斯科·梅德尔1535年12月在塞维利亚做证，平松一次离家去访问拉拉维达，那里一位宣誓做证者听他讲过他怎样劝阻哥伦布中途折返的故事（《王家历史科学研究院学术论文集》X第258页）。
② 《诉讼案卷》第2卷第18页。
③ 安赫尔·奥尔特加著《拉拉维达》第3卷第181页。

哥伦布原已从里斯本发出一封报告——第一次西航的书简——从陆路送呈双王。现在他又发出另一封书简副本，经塞维利亚送往宫廷，因为塞维利亚那里有一个官方信使，往来于塞维利亚和宫廷之间，传递公文。他还派遣一位专门信差送信到科尔多瓦（现在他把科尔多瓦当作自己的家乡），一封给统帅家人，一封给科尔多瓦市政府，"报告他已发现了几个岛屿"。科尔多瓦一些神父是这样的高兴，以致竟留心想到要给这位信差奖赏 3 351 马拉维迪，对于我们来说，不幸的是他们却把这封书简丢失了。①

双王驻跸巴塞罗那，从哥伦布所在地到那里要斜穿这个半岛，陆上旅程大约有 800 英里远。哥伦布记得在葡萄牙骑骡去觐见国王的痛苦，起先打算循海道去那里。但是由于马丁·阿隆索在同一个下午到来，把事情弄成另一种局面，头一个考虑就是行动要快。不过，在信使带回准许他走陆路去的批复以前，他还是不能起程。因此，他在立即发出的一个信札里请求双王把回批送到塞维利亚。他在这段时间里先后到莫格尔的圣克拉拉寺和韦尔瓦的圣玛利亚·德拉·辛塔寺还愿，另外还和胡安·佩雷斯以及拉拉维达修道院其他朋友盘桓了差不多两个星期之后，才带领 10 名印第安俘虏去塞维利亚。3 月 31 日复活节前的星期天，进入了这个城市。他由于全部实现了自己的目标，在那里又受到很好的接待，②心中感到很有面子。印第安人寄住在想象之门附近。巴托洛梅·德·拉斯·卡萨斯当时还是个孩子，他后来记得他曾经目不转睛地凝视过他们。统帅大概是住在拉斯·奎瓦斯修道院，后来他几次访问塞维利亚，都是住在这里。

在塞维利亚复活节前一周里，可怜的谦卑和非凡的骄傲、苦行和

---

① D. 约惹·德拉·托雷在科尔多瓦市档案中找到了付款的记载，也找到了市政府在 3 月 22 日看过的书信的记载（《比阿特丽丝·恩里克斯·德·哈拉纳》第 100—101 页）。

② 安德烈斯·贝尔纳德斯著《教皇史》。贝尔纳德斯是塞维利亚附近帕拉西奥斯的副牧师、丰塞卡的牧师，他在这个时节遇见哥伦布，如果不是更早的话。

宽恕，死亡和胜利，种种情况交替出现，似乎对于他这次伟大的探险行动既是一种象征，同时又是一个合适的结论。每日出现的服饰华丽的装着圣者形象的同胞情谊的队伍，大教堂里一些古老的仪礼——揭开礼拜堂帷幕、敲打大门、晨祷中熄灭蜡烛直到只留下代表世界之光的一支、在复活节前的濯足日、最崇高的耶稣受难日（复活节前礼拜五）的钉十字架（这时以木铎敲击声代替欢乐的钟声），献上复活节的蜡烛、复活节早晨的狂欢：所有这一切都使哥伦布受到世俗荣誉所不能给予的感动，从而加强了他的信念，觉得自己的劳苦和胜利符合耶稣受难的架构。接受老朋友的祝贺（老兄！我们始终知道你一定会做成这件事的），被介绍和贵族及主教会面，同市长、大主教及梅迪纳·西多尼亚公爵进餐，在群众中有人指出他是航行到印度并已凯旋的人，年轻骑士的父亲恳求海洋统帅先生带孩子们到印度去，他们愿意擦洗甲板或做他要他们做的任何事情：所有这一切都使哥伦布高兴。

俘虏回来的印第安人在想些什么呢，我们没听说过。

复活节（直到4月7日）或者复活节以后不久，哥伦布幸福的酒杯满得四溢了，因为他接到双王的回示，其中一开始就称呼他为"堂·克里斯托瓦尔·哥伦、他们的海洋统帅、他在西印度群岛已发现的诸岛的副王和总督"。对各称号不再含糊了，对发现也不需要提供证据，一切都答应了，立刻慷慨地认可了：

> 我们看到你的书简，我们十分高兴地获悉你所报告的事情。上帝对你的劳作惠赐这么美好的一种成果，对你所开创的事业给予这么良好的引导。关于这件事情，他将获得真诚的服务；我们也会同样获得。那样，我们王家就会获得非常巨大的利益。你到那里为他服务，我们就会给你颁赐许多恩典：这就会使上帝衷心欢悦……由于我们要做到这点，你靠上帝扶助所开创的事业就应该继续并进一步扩大。我们希望你立刻动身到宫廷这边来。为了

效忠宫廷，你要尽快赶来。为此，你所需的一切都可以及时供应好。你知道，夏季已经开始，你必须毫不迟延地再回那里去。考虑一下，看回到你已发现的那个地方去，是否有哪些事物还没有在塞维利亚或其他地区准备妥帖。立刻写报告交马上就会动身的这个邮班带给我们。这样事情就可以在你回来、再去的时候尽量办妥。等你再要去那里时，就一切准备好了。

国王　　女王

1493 年 3 月 30 日于巴塞罗那

奉国王和女王之命，费尔南多·阿尔瓦雷斯[①]

诏令写得简短、中肯，一个字不多，一个字也不少。爵衔和权利都确认了，王家的命令叫他入宫，命令他准备再一次远征印度。

哥伦布奉令后，随即起草一份备忘录送呈双王，其中呈述他如何在伊斯帕尼奥拉岛实施殖民和管理的意见。这个文件是极有意义的，因为它表明统帅又扮演了一个新角色：他是新大陆最早的立法者。[②]

志愿移民达到两千之数就应该批准成行。这些人到达伊斯帕尼奥拉岛后，就在所找到的方便地区把他们分布到三四个市镇里。每处安排一个市镇长、一名管理员、兴建一座教堂、教堂里有足够的教士或男修士，"负责执掌圣事，主持做敬神的礼拜，使印第安人皈依基督教"。只有真正的移居民并在当地建有住房、获得总督或市镇长许可证者才允许采集黄金。鉴于"移居民由于渴望采集黄金，这种渴望可能诱使他们抛弃其他一切事务"（事实充分证明这是确确实实的），所以每年要选择一个合适季节让他们采集黄金。领有许可证的黄金采集

[①] 原文载拉斯·卡萨斯《西印度群岛的历史》第 77 章（1927 年，第 1 卷第 334 页）。

[②] 《文件和研究全集》第 1 辑第 1 卷第 136—138 页；原文的摹真本及其脚注的译文载撒切尔著作第 3 卷第 98—113 页。拉斯·卡萨斯著《西印度群岛的历史》第 77 章（1927 年，第 1 卷第 335 页）写道：这是他离开塞维利亚去巴塞罗那前写的，时间在 4 月 7—10 日之间。

者应该把所采黄金交给市镇管理员进行熔铸、过秤和打印记；把一半交给殖民地王家司库，把百分之一保留下来做资助宗教之用。凡不是如此经过熔铸和打印记的黄金一概予以没收。所有西班牙和伊斯帕尼奥拉岛之间的贸易都应当在加的斯和后者之间一个或几个选定的港口进行。贸易进行中要按照适当的规则，不使王家应得份额在归国途中因受偷窃而造成损失。任何愿意进一步进行发现事业的人都应当得到批准。这是一种慷慨的特许权，不需要受哥伦布原先与双王所订协议的限制——这点后来哥伦布觉得懊恼。这个文件就其承认黄金是吸引殖民主义分子去奥斯帕尼奥拉岛的唯一猎逐物而论，是极其实在的。但提出来的规则事实证明其实都实施不了。这个文件下面的署名为：

$$\cdot S \cdot$$
$$S \cdot A \cdot S$$
$$X \quad M \quad r$$
$$X\bar{P}O \quad FERENS$$

哥伦布这种署名大约有 45 个或 50 个保存下来，每个署名都确切地照这个样子排成尖塔形，但最后一列偶有写成 el Almirante（海洋统帅）的，至少有两次写成 Virey（总督）的[①]。哥伦布对此看得很重要，在他的继承权文书中，他教导后嗣继续"用我现时使用的署名法签名，即 X 上面写 S，它右边写 M，M 上面写罗马字 A，A 上写 S，M 右边写希腊字母 r，r 上面写 S，同时保持各行与各点之间的相互关系。"他的后人没有遵照他的教导签名。他从来没有泄露过这个署名的意义，因此引起无穷的猜测。这个问题特别使那些力图证明哥伦布是犹太人、是葡萄牙人、是共济会成员或其他的人感兴趣。因为把这个署名颠倒去读或反过来读或用其他古怪方式去读，几乎都能够随

---

① 撒切尔著《克里斯托弗·哥伦布：生平、事业和遗物》第 3 卷第 455 页。VIREY 一个署名，我在韦拉瓜手写本中一封信里看见过，另一个署名（无添加字样）是在杜克萨·德·贝里克-阿尔瓦著《哥伦新手稿》(*Nevous Autógrafos de Colón*)（第 39 页）中复制出来的。

心所欲地把它解释成任何一种意义。撒切尔曾对这些首字母做过八种可以说得过去的阐释。其中第三列大概是对耶稣基督和玛利亚的祈祷，或者是对基督、玛利亚和约瑟夫的祈祷。哥伦布混淆了希腊字母 r 和 I，开始写我们的主的名字和圣约瑟夫的名字①。头四个字母几乎可以做无数种的组合，其中最简单的和最合理的组合是：

Servus Sum Altissimi Salvatoris
我是至高无上的救世主的仆人

最后签名 Xpo Ferens 仅仅是他用希腊拉丁字体表示自己的教名，意思是暗示他通过洗礼把它献给这么一桩事业，即把上帝的语言传到海外那些未开化的地方去。

对于这个字谜，我们可以任意猜测，但要找到任何确定的解答是不容易的。确切的意义是哥伦布已经把它带到坟墓里去的一个秘密。②

把这份备忘录由快邮送出后，统帅就穿着外套、装着适合他身份的庄重姿态从塞维利亚启程。同行的至少有一名职员，几个当作仆人使用的雇员和六个印第安人。印第安人提着笼装的几只五彩斑斓的鹦鹉，穿着他们的民族服饰，系上用磨光的鱼骨做纽扣的腰带。这些服饰都是"用巧妙的技艺制成，还嵌上大量的纯金样品和其他许多在西班牙从未见过或听说过的东西"③。在此之前，哥伦布发现名叫

---

① 同上撒切尔著作第 3 卷第 457 页。当时 I、J 和 Y 在卡斯蒂利亚是可以交换使用的，因此女王的名字常常拼成 Ysabel，Jose 可以写成 Yose。
② 著者后来在本书缩写本 *Christopher Columbus Mariner*《航海家哥伦布》中把这个署名解释成 Servus Sum Altissimi Salvatoris, Xpistós Mariae Yios（我是圣母玛利亚的儿子、至高无上的救世主基督的仆人），取这句话的头一个字母组成塔形署名，这更容易使人理解。——译者
③ 拉斯·卡萨斯著《西印度群岛的历史》第 78 章（1927 年，第 1 卷第 336 页）；费迪南德·哥伦布著《克·哥伦布的生平和事业史》第 41 章（第 1 卷第 242—244 页）和奥维多著《西印度群岛通史和自然史》（第 1 卷第 28—31 页），对于哥伦布访问巴塞罗那都是权威著作。奥维多在那里看见过哥伦布，他那时还是个孩子，他讲得最少。胡安·尼尼奥似乎陪过海洋统帅。胡安·德·阿拉冈在 1552 年宣誓证明：他上过尼尼奥从巴塞罗那回来时乘坐的船。

"印度"的新陆地、那里有一些奇怪的未开化的人民和其他新事物的消息早已传开,所以在哥伦布去巴塞罗那的路途上,沿途都聚集着从远处近处赶来观看这个场面的群众。谁也不会(甚至连爱尔兰人)像一个西班牙人那样喜欢看这种游行场面,所以哥伦布一路上都引人注意、引起群众欢呼。他虽然长途跋涉,却饶有兴趣。何况4月初的安达卢西亚,风光最美丽:树木枝叶繁茂,果树花在盛开,田野一片青绿,庄稼在开始抽穗,牧场草长,嫩绿如茵。

哥伦布在首次入宫的旅程中,跨越绵延起伏的安达卢西亚大平原,于第二天或第三天从横跨瓜达尔基维尔河上的摩尔大石桥进抵科尔多瓦市。他在这里看见了自己的儿子迭戈和费迪南德,看望了他的夫人比阿特丽丝,还拜访了药店俱乐部一些老朋友。毫无疑问,他受到了当地市政府的盛大欢迎,特别是他报告了他的西航发现。随后这一行人越过莫雷纳山进抵穆尔西亚省会,再向前行进到达巴伦西亚省的海岸,沿着经塔拉戈纳省去巴塞罗那的海岸路线,在4月15—20日之间到达京城。他的儿子说"整个宫廷和整个城市所有官员都出来"欢迎这位海洋统帅。

次日,哥伦布在阿尔卡萨宫受到国王和女王盛大而隆重的公开接见。他走进国王和女王设朝以及大批宫廷官员和贵族入宫所在的大殿。当他带着谦恭的笑容向欢迎人群点头致敬时,他庄重的姿态、权威的神色、高雅的面部表情和银灰色的头发,在西班牙那些名门望族中,活像个古罗马元老院的元老。当他走近费迪南德和伊莎贝拉面前时,双王已从他们的宝座上站起身来。当他屈膝去吻他们的手时,双王请他起立,坐在他们和堂·胡安王子中间。国王夫妇查看了他的掳获物品,询查了带回的印第安人,观赏了他们的服饰,询问了许多有关新岛屿的问题,讨论了下一次西航的计划。一个多小时很快过去了。会谈停止后,大家一齐走到王家礼拜堂,齐唱赞美诗"主啊!我们赞美您",借以歌颂这次大发现。这时候,双王和统帅眼中都流下了欢喜的泪水。仪式结束，哥伦布作为王室贵宾，被郑重地安排在业已为他准备好的宾馆里。

这是他一生幸运的最高点。以后他再也不曾从双王那里得到这样的荣耀，领受这样的奖励，享受这样的恩惠了。一个比较狡黠的人、一个只为物质报酬而工作的人，一定会急流勇退，从此坐享清福，让别人去继续这桩殖民事业。但哥伦布不是这种人，他要是这种人，他就根本不会冒险犯难去从事他的发现事业。他要掌握住为西班牙夺得的这些岛屿，他要去觐见大汗，他要去寻找金矿，他要展开做转化异教徒的工作。上帝想要他去做的这桩事业现在才刚刚起步。

第二十六章　外交插曲

1493—1494 年

> 看那，耶和华的日子临近。你的财物必被抢掠，在你们中间分散。
>
> ——《撒迦利亚书》，第 14 章，1 节

哥伦布在巴塞罗那宫廷待了五六个星期。在这期间，他引人注目地参加了降灵节、三一节和基督圣体节，出席国宴，接待想跟他去西印度群岛的人，在外交事务方面供双王咨询，并且筹划第二次西航。唯一值得永远纪念的一件事就是为 6 个印第安人举行施洗礼。国王、女王和王子堂·胡安充当他们的教父和教母。给瓜卡纳加利酋长的亲属、位居首席的一个印第安人，赐名费尔南多·德·阿拉贡；给第二个赐名堂·胡安·德·卡斯蒂利亚；给第三个（一位伶俐的译员）赐名堂·迪戈·科隆。"堂·胡安"留下来依附于王室。"他在那里小心谨慎、循规蹈矩，"奥维多说过，"仿佛他已经是一位重要的西班牙绅士的儿子"；但他只过两年时光就辞世了。[①] 其余印第安人仍随哥伦布参加第二次西航，但只有两个人在这次西航中幸免于死。

王国里仅次于费迪南德的最重要人物为托莱多大主教兼西班牙红衣大主教堂佩德罗·冈萨雷斯·德·门多萨。拉斯·卡萨斯赞美他的聪明和才智、他的温和及宽宏大量的性格，他的地位显赫、光彩照人；

[①] 奥维多著《西印度群岛通史和自然史》第 2 卷第 30 页。由于他此时正在宫廷，他大概已把事实记得清楚可靠，但是他伤害了拉斯·卡萨斯的记述，后者大意是说在洗礼后两天，堂·胡安就死去了，"他这个种族获得至福的头一个人的结局就是如此。由于神的恩典，他的种族中还有许多人将永远享受这种至福。"

第二十六章　外交插曲

也颂扬他在双王身边所享受的恩宠。的确，他的品质好到没有人妒忌他的权力。据说，"这位红衣大主教推动宫廷与他同在，因为当他在朝时，宫廷就维持存在；他不在朝时，就如同没有宫廷"。① 在这位大人物邀请的一次宴会席上，哥伦布被安排坐在荣誉席上，大家齐唱赞美诗《万福啊，慈爱的圣母！》以示隆重（通常是为王族保留的）。敬他的每一盘菜，都由主人先尝，然后盖着端上来。有一个著名的鸡蛋故事，据说就是在这次宴会席上发生的。这是人人知道的一件哥伦布轶事。我们也可以根据这个轶事的"最初来源"、本佐尼著《新大陆史》（第一部意大利文新大陆史）把它翻译出来。那本书是1565年出版的：

　　哥伦布出席一次有许多西班牙贵族名人参加的宴会，宴会上谈论的主题照例是远航"印度"这件事。来客之中有人说："克里斯托瓦尔先生，即使你不做这桩伟大事业，我们也不缺少能做你做过的这桩伟大事业的人才。在我们西班牙这个国家里，精研宇宙志和文学的大人物车载斗量。"哥伦布没有正面作答，他拿起一个鸡蛋放在桌子上，说道："先生们，不用盐，不用面包屑等，你们哪一位能把这只鸡蛋直立在桌子上？"（有了盐或面包屑谁都知道怎样把蛋直立在那里）。大家都试了一下，没有谁能够把鸡蛋直立起来。轮到哥伦布，他把鸡蛋一端磕了一下，蛋就直立在桌子上了（大家还是不服气，说这有什么稀奇）。哥伦布说，事情本不稀奇，问题在谁肯头一个去做。就我所做的事情来说，我是赤裸裸的、一无所有的，成了头一个发现印度的人。于是大家很窘，懂得他讲的是什么意思。事情做成以后，大家才知道怎样去做。他们应当首先寻找印度，而不应该嘲笑首先为他们发现印度的他。②

　　华盛顿·欧文说道③："这个轶事举世皆知，这就是它有价值的

---

① 拉斯·卡萨斯著《西印度群岛的历史》第80章（1927年，第1卷第346—347页）。
② 季罗拉莫·班佐尼著《新大陆史》（威尼斯，1565年）第12页以后。
③ 《哥伦布的生平与航海》第5卷第7章注。

明证。"不幸,这个鸡蛋故事在几本其他人物(其中包含建筑师布鲁内莱斯基)①的意大利文传记中已经派了用场。何况,一位西班牙朝臣,除非他喝得烂醉,是不敢向这位红衣大主教的贵宾提一个傲气凌人的疑问的。就是这位白手起家的海洋统帅在他首次赴宴的场合,大概也一定能找到比玩直立熟鸡蛋的把戏更妙的事情去做。

哥伦布作为一个新兴贵族需要有一枚纹章以做他的显贵地位的外部标记。1493年5月20日,双王颁发特许状,授予他及其子孙后代佩戴纹章之权。他们在这个诏令中,宣告:

"你可以在朕等批准你的纹章上,绘制一座城堡和一头狮子,即在你的盾形纹章上面右手四分之一部分,以绿色为底色,绘制一座黄金色的城堡;在左手四分之一部分,以白色为底色,绘制一头紫红色的狮子,狮子后脚立起,绿色的舌子伸出唇外;在盾形纹章下部右手四分之一处绘制波涛汹涌的海洋,海洋中有几座岛屿;在左手四分之一处,绘上你自己惯常佩带的纹章。"②这个所谓哥伦布家族纹章,没有饰章或箴言,没有说明纹章的词句。

允许哥伦布用金色的卡斯蒂利亚城堡和紫红色的莱昂狮子添加在他的纹章上,这是双王恩赐的一种非凡荣誉。但因为底色有区别,所以严格地说,它还不算是王家纹章③(历史上常有这种做法)。例如,英王亨利八世准许西摩氏④添加了纹章,纹章中包含法国的百合花徽和英国的豹徽,但又规定其布局与王家纹章稍微有些差别。

上面这样明确描写过的哥伦布的盾形纹章,没有留存到我们这个

---

① 洛利斯著《克里斯托弗·哥伦布》(1931年)第139页。
② 原文载杜克·德·贝拉瓜手写本"西印度群岛"档案中,准确地转载在纳瓦雷特著《航海和发现文集》第2卷第37页。
③ 本杰明·F.斯蒂文斯著《克里斯托弗·哥伦布:他自己的权利书》(伦敦,1893年),哈里斯序言(第5章)。我的密友皮埃迪·谢格农·拉·罗斯在逝世前曾运用他的纹章学专门知识考证哥伦布的纹章几个月。我这些论点就是他的见解。他把纹章标示在扉页上。
④ 简·西摩为英王亨利八世的第三位王后,1537年10月24日于生爱德华六世后去世。西摩氏指她的家族。——译者

时代，虽然在第二次西航中每一艘船都用统帅这种纹章来装饰它们的旗帜和横幅是毫无疑问的。到 1502 年，哥伦布为了后人的利益编制权利证书时，在纹章上已做几个重要的改变。他改的主要部分是把金色城堡绘制在红色底面上，让狮子按照莱昂狮子的姿势站立，这就使

哥伦布的纹章（采自奥维多著作）

得他的纹章和王家纹章相同。在盾形纹章下部右手四分之一处，绘制一块浮现的陆地和一群岛屿，因为那时哥伦布已经发现了陆地。在盾形纹章左手四分之一处呈水平状排列着五个金色船锚，底子为蓝色，这大概代表海洋统帅的官职；而家族纹章则绘成蓝色的斜带，底子为金黄色，上连一个红色的头脑，下接第三等分和第四等分之间一个拱点。这种改变并不特别重要，照大陆习惯哥伦布有这样去做的完全权

利。在当时很少人还严格坚持用其原来的式样。[①]

奥维多在所著《西印度群岛通史》第一版（塞维利亚，1535年）中进一步在哥伦布的纹章上添加了纹饰，纹饰表现为一个顶上安有红十字架的地球，再用一个白色的箴言绶带环绕这个盾形纹章，箴言内容为：

> 为了卡斯蒂利亚，为了莱昂，哥伦找到了一个新大陆。[②]

纹饰和箴言很可能都是第二代海洋统帅迭戈·哥伦添加的。

一批纹章学专家和其他的人对1502年盾形"家族纹章"做了大量的研究，希望自己能够把上个世纪的作家所发现的无数哥伦布"秘密"或"神秘事物"之一解释清楚。确实，类似它们的纹章从来不曾发现过。一只鸽子是众所周知的意大利贵族哥伦波家族、卡斯蒂利亚的哥伦家族和阿拉贡的哥伦姆家族的纹章的特征。这些葡萄牙的、犹太的、加泰罗尼亚的、法兰西的、波兰的"真正哥伦布"没有一个能够证明：他的人曾经佩带过一个上接红色十字架、以黄金色为底色的蓝色的斜带式纹章。很可能哥伦布的父亲曾使用过这种纹章，因为在15世纪欧洲自治体的卑贱公民可以而且经常佩带纹章，特别当他们参加了贸易行会为会员时。流传到我们这个时代的大陆纹章至少有一半是中产阶级家庭所佩带的。哥伦布的纹章图案是一个典型的中产阶级纹章。任何自由人都有权采用这样一种简陋的纹章，如果哥伦布想自命为贵族出身，那他一定用过一群鸽子或用过某些更矫饰的东西。

[①] 英格兰是设有纹章学院的唯一国家，该院曾试图把纹章标准化。其他各地人们常常改变和扩大饰有纹章的盾。

[②] 费迪南德·哥伦布著《海洋统帅·哥伦布的生平和事业史》（第2卷第305页）把箴言写成这个样子：
> 为了卡斯蒂利亚和莱昂，
> 哥伦发现了新大陆。

奥维多做成一枚纹章（这里有复制品）作为说明，使问题更为混乱。他这个纹章不像1851年版第1卷第31页上所见的纹章。

第二十六章　外交插曲

双王在授予原来的纹章证书的时候，同时还使海洋统帅的两个弟弟巴塞洛缪（未来的代理总督）和迭戈成为"贵族和绅士"，并授以被称为"堂"的权利和权力。①

在哥伦布看来，1492年4月30日在格拉纳达有条件地答应他的权力和权利，也应当公布和正式确定下来，因为这些条件业已实现。5月28日发布的确认文件，关于双王对哥伦布确实找到了什么地方的意见，并不能证明什么（维尼奥以为能证明），因为它仅仅重复用在前年在格拉纳达签字的原始文件中的"海岛和大陆"几句现成语。那个文件一字又一字地被重复用在这个确认文件中，文件继续写道：

> 现在鉴于你发现上述许多岛屿，使我主衷心欢悦，鉴于我们希望借主的帮助你将在上述地区、上述海洋中找到和发现其他岛屿和陆地……由于这些贡献，我们切实确认你和你的儿子、后嗣和继承人永远享受上述海洋统帅职衔，充当你已找到和发现的岛屿和陆地以及你在上述印度地区行将继续找到和发现的其他岛屿和陆地的副王和总督，一代复一代，世袭罔替。②

哥伦布被确认有权任免"印度"所有法官及其他官吏，有权听取、审判和决定一切民事和刑事案件，享受其他一切按理应属于副王和总督执掌的权力，包含使住在上述岛屿和陆地范围内的人民服从指挥。从亚速尔群岛到佛得角群岛画一条界线，凡在界线以西和以南海洋上航行的人，都要服从他海洋统帅的指挥。

统帅权这件事在确认文件中比在协定中规定得明确得多。由于哥伦布把海洋统帅头衔看得比总督和副王职衔重要，而且当代人也常

---

① 拉斯·卡萨斯著《西印度群岛的历史》第80章（1927年，第1卷第345页）。
② 纳瓦雷特著《航海和发现文集》第2卷第59、60页。

常提到"海洋统帅",我们可以考究一下它究竟意味着什么。"海洋统帅"是源于摩尔人的一种职衔,意义只是"海洋主人",中世纪的卡斯蒂利亚国王用来称呼一个国务大臣,其职务是管理王家舰队和船舶修理所,执行现仍周知的海事司法权,解决渔民之间的争端,解决船长、船员和商人间的海上贸易争端,审理海上抢劫案件、叛乱事件和大海或潮汐河中的其他刑事犯罪案件。所有这些事务在近海和加那利群岛均由卡斯蒂利亚海洋统帅或高级海洋统帅在塞维利亚开庭审理。当时任统帅的是一个名叫堂·阿方索·恩里克斯的人。哥伦布所要求的是对他所发现的地方以及通往发现地路途上的司法审判权,在这些地方他不愿卡斯蒂利亚海洋统帅加以干预。海洋统帅职权对于管理海上人员的必要性,同总督职权对于管理陆地人员的必要性一样。这就是哥伦布为什么要受封为"海洋"统帅或"西印度群岛"统帅(在官家文书中两衔都用)的原因。在从亚速尔群岛到佛得角群岛所画的这条分界线上,高级统帅的司法权终止,而哥伦布的司法权开始了。我想象到,在以后三次西航中,当船队什么时候开过那条子午线以外时,哥伦布一鸣枪示警,就会有职员告诫船员:他们最好放规矩些,因为统帅现在对他们操生死之权。

海洋统帅职衔与船队指挥毫无牵连。有事实为证,5月28日,即确认哥伦布权利和职衔的同一日,双王发布特任状,任命堂·克里斯托瓦尔·哥伦为 Almirante del Mar oceano(海洋统帅),兼 Capitán General de la Almada(船队总指挥),当时这个船队是为第二次航行去西印度群岛而准备的。①

哥伦布的海洋统帅的职能赋予哥伦布对去印度的西班牙船只在它们一过亚速尔群岛最西子午线时,或者在它们返航到达这条子午线以

---

① 同前第19页注②,第2卷第62页,同一件事情显然已在5月20日宣布过(第3卷第483—484页)。

第二十六章 外交插曲

前,拥有司法审判之权。他也要求比照卡斯蒂利亚统帅的权利和特权(他把这些仔细地载入他的权利书状中)①,使自己在他的司法审判权范围内有权签发捕押和扣留外国船只或敌方船只特许证,还要求在"协定"所答应他的权利之外,对印度贸易收取三分之一的佣金,但是他从来没有把那个权利用好过。当他的权利尚未丧失时,哥伦布无疑曾任命过他的兄弟或其他人员在伊莎贝拉和圣多明各担任过海事法庭的审判官,甚至他本人也预闻过涉及海事法的案件,如海员工资争端、不服从调配及盗窃案件之类。但自从博瓦迪利亚到了伊斯帕尼奥拉岛之后,哥伦布就大受掣肘,很难行使海事审判权,例如,有一次在他的开拓船队抵岸时,他曾伤心地埋怨过自己连自己船队上的叛变事件也不能惩处。他常常保留着海洋统帅的头衔,可是自1500年后,这只是一个空头衔,除此虚名外,别的一无所有。

．　　　　．　　　　．

哥伦布在巴塞罗那如果不领双王的恩典,不领受大人物的友情和较小人物的尊敬,那他一定会更通人情一些。但光是为贪图舒适,光是为确认他的权利,光是为一味不情愿地向那些嘲笑西航大事业的朝臣们说声"我告诉你们",他不会老逗留在那里。费迪南德和伊莎贝拉留他在身边,是要用他在他们跟葡萄牙和罗马教廷进行一场很棘手的外交谈判中,提供咨询和顾问,使他们在这场谈判中能够获得哥伦布所已发现的地方以及他或别人在同一"西印度群岛地区"将要发现的地方的主权。②

甚至在哥伦布于4月中旬抵达巴塞罗那以前,西班牙双王已得到

---

① B. F. 斯蒂文斯著《哥伦布:他自己的权利书状》第10—37页。参考杜克萨·德·贝里克-阿尔瓦著《哥伦的新手稿》第17、20页。
② 记述这些谈判历史的最佳作品是 H. V. 林登写的论文《亚历山大六世与分界线训谕》,载《美洲历史评论》第22期(1916年)第1—20页。谈判文件原本和英文译本及学术注解转印在 F. G 达文波特所编《产生美国及其属地历史的欧洲条约》第56—106页。在 J. W. 布拉克著《欧洲人在西非的开端》(1937年)第4章中,有一段有益的讨论,它阐述了葡萄牙人保护几内亚和"指向西方"的观点。

他们驻葡萄牙大使的报告，说堂·若奥二世已装备好一支船队，据说其目的地就是哥伦布新发现的地区。① 于是双王就在罗马开始采取必要的外交措施，以期获得新发现地区的独占主权。这是符合外交惯例的。欧洲的国际公法承认教皇有权确定不属于基督教皇的任何土地的世俗主权归属。葡萄牙历代国王已经获得一系列教皇训谕，确认他们对非洲海岸的主权，远到"据说崇拜基督教的印度人"那里，具体说就是远到约翰祭司王的王国那里。② 哥伦布首次西航书简的第一批印刷本可能在哥伦布到达巴塞罗那以前就已经出版，罗马在4月18日以前③几天肯定已知道此事，书简由累安德罗·德·科斯科翻译的拉丁文译本，完成于4月29日，很快就在罗马出版了。其摘录本就包含在教皇于5月3日颁布的有关这个主题的第一次训谕中。

教皇亚历山大六世（罗德里戈·博尔哈）是一个西班牙人。他获选教皇以及早年所得许多特权都是由于费迪南德和伊莎贝拉的影响。费迪南德允许他同时享有阿拉贡三个主教职位，把甘迪亚公爵的职衔授予他的私生子佩德罗，使佩德罗的更著名的兄弟塞萨雷·博尔哈合法化，并提名他担任潘佩卢纳和巴伦西亚的大主教。尽管受了这些恩惠，新教皇还是和一些站在西班牙天平反面的列强挤眉弄眼。由于渴望调整他自己和他的王家保护人的关系，他实际上已让后者口述他自己听写一系列关于新发现的教皇训谕，而不考虑葡萄牙的公正主张。这四道训谕不是仲裁决定，而是教皇的主权行为。他站在有利于卡斯蒂利亚方面，根据圣父设定的权力处理迄今不属于任何基督教王④或

---

① 当代葡萄牙编年史学家加西亚·德·雷森德确认这个事实，即堂·若奥二世下令装备这支舰队，开去西印度群岛，指挥官为堂·弗朗西斯科·德·阿尔梅达（《历史》第165章，图书馆分类：葡萄牙XXXIV 21）。

② 达文波特著作第15页和随后几页。——原注。又祭司王约翰为中世纪传说中人物。传为东方一基督教国家的国王和大祭司。另一说为埃塞俄比亚的一个皇帝。——译者

③ 《文件和研究全集》第3辑第2卷第1页。

④ 《美洲历史评论》第22期第13—14页。这个理论在亚历山大·杰拉尔迪尼所著《航程》（1522年写成，1631年出版）一书中（第211页）有较好的阐述。这种权利甚至在天主教徒的基督教世界也绝不是没有问题的。

不归他管辖的新发现土地和异教子民。

第一道训谕（中间分界线训谕）发布日期为 1493 年 5 月 3 日，训谕宣称：鉴于忏悔者克里斯托弗·哥伦已经航行"将近印度"，并"已发现远处一些岛屿，甚至一些迄今别人从未发现过的陆地。那里居住着许多和平生活的人民。他们不穿衣服、不吃肉，有意信奉基督教"。兹确认，凡是经卡斯蒂利亚双王及其继承人所派使节发现的每一处岛屿和陆地，如果从未属教皇管理，就归该国王及其继承人行使充分主权。这道训谕于 5 月 17 日送往西班牙，在月底以前到达是肯定无疑的。

这时候一位葡萄牙使节到达了巴塞罗那，坚持若奥二世的主张，即认为非洲西部和加那利群岛以南所发现的一切地方均属葡萄牙领土。从哥伦布后来在他的第三次西航《航海日志》一段评论中，我们知道，葡萄牙国王曾预言"南方存在大陆"①。现在他希望得到保证：南大西洋要明确地保留给他作为一个发现地域，就像 1481 年永久分界线训谕曾明确地规定过的那样。在那个训谕中，教皇确认葡萄牙的主权要囊括"加那利群岛以南和几内亚西面及其附近将要找到的或取得的一切岛屿"②。无论前教皇的意图怎样，堂·若奥相信永久分界线训谕已经给葡萄牙画好了一条通过加那利群岛的水平分界线。他准备不论离非洲西部多么遥远，凡是在这个纬度以南发现的任何地方，都得同西班牙争一争权属。③ 考虑到葡萄牙这个主张，5 月 3 日训谕虽然明白承认西班牙的主权包括古巴、伊斯帕尼奥拉岛及巴哈马群岛，但它对于以后新发现的地方的处理办法，还是不能令人满意，

---

① 《文件和研究全集》第 1 辑第 2 卷第 5—6 页和莫里森著《葡萄牙人的美洲航行》第 131—137 页。在后一书中，我详细探讨了堂·若奥二世在 1498 年以前是否真正了解南美洲的问题。我的结论是他并不了解。几位哥伦布以前的地理学家曾经猜测过赤道南面"存在值得注意的可以住人的陆地"。堂·若奥合理地相信这样一块陆地存在着，希望为自己保留这个陆地。

② 达文波特著作第 50、53 页；参考 1455 年和 1456 年训谕。

③ J. W. 布拉克著作（第 67 页）把这点讲清楚了。

于是哥伦布打算在下一次西航中采取更南面的一条航线。因此费迪南德与伊莎贝拉向罗马提出一个新的请求。

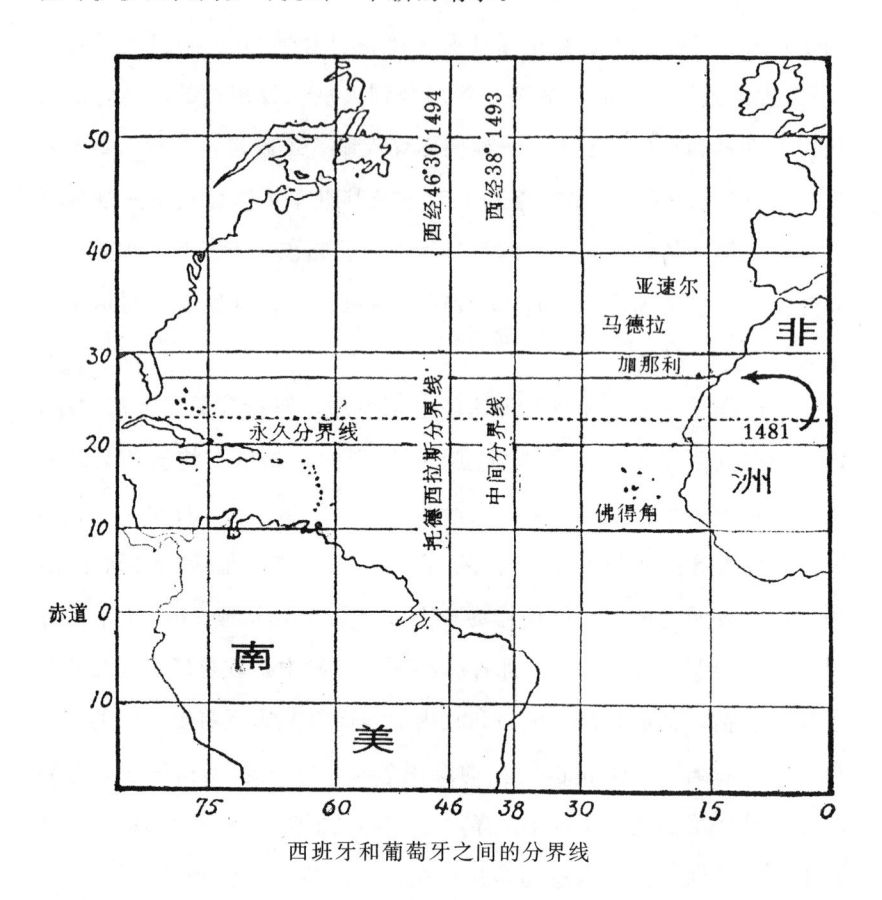

西班牙和葡萄牙之间的分界线

5月3日中间分界线训谕在送往西班牙的路上,和西班牙派往罗马的特使对面错过了。托莱多大主教和堂·迭戈·洛佩斯·德·哈罗前往教廷,抱有双重目的:一是代表费迪南德和伊莎贝拉向新升任的最高主教表示服从,二是向他们的堂兄弟和同盟者那不勒斯国王保证忠诚。使节在5月25日举行庄严的仪式进入罗马。在6月12日举行的一次宗教议会上院会议上,洛佩斯·德·哈罗以双王陛下的名义,向教皇发表强有力的讲话,责备他的外交政策产生使意大利继续保持战争状态的效果，说他的法庭贪污受贿、可耻地卖官鬻爵，甚至还在自己的领地里窝藏由西班牙放逐出来的摩尔人。罗马记录这个大胆发言的记录者，对提到西印度群岛的话什么也没有讲，但是大发现这件事在 6 月 19 日一次布道中由西班牙驻罗马大使贝尔纳迪诺·德·卡瓦哈尔提了出来。这次布道内容立刻就印行了。卡瓦哈尔大使提醒教皇，他和教会都得感谢双王。大使说道："基督已把幸福岛（加那利群岛）置于国王们管辖之下，事实证明群岛的富饶是出人意料的；他最近又把另一些通向印度的不知名的岛屿赐给国王们，这些岛屿可以完全看成为全世界最宝贵的地方，可以指望王家的使节短期内就会为基督把这些地方整理好。"①

说卡瓦哈尔的警告使亚历山大六世"为难"，这是有道理的。教皇立刻颁布了一道更加使西班牙满意的训谕。在这次演说以后，而不是在这次演说以前，教皇颁布了两道倒填日子的训谕："非常的许诺"以更加强调的用语重复早先的承诺；第二次中间分界线进一步确认另两个训谕并画一条有名的分界线。这条线据描写是从北极画到南极，即"从众所周知的亚速尔群岛和佛得角群岛中的任何地点迤西及迤南 100 里格"为界，在这条界线以西将要发现之地凡不属信基督教的君主所有者，均属卡斯蒂利亚。②

无疑，是哥伦布建议画出这条分界线的。据拉斯·卡萨斯摘录的他的第三次西航的日志记载："他记得，在过去两次西航中当他去这些西印度岛屿时，常常是一到亚速尔群岛迤西 100 里格处，他就发觉北面气温与南面气温不同。"在他第三次西航上双王的书简中，他写

---

① 亨利·哈里斯著《一个非常杰出的美洲人》《64 年（1897）珍本收藏者公报》第 70—76 页；原文载撒切尔《克·哥伦布：生平、事业和遗物》第 2 卷第 86 页注。

② 教皇这两道倒填日子（5 月 3 日和 4 日）的训谕引起很大的混乱。H. V. 林登严格地检查了梵蒂冈的档案，证明这两道训谕都是 6 月写成的，分别在 6 月底和 7 月送往巴塞罗那。分界训谕送到时间在 7 月 19 日以前不久，副本是在 8 月 4 日送给哥伦布的（《美洲历史评论》第 22 期第 18 页；纳瓦雷特著作第 2 卷第 90 页）。亚历山大六世另一安慰双王的努力是授予他俩"天主教徒"的称号。

道:"当我从西班牙航行去印度时,一到亚速尔群岛迤西 100 里格之线,立刻就发觉天空、星辰、气温及海洋大不相同,我十分注意验证这点。我发现,在越过那些岛屿以外 100 里格的子午线,罗盘指针原先指东北,现在指西北,相差一个满罗经点。在抵达那条线时,就仿佛你已在地平线下安置了一座小山。① 我也发现海洋在那里布满了海藻……在这条子午线上一片浪花也碰不到。到达那里时我也发现海面很轻柔、很平静,即使风烈,也掀不起大浪。② 我又发现,越过该子午线向西,气候很温和,冬季和夏季都无变化。"③

换言之,亚速尔群岛迤西 100 里格的子午线标志着欧洲情况和美洲情况的分界线,标志着暴风巨浪与吹遍"海面像吹着塞维利亚河面一样的"温和的贸易风之间的分界线,标志着寒冷天气与永恒的春季天气之间的分界线。他这封书简确实是 1500 年在哥伦布已经有了充足的经验后写的,但他在第一次西航的《航海日志》中已经得出相同的结论。④ 所以,由哥伦布授意写的第二道中间分界线训谕提出了一个想象的物理学或气象学的分界线,而且把它变成一个政治分界线。⑤

据拉斯·卡萨斯讲,这也是一个昆虫学的分界线。谈到西印度群岛的动物群,他注意到那里没有虱子和蚤。"作为一般规律,船舶和航海的人身上都爬满了这种'东西',对于初次下海的他来说,确有不小的麻烦和焦虑;但是就西印度群岛航行而论,我们有一件异常的事情要注意,这就是到加那利群岛和离那里 100 里格远的地方,

---

① Como quien transpone una cuesta,意指迄今为止由于海上寒冷和波涛汹涌,航行吃力有如爬山,但自此以后,就易于下山了。
② 这是因为哥伦布临近贸易风的北限,贸易风已无掀起巨浪的余力。
③ 塞西尔·简著《文件选编》第 2 卷第 27 页。
④ 1493 年 2 月 21 日和 1492 年 9 月 16 日《航海日志》,当时船队大约在圣米格尔岛子午线以西 100 里格处。
⑤ 哥伦布为这条分界线的原创议人,此说受到洪堡的怀疑,却受到 V. 林登的大力支持(见《美洲历史评论》第 22 期第 16—18 页),现在认为是已被证实了的。可参看后面第三十六章,1496 年他返航时曾提到这条 100 里格子午线。

或者在亚速尔群岛地区虱子繁殖得多，但从那里继续前进，虱子就开始死亡，到达西印度第一个群岛时，就没有哪个人身上长虱子或发现虱子了。在回归卡斯蒂利亚的航程中，一到上述地区，每条船和每个人都要着手清除这种动物，好像它们正在等待我们，它们一下子就大量出现，搅得人坐卧不安。"① 毫无疑问，把这些"东西"丢在分界线葡萄牙这一边，是一个好处。我自己的航海经验表明：海员的小伙伴（赞南德斯·杜罗幽默地称之为小小的航海动物）从此以后帮助他们克服了他们不愿航行去印度的偏见。

再回到奥妙的外交事务上面来。哥伦布6月初离开巴塞罗那，时间在两道教皇训谕执行以前，但是谈判还没有结束。双王显然把分界线训谕交给葡萄牙大使看了，大使是8月到达巴塞罗那的。大使宣称他们不满意，理由是他们的国主希望在这条分界线和非洲之间发现"比所有其他地区更富饶，更有利的"土地和大陆。这个消息使费迪南德和伊莎贝拉心里不安。9月5日他们写信给加的斯的哥伦布，问他对这个消息有什么想法，为了帮西班牙获得这些土地，如果他认为可行的话，"打算修改这个训谕"。在同一封信中，他们要他提供他已答应他们的新区地图，以及那里的纬度和去那里的航程。哥伦布的回禀不曾保存下来，但这个训谕是修改了。1493年9月25日，哥伦布从加的斯起航后一日，教皇颁发了的第四道训谕，训谕用下面的话增加了先前的承诺：

"鉴于你们的使节和船长或臣民在航行到西方或南方时，可能在东部地区着陆，在那里发现属于印度的海岛和陆地……我们把以前讲过的礼物补充和扩大……到无论什么海岛和陆地，已找到的和将找到的，……在向西或向南航海或旅行中，无论它们在东方地区、西方地

---

① 拉斯·卡萨斯著《历史的辩解》第19章（1909年，第44页）。这种令人欣慰的迷信，后来采用船过此线虱子死亡的说法。记一记堂·吉诃德乘迷人的小舟冒险的故事，他对桑丘说："我告诉你，船一过赤道，船上每人身上的虱子就死光了……"（见杨绛译《堂·吉诃德》下卷第210页。——译者）

区或在子午线上或在印度地区。"训谕还进一步宣告以前对这些有问题地区所做的一切承诺,"无论是对国王、对亲王、对王子做的,无论是宗教组织或军事组织,一概无效"(葡萄牙亨利亲王和他的基督教组织显然有意如此)①,即使已被占有,也照此办理。

现在轮到葡萄牙吃惊了。这道"扩充训谕",人们称之为教皇的最后许诺,对葡萄牙十分不公。对西班牙来说,它却帮她打开了通往西印度群岛的东方大道。这条道路葡萄牙追求至少已有一个世代了。哥伦布可以航行地球一周把卡斯蒂利亚的旗标插到锡兰(今斯里兰卡)和马达加斯加,可以在西非海岸惊人的距离内向南发现大批新地,可以坚持把西班牙的主权扩张到这些地方。堂·若奥二世显然断定同西班牙籍的教皇谈判毫无希望,他就直接找费迪南德及伊莎贝拉磋商,修改原定的分界线以缩小西班牙的势力范围。西班牙双王不可能刚硬地坚持他们的权利,因为他们要适当尊重强盛而残酷的堂·若奥。他们很清楚他的海军和商船实力是大于并优于自己的,如果两国动武,那么他们和西印度群岛之间的交通就可能发生危险。结果,在1494年6月7日和葡萄牙缔结的《托德西拉斯条约》中,费迪南德和伊莎贝拉同意,分界线移到佛得角群岛以西370里格处的子午线上。这条线以东一切发现,即使是西班牙船舶发现的,应当归属葡萄牙,这条线以西一切发现,即使是葡萄牙发现的,应该归属西班牙。

根据双王1494年8月16日写给伊斯帕尼奥拉岛哥伦布一封信来判断,缔结这个条约对他们是多么巨大的一种宽慰啊!他们提出在加的斯和伊斯帕尼奥拉岛之间建立一月一次的邮政业务,"因为对葡萄牙的外交事务业已安排妥帖,船舶来往将安全可靠"。他们已经送给他一份条约抄件,现在要他回国,帮助他们建立新的分界线。

《托德西拉斯条约》规定,由每个国王任命一个由"舵手、占

---

① 达文波特著作第79—82页;纳瓦雷特著作第2卷第109—110页。

星学家、海员及其他人员"组成的委员会,两会人员应该在大加那利岛会合,从那里开始一次联合巡航到佛得角群岛。再从该群岛出发,两个委员会成员各乘各的船只向正西航行,直到两会人员接触陆地或同意已达到正确的子午线为止。在一次大洋中途会议上确定了那一点后,他们就应该向正南航行,在他们遇到的这个子午线第一块陆地上竖立石柱。考虑到哥伦布船队上的舵手对于一条船在大洋中所在位置,意见分歧,可知要在大洋中确定经度是办不到的,而且由于缺乏罗盘磁差的知识,联合巡航就注定要失败。这次失败对于海运历史的大胆幻想是一个可悲的损失。这么办不成功,西葡两国才在1495年互换照会,认为这种做法是"没有好处的",同意对新发现的地方,以及它们的一般认为重要的情况双方互通情报。两国照这样做了。正是由于《托德西拉斯条约》,而不是由于教皇分界线,使葡萄牙后来得到了巴西的主权。再由于一系列王室通婚的实行,在麦哲伦环球航行闯入葡萄牙自信正当地属于她的势力范围以前,这个条约保持了这两个殖民强国之间的和平与友谊。两强之间进行这么大规模的殖民地扩张,而摩擦这么小,这在现代历史上是从来没有的。[1]

---

[1] 达文波特著作第 84—100 页;纳瓦雷特著作第 2 卷第 155 页;莫黑逊著《葡萄牙人的航海》第 88—92 页。

第二十七章 新闻传播

1493—1494 年

> 克里斯托弗·哥伦布书简送到了最尊贵的国王的司库、高贵的堂·拉法伊尔·桑切斯手里。我们的时代得多多地感谢哥伦布这个人,是他在八个月之前在最尊贵的国王陛下资助和雇用之下前往印度洋新发现了一些岛屿,书简谈的就是这些新发现的地方。一位高尚的学者累昂德罗·科斯科在 1493 年 4 月 29 日,在亚历山大六世就任教皇职位的头一年,把这封书简从西班牙文译成拉丁文。
>
> ——《哥伦布书简》,第一个拉丁文译本序言

哥伦布发现新陆地的新闻是怎样传播开的。人们对这个新闻有什么反应?这是极其有意义的和非常引人入胜的问题。因为哥伦布不仅是给卡斯蒂利亚、给莱昂贡献一个新天地,而且是给欧洲人的好奇心提供一个新天地。

这个新闻到达西班牙的最早证据是梅迪纳·塞利公爵 1493 年 3 月 19 日的一封信。信是公爵在离马德里东北约 50 英里的私人城堡里写的,其中说哥伦布在找到他要去找的一切以后,已返航抵达里斯本。① 这是我们看到的由一个西班牙人写的谈第一次西航的唯一的私人信札。公爵一定是在接到了哥伦布 3 月 6 日到达里斯本后写的来信,而不是在他 3 月 15 日结束航程到达帕洛斯后来信而写这封信的。

---

① 摘要见前面第七章。

当时许多意大利人（商人、外交官或教士）居住在西班牙。他们有大量写给意大利朋友、顾客的信札保存下来，其中有的提到了大发现。据一位名叫特里巴尔多·德罗西的当代史学家考证，早在1493年3月最后一周里，佛罗伦萨的绅士收到从西班牙发来的一封信，其中讲某些青年人①乘3艘帆船出发去寻找"葡萄牙国王从未发现过的"新国土，已发现一座很大的岛，岛上住着赤身露体的人，"他们只穿树叶遮掩生殖器，此外别无衣饰"，他们用的枪"枪头用箭猪羽毛管代替铁刺，他们不知有铁"。发现家已找到了相当多的黄金，河中的沙子掺混着黄金。还找到了棉花、松树、柏树及香料。②

一封最早的讲到哥伦布的意大利信札还原样保存下来，写信的人是巴塞罗那一个商人，名叫汉尼拔·泽那罗或叫贾努阿里乌斯，信是1493年4月9日写给他的住在米兰的兄弟的：

去年8月双王陛下，应某一位名叫哥伦布的人的请求，批准此人装备四条帆船，因为此人说他渡过大海，直接向西航行，可以到达东方。由于地球是圆的，他一定能找到东方地区，然后转身回来。根据他写的书信，我看过他的书信，他就这样做去，把几条船装备好，驶出直布罗陀海峡，向西航行，走了43天，到达一个大岛。岛上住着橄榄色皮肤的裸体人。裸体人的胆子很小，毫无战斗技术。他们有些人登了陆，俘虏几个人，以便了解他们，学他们的语言，使彼此之间可以互相了解。〔这些本地人〕因此就不再胆小怕事了，因为他们也是有知识的人。〔哥伦布和他的同伙〕完成了使命，借手势及其他方法，他们得知他们已到达了"印度"群岛。于是这些俘虏就走到与他们邻接地区的乡

---

① giovani 可能是抄写者的笔误，正确的应该是 genovesi，即热那亚人。
② 《文件和研究全集》第3辑第2卷第1页，信中每一事物都在哥伦布首次西航书简中找得到，除了 pene d'istrice 以外。这两个字可能由于误解了卡斯蒂利亚语文。枪（矛）头确是用鱼骨代铁。

镇、向家家户户宣传：天神那里有人来到这个地区。因此，所有这些人，十分忠诚的人，都与该哥伦布及其伙伴缔结良好的友谊与和睦关系。他们从这个岛又向另外几个岛走去，迄今为止，他们又找到大批岛屿，其中两个每个幅员都比英格兰或苏格兰大，另一个大于整个西班牙。该哥伦布已在那里留了一批同去的人。他在离开以前已兴建了一座堡垒，堡垒里装了火炮，储备了粮食。他从那里带回6个懂我们语言的土人。他们说他们已在该岛发现了胡椒、沉香、和河里一个金矿——就是一条沙粒里藏金的河流。据说，那里土人用独木舟航海，独木舟很大，最大的舱里可容70人或80人。该哥伦布已直接返航，在里斯本登岸，写了这个书简给国王陛下，国王已复信叫他立即到宫廷来见面。我希望得到他写的西航书简的一个副本，得到后就送给你。当他到巴塞罗那后，我将把我所得更多的消息告诉你。这里朝廷认为消息是确实的。我说过，我已看见了这封信，信里更进一步说：他在那些人民中间没有看出有任何法律或宗教，他们只相信万物来自上天，相信万物有个造物主，由此产生一个希望：他们容易改信天主教。他还说他后来到过一个地区，那里人生下来就有尾巴。[①]

最后这则新闻对哥伦布的传闻略微有点儿夸大，哥伦布是说约翰·曼德维尔爵士的所谓长尾巴的人生长在哈瓦那省，泽纳罗的信息连同这个长尾巴的新闻都来自哥伦布首次西航书简（手抄本或第一个印刷本）。收到泽纳罗信札的人又把它抄一份寄给弗拉拉驻米兰的代表哈科梅·特罗蒂。特罗蒂于4月21日把它寄给他的主人弗拉拉大公。这位大公不是别人而是对航海和发现极感兴趣的著名的埃尔科莱·德

[①] 原文见《文件和研究全集》第3辑第1卷第141—142页。在哈里斯所著《克·哥伦布》（第2卷第6—9页）中也附有法译文。特罗蒂的抄本（我们拥有的唯一文本）所注日期为3月9日，但这是4月9日之误，因为哥伦布3月6日才到里斯本。

斯特。他立刻复信要求更详细的消息。5月10日特罗蒂再写信，信里封入另一封"来自西班牙的信件"——大概就是泽纳罗答应提供的哥伦布书简的抄本。① 由于埃尔科莱·德斯特的宫廷是一座科学研究中心和人文主义者学习的中心，我们可以肯定，大发现的新闻已在意大利北部各种风尚美术品鉴定家中间迅速传播开了。

据当时一部威尼斯历史记载，一份哥伦布首次西航书简的抄件在4月18日以前几天传到了罗马。② 27日米兰驻威尼斯代表把书简的抄本送给他的主人，有名的卢多维科·伊尔·莫罗。③ 4月22日一个名叫卢卡·凡切利的建筑师从佛罗伦萨写信给他的支持者、曼图亚侯爵谈这个大发现。凡切利没有提哥伦布的名字。他说：西班牙国王的几条船花16天（！）时间就"发现了一些岛屿，其中有一个很大的岛朝向东方。岛上有大河、高山、土地最肥沃，男女居民都长得漂亮大方，但他们除有些人用棉花树叶遮住生殖器外，大家都是赤身裸体……那里盛产黄金……那里既看不到北极，也看不到南极"④。一位锡耶纳的日记记录人阿累格雷托·阿累格雷蒂在4月25日记道："从许多住在西班牙的意大利商人的信函中以及从许多人的口述中"听说克里斯托弗·哥伦布（这个名字第一次说对了）已经找到了一些产黄金和香料的岛屿，那里有风俗奇异的人，他已经留下由8个人组成警备队在一个岛上。"他们把我们的人视为天神。"他还听说第二次西航已经在筹备中。⑤ 米兰公爵驻博洛尼亚（波伦亚）的代理人在6月17日报告，哥伦布已"在印度洋的横越道上找到几个南部岛屿，岛上住着一些头脑简单，不穿衣裤的人，他们试图俘虏土人给予公正和人道的待遇"⑥。前热那亚执政官巴蒂斯塔·弗雷戈索在他的1493

---

① 《文件和研究全集》第3辑第1卷第143—144页。
② 同上书，第3辑第2卷第2页；参考马利皮埃罗1493年的记事，同上书，第3辑第2卷第4页。
③ 同上书，第3辑第1卷第193页。
④ 同上书，第3辑第1卷第165页。
⑤ 同上书，第3辑第2卷第3页。
⑥ 同上书，第3辑第1卷第194页。

年《难忘的言行录》中记道：我国热那亚人克里斯托弗·哥伦布已经安全地从西印度群岛归来，他照预定计划要做的，从加的斯港出发，以 31 天时间到达那里。①

哥伦布首次西航书简（通常称为《致桑坦赫尔书简》或《致桑锡斯书简》）一定早在 4 月 1 日，在哥伦布觐见以前，就已在巴塞罗那印刷出来了，所以才传播得这么快。头一个拉丁文译本出版日期为 4 月 29 日，译者是一个名叫累安德罗·德·科斯科的加泰罗尼亚人，5 月在罗马用新闻字体印成一个一共 8 页的小册子，书名《海岛发现者克里斯托弗·哥伦布书简》。它是一部畅销书，在 1493 年就连出 3 个罗马版，1493—1494 年在巴黎、巴塞尔和安特卫普出了 6 个不同的版本。②一位佛罗伦萨神学家兼诗人朱利亚诺·达蒂身居罗马把拉丁文本译成托斯卡纳韵文本——一首 68 节的长诗，1493 年 6 月 15 日在罗马印行，随后又在佛罗伦萨二次印行。③1497 年一个德文译本在斯特拉斯堡出版，第二个西班牙文版本大约也是同时在西班牙巴利阿多里德出版。

首次西航的新闻传到北欧比较迟。大《纽伦堡纪事》于 1493 年 7 月 13 日出版，其中对大发现只字未提，两天后一位纽伦堡科学家还写信给堂·若奥二世，吁请他举办一次去印度的向西航行，完全不知道哥伦布业已达到目的。④至于英吉利，那里有人知道哥伦布首次西航信息的最早证据是 1496 年 3 月 28 日费迪南德和伊莎贝拉写给他们的驻英大使的一封信，信中提到从大使提供的信息说，有"一个像哥伦布样的人"（指约翰·卡博托）正力图说服国王"进行另一桩像西航印度那样的事业"。⑤一个人可以想象，费迪南德和伊莎贝拉一定

---

① 《文件和研究全集》第 3 辑第 2 卷第 75 页。
② 见本书前第二十二章第 415 页注①和注②第一次西航书简目录。
③ 《文件和研究全集》第 3 辑第 2 卷第 8—25 页。
④ 见本书前第一章及第六章。
⑤ 原文和译文载 H. P. 比加尔著《卡蒂尔的先驱》第 10—11 页。在 J. A. 威廉逊的《卡博托的航海》第 24 页，只载译文。

想看到教皇训谕的副本会传达给每个航海国家的国王，可是任何这样的信息在欧洲各国的档案中除葡萄牙外都没有找到。

当时，很清楚，大发现的新闻从西班牙到意大利，部分通过意大利商人的私人信函，部分通过费迪南德和伊莎贝拉从教皇那里获得主权的努力，传递得很迅速。但是传过阿尔卑斯山脉及比利牛斯山脉却的确很缓慢。在罗马和意大利北部业已得讯后3个月，在巴塞罗那知道此事以后差不多4个月，北欧地理研究中心纽伦堡的科学家还只字未提哥伦布的首次西航这件大事。真的，这个新闻在意大利和伊比利亚半岛以外各地似乎引起的兴趣很小。直到一个殖民地已在新大陆植根以后，法兰西、荷兰、比利时、德意志和英格兰等国学者才开始注意到有一件什么重要事情发生了。于是继西班牙寻找西航印度通道之后，又一个国家由又一个热那亚人约翰·卡博托带头，也开始这样做。

从我们已经引述过的这些书简和史册来看，从已经发现的其他少数地方来看，哥伦布的发现作为奇迹与真实的一种独特的结合，冲击了欧洲人的想象力，这是明明白白的。科学的和文学的好奇心都同等掀了起来。特别使人感兴趣的哥伦布发现，其意义就在新事物引起了对某些古老事物的回忆，例如对亚当和夏娃在伊甸园的故事的回忆。使所有传播新闻的人深感亲切的一种纯真自然的风味是赤身裸体的土人，特别是除树叶以外一丝不挂的女人。在1493年裸体妇女比现在要稀奇得多。按照我们的看法，当时所有欧洲人都穿着考究，而妇女则更不习惯于当众脱衣服或沐浴。葡萄牙的发现家在赤道非洲看见过完全裸体的黑人，但是他们在黑大陆无论看见什么，他们都不说。所以哥伦布关于男人和女人自冬徂夏都不穿衣裤的确是新闻。另一些引起议论的事情是这些土人中间没有宗教、他们胆小怕事和慷慨好施的性格以及对要命的武器一无所知。这些特点结合他们的陷入原罪以前的天真无邪状态，使人想起一种传统的（古典的）说教，说是黄金时代仍然存在地球上遥远的角落里。还有令人神往的事是哥伦布说：伊斯帕尼奥拉岛"大部分河流产黄金"，每个人都知道国王迈达斯和帕克托勒斯河的传说①，为此葡萄牙人曾多次去非洲西海岸寻找，终于徒劳往返。②欧洲缺乏硬币，任何新的黄金发现，同我们现在一样都会编成一个普遍追求的故事。而这些神奇发现的确实位置却显然没有人感兴趣。哥伦布已开辟了一条通往"印度"的海上航路，因此会损害意大利海港的贸易，这种可能前途也没有哪个写信的人想到它。

对于这个新闻的一个次要的反应是对下面这句谚语的一种有趣的解释。这句谚语是：真理还不及讲真理的人那么重要。由于这个新闻是从阿拉贡首都传播开的，是由一个加泰罗尼亚人把哥伦布首航书简译成第一个拉丁文本的，费迪南德国王获得了本应归于女王的一切荣誉。科斯科给他这个拉丁文译本作序说明哥伦（哥伦布这个名字的加泰罗译文）奉"不可战胜的西班牙国王费迪南德"之命，首次西航。③ 书中还附有费迪南德国王的木刻肖像，肖像穿盔甲，盔甲一臂佩阿拉贡的石榴，另一臂佩有卡斯蒂利亚和莱昂的城堡及狮子。在后来的版本中，伊莎贝拉女王才得到了荣誉带，但在我们所引述的意大利文版本中，这次西航仍被说成是纯粹阿拉贡的事业。

公众舆论支持哥伦布自己的发现观点到什么程度呢？由于新闻的传播大多是通过书简的抄本、摘要本和翻译本，他自己认为自己确实到了"印度"这个见解已获得普遍承认。费迪南德和伊莎贝拉也正式采纳了这个观点，因为他俩都乐意这样去做。教皇按其票面价值接受

---

① 希腊神话：弗里癸亚国王迈达斯（Midas）释放了被捕的精灵西勒诺斯，把他交还给狄俄尼索斯。狄为了报答他，授以点金术，凡他所触到的东西，都立刻变成了黄金，最后连他的食物也变成了黄金。他没有吃的，饿慌了，不得不求狄俄尼索斯解除他的点金术，狄叫他去帕克托勒斯河里洗澡，这样他才没有被黄金害死。——译者

② E. G. R. 泰勒著《帕克托罗斯：黄金之河》，《苏格兰地理杂志》第 44 期（1928 年）第 129—144 页。

③ 见本章章首引文，在第二个拉丁文本中加上了女王名字。

了他俩的观点。这位海洋统帅的大误会就靠"印度"这个名字永远留存下来，我们也就始终把新大陆的土人叫作印度人①。直到18世纪下半个世纪，西班牙还正式称她的海外帝国为"印度"。②只在印度前面加个西字以示限制，使印度这个名字至今仍然沿用，但甚至一开始就有些人怀疑它。葡萄牙国王是听到哥伦布发现新闻的第一个欧洲重要人物，他就不相信这个热那亚人除发现大洋中像虚构的安第利亚岛以外，还发现了什么地方。而且这个西印度群岛在葡萄牙总是叫作"安的尔哈斯群岛"（las Antilhas），在法兰西总是叫作"安的列斯群岛"（les Antilles）。③ 的确，任何读过托勒密著作，接受他的近似正确的地球大小观点的有知识的人一定会断定哥伦布从加那利群岛向西航行绝不可能在33天之内到达亚细亚洲。是哥伦布错了，还是托勒密错了——对于这两个说法，任何一个有知识的人都难以遽做抉择。

　　这个两难抉择，直到1521年麦哲伦完成环球航行才获得解决。答案首次见于彼得·马蒂尔·德·安赫拉的信函中④。彼得·马蒂尔这个年轻的意大利人文主义者在西班牙工作，当哥伦布1493年4月到达巴塞罗那的时候，他正在宫廷服务。他并没有立即把有关哥伦布的事迹通告他的通信者，而是逐渐逐渐地对此越来越感兴趣，在一年之内决定写一部大发现史。1493年5月14日，至少在新闻到达巴塞罗那之后7个星期，马蒂尔写信给他的朋友博罗梅奥伯爵，信里写道：

　　几天后，一个名叫克里斯托弗·哥伦布的热那亚人，从西方对蹠地回到这里，他因为双王认为他讲得太虚幻，所以经历许多困难才得

---

① 在译成汉语时，才把印度人译为印第安人，以示区别。——译者
② E. G. 伯恩著《西班牙在美洲》第101页。
③ 甚至有一个住在加的斯的意大利人在写信回家说哥伦布第二次西航时，认伊斯帕尼奥拉岛为安特格利亚岛（《文件和研究全集》第3辑第1卷116页）。
④ 关于彼得·马蒂尔，见前面第五章。他的信函最佳原本见《文件和研究全集》第3辑第2卷第39页。这个重要的摘要本的蹩脚的拉丁文原本和粗劣的译文载撒切尔著作第1卷第53—64页。彼得·马蒂尔信函所注日期引出许多问题，因为这些信函只是通过1530年和1670年的草率印刷本才获知于世的。

到双王拨给三条帆船去访问那里。他此次回来,带回许多珍贵物品做证,特别是带回一些那里天然出产的黄金。

到此时为止,彼得·马蒂尔还没有怀疑哥伦布所称他已到过的对蹠地指的就是亚洲这个论断。在9月13日写给滕蒂拉伯爵和格拉纳达大主教的一封信中,他写道:

> 你们两位很聪明、很尊贵的长者,请注意研究一个新发现。你们记得哥伦布这个热那亚人怎样跟双王待在临时营房里,请求陛下批准他向西航行到地球的另一边去。你们一定记得,因为有好些方面还是多亏你们帮的忙。我想,没有你们的劝告,他做不成这件事。他已平安、健康地回来,宣称已发现了令人惊奇的事物。①

接着就是附录了哥伦布首次西航书简的正确的摘要。彼得·马蒂尔同一天(9月13日)写给红衣主教阿斯卡尼奥·斯福尔扎的信中也宣称"有一位名叫克里斯托弗·哥伦布的热那亚人"已经抵达对蹠地(the Antipodes)。到10月1日,彼得·马蒂尔开始怀疑了。他在这一天写信给布拉加大主教,信中说道:

> 有一位哥伦布已航行到了西方对蹠地,如他所自信的,甚至到达了印度海岸。他已发现了许多岛屿,这些岛屿被设想为宇宙志研究者提到的那些越过东洋、毗连印度的岛屿。我不完全否认这点,虽然地球的大小似乎使人认为情况并不如此。但认为印度海岸离西班牙末端距离并不遥远的人也不是没有。……把地球的隐匿的一半曝光,让葡萄牙人越过赤道日复一日越走越远;对我们这就足够了。

---

① 《文件和研究全集》第3辑第2卷第29页。顺便说,这是新闻传播迟缓的又一证明。彼得·马蒂尔至少认为,在哥伦布回来6个月后和出发做第二次西航以前不到两个星期,他把新闻告诉了格拉纳达的人。

这样一来，迄今未知的海岸很快就变得可以接近了，因为一个人在类似的另一个竞赛中就会努力，就会冒巨大的危险前进。①

一个月后，彼得·马蒂尔似乎一眼就断定哥伦布没有到达印度，因为在 1493 年 11 月 1 日寄红衣主教斯福尔扎的信中，他说到那个新大陆发现者著名的哥伦布。这是首次记录上提到发现的地方是一个新大陆。但是在彼得·马蒂尔的心目中"新大陆"和"印度"不是不一致的。因为在他写给乔瓦尼·博罗梅奥伯爵的一封信中（信写于 1494 年当第二次西航到古巴的第一个信息传到国内后）②，他说道：

> 每天都有越来越多的新鲜事物由海洋统帅热那亚人哥伦布从新大陆传来。……他说，到目前为止，他已走过地球从伊斯帕尼奥拉岛向西行进，到达黄金半岛。这是已知地球东方的最远点。他以为在太阳绕地球一周 24 小时的行程中，他只差两小时③。……我已开始写这次大发现的著作。

这个黄金半岛是托勒密给马来半岛起的名字。因此，当彼得·马蒂尔把哥伦布的发现描写为新大陆时，意在使人联想到它们是一些离亚洲不远的新发现的岛屿，位置和摩鹿加群岛很相近。这个错误是十分重要的，因为哥伦布犯了同样错误，并且毕生顽固地坚持这个错误。我们是这样惯常把美洲看成新大陆，以致我们觉得难以理解有教养的人如何能够把亚洲边缘部分看作新大陆，但是在哥伦布时代几乎每个人都这么想，直到麦哲伦的环球航行证明关于地球幅员的意见，

---

① 《文件和研究全集》第 3 辑第 2 卷第 41 页。
② 《文件和研究全集》第 2 辑第 2 卷第 43 页，时间为罗马古历 1494 年 11 月 13 日（10 月 20 日）。但月份大概是 12 月之误，因为哥伦布从古巴航行回到伊莎贝拉时在 1494 年 9 月 29 日。
③ 即他已航行到伊莎贝拉西经 30 度（格林威治西经 71 度），但如我们行将看到的，哥伦布以为他做得比这个还要好。——原注
说太阳绕地球一周 24 小时，其实是说地球自转一周需 24 小时。——译者

正确的是托勒密,而不是哥伦布。哥伦布本人在他第三次西航的书简中使用了"另一个大陆"(Otro mundo),其意义确实与彼得·马蒂尔所用的新大陆:一个迄今尚未发现过的亚洲附属地相同。阿梅里戈·韦斯普奇所写的"梅迪西"书简以《新大陆》为书名印行于1503年或1504年,该书简声称他1501年航行过南美海岸,"我们可以正确地称之为新大陆,因为我们的祖先不知道它,对于所有那些听说过它的人来说,它是完全新鲜的事物"。可是甚至连他大概也设想南美洲与东南亚的关系和澳大利亚与东南亚的关系非常相同。[①] 韦斯普奇的赞赏者瓦尔德施米特在1508年宣布:阿梅里戈已发现"世界上第四大洲",因此应该把这个洲命名为亚美利加洲。但是过了好些年月,这个新名词和这个新地理概念才得到公众承认。亚历山德罗·杰拉尔迪尼在1522年回忆里写他听到宫廷讨论过的哥伦布原始计划,他用统帅建议的原句说"为了发现一个新大陆",他相信横过大洋就能够到达东亚"对蹠地区"。在新大陆和印度之间,他看不出不一致性。现代史学家所有关于新大陆(mundus novus)一词的学术上的诡辩(似乎它必须指美洲)都是浪费笔墨。

当时,哥伦布的发现是按他自己的评价去理解的。他已发现了一个"在"印度或"走向"印度的新大陆一群岛屿。人人都希望在下一次西航中某些如托勒密或马可·波罗所描写过明确的事物将会得到。他本人也好或其他别的人也好,在1493年或1494年都不怀疑塞尼加的预言[②]已经实现,一个庞大的大陆已经展现出来。在彼得·马蒂尔写成他的新大陆史以前(他告诉过他的朋友他已准备开始写),他清楚地知道这确实是一个新大陆[③],但哥伦布却不这么容易信服。这种

---

① G. T. 诺苏普译《新大陆》(韦斯普奇重印本 V_1),参考伯恩《西班牙在美洲》第97—98页。哈里斯在他早期写的《哥伦布》注释中已得出这个结论。

② 塞尼加的话见上卷第六章章首的引用语。——译者

③ 彼得·马蒂尔在写完《第一个十年》第1卷时(1504年以前)仍然没有肯定他在描写首次西航所见到鹦鹉后说过的一段话,这段话可证明还没有肯定哥伦布发现的地方是个新大陆。这段话原文载阿尔伯编《关于美洲最初三部英文书籍》第67页(其中含《新大陆或西印度几十年》一书)。

十分顽强的执拗性格使他在 10 年沮丧时期能够继续推动他的伟大事业。这种执拗的信念使他保持坚定，使他永不改变他已发现一条通往亚洲的西向航路的信心。哥伦布按照他的宇宙学概念终其一生始终是顽强的和执拗的，但是，他完全错了，绝对错了。[①]

---

① 假若 1493 年有了一份通俗报纸，记者又具有"人类利益素质"的察觉能力，你就能设想哥伦布的首航书简一在报上发表，就会立刻电传到意大利，在《热那亚邮报》上刊登这样的新闻：

  一个热那亚人看见了裸体土人
  在河沙里找到了黄金
  为西班牙国王大发横财
  哥伦布率领三艘帆船西航到达
  接近印度的黄金海岸，那里
  男人不带武器
  妇女不穿衣服

  巴塞罗那 3 月 20 日消息：我们的记者获悉一件非常惊人的发现新闻。这次发现是为费迪南德国王做出来的。克里斯托弗·哥伦布船长，据说是热那亚人，率领一支由三条船组成的船队，从加那利群岛出发，横渡海洋航行 33 天到达接近印度的新岛。据说，那里四时皆夏，人民过着自然状态的生活。妇女虽然只穿无花果树的叶子，并不感觉羞耻。男人一丝不挂，但头上装饰鸟羽，以金珠装饰手脚。基督教徒被当作天神接待。哥伦布说过，在一个比全西班牙还大的岛上，他们要什么，土人就供应什么。土人中间没有传教士，没有法官。他们既无宗教，又无法律。他们唯一的武器只是木制戈矛。他们的船只只是用一根独木凿成的，可以运载 70—80 人。发现家断言，这个地区河里布满黄金。发现家现已到达里斯本，正在赶路回到本城来觐见我们的国王。王家新闻局拒绝肯定或否认这个消息。极受尊敬的财政大臣格·桑切斯在接受访问时说："这个消息如果属实，就是个好消息。这件事可以加强公众对政府的信赖，并且可以产生繁荣昌盛。"西班牙大红衣主教阁下发表声明："上帝赐予西班牙这么大的福祉，只有他应当受到感谢。我希望，这个扩大天主教信仰的大好机会，行将唤起我们大批轻浮的大学生，把他们的心灵转向比较崇高的事业。"萨拉曼卡著名地理学教授戈梅斯博士得讯后表示怀疑。他说他多年前就认识哥伦布，他认为他是个骗子。戈梅斯教授说，印度不可能在 33 天时间里走到。大多数知情人相信这个故事，一个公众欢迎会正在为哥伦布筹备，在他到达巴塞罗那时举行。海军部拒绝证实国王将提升他为海军少将的消息，但亦不否认。

  我们的记者在研究了本市的市政手册后，查明发现家克里斯托弗·哥伦布是本市多米尼科·哥伦布的儿子。发现家先前的教师修士路易吉，当着记者的面查阅了学校档案记录，说他记得哥伦布是个好孩子。他严格执行宗教职责，但因为地理科成绩不大好，所以他没有获得毕业证书。我们这位有名的同胞的父亲是一位退休的毛纺织工，住在施洗礼者圣约翰教区。记者到他家里访问并把这个新闻告诉他。他说："这一点也不令我惊奇。克里斯托弗这孩子总是追求女人和金钱。我说过，他离家出海没有什么好处，没想到他从此得福。"

第二次美洲航行

第二十八章　庞大的船队[①]

1493年5—10月

> 其后他必转回夺取了许多海岛。
>
> ——《但以理书》，第11章，18节

　　哥伦布在首次西航结束以前就已在计划第二次西航，而双王也早在1493年3月30日就命令他着手准备。如果说统帅在离开塞维利亚去巴塞罗那前做了什么准备工作的话，那也做得不多。在巴塞罗那，他就第二次航行的总计划、航行的目的与意图和双王、西班牙红衣主教以及其他一些重要人物进行了讨论。5月20日他受命担任船队总指挥。23日，很可能是出于哥伦布的提议，双王派大主教的侄子塞维利亚副主教堂·胡安·德·丰塞卡和哥伦布一起负责准备工作。[②] 拉斯·卡萨斯多年后就如何对待印第安人的问题曾与丰塞卡（当时他是布尔戈斯主教）有过一场争辩，但他还是不得不承认，丰塞卡是一位优秀的办理实务的人才，是一位出色的组织者，尤其在配备船队这件事情上，"那是一件对巴斯克人比对主教们更加适合的工作"。[③]

　　情况确实如此，丰塞卡这次工作干得非常出色。在5个月的时间里，在一个以骡马为最发达的交通工具的地区，他设法调集了一支由17艘船舶组成的船队，并给这些船只配备了足够往返6个月所需的

[①] 关于第二次西航的大体情况见拙著《克里斯托弗·哥伦布第二次航海从加的斯至伊斯帕尼奥拉》，牛津1939年以及后面第二十九章第58页注①。

[②] 纳瓦雷特著《航海和发现文集》第2卷第48页。在1493年5月7日的一份证件中称丰塞卡指挥第二次航海准备工作并被任命为新殖民地的税务官员（同前书，第36页）。

[③] 《西印度群岛的历史》第78章（1927年，第1卷第336页）。

海上补给品、备用船具、船上所用的蜡烛和武器。他还设法贮存了1 200—1 500人所需要的食品和大量的装备，征募了不可缺少的普通工人和工匠，并收集了为建立一个农矿业殖民地、并把西班牙文化移植到"印度"去所需要的各类种子、作物、家畜、工具和器械。

欧洲国家在以往从事海外殖民地开拓事业中没有哪一次行动达到了这次的规模。与此最近似的一次行动是1482年葡萄牙人在黄金海岸建立堡垒式的商业据点——圣若热·达米纳贸易站。如我们已知道的，哥伦布曾航行到"米纳"一两次，他去那里的经验教育他，欧洲人移民去别的地区和别的气候地带，不可依赖当地的食物。他需要足量的西班牙食物，如面粉、饼干、咸肉、糖浆、植物油、醋和酒，以维持他的殖民队伍的数月之需。供应不足，这是他抱怨丰塞卡这位食物供应官的真实理由。当然，岸上那些奸商和采买人员必然有些欺哄诈骗行为，这是在大大小小的海上航行人物所预料得到的，然而堂·胡安却不可能预见这一切详情细节。酒类承包商所提供的旧的或不坚固的木桶，经受不住热带地区酷暑的烤晒而开裂，以致很多名贵的葡萄酒漏入船舱的污水中。特别令哥伦布生气的是卖马事件。双王派遣20名长矛骑手随他一起去西印度群岛。这些西班牙骑士在塞维利亚一次阅兵式上做了一番精彩的表演，但他们到了加的斯港却将他们的纯种良马卖掉，换回一批蹩脚的驽马来代替，而把赚得的差价中饱了私囊。无疑，他们在上船前需要钱去过一过绅士生活，而且他们也断定，那种廉价的"安稳沉着的马"比纯种马更耐得住海上航行——的确，就后一点而论，他们是正确的。[①]

双王在5月就这次西航发布了许多命令，命令安达卢西亚地区所有城镇乡村的官员要为船队购买食品和其他海上供应品提供一切方便，不准征税，并要求惩罚其中的牟取暴利行为。马拉加的要塞司令

[①] 这些细节是通过哥伦布所发的怨言才知道的，见《托雷斯备忘录》(《文件和研究全集》第1辑第1卷第270—283页)。其译文刊登在塞西尔·简编《航海文选》第1卷第74—114页上。有关雇用长矛兵员的文献载在纳瓦雷特著《航海和发明文集》第2卷第39、41页。有关第二次西航的准备工作的同一文献及附加材料，重印在《未发表的文献》第1辑第30章1878年。

受命提供了50副护胸铁甲，同数目的弩和长铳（当时一种标准滑膛枪）；阿尔汉伯拉也接到提供相同数目装备的命令。王家炮兵部队总管给船队提供了火药和其他军需品。塞维利亚批发商，哥伦布的朋友、佛罗伦萨人胡安·诺托·贝拉尔迪奉命将一艘载重量没超过200吨的船只租给哥伦布做旗舰。哥伦布和丰塞卡受权购买或租赁他们所需要的任何大船、轻快帆船或单桅帆船，价钱由他们便宜处理。同时他们能全权处理船只的装备和人员（水手、士兵和工匠）的雇佣，并"付给他们所应得的工钱和薪水"。国王和女王还命令：一切未被船队租赁或者不属船队管辖的船只，"未经我们同意和许可，禁止驶往印度地区的上述岛屿和大陆"①。

在那个小规模商业时代，一个船队的粮食供应是如何安排的，可以拿一批账单为例。在赫雷斯·德拉·弗朗特拉附近有一批付给25人的账单保存下来。账单记载着从2—10卡伊斯②（即36—180蒲式耳）数量多少不一的小麦，小麦的统一价格为每卡伊斯1 320马拉维迪或1蒲式耳73马拉维迪。还记载着付给其他人去把小麦磨成面粉，把面粉烤制成船用饼干的费用。船上的粮食间由宗教法庭派一名官员掌管。③通过此例我们可以确信，他的命令被迅速、真正地贯彻执行了。

双王给统帅的正式敕令签发日期是1493年5月29日于巴塞罗那。他们宣称此次航行的首要目的是改变土人的信仰，为此目的，派遣首席教士布伊尔和"其他一些教士"随船同往。哥伦布必定明白要"极其善意地并充满爱心地"对待印第安人，他应当促进印第安人和移民者之间的友好关系，应当惩罚任何虐待土人的人，应将双王陛下颁赐做交易用的某些物品赠送给印第安人。敕令说此次西航的第二个目的是创办王家商务殖民区。所有的贸易包括货物的提供都要受政府

---

① 纳瓦雷特著《航海和发现文集》第2卷第36—56页；第3卷483—484页。
② 西班牙容量单位，约合666升。
③ 抄自赫雷斯·德拉·弗朗特拉教士会档案馆（现在加的斯），承赫雷斯的马诺洛·冈萨雷斯·戈尔顿先生盛意提供给我参阅，参见《未发表的文献》第30章第162页。

的指导。贸易所得纯利润的八分之一归统帅所有，其余归王室所有，严禁私人贸易。如哥伦布曾建议过的，所有从印度地区运回国的东西都必须在加的斯港上岸。为了防止出现偷漏事件并保障双王获得他们应得的利益，贸易账目的清算上增加了很多详细项目。至于如何管理殖民地、采取黄金以及如何力图进一步发现新的土地，哥伦布有权采取各种办法，便宜行事。① 拉斯·卡萨斯说，双王还进一步命令和责成统帅，尽快去考察古巴，"去看看该处是个岛屿，还是如他所相信并宣布过的是个大陆，因为统帅曾声称，一个大陆就应该拥有比其他任何一个岛屿多得多的有用物品，多得多的财富和多得多的秘密，而双王对此则审慎地表示怀疑"②。

这个给予哥伦布便宜行事的敕令，和随后年代发给王室海外雇员的精细敕令形成鲜明的对照。费迪南德和伊莎贝拉承认他必须受环境支配，但是他们也极其清楚地表明他们对西航的两种主要兴趣是宗教和财政。欧洲人在美洲的首块殖民地是作为改变异教徒的信仰和获取黄金的手段而构想出来的，但实际上，比较崇高的目的已为低级的目的所完全淹没。显然，双王已放弃了与大汗相互致意的全部意愿。或许他们估计到哥伦布在开采金矿和传布基督教义的竞技中不会太称心如意。

1493年6月，当时所有为第二次西航必须下达的命令都已经发布，双王认为，与葡萄牙和教廷的谈判进展非常顺利，可能用不着统帅再次出席，于是他们提出让他离开巴塞罗那。③ 王室的一些家臣随哥伦布同行去担任伊斯帕尼奥拉岛的行政官员，更多的人不客气地

---

① 纳瓦雷特著《航海和发现文集》第2卷第66—72页，同样也载在安赫尔·奥尔特加著《拉拉维达》第2卷第256—261页和《未发表的文献》第30章第162页。

② 《西印度群岛的历史》第81章（1927年，第1卷第349—350页）。这些敕令必定是口头上的，如拉斯·卡萨斯实际暗示的那样，因为在正式的敕令中只有一个规定谈到了向西考察。这个规定是说假如统帅发觉派遣一些船只去伊斯帕尼奥拉岛更远的地方做更多的发现是恰当的话，那全体职员和船员必须继续服从他的命令。

③ 《西印度群岛的历史》第1卷第350页；费迪南德·哥伦布著《海洋统帅克里斯托弗·哥伦布的生平和事业史》第44章（第1卷第256页）。我在一些二手著作中看到有人说哥伦布离开的日期是5月28日，但我不知道这个说法出自何处。

向统帅要求特权。6个接受基督教洗礼的印第安人中有5人跟随统帅同往。

为了履行他在那次大暴风雨中于"尼尼亚"号船上所立下的去瓜达卢佩朝圣的誓愿,①哥伦布取一条比来时不同的而且比较远些的路线去塞维利亚。他穿越埃布罗河到萨拉戈萨的大平原,沿着横贯瓜达拉马山脉东部山嘴的城堡密布的大路进入新卡斯蒂利亚高原地区,经过科戈拉多——他的赞助人梅迪纳·塞利公爵别墅所在地,然后进入马德里。随后,他走上通往葡萄牙的那条道路。他发现"印度"的消息就是通过那条路首先传到卡斯蒂利亚的。统帅一行离开塔拉维拉·德·拉雷纳这条旅客来往频繁的道路,从一座大石桥上穿越了塔古斯河②,然后走上一条通向埃斯特雷马杜拉山麓的道路。在这个荒凉贫瘠地区度过的几个夜晚中,有一个夜晚必定是在特鲁希略镇度过的。这个镇里有位养猪人的儿子年方13岁,名叫弗朗西斯科·皮萨罗③。他必定出来看过这些印第安人,或许就在此时此地他内心燃起了后来征服秘鲁的野心之火花。

哥伦布在埃斯特雷马杜拉山脉中沿朝圣者之路走过一座座隘口,地势不断升高,在大约3天时间里抵达一个很大的高原牧羊场。牧场的南边斜坡,半边由高山环绕之处,耸立着一座规模宏大的、围墙或雉堞状的圣耶罗米教团瓜达卢佩修道院。围墙四周茅舍群集,形成一个贫穷的村庄,村民靠朝圣者做买卖为生。围墙之内有一座哥特式的大教堂,有巨大的女修道院似的建筑物,有由雅致的窗花格或穆德哈尔式柱廊把葱郁的花园和喷泉隔开。在圣器收藏室里,柜橱内塞满了

---

① 不管是拉斯·卡萨斯还是费迪南德·哥伦布都没有提及哥伦布朝圣一事,但此事必定在这个时候发生了:费迪南德在所著《海洋统帅克里斯托弗·哥伦布的生平和事业史》第46章(第1卷第263—264页)中说,哥伦布在第二次航海中应瓜达卢佩修道院修道士们之请求,将一座岛屿命名为瓜达卢佩圣母,因为他曾答应过他们。不过在首航和第二次西航之间没有别的时间可让他做一次去瓜达卢佩的长途旅行。瓜达卢佩修道院的档案没有提到哥伦布在1496年7月带去或送去一些印第安人到那里受洗礼之前,对该修道院做过任何访问(安赫尔·奥尔特加著《拉拉维达》第2卷第288页)。

② 又称特茹河。——译者

③ 皮萨罗(1470?—1541年),西班牙军官1531年带200人乘船驶往秘鲁,占领印加首都库斯科城,建立了殖民统治。——译者

绣金的斗篷式长袍、主教的法衣和十字裙。金库里收藏着一些西班牙最珍贵的金工产品——还有哥伦布曾来看过的（我们的瓜达卢佩的圣母）。这个古老的圣母玛利亚像，据说是由圣路加本人亲自雕制而成。圣母玛利亚以拯救士兵免于战死，救助水手免于溺死，并保护统治者防止他们以邪恶行为造成恶果而闻名。她的神殿已变成整个西班牙最受尊敬和最富有的所在。甚至连国王和王子等也不惮长途跋涉在瓜达卢佩的圣母面前祈祷，其中有些人还选择大教堂的殡仪馆作为他们最后的安息处。修道院的修道士看到基督教迄今从未接触过的一个种族中居然有首批皈依基督教的人士前来朝拜，非常感兴趣。他们请求统帅在下次西航时，以他们的圣城之名为一座岛屿命名。这一点统帅后来确实做到了。通过后来的征服者（很多来自埃斯特雷马杜拉地区）瓜达卢佩圣母的名声在西印度群岛所有地区得到传播，因而新瓜达卢佩在墨西哥、在秘鲁、在西班牙美洲其他地区陆续出现。①

哥伦布从此山的南坡下山，来到瓜迪亚纳河谷，渡河后到达梅德林小镇，镇上有个名叫埃尔南·科尔特斯②的瘦弱小孩一定看到他路过此地。科尔特斯在以后的岁月中因征服墨西哥犯下了罪孽曾在这个能创造奇迹的圣像下连续九天祈祷，企图赎罪。他是在新瓜德罗普修道院做祈祷的，新院建在他所征服的城市附近。圣母玛利亚 1531 年屈尊出现在一位贫穷的土著小孩面前。在显圣之处造起一座神殿，印第安人对其尊敬的虔诚程度不亚于埃斯特雷马杜拉地区的西班牙人对父母的尊敬。哥伦布在骑马又走了 130—150 英里后抵达科尔瓦多。他在此处再和比阿特丽丝·恩里克斯·德·哈拉纳告别，他的两个儿子也就在这里加入他们的行列。此后他继续赶往塞维利亚。这时

---

① 埃利亚斯·托尔莫-蒙索著《瓜达卢佩修道院》（西班牙艺术丛书）；弗朗西斯科·德·S. 约瑟夫著《瓜达卢佩圣母像的来历》（马德里，1743 年）第 273—274 页；有关哥伦布在海上遇风暴时许愿去瓜达卢佩朝圣的其他情况，参见安赫尔·奥尔特加著《拉拉维达》第 3 卷第 278—279 页。

② 科尔特斯（1485—1547 年）：1519 年带兵侵入墨西哥内地，1500 年被逐出，1521 年 8 月再度侵入征服全境。——译者

候，必定是 6 月底或 7 月初。

塞维利亚是堂·胡安·德·丰塞卡的指挥部所在地。丰塞卡在哥伦布外出期间已全权掌管好船队的调集和装备工作。哥伦布和丰塞卡相处得不好。拉斯·卡萨斯说，他们之所以闹翻是因为丰塞卡拒绝让哥伦布得到一批仆人，而哥伦布却认为，使用这些仆人以保持他统帅的身份和尊严是正当的和合乎体统的；更何况哥伦布不同他商量已获得双王的诏令允许他使用五名仆人。① 无疑，还有其他一些更重要的原因引起他们不和。组织一次海洋探险需要一种特殊的才干。对于这种组织工作，像丰塞卡这样一个具有天生的管理事务能力的人，比一个具有创造能力的人就要合适得多。几天以后，哥伦布继续前进到达了加的斯。大船队正在这里集结，令人懊恼的是发现准备工作远未完成。为了遇上他首航时所享受过的好天气，哥伦布原希望船队推迟 8 月中能够开航。他发现已经租赁的船只和所雇佣的船员有缺点，而粮食和船的补给品还在交付过程中。丰塞卡对他（虽说他是船队总指挥）的挑剔和干预表示不满，抱怨他在他丰塞卡忍耐高温和挑起组织重担的时候，却待在巴塞罗那沐浴王室的阳光，并放任自己去瓜达卢佩普修道院朝圣。

整个船队有 17 艘船舶。不幸的是关于这些船舶以及船上的人员我们知之甚少。船队有三艘大船，其中包括统帅的旗舰。它的名字和首航中统帅的旗舰名称一样叫"圣玛利亚"号，而它的绰号大概与它在海中的雄姿有关，叫玛利亚加朗特。我们不知道它的吨位，但哥伦布曾被授权获取载重量为 200 吨的船只做旗舰，该船必定比原先的"圣玛利亚"号要大些。为符合统帅的身份，船的后部全供哥伦布使用。西班牙王子堂·胡安的保姆之弟安东尼奥·德·托雷斯是此船的船长

---

① 根据双王给卡斯蒂利亚各地官员的一份敕令，叫他们给统帅保持 5 名仆人来看，此叙述可受到一定程度的信任，但敕令的日期是 5 月 26 日，在哥伦布离开巴塞罗那以前，见纳瓦雷特《航海和发现文集》第 2 卷第 55—56 页。

和船主。另外两艘大船名叫"科利纳"号和"拉加列加"号,后者大概是加利西亚人建造或者属于加利西亚人所有的。① 留下14艘船只尚待说明,其中12艘是挂直角帆的轻快帆船,但只有无畏的"圣克拉腊"号(即"尼尼亚"号)是我们可以叫出名来的唯一船只。

哥伦布在首次西航中发现船队在进入小河和水湾时,船只吃水太深,他极力主张船队要配备一定数量的适于远洋航行的小船,船要小到可做沿岸航行和进入浅水航行,因为米兰的尼科洛·锡拉西奥在1494年出版的一本有关第二次西航的小册子中说过,船队中许多船只"很轻便,叫作坎塔布连三桅帆船……为了考察印度群岛,对这些船舶添加了一些其他特别的设备"②。哥伦布在1494年考察古巴时所带去的挂三角帆的小船"圣胡安"号和"卡德拉"号就是这样装备了的船只中的两艘。③ 船队中大多数船舶像"尼尼亚"号一样挂直角帆,轻快帆船在前桅和主桅挂直角帆,后桅挂的是三角帆。

船队的人员经过比首航更严格的挑选,因为统帅和丰塞卡对愿参加者人数之众,感到不好应付。哥伦布原先的船员有相当数量继续跟他。船队的人员名单和薪资表从来没有发现过,我们知道的船员姓名很少。忠诚的莫古尔·尼尼奥家族有四人参加——"尼尼亚"号的船长胡安和领航员弗朗西斯科,"卡德拉"号船长克里斯托瓦尔·佩雷斯·尼尼奥,以及胡安的侄子弗朗西斯科,他在船上任见习水手。我

---

① 《王家历史科学研究院学报》第85期第362页;"加列加"号与"拉加利西亚"号必定是同一艘船,见《未发表的文献》第30章第193、195页。彼得·马蒂尔说船队中有三艘"巨大的货船",无疑就是指它们。货船是最大型的商船,比海船还要大。在有关第二次西航准备工作的文献中谈到了有许多船只是"单桅帆船"(fusta),这种船只小可做沿岸航行,既适合用桨划动又适于用帆航行。但是在哥伦布的经历中没有哪位水手默认过他的船队有任何此类船舶,而fusta在此定是作为一种普通的专用名词,如同我们所讲的"vesse"(船)一样。在任命哥伦布为船队总指挥的文件里,他的船队被描述由一些海船、三桅帆船和其他船只所组成(纳瓦雷特著《航海和发现文集》第3卷第484页,参看第2卷第16、63页)。

② 撒切尔著《克里斯托弗·哥伦布:生平、事业和遗物》第2卷第225、245页。此处是锡拉西奥所著小册子 Ad Sapientissimum L. Mariam Sforzam 中最合适的原文和译文。译成 equipped(装备)的原文为 paratae。

③ 科德拉的出处见《哥伦布诉讼案》第2卷第47页,三桅帆船"卡德拉"号,文献上说它于1494年6月12日离开了古巴海岸(纳瓦雷特著《航海和发现文集》第2卷第147页);说它和"圣胡安"号着三角帆装的是米凯莱·德·库内奥。

第二十八章　庞大的船队　53

们仅有"尼尼亚"号、"圣胡安"号和"卡德拉"号的船员名单，如果他们具有代表性的话，那船队包括有相当数量的热那亚海员和少数巴克斯人，但大部分来自帕洛斯、莫古尔、韦尔瓦和莱佩。[①] 这表明，尽管平松家族显然无任何一人参加，但哥伦布还是在尼夫拉地区的海员家族中保持了信任。在船队的船长中有胡安·阿瓜多；有佩德罗·费尔南德斯·科罗内尔，他后来带领原来的船队参加了第三次去西印度群岛的航行；有阿隆索·桑切斯·德·卡瓦哈尔，他是巴埃萨市市长，他航海期间的全部薪水都由市政府支付；有希内斯·德·戈尔瓦兰和阿隆索·德·奥赫达。[②] 探险队其他成员中在以后听得最多的是胡安·德·拉科萨，比此人名声稍次点儿的有制图家普埃尔托·圣玛利亚，他在"尼尼亚"号船上当水手；有后来发现佛罗里达半岛并征服波多黎各的庞塞·德·莱昂；[③] 有佩德罗·德·特雷罗斯（统帅的私人服务员），他在第四次西航中指挥一艘轻快帆船；还有迭戈·特里斯坦，他是一位自愿参加航海的绅士，在贝伦发生的战斗中丧失了生命。武装部队的指挥官是弗朗西斯科·德·佩尼亚洛萨，他是女王的一名侍从，也是历史学家巴托罗梅·德·拉斯·卡萨斯的舅父。拉斯·卡萨斯的父亲佩德罗也上船参加了此次航行。[④] 另外还有士兵莫森·佩德罗·马加里特，他后来担任伊斯帕尼奥拉岛内地第一座城堡的首领，在哥伦布不在时，当地的政务会企图控制他，一怒之下，他回国了。其他以这种或那种资格参加这次西航的新水手有梅尔奇奥尔·马尔多纳多，他是一位曾被派往教廷的使节，彼得·马蒂尔曾从他口里获得许多西航信息；有迭戈·阿尔瓦雷斯·昌卡博士，他是一位塞维利亚医

---

① 纳瓦雷特著《航海和发现文集》第 2 卷第 143—149 页。
② 《哥伦布诉讼案卷》第 2 卷第 67、94 页；第 1 卷第 407 页；《西印度群岛的历史》1927 年第 1 卷第 353 页；撒切尔著《克里斯托弗·哥伦布：生平、事业和遗物》第 3 卷第 301 页。
③ 对庞塞·德·莱昂了解得好的奥维多在所著《西印度群岛通史和自然史》（第 3 卷第 467 页）中说：他参加了这次航海，但没给他授予职衔或评定等级。
④ 《西印度群岛的历史》第 63 章（1927 年，第 1 卷第 352 页）。

生，给我们留下了最详细的西航报道；还有来自热那亚附近萨沃纳的米凯莱·德·库内奥，他是统帅儿童时代的朋友，写下了有关此次航海的最生动的记叙文。① 与首航不相同的是，此次西航有许多教士参加，其中最重要的是一个本笃会僧侣，名叫布伊尔修士。双王特地委托他做土人皈依基督教的工作。另外一个耶罗米教团教士，名叫拉蒙·帕内。据记忆，他曾编辑了第一部有关印第安人民间传说的文集。其他三位都是方济各会修道士，皮卡第和勃艮第地区人士。他们为新世界的首座教堂制作整套设施，作为女王赠送的礼物。②

据各种权威资料统计，船队总的定员，包括海员、移民、行政人员和教士，达到了1 200—1 500人，原来的数目可能还要多些，因为就算按此数计算，那也意味着每船平均有70人，而船队中很多船只是非常小的。除大约200名自愿参加航海的有身份的人以外，其余人员都由王室支付薪金。每人所支薪金都允许积存在家里，但在1500年以前，许多人不曾拿到1马拉维迪薪金。③ 当然，在伊斯帕尼奥拉岛支付薪金是没有意义的，在那里没有什么事情需要花钱，所有的钱势必全部落入赌技最巧妙的赌徒手中。

船队既没带一名妇女上船，我也没找到在1498年以前有西班牙妇女被送往伊斯帕尼奥拉岛的明显证据，当时哥伦布得到许可，在每10个移民中可征募一名妇女。

尽管哥伦布由于他的发现现在享受着极大的权力和声望，并且有大批经验丰富的海员受他的指挥，但他仍然因为他是一名外国人，因为他能信赖其私人友谊和忠诚的高级职员不多而感到苦恼。在这一大群人员中唯一对其可完全放心的人是他小弟弟迭戈。拉斯·卡萨斯形

---

① 关于马尔多纳多见《未发表的文献》第30章第182页；至于其他人见下章第58页注①。
② 《西印度群岛的历史》第1卷第349页；安赫尔·奥尔特加著《拉拉维达》第2卷第262—268页对这次航海中的宗教活动有最佳报道。
③ 《王家历史科学研究院学报》第86期第515页。

容迭戈是"一个正直的人,办事很谨慎、平和、单纯,而且性情好,既不狡猾又不调皮,他穿着一套很朴素的教士服装参加西航"[①]。正如这位历史学家所猜测的,哥伦布正推荐他的弟弟担任主教职务,由于迭戈是外国出生的,所以一直未能获准此职。堂·迭戈对此职务并不适宜,而是统帅强加于他的。遗憾的是哥伦布那精力极其旺盛、才能出众的弟弟巴塞洛缪还在法国,未能及时赶上这个船队西航。

在9月5日王室的一封信中(或许此信是哥伦布航行前收到的最后一封信),双王建议他在船上配备一名有能力的、像他的老朋友安东尼奥·德·马切纳修士那样的天文学家。根据此信,人们猜测这是由于葡萄牙驻巴塞罗那大使在询问那引起麻烦的问题,即关于新发现地方的纬度和经度的问题。这个问题哥伦布还未能弄清,而双王却想得到更确切的信息。这个建议是合理的,记录船只在海上的位置,确定它逐次着陆的地点是一项专职工作。为什么马切纳没被雇用,我们不曾听说过。也许是他拒绝前往,也可能没有别的具备足够数学知识的人能运用磁偏角来计算太阳的子午圈高度。但是我宁可怀疑哥伦布像各式各样我所知道的其他船长那样,不想船上有个竞争的对手。也许他的纬度计算并不那么正确,但是他对他使用测程器和罗盘推算船位、找寻什么东西,充满信心。不管怎样,反正船队没雇用天文学家。

9月25日船队开航,可惜这一天统帅身体欠佳;开航时喜人的壮观景象正如他所安排的那样。有人盼望他能待在甲板上观看这种壮丽的景象。微风轻拂,当这些轻快帆船开航时,随着艳丽的风帆一幅一幅展开,就显得每条船都装饰一新。豪华的卡斯蒂利亚王室旗帜在主旗杆上升起,饰有志愿航海者纹章的横幅挂满艏楼和艉楼之间的空间,众多彩旗迎风飘扬,结果有些缠绕在索具之上。火炮轰鸣,小号齐奏,琴弦也被拨动起来。一队轻快的威尼斯大划船给统帅的船队护

[①] 《西印度群岛的历史》第82章(1927年,第1卷第352页)。

航，从白色城墙的加的斯港边一直护送到开阔海面。哥伦布的儿子迭戈和费迪南德站在圣卡塔利娜城楼上观看船队离去，一直看到它们在视线之内消失。

"这个整齐和壮观的船队"，哥伦布所自豪地称道的，① 直接朝加那利群岛驶去。一中队西班牙海军军舰奉命警戒来自里斯本的由葡萄牙人挑起的任何敌对行为。哥伦布得到警告提防敌方船只，于是船队绕开葡萄牙领地航行。②

10月2日，船队抵达大加那利岛，午夜又继续航行。经过仍未被征服的特内里费岛时未做停靠，5日船队在戈梅拉岛的圣塞瓦斯蒂安停泊。库内奥说过的"统帅上次在这里堕入情网"的比阿特丽丝·德·佩拉萨夫人在此用礼炮和烟花迎接他们。遗憾的是哥伦布与堂娜·比阿特丽丝夫人的第二次会面我们不知道更详细的情节。如果他没向这位漂亮的、精力充沛的年轻寡妇伸手和求爱的话那就是说他们之间的爱情火花已经熄灭；因为她所要的丈夫，应是一个待在家里照顾她和照管她的儿子的四个岛屿的男人。也许堂娜·比阿特丽丝没成为统帅的夫人是件好事，因为如果流传的有关她的故事有一半是事实的话，那她就是一个既美丽又残酷的女人。传说圣塞瓦斯蒂安有个居民对她在守寡期间是否贞洁有怀疑，堂娜·比阿特丽丝夫人邀请此人去她的城堡拜访她，同时谈论一下此事。在此人说完所有有关她的传闻后，她发出了一个信号，她的一队仆人将其抓住，并将他吊在城堡大厅的橡木上。比阿特丽丝夫人看到了他落气时痛苦挣扎的情景，随后又将他的尸体吊在他的住处外面，以作为对那些嚼舌头的男人的警告。她最终嫁给了大加那利岛的征服者和总督堂·阿伦索·德·卢戈，此人是一位对她十分合适的丈夫。

---

① 原文为：Esta flota……asý junta y fermosa。《托雷斯备忘录》，见《文件和研究全集》第1辑第1卷第275页。
② 纳瓦雷特著《航海和发现文集》第2卷第108—110页。

第二十八章 庞大的船队

　　船队在戈梅拉岛又进行了准备远航的补给。为使在伊斯帕尼奥拉岛出现飞禽走兽，就弄来一些活的动物。像马这样的动物就必须圈养在大船的甲板上，因为在船舱下，动物是不可能幸存的。在 10 月 7—10 日之间的某个时候（没有哪两个年代史编者的记载相同），17 艘船只都从圣塞瓦斯蒂安起航，驶入通常的加那利无风带，直到 10 月 13 日（星期天），船队才最后离开费罗岛。假如船队分散该怎么办，各位船长都有一个蜡封指令，统帅给所有船只定的航向是："西偏南"。①

---

　　① 库内奥是唯一提供哥伦布第二次西航航线的权威，他说，"la nostra via fuala quarta de ponente verso lebechio"（《文件和研究全集》第 3 辑第 2 卷第 96 页），这段话是他引用在正文中的卡斯蒂利亚罗经点的译文，lebechio 是意大利文，表示"西南风"。在 1498 年第三次西航中，哥伦布指挥一些准备直航去伊斯帕尼奥拉岛的船只朝西偏南航行去多米尼加（《文件和研究全集》第 1 辑第 2 卷第 2 页）。

第二十九章　众多的玛利亚[①]

1493年10月13日—11月11日

> 众海岛必等候我，……将你的众子从远方一同带来。
> ——《以赛亚书》，第60章，9节

当哥伦布将航程朝向西偏南时，他并没打算直接驶往伊斯帕尼奥拉岛，而是打算在途中发现新的岛屿。他在元月离开萨马纳湾时就打算去访问"马提尼诺"[②]岛、位于东南方的亚马孙岛，但由于当时的风向对回西班牙来说是顺风，他才勉强将此计划放弃。他的印第安人向导告诉过他有关这个美丽的、坐落在伊斯帕尼奥拉岛东边和南边的、呈弧形状的加勒比群岛的情况，而且他曾看到过军舰鸟在那个方向上空飞翔，于是在这次航海中，统帅（旗舰的医生昌卡博士写道）"调整了他的航向去找这些岛屿，因为它们离西班牙比较近，而且从那里起去伊斯帕尼奥拉岛的航线是直接航线"。这个判断非常正确，因为走这条新航线至少将这个海上航道缩短了一个星期的航程。"靠上帝的仁慈和统帅的'渊博知识'，去这些岛屿，我们走的是一条直接得仿佛是我们曾经沿着走过的一条十分熟悉的和习惯了的航道。"

[①] 有关第二次西航船队的登陆地点和抛锚处以及关于这方面情况的出处的详细讨论，见拙著《哥伦布第二次航海》，特别请看该书的第9—20页。关于此次航海，除拉斯·卡萨斯和费迪南德·哥伦布的著作之外，还有许多另外一些消息来源，其中有迭戈·阿尔瓦雷斯·昌卡博士所写的信札，《航海和发现文集》第1卷第198—224页）；米凯莱·德·库内奥书信（《文件和研究全集》第3辑第2卷第95—107页）；意大利驻西班牙外交官所写的信件（《文件和研究全集》第3辑第1卷第166—168页）；彼得·马蒂尔著《新大陆》（见前第五章）是关于这次航海最重要著作，因为他的消息直接得自梅尔基奥尔·马尔多纳多。——

[②] 马提尼诺是马提尼克印第安语地名。——译者

那些断言哥伦布不是航海家的作家,听了这段话做何感想?那些偏袒平松的人,对此做何评价?要知道,这次航海是没有马丁·阿隆索"给他指示航路的!"

如我们从贝尔图德斯制图组的故事所知道的,哥伦布手下的印第安人俘虏不是平庸的地理学家。依靠细心和不断地询问,统帅在他的海图上,粗略地标绘下那些仍未被发现的岛屿的位置。他将最近的岛屿用线条和费罗岛连接起来。他断定方向是西偏南。①

这里我们遇到一个哥伦布航海的小问题。从费罗岛南边一个位置并在看得见该岛的范围内,到多米尼加北端的航向不是西偏南一个罗经点而是西偏南一个半罗经点。② 走西偏南一个罗经点的航线将会把船队带到小安的列斯群岛的北边海域,那样哥伦布就必定会因朝西偏南航行而从他第二次航海的登陆点的远处经过,因为那就是1498年他给一些船舶定的驶往多米尼加的航向,而且他们确实是按此航向航行的。哥伦布正在横渡海流可以忽略不计的海域,一支由17艘船只组成的船队,它的旗舰上的罗盘的任何局部偏差定然会被注意到。

那么我们如何才能解释这半个罗经点的误差呢?只可能有一个答案,那就是哥伦布使用的必定是佛兰德罗盘,此种罗盘经校正存在半个罗经点的东向偏差。在磁差为零的地区,罗盘盘面上的鸢尾标志根据地极来看一定指北偏西半个罗经点。当罗盘盘面上的西偏南菱形标志对着罗盘钵的船艏基线时,那船只就应是朝着253度或西偏南一个半罗经点行驶。③

关于船队在海上航行的情况我们知之甚少,因为一路上没发生重大事故。其所以如此是因为船队这一年开航很晚。如果船队照哥伦布

---

① 见上章(本书第57页)最末一个注解。
② 不管我们定西偏南一个半罗经点(253度)为正确航线,或是运用范·贝梅伦(Van Bemmelen)规定的罗盘磁差,计算的结果都一样,因为在那条航线上东偏磁差数和西偏磁差数差不多平衡。
③ 见后第三十六章对佛兰德罗盘和热那亚罗盘的讨论。

所希望的那样在 9 月 1 日离开加那利群岛的话，那它在抵达海岛之前几乎不可能避开飓风，因为再遇一次 1492 年那样的好运气，是希望太奢了。① 离开的日期的确是 10 月 13 日，船队抵达小安的列斯群岛是在飓风季节已过之后。这次耽搁，堂·胡安·德·丰塞卡应得到许多人的感谢！事实上，船队在圣西蒙和犹大节（10 月 26 日）前夕受到一次暴风的小小袭击，当时船队大约已行驶三分之二的航程。它们遇到的不是飓风，而是相当强烈的雷暴风。夜晚在船队做好防备之前，雷暴风袭来了。它撕裂了一些船帆，折断少量的桅杆。天气是那样恶劣，以致没有哪艘船可看见另一艘船只的灯光。首次参加航海的人都认为他们的末日到了。在海员称之为桅顶电光或圣爱尔摩火的神异放电现象出现在各船的主桅顶后，风开始平息下来。随后太阳在"平坦如磨光的大理石"般的海面上升起。这次风暴持续仅 4 小时，船队的损失比较轻微。

其他没有什么可以记录。"在这 21 天时间里"从陆地到陆地，彼得·马蒂尔说，"他们认为他们已航行了 820 里格，北北东风是那样强烈地伴随着他们，那样强劲地推动着他们的船只前进。"② 事实证明，他们用测程仪和罗盘推算船位推算得非常好，因为从戈梅拉岛到多米尼加的西偏南 1.5 罗经点的恒向线航程，经测定正好是 820 里格或 2 608 海里。③ 信风确实"强劲地伴随他们"，以平均 5.2 节的速度送船队前进。昌卡医生说过："如果旗舰能像其他船只那样走得好的话，那么它们还会走得快些，因为其他船只有许多次由于我们落后太远而

---

① 美国水文办公室的北大西洋 9 月份航空气象图（此图期限将延长至儒略历的 10 月 9 日）表明，在 1926—1938 年的 12 年中，有 14 次飓风的移动路线越过了西径 45 度以西哥伦布第二次西航的航线。10 月份的航空气象图表明越过此航线的飓风次数更多。

② E. 阿尔伯编《关于美洲的最初三本英文书籍》第 68 页。

③ 用 1500 年的磁差数计算；拙著《哥伦布第二次航海》第 32 页所提供的数字是用 1938 年的磁差数计算的，故二者得数稍微不同。阿隆索·德·圣克鲁斯在所著《海岛图集》（1541 年）里给出这段长度为 800 里格；在冈萨雷斯·德·门多萨在《中国史》（1584 年）的附录中说这段"航程"是 830 里格，而正常的航程是 28—30 天（哈克卢特社，1854 年，第 2 卷第 213 页）。

不得不收帆等候我们赶上来。"靠选取比沿首航的航向更偏南一点的恒向线航行，哥伦布就充分利用了信风的力量。今天，任何一支由现代快艇所组成的船队能用21天时间横渡这一大片海域，那它一定会感到自豪的。①

这第二次海外航行必定很接近海员梦寐以求的完美航行。顺信风航行，即使你是孤零零地一个人独处海上，你也会有一种自豪的感觉。在这次航海中，湛蓝色的海水、飞掠而过的飞鱼、起伏不停的浪峰、变幻莫测的云层：这些都是美景；看到其余16艘船只白帆成阵，遍布海面，又会使你的美感更为加强。到夕阳西下，临近唱《万福啊，慈爱的圣母！》时，行驶得较快的船只就收帆像归巢的鸟儿一样，朝旗舰靠拢。船队整夜尽可能靠近成编队航行。它们艉部的信号灯光像下坠的星星划破了黑暗的海面。航行的大多数夜晚，月亮都处于渐圆阶段，而到接近满月（10月24日）的日子里，船身和风帆在月光映照下反射出银色的光芒，根本无须点燃尾灯。在黎明时分，布伊尔修士或某一位方济各修道士在"玛利亚加朗特"号的后甲板上举行"干弥撒"。②此时，其他船上的水手们注视着主持人的庄严姿态，大家一齐跪下并画十字。接着齐唱赞美诗并交班接班，然后各姐妹船扬帆启程，在灿烂的阳光普照时刻，你追我赶，奋勇前进。除开在圣西蒙节前夜遇到一次风暴外，船队从旧世界到新世界的整个航程中都是像顺山坡滑雪那样地毫不费力。它们在经过特内里夫岛以后，就从来没有碰到过一天无风或逆风的日子。但是牢骚和怨言却一直不断，因为大多数人都是首次横渡海洋，而其余的人则是一些遇事都能"找到岔子"的海员。昌卡医生说到10月末，大多数人"对这恶劣的生活

---

① 纵帆船"迷途之鸟"号（船长沃里克·汤普金斯）于1932年11—12月花了23天时间从特内里夫岛航行至马提尼克岛，航程2964海里，并对北洋航行做了记录。
② "干弥撒"是一种类似弥撒的仪式，其要点是不搞献祭，因为担心船只突然倾斜而使献祭物倾倒和被亵渎。这是在大发现时代于海上举行宗教仪式时所做的唯一的一种弥撒。

和一直跟海水打交道的日子感到非常厌倦,大家唉声叹气十分渴望早日看到陆地",而他们叹息徒劳的日子已不会太长久了。

在万圣节日,统帅对3天内发现陆地是这样信心十足,以致他给旗舰上的水手额外增加了淡水配给。① 11月2日日落之际,他从海洋的外貌,从鸟儿在飞翔,以及从云层在船队的前头明显地聚积,确信陆地正在接近,预示着一座多山的岛屿将在前面出现。他命令船队收帆,以免因夜晚黑暗而使船只从陆地旁错过。我们可以确信,这是一个令人紧张不安的夜晚。测深锤被频繁地放下又拉上。年轻、无经验的水手总以为他们看到了灯光,听到了海浪的拍岸声。船上职员表现出烦躁不安的神情,而统帅则全神贯注于海上。他知道,他保持适当的警惕并运用他的高明的驾驶术,上帝就会保护他的船队不受损害。他难道不是克里斯托弗那个按照天意被选拔出来用世界之光去照亮这些黑暗未开化地区的工具吗?

星期日(11月3日)早晨5点差一刻的时候,凸圆的月亮出来了,过去的5天一直出下弦月。5点左右,由于接近黎明,天空开始出现了淡淡的灰白色,月光也得到了增强,一位年老的舵手站在"玛利亚加朗特"号的船艏锚链处看到了前方地平线处一个黑色的锥形物耸立在星光暗淡的穹窿中。为了看清楚他爬上了圆形桅楼,接着他叫喊起来:"给奖金!我们发现陆地了!"于是"陆地!""陆地!"的喊叫声从这条船传到那条船,人人睁大眼睛朝前看了又看。一个热带的冬日黎明即将破晓了。传来一声鸡叫,引得众人大笑。马群似乎感受到人们的激情并嗅到陆地的芬香,开始摇动脑袋,用蹄搔痒处,随后嘶叫起来。已下班的水手被叫了上来,而当统帅一确定所看到的是陆地时,他就命令"所有人员在船的后甲板上进行祈祷。船员们非常虔

---

① 锡拉西奥讲的,刊登在撒切尔所著《克里斯托弗·哥伦布:生平、事业和遗物》第2卷第248页。

诚地在那里唱诵《万福啊！慈爱的圣母》和别的祈祷文以及赞美诗，他们表示感谢我主上帝"，因为这次航行如此快速和平安。[①]

在这时刻，左舷船头一座高峻多山的岛屿正沐浴在早晨的玫瑰色中。哥伦布因这陆地是在安息日发现的，于是给其起名多米尼加。土著人称它为凯雷。太阳出来后不久，在船队右舷边出现一个平坦的长满浓密树林的岛屿，"出于对他乘坐的这艘船只的热爱"（库内奥说），哥伦布给它命名圣玛利亚·拉加朗特岛。而马里加朗特这个名字仍然记录了一个伟大的海员对他所乘坐的宏伟船舶（四艘船舶中最杰出的）的热爱。当天大亮以后，船队继续航行，另外四个岛屿，瓜德罗普岛、德·西拉德岛和拉桑特群岛，出现在地平线上。

关于这次靠岸，一件令人惊奇的事情是哥伦布在背风群岛所选定的定航向的地点差不多正是此后 400 年中各种航海指南的作者所建议的、一切船只在这个海域航行时所要选定的地点。[②] 船只驶往西印度群岛巴巴多斯以北的任何地方，都被建议走德西拉德这条航道，因为这个高高的小岛挡住瓜德罗普岛的上风面。德·西拉德岛（希望之岛），如西班牙人所命名的那样，是由商船所组成的大殖民船队从西班牙驶往韦拉克鲁斯、贝略港、波多黎各、圣多明各和古巴的咽喉要道；是法国船队驶往背风群岛和圣多明各的咽喉要道；也是英国人驶往加勒比群岛、牙买加和维尔京群岛的咽喉要道。因为如果你试图在背风群岛以北航行，你不容易碰上强劲的信风；如果你打算瞄准安提瓜和桑勃雷罗之间的一条航道行驶，那么巴布达岛和安圭拉岛周围的危险暗礁群可能会把你收拾掉。但是走德西拉德岛两边的任何一条航道（哥伦布走的正是其中的一条），船只就会平安地驶入保险的海域。这些通道是这样按照盛行风而安排的，以致一条船能够飞快地随意驶往

---

① 费迪南德著《海洋统帅克里斯托弗·哥伦布的生平和事业史》第 45 章（第 1 卷第 262 页）。
② 见拙著《哥伦布第二次航海》第 33—34 页的引文。

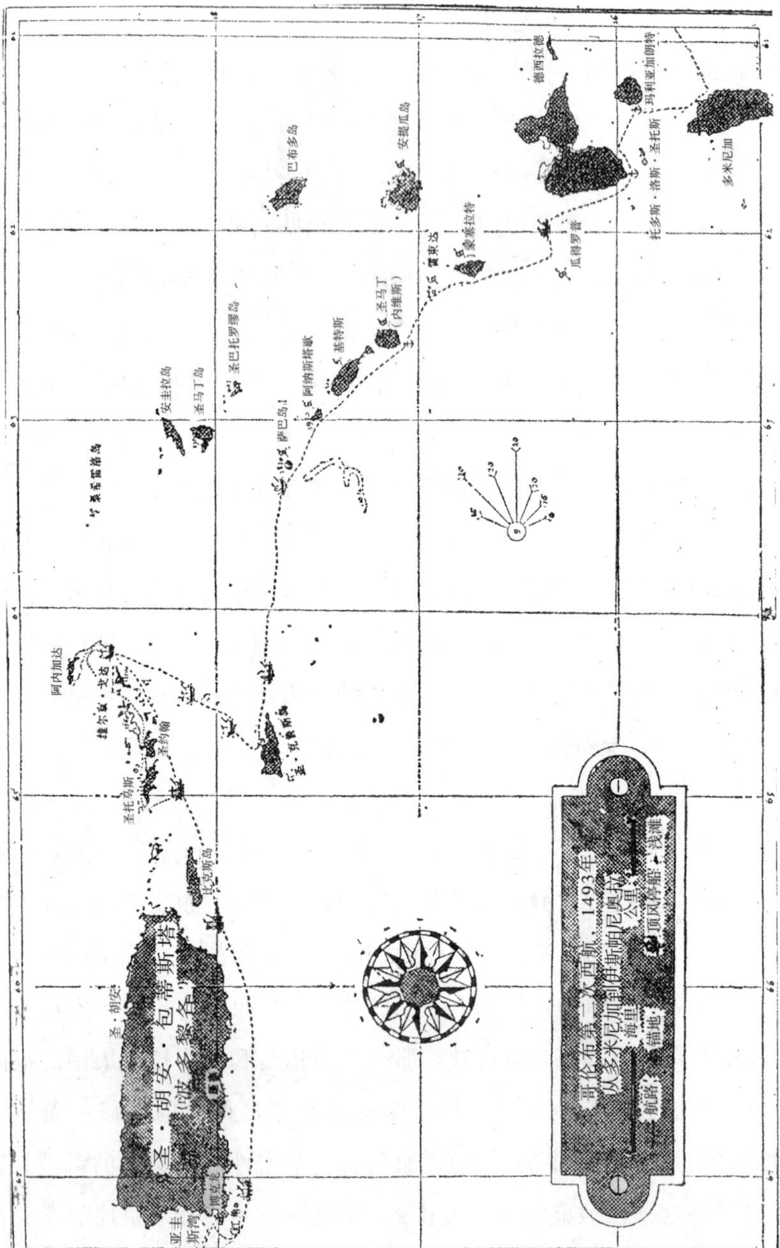
哥伦布第二次西航，1493年
从多米尼加到伊斯帕尼奥拉
海里
公里
航路
锚地
顶风停船
浅滩
圣·胡安·包蒂斯塔（波多黎各）
圣·胡安
马亚圭斯湾
比克斯岛
圣托马斯
圣约翰
维尔京·戈达
阿内加达
圣·克鲁斯岛
索布雷罗岛
安圭拉岛
圣马丁岛
圣巴托罗缪岛
萨巴岛
阿纳斯塔歇
基特斯
圣马丁（内维斯）
雷东达
蒙塞拉特
巴布多岛
安提瓜岛
瓜得罗普
德西拉德
玛利亚加朗特
托多斯·洛斯·圣托斯
多米尼加

第二十九章 众多的玛利亚

加勒比海的任何地方、驶往墨西哥湾或佛罗里达。哥伦布就这样在第二次西航中发现了从欧洲至西印度群岛的最短和最佳航线。你可以任意将此发现归功于运气、归功于航海技术或归功于神力，但它毕竟是个奇迹。

哥伦布也有在新大陆任何一个最秀丽的岛屿登陆的好运气。锡拉西奥写道，多米尼加"因为它的山岳美丽和草木青翠可爱而令人惊异；不是亲眼所见绝不会相信。很多地方巨树都倒到海岸边，好像是在古希腊塞萨利神庙那个风光明媚的溪谷里一样"。在安达卢西亚，树叶呈黄褐色，此时正在干枯的季节里，来到此地的人却看到安息日岛上树木茂盛，所以大家印象深刻。船队继续沿着它的航线行驶，统帅因为不清楚小安的列斯群岛上风海岸都是岩石环绕，所以仍旧沿多米尼加东岸搜寻港湾，但结果是徒劳无益。随后他就决定去马里加朗特岛，只留下一艘船环绕多米尼加岛北端外面的卡普辛礁航行，以考察该岛的下风海岸。此船发现了鲁珀特王子湾——多米尼加最佳的开阔锚地，后来它驶往马里加朗特岛与船队会合。

或许，西班牙人没在多米尼加停靠正好。在下一世纪中该岛的加勒比人对任何胆敢上岸的人都采取杀死并吃掉的办法。有一次，土人对吃掉一名男修士感到极端恶心，此后就允许任何一个身穿基督教会服装的人进入该岛，完全不加管束。当西班牙人为弄淡水被迫在多米尼加停靠时，他们要么是让一名男修士上岸，要么让上岸的船员都披上粗麻袋片和诸如此类的东西，去愚弄土人。至于他们是如何设法剃头的，我们不曾听说过。

马里加朗特岛几乎是个圆形的岛屿，而且没有港湾，但哥伦布还是在该岛的下风岸一个开阔的地方找到了够好的锚地停泊了一夜。他擎起展开的王室旗帜上岸并以适当的法律仪式宣布此岛为双王所有，这一切都由船队的秘书记录并签字、盖章、证实。这时，一些海员在登陆点竖起一个十字架，另外一些人去寻找树木和淡水。他们注意到一种香料树，将其树叶揉碎就可闻到一股丁香味；还看到一种有毒的树，其枝叶滴毒汁；水手们触它或尝它就会舌肿脸胀和被灼伤。这树就是毒胶苹果①。加勒比人拿它的果实榨毒汁用来制造毒箭头。没有看见土人出现，尽管人人都在寻找他们。

11月4日黎明前，船队起锚朝西方一个高高的岛屿驶去。在船队的左舷那边他们看见了一个由四个小岛所组成的群岛，哥伦布给此岛起名为托多斯洛斯·桑托斯群岛，用以纪念刚刚过去的万圣节，而法国人则至今仍称其为拉桑特群岛。船队前头的一个多山岛屿，土人称其为凯尔凯里亚，哥伦布给它起名为圣玛利亚·德·瓜德罗普，用以纪念闻名于埃斯特雷马杜拉地区的圣母玛利亚，因为在他最近一次去那里朝圣时，那里的修士们曾请求过他这样做。哥伦布的船员驶近瓜德罗普岛，发现岛上的风景实在壮丽。一座高高的火山山峰（拉苏弗里埃尔峰）耸立云天，而在多雨的季节"很多条溪水从不同的方向"顺着它那森林茂密的山坡"涌流而下"。当船队更接近该岛时，哥伦布看到一幅瀑布，似乎是从最低矮的云层中倾泻而出。看到的情景如此奇妙，以致水手们竟为看到的到底是什么而打起赌来。有的说是一溜白岩石，有的说是白雪盖满了的深谷，有的说是一条宽广的白色道路，还有的说是河流。"这是世上所见到的最奇妙的景象，"昌卡医生记道，"看到它从那么高的地方倾泻下来，不仅使人想到，这么小的地方怎会出现如此大的一个瀑布呢?!"这里指的是大卡尔贝河的瀑布。从海上来看，此瀑布细长仿佛像一条银线，而当云层低矮地缭绕在拉苏弗里埃尔峰时，那条银线好像就直接从云层里垂下来一样。

船队在现在的卡珀斯泰尔村附近靠拢瓜德罗普海岸，然后在岛的南边和西边做沿岸航行，以寻找一个合适的锚地。加勒比人一看到这些陌生的船舶就从他们的村子里逃跑了。11月4日黄昏，船队在现在叫格朗德昂斯的小海湾抛锚，以躲避东北信风，要不然的话，船队就得在海上敞开停泊。它们在这里停留了6天。②

---

① 原文为 manzanillo or manchineel。——译者
② 参见《哥伦布第二次航海》第44—45页关于锚地的识别和停留时间的讨论。

船队在此停留这么久,是因为上岸的一队水手在树林中失踪。新移民队的监察员、塞维利亚人迭戈·马克斯带领一个由 10 人组成的小分队深入岛内地(库内奥说,他们此行"目的是劫掠"),随即在那里失踪;"这一次尽管事实上他们都是海员并且都会看太阳定向,但由于树林粗壮密集,致使他们找不到回去的路径。"当他们翌日还未返回时,哥伦布派出了每队 50 人的 4 个寻找队去寻找他们。"寻找队带着喇叭、号角和信号灯,但这些办法用尽都未能找到他们。有时候我们既担忧原先失踪的人员,更担心后来去寻找他们的 200 名人员。但是幸而多亏上帝开恩,这 200 人拖着极其疲倦的身子饥肠辘辘地回来了。""我们认为,"库内奥补充道,迭戈·马克斯那队人员"已被上述加勒比人吃掉了,他们是惯于这样干的"。

寻找队发现了大量的有关这些加勒比人的讨厌习俗的证据。由于这些证据,使欧洲的语言文字中出现了一个新名词——cannibal(吃人的生番)。他们在那些因胆怯而逃跑的加勒比斗士遗弃的棚屋里,发现了大批人体肢腿肉块。小腿骨被丢在一旁准备做箭头用。加勒比人俘虏来的阿拉瓦克男孩被阉割,准备养胖作为正菜;那些被俘虏来的女孩子主要用来生孩子,加勒比人是把婴儿看作最可口的佳肴。寻找队带回大约 20 名这样的俘虏。另外一些土人走到河岸下边,自动投降;也有少数加勒比人是被武力俘获的。昌卡医生说,加勒比人和阿拉瓦克人是可以辨别开来的,因为前者用棉花紧紧绑住他们膝盖以下和踝骨以上的部位,使小腿显得粗壮。西班牙人多数都憎恶加勒比人的习俗,但对他们的棉毯和陶器却不得不表示喜欢,棉毯"织得这么好,与我们国家出产的不相上下"。不过并没有发现黄金的踪迹。①

撇开没有黄金这点不说,西班牙人很欣赏这个高大、美丽,直到火山锥都覆盖着干高叶密的硬木树林的海岛。他们尤其对岛上那成群

---

① 圣克鲁伊斯·德·拉龙西埃雷在《跟循哥伦布船队的航迹》(巴黎,1930 年)里用加勒比人制造的物品做实例对瓜德罗普岛上的加勒比人提供了有益的报道。

的色彩艳丽的鹦鹉印象深刻。岛上的鹦鹉数量"有如我们国内的麻雀或其他小鸟那样多",土人所戴的漂亮头饰就是用鹦鹉的翎毛制成,翎毛的颜色有绿色、红色、黑色和黄色。① 欧洲人在此首次尝到了菠萝的滋味,那些初次到达美洲的人也第一次吃到了木薯面包、烤薯蓣和甘薯。一支寻找队怀着极大的兴趣仔细观察了一截船用木料。他们猜测这截木料来自在首航中失事的"圣玛利亚"号遗骸;但说它属于一艘葡萄牙轻快帆船,从非洲随赤道漂流而来,必定更为确切。

船队在瓜德罗普岛的被迫停靠,使哥伦布对该岛的形状比他对加勒比地区的其他岛屿的形状有更清晰的概念。胡安·德·拉科萨,这位地图制作家这次待在船队中,但人们从他那幅著名的世界地图上去看小安的列斯群岛的外形和位置肯定认不出该群岛。从昌卡医生的信中各种记载来看,统帅在航海途中显然编制了一份海图,但是这份海图,像所有哥伦布亲手绘制的其他的(但要除开一份)地图一样,已经遗失了。几年前,在君士坦丁堡发现了一幅1513年由一名叫皮里·雷伊斯的土耳其人所绘制的世界地图。该地图上有一段题词说安的列斯部分转绘自"一位热那亚异教徒哥伦波"所制的海图,该海图则得自一艘被土耳其人俘虏的船舶并由一位曾随同上述著名异教徒参加过三次航海的俘虏提供资料协助制成。此图中新大陆大部分地区错得一塌糊涂,说它是按哥伦布的一份海图复制的,那绝不可能,何况一连串按惯例由哥伦布命名的加勒比地区的岛屿,其位置全都摆错了。但图上一个由八个岛屿所组成的群岛(都是重新绘制的)与瓜德罗普岛及其卫星岛屿是这样近似,以致使人想起皮里·雷伊斯的确也参与了哥伦布在这次航海中绘制海图复制品。巴德卢克也许是最接近皮里所理解的瓜德罗普的一个地名,这个地名写在按位置应是内维斯岛的那个岛屿上,而真正的瓜德罗普岛他称之为卡莱乌特岛。卡莱乌特这个地点可能是对卡卢卡埃拉(Kalucaera)、凯尔凯里亚或基凯里三个加

---

① 见西蒙·弗德的信,刊登在哈里斯著《克·哥伦布传》第2卷第73—74页。

勒比地名的一种有点牵强附会的讹用。①

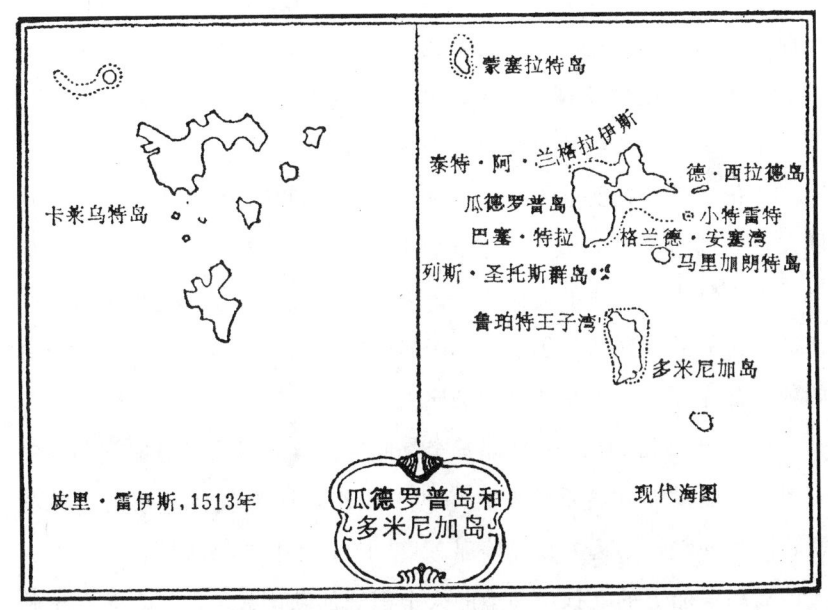

皮里·雷伊斯地图上的瓜德罗普及其附近群岛与现代海图的比较图

迷路的西班牙人在树林里度过了四天，后来他们在一个山顶上燃

---

① 皮里·雷伊斯地图（皮里·雷伊斯地图的复制品并附有原文的译文，伊斯坦布尔，1935年），参看拙著《哥伦布第二次航海》第16—18页，以及保罗·卡勒的 *Die Verschollene Columbus-Karte von 1498*（《1498年后失踪的哥伦布地图》）（柏林，1933年）。下面是皮里的从南到北的地名表，我已尽我的最大努力把它们整理好。

皮里地名	讹用地名	应注记在与下列地名位置相近的岛屿上
卡莱乌特岛	凯尔凯里亚？	瓜德罗普
巴德卢克	瓜德罗普	内维斯
德·西伊塔	德·塞阿达	圣基茨
加兰达	玛利亚加朗特	圣尤斯塔歇斯
桑特梅洛耶	圣玛利亚·德·尼埃维斯	萨巴
萨莫克里斯托	圣基特茨或圣克鲁瓦	萨巴岛北边
卡瓦夫	？	"萨莫克里斯托"北部
桑特尔莫	？	圣克鲁斯
伊斯莱·贝莱	伊莎贝拉	圣托马斯
圣库瓦洛·巴蒂斯多	圣胡安包蒂斯塔	波多黎各
伊兹莱·德·斯潘亚	伊斯帕尼奥拉	波多黎各北部

还有个亦叫圣序瓦洛·巴蒂斯多的岛屿，位于瓜德罗普岛以西。

起了一堆火，让船队停泊地的伙伴看到了。伙伴们派出一艘小船，到最靠拢他们的岸边停泊。但是如果不是一位土著老妇人给营救队员指点路径的话，这些迷路的人还是找不回来。显然，西班牙人当时十分缺乏童子军的侦察经验。这次营救行动很及时，因为统帅已经决定，不论他们是否被找到，船队第二天一定开航。

哥伦布下令把所能弄到手的独木舟统统毁坏，以免他的阿拉瓦克朋友往西逃时又遭到奴役、袭击。船队弄了"12个十分漂亮和身体丰满的年龄十五六岁的女孩子"上船，库内奥说。随同上船的有两个年龄相仿的肢体残缺的男孩，几个年龄较大的从加勒比人手中救出来的阿拉瓦克俘虏，还有几个加勒比人。

11月10日拂晓，17艘船只全都起航。这一天大部分时间因为没有风，船队没能驶离瓜德罗普岛的下风岸，夜晚就在离该岛树林茂密、陡峭的斜坡不远处顶风停船。11月11日中午船队抵达一个不太大的岛屿，船上的女孩说岛上的人全都被加勒比人灭绝了。于是统帅决定不在该岛靠岸，以免浪费时间。他担心在纳维达德的朋友，并为在瓜德罗普岛的不必要耽搁感到非常苦恼，因此，一切上岸请求都被拒绝。

统帅根据巴塞罗那附近著名的蒙塞拉特修道院给该岛起名圣玛利亚·德·蒙塞拉特岛。30年后依纳爵·罗耀拉就在这里把他的生命献给了圣母玛利亚。要么是该岛那凹凸不平的顶部使人想起成锯齿状的山脉，要么就是哥伦布希望按瓜德罗普来命名，给阿拉贡王国的一处圣地增添光辉。蒙塞拉特岛在17世纪初期被英国人占领，与此同时瓜德罗普岛被法国人德埃斯纳姆比克占领；因为哥伦布在这次西航中所发现的圣克鲁斯以东的任何岛屿，西班牙人从来没有移民去过那里。

从蒙塞拉特岛北端，哥伦布看到东北方向有一个大岛，但由于是逆风位置，所以不愿去惊扰它。他按照塞维利亚大教堂一幅创奇迹的

第二十九章 众多的玛利亚

圣母名画给该岛起名圣玛利亚·拉安提瓜岛,据说哥伦布在这次航海前几天曾在圣母像前做过祈祷。在英国占领的3个世纪中,由于其好运气,安提瓜保留了它的这个岛名。

按通常的西北方向航行,船队经过一座陡峭的圆形小礁石,此礁石长不到一海里但很难靠近,哥伦布给它起名圣玛利亚·拉雷东达岛("圣玛利亚·圆胖之岛")。直到今天,雷东达岛作为海上的一个标志仍然保留其原名及其重要性,但它从来没有居住价值。驶近雷东达岛没有发现可供抛锚的地方,船队继续赶路。11月11—12日的夜晚,船队找到了一个良好的庇护所,在一个大得多的岛屿下风岸抛锚。由于哥伦布已经按照圣母玛利亚之名给5个岛屿命名,而且还因为此时是大众所喜爱的圣徒——图尔的圣马丁节之前夜,于是他给该岛命名为圣马丁岛。在下个世纪的早期,圣马丁这个名字转移给了该岛西北方向60海里远的另一岛屿,而圣母玛利亚毕竟得到信任,因为哥伦布所命名的圣马丁岛不久就开始以圣玛利亚·德拉·内维斯岛(降雪的圣玛利亚岛)而闻名。① 英国人于1630年占领该岛,该岛以矿泉和作为亚历山大·汉密尔顿的出生地而闻名于世,此岛现仍叫内维斯岛。

你应当按哥伦布的航线沿着这一系列岛屿去航海,去欣赏他和他的勇敢的同伴在享受着一次多么奇妙的航行。在这里没有"热带倦怠",这里的海水在11月仍是不冷不热,在这宛如缅因州8月的天气里,再加上一股离岸微风频频吹来,你就只会感到精力充沛,生气勃勃。有了驶近统帅在1493年那些个美妙的日子里所发现的岛屿和从这些岛屿旁边经过的经历,你就会在脑子里留下雄伟美丽的印象,只

---

① 此名涉及一个有趣的传说,而不是因幻想岛上云层似雪而得名。传说有一对虔诚的罗马夫妇希望建一座教堂,以表示对圣母的尊敬,于是圣母玛利亚就于8月降雪到埃斯奎林,借以指示建堂地址。在圣玛利亚·马希奥雷教堂(它就是传说中所建造的一座长方形教堂)每年8月5日做一次带纪念性的弥撒,做弥撒时有一特别节目,那就是模拟一次暴风雪。

有那耸立在变化多端，刚刚还是极鲜艳的蓝宝石色。一会儿就变成灿烂的绿闪石色的海洋中的高山峰顶可以与之媲美。拂晓时曙光初露，岛屿作为一个模糊的黑影在前头出现，它遮住了星星点缀的穹窿一小部分。随着天色迅速明亮，你越走越近，确是"插上早晨的双翼"，岛屿就渐渐轮廓分明，现出它的实体，最终现出了颜色。到太阳升起来照亮了山的顶峰时，那低矮的山坡逐渐由灰色变成绿色，再由绿色变成了蓝色，那是唯一比海水浅淡的一个阴暗处。随着太阳升得越高，信风也刮得越清新，山坡上形成了云层，云层在积聚，虽然没有一点儿飘到海面上去。在陆地的背风面正午平静无风，海面宛如平静的镜子，只有飞鱼和它的仇敌来打破这种平静，使镜面晃动一下。下午送来一阵阵雨，当你把眼光向前去注视着其次一个岛屿时，那笼罩岛顶的云层反射出斜日的橘黄色光芒。太阳落入清澈的地平线那一刹那间，它喷射出一股耀眼的绿宝石亮光。

在统帅的船队中，有许多人指望他们一旦完成了在伊斯帕尼奥拉岛的指定任务，就必须再来访问这些迷人的岛屿；但是其他的任务在召唤着领导者们，而锡瓦奥的黄金又在吸引着他们的船员。除返航途中曾在瓜德罗普岛做过一次停靠以及于1502年进行过一次短暂的访问以外，哥伦布注定不会再涉足背风群岛。它留给英国人、法国人和荷兰人在以后两个世纪的大部分时间里去争斗不休。

第三十章　圣徒们和贞女们

1493 年 11 月 12 日—1494 年 1 月 2 日

> 海岛的居民为你惊奇，他们的君王都甚恐慌，面带愁容。
> ——《以西结书》，第 27 章，35 节

哥伦布从他在内维斯岛背风面的下碇处能够看到三座地势高耸的岛屿——圣基特茨岛、斯塔歇岛和萨巴岛——延亘在西北方向。即使那些俘虏没有向他保证，去伊斯帕尼奥拉岛的直线航向就在那个方向，这三个岛屿也摆在他的航线上。可惜，一些有心把第二次西航的情况写信告诉家人的先生们对于这些岛屿的实质性的东西却什么也没有谈。昌卡医生大概忙于护理那些在瓜德罗普岛上贪吃热带水果的人，以致没有注意这里的地理情况；到库内奥和别的人记下他们的印象的时候，非常多的事情已经发生，以致把小加勒比群岛忽略了。

在 1515 年的诉讼案中，对在回答证人一个问题"统帅堂·克里斯托瓦尔·哥伦在第二次西航中发现了一些什么岛屿"时，统帅的一位名叫佩德罗·恩里克斯的船员口述了一张按发现先后排列包含 13 个岛屿的地名名单。[①] 我们可以将这些岛屿与胡安·德·拉科萨地图上的岛屿和岛名做个有益的比较。从二者推断出哪些岛屿名称是哥伦布所取的。

---

① 《哥伦布诉讼案卷》第 2 卷第 47 页。

第二次西航中小安的列斯群岛的名称（按由南到北次序排列）

现代名称	哥伦布所命名称	恩里克斯口述名称	拉科萨地图所标地名
多米尼加	多米尼加	多米尼加	多米尼加
马里加朗特	玛利亚·加朗特	玛利亚·加兰特	圣玛加朗特
瓜德罗普	圣玛利亚·德·瓜德罗普	瓜德罗普	圣玛利亚·德·瓜德罗普
蒙塞拉特	圣玛利亚·德·蒙塞拉特	蒙塞拉特	圣玛利亚·德·蒙塞拉
安提瓜	圣玛利亚·拉安提瓜	埃尔·安提瓜	地图上没有此岛
雷东达	圣玛利亚·拉雷东达	圣玛利亚·拉雷东达	没有命名
内维斯	圣马丁	圣马丁	圣马丁
布比岛和布比礁①	——	——	没有命名
圣克里斯托弗	圣豪尔赫	圣豪尔赫	拉戈尔达
圣尤斯塔歇斯	圣阿纳斯塔歇	圣克里斯托瓦尔	圣德兰雷维
萨巴	圣克里斯托弗	拉戈尔达	圣斯波瓦尔
圣克鲁伊斯	圣克鲁斯	圣克鲁斯	圣克鲁斯·克尼迪
维尔京群岛	圣厄休娜和一万一千个贞女岛	埃尔·阿内加达和维尔京群岛	拉斯·维尔京群岛
波多黎各	圣胡安·包蒂斯塔（施洗礼者圣·约翰岛）	圣胡安	波里肯

　　船队在11月12日早晨必须经过的3个岛屿，恩里克斯称它们为圣豪尔赫岛、圣克里斯托弗岛和拉戈尔达岛（肥胖之岛）。除开这3个岛以外，其余各岛都核对无大误差。根据18世纪首次印在书本上一个似乎有理的传说，哥伦布以他本人的保护神的名字把圣豪尔赫岛命名为

---

　　① 这些岛、礁在好多世纪的岁月过程中已被冲蚀了很多。在17世纪和18世纪的海图上，它们曾明显地被标示为岛屿。

第三十章 圣徒们和贞女们

圣克里斯托弗岛，因为从海上望去，该岛的形状像他肩负圣婴耶稣那幅传统图像的样子。我曾在现在的圣克里斯托弗岛背风处（因为哥伦布根本不可能沿该岛上风海岸航行）从各个角度去审视过该岛，但没有看到这种情景。不过我们的照相机中有一部从高耸而崎岖的萨巴岛的下风岸拍摄到一座肩负人状的山岭。圣克里斯托瓦尔这个地名开始标在胡安·德·拉科萨地图上萨巴岛这个地方，直到 1541 年，阿伦索·德·圣克鲁斯在现时名叫圣克里斯托弗或圣基茨下碇的时候，它还是在背风群岛几个岛屿上搬来搬去，并无定论。一连串岛屿或一个群岛中各岛的名称是容易搞混淆的，如我们所看到的圣马丁岛的情形来说就是这样，因此我相信原先的圣克里斯托弗岛就是萨巴岛。

圣尤斯塔歇斯岛是这个群岛居中的岛屿，之所以如此称呼是哥伦布所命名的圣阿纳斯塔歇岛的讹传或误解。但是，那些保守的海员仍旧称其为斯塔歇岛。比起现代的名称来，此名更接近原来的名称。胡安·德·拉科萨所标记的名称圣德兰雷维，显然是更糟的讹用。[①] 然而我们还必须把圣豪尔赫这个在个别的西印度群岛地图上找不到的岛屿说明一下。[②] 圣豪尔赫是热那亚和哥伦布手下许多人所属帕洛斯教区教堂的保护神，统帅来给该岛取个这样的地名是很自然的。在拉科萨的地图上，位置符合恩里克斯的圣豪尔赫而形状像圣基茨的岛屿是一个他称之为拉戈尔达的岛屿。我们可以设想此岛即圣豪尔赫的讹用，而不是恩里克斯所称的另一岛屿拉戈尔达。哪个是圣豪尔赫岛，哪个是"肥胖之岛"呢？是恩里克斯把这个岛群中的一个岛和哥伦布在几天后发现的或这样命名的维尔京戈尔达岛弄混淆了吗？不论是哪种情况，他都是把该岛的顺序搞错了，在 22 年后再来回忆这 13 个岛屿，发生这

---

① 在拙著《哥伦布第二次航海》第 71—75 页，我探讨了我在德拉科萨地图影印件上看到的圣德兰雷沃（维）可能是雷根斯堡的圣阿尔伯特（大阿尔伯特 Albert Magnus）的讹误，圣阿尔伯特的节日是 11 月 15 日。

② 巴托洛梅·科林的证词中也提到（《哥伦布诉讼案卷》第 2 卷第 50 页）"发现了圣胡安岛、卡尼瓦莱斯岛、圣克鲁斯岛、圣豪尔赫岛和许多其他岛屿"。

种错误也并不令人十分惊异。在 1960 年，如果能够按正确的顺序说出小安的列斯群岛中各岛屿的名称，那我将感到很自豪。

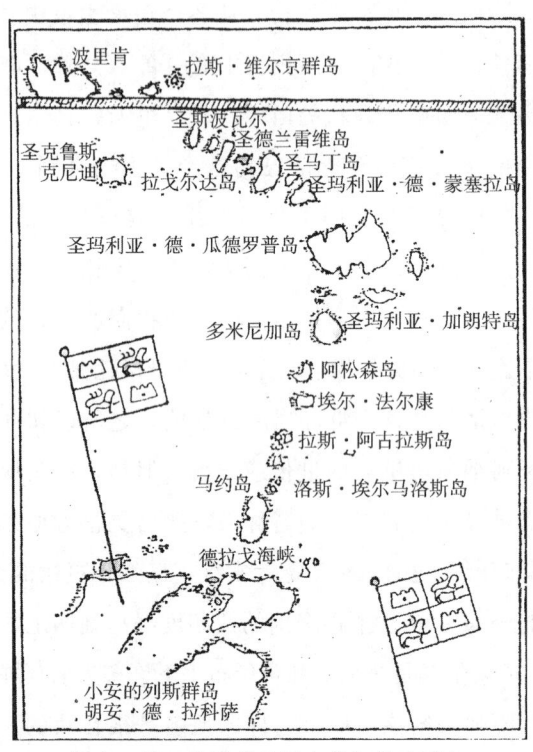

胡安·德·拉科萨地图上的加勒比群岛

最可信的解释是这样的：哥伦布给现在叫圣基茨的岛屿命名为圣豪尔赫岛，但船员们给该岛起的绰号是拉戈尔达岛（Gorda，肥胖）；因为当人们从南边驶抵此岛北部时，该岛就正好像一个漂浮在水面上的胖人的肚子。位于该岛北边的其次一个岛屿哥伦布以殉教贞女圣阿纳斯塔歇给它命名。此名在 16 世纪的多幅地图上出现过；但是阿伦索·德·圣克鲁斯（1541 年）给这个原先叫圣阿纳斯塔歇，而荷兰人在 17 世纪占领它后称之为圣尤斯塔歇斯的岛屿定名为圣埃斯塔西奥岛。第三个岛屿因它的肩负圣婴的形态，被命名为圣克里斯托弗岛；但是此名被后来的探险家和制图家用来称呼原先的圣豪尔赫岛，而圣克里斯托弗岛则变成了萨巴岛。①

萨巴岛显然近似肩负圣婴的统帅保护神的形象,这一点一定说服了哥伦布,使他抛弃了绝不以与他本人或其家庭相关联的任何事物来命名的规定。②

任何对这次西航留下过报道的人,都没有提到过背风群岛中的其他岛屿,例如巴布达岛、圣巴托洛缪岛、圣马丁岛、安圭拉岛或松布雷洛岛。根据船队航行的路线来说,要看见这些岛屿即使不是不可能的,确也是不容易的。这些岛屿的存在是由猜想而来,因为昌卡医生谨慎地谈到在太阳西下之际看到一些大军舰鸟向东飞行,"这些鸟既不能在水上栖息,又不能在水上过夜。"因此他知道"在西班牙那个方向上"必定有些岛屿。

在瓜德罗普岛和圣克鲁斯岛之间任何岛屿都不允许船员上岸。11月12日,当船队离开内维斯岛时,一些船锚的锚爪钩上来几块红珊瑚,在这片海域中这是罕见的东西。当天船队从圣基茨岛、斯塔歇岛和萨巴岛的下风处经过,夜晚顶风停船。库内奥说,在这次西航的这段航程中,夜晚没有行过船,"当我们无法下碇时我们就顶风停船,这样做是为了不让船只偏离航道,以免船只碰撞海岸。"

要是有哪一位记录这次航海的人,曾经把这一支由17艘船只所组成的船队的夜晚顶风停泊技术告诉我们,那就好了。每一条船都有各自顶风停船的方法。有些几乎停在风眼里,另一些顶风的角度不会比7个罗经点更近。它们以或大或小的速度往下风岸漂移。为了防止船只相互碰撞,必须经常警惕并且不断采取小的调整动作,因为4天的残

---

① 杰拉尔迪尼主教在所著《旅程》(1522年)里称其为圣萨巴岛(《文件和研究全集》第3辑第2卷第299页),但在我所看到过的任何早期地图中,或者在阿伦索·德·圣克鲁斯所著《海岛图集》(1541年)中,此名没加"圣"字,而且圣萨巴节不在11月。圣萨巴与示巴女王毫无关系,它的疆土哥伦布还要朝西做进一步的寻找。或许萨巴一词只不过是阿拉瓦克语 siba(指礁石)的讹用。

② 哥伦布在第四次西航时给一座山命名为贝拉瓜·圣克里斯托弗,因为这座山好像正在支撑着云层一样。西班牙人从来没有以统帅之名为任何省区、城镇或其他什么地方命名过;直到南、北美洲独立后,才有城市、岛屿、海湾,以及一个伟大的共和国被命名为科隆或哥伦比亚。

月是帮不了大忙的。从"玛利亚·加朗特"号的后甲板上，必定曾看到过一幅美妙的景色：船体黑影憧憧，桅杆刺破星光闪烁的穹窿，船尾的标灯灯光闪耀，照映在海面上。到早晨，船队已远远地散开，有的船只甚至只见桅杆不见船身。统帅召集各船，因为它们就要开航了。接着船队迤逦朝西边的一个岛屿前进，当地向导称此岛为阿伊亚岛。

这一天（11月13日），风轻轻地吹来，到夜色降临之际，他们还没有看见岛屿，船队这一晚仍旧顶风停船。14日早晨，船队继续朝西航行，不久即看到了阿伊亚岛。哥伦布按神圣的十字架给该岛起名为圣克鲁斯岛。在该岛数易其主之后，法语名称圣克鲁伊斯才成为该岛的固定名称；但是甚至到了今天，此岛已成为美国的一块领地，海员们仍称它为圣克鲁斯岛。

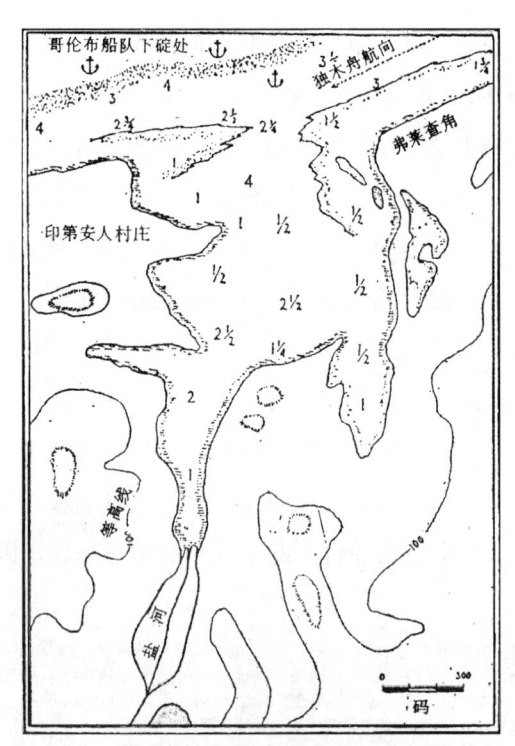

圣克鲁斯岛盐河湾
（测深单位：英寻）

第三十章 圣徒们和贞女们

圣克鲁斯岛的形状像一只拖鞋，其鞋尖插入贸易风中，因而使贸易风分道，风沿着岛的两海岸往西吹去；在正常情况下，低矮的西海岸是克里斯蒂安斯特德港外唯一的避风场所，但在当时，风似乎从南边顺时针方向旋转着刮来，所以岛的北边成了避风场所，于是哥伦布沿海岸巡航。比起他们所看到的其他岛屿，船员们更加喜欢圣克鲁斯岛，因为岛上土地被耕作过，像一座巨大的花园。加勒比的人口是比较稠密的。船队从现代的克里斯蒂安斯特德港的入口经过，此港由零散的礁石做屏障，保护得这么好，似乎使开拓者难以进入。船队驶抵现在叫盐河湾的一个小港湾湾口。这个港湾的形状使人想起，其源头定能找到一条淡水溪流。①

正是在这个地方，西班牙人与新世界的土人发生了他们首次有记载的一次冲突。这是直到19世纪智利阿劳科印第安人被最终征服才得以结束的长期的一系列的争斗和冲突中的第一次。②

"吃饭的时候"可能是上午11点左右，船队抛了锚。由于河道狭窄，河水不深，大多数船只仍必须停留在盐河的入口外面。哥伦布想和当地人交谈和汲取淡水，就派遣一小船的武装人员去找此港湾的源头。在源头，发现了几间棚屋③。武装人员一上岸，棚屋里的土人就逃走了。部分武装人员朝岛的内地前进，发现了一个村庄。村庄里的居民大多数逃进了树林里。他们俘获了一些加勒比人的阿拉瓦克奴隶——女孩子和男孩子。当小船人员将要回到旗舰上时，一条载有四个男子、两个妇女和一个孩子的独木舟朝岸边划来，进入船队的视线范围。土人看到这些桅杆林立，舷墙高耸的陌生船只，完全出乎他们经验和理解之外，感到很惊诧。他们停止荡桨，目瞪口呆。岸上

---

① 圣克鲁伊斯岛的美国行政官员哈里·E. 泰勒先生为我收集盐河的资料和海图，我谨表谢意。
② 未算首航即将结束之际在萨马纳湾发生的那次小型冲突，那次根本算不上一次战斗；而纳维达德堡垒的驻屯人员与卡奥纳波之间的殊死斗争可能是也可能不是发生在1493年11月14日。圣克鲁伊斯岛是由西班牙人所发现的第一块后属美国的领地，因为波多黎各不是在首航中发现的。
③ 在弗莱查角曾挖掘出一个大型的加勒比人村庄遗址，但根据哥伦布的同船水手之叙述，此处1493年时没有村庄。

的武装人员趁他们惊呆之际坐小船包抄过去，以防独木舟逃跑。等加勒比人醒悟过来才发现逃跑已无用处，于是"他们鼓起极大的勇气，举起他们的弓箭开始向西班牙人射击，妇女也和男人一样干"，昌卡医生说，"我说他们勇气很大，是因为他们至多不过四个男人和两个妇女，而我们的人却不只二十五个，结果我们却有两人负了伤"①，其中一个伤势严重；更多的基督徒要逃跑，幸亏他们带了盾牌挡箭。

就是在独木舟被小船撞翻之后，这几个加勒比人还是游到一块水淹的礁石上，"勇敢地战斗，直至战败被俘为止。当他们被带到统帅的船上时，"彼得·马蒂尔写道，"他们在发觉自己被链子锁住时，仍旧保持着比利比亚狮子还凶狠的面目。没有人肯去注视这些加勒比人，因为看了他们他的内心将会充满恐怖，大自然竟会把如此可怕、如此危险和如此残忍的面貌赋予他们。"②

俘虏中有一个被箭射中，肠子流了出来。昌卡医生宣布此人活不长了，于是船员们将他抛下船去。但此人却一手把肠子塞入伤口，一面仍朝岸上游去。船上的阿拉瓦克人劝西班牙人追捕这位顽强的斗士并将其处死，以免激起他的伙伴们的报复。于是这位加勒比人又被抓获，手和脚都被绑铐起来后，又被丢入海中。可是他又设法将镣铐弄开，游了起来。于是"这位桀骜不驯的野蛮人"（彼得·马蒂尔如是称呼他）又反复中箭直至死亡。"刚刚发生了此事，岸上就跑来大批加勒比人，他们的肤色黝黑，面目凶残，令人可怕；还有的身上涂着红色并用各种颜色以增强其外表的凶残；他们的头部一边剪掉了头发，另一边覆盖着长长的黑头发。"但他们没有能射到船上来的武器。几个被他们俘虏的阿拉瓦克人趁骚乱之际游过来，加入西班牙人行列，因为无论怎样总比做一名加勒比人的奴隶好。

---

① 锡拉西奥说（撒切尔所著《克里斯托弗·哥伦布：生平、事业和遗物》第 2 卷第 232 页、252 页），参加战斗的一名斗士是一位被俘的阿拉瓦克人；库内奥说《文件和研究全集》第 3 辑第 2 卷第 97 页），独木舟内有四个加勒比男子、两个加勒比妇女和两个因按惯例被砍去了手脚而痛苦不堪的俘虏。

② 阿尔伯编《关于美洲的最初三本英文书籍》第 70 页。

西班牙人对加勒比人那顽强的勇气印象非常深刻，从此以后，哥伦布就把他们看作他的君王以及他的阿拉瓦克臣民不可宽恕的敌人。更令人惊奇的是一位"非常漂亮的加勒比姑娘"的行为。她是在这次冲突中被米凯莱·德·库内奥本人亲自抓获的，统帅让他把她留作奴婢。"我将她带入我的船舱时，"库内奥写道，"她还是按照他们的习惯一丝不挂。我兴起了寻欢作乐的欲望。我想将我的念头付诸实施，但她不肯，并用她的手指甲掐我。这样的一种做法，我想我是从未遇见过的。不过，看到这种情形（把这件事情的结局全告诉你吧），我拿来一根鞭子，将她狠狠抽了一顿，她痛得尖声大叫，其声音之大前所未闻，以致你不相信你的耳朵。我们最终和解了，和解到什么程度，我可以告诉你，她似乎是从一所妓女学校培养出来的。"

根据加勒比人这种强悍态度来看，船队进入了一个很棘手的地点是肯定的。所以哥伦布在给这个最突出的海岬命名为弗莱查角（箭角）后，就下令起锚。哥伦布可能看到了位于圣克鲁斯岛北面，距他下碇处约35海里、隆起在地平线上的维尔京群岛的圆形峰顶，于是决定前去察看该群岛。考虑到哥伦布急于抵达纳维达德，而事实上到维尔京群岛还有两天的路程，他做这种迂回航行的唯一可以解释的理由是，据推测当时的风已转了向，故船队只能朝东航行才无须抢风航行。风大概很猛烈，船队大部分时间顶风停船，因为到11月16日傍晚之前他们才接近陆地。这一夜他们也是顶风停船；如果我们猜测的风向没错的话，此刻他们必定抵达了维尔京戈尔达岛东或东南方向的某个地方。①

86

---

① 哥伦布沿圣克鲁斯岛北岸航行，在盐河口外停泊，这表明当时的风向是南到西南，这意味着至翌日，风向已转到西或西北。此事佐证了下面假说（在我的《哥伦布第二次航海》对此有修改），即阿内加达岛是在这次航行中被发现并命名的。恩里克斯的证词（《哥伦布诉讼案卷》第 2 卷第 47 页）："El Anegada con las virgenes"（阿内加达和贞女们）是说"de una vez"（不间断地）发现了从多米尼加到波多黎各的一系列岛屿。阿内加达（"被淹没的"）这个名字只适用于维尔京群岛中的这个岛，因为该岛低矮、平坦。

根据他在巴哈马群岛的经历，哥伦布以为他从圣克鲁斯岛所看到的所有不相连的小山峰在他驶近时会连起来成为一个大岛，但事实不然，他越是走近，显露出来的岛屿越多。于是，统帅异常恰当地给该群岛取名为一万一千个贞女岛，用以纪念圣厄休娜（Ursula）和她的同伴们航海的故事。

据传说，厄休娜是康沃尔[①]国王狄奥诺图斯的女儿。国王要把她嫁给异教徒布列塔尼国王；但厄休娜希望继续做贞女和基督教徒。她说服老人赐予她一个恩典，让她花3年时间和她一些朋友做一次愉快的航行。她开始打算挑选10名贵族出身、喜欢航海的年轻贞女同行，但有许许多多的科尼斯少女希望借航海旅行来延长她们的少女时期并改善她们的心境。厄休娜是那样好说话，以致这一个、那一个她都同意，到最后出航贞女名单拟好时，除厄休娜外，被允许参加3年巡航的贞女竟达10 999人之多。此数大大超过国王的预料，但为了信守自己的诺言，他提供了11艘康沃尔皇家海军中最大的船舶，让这11 000名贞女去航行。在此行众多停靠港口中有一港口是罗马。她们在那里受到教皇的接见。教皇是生长在荷利赫德附近某处的威尔士人，厄休娜对有关她们冒险活动的叙述给予教皇陛下的感召力是这样不可抗拒，以致他舍弃教皇宝座，加入巡航行列。

时间一天天地在航海中度过，当3年期限将近时，这11 000名贞女和她们唯一的男性旅伴的航向正对着康沃尔。国王狄奥诺图斯自然希望他的女儿及其同伴们在度过3年的航海生涯后会打算嫁人，嫁给异教徒或基督教徒。但是她们越是驶近康沃尔，那种在岸上定居嫁人生活的观念越是令这些在海上航行的贞女们讨厌。至于那位退位教皇的想法如何并未被披露，但显然他在为这些贞女的志愿做祈祷。她们

---

① 康沃尔现为英格兰西南端的一个郡名。——译者

在抵达大陆以前遇到了一阵阵从西边刮来的大风,风直接把她们吹过英吉利海峡,到达莱茵河口。在那里,由于风向不利于返回英国,圣厄休娜决定,她们也可以溯流而上,去看看科隆,船队于是谨慎地沿河上驶。可是这时访问科隆时机最糟,因为阿提拉和匈奴人正在进攻该城。

里斯本有一幅由哥伦布同时代人格雷戈里奥·洛佩斯绘的油画。这幅油画说明了这位经历了长期漂泊女性的悲剧性结局。油画上,有一支由许多漂亮船只所组成的船队,其中有些停泊着,船上挂五彩旗帜,帆桁与桅杆成垂直,全部装备好;其余一些则在河上巧妙地做逆风换抢风航行,这条河像莱茵河,但更像塔古斯河。圣厄休娜和圣西利阿柯丝正在船上接待来自科隆的牧师。不幸的是,匈奴人正好选择这一天来突破科隆的城防。在画的左中部,一些客人正被迎接上船,一切都是欢快的和美好的。在画的中间,聚会正在圆满地进行。但在右边,正当贞女们送客人上岸之际(那位退位的教皇和大主教待在船尾),不料却来了一个野蛮、残暴的身穿土耳其军装的兵士,他用剑把贞女们砍倒。这就是圣厄休娜和11 000名贞女的结局,要不是发生此事,她们在科隆以及一般地在所有海员中都变成了大受尊敬的人。

回头来谈哥伦布的第二次西航。11月17日拂晓时,天气晴朗,信风又吹了起来,此时船队在维尔京戈尔达岛东或东南方顶风停船。为探险带来的坎塔布连三桅帆船和其他几艘吃水浅的船只最终在此有了用武的机会。于是,在"玛利亚·加朗特"号、"加列加"号和"科利纳"号以及船队的大多数船只都沿维尔京戈尔达岛、盐岛、彼得岛、诺曼岛、圣约翰岛和圣托马斯岛的南边的深海缓慢前进,"以防触礁"时,这几艘三桅帆船和轻快帆船就通过内克岛海峡,去考察阿内加达岛。然后顺着信风扬帆来到弗朗西斯·德·雷克爵士海峡,海峡两边都是海拔较高的漂亮岛屿。这11 000个贞女群岛(他们实际上数出了46个）"形状各殊"，色彩互异，"有些光秃秃的礁石上显示紫色"，而实地辨认却是石块上面的蓝色斑点；另外一些岛屿显出"耀眼的白色"，而实地辨认却是泥灰岩或大理石；① 有些岛屿纯粹是不毛之地，另外一些却覆盖着树木和草本植物，边缘镶以桃红色的珊瑚海滩。今天，你可以在圣托马斯岛上岸，登上迷人的夏洛特·阿马利娅镇的一个瞭望点，朝东眺望弗朗西斯·德·雷克爵士海峡，想象半打的三桅小帆船和轻快帆船，有些挂四方帆，有些挂三角帆，顺着东北信风欢快地驶过这条超级的海上航道。接着，你又把你的视线转向南方，想象"玛利亚·加朗特"号和她的九艘或十艘僚船渡过圣托马斯港口的情景。在弗朗西斯·德·雷克爵士1595年做最后一次航行，希望出其不意地拿下圣胡安·德·波多黎各而驶入这条航道前，只有一个勇敢的船队在这拍打着维尔京群岛的波光粼粼的海水中航行过。

在11月17日接近黄昏时或在翌日早晨，小型的轻快帆船在圣托马斯岛外边的海面上与主船队汇合。18日，哥伦布发现了比克斯岛。比克斯岛是这个通道岛群中的一个岛屿，它是那样美丽，植被青翠欲滴，以致哥伦布以他朋友亚历山德罗·杰拉尔迪尼的母亲之名给该岛命名为格拉蒂奥萨岛。格拉蒂奥萨·杰拉尔迪尼，她的儿子说道，"她以出身高贵、圣洁、保守的生活方式、知识渊博并对上帝明显虔敬出名。我感到高兴，因为从我在广阔的海洋上帮助统帅从事这次伟大考察的时候起，他就一直忠于他和我的友谊。当我很高度地赞扬我的母亲时，虽然我没有敦促他，他却回答说，他将来一定会把她那光辉的名字赐予某一个壮丽的岛屿。"1522年，当亚历山德罗担任圣多明各主教前往西印度群岛时，他将此岛作为了一个停靠站。他写道：

---

① 圣托马斯岛东南海岸的悬崖峭壁在某些光线照射下，现出紫红、淡紫、桃红和橙色。有许多显示白色的小珊瑚礁，它的数量是这么多，以致阿伦索·德·圣克鲁斯在他的《海岛图集》(1541年) 称其为"白色的小岛"。

第三十章　圣徒们和贞女们　│85

"我在那里大约待了两天，在这两天时间里，我母亲那可贵的胸怀、生我育我的那种久远的回忆，她对我那值得崇拜的和无限的关怀，以及我从童年起就记得的她那慈祥的容颜，永远铭刻在我的心中，从未忘怀过。"① 不幸的是，格拉蒂奥萨这个记录了男子气概的友谊和子孙后辈的孝顺的名字，没有沿用下来。

11月18日整夜，船队大概是在海岸外顶风停船。在驶过比克斯岛后，船队来到了一个大岛。印第安人称此岛为波里肯、布里肯或布伦肯，而统帅则给其起名为圣胡安·包蒂斯塔，意思是施洗礼者圣约翰岛，因为在热那亚施洗礼者圣约翰的圣物是特别受尊敬的物品。在下一世纪初期，与哥伦布同船西航过的庞赛·德·莱昂在该岛的北岸一壮丽的海港建立了一座圣胡安城。此城以成为圣胡安·德·波多黎各而闻名于世。后来这个名字中的波多黎各四个字逐渐取代了圣胡安·包蒂斯塔而成为该岛的名称。

11月19日整个白天，船队沿着景象壮观的波多黎各岛南岸一列暗礁的外围航行，因风力是那样强劲，以致统帅没有停留下来去考察港湾。西班牙人估计此岛有西西里岛那样大，但是昌卡医生说该岛长30里格是正确的，这里无须缩减9%。② 走完整个距离花去从早至晚的全部时间，晚上他们在罗霍角附近顶风停船。11月20日早晨起航，做逆风换抢航行进入宽敞的博克隆湾。③ 他们为了获得淡水和食物在这里度过了两天中的大半时间。在他们抵达时，该

---

① 见杰拉尔迪尼所著《旅程》第191—192页，以及《文件和研究全集》第3辑第2卷第296—297页。这个鉴定无可怀疑。在阿伦索·德·圣克鲁斯的《海岛图集》第八幅地图上，比克斯岛（Vieques）被称为贝克岛（Beicque）；在1553年德塞里尔世界地图上称其为贝克（Beyeque），而在芝加哥纽贝里图书馆里一本作者不明的葡萄牙地图册上称其为贝赫克（Bejeque），同一名字也出现在1567年的胡安·马蒂内斯地图册上。杰拉尔迪尼把土名译成拉丁文是贝里夸埃阿（Beriquaeia）。在《西印度群岛航海指南》（*Sailing Directions for the West Indies*）里（伦敦，1885年）称其为"比克岛（Bieque）或加勒比岛"。

② 在拙著《哥伦布第二次航海》第95—96页对这一天的航程做了讨论。

③ J. L. 蒙塔尔沃-圭纳尔德著《历史的订正》（*Rectificaciones historicas*）；《波里肯的发现》（*El descu brimiento de Boriquen*）（蓬塞，1933年）。波多黎各的历史学家们并不都同意博克龙湾即哥伦布访问过的那个港湾，但我的观点与蒙塔尔沃博士和迈古埃斯的佩雷阿博士的观点一致，认为博克龙湾还堪比拟。我感谢埃米利奥·J. 帕萨雷尔先生在此问题上提供了资料。

岛的土人都逃跑了，所以没有进行贸易的机会。但很多海员和乘客跑去钓鱼，而且收获非常丰富。上岸的几批人都看见了鸟，他们误认为猎鹰。他们还看见了野生葡萄藤，一种在安的列斯群岛普普通通的海葡萄。另外一些在岛内地闲逛的人发现了一个无人居住的村庄，村庄有12间建造良好的棚屋，棚屋围绕一广场而建，各棚屋连同一大房子都有用枝条做屋顶构架的塔楼，屋顶用青翠的鲜草盖顶，像巴伦西亚的花园凉亭，西班牙人天真地认为这里是加勒比人的避暑胜地。①

11月22日拂晓，船队离开波多黎各这个在此次西航出海航程中最后一个新发现的重要岛屿，照阿拉瓦克向导所指引的，朝西北航道航行去伊斯帕尼奥拉岛。不久他们看到了一个小岛，统帅给其起名莫纳岛，而莫纳海峡就是据此而起名的。之后，他们朝西北方向航行。在夜幕降临前，在经过一段约65海里的愉快航行后，他们在一个低矮而很平坦的地方着陆。印第安人坚持说此处就是他们本地人所说的"海地"，但是在与统帅一起参加过首航的老海员中，对此颇为怀疑，因为他们知道伊斯帕尼奥拉岛的所有地方都有山脉。结果，土著人所说是对的。哥伦布登陆之处是在伊斯帕尼奥拉岛平坦、多树木的最东海角，它远处的山峦大概是被阴霾遮住了。哥伦布以大天使之名给该角起名圣拉斐尔角，但西班牙人不久即将该角改名为恩加尼奥角——"误会之角"。②

船队是夜顶风停船。11月23日早晨，他们朝西北做沿海岸航行，不久即看到了萨马纳湾的巴兰德拉海角，年初元月16日"尼尼亚"号和"平塔"号就是从此出发（回国的）。为了让首航中相当多

---

① 见费迪南德·哥伦布著《海洋统帅克·哥伦布的生平和事业史》第47章（卡德奥版第1卷第278页）；彼得·马蒂尔给西蒙·弗德的信，载哈里斯本《哥伦布传》第2卷第75页；约瑟·冈萨雷斯·希诺里奥著《书目补编》（*Supl mento bibliográfico*）（蓬塞，1938年）。
② 拉斯·卡萨斯著《历史的辩解》第1章（1909年，第4页）。

的被俘印第安人中幸存的两位中的一位回乡，船队大约在正午进入萨马纳湾。① 这个印第安人身穿合适的衣服，带着进行交易的货物和礼品，被送到他曾被俘的地方——弗莱查斯的海岸边，希望他能说服那个多少有点好战的锡瓜约部落相信，基督教徒是他们的朋友。同一天，那位在圣克鲁伊斯岛与土人发生冲突中负伤的巴克斯水手死了，西班牙人在岸上按基督教的仪式予以安葬。安葬时有两只轻快帆船驶近岸边做好了射击的准备，以防锡瓜约人会采取什么行动，但基督徒在新世界的首次葬礼却平静地度过了。有些旁观的土人应邀登上了"玛利亚·加朗特"号，进行了一定数量的交易；不过哥伦布却婉言拒绝了拜访锡瓜约酋长的请求，因为他急于去纳维达德。

从萨马纳湾起，船队就顺着信风沿伊斯帕尼奥拉岛北岸航行，一直走到蒙特克里斯蒂，两天时间里航行了170海里。在蒙特克里斯蒂寻找一个比纳维达德更合适的殖民地点时，他们就开始看到了上年圣诞节留在纳维达德驻地人的命运之可怕征兆。岸上的那队人在雅克河岸发现两具被绳索绑着的尸体，次日又发现两具，所有尸体都腐烂得很厉害，以致无法辨认，但是有具尸体胡须浓密，使人们强烈地感到他是西班牙人种。由于这个令人毛骨悚然的发现，第二次西航愉快和探险的成分就突然地完结了。

11月27日，船队从蒙特克里斯蒂、卡夫拉岛的内港起锚，尽快地朝海地角和纳维达德前进。他们本可以进入卡拉科尔通道，但黄昏已经降临，哥伦布鉴于上年圣诞节前夕他的第一艘"圣玛利亚"号所发生的事故，拒绝试图在黑暗中进入该通道。于是，当他们一抵达靠

---

① 我曾试图整理一份首航中被哥伦布俘虏的印第安人名单，但没获多大成功。"尼尼亚"号至少虏获10名并将其安全带回帕洛斯港，"平塔"号虏获的要多一点，但对其下落没有记载。"尼尼亚"号的10名中有6名随哥伦布去了巴塞罗那，他们在那接受了基督教洗礼，6名中有5人随哥伦布返回帕洛斯，参加了第二次西航。随同他们一起参加第二次西航的还有两名未随哥伦布一起去宫廷的印第安人。昌卡医生说过，到11月底，"在上次西航中曾经过卡斯蒂利亚，并在帕洛斯港同我们一起上船的7名活着的印第安人中，5人死于第二次西航"，两名当译员的还在。两人中一名是迭戈·哥伦，另一名大概就是在萨马纳释放的那个土人。

近海岸的水域，就下碇停泊。船上燃起了照明灯，但是纳维达德所在地却不见用灯火来做回答；加伦炮放了，但也不见对方回炮。锡拉西奥说道，这时悲哀和"极度剧烈的悲痛占据了他们的心田。他们猜想那里一定出了什么事故，留在那里的船员全都死了"。① 晚上 10 点，一艘他们早就看见在附近逗留的独木舟从岸边划来，舟上的桨手们喊着"统帅！""统帅！"独木舟笔直划到旗舰旁边，在举起火把认出哥伦布以前，他们不肯上船。这伙人为首者是瓜卡纳加利的堂弟，他带来两个金面具向统帅致敬，其中一面送给统帅，另一面送给"一位随同统帅做过又一次航海的船长"。他们向哥伦布保证，在纳维达德的基督教徒除几个病亡和几个在一次争吵中被杀外，其余都安全无恙。他们还为瓜卡纳加利没有亲自来看望做解释，说是因为他在一次与另一名叫卡奥纳波的酋长发生冲突中负了伤。这些印第安人在船上待了 3 个钟头，翻译迪戈·科隆在这期间从他们口中获悉了事情的真相并将真相告诉了他的主人，但哥伦布并不相信。他认为驻屯人员必定有些人还活着。这些胆怯的、没有防卫能力的印第安人要消灭 40 名西班牙水手、士兵和绅士绝不可能。

翌日（11 月 28 日），船队航行至纳维达德附近一个锚地，但既没看见什么建筑物，也没有看见人类生存的任何迹象。派出一支特遣队上岸，发现一座烧塌的堡垒，废布废物遍地都是。昌卡医生说，确实有几个印第安人露了面，行动"很诡秘"，当西班牙人一接近，他们就跑了。情况糟糕，的确十分糟糕。西班牙人用印第安人十分喜爱的鹰铃做诱饵，将瓜卡纳加利的堂弟引上船进行审问。他承认所有单独行动的基督徒都被卡奥纳波派来的勇士杀死了。他还声称瓜卡纳加利为保护他们和保护他自己的村庄已负了伤。哥伦布送了很多礼物给

---

① 撒切尔著《克里斯托弗·哥伦布：生平、事业和遗物》第 2 卷第 235、253 页。昌卡医生对这次访问和搜索纳维达德遗址做过十分详细的报道（纳瓦雷特著《航海和发现文集》第 1 卷第 211—223 页），后面的引文录自他的报道。

他，并用酒招待他的桨手，然后送他们上岸，并托他带信给酋长，说统帅命令他上船来汇报并做自我交待。

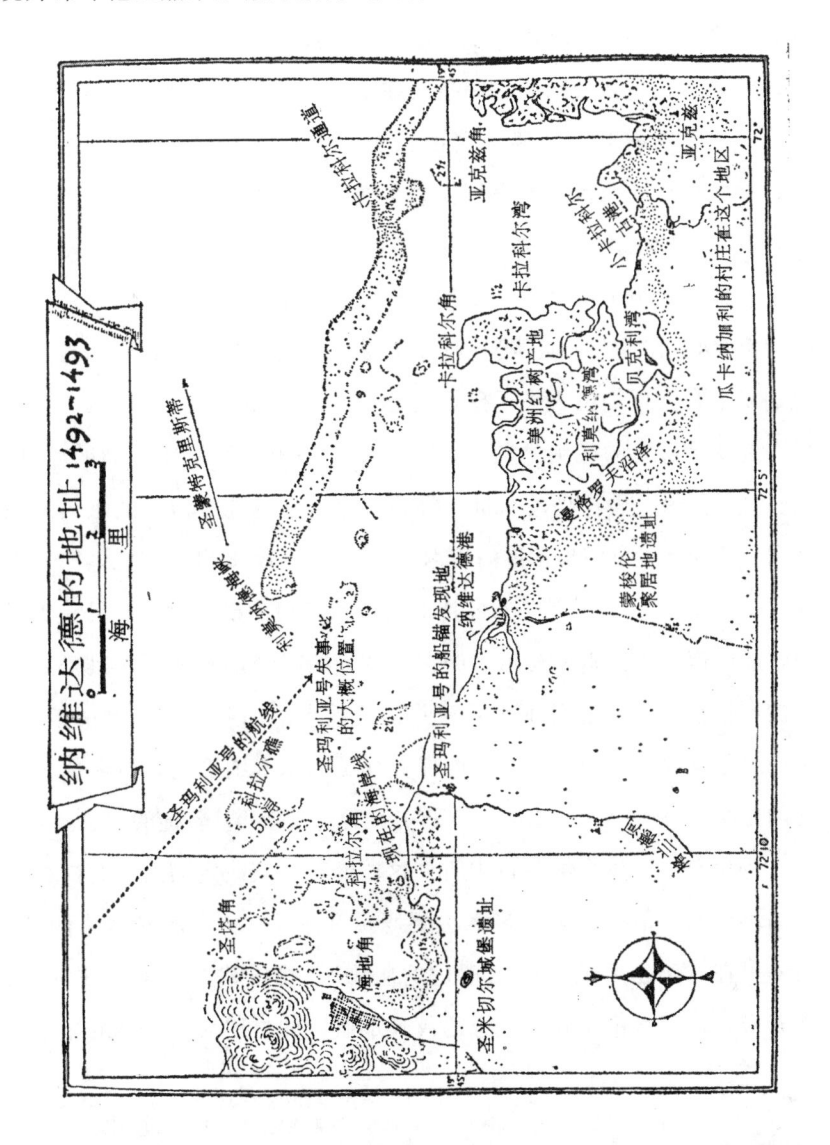

又一天过去了，没有看见印第安人露面。看来似乎必须把叛乱的含义加到这个惨剧中去。再把堡垒遗址搜索了一次，没有发现更进一

步的任何证据。哥伦布和昌卡医生于是沿着海滩步行到格兰德德河口。他们在这里找到了一个中等规模的村庄，在他们到达时，住在肮脏破烂棚屋里的土人都逃跑了。在村里，经搜索发现了很多从堡垒劫掠来的物品，包括长袜子、一条放在未开包的包里的摩尔人用的头巾和一个"圣玛利亚"号船上用的铁锚。① 当他们返回纳维达德遗址时，一些正在同西班牙人进行物物交换的印第安人漫不经心地告诉他们，有11具基督徒尸体摆在堡垒旁他们倒下去的地方。印第安人坚持说，他们是被卡奥纳波和他的同盟者马伊雷尼杀死的。"但是他们随即解释，说基督徒每人娶三四个老婆，当时我们相信，邪恶已降临他们身上，使他们已丧失了警惕之心。"②

在获悉事变的底细之前，哥伦布派了一艘轻快帆船往岛的西部，同时又派了另一艘往岛的东部，寻找一个合适的地方做他的永久殖民地。一艘船在考察海地角港湾后返回（法国人于18世纪在此港湾岸上建立了一座城市），但哥伦布断定此处离锡瓦奥的矿区太远。另一艘轻快帆船由梅尔奇奥尔·马尔多纳多指挥航行，经过一瓶颈入口来到现在的利贝泰堡湾。他们在此下碇并得到瓜卡纳加利要求访问的信息。他们终于发现酋长躺在一吊床内保养伤腿。瓜卡纳加利显然渴望去看他的好朋友——统帅。他进一步证实卡奥纳波杀死基督徒的说法。

哥伦布从马尔多纳多口中听到这段经历，就决定摆威风对酋长进行国事访问。他手下100多名主要职员和水手，"身着极其华丽的、仿佛只在一座主要城市中出现过的服饰"，排成战斗队形，敲着鼓、吹着号，护卫哥伦布到马里恩的酋长那肮脏的村庄去。瓜卡纳加利坚

---

① 1781年，在十分靠近此处的一个地方于4英尺深的淤泥底挖出了一只古代小船锚，有充足的理由猜想出此锚即"圣玛利亚"号的船锚，但是这只锚是在芝加哥历史学会展出的那个，还是在普林斯港历史博物馆展出的那个，我却不知道。

② 库内奥说，尸体是由首批特遣队发现的，这些人死亡已有15—20天了；锡拉西奥说，他们躺在"露天里，未埋葬已达3个月"，而且尸体腐烂很厉害以致无法辨认。昌卡医生说，他们去世"不到两个月"。昌卡是个医生，他说得大概真实。

持他的说法，但哥伦布借口让医疗专家给其诊伤，要昌卡医生取掉他腿上的绷带，这才发现他的腿上没有任何伤痕，"虽然他脸色变了，但还是装模作样说他的腿伤得很重"。瓜卡纳加利还算可以，就在当日傍晚对统帅进行回拜。他在"玛利亚·加朗特"号船上吃的晚饭。当首次看到统帅的马时，[①] 他对统帅的生活表示了惊奇。

在这位酋长上岸以后，关于此次凶杀事件如何处理，统帅召开了一次商讨会。修士布伊尔和其他许多人匆忙做出瓜卡纳加利犯罪的结论，要求逮捕并处死他，作为对他的村民的警告。哥伦布相信尊敬的修士的说法，但更相信人的本性。尽管瓜卡纳加利假装腿伤使人怀疑，但哥伦布思忖该酋长的性格，怀疑是他犯了罪。哥伦布决定佯作不知，直至获得更多的证据为止。如果查明瓜卡纳加利确实犯了罪，那时办他的罪还来得及。毕竟西班牙人在此地的人数并不太多，不能仅凭猜测就处死一位朋友。

当西班牙人和泰诺人对彼此的语言了解得更好时，事情的经过就一点点地暴露了出来，经过拉斯·卡萨斯和费迪南德的整理就真相大白了。瓜卡纳加利说的是事实。当纳维达德驻屯人员开始为女人和黄金而争吵时，他们不会长久各行其是，互不干涉；文书罗德里戈·德·埃斯科韦多和王室管家佩德罗·古铁雷斯杀死了热那亚年轻水手亚哈科梅。为了搜集更多的黄金和女人，他们拉帮结派在岛上到处游逛。在游逛时，他们碰上了卡奥纳沃。这位强悍的马瓜纳酋长，据说系出加勒比种族，他不允许有人在他的领地内胡闹。他将古铁雷斯那帮人处死，随即迅速地派一支强大的兵力袭击纳维达德，以消灭这动乱的根源。与此同时，其他大多数西班牙人成群结队外出掠夺，仅留下由迭戈·德·哈拉纳率领的 10 名驻屯人员守卫堡垒。但他们也各带

[①] 突然出现的一个旅行家的故事，与早期哥伦布以前的马有关。这种马的后裔现仍然在伊斯帕尼奥拉岛内地自由奔驰。从泰诺人对哥伦布的马的反应来看，可以肯定他们从来没有见过这种动物，甚至也不曾朦胧地想过这种动物。岛上最大的哺乳动物是硬毛鼠。

5名妇女住在棚屋子里玩乐,没有足够的警戒。卡奥纳沃在夜晚发动攻击,杀死了3个,其余的被赶下海淹死。另外一些在岛内闲逛的西班牙人都被曾遭他们抢劫或伤害的印第安人杀死。瓜卡纳加利试图救助迭戈·德·哈拉纳是事实。这一点由他手下一些人被鱼骨矛头刺伤可以证明,因为鱼骨矛是卡奥纳波的特殊武器。但是瓜卡纳加利觉得关于西班牙留守人员的安全他应对哥伦布负责,他担心因他们的死亡而受责怪,故假装受伤和可疑的姿态。在以后一些岁月中,尽管发生了许多惹人恼火之事,但瓜卡纳加利对统帅始终是忠心耿耿,我们可以确信。只要西班牙人稍为规矩一点,纳维达德就一定会平安无事。

一般西班牙人却得不出这样的结论。对于他们来说,明显的事实是他们的同伴死了。哥伦布夸大了泰诺人的胆怯和缺乏防卫能力。显然,他们毕竟是男子汉,如果受到过分的无理对待,他们是能够保护自己的。统帅能够制止他手下人采取报复行动吗?能够恢复西班牙人和印第安人关系的"黄金时代"吗?

既然纳维达德已被摧毁,那就带来了问题——把新的殖民点定在什么地方?昌卡医生在当地人的棚屋里看到过河水淹没和大潮浸湿过的痕迹,他不同意在卡拉科尔湾那低矮、潮湿的岸上建点。他们本可以在岛内找到一个干燥且有益于健康的地点,找到未来海地角城建点,但哥伦布所追求的是寻找黄金,而不是移民,所以当纳维达德的事情处理完之后,他决定逆风换抢回头朝东航行,在靠近驰名的锡瓦奥金矿区附近确定一地方做新殖民点。

决定容易而寻找却为难了。12月7日,风使得船队有效地偏向航行,次日就到了蒙特克里斯蒂。此时,东信风刮个没完没了。昌卡医生报道说:"天气有意跟我们作对,对于我们来说,逆风航行30里格比我们从卡斯蒂利亚出发所走过的整个航程还要困难。"任何曾试图顶信风做逆风换抢沿伊斯帕尼奥拉岛北岸航行的人都与医生有相同的感觉。没有人认为值得记下这艰难挣扎的航行细节,而且在避风处徒劳地等待，希望风向改变，可能要花费许多天时间。逆风航行32海里左右，竟费去了25天！

1494年1月2日，船队在一个长满树木的半岛下风处停泊，此处是个避风的场所，近边有个小平原，似乎是个理想的建城地址。船上带来的牲畜快死了，船上的人员，有的病倒，有的因转帆累得筋疲力尽，他们都恳求统帅，不要再走了。于是哥伦布选择了这个不合适的地点作为一个永久的殖民地。并以女王之名给该处起名伊莎贝拉。

到这个时候，哥伦布每天都有发现的时日结束了。从他发觉纳维达德的命运那时起，仿佛他本人的幸运也已经结束了。然而，他必定从这次到伊斯帕尼奥拉岛的航行中得到了巨大的满足。由于风和气候异常有利，他率领17艘帆船（其中有些是小船）横渡了大西洋，在预定的地方准确地登陆。他走过一连串的地图上无名的岛屿，没有发生值得记录的非常严重事故。他发现了20个大岛屿和40个小岛屿，这些岛屿都是欧洲人前所不知的。他统率这支承载着1200名海员、殖民者和武装人员的最庞大的船队，跨过深海大洋，在连续航行14个星期期间，维持住了他们的纪律。他在住着残忍地吃人的生番的地区，避免了冲突，如果不计算那次短暂的战斗和唯一的一个人牺牲的话。当他离开"玛利亚·加朗特"号，丢开船队总指挥（海王）职务，上岸执行副王（殖民地建设者）的职权的时候，他面前有大量的烦心事在等待他。哥伦布的命运转变是急剧的，来得极快。在未来若干年月中，由于人的邪恶本性，由于国王的忘恩负义和老天的皱眉蹙额，使其精神和身体遭受痛苦的时候，他一记起1493年11月这些光辉的日子，就能获得若干安慰。不是吗？在这些日子里，船队愉快地沿着安的列斯群岛的海岸航行，岛上山峰高耸，林木茂盛，青翠欲滴，信风云在山顶缭绕，彩虹在深裂的河谷上空高挂。黄昏之际，宏伟的船队几乎总是顶风停船，极其晶亮的星星在头顶上空闪烁，船员们同声为圣母玛利亚欢唱黄昏赞美诗。

第三十一章　锡瓦奥[①]

1494年1月2日—4月24日

> 他施和海上的王要进贡。示巴和西巴的王要献礼物。
> ——《圣经·诗篇》，第72篇，10节

伟大的发现家和探险家很少能成为成功的殖民者，而先驱的殖民远征队也几乎从未选好过一个适宜的地址。美国弗吉尼亚州的詹姆斯敦和〔加拿大〕圣克鲁伊斯河上的第一个法国人居民点就是这一方面恰当的实例。甚至机灵的荷兰人在北美水域活跃了许多年以后，才在曼哈顿岛上安营扎寨。中、南美洲的地图上曾经密布征服者所建立的许多殖民地点，后来又为更为实际的后继者所放弃。伊莎贝拉就是这些不幸的选择中的第一个，也是最可原谅的一个，因为在卡斯蒂利亚船队上，无人有过任何开拓殖民地的经验。昌卡医生值得嘉许地记道："幸而上帝保佑，恶劣天气迫使我们不能再往前去，不得不在所能选到的一个最好的地方登陆，这个地方港口优良，渔场极好；由于缺少肉食，我们对之确有很大的需要。"

沿着海岸到处都有很好的渔场，但伊莎贝拉却一个港口也没有。锚地可背信风，但其北面和西北面开敞，不能抵挡冬季北来大风。可锚泊地还不错，但是哥伦布船队中较大的船只只能在离海岸半英里以

[①] 就本章来说，除开第二十九章第58页注①里所提到的权威人士外，还要加上老的可依靠来源费迪南德和拉斯·卡萨斯以及收入《文件和研究全集》第1卷第1章第270—283页中的哥伦布的《托雷斯备忘录》，在C.简《文件选编》第1卷第74—113页中还印有译文。

第三十一章 锡瓦奥

外抛锚。好的饮用水只能取自西南面大约1英里的巴哈方尼科河，而该河却不能通航。无疑，这个船队急需休息和恢复精力，但很难理解为何哥伦布在做短暂停留后，没有奋力向东面仅仅9英里的、"平塔"号去年在此安全地停泊两三个星期之久的格拉西亚河和再两倍远和第一次航行中曾经见到的、为陆地所环抱的普拉塔港继续前进。代替的是，他做出了匆忙的决定，赞成伊莎贝拉，立即让人携带牲畜及植物种子登陆，并为一个望其长久存在的城市奠定基础。①

大概是统帅要努力获得黄金的过分渴望使他不再前进了，因为，除开纳维达德驻屯人员收集到的一桶或两桶贵重的金子已全部运回去以外，他什么东西也没有。他很清楚，如果这一庞大的船队在返回时对耗费了金钱、时间、精力，又没有什么可指望的双王会说些什么。他已经在寻找一个纳维达德驻屯人员早该选好的地址上浪费了一个月的时间，如果靠王家的薪饷长期不必要地保留17条船，双王会大不高兴，应该让船队尽快回去，并带回足够的黄金以证明它确曾到达了印度群岛。在伊莎贝拉，土著人宣称：长期寻求的锡瓦奥金矿就在附近，并愿为西班牙人去那里做向导，这就有了足够的理由留下来。哥伦布没有进一步浪费时间，立即组织了一支内陆远征队，以阿隆索·德·奥赫达为首，希内斯·德·哥尔瓦兰为副进行指挥。

奥赫达机灵、结实、脾气急躁、个子矮小，这种人可以成为优良的兵士、探险家和橄榄球四分卫，但他作为同船水手或者部属，则是相当难以对付的人。拉斯·卡萨斯告诉我们："他身材瘦小，但极其匀称而清秀，举止大方，面孔好看，眼睛巨大，是……船队里和留在伊斯帕尼奥拉的思想最敏锐的人之一。一个人躯体上能具有的优点他全都有，似乎在他身上结合起来了……他虔诚地献身于圣母玛利亚，

---

① 撒切尔（其著作第2卷第283—287页）刊印了1891年海军上尉 G. P. 科沃柯勒色斯所做的关于伊莎贝拉的有趣的报道，还有他的地图在一起，当时可以见到比今天更多的遗迹。在现代地图上，殖民区的地址位于卡拉蒂诺角正南。

他的誓言也是

　　献身于圣母玛利亚

　　……他无论在哪里的战斗或争吵中，经常都是先发制人。"当女王正在塞维利亚驻跸时，他作为哥伦布庇护人梅迪纳·塞利公爵的委托人，总是叫人注意自己。在一次公共节日，人们围绕吉拉尔达大教堂聚集时，年轻的阿隆索爬到耸立街道之上约250英尺突出的横梁上，以脚尖进行旋转，当安全地下来后，还向空中远远掷一枚橘子，据说这枚橘子达到了教堂之巅。① 丰塞卡决定奥赫达正好是第二次航行中所需要的人，并且让他指挥一条轻快帆船。在瓜德罗普岛，证明他能在森林中照顾好自己。所以哥伦布选拔他来领导这一首次探测远征队。

　　统帅想与锡瓦奥联系的渴望，从船队抵达伊莎贝拉4天后奥赫达就启程这一事实可以看出来。1494年1月6日显现节全体船员在教士布伊尔主持下，在一临时教堂里参加弥撒，这是在美洲土地上有史以来举行的首次弥撒。弥撒过后，奥赫达和哥尔瓦兰马上就率领船员15—30人及一些土著向导从伊莎贝拉出发，穿越北科迪勒拉山脉进入了伊斯帕尼奥拉岛的中央大谷地，徒涉了雅基河，在现在的哈尼科村附近发现一些山溪组成的河网地带，这些山溪是从土著人叫作锡瓦奥的高大山脉挟带黄金奔腾而下的。当时天气变坏，一条涨水的河流——博阿河或哈尼科河——似乎太宽太急，不能安全通过，于是，奥赫达决定不再前进了。他折返最近的村庄，在此土著人使之确信，在锡瓦奥的上坡确实有大量的黄金，为了证明这点，还向他呈献了三块很大的天然金块，一块价值9卡斯特亚诺，一块价值12卡斯特亚

---

① 拉斯·卡萨斯著《历史》第73章（1927年，第1卷第353页）。

第三十一章　锡瓦奥

诺，最大的一块价值 15 卡斯特亚诺。所以，天气一经放晴，在又征募到一队土著搬运工来搬运这些矿样和其他礼物后，奥赫达就折返北方海岸，并于 1 月 20 日抵达伊莎贝拉。①

在阻碍了急躁的奥赫达的那条河流上，哥尔瓦兰和一些人一直等到印第安人带来了一只大独木舟，卡斯蒂利亚人才乘独木舟渡河，土著人游泳推着它通过水流湍急的河流。"渡河以后，他们受到乐善好施的印第安人表示尊敬的对待，也得到酋长们有礼貌的陪伴。"他们之中有一个人把哥尔瓦兰介绍给一个本地金匠，这个金工正在磨光的圆柱体石头上把金子捶成箔，正如欧洲金箔工所做的那样。哥尔瓦兰抵达了土著人叫作尼蒂的一个地区，幸好在卡奥纳波酋长的领地之内。在那里，在更远更低的谷地里发现了更为丰富的黄金迹象和矿样。当然这一发现是如此的好，致使他放弃了会晤卡奥纳波的打算（对他来说可能是件好事），赶紧北撤，于 1 月 21 日抵达伊莎贝拉，只比奥赫达迟到了一天。②

由于这些队长带回来的新闻和矿样，库内奥写道："哥伦布和我们所有的人都很高兴，不再去关心任何种类的香料，而是只想得到这种使人有福的金子。"有些金块在探测人员中间进行了分配，无疑，他们中大多数人还都有自己的私藏。"统帅大人写信给国王，希望短期内能献给他像比斯开湾铁矿那样多的金子。"③但是统帅尚未准备好叫船队回航，因为根据他回西班牙带去的许多传说，双王正希望他在此有不只一条采样的新线索，等到对锡瓦奥的系统开发开始以后，送回西班牙的黄金能够用英镑计而不是用英两计，再回去不是更好吗？

这就是哥伦布想要做到的事，但是，随着时光的消逝，他发现这

---

① 锡拉西奥的传说，在山麓只要用棍棒拨一下，就可能忽然出现一些金粒（撒切尔著作第 2 卷第 258 页）。彼得·马蒂尔（第 2 卷第 1 册第 2 章）宣称，他曾见到奥赫达的一块金子，重 9 英两。

② 昌卡医生提供这个日期。锡拉西奥在撒切尔著作第 2 卷 259—261 页提供了这个资料。哥尔瓦兰随同托雷斯船队回到了西班牙，还机灵地靠其功勋从格拉那达王国国王那里获得了授予的一大块土地而大发其财（《未刊文件》第 30 章第 310—312 页）。

③ 《文件和研究全集》第 3 辑第 2 卷第 99 页。

是不可能做到的。与第一次航行时每个人都健康良好的情况相反，在登陆之后一星期内就有三四百人病倒了，昌卡医生报道了以上情况。奥赫达的贵族骑士们从锡瓦奥患病回来了，他们发现伊莎贝拉的人口有半数已奄奄一息。昌卡医生虔心服务，先品尝了每一种新的鱼类后，才允许人们食用，为了照顾病人的需要，他被折磨得精疲力竭，而药品也用完了。有些人可能认为这一大批人病倒是由于梅毒（sinister shepherd）① 的致人死命的作用，但并没有理由去重新斟酌昌卡医生的诊断，即这是由于气候、饮食和居住条件的改变。美洲殖民史证明，经过漫长的海洋航行后，让大批人登陆，就马上要他们在住房不足以对付淋漓大雨、装备不足以对付蚊叮虫咬、饮食靠鱼类、玉米、薯蓣和木薯而不是牛肉、猪肉、小麦面包和酒类等情况下，从事繁重的劳动，就没有不过多病倒和大量死亡的。哥伦布很快就做出了随后的发现家花了一个世纪才从经验中学到的结论："就人间而言，要保护人的健康，就要供应他们在西班牙吃惯了的食物。"② 小麦、大麦和其他种子已经播种，但在收获之前会有几个月的时间，甘蔗苗（甘蔗切茎）和葡萄藤已经栽下，但它又何时才能繁殖结实呢？所以统帅为了其殖民地的利益，首先应予考虑的就是立即派遣船队回去，以便在 4 个月内也许会有若干宽慰的机会到来。

因此，哥伦布于 1494 年 2 月 2 日派遣安东尼奥·德·托雷斯率领 17 艘帆船中的 12 艘回国。我们关于他们的航行即从美洲回欧洲的第二次返航的有限信息，来源于船队抵达时正在加的斯和塞维利亚的意大利商人的书信。③ 托雷斯显然是照着哥伦布的样子干的。他沿着伊斯帕尼奥拉岛的北海岸前进，然后向北直到他能趁着西风，遵循一条为期 25 天的从陆到陆的快速航道，于 1494 年 3 月 7 日抵达加的

---

① 见下面的第三十七章。——原注。原意应为"导致灾难的牧羊人"。——译者
② 哥伦布的《托雷斯备忘录》（《文件和研究全集》第 1 卷第 1 章第 273 页）。如果英国人把哥伦布在 1494 年的经验记在心上，在弗吉尼亚殖民地早期就会挽救许多人的生命。
③ 《文件和研究全集》第 1 辑第 1 卷第 166—168 页。

第三十一章 锡瓦奥

斯。他带回来的货物的主要部分据说是价值30 000杜卡特的黄金。此外,他还带来了相当多的肉桂,但肉桂颜色灰白,像蹩脚的生姜;胡椒,在壳中像豆子,味很冲,却没有黎凡特胡椒的香味;叫作檀香木的木头,然而是白色的……60只颜色不同的鹦鹉,其中8只大得像猎鹰和翱翔空际的最美丽的禽类。[①] 最使这些意大利人感兴趣的是26个印第安人,他们"来自不同的岛屿和讲不同的语言……其中三个是'吃人的生番',靠吃人肉为生"。很明显,大多数加勒比人在这次航行中死去了。

哥伦布在伊莎贝拉仅仅保留了5条船:旗舰"玛利亚·加朗特"号、大船"加列加"号、小轻快帆船牢固的"尼尼亚"号以及两条更小的轻快帆船"圣胡安"号和"卡德拉"号。他从主要所有人那里购买了旗舰八分之三的股份,并购买了几条轻快帆船的全部股份,这是为了替王室节省租金的耗费。他要两条大船用其大炮提供保护,这不仅是为了防御印第安人的可能攻击,也是为了提防西班牙人的可能叛变。几条轻快帆船则是沿海岸探测所需要的。

除了海洋统帅、教士布伊尔与司库比拉柯尔达等给双王的早已遗失的信外,托雷斯还带有统帅必须亲自对费迪南德和伊莎贝拉汇报的备忘录,幸运的是,这个文件保存了下来并附有双王的批示。哥伦布列举了只带如此之少的金子上船的已如前引的种种理由。他要求尽快让三四条轻快帆船返航,装满咸肉和小麦、酒、油和醋、糖和糖浆以供一般给养,药品以供病号,扁桃、葡萄干、蜂蜜和大米以供正在恢复健康的人。他特别推荐奥赫达、昌卡医生、马加里特、阿瓜多、科罗内尔和其他高级职员,请求增加他们的薪饷。虽然统帅已经为抱怨、破坏活动和未遂的叛变等所烦扰,但除对骑兵外,他对无论什么人也没有抱怨,这些骑兵拒绝搞不能在马背上进行的任何劳动,当他

[①] 这说明了在1494年6月双王给统帅的信件中的一句话"送给我们更多的猎鹰"。

们由于流行病感染而躺倒时,又不准任何人使用他们的马匹。他又建议,在在职人员名单上没有名字的那200名贵族志愿人员,必须立即添上他们的名字,作为控制他们的手段。他需要供应鞋子、衣服和布匹,骡子或其他役畜,以代替人肩挑背负的繁重劳动,还要200具胸甲,100条火绳枪和100张弩。很明显,这一殖民地已有了它所能雇用的所有工匠,但由于希望在锡瓦奥找到一个金矿,哥伦布要求在埃斯特雷马杜拉征募一些熟练矿工并在下一船派遣前来。还送回了一些加勒比人俘虏,以便把他们转变成基督教徒和翻译人员,他们之中有些人似曾存活了下来。

费迪南德和伊莎贝拉显然对这一目标明确、态度坦诚的报告很高兴,因为他们发布命令:统帅需要的一切都必须提供,他提出的建议都必须做好;他们只对备忘录的第一段表示反对,在这段中统帅报告了哥尔瓦兰和奥赫达的探险;他们令人记道:"陛下为此深深感谢上帝,他们认为,统帅在此所做过和正在做的,是一种极其非凡的服务,因为陛下意识到,对他们在此已有的与今后将要有的一切,首先要感激上帝,其次就要感激统帅。又由于陛下关于这事正在写信给统帅,叫他详见信中。"①

这封4月13日的信有几句话似乎是假惺惺:"你可以放心,我们考虑到你对我们的良好服务与负责,将要授予你特权、荣誉和你的伟大服务所需要的与应得的提升。"② 当哥伦布将这封信编入1502年的《权利书》而重读的时候,一定是相当伤感的,因为非但没有授予他进一步的荣誉并得到提升(因为并未让他进入爵士的任何勋位,或者被封为伯爵或公爵,或者在西班牙授予他一个城堡或庄园),不久以后,双王就虽然不在名义上,而却在事实上剥夺了他已有的荣誉和特

---

① 《文件和研究全集》第1辑第1卷第271页。
② 纳瓦雷特著作第2卷第115—116页及B. F. 斯蒂芬斯著《哥伦布本人的权利书》第165页中的译文。

第三十一章 锡瓦奥

权,直到他几乎和过去一样毫无特权可言而终其一生。

双王的信件中有一点一定使哥伦布感到高兴,这就是——准许遣回贝尔纳尔·德·皮萨。这个人是王室指派计算黄金数量的会计或审计员,一开始就给哥伦布添了不少麻烦。托雷斯出航后不久,就在下锚处的浮筒中发现了一个文件,在这个文件中充满了皮萨反对统帅的错误指控,概述了他夺取几条轻快帆船回西班牙去的计划。哥伦布把他抓了起来,而且为了更好地预防,把所有的武器和最重要的装备,都安放在由他的弟弟堂·迭戈指挥的旗舰上,在做了这些以后,他就准备派遣一支远征队进入锡瓦奥。

1494年3月12日,统帅亲自率领一支武装远征队从伊莎贝拉出发向南进军。奥赫达的跋涉仅仅是一次勘察,而统帅这次进军则重要得多。这是征服者使西班牙在新大陆的历史显得如此耀武扬威的那些陆上进军的头一次。这一次深入锡瓦奥的进军历时虽短,却树立了榜样,以后巴斯科·努涅斯·德·巴尔沃亚、科尔特斯、皮萨罗、科罗纳多、德·索托、奥雷利亚纳以及其他无数人都跟着不停止他们的努力,直到北纬40度和南纬30度之间的美洲大陆所有可能走的海峡或通道都走遍了为止。

所有不需要驻守在伊莎贝拉的强壮的基督徒都带去了。为了护卫,统帅带有弓箭手、骑兵以及由刀、剑与火绳枪所武装起来的步行的贵族骑士。就工匠来说,带有木匠、伐木人、泥瓦工和修沟渠者,他们都带有适于开采金子和建立营寨的工具和器械。在军事结构方面,1494年3月12日卡斯蒂利亚人首次编列成长长的骑兵队伍,军旗飘扬,战号齐鸣,便从伊莎贝拉出发了。他们徒涉了巴哈沃尼科河,经过了一个覆盖浓密灌木丛林的干旱平原,当晚在北科迪勒拉山下宿营。该山脉锯齿状的尖削山峰高出海平面2 500英尺左右。派了一群贵族骑士和工匠在前面加宽奥赫达曾走过的印第安小道。在一次使人透不过气来的爬行后,到达了一个山口,哥伦布根据小道修筑者将其命名伊达尔戈山口，意即贵族骑士山口。这条狭窄的道路忽然转向东方，通过北科迪勒拉山脉的一个裂口，经过了为大棕榈和桃花心木所荫盖的一个冷泉，一个宽阔、肥沃的谷地就完全展现在眼前了。① 拉斯·卡萨斯在描述这一从蒙特·克里斯蒂到萨马纳湾、走向清楚的宽广谷地

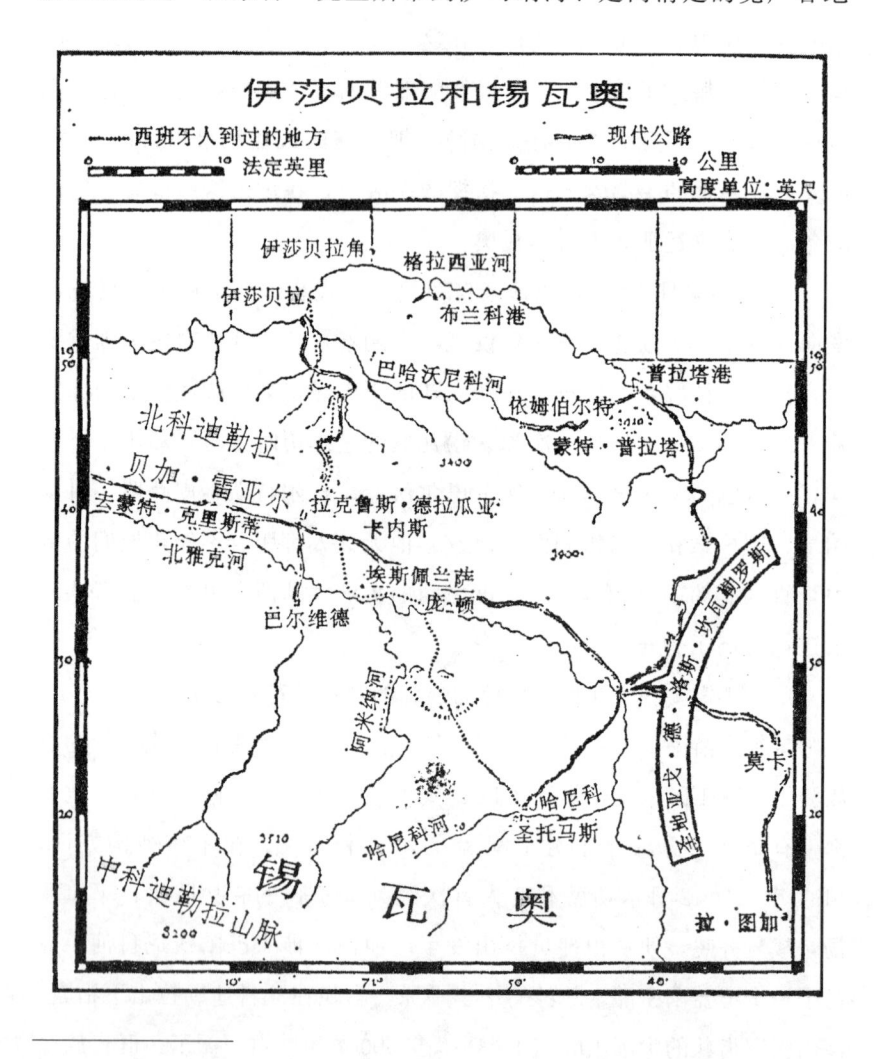

---

① T. S. 赫内肯的信件，赫内肯 1847 年曾为华盛顿·欧文探查过奥赫达的路线。信件收在后者的《哥伦布的生平与航海》第 6 册第 9 章中。哈佛大学哥伦布远征队的小阿伯特·哈克内斯先生于 1940 年重新探查了这条路线，并且发现赫内肯的观察是正确的。的确，多米尼加共和国所有的历史学家也都认为如此。

时，一点也没有夸张：作为"世界上最值得赞美的事物之一……一个应该引起对造物主的祝福和无限感激之情的地方……如此的完美、雅致和美丽……空气如此清新，树木如此苍翠，地势如此开阔，真是丰富多彩，美妙异常，致使他们一经见到，就感到恍如置身伊甸乐园……而深深为此所感动了的统帅，则对上苍深深感谢，并把这片土地命名为贝加雷亚尔，意思就是王家平原"。① 我自己首次看到这个贝加雷亚尔，正值可可树开粉红色花的季节，这是我在经由哥伦布的航线做长期漫游中所见到的最令人难忘的景色之一。

在贵族骑士们下山时，他们发现这里土地和气候与干旱海岸大不相同的土地和气候之中，肥沃的黑土，高大的丝光木棉树、桃花心木和乌檀等，都具有闪光、浓绿的叶子，许多流水的小溪，光彩夺目的大群鹦鹉在树上向着他们高声大叫，还有一些鸟儿像卡斯蒂利亚的夜莺一样唱着悦耳的歌。当他们接近雅克河时，经过了棕榈叶盖顶小屋组成的一些土著人村庄。在此头人们带来了食品与金沙等礼物走了出来。献金沙是从奥赫达学到的，金沙是基督徒们所最喜爱的。奥赫达为统帅接受这些礼物做了充分的准备。西班牙人走进了这些棚屋，擅自取用所喜欢的一切，"物主们都很高兴"。他们随之也试图扒窃卡斯蒂利亚人装备的小东西，但是西班牙人立即用郑重的语气告诉他们，在卡斯蒂利亚没有这些共产的习惯。拉斯·卡萨斯不得不慨叹，土著人具有的完美品质，原本可以成为基督教徒，而且，"如果我们基督徒像我们所该做的行事的话，原本就该具备所有这些德行"（因为有了对真神上帝的认识，就该有德行）。

整个的河谷是一个大花园。在抵达了北雅克河（他们发现有埃布罗河或瓜达基维尔河那样大）以后，哥伦布并没有认为它就是在第一

---

① 拉斯·卡萨斯著《历史》第 90 章（1927 年，第 1 卷第 375 页）。

次西航中曾探测过其河口的奥罗河,而把它叫作卡尼亚斯河,这是依据沿其河岸成排的藤丛而命名的。他们在那里宿营一宵,每个人都很高兴终于找到了这样一块富饶可爱的地方可以沐浴游泳。奥赫达带领他们沿河而上,到了一个地点,现仍恰如其分地叫作庞顿。印第安人大都惯于在此渡河,此地的水太深,除骑兵外,任何人都不能徒涉,有些人用独木舟或木筏过河,其他的人则游泳过去。库内奥写道,"那些不会游泳的人则由两个印第安人带着他们游,同样,出于友谊,给了他们少量零碎物品,把我们的衣服、武器和需要带过去的一切物品都放在头顶上带了过去。"

渡河以后,这一小支军队向南朝着河谷的另一谷壁前进,这一谷壁就是崎岖不平的中科迪勒拉山脉,亦即奥赫达报告发现了黄金的地方。河谷这一边的土著人,无疑是由于受了滑膛枪频繁发射的惊吓,在西班牙人到来之前就逃走了,撇下了他们的没有价值的用棍棒搭成的小屋,对此统帅命令必须加以尊重。那里的土地仍然富饶肥沃,许多小溪流过这里,但是库内奥说,军队中没有人自己设法去找一块金块或者淘出任何金沙。当他们抵达一条相当大的河流哈尼科河时,哥伦布决定是号召暂停前进的时候了,这里大概也就是上个月奥赫达探测所达到的极限。

高高的位于今天哈尼科河西南丘陵之上的是一小组棚屋,它在多米尼加共和国的官方地图上标有福塔雷萨这一骄傲的名字,标明了欧洲人在美洲树立的第一个内陆营寨的地址。在这一小庄园两三百码之外,是哈尼科河的一个河湾,在河湾以内,大概100码远,有一块平地,其外耸立了一个用于放牧的小平顶山,无可怀疑,这是哥伦布建立的圣托马斯堡垒的地方。① 之所以这样命名,是对一个疑心重的贵

---

① 耶稣有个门徒叫托马斯,他不肯轻信基督复活的说法,从此人们把不轻信的托马斯指那种多疑好问的人。——译者

第三十一章 锡瓦奥

族骑士而做的快活的申斥,这个人在他实际摸到金子以前,一直拒绝相信伊斯帕尼奥拉岛会出产黄金。①

现在是星期天（3月16日）,哥伦布为营寨拟订了计划,视察了工程的开始,然后留下50多人在莫森·佩德罗·马加里特率领下挖掘壕沟建立木栅并驻守这一营寨。还把许多马匹交给马加里特,这是因为印第安人非常害怕马,在有马的地方,他们甚至不敢进入房子,这对西班牙骑士是一大烦恼,因为他们非得自己做马夫不可。哥伦布计划这一营寨不仅是驻守人员的掩蔽处与防护物,而且也是在锡瓦奥采矿工作的中心。他现已认识到,这个地方不是希潘戈（日本国）,而是土名的中科迪勒拉山,山上的岩石和沙砾是岛上最大的黄金矿藏。哥伦布在停留的那5天中间,胡安·德·卢克森被派深入山中并且被告知有更多的金子。与此同时,许多印第安人访问了圣托马斯堡。他们成群来看望基督徒们的"伟大的主",正如他们称呼他一样。印第安人情真意切,硬要哥伦布及其部下接受食物和金块。公家大约收集到了价值25 000卡斯特亚诺左右的金子,包括一块重24卡斯特亚诺的金块。据米凯莱·德·库内奥记载:"除上述交易以外……也有秘密的交易,违反了法规和我们的协议,价值1 000卡斯特亚诺。""正如你们所已知的,魔鬼使你做错事,然后又使之被发现。此外,只要西班牙是西班牙,叛徒就从来不会缺少。一个进行蒙骗,几乎其他人都会进行蒙骗。而无论谁被抓住,都会被重重地抽打。有些人被割掉了耳朵,有些人被割掉了鼻子,真是惨不忍睹,十分可怜。"②

3月21日再向北行进,天气变得潮湿,河流都涨了水,存粮也耗尽了,因而贵族骑士和普通人中有许多人首次吃了他们不愿吃的木

---

① 赫内肯1847年发现营寨的壕沟"进口和每侧下河的暗道仍然很完整"。其遗址与拉斯·卡萨斯在《历史》第91章（1927年,第1卷第379页）所描述的完全相符。这些工程此后由于反复犁耕而消失了。

② 《文件和研究全集》第3辑第2卷第99页。

薯粉面包和薯蓣属植物的膳食。库内奥写道："在这次旅行中，在去、留和返回之间，我们度过了29天，天气严酷，饮食恶劣。不过，由于妄想得到金子，我们全都意志坚强，精力充沛。"① 又渡过了雅克河，再次经由伊达尔戈山口，3月29日，虽然军容不像离开时那样整洁，在军号和枪击声中，队伍又齐步进入了伊莎贝拉。

在他们去的时候，庄稼种得很好，甜瓜和黄瓜已经成熟，第二天首批麦穗即将收割，甘蔗苗和葡萄藤等也长势良好。

然而，在伊莎贝拉士气很低，许多留下来的病号死亡了，西班牙人最后的存粮、酒和硬饼干几乎都吃光了，而每个人都渴望回西班牙去。哥伦布抵达后第二天，即4月1日，从圣托马斯堡马加利特处来的一个信使讲，在得知卡奥纳波酋长（著名的纳维达德驻防人员的屠杀者）将要进攻的消息后，那些友好的印第安人都逃走了。于是哥伦布派遣70个人，带了食物和弹药去帮助马加利特防守圣托马斯的营寨。

从《托雷斯备忘录》的字里行间看来，似乎直到3月初，伊莎贝拉还是一个用枝条搭成的棚屋组成的殖民区。根据库内奥，其中200栋"小得像我们的狩猎用的小屋，用茅草盖顶"。哥伦布渴望在下次船队从西班牙来到前后使伊莎贝拉成为一个有城墙的正式市镇，具有集市场所、教堂、营寨、石墙房屋以及总督的官邸。他甚至还着手一次更有雄心的工作：开一条运河直通巴哈沃尼科河，这既是为了使殖民区有比所能取得的井水更好的供水，也是为了提供磨坊以动力来源。工人和工匠患病的极多，致使必须选派贵族骑士担任卑下的工作，这就引起了他们极大的愤怒，但哥伦布则以严厉的及残酷的（如受处分者所声称的）惩罚来强制执行他的命令。归根结底，这些人不是来做挖沟者和当砖石工的，而是来发财的；现在他们除了在锡瓦奥进军时，

---

① 《文件和研究全集》第3辑第2卷第99页。但他们离去仅仅17天。

不正当地取得黄金外，还没有哪个有任何掠夺物来表明他3个月海上航行与3个月陆上勘察有了成绩。因此，统帅及其手下职员是否能够在救援船来临前掌握住这七八百人，还是个问题。

哥伦布想到了一个巧妙主意：派遣400人包括强壮的小伙子和制造纠纷者，在阿隆索·德·奥赫达的指挥下，到圣托马斯营寨去。在那里，奥赫达会使马加利特得到宽慰，从而把大部分力量用于探测远征和在野外生活。哥伦布估计，这样做可以解决几个问题：使人们保持忙碌，使自己腾出两手；使他们习惯于本地食物，解除难于控制的马加利特的驻防任务以及得到关于伊斯帕尼奥拉岛更多的信息。奥赫达在勘察和探测两方面都干得很卖力而又谨慎小心，哥伦布对他很信赖，但奥赫达感到自己身上似乎是压上了巨大困难的担子。

这个第二次远征队于4月9日离开伊莎贝拉，经由伊达尔戈山口进入贝加·雷亚尔，然后来到一个印第安人大村庄庞顿，即雅克河上的那个徒涉点。在此奥赫达的一个轻率的行动，破坏了与土人们之间的和平，这一和平局面是这次航行中迄今都得以维持的。当听说从圣托马斯回到沿海，3个西班牙人的衣服被带着过河的土著人抢去、而庞顿的酋长又加以占用时，奥赫达割掉酋长手下一个人的耳朵，并且把头目及其兄弟与侄子都套上镣铐由警卫护送到伊莎贝拉。拉斯·卡萨斯写道："这是以自视甚高的错误意图去执行审判所做出来的第一件不公正的事，这是在印度群岛犯下的迫害印第安人的罪行。流血开始了。从此以后这些岛上就一直在大量流血。"[①] 然而，由于自己的表现，统帅也分担了奥赫达的罪责。因为他根据后者无根据的断言判处了该首领及其两个亲属在伊莎贝拉的广场上斩首。这仅仅是由于土著人偷了几件旧衣服，而土著人则经常给西班牙人以他们所有的一切。幸亏替统帅办过事的另一个酋长陪着囚犯为他们求情，他泪流满

---

① 拉斯·卡萨斯著《历史》第93章（1927年，第1卷第388页）。

面的请求说服了哥伦布，释放了这些准备处死的受害者，但这件事已经造成了不可弥补的损伤。尽管纳维达德营地消失了，在两次向内地的进军中凑巧也发生了多次摩擦，但西班牙人和印第安人之间的关系，还是表明了一方有以带有优越感表示关心的仁慈，另一方则有讨好愿望的特征。如果哥伦布能继续掌握住他的人，没有理由说这种关系为何不能长久持续下去。旧衣服事件是第一次的爆发，而在不久之后，一个铁器时代就随着"黄金时代"来到了，这个"黄金时代"是彼得·马蒂尔根据统帅对第一次航行的叙述所做出的推断。

哥伦布现在决定，已是他重新开始海洋发现的一类工作的时候了。如果锡瓦奥不等于希潘戈，很可能是示巴，那个著名的女王就是从那里来的。锡拉西奥在他关于第二次航行的信中已讲得很多，而哥伦布把《诗篇》第71章10节包括在他的《预言书》中这一事实又表明，他也是这样想的。① 伊斯帕尼奥拉当然是个大岛，所有土著人都承认这一点。不再迟延去发现亚洲大陆并在救援船来到时有些东西上报，则是明智的，所以，在指定了一个委员会，包括担任主席的他的弟弟堂迭戈和教士布伊尔、船长科罗内尔、阿隆索·桑切斯·德·卡瓦哈尔与胡安·德·卢克森等一起，在他离开时治理这个岛屿后，哥伦布就从"玛利亚·加朗特"号上的军火库重新装备了3条轻快帆船，于4月24日又出海航行了。

---

① 见本章前的诗句。不过，彼得·马蒂尔说，统帅确认伊斯帕尼奥拉岛即《圣经·列王纪第三》中的俄斐。1495年8月9日信件，在《文件和研究全集》第3辑第2卷第48页。参见《新大陆》第1卷第1篇第3章和加法里尔的法文译注（巴黎，1907年，第37页）。这一牵强附会的比拟很难消失，甚至奥尔特利叶斯在他的一幅地图里也把海地岛叫作俄斐。

第三十二章　古巴和牙买加

1494 年 4 月 24 日—5 月 14 日

> "有人服事我，就当跟从我，我在哪里，服事我的人，也要在哪里。"
>
> ——《圣经·约翰福音》，第 12 章，26 节

哥伦布把殖民区的所有事情都安排得自己满意以后，便带了 3 条帆船从伊莎贝拉出发去"探测印度大陆"。他是早在 16 个月以前离开了古巴的，那时他与其说是希望不如说是相信它是亚洲的一个半岛。现在的想法就是遵循它的海岸直到其大陆特征得到肯定的证明为止，如果可能的话，还想与心情难测的大汗接触。[①]

哥伦布把久经考验的"尼尼亚"号作为旗舰，现在他已是该船的半个船主了。其他两条船是"圣胡安"号和"卡德拉"号，他也可能拥有它们的一半股份。这两条船是原先船队中的葡萄牙式三角帆船，哥伦布选来用作沿岸探测船。"尼尼亚"号的吨位大约为 60 吨，而库内奥说"圣胡安"号和"卡德拉"号都要"小得多"，根据船员的人数判断，它们每条载重都在 40 吨以下。"尼尼亚"号由尼尼奥家族的弗朗西斯科·尼尼奥领航，它原来属他所有。帕洛斯的阿隆索·梅德

[①] 我们关于第二次西航这一部分的资料，不论是昌卡医生的还是锡拉西奥伴随哥伦布在伊莎贝拉以外的资料，大多是间接的。幸亏米凯莱·德·库内奥为此在他的信中提供了有重大价值的段落（《文件和研究全集》第 3 辑第 2 卷第 103—107 页）。彼得·马蒂尔的《新大陆》（1511 年）第 1 卷第 3 篇（1555 年伊登译本，收入 E. 阿尔伯编《关于美洲的最初三部英文书籍》）中，有一些有主见的原始资料，但也有打破这一连贯故事文学效果的倾向，对地理学的正确性也有若干损害。我们主要的资料来源是 1856 年出版的安德烈斯·贝尔纳德斯的《教皇史》。

尔在航行中作为船长，制图员胡安·德·拉科萨在船上充当一等水手，水手长是第一次航行中的前财务管理员佩德罗·德·特雷罗斯，在途中提升为一名指挥。迭戈·特里斯坦也内定擢升了职务，另一位塞维利亚贵族则作为志愿人员服役，有16位能干的水手和缆索工，其中两人是热那亚人，一个是威尼斯人，其余大多来自帕洛斯及其邻近地区，另外还有一个给统帅做事的仆人和一名书记，总数为25人。"圣胡安"号有阿隆索·佩雷斯·罗尔丹作为船长，有一个舵手和水手长、7个一等水手（其中一个为制桶工人）和5个缆索工，除一个葡萄牙人外，全都是卡斯蒂利亚人，全体船员一共15人。"卡德拉"号的船长是帕洛斯的克里斯托瓦尔·佩雷斯，它带有一个名叫费尔内因的热那亚人水手长、7个一等水手和5个缆索工，一个是热那亚人，其他的则为卡斯蒂利亚人，总计14人。整个名册包括5个已知在船上但未在名单提到的人在内，总共达到60人左右。①

1494年4月24日船队从伊莎贝拉起航。这是在大安的列斯群岛航行的一个最好的季节，这时白天可望信风劲吹，而从半夜一直到上午又可望有轻风离陆而来。这一季节还没有飑、飓风或者过于炎热的危险。但是这次航行在炎夏里沿着炎热的海岸拖长了时间，而船只还必须在多风暴的8月和9月里逆着风赶回去。

在访问了克里斯蒂山和瓜卡纳加利悄悄溜开的纳维达德旧地后，船队在托尔图加海峡感到因无风而停止不动，在三河镇以外停泊了一个晚上，然后在4月28日抵达伊斯帕尼奥拉岛西北端的圣尼古拉斯港，从这里正好可以望见，在其西北西面仅有45英里的古巴。② 只要一天

---

① 这个名单载在纳瓦雷特《航海和发现文集》第2卷第143—149页刊印的文件中。没有算人的5个人是举行弥撒的修士库内奥、帕布洛·马丁（《哥伦布诉讼案卷》第2卷第26页）和瓜卡纳加利一起留在海地的米格尔·德·托罗（前引书第1卷第415页）和泰诺人翻译迭戈·哥伦等。贾斯廷·温梭（《哥伦布》第296页）说，在费尔南德斯·杜罗的《哥伦布与平松》提出的总数为80人，但杜罗提到的只51人。库内奥说总数是"98个好人和病人"应该是一种夸大之词。

② 费迪南德和拉斯·卡萨斯都说是在4月29日，但是，除非船队仅在清晨接触一下那里，就又继续越过向风海峡，则应为28日之误。他们一定是在29日抵达古巴，在30日抵达关塔那摩湾的。

不费力的航行就可经过向风海峡到达古巴最东端的迈西角。在第一次西航中，哥伦布曾把这个角命名为阿尔法和奥米加角，但贝尔纳德斯也许是鉴于统帅对希腊文不够精通，就把它叫作 Cabo de Alfa et o[①]。

在迈西角，可能是珊瑚礁断了口的现名平特多的地点，哥伦布上了岸，竖立了一个顶端有一十字架的圆柱，表示西班牙双王对胡安纳（他曾称古巴为胡安纳）的正式占领。[②] 在第一次航行中，他已在关塔那摩和其他古巴港口这样做过。但是，毫无疑问，他希望在他认为是亚洲大陆起点的这个角重申西班牙的统治。安德烈斯·贝尔纳德斯说道："因为你们必须知道，这是大地终端的岬角，相当于西方世界葡萄牙的圣维森提角，在这两个岬角之间，包含了世界全部居民。如果有人要从圣维森提角从陆上前进，就必须总是向东而不穿过世界大洋的任何部分，直到抵达阿尔法奥米加角，而在上帝帮助下，从阿尔法奥米加角出发，循着相反的路线，也可以从旱路到达圣维森提角。"在许多年以后，才有人得以纠正这一错误。

在正式宣告西班牙的统治后，库内奥说统帅召集高级船员和贵族骑士探险家开会"讨论我们应该转向哪条路"，是走已经探测过 150 英里的北岸，还是走未曾探明的南岸呢？如果可以证明古巴是像哥伦布所希望和祈祷的那样是亚洲的一个半岛，南北两岸就都应该探测，但南岸得到全体一致的赞成，不是因为它是那个未知的大陆，而是由于当时的一个典型的理由，"因为如果那里有什么好处的话，就是在南方，而不是在北方。"这是当时正统的地理理论，因此，在黑夜里，时而离开陆地，时而转向陆地，于 4 月 30 日早晨把陆地留在右侧，开始去探测古巴的南海岸了。

---

① 在贝尔纳德斯印刷本中拼为 Cavode Alfaeto，在费迪南德意大利文译本中（第 1 卷第 363 页）进一步讹为 Capoforte。哥伦布无疑像在教堂赞美歌中把它读为 Alphaeto 的。

② 贝尔纳德斯说"puso alli colunas de cruce"，表明他在西班牙先已准备好了一根顶部有一十字架的石柱，就像葡萄牙人在非洲沿海建立的作为统治标记的标柱一样。

从统帅曾在第一次航行中瞥见过的高耸的尼格拉角西南 8 英里处开始，他又开始进行了新的发现。这岩石围绕的海岸由一列石灰岩阶地组成，背靠一高达 4 000 英尺的锯齿形岭脊，由此差不多是以一条直线向西偏南方向绵延 50 英里。奥连特省的这一南海岸，虽然山势崎岖，风景如画，但比起北岸来却较少引人入胜。北岸群山凝结了信风中的大部分水汽，而南岸则较为干燥，很少有棕榈树小林和繁茂的植被以及小河口港湾，比北岸的那些迷人景色差远了。这一带的植被是植物学家叫作旱生植物的那种植被，有无数种的龙舌兰、仙人掌和豆科的树木，它们可以保持水分，但在一年的春季里，还是有足够的水汽给予陆风以万物生长中的芬芳气息。①当船队西航时，贝尔纳德斯写道："有一种很美妙的气味飘向海上。"当我们在"玛丽·奥蒂斯"号中遵循哥伦布的路线在 1940 年 6 月 20 日清晨值班时，也有仙人掌花和海葡萄的同样香味夹杂着木炭燃烧的烟味来到我们面前，这不由得不在人们的记忆里闪现起诗人何塞-玛利亚·德·埃雷迪亚的佳作十四行诗，当时，吹拂在法国布列塔尼海岸的荆豆和野蔷薇的一阵香风，使他回想起了祖国古巴的秀丽风光。

除非是在大自然与古代希腊人的记忆中不可分割的爱琴海，就没有其他的海岸比得上哥伦布首次揭示给西方世界的岛群了。蔚蓝鲜绿和乳白等各种颜色的海水，这个乱石穿空、惊涛拍岸的海岸线披上了热带绿装的山坡，温带所不知晓的五彩缤纷、鲜花怒放的树木：所有这些，不论是在浸泡在灼热的阳光里的夏季正午，或是在风狂雨骤的热带风暴中，还是在暗香浮动的春夜里，简直都大大激发了航海家哥伦布对美的享受而感到心旷神怡。

距离尼格拉角 50 英里，哥伦布船队在快 4 月底进入了一个海港，

---

① J. P. 卡拉维亚著《古巴植物区系简述》，载《社会主义古巴自然史论文集》第 14 卷（1940年）第 45—50 页。

人们描述它"形如镰刀,防浪岬角环抱,港阔水深"。这个哥伦布命名为格兰德港的海港,就是关塔那摩湾,在海上就可望见镰刀的尖端,美国在此建立了其最重要海军基地之一。这个港口在胡安·德·拉科萨的地图上表示得很清楚,不过,西班牙人当时只看见两座茅屋,而不是他们在这么大的港湾里所希望发现的一个大居民区。上岸后,他们发现了大量的鱼、几只硬毛鼠以及两条大鬣蜥正在露天里放在炙叉上烧烤,有一只哑犬警卫大鬣蜥,西班牙人认为是他们从未见过的最丑陋、最使人作呕的动物。另外有几条大鬣蜥,都被"和猴子一样用绳子捆绑着"等待烹调。彼得·马蒂尔在叙述中认为这些无害的、可食用的爬行动物必定是鳄鱼,也是埃及与古巴之间有陆地相连的另一个证据!

在自行吃了一顿很好的鱼餐后,在旗舰小船上的西班牙人就开始去搜寻居民。在一丘陵的顶部出现了一群一丝不挂的印第安人,他们做出友好的姿态。哥伦布的翻译迪戈·科隆发现自己完全可以听懂他们的语言。通过他,土著人告诉统帅,他们奉酋长之命正在进行一次渔猎的远征,酋长为了款待一个来访的权贵,已准备了一顿丰盛的筵席,而为了防止腐烂,这些鱼就必须烹熟或熏好。哥伦布拿出少量的铃铛和其他小物品和印第安人交换鱼。印第安人很乐意这样做,他们晚上可以捉到更多的鱼。然而使印第安人大为安慰的则是,鬣蜥没有被拿走,由于它们难以捕到,如果未能为酋长提供他预期的"时兴菜",就会使猎手们为难。烧熟的鬣蜥是一种美味的肉食,就像在西印度群岛打破常规的旅行者所可能确认的那样。但是,西班牙人当时并没有像第一次吃牡蛎的英雄那样勇敢。

在5月某日拂晓,船队在陆风吹送下离开了关塔那摩湾,向西航行在覆盖果囊马尾藻的水域。① 他们一直靠着海岸走,因为奥连特省

---

① 费迪南德著作第1卷第303页。拉斯·卡萨斯著《历史》第14章(1927年,第1卷第391页)。

这一部分的南岸倾斜很急，通常 100 英寻等深线离岸只有一条大船的长度。今天海岸的这一部分已很难找到一个茅舍或空旷地以打破马埃斯特腊山多树的陡峭山坡的单调了，但在 1494 年哥伦布航行时，老幼成群的印第安人聚集在水边或坐独木舟划出来向西班牙人提供木薯粉食品和装满了水的葫芦，用他们的语言叫喊："吃吧！喝吧！从天上来的人！"统帅有礼貌地接受这些简单的礼物，但命令船员用适当的小商品补偿他们。

船队在距关塔那摩湾 40 英里处发现了马埃特斯腊山脉的一个缺口，在峭壁之间有一条宽仅 180 码的水道，通往古巴的圣地亚哥湾。在此"有无数的村庄，其土地和田园好像是世界上最美丽的一座花园，而且所有的土地地势都高，并且崎岖不平。他们在湾内下碇，附近的人就立刻来到，并给他们带来了面包、水和鱼"。① 这就是印第安人的巴加蒂基里村。这一地点对贸易和农耕是如此有利，致使迭戈·德·贝拉斯克斯在 1514 年选它作为古巴第二个城市——圣地亚哥。这里的印第安人没有黄金，但他们告诉了米凯莱·德·库内奥一个很好的野营烤鱼的方法：只要劈开一根木柴，将鱼放在裂口中间，把柴架在两块石上放平，然后在下面点火即成；如果是放在湿柴之中，柴烧完时鱼也就烧好了。

5 月 2 日拂晓船队开航，"尼尼亚"号、"圣胡安"号和"卡德拉"号三条船探测了这个岩石围绕的海岸。

1898 年 7 月 30 日海军上将塞韦拉的舰队曾在这里搁浅。那天黄昏前后，料想在强风劲吹下，哥伦布船队再向西走了 50 英里，离开了图尔基诺角②。这就是统帅同姓名的巡洋舰"克里斯托弗·哥伦布"号——塞韦拉的最后一个海军中队在此投降，从而结束了它的勇

---

① 贝尔纳德斯语。不同的古巴史声称哥伦布把此海湾名之为雷港，但我未能在哥伦布的资料来源中找到提及任何名字的地方。这一海湾已描绘在拉科萨的地图上，但未命名。

② 图尔基诺角大概就是在拉科萨的地图上名为 c de sprit（圣灵角）的地方。

敢绝望的战斗，给西班牙在美洲的统治史，书写了最后的可怕的判决书的地方。

哥伦布料想到海岸特征没有什么变化，便使其船队通宵西航，于5月3日（星期六），亦即发现钉死耶稣的真十字架的日子，抵达了突出的一个岬角。他名之为克鲁斯角。这是哥伦布在古巴命名而又一直保留至今的仅有的一个地名。

绕过克鲁斯角，古巴海岸就转向了东北方。看来这是哥伦布离开这里而到牙买加去进行一次访问的明显理由。在圣地亚哥，印第安人已把这一重要岛屿告诉了他。根据库内奥，印第安人对它的命名是正确的，但宣称它是"使人有福的黄金"的源地则是不正确的。哥伦布现在认为他终于找对头了，就要找到第一次航行中巴哈马印第安人称之为巴韦克的难以捉摸的黄金岛了，巴韦克（Babeque）和牙买加（Jameque）两者的发音大致是一样的。

5月3日（星期五）的下午，船队取南东略偏南的航线前往牙买加。这条路线如果一直走的话，就会离开该岛东端。事实上，他们在航行48小时①之后，开到该岛北岸中部看见陆地的，照直线估计，距离克鲁斯角95英里。库内奥记载到那几天天气很恶劣，大部分时间里船队都不张帆。无疑，在顺风行驶后，袭击他们的一次强劲的东北信风使得这些轻快帆船必须顶风停泊，以免统统被刮到牙买加的背风一侧去。在停泊时，旗舰上所有的人手都下舱去进行非常必要的休息，而统帅则和平常一样，首先出现在甲板上，一注意到天气好转，就自己动手操帆，以免惊动疲惫不堪的同船水手。

5月5日牙买加在夕阳照耀下屹立在海上，苍茫而暗绿。船队驶向圣安港，哥伦布曾名之为圣格洛利亚，这是"由于它的土地极

---

① 费迪南德著作第54章（第1卷第304页）。拉斯·卡萨斯著《历史》第94章（1927年，第1卷第392页）。

其优美"。贝尔纳德斯把统帅对牙买加的充分证明了的热情传达给了我们：

> 它是肉眼曾经见到的一个最美丽的大岛。山岭和土地似与天接，很大，比西西里岛还大，周围长800里格（我意指的是英里），①全都布满着谷地田野和平原。它实力雄厚，人口众多，甚至海边也和内地一样，布满了很大的村庄。它们彼此靠得很近，相距在4里格左右。在这些地方有比其他地方更多的独木舟。最大的独木舟我们还从未见过，都是用一根树干制成的，而且每个酋长自己各有一只大独木舟，在舟中他们和卡斯蒂利亚绅士拥有一只美丽的大船一样，认为非常神气。他们的独木舟的船头船尾都进行了雕刻和绘画，还有一些装饰，所以这些船都极其漂亮。统帅量过其中的一条船，长96英尺、宽8英尺。

自从印第安人被消灭以后，人们再也没有造过这样长的独木舟了，但现代牙买加人继承了这种技术，他们用丝光木棉树做成的、可以载15个划船手和相当多的货物的独木舟，是今天加勒比地区最大的独木舟，用沙子压舱和使用一个家制帆，牙买加独木舟在去渔场途中航速可达15海里。

虽然牙买加的印第安人与古巴和伊斯帕尼奥拉的印第安人属于同一的阿拉瓦克语组，并表现了同一的泰诺文化，但他们较为好战，而当哥伦布船队接近海岸时，看来他们像是要打一场海战。哥伦布在派船去测深时，六七十条独木舟满载叫喊和打着手势的战士就从圣安港

---

① 即使贝尔纳德斯或哥伦布指的是罗马里而不是里格，这一距离也是大大地夸张了的。以一系列直线估算，环航牙买加只需要大约400罗马里的航行。

第三十二章 古巴和牙买加

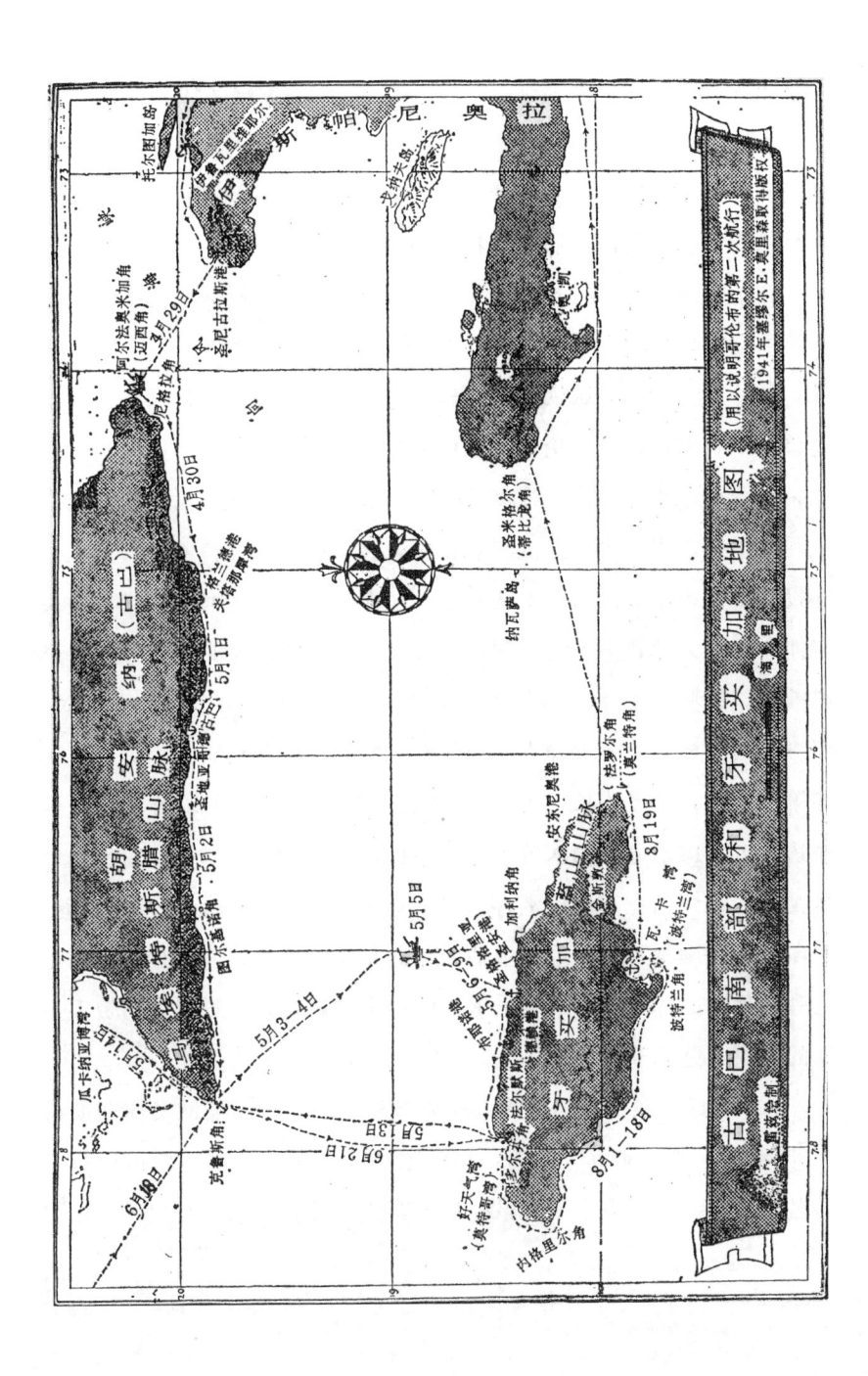

划了出来。哥伦布船队继续平静地航行,以15世纪、16世纪的大炮进行了空弹齐射,驱散了土著人,然后派遣迪戈·科隆乘一小船前去试图安抚他们。他的任务完成得很好,一只独木舟来到了旗舰旁边,并且接受了施舍的旧衣服和以物易物的小商品。

在圣格洛利亚——10年后哥伦布命中注定不光彩地结束第四次西航的地方,他只待了一晚。5月6日哥伦布向西航行了15英里,抵达了一个"形如马蹄铁的"港口,他把它叫作布埃诺港。在牙买加港口中,它因保持了哥伦布所取的名字而享有独一无二的盛誉。① 在此,戴着羽毛头饰和穿着棕榈叶紧身胸衣的印第安人,又一次做出了敌视的举动,当西班牙人试图登陆时,甚至向帆船猛掷木矛,向人们猛投石块。由于船队需要木柴和水,还需一些堵缝的时间,哥伦布决定使印第安人"熟悉卡斯蒂利亚的武器"。通过派遣带有弓弩手的小船前进,这些弓弩手"刺伤他们并杀死一些人"。在幸存者登陆时,西班牙人又放出一条大狗去"咬他们,给以很大的伤害,因为在对抗印第安人时,一条狗抵得上10个人"。② 第二天,6个印第安人来到海边,带有谋求好感的木薯粉、水果、鱼等礼物,统帅有礼貌地予以接受。西班牙人在布埃诺港停留的其余时间里,获得了充足的给养,而印第安人则得到了一些不值钱的小商品。在这里,和在牙买加及古巴其他地方一样,统帅对在土著人服饰中没有发现金饰或任何贵重金属的迹象,感到非常失望。

5月9日,在完成必要的堵缝和修理后,哥伦布船队又向西航行了34英里,到达了好天气湾,现名蒙特哥湾。通常一个海员用这样的名字去冒犯神祇是不顾后果的!当船队正准备停当继续向西的航程

---

① 在第四次西航中,哥伦布将形状相似的德赖港误认为布埃诺港,后者当然就是今天的布埃诺河。德赖港没有一条河流注入,而且附近也没有印第安人的村庄。
② 贝尔纳德斯(简,第1卷第127页)。这是关于欧洲人对付印第安人的策略的首次记述,这种策略后来变得太常见了。

时，在 5 月 13 日天气不合时令地变坏了，因此，在把一个印第安人志愿者带上船，而不管其妻、子哭泣抗议后，哥伦布船队又再次向古巴开航，并于 5 月 14 日抵达了克鲁斯角。①

---

① 胡安·德·拉科萨在他的地图上把牙买加的海岸描绘得相当准确，但他用的名称使人困惑。牙买加利姆学院的 C. S. 科特尔先生和牙买加研究所的 C. 伯纳德·刘易斯先生曾帮助我转译和确认了其中的若干地名。

拉科萨的名词	确认为
descubierto	蓝山
zenebro	安东尼奥港？
falso	加利纳角
P bueno	布埃诺河
malabet	蒙特哥湾？
cnaibet	蒙特哥湾的印第安人村庄
fuentes	这里有许多泉和溪流
C de lleon	多尔芬角

最后一个是卢西亚和威斯特摩兰之间的一个高丘，是一个著名的船只航标。奇怪的是，拉科萨没有收录一个以上的哥伦布所命名的地名。此外，他的头两三个地名必定是来源于几次晚些时候的航行。

第三十三章 女王的花园[①]

1494年5月14日—6月12日

> 你是园中的泉，活水的井，是从黎巴嫩流下来的溪水。
>
> ——《圣经·雅歌》，第4章，15节

哥伦布在克鲁斯角里边不远处发现了印第安人的一个村庄。使他大为惊异的是，那里的人都知道他并希望他来。当地的酋长曾与在第一次航行中遇到过哥伦布的北奥连特省酋长谈过话，他甚至还了解有关皈依基督教的翻译迪戈·科隆的一切。西班牙人对在牙买加受到热情接待后又来到友好的人们中间感到宽慰。

在5月14日，船队沿着古巴海岸向东北驶去，经过巴兰德拉斯海峡进入瓜卡纳亚沃湾。从克鲁斯角走了40英里，在薄暮时，他们看见前面海岸又折向西去，于是绕过海角抄了近路。"翌日日出时，从桅顶望去，看见海面到处都布满了岛屿。这些岛屿长满树木，一片青翠，其美景为所仅见。统帅想要经过南面而把这些岛屿留在右舷，但当回忆起曾听说过这个海全都布满岛屿和约翰·曼德维列爵士曾说在印度群岛有5 000多个岛屿时，统帅就决定继续沿着海岸前进，一直到看到胡安纳的陆地，并搞清楚它是不是一个岛屿。他越前进，就发现了越

[①] 我想在此感谢借给我"堂纳蒂沃"号和"圣克拉拉"号两条巡逻艇来勘测巴塔瓦诺湾的古巴政府，也感谢这几条船上亲切友好的负责人，感谢西恩富戈斯的胡安·塞尔瓦博士、里奥圣胡安的塞尼奥尔·托纳瓦斯先生和哈瓦那的豪厄尔·里伯拉博士，感谢索莱达阿特金斯研究所（哈瓦那大学的热带植物园）的大卫·斯图尔洛克先生，感谢美国驻古巴大使尊敬的乔治·默塞尔史密斯，驻哈瓦那总领事柯尔特·杜波依斯先生。他们全都对我在古巴沿海这一艰难部分的工作，给予了巨大的帮助。

多的岛屿，有一天竟要记下 164 个。上帝经常赐给他好天气，以便在岛屿中间航行。这些船只在这一带水域航行时，其快如飞。"①

虽然旅行者中的谎话大王约翰·曼德维列爵士并不是关于古巴的最好权威，哥伦布还是选择了仔细勘测的循规蹈矩的路线。他将这些岛屿集体命名为哈尔丁·德·拉雷纳即女王花园。这个群岛从瓜卡纳亚沃湾到特里尼达延伸达 150 英里，离古巴南海岸约 20—50 英里。在这里，数以百计的珊瑚礁之间的航道是如此之少，致使我们还能很容易地推想出"尼尼奥"号、"圣胡安"号和"卡德拉"号等船只的航线。5 月 15 日日出时，船队靠近瓜卡纳亚沃湾东北角，见到了组成布埃纳埃斯佩兰萨浅滩的许多珊瑚礁。从这组珊瑚礁与古巴海岸之间向西航行。这些帆船进入了今天叫南圣克鲁斯的市镇附近的群岛，驶经贝尔根丁或者另一条平行的航道，然后经由兰科别霍和平克等航道进入了外侧珊瑚礁链——现名拉韦伦托·德·多塞·莱瓜斯——后面的海湾。当我们于 1940 年在同一水域借助现代海图和当地舵手从事航行时，对哥伦布船队当年得以平安渡过仍然感到是个奇迹，而对贝尔纳德斯所说哥伦布他们飞速穿过这一迷宫曲径也坦率地不敢相信。当船舶用小艇在前面探测一条情况不明的水道时，任何小心谨慎的航行者，一定是频频地抛锚泊船、时而靠岸、时而离岸地缓缓行进的。

1940 年 6 月，困扰我们的每天午后的雷暴在这些水域也同样会使哥伦布遭到麻烦。每天黄昏必定有可怖的乌云从东方升起，带来了一直延续到月出时（当时 5 月 19 日正是满月）的狂风暴雨。② 有时船队在狭窄的航道里被截住，在这里统帅就必须在降帆、冒使船只失去控制而触礁或搁浅的风险，或者继续航行下去、可能损失船具从而触礁或搁浅两者中做出迅速的决断。几条轻快帆船经常接触海底，"尼

---

① 贝尔纳德斯（简，第 1 卷第 131 页），彼得·马蒂尔进一步确定首次见到这些岛屿的日期为 5 月 15 日。
② 费迪南德著作第 55 章（第 1 卷第 312 页）说他在第四次航行中也曾见到同一现象。

130 尼奥"号曾经一度陷在泥里达数小时之久，但没有受到重大的损伤。我们倾向于赞同拉斯·卡萨斯的说法：统帅能逃脱灾难简直是奇迹，或者换言之，哥伦布戒备不懈的关心，使得对航行中每个细节的处理都几乎是超人的。

哥伦布把这一群岛命名为"女王花园"是出于一种忠诚的、讨好的思想，因为在1494年这些珊瑚礁一定是很美丽的，有些已由土著人开垦，其余的也为诸如王棕和葫芦树等漂亮、青翠的树木所覆盖。① 时间对女王花园很不仁慈，该群岛现在是全球外观最使人忧伤、最破破烂烂的群岛，完全不配称之为风光奇特的女王花园。到了本世纪，单调的红树属植物排挤了所有其他的树木或植物，而1932年的一次飓风，又毁坏了当地土壤，连红树属植物也被扼杀了。现在这些珊瑚礁大部分覆盖着光秃直立的残枝，只是在红树重新得到立足点的地方，才有绿色的树丛打破了景色的单调。景观是如此使人伤感，航行是如此艰难，致使我们在"玛丽·奥蒂斯"号中，就像当年哥伦布首先想要做的那样，很乐于转向南方，并在拉韦伦托·德·多塞·莱瓜斯外面，继续我们的古巴沿岸航行。

不过，对于哥伦布和其他许多人来说，女王花园群岛是充满奇事的。他们经常遇到"鲜红色像鹤一样的鸟"。拉斯·卡萨斯根据自己的经验解释说，这些鸟虽然形状、身材与鹤相同，但不是真正的鹤。这些鸟小时候是白色的，但渐变为红色，半长成时，一群鸟看来就像一群赭色的绵羊，而且它们没有咸水就不能生存。他说印第安人把它们当作玩赏的鸟，不用粮食而只用少量木薯粉和一壶盐水来喂养它们。这些奇特的长腿鸟就是火烈鸟。②

---

① 彼得·马蒂尔把这些礁洲之上的一棵树描述为"像我们的榆树一样大"，它结一种果子，土著人用来制造饮水器皿。这种树无疑就是葫芦树 Crescentia cujeta，不是椰子树。正如西班牙文译本脚注所云，椰子树当时尚未越过巴拿马地峡。
② 拉斯·卡萨斯著《历史》第95章（1927年，第1卷第395页）卢克洛·格里康姆博士观察到，奇怪的是，既然与西班牙的火烈鸟（flamenos）是同族，拉斯·卡萨斯竟没有认出它们。

在女王花园群岛后面，船队来到了一条河边，河水是如此之热，以致"人们把手放入水中都简直不能忍受"。沿着这段海岸的几条河，经过浅的泻湖流入海洋，湖水在阳光照射下温度很高，对这一事实只稍稍有些夸张。① 在发现这条河的第二天，西班牙人从他们离开克鲁斯角附近村庄以来首次见到了土著人。这些印第安人乘一独木舟来到，利用一种打猎的鱼（fish hound）来猎捕海龟。他们为高贵的来访者有礼貌地做了演示。领港鱼（Echenis mancrates）② 是一种在头部带有可吸附在鲨鱼上的吸盘的鱼。印第安人捉来小领港鱼，喂养大到足以进行捕猎，当附近有海牛或海龟时，领港鱼的主人就用好言加以激励，然后派遣出去，除了有根绳子系在尾部以外，就像猎人放出猎狗那样。不久，它就把头吸附在猎物身上，渔人用绕线轮的绳子，就把它和猎物都拉上船来了。海牛或海龟一经钓上，就放松猎鱼，客客气气地感谢它，还给它一块猎获物以示酬劳。西班牙人被这一快乐的游戏强烈地吸引住了，印第安猎人还将他们在场时捕到的四条海龟献给他们。读一读彼得·马蒂尔记述这一事件的伊丽莎白时代的译文真是太妙了：

> 现在你们将会听到一种新的捕鱼方法，正如我们和灰猎狗一起追捕平原旷野上的野兔一样。他们也用打猎的鱼钓鱼，我们从不知道这种打猎的鱼的形状或结构，但其体形很像大鳗鲡，在鱼头后部有一块很坚韧的皮肤，好像上面有一囊状物。渔人把这种鱼用绳子系在船侧，放低到鱼可在紧靠同船龙骨或船底伏藏的深度，因为这种鱼决绝可持久见到空气。这样，当渔人发现任何

---

① 小船上溯了两英里的这条河流可能是南圣克鲁斯附近的纳雅萨与特里尼达附近曼纳蒂之间十几条河流之一。

② 领港鱼，俄译本中译为鲫鱼。领港鱼是海洋中一种畸形鱼类。它头部扁平，第一背鳍变态成为一个长圆形吸盘，形状如铅丝网。它的特殊本领是善于设法靠近海龟，乘其不备，用吸盘牢牢地吸附在海龟身上，以便渔人捕捉。——译者

大的鱼、龟时（当时那里海龟极多，比大舷板还要大），他们就终于放开绳子，而它一发现已被放松时，就像箭一样迅速地扑向鱼、龟。在抓住了猎物的地方，就抛出前述的皮囊①，皮囊牢牢地抓住猎物，以致没有人有力气能够松开，除非一点一点地慢慢拉绳子，才能把它拖到水边，因为这时它一看见阳光，就会放松吸附，猎物就这样被拖到了水边，于是立即就有够多的渔人从船上下海去抓住猎物，直到其他同伙将其抓到船上为止。在做了这些工作之后，渔人又放开绳子，其长度足够打猎的鱼可以重新回到其水中的地方去，在此渔人又用另一根绳子放下一块猎物的肉，作为酬劳，就像我们在杀死猎物后，常常酬谢猎狗一样。他们把这种鱼叫作 Guaiacanum，但是我们的人则把它叫作 Reversum。他们给了我们用这种方法捕得的四条海龟，大量的这样大的其他海龟几乎装满了他们的渔船，因为他们把这些鱼、龟视为美味佳肴。②

这些渔民邀请统帅去拜访他们的酋长，而且据说还讲古巴"往西没有尽头"。船队在岛屿中间继续西航，尽量像统帅敢于那样靠近古巴海岸航行。5月20日他们发现了71个新岛，在21日他们偶然发现"一个大岛，在其末端有一大村庄"③。虽然风是顺风，船队可腾出时间来进行调查，但土著人都已逃走，只留下大约40条第一次航

---

① 又名吸盘（sucker）。——译者
② 《新大陆》，或《西印度群岛的历史》（理查德·伊登1555年译本，1612年版）第21—22页，拼法已按现代语言。
③ 贝尔纳德斯（简，第1卷第134页）。根据拉斯·卡萨斯（第1卷第396页），哥伦布把这珊瑚礁命名为圣玛利亚。费迪南德著作第56章（第1卷第312页）把这次访问的日子确定为5月22日。圣玛利亚和现今位于北纬20度11分，西经78度31分的圣玛利亚岛虽然地名相同，可能只不过是一种巧合而已。该珊瑚礁是印第安人一大墓地，这里满是枯骨，致使黑人渔夫在天黑后，在其邻近也不介意。这一带沿岸一直有很多证据证实这里曾有过大量的印第安人。这个有一村庄的大岛当然不是像在某处提到的拉戈岛或者皮诺斯岛，因为哥伦布明确地宣称，他一直是在布满浅滩的水域中航行的。但圣玛利亚岛只有一英里长，我倾向于认为这一印第安人岛屿是外侧岛屿中的卡瓦隆内斯岛，而在第二天看到的则是格兰德岛。

行中提到的不会吠的本地狗在守卫。可能船队上岸追逐印第安人的猎狗被放出来进攻这些可怜的哑狗，因为有几只被杀并被吃掉，这些西班牙人是敢于尝试新肴并宣称烧烤的女王花园哑犬是和卡斯蒂利亚的小山羊肉一样可口的。只有爱挑剔的热那亚人库内奥才说它们"不怎么好吃"。

在访问了另一更大的岛后，船队由博卡格兰德出海以便摆脱那些浅滩。从布雷顿岛起，哥伦布朝着距离似为 14 里格的一些高峻山脉确定了自己的航向。^① "继续西航，统帅到达了一座很高的山附近，那里由于土地肥沃，有许多居民。"这山一定就是在卡西尔达和西恩富戈斯之间的在海岸上高耸的特里尼达山脉，因为在古巴南海岸，只有西恩富戈斯才是高山紧靠大海的最西端。在黑夜快要来临时，船队靠近海岸，发现这里满布浅滩（同样的浅滩使得今日进出卡尔西达仍很困难），这里大概是图纳斯德萨萨西南若干距离的地方。他们在一个使人慵懒的夜晚顶风停船，从陆上飘来的香甜气息使人难忘。第二天早晨他们紧靠海岸航行，然后进入了那里出现的一条沉降的河口，这河大概就是圣胡安河。哥伦布返航时又来到这里，当时命名为马塞斯河。^② 土著人成群聚集起来，带来了面包、硬毛鼠、鸟类以及许多绞棉线。

哥伦布听说古巴这一部分叫作奥尔诺费，在其外面就是马贡（Mágon）。据贝尔纳德斯报道，这里"所有的人都和兽类一样长着尾巴"。在第一次航行时，它是人猴（Man-monkey）居住的哈瓦那省，但现在却是马贡。这一名称使贝尔纳德斯联想到约翰·曼德维列爵士

---

① 我在这里是把彼得·马蒂尔、贝尔纳德斯和库内奥的意见综合在一起。在拉韦伦托·德·多塞·莱瓜斯群岛西端可以见到特里尼达山脉，正如我们在 1940 年所查明的那样。

② 这是我们在"玛丽·奥蒂斯"号船上的结论，也为约利奥·托纳瓦斯爵士所证实。他居住在圣胡安，对从卡尔西达到西恩富戈斯那段海岸了解得很透彻全面。他认为一艘考察船要从向海的方向靠近，就更可能是进入圣胡安河河口，而不是瓜乌拉沃港，因为后者有沙坝使得进入困难。不过，自然，1494 年那里也可能没有沙坝。

所谓长尾巴的人居住的神秘土地莫勒（More）。但对哥伦布来说，马贡这明明就是马可·波罗描述过的蛮子省即中国南部。在以后的年代里，他也经常把古巴当作蛮子省，表明他深信它是亚洲的一个半岛。很可能，哥伦布曾通过翻译询问过有关猿人的事，而从来就急于迎合他的印第安人则热烈赞同他所说的一切。① 印第安人使哥伦布坚信他所要相信的，即古巴的海岸没有尽头，因为关于这个他们什么也不知道；但是他们预告哥伦布，在西面还有无数的岛屿，其间海水很浅，这一情况还是正确的。

在船队沿着特立尼达山脉的陡峭边缘继续航行时，他们看到无数的村庄。人们从村庄中走了出来，带来许多礼物，并且"欢快地歌唱，相信人和船都是来自天国"。翻译迭戈试图劝阻这种想法，并且告诉他们关于卡斯蒂利亚的事，但是"他们相信卡斯蒂利亚就是天国，而国王、女王和这些船上的老爷们都居住在天国"。在圣胡安河西面不远，船队一定是离开了更加向北而不是向西的海岸，因为它们错过了西恩富戈斯所在的哈瓜湾的入口。虽然哥伦布运气很好，但却错过了古巴的两个最大的港湾，它们也是世界最好港湾中的两个港湾：在第一次航行中错过了尼普湾，在第二次航行中则错过了哈瓜湾。② 他们遇到的下一个重要港湾就是猪湾。这个湾呈拇指状伸入陆地15英里左右，因为最初在岬角看不到陆地，在湾口找不到尽头，人们就认为它是古巴和亚洲大陆之间的海峡。但在里面航行时，他们就发现周围都是陆地。海湾的东北岸由于有许多地下河而

---

① 也许我受到了在哈佛大学哥伦布远征队与一个圣布拉斯印第安人舵手谈话的影响，这次谈话是这样进行的：

"前面那里水深足够我们下锚停泊吗？""是！"

"可锚泊地好吗？""是！"

"红腹鸵鸟居住在这个沙洲上吗？""是！是！"

"你是个十足的说谎者吗？""是！是！是！"

② 西恩富戈斯的一些历史学家报道一个传说，说哥伦布曾访问过他们的港湾来取得木柴和淡水。但最初的一些权威则没有提到过他的访问，甚至远远类似哈瓜湾的地方也没有。阿德里安·德尔·巴列《西恩富戈斯的传说与传奇》（哈瓦那，1919年），第68—69页；P. L. 鲁塞奥和 P. 迪亚斯·德·比莱加斯著《西恩富戈斯纪念性描述的历史与传记文学》（哈瓦那，1920年）第37页。

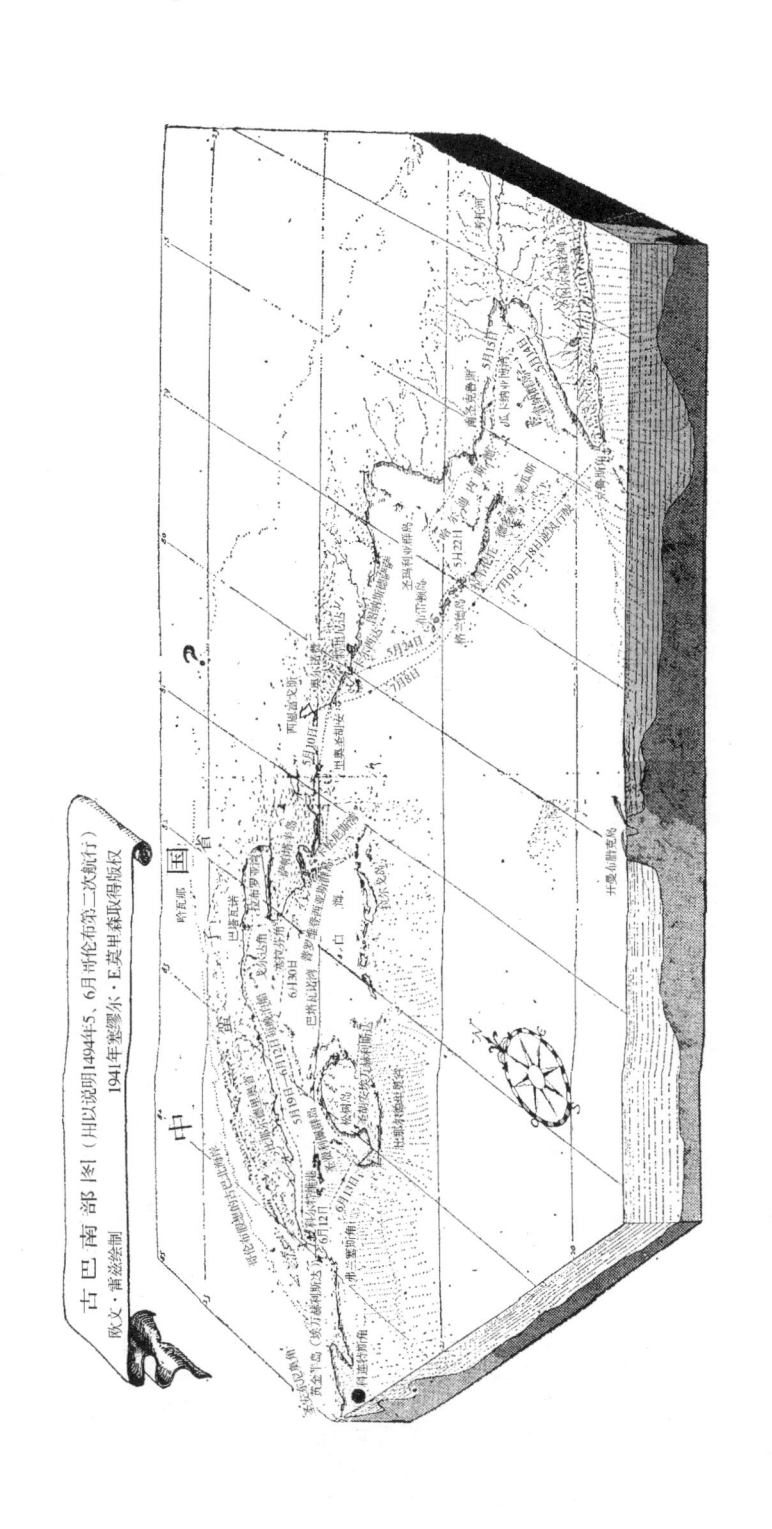

古巴南部图（用以说明1494年5、6月哥伦布第二次航行）
欣文·甫兹绘制
1941年塞缪尔·E.莫里森取得版权

闻名，这些地下河穿过石灰岩，在离海岸不远的海中涌出大量的甜水，吸引了海牛群来此饮水解渴，而海员们则可装满水桶而免登陆之劳。哥伦布曾告诉贝尔纳德斯："在海岸边，紧邻高达云霄的王棕林（现在这里仍有高高的王棕林），在其下面迸出两股泉水……在涨潮时，泉水是如此的冷冽，如此的甘美，以致可以说走遍全世界再也找不到更好的了……人们都在泉旁草地上休息，奇花喷香，小鸟欢唱，高大美丽的棕榈树荫蔽着，这种奇观，真是使人叹为观止。"①

这一段读来好像西奥克里塔斯的牧歌，只是缺了仙女和牧人的笛，而没有这些就不是一首完美的牧歌。但那些久经日晒的海员们，也许确实领略到西西里岛和科斯岛那样尽善尽美的景色，这种完美的景色是希腊诗人在诗中所永远留存下来的。

这次航行中最受考验的部分就在前面。绕过（或者避开）彼得拉斯岛后，船队在顺风中轻快地驶过了卡索尼斯湾，然后离开暗黑色的海渊前往现在名叫哈尔迪内斯的浅滩，随之忽然"进入了一处白色的海区，海水像牛奶那样白，像制革工人鞣皮的水那样黏稠，后来海水使他们失望，他们发现自己位于水深两英寻的地方，风一直强劲地向他们吹，已进入了一条转帆非常危险的水道，船只不能下锚，因为既没有冲出大风和下锚的机会，也没有下锚停泊的地方（因为下过锚），船只一直拖着锚擦着底部走，他们就这样通过这些岛屿后面的水道走了10里格，直到到达一个岛屿为轻快帆船找到了两个半英寻的水域和空间为止。他们在极端苦恼的情况下终于在此处下了锚"。②

---

① 贝尔纳德斯（简，第1卷第130—133页）把这一事件的日期记载为降灵节（5月18日），而且根据内容断定这一事件发生在瓜坎亚沃湾。彼得·马特则认定它是巴塔巴诺湾中曾报道过白衣印安人的某地。熟悉这一带海岸的古巴人使我深信，在两个海湾都没有这样的水泉，这些地方都不可能是到处泥泞和红树林的那个地方，而科钦诺斯湾的一些地下河则完全符合所描述的情况。

② 贝尔纳德斯（简，第1卷第139—141页）。我曾插入方括号内的从句用以说明其余。统帅命令放锚在前，希望它们拖着船只前进，但锚只在硬底上滑过，而把缆索拖起时，锚又松脱了。

船队的人无疑都很沮丧。统帅勇敢地进入了一个错综复杂的群岛，就是萨帕塔半岛外海的珊瑚礁，这里即使今天有海图和灯塔也难于航行。此外，人们又为海水的不同颜色而困惑。当他们从海湾的深蓝色水域来到浅滩时，开始水清得像水晶一样明澈，但很快就转为暗绿色，走了几英里后又转为乳白色，而最后则是像墨水一样的黑色。现在也还是这样。海湾一部分的底部有白色细粒泥灰岩，波浪把它和整个水体搅得很浑，正如彼得·马蒂尔所云，看起来就像面粉撒在海里一样。我曾经见到一处海水呈深绿色，像缅因湾一样，虽然其深度不到3英寻，而晚些时候我在旁边又看到在晴空下海水呈墨水一样的黑色，我猜想这是由于底部的细粒黑沙被波浪搅起的缘故。所有这些对西班牙人来说都是新鲜的，而更为可怖的则是，它使西班牙回想起了阿拉伯古老的传说：格卢姆的绿海和世界最外缘是没完没了的暗礁险滩。①

　　这样走了30英里（这时哥伦布的里格意指海里格），船队在一个岛屿的附近找到了很好的锚地。这个岛屿大概是普罗维登西亚群岛中的一个，其附近在现代海图上水深可望为13英尺，足近乎贝尔纳德斯所报道的2.5英寻。第二天，哥伦布派遣"圣胡安"号或者"卡德拉"号去古巴沿海寻找大家迫切需要的淡水。古巴南海岸当时正是夏天，顺船而吹的和风，连续直射（似是这样）的太阳，使人热得经常干渴。这一轻快帆船报告说，沿海都是沼泽，在其边缘灌木是"这样稠密，连猫都上不了岸"——这是对这一红树林和蚊子大批出没的海岸线的最生动、最确切的描写。② 和往常一样，"统帅决定继续走下去"，经过了更多的珊瑚礁，"一直到海岸都长满了树木，看起来像是

---

　　① 拉斯·卡萨斯《历史》第96章（1927年，第1卷第399页）；发觉白水的原因库内奥很高兴。
　　② 贝尔纳德斯（简，第1卷第141页）还说，轻快帆船报道在红树林外有高地和许多青山，其上有一些烟火信号。这里一定是有某些错漏之处，因为萨帕塔半岛地势很低，在远处也看不到什么山脉。烟火信号一事引起了一个哥伦布给此地命名为西恩富戈斯（一百堆火）的"当地传说"，但这个城市创建于1820年，实际上是以古巴总督堂·何塞·西恩富戈斯的名字而命名的。

第三十三章 女王的花园

城墙"。这是红树林最使人讨厌的景色之一，它盘根错节，盖满了海滩，致使在植被与大海之间，没有一点白沙或黄沙。

他们在当天晚些时候抵达了一个低的岬角，统帅名之为塞拉芬角，因为这天是 5 月 27 日——天使节。从他的描述看来，此地应为萨帕塔半岛西端的戈尔达角。在全部安的列斯群岛中，他几乎再也不能选出一个更使人沮丧、使人反感的地方来依据天主命名了。

贝尔纳德斯正确地报道说："在这一海岬之内，陆地趋向东面，还在北方……发现了很高的山脉，岛屿之间的间隔很清楚。这些岛屿都位于南方和西方。在此他们遇到了顺风，发现水深 3 英寻，统帅还决定直朝那些山驶去，于下一天到达，接着他们还在一很好很大的棕榈林外抛锚，那里有许多甘美的水泉，附近还有人住的标志。"这一锚地应该是在巴塔瓦诺渔港或其邻近，其地名圣克里斯托弗·德拉·哈瓦那，建立于 1514 年。①

根据论及第二次航行的所有讲故事的人，这里出现了一件奇怪费解的事。一个出猎的弓箭手在树林里遇到为数 30 人的一群印第安人，其中一个穿着一件其长及足的白外衣，西班牙人乍一看来，还以为是自己船队里的男修士。然后又出现两个白皮肤的土著人，他们也穿着长达膝盖的白外衣，土著人向西班牙人弓箭手吆喝，西班牙人害怕起来，并向海边逃走，第一个白外衣人猛追，直到西班牙人到达水边的安全处才不见了。

在统帅看来，这些幽灵就是约翰祭司——传说中的近印度 (Hither India) 或埃塞俄比亚的祭司王手下的人。如果见不到大汗的话，就希望能会见这位祭司王。他连续两天派人登陆去与白袍土著人

---

① 这些山脉不是像简（第 1 卷第 142 页）和其他资料所说的奥尔加诺斯山脉，巴塔瓦诺镇背后和东面的只不过是一列低丘。我们于 1940 年 7 月 5 日在离开戈尔达角不久之后，曾清楚地望见了这些低丘。哥伦布对山脉高度的判断并不经常可靠。在沿着低的海岸航行后，任何山丘看起来都很高。现在沿着直线航道从戈尔达角到巴塔瓦诺镇的最大深度是 3 英寻。

重新接触，他们到处搜寻，走了许多路，也没有遇到一个人，便空着手回来，只带回了一篮子海葡萄及发现动物踪迹的传说。有些人认为这些动物是一种长头猎狗，另些人认为是狮子。那么，究竟如何解释呢？米凯莱·德·库内奥说：加勒比人（他经常把他们和泰诺人相混淆）的"神圣的人"常穿白色棉袍，但这些圣徒的作用不是追逐入侵者，而是坐在神庙里接受虔诚的年轻妇女的多情的拥抱。很可能白衣绅士和野兽踪迹都是臆想出来的，卡斯蒂利亚人弓箭手只不过是吹牛罢了。[1]

哥伦布现在驶入了巴塔瓦诺湾东北角的拉布罗亚湾，但未对注入该湾的海姆威的恩坎塔多河进行考察。再转向西南，船队在巴塔瓦诺湾的北岸做沿岸航行。[2] 他们在走了9里格后，抓到了一个本地酋长，酋长鼓励他们，要他们相信深水就在前面，但这是不真实的。船队现在在卡雅马斯水道，陷入了从未经历过的最恶劣的浅滩。这条水道现已疏浚到10英寻深，而当时"水深不到1英寻"。这些轻快帆船必须进行抛锚移船的艰苦历程：先用小船把大锚划到前面，然后用起锚机曳引缆索，同时船体就在柔软的海底犁出一条通道前进。经过了这个浅滩地带，他们发现水深已达3英寻，就再没有这样的麻烦事了。

在这个地点大概是现在名叫瓜尼马尔的村子附近，"许多独木舟来到船队面前，独木舟上的人说那边山地的人有一个富有的国王……他们呼之为圣者，他穿着拖到地上的白色外衣。"这是不是穿白衣服的印第安人呢？这大概只不过是几天前用手势问到不明的幽灵时一样

---

[1] 贝尔纳德斯（简，第1卷第141—143页）；彼得·马蒂尔第1卷第3册（伊登译，阿尔伯版，第177页）；拉斯·卡萨斯著《历史》第95章（1927年，第1卷第396页）；费迪南德著作第56章（第1卷第313页）；库内奥书信（《文件和研究全集》第3辑第2卷第102页）。洪堡解释《批判研究》第4卷第243页）说，白衣印第安人实际上是白鹤或苍鹭，在我看来，这是牵强附会的说法。
[2] 贝尔纳德斯（简，第1卷第145页）说统帅是追寻他在最后停泊处所看到的距离35里格的某些山丘，这些山应该是想象中的。

#　第三十三章　女王的花园

是迎合西班牙人的又一事例，但也不是所有的印第安人都是唯唯诺诺的人，与迪戈谈过话的另一印第安人则坚持说古巴是一个岛屿，而这是统帅所完全不愿意听的。即使这样，他仍然要把这一地理真实性连同关于这个说不清的酋长的传说探究到底，而拉斯·卡萨斯认为这个传说是不真实的。①

哥伦布当然是为这些邻近约翰祭司的逐渐增加的"迹象"所激励而对巴塔瓦诺湾做一番详尽细心的勘察的。翻越巴塔瓦诺后面连绵的山丘，船队在可靠的信风前西航了4天，每晚都抛锚泊船。古巴比那尔德里奥省的这个南海岸，多沼泽，并为红树丛所覆盖，无数的礁滩与皮诺斯岛为它提供保护以抵挡海浪。他们找不到一个像样的登陆处，但幸好水深还够轻快帆船在离岸不远处停泊。

用我们所掌握的资料来描绘这次西航最后几天的情景，即使不是不可能也是很困难的。在4天航行结束时，在多沼泽的海岸外面，船队"到达了陆地再度向东的一个海湾"，然而，并没有这个海湾。还"看到了一些高山，使海岸形成了一个20里格长的岬角"，但是，在古巴的这一部分却没有山脉伸展成为一个岬角。②

"他们沿着许多岛屿航行，在经历了两昼夜后，抵达了早已看到的山地，发现它是一条浅红色的山脉，像科西嘉岛上的奥里亚山脉③那样高大。他们全都是绕着它走的。"但由于泥泞和红树林，他们不

---

① 《历史》第95章（1927年，第1卷第306页）。

② 美国驻哈瓦那总领事科尔特·杜波依斯先生和曾在巴塔瓦诺湾航行过的其他人使我确信，在北纬22度西经83度50分处的5英里范围内是在该湾可以从此看到奥尔甘诺斯山脉的地区。除了在巴塔瓦诺镇后面的低丘外，从该湾看不到其他的山。在美国《西印度群岛的航行指南》第1卷第1册第1548节中说，从该湾西部科尔特斯湾入口处的灯光标可以见到奥尔诺斯山脉，但还提到，在该湾其他部分都不能见到山地。因此，贝尔纳德斯关于统帅是向高山行进的说法必须抛弃。在这一情况下，我们可以把两种说法选择一种，即船队带往科尔特斯湾在那可以见到山脉，或者拒绝贝尔纳德斯循着海岸在群岛后面向南再向西前进。在科尔特斯湾以西，没有岸外沙洲。

③ 《文件和研究全集》第1辑第1卷第255页，这一段给我们造成了很大的麻烦。我译成"浅红色的山脉"的字，在《文件和研究全集》中的手稿里是chereroroso，在贝尔纳德斯其他出版物中是chererojo或chererrojo。我猜想它的意思是cerro rojo（虽然奇怪的是西班牙人会讹"c"为"ch"）。因为在奥尔甘诺斯山脉南面，有一条片岩山脉与之平行，在其谷地红色土壤出露明显。蒙斯奥里亚斯是科西嘉岛上的一座高山，是地中海员们一个著名的陆上明显标志，它位于该岛中部，或者人们可能怀疑chererojo意指chersoneso即Golden Chersonese（黄金半岛）。

能上岸。"在这一海岸停留了几天，寻找淡水"，并"在东边一些很漂亮的棕榈林里"找到了它，还发现了很多大的牡蛎。泥地和红树林探测起来和巴塔瓦诺湾西部一样，然而，海湾却没有一个向东。虽然像科西嘉的浅红色山脉明明是奥尔加诺斯山脉的山麓丘陵，而这些丘陵在沿海则不能见到。他们在一棕榈林里休整后，便驶向南方，然后向西，再向西南，经常是沿着"大陆"（即古巴）的海岸。这些航向与代扬尼瓜斯港到科尔特斯港这一段的巴塔瓦诺湾非常吻合。"在南面，他们还见到布满岛屿的海。"这些岛屿就是圣费利佩群岛。他们看到了许多鸟和海龟。在一个夏季白昼里，天空中全都布满了蝴蝶，直到傍晚的雨飑把它们刮走为止。①

根据彼得·马蒂尔说，在这里附近的某个地方，人们在岸上找到一个老人，把他带到了船上，他的语言连迪戈也不能听懂。这是哥伦布从巴哈马带来的泰诺人翻译首次受到的挫折，民族学家现已搞清楚了这是什么原因。这些轻快帆船已经越过了泰诺文化的边缘，进入了西沃内人的最后据点。西沃内人是一个原始民族，他们被泰诺人驱赶西去还没有多少年，这一语言难于听懂的老头子，必定是一个西沃内人。②

现在已是 6 月份的第二个星期，哥伦布用"尼尼亚"号、"圣胡安"号和"卡德拉"号 3 条船作为一个探测远征队开始了这次航行，希望证明古巴是亚洲大陆的一部分。到这个时候，他发展了一个更加雄心勃勃的计划，就是抢在麦哲伦之先，环绕地球一周。这点他曾向贝尔纳德斯承认过。他要环绕黄金半岛，扬帆横渡印度洋，然后或者

---

① 我赞成洪堡（《批评研究》[1837 年] 第 4 卷第 246 页）哥伦布曾到过科尔特斯湾的说法。但必须承认，除了引自贝尔纳德斯的一些段落外，资料来源中仍少有可用以断定"西面走得最远的地方"到底是哪里。库内奥、费迪南德和拉斯·卡萨斯对此都无能为力。而 6 月 12 日的文献又含糊不清，因为，当时 3 个目击者包括胡安·德·拉科萨都说他们到过一个地点，其陆地的走向是南南西、西南和西，而其他 6 个目击者则说走向是南南西、南东和东。特别奇怪的是，拉斯·卡萨斯的地图表示的是后者的走向。也许哥伦布是把折返的地点称为圣·胡安·埃万赫利斯塔，对这一地点的讨论见下章第 137 页注①。

② M. R. 哈林顿著《哥伦布以前的古巴》第 2 卷第 409 页。

第三十三章　女王的花园

带着他的小船队绕过好望角回到西班牙或者通过红海走陆路途经耶路撒冷回家。① 这就是哥伦布这个神秘主义者、这个先知的美梦，而从科尔特斯湾的海岸趋向南方这点来看，他似乎实际上已到了马来半岛的基部，但从他现有的装备看来，哥伦布和注重实际的海员们的常识又使他不能进行如此宏伟的计划的任何尝试。船只由于在浅滩中经常搁浅而漏水，使用的船具需要更新，大部分的硬饼干和其他供应品被海水损坏，而海员（他们常恨搁浅，这意味着额外的工作）饥饿、不满，还唯恐他们永远不能顶着信风回到伊斯帕尼奥拉去。哥伦布估计船队从迈西角已西航了 322—335 里格，虽然实际上距离只有一半，每一英里的浅水行船，比 100 英里的离岸探测对船和人来说，都是一场更加严峻的考验。②

几乎可以肯定，如果哥伦布已经到达科尔特斯湾，他距离古巴西南的岬角科连特斯角就只有不到 50 英里了，只要再坚持向这个方向走不多远，就可以查明古巴是一个海岛。不过，当然这不是他想要看到的结果。他从其西航的长度、白衣土著人的传说和经过的无数的岛屿，就决心认为（甚至没有什么黄金与香料的迹象）这些岛屿是马来群岛的一部分，古巴是中国的蛮子省，趋向南方的海岸（在弗兰塞斯角不远处就结束了）是黄金半岛或马来半岛的开始。③ 猜想如果他继续下去将会发生什么饶有兴趣的事。几乎可以肯定，墨西哥湾流会把

---

① 贝尔纳德斯（简，第 1 卷第 119 页），在拉斯·卡萨斯地图上的 C. de bien espera 显然是指科尔特斯湾东面的进口处的卡尔塔斯角，但也可能是指弗兰塞斯角。极有可能是如洪堡所指出的是对这一希望的回忆。还要注意拉斯·卡萨斯地图上古巴岛的蝎子状的尾部，会使人联想到托勒密的黄金半岛，这是在地图制作者把它拉直以前的许多年。
② 贝尔纳德斯（简，第 1 卷第 148—149 页）做出了较短的估计。在 6 月 12 日的文件中提出的是 335 里格，而在拉斯·卡萨斯（第 1 卷第 398 页）所引哥伦布给双王的信中则为 333 里格。我估计他的航程大致长约 750 英里或 236 里格。他西航了经度 10 度，把纬度 21 度作为中间纬度，则它相当于 561 英里或 176 里格。看来，哥伦布大约是用他的船位推算法的横表格来计算西行的里程的，并且他用的是陆里格（land league），其长度大约为 1.5 英里。
③ 哥伦布一贯低估每度的长度是由于他对实际到达的经度有极其狂妄的想法。他在 1494 年 9 月 14 日根据月食做了很错误的推导后，写信给双王他最西已达加的斯以西 10 小时或西面 150 度经度，换言之，他已到达了西经 156 度 15 分，只比檀香山所在的子午线少 2 度！拉萨·卡萨斯著《历史》第 96 章（1927 年，第 1 卷第 398 页）。

船队带到可望见佛罗里达浅滩的地方去，也许会把船队带到更远的北方，使这个西班牙属半岛比伊斯帕尼奥拉岛更易于到达。但是，帆船的情况以及船上人员的情绪迫使船队不得不折返。

因此，哥伦布为了避免因过早返回而遭到责难，命其骑士们与海员们签署证明，大意是说古巴是一个半岛，而且没有必要再往前去。这一步骤在我们看来是很奇怪的，并曾引起了统帅事业诋毁者们的下流耻笑。但他有很好的先例，早在6年以前，当在印度的大门口水手们强迫巴塞洛缪·迪亚士立即回转时，也曾正好做了同样的事，当迪亚士回到里斯本时，哥伦布也在那里，他或者见过这个文件，或者听到过这些情况。①

哥伦布船队的书记和公证人佩雷斯·德·卢纳带了纸、笔、墨水瓶依次来到三条船，郑重其事地取证，人人（包括胡安·德·拉科萨，他在其著名的地图上做了相反的表示）宣称，他们从未见到过、听到过或者想到过有一个从东到西延伸335里格的大岛，而且古巴则比东半球任何一个大岛甚至比不列颠岛都要长，他们肯定古巴是某大陆的一部分，如果他们继续西航，就立即遇到"有智慧的文明人，他们了解世界"。在做了这一证言后，还告诫人们，如果任何人说了相反的话，就会征收10 000马拉维迪的罚款，如果是勤杂人员，则要在他的光背上抽打100鞭。②

佩雷斯·德·卢纳在序言中声明这一证词的目的是防止任何人恶毒地贬低这一次航行。无疑，哥伦布的主要目的在于免除人们对自己未能找到亚细亚洲的具体证据就半途而废的指责。我敢说他希望在船队回到卡斯蒂利亚后，借此堵塞人们的闲言碎语，例如说"要是那个长官照我的劝告去做，再西航几天就好了"等。

---

① 埃德加·普雷斯特奇著《葡萄牙先驱》第224—225页。
② 这一日期为1494年6月12日的文件刊在纳瓦雷特著作第2卷第143—149页。在撒切尔著作第2卷第322—332页有译文。

第三十三章 女王的花园

　　这里自然没有把海员们的意见估算进去，他们是这样急于回家，一定会高兴地在证明他们统帅到过汗八里并为大汗所接见的一份声明上签名。而学者们对建立地理真实性的这种方法却是质疑的。米凯莱·德·库内奥记载到当船队在9月份到达伊莎贝拉时，对于古巴是否是大陆一部分这一问题，统帅已和卢塞纳修道院院长通过讨论获得解决，后者是一个博学的天文学家和宇宙学家，在晚些时候也曾来到伊斯帕尼奥拉岛。修道院长说统帅搞错了，古巴"只不过是一个很大的岛，在这一判断中，考虑到我们航行的特性，我们大多数人都一致同意"①。库内奥必定是从未在"古巴不是岛屿"的文件上签名的，但胡安·德·拉科萨则签了，又否认了这个文件，并在其著名的世界地图上把古巴描绘成一个岛。哥伦布根据这种错误判断所做的努力而取得的所有成就，使此后许多年来加勒比地区的地理学陷入迷雾。在1502年坎廷诺地图上和1516年以前的许多其他地图上，可以发现一个大陆区域，有些地图称之为"亚洲部分土地的古巴"（Terra de Cuba Asiae Partis），这可能是试图把哥伦布的错误信念与事实调和起来。②

---

① 《文件和研究全集》第3辑第2卷第107页。
② 纳恩著《哥伦布的地理概念》第91—141页；参见贝海姆地球仪上的中国东南部。由于没有更好的解释，我接受这一假说，但必须承认这一"大陆性的古巴"南海岸没有一个地名是与哥伦布给古巴南岸命名的地名有最粗略的对应的。这个表是我所能做出的最好的与拉科萨的命名的对照表。

古巴南海岸古今地名对照表

拉科萨	哥伦布	认定
punta de Cuba	C. Alphaet o	迈西角
c de sprit bueno		图尔基诺角 ?
c. de Cruz	Cabo de cruz	圣克鲁斯角
la [re] ina del p predo?	Jardin de la Reina	女王花园群岛 ?
O. C. serafin	塞拉芬角	萨帕塔半岛
C. Mangui	Mangi (China) 中国蛮子省	?
min [ ] il bienbafa sero?		巴塔瓦诺湾的低平海岸 ?
c de bien espera		科尔特斯角
ebenjelista	Evangelista	弗兰西斯角

塞瓦斯蒂安·德·奥坎波在1509年而不是一般所说的1508年首次环航了古巴岛，这是何塞·曼纽埃尔·佩雷斯卡夫雷拉爵士在《古巴岛周围的周长》（哈瓦那，1941年）中考证出来的。

143　　除少数预言的时刻外，哥伦布的不幸之处在于他无视了使他享有不朽名声的发现的重大意义，却提出了使人讥为愚夫笑柄的地理假说。在这次西航中，他在7个星期的时间里开辟了西班牙属岛屿殖民地最有价值的部分，发现了后来成为古老的大英帝国宝石的另一个大岛。从航海家的观点看来，这次航行中最令人瞩目之处就是统帅在既无海图、又面临岛礁迷宫的极其困难的条件下，证明了他有沿海导航的能力。这种能力和他作为一个深水航海家的能力是完全可以媲美的。在历史上很少有航海家同样具备在浅水和深水航行的头等本领，也许只有库克船长除外。哥伦布对女王花园群岛和巴塔瓦诺湾的勘查和他在这些地方解救"尼尼亚"号、"圣胡安"号和"卡德拉"号等3条船的成功，是他在航行中的突出功绩之一。

第三十四章　回到伊莎贝拉

1494年6月13日—9月29日

那里有船行走，有你所造的鳄鱼，游泳在其中。

——《圣经·诗篇》，第104篇，26—27节

哥伦布在科尔特斯湾对其船队到达的古巴极西部分以福音传教士圣约翰的名字命名后，于6月13日开始了返航的航程。[①] 他似乎是首先采取向南的航线以寻求深水和在水下台地外海畅通无阻地航行，他来时曾穿过这一有许多使人讨厌的珊瑚礁和浅滩的水下台地。但风的一次强烈的海上转向使他不得不再次陷入这些岛屿中间。一次，船队有望循着一条似乎很深的航道，却发现自己完全被岛屿和陆地所包围，拉斯·卡萨斯说"像关在栅栏里一样"[②]。这是在狭窄水域中的一种普遍的幻觉，如果人们循着一条狭窄弯曲的水道前进时，通常只观看前面，以便把船只引入那个封闭的港湾，而当观看周围寻找进口时，它却消失了，好像陆地在向自己靠拢。哥伦布的人当时非常害怕，拉斯·卡萨斯说："统帅用他所能运用的最好的话来激励他们，

[①] 埃万赫利斯塔（ebenjelista）这地名出现在拉科萨地图上古巴沿海。贝尔纳德斯（简，第1卷第149—151页）说，从这个地点，他们离了陆地，他们说为了去泰罗纳索神圣国王就在〔瓜尼马尔附近〕，他们将离开的那个地点命名为圣约翰·埃万利斯达（意为传教士圣约翰。——译者），这似乎是把埃万利斯达位置定在古巴。另一方面，费迪南德说（其著作第2卷第1册第57章）6月13日他们航行到名叫埃万利斯达周围30里格的岛去取得木柴和水，而拉斯·卡萨斯说他相信埃万赫利斯达是皮诺斯岛（拉萨·卡萨斯著《历史》，1927年，第1卷第398页），无疑哥伦布在回航途中到过皮诺斯岛，他可能用福音传教士圣约翰之名为一个半岛和一个岛屿命名。迄今为止哥伦布还没有为纪念圣约翰而命名的。

[②] 拉萨·卡萨斯著《历史》第1卷第398页和费迪南德著第2卷第3—4页。我在巴塔瓦诺湾中不能找到任何岛群可完全符合这一描述，它大概是皮诺斯岛东面的一个岛。

而从原来的进路出来时,大家心都烦透了。"激励怯懦者的才华和摆脱困境的技巧是使哥伦布成为一个伟大海员的许多优良品质中的重要品质。

他们到了一个岛上去取水上船,6月25日离开这里以北西的航向驶往距离似为5里格的一些岛屿(大概是曼赫莱斯群岛),风迫使他们回到了6月13转向的地点。顶头风迫使他们"通过一个湾汊返回,通过这个湾汊,他们航行直到从塞拉芬角到他们第一次在白色海域中碇泊过的那些岛屿"。① 哥伦布当时没有比寻找可通航的宽阔海面更高兴的事了,但他的轻快帆船在逆着强大的信风与海流的情况下无能为力,只能继续去做在礁滩与红树林中间抢风转变航向的令人沮丧的难事。

这样两个星期以后,只有很少的进展,6月30日"尼尼亚"号搁浅了,"也不能由船尾用锚和缆索把它拖出来,他们便由船头来拖,而且由于搁浅的冲撞,使它遭受了很大的损坏"。② 但这还不是他们困难的尽头,因为接着几天,他们不得不在礁滩中艰苦地逆风换抢行驶。"所有时间都在很白的海域中航行,而且,除了这些麻烦与灾难外,每天日落时,还要碰到使他们困乏不堪的雨飑。"这些古巴岸外的黄昏雨飑当然不止一次地使人耗尽精力。雨水像是瓢泼下来一样,而在一只露天的小船里,任何人都很难用戽水的办法使之继续向前。

这一"乳白色的海湾"并非缺乏使人赏心悦目之处。人们见到了大群的乌鸦或鸬鹚和一大群海龟。贝尔纳德斯说,海龟是如此之多,"以致看来船只将会在它们上头搁浅了,实际上,船只沿着舷

---

① 贝尔纳德斯(简,第1卷第148—149页)。
② 拉斯·卡萨斯著《历史》第1卷第399页。轻快帆船像大多数帆船一样,船头比船尾吃水要深,因而当其搁浅时,首先把船尾拖出一般也比较容易。"尼尼亚"号一定是行驶得太快,正好搁浅在海滩上,而由于巴塔瓦诺湾的海水是乳白色的,很难看出海滩深浅来。

第三十四章 回到伊莎贝拉

侧把它们的甲壳碰得咯喳咯喳地响。"巴塔瓦诺湾一直是哈瓦那市场龟肉的来源地,我也敢讲一些关于海龟的传说。在水变得清澈时,水底可见"像小牛脑袋那样大的"海螺壳,人们用小船收集它们并在海水里熬煮"人臂那样大的"海螺肉。当他们发现最大的牡蛎时,就觉得走了好运。他们收集了五六船牡蛎,希望找到它们产出的珍珠,但并没有发现一颗珍珠,库内奥说"但它们很好吃"[①]。151 对此,这位贵族探险家从不抱怨,而碰到的一切都引起了他的兴致或乐趣。他忠于他的海洋统帅先生,但保持着独立的见解。如果要我从哥伦布所有的同伴中选出一个船友的话,他将不会是目中无人的所谓卡斯蒂利亚英雄,而是可爱的萨沃纳的米凯尔(即米凯莱·德·库内奥)。

虽然他们正在驶回家去,这仍然是此次航行中最累人、最使人沮丧的一段航程,需要在 25 天之内好好走完 200 英里左右的里程。最后这些轻快帆船在这一非常恶劣的礁滩和红树丛交错的沼泽中摆脱了出来,横过了猪湾,到达了土著人称为奥尔诺法伊的、在西恩富戈斯与卡尔西达之间的陡峭多山的海岸带。7 月 7 日船队在他们西航时称之为特里尼达山脉山麓的圣胡安河下锚泊船。哥伦布把它命名为弥撒河,这是因为当时是星期天,船队的牧师正在岸上做弥撒。

由于哥伦布在西航途中对待当地的印第安人很好,他们现在就带了大批礼物前来,有水果、木薯食品、硬毛鼠、鹦鹉和美味的野鸽。在做弥撒时,哥伦布注意到一个上了年纪的土著人所显示的关心与兴趣。(如彼得·马蒂尔所谈到的),这个老头子"看来值得尊敬,虽然他是裸体的"。他在送了东西后还对统帅讲了许多话。必须提醒读者,

---

[①] 《文件和研究全集》第 3 辑第 2 卷第 105 页。如费迪南德所说(第 1 卷第 315 页),这些事件可能是发生在出航的航道上。

老头子和统帅对话经过迪戈的翻译，后来传给彼得·马蒂尔知道了。这位史学家的拉丁文记录和伊登的英语译文如下：

"我（最有能力的亲王）已经大肆宣扬你们大力征服了许多迄今未知的土地和区域，而又没有给那里所有的人和居民带来什么恐惧。你们的幸福是，如果记得人的灵魂离体后有两条路可走的话，态度就不会傲慢了。一条路，泥泞而黑暗，是为那些对人类残酷而有害的人而准备的；另一条，舒适而令人愉快，则是为一生爱好和平与安静的人所规定的。所以，如果人们想要不朽并考虑到将由于自己在一生中所作所为而接受应得的报酬或处罚时，人们就不会错误地伤害别人了。"当他讲过这些话和其他类似的话（这些话都翻译给统帅听了）以后，统帅对这位裸体老人的判断感到惊异，并回答说：他很高兴听到老人论及灵魂离开肉体后走着不同道路并得到不同报应的见解，猜想不论是他或者这些地区任何其他居民都有他这种认识。于是进一步宣称，他来到这里的主要原因就是为了用这样的神圣的认识和真正的宗教来教导他们。西班牙的基督教国王（他的君王和主人）派遣他来就是为了同一目的，特别是为了降伏和惩罚食人生番及其他为害作恶的人，并保卫无辜的人反对作恶的人；希望他以及其他行善的人决不要惧怕，而只管对他说心里话。如果他或者像他那样文静的人蒙受了邻人们的任何虐待，就会看到他们受到同样的报应。统帅这些令人宽慰的话使老人非常高兴，尽管他年事已高，还是愿意跟随统帅一道前走。如果他的妻儿不劝阻，他的确会这样干。但使他大为惊异的是，统帅是处于另一种统治之下；更大为惊异的是，翻译告诉他我们国王们的光荣、伟大、豪华、权力大和武备强，而且很多的城镇都是在他们统治之下。由于想要和统帅一起到西班牙去，老人的妻儿都拜倒在老人脚下，乞求不要抛弃他们而听任他们孤寂凄凉。他们可怜的要求，使可尊敬的老人受到了感动，就留在家乡以宽慰家人和他的人民，使他们满意而不是使他自己满意。他还惊叹，由于没有离去而表情沉重。他经常询问：西班牙产生了这样仁慈的人，它是不是天国呢？可以肯定的是，在他们中间，把土地看作是和太阳与水一样的是共有的，而私有（所有灾祸的根源）则在他们中间没有什么地位。他们很易于满足，在这样一个巨大的国家里，他们与其说是匮乏，不如说是富裕，致使（正如我前面讲过的）他们似乎是生活在没有劳累的黄金世界里，居住在开阔的花园中，不挖深沟，不树藩篱，不筑防御城墙。他们彼此真诚相待，没有律令，没有书籍，也没有法官，他们把法官看作是邪恶而为害的人，以伤害别人为乐。尽管他们不喜奢侈，还是不断增加玉米、木薯和薯蓣等用作食品的根类作物的储备，他们满足于这样简单的食谱，借此保持了健康，避免了疾病……①

彼得·马蒂尔从不丢掉机会指出印第安人仍处于黄金时代。

通过女王花园群岛逆风行船是哥伦布特别要仔细考虑的事，因而他又一次试图与外海顶头风和逆流做斗争。他在7月8日离开马塞斯河后，进入了大海，从左侧经过拉韦伦托·德·多塞·莱瓜斯群岛。船队进行了一次很糟糕的顶风行驶，几乎比通过女王花园群岛擦着沙底前进时还要糟。在绕过布雷顿岛附近的珊瑚礁后，他们正好碰上了信风，要花上10天才能逆风走180英里左右。一路上都是坏天气，据库内奥说，人们都在抱怨，害怕淹死或饿死。这是统帅又一次艰苦的航行。拉斯·卡萨斯说："风和水全都困扰着他，并给忧虑加上忧虑，

---

① 伊登译彼得·马蒂尔《新大陆》或《西印度群岛的历史》（1612年）第24—25节。贝尔纳德斯和拉斯·卡萨斯（《历史》第1卷第399页）见到过这次交谈的略有不同的版本。

困难加上困难，惊奇加上惊奇，使他既没有时间也没有机会喘息一下。在许多使人困扰的事情中，尤其是突如其来的可怖的毁灭性的雷飑，它把旗舰打得几乎倾覆。他们顶风行船极其困难，似乎只有上帝才能相助，才得以降下了船帆，同时用最重的锚才能把船停住。大量的水进入肋材以下，这就增加了危险，海员们很难把水抽出来，因为当时人们全都因继续不断的劳累而精疲力竭。存粮愈来愈少，以致除了一磅硬饼干及其残渣和一品脱酒和残渣外，就没有什么东西可吃，除非抓到了鱼……7月18日伴随着这些危险和无穷的苦难，统帅抵达了早已命名为克鲁斯角的海岬。在此印第安人很好地接待了他们，以极大的善意带来了木薯食品、鱼、本地水果及其他可吃的一切东西，他们在此停留和休息了两三天。"①

这次经验再一次证明，在安的列斯群岛的条件下，当信风、海浪和洋流都从同一方向袭来时，即使是装三角帆的小轻快帆船逆风行驶也是无能为力的。

哥伦布预计到沿着圣克鲁斯角岩石围绕的海岸的另一次逆风行船，明智地决定放松一下并完成他对牙买加的考察。离开圣克鲁斯角停泊处（现在人们仍可见帆船在等待风向转变）后，他驶向南偏西，朝着船队3个月前曾离去的好天气湾前进，和平常一样，只要是由海路回到某一地点，他都毫不困难。

从蒙特哥湾（就像这个"好天气湾"现在被称为的那样）船队向西、向南然后向东航行，每天晚上都下锚泊船，因为牙买加很多港湾和开敞锚地都很好，适于吃水浅的船只停泊。那里的印第安人很友好和慷慨，送来了很多食物和救济品，但每天黄昏就会突然来一场使人畏惧的雷飑，直到8月第二个星期的详细情况仍然缺乏记录，当时船

---

① 《历史》第97章（1927年，第1卷第401—402页）；费迪南德著作第2卷第7—8页。库内奥（《文件和研究全集》第3辑第2卷第104—105页）说每天的限额是8英两饼干，如果面包桶没有钉好，进了海水，还会没有，故必须用好钉子钉。

第三十四章 回到伊莎贝拉

队停泊在波特兰湾,哥伦布命名为巴卡湾——牛湾,湾中有 7 个小岛,在附近有许多印第安人村庄。①

这里的印第安人比北海岸的印第安人要友好得多,山坡上一个大村庄的酋长带来了很多食物供应,并通过迭戈和统帅做了长时间的谈话,但酋长仍不满足,第二天船队在和风中已在起航时,他的 3 条独木舟追上了它,3 条独木舟中一条很长,并且油漆得很明亮。安德烈斯·贝尔纳德斯的下列描述是我们所能看到的关于这次航行中任一事件的最好最生动的文字描绘:

> 他坐大独木舟亲自来临,并带来了他的妻子和两个女儿,其中一个大约 18 岁,很是美丽,像惯常那样全身赤露,但又很端庄,另一个则较年轻。还有两个身体结实的儿子、5 个兄弟及其他随从,其余的人应该都是他的奴仆。在他的独木舟中,还带了一个人作为传令官,这个人独立船头,身披形如战袍的红色羽毛大氅,头戴美观的大羽毛冠,手擎没有任何图案的白旗。还有两三个人也用颜料在脸上涂成同样的形状,每人头上都戴着一顶大羽盔,前额上有个碟子一样的大圆盘,每个都和别个一样绘上同样的图案与颜色,以致像其羽饰一样都很整齐一致。每个人手中都握着一个叮叮作响的小玩意儿。另外两个人则用另一种形式描绘,他们拿着两个木制的喇叭,全都画上了鸟类和其他图案,制喇叭的木质很黑很好。他们每人都戴一顶非常漂亮的制作精巧的绿羽毛头盔,另有 6 个人则戴着白羽毛的头盔。所有这些人都是对酋长的财物担负警戒的责任。酋长颈上戴了印第安人叫作瓜银(guanin)的铜饰,它来自附近的一个岛屿,很精致,看来像 8

---

① 《历史》第 1 卷第 402 页;费迪南德著作第 58 章(第 2 卷第 9 页)说是 9 个岛,岛的数目取决于你把一个特定的小岛是叫作仅仅一块岩石还是一个岛屿。波特兰角及沿岸的相当一部分最近租给美国作为一个海、陆军基地。

开金子[①]。铜饰是鸢尾花形纹章那个样子，有门牌那么大，他把它穿在一串大理石的珠子上戴在颈项周围，这串珠子他们也认为有很大的价值。在他的头上戴着冠，冠上小红绿宝石整齐排列、并缀以一些较大白宝石，看起来很美观。在他的前额还戴了一副大宝石垂饰，他的耳朵上也悬挂着用一些绿珠子小串串起来的大耳环，虽然他处于裸体状态，但还是戴了一个同样工艺的环形物作为饰物，而身体其余部分则都是裸露的。他的妻子也是同样的装饰和裸体，她除阴部一小处外，全身都裸露无遗，阴部则用一块不大于橘子皮的棉制品加以遮盖。她的手臂在腋窝以下戴着一个像法兰西旧式马甲耸肩那样的棉卷套，在每条腿的膝盖以下则戴上类似的大一点的棉卷套，很像摩尔式的踝环。年纪较大和较漂亮的女儿完全裸体，她只在身体中部围着一串很黑的小宝石，其上悬挂着一些像常春藤叶的东西，那些东西是用钉在织物上的红绿宝石做成的。

当这一别致的船队来到哥伦布船边时，他正在船舱里做白天第三课祈祷，直到酋长一行上了甲板、独木舟靠了岸还不明白是怎么回事。酋长一看见统帅，就愉快地来到跟前，并宣称他及其家属要和统帅一起回西班牙，并谒见天主教双王，迪戈曾雄辩地描述过双王的威仪和权力。由于他曾听说在这些岛屿的四面八方都无人可以抵挡住统帅，因而预示地说道："在您剥夺我的土地和主权以前，我希望和我的家属坐您的船去觐见我主伟大的国王和女王，去看看他们所居住的世界上最富饶的土地，还要参观您的人告诉过我的卡斯蒂利亚的许多美景奇观。"

值得赞扬的是，哥伦布的人道主义战胜了荣誉感。用他们的黄金

[①] 见索引 guanin 条，所有这些金品，应是从中美洲输入的。

和羽饰在宫廷展示这种闪闪发光的野蛮人的忠诚,应该是一种很大的诱惑,但是,哥伦布想到了印第安人在西班牙的寒冷天气中会受不了和死亡,想到了两个漂亮的女儿会从水手们那里得到什么,也想到了在卡斯蒂利亚等着这些无辜灵魂的幻灭,因而对印第安人产生了同情,便谢绝了酋长的要求。在接受他们的敬意和效忠后,就用小船把他们送上岸去。①

显然,由于一次偏西风,哥伦布没有到达罗亚尔湾港,即金斯顿港所在的地址。他从波特兰湾向着在牙买加岛东端海拔 7 000 英尺的蓝山山脉直驶。8 月 19 日船队经过了莫兰特角,统帅名之为法罗尔角②,即灯塔角或者烽烟角。或许他是希望这里将来有朝一日会建立灯塔,或者更为可能的是,三条轻快帆船东航时,印第安人在薄暮中正在那里燃烧着一堆篝火。

"尼尼亚"号、"圣胡安"号和"卡德拉"号三条轻快帆船只花了不到 24 小时就横渡了向风海峡。后来迭戈·门德斯和费耶斯基于 1503 年也经此做了著名的独木舟航行。萨沃纳的米凯莱·德·库内奥是 8 月 20 日第一个见到陆地的人,所以哥伦布作为酬劳把这个伊斯帕尼奥拉岛西南角依他的名字命名为圣米格尔·德·萨沃纳角。③统帅先不清楚圣米格尔角是新岛还是伊斯帕尼奥拉岛的一部分,直到 3 天以后正在沿着南海岸航行时,一个酋长乘独木舟突然出现,呼叫"统帅!统帅!"才使他搞清楚这点。④

虽然哥伦布向东北行驶横过莱奥甘内湾绕过圣尼科拉斯角回伊莎贝拉要快得多,但他却想探测伊斯帕尼奥拉岛的南海岸,而航程的这

---

① 贝尔纳德斯(简,第 1 卷第 160—165 页)。
② 贝尔纳德斯说从牙买加东端到法罗尔角长 11 里格以上。但在描述酋长的访问以后,贝尔纳德斯变得不可信,他说船队在牙买加东端遇到顶头风的,但费迪南德则说他们在 8 月 20 日见到伊斯帕尼奥拉岛。
③ 《文件和研究全集》第 3 辑第 2 卷第 105 页。后来重新命名为蒂比隆角(鲨鱼角)。
④ 拉斯·卡萨斯著《历史》第 1 卷第 402 页。

一部分首次开发的长约 400 英里的海岸,对西班牙是极其重要的,可惜我们只知道很少的细节。船队显然曾在哈克梅尔湾停泊过,因为哥伦布在第四次航行时似乎熟识它,把它叫作巴西港。后来,在一次大风中船队被打散了,在 8 月底,"尼尼亚"号到达了阿尔塔·贝拉。它是标志着伊斯帕尼奥拉岛南端的一座孤立的帆状岩石山。哥伦布派人登陆爬上了这座小山,叫他们守候那些僚船。他们没有见到帆影,但杀死了大量的鸟类和海豹来补充他们贫乏的给养。哥伦布把横亘海峡 6 英里的较大近岸岛屿用伊盖的女酋长的名字命名为卡塔琳娜。①一群群的土著人来到,并告诉哥伦布关于伊莎贝拉殖民地的好消息。对西班牙人来说,女酋长的臣民比其他泰诺人更为可怕,因为他们使用毒箭,幸好他们倾向和平,并给予海员们以食物而不是战斗。6 天以后,那些小轻快帆船才赶上了"尼尼亚"号。当船队抵达圣多明各湾中的海尼亚河时,统帅派了 9 个人上岸,为了通报他的到来,命令他们横越贝加·雷亚尔,访问圣托马斯,然后经伊达尔戈山口到达伊莎贝拉。看来他们很成功地走完了这一旅程。

我们关于船队其次一个确切消息就是它待在伊斯帕尼奥拉岛东南端绍纳岛背后一个港湾里。据拉斯·卡萨斯说,几天以前船队碰到了一个使人厌恶的海怪,像中等大小的鲸鱼那样大,背甲像海龟,可怖的头像只圆桶,还有两个翅膀。②统帅观察到,当这一深海动物来到海面时,就要准备对付坏天气;可见一个海员的迷信尚未消除。当然,9 月大风不久就快袭来了,船队也很乐于在绍纳岛后面找到一个避风处。

---

① 在第三次西航中重新命名为贝阿塔,但伊盖酋长国位于此地以东。卡塔琳娜是假想迪亚士在其漫游中与之相爱的贵妇人,因而导致了圣多明各的建立(见下一章)。在这一次航行中没有迹象表明哥伦布曾注意到未来首府所在的奥萨马河。

② 《历史》第 1 卷第 404 页,虽然这一描述似乎是为了计算尼斯湖的纬度而不是为了加勒比海。阿尔马斯(《哥伦布的动物学》第 58—59 页)并不困难地把它鉴定为 Globiocephalus deductor。大概它是一条正在取暖的鲨鱼、小黑鲸或者通常当作海蛇的其他鱼类。

米凯莱·德·库内奥对这个大岛的名字做了说明。他早先见到圣米格尔角时就首先见到了它,所以"由于爱护我,统帅大人把它名叫'美好的绍纳人'作为送给我的礼物,我也像统帅以国王陛下的名义由公证人签署文件占领其他岛屿一样,按适当的方式和手续加以占有。我在该岛上,清除了草木,竖立了十字架,还竖立了绞刑架,然后以上帝之名,命名为美好的绍纳人并给它施洗礼。它也很值得被称为美好,因为这里 37 个村庄,至少有 30 000 人,而且所有这些,统帅大人也都记载在他的笔记本中。"①

这两个来自遥远的利古里亚海岸的老朋友和同事,在新大陆这个美好的岛屿上,用旧大陆繁文缛节的礼仪来回想古老的萨沃纳,真是一幅优美的图画。米凯莱没有从他的小岛和过高估计的奴仆那里获得任何利润,但这个岛的名字——绍纳仍使人想起了他的故乡城市以及好久以前在 9 月份这天举行的使人愉快的庆典。

哥伦布在 9 月 14 日观测了一次月全蚀,当时船队正在绍纳岛后面碇泊,等待天气转晴。他有一本雷吉奥芒塔努斯星历表在手边,其上载有纽伦堡月蚀的时间,据此可以算出大致的经度,从而使他得以算出绍纳岛与圣维森提角之间的时差为五个半小时左右,这样就把绍纳岛的位置定为西经 91 度 30 分,即危地马拉太平洋岸的子午线。在这个基础上,很容易使他自己深信已环绕地球走了一半路程,而当他从古巴西部折返时,则已深入到了亚洲的心脏部位。②

船队在这一良好的港湾安然度过了风暴后,于 9 月 29 日从绍纳

---

① 《文件和研究全集》第 3 辑第 2 卷第 105—106 页。
② 哥伦布本人在其《预言书》中(《文件和研究全集》第 1 辑第 2 卷第 141 页)说他发现绍纳岛和圣维森提角之间的时差为五个半小时以上。费迪南德第 59 章(第 2 卷第 12 页)则报道说,绍纳岛和加的斯之间的时差为 5 小时 23 分。然而,热那亚年代史编者安东尼奥·加洛则报道说(撒切尔第 1 卷第 195 页)统帅对那次月蚀的观测,把绍纳岛估计为加的斯以西 4 小时是正确的。加的斯的经度为西经 6 度 15 分,圣维森提为西经 9 度,绍纳岛为西经 68 度 30 分;与加的斯的差别为 62 度 15 分或 4 小时 9 分,与圣维森提为 59 度 03 分或 3 小时 58 分。即使设想哥伦布把雷吉奥芒塔努斯星历表中的纽伦堡数据运用于圣维森提角,也只能说明他的误差大约是 20 分钟。关于利用日月蚀来计算经度这件事,还可参看哥伦布在第四次西航中对 1503 年月蚀所做的进一步努力。

岛启程，并航行到了恩加尼奥角，1493年西航时，统帅曾将此地命名为圣拉斐尔角。在这一交界处，哥伦布突然改变了计划，对他来说，这很不寻常，表明他当时身体状况很坏。但这时候他不是寻找航路顺风回到迄今已离去4个月的伊莎贝拉，而是决定从事反对加勒比人的一次惩罚性远征。他发誓要毁灭他们的独木舟，以防他们袭击他的驯顺的朋友泰诺人。① 大概他的真正目的是获取奴隶运回国去，以代替在古巴和牙买加没有找到的黄金。

船队朝着波多黎各转向东南方，向莫纳岛靠近并在此岛登陆。拉斯·卡萨斯描述这个石岛周长约6里格，富于黄色的肥沃土壤，其上长有许多巨大的木薯根，木薯粉就是用它制成的。② 当即将渡过莫纳海峡东侧靠近波多黎各时，统帅因高烧而躺倒了，他时而昏迷、时而谵语。这次发病从其症状看来是现代所谓的精神崩溃，大概是由于他过度操劳、睡眠不足和营养很差而造成的。③ 船队负责人开了个会，一致决定放弃对加勒比人的攻击，并尽速回伊莎贝拉去。9月29日，这些轻快帆船停泊在伊莎贝拉锚地。统帅由海员抬上了岸，由他的忠诚的兄弟专心照料以恢复健康。

除了在船队从加的斯起航那天他有短暂的小病以外，这是我们得到的哥伦布健康不佳的首次证据。拉斯·卡萨斯告诉我们，他逐渐出现了痛风，其现代名称是关节炎。他后来两次西航就是在这种痛苦的疾病的折磨下进行的。

探测了古巴岛几乎全部南海岸的浅滩和海渊，发现并环航了牙买加岛，完成了对伊斯帕尼奥拉岛的沿岸航行，就一个夏天来说，探险

---

① 彼得·马蒂尔：《新大陆》第1卷第3册；拉斯·卡萨斯《历史》第1卷第406页）引用了哥伦布给双王的一封信，认为是传抄有误，统帅的目的是"调查"而不是"摧毁"加勒比人。他评论说，无论如何，由统帅来毁灭加勒比人不是上帝的旨意。

② 拉斯·卡萨斯认为统帅是以威尔士附近的安格尔西岛的古名为此岛命名的。但费迪南德（第2卷第13页）则说，这个名字源自印第安人名字。

③ 阿尔图罗·卡斯蒂格利翁尼医生在费迪南德的《历史》（卡德奥版）的脚注中讨论过哥伦布的病情与症状。

活动是够多的了。然而，由于没有找到到了东方的确凿证据，哥伦布在精神上是很不安稳的。他可以使每个人赌咒发誓地说，古巴是亚洲的一个半岛，大汗就在海角的附近，但他不能把誓言变成事实。他没有带回一便士的金子或一颗珍珠，这是每个人都希望从"印度"带回来的东西。〔不特此也〕，他还把伊斯帕尼奥拉岛的事情搞得乱七八糟。正如彼得·马蒂尔在他的另一次西航记事中所总结的："这是因为通常在人类事务中，在他的如此众多的顺利、愉快而幸运的事务中，幸福总是和苦恼的种子混合在一起，他的纯净的庄稼总是掺杂着一撮撮有害的杂草。"①

---

① 《新大陆》的伊登译本（1612年）第39页。

第三十五章　伊岛的苦难[1]

1494—1496 年

> 当然，人们不是用这样的不义行为来为上帝服役的。
>
> ——拉斯·卡萨斯：《历史》，第 104 章

当 1494 年 9 月 29 日船队在伊莎贝拉外面停泊时，第一个登上"尼尼亚"号的就是统帅已五六年未见面的弟弟巴塞洛缪。在遭到英国国王亨利七世的拒绝后，巴塞洛缪去了法国，那里年轻的国王查理八世一心只想征服比"印度"群岛更近的地方，对他也不感兴趣。于是巴塞洛缪就归依波旁夫人为随从人员。统帅在第一次西航回来后，就写信给他，要他到西班牙来，但巴塞洛缪是从国王嘴里首次听到这个大好消息的，国王当时有礼貌地赐给他装有 100 个 5 先令硬币的钱袋，作为旅行费用。这件事应该是发生在 1493 年夏天（这是消息传播到阿尔卑斯和比利牛斯山脉以北多么缓慢的又一明证），因为不管他怎样尽一切努力赶路，巴塞洛缪回到塞维利亚，还是在哥伦布 9 月从加的斯起航以后。[2]

在塞维利亚，巴塞洛缪收到了哥哥一封信，在许多其他的事中还

---

[1] 最详细的资料来源是拉斯·卡萨斯的著作。他阅读了彼得·马蒂尔、奥维多和费迪南德的著作，他用其中资料严厉驳斥那些宽恕哥伦布及其殖民者行为的言论。任何以为拉斯·卡萨斯是统帅的无批判的赞扬者的人，都应该阅读《西印度群岛的历史》的这部分。

[2] 1501 年巴塞洛缪去职见《文件和研究全集》第 1 辑第 2 卷第 89 页和维尼奥著《历史考证》第 1 卷第 471 页中。对巴塞洛缪的性格素描可参见拉斯·卡萨斯《历史》第 101 章。马达里加（《克里斯托弗·哥伦布》第 263—265 页）提出，统帅的邀请信写在第一次西航之前，而巴塞洛缪则只不过是宁愿留在法国。这个说法是这位作者的奇怪的省事手法之一。他想借此证明哥伦布兄弟是犹太人。巴塞洛缪去职的简单意义就是在第一次航行后，收到了他哥哥的邀请信。

第三十五章 伊岛的苦难

要求他带领他的两个儿子迭戈和费迪南德去宫廷,女王原已答应让他们成为堂·胡安王子的小侍从。这件事他是在 1494 年早期做的,当时宫廷正驻跸在巴利亚多利德。巴塞洛缪使双王们产生了良好的印象,他们封他为骑士,因而他可以自称堂·巴塞洛缪。当安东尼奥·德·托雷斯报告说伊斯帕尼奥拉急需粮食和药品时,费迪南德和伊莎贝拉就命巴塞洛缪率领三条迅即装满的轻快帆船以救援这个殖民地。这个船队在 4 月或 5 月月初从一个安达卢西亚港口起航,于 1494 年夏至日那一天抵达伊莎贝拉。

虽然统帅得了病,兄弟重逢也必定是愉快的。克里斯托弗和巴塞洛缪曾在里斯本共同制订了"伟大事业"的计划,分享了同样的穷困,蒙受了同样的嘲弄,还经受了同样的一系列的挫折与失意。正如人们根据他哥哥授予并得到双王确认的官职称呼他那样,代理总督今后也要分享统帅的胜利与苦难——大多是苦难了。① 这两兄弟是彼此互相补充的。巴塞洛缪很少有独创性和玄想,但他可以贡献专业制图学家和有造诣的语言学家的知识,在海上和陆上天生的指挥才智、意志力和绝对的忠诚。他不是知识分子而有智慧,还具有实干家的优秀品质,当其他的人失败或叛变时,他总是忠诚可靠;当其他的人生病时,他总是很健康;当其他人丧失信心时,他总是怀抱希望。他从不爱惜自己,但不拒绝饶恕别人。他对人严厉,说话简短,缺少拉斯·卡萨斯所称的统帅那样的"亲切与宽厚"。也许他失之于严苛,而其兄则失之于温厚。从现在起,通过幸运与不幸,他都将是他哥哥的主要顾问和行政官员。

巴塞洛缪给统帅带来了一封双王的抚慰信,② 信中对他急需的供应品还答应继续增加。但这只是欢迎统帅从古巴和牙买加航行回来后

---

① "代理总督"(Adelantado)是在加那利群岛用过的一个官衔,是在被征服的过程中,为一个省的长官而命名的,这一官衔把军事的和政治的职能结合在一起。
② 见前第三十一章。

所得到的值得欢迎的仅有的好消息。他在 4 月离开前所犯的错误已经结了苦果。他的弟弟堂·迭戈是一个适于在修道院而不适于在殖民地工作的人，他不能应付当时的局势。奥赫达对一个盗用了一点旧衣服的酋长的野蛮惩处，哥伦布也要负很大一份责任。这件事疏远了许多土著人。更为糟糕的是，纵容莫森·佩德罗·马加里特所造成的恶果。

虽然马加里特的行为违反了统帅的意愿和命令，但是统帅派他带队下乡，靠乡村维持生活，这就等于有意放纵他们去胡作非为。大约 250 名贵族骑士与弓弩手、110 名滑膛枪手和 16 名骑兵只带一小箱铜铃及其他小饰物下去采购粮食。哥伦布命令马加里特不要伤害印第安人（除非他们偷盗，如果偷盗就割掉他们的耳鼻），还叫他记住："两位陛下希望把他们变成基督教徒，借以拯救他们，这比征收他们的财宝更为重要。"但西班牙人必须吃饭。哥伦布指示马加里特用送礼物和采取保安措施诱使卡奥纳波酋长就范；还叫他考察该岛，报告岛上物产。对于前者马加里特甚至从未尝试过，对于后者就更不用说了。①

当奥赫达据守圣托马斯营寨时，马加里特和他部下那些快活人在贝加·雷亚尔到处游荡，从土著人那里勒索黄金，强奸妇女，并迅速耗尽了他们的粮食供应品。在一个自然恩惠如此微薄的地方，印第安人手中从未保存多少食物，而且正如拉斯·卡萨斯不太夸张地说过的："一个西班牙人一天吃的，比土人一家一个月吃的还要多。"当土著人拒绝提供他们所没有的东西时，马加里特的人就采取威吓、拳打脚踢和鞭子抽等手段，"不仅对普通老百姓，也对高贵的被称作头人的首领"。他们还抢走他们许多妻子和女儿，"而不考虑其身份、地位或者婚姻关系"。此外还绑架年轻的男孩子作为服侍他们的奴隶。②

---

① 1494 年 4 月 9 日统帅给马加里特的指示，见《文件和研究全集》第 1 辑第 1 卷第 184—188 页。
② 《历史》第 100 章（1927 年，第 1 卷第 468 页）。

第三十五章　伊岛的苦难

所有这些残暴的、无法无天的措施，在酋长们及其臣民（通常只有永远忠诚的瓜卡纳加利除外）中引起了巨大的骚动，致使伊莎贝拉殖民地的形势日益危险。堂·迭戈作为委员会主席写信给马加里特，[166]命令他改过自新，遵守统帅的命令去从事探测，而不要敲诈勒索土人。马加里特认为这是扫了他这个骑士的脸，是对他的权威的挑战。就这点来说，必须承认他是对的，因为哥伦布明白地授予他"和陛下们授予我印度总督和船队总指挥的同样权力"。他怒气冲冲地骑马赶到伊莎贝拉，在不能迫使委员会同意他的想法时，就纠集同伙，组成了一个反叛小集团，夺取了巴塞洛缪从西班牙带来的三条轻快帆船，扬帆返航。在这一叛变中，和他纠合在一起的最重要的人就是加泰罗尼亚人布伊尔修士。他曾被授予特别任务——使印第安人皈依基督教。布伊尔是对印第安人采取死硬政策的发起者，其实是个坏蛋。他和在其指挥下的男修道士根本没有为转变和教导伊莎贝拉附近的驯顺的泰诺人做半点事情。直到1496年9月21日才有第一个印第安人在伊斯帕尼奥拉由修士拉蒙·帕内施洗礼。拉蒙·帕内修士是一个忠诚的圣耶罗米教团的教徒，他尽心尽意地为上帝而不是为财神服务。①

这个加泰罗尼亚人小集团在统帅从古巴折返前就已上船起航了。他们的船只大概是在1494年11月某日抵达西班牙的，修士布伊尔晋谒宫廷，在那里对哥伦布兄弟进行最令人不能容忍的诽谤，并且宣称，伊斯帕尼奥拉既没有黄金，也没有其他有利可图的东西。

统帅虽然由于关节炎剧痛而好几个星期卧病不起，还是从软弱无能的迭戈手中把委员会主席职权接管过来，并努力消除混乱、恢复秩序。这不是一件容易完成的任务，局势已变得太糟了。马加里特所抛

---

① 帕内论印第安人的报告第26节（费迪南德著作第2卷第54页，在第61章和第62章之间）。那个受洗的印第安人被命名为胡安·马特奥。从一个名叫胡安·德·特拉西亚拉的人于1500年年底在伊斯帕尼奥拉写给西班牙的一些高级教士的一封信件看来，很清楚，印第安人改宗基督教甚至当时实际上也尚未开始。手稿存纽约公共图书馆。

弃的一群群士兵和心怀不满的殖民者在岛上到处游荡，胁迫土人，犯下了各种无法无天的残暴罪行。自然他们中间也有些人遭到了伏击或被杀害，但统帅不是把这些叛变分子遣送回国（大概他考虑到西班牙的舆论，不敢这样做），而是死守基督徒不会干坏事这个教条，认为要由印第安人负完全责任。他于是派遣了一支军队进入内地，用马和猎狗去穷追土人。他们抓捕了1 500多可怜虫，带回伊莎贝拉。他不惩罚那些罪魁祸首，反而惩罚这些无辜的受害者。

对俘虏来说，更坏的命运正在等待他们。1494年秋天的某个时候，后续的补给船队——4条轻快帆船在安东尼奥·德·托雷斯的率领下抵达了伊莎贝拉。①托雷斯带来了双王给统帅的另一封信（1494年8月16日）。统帅在2月份给双王写过一份讨论殖民需要与政策的备忘录，双王是在考虑成熟并加以评论后写这封信的。费迪南德和伊莎贝拉除希望他把海外航行中发现的岛屿搞得更清楚一些外，仍旧赞成他已经做过的和建议要做的一切。"因为你在信中只给一些岛屿命了名，而不是全部。"——这也是历史学家们的共同心愿。他们还乐于知道那里的气候，这大概也是想要殖民的人显然要询问的一个问题。"葡萄牙事务"（《托德西拉斯条约》）进行得这样顺利，致使他们建议在西班牙和伊斯帕尼奥拉之间建立每月一次的邮船服务。他们有点急于划出一条新的分界线，并建议统帅回来帮助他们。不过，"如果你回来有困难，如果这对你不方便，就看你是否可以让你的弟弟或其他一些知道那里情况的人回来，你可用文字、语言、图表或其他方式清楚地告诉他们，并让他们乘首批回国的船只立即回来。"②

这是一个脱身的好机会，哥伦布可以把这作为王命而立即回

---

① 库内奥说，它在9月29日以后"几天"才到达。费迪南德则说它于1495年2月24日才来到。由于船队带来的时间最晚的一封信的日期为8月16日，我设想它是在1494年年底以前抵达的。

② 1494年8月16日双王给哥伦布。纳瓦雷特著作第2卷第154—156页。参见《文件和研究全集》第1辑第1卷270—283页他们对他的《托雷斯备忘录》的评论。

第三十五章 伊岛的苦难

国，而留下他的弟弟负责当地事务，从而回避积累在他面前的所有问题——现代史上最早的殖民地问题。这样做不是很聪明吗？马加里特和布伊尔修士很快就会上宫廷，向双王说谎进谗。但哥伦布拒绝采取这个简单易行的办法来走出困境，他不想把问题留给巴塞洛缪。划分分界线可以推迟。由于葡萄牙和西班牙的专家从来难于取得一致意见，划界可以无限延期。

眼前紧迫的问题就是由托雷斯船队送些什么东西回去。大肆宣扬的锡瓦奥"金矿"迄今未找到，因为那里没有。到那时为止还只有为王室收集到微不足道的少量金子，虽然每个在殖民地猎财的人都有一小笔财产藏在树丛中或身上。也没有所谓"香料"或热带硬木受到西班牙商人的青睐。印第安人纺织精美、质地优良的棉布已在西班牙出售，但数量不多。① 必须把更有利可图的东西运送回去，以便偿还部分费用和制止加泰罗尼亚人小集团完全放弃"印度"的有害宣传，但除奴隶外，还有什么可以送回去呢？

在1494年2月哥伦布的《托雷斯备忘录》中，他曾提出了一个加勒比奴隶的经常贸易计划，在预期的金矿投产前，用以支付供给品的费用。他相信用他想要在殖民地建造的可划行大帆船②可以很容易地抓获他们。而且，由于加勒比人是双王陛下新臣民泰诺人的死敌，这种贸易应该是合法的甚至是很得政策的。费迪南德和伊莎贝拉不欢迎这一建议，因为他们批下了反对意见，"此议暂缓，在另一次航行以后，统帅可写出他关于此事的想法。"③

看来国王和女王不大赞成美洲的奴隶贸易，甚至颇为有理地认为

---

① 一封日期为1495年5月5日的双王给海军上将孔德·帕尔莫斯·雷克森斯的信，谈到当时正在那不勒斯作战的西班牙舰队的人员编制时说："凡是缺少的，都可以从印第安人那里得来的布（ropa）上获知，布由军需官掌握。"托雷斯在1494年拿了这种布回国。这封信现归纽约的沃尔特·R.本杰明所有，他友好地让我对之进行了仔细的研究。

② 这些大概就是后来在西属殖民地称为 bergantin（双桅帆船）的那种类型，不长于印第安人最大的独木舟的一种轻载小船，可用桨或帆推动。

③ 《文件和研究全集》第1辑第1卷第276页。

有希望把野蛮的食人生番转变成基督徒和生产劳动者。这一提示远未使哥伦布失去信心，他开始进行用伊斯帕尼奥拉居民来建立奴隶贸易。而这是在他多次宣称泰诺人是世界上最友好、最和平、最慷慨的人民，他们所要的只是有机会转变成好臣民和基督徒这一说法之后的事。在他们自己的岛上把这些人变成奴隶不是哥伦布的新主意，在1492年，他的最初想法就是让泰诺人穿上衣服，并使他们劳动。不过现在他又采取了可怕的紧急措施——把许多可怜的人送到塞维利亚的奴隶市场上去出售。

米凯莱·德·库内奥为我们保存了这些使人悲痛事件的细节。作为新近惩罚性征伐的结果，大约1500名俘虏被赶到了伊莎贝拉。其中大约500名"最好的男人和最好的女人"被装上4艘轻快帆船。随后，哥伦布宣布每个基督徒可在其余的人中间任自己随意挑选，想要多少就给多少。在每个西班牙人的需要满足后，还剩下400人，就叫他们"滚开"。他们中间有许多妇女怀里还带有婴儿。"她们害怕再被抓住，为了更好地逃离我们，就把婴儿随便丢在地上，开始像绝望的人那样拼命逃走。有些人翻山越岭、过河涉水逃得这样远，逃到离伊莎贝拉殖民点七八天路程的地方。第二天，一个名叫瓜蒂瓜纳的酋长和其他两名下级首领被吊了起来。他们被认为应对杀害抢东西的基督徒负责，但是，他们三人互相用牙齿咬断绑绳逃走了，使西班牙人大为扫兴。"①

由安东尼奥·德·托雷斯指挥的4条轻快帆船，于1495年2月24日自伊莎贝拉起航。② 米凯莱·德·库内奥是一个乘客，还有迭戈·哥伦布也是。他是统帅派他当自己的辩护人回宫廷去驳斥布伊尔和马加

---

① 库内奥作品载《文件和研究全集》第3辑第2卷第106页。他说在2月17日有550人被带上了船。安德烈斯·贝尔纳德斯（《教皇史》第120章，1870年，第2卷第37页）赞同拉斯·卡萨斯（《历史》第1卷第416页）的500人被带上了船的说法。

② 费迪南德著作第2卷第21章；拉斯·卡萨斯著《历史》第1卷第416页。

里特的诽谤的。托雷斯不懂得统帅1493年返航的航线（向北直抵百慕大群岛的纬度然后向东直驶西班牙）应该是一个普遍规律。他尝试了一条较为偏南的航线，结果，逆风换抢行驶于小安的列斯群岛之间，浪费了一个月的时间。最后，托雷斯由于害怕粮食告罄，向北航行了150里格（据库内奥说），驶入了3月里吹得强劲的西风带，因而只用了23天就由波多黎各抵达了马德拉群岛。印第安人在多风暴的天气里被关在船舱里，其苦痛是不待描写就可以想象得到的。从马德拉群岛到加的斯这一段最后的航程，库内奥写道："这些印第安人中大约有两百人死亡，我认为这是由于他们不习惯这里气候比他们那里要冷的缘故。我们把死了的丢到海里去。我们最先看到的陆地是斯帕特尔角。不久我们就到达加的斯，随后就让奴隶上岸，他们中间有一半人病了。告诉你们：他们既不是工作着的人，而且非常害怕寒冷，也就都活不长久。"堂·胡安·丰塞卡把一些幸存者放在塞维利亚出卖。贝尔纳德斯在那里看到他们"赤身露体和出生时一样，凄惨得像些野兽……由于他们水土不服，差不多全都死亡了，因而这个买卖几乎无利可图"。这就是和印度进行海外贸易的一个良好开端！

伊斯帕尼奥拉的泰诺人正开始显示比哥伦布所认为的要勇敢得多，即使这是一种绝望挣扎的勇敢。咬断绑绳逃脱的酋长瓜蒂瓜纳现在试图把入侵者赶下海去。很少疑问的是，如果伊斯帕尼奥拉所有的部落都团结起来，虽然他们的武器很差，但由于人数占绝对优势是可以压倒西班牙人的。但是，正像印第安人与欧洲人的大多数战争一样，他们不能团结一致。瓜卡纳加利的人民也和其他人一样，深受欧洲掳掠者之害，但他却坚决忠诚于与统帅商定的不成文盟约。而在该岛其他末端的酋长们则自宽自解地认为如不触犯白人侵略者，他们就可以单独保持安全。这个战争不是他们的战争。

瓜蒂瓜纳设法调集了一支在贝加·雷亚尔要算规模可观的军队。1495年3月29日，统帅（他已恢复了体力）副总督（他需要一次考验他的机会）和阿隆索·德·奥赫达（他经常准备战斗）带了200名步兵、20匹马和20只猎狗及一支瓜卡纳加利率领的印第安人同盟军，从伊莎贝拉进军去与瓜蒂瓜纳的军队交战。西班牙军队取道伊达尔戈山口下到大谷地，并在瓜蒂瓜纳挤在一起的军队侧翼取得一些伏击基地。战斗是从设伏地点火绳枪手的开火而开始的。这一行动威吓土著人多于伤害他们。当时，一声令下，奥赫达在骑兵前面冲向惊恐、挤作一团的人群，用刀、剑和长矛冲刺砍杀，同时猎狗也狂吠乱咬。这就够了。印第安人"设想人、马是一个动物"①，他们被完全击溃了。西班牙人还围捕到了另一大批奴隶。

卡奥纳波则仍待对付。在酋长中间，他以最勇敢好战而著称，而西班牙人因他杀害了纳维达德驻防人员的宿怨，必须向他讨还血债。

奥赫达带了10个骑兵去抓卡奥纳波，只要抓到他，可以不择手段。他在锡瓦奥山脉南坡卡奥纳波的司令部里，获得接近这位酋长的机会。他邀请他访问伊莎贝拉和基督徒签订一个条约，还答应他到达时送给他一个教堂里的铜钟。卡奥纳波听说过有关这个铜钟的事，并喜爱它，便接受了这一诱饵。他谨慎地带了一些武装的侍从同行，以资保卫。当西班牙人和印第安人在河岸一起扎营时，奥赫达从他的鞍囊里拿出一副先已制备的、擦亮了的钢手铐和另一副擦亮了的钢脚镣，他希望借此活捉卡奥纳波。印第安人特别喜欢黄铜，他们叫作turey。奥赫达告诉酋长说这几件东西就是用黑色的比斯开黄铜做的，并且是西班牙国王这一类的大人物在节日骑马时才戴的。酋长是否愿意像国王那样戴着它们呢？卡奥纳波回答说他愿意戴。于是酋长被征服者扶上马，手上戴上"手镯"和脚上卡上脚镣，还把他的身体绑在奥赫达的马上，以免跌下马来。一声号令，骑兵就把卡奥纳波带来

---

① 拉斯·卡萨斯著《历史》第104章（1927年，第1卷第425页）。

的那些惊慌失措的侍从冲散了。奥赫达带着他的俘虏猛冲过河，快马奔驰。他只在调整脚镣时暂停了一下，就带着身后的俘虏进入了伊莎贝拉。

卡奥纳波被关在伊莎贝拉的拘留所里，他"烦躁不安，咬牙切齿，好像一头利比亚狮子"。这时，哥伦布又派遣奥赫达带领一支远征军去扫荡锡瓦奥。据报，卡奥纳波的姻兄弟哈腊瓜酋长贝赫奇奥正在建立一支敌对队伍。①奥赫达又一次进驻到圣托马斯营寨，带领他的无敌骑兵翻山越岭前进。贝赫奇奥打了所有战斗中最好的一次战斗，但骑兵终于像往常一样战胜了他。他本人也被作为俘虏带到了伊莎贝拉，但晚些时候他逃脱了。哥伦布接着在该地做了一次凯旋式的进军，最后该地区终于完全平定了。费迪南德说，到1496年，伊斯帕尼奥拉已被征服得这样彻底，以致使得每一个西班牙人都可以安全地单独出门，想到哪里就可以去哪里，并且可以自由享受食物、女人和骑马旅行。

很清楚，托雷斯船队带来的一些妇女儿童是自从诺尔曼人时代以来到达美洲的首批欧洲妇女儿童，因为，费迪南德说，在西班牙人征服伊斯帕尼奥拉岛后，白种人总数为630人，"大部分病了，其中许多人是妇女和儿童"②。现在伊莎贝拉才开始像一个定居的殖民地。哥伦布认为这是他返航并照顾自己的利益的时候了。然而，1495年6月，一次早飓风破坏了他的船舶。拉斯·卡萨斯认为这是神的旨意，是对西班牙人无数不敬不义行为的天罚。正如彼得·马蒂尔所描述的：

"同年6月，他们说那里从东南方刮来近年从未听说过的这样一场凶猛的飓风。其威力是如此之大，致使在风力所及范围之内，无论什么大树都被连根拔起。当它吹到该城的港口时，停泊在那里的3条

---

① 彼得·马蒂尔（阿尔伯编，伊登译，第81页）。
② 费迪南德著作第61章（第2卷第26页）。如果费迪南德像我怀疑的那样误传了错误的消息的话，则第一个到伊斯帕尼奥拉去的欧洲妇女是1498年和科朗内尔去的那一位。

船都被吹沉海底，还把缆索刮断；而且这时天上没有暴雨，海面没有巨浪，只把船只掀动三四次，船就翻了，缆索就断了，确是更大的怪事。居民还断言，这一年大海进一步扩展到了陆上，其上涨高度比人们记忆中的还要高出1腕尺。"①

结实的"尼尼亚"号安然度过了飓风，但其他3条船（"圣胡安"号、"卡德拉"号和大概是"加列加"号）则被毁坏了。幸好伊莎贝拉有修船木工，就使得统帅可以着手利用打捞起来的破船材料来建造一艘新船。经过适当的时间，一条驾驶起来灵活轻便的50吨左右、吨位尽可能接近她的姊妹船"尼尼亚"号的小轻快帆船便造好下水了，并用其他船只的帆和索具装备好了。这条船被正式命名为"圣克鲁斯"号，海员们用的诨名则为"印度"号，因为它是在印度群岛建造出来的第一艘船只。

1495年5月—1496年2月或3月，在这9个月或10个月里，哥伦布兄弟主要是忙于征服伊斯帕尼奥拉岛。拉斯·卡萨斯曾看见过统帅给双王的报告，报告后来丢失了，其中坦率地陈述了他的统治方法。在内地建筑三座以上的堡垒，以做基地；派军队在岛上到处巡逻，强迫现已惊惧万分的土人在进贡黄金的条件下服从总督的统治。

强迫土人贡纳黄金，以此作为搜集黄金的唯一手段。不论是谁想出这个鬼制度，哥伦布都得对此负责。每个年龄在14岁以上的归顺土人（作为不被杀害的唯一替代办法）每3个月要提供1满佛兰德鹰铃的沙金，而酋长之一的曼尼考特克赫则必须每两个月交给1满葫芦价值150卡斯特亚诺的黄金。居住在河床提不出金子地区的土人则可用一阿罗瓦（25磅）的棉纱或棉布作为每3个月缴纳沙金的替代品。给予每个到军管站缴清了贡物的土人以一个盖了印的铜制标志，围在颈上，以防受到新的勒索。拉斯·卡萨斯说，这一制度是不合理

---

① 1腕尺长18—22英寸。——译者

的、负担最重的、办不到的、无法忍受的和极其可恶的。①

当人们认识到从伊斯帕尼奥拉的土壤和河床中采金的困难时,就能正确评价这实际情况。西班牙人初次来到时,看来似很丰富的黄金装饰品,意味着好几代土人的劳动和积累,印第安人家用餐具也是一样。现在只能淘洗河、溪沙砾中的沙金,或者通过更为费力的、也许只有通过有领导的奴隶劳动的过程——清除土地上大大小小的树木、挖沟并反复试验找到一个表明有"金沙"的地方,才可获得黄金。②单个的印第安人只能在蕴藏特多的溪河里,用他们不惯的、持久不懈的劳动,才能获得4鹰铃的黄金,作为每年的贡赋。偶尔他们也会交上好运发现一大块金块,但是,一般说来,他们不能用世界上最好的愿望来如期偿付这种贡赋。酋长瓜里翁内赫经常告诉统帅,如果他愿意在两处海水之间拨给他一块大的可耕地(拉斯·卡萨斯估计过),他就能生产出整个卡斯蒂利亚王国所吃的10倍还多的小麦,但用他的全体臣民却不能在此收集到足够的黄金,以满足这种贡赋的需要。可是,统帅"虽然是一个有德行的基督徒,并满怀善良愿望",却因渴望报偿双王的巨大开支,并堵塞住批评者的嘴巴,所以他只答应把贡赋削减50%,而拒绝进一步削减。即使这样,贡赋还是过高,"有些人照办了,其他的人却办不到,因此陷入最悲惨的生活境地,有些人跑到山里躲藏起来;另一些人由于基督徒的暴力、挑衅和迫害行为从未停止,他们深受特殊伤害和严刑拷打之苦,忍无可忍,就杀死了一些基督教徒,以图报复。于是,基督徒立即采取反对他们并称之为惩罚的报复行动。不仅对屠杀者,而且对整个村庄或整个地区都用死刑或严刑拷打对尽可能多的人加以惩处,<u>丝毫不尊重人道和神性的公正原则和自然法则,他们正是在其权威下干这种事的。</u>"③

---

① 拉斯·卡萨斯著《历史》第105章(1927年,第1卷第429页)。
② 奥维多在《通史》第3册第8章(第1卷第182—186页)中,对伊斯帕尼奥拉的各种不同的采金法有详细的描述。
③ 拉斯·卡萨斯著《历史》第1卷第430页。

那些逃进山里去的印第安人，都遭到猎狗搜捕，即使逃脱了也因饥饿与疾病而不免死亡。与此同时，其余成千上万陷入绝境的可怜人则用木薯毒素结束了他们悲惨的一生。因此，完全应由哥伦布负责的这种政策和行为，使得1492年曾是地上天堂的伊斯帕尼奥拉的人口开始锐减。一个现代民族学者估计，原来土著人人口数为30万，在1494—1496年之间，有1/3被杀掉；到1508年一个统计数字显示，仅有60 000人活着。4年以后，这个数字又减少了2/3。1548年奥维多怀疑，是否还有500人残存下来。今天泰诺人的血液只存在于与更驯顺、更勤劳的非洲黑人结合的混血人中，非洲黑人是从非洲输入来干印第安人不能干和不愿干的工作的。①

这个和平的，又几乎毫无防卫的民族的命运，给那些幻想觊觎其所有的海外来人会容许他们过和平生活的美洲人，提供了一个可怕的例证。

1495年4月（上次船队从西班牙开来已满一整年了），4条轻快帆船沿着伊斯帕尼奥拉岛北岸顺风行驶，到达伊莎贝拉后在一个开阔的锚地停泊。它们于8月5日从塞维利亚起航，由胡安·阿瓜多率领。阿瓜多原先是女王家庭中的一员，在第二次航行中伴随过哥伦布，后来则和托雷斯一起回到了西班牙。②他受命调查哥伦布作为总督和地方长官的行为，并要做出报告。双王不能无视布伊尔修士和已经回国的几百名不满分子的控告，但他们仍然相信哥伦布，并选择这一方式来搞清真相。阿瓜多带来了急需的供应品以及哥伦布想要的冶金专家。他还给统帅带来了一封双王的简短的信，命令他把王家饷金名单上的殖民者减少到最多500名（由于自然的原因，大概已经这样

---

① E. G. 伯恩著《西班牙在美洲》第213—214页；拉斯·卡萨斯著《历史》第1卷第432页。
② 在安赫尔·奥尔特加著《拉方维达》第2卷第282—284页中有一些论及阿瓜多船队装备和船货的有趣文献。这些轻快帆船都是帕洛斯的，都未命名。

第三十五章　伊岛的苦难

做到了），还命令他平均分配口粮，这是由于据说他克扣某些人的正常供应份额作为一种处罚。①

阿瓜多只带来了一封很短的信任状，向所有贵族、骑士和其他的人介绍他作为"朕等的内侍，并将代表朕等发言"②。他在军号声中做了一次到达伊莎贝拉的壮观的入城式，并立即开始撤销代总督（统帅不在岛时由他负责）的命令，听取控诉，捉拿人犯，还采取其他方式表示他已执掌总督职权。巴塞洛缪捎口信给他的哥哥，并提出警告。哥伦布回到了伊莎贝拉，对篡位者采取容忍和谦和的态度。阿瓜多及其文胥们发现要取证会有许多事情要做，因为在伊莎贝拉几乎人人都患病或不满，急着回家。③ 他告诉我们，健康的人都忙于在全岛掠夺财物、搜刮黄金和抓捕奴隶。

在这个富饶肥美的土地上殖民18个月，在从西班牙调来大量种子、农具和劳动力后，伊斯帕尼奥拉的西班牙人仍然要仰赖进口的供应品，看来是很反常的。但是，这样的情况还持续了很多年。米凯莱·德·库内奥讲出了其根本原因。"虽然土地很黑很肥，他们却既未找到方法，也未找出时间去播种，原因就是没有人愿意在这些地方居住。"④ 这种态度是大部分纠纷的根源。哥伦布设计了一个永久殖民地，并把西班牙文化和天主教输入西印度，但除他一家和像拉蒙·帕内修士那样少数虔诚、恭顺的人以外，没有人注意及此。他们的目的只是快点得到黄金，然后回国去使用它。拉斯·卡萨斯说，到1496年在伊莎贝拉听到的唯一誓愿就是："愿上帝带我回卡斯蒂利亚去！"

哥伦布没有多久就得出了这一结论，即他也应该在阿瓜多呈送

---

① 纳瓦雷特著作第2卷第176页（1495年6月1日）。
② 奥维多著作第1卷，第53页；纳瓦雷特著作第2卷第159页（1495年4月9日）。
③ 《历史》第108章（1927年，第1卷第483页）。拉斯·卡萨斯还说阿瓜多的4条轻快帆船在这年秋天被飓风毁坏。但另有记载说它们在1496年年底安全地回到了西班牙（哈里斯著《北美洲的发现》第672页）。
④ 《文件和研究全集》第3辑第2卷第101页。

报告前尽早回西班牙去，以保护他自己的利益。但直到1496年3月他才得以离开，或许是因为"印度"号未能更早地装修好以便出海航行。

为了找到一个更适合于兴建伊斯帕尼奥拉首府的新地址，已经等待了好几个月。在这期间，由于许多理由，伊莎贝拉已被证明是不能令人满意的。停船处不能防御北风，近处没有产金的土地，而贝加·雷亚尔的邻近地区则都已遭到了破坏。奥维多报道过一个浪漫的故事，而拉斯·卡萨斯则贬称为纯粹的传说。一个名叫米格尔·迪亚士的西班牙人在岛上漫游到了奥萨马河。他在那里爱上了女酋长卡塔琳娜。女酋长曾请哥伦布在她的领地上建立一座新城市。据拉斯·卡萨斯说，圣多明各的地址是在迪亚士领导下为着这一目的而派出的勘测组找到的。选定这里是因为它是个良港，附近土地肥沃，适于农业，还有许多尚未开发过的产金的河流。① 不管怎样，统帅在勘测了几个地址后，给代总督的最后命令就是要在他不在职期间兴建一座新城市。圣多明各的建设是在1496年或1497年开始的。

伊莎贝拉的景象是这样的使人痛苦和失望，终于被西班牙人放弃了。早在拉斯·卡萨斯时代，据说这个废墟就闹鬼了。走近那里的猎人曾听到过可怖的喊叫声。有一次，在一条荒废的街道上，一个赶路不觉天黑了的旅行者，曾遇见了两名骑士。他们穿着靴子，腰佩着剑，穿着古时朝臣的长袍，在打招呼时，他们也鞠躬回礼，但他们的头和礼帽突然一齐脱落，身体也消失不见了。因此，人们都避开伊莎贝拉的遗址。现在那里是海边的一个牧场，地面上只有几块石头，以显示它曾经一度是西属印度群岛的首府城市。

---

① 奥维多著作第1卷第52页；拉斯·卡萨斯著《历史》第110、113、114等章（1927年，第1卷第443—444、452—456页）。

第三十六章 拥挤不堪的越洋航行①

1496年3月10日—6月11日

> 大海波涛汹涌是奇妙的，上帝莅临深海更是奇妙的。②
>
> ——《圣经·诗篇》，第92篇，4节

哥伦布回航西班牙时乘坐的"圣克拉拉"号（别名"尼尼亚"号）及其姊妹船"圣克鲁斯"号（别名"印度"号）与统帅差不多三年以前指挥的壮观的大舰队相比是一支微不足道的小船队。想起那些日子里高昂的情绪和远大的前程，就觉得眼下可怜，因为登上"尼尼亚"号和"印度"号的仅有快乐就在于永远离开"印度"并回到西班牙去的前景。上船的有225个基督徒和30个印第安人，这样多的人急着要回去，致使两条轻快帆船超载拥挤到了危险的程度。两条船能够容纳下这么多人，真是出乎想象之外，因为"尼尼亚"号在第一次西航中只载了不到25人，而"印度"号的装载量与它相同。乘客必须在甲板上分两班睡觉，甲板上满是人，这些船是如何开行的呢？这样多的人又是如何供给食物的呢？这个，我们将会知道，几乎不供给他们多少食物。

哥伦布现在已有一半股份的"尼尼亚"号仍旧是阿隆索·梅德尔担任船长，船员大概也和1494年出航古巴时相同。"印度"号由巴托

---

① 本章资料几乎全依据费迪南德（第62、63章）和拉斯·卡萨斯（《历史》第111章，前者肯定见过、后者可能见过现已失传的统帅的《航海日志》。

② 哥伦布在他的托勒密的抄本中写了这句诗，是我翻译的。

洛梅·科林指挥，他是作为阿瓜多船队中的一名船长前来的。30个印第安人中包括俘虏卡奥纳波及其兄弟和侄子，卡奥纳波后来死在海上①，还有一些其他的选来准备训练成为翻译的人。1496年3月10日拂晓船队离开伊莎贝拉起航，除了那些离开本乡的土人以外，每个人都因为自己已在甲板上抢得一小块两英尺宽、6英尺长的铺位的一半权利而高兴，谁也不为离开伊莎贝拉而掉一滴眼泪。

考虑到轻快帆船的拥挤情况，尽可能以最快速度横渡大西洋就成了哥伦布义不容辞的责任，也许这就是他为何要等到3月份西风最强的时候才启程的原因。如果他像阿隆索·德·圣克鲁斯在1541年对风和洋流了解得那样多的话，他就会顺风行驶到老巴哈马海峡，然后让墨西哥湾流把他带过佛罗里达海峡直到百慕大群岛的纬度，在那里就可以得到充足的西风。这一绕着走的最长路线实际上是回西班牙去的最短路线，但现在是在人们发现它以前的好多年。其次一条最好的返航路线是哥伦布自己在1493年采取的：沿着伊斯帕尼奥拉岛北海岸逆风航行（这样走可以避开危险的银滩，这里曾沉没过一个装运大量金银财宝的船队，那就是威廉·菲力普先生要打捞的那个船队），到达萨马纳湾后，再向北顶着信风行驶到西风带。托雷斯在1494年带领12只帆船取这条线完成从陆到陆的航行，只花了25天，而奥维多宣称，1525年4艘轻快帆船也正好以同一时间完成了从圣多明各到塞维利亚的全部航程。② 1495年3—4月托雷斯在第二次返航时（这次航行中带了库内奥回西班牙）曾尽力逆风向东行驶，因而走得很慢，费时很长；阿瓜多船队是在托雷斯抵达几个月后才离开西班牙的，哥伦布应该从阿瓜多船队的船长和舵手们那里了解这些的。为什么统帅再次试走这条很不好的路线呢？也许他是在乘客过分拥挤的情

---

① 拉斯·卡萨斯说卡奥纳波被铐在船上时，于1495年6月一次飓风中船沉溺死，但安德烈斯·贝尔纳德斯则有为时较新的资料报道。

② 奥维多著《西印度群岛自然史》（摘要本）关于航行的一章。在此他介绍了路线。

况下，害怕和陆地脱离接触。不管目的怎样，他的路线是选得非常糟糕的，哥伦布幸而没有被陷在"马纬度"，使帆船因无风而停止不前，否则他的乘客会饿死一半。

统帅留下他弟弟巴塞洛缪·哥伦布担任代理总督，巴塞洛缪搭乘"尼尼亚"号随统帅到了第一个停靠港口——普拉塔港。兄弟二人想看看此地是否可能做新首府的地址。经过短暂考察后决定赞成奥萨马河口，然后充满深情地彼此道别，代总督则从陆路回到伊莎贝拉，后来成为普拉塔港山上多米尼加修道院副院长的拉斯·卡萨斯，曾因他家乡被忽视而逗人可笑地表示愤慨。他宣称巴塞洛缪赞成圣多明各是抱有偏见，说他认为注入普拉塔港的一些河流是有害的，他告诉统帅说这些河流的水质不好。

由于这次访问和信风平行海岸劲吹，就使得"尼尼亚"号和"印度"号花了12天沿着伊斯帕尼奥拉岛海岸逆风行驶，直到3月22日恩加尼奥角才在他们的视野中消失。

信风继续从偏东方向吹来，因而逆风换抢行驶还不得不继续下去。还不清楚哥伦布逆风换抢是在波多黎各岛和维尔京群岛以内或以外进行的，大概是在其以内，因为这里的水面较平静而且有时风是从岸上吹来的。在4月6日，也就是离开伊莎贝拉4个星期的时候（如果他们采取了正确的航线的话，时间足够抵达西班牙），存粮消费得这样快，快得使人惊恐，致使哥伦布决定在瓜德罗普岛停靠，以便采办一些当地的食物供应品。1496年4月9日（星期六）下午，"尼尼亚"号和"印度"号在马里加朗特岛外停泊，哥伦布在出航途中曾当着加勒比人宣布正式占领这个岛。第二天早晨，他下令继续向瓜德罗普岛前进。海员们当时和现在一样讨厌在星期天离开港口，于是统帅的命令就引起了惯常的喧闹与嘟哝。无疑，好争辩的水手们与随船传教士们都很自负，对后来发生的一切都会说："我早就告诉过你是这样的！"

两条船暂缓去瓜德罗普岛，来到了统帅旧系泊处格兰德安塞附近的一处锚地,并派了一条小武装船靠岸。在它靠近海滩以前,一群妇女从树林中飞奔出来,对来访问者飨以一阵箭雨,但无人被击中。哥伦布断定这里不是"马提尼诺",就一定是在第一次西航中听到过的妇女岛。

哥伦布派了一些海地女俘虏登陆告诉这些亚马孙女战士说西班牙人不想伤害她们,只要她们供应食物。她们回答说没有,但她们的丈夫在该岛北部,无疑会供应这些基督徒所需要的一切。因此,"尼尼亚"号和"印度"号起了锚,并围绕瓜德罗普岛西南角航行,直到他们来到一个小海湾(大概是安塞阿拉巴尔克)。此地有一个棕榈叶盖顶的茅屋组成的村庄,村里有许多土著人。哥伦布再次派了一条小武装船靠岸,船上的人则径直走进了一个设伏点。土人的"千万支箭"射向他们,还喊叫着要抵抗登陆的人,直到西班牙人安好大炮发射炮弹,使他们逃进树林为止。据费迪南德记载,西班牙人洗劫并毁坏了他们的茅屋,但并未找到任何有价值的东西,只有几只像鸡一样大的叫作 guacamayos 的红鹦鹉,以及蜂蜜和蜂蜡。但拉斯·卡萨斯说:"我不相信这点,因为我从未听说这些岛屿上有蜂蜜和蜂蜡,就是大陆上也没有。"他们还发现有一只人的臂在炙叉上炙烤。

一支武装小队进山追逐印第安人,设法抓获了3个小孩和10个妇女。其中之一既是该村庄的统治者又是酋长的妻子。抓住这些人质,西班牙人就可以做交易了。那里的妇女卖给他们一定数量的木薯根,并告诉他们做木薯粉食品的方法。这就是把木薯属植物(yuca)的根放在擦板上擦,滤掉氢氰酸(加勒比人用来做毒箭头),把淀粉捏成生面团,轻轻拍成薄片,然后在陶盘上用火烘烤。瓜德罗普岛和海地岛的黑人,除了是在研钵中捣碎木薯根和在薄铁片上用木炭火烤薄饼外,大体上一直是照印第安人那样做面包的。我也常从路边摊贩的铁盘上买来烤好的圆的木薯面包,并留下一部分烤热作为早餐。它可长久保持其风味与新鲜度。奥维多说可保存一年或更长的时间,他告诉我们，早期航海家常用大量的木薯粉作为船上食物。从这方面看来，它比在安的列斯群岛食用的玉米食品要优越得多。①

两条轻快帆船在瓜德罗普岛这个碇泊处停留了 9 天，烘烤木薯粉食品，装满水桶并砍伐烧火用的木柴。统帅由于知道还有其他西班牙船只会从这条路上经过，希望和印第安人保持良好关系，所以遣返了除女酋长及其女儿外的所有人质。他说她们两人是自己愿意留在船上的，但拉斯·卡萨斯则说："上帝知道这个愿意是怎么一回事，土人的女酋长被敌人夺去了，他们怎么会感到慰藉和满意呢！"

4 月 20 日，"尼尼亚"号和"印度"号离开了瓜德罗普岛去西班牙。费迪南德说："由于顶头风和长时间无风，他们随风向变化或多或少地循着北纬 22 度的航线行进，因为他们当时还没有我们现已知道的经验：让船只向北方前进，以便赶上西南风。"②

哥伦布是不是设想瓜德罗普岛（北纬 16 度）是在北纬 22 度这个纬圈上呢？很可能，因为他直到 1504 年还从未得出过任何岛屿的正确纬度。不幸的是，在有关第二次西航的原始资料中，我们没有掌握一点"位置"资料，而在所有记述这次航行的作者中，也只有意大利人对此感兴趣。住在加的斯的商人斯特罗齐（他的资料来自在 1494 年 4 月的托雷斯船队）说，在这次航行中发现的岛屿都位于北纬 26—31 度之间，即多估了 10 度。③ 彼得·马蒂尔（他的资料来自哥伦布的一个船长梅尔奇奥尔·马尔多纳多）则报道说，伊斯帕尼奥拉岛位于 21—26 度之间④，而其纬度为 17.5 度和 20 度才是正确的。

---

① 奥维多著《通史》第 1 卷第 270—271 页，在此对调制这种食品有充分的描述。
② 费迪南德著作第 63 章（第 2 卷第 62 页）。翻译者用的短语是 venti vendavalli，是西班牙文 vendaval 的直译，即在某些季节里吹向西班牙海岸的西南风。
③ 《文件和研究全集》第 3 辑第 1 卷第 166 页。
④ 1495 年 1 月 10 日致蓬波尼乌斯·莱图斯的信，《文件和研究全集》第 3 辑第 2 卷第 46 页。"我曾写道，它（伊斯帕尼奥拉岛）的经度为 19'极度'，据说，根据东经它位于加的斯以西 49 度，但并不是正好在西，因为加的斯不正具有 36 度的仰角，但在这些岛屿上，在南方有 21 度的仰角在北方则有 26 度的仰角。无论如何，关于度数的观测点是不同的。我认为北极星的移动归因于这种不确定性……"彼得·马蒂尔根据"极度"的经度我不理解。伊斯帕尼奥拉岛从东到西的经度差只有 6.5 度，它位于加的斯以西 64 度。

日内瓦年代史编者安东尼奥·加洛显然是根据统帅本人的权威来信，记述在1496年前后，古巴岛南海岸"北极的高度是18度，伊斯帕尼奥拉岛北海岸的北极的高度则是24度"。① 两种纬度②假定是意指巴塔瓦诺附近的古巴海岸，都太高了。迟至1498年，哥伦布在再次访问伊斯帕尼奥拉后，得出伊莎贝拉的纬度为北纬24度，还是高了4度③。所以，他在1494年大概认为瓜德罗普岛是在北纬22度（高了6度）。还有迹象表明，他在等候做好木薯饼时，做过几次北极星观测④。无论如何，这次绕道瓜德罗普岛使船队花费了一个月的时间，因为他们在这个季节里从这个地区横渡大西洋，正碰上信风从偏东方向一个劲地迎面吹来。

对于下一个月即4月20日—5月20日的航行，我们没有一点详细的资料。船队一定依靠捕鱼来弥补粮食的不足，因为轻快帆船几乎是顶着风，只能缓慢前进，而且，他们必须经过的回归线无风带，风力经常是微弱的。费迪南德帮助我们的关于船只的第二个消息就是5月20日全体船员每天粮食限额被削减为6英两木薯粉食品和一小杯淡水，此外就没有什么了。他还说："虽然这两条轻快帆船上有八九个舵手，但无人知道船队是到了哪里。可是统帅深信是位于亚速尔群岛以西的某处地方，还在他的航海日志中做了记载。"

就这点来说，建议不以航海为业的读者撇开下面这一段，等谈到船队靠近陆地时再继续读，因为我们正在陷入某些使人困惑的航海资料之中。

为了那些和船只待在一起的人，你可以首先说明哥伦布提到的佛兰德和热那亚罗盘磁针。罗盘制造者为了补偿定位地点磁北与真北之

---

① 撒切尔著作第1辑第192卷第195页。
② 天极高度即北纬。
③ 《文件和研究全集》第1辑第2卷第9页。
④ 《美洲海神》第1期11—12页注释23。

间的磁差在制造中常常将刻度盘下面的磁针或磁丝安装在盘面表示"北"的那点的一边，这样鸢尾标志就会经常指向真北（鸢尾在当时刻度盘上指北同现代一样）。因此，在佛兰德制造的罗盘（罗伯特·诺尔曼这样告诉我们），"其磁针安装在罗盘北偏东这个罗经点的四分之三（8.4 度）处，有些安装在北偏东整个罗经点（11.25 度）处。就松德海峡和大小贝尔特海峡的磁差来说，因为罗盘是准备在它们那里用的，所以大体上是正确的。"但"在塞维利亚、热那亚和威尼斯制造的罗盘仪……大都是照子午线方向制造的，磁针都是按照罗盘上的南北径直安装的，因而，在所有地方都能正好表示各自的罗经点，像裸装磁针一样"。① 换言之，热那亚罗盘仪是照"真方向"制造的，所以，在一个没有磁偏角的地方，热那亚罗盘上的鸢尾就会指向真北，而佛兰德罗盘仪因要向 8—11 度偏东校准磁差，当船只驶往真北时，就会读出北四分之三西或北偏西。我们已经知道，1493 年哥伦布必定是把佛兰德罗盘仪向东校准半个罗经点，取西偏南的航向，才抵达了多米尼加岛的。

现在让我们来看哥伦布在他的航海日志（由他的儿子抄出并由乌略亚译成意大利文，然后再译成英文）在 1496 年 5 月 20 日是怎样写的吧：

> 今天早晨，佛兰德罗盘指针像平常一样向北西偏了一个罗经点，而以前和它一致的热那亚罗盘仪的指针只向北西变动了一点点，后来则在偏西和偏东之间变动，这是我们已位于亚速尔群岛以西大约 100 里格的征兆，因为，当我们正好位于 100 里格处时，在海中只有一些稀散的果囊马尾藻分枝，佛兰德罗盘仪的磁

---

① 罗伯特·诺尔曼著《新的吸引力》(1596 年) 第五章 "关于普通罗盘仪"。这个题目 N. H. 德·包德雷·赫特科特在《科学的进展》第 27 卷（1932 年）第 89—96 页第 102 页中做了很好的讨论。

针偏到北西一个罗经点，而热那亚罗盘仪的磁针则穿过真北，当我们进一步航向东北东时，它们也会有所行动。①

现在，同船水手们，你们对此会怎样办呢？首先把我们的哥伦布第一次航行图摊开，并且注意等磁偏线的走向，注意这次返航的原先航路的走向大多是沿着 2 度和 3 度等磁偏线或者在它们之间进行的。还要注意，1492 年 9 月 16 日，当船队位于亚速尔群岛圣米格尔岛子午线以西大约 100 里格时，哥伦布首次见到了果囊马尾藻。据我看来，哥伦布似乎认为他现已接近了同一子午线，因为果囊马尾藻越来越稀疏（在过去 3 个星期中，他正在穿越马尾藻海中部）以及没有对磁差校准的热那亚罗盘仪差不多正指向真北，而校准偏东 7—11 度的佛兰德罗盘仪则转向西面大约一个罗经点。看来，统帅从 1492 年以来对于磁差做过一些繁重的计算工作。正如我们所知道的，这与罗马教皇分界线的划定有关，哥伦布大约早在 1493 年就已做出结论，在向西航行中，在亚速尔群岛以西 100 里格处，人们会从磁差偏东走向磁差偏西。在这同一子午线，许多事情都会发生：果囊马尾藻出现了，海面平静下来了，空气和水变暖了，虱子则逐渐死光。他认为这是一条明确但看不见的分界线，因而选定这条子午线作为罗马教皇分界线。

通过比较第二次出航航行中他手下的许多舵手和船长们的记载（大概抛弃了一切和他不一致的观测资料——你知道指挥官喜欢的是什么），哥伦布无疑加强了这一信念。因而当他的船位推算法在 5 月 20 日告诉他已接近设想的零磁差线时，便取出了抽屉里所有的罗盘仪和"印度"号上的巴托洛梅·科林及船上的舵手们举行船间会议，

---

① 费迪南德著作第 63 章（第 2 卷第 62—63 页）。T. 贝尔特利在《文件和研究全集》第 4 辑第 2 卷第 15 页注 7 里对磁偏角的研究中，坚持说费迪南德 northwestings 是 northeastings 之误。费迪南德在报道他父亲第一次航行中的日志时确实出过错，但在此做这样的变动只会把事情弄得更复杂。贝尔特利太急于要证明哥伦布发现了磁差，致使他不可信。

当然也做结论说，他是正确的：他们正在临近亚速尔群岛以西 100 里格的子午线。根据范贝梅伦 1500 年的海图，哥伦布是搞错了。没有磁差的线当时是穿过圣米格尔岛，在亚速尔群岛以西 100 里格处的子午线，磁差偏西有 1—3 度，取决于纬度。但是，当时每个罗盘都是按 11.25 度刻画一个罗经点的，罗盘面上 2 度的变化是很难观察得到的。

难以理解的是，为何哥伦布设想佛兰德和热那亚罗盘仪会在该罗经点一致起来。因为缺乏偏离的某些局部原因，如一把刀掉进罗经柜等，佛兰德和热那亚罗盘仪磁针出现半罗经点到一罗经点的差别在横渡途中就是很常见的。我的意见是只要无人对两种罗盘仪造成"取北"的麻烦，直到他们饿着离开瓜德罗普岛一个月以前，它都会是恒定的。直到此时，假定两条轻快帆船都使用同样的掌舵用罗盘仪，而留下佛兰德罗盘仪作为标准（或者反是），在一个跳动着的小帆船中，一个罗经点的差别会是不显著的。在船上，因为乘客太杂乱，为了保护起见，标准罗盘仪大都是保存在船长室的储藏箱里的，如果随便乱丢，就会有印第安人想要吃掉它，所以我设想两条轻快帆船都是使用掌舵用热那亚罗盘仪，并且直到一个月过去了，也无人和佛兰德标准罗盘仪进行核对。

紧接着来自统帅 5 月 20 日航海日志的上述引文，费迪南德出于孝敬的愉快感情，证明他总是对的，继续写道：

"并且这点在下一个星期天即 5 月 22 日，就因那个迹象和他的船位推测法的肯定性而马上得到了证实，他当时发现是在距亚速尔群岛 100 里格处。对此，他也感到惊奇，并归因于用以磁化指针的天然磁石的差异[①]，因为，到了该子午线，它们向北西偏了一个罗经点。当

[①] 若奥·德·安德拉德在其《若奥·德·卡斯特罗的〈里斯本与果阿的下层民众〉》（1882 年）第 184 页的注解中，对这里的意思做了说明："在 D. 若奥·德·卡斯特罗的时代，有这样一种看法，即使磁针磁化的天然磁石的来源不同，会影响同一磁针的偏角，在他的书中，以明白易晓的方式不断出现这一错误。"

时有些罗盘仪保持稳定,其他的(都是热那亚罗盘仪)则直指'那颗星'。第二天即 5 月 24 日,又核实到同样的情况。"

对于我们来说,这并不能证明一件事,它就是用以计算的船位推测法。既然哥伦布在他所预期的什么时间、地点看见陆地,可能他的船位推测法就是正确的。而我们也许可以肯定,他确实在 5 月 22 日颇为靠近亚速尔群岛(大概是圣米格尔岛)以西 100 里格的子午线。关于"那颗星"的记述,表明哥伦布正在用根据北极星找出真北的方法。根据我的计算,在 1496 年 5 月 22 日左右的午夜前后,北极星正好是在下中天。

关于 5 月 20—24 日这些观测的最重要之点是,统帅做出的零磁差线是沿着亚速尔群岛之一(大致是圣米格尔岛)以西 100 里格(318 英里)处的子午线的结论。在哥伦布是否发现磁西偏这一争论中,人们一般都忽略了出自 1496 年他的航海日志上的这些段落。①现在似已清楚,在第一次航行中哥伦布进行过观测,但未能认识磁西偏现象;1493 年登陆后,他就断言,变化是从圣米格尔岛以西 100 里格处开始的;在 1496 年这次返航中,他通过观察到强有力的事实符合其预想模式的思想过程,又证实了这个结论。

当时,哥伦布确实发现了磁西偏现象,但不是在向西航行中实际开始的那个地方。虽说这一发现并不完善,但却给统帅带来了巨大光荣,因为这是在讨论航海的"科学的"著作家赶上实际的海员们之前很多很多年的事。佩德罗·德·梅迪纳的著作《航海的技术》在 1545 年才首次出版,并在西班牙文、法文和意大利文版中,都仍极力坚持,磁差仅仅是在不称职的舵手们想象中存在。②

---

① 这一论断也适用于 A. 丰托拉·达科斯塔《船舶运用术的发明》(1933 年)第 161—172 页,和我自己在《美洲海神》第 1 期第 11—15 页的论文。对于写作的年代,我尚未打算从费迪南德的引文中弄懂其意义。但它不适用于 A. 克里奇顿·米切尔《地磁与大气中的电》第 44 卷 (1937 年) 第 254 期中的论文,它是现代讨论早期罗盘仪磁差的最好文章。
② 《航海的技术》(1545 年) 第 4 卷第 4—6 章。在 1554 年和 1561 年法文版和 1555 年意大利文版中,都是如此。奥维多(其著作第 1 卷第 45 页)承认磁差,但认为偏东偏西不超过一罗经点。

第三十六章 拥挤不堪的越洋航行

费迪南德没有说船队到了什么纬度，大概是在北纬35度左右，正好在西风带，因为船队的时间表表明，从亚速尔群岛以西100里格处到葡萄牙是从5月22日—6月8日，这一段航程是走得相当快的。拉斯·卡萨斯把事情弄得复杂了，他说："他们见到了亚速尔群岛的圣地亚哥岛，但是不能喊出名字来，我认为是这样。"① 但圣地亚哥岛是佛得角群岛中的一个岛，费迪南德也未提及在途中还见过任何岛屿。

没有出过海的人和函授学校航海家也许现在到船上来了。

· · ·

"尼尼亚"号和"印度"号在清新的偏西微风中在亚速尔群岛稍南处漂流。船上拥挤不堪的人群都愈来愈饥饿。到了6月的第一个星期，即离开瓜德罗普岛6个星期以后，有些西班牙人提议以其人之道还治其人之身来对待加勒比人俘虏，即吃掉他们，首先从最丰肥的开始（可能是女酋长及其女儿）。其他的人则争辩说，吃加勒比人的肉会使他们害病，因而建议一个比较简便的办法，就是把所有的印第安人抛入海中，这样他们就不再消耗基督徒更多的粮食了。哥伦布阻止了西班牙人（据他的儿子说），恳切说明加勒比人毕竟是人，应该像对待其余人一样对待他们——这个原则甚至比在陆上还要奉行得好。

6月8日见到陆地从而结束了这场争论。舵手们指望见到陆地已有几天了，费迪南德说他们"像迷路人和瞎子一样走路"。他们猜测按这条航线走去将要登陆的地方，其范围涉及从英格兰到加利西亚的广阔地区。但统帅在入夜以前就命令缩帆，因为怕碰撞圣维森提角，"对此，他们全都笑话他。"统帅在这类事情上和通常一样笑在最后。第二天，他们在葡萄牙海岸乌迪米腊附近登陆，该地在哥伦布瞄准的圣维森提角以北大约35英里，统帅又一次证明了他的船位推测法

---

① 《历史》第111章（1927年，第1卷第447页）。

的惊人准确程度。①

这一次航行看来是哥伦布所做过的最灵巧的一次航行。要是他能在亚速尔群岛核对他的位置，那么在葡萄牙登陆只有35英里的误差，这一事实就足以说明他的船位推测法很出色；要是，也可能是，他并未见到亚速尔群岛，这一微小的误差，就更加证明他的船位推测法是非常出色的了。我很怀疑，今天任何航海家能否在不观测天体的情况下，在这样漫长的航行中，到达目的地是这样靠近。毫不奇怪，正如费迪南德所说，在这次着陆后，海员们都把他父亲看作是"航行事务中最有经验的和最值得称许的专家里手"。

把船头转向南方，并绕过圣维森提角，现已挂满海藻的两艘轻快帆船渡过"西班牙海"，于6月11日进入了加的斯湾。丰盛的一餐终于在望，人们打开了收藏旗帜的小舱，升起了一切可用的大小旗帜，尽可能进行一次威武壮观的炫耀，但和1493年离开加的斯的雄伟船队相比，毋宁说这是一次可怜的还乡。

在加的斯港口有两艘轻快帆船和一条大船在佩拉隆索·尼尼奥指挥下即将出航。它们装满了运往伊斯帕尼奥拉殖民地的给养。佩拉隆索一定是很快就把"尼尼亚"号帆船整修好了的。1493年他曾用这条船帮助统帅返航西班牙。人们可以想象，他对在殖民地建造的"印度"号是条什么船和为什么要造这条船正在做困惑的推测。愁眉苦脸的印第安人和西班牙乘客都身体消瘦，"脸上呈柠檬色或番红花色"，一定使得尼尼奥家族的人大为沮丧。人们可以想象，这些老练的水手是如何彼此大喊大叫：——猜想很高贵的堂·克里斯托弗正在回乡，满载而归。——是的，看起来，其他的罪也受够了。——只要摆脱困境安全登陆；我愿拿出一帽子金币，如果我有的话。——现在已经太迟了，但你如早就听我的话，留在印度，吃船上那样粗劣

---

① 费迪南德著作第2卷5第63—64页。统帅和费德南德承认这一小误差也是意味深长的，因为众所周知，航海家对他们的着陆都很自负，喜欢夸耀他们经常"正好击中目标"。

的食物，让人把你当作废物丢在岸上。——好，我也愿意他们让那些女人到船上来。——最好也不要管她们吧！——我曾听说……好！我说他们开创的这个印度事业真是一件令人遗憾的事。你们得到的只是丧失了健康，而王国政府则拿走了你们所得的全部金子！

第三十七章　导致灾难的牧羊人[①]

1493（？）—1498 年

> 女神！你说！
>
> 出于什么原因终于给我们带来了瘟症——过去一直不知道的瘟症。
>
> 它似乎是从西方的土地飘荡过来的，当时西班牙人曾勇敢地告别家乡的海岸，决心到大西洋以外去发现臆想中的世界，或是去追寻死亡！
>
> ——吉罗拉莫·弗拉卡斯托罗：《锡菲利斯》（1530 年），第 1 章，第 32—37 页，N. 塔特译，1686 年。

当哥伦布第二次西航离欧时，法兰西国王查理八世带领 5 万人进军那不勒斯，然后又撤退回来。全欧洲用喜悦或担心观看着这一胜利的行进，并以逗乐和嘲笑注视着这一不光彩的退却。但不久之后，大家就清楚是另外发生什么事了，因为人们身上开始发痒，感到剧痛，突然发生讨厌的下疳、小脓疱、皮疹和"传染性腹股沟腺炎"。在意大利，他们把此病叫作"法兰西病"或"高卢病"。许多年来一直是最常用的医学名词。法国人则认为此病系由退却部队带回来的，因而把它叫作"那不勒斯病"。这一灾祸从法国又传到英国。早在 1497 年

[①] 关于梅毒来源的文献很多。参见 J. K. 普罗克施著《研究性病》三卷本。我所根据的主要著作是伊万·布洛希的《梅毒的起源》（耶拿，1901 年），他赞成哥伦布起源说；和卡尔·苏德霍夫的收入《医学史论文集》（加里森译，1926 年）中的《梅毒的由来》一文，他反对哥伦布起源说。

我们就可发现此地把它叫作"法国来的疾病",而晚些时候则以法兰西脓疱而著称。德国自然而然地将此病归咎于法国人,但波兰人则称之为日耳曼病,而在俄罗斯,1497 年这个"导致灾难的牧羊人"出现了一次,他的天罚则被称为波兰病。瓦斯科·达·伽马把这一传染病传到远东,早在 1512 年在日本就有两例爆发,那里把它叫作 Nambanniassa,即葡萄牙病。①

1530 年首次印行、但创作早得多的维罗纳内科医生吉罗拉莫·弗拉卡斯托罗所写的一首拉丁文诗篇,才终于把个混乱的命名法理清楚了。弗拉卡斯托罗创造了一个没有名字的"英雄"(大概是哥伦布)如何从西班牙西航,经过安第利亚、海地、"亚美利加"和圭亚那到奥菲尔的使人愉快的荒诞的故事。在这些地方,他和同船水手们观看了一群长满癣疥的多脓疱的土著人,正在进行赎罪的宗教仪式。在仪式中最主要的景象是一个牧羊人替代别人的献祭和用愈疮木的浸液喷洒会众。酋长有礼貌地向西班牙人说明这是怎么回事。很久以前,太阳神使他们受苦于一种小脓疱疮病,因为一个名叫锡菲利斯②的牧羊人小伙子,由于一个炎夏的灼热和亵渎了神灵而发狂了。为了回答人们的祈祷,朱诺(天后)和泰卢斯(地神)送给他们一棵神树——愈疮木,并通过对它的树汁的审慎应用,还结合定期的献礼,奥菲尔人才减轻了痛苦,虽然他们从未成功地摆脱这个病。西班牙人在听完这个有趣的叙述后立即重新上船。但已太迟了,他们全都感染上了这种病,并在回来后,把它传遍了全欧洲。③

---

① 伊万·布洛希前引书第 297—305 页列有几百人的名单。基佐·多希著《东亚梅毒历史文献》(莱比锡,1923 年)有一张饶有兴味的梅毒传播路线图,并主张东方原来不存在梅毒,而是葡萄牙人带到这里来的,但在 1511 年向东没有远达摩鹿加群岛以外,而且此病的起源在东方和在西方一样,还有很多不确定性。

② 原文 Syphilis,中文译梅毒。——译者

③ L. 巴乌姆·加特内尔和约翰·F. 富尔顿《锡菲利斯(梅毒)一诗的书目提要》(纽黑文,1935 年)列举了拉丁文版本和 13 个英文译本,最早的是塔特的(伦敦,1686 年),还有其他语种 46 种译本。

弗拉卡斯托罗的"锡菲利斯"是如此的流行，致使奥菲尔"导致灾难的牧羊人"这一名称终于取代了这种病的其他一切名称。这首诗给予了哥伦布船上的人把梅毒引入欧洲这一理论以文字上的支持。许多医学权威以及大多数门外汉，和今天一样相信这个说法。因为"1493年以后，此病的爆炸性发展恰好是人们料想梅毒螺旋菌在美洲首次露面的时候"。[①] 但是，梅毒从美洲起源和从那里传播开来的学说并非从未受到挑战，而我们也很难逆料一个已经争论过四个多世纪的医学问题能在现代取得一致的看法。

为了证明哥伦布或他的船员把梅毒带到了欧洲，就必须证明：首先，此病在哥伦布以前时期的美洲即已存在；其次，在1493年以前，欧洲未发现过这个病；第三，哥伦布船上的船员或乘客在第一次西航中或在第二次西航中有人被感染过。很明显，如果三个问题中有一个答案是否定的，就证明哥伦布起源说不能成立。如果在1493年以前美洲并不存在梅毒，西班牙人就不可能把它带回来；如果在1493年3月以前在欧洲早已存在，那就不是哥伦布带回来的；如果哥伦布的海员和乘客们回来时都是健康的，那他们就没有把这个病传染给欧洲。

1. 梅毒是否存在于哥伦布以前的美洲？

在白人来到之前，美洲大概就有梅毒存在。这在考古和文字记载两方面都有证据。前者我在此不做考虑，因为权威人士已向我证实，以我们现有的知识状况不可能通过显微镜检验断定长期埋葬的骨骼的一处特定的损伤是由于梅毒所致，或其他疫病所致，或者是由于伤口感染而引起的。

[①] 乔治·萨尔顿著《伊西斯》第29章第406页。

不过，文字证据则表明，梅毒在 1492 年即已出现。拉斯·卡萨斯在其大概是 1550 年左右写的《为印度历史辩解》一书中，支持当时普遍接受的说法，即腹股沟腺炎①（西班牙文的该病通称）是由西班牙妇女传染到查理八世的军队的说法，而西班牙妇女则是从哥伦布第一次航行中带回的印第安人感染到这个病的。他又写道："我有时试着询问此岛（伊斯帕尼奥拉岛）的印第安人，在岛上是否很早就有了这种病，他们也回答说是这样，是在基督徒到来之前，但不记得它的起源了。对此无人怀疑，而由此而引起的好事也来到了，因为天公为此提供了适当的药方……就是愈疮木②。它充分证实在岛上不能自制的、不能保持纯贞美德的所有西班牙人，都受到了此病的传染，在 100 人中很难有一人逃脱，除了当时另一批从未得过这种病的人以外。得过这种病的印第安人，无论男女，很少再受传染，其再发率几乎不大于得过天花的人。但对于西班牙人来说，其结果是巨大的痛苦和长久的折磨，只要腹股沟炎症尚未出现，就尤其是如此。"③

拉斯·卡萨斯关于梅毒对印第安人不特别有害的报道表明这种病长期以来就是他们那里的地方性流行病。几种语言都各有一个名称，而不仅仅是把它叫作西班牙人的病或者基督徒的病，这个事实看来就是此病自古就在他们中间流行的有力证据。④

在哥伦布第二次西航中来到伊斯帕尼奥拉岛的修道士拉蒙·帕内，在 1494 年收集到了泰诺人关于一个神话英雄瓜吉乔纳的民间传说。费迪南德·哥伦布把这个故事编入了他父亲的传记。根据帕内修

---

① 原文 La babu。——译者
② 暗示一种神学—医学的特效治疗术。
③ 《为印度历史辩解》第 19 章（塞兰诺-桑斯编，第 44 页），也作为《印度史》（1875 年，第 5 卷，第 349 页；1927 年，第 3 卷第 469—470 页）的附录印行。现已不可能确定拉斯·卡萨斯写这个是什么时候，但直到 1547 年他回到西班牙时，《为印度历史辩解》尚未完成。他在伊斯帕尼奥拉岛的经历可追溯到 1500 年。
④ 这些病名中有很大一部分可在蒙特霍-罗布莱多《美洲史专家大会：第四次会议会刊》（马德里，1882 年）第 340—358 页中找到，其他则在下章所引摘自鲁伊·迪亚斯·德·伊斯拉的引文中。

士的记载："他们说瓜吉乔纳在他去过的那个地方，看见了他曾和在海上分别的一个女人在一起时，他获得了很大的愉快。随后，他就立即找了许多药物来清洗，因为他感染了我们称之为法兰西病的这种病。"①

人们现已不容易为意大利人把梅毒通称为法兰西病辩解。费迪南德也许曾用过一些其他的病名，但他的意大利文翻译都懂得他的意思是指的什么。

1529年去墨西哥的一个圣方济各会的修道士贝尔纳迪诺·德·萨哈贡写了一本墨西哥自然史的书，书中有一章专门论述地方病。在这一章里，他描述了一种认定为腹股沟腺炎的病，而阿兹特克人的治疗法则部分是占星术、部分是草药。② 还有一个在16世纪70年代住在新西班牙的菲利普二世的宫廷医生弗朗西斯科·埃尔南迪斯曾写道，那里一种墨西哥草药不仅证实了萨哈贡的说法，还表明阿兹特克人已经建立起了一个关于梅毒及其疗法的神话。③

那么，我们也许可以承认梅毒在哥伦布出航前在美洲岛屿和大陆上的印第安人中间早已存在。不过，这一结论仍然受到了一些医药史专家和人类学家的批驳。

2. 梅毒在欧洲的早期历史

现在让我们来考虑梅毒在欧洲首次出现的问题。根据普遍接受的学说，它是在1495年2月22日—5月20日法军占领那不勒斯期间

---

① 费迪南德著作第61章和62章之间（第2卷第36页），直到1571年才刊行，但修道士帕内收集到该传说的时间应较早，他于1494年来到伊斯帕尼奥拉。
② 贝尔纳丁诺·德·萨哈贡著《拉斯·卡萨斯的新西班牙通史》第10册第28章（1938年，第3卷，第104—107页）。
③ 弗朗西斯科·埃尔南迪斯著《新西班牙药用动植物的特性与效用》（希梅内斯译，第2册第33章，1888年，第163页）。

首次突然发生的。

　　法兰西国王查理八世在 1494 年 9 月 8 日越过阿尔卑斯山脉进入意大利，其目的是以武力坚持他对那不勒斯王国的所有权。① 他带领一支大约 5 万人的军队，大部分是法兰西人，但还包括了 6 000 瑞士雇佣兵、一些来自巴尔干的轻骑兵，还可能有来自其他国家的步兵②。伴随这支军队的有许多通常的营妓。随着查理八世的几乎毫不受阻的胜利进军，经过佛罗伦萨（10 月 17—28 日）、锡耶纳（12 月 2—4 日）、罗马（12 月 31 日—1495 年 1 月 28 日）而到达卡普亚（2 月 18 日），这支营妓队伍的人数也由于意大利妓女不断加入而得到扩充。2 月 22 日，国王和军队进入了那不勒斯，并在该处一直停留到 5 月 20 日。③ 兵士和廷臣们一样，都不顾一切地酗酒和纵欲，甚至使那不勒斯人也为之震惊不已，就在法国人占领那不勒斯期间，据说梅毒就首次在欧洲出现了。

　　现在，奇怪的是，尽管对那不勒斯的档案和法军占领时的当地记载做了最仔细的研究，尚无人能找到查理八世逗留期间梅毒爆发的任何证据。地方年代史编者托马索·迪卡塔尼亚说，法兰西病在 1496 年 1 月 6 日起就开始造成了重大的损害。④ 布洛希则说，不能找到比加布里埃莱·法洛皮奥的一份陈述中更早的证据。加布里埃莱·法洛皮奥是 16 世纪一个著名的解剖学家，他引用了他父亲告诉过他的一

---

　　① 关于查理八世远征意大利的事实和编年史，我根据的是普雷斯科特的《费迪南德与伊莎贝拉》（1838 年）第 2 卷；欧尔内斯特·拉维塞《法兰西史》第 5 卷第 1 分册（1903 年）；R. B. 马里曼《西班牙帝国的兴起》第 2 卷（1918 年）和曼德尔·克赖顿《教皇史》第 4 卷（1897 年）。
　　② 布洛希前引书，第 141 页断言查理八世的军队中有许多西班牙雇佣兵，但他所根据的典籍并不很权威。关于查理军队的法文详细记载都没有说到西班牙人，新近论述意大利战争的权威性典籍约翰·S. C. 布里奇的《路易十一逝世后的法兰西史》（第 2 卷第 131 页）则断言那里没有西班牙人。如果像巴塞罗那梅毒传播路线的鼓吹者那样断言，此病是由法军中的西班牙雇佣兵传到那不勒斯的，最迟在 1494 年早期就应在里昂和普罗旺斯的新兵征召营中突然出现。
　　③ 像常说的那样，那不勒斯没有受到围攻，法军在 2 月 22 日进入时，未曾遭到抵抗，但仍有几个堡垒在那不勒斯军队控制之下，其最后直到 3 月 22 日才投降。
　　④ 在埃米利·赫伯特《楚格·卡尔的第 8 卷，往意大利》（1911 年）第 39 页中，在查理八世军队离去好多月后仍未能提及此病的一个那不勒斯年代史编者曾加以引用。他们中间任何一个人都没有把这种病归咎于法军入侵。

个传说，①他还谴责了在那不勒斯驻扎的西班牙军队。卡尔·聚德霍夫是当代一位杰出的医药史专家，他甚至宣称，1495年那不勒斯的梅毒感染仅仅是无稽之谈。②

不过，意大利的梅毒无疑是沿着法军进退路线而突然出现的。有十几种古版书论及高卢病，这些书大多是医生们写的，大多把梅毒描述成一种新病，并说明梅毒是在1494—1496年之间在意大利突然出现的。③

另一方面，教廷的西班牙医生卡斯帕里·托雷利亚则在他1497年献给塞萨雷·博尔哈（其病人之一）的《治疗生殖器病或高卢病的办法》（1497年）中写道："据说，这一恶性流行病在1493年始于法兰西，然后通过传染的途径到达西班牙、地中海诸岛和意大利，最后传播到全欧洲。"④聚德霍夫曾经收集到一系列使人印象深刻的证据用以证明梅毒在1493年以前很久就存在于法兰西、德意志和意大利。根据他的资料，法军进军那不勒斯，因有随军营妓和有充分纵欲机会，以致激起并传播了梅毒病菌，并产生了极其恶毒的种种病象。当时，在梅毒问题上，意大利人也远非一致地责怪法兰西人。热那亚年代史编者巴塞洛缪·塞纳里加在1495年底前记载，这种病（他对其症状做了很好的描述）"在查理八世进入意大利以前两年，就已开始传播"，此后又败坏了安达卢西亚、葡萄牙和坎塔布利亚。"后来终于影响到我们。许多人说它来自埃塞俄比亚。"⑤此外，在著名医生尼科拉斯·莱昂尼森努斯1497年写的文章里，则否认了梅毒起源于法

---

① 布洛希前引书第155页，引用法洛皮奥的《高卢病》（1563年）。阿罗伊西乌斯·路易西努斯在他的《性病与催欲剂》（1728年）第2卷第762页中重新刊出，路易西努斯的著作于1599年首次在威尼斯出版。

② 聚德霍夫的《论文集》（加里森译）第263页。

③ 布洛希前引书第154—164页；约翰内斯·德比戈著《高卢病》（1520年）；佩德罗·平托尔著《脏病及其一时的神秘痛苦》（1500年）。

④ 聚德霍夫的《论述梅毒的最早文献》第33章第190页。

⑤ 巴塞洛缪·塞纳里加的《热那亚人评述之谜》（穆拉托里抄本第24卷第8分册第54页）。希亚姆巴蒂斯塔·弗雷戈索（前热那亚总督）在其《纪事演说》（1509年）中，也做了同样的陈述，把高卢病在意大利首次出现的时间定为1492年（撒切尔著作第1卷第89页中引）。路德维希·帕斯托尔《教皇史》第3卷第354页注2对意大利查理八世前的病例提出了几个参考资料。

国的说法，并试图指明被称为高卢病的这种病，并非欧洲的新奇事物，而是从古代起就已为人们所知晓。①

然而，这些陈述和聚德霍夫的发现并非毫无争论。汉斯·豪斯泰因和其他医学史专家曾对这些 1494 年以前的病例进行仔细研究并做出解释。布洛希较早发表了对 1494 年以前腹股沟腺炎、梅毒等及类似症候的报道并非梅毒的证据的看法，只不过是某些其他泌尿生殖系统疾病如淋病、性溃疡或某些新近才分离出来的假花柳皮肤病等的迹象罢了。② 迄今尚无 1495 年以前的一个病例的临诊描述，根据这个才可以肯定地说它是梅毒还是什么都不是。所以，辩论仍在继续，在哥伦布从美洲回来前，在欧洲是否存在梅毒，非医学的历史学家谁也不知晓。

3. 哥伦布起源说的起源及其早期发展

在为了取得论据而匆匆掠过哥伦布头两次航行之前，让我们先仔细研究哥伦布起源说的早期历史。在论述梅毒的作者中间，在 1494—1499 年梅毒突然出现期间，甚至是在哥伦布活着的时期以内，都无人主张他的海员们或印第安人对此负有责任。流行最广泛的梅毒起源说有：行星的汇合、污浊的空气、过多的热量、意大利的洪水、亵渎神明的天罚等；少数人甚至对性交传染这一点抱有怀疑，但都知道这种病是传染病。在 1497—1502 年之间写到这种病的医生（托雷利亚、比拉洛沃斯、平托尔、阿尔梅纳尔等）中，无人有梅毒来自美洲或者甚至它在美洲存在过的任何概念。西班牙编年

---

① 莱昂尼森努斯的《流行病报告：关于平民大众的高卢病》(*Libellus de Epidemia, quam vulgo Morbum Gallicum vocant*)（威尼斯，1497 年）。

② 戴尔西·鲍威尔和 J. K. 穆尔菲（牛津大学）著《梅毒的系统》第 1 卷第 7 页；威廉·阿伦·普西著《梅毒的历史和流行病学》第 13—15 页。

史也无一本讲到梅毒。直到1517年，文献中还完全没有美洲起源的说法。

那一年，查理五世皇帝的宫廷医生尼古拉斯·波尔（他奉派到西班牙去调查研究这一新的特殊疗法）出版了一本名叫《高卢病的愈疮木疗法》的小册子。他在书中描述了印第安人用煎熬愈疮木内服外敷的疗法。用这个方法治愈了的西班牙患者多达3 000人。愈疮木对梅毒的治疗效果完全是零，但至少它是无害的，并且人们相信它可以使病人从当代江湖庸医所用的种种凶暴手段和烈性药物中得到宽慰，从而使生命力能够从容地和梅毒螺旋菌作战。我们现已知道，这是当时的一种神学—科学教条：只要有病存在，天意就会提供一种有特效的疗法。① 美洲提供了这种特效药，因此，美洲当然就是这种病的起源地了。② 这种逻辑是必然会发生的！梅毒起源于伊斯帕尼奥拉的主张反过来又给愈疮木疗法提高了声誉，并且建立了一种有利可图的愈疮木或"神木"（愈疮木俗称）的贸易。当著名的日耳曼人文主义者几乎曾被庸医害死的乌尔里希·洪郝登在1519年宣称他已用愈疮木治好时，科学的和民间流传的看法都转向了愈疮木疗法和美洲起源说。而且，如果梅毒是来自美洲，除开哥伦布又是谁能在法军入侵意大利前，把它引入欧洲呢？

1530年印行弗拉卡斯托罗的《锡菲利斯》（即《梅毒》）没有列出把"导致灾难的牧羊人"带到欧洲来的"英雄"的名字，但无疑这意味着要读者做出清楚的推断。这首诗写作比刊出的时间要早，大约在1512年前后，但最近一位杰出的古典学者对它的分析证实，讨论愈疮木疗法的第三册是郝登的论文出版后对原诗的一个增补部分。③ 此外，

---

① 这种思想很顽固，而且迄今未消亡，标上某人特有，以证明是其专卖药，用威士忌酒治疗疟疾，在美国印第安人中间也很流行。

② 萨尔茨堡的莱昂纳尔杜斯·施毛斯在一本名叫《高卢病的研究》（1518年）的小册子中，似乎是第一个做出这样的结论。

③ G. L. 亨德里克森著《吉罗拉摩·弗拉卡斯托罗的锡菲利斯（梅毒）一诗》，医学史研究所会报第2卷（1934年）第519—521页（约翰·霍普金斯医院院刊第55卷第5期附录）。

第三十七章 导致灾难的牧羊人

意味深长的是，第一个用明确的措辞把哥伦布与梅毒和有用的愈疮木药膏做不祥联系的作者奥维多，在他的弗拉卡斯托罗以后的《西印度群岛通史》（1535年）中这样做了，而他的弗拉卡斯托罗以前的《西印度群岛自然史（摘要本）》（1526年）中，则既未提到腹股沟腺炎，也未提到愈疮木，尽管他有篇幅描述那些普普通通的沙蚤。

奥维多的《通史》是关于美洲起源说的最重要的文本。[①] 他正是在描述1494—1496年第二次航行期间西班牙人在伊斯帕尼奥拉的经历，而且正好是在叙说食谱由牛肉、猪肉和饼干转向鬣蜥、硬毛鼠、哑狗和木薯粉等，对他们的健康是如何的不利。

> 由于这点还由于那个地方极其潮湿，在那里存活下来的人深受许多严重的不治之症之苦，因而，当首批前来寻求黄金的西班牙人有些人回到西班牙时，他们都呈黄金一样的颜色，但无黄金的光泽，像柠檬呈番红花或黄疸病的颜色。他们的身体是如此的虚弱，致使回来后立即或不久就死掉了。这是由于他们在那里受了苦，由于那里的草本植物和讨厌的肉类比西班牙的面包和食品难于消化，还由于西班牙的气候比那里的气候变化更为急剧、更为寒冷等的缘故。因此，当他们回到卡斯蒂利亚后不久就告别了人世。

> 此外，这些基督徒——伊斯帕尼奥拉岛上的首批移民——又饱受沙蚤所造成的和小脓疮病（因为它始于印度）所造成的剧痛之苦，因而我说印度就意味着是天然有这种病和妇女把此病传染给随统帅来发现这里的首批西班牙人的那个地方。这是很可能的，因为此病是一种传染性疾病。在此以后，这些西班牙人回到

[①] 这两段在奥维多著作第2卷第13、14章（1535年，第18、20、21页；1851年，第1卷第50—51、55—56页）。

西班牙去，并把这种病广泛传播该国，然后再传到意大利和其他地区，就像我不久就要叙述的那样。

该章其他部分专讲伊莎贝拉殖民、圣托马斯驻防、哥伦布与莫森·佩德罗·马加里特愈益不和的历史。奥维多在下一章又回过头来叙述了梅毒：

在意大利听到意大利人讲法兰西病，常常使我发笑，而法兰西人则称之为那不勒斯病。实际上，如果他们把它叫作印度病才为中肯（神灵怜悯，提供了愈疮木疗法而产生的虔诚的反应）。①

在前章，我说哥伦布是在1496年回到西班牙的，并且这是真实的，因为我曾见到过他并曾和他一起回到卡斯蒂利亚的人及指挥官莫森·佩德罗·马加里特谈过话……这个莫森·佩德罗·马加里特先生是如此的痛苦，抱怨是如此的大，致使我还认为他也在受这种痛苦的疾病所常有的那些痛苦，但我没有在他身上看到疱疹。几个月后，在上述的1496年，某些朝臣也开始感受到了这些痛苦，但开始时是社会地位低下的人中的一种病，因而人们认为他们是在娼妓团伙中，由于邪恶放荡的行为而获得的，但是，后来它又在地位更高更显要的人中间流行起来了。

引起所有知道此病的人的惊奇是巨大的，这是因为这种瘟症是如此的富于传染性，如此可怕，也因为许多得病的人死去了，并且由于这种病是新病，医生不了解，不懂得如何治疗，也不能和其他人根据经验进行商讨。在此以后，在天主教国王们的命令下，大舰长冈萨尔沃·费尔南德斯·德·科尔多瓦被派带

---

① 奥维多早在1497年就去过意大利，当时他在那不勒斯国王费迪南德二世那里服务。

领一支宏大威武的舰队并作为它们的舰队司令到意大利去帮助那不勒斯国王费迪南德二世去反对他们称之为胖头①的法兰西国王查理。在那些西班牙人中间，有些人得了这种病，而这种苦恼的病又借放荡的女人继续传到了意大利人和法兰西人身上。当时由于那里从未见过此病，法兰西人认为它是这个王国特有的，开始称之为那不勒斯病；而那不勒斯人则认为这种瘟症是法兰西人带来的，便称之为法兰西病；从此，在全意大利就都这样称呼，因为直到查理国王通过这里时，在这些地方都从未见到过这种瘟病。但真实的情况（正像已谈到过的那样）是从海地或伊斯帕尼奥拉岛把此病传到欧洲来的。此病在印第安人中间是很常见，并且他们知道如何治疗，也有很好的适于此病和其他病症的药用草、木和作物，例如愈疮木（有些人喜欢叫它乌檀）和神木等，当我们描述这些树时，就会像被告知的那样。使这些印度群岛的基督徒与新移民以及今天某些人受苦的这两种危险的疾病，一种是腹股沟腺炎，一种是梅毒，自然都是使这个地方痛苦的病症，就这样传到了西班牙，并进而传到世界其他部分，现在在此地仍未停止。

刊行于1535年的这一陈述是出自印度群岛的官方历史学家及一个1497年曾在那不勒斯王国国王那里服务的人，就比其他书刊更能有力地进一步证实梅毒的美洲起源说了，对反美洲起源说学派的人来说是一种很不令人愉快的陈述。

必须注意的是，奥维多所说的带有梅毒螺旋菌的是哥伦布的第一次而不是第二次航行中的一位乘客。他特别提到了1494年11月回到西班牙的莫森·佩德罗·马加里特。而把传染病带到那不勒斯的"寄

---

① Cabeça gruessa：查理八世有对其身体来说特大的头、细长的腿和大而畸形的脚。

主"们则待在冈萨尔沃·德·科尔多瓦的军中。运载这个大舰长的舰队则是在1495年春从不同的地中海港口调集拢来，刚刚在5月26日抵达雷吉奥的，即在查理国王的军队从那不勒斯北撤一星期之后。因此，他的军队不能对法军沿着退却的路线播下梅毒种子负责。西班牙舰队是1495年7月6日抵达那不勒斯港的，并在同一天实现了登陆，但冈萨尔沃并没有和他们在一起。① 从我们已经知道的梅毒在意大利的首次出现，可以肯定冈萨尔沃·德·科尔多瓦的军队不是首先把梅毒引进那里的，奥维多叙述的这一部分肯定是不真实的。

我们现在应该考虑一下一个名叫鲁伊·迪亚斯·德·伊斯拉的西班牙外科医生在1539年在塞维利亚出版的一本书中的陈述。这本书即《讨论对付蛇疾（在西班牙通称腹股沟腺炎）的小册子》。②

在他论述"蛇疾"（这位医生自己对梅毒的命名，因为，照他说来，这种病是一种丑恶的、危险的和可怕的疾病）的第一章中，探讨了"蛇疾"的起源："上帝的公正喜欢给予我们许多不知名的折磨和苦恼，它们在医学书籍中从未见到、认识和发现过，例如这种蛇疾，我主降生1493年在西班牙巴塞罗那市突然出现并被观察到，在这个城市就传染开了，继而遍及全欧洲及宇宙间所有已知的和可交往的地区。正如广泛而确实可靠的经验所确定的那样，这种病断然是一发就不可收拾地起源和诞生于现在叫作伊斯帕尼奥拉的岛上。这个大岛是统帅堂·克里斯托弗·哥伦布发现的。当时③去那里的人与岛上居民进行了交往和接触，由于这种病是传染性的，病就易于抓住他们。并且在该船队本身也可看到，就是在一个名叫平松的帕洛斯舵手和上述

---

① 苏里塔著《雷伊·堂·赫尔南多的历史》(1610年)第48、65、71页。
② 在美国这本书只有一个手抄本，存加利福尼亚亨丁顿图书馆，影印件在华盛顿卫生部医务主任办公室图书馆和海军医学院图书馆。我翻译了伊万·布洛希《梅毒的起源》第306—307页所刊出的附录中的一些段落。
③ al presente 通常译为现在，并被引为证据，来证明《疗法》是在1504年哥伦布第四次航行返回以前写作的。但霍尔康布在涉及作者写作的时间时是根据其他一些例子用"at that time"的惯用义来加以证明的。(《谁给世界带来了梅毒》第18—19页)。

疾病袭击过的其他人身上也可以看到。①……当该统帅堂·克里斯托弗·哥伦布抵达西班牙时，信奉天主教的双王正好在巴塞罗那。当他们前往做关于他们航行的发现的汇报时，这个城市就立即被传染上了，上述的病也就开始蔓延，就如后来广泛的经验所已知晓的一样。而且，由于从未见过这种病，及看到这种病的人是如此的害怕，致使他们必须更加经常斋戒祷告，祈求我主慈爱，使之免于成为这种瘟病的牺牲品。在下一年即 1494 年，当时在位信奉基督教的法兰西国王查理，调集了一支大军进入了意大利。在他进入意大利时，军中有许多感染了这种病的西班牙人在一起，因而很快军营里就传染上这种瘟症。法国人由于不知道这种病，认为它是从意大利的空气中来的，因而把它叫作那不勒斯病。意大利人和那不勒斯人则由于不熟悉这种病，又把它叫作法兰西病。……正如我们常把疼痛、肿块、溃疡叫作腹股沟炎一样，原先伊斯帕尼奥拉的印第安人，也说这种病是 Guaynaras, hipas, taybas 和 iças 等。"

然后，他再描述了在查理八世进军中的西班牙人是如何有助于把梅毒传播到全欧洲以及葡萄牙人又是如何把它带到印度去的。②

在下一章，迪亚斯·德·伊斯拉描述并赞扬了愈疮木疗法和土著人的生活方式，关于这些知识，他是在 1504 年获得的。他继续写道："因此，很清楚，由于这种病常在他们中间流行，作为完全习惯于这种病的人，他们应该知道治疗的方法，如果不是这样，一些比他们更为聪明的民族也会找到治疗这种瘟病的办法。因此，可能做出的关于上述'美洲起源说'的所有错误论点也许会消失。由于我治疗过上述船上得了这种病的和在巴塞罗那苦于这种病的人因而有着广泛的经验，也能引用许多鉴定书，不过我不想这样做。"③

---

① 斜体字不是在《疗法》（*Tractado*）的任一种刊印本中，而是在马德里《全国图书目录》的原始手稿中，并在蒙特约-罗布莱多《美洲学学者第四次代表大会》第 385—386 页和布洛希前引书中印出。
② 在 R. C. 霍尔康姆布前引书，第 40—41 页中已译出。
③ 狄亚斯·德伊斯拉著《疗法》（1539 年）第 13 章，第 63 页；布洛希前引书，第 307 页引用。

现在，我们已知道了有关梅毒的全部真相。1493年哥伦布的船队或船员来到了巴塞罗那。一个姓平松的人和其他同船水手已经得了梅毒，病倒了。这种流行病在巴塞罗那突然出现，然后传到查理八世的军队和整个欧洲。迪亚斯·德·伊斯拉宣称他曾治疗过该船队的某些受害者，并且是在巴塞罗那。我们能够信赖他到什么程度呢？1539年印行的《疗法》是在不到六年前或许是在1535年后写作的。① 但他关于梅毒症状的临床描述是非常好的，而且，作为里斯本的一个多年住院医生，他有着丰富的经验，虽然对他夸口的观察过25 000个病例应持怀疑态度。

这样，就梅毒的美洲起源说来说，我们就有了写于1535—1552年之间的三种各自独立的和可靠的权威性典籍：拉斯·卡萨斯、奥维多和迪亚斯·德·伊斯拉。拉斯·卡萨斯说，此病在基督徒到来以前就在伊斯帕尼奥拉存在了很长时间，"而且对此无人怀疑"。奥维多说是第二次航行中返回的船员带到欧洲来的。而迪亚斯·德·伊斯拉则把梅毒引进欧洲的时间追溯到了第一次航行时。但直到愈疮木"疗法"发现以前，无人能确定"导致灾难的牧羊人"在美洲的地点，而弗拉卡斯托罗的诗篇看来又可以怀疑，所以他们这个论断未必是结论性的。论证的重担于是落到了美洲起源说的反对者的身上。

4. 哥伦布的编年史和美洲起源说

假定梅毒1492年在伊斯帕尼奥拉岛上存在，而且在查理八世

---

① R. C. 霍尔康姆布前引书（注一）对内部证据的这些因素进行了全面的讨论，甚至卡尔·聚德霍夫误以为（《疗法》）的写作早在1510年，但我对霍尔康姆布博士试图通过指出其传说前后矛盾和不大可能发生而使迪亚斯·德·伊斯拉成为不可信这点并不印象深刻。现代的吹毛求疵的批评同样可以使16世纪的文章成为不可信。

第三十七章 导致灾难的牧羊人

入侵意大利以前在欧洲不存在，仍有必要说明梅毒从新大陆传到旧大陆，终于造成"那不勒斯的"突然爆发。为此目的，对哥伦布的第一次和第二次航行进行一次快速的回顾是很必要的。所得出的证据全都是否定的，否定得如此之有力，致使对哥伦布的人带此病到西班牙的可能性也产生了强烈的怀疑。

水手就是水手，我们可以假定哥伦布的人像拉斯·卡萨斯所说的那样，"没有保持贞洁的美德"。在巴哈马、古巴和伊斯帕尼奥拉，他们发现漂亮的年轻妇女无论在哪里都是赤身露体的。在大多数场合，都易于接近，可能还很殷勤。但是，我们在航海日志中没有发现关于这种行为的记载。他有有所保留的特殊理由，因为他所写的一切都注定要给女王过目，不过语言简洁也是其他早期西班牙航海家和年代史编者的相同特色。关于淫荡的详情，我们应该读一读米凯莱·德·库内奥、阿梅里戈·韦斯普奇和安东尼奥·皮加费塔等意大利人的叙述。库内奥在论述第二次航行的信件中，描述了哥伦布在第一次航行中遇见的同样的印第安人，已经清楚阿拉瓦克人和加勒比人的妇女们都是男女乱交的。韦斯普奇描述了珍珠海岸和巴西的印第安人，甚至以一点儿也不微妙的词语重复了这样的指责。然而在哥伦布的航海日志中没有什么记载是于年轻处男不宜的。在1492年11月6日这一日期下，他描述了古巴希瓦拉港的妇女，在裸体时实在很漂亮。在轻快帆船上，对这些古巴女俘虏们肯定没有多少不受干扰的独居或保护。在古巴的其他地方，与土著人没有好多接触，但12月份在伊斯帕尼奥拉则和土著人建立了友好的关系，该岛的少女比古巴的更为白净和美丽。在阿库尔湾她们都一丝不挂，而且"体态很美丽，首先感谢上天，献出她们所有一切"。因为土人并不像别处为了戒备而试图把妇女们隐藏起来。瓜卡纳加利当然会认为提供上等年轻处女是一种讨好的义务，虽然他的子民认为纳维达德驻军每人享有五个妻妾有点儿太过分了。1493年1月5—8日"尼尼亚"号（部分时间和"平塔"

号一起）停泊的蒙特克里斯蒂大概是有机会乱搞女人的最后一个地方，因为萨马纳湾（在美洲访问过的最后一个港口）的土著人有些敌意。但"尼尼亚"号的人愿意从此直航西班牙，而不去访问"妇女岛"，表明他们干那样的事已经干够了。应该记得"平塔"号和"尼尼亚"号是在1493年1月16日结伴从萨马纳湾起航的，"平塔"号到达巴约纳是在1493年2月的最后一个星期，并于3月15日抵达帕洛斯。"尼尼亚"号在亚速尔群岛做一次访问时禁止上岸胡闹之后于3月4日抵达里斯本，于3月15日在帕洛斯结束了第一次西航。所以，到航行结束时，首先在圣萨尔瓦多有一次长达22个星期的可能感染的时期，最后在蒙特克里斯蒂有一次长约10个星期的可能感染的时期。

当然，得了梅毒的任何海员在印度群岛是有足够的时间使病变得很严重。现今，已知此病有三个公认的阶段。传染后2—6个星期内，出现最初的身体上的损伤，但一般是在3—4个星期之内。在下疳出现后4—12个星期的时期内，受害者一般保持着良好的健康，病状只是局部的。然后开始了普遍感染的第二个阶段，此时出现不适、虚弱、恶心、发烧和身上疼痛等症状。第二个阶段持续的时间长短不一。或迟或早，治疗与否，这些现象都会消失。接着来了一个长约几个月到许多年的潜伏期。然后开始了可怕的第三个阶段，患者身上满是皮肤的损伤。[①]

在现代航行中，海员可能（虽然未必会）在11月下旬感染上梅毒，在3月15日回到家里时，亦即在病情进入第二个阶段以前仍未实际病倒。但在15世纪最后几年里观察到的梅毒，在人体内并非采取这样慢的速度。1496—1505年的临床描述着重"所谓第二期症状

---

① 刘易斯·A. 科尔内尔著《牛津药典》第5卷第666—670页。但我请教过的某些海军医生提出出现第一阶段的损伤要14天，在8个星期内开始进入第二阶段。

的早期表现（通常甚至是在几天之后）：高烧、强烈的疼痛，特别是难以忍受的关节痛、严重的继发性皮肤炎（所谓梅毒性小脓疱），这些症状经常出现无疑会使病人身体虚弱，最后致死。"① 这就是1496—1505年欧洲人得了梅毒以后所出现的情况，当然也是哥伦布的任何同船水手在1492年10月—1493年1月期间得了梅毒后理应发生的情况。每个在巴哈马感染上梅毒的人，最迟在11月中旬前后应该是在病号名单上列名的。而在返航途中，"尼尼亚"号和"平塔"号上应该是严重缺乏人手的。然而，并没有病号名单，在整个航行中，在哥伦布的航海日志上，也未载有船上发生过严重疾病的迹象。在11月27日，"圣玛利亚"号和"尼尼亚"号进入巴拉科阿时，哥伦布写道："赞美我主上帝，直到现在我们的人除了一个老人苦于结石病外，全都没有得过哪怕是头痛病，更无因病卧床的，而这个老人的病则是使他一生受苦的病，并且在最后两天他的健康状况仍然良好。我说的这些适用于所有三条船。"鉴于哥伦布允许"圣玛利亚"号和"尼尼亚"号的医生都留在纳维达德驻地，我们还可以把这一健康良好的报告延长到1493年新年。"平塔"号在11月与其他船只分开，除了1月6—16日之间它与"尼尼亚"号一起沿着伊斯帕尼奥拉岛海岸航行的时期外。此后我们没有关于它的确切的消息，在1月6—16日这段时间里，统帅也未提到过"平塔"号船上有人得病。

就返航的全程来说，我们有哥伦布在"尼尼亚"号船上写的航海日志。从2月12日起，他们经历了多风暴的天气，当时船上每个人都必须努力使船只慢慢前进。在潮湿、风寒和营养不良的情况下，这就会大大加重梅毒的症状，然而哥伦布没有一次提到有任何

---

① 伊万·布洛希著牛津《梅毒的系统》第1卷第11页。或者人们引用了佛罗伦萨大历史学家圭恰迪尼的《意大利史》（大约1537—1540年写成）第2册第13章（1919年，第1卷第165页）。

人患病，或者在他们访问亚速尔群岛或停泊在里斯本时，要求医疗照顾。可以不考虑他是由于羞耻才隐瞒这种病的任何可能性，因为这是在医生们断定梅毒是一种花柳病之前许多年的事。在1500年前后，人们认为得了梅毒不会比20世纪认为得了伤寒病更可羞耻。记载证实，1493年3月4日哥伦布抵达里斯本时，全体船员虽然精疲力竭，但却是健康的。"平塔"号的记载是不完全的，还必须记得迪亚斯·德·伊斯拉说："帕洛斯一个姓平松的舵手和该船队的其他人把梅毒带了回来"。在"平塔"号船上，有三个帕洛斯的平松：马丁·平松、弗朗西斯科·平松和迭戈·平松，马丁·平松在这次航行结束后不久就死去了。

即使我们假定平松的死引起了死后关于此病起因的流言飞语，并断定"尼尼亚"号至少在回来时健康表上是没有病号的，但不应忘记那些印第安人俘虏。他们之中有6人随哥伦布去了巴塞罗那，迪亚斯·德·伊斯拉说头一个传染病例是1493年在巴塞罗那发现的。下面这个假说似乎是有道理的：这些印第安人的血液中带有梅毒螺旋菌，他们在巴塞罗那接受了洗礼，后又大肆宣扬了一番，其行动又和其他基督徒一样。况且这事发生在查理八世的军队出发前，有1年多的时间可供此病越过比利牛斯山脉传到法国南部。

奥维多把感染归咎于第二次航行，由于从西班牙出海的人数较多（至少1 200人），由于我们已描述过的在伊斯帕尼奥拉发生的一些事件，还由于在1494年3月和11月之间有3次西班牙交班人员回国，因而是传染此病的一个很可能的途径。然而，我们再一次没有发现在全体船员中间带有花柳病的同样强有力的肯定证据。现存的记载没有一个是哥伦布写的，但最详细的则是一个船队医生昌卡写的，写成于1494年2月2日以前，其时在1 000个西班牙人在伊斯帕尼奥拉岛上的伊莎贝拉登陆之后1个月，首次有几次机会和加勒比妇女与阿拉瓦克妇女交合之后3个月，然而他也没有说男人们得了一种新的危险的疾病。另一个记载是米凯莱·德·库内奥写的，他也参加了到古巴和牙买加去的航行，还喜欢谈淫荡的详情细节，但并无一字论及这一传染性疾病。此外，尼科洛·锡拉西奥在1494年出版了根据一个西班牙人寄回的信件写的关于第二次航行的一个记载，其中一封写自巴塞罗那的信里描述了当时在此流行的一种新病，以"化脓性疱疹"和其他梅毒症状而引人注意。这些症状当地医生"宣称是从残酷的高卢流传过来的"①。如果是通过查理八世的退却部队传播的话，巴塞罗那当然正是人们会料想此病传入西班牙的那个地方。作为阿拉贡的主要港口和首都，它与意大利和西班牙的地中海港口有经常的贸易与交往。在锡拉西奥的信（一个医生写给医生）中，没有讲过跟哥伦布回国的殖民者和海员带来了传染病，也没有提到早些时候梅毒的突然出现。事实上，他说"这种新瘟病"只是在"不久前才蹂躏了无辜的西班牙诸国"。而且，由于锡拉西奥在1494年已经出版了一本论述哥伦布第二次航行的小册子，他就能够从关于伊莎贝拉或安东尼奥·德·托雷斯指挥的返航船队上有瘰疬性的或软下疳的突然蔓延的任何流言飞语中解脱出来，从而得出正确的结论。

这个由12条船组成的船队，于1494年2月2日离开伊莎贝拉，并于3月7日到达加的斯，是在锡拉西奥报道高卢病传到迄今尚未感染的西班牙之前15个月。在托雷斯船队上至少有250名欧洲人，还有一些泰诺人和加勒比人和他们一起来到西班牙。所有这些西班牙人都有充分的时间在这些岛上或在伊莎贝拉（因为这些地方的土著人都很友好）或者在第一次向内地进军到锡瓦奥时感染上梅毒。这次进军

---

① 首次印于锡拉提的小书《墨西拿城西西里人尼科莱》（*Opuscula Nicolai Scyllatii Siculi Messanensis*）（帕维亚，1496年）中的这封信，其日期为1794年6月18日，但布洛希在其《梅毒的起源》中第233—237页中核对了锡拉西奥的改动，并在此重印了这段文字，证明了正确的日期是1495年6月18日。锡拉西奥从意大利于2月5日抵达巴塞罗那并于当年年底回到意大利。"此外，从一个日耳曼医生的旅行笔记也可证实在1494年9月巴塞罗那对梅毒仍一无所知。"而且，同时代的西班牙权威人士，也无人提到1494年在西班牙有梅毒存在（卡尔·聚德霍夫著《论文集》第263页）。

的一位领导人希内斯·德·哥尔瓦兰也和托雷斯一起返国。在航行中，任何感染了病的人都有充分的时间达到第二阶段。从意大利高卢病突然出现后人们所表现的浓厚兴趣来判断，由一种不知名的、令人讨厌的疾病危及的一个船队抵达加的斯，应该是会在那里引起激动与忧虑的，这样的设想也是合乎情理的。可是，居住在加的斯、塞维利亚和巴利亚多利德的三个意大利商人在托雷斯船队抵达后不久写给家里的关于第二次航行的消息中，并无船上有病的任何提示。① 在加的斯的记载或当时的编年史中，也没有提到过1494年在这个港口有急性流行病突然蔓延。

　　托雷斯船队以后下一批从伊斯帕尼奥拉回西班牙的船只是马加里特率领的反叛者俘获的3条轻快帆船。马加里特正是奥维多报道在西班牙发现他身体虚弱因而怀疑是得了梅毒的那个人。我们在前面一章里曾提到过马加里特在伊斯帕尼奥拉的经历，表明他在那里获得梅毒显然有许多机会，如果梅毒确在那里存在的话。不幸，关于这一次航行的详细情况都已失传，我们仅知航行结束于西班牙的地点大概是在加的斯或塞维利亚，时间不迟于1494年11月。② 这一情况表明在印度群岛染病的水手重新上船来到意大利，并将梅毒传给查理八世的进军沿线时间是足够的，但是，在加的斯或塞维利亚，1494年年底，1495年或1496年都没有急性流行病突然出现的迹象。我们现有的在两个城市中任何一个的首次记载是1497年一个塞维利亚的地方法官记下的，有两个娼妓染上了一种叫作"腹股腺炎"的一种"新病"。

　　马加里特从印度回到西班牙后的下一次船队是托雷斯指挥的把迭戈·哥伦布和米凯莱·德·库内奥带回的、由4条轻快帆船组成的船

---

① 《文件和研究全集》第3辑第1卷第166—168页；哈里斯著《克里斯托弗·哥伦布》第2卷第68—76页。

② 费迪南德和伊莎贝拉1494年12月3日从马德里写信给在塞维利亚的丰塞卡，感谢他对"印度的三桅帆船"到来时客气接待，并命令修道士布伊尔到宫廷来（纳瓦雷特著作第3卷，第501—502页）。哈里斯《北美洲的发现》称这些船只系于12月3日起航的。

队。这个船队于 1495 年 2 月 20 日从伊莎贝拉起航,船上装有 550 名俘虏,直到 4 月最后一个星期才尽早抵达了加的斯。两个月的航行使得了梅毒的人有充分的时间达到此病的第二阶段,但是,虽然库内奥在个人细节上啰啰唆唆,却没有提到在这次航行中船上有可怕的疾病突然出现,这一事实就是没有此病的证据。在西班牙水域,船上有 200 名印第安人死亡,正如库内奥所说,是寒冷与禁闭的结果,虽然锡拉西奥记载巴塞罗那梅毒的突然出现是在托雷斯船队抵达了六七个星期之后,这个船队到达西班牙时,对造成意大利著名的梅毒爆发还是为时太晚。虽然在加的斯没有梅毒的迹象,但那里有 300 名印第安人奴隶(其中一半患病)在 1495 年 5 月 1 日登陆,倒是较为值得注意的情况。

1496 年 3 月 10 日哥伦布本人带了"尼尼亚"号和"印度"号两条船从伊莎贝拉起航,访问了瓜德罗普岛,于 1496 年 6 月 11 日到达加的斯,带回来了一定数目的印第安人俘虏,但该时意大利全部、法兰西、日耳曼和阿拉贡等的大部都为高卢病所蹂躏,因此,我们已不需要再对更多的回航进行仔细研究了。

关于伊斯帕尼奥拉欧洲人中间有一次梅毒突然出现的最早记述资料是 1498 年的。费迪南德·哥伦布在他关于统帅第三次航行的记载中说,他父亲在 1498 年 8 月 20 日到达圣多明各时发现,"该岛在很大的混乱和争吵声中,因为他离开后,大部分西班牙人都死了,其他人中也有 160 多人因患梅毒而病倒了。"① 这是在意大利梅毒大爆发的 3 年之后,在 1495—1496 年,至少有 3 条船带了西班牙船员和移民来到伊斯帕尼奥拉。

承认在印第安人中间存在着传染性的梅毒,从西班牙人放肆的淫荡(在这个地区可与法军在意大利相比)、印第安人蒙受的可怕的艰

---

① 费迪南德著作第 73 章(第 3 卷第 105 页)。

难困苦以及我们在前章里描述的岛上的纷乱和哥伦布在1496年离开后情况又进一步恶化等事实看来，就可以说明曾有过一次高卢病的突然蔓延。我们可以认为上述任一种或两种情况是哥伦布在1498年8月返回时在伊斯帕尼奥拉发现了160个梅毒例的原因。

因此，在1494年和1495年从印度群岛回来的三次船队中有两次发现反证，这是和船上基督徒中有梅毒突然蔓延的说法截然相反的。然而，被怀疑的马加里特是在这些船队中第三次船队中旅行的，而且印第安人俘虏又全都被带上了船。

总之，我们可以认为，已经证实在白人来到前，在美洲印第安人中就已存在着一种看来比较轻度的梅毒。至于1494年查理八世的军队进入意大利以前欧洲是否存在着梅毒，在医学史专家中仍然是个争议的论题。反对哥伦布的人在第一次航行中得了梅毒的反证是强有力的，但并不是确定无疑的。对第二次航行的证据不那么有力，但也是朝着同一方向。伊斯帕尼奥拉岛上的西班牙人中间有梅毒蔓延的信息是在1498年8月，但在1493年或1494年也有印第安人俘虏把梅毒从美洲带到欧洲去的明显可能性。我的意见是，这是对这一问题的很可能的答案。

然而，拉斯·卡萨斯、奥维多和迪亚斯·德·伊斯拉的陈述和另一不同的假说也不是不能共存的。1492年梅毒也许是以潜在的形式在东、西两半球都存在过，并且几乎同时呈现出了一种恶性的新形式，这是由于一组并行出现的原因和情况：一支侵略军队的强暴而放肆的淫荡行为。根据这一假说，一支法国军队于1494—1496年间在意大利激发了梅毒螺旋菌，1 000名西班牙冒险者于1495—1498年间在伊斯帕尼奥拉岛上的淫荡与强奸，也在这一不幸的土地上造成了同样的影响。根据新近的流行病学说，它们是从不造成多大危害的传染中心郁积起来、由于不正常的人口移动或其他尚未知晓的原因不断提升其致命性而传播开来的。例如，已经知道在斯堪的纳维亚某处有一个脊髓灰质炎的传染中心；在美国南、北卡罗来纳州有一个较轻度的天花传染中心；而斑疹伤寒则有两个传染中心：一个在巴尔干半岛，另一个在墨西哥，每个都造成此病略有不同的形式。所以梅毒也可能有两个传染中心：一个在欧洲，另一个在伊斯帕尼奥拉，它们几乎是同时被激发起来的。

流行病学尚未进步到足以使人说这一假说是可能的。我咨询过的大多数权威的意见是，1494—1496年之间意大利梅毒的突然出现与蔓延，说明有一个外部的传染源，哥伦布的印第安人俘虏引进梅毒的假说似乎是可能的，而且有3个16世纪的著名作家的支持。所以，证据的优势似乎是表明美洲乃"导致灾难的牧羊人"——梅毒的发源地。

第三次美洲航行

第三十八章　准备

1496 年 6 月 11 日—1498 年 5 月 25 日

> 一宿虽然有哭泣，早晨便必欢呼。
>
> ——《圣经·诗篇》，第 30 篇，6 节

哥伦布在加的斯港一上岸，就穿上了圣方济各会修士的褐色粗布服装，以后在西班牙也一直把它当作他的常着服装。[①] 显然他相信他的不幸是上天对他骄傲的惩罚，所以他摈弃那种适合一个海洋统帅身份的豪华服饰，接受他的圣方济各会朋友给他的劣质衣服，以表示他的忏悔和谦虚。

哥伦布上岸后，在教士中，特别在修士会中找到了他的最忠实的朋友。他喜欢他们的虔诚、他们的谈话和他们简朴的生活方式。他在西班牙旅行时，他不去西班牙绅士或贵族家做客，而宁愿在寺院里居住。在他等待双王召见期间，住在洛斯·帕拉西奥斯副牧师安德烈斯·贝尔纳德斯家里。贝尔纳德斯同时也是大主教手下的牧师。这位单纯和善的牧师对遥远的陆地和异乡的人民有着强烈的好奇心。哥伦布经过忙碌的劳神费力的长途航行回来后，在贝尔纳德斯家里才能得到休息，补养身体，恢复了健康。同时，他还向主人讲述古巴航行的经历，描述新世界的一些奇闻轶事。[②] 他把他的第二次西航的航海日

[①] 安德烈斯·贝尔纳德斯著《教皇史》第 131 章（1870 年，第 2 卷第 78 页）。塞西尔·简在所编《航海文选》的序文里（第 1 卷第 146—150 页）对贝尔纳德斯做过完整的描述。

[②] 不清楚哥伦布是住在贝尔纳德斯在塞维利亚的家里，还是住在洛斯·帕拉西奥斯（塞维利亚以南 27 公里远的一个村庄）；可能是住在城里，因为这位副牧师还担任塞维利亚大主教的秘书。

志及其他文件寄存在贝尔纳德斯家里，这位副牧师就好好地利用它们来写他正在编撰的《教皇史》。

海洋统帅、印度地区和中国（他是这样认为的）的发现者、新世界的第一个欧洲人殖民地缔造者在这段时期的形象是古怪的和忧郁的。他平静地不引人注目地生活着，穿着就像一个谦卑的修士，而且除非履行他的宗教职责很少抛头露面。很可能，他不再去塞维利亚那些行人拥挤的大街小巷散步，他就不会受那些妄想追求财富和荣誉的失意分子的侮辱。给他伤害很大的是费尔明·塞多。塞多是塞维利亚的一名金匠，1493年参加了第二次西航，后因不服从命令，受处罚被遣送回国。塞多逢人就说统帅运送回国的天然金块和人工制品都不过是种合金，在伊斯帕尼奥拉岛根本没有纯金。贝尔纳德斯听说双方陈述都不真实，感到惊异，他喜欢欣赏统帅带回国的那些光彩夺目的黄金制品。[①]

正好在这个时候，收到双王7月12日发来一封通情达理的信函，信中对统帅平安返国表示高兴，希望他如无不便就尽快去见他们，"因为你在所经历的航程中受了许多苦难"[②]。遗憾的是宫廷远在马德里东北100多英里的杜罗河上游阿尔马桑。每当哥伦布特别需要见到双王时，他们似乎总是在西班牙的另一端。但到这个时候，统帅已得到了很好的休息，于是他带一队人马从塞维利亚出发，计划好趁这机会让西班牙人相信，伊斯帕尼奥拉岛的黄金是名副其实的黄金。

亲眼见到哥伦布离开塞维利亚的贝尔纳德斯为我们描述了这队人马的"特征"。随统帅同行的有卡奥纳波酋长的兄弟，他已由洛斯·帕拉西奥斯副牧师给其施洗礼起名为"堂·迭戈"；还有该酋长的一位

---

① 《教皇史》第120、122章（1870年，第37—38、40—41、78页）。
② 纳瓦雷特著《航海和发现文集》第2卷第179页。

第三十八章 准备

年轻的侄子，他曾在寺院里接受室内训练但还没皈依宗教。鸟笼里关着色彩艳丽的鹦鹉，它们在笼里放肆叫闹，仿佛为队伍前进开路似的。每逢即将进入城镇时，统帅就令印第安人打开鞍囊取出珠宝来炫耀。"堂·迭戈"脖子上戴了一副金颈圈，重有600卡斯特亚诺，贝尔纳德斯说："此颈圈我看见过并用手抓过。"这位洛斯·帕拉西奥斯副牧师讲道，"许多东西，如王冠、面具、腰带、颈圈，都是印第安人使用过的，而且还有很多棉织品；所有物品都制成鬼怪形象，有的形如猴子，有的似猫头鹰脑袋，余下的形象更丑恶；面具有的是木头雕制的，有的用同样棉织物制造的，或者用宝石制造的。他带回一些用羽毛装饰的王冠，王冠两边镶有金眼；特别是有一顶，他们说是属于卡奥纳波酋长的王冠。它很大很高，边缘饰有羽毛，像一个盾，其金眼大如银杯，重有半马克；每个金眼嵌在王冠上边就好像上了彩釉，式样很奇怪，工艺很精巧。王冠上也画有一个魔鬼，我相信，他们认为魔鬼就是这个样子，他们是偶像崇拜者，他们把魔鬼当作上帝。"① 要是有人保存了这些无价的泰诺艺术的珍贵样品，而不将它们全都熔化掉，那该多好啊！

哥伦布大概走北边大路，经过了梅里达和萨拉曼卡，并且绕道去过瓜达卢佩，因为该修道院的档案记载了1496年有几个哥伦布手下的印第安人在此进行了基督洗礼。在巴利亚多利德，他必定获悉宫廷正在迁往布尔戈斯的途中。他急忙赶到那里去看望他的两个儿子、王子堂·胡安的侍从。② 双王几天后抵达。他们优礼有加地接见了统帅，并接受统帅献上的印第安人和掠夺物，包括相当数量的金沙和一些大如鸽蛋的天然金块。费迪南德和伊莎贝拉对他所陈述的一切表示

---

① 《教皇史》第131章（1870年，第2卷第78—79页）。
② 费迪南德·哥伦布（他当时在布尔戈斯）和拉斯·卡萨斯都说哥伦布在布尔戈斯受到双王的接见，尽管邀请他去宫廷的信是在阿尔马桑写的。《哥伦布诉讼案卷》第2卷第14页说哥伦布的第二次航海的报告是在布尔戈斯写的。

了极大兴趣。尽管胡安·阿瓜多有一份报告（这份密封报告大概是哥伦布带回来的）对哥伦布表示不满，双王对他在航行中的所作所为还是显露出满意的神情。就统帅所能察觉的而论，加泰罗尼亚人小集团的诽谤并没有伤害双王对他的信任。不过，这些诽谤已经对宫廷发生了影响，他发现那里有许多敌对分子。

　　哥伦布不失时机地提出组织第三次西航的建议。他请求拨给他8艘船：两艘立即运粮食驶往伊斯帕尼奥拉岛，另6艘去寻找一个大陆。葡萄牙国王相信此大陆存在诸岛的南方或东南方的大洋中，他哥伦布本人也从印第安人提供的各种线索中获悉那里存在一个大陆。双王回答说，他一切都将如愿以偿，但是要使双王下达明确诏令并付诸实施，他还需要等候许多个月的时间。从哥伦布在加的斯港登陆起到第三次西航正式开始，中间经历了两年时间。

　　这一耽搁与促成第二次西航实现那种迅速果断和干劲十足的情景形成显著的对照。就船只来说，第二次西航所用是第三次西航所用的3倍；在时间上，第二次西航在首航结束后仅6个月就开始了。在那个时候"印度事业"还是个不可思议的新奇事物，双王以及国民都指望从中获得各种各样的财富和好处；而现在，就一般西班牙人来说，他们认为这不过是个丧失了信誉的骗局，除非使用强迫手段或支付丰厚报酬，否则无人愿意参加。双王尽管对他们的统帅满怀好意，但他们深切挂念的是消除法国对意大利的入侵和用一系列的联姻措施来巩固他们的王朝。查理国王在哥伦布回国前就完全退出了意大利，但直到1496年7月20日统帅抵达塞维利亚前，他的那不勒斯驻军才向冈萨尔沃·德·科尔多瓦投降。法国和西班牙之间的小规模边界战斗，仍在比利牛斯山两边进行。10月7日由于冈萨尔沃的军队使他复位的那不勒斯君王去世，他的继承人那不勒斯第五代国王才3岁。他是那样弱小的一个人，以致使费迪南德决定改变政策。现在他要为自己赢得那不勒斯王国。作为达到这个目的的一个办法就是安排一系列的王室婚姻。在一年之内费迪南德和伊莎贝拉的继承人、王子堂·胡安娶了奥地利玛格丽特公主。玛格丽特的兄弟哈布斯堡的菲利普公爵娶了天主教徒国王夫妇的幼女堂娜·胡安娜。他们的长女堂娜·伊莎贝拉嫁给了葡萄牙国王堂·曼努埃尔。所有这一切，再加上那不勒斯问题，占去了双王的注意力，耗费了巨额金钱，并占用了大量的船只（这点对哥伦布的影响最大）。由130艘船只所组成的船队，装备得富丽堂皇，护送堂娜·胡安娜去佛兰德，和皇帝的儿子结婚，然后带回他的姐妹玛格丽特，和表面上的西班牙王位继承人结婚。令人啼笑皆非的是哥伦布在联系这个豪华的队伍上有点微薄贡献：他成功地预告了哈布斯堡公主抵达拉雷多的日期，这使他得到王室所需要的信任，从而获得发现南美大陆所必需的航海装备。①

1497年4月3日，哥伦布出席了堂·胡安王子和玛格丽特公主在布尔戈斯举行的婚礼（我们希望，他不是身穿褐色的圣方济各会法衣）。23日，双王就组织第三次西航发布了第一道明确的诏令。诏令首先谈伊斯帕尼奥拉岛：哥伦布应派遣或率领300人由王室负担费用，如果他能说服一批自费前往的人员，其人数可达到50人。这些殖民者每个等级的人数和报酬都有严格的规定：40名侍从、30名海员和20名工匠每日报酬30马拉维迪；30名见习水手、20名掘金工人以及100名步兵和临时工人每日20马拉维迪；50名农业工人和10名园林工人每年6 000马拉维迪。除30名妇女外，其余人员都按每天12马拉维迪支付。妇女人数为男人的1/10，对她们既不要支付酬劳，也不要负担生活费，希望她们靠自己替船员们做事取得报酬。② 如果这些妇女实际成行的话，那她们可能是在西班牙殖民地的首批信仰基

---

① 此事在哥伦布1502年2月6日写的一封谈论"航海技术"的信中提及。此信的摹真本、原本和译文刊载在纳瓦雷特《航海和发现文集》第3卷226—241页。女王曾写了一封热情的通情达理的信给哥伦布，对他这次的提议表示感谢。此信刊印（日期不正确）在纳瓦雷特《航海和发现文集》第3卷506页。

② 纳瓦雷特著《航海和发现文集》第2卷180—191页。

督教的妇女。

诏令对统帅原先的权力、头衔和特权进一步加以确认，同时还对统帅做出更大的让步：即豁免他对过去3年中船队给养费用所需承担的八分之一，而且在未来岁月中，还可以获得总额收益的八分之一和纯利的十分之一。① 1497年6月15日双王扼要重述了他们期待哥伦布要做的事情，叫他买艘旧船立即运食物去伊斯帕尼奥拉岛，叫他聘请些教士管理那里神圣的宗教事务，"使上述印度地区的印第安土著皈依我们神圣的天主教"。显然，曾被提到过的"首要目的"已被忽略了。关于母牛和母马的采购和分配、关于伊斯帕尼奥拉岛地方政府的组成以及关于金矿开采的管制，各种冗长法规都分别颁布。凡是统帅所需要的船只，其船主和船长都应按现行价格让他租用。最后，双王还任命巴塞洛缪·哥伦布为印度地区的代理总督，使他拥有属于该地区其他总督所拥有的一切权力；同时还授权统帅可以在伊斯帕尼奥拉岛将可耕种的土地分配给个人种植，王室只保留所有的洋苏木树、黄金和其他珍贵金属。②

这些规定中最有意思的一条就是试图赦出一些在监罪犯，但那些犯信仰异教罪的、犯谋害君主罪的、犯故意杀人罪的、犯叛国罪的、犯纵火罪的、犯伪造钱币罪的和鸡奸罪的除外。这些罪犯只要他们"跟随该统帅前去伊斯帕尼奥拉岛和印度地区其他岛屿和大陆"并待上一年或两年，罪恶越大需要待的时间越长，在他们返回时即可获得完全赦免。有多少人从这规定中获得好处，数目不详。③ 与准备第三次西航前所颁布的其他法令不同，这条法规原则上已成为西班牙殖民

---

① 纳瓦雷特著《航海和发现文集》第2卷第191—195、201—203页。

② 同上书，第203—210、215—217页；两次所标日期都是1497年7月22日。就我们所掌握的记载来看，到这个时候为止，伊斯帕尼奥拉岛上没有土地被分配给个人的事件。

③ 纳瓦雷特著《航海和发现文集》第2卷第212—215页。"关于岛上这类犯人我知道一些，"拉斯·卡萨斯说（《西印度群岛的历史》第1卷第451页），"其中有个双耳被割短的人，我一直了解他是个很好的人。"他在其他地方还悲愤地提到过岛上的这些原是罪犯的人在当地酋长面前作威作福。

政策的一条基本法规。1503年发行的西班牙法律汇编就收集了这条法规,只是文字稍微有些改变。①

发布这个命令的明显原因是在伊斯帕尼奥拉可随意弄钱的最初谎言被戳穿后,西班牙人不愿移民去那里,但这并不是像不时有人提出来的说这是双王企图将伊斯帕尼奥拉岛作为充军之地。被释放的囚犯和船上的其他人一样自由自在,只要在伊斯帕尼奥拉岛待上一两年后如果喜欢回国,那他们可以自由回来。每一个美洲殖民地政权为了充实其殖民地的人口都在这个时期或另一个时期采取过同样的政策。如果哥伦布在他的发现船队里带有任何这样的罪犯的话,那这些罪犯表现还算不错,因为他们在这次西航中与哥伦布手下人所造成的麻烦比其他任何一次西航少。

国王和女王为第三次西航所拨经费总额是 2 824 326 马拉维迪,哥伦布在1498年2月17日承认已收到350 094马拉维迪。这些钱部分是通过热那亚琴图廖内家族的商行塞维利亚分行交付的,哥伦布年轻时曾在这家商行工作过。②

显然,组织永久性的海外殖民基地,进一步推动发现事业是双王的意愿和兴趣。但是哥伦布如果仅仅在他的鞍囊中装着王室的文书走到塞维利亚来,纵然文书上有双王签名盖章,还有国务秘书和国务大臣的副署,那他还是既得不到船只,又得不到船员。堂·胡安·德·丰塞卡(此时是巴达霍斯主教)主管所有这类事务,他不但对再一次西航态度冷淡,而且在拖拉敷衍和设置障碍方面足智多谋。没有钱他

---

① 见 J. 拉米雷斯所编《诏令汇编》(Las Pragmáticas)(萨拉曼卡,1503年,复制本存约翰·卡特·布朗图书馆)。在这本法律书里这条法规尽管与另一版本中的此法规日期相同(1497年6月22日),序言相同,但要旨不同。所有法官和行政官员奉命安排犯人去印度地区,在统帅的管理下去矿井做苦工。所有为非作歹者不论男女,只要犯过罪或预谋犯罪都要受到流放的惩罚。至于流放的期限,视其罪行大小而定。被判处终身流放的人,只要愿去伊斯帕尼奥拉岛即可减为10年。在麦格斯兄弟所编《目录大全》第496页里提到了《诏令汇编》的另一版本(阿尔卡拉,1503年)。

② 《文件和研究全集》第1辑第1卷第298、122页。女王给琴图廖内家族的商行和米兰商人一些与他在塞维利亚有关的命令刊载在纳瓦雷特《航海和发现文集》第2卷第508—509页。

什么也干不了，而金钱正是双王所短缺的，因为所有的金钱都用在花费浩大的战争、王室成员嫁娶和还在进行的外交谈判上去了。为了支付这个船队所必需的费用，他们甚至不得不从他们的女儿、葡萄牙王后的嫁妆中借用，从拍卖佩拉隆索·尼尼奥1496年从伊斯帕尼奥拉岛运回后来交给统帅的一船印第安奴隶的收入中借用。① 哥伦布必定常常渴望自己手中能掌握几千马拉维迪，那比在国库里以他的名义存上200万还要强。他经常没有钱给船员支付薪水，给杂货商支付货款。他凭信用在热那亚赊购了一船小麦，但货到后却无钱可付。他给代总督巴塞洛缪写过信，诉说他从来没有经历过如此忧心忡忡，障碍重重和疲惫不堪的处境。

老牌的好船"尼尼亚"号和"印度"号首批离港西航。它们自第二次西航返回后，曾有这一次非常冒险的航行。在统帅待在宫廷长期离开船队期间，阿隆索·梅德尔船长和巴托洛梅·科林船长认为他们也能赚一笔小款，因为当时对商船货运的需要很大，因此他们租用"尼尼亚"号去跑了一趟罗马，租用"印度"号去跑了一趟佛兰德。"印度"号干得很好，但"尼尼亚"号在离开卡利亚里港后就被一艘海盗船俘获，被带往撒丁岛停泊在普拉角。它在那里被解除了武装，船员被押上海盗船。夜晚，阿隆索·梅德尔联络圣玛利亚港的3个人偷了一艘小船，划回"尼尼亚"号，砍断缆绳，起航逃脱。对他们如何处置，船队存在正反不同的两种主张。哥伦布取得每条船半数人的同意，解除了科林和梅德尔的职务。1498年1月23日，"印度"号和"尼尼亚"号组成运粮船队从桑卢卡尔开航。它们分别由胡安·百慕德斯和佩德罗·弗朗西斯担任船长，而以佩德罗·费尔兰德斯·科罗内尔担任船队总指挥。② 它们按预定航向抵达了目的地，"尼尼亚"

---

① 《西印度群岛的历史》第123章（1927年，第1卷第486页）。
② 《王家历史科学研究院学报》第88期第741页；安赫尔·奥尔特加著《拉拉维达》第2卷第290—293页；纳瓦雷特著《航海和发现文集》第3卷第507页。

号到1500年仍然留在圣多明各。①

另外6艘船是哥伦布运用他的特权把他所看中的船只按通常租价征用得来的。在"尼尼亚"号和"印度"号起航后最多4个月的时间里，哥伦布在塞维利亚完成了这个发现船队航海的准备工作。没有参加实际工作的人就无法理解所谓做好了航海准备是什么意义，甚至在这些交通快速的日子里也是如此。补给品应该来的时候没有来，码头工人把它们搁错了地方，以致给白人游民拿去自用了；你要用的东西还未到手就被成吨的货物压在底下；索具系错，风帆挂错了帆桁；厨师垂头丧气，停止操作；一股股恶臭从一号船舱传来，你发现有些补给品腐烂发臭了；在最后关头，水柜会莫名其妙地空着；到星期六下午，整个工作停顿了，水手们不见踪影，他们躲在船上喝酒，直喝得杯盘狼藉污秽不堪；开航的日子近了，可看情形，起航似乎是第二年冬天的事；整整几个星期适合行船的好天气在拖延中浪费了；到最后一切准备就绪，可一场大风暴却袭上岸来。哥伦布在第三次西航起航前，曾因为一个出售船用杂货的商人屡次不履行诺言，以致气愤得动手打他，对于这种事情，我们并不会感到诧异。

有关这次航海的准备工作情况，我们掌握了足够多的资料，但对于所用船只和人员的情况却知之甚少。② 有3艘轻快帆船（它们的名字我们不知道）被哥伦布指定运送人员和食物直接去伊斯帕尼奥拉

---

① 哥伦布给双王的书信，《文件和研究全集》第1辑第1卷第290页。德·洛利斯考证，写作时间在第二次西航和第三次西航之间的间歇期间，但这不可能正确。因为（1）信中提到了"尼尼亚"号（哥伦布在第二次西航是乘"尼尼亚"号回国的）和"巴凯纽斯"号（此船参加了第三次西航）当时停泊在圣多明各；（2）他提到了在伊斯帕尼奥拉岛上"那些现在当权的人物"强加于基督徒和印第安人的残暴行为，并明显提到了波巴迪拉，但1496年—1498年期间岛上当权者是哥伦布的弟弟和他所任命的人。

② 在塞维利亚的印第安档案馆里保存了一份注明日期为1498年1月1日的合同副本（合同刊印在安赫尔·奥尔特加著《拉拉维达》第2卷第295页）。合同规定一位名叫安东·马里诺的塞维利亚人"运送粮食去印度地区并遵照宫廷下达给统帅的指示将其出售"。参加第三次西航的船只都是在帕洛斯港征集的，它们的名字是"卡斯蒂利亚"号，70吨；"拉戈尔达"号，60吨；"拉拉维达"号；"圣玛利亚·德吉亚"号。101吨；"加尔萨"号，71吨；奥尔特加宣称上述船只是参加第三次西航的6艘船中的5艘。不过，尽管其中有两艘吨位相近，但是这个船名单必定是1498年某个时候被派往伊斯帕尼奥拉岛的一支单独的运粮船队名单，否则历史学家就不会记下它们。"拉戈尔达"号是1500年哥伦布被押送回国时所乘坐过的船只，参见哈里斯著《北美洲之发现》第673—676页。

岛。它们的指挥官分别是：阿隆索·桑切斯·德·卡瓦哈尔，他是适合于远洋航行的原巴埃萨市市长，在第二次西航时曾担任一船的船长；佩德罗·德·哈拉纳，哥伦布继配的兄弟；热那亚的乔瓦尼·安东尼奥·哥伦波。最后一个就是我们的老朋友詹内托（"约翰尼"）·哥伦波——哥伦布的叔叔安东尼奥的儿子，他曾由他在热那亚的兄弟资助前往西班牙看能找到些什么工作。约翰尼显然赢得了统帅的信任，因为哥伦布曾委托他和卡瓦哈尔收集伊斯帕尼奥拉岛黄金中属于他的百分之几并将它在西班牙出售。①

哥伦布为发现而留下的3艘船只中有两艘是轻快帆船，其中吨位较小、速度较快的一艘绰号"科列奥"号（"邮船"），载重量70吨的那艘叫"巴凯纽斯"号，它使人联想什么牛一般的东西；但哥伦布告诉我们，该船的两个船主之一必定是帕洛斯的一位寡妇，她的名字就叫巴斯克斯。②佩德罗·德·特雷罗斯在首航中担任统帅的管家，这次是3艘船的船长之一。埃尔南·佩雷斯是其中另一个船长。统帅本人亲自指挥旗舰。旗舰的名称他从来没有提过，而只是称它为拉纳奥（船），因为它不像其他两条船是轻快帆船。它与他首航中的"圣玛利亚"号相似，但这只是说它的载重量和帆装与"圣玛利亚"号相似，估计它的载重为100吨或者更多一点。③

哥伦布在动身前还有件事情留待他去处理，即为他的家务事做出安排。按照双王的特许，他在1498年2月22日对他的财产和特权拟定了一个继承办法，文件规定他的长子堂·迭戈做他的继承人，假如迭戈先于他死亡，那就按下列顺序继承：儿子费迪南德——弟弟巴塞洛缪和他的长子——弟弟迭戈和他的长子。文件规定继承人应继承他的

---

① 见前面上卷第二章第42页注①，以及费迪南德·哥伦布著《海洋统帅克·哥伦布的生平和事业史》第2卷第74—75页中有关这位哥伦波的传记体注释。哥伦布尽管在为西班牙人服务，总保持他的热那亚家庭姓氏，而且从不以科伦出名。

② 见前第213页注①中提到的信件。

③ 费迪南德·哥伦布著《海洋统帅克·哥伦布的生平和事业史》第68、71章（第2卷90、98页）；《文件和研究全集》第1辑第1卷第290页。

统帅官职和印度事业税收中总额的八分之一收益。关于此项权利统帅认为通过新近对他特权的确认,他应终生享用。文件规定迭戈应拿出收益的一定比例给他的兄弟和叔叔,直至他们去世为止;还应拨出一笔专款存入热那亚的圣乔治银行,目的在减免热那亚市民的赋税;同时还要在热那亚保留一栋房屋,以使哥伦布家族的某些成员能维持体面的生活。① 但是,对如何供养费迪南德·哥伦布的母亲比阿特丽丝·恩里克斯·德·哈拉纳却没有制订专门条款。

这个文件不但证明统帅忠于他的故乡城市,而且证明他的兴趣和信念都放在他所建立的殖民地的前途上。他的继承人奉命在伊斯帕尼奥拉岛上建立一座大教堂,奉献给圣玛利亚·德拉·康塞普西翁;还应附设一个小教堂,让人们在那里为他的灵魂做弥撒。此外,岛上还应建立一座医院,医院"设计周妥可与卡斯蒂利亚和意大利的医院媲美"。他一定要"在伊斯帕尼奥拉岛保留并供养 4 名优秀的神学长老",他们工作的主要目的将是使土著皈依基督教。哥伦布的愿望,关于在伊斯帕尼奥拉岛建立一座教堂已由第二任统帅堂·迭戈予以实现,教授神学之事甚至在 1538 年建立圣托马斯·阿奎那②大学之前已在圣多明各岛进行。不幸的是,到那个时候,岛上已没有留下印第安人可供做皈依宗教的工作了。

到 1498 年 5 月的最后一个星期里,所有人员和所有物品终于都在塞维利亚上了船。于是 6 艘船都沿瓜达尔基维尔河顺落潮下驶,在该河的河口、桑卢卡尔·德·巴尔拉梅达城堡附近做在西班牙的最后一次停泊。③ 统帅在此登船,又一次伟大的西航开始了。

---

① 见前面上卷第二章第 42 页注③,有关这个文件的可靠性的论述。
② 托马斯·阿奎那(1226—1274 年):中世纪神学家和经院哲学家。19 世纪末由罗马教皇定其学说为教廷官方哲学。——译者
③ 桑卢卡尔锚地位于瓜达尔基维尔河河口,是一个小镇,梅迪纳·西多尼亚在此建有一座城堡。它是从安达卢西亚地区各个港口开来的西班牙船队的惯常集合地。从塞维利亚顺流而下,随着根据风向及风力的不同和涨潮落潮的差别需要两天或两天多时间。F. 吉利亚马斯-加利亚诺著《桑卢卡尔·德·巴尔拉梅达的历史》(1858 年)。

第三十九章　特立尼达①

1498年5月30日—7月31日

　　他要执掌权柄从这海直到那海，从大河直到大地极。

——《圣经·诗篇》，第72篇，8节

　　1498年5月30日，船队从瓜达尔基维尔河河口桑卢卡尔·德·巴尔拉梅达附近的沙洲起航，第三次西航开始。像往常那样，哥伦布确切地知道他想干什么，但能否做到却是另外一个问题。葡萄牙国王认为在大洋西面某个地方有个很大的大陆斜躺在赤道之上，堂·若奥二世之所以坚持将分界线西移就是这个原因。哥伦布对他这个意见印象极其深刻。他此次航行的首要目的就是要检验这位国王猜测的真实性；如果用测程器和罗盘推算船位（没有别的方法测算经度）测出这个大陆位于分界线以东，那费迪南德和伊莎贝拉就打算将此大陆移交给他们的女婿和假定继承人、葡萄牙的堂·曼纽埃尔；②如果不在分界线以

---

① 关于第三次西航，我们没有新的权威资料，但文献目录却有点错综复杂。关于哥伦布1498年10月18日在圣多明各寄给双王的信札，其最佳文本刊载在《文件和研究全集》第1辑第2卷第26—40页。1500年哥伦布给堂·胡安的保姆，胡安娜·德拉·托雷斯夫人的信札中含有第三次西航的一些情况，此信刊印在塞西尔·简的同一文选第2卷，第48—70页，并有译文。还登载在《文件和研究全集》第1辑第2卷第66—74页。拉斯·卡萨斯对哥伦布本人在这次西航中所记的《航海日志》做了摘录。这个摘录比对首航的摘录要简明得多，但拉斯·卡萨斯的摘录却是我们所掌握的有关第三次西航的最详细的原始资料；最好文本刊登在《文件和研究全集》第1辑第2卷第1—25页，在拙著《〈航海日志〉和其他文件》里将有其译文。拉斯·卡萨斯著《西印度群岛的历史》第127—146章（1927年，第1卷第500—573页）含有此摘录的精华部分。《哥伦布诉讼案卷》对于了解这次西航特别有用。

② W. B. 格林利先生在所著《佩德罗·阿尔瓦雷斯·卡夫拉尔的航海》中（哈克卢特社，第2辑LXXXI第53—54页）曾提到，杜亚尔特·帕切科·佩雷拉曾作为"葡萄牙的观察员"参加了哥伦布的第三次西航。但这说法似乎是不可能的，因为如此重要的一个人物如果一道参加了航行，在双王的诏令中，在拉斯·卡萨斯或费迪南德的著作中不会不提到他。参见拙著《葡萄牙人的航海》第136—138页。

东，那新大陆将成为卡斯蒂利亚王冠上的另一颗宝石。

此次西航的次要目的是要发现比安的列斯群岛更偏南的陆地。因为根据亚里士多德的纬度相同，产品也相同的学说，这些设想与葡萄牙在几内亚属地相对的陆地就应该被证明是远比那受过过分赞美的伊斯帕尼奥拉岛更有利可图。一位曾涉猎过宇宙志的宝石鉴赏家、布拉内斯的海梅·费雷尔写信给哥伦布说道："在赤道地区出产大量珍贵的东西，如宝石、黄金、香料药医材。"他在经营宝石收集业务中，从"许多印度人、阿拉伯人和埃塞俄比亚人那里"听说过"大多数珍贵物品来自很热地区，那里的居民皮肤是黑色或棕褐色的；因此依我的判断，阁下在哪里发现这样的人，您就会在那里找到大量的这样的物品……先生，我说这个是因为尊敬的女王陛下叫我把我的想法写信告诉阁下。"① 因此，哥伦布打算沿葡萄牙人首次找到黄金的塞拉利昂的纬线航行，并沿着此纬圈前进直至伊斯帕尼奥拉岛所在的子午圈。他希望这一路能发现什么地方——新的岛屿、堂·若奥的大陆，或亚洲的一部分——并在那些地方找到"大量的财富"。

哥伦布甚至有充分的理由担心，除非他短期内就能发现什么新的有价值的东西，否则整个印度事业就势必会被双王放弃，那样他那些待在伊斯帕尼奥拉岛的朋友就只能听天由命了。当我们回想起一个世纪后，雷利②在弗吉尼亚第一个殖民地发生的事情时，我们就能够理解统帅的担心是有十足根据的。据拉斯·卡萨斯反映："事实上，此人具有善良的、基督徒的意志，他对生活中他的位置非常满意，他希望在此位置中朴实地生活，希望从他曾经令人赞赏不已地经历过的艰难困苦中解脱以获得休息……但是，他知道他的非凡服务所获价值甚微，他也知道由于有人向双王进谗，他在印度事业中最初获得的声誉

---

① 撒切尔著《克·哥伦布的生平、事业和遗物》第 2 卷第 366—367 页。
② 雷利·沃尔特（Walter Raleigh, 1552？—1618 年）：英国探险家、史学家。——译者

已突然受到损害并正在下降,所以他愈来愈担心双王会将印度事业完全抛弃;他明白如果这样的话,他的努力和所受痛苦就付诸东流了,最终他就会在贫困中死亡。"① 哥伦布有时拿自己与大卫相比较。扫罗把一个又一个令人难以置信的困难任务交大卫去做,大卫每次都完成了任务;然而每次任务完成之后,他却越来越得不到扫罗的信任。② 他哥伦布发现了"印度地区",但这并不够;他必须再往这些地方移民并生产大量的黄金。接着他率领一支庞大的船队成功地航行到了伊斯帕尼奥拉岛,并在那里建立了殖民地;他还发现了小安的列斯群岛、波多黎各和牙买加,考察了古巴南海岸;但是这一切还是不够。现在他必须找到更引人注意的东西,找出更多的黄金。可是即使找到了新大陆和珍珠海岸,还是无法阻止他蒙耻受辱地被押解回国。为了寻找通印度的海峡,第四次西航仍然是必要的。哥伦布永远不可能做到足以使他的双王心满意足。

在此次西航开始时,哥伦布的身心状态俱不佳。他在古巴海岸患的关节炎,这两年由于许多烦恼事情压头和到处奔波不息使得他无法彻底治好。然而,不论是好是歹,他能够又一次航海,指挥一支勇敢的小船队,摆脱那些朝臣、官吏和陆上骗子的纠缠,毕竟是件好事。不过,另一类敲诈勒索者也正在等候他。卡斯蒂利亚当时正和法兰西开战,据说有支法国舰队待在圣维森提角,等待抢劫哥伦布的小船队。因此,他向南绕了一个大圈,靠近非洲海岸航行,而不是直接航行去他此航的第一个目标——圣港。

船队在开航后第八天(6月7日)抵达圣港,行程至少有650英里。哥伦布打算上岸去弄木柴和淡水以补足船队的给养,而且他还打算去参加弥撒。由于他的岳父和姻兄佩雷斯特雷洛父子相继担任过此

---

① 《西印度群岛的历史》第 147 章(1927 年,第 1 卷第 575 页)。
② 扫罗和大卫的故事见《旧约·撒母尔记》。——译者

第三十九章　特立尼达

岛的总督，而且他的儿子也是在此岛出生的，哥伦布期待在此会受到友好的接待。不幸，岛上的居民将船队误认作法国的海盗船，带着他们的家禽和牲畜躲进山里去了。没有人就不可能办事，哥伦布于是在当晚就开航去马德拉。这个大岛屿通常从圣港是看得见的，去丰沙尔也不超过40英里的航程，可是船队似乎驶进了微风地带，因为直到6月10日它才在丰沙尔的锚地下碇。

在统帅的早期婚姻生活中这里曾是他的家。自从他成名以后，他还没到此访问过，但是好客的马德拉人并没有忘记他。"在镇上他受到了很热烈的欢迎和盛情的款待，"《航海日志》摘录本如是说，"因为他在此地很出名，而且有段时期他曾是这里的居民。他在岛上待了6天，把淡水、木柴和航海所必需的其他东西填满了他的船舱。"① 再一次和年轻时代的朋友聚首，回想起在抱负和责任开始困扰他之前，作为一名单纯的贸易代理商和商业事务负责人所度过的那些日子，对统帅来说真是一大乐趣。在丰沙尔，这里没有仇敌或毁谤他的人，没有要把他踩下去的人或者是要他放弃什么东西的人，这里有的只是老朋友以及其他一些希望他度过一美好时光的朋友。

然而，因为美丽的花园也必定有杂草，所以马德拉给统帅带来了欢乐也无意中给他带来了懊恼。就是在这里他雇用了一个名叫佩德罗·德·莱德斯马的塞维利亚人担任一条船的舵手。此人在这次航行中表现良好，但在第四次西航时却成了一名反抗长官者，而在后来的年月里，受平松家族的唆使，竟在对统帅的调查中说谎话，否认统帅发现了大陆。②

船队从丰沙尔动身就遇上了顺风，向南航行290英里，3天后（6月19日）来到加那利群岛的戈梅拉岛。它们在一个有新月的夜晚

---

① 《文件和研究全集》第1辑第2卷第1页；同样见费迪南德·哥伦布著《海洋统帅克·哥伦布的生平和事业史》第65章。
② 《哥伦布诉讼案卷》第1卷第147页。

停泊在熟悉的圣塞瓦斯蒂安锚地里。不过，哥伦布与比阿特丽丝夫人的罗曼史已成为过去。他对于这次航海在戈梅拉岛停靠所写的一句总话就是："我们到那里准备干酪，岛上的干酪又多又好。"

对于去伊斯帕尼奥拉岛的小船队来说，在戈梅拉岛和3艘去寻找新陆地的船只分手是合乎逻辑的。统帅在此把明确的指示发给了启程去伊斯帕尼奥拉岛的3位船长：哈拉纳、卡瓦哈尔和哥伦波，命令他们轮流指挥船队，每人负责一个星期，还叫他们夜晚在船尾挂一盏灯，好让其他船只跟踪。统帅给他们规定的航向是西偏南顺信风航行，他并预言航行850里格后船队将抵达多米尼加，因为1493年他就是取这同一航线航行的（用的是弗拉芒罗盘）。从多米尼加起船队受命将航向定为西北西去波多黎各，然后横渡莫纳海峡，把莫纳岛留在船队的右舷方面，接着沿伊斯帕尼奥拉岛南岸航行25里格，抵达圣多明各这座新城市。

尽管从加那利群岛去多米尼加岛的正确航向是西偏南1/2南，但据拉斯·卡萨斯说，船队这样走也是完全正确的。或许他们使用的又是弗拉芒罗盘。① 从多米尼加到波多黎各，统帅定的航向是西北西，按照这个航向，船队应该抵达该岛南岸中部地带，但领航员竟在小安的列斯群岛和伊斯帕尼奥拉岛之间的某个地方迷了航。结果，他们错过了圣多明各，错得这么远，以致来到了伊斯帕尼奥拉岛的下风海岸，即到了哈腊瓜省，以致使他们与罗尔丹的叛乱事件发生了牵连；只是在经过多次的逆风换抢和多次航向改变后，才后于统帅到达圣多明各。②

船队在戈梅拉岛分手之前，曾碰见过一场小小的骚乱。在统帅抵达时，已有两艘法国海盗船带着他们俘获的两艘西班牙船只停泊

---

① 这些说明见第三十六章。
② 费迪南德著《海洋统帅克·哥伦布的生平和事业史》第77章（第2卷第122—125页）；《西印度群岛的历史》第148章（1927年，第1卷第577—579页）。

在圣塞瓦斯蒂安。当法国人和他们的一名俘虏正要解缆索准备起航时，被俘的西班牙人看见一艘哥伦布的船只走近他们，他们就壮大了胆子，打败了法国海盗，夺回了自己的船只。

在圣塞瓦斯蒂安待上两天就足够了。在增加了几桶淡水，用木柴和干酪装满船上所有的空闲地方之后，旗舰、"巴凯纽斯"号和"科列奥"号于 6 月 21 日动身前往佛得角群岛，去伊斯帕尼奥拉岛的船队与它们同行了一段路。到达费罗岛时，统帅才"以神圣的三位一体之名义"将它们送走。统帅每天都在为这第三次伟大的探险事业祈祷，以期获得圣三位一体的特别庇护。

离开费罗岛，统帅朝佛得角群岛航行，这段航程船队航行得最好，6 天大约航行了 750 英里，平均时速有 5 英里多。哥伦布在早年去非洲的航行中似乎从没到过佛得角群岛，因为在发现这些岛屿干燥、贫瘠、无绿色树林时，他显得很惊奇。6 月 27 日，船队经过萨尔岛没有停靠，继续航行 22 英里抵达博阿维斯塔岛，并在奇基塔岛附近一个海湾下碇。① 这个小岛使我们核实这个海湾就是萨尔雷港，或英吉利锚地，它是博阿维斯塔岛的最佳锚地。在统帅有时间上岸以前，他接待了该岛的葡萄牙总督、堂·罗德里戈·阿方索的礼节性的来访。统帅用卡斯蒂利亚的冷食（可能是种饮料）款待他。这使来客很高兴，因而也大方起来。遗憾的是岛上除野山羊、海龟和麻风病患者外，别无他物可以供应。15 世纪欧洲患麻风病的人不少，有些 30 岁左右家里富有并有名气的病人就来到博阿维斯塔岛和圣地亚哥岛治疗他们这种恶疾。治疗的办法是以海龟肉为主食并用海龟血洗澡，他们想象这样治疗方法是有效果的。② 博阿维斯塔岛上还有六七个葡萄牙

---

① 《文件和研究全集》第 1 辑第 2 卷第 4 页。
② 夏尔·德拉·龙西埃著《中世纪非洲的发现》第 2 卷第 29—31 页；第 3 卷第 69—71 页。1483 年法兰西国王路易十一世曾派遣 3 艘船去佛得角群岛寻找海龟来治疗他的麻风病，但当船只回国时他已经死了。彼得·马蒂尔也谈论过海龟疗法，见其著作《新大陆》第 1 部第 6 章（伊登 1555 年译本第 28 页）。

人。他们的职务是宰杀山羊并用盐处理其毛皮以备出口。统帅命令手下人将当地人扔掉的山羊肉用盐腌制，搬运上船收藏起来。此事无疑给哥伦布的海员一个新的和合法的抱怨口实，因为盐腌的山羊肉是世上最难吃的肉类之一。①

在博阿维斯塔岛很短暂的停留满足了统帅的好奇心。他在星期六（6月30日）的夜晚起航，像往常一样他总是避免在星期天动身。次日，他在圣地亚哥岛的大里贝拉附近抛锚，此时岛上教堂正敲响晚祷的钟声。②哥伦布在该岛停靠的目的是想弄些圣地亚哥的黑野牛上船。他估计此野牛可以在伊斯帕尼奥拉岛上繁殖下去；但是岛上的野牛似乎不多，也可能是容易受惊跑掉了，因为他一头也未弄到。这对野牛来说倒是幸运，因为一到赤道无风地带，它们无疑只能用来喂鲨鱼。在圣地亚哥岛有一个由葡萄牙人和他们的非洲臣民居住的相当大的殖民区，其中有些主要居民告诉哥伦布：在福古岛西南方似乎存在一个神秘的岛屿，那就是堂·若奥二世曾打算寻找的地方。他们曾看见过满载货物的独木舟从西非海岸开来，在海上行驶。这使人想起哥伦布首次西航时就在戈梅拉听说过的神秘的圣布伦丹的岛屿传说，也使人想起在亚速尔群岛流行的同样的一堆传说。

船队在圣地亚哥附近逗留了八天。在第八天末，由于天气是这么酷热，来自撒哈拉的尘雾是这样地浓厚、令人窒息，"以致似乎人们能用刀子把它劈开似的"，人们都病了，于是统帅决定弄不到野牛也要起航。直到今天，官方所编的《东大西洋航海指南》还在告诫海员：在佛得角群岛附近，"尘雾有时非常浓厚，以致使你在辨认出岛

---

① 盐腌山羊皮现在仍是佛得角群岛的一种最主要的出口货。佛得角岛上的一家主要贸易商行对我们"哈佛哥伦布远征考察队"的"卡皮坦"号发生了兴趣，最终买下了它，部分货款就是以"岛上上等盐腌山羊皮"来抵付的。

② 这里是圣地亚哥岛上最早的殖民点，也是岛上年代最古老的首府。它建立在普拉亚镇之前，离普拉亚港西面6英里。现在此处已成了废墟，哥伦布在开航前最后参加过一次弥撒的教堂也不再举行仪式了。1787年12月，那艘与统帅同名的波士顿的"哥伦比亚"号就是在普拉亚镇附近停靠，为它的环绕合恩角航行上岸弄牺畜的。

屿以前就已听到海浪拍岸声。"

1498年7月4日，月圆后的一个日子，船队终于起航朝西印度群岛驶去。① 如哥伦布所说的，为了证明堂·若奥二世"所谓南边有个大陆"的理论，他将航向定为西南。风极其微弱，以致船队驶抵福古岛花了3天时间。福古岛是圣地亚哥岛以西相距30英里的一座高耸的火山岛，在圣地亚哥就可以清晰地看见。岛上喷射出烟尘，看上去像一座有钟楼的大教堂。船队起航是在7月4日或5日。7月7日，一股不大不小的信风突然刮起，船队在南向航道上缓慢前进。它们不是在此劈浪行进的首批船只，差不多一年之前，瓦斯科·达·伽马和他那由4艘船舶组成的船队就是从这个"以神圣的勇士之名命名的岛屿"动身……"横渡这无边的盐海之湖的"。② 到哥伦布动身之际，他那伟大的葡萄牙竞争对手已走完了去印度的航程。

哥伦布的计划，如他在此处所记的《航海日志》中所说，是朝西南航行直至"抵达塞拉利昂和几内亚的圣安角所处的纬圈，此纬圈在赤道以下"，因为在南纬地带"所发现的黄金和贵重东西更多"。③ 驶抵该纬圈后，哥伦布打算朝正西航行直至伊斯帕尼奥拉岛所在的子午圈，随后，如仍未发现陆地，船队将向南航行，去证实堂·若奥二世所说的是否正确；最后再掉头朝北航行去伊斯帕尼奥拉岛。这一切就正是他所要做的。

船队顺着柔和的夏季信风缓慢地航行了8天，风越来越微弱，终于在一个不祥的日子里（7月13日，星期五）平息了。这时统帅用测程仪和罗盘算出船队航行总距离为120里格，或者说381海里。④

---

① 《文件和研究全集》第1辑第2卷第5页；费迪南德·哥伦布著作第66章（第2卷第80页）说是7月5日。
② 卡蒙斯著《卢济塔尼亚人之歌》第5卷第9页。
③ 《文件和研究全集》第1辑第2卷第6页。
④ 那位生性喜欢说谎的埃尔南·佩雷斯·马特奥斯告诉奥维多，由于在这次西航的这段航程中遭遇过一次特大风暴，他们不得不砍掉一些桅杆；但是正如奥维多本人所猜想的（见其著作第1卷第62页），这次航海没发生此类事情。

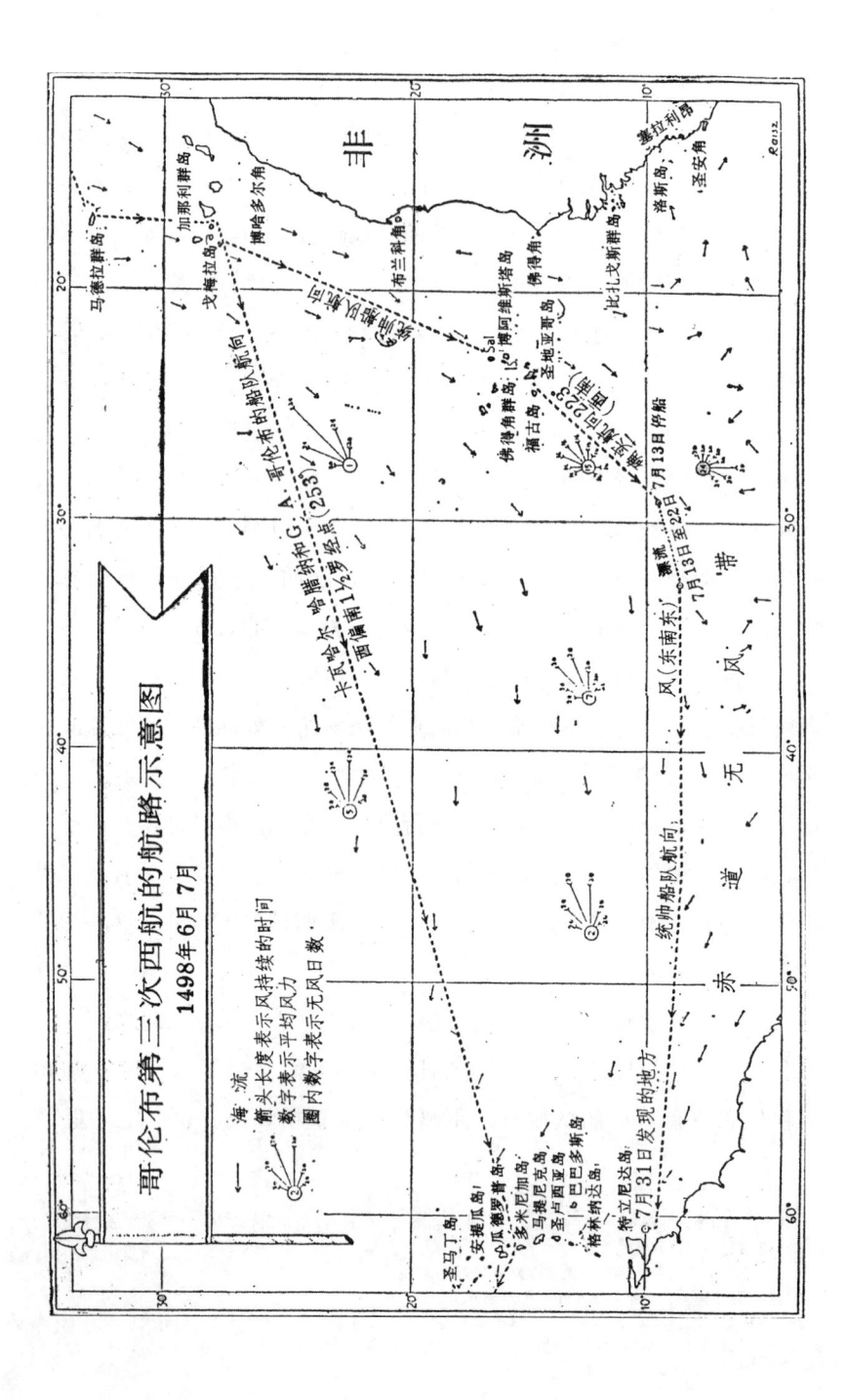

哥伦布第三次西航的航路示意图
1498年6月 7月

从福古岛起,船队的这段航程和距离需要减去统帅通常多算的 9%,但因令人喜爱的赤道海流之故,这段航程还多算了 80 英里。7 月 13 日船队的位置大约是北纬 9 度 30 分西经 29 度。

如现代北大西洋导航图(7 月)所标示的那样,这个位置正好处于赤道无风带。赤道无风带从东北信风南界延伸至西南季风和东南信风北界,是个无风或风向不定的地区。事实上,在这个季节里,这里是整个海域最热的、根本没有一点儿风的地区。这个情况统帅不要导航也能体会出来。他说:"风突然意外地停止了,随之产生的热浪是那样厉害,那样令人难受,以致没有人敢下船舱去照看酒桶和水桶,于是桶箍折断,木桶炸裂;小麦像过了火似的被烧伤;熏肉和咸肉被烤软以至腐烂。这样的热法持续了 8 天。"幸亏只有第一天出了太阳,其余 7 天是多云和阵雨,"否则很多人必然会被热死。"

没有理由猜想统帅关于他经历的报道是言过其实,但他描述赤道无风带炎热的效应却夸大了很多。[①] 成千上万的船只经过这个海域,在无风时被迫停船并没有经历过如此可怕的炎热。我在很多场合下注意到早期欧洲航海家对炎热的敏感程度,我怀疑这是否由于他们所穿羊毛衣服太厚之故。海员在那些日子里从来不愿脱掉衣服,他们怕把皮肤晒黑。当然待在赤道无风带是不舒服的,摆脱海洋中这种风力软弱地区的最有效方法之一就是给船只以机械推进,而不是等待周围起风或者祈求刮风。

在这个令人沮丧的无风地带,哥伦布趁第一个晴朗的日子取出他那旧木质象限仪,进行天象观察。他所做的这次天象观察是流传下来他的观察中记录最详细的一次。他说,在夜幕降临之际,小北斗的卫星处于"头部"位置,[②] 北极星的高度是 6 度;6 个小时后,即午夜

---

① 《文件和研究全集》第 1 辑第 2 卷第 6 页。他所说的酒桶炸裂或许是由新酿的酒再次发酵所引起。

② 见前面第七章和其中的图解。

之后，卫星过了"左臂"位置，北极星位于地平线上11度；黎明时分，卫星已落到地平线以下，北极星升高到了16度。[①]

统帅根据这些观察做出了一些结论，其中一个是正确的，其他的却错得令人难以相信。他做对了的是舍弃黎明的那次观察。如果给北极星在"头部"和"左臂"位置时的高度（6度和11度）加上适当的修正值（分别为加3度减2度），那么得出来的纬度就会是北纬9度。如我们所看到的，那样就比我们用简陋计算法所算出的位置仅仅偏南30分。说我们对他的船位推算法的解释是错误的，而他的观察是正确的，这也十分可能。但无论如何哥伦布不知道要加上适当的修正值，因而他推算出船队位置是在北纬5度，由此他设想船队与塞拉利昂同纬度是对的，但说这里的纬度是5度却错了，这里是9度左右，说成5度是受维辛奥的影响。13年以前，若泽·维辛奥老师向葡萄牙国王报告说塞拉利昂附近的洛斯群岛纬度是赤道以北5度几分（实际是9度30分）。维辛奥向国王报告时，哥伦布（或巴塞洛缪）在场，他对他的报告印象十分深刻。他通过他的船位推算法测知他所处的位置在洛斯群岛的纬度上，在此纬度的两边误差不会超出半度。他对维辛奥（这位天文学家作为葡萄牙数学家委员会成员曾在1485年推翻了哥伦布的西航计划）非常尊敬，以致为了使他的观察结果与这位博学的犹太教徒的观察结果相同，竟在观察北极星时做出错误的结论！实际上，那里的纬度是在北纬9—10度之间。他是处在观察北极星可以达到近似准确的最低纬度地区，如若处在北纬5度，他用肉眼是看不到北极星的。若泽老师使用的是太阳观察法，这种观察需要利用磁偏角表进行计算才能得出正确结果，而用磁偏角表进行计算，那已超出哥伦布的数学知识范围了。

[①] 费迪南德著作第1卷第82页，关于北极星观察的较详细的研究刊登在《美洲海神》第1期（1941年）第124—134页。

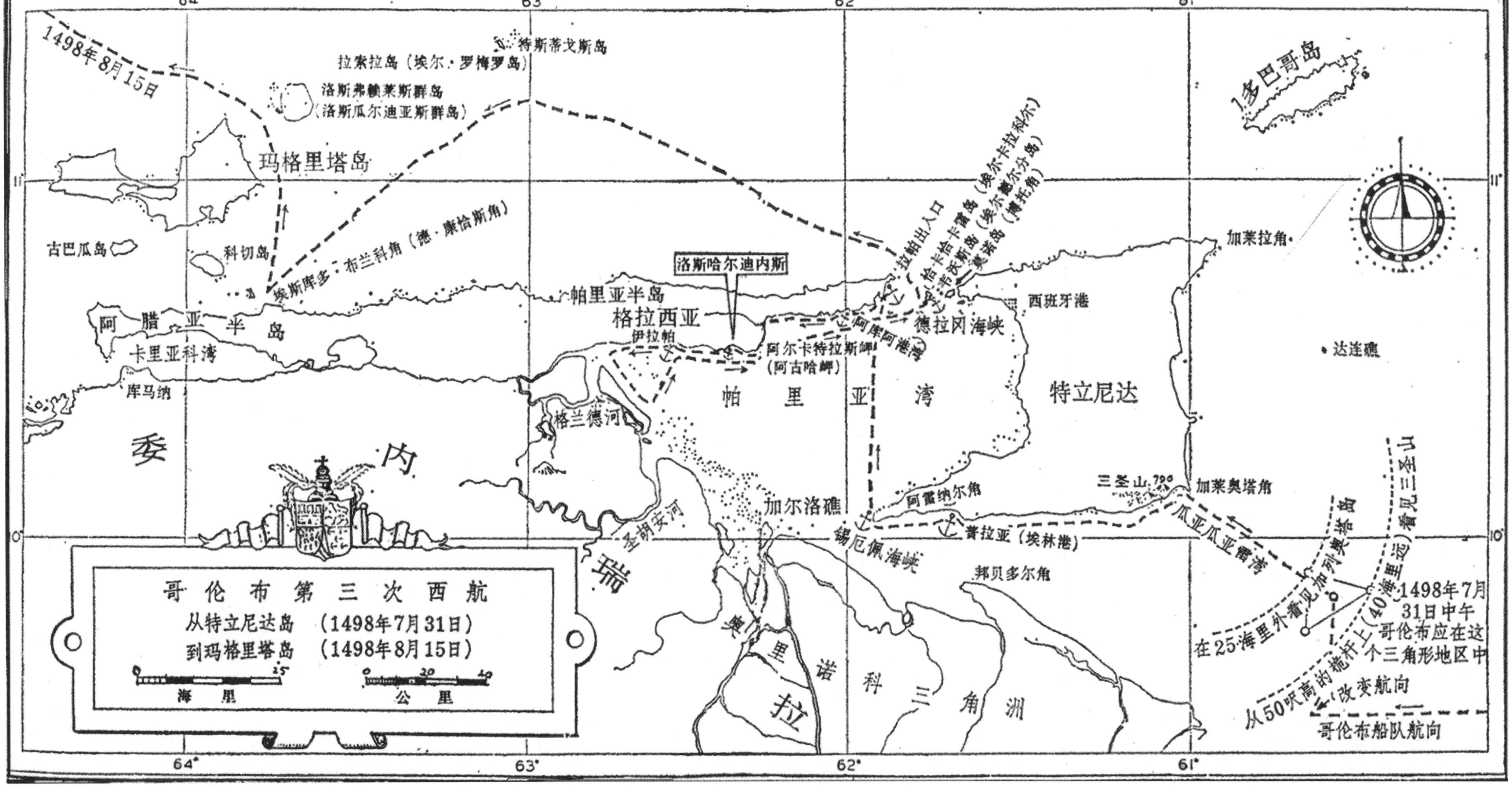

哥伦布第三次西航
从特立尼达岛 (1498年7月31日)
到玛格里塔岛 (1498年8月15日)
海里
公里
1498年8月15日
特斯蒂戈斯岛
拉索拉岛(埃尔·罗梅罗岛)
洛斯弗赖莱斯群岛
(洛斯瓜尔迪亚斯群岛)
玛格里塔岛
古巴瓜岛
科切岛
埃斯库多·布兰科角(德·康恰斯角)
多巴哥岛
加莱拉角
洛斯哈尔迪内斯
西班牙港
帕里亚半岛
阿腊亚半岛
格拉西亚
伊拉帕
德拉冈海峡
卡里亚科湾
阿尔卡特拉斯岬
(阿古哈岬)
达连礁
库马纳
帕里亚湾
特立尼达
格兰德河
委内瑞拉
加尔洛礁
阿雷纳尔角
三圣山
加莱奥塔角
圣胡安河
锡尼佩海峡
普拉亚(埃林港)
瓜亚瓜亚雷湾
邦贝多尔角
奥里诺科三角洲
1498年7月31日中午哥伦布应在这个三角形地区中
在25海里外看见加列奥塔岛
从50呎高的桅杆上(40海里远)看见三圣山
改变航向
哥伦布船队航向

第三十九章 特立尼达

1498年7月22日,在经过8个平静无风和酷热逐渐减弱的日子后,"一股东南东风终于刮了起来,对他的船队来说,刮的是顺风。"① 几分钟的工夫,整个情况、整个感觉和整个气氛就发生了变化。原先一个时间3条船在油状的浪涛中漂荡,随波逐流,走到哪里就是哪里;风帆被卷起,以防止破损;人们思想混乱,烦躁得要死,除偶尔一股大浪袭来,人们连咒带骂地用长桨为防止船只相撞而有所动作外,甲板上死气沉沉。一会儿,一些眼尖的小伙子发现东方地平线上有一道黑线。那能是风吗?黑线慢慢扩大逐渐遮住了一大片地区——多亏圣费尔南多,那确实是风!高高悬挂在帆缆上的一面"爱尔兰三角旗"居然也在飘动了。于是摇醒了睡觉的水手,人们高高兴兴地忙着解束帆索,用力扯动扬帆索,撑牢帆桁并操纵帆脚索,使船转向统帅所定的新航向——向西!向西!向西的欢快喊叫声在旗舰和各船之间回响。此刻,当海洋又在冒白帽浪花,清新的冷信风在鼓动风帆,船只在个个勇往直前,破浪前进的时候,一切苦难都已被忘记了。统帅在他的命令都已被执行后就在后舱跪下,为他这次最重要的航海所获得的新动力而感谢神圣和荣耀的三位一体。他确实感谢上帝,因为在这个地方,此时是处在一年中不刮信风的季节,但眼下上帝却给他送来了信风。

在一周平静无风的日子里,船队懒懒散散的,然而船只却移动了,因为赤道流以每天10—40英里的速度使船队缓慢地向西南方移动,所以当哥伦布重新起航时,他大约位于北纬8度30分。从这个地点(大约是北纬8度30分、西经32度到33度)向西航行,船队将会迅速通过东向磁差2度界线和1度界线,到达没有磁差的地区;所以船队的实际航向可能与270度航向(正西)会略有偏差。在抵达西经45度后,这股赤道流将开始使船队向西北方向偏

---

① 见彼得·马蒂尔著作伊登1555年译本第28—29页。

移，于是几天之内船队就会走到北纬 9 度 30 分——这个纬度接近船队在 7 月 31 日改变航向前肯定要走的纬度。

哥伦布的运气又来了，因为根据现代导航图来看，在这些经度内，7 月的东南信风一般不会吹到北纬五六度的以北地区，而东北信风只在北纬 9 度 30 分以下的地区才会有。船队所航行的距离，9 天大概有 1650 英里，平均速度为 6.8 节。这个事实证明，在这次航行余下的航程里，风"对他的船队来说是刮的顺风"。显然，当年的东南信风比他有权期望的更向北推进了相当远。

哥伦布一边航行，一边在夜晚反复观察北极星。他向双王报告：当夜幕降临，小北斗的卫星位于"头部"位置时，北极星位于地平线以上 5 度的地方；在午夜，北极星位于 10 度的地方，黎明时位于 15 度的地方。"在北极星这件事上，我感到十分惊异，"他说，"据我用象限仪在许多夜晚极其小心地反复观察，我发现象限仪的锤线总是落在同一点上。"① 早期的象限仪装有刻着度数的圆弧，观察时，你只要读出那根被铅砣扯紧的丝线与圆弧相交的度数就得知其高度。② 但还得考虑有误差，因为这些观察是在活动的船只上做的，不像先前是在平静无风时所做。这次傍晚和半夜所测的北极星高度，其准确度与 7 月 13 日夜所做的差不多相同，它表明船队位于北纬 8 度，正确的纬度大概在北纬 8 度 30 分与 9 度之间。不过黎明的那次观察又错得令人难以理解。

这一段航程一定使哥伦布和他的伙伴感到几乎是百分之百的高兴。之所以这么说，是因为我们曾乘"卡皮坦"号走过这一段航路。船队飞速前进，做到平均每日航行 183 英里。在信风中船只总会摇摆得厉害，但是经久不息的顺风在帆缆上奏乐；宝石蓝的海面泛着白帽

---

① 塞西尔·简著《航海文选》即《文件选编》第 2 卷第 28—29 页。
② 见前面第八章中所绘的象限仪。

浪花；巨大的海流冲击着左右船舷向船尾奔腾而去；信风云朵在天空飞驰，连绵不断，无穷无尽；眼前景象使海员情绪高昂，使得他们只想叫喊，只想歌唱。旧时的西班牙海员就把这一带辽阔的海域叫作"女士们的海洋"，因为在此海域航行并不费力。正如洪堡所写的："在这个大洋上的赤道海域里，气候美妙宜人，没有哪里能够与它相比。"[1] 偶尔一阵黑飑迎面出现，它带着一阵暴雨猛袭过来，暴雨一会儿过去，船只无伤无损，只风向稍有改变。帆脚索和转帆索连续几天无须注意。飞鱼和鲯鳅在船旁戏水；不时有䴉科海鸟、海燕和诸如此类飞禽上船做短暂访问。在没有月亮的夜晚里，风帆在星星点缀的天空衬托下显得格外地黑。当船只朝南行进时，每夜会有新的星星和星座出现在你眼前；老人星呀、摩羯星座呀、南船座和它的假十字星座呀、真南十字星座呀。哥伦布在伊斯帕尼奥拉岛过冬时曾看见过南十字星座，不过他大多数同伴到南方海域上来还是头一次。可以设想，他们来到这里，会像诗人埃雷迪亚[2]在他那首十四行诗中所描写的那样，靠着船舷望着那粼粼闪烁的海洋出神，似乎在它上面看到了印度黄金的征兆一样。

哥伦布眼里除有难以捉摸的北极星外，似乎没有别的什么星星。他从没让他所观察到的不准确的北极星位置来干扰他合理的实际航行，这对他本人和对我们来说都是一件幸事。随着日子一天天地过去，船队所创造的高速度使得他们离西班牙越来越远。水手们的情绪又有了变化。他们想到自己离家日益遥远就惊恐不安，如佩

---

[1] 亚历山大·冯·洪堡和 A. 邦普兰德合著《前往赤道地区旅行的个人记事》（海伦·玛利亚·威廉斯译，1818 年）第 2 卷第 3、8 页。冯·洪堡在 1799 年从特内里费航行至多巴哥花了 18 天时间。我们于 1939 年 11—12 月间乘"卡皮坦"号从戈梅拉航行至特立尼达所花去的时间是洪堡所花的两倍多，尚普兰有次从比哥伦布更偏北一点的地方横渡大西洋，也用了同一个词语"妇女的海洋"（La Mer des Dames）。

[2] 何塞·马利亚·埃雷迪亚（1842—1906 年）：法国诗人，其父属西班牙血统。著者这里指的是他的十四行诗《征服者》。——译者

德罗·德·特雷罗斯所回忆的，他们强烈要求统帅掉头，说这样航行下去绝不会发现陆地。"此时统帅问领航员，船队到达了什么位置，有位领航员说他们还在西班牙领海，其他领航员说还在苏格兰海域"——这是一句表示不满的海员用反话，现在海员中仍然时兴。"海员们都绝望了，纷纷议论，'不知是什么鬼使得他们跟统帅在一起？'他们认为是走错路了。"① 但是他们并没有走错路。7月31日（星期二），信风重新鼓满风帆已有9天，哥伦布正确地判断出船队差不多已到了加勒比群岛的正南方。由于船员在赤道无风带浪费了一些淡水，此时船队的淡水渐渐感到供应不足，他决定在搜寻堂·若奥二世所预言的那个大陆以前，先去多米加尼岛"或加勒比群岛中的某一岛屿"，补充淡水。于是在7月的最后一日早晨，他命令将航向改为"向北并偏东"。

中午，"'由于上天一直赐福于我，我的仆人、一位来自韦尔瓦名叫阿隆索·佩雷斯的水手爬上瞭望台，看到西方有一块陆地，相距15里格，样子像3块礁石或3座小山，'这是统帅的原话。"拉斯·卡萨斯说，"他给此岛取名特立尼达岛②，因为他已蓄意要给他发现的首块陆地起这个名字。"在他许愿后就看到了这3座小山，这个事实在他看来是圣三位一体所创造的一个奇迹，是赐给他的特殊恩典。"他按照自己的习惯对上帝表达了无限的感激之情，所有的船员都颂扬上天赐予他们的恩惠，他们一再兴高采烈和极其欢乐地吟诵和歌唱《万福啊！慈爱的圣母》，还献上其他显示虔诚的赞美诗和祈祷文，以赞美上帝和我们的圣母。按照海员的习惯，至少按照我们西班牙海员的习惯，不论处于高兴时刻还是处于忧伤时刻都要赞美上帝和圣母。"③

---

① 《哥伦布诉讼案卷》第1卷第116、145页。
② 特立尼达是 Trinity 的译音，译意为三位一体。三位，即圣父、圣子和圣灵。——译者
③ 《文件和研究全集》第1辑第2卷第8页。

第三十九章 特立尼达

这次幸运地或奇迹般地望见陆地，其机会如此之好以致使你能够确定在一两英里范围内望见三圣山时船队所到达的位置。①哥伦布是相信奇迹的，他这种信心这次又得到了有力的证实，因为如果不是阿隆索·佩雷斯在中午偶尔爬上桅杆的瞭望台，那特立尼达岛就不可能被他们发现，船队就会从该岛的远处驶过去。这样一来船队就可能在夜晚与该岛距离较远的险峻的达连礁相撞；或者，船队有幸避开那个障碍，那它就会于次日看到多巴哥岛，甚至或许会在巴巴多斯登陆。

1939年12月12日，我们乘"卡皮坦"号，趁着一股轻微的东信风，走西北西航向驶近了特立尼达的这同一海域。这一天下几场阵雨天有点阴沉，但能见度相当好。上午8点10分，我们的位置是北纬9度51分、西经60度28分，我的两位同伙看到了该岛，方位是在西北偏西3/4。一场暴风雨迅速将该岛遮住，但到9点半，我们向前移至北纬9度54分西经60度40分时，我站在中桅帆桁上清楚地看到了该岛的三圣山，当时最近的距离是28英里。哥伦布首次发现陆地的地方必定是上述两点与北纬9度45分西经6度40分之间的三角地带中的某个地方。

"看到了陆地，全体船员感到十分高兴，"拉斯·卡萨斯在他的《航海日志》摘录本中这样写道，统帅又一次改变他的航向，"朝这座被他看到的岛屿驶去。他驶近位于该岛西边的一个海角，发现海角有一块巨大的岩石。从远处看，这岩石像一艘张帆的大划船，于是他给

---

① 7月31日早晨哥伦布沿北纬9度35分或十分靠近此纬圈朝西航行，因为他如果更靠南航行，那他在改变航向前就应该看到了南美大陆。7月31日清晨他将航向改为北偏东朝加勒比群岛航行，船队改向的地点应该是在西经60度33分和60度44分之间；如果船队改向的地点更靠东的话，那北偏东的航向就会使船队看不到三圣山，如果更偏西的话，那他们在改变航道前就一定会看到委内瑞拉（参考海图）。风必定来自东方或东偏南，而哥伦布，尽管他正确地猜到了向风群岛位于正北方，但他选取的航向却是北稍偏东，目的是按照航海技术的原则抢上风行驶以免之后搞成逆风行驶。照北偏东航向航行几小时（具体时间要看风的强度，也要看统帅下令时离西边有多远），就来到了站在旗舰艋楼瞭望台上能看到三圣山的海域。

此海角起名为加莱拉角。"在我们第二次看到三圣山后大约 10 分钟，我们也看到了现在叫加莱奥塔角的这个海角，[①] 而它的那块岩石与一艘张帆的多桅大划船确实有着惊人的相似之处，除那有着醒目顶峰的悬崖峭壁像一面面三角帆外，那斜切岩石的裂缝隙看上去就像一排船桨。当时哥伦布又注意到特立尼达岛的东海岸，它伸展得很远，一眼望不到尽头。船队抵达加莱伊角是在"进行晚祷的时候"，时间大约是晚上 9 点。月亮是那样明亮以致他冒险在瓜亚瓜亚雷湾湾口观看了一番。瓜亚瓜亚雷湾已在加莱伊角里边。哥伦布趁着月光放测深锤，但是发现海湾的水很浅，于是他立即决定船队整夜朝西面缓慢行驶。对于这天来说，发现一个新的岛屿是够可以的了，更何况它是用如此不可思议的方式发现的。

[①] 《文件和研究全集》第 1 辑第 2 卷第 9 页。加莱拉角这个名字早在 1544 年的塞巴斯蒂安·卡沃特地图上就被转给了特立尼达岛的东北海角；因此，某些当地的历史学家曾设想那里才是哥伦布首次登陆的地方。洪堡作为他在 1799 年西航的一个结果指出的哥伦布首次登陆地点与我们所发现的一样（《批判研究》第 1 卷第 309—312 页）。

第四十章 帕里亚

1498年8月1—11日

> 海岛看见就都害怕，地极也都战兢，就近前来。
>
> ——《以赛亚书》，第41章，5节

哥伦布此时急需弄到淡水，因为旗舰上仅剩一满桶水了。所以8月1日（星期三），他沿着"树枝下垂水面、风景很喜人的"海岸大约航行了15英里。哥伦布报道说："这些地方是那样美丽，那样青翠，上面长满了树木和棕榈，它们比5月里巴伦西亚的花园还要美丽。"虽然在经过4个星期的海上航行后，对于他来说任何陆地都显得美好，然而特立尼达南岸确实美丽，尽管它不像其他加勒比岛屿高耸的海岸那样风景如画。当时犹如现在，这一带海岸长满了西印度群岛特有的雪松、黄颜木（即洋苏木）、阿库雷尔树和莫萨拉树①，以及其他一些普通的树木，从而形成了一个壮丽的阔叶林带。有些地方，椰子树或槟榔树的树干还高高地挺拔在其他树木之上。② 即使在今天，从海上还可以望见岛上一些人类居住过的迹象，以致你在沿岸航行时，可以毫不费力地扮演发现者的角色。不过要知道这些迹象是如何产生的，那就很不容易了。我们曾试着取一个相当惊人的航向，从哥伦布取名锡厄佩海峡（意为蛇口）的潮水迅猛的航道航行，想知

---

① 原文为 the acurel 及 the moussara。——译者
② 特立尼达帝国热带农业大学的奇斯曼教授曾为我鉴别帕里亚湾沿岸的常见的树木，在1494年该处没有椰子树，而香蕉是在那之后很久才由西班牙人引进来的。

道当年哥伦布在此航行时，对前面一无所知的危险是否比我们更感觉得惊心动魄一些。

统帅在寻找一条河流，或者说在寻找看上去仿佛有条河流注入其内的一个海湾。像往常那样，他在这些事情上的判断力很好，他一选就选中了特立尼达岛南岸一个最佳取水点。在他命名为普拉亚的海角（现叫埃林角）后面有个几条小河流入其内的名叫埃林的海湾，在一个黄色沙滩旁有一良好的锚地，船队就在这里停泊。人们"兴高采烈地"上岸，提着小水桶到一条横贯海滩的可爱的小河里取淡水。好些天以来，船上连定量供应的不新鲜温水也供应不足，现在船员们喝下他们用水桶提来的甜丝丝的新鲜水，真是惬意极了。他们有的用河水冲洗黏在身上的盐和汗，有的在清澈、凉爽的河水里打滚并将背贴在卵石上摩来擦去，有的用河水洗衣服。他们相互泼水嬉戏，兴奋得大喊大叫。他们没发现人的踪迹。在沙滩上所看到的足迹，他们认为是山羊的，但这些足迹必定是岛上的鹿所留下来的。他们检查了一副动物骨架，骨架没有角，他们猜想可能是只猴子，看来此猜想很有可能。

刚好在绕过埃林角前，哥伦布首次看到了美洲大陆，大概船上每个欧洲人都看到了。但他没有想到所看到的是大陆。这个日子是1498年8月1日，所看到的地方是委内瑞拉的邦贝多尔角。它是奥里诺科三角洲冲积地带的一部分。看上去它像一个岛屿，而哥伦布也正是这样猜测的，于是他给它起名为圣岛①。从埃林角到该处的实际距离不到10英里，而在我们看来最多也不过15英里，但哥伦布估计的却多得出奇，他说有20—25里格远。

特立尼达的环境似乎有什么东西使得早期的航海家和地理学家在

---

① 《文件和研究全集》第1辑第2卷第9页；费迪南德·哥伦布著作第67章（第2卷第88页）。

估计距离时往往出现严重的高估现象。在8月2日的记载中，哥伦布宣称特立尼达南岸的长度是35里格。如果这里所讲的里格他的意思是指那每里格为1.5海里的"陆地里格"的话，那他还不算太错，因为正确的长度是17.5海洋里格。拉斯·卡萨斯却为他的英雄认错，说哥伦布估计过低，又在其数字上增加10里格，而拉斯·卡萨斯所讲的里格，意思是指海洋里格。直到18世纪末，一切地图上所描绘的特立尼达岛才大致接近正确。[①]

委内瑞拉和特立尼达像一对战斗的螃蟹之螯相互靠近，隔开它们的空间即帕里亚海湾。格兰德河和奥里诺科河的北支流流入该海湾。这些河水和海潮流在海湾出入口处汇合形成危险的湾流。帕里亚湾北边的出入口有四条水道，现在人们仍称它为龙口海峡；南边更危险的出入口有由礁石分隔的四条单独的水道，现在人们仍叫它为锡厄佩海峡或叫蛇口海峡。这些名字都是哥伦布所起的。

由于普拉亚角所提供的防卫东信风的能力薄弱，于是统帅在第二日（8月2日）起锚，沿阿雷纳尔角（这是哥伦布取的名）航行，绕过伊卡科斯角进入帕里亚海湾。不知是什么原因，他称它为巴尔莱纳湾（鲸湾）。显然，他通过锡厄佩海峡时，海峡的水流很平缓，因为当时他没记录海流情况，但却记下了约5英里远的在海峡中间的那座高耸、荒芜的索尔达多礁，并给其起名加尔洛礁（公鸡礁）。看上去

---

① 特立尼达岛长度计算和所处纬度表：

单位：里格

	东西向		南北向	纬度	
	南岸长度	岛的长度	帕里亚海湾的长度	南岸	北岸
准确数据	17.6	15	11.5	10°02′	10°50′
哥伦布	35	—	26	5°	7°
奥维多（1535年）	25或25以上	18—20	—	9°	20°
阿隆索·德·圣克鲁斯（1541年）	26	20	—	平均9.5°	
洛佩斯·德·贝拉斯科（1571—1574年）	50	20—28	—	9°	10°
格兰德·阿特拉斯·布莱乌（1667年）	20.7	—	15.7	9°30′	10°35′

它并非不像一只失去脑袋的公鸡。[1] 船队在伊卡科斯角北边、特立尼达岛的西南角下碇。[2]

哥伦布果断地命令船员上岸去好好地轻松一番。他说，由于长期费力的航行，他们变得疲惫不堪了。他们所受到接待竟是印第安人提供的。当船队在锚地停泊时，一条大型独木舟划过来，船上坐着大约25名年轻人。哥伦布一直是注意着顺塞拉利昂的纬圈航行，期待着会遇见不是黑人，就是东方人。现在遇见的却是与加勒比人相同的人种。这显然把他的想法打乱了。拉斯·卡萨斯本人在这点上承认，这是给统帅开了一个小小的玩笑："我相信他们没有穿过多少绸缎，由于此原因，我敢说西班牙人和统帅都不太高兴。"人们可以好好地想象到统帅的失望有多大，因为大家是准备向穿黑貂皮衣的君主或大汗的侍从致敬的。不过，根据这些漂亮的年轻人不但腰上缠着通常用的腰布，而且头披鲜艳的大印花手帕这个事实，他多少感到了一点安慰。他说，这些印花布类似住在西班牙的摩尔妇女所戴的那种头巾——暗示这里是东方，而且与国内那种由葡萄牙人从几内亚和塞拉利昂进口的方形头巾几乎完全一样。[3] 亚里士多德的同一纬度地区出产同样物品的理论开始产生效果；既然有披戴印花布的年轻人，那为什么不会出现黄金和香料呢？

哥伦布与土人的首次交往，往往带有喜剧成分，同时也有点可怜。这一次，印第安人的独木舟划到离大船的安全距离就停了桨，开始在那里嗨、嗨地呼喊。统帅命令船员拿起"一些铜便壶和其他一些闪光的东西"站在船舷边舞动，"用哄骗性的手势和动作"来吸引他们，希望引起他们的注意。印第安人驶近了一点，但他们显然不需要

---

[1] 在原始资料中没有哪个地方提示过哥伦布走的是哪条水道。我本人在海图、救生圈、航行指南和一部辅助马达的帮助下通过了东边水道或者说第一水道后，随即断定哥伦布选择的是第二条水道；但在查明伊卡科斯岬经常改变形状后，我又变得信心不足了。

[2] 伊卡科斯岬的南切面仍保留统帅所取之名字——阿雷纳尔角。哥伦布无疑在岬角旁第一个小湾内停泊过，由于这个原因，此海湾被称为哥伦布湾。

[3] 《文件和研究全集》第1辑第2卷第11页。

便壶。为了表示对他们友好,统帅又增加了一个节目,叫吹笛子打手鼓的人吹吹打打,叫少年水手跳舞。不幸得很,印第安人把这个表演看作是打仗的表示,他们急忙拉弓搭箭朝西班牙船上射来。一幕哑剧就这样飞快闭幕了!在采取了这种挑衅的姿态后,印第安人的独木舟正好漂到了"巴凯纽斯"号的船头下,船上的领航员,一位勇敢的小伙子,带着礼物跳到独木舟上,这下印第安人才放心了。印第安人无物可以报答,但打着手势,表示西班牙人可上岸拿他们所喜欢的任何东西。拉斯·卡萨斯说,船上一个少年水手告诉过他:印第安人的酋长戴着黄金制的王冠登上旗舰拜访了哥伦布。当时哥伦布头戴猩红色的帽子,他们两人互换了帽子。这个举动显然令酋长高兴,而统帅必然大获其利。不过,看来事情很有可能,这类事件后来在帕里亚湾的另一边也发生过,西班牙人在那里与印第安人建立了比较友好的关系。独木舟上这一批印第安人突然又离开了他们,而且再未来过。除此之外,西班牙人沿特立尼达海岸航行再没有看见过什么土著人。对于渴望和印第安姑娘寻欢作乐的海员来说,真是大失所望。

8月2日是个月圆之夜。船员们在伊卡科斯角附近钓鱼、采牡蛎和抓"大如小鸡似的鹦鹉"①,就这样打发去了两天。唯一使人不快之事是在沙滩上掘井取水,水有点咸,但此事也不要紧,因为从普拉亚角弄来的淡水可满足供应。天气晴朗时,他们可以越过帕里亚湾,看到35英里外的北边位于委内瑞拉海角上的那连绵起伏的从大陆往东延伸的梅希洛内斯山脉。哥伦布相信这是另一个岛屿,并给它起名格拉西亚岛。他决定,那是他要去的下一个目标。

与此同时,统帅不大理解地注视着锡厄佩海峡的湾流,满怀惊奇之感。在水流平缓时,他派一艘小舟去测量水深,发现水深至少有六

---

① 《文件和研究全集》第1辑第2卷第11页。拉斯·卡萨斯在此插入了一段谈论西印度群岛各种不同种类鹦鹉的短文。他说,特立尼达岛上这种鹦鹉"比母鸡大不了很多,羽毛为浅红色,还杂有蓝色和黑色",从没讲过话。有个海员获得一只这样的鹦鹉,经驯养教会了它说些蹩脚的语言,但因患鹦鹉热,该海员的这一古老乐趣被现代的检疫制度剥夺了。

七英寻，这与现代海图所标之深度相同。大股湾流不断向北流过峡口，当潮水转向时，流速减缓；当洪水涨满和落潮时，流速加快；流动时所发出的轰鸣声就像惊涛拍岸，"其狂暴势态就如同瓜达尔基维尔河涨大水时那样吓人"。潮水的涨落幅度大过他记忆中的西印度群岛任何地方。这使他想起桑卢卡尔·德·巴拉梅达那里潮水的涨落幅度。他现时所在地点附近有一座海滩也与桑卢卡尔那里的修船海滩相似。① 船队显然不能从这条狭窄的航道退回去。在湾内，他的停泊地外边，海水也很快地退下去了，所以这条唯一航道是条很危险的航道，要奋力前进，得祈祷上帝提供另一条出路。

8月4日，在船队刚刚起锚，开始朝北向航道乘风前进时，② 统帅和他手下的人经历了他们有生以来的最大一次恐慌，下面是他给双王的信，信中对这次事情做了精彩的描述，写信的日期没超过此事发生后的三个月：

> 站在船的甲板上，我听到从船的南边传来一阵可怕的轰鸣声。我定神观看，只见如船高的滚滚浪潮铺天盖地从西往东涌来，然而在向我面前涌来时，它却逐渐减小，这是因为另一股白色的波浪浪峰将其压落了。浪涛与浪涛相撞发出震耳欲聋的响声……在我看来，这声音像海浪冲击礁石嘴所发出的响声。我生怕浪潮涌来时船只将沉没，以致甚至直到今天，想起此事我还有点儿心惊胆战。③

---

① 桑卢卡尔的河流涨潮时，浪高8—13英尺，锡尼佩海峡涨潮时浪高4.5—7.5英尺，见《东大西洋航海指南》(1928年) 第584页；《西印度群岛航海指南》(1937年) 第2卷268页。
② 拉斯·卡萨斯说（《文件和研究全集》第1辑第2卷第11—12页），哥伦布站在伊卡科斯岬岸边，看到了北偏东方向15里格远的"同一大陆"的一个海角，他以为这个海角是个岛屿，并给它起名为格拉西亚岛。他后来认出这地方是帕里亚海角。
③ 《文件和研究全集》第1辑第2卷31页；刊登在简的《航海文选》第2卷第19页的原文错误百出。在拉斯·卡萨斯的《航海日志》摘录本（《文件和研究全集》第1辑第2卷第12页）里，人们必须小心地区分哪是拉斯·卡萨斯的评论哪是统帅的原文；参见《西印度群岛的历史》第134章（第1卷526页）。看来，信中所说的那种现象确实在8月4日早晨发生了，当时船队正在行进中，但是哥伦布在给双王的信中说此事发生在黄昏之后。

这股巨浪安全地从旗舰旁通过。它将旗舰一会儿抛得很高,仿佛要腾空而起;一会儿又落得很低,仿佛要下沉海底。船队唯一的损失是"巴凯纽斯"号的锚链被绷断,因为它起锚慢了一点。统帅自然使其他船只都赶快前进开入海湾。①

拉斯·卡萨斯设想这是一种涨潮时的激浪现象,是由于奥里诺科河河水与海潮相撞所造成的,如同一些欧洲河流的河口所发生的情况一样。所有注意到这个现象的作家都了解拉斯·卡萨斯的这个假设。但是,那些经常在锡厄佩海峡航行的人,以及一位在伊卡科斯角生活多年的先生告诉我,那里从没发生过涨潮激浪现象。10月和11月,当奥里诺科河洪水和春潮同时发生的时候,湾流湍急,变化莫测,有时掀起一股浪涛对着沃尔夫礁冲去,因而发出巨大的声响;但哥伦布去往这个海峡是在8月,所以,恐吓了他的浪涛必定是由火山爆发所引起的。在靠近船队锚地一带的海岸,有许多小型"泥火山"沸腾并喷火;而在埃林湾(他们在海上所选取的抛锚地点),有座泥浆岛本世纪至少已两次喷火。在这些场合,火山爆发所引起的汹涌海潮就会给沿岸造成相当重大的损害。②像这次令人惊奇的海潮现象,在海洋中,在世界各处的海岸边都经常发生。哥伦布的描叙比起近代记载的成百上千次不可理解的海潮来说,至少没有夸大。

统帅自然赶快离开了由他当时命名为锡厄佩海峡(蛇口)的这个变幻莫测的海峡。蛇口这个海峡名字一直沿用至今。比起对其他三次西航所命名的地方来说,时间对他在第三次西航中所命名的地方要有礼貌些。

在经历了这个令人惊恐万状的场面后,船队平安地横渡帕里亚

---

① 19世纪在哥伦布湾捞上来一个大铁锚,它大到足以压沉此次西航中的一条船。它作为"哥伦布的船锚"被放在西班牙港口展出。很奇怪的是,大小和出处与这个相同的另一个铁锚在芝加哥历史学会展出。看来哥伦布的所有船锚都是成双成对的。
② 见英国海军部《西印度群岛航海指南》(1937年)第2卷第266页。

湾，朝着所看到的位于北边的山脉驶去，并于 8 月 4 日傍晚在一个港湾内停泊。此港湾我相信就是靠近南美洲大陆尽头的现代的塞莱斯特湾。哥伦布给帕里亚半岛末端取名为拉帕角（藤壶角）。龙口海峡是他几天后给一个总共有 4 条水道的海峡所起的名字。这 4 条水道是由 3 个岛屿造成的。这几个岛屿摆在大陆去特立尼达之间就像 3 块巨大的踏脚石。从他航行的这条航道，哥伦布不可能看到最东的那条狭窄的水道（博卡·德·莫诺斯），他相信莫诺斯岛是特立尼达的一部分。他根据它那惹人注目的岬角形状给其起名博托角（钝角）。其次一个岛屿（现在叫韦沃斯岛），他称它为埃尔·德尔芬，因为从该岛西边的海上望去，它很像一只将大脑袋俯视海湾的海豚或鲯鳅。3 个岛屿中最大的岛屿他称之为埃尔·卡拉科尔（蜗牛岛），现在它有了一个令人生畏的名称——恰卡恰卡雷岛，之所以这样称呼可能是因为它那复杂的轮廓。

在上一次停泊和这一次在博卡斯·德尔·德拉冈停泊时，统帅都用他的象限仪"测量北极星"。像往常一样，所获的结果又错了。他对双王写道："在南边的出入口，我称它为锡厄佩，我发现在黄昏时北极星上升大约 5 度；在北边的出入口，我称它为德拉冈，北极星大约高 7 度。"因此他做出结论，两处的距离是 26 里格，"而且我不会弄错，因为这是用象限仪测量出来的。"哥伦布相信 1 度的长度 $56\frac{2}{3}$ 罗马里。为了证明他已抵达印度的需要，他在计算中又将地球的尺寸缩小了 1/4。这里就是他顽固坚持他这错误信念的有趣例证。根据他这些错误的观察来看，他朝正北方向差不多航行了 2 度，所以他航行的距离比 28 里格少一点。①实际上船队两个停泊点间的距离大约是 37.5 海里，按哥伦布的里格换算不到 12 里格！倒是他用肉眼测观

---

① 根据这个计算，两个北向纬度数之差距离大概为 $28\frac{1}{3}$ 里格，不是 26 里格；但是，哥伦布说他算出的纬度分别是 5 度和 7 度"左右"，无疑地，一个是 5 度多一点，另一个是 7 度少一点。

估计的距离数 15 里格比较接近实际。① 他的错误不止于这个一半误差。他还错误地设想，因为黄昏时卫星位于"头部"位置，所以北极星在黄昏时的高度与船队所处纬度相同。实际上，在那个时节里他应该把黄昏时的观察结果加上大约 3 度，他应该报告帕里亚湾两个出入口的纬度分别为 8 度和 10 度。即使当时按这个数据报告，他也错了，因为他在锡厄佩河口附近抛锚处的纬度大约是 10 度 05 分，而北边那个抛锚处的纬度则是 10 度 42.5 分（如果我们鉴定该处为塞莱斯特湾是正确的话），肯定不比 10 度 40 分少。所以，哥伦布的观察一次错了 2 度，另一次错了 0.7 度。总而言之，统帅在这次计算中犯有三组单独的、明显的错误，而他却极其自信地向双王报告，说它确实可靠。②

8 月 4 日当太阳即将西下、统帅进入塞莱斯特湾时，他产生了一个美好的想法。此时帕里亚湾平静地躺在他的南边，它的大部分海岸无法见到，哥伦布于是猜想他是置身于一个多岛屿的海上，而不是在一个被陆地所包围的海湾里。西边是一望无际、连绵不断的山脉和崎岖不平的岬角，他决心次日往西做沿岸航行，寻找另一个出海的水道。东边是德拉冈海峡中不相连的、风景如画的三个岛屿——恰卡恰卡雷岛、韦沃斯岛和莫诺斯岛——岛上长满了毒胶苹果、丝光木棉树、黄油木、圣诞希望树和其他一些热带树木。③ 在这些岛屿的后面，则是特立尼达的群峰一排排地耸立着。要么是当天傍晚，要么是在次日早晨，哥伦布"看到东北方向有个地势很高的岛屿，离他可能有 26 里格，于是给它取名贝拉佛尔玛"。这个岛屿必定是多巴哥岛，它的最高点海拔 1 910 英尺，位于哥伦布抛锚处东北东方向，相距约 70 英里。在特立尼达岛，有人告诉我，从来没有人从德拉冈海峡看

---

① 哥伦布在海上航行，用测程器和罗盘推算船位一直算得非常准确，而这次在连续一天的航行中船速却多算了 100% 以上。如果要问他是怎么搞的，我认为答案是他相信有股强大的海流作用于他的船龙骨，这股海流使得他的计算结果多于船只在海上航行所走过的距离的一倍多。
② 参照《美洲海神》第 1 期第 132—133 页所载原文。
③ 根据奇斯曼教授提供的资料。

到过多巴哥，有位作家甚至用三角测量法论证此事是不可能的。然而，1939年12月21日后下午，当我们乘"卡皮坦"号驶出博卡·德·纳维奥斯时，一个眼尖的少年水手从中桅帆桁上看到了多巴哥岛，方位大约是东北东。随后又有两人在甲板上望见了它。虽说我们当时的位置（对此我们有把握）比哥伦布在塞莱斯特湾离多巴哥要近六七英里，但我们相信，贝拉佛尔玛绝不是海市蜃楼现象，也不会是统帅凭想象虚构出来的岛屿。①

8月5日（星期天），哥伦布从塞莱斯特湾出发，先往南再往西航行，经过了"一些非常良好的港湾，这些港湾一个挨着一个"，他在一个距出发地"5里格"远的港湾内停泊，并派小船载人上岸。

可以肯定地讲，这个港口是欧洲人在美洲首次登陆的地点。② 我相信它就是阿库阿湾——一个圆形的小港湾，湾内有一沙滩，它像个多岩石的岬角之间的一条白色的丝带。岬角上覆盖着暗绿色的灌木丛和小树。在沙滩后面有个不长的山谷，谷底有条流水的小溪，发源于帕里亚湾和加勒比海之间的梅希洛内斯山脉。海湾以西的吉尼米塔、乌卡里托或帕陶，都在5英里范围以内，都有可能成为欧洲人首次登陆的地点；我的选择是阿库阿湾，我承认，我的根据并不牢靠，但这个小港湾的美丽景色、那几乎淹没海滩的深水，不会不吸引人们进去停泊。③

在这个欧洲人首次登陆的港湾里，西班牙人"发现了鱼、火、人的踪迹和一栋大屋子"；他们还发现了水果，如葡萄、樱桃李之类，

---

① L.L.哈伯德著《哥伦布发现多巴哥岛吗?》一文刊载在《献给休伯特·普特南的文集》（1929年）第211—223页。特立尼达岛总监察官J. W. 麦克吉利瓦星先生就此问题给总督休伯特·扬爵士写了一份报告（日期是1940年11月13日），他在报告中谈了他的一个有趣的看法："我认为莫里逊教授看到的和哥伦布也可能看到过的很可能是笼罩在该岛上空的一片浓厚的云，它在晴朗的天气里带蓝灰色，从远距离望上去就像一片陆地。"

② 韦斯普奇1497年的航行是虚构的；说约翰·卡博托于1497年在新斯科舍（在加拿大。——译者）登陆虽有可能，但他能抵达的地方不会比雷顿角岛（也在加拿大。——译者）远；至于他在1498年夏天进行的第二次航海，我们不知道其确实的情况。

③ 委内瑞拉政府曾给阿库阿湾东边的邻港命名为克里斯托瓦尔·哥伦港，理由是该港是哥伦布登陆之处。我认为他们弄错了，因为此港不仅只离塞莱斯特6英里远，而且两港之间还有另一个港湾。说哥伦布派小船载人上岸的地方是在阿库阿湾以西，而不是阿库阿湾以东，那是非常可信的，但是不能把这地方标在向西更远的地方，否则次日航行将超越已确定的地点太远。

"有些水果像苹果，另一些像柑橘而其里面却像无花果。"根据这段描叙，有人认为这是海滩上的葡萄或海葡萄。连续数代西班牙人就是根据这段描叙试图用这种水果酿造葡萄美酒，但都不成功。哥伦布总是把一种李属植物错认作东方的樱桃李、番石榴，或者把它认作水柠檬。山上"到处都有猴子"①。1939年12月19日当我们在阿库阿海滩外停泊并试图想象1498年8月5日的那次重要登陆时，树上的猴子有礼貌地对我们叽里咕噜地讲个不休。如果印第安人当时留在海滩周围而不逃进灌木林的话，那他们就会立刻看到一次正式的占领仪式。但哥伦布在没有土人目击的情况下很少表演这种仪式，所以占领仪式只好挪到下一个港口举行，那里相信会有足够的印第安人观众到场。

因为没有理由在此逗留，而且又是刮的顺风，船队于是在正午时分起锚朝西航行。《航海日志》摘录本写道："从此处出发，他前进了8里格远，在那里他发现了一些良好的港湾。据说格拉西亚岛这部分地区地势很高，而且有许多山谷。他说，'所有山谷都有人居住'，因为他看见这些地方土地都被耕作过。"② 哥伦布对帕里亚半岛的这些描叙是确切的。在阿库阿和他第二日所经过的梅希洛内斯山麓之间至少有6个小海湾和港口。每个港湾都有溪谷和溪流，它们都发源于岬角山脉的山脊。今天，除各港口的岬角处有管理不善的香蕉种植园和椰林外，这里没有耕作过的痕迹，也没有大路；无疑它的人口亦比1498年时要少得多。这里的情形与海湾特立尼达那边人们的活动、事业和精耕细作情况形成反差。这反差增强了哥伦布的信念，他相信东方就从这里开始。

当晚船队可能在靠近圣迭戈角③的某处海岸外停泊（无论在哪里

---

① 《文件和研究全集》第1辑第2卷第31页。在此处和在《航海日志》摘录本（第13页）里哥伦布都称猴子为 gatos paulos 或 paules……南欧人却喜欢把猴子称作"保罗"。
② 《文件和研究全集》第1辑第2卷第13、15页。
③ 附图上标名为胡安·迭戈角。——译者

他都能找到适合下碇的地方)。哥伦布写道,次日"我沿着此海岸航行,直到山脉的尽头"。沿此海岸航行,可以看到梅希洛内斯山现出其险峻的山麓,这里的海岸线成了钝角模样,经度是62度15分。哥伦布继续写道:"到达那里后,我在一条河内下碇,很多土人出来告诉我,他们把这个地方叫帕里亚。"① 在山脉外边,船队停泊过的第一条河是圭里亚河,其河口到圣迭戈角的海岸长约八英里。我不怀疑,船队的锚地和他们举行占领仪式的地方是现在的圭里亚锚地。那里有一条相当大的河流,其河口现已淤塞,但是在1498年该河有段不长的距离大概可以通航,该河流入帕里亚湾。该处是现在这段海岸中唯一有些人类活动踪迹的地方,这里有个锚地,从圣胡安河开来的油轮在此装上经管道运送来的石油。②

8月6日,当船队刚刚在圭里亚河内下碇时,一艘小独木舟划了过来,舟上有三四个印第安人。勇敢的"科列奥"号领航员与他们打招呼,以防他们逃上岸;他设法跳过船去使独木舟倾覆,随后又抓住了几名跳水逃跑的印第安人,并把他们带到统帅面前。他这身本领的确令人吃惊。

堂·迭戈·哥伦布1512年在圣多明各、1513年在塞维利亚主持过一项调查,从调查的案卷中可看到这次占领仪式的详细情况。当时谣传发现美洲大陆的不是他父亲,而是奥赫达或韦斯普奇或另外一个什么人,第二任统帅想通过此项调查,以消除这个谣言。除调查很多"道听途说"的人士以外,至少有八位曾随统帅参加第三次西航的人士受到了查询,在这些人士中只有佩德罗·德·莱德斯马否认统帅发现

---

① 《文件和研究全集》第1辑第2卷第31、35页。
② 经过仔细分析,这几个确定的地点是靠近帕里亚海角东端的几个港湾,船队8月4日到塞莱斯特港,8月5日航行到阿库阿港;6日航行到了梅希洛内斯山的尽头,当晚在圭里亚河停泊。我们不可能找出比圭里亚更像哥伦布宣布占领之处的地方,因为船队在离开这个地方后又航行经过了阿古哈角。阿古哈角必定就是现在的阿尔卡特拉斯岬。从这里起直到帕里亚湾尽头,除圭里亚河外再找不出其他适合哥伦布旗舰停泊的河口,因为其他河流水深都不够。

了美洲大陆。① 埃尔南·佩雷斯（船队的一位船长，当时 41 岁）说他是第一个在宣布被占领的地方登陆的人，之后"统帅和大约 50 多人登上了上述帕里亚地区，他一手拿剑一手拿着一面旗帜，说以西班牙双王的名义，宣布对上述地区实行占领"。② 其他所有证实哥伦布发现美洲大陆的人否认哥伦布本人上了岸。安德烈斯·德尔·科拉尔（第三次西航时统帅的侍从，18 岁）说他的主人当时因为眼睛发炎留在船上；他的这个说法与哥伦布在写给双王的信中所诉病状相符。哥伦布在信中诉说，他的眼睛因缺少睡眠而发炎，以致几乎失明。据安德烈斯说，代表统帅宣布占领的是佩德罗·德·特雷罗斯；统帅的另一位侍从埃尔南多补充说，他们在被宣布占领的地方竖了一个巨大的十字架。③

哥伦布这样描叙这个地方的土著人："他们的肤色全都与印度地区其他的人一样；④ 他们有的头发留得很长，有的和我们的相同，但与西班牙和其他地方的人不同，他们从不修剪。他们的身材很美，全都发育良好。男人穿的仅遮住了他们的生殖器官，而女人全都裸体，同她们的母亲生下她们时的那个模样一样。"拉斯·卡萨斯不能容忍别人说他没有看到什么，在这点上提出异议说："那是统帅说的，但我在那个地区 30 里格范围内待过，我从来没有看见连生殖器官都不

---

① 《哥伦布诉讼案卷》第 1 卷第 260—261 页；然而，即使是莱德斯马也承认船队通过了龙口海峡，在那里必定看得见大陆。莱德斯马在 1508—1509 年平松-索利斯的航海中任领航员，他是平松家族的著名的党羽。比森特·亚涅斯·平松在 1513 年证明（《哥伦布诉讼案卷》第 1 卷第 267 页），他在与哥伦布第三次西航"同年"所组织的那次航海中（这说法不对，因为他只在 1499 年 11 月才离开西班牙），在龙口海峡发现了统帅曾在那里停留，然后直接航行去伊斯帕尼奥拉岛的"迹象和信息"（Señal e nuevas）。比森特·亚涅斯或许在恰卡恰卡雷海湾停靠过，我相信哥伦布停靠的地方不在亚涅斯航行的线路上，说统帅由此往北和往西航行是土人告诉他的，而平松却由此断定哥伦布绝没有驶进帕里亚湾。
② 《哥伦布诉讼案卷》第 1 卷第 106—107 页。
③ 《文件和研究全集》第 1 辑第 2 卷第 32 页。《哥伦布诉讼案卷》第 1 卷第 115—116 页、145 页；其他证人安德烈斯·德·科尔多巴（第 113 页）和胡安·金特罗（第 278 页），没补充什么细节，但肯定地说，当统帅发现帕里亚湾时他们和他在一起。对他们回答的质疑载在第 92 页和第 293—294 页。
④ 《文件和研究全集》第 1 辑第 2 卷第 14—15 页。在给双王的信中（同前，第 33 页），哥伦布说他们的肤色比他曾见过的其他任何印第安人都要白些，他还着重提出印花布，他大概是想使双王相信，他在真正的东方感到了"温暖"。

遮掩的妇女；统帅说她们同母亲生下她们时的那个模样一样，意思必定是指她们的其他部位。"① 不过，在朋友之间一块腰布算得了什么？印第安妇女无疑是客气的，而海员们就正好及时道谢了。

哥伦布说他送给第一批上船的土人的礼物，有鹰铃、珠子和糖块，此后人人都希望上船来参观，船队不久就被"无数的独木舟"所包围。印第安人用弓和毒箭武装着，他们给西班牙人提供了当地所产的水果，提供了几葫芦契茶（chicha）。契茶是用玉米制成的一种醉人的饮料，现在委内瑞拉契茶仍是种全国性的饮料。他们的脖子上挂着光洁的金盘，统帅认为那是镜子，并打算用黄铜来换取（如水手们说的"换一换"），因为黄铜制品中铜的身价能叫印第安人欣然同意。哥伦布在这里首次看到了大量的当地产的金铜合金，土著人称这种合金叫瓜银，而现代考古学家把它叫作汤姆巴加（tumbaga）。② 瓜银是种由金、银和铜熔炼在一起的合金，金的含量由物体的不同而在9%—89%不等，铜的含量在11%—74%不等。当地的印第安工匠用瓜银制成鼻环和金盘，制成形状如鸟、蛙和鳄的坠子（西班牙人称它为"鹰徽"）和叮当作响的小铃，以及其他很多物品。这些东西制成后还要进行最后的精细加工：要么是镀金，要么是镀以青铜似的物质。这些含金量很高的物品与纯金制品很难区别，自然令西班牙人十分喜爱。但土人的价值观却不同。瓜银的优点在于这个事实：当铜和金掺和熔炼，如果铜的含量不小于14%或不大于40%，那它的熔点从平均1 073摄氏度（纯金的熔点）下降200摄氏度。印第安人要想得到铜，只有与中美洲人进行贸易。对于他们来说，铜远比金要贵重。他们老是把别人给他们的每一块金属拿来嗅一嗅。拉斯·卡萨斯认为这

---

① 《西印度群岛的历史》第134章（1927年，第1卷第528页）。
② 《西印度群岛的历史》第67章（1927年，第1卷第306页）。当哥伦布在1493年于伊斯帕尼奥拉岛首次听说瓜银时，他以为该岛就是一个产金子的岛屿；他们通过物物交换从泰诺人手中获得了瓜银的样品，西班牙的一位试金者说，这种瓜银是由金、银，铜熔炼而成的一种合金。他1494年在牙买加又偶然见到了瓜银（见本书第三十四章）。

个动作很奇特,他们这个习惯做法只不过是检验基督教徒的金属器皿中铜的含量是不是充足。①

瓜银的发现表明哥伦布已接触到一个新的印第安文化区域,关于这种文化他在第四次西航时会发现得更多。这个文化区从圭亚那延伸至洪都拉斯。那里的印第安人都是纺织能手和金属冶炼能手。文化较高的另一标志是出现了用于运输的大型独木舟,舟的中部设置了船舱。②

尽管他们愿意进行贸易和供应西班牙人其他基本需要,但帕里亚的土人却不会使别人理解自己的意愿。为了使他们能学习卡斯蒂利亚语言,学成之后可以充当翻译,于是统帅采取了他惯常采用的办法——诱拐了几个土人。拉斯·卡萨斯曾对他心目中的这位英雄进行过极其严厉的谴责,哥伦布诱拐印第安人是引起他谴责的原因之一。"看来统帅干这种事情干得很欠考虑,像他在首航中还另外干过多次一样。违反他们的意愿把自由自在的人抓起来,使他们父子分离,夫妻拆散,他似乎不觉得这样做会冒犯上帝和他的同胞……这是由统帅直接造成的一种不可饶恕的罪孽,更有甚者,他们是在默许安全和保证守信的条件下上船的,这种条件理应得到履行才是。"③

船队在圭里亚度过了两个夜晚。8月8日统帅"起航朝一个被他叫作德尔·阿古哈角(即针角)的海角驶去"。那里就是现代的阿尔卡特拉斯岬或瓜拉瓜拉角,它离圭里亚锚地大约4英里。从东边走近该岬,看上去它就像一枚缝风帆的长针,长针逐渐变细,成为一个锋利

---

① S. K. 洛斯罗普著《科克莱》(哈佛大学皮博迪考古博物馆《学会纪要》第 7 辑)第 78—81 页;P. 里韦:《哥伦布到达前安的列斯群岛的瓜银制品、瓜银和委内瑞拉》,见《巴黎美洲文化研究者协会会刊》第 15 期(1923 年)第 183—214 页;保罗·贝瑟《镀金工艺》和《哥伦布到达以前印第安人的黄金和白金的冶炼术及工艺学》(F. C. 雷诺兹译本,哥本哈根,1937—1938 年)。

② "他们的独木舟(在洛斯·哈尔迪内斯所见到的)很大,其制作工艺比其他印第安人所使用的独木舟要好,而且船体要轻;每条独木舟的中部都有一个像船舱的房间,我看见房间里为首的男人和女人走在一起。"(哥伦布给双王的信,《文件和研究全集》第 1 辑第 2 卷第 33 页)洛斯罗普士给我指出了这种独木舟与哥伦布第四次西航中在巴亚群岛所遇到的那艘独木舟的相似之处。

③ 《西印度群岛的历史》第 1 卷第 529 页。

的针尖。他从该岬角看到了"南边另一个岛屿，距离15里格远，岛屿很大，从东南方向往西北方向延展，而且很高，他将它取名为萨维塔岛。傍晚他又看见了西边一个岛屿，该岛地势很高"。①帕里亚这个地区南方没有高峻的岛屿或大陆，我无法想象萨维塔指的是什么地方，但是西方的高地是同一海岸的一部分，当一个人沿此海岸航行时，一看到海岸突出就会认为那里仿佛是个单独的岛屿。②

当你从阿尔卡特拉斯岬经过时，会发现该处海岸的整个特征已经改变了。它已变成一个富饶的低地，地上面长满了树叶光泽的热带大树，如洋苏木和红木。哥伦布被这个地区深深地吸引住，以致他称它为洛斯·哈尔迪内斯，它肯定比古巴的"女王花园"更像一座花园。他在一座相当大的印第安村庄附近停泊，当地人十分友好。他们中很多人戴着马蹄铁般大的金领饰，想拿这种领饰换西班牙人的鹰铃，但哥伦布说他不做这种交易。哥伦布自己拒绝做交易，这使得拉斯·卡萨斯感到惊奇。他认为真正妨碍做这种物物交换的原因是统帅怀疑这种珠宝饰物是用瓜银制作的。但是，就算它是一种瓜银制成的马蹄铁形饰物，可以料想，它也值好几个铜制鹰铃。当印第安妇女戴着项圈上船时，在西班牙人中间确实引起了激动。这些妇女所戴的项圈是用幼蚝串成的，中间夹置了一些上等珍珠，珍珠形状既圆又奇特。她们打手势表示，这些珍珠是从帕里亚的加勒比海那边采集来的。马加里塔岛和大陆之间的著名珍珠产地是奥赫达于1499年首次开发的。哥伦布命令在他返航时收集珍珠，他希望届时只要拿少许货物就能换回整整一浦式耳珍珠。③

---

① 《文件和研究全集》第1辑第2卷第14—15页。
② 美国水文局的《帕里亚湾图》（第5587号）对于该湾西部绘得不准确，光靠看图，不加鉴别，就没有什么使用价值；阿尔卡特拉斯岬（哥伦布称为阿古哈岬）的形状不对；瓜拉瓜拉河没有流入图上所标明它流入的地方；位于海岸西部的村庄已不存在；统帅曾称其为"地面极高的"位于帕拉帕里托角的那红色的陡岸，航图上没有标出。
③ 《文件和研究全集》第1辑第2卷第16页；给胡安娜·德·托雷斯夫的信札，同前书第67页。

第四十章　帕里亚

洛斯·哈尔迪内斯的土人十分好客，一小船的西班牙人欣然接受村庄里两个主要人物的邀请去他们家做客。好奇的水手被带到一所大房子里。房子建得"不圆，像个帐篷，同岛上其他房子一个模样"，房内为客人和主人布置了很多座位。男人坐一头，女人坐另一头。主人给他们提供了一顿原始的饮宴，有面包，有各种水果和红、白契茶。当西班牙人吃光这些东西后，第二家又给他们准备了同样的饮宴。第二家的主人显然是头家主人的儿子。虽然西班牙人和印第安人相互无法了解对方，但烹调语言却是通用的。客人们吃得酒足饭饱，满意回船。哥伦布报道说，比起特立尼达来，这里土人的肤色要浅淡一些，海水没那么咸，早晚的气温冷得多，以致他觉得需要穿夹衣。在珍珠海岸度过多年的拉斯·卡萨斯说，甚至连装有毛皮衣领的衣服在那里并非不受欢迎。旅游至热带的北欧人对当地气温的轻微变化很快会变得敏感，而他们在家时是不会注意及此的。

由于统帅仍然相信他是在一个海岛旁做沿岸航行，8月10日他命令起锚朝西航行了5里格远，想寻找一条出公海的水道。① 在西边和南边又看到了很多岛屿。这段时间的《航海日志》中出现的新岛名是这么多，致使拉斯·卡萨斯变得不耐烦了，他说，很明显，统帅一路丢下这许多无意义的岛名，大约因为他是一个外国人，对卡斯蒂利亚语言的细微差别不够熟悉之故。这里海岸长着成排的美洲红树，有些小牡蛎围在树的根旁。哥伦布看到这些牡蛎的贝壳都张开着，于是猜想珍珠大概是红树叶上的露珠掉进牡蛎体内形成的，如普林尼在所著《自然史》中所写的那样。海湾内的海水迅速变浅、变淡，并且越来越浑浊，像瓜达尔基维尔河的河水一样。但是统帅只承认帕里亚岬是个岛屿，仍拒绝相信淡水是来自一条河流，他时刻在盼望找到一个通向海洋的海峡。8月11日，旗舰和"巴凯纽斯"号在一个马蹄形

---

① 《文件和研究全集》第1辑第2卷第16、32页，假定是用"陆地里格"，那就是对的。

的小港内停泊，由于水深不到6英尺，大船不能安全行驶，于是他派"科列奥"号去勘察海岸。①该船傍晚返回，报告说西面有四条河流流入湾内——这里指的是格兰德河的河口。

哥伦布仍不打算相信帕里亚是个大陆的一部分，②可是他也不敢为考察海湾花去更多的时间。所以，为了前往海洋，船队不得不返回德拉冈海峡。改变航道引得统帅十分恼怒，他本希望彻底考察整个帕里亚湾并找到淡水的发源地，但是他猜想代总督巴塞罗缪需要他到伊斯帕尼奥拉岛去，而且那里也需要他供应粮食。

在这个地点，哥伦布在他的《航海日志》中记下了他的一段自我辩护词，其中还夹杂了一些预言；随着年龄日渐老大，他在日志添加预言的做法变得越来越普通，而他这种预言显得具有远见卓识。他不顾各种政敌的刁难，为双王立下的汗马功劳比任何臣民为他的君主所立的都要多，而他花费的人力和财力却比葡萄牙人统治几内亚所付出的代价要少得多。他已为王室获得巨大的财政收益奠定了基础。"而且两位陛下将获得大量的土地，那是**另一个大陆**，那里基督教将获得广阔的活动领域，我们的宗教信仰将及时得到有力的加强。我用最诚挚的情感说这番话，因为我盼望双王陛下成为世间最伟大的统治者，我再说一句，成为整个世界最伟大的统治者。这一切都将为神圣的三位一体服务和争光。"③

多么惊人的预言，多么好的信念！当西班牙相信哥伦布或看重他的发现的重要人物不到50人之际，当宫廷无疑希望哥伦布的船只失事或希望其他灾难降临他头上，使他们能够永远摆脱这个讨厌的热那

---

① 费迪南德·哥伦布著作第71章（第2卷第98—99页）。美国的《西印度群岛航行指南》(1937年)第2卷第287页，提到在伊拉村以东半英里有"一个环礁湖，此湖常被过往船只当作一天然干枯码头来使用"，在水位高时，吃水10英尺的船只能够进入。

② 哥伦布给帕里亚湾内部起名珍珠湾（Golfo de las Perlas）。拉斯·卡萨斯说过："虽然这里没有什么珍珠，我想。"（其著作第1卷第537页）。他在文中加进一段有关天然珍珠的来历的冗长叙述，但不准确。珍珠海岸这名称是后来给马格丽塔岛后面的那一段美洲大陆海岸所取的名字。

③ 《文件和研究全集》第1辑第2卷第19页。

亚人之际，当他的名字在伊斯帕尼奥拉岛的西班牙人口中成为一句骂人的咒语之际，就在这个时刻，他却预先看到了双王将要获得巨大的财政收益。当信奉基督教的地区由于伊斯兰教的兴起正在逐渐缩小的时候，他预言基督教一定会在这个地区赢得新的基督教信徒，天主教注定会成功地推进到另一个大陆，即新大陆。

第四十一章　地上的伊甸园

1498 年 8 月 11—31 日

> 耶和华神在东方的伊甸建立了一个园子。①
>
> ——《旧约·创世记》，第 2 章，8 节

　　一经做出决定，哥伦布在实施中就不再浪费时间。8 月 11 日夜晚，在月亮升起之际，一股轻柔的微风从西边吹来，当月亮刚好变成下弦月时，他从靠近帕里亚湾西北角的那个马蹄形小港湾起锚开航，朝东航行去博卡斯。幸好这股陆地微风是顺风，加上有利的海流，到星期天（8 月 12 日）夜幕降临之际，他航行了 50 英里。② 船队"在一个非常良好的、他称它为加托斯（猴港）的港口抛锚。此港紧靠卡拉科尔岛和德尔芬岛间的出入水道，在拉帕角和博托角之间……为了翌日早晨从这个水道驶出帕里亚湾，他在上述港口附近停泊。他在附近又发现了一个港湾，随即派小舟前去考察。那个港湾很好。他们在那发现一些渔民住的棚屋和很多淡水。他给此港取名卡瓦尼亚斯港，意思是有棚屋的港湾"。

　　哥伦布在它外侧抛锚的"猴港"无疑就是以岛名命名的恰卡恰卡

---

① 由拉斯·卡萨斯引用于所著《西印度群岛的历史》第 143 章（第 1 卷第 559 页）。

② 此处哥伦布和拉斯·卡萨斯又一次令人困惑地将距离多算了。下面引用《航海日志》摘录本的话："他说从特立尼达的起始之处到船员乘轻快帆船所发现的这个海湾距离为 48 里格。他称此海湾为珍珠湾。船员们在湾内看到了一些河流，但他并不相信他们。"拉斯·卡萨斯说（《西印度群岛的历史》第 1 卷第 542 页）："我补充说，照海图来看，距离足有 50 里格。"如果"特立尼达的起始之处"意思是指哥伦布命名的博托角（哥伦布认为此角是特立尼达岛的一部分），但我们鉴定此角是莫诺斯岛，从那里到伊拉帕（哥伦布命名的"珍珠海湾"的起始处）的距离才大约 50 英里。

雷湾，哥伦布称它为卡拉科尔湾。那个有渔民棚屋的港湾必定就是韦沃斯岛（"德尔芬岛"）的众多小港湾之一。

8月13日（星期一）清晨一两点钟，月亮上升之际，船队起锚开航，绕过金刚石礁进入龙口海峡最西边的格兰德水道。哥伦布正确地估计这个水道有1.5里格宽。在上午八九点钟，船员们举行每日的第三次祈祷时刻，他们已航行至该水道中间。上星期他们沿这个格兰德水道西边航行时，这里显得非常平静。但是在8月13日他们却看到了这里常见的惊人场面：只见帕里亚湾的淡水要从这里流出，大海的咸水浪潮要从这里涌进来，双方大股水流互相冲击，形成了巨大的浪潮，发出震耳欲聋的响声，以致"他们认为一切都完了的感觉不亚于在锡厄佩海峡遇险的感觉"。龙口海峡这些水道对航行中的船只很危险，即使对汽艇也不例外。这里经常有股与表面海流方向背道而驰的潜流，水面布满大圆木对小船造成严重的破坏。一条船即使靠把船锚丢入潜流中能够保持不动状态，但潜流的力量强大足以推动船只，使船只运行，看来就像表面海流在推动它似的。哥伦布就是依靠这种办法才使得船只得救的。

当风已停止刮向船队时，他们试图抛锚停泊，但船锚却无法到底（不用奇怪，因为此处水深达120英寻左右），而表面的海流却正朝礁石流去。"幸亏上帝慈悲为怀愿意引导他们脱离同一危险，使他们转危为安，得到解救。由于这里淡水水势超过咸水，所以船只能够以令人难以察觉的速度往外移动，于是船队就得以安全脱险。因为只要上帝愿意让一艘或多艘船只得到拯救，水就成了带来幸福的东西。"拉斯·卡萨斯听说就在船队脱险后，哥伦布给此海峡取名龙口海峡。因为他们从那里逃出来就仿佛是从"龙口"脱险似的。[①]

[①]《文件和研究全集》第1辑第2卷第20页；《西印度群岛的历史》第1卷第542页。他大概想起《以赛亚书》第43章，20节里说过，对于上帝的选民来说，"旷野有水"，而且"还有野狗和鸵鸟"。

船队驶出海湾来到大海，哥伦布"看到北边距海峡大约26里格远有一岛屿，他给此岛取名为亚松森岛；他给所看到的另一岛屿取名康塞普西翁岛"。次日是圣母升天节的节前守夜日，统帅自从这次航海以来，把崇拜之心一直专注于圣三位一体，显然他认为这是一次给圣母增光的机会。拉斯·卡萨斯继续说："……他将三个位置隔得不远的小岛取名为特斯蒂戈斯群岛，今天人们仍然这样称呼它们；该群岛旁边的另一岛屿，他称为罗马诺岛；另一小岛他取名为瓜尔迪亚斯岛。随后，他抵达珍珠岛附近，并就这样称呼它为玛格丽塔岛；对于旁边的另一岛屿，他取名马丁内特岛。"①

只要设想，亚松森岛和康塞普西翁岛是在船队离开龙口海峡时首先看到的，而其余岛屿则是在他们沿海岸向西航行依次发现的，我们就能辨别这些岛屿。亚松森岛显然就是格林纳达岛。它位于海峡以北70英里处（22里格），海拔2 750英尺。一般来说格林纳达岛在60多英里以外是不可能看到的，但大气层的状态在8月13日可能是个例外，因为在第四次西航中，哥伦布大约在同一地方看到了多巴哥岛。特斯蒂戈斯群岛（证人岛）的这个岛名一直沿用至今，它位于格兰德水道西北方70英里，群岛上最高的小山海拔不过600英尺，哥伦布在离开海湾后的第二日前是不可能看到它们的。我猜哥伦布所命名的康塞普西翁岛不过是个云团。罗马诺岛（朝圣者岛）大概是个荒岛，现在叫索拉岛。瓜尔迪亚斯岛（哨兵岛或瞭望岛）显然是玛格丽塔岛附近现叫弗赖莱斯的那个群岛。②玛格丽塔岛我们打算不久就去考察；拉斯·卡萨斯鉴别马丁内特岛（欧洲海燕岛）就是玛格丽塔岛西北的现叫布兰卡或布兰基亚的那个岛屿。

当船队刚一平安驶离龙口海峡，哥伦布就将航向拨向西方，沿帕

---

① 《西印度群岛的历史》第138章（1927年，第1卷第543页）；《文件和研究全集》第1辑第2卷第21页。

② 此名早就全改了，因为与统帅一同西航过的水手安东·加西亚1513年宣誓做证说：当年他从龙口海峡动身，沿大陆海岸航行"到一些岛屿，这些岛屿被命名为弗赖莱斯群岛"。《文件和研究全集》第1辑第2卷第224页第44行。

里亚半岛航行。他仍然认为帕里亚半岛是个岛屿，期望在从北面找到"科列奥"号在 8 月 11 日没能找到的通向海湾的航道。哥伦布开始明白他正在沿大陆航行，但他仍不能相信他所看到的那大量的淡水来自河流（如"科列奥"号的船员所坚持的那样），"因为就他迄今所听说的，不论是恒河，或是幼发拉底河，或是尼罗河，其水量都没这么大。"但是，如拉斯·卡萨斯所明智地评论过的，哥伦布这个怀疑的真正原因是他认为他从来没有看见过这么辽阔的陆地产生水面这么浩渺的河流。他一生中也从来没有看见过世上任何一条大河的河口。他不了解河流总是从泥沙冲积的低地之间流入大海的，站在船的甲板上看去，低地总沉没在地平线之下。

　　哥伦布本打算继续沿岸航行，但是由于在过去的一个月中睡眠非常不足，他的眼睛充血很厉害，所以在那天夜晚他命令船队转向，舵手们谨慎地驾驶船只慢慢离开了海岸。费迪南德写道："统帅当时在沿帕里亚海岸向西航行，并打算离岸朝西北方向继续航行，由于无风而且海流推动他改向，所以 8 月 15 日（星期三），他离开了他称为孔沙斯的那个海角，把海角丢在南边，把玛格丽塔岛放在西边，朝西北方向前进……他在航行中，从 6 个小岛西侧通过，他给它们取名为瓜尔迪亚斯群岛。"拉斯·卡萨斯补充说，哥伦布给帕里亚半岛的 4 个海角取了名，"贝壳角"就是其中之一。[①]当我们跟踪哥伦布的航线驶过这些波光闪烁的加勒比海域时，我们看得清楚，那里除在上风位置的岛屿的保护，抑制了海洋浪涛外，信风的力量也受到了制约，这就使得哥伦布在抵达西经 63 度的时候好好地离开海岸行驶。不这么走，他就绝不能看到特斯蒂戈斯岛。此外，最好离海岸至少 10 英里远航行，那样才能使海角显示其外貌，因为只有隔上这么一段距离去

[①] 费迪南德著作第 72 章（第 2 卷第 102—103 页）；《文件和研究全集》第 1 辑第 2 卷第 21 页；《西印度群岛的历史》第 1 卷第 543 页。其余 3 个海角他给取名为卢恩戈、德萨波尔和里科。但是我猜测康恰斯角可能就是埃斯库多·布兰科角或白盾岬。这个海角高耸险峻，地面出现一些白色斑点，以致被哥伦布误认为贝壳，这就好像后来的探险者把它们看作龟甲板一样。

看，山峦才突出，中间的低地才会沉没在地平线之下。1498年8月15日，当天刚亮，大陆、玛格丽塔岛和弗赖莱斯岛都可见到之际，船队从后两岛之间经过进入大海，往伊斯帕尼奥拉岛驶去。

做出这个决定是件憾事，因为哥伦布当时正在玛格丽塔岛后面产珍珠的海域边缘航行，佩拉隆索·尼尼奥1500年就是在这个海域得到了一船宝贵的珍珠的。从那以后，西班牙人在一个或一个多世纪里不断地在那里捞取了巨额财富。哥伦布没花一两天时间去考察该海岸是令人奇怪的，因为在帕里亚海湾，哈尔迪内斯的土人曾指出过这个海岸是产珍珠的地方。他在给双王的信中承认："由于食物缺乏，我的眼睛发炎，而且还由于我所乘坐的大船不适合考察该地，所以我没有去那里证实这点。"[①] 一切海员式的良好理由都是为了赶紧向前航行，但政治需要珍珠。送一两蒲式耳珍珠回国献给双王，其声势一定会比统帅所有呈述要大得多；一定会比他想象中所发现的地上乐园，更能使人信服得多。有珍珠送给女王就能堵住他在国内的和在伊斯帕尼奥拉岛上所有政敌之口。事实上，当奥赫达发现珍珠产地时，哥伦布就受到过不公正的指责，说他为了自己的利益隐瞒了这个信息。看来哥伦布命里注定在四次西航中每次都正好遗漏了那最重要的发现，而人们偏偏不按他所取得的巨大成就来评价他，而是根据他遗漏了什么或没做什么来评价他。[②]

---

① 《文件和研究全集》第1辑第2卷第22—23页。
② 安杰洛·特雷维桑大约在1507年为一位意大利朋友编撰了一本没有题书名的五船航海记事，航程是从伊斯帕尼奥拉岛到珍珠海岸，日期不明确，船长的姓名也未提及。这本航海记事后来有个抄本，收入所谓施耐德·科德克斯或撒比尔手稿中，现存国会图书馆。《文件和研究全集》第3辑第1卷第75—77页刊印了这个航海记事，但不十分准确。据戈马拉编的《西印度群岛通史》，哥伦布曾到达了玛格丽塔岛后面的库瓦瓜岛；在那里，哥伦布手下几个船员上岸找到了一船渔民。船员们将小船上的水罐打烂，用陶瓷碎片换渔民的珍珠，贸易额很大，换来的珍珠竟有6磅重。上岸的西班牙人受到群众首领"库玛纳先生"的欢迎，在一所大房子里享受水果、食物和契茶的热情招待，坐的是木制的椅子（这个故事显然取自哥伦布手下人在哈迪内斯的经历）。岸上的妇女性格温柔、全身裸露、肤色白皙、举止谨慎（令人惊异的结合体）。她们想要西班牙人留下，但哥伦布的船队要朝西航行到贝拉角去，还要从那里开往伊斯帕尼奥拉岛。他本打算等事情办完就再回库瓦瓜岛，因此，他没有把发现珍珠之事写信告诉国内；可是他以后却一直没机会返回库瓦瓜。双王在哥伦布告诉他们之前就已通过那些返回卡斯蒂利亚的海员如售珍珠之事知道了此事。费迪南德国王对统帅非常生气，而统帅的敌人也就趁机进谗说他想自己独占这个珍珠产地。这就是罗尔丹为什么反叛，哥伦布为什么失宠的原因。

拉斯·卡萨斯说，刚好在离开珍珠海岸去伊斯帕尼奥拉岛之前，统帅就已"意识到这么广大的一块陆地不是一个岛屿，而是一个大陆"。他用测程仪和罗盘进行船位推算，推算结果告诉他，他所航行过的大陆外侧海岸一带其深度比帕里亚海湾要深两倍多，外侧海岸也没有通向海湾的海峡，这一切必然使哥伦布做出上述结论。"而且，好像跟双王说过，"拉斯·卡萨斯说，他在 8 月 14 日或 15 日的《航海日志》里做过这样一段记载：

"我相信这就是至今无人知晓的很大的大陆。促使我这样想是有许多理由的：这么大的河流呀，这么大的淡水海呀，还有《以斯德拉记》第 4 章，6 节中说：'地球上七分之六是陆地，七分之一是水。'从瓜德罗普、圣克鲁伊斯和波多黎各抓来的加勒比俘虏曾告诉他：大陆位于南方。'如果所见到的是个大陆，'"他做这个结论说，"那真是一件妙不可言的事，在一切有识之士中都将认为如此，因为一条这么大的大河流下来，造成了一个宽 48 里格的淡水海。"①

哥伦布的这种思维活动多么富有典型性啊！虽说他曾沿着这个被他找到的、它的存在已由葡萄牙国王猜想到的真实大陆航行了两个星期，但是南美洲的这部分地区，以及它那无限延伸的冲积低地，都不符合他对一个大陆应当怎样出现的想法。尽管存在浩瀚的奥里诺科河、格兰德河和圣胡安河的淡水每日从他的船身下流过的事实证据，他还是坚持他那个想法。眼下他忽然断定"格拉西亚岛"必定是个大陆，于是以斯德拉的诗句、加勒比人的含糊手势以及中世纪学者的只言片语立刻飞聚于他的头脑中，以证明这点。就这种推理方式而论，哥伦布是他那个时代的真正产物。罗吉尔·培根曾引述《以斯德拉记》来证明他那陆地和海洋分布状况的"大陆"学说，但在 1505

---

① 《文件和研究全集》第 1 辑第 2 卷第 22 页；《西印度群岛的历史》第 1 卷第 544 页。哥伦布这样重视的以斯德拉这段文字见《伪经》中的《以斯德拉记》第 6 章，42 节："到第三日，你就让水聚集于地球的第七大洲，让其他六大洲干旱，并保持永久。"

年葡萄牙大航海家杜亚尔特·帕切科·佩雷拉也这样做,当时他已绕道好望角航行赴印度。①

哥伦布确信已发现了一个连古人,或连马可·波罗都不知道的新大陆或"另一个大陆"。他这个确信一点也没有改变他认为自己是在东方的印度地区的信念,什么时候也没有改变过。他心目中的美丽的新世界位于中国蛮子省(他相信古巴就是蛮子省)的南方或东南方,或许与眼下的这片大陆相连。他这个认识在他弟弟于1506年所绘制的一份草图中可以看出来。②在草图上,中国山脉(Serici Montes)耸立在洪都拉斯的海岸线后面。不过在1498年,哥伦布相信他所说的另一大陆是个岛屿,否则马可·波罗怎么会从中国航行到印度洋呢?他第四次西航的主要目的是要寻找马可·波罗曾航行过的那个海峡。那个海峡应该直接通向香料群岛。

形成了他发现的地方确实是长期以来一直在寻找的那个大陆这概念,哥伦布十分兴奋地想对该大陆做进一步考察;如果他真的这样做了的话,那留下给奥赫达和韦斯普奇于1499年去发现的东西就不多了。但是责任要求统帅去伊斯帕尼奥拉。他准备送给那里的移居民的供应品正在腐烂、浪费;他的弟弟、岛上的代总督大概需要他在岛上露面,需要他的权威,因为他确实有权威;海员们疲惫不堪而且牢骚满腹;船队中唯一的轻快帆船"科列奥"号太小不足以沿大陆海岸做发现航行;他的双眼由于缺少睡眠正在发炎,他急需休息。于是在8月15日,在看得见玛格丽塔岛和珍珠海岸的一个地方,哥伦布改变航向,朝西北方向行驶,离开了船后面新发现的大陆,从玛格丽塔岛和弗赖莱斯岛之间经过,朝伊斯帕尼奥拉岛方向前进。③

---

① G. H. T. 金布尔著《中世纪的地理学》(1938年)第87、163—164页。
② 此图见本书后面第308页。——译者
③ 这是明确无误的,不但从费迪南德的著作和给双王的信札中可以得悉,而且从1513年对哥伦布诉讼案有关人员的调查可以看出。所有证人都同意发现珍珠产地的是奥赫达或尼尼奥,而不是哥伦布。

玛格丽塔岛这个名字是哥伦布取的，他的儿子费迪南德说，取这个名字仿佛是由上帝授了意似的，因为靠近该岛有个叫库瓦瓜的岛状地带，此地带即后来的珍珠养殖中心；玛格丽塔在西班牙语里是珍珠的意思，但是哥伦布当时并不知道库瓦瓜珍珠养殖场，他无疑是以奥地利公主玛格丽特之名为该岛取名的。至于玛格丽特公主那次从佛兰德到西班牙的航行，哥伦布曾向费迪南德和伊莎贝拉提过一些航行建议。玛格丽特公主是位勇敢的少女和女才子。未成年就与法兰西的查理八世订了婚，后来查理八世为获得布列塔尼的安妮的欢心将她抛弃。17 岁那年，她与阿斯图里亚斯亲王堂·胡安定亲。为了嫁给他，她从佛兰德航行到西班牙。航行中遇到了风暴，她在猛烈的风暴中为自己写下了墓志铭：

这里躺着一位高尚的年轻女郎玛戈，
她有两位丈夫却保住了自己的童贞。

玛格丽塔岛无愧于它的同名人——它富饶美丽，每端离海两三千英尺之处耸立着山脉，山脉之间是一片低地。不幸的是，委内瑞拉政府怀着一种与它的同名公主相称的妒忌心情派兵看守着这个岛屿，无知的快艇主人在该岛停靠，很容易发现自己在这样那样的借口下被关进了当地的监狱。哥伦布的航线使我们在 1939 年用不着去冒这个风险，因为他没有去访问该岛，所以我们也没有去。

8 月 15 日是船队驶进大海的日子，这一天它完成了一次完美的航程。在接下来的 24 个小时中，船队"在平静的海面上朝西北偏北航行了 26 里格，如他经常说的，这真的'感谢上帝'"①。我们的某些坐在椅子上空想的航海家对哥伦布在平静的海面上自然发出这句虔

---

① 《文件和研究全集》第 1 辑第 2 卷第 24 页。

诚的感谢语言总是喜欢取笑，并按那句成语的现代用法进行推断，说他"不是水手"，说他曾晕过船。不过，我还从来没有看见过一个远洋航海的水手不愿在平静海面上航行，而宁愿在波涛汹涌的海上航行。这不是说，船儿颠簸使他们晕船呕吐，而是讲波浪滔天，使船舶难于驾驶，连立足和烹饪都感困难；它还使船上一切东西受冲击，乱蹦乱撞，不得安稳，船只摇摇晃晃面临船毁人亡的危险境地。平静的海面总令航行的船只感到欣慰，假如连微风也没有的话。

8月16日哥伦布记下了他发现罗盘存在磁差的一次珍贵的观察结果。他说，迄今为止罗盘指针还没有发生看得出的偏离正北的变化（在子午线上通过北极星或太阳阴影做测验时）；8月15—16日夜晚，他突然发现罗盘指针有的偏西一个半罗经点，有的偏西两个罗经点。拉斯·卡萨斯说："他也发现，在他当时所处的位置，当卫星经过'头部'两个半钟点时，北极星上升到了14度。"卫星位于过"头部"两个半钟点位置的时间应是下午6点30分，对他们，尤其对一个患眼炎的人来说，这个时间观察星星嫌稍早了一点儿；但让我们假定他们所报道的位置是正确的。为了将北极星高度转化成船队所处纬度，哥伦布应将高度数加1度，这样就转化成了北纬15度。根据我标绘的哥伦布的航线，8月16日黄昏，船队接近北纬13度。这样看来，哥伦布错误的最大值一定不会大于2度，可能要小于2度。①

自从离开大陆，哥伦布就一直在思索一些问题，如他在横渡大洋时所做的北极星观察、在帕里亚湾见到的淡水湾流、在那里见到的植物、在一个如此靠近赤道的地方气温却比较温和。他对于这个"另一个大陆"怎么会正好和世界地理情况相符感到诧异。他不是一个以二乘二得四为满足的人，按照他的思维方式，二乘二要得十才好。因此，8月17日，当他的船队在平静的海面上走了37里格（"无限的

---

① 《美洲海神》第1期第133—134页。

感激献给我们的主耶和华!")时,他在他的《航海日志》里吐露了一个令人惊讶的推论结果。"他说,现在没有找到任何岛屿,使他确信从那里来的那个陆地是一个很大的大陆,地球上的伊甸园就在那里。他说,'因为所有船员都说,那是东方的尽头,也就是我们到过的地方'。"①

哥伦布就这样在伊甸园的边缘航行。他越是仔细考虑这个假设,他就越是觉得这个地方像伊甸园。两个月后在圣多明各写给双王的信中,他对此感觉发挥得淋漓尽致。某些权威典籍认定亚当和夏娃的这个最早的家在"幸福岛";中世纪的地图制作者有的把它摆在普雷斯特·约翰的王国里,有的把它摆在非洲的其他地方,或者摆在印度。但是塞维利亚的伊西多雷、达马斯塞努斯、可尊敬的比德、圣安布罗修斯、邓斯·斯科图斯②赞同地球上的伊甸园是在远东的最远处,那里太阳在创世之日升起(统帅从他心爱的床头读物、皮埃尔·戴伊所著《世界的形象》中获悉如此)③ 他使用罗盘和测程器推算船位,根据船位算出的经度不准确,加上他高估了亚洲的长度,使得他似乎恰恰到了东方开始的地方。伊甸园的纬度在赤道以下,而哥伦布认为他已到达了北纬5度;伊甸园的气温暖和,而船队自离开赤道无风带后就没再遇到炎热天气;伊甸生长着各种有用的植物和令人喜爱的水果,而他在帕里亚沿岸不是发现了没有看见过的而且美味可口的水果吗?"那里的金子很多,"他在帕里亚不是发现土人戴着金制的饰品吗?"有河从伊甸流出来滋润那园子,从那里分为四道"(《创世

---

① 《文件和研究全集》第1辑第2卷第24页。
② 伊西多雷(560—636年):生于塞维利亚,曾任大主教,著有《词源学》(*Etymologiae*);达马斯努斯(675—749年):东正教会神学家,被希腊和拉丁教会尊为圣徒;可尊敬的比德(673—735年):英国史学家、神学家;圣安布罗修斯(340左右—397年):基督教初期最有声望的教士,曾任总督和米兰主教;邓斯·斯科图斯(生卒年不详):中世纪方济各会修士、曾在牛津讲学,被称为"敏锐的博士"。——译者
③ 这个概念来自《创世记》第2章,8节,即本章开始的引文。经院哲学家曾详细地解释了这几句话。如哥伦布所知道的,早在14世纪,尼乔拉斯·德利拉就把这个粉饰完美的人间伊甸园神话加以发挥。哥伦布和后来的航海家为确定伊甸园所在地方所做的努力曾迷住了好些学者。

记》第 2 章，10 节），而"科列奥"号上他的船员不是报告说在帕里亚湾的源头有四条河流吗？皮埃尔·德·阿伊利相信伊甸园的四条河流是尼罗河、幼发拉底河、底格里斯河和恒河，① 而流过帕里亚湾的淡水流量极大，那不证明它们就是那几条河吗？皮埃尔·戴伊说，"地上的伊甸园地势极高，仿佛会挨着月亮似的。"② 而哥伦布在航行中观察北极星得出的结果已证明，他是在地球的隆起部分航行。

这使人记起，哥伦布在赤道无风带观察北极星的高度分别为 6 度、11 度和 16 度，他在向西航行去特立尼达时观察到的高度分别为 5 度、10 度和 15 度。根据这些数据，他断定北极星的极距——以天极做圆的圆半径——当时是 5 度，但在他早年于比较偏北的海域航行时北极星的极距是 2 度 30 分。正确的极距（在 1498 年大约是 3 度 25 分）在各个地方看来当然是不变的，但哥伦布根据他不准确的观察结果进行比较，匆匆得到了一个令人惊讶的宇宙结构理论：地球的"形状不像他们（托勒密等人）描叙的那样是浑圆，而是像只梨子，它的小头部分较高，大头部分是圆的；或者说它像一只很圆的球，上面有个放置了什么东西的部分，隆起像妇女的乳房一样，这个部分极高极接近天空，它在赤道以下，在东方尽头的海洋中。……由此我宣布，地球不是球形，而是有着我已讲过的不同形状，这个不同形状就在印度和海洋的尽头所在的这个半球上，它的末端在赤道下面。"③

换言之，哥伦布通过他正在这个广大无边的"乳房"边缘航行的事实来阐述明显增大的北极星极距，这个"乳房的乳头"在赤道以下；因为天空是那样近，北极星的运行轨道似乎更大了。帕里亚就在这个高峻的、梨状物的隆起部位，地球上的伊甸园刚好位于地平线以

---

① 见前面第六章的引文，摘自《世界的形象》。
② 哥伦布 1498 年 10 月的信札（《文件和研究全集》第 1 辑第 2 卷第 34—39 页）；参见哥伦布在戴伊所著的《世界的形象》上所做的旁注，在布伦版第 2 卷第 458—471 页（第 55、56 章）。
③ 《文件和研究全集》第 1 辑第 2 卷第 35、36 页。

下，自从亚当堕落后，也许还没有凡人看见过它。许多有识之士并不曾认真地理解哥伦布，这本不奇怪。甚至连对统帅的实际成就极其尊重的彼得·马特对他这种说法也评论说："我对他的话一点儿也不理解，我承认，统帅所举出的支持这个说法的种种理由根本不能、一点儿也不能令我满意。"① 因为任何具有点滴天文学概念的人都能够看出，即使海洋像个巨大的乳房能够隆起，并且永远隆起那么高，那所观测到的北极星极距也应保持经久不变。

这样，哥伦布就不但发现了一个大陆，一个另外的大陆，而且实际上曾沿着伊甸园的边缘做过航行。自从离开帕里亚后，船队航行很快，他说，这证明船队是在朝下坡航行；离开玛格丽塔岛后没再看到什么岛屿，这表明船队现在是位于远东的开端部分。我们不知道双王对他这个假说有何想法，但没有迹象表明即使是虔诚的伊莎贝拉对伊甸园业已并入她的帝国这个概念有任何印象；而奥赫达 1499 年前往开发帕里亚时，他唯一的兴趣就是黄金和珍珠。拉斯·卡萨斯并不曾接受统帅的理论，但他宣称这个理论"并不荒谬，而且不无道理"。因为除几次观察北极星（对这些观测的准确性拉斯·卡萨斯是没有能力做出判断的）以外，统帅"在那里陆地上见过了那么多新鲜事物。那里的树木是那样青翠和惹人喜爱，柔和的空气是那样温暖宜人，不咸的小溪汇合而成的河流是那样浩淼和湍急；还有，那里的人民善良、慷慨、单纯、温柔；除开说神圣的天意把人间的伊甸园放在那里或在那里的附近以外，除开说那里有那么甜蜜的水是因为河流发源于伊甸园，水来自伊甸园以外，除开说幼发拉底河、恒河、底格里斯河和尼罗河这四条河流都发源于那里以外，他还能做出别的判断和鉴别吗？"② 甚至连非常有经验的韦斯普奇对南美洲也这样写道："我确实

---

① 《新大陆》第 1 部第 6 卷；参见阿尔伯编，伊登的新译本第 90 页。
② 《西印度群岛的历史》第 1 卷第 569、573 页。

认为，如果说世上有什么人间伊甸园的话，那它离南部的这些地区不会很远。那里空气是那样有利于人，气候是那样温和宜人，使人既不会因冬天严寒受冻伤，也不会因夏天酷热而烦恼。"① 我觉得自己也不能因身受现代科学知识熏陶而嘲笑统帅将一个美丽的文学上的神话故事加进他的经验主义的观察中去。因为就渴望发现温暖、美丽、芳香和安宁之地的一切北方人来说，特立尼达"这个鸟语花香的陆地"和冬天的帕里亚湾，对于他的感官确实会带来愉悦，对于他们的渴望确实会给予满足。正如韦斯普奇所说的，如果人间有什么伊甸园的话，那它应当就在加勒比海水所冲刷的那些海岸的某个地方。

即使在沉溺于这些天堂奇想之中的时候，统帅也没有忽略实际的航行。这是他性格具有两重性的一个显著证据。当他的头脑里正在逐步形成一个异想天开的宇宙起源假说的时候，就在1498年8月同一星期里，他成功地结束了他的航海生涯中又一次用简单计算法测定船位进行的最佳航行——从玛格丽塔岛到伊斯帕尼奥拉岛的航行。

8月15日哥伦布从玛格丽塔岛外动身，他将航向定为北西偏北朝伊斯帕尼奥拉岛驶去。如果没有海流或其他因素使船队偏离的话，按这个罗盘方位就会把船队带往伊斯帕尼奥拉岛海岸附近的萨奥纳岛，萨奥纳岛在伊斯帕尼奥拉岛上风处，离后者的新首府圣多明各25里格远（如哥伦布正确地告诉佩德罗·德·哈拉纳那样）。想一下吧，哥伦布是忍着多么大的痛苦和经过多么仔细的推算才使得船队保持在西北偏北航道上行驶的！哥伦布是先到达一个新发现的陆地中转，然后照一个新的角度驶抵伊斯帕尼奥拉岛的。他在1496年3月离开伊莎贝拉就没再访问过圣多明各这个地方。在第三次西航中，他从西班牙出发航行到过马德拉群岛、加那利群岛和佛得角群岛，往西

---

① 理查德·伊登译韦斯普奇著的《新大陆》刊载在E. 阿尔伯编《关于美洲的最初三本英文书籍》，第278页。

南航行到达过赤道无风带，再往西到达锡尼佩海湾，随后在帕里亚湾转了一圈，再沿拉丁美洲大陆航行到玛格丽塔岛。想想吧，自离开佛得角群岛，他就没有机会利用任何熟悉的地方来核对他的所在位置，一路上所看到的陆地都是从没见过的岛屿；他根据自己所得信息认为佛得角群岛位于北纬5度，这就把它摆放得太偏南了。然而他用测程仪和罗盘测算船位测得那样准确无误，以致使他能始终掌握好去伊斯帕尼奥拉岛的正确航道。确实如让·夏尔科所说的，这个人具有海员的辨别力，拥有一些不可思议的知识，这些知识部分来自他的直觉，部分基于观察和经历的积累。就是靠这些知识，才使得那么多目不识丁的海员在那个航海时代能够"嗅出他们的道路"，安全地绕着七大海洋航行。

尽管朝北西偏北方向航行，但船队要抵达圣多明各并不那么简单。8月的信风无论在东方哪一边，其变化很少超过一个罗经点，这对统帅很有利。但这里的海流却要认真对待，而且哥伦布没有工具能测知它们的力量或方向。当时夜晚月亮不明，他明智地决定"每夜走走停停，缓慢前进，因为担心船队在航行中与岛屿或礁石相撞"①。他知道这一路也许岛屿密布，像特立尼达岛和维尔京群岛之间那样。这样就使船队在一个航行日大约走15个小时。8月15日黄昏，船队到达布兰基亚以西25英里的地方，其经纬度是北纬12度、西经65度，就是在这个夜晚，当船队慢慢航行时，哥伦布观察到罗盘存在大约一个半罗经点的磁差。这意味着照罗盘方位牌看，他实际是朝北西1/2西（310度正）航行，而不是像朝北西偏北方向航行。因此，当他16日拂晓起锚开航时，为了使他的航向真正是朝北西偏北航行，他就必须使航向朝北偏移一个半罗经点。船队在此航向上航行了3天，每天航行15小时，平均每日航行100英里；加上赤道暖流以平

---

① 《文件和研究全集》第1辑第2卷第25页，新月出现于8月18日晚上。

均15英里的速度向西流动，以及船队每夜平均向西漂移25英里。这样在8月19日黄昏前，哥伦布被带至可看见陆地的范围内。他认出这个初见陆地是他1494年第二次西航时所经过的一个岛屿，当时他给该岛取名圣凯瑟琳，现在他以一个更著名的贞女之名为该岛取名为贝阿塔女士。贝阿塔岛这个名称至今仍然沿用未变。

20日早晨，船队驶近贝阿塔岛，在该岛和另一个较小岛屿之间停泊。小岛靠近该岛，它有个陡峭的小山，从远处看此山像面风帆，于是他给小岛取名为"高大的风帆"。阿尔塔·贝拉，如我们现在所称呼的，是那带海岸的明显的陆上标志之一。①

人们有趣地注意到，哥伦布在抵达离圣多明各100英里远的下风处阿尔塔·贝拉岛，而不是按预定计划抵达离圣多明各75英里的处于上风的萨奥纳岛时，他对这个很值得赞扬的陆地的最初反应是极端烦恼。拉斯·卡萨斯报道说："船队朝下风偏移了这么多，令他心情沉重，不过统帅判定，他算错的原因是由于海流，这里的海流非常强大，总是朝陆地、朝西方流动。"② 哥伦布的判断绝对正确。

船队在贝阿塔岛的避风处刚一抛锚，哥伦布就派人乘旗舰上的小船登陆，找印第安人做信使去圣多明各见代总督巴塞洛缪。一个印第安人携带一张弩上船，他还佩带了绳索、箭和箭托。这是一个不妙的迹象，他怎么会佩带这些致命的武器呢？难道纳维达德的悲剧又一次以更大规模重演了吗？幸而第二天两兄弟高兴地会面了。原来哥伦布在费罗岛分派出来的3艘运粮船在经过圣多明各去下风处时，岸上已发现了它们。巴塞洛缪以为他哥哥在船上，于是驾船追赶，结果没赶着，8月21日却在贝阿塔岛遇见了统帅。大量的坏消息等待倾诉，

---

① 《文件和研究全集》第1辑第2卷第24—25页。哥伦布还说过贝阿塔岛和阿尔塔·贝拉之间的水面宽2里格（6.36英里），显然他已恢复了用肉眼测距离的能力，因为两地岸对岸的实际距离是6.45英里。

② 《文件和研究全集》第1辑第2卷第25页。

但此时此刻这两个充满深情的兄弟在分别两年零五个月后，发现对方仍旧活着，心里还只是充满了欢乐。

拉斯·卡萨斯告诉我们，从贝阿塔岛到圣多明各的只不过百来英里航程，但竟有一些船只因为逆信风和海流航行，以及因为在港口等待良机，以致要花八个月的时间才得到达。哥伦布的船队和代总督巴塞洛缪的船只是幸运的，他们8月22日离开贝阿塔岛，31日就在奥萨马河口圣多明各港停泊。

又一次西航就这样成绩辉煌地结束了。这一次西航，哥伦布发现了一个新的大陆、一个新的民族和一个珍珠产地。他没有丢失一条船，没有跟印第安人发生一次战斗。他为卡斯蒂利亚获得另一个大陆。他为西班牙民族和西班牙文化打开了进入一个新家的大门。这个新家地域辽阔，范围北起加利福尼亚和新墨西哥，南边延伸到麦哲伦海峡。他有可能使天主教信仰征服一个新的世界，因为基督徒进入了他千年来首次扩展的地区。然而这位发现家拿这无法估量的利益换来的竟是作为一名囚犯，戴着脚镣手铐，囚禁在他的船舱，被遣送回国。

第四十二章 人间地狱[①]

1498—1500 年

> 耶和华啊,您是我的力量、是我的保障,在那苦难之日是我的避难所!
>
> ——《耶利米书》,第 16 章,19 节

哥伦布在 1498 年 8 月的最后一天抵达伊斯帕尼奥拉岛的新首府——圣多明各。在经历航海的千辛万苦之后,此刻与其说他希望,倒不如说他期待在他总督职权范围内寻找和平和安宁,利用这个机会治愈他那 1493 年春天回国途中冒暴风雨航行所患的、以后不断加重的关节炎,特别是要使他的眼睛获得休息。然而事与愿违,他发现岛上情形比他离开时要糟得多。

在统帅 1496 年 3 月离开后,代理总督巴塞洛缪的首要任务是在圣多明各附近的海纳地区兴建一座堡垒。他给此堡垒起名为圣克里斯托瓦尔。工人给它起个绰号叫拉托雷·多拉多——黄金堡垒。因为他们在为堡垒挖地采石打基脚时找到了很多黄金,但是事实证明这个带有希望的迹象并不是个好事行将到来的兆头。

1496 年 7 月的第一天,佩拉隆索·尼尼奥率领一艘大船和两艘轻快帆船,装运一船粮食抵达伊莎贝拉,哥伦布 6 月 11 日曾在加的

[①] 拉斯·卡萨斯所著《西印度群岛的历史》第 1 卷第 113—122、148—184 章(1927 年,第 1 卷第 452—484、577—597 页;第 2 卷第 5—126 页)是我们关于哥伦布这段历程和关于在伊斯帕尼奥拉岛的经历的主要资料来源。

斯港碰见过它们。正如拉斯·卡萨斯所说的，没有什么事情比幸运地找到黄金，或从西班牙运来食物更令殖民者快乐了。尼尼奥带来一个急件，内有双王发出的关于将首府从伊莎贝拉转移至奥萨马河畔的明确命令，还有统帅发来的一封信札，信里表示买卖奴隶可继续进行，条件是只要是真正的战俘就可做被买卖的牺牲品。据此，巴塞洛缪围捕了大约 300 名"俘虏"，并将他们押上尼尼奥的船队送回国内出售。当年夏天开始兴建圣多明各或叫新伊莎贝拉（早年常用此名）。这个城址选择得确实不寻常，因为它有防卫力强固的港湾，位置适中，周围土地肥沃，从这里很容易进入海洋。圣多明各是欧洲人在新大陆第一个经证实使用长久的殖民地，直到今天它仍然是加勒比地区最重要的城市之一。①

在建城和另一次灾难降临之间，产生过一支田园短诗般的插曲，说的是代理总督巴塞洛缪对伊斯帕尼奥拉岛西南部的哈腊瓜地区贝赫奇奥酋长的一次国事访问。巴塞洛缪和他的手下披甲戴盔的武装人员穿过该地区茂密的树林前进，注意到开着鲜红花朵的可可树产地；他们横渡南亚克河，在贝赫奇奥的"王国"边界遇见了这位酋长。在他的引导下，巴塞洛缪来到恩里基洛湖畔一个绿色盆地，被安排住在贝赫奇奥的王宫里。访问者在王宫受到贝赫奇奥几位仅缠着棉腰带的妻妾的礼遇。他们受到三天款待，餐餐吃烤硬毛鼠和鬣蜥。印第安人表演模拟战斗，一些赤裸的少女手挥棕榈叶跳舞；欢迎达到高潮时，阿娜科阿娜（贝赫奇奥的妹妹，卡奥纳波的遗孀）坐着轿子被送了进来，她是美女中的最美者，身上仅戴一个花环。对于大多数西班牙人来说，哈腊瓜地区似乎就是十分惬意的地上伊甸园。巴塞洛缪对这种款待是这么高兴，以致决定宽待贝赫奇奥，只要他用麻、棉和木薯粉做贡品给他进贡，因为这个地区没有黄金。

---

① 在现代地图上，圣多明各这个城市标上了一个修达德·特鲁希略这个新地名，这是多米尼加共和国一个现代独裁者所起的。

到巴塞洛缪回到伊莎贝拉时（因为圣多明各还没有准备迁移），叛乱已露出了它狰狞的头角。弗朗西斯科·罗尔丹，一位被哥伦布任命为岛上首席法官的绅士，是这次叛乱的头目。为什么会发生叛乱，究其原因是有些西班牙殖民者贪求更多的黄金，他们对从西班牙运来的食品长期供应不足表示不满，他们不喜欢受巴塞洛缪这个"外国人"的严格管理。罗尔丹像大多数叛乱头目那样，对所有的人信口许愿：他对难以控制的酋长保证不再征收贡品；准许西班牙人过无拘无束的生活，让大批印第安人为他们采掘黄金；允许他们自由地航行回国并无须交税。他指望已回国的不满分子想方设法取消哥伦布的特权，在伊斯帕尼奥拉岛组建新政权，或许让他本人出任总督。

当佩德罗·费尔兰德斯·科罗内尔率领的第三次西航的先头船队抵达新首府时，巴塞洛缪正将罗尔丹围困在伊莎贝拉和圣多明各之间的一条骡马小道康塞普西翁·德拉·贝加要塞。王室确认统帅的特权和任命巴塞洛缪为代理总督的消息使罗尔丹更加站不住脚，他带着他的70名反叛分子撤退到哈腊瓜，去享受贝赫奇奥和他的女眷的殷勤款待。参加罗尔丹叛乱行列的马瓜地区酋长瓜里翁内赫撤退到萨马纳半岛的山脉中，在那里受到善于射箭的、在第一次西航中曾威胁过哥伦布的锡瓜约人的欢迎。巴塞洛缪率领步兵和马队朝那里前进。在这次惩罚性的远征中许多印第安人的村庄被烧毁；瓜里翁内赫和他的主子由于有人变节被移交给巴塞洛缪；该岛的这部分地区被征服。

这是哥伦布1498年8月的最后一天在圣多明各登陆时所面临的局势。土人表面上已被平定，但受到残酷的剥削，实际上非常痛苦。罗尔丹在哈腊瓜地区逍遥自在；西班牙人牢骚满腹，他们中间有160人染上了梅毒[①]，这些人很可能占总数的20%—30%。事态变得更糟的原因是由于卡瓦哈尔、佩德罗·德·哈拉纳和乔瓦尼·哥伦波领导的三

[①] 见前第三十七章。

条船的失误造成的。6月哥伦布在加那利群岛打发这三条船先行，到达圣多明各会合。他们愚蠢地错过圣多明各，继续航行，一直远到哈腊瓜下风岸才停船。那里接近罗尔丹的指挥部。由于不知道罗尔丹当时的情况，船长们允许这位叛乱头目上船并允许手下船员上岸。结果，罗尔丹设法勾结了船队里相当数量的船员并唆使他们开小差。由于这些人中间有很多是从西班牙来的顽固不化的罪犯，他们的叛变严重，罗尔丹的势力于是得到了加强，他带领部队从哈腊瓜前进到贝加·雷亚尔。在那里，他打算攻打康塞普西翁要塞，当时要塞由一个名叫米格尔·巴列斯特的忠实士兵把守着。哥伦布仅能集结70个武装人员去对付叛乱者，而且他没把握断定这支武装力量会有多半人忠于他。

　　1498年10月18日，哥伦布派遣他的旗舰和"科列奥"号回西班牙，只把"巴凯纽斯"号留在圣多明各。他将在人间伊甸园航行情况的记载（即我们已多次引用的那个记载）和一封写给双王谈论其他实际问题的信札随船寄发。写信的目的是筹措殖民经费，因为在他离职期间，黄金的采集照常令人失望，他打算"以圣三位一体的名义送能够卖钱的奴隶和巴西木材回国"。西班牙已经奴役了加那利人；葡萄牙已经奴役了非洲人，为什么对印第安人要例外呢？他请求派虔诚的教士来改造基督教徒，以及使土人皈依宗教，因为拉蒙·帕内修士一个人不能胜任这一切事情；迄今为止，他仅获得少数新教徒，仅为他们建造了一座小教堂。统帅要求派一位有教养有经验的人来担任岛上的执法官，"因为没有王室的执法官，宗教起的作用不大。"岛上现在能供应本地出产的木薯粉食物、猪肉、牛肉和硬毛鼠肉，但酒和服饰缺乏。每次航行可派50名或60名优秀的殖民者前来，以便将身体衰弱者和叛乱分子打发回国。为了使罗尔丹就范，需要较多的人员和船只，只有到叛乱肃清时，岛上的总督才能够开始往帕里亚地区移民。① 他已计划在人间的伊甸园开拓殖民地。

---

　　① 《文件和研究全集》第1辑第2卷第41—49页。

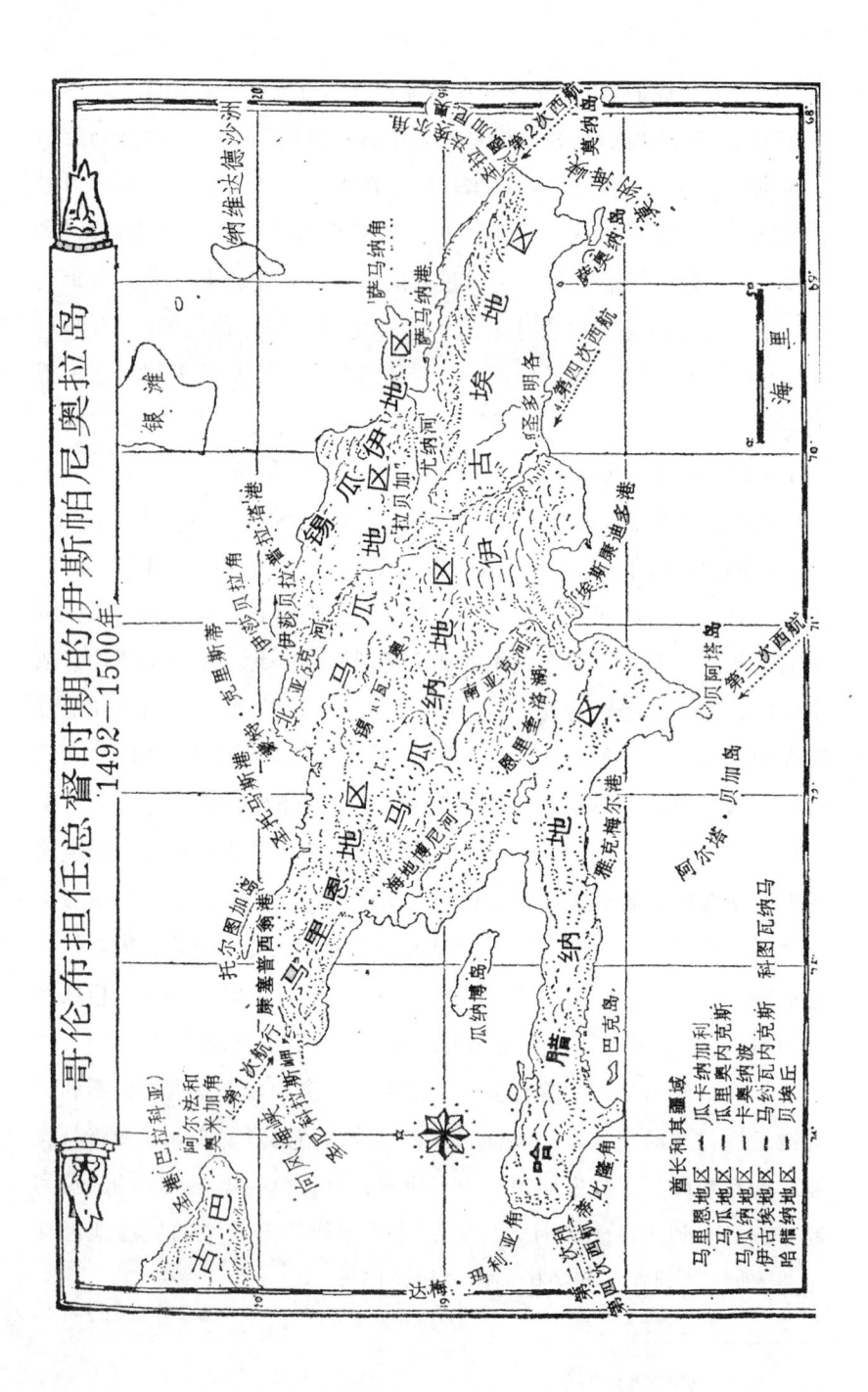

哥伦布担任总督时期的伊斯帕尼奥拉岛
1492—1500年

与他在第二次西航中所写的直率和务实的报道相对照，哥伦布在1498年10月所写的这些文字杂乱无章、没条理、不切实际而且难以捉摸。它们必定会使双王感觉到统帅"不再是他原先那个样子的男子汉"。他确实没有男子汉气概了。其原因无论是因为患了关节炎或者是因为心理失调，反正1492—1494年他那坚定和自信的特征已在他身上荡然无存。这个时候哥伦布似乎不能采取强有力的和直截了当的行动了。

或许罗尔丹的支持者在数量上超过了忠于统帅的人，然而，哥伦布的总督职权还是很有威信的。他应该坚定不移地处理叛乱事件。对付这些强硬的叛乱分子的唯一办法就是比他们更强硬一些。与采取强硬路线相反，哥伦布设想他能够使罗尔丹改恶从善。在旗舰和"科列奥"号动身回国两天后，他写了一封和解的信给罗尔丹，信中说他本想让他的亲爱的朋友回国，但因为那些印第安奴隶生命垂危，他不能让船只再久留。他吁请罗尔丹回来参加和平谈判。随后他们交换了一些短简，到11月就签订了一份协议。根据协议罗尔丹的追随者可以服从留下，或者携带黄金、姘妇和奴隶自由回国，对于回国的人，哥伦布答应在50天内提供船只。罗尔丹不肯履行协议不适当地许给他的条件，现在他确信他已使得统帅疲于奔命，于是就找借口提高了条件。他要求恢复他的首席法官职位，要求发布一个正式声明宣布对他的所有指控全无根据。他还要求在哈腊瓜地区的土地可自由转让给那些愿意留下来的人员。1499年9月哥伦布终于接受了使他丢脸的这些条款。此外，他还制定了一个有利于并没有悔改的叛乱分子的开发制度，这个制度成了新西班牙社会制度的基础。

这就是瓜分制，亦即后来臭名昭著的封地制。按照这个制度，每一个移民分得一大块耕地（最初的单位面积指可种植一万棵木薯作物的大块土地）连同住在这块土地上的印第安人都归新主人所有。至于土地如何占有、如何掌握、如何开发，悉听主人尊便。酋长们为了摆脱进贡黄金这副无法忍受的重担，同意这种制度，将自己的臣民交由征服者去安排。

1499年10月，有两艘船受派遣带着哥伦布写给国王和女王的信返回西班牙。哥伦布在信中对岛上的这些安排做了说明。他为这些安排辩解，说是被迫做出的；他还请求双王派一位有能力的法官和办事谨慎的顾问来帮助他管理岛上事务。哥伦布本打算亲自回国，但由于新的骚乱因素（阿伦索·德·奥赫达）突然出现，以致未能走成。当旗舰和"科列奥"号在1498年秋季带着航行到帕里亚湾的消息返回西班牙时，奥赫达设法弄到了统帅的海图并从堂·胡安·德·丰塞卡那里获得在上述海域做一次航行的特许证。他同巴托洛梅·罗尔丹（哥伦布首航时的一名业余舵手）、胡安·德·拉科萨（第二次西航的海图绘制者）和居住在塞维利亚的佛罗伦萨人阿梅里戈·韦斯普奇（他写了关于这次航海的报道，报道中把航行的日期提前两年而且不提及他的指挥官姓名，使得后人以他的名字给这个大陆命名）；一道航行到帕里亚湾，然后沿大陆继续航行，来到玛格丽塔岛后面哥伦布曾停泊过的地方。他发现了宝贵的珍珠产地——阿鲁巴岛、博奈尔岛和库拉索岛以及马拉开波湾（他给此海湾取名委内瑞拉湾，意思是小威尼斯，因为当地土人的住房都建在木桩上），还有该海湾西边的贝拉角。他接着航行至伊斯帕尼奥拉岛，于1499年9月5日在巴西港（哈克梅尔港①）登陆，上岸后他未经许可就大量砍伐洋苏木。

弗朗西斯科·罗尔丹不高兴在他喜爱的哈腊瓜地区存在一名竞争者，他答应在统帅的许可下包围奥赫达并将他和他的手下人一起俘虏送至圣多明各。双方在伊斯帕尼奥拉岛西南海岸相遇，经过一场有趣的抓俘虏游戏，双方都有人被对方捕获当作人质，奥赫达还企图取代罗尔丹做不满分子的领袖，但都无结果，此后这位年轻的

---

① 地图出版社编印的《世界地图集》注为雅克梅尔。——译者

殖民主义者航行来至巴哈马群岛,在那里抓了很多奴隶上船,然后平安返回西班牙。

就在1499—1500年的同一时间里,原"圣玛利亚"号和"尼尼亚"号的舵手佩拉隆索·尼尼奥获得特许航行至玛格丽塔岛,在该岛周围采集了大量珍珠后返回西班牙;前"尼尼亚"号船长比森特·亚涅斯·平松在一次著名的和勇敢的航行中,发现了亚马孙河河口,随后大概绕过巴西的东端圣洛克角,沿海岸往回航行,通过帕里亚湾抵达圣多明各。按理说,这几次航行没得到统帅的许可是不应该批准航行的,但他们却航行了,这表明他在宫廷的影响已急剧衰落。①

双王有理由相信哥伦布三兄弟②在伊斯帕尼奥拉岛已将事情搞得一塌糊涂。自第二次西航宣称将为王室和所有有关人员带来巨大收益以来,7年时间已经过去了,但迄今为止,所获利益只有花费的一小部分。国王对任何与他在欧洲推行的权力平衡政策相冲突的事业都不满意;女王对在拯救灵魂方面的收获不大已感失望,而哥伦布蔑视她的愿望屡次将成船的奴隶运回国又触怒了她。哥伦布本人的政策尽管软弱无力;不满分子和叛乱分子却有办法引起王室注意,他们攻击此政策残酷。正如彼得·马蒂尔著作的英译本讲述的,他们指责哥伦布兄弟,尤其指责巴塞洛缪,说他们是"不公正的人,是西班牙民族的残忍的敌人和吸血鬼";说他们在任何场合"都可以把人拉上刑架,把人吊起,砍他的脑袋,并从中取乐。因此,人们唾弃他们就如同唾弃残酷的暴君和嗜血成性的野兽一样;他们也是国王的敌人"。③ 费迪

---

① 这几次和另几次航行的最准确草图绘于1499—1502年,并附有丰富的参考资料。草图刊载在何塞·托里维奥·梅迪纳著《太平洋的发现:巴斯科·努涅斯·巴尔沃亚》(1913—1920年)第1卷第1—14页。

② 堂·迭戈早在1495年或1496年就返回到了该殖民地,并竭尽绵薄之力以维护统帅和代总督的权威。

③ 彼得·马蒂尔著作伊登译本,阿尔伯版,第91页。

南德·哥伦布痛苦地回忆起1500年夏天他和哥哥在格拉纳达宫廷里担任侍卫，一群从伊斯帕尼奥拉岛回国的恶棍如何要求支付应给他们工钱的情景。那些人坐在阿尔汉德拉宫里，每当国王经过，他们就高喊"发饷！发饷！"；"如果给女王当侍卫的我和我的哥哥碰巧从他们旁边经过时，他们就跟在我们后面仰天大叫，'瞧！前面走的就是蚊式舰队统帅的儿子！他发现的土地是无用的、骗人的土地，是卡斯蒂利亚绅士的坟墓和祸根'，他们还说了许多带侮辱性的语言，使得我们只好小心翼翼地不从他们面前经过。"①

1499年春季，费迪南德和伊莎贝拉选派弗朗西斯科·德·波巴迪拉去伊斯帕尼奥拉岛执掌首席法官权力（因为哥伦布本人曾请求过），同时作为王室特派员去调停岛上的不满情绪。波巴迪拉是个品行清白和正直的人，是王室的一位老吏，西班牙骑士阶层的一名骑士。他有权逮捕叛乱者并没收他们的财物，同时他有权从统帅手中接管所有堡垒要塞以及其他王室财产，哥伦布已奉令要听从他的指挥。双王是在获悉罗尔丹和统帅妥协之前授予波巴迪拉以这样完全和无限的权力的。当时他们自然觉得哥伦布在处置反抗他的和他们的权力的叛乱事件中显得软弱无力。如果波巴迪拉当年就动身去伊斯帕尼奥拉岛的话，那他就会发现岛上的动乱已完全平息，再做适当的调查就能弄清动乱的根由。对哥伦布最不幸的是，波巴迪拉的动身时间耽搁了，直至1500年7月他才出发，到8月23日才到达圣多明各。他到达时，正当统帅得到罗尔丹的帮助，平息了由罗尔丹的前副手之一阿德里安·德·莫西卡煽起的一次新叛乱以后。平乱之后处置了几个恶棍，这时正把他们的尸体吊起来示众。可是示众时间太长久了。

当波巴迪拉一进入港湾，映入眼帘的是个绞刑台上吊着七具西

---

① 费迪南德著作第85章（第2卷第162—163页）。

班牙人尸体的景象；上岸后，掌管城市事务的堂·迭戈告诉他，次日还有5名要处死。波巴迪拉断然命令堂·迭戈将囚犯交给他。堂·迭戈表现出异常的坚定，拒绝在哥伦布返城前采取什么行动。波巴迪拉坚持着，宣读了他的委任状，召集圣多明各的民众，以双王的名义要求他们服从他的命令；他接管了城堡，占领了统帅的住所，没收了统帅所有的文件和财物；他通过宣布自由采集黄金和减免上交王室的金币铸造税，确立了他自己的声望。他赶紧逮捕了堂·迭戈并给他上了镣铐；而当哥伦布应召顺从地回来时，他也将这位印度地区的统帅戴上手铐脚镣投入了监狱；巴塞洛缪当时仍自由自在地拥有一支武装部队，他有能力做坚决的抵抗，但他哥哥信赖双王的最后判决，劝告他放弃抵抗，于是他让步返回圣多明各，随即被戴上镣铐关在一条船上。到这个时候，波巴迪拉已收集了大量的片面罪证材料并发誓要控翻哥伦布兄弟。他举行了某种形式的审问，随即判决他们回西班牙接受审讯。

1500年10月初，戴上手铐脚镣的统帅被押上"拉戈尔达"号船，启程回西班牙。"拉戈尔达"号的船长提出一俟出港就为他解除镣铐，但哥伦布拒绝了。他说身上的镣铐是以国王和女王的名义锁上的，他将戴着它们直至双王下令解除为止。堂·迭戈当时也戴上手铐脚镣地和他待在一起，但巴塞洛缪似乎是乘另一艘船回国的。幸亏统帅的船只航行迅速，在10月底之前就抵达了加的斯港。

尽管对波巴迪拉的蛮横做法不能谅解，但必须承认，哥伦布作为殖民地的行政长官已打了败仗。他在需要强硬的时候显得软弱，而在需要宽容时却显得冷酷无情。拉斯·卡萨斯驳斥对他的控告，说大多数的控告是没有事实根据的和没有意义的，但他承认哥伦布三兄弟作为外国人"在管理西班牙人方面他们应该做到稳重和谨慎，然而做起来却显得不稳重和不谨慎"。他还承认，哥伦布三兄弟在分配西班牙运来的粮食时不公正，他们把分配粮食当作奖励忠诚惩罚懒惰和不满的一种手段。也许让一个西班牙人来治理西班牙人会比较好些，因为他们"在宇宙中的自我主义"非常充足。当然，波巴迪拉的继任人奥万多总督办事，不论对印第安人还是对移居殖民地的居民比哥伦布胆敢做的都要严厉得多，可是让一个人去想一想，在治理一伙唯利是图且只想不劳而获的冒险家方面，并没有人能比哥伦布做得更成功。奥维多是个注重实际的人，而且非常了解西印度群岛。他写道：任何早期的伊斯帕尼奥拉岛总督要想取得成就，就必须是的的确确的"天使般的人和超人"①。那些无法无天的人怀着发财的唯一希望忍受艰难困苦，目的是捞一把就走，要管理好这些人极端困难。我们无须再寻找别的事例，通过早期开发弗吉尼亚的情况就可得到证明。

由于哥伦布自尊心很强，对伤害他荣誉的言行十分敏感，所以他对这些逮捕审讯程序的耻辱感深度如何，是任何现代人所无法捉摸的。然而他一刻也没有丧失他的尊严。他在回国途中给（或是随后不久写的）堂娜·胡安娜（安东尼奥·德·托雷斯的姐姐、堂·胡安王子的保姆）写过一封信，信的结语极好地表达了他对这种审判的气愤感情：

他们在那里把我当作派往西西里或其他城镇的总督来审判，使我遭受严重的伤害；在西西里那些地方有正式的政府在执政，人人遵守法律，不怕盗窃损失〔而伊斯帕尼奥拉岛则远非如此〕，应当把我当作一个船长来审判。这个船长从西班牙航行到印度，征服了一个风俗和信仰与我们大不相同的、人数众多并好战的种族。这个种族生活在山脉和山岭之中，没有固定的住所。根据神的旨意我已把另一个大陆置于我们的主人双王的统治之下。靠这

---

① 奥维多著作第3篇第4章（第1卷，第64—65页）。

个地方，向来被认为贫困的西班牙就会变成一切国家中最富足的国家……

我们的天主上帝仍旧威力强大、智慧无边和从前一样，而忘恩负义和损人利己的行为终将受到惩罚。[1]

---

[1] 《文件和研究全集》第 1 辑第 2 卷第 73、74 页。

第四次美洲航行

第四十三章 最后的机会

1500年10月—1502年3月

> "兄弟们，"我说，"你们和我一道，经历千万种危险，到达了西方，现在，在毕生不停地探索之中，只剩下半个夜班的航程了，你们就因为害怕再有危险而拒绝继续西航，去开发绝无人烟的大陆吗？"
>
> ——但丁：《神曲·地狱篇》，XXVI，第112—117页

晴朗的天气和顺利的微风照顾着乘"拉戈尔达"号返航的人，好像海洋也希望减少它的勇敢的征服者的苦难似的。哥伦布于10月底前在加的斯港上岸，应他的朋友加斯帕尔·戈里西奥修士的邀请，住在塞维利亚的拉斯·奎瓦斯的卡尔特修道院①。他仍旧戴着镣铐，由他的解差看守着。他写了一封哀伤感人的信，由信使送给女王的知心朋友、身在宫廷的堂娜·胡安娜·德·托雷斯，另一封信寄给宫廷的一些大人先生们。信里开头写道：

> 自从我肩负着这桩印度事业来这里为双王服务，到现在已经经历了十七个寒暑，中间有八年议而不决，到头来把它当作一件可笑的妄想予以否决，但我仍然坚持不懈。
>
> 在那里我已经把比西班牙在非洲和欧洲还多的土地置于双王

---

① 曼纽埃尔·塞拉诺·桑斯在《王家历史科学研究院学报》第97期（1930年）第158—170页注释加斯帕尔·戈里西奥修士中，对于修士待哥伦布及其家人的诚挚的友谊的已知部分，略微谈了一点。

统治之下，除开伊斯帕尼奥拉岛不算，所得到的土地超过1 700个岛屿……七年之中，遵从神的旨意我把这些土地征服了。正当我理应得到报酬和休息的时候，却突然将我逮捕，迫我戴着手铐脚镣回国，使我蒙受奇耻大辱，全然不顾我对陛下所做的贡献。

对我的指控是出于预谋，其根据是某些曾经叛变过的、想夺取土地的平民的呈诉。搞这个阴谋的人有令，如果谁的证据重要就让谁担任总督。靠这种人，哪里去想公正处理？我已在这桩事业中丧失了我的青春，丧失了我在这些事物中应得的一切利益，也丧失了我的荣誉，但是我的功绩还是不应该在卡斯蒂利亚以外去评判……

我恳求您的恩典，以陛下所深信的真诚的基督教徒的热忱，读完我这封信，并考虑远道而来为双王效忠的我究竟是怎样的……现在在我垂暮之年无故剥夺我的荣誉和财产，这既不公道，又不仁慈。①

海洋统帅戴着手铐脚镣的形象据说在加的斯和塞维利亚都造成一种令人痛惜的印象。差不多经过六个星期双王才在12月12日降旨恢复他的自由，召他上朝面君。这时双王正被繁重的外交事务缠住。1500年11月11日，天主教徒费迪南德和法国国王路易十二缔结格拉纳达密约，双方同意瓜分那不勒斯王国，这是一系列新的意大利战争的先兆。

甚至在承认对统帅不公以后，对他的事情还是长期拖延不理。这种拖延由于双王随后送给哥伦布一笔为数达2 000杜卡特的款项后才

---

① 《文件和研究全集》第1辑第2卷第64—65页。略去了的最后一句是说"为此我抛弃了妻儿，再没有看见他们了"。如我们所知，此话不确，故从略。

有所缓解。国王赠款是因为随哥伦布运回来的黄金，一盎司也不许他取用，这时他连吃饭和住宿都要依靠别人施舍。

1500年12月17日，统帅、前代总督巴塞洛缪、堂·迭戈都出现在格拉纳达的阿尔汉布拉宫。奥维多写道："统帅走向前去吻双王的手，含着眼泪尽力为自己辩解。国王夫妇一面听他陈诉，一面用温和的语言安慰他，说些使他有几分满意的话。由于他的功勋这么卓越，虽然某些措施有些不适当，国王陛下有功必赏，绝不能坐视统帅受不公正待遇；因此，他们已降诏立即恢复他在这里所有的一切收益和权利；即使在他被逮捕时，被没收和扣留的收益和权利也要恢复或归还。但是，他们恢复他在政府中原有职位的许诺，却没有办到。"① 拉斯·卡萨斯说过：女王特别安慰他，"因为事实上女王一向比国王更优待他、卫护他，因之，统帅特别信赖她。"②

这是1500年圣诞节以前不久的事情。毫无疑问，哥伦布一家这次在格拉纳达有过一次幸福的团聚。不仅他们三兄弟，克里斯托弗、巴塞洛缪和迭戈都来了，而且克里斯托弗的儿子迭戈（现已有21岁）和费迪南德（一个12岁的孩子）就住在宫廷里，他们兄弟二人在以前所依附的王子堂·胡安死后，都成了女王的小侍从。

哥伦布所祈求和盼望的是召回波巴迪拉并给予惩处、恢复他的一切特权、权利和职位，一言以蔽之，就是回复到1500年以前他们已确切许诺过的那个地步。但是什么事情也没有发生。新的世纪已经破晓，一周又一周延长为一月又一月，长期无所事事；一周一周在格拉纳达欢乐的宫廷里和芳香扑鼻的花园里度过。这对统帅的健康来说确实非常有益，但对一个爱好行动的人来说却使他厌倦。国王夫妇待他优礼有加，但谈具体事项却闪烁其词。1501年2月26日哥伦布写信

---

① 奥维多著《西印度群岛通史和自然史》第3篇，第6章（第1卷第70—71页）。
② 拉斯·卡萨斯著《西印度群岛的历史》第183章（1927年，第2卷124—125页）。

给他的朋友加斯帕尔·戈里西奥修士,承认他自己已诚恳地起草了一份"文件",但还要用正楷体重抄,那样才能使国王喜欢读它(因为读文件非国王所长)。这个"文件"大概就是《预言书》。它是哥伦布从《圣经》和其他古典作品中摘抄下来的、可以作为预言发现美洲的语录集。就哥伦布自己而论,他无疑希望此书将唤醒女王性格的神秘的一面,使她深信,他是征服另一个世界、取回财宝用以恢复圣墓的天命注定的最佳人选。

双王的注意力被一些更实际、更紧迫的事情吸引住了。原奉命出国帮助威尼斯打土耳其人的冈萨尔沃·德·科尔多瓦被召回去意大利视察费迪南德国王所分得的一部分那不勒斯赃物,还有法国人也分得了若干。哥伦布给加斯帕尔修士写道:"关于印度事务,过去没有听到什么新的消息,眼下也没听到什么,这对我们来说不是坏事而是好事。"换言之,没有消息就是好消息。"但是我想你应当高兴,应当满意,因为我们的主是站在我们这一边,两位陛下也是如此。关于航行印度的一本书,我另日写信给你,那本书已交巴列斯特送给你。"他自己最后两次西航的航海日志,无疑记得很清楚,要是我们得到它,那该多好!5月24日,他又写信给加斯帕尔修士:"这里常常有些事情要做,以致把其他一切事情都搁在背后了。多亏我们的公主已经启程,相信关于印度有一些事情现在就会着手办了。"公主就是双王的幼女、阿拉贡的凯瑟琳,她带着一副丰厚的妆奁去英国,和威尔士亲王阿瑟结婚。15岁做新娘,16岁当寡妇,后来成为亨利八世的元配。6月9日,又写信:"尊敬的、很亲爱的神父,我已收到你写来的一切信简和'他的权力和权利继承书或长子继承状'的抄件。女王、我们的女主已经告诉我:她暇时喜欢读你的作品,作品很好,读了令人欣慰。关于印度事务,有些已在进行中,但是,除两位陛下已告诉我:我的财产和职位不会受触犯以外,其他事项还没有做出我可以相信的决定。我曾经期望仁慈,现还在期望仁慈……请代我问候尊敬的修道院长和所有那些我希望他们愉快的教士。愿他们在他们的虔诚的祈祷中别忘记我……"①

随后还有另几封信，没注明日期。常常是同一个故事，常常有些比那遥远的、令人厌烦的印度事务更紧迫的事情分去了双王的注意力。与此同时，罗德里戈·德·巴斯蒂达斯②正在西航从委内瑞拉到达连湾。加斯帕尔·科尔泰-雷阿尔为葡萄牙发现了纽芬兰。卡布拉尔已发现了巴西。包括阿梅里戈·韦斯普奇在内的三四名航海家探查南部大陆远至普拉特河。曾在哥伦布第三次西航中任职的胡安·德·埃斯卡兰特，已被允许从事其个人主持的航海。甚至连那个趾高气扬的流氓阿隆索·德·奥赫达，尽管他在第一次西航中有海盗行为和诈骗劣迹，还被允许率 4 条轻快帆船去印度寻找财宝。当人人都钻进哥伦布发现的新大陆的时候，他却留做宫廷舞会侍从。③

对哥伦布来说，想完全恢复他的权利和特权实在没有希望。从新大陆回到西班牙或葡萄牙的每一次西航都证明存在着一个幅员比较广阔的南部大陆。杜亚尔特·帕切科·佩雷拉正确地猜测从北纬 70 度到南纬 28 度 30 分存在一片连绵不断的大陆。④ 胡安·德·拉科萨的《世界地图》也表明同一情况。设想哥伦布及其后嗣能够永远做新大陆的副王和总督、能够永远收取新大陆贸易的十分之一的利润，能够永远任命该大陆的官吏、承包全部税收，这是十分荒谬的。不错，他已得到许诺：他发现什么就可以掌管什么，或者说，凡是可以做到的，都可以作为他的发现的成果。就一座群岛或亚洲大陆上少数贸易商行来说，这么做可以办到。但是，没有哪一个，尤其他自己，曾希望找

---

① 杜克萨·德·贝维克及阿尔瓦著《哥伦布的新手稿》(*Nueves Autogratos de Colón*)，第 14—16 页。

② 巴斯蒂达斯：塞维利亚人。他邀请胡安·德·拉科萨做舵手，于 1501 年考察南美洲北岸从瓜希腊半岛到达巴拿马地峡长约 1 000 公里的海岸线。——译者

③ 这个时期对航行美洲的最准确的概述是何塞·托里维奥·梅迪纳著《巴斯科·努涅斯·德·巴尔沃亚》(*Vasco Nuñez de Balboa*) 第 1 卷第 5—14 页。

④ 莫里逊著《葡萄牙人的美洲航行》第 133、135 页。

到一个庞大的未开发的新大陆。哥伦布的确获得过许诺：永久地担任统帅、副王和总督这类官职。但这种许诺是以合理地履行好本身职责为条件的，而哥伦布仅仅一个伊斯帕尼奥拉殖民地就没能管理好。他可以继续称自己为海洋统帅或副王，如果那对他有什么益处的话。但是把一个管理失败的人派回没有管理好的伊斯帕尼奥拉去就不好了。在这个时候，最好建议哥伦布拿一笔为数可观的养老金在被征服的格拉纳达王国一座城堡里安居下来，放弃争取合理的尊严和安全的权利。但他不是那种人。如果他是那种人，他就不可能发现美洲。

1501年9月3日，斧头落地了。国王夫妇任命拉雷斯的骑士指挥官堂·尼科拉斯·德·奥万多为印度诸岛及陆地（只有比森特·亚涅斯·平松和阿隆索·德·奥赫达所管辖的一部分陆地除外）的总督和法官。①奥万多没有被授予副王或海洋统帅职权，这使哥伦布略感宽慰。但这次任命意味着哥伦布权利和特权的行使明确地中止了。他能获得的唯一的让步是双王命令波巴迪拉对统帅的财产权利做一次适当的清算，让哥伦布派一位代理人到奥万多的船队里去收集从贸易和采金得来的应归属于他的收益。②哥伦布挑选了他的老船长、参加航海的巴埃萨市市长阿隆索·桑切斯·德·卡瓦哈尔为他的被没收财物的管理人。他这个选择选非常好，卡瓦哈尔为他的利益出力，达到了这样一个目的——即使统帅日后去世时是一个比较富裕的人。

奥万多于1502年2月13日率领一支庞大的船队从加的斯开航，船队拥有35艘载重90—150吨的帆船，24艘轻快帆船和一艘普通船，参加船队的水手、殖民者和武装人员达2500人之多。情况就是如此。③

---

① 纳瓦雷特编《航海和发现文集》第2卷第255—257页。
② 纳瓦雷特编《航海和发现文集》第2卷第299页。
③ 总数见哈里斯著《北美洲的发现》第690页。拉斯·卡萨斯说是32艘；安赫尔·奥尔特加著《拉拉维达》第2卷第310—311页转载了一个文件，文件列举了23条船的吨位、船主、船长，但只写出几条船的船名。

第四十三章 最后的机会

现在，哥伦布请求调拨人员、船舶和经费让他做一次新的发现航行。他待在岸上常常感到不安、不快乐，渴望再次航海。奥万多虽然可以用这样长的一段绳索来吊死他，但至多只要两三年双王夫妇就能认识清楚：只有他哥伦布才是他们的唯一能够胜任愉快的印度总督，因为只有他是唯一适当的人。何况，在一次新的西航中，他掌握住了一次收集更多桂冠的良好时机，使双王将不得不恢复他的权利和特权，并保护他的家人。这一次航行到哪里去？明确的目的是什么呢？哥伦布根据他对新大陆的知识，认为有一个地区那里有些惊人事物尚待开发，这个地区就是加勒比海西部。奥赫达、尼尼奥和巴斯蒂达斯之流，或者因为贪图珍珠或者因为害怕逆风换抢返航困难，都不曾沿拉丁美洲大陆把发现事业向前推进很远。自从1494年以来，再没有人回到古巴去，而哥伦布仍然相信古巴是中国的蛮子省，该省的西端是黄金半岛或马来亚半岛。在皮诺斯岛和达连湾东部（大陆开拓者所到的西面最远点）之间，存在着一个迄今未发现的大海湾。哥伦布相信那里就是长期探寻的去印度的西方航道。马可·波罗走过那条航道。如果统帅能发现这个海峡或航道，从这里回到西班牙，那就是环行世界一周。瓦斯科·达·伽马的航海与此相比就会相形见绌。

在奥万多被任命后6个月中，哥伦布在塞维利亚招待周到的拉斯·奎瓦斯家里做客，他忧郁地唤起人们注意他的存在。他写信给教皇要求派一批教士把福音传给印第安人，希望教皇陛下要求双王提供船舶，并任命他为船队总指挥。但是亚历山大六世对夫人小姐比对传教士更感兴趣。[1] 哥伦布为奥万多的船队草拟了一份海上用具及其他供应品清单，然后用有点儿尖酸刻薄的语言表示对波巴迪拉的憎恶。[2]

---

[1]《文件和研究全集》第1辑第2卷第164—166页。
[2]《文件和研究全集》第1辑第2卷第290页，其中信写错日期。

但是并没有证据，证明奥万多对这个不请自提的劝告给予过任何关注。他以给双王上书的方式写了一篇论航海的短文，提醒他们回忆几年以前他凭他的有关风和气候的专家知识，曾怎样预言过西班牙船队载着玛格丽特公主从佛兰德回来。① 最后，在1502年2月26日一份备忘录（不幸它不曾保存下来）中，他详细地阐述了他又一次西航的意见。他得到的反应如此果断、如此使人喜欢，以致令人想起费迪南德和伊莎贝拉实在非常乐意摆脱这样一个缠扰不休的恳求者。

1502年3月14日，双王批准哥伦布进行第四次，也就是最后一次西航。他俩的诏令下来附有一封通情达理的说明信。信里说对于他的被关押，他俩很不高兴。他俩的意旨是他应该随时随地受到尊敬和优待，这样才能使他们二人愉快。他的特权行将得到完全保护，使他和他的后嗣都能享受，不受侵犯。如有必要，这些特权将重新予以确认；但是（话没有明说但不说自明）就眼前情况而论，他任何职权都行使不了。他不在宫廷时，他的儿子和弟弟迭戈将受到照顾。②

双王的训令同日发出。印度方向海洋中海岛和陆地的统帅、堂·克里斯托瓦尔·哥伦在双王的指挥和资助之下，再开始一次西航。他将获得10 000金比索作为装备船队及添置他所需要的枪炮弹药的费用。"由于现时季节（3月！）很好航海，他须以尽可能的适当速度遄往西方"（从字里行间你可以看出粗俗的赶快离开的意味来）。他是去"印度在属于我等的地区"寻找海岛和陆地，就是说，越过条约界线，正式占领它们，并报告该处土地和人民的情况。他要特别留心当地的金、银、珍珠、宝石及香料。对于这些产品不许私人买卖，但须把它们运上稽核官员所乘船只，由弗朗西斯科·德·波拉斯管理，关于波拉斯以后再谈——似乎他并不是对任何有价值的东西都可托付的人。

---

① 撒切尔著《克·哥伦布：生平、事业和遗物》第3卷第228—241页，附译文。
② 费迪南德著《海洋统帅克·哥伦布的生平和事业史》第87章（第2卷第178页）。为了取得担任主教的资格，迭戈最后加入了西班牙籍，但他仍旧没有当成主教。

他不要把土人都当作奴隶,但是如果有人愿意跟他回国,可以允许他们同行。没有直接谈到这次西航的主要目的:寻找通印度的海峡。但附发了一封介绍信给瓦斯科·达·伽马,内称"最尊敬的葡萄牙国王、我的女婿的船长"①。当时达·伽马正第二次绕道非洲南端去印度,国王信上宣称他们的统帅堂·克里斯托瓦尔·哥伦要向西航行到那里去,"这就可以使你们两人在你们的航路上相逢。"这些话证明双王怀着强烈的希望,希望哥伦布行将找到海峡,环绕地球一周,回到西班牙来。如果找不到,就命令他在返航时访问伊斯帕尼奥拉岛,"如果认为有必要的话",但在出航中绝不要访问该岛。他们英明地预料到,他在那个关键时刻出现在伊斯帕尼奥拉岛只能给自己带来苦恼,给奥万多增添麻烦。②

哥伦布曾希望,如果他再做一次西航的话,他要造几艘"按照新型式"、构造特别的船只。③ 为了使船只在风向和流向都与航向相反时能够继续前进,在船舶设计方面做些改进,他已心中有数。但是他不得不使用当局的愿意为他租赁的船舶。也许他希望试验的改良设计已被体现在一种名叫"西班牙双桅帆船"的型号中,这是一种可用桨和风力推进的浅水船,不多几年后就在伊斯帕尼奥拉造成,归尼库埃萨和巴尔沃亚这样一些探险家使用。

知道他的特权不会永远被剥夺,哥伦布感到幸福;对这些特权终久会给他及其后嗣加以确认,他深具信心;他怀着这些情感,在过去几个月中,在岸上费了许多时间及精力,把他第三次西航以前就已开始编写的权利书写完并抄写四份。他把其中两份送到热那亚圣乔治银行收存,一份留给他的儿子,第四份连同原来的 1492 年的"投降条件"及其他一些重要文件,他把它们存在拉斯·奎瓦斯修道院加斯帕

---

① 堂·曼纽埃尔新近和西班牙双王的女儿、他第一位妻子的妹妹堂娜·玛利亚结了婚。
② 纳瓦雷特著《航海和发现文集》第 1 卷第 277—282 页。
③ 《文件和研究全集》第 1 辑第 2 卷第 202 页。

尔修士手里。那个抄本在失踪两个多世纪以后终于在美国国会图书馆①找到了一个安全的存放地点。

　　哥伦布签订了一份新遗嘱，对比阿特丽丝·恩里克斯·德·哈拉纳的生计做了安顿，大儿子迭戈在宫廷里地位安稳，可爱的小儿子当了随船伙伴，幸福回到了统帅身边。他盼到了又一次伟大的、成绩辉煌的航海，他把它叫作〔高级的航海〕，认为这是他的海上生涯中的至高无上的光荣。

---

① 弗朗西斯·G.达文波特："哥伦布的权利文件"，《美洲历史评论》第 16 期（1909）第 764—767 页；这一份抄件由赫伯特·普特纳姆在《评论家》第 42 期（1903 年）第 244—251 页做了特别介绍。"哥伦布抄件"也有一部分存普罗维登斯约翰·卡特·布朗图书馆。送到热那亚两份中有一份称为"巴黎抄件"，由本杰明·富兰克林·史蒂文斯印成豪华本，取名《克里斯托弗·哥伦布：他自己的权利书》（伦敦，1893 年）。

第四十四章　飓风

1502年4月3日—7月30日

> 在海上坐船，在大水中经理事务。他们看见耶和华的作为和他在深水的奇事。
>
> ——《圣经·诗篇》，第107篇，23—24节

哥伦布在年满51岁，按当时看法已属老龄的时候开始这次最危险的和效益最少的西航。他自己称这次西航为"高级的航海"，这次西航造成一个几乎想象不出来的探险故事：一场人和大自然的激烈斗争，在这场斗争中奉献、忠诚和勇气的最辉煌的表现与最卑劣的人类感情掺和在一起。如他本人和他的儿子所讲过的，正确地说，这个第四次和最后一次西航对于那些热爱海洋、尊重伟大海员的人是最有意义的事情之一。①

双王装备的船队包含四艘轻快帆船。② 费迪南德称它们为"带圆

---

① El alto viaje（高级的航海）这个说法见《哥伦布诉讼案卷》第2卷第227页。这次西航主要资料来源为费迪南德·哥伦布（费迪南德参加了这次西航）：《海洋统帅克·哥伦布的生平和事业史》第88—108章。彼得·马蒂尔：《新大陆》，收集在《文件和研究全集》第1辑第2卷206—211页。哥伦布的《最珍贵的书简》，1503年7月7日在牙买加写给双王的，其最佳文本载《文件和研究全集》第1辑第2卷第175—205页。迭戈·德·波拉斯著《纪事》，其全文是从纳瓦雷特著《航海和发现文集》第1卷第282—296页，以及《文件和研究全集》第1辑第2卷第211—217页中拼合而成的。一个不全的译文见撒切尔著《克·哥伦布：生平、事业和遗物》第2卷第643—646页。迭戈·门德斯的遗言，其中最有用的文字附有译文载在撒切尔著作第2卷第647—667页和塞西尔·简《航海文选》第2卷第113—143页。各式各样的书信和文件（含有关诉讼案卷）载《文件和研究全集》第1辑第2卷。

② 迭戈·德·波拉斯所编拟的船舶及人员名单见《文件和研究全集》第1辑第2卷第211—217页；部分收印在纳瓦雷特著作中，有缺点的原文翻译后载在撒切尔著作第2卷第569—572页。装载量据费迪南德著作第88章（第2卷第180页）。

楼的船只"。这说明它们是像原来的"圣玛利亚"号那个样子装配的、有主中桅帆的帆船。指挥船通称"卡皮坦"号,其真实名号我们不知道,载重量70吨,是以每月9 000马拉维迪的租金租来的。统帅和他的小儿子就乘它西航,不过,大概由于年龄大,健康状况不佳,他没有亲自指挥这条船。他以前的同船水手、忠实仆人、历次西航间隙中的大管家迭戈·特里斯坦被任命为这条船的船长,月薪4 000马拉维迪,这个数目为该船船主安布罗西奥·桑切斯或其兄弟、船队主要舵手胡安·桑切斯月薪的两倍。胡安·桑切斯在1499年曾担任过奥赫达的舵手。"卡皮坦"号乘坐14名能干的水手(每人月薪1 000马拉维迪)、20名索环工(每人月薪666马拉维迪)、1名修桶匠、1名捻缝工、1名木工、2名枪炮手、2名吹鼓手;他们的月薪自1 000到1 400马拉维迪,多少不等。

"圣地亚哥·德·帕洛斯"号,诨名"百慕大"号,依其船主兼船长弗朗西斯科·百慕德斯得名。它是由王室每月付10 000马拉维迪租金租用的。由于它装载的船员少,可知它的吨位较小。它显得非常不适合这次西航,以致使哥伦布后来曾改变他的航程,希望甩掉它。巴塞洛缪·哥伦布"这位前代理总督"乘"圣地亚哥"号西航,他担任该船事实上的船长,但不支薪饷。该船挂名船长弗朗西斯科·德·波拉斯月薪达到3 666马拉维迪,他的兄弟迭戈·波拉斯担任审计官、主任秘书兼王室代表,年薪35 000马拉维迪。也在这条船上同行。事实证明波拉斯兄弟不仅不称职,而且不忠诚。他们是卡斯蒂利亚的司库阿隆索·德·莫拉莱斯硬塞给哥伦布的。莫拉莱斯之所以如此,则是因为他俩的妹妹是他的情妇。[①] 显然,哥伦布不能不顾这个司库的情面,因为他的愿望如果得不到满足,他会用各种各样的手段来阻碍这次西航。"圣地亚哥"号载12名能干的水手、1名水手长、6名志愿

[①] 费迪南德著作第88章(第2卷第180页)。

随从（其中包含 2 名热那亚人和勇敢的迭戈·门德斯）、12 名索环工、1 名修桶匠、1 名捻缝工、1 名木工和 1 名意大利枪炮手。

船队里第三条船名叫"埃尔·加列戈"号或称"拉·加列加"号（"加利西亚"号）。它的真名为"圣托什么"号或其他什么号。它是用每月 8333$\frac{1}{3}$马拉维迪的租金租来的。把它的船员人数和别的船只的船员人数相比，可知它的载重量大约是 60 吨，和著名的"尼尼亚"号大致相等。不过它有四条桅杆（前桅、主桅、后桅、船尾上部的布拉芬杜拉后桅）。它的船长佩德罗·德·特雷罗斯是拿高薪的职员之一，每月薪资达 4 000 马拉维迪。哥伦布四次西航，他每次都参加了。它的驾长（大概也就是船主）胡安·金特罗月薪为 2 000 马拉维迪。首次西航担任"平塔"号水手的就是他。"加列加"号载 9 名能干的水手、1 名水手长、1 名志愿随从和 14 名索环工。它是否有修桶匠、捻缝工这类人员没有提到，在航行结束以前，这类人员是很需要的。

"比斯凯诺"号或称"比斯凯纳"号，是船队中最小的一条船，吨位为 50 吨，租金每月 7 000 马拉维迪。船长巴托洛梅·菲耶斯基，是热那亚一个贵族家庭中的一位年轻而有冒险精神的成员，他的家族在克里斯托弗诞生以前就和哥伦布家有友谊。该船的船主和驾长胡安·佩雷斯在这次航程中把船卖给了海洋统帅。[①] 船上载有 8 名能干的水手（包含佩德罗·德·莱德斯马）、1 名水手长、2 名热那亚绅士、统帅的 1 名家人、1 名牧师（亚历山德雷修士）、9 名索环工和 1 名小侍从。

据迭戈·德·波拉斯留下的详细的薪饷册记载，船队一共有 135 名船员和小侍从[②]，其中大约有 1/4 没有再回西班牙：4 名在伊斯帕尼

---

① 情况大概和胡安·德·奥基纳相同，后者正是在 1505 年得到租金的（《文件和研究全集》第 1 辑第 2 卷第 194 页注 2）。关于菲耶斯基可看卡德奥版费迪南德著作第 2 卷第 265 页注和第 49 章第 8 页注 12 和注 15。

② 参考第 294 页注①，3 人在加的斯开了小差，未计。

奥拉开了小差，30名淹死或病死，或者在贝伦被印第安人杀死，或者在牙买加被叛乱分子杀死。费迪南德说总人数为140人，这可能是正确的，因为除他自己和他的父亲及叔父以外，还有少数人没有"列入编制之内"。把这个名单同首航名单（那是我们找得到的唯一的一张完全的船员名单①）相比较，你会发现一些从帕洛斯和尼夫拉来的老名字。例如，贡萨洛·迪亚斯是巴托洛梅·加西亚的表兄弟，在首航时任"尼尼亚"号的水手长，这次是能干的水手。某些看不起哥伦布的人说他激不起别人的忠心，所以不得不使用一些流浪汉和犯人。但是，尽管他在伊斯帕尼奥拉岛的殖民人员中间不得人心，在宫廷丧失了恩宠，然而这一次西航船员名单的地方特点仍足以证明他在安达卢西亚的广大海员中间声望很高。把1502年的船员名单和10年前的船员名单做对比，索环工和小侍从与能干水手之比，即青年人和老年人之比为56：43，而通常比例为3：4。如后来在宫廷做证时所显露出来的，有些少年侍从竟年轻到只有12岁、13岁，少数索环工，如果有的话，年龄超过18岁，至少有一个志愿侍从年龄只有17岁。②如哥伦布以后许许多多航海家所发现的，在一次探险和发现的航海中，身强力壮、积极有为、喜欢冒险的少年人比保守思想重、喜欢发牢骚的老年"水手"更干得好，假若有足够老年人同他们一道航行，随时把海员技术教给他们的话。也许哥伦布已把他前几次西航的技术教给了他们，也许他选择少年水手是受有限的经费预算所支配。无论如何，这些小伙子经过长期艰苦的航行存活下来，就会在这次航程中成长为男子汉气概十足的优秀水手。

表面看来，这是哥伦布在历次西航中指挥过的装备最好的一支开拓船队。他常常宣称他特别喜欢像"尼尼亚"号那样小巧的轻快帆

---

① 参考前面第十章。
② 《哥伦布诉讼案卷》第1卷第373、376页。撒切尔著作第3卷第352页。

船，这4艘帆船中有3艘载重量与它相同或更小。如果那个难以捉摸的海峡找得到的话，这4艘帆船的大小已足够环绕地球一周。可是在船队抵达伊斯帕尼奥拉岛以前，有一艘已被证明不适宜航海。后来有两艘被丢弃在大陆沿岸，其余两艘在牙买加被拖上岸才得免于沉没。

船队在塞维利亚港风向标近旁集合。1502年4月3日，它在前代理总督的指挥下顺瓜达尔基维尔河而下到达别哈村停泊。这里有个好海滩，便于把船拖上海滩把船身倾侧进行修理。① 在刮光船底、捻好船底缝隙后，全部涂刷上黑色沥青，以防止凿船虫蛀坏船只。修理完毕，船只仍旧下水，继续开往桑卢卡尔及加的斯。统帅、他的曾任代理总督的弟弟、他的12岁儿子费迪南德都在这儿上船。最后一次弥撒举行过了，最后一次忏悔做过了，船队"以圣三位一体的名义"于1502年5月9日扬帆启程。但是一阵强劲的西南风迫使它们停泊在圣卡塔利纳要塞（要塞是用来捍卫通加的斯的进路的）之下一个锚地——拉卡莱塔。他们在这里等待风向转变。5月11日，风由北方吹来，船队就顺风驶入大海。

在刚要离开加的斯以前，统帅就获悉摩尔人围攻葡萄牙在摩洛哥海岸的阿尔济拉要塞，相距只有65英里远，他于是决定前往看看并助以一臂之力。这样做是由于具有一点堂·吉诃德精神，或者是由于双王有命令，后者更有可能，因为双王当时同葡萄牙国王、他们的女婿曼纽埃尔的关系极好。不论出于什么动机，这次小小的绕道对远航毫无损失，因为船队于5月13日到达时，摩尔人已经撤围逃遁。就这样哥伦布在阿尔济拉与总督寒暄一番并会见前妻堂娜·费莉帕·德·莫尼丝的亲人后，同日开航。5月20日船队到达大加那利岛，航程675

---

① 哥伦布1502年4月4日致加斯帕尔·戈里西奥修士书信，《文件和研究全集》第1辑第2卷第172页。普埃布拉·比埃哈现在已知为卡萨·德·比埃霍，它在瓜达基维尔河右岸、桑卢卡尔以北约10英里。

海里，一帆风顺，时机很好。船队在一个"岛状地带"抛锚，这是构成圣卢斯港、拉斯帕尔马斯海港的一个半岛（修建一座现代防浪堤对它有相当帮助）。24 日，船队沿大加那利岛南端通马斯帕洛马斯的航道去采办木柴和淡水。①

这次行动一定是由于拉斯帕尔马斯缺乏这些东西。在马斯帕洛马斯现在的灯塔附近有一个小清水湖，湖后面有一个灌木林，哥伦布的船员就在那里取淡水和砍柴火。

1502 年 5 月 25 日夜间船队从马斯帕洛马斯出发开始远洋航行，次日和费罗岛告别。"向西、偏南"，这是统帅规定的西航航向。

这个航向同哥伦布在 1498 年指示直接开往伊斯帕尼奥拉岛的那个分遣船队的方向相同。照弗拉芒罗盘行驶，船队应当走到多米尼加，但实际上它们走到了南面另一个岛屿。21 天走的是一条快速的、平静的信风航道，哥伦布创造了最快的远洋航速，于 6 月 15 日抵达马提尼克。② 这是一个良好的着陆地点。信风活跃，海面波涛汹涌，所以，统帅要寻找一个良好的避风处。这里大概就是法兰西堡湾。无论是停在什么地方，他做的头一件要事是叫船员上岸找淡水灌满水桶，找小溪沐浴，洗衣服。在帆船航行时代，没有哪个能干的船长在远洋航行以后会错过洗濯机会。

休息 3 天消除疲劳以后，船队又在 6 月 18 日启程去访问多米尼加，沿哥伦布第二次西航所发现的背风群岛航行，在 24 日经过波多

---

① 这次西航初期部分的年月顺序编排有些困难，经德·洛利斯整理好，载在《文件和研究全集》第 1 辑第 2 卷第 175 页。至于航道多长，哥伦布在《最珍贵的书简》（《文件和研究全集》第 1 辑第 2 卷第 175 页）中写道："我从加的斯到〔大〕加那利是 4 天，从那里到印度是 16 天。"这里加的斯一定是抄写者之误，或者是统帅的笔误。他大概是把阿尔济拉误成加的斯，把 26 天误成 16 天。他从到达大加那利的那天起就计算大洋航程。

② 马提尼诺是马提尼克的印第安语地名。费迪南德说，多米尼加是马提尼诺西边另一个岛屿，普通水手对这些地名记忆错乱这是自然的。统帅在这次西航中为了寻找比较强劲的风力把航向稍微偏南一点，这是可能的；或者决定去访问马提克岛，因为伊斯帕尼奥拉岛上的印第安人在他首次西航时就告诉过他，那里是"妇女岛"，这也是可能的。纳瓦雷特著作（第 1 卷第 282 页）中把马提尼诺看成圣卢西亚，这就引起一个传说，说哥伦布给该岛这样命名是因为他是在 1502 年圣卢西节发现这个岛屿的。但圣卢西节是 12 月 13 日，6 月中旬并没有圣徒节日可以误成圣卢西亚。很可能，哥伦布是从圣卢西亚岛和马提尼克岛之间的海上来到这里，才发现这个岛，但一定是后来才这样命名的。

黎各南岸，5天以后到达奥萨马河附近。伊斯帕尼奥拉岛的新首府圣多明各就在该河河口。

哥伦布的权利虽然在这次西航开始以前已经恢复，双王还是不许他在踏上返航之路以前去访问他的总督管辖地区。但是统帅希望重访圣多明各是有充分理由的。没有理由怀疑（某些作家就怀疑过）他这些理由只是借口。他想托正要起程回国的一支船队带信回家，也想劝说该船队一位船长同自己调换一条船。他的"圣地亚哥"号①已被事实证明不灵活、摇晃不稳，不宜于开拓航行，虽然船身尚够完好，可以在夏季开回本国。此外，眼见一股强大的气旋风暴正在形成，他要为自己的船队寻求避难港口。不错，他熟悉风暴的征兆，因为1494年8月他在萨沃纳岛后面躲过一次飓风，1495年10月在伊斯帕尼奥拉岸上又见过第二次飓风。眼前，海上一股股含油的浪涛从东南方滚滚而来，潮水不正常，空气使人产生一种沉闷的感觉，低气压引起他的风湿关节隐隐作痛，天空幕布般的卷云在飞跑狂奔，轻风阵阵在海面频吹，血红的落日照耀整个天空。拉斯·卡萨斯还补充说：大量的海豹和海豚成群地在水面上浮游。②

拉雷斯的骑士指挥官、伊斯帕尼奥拉岛总督堂尼科拉斯·德·奥万多率领包含30条船的一支庞大船队已经在4月抵达圣多明各。船队停泊在奥萨马河，现在正在准备启程回国。③哥伦布船队到达港口附近，但并未抛锚。他派"加列加"号船长特雷罗斯上岸，致信总督，要求准许进港，并吁请奥万多的返航船队停泊在港内等待风暴过去后

---

① 有些二手作家，包含查科特，说这艘行驶不稳的船是"加列加"号，但费迪南德的著作（第2卷第188页）明白地说是"百慕大"号，"百慕大"号是"圣地亚哥"的诨名。
② 《西印度群岛的历史》第2卷第5章（1927年，第2卷第149—150页）；I. R. 坦内希尔著《飓风：其性质和历史》（1938年）第88—89页第141—142页。但这位作者说哥伦布1494年7月在古巴附近经历过第一次飓风，这是不确的。参考上述著作第34—35章。
③ 《海洋统帅克·哥伦布的生平和事业史》第2卷第186页；《西印度群岛的历史》第5章（1927年，第2卷第149页）说有32艘，拉斯·卡萨斯是乘奥万多这个船队的船只到伊斯帕尼奥拉岛来的。奥维多著《西印度群岛通史和自然史》第9章（第1卷第78页）说是30艘，只有四五艘得救。

再启程。奥万多用蛮横的蔑视态度对待这个请求。他当着他手下那些喽啰高声念统帅的信,那些小喽啰则讥讽统帅"是个卖卦式的预言者"。这种态度使得极老实的特雷罗斯也渴望让大风暴把这伙人打个七零八落。奥万多拒绝了哥伦布进港的要求,而且不顾风暴警告,叫返航船队立刻出海。①

报应来得快而且可怕。这支阵势堂皇的庞大船队刚刚转向驶入莫纳海峡,把伊斯帕尼奥拉岛的楔形东端抛在背后,一场猛烈的风暴就突然从东北方向刮来,猛然逼向船队。由于船队是沿飓风轨道排成一行前进的,所以飓风就完完全全地把船队打得四分五裂。有些船只沉没海中,另一些原拟顶风停泊,却被驱赶上岸,打成碎片。在人船俱沉的船只中有指挥船一艘,船长为哥伦布的朋友、曾任副指挥的安东尼奥·德·托雷斯。该船装载他的仇人波巴迪拉、被征服的酋长瓜里翁内赫,所载货物有价值200 000卡斯蒂亚诺②的黄金。还有一块最大的天然金,重3 600比索,是在西印度群岛找来的。另外19条船舶也是人船俱亡。有三四条船驶到萨沃纳岛的上风处,几经挣扎以待沉状态进入圣多明各。一共丧失了500多条生命。在这支一度骄傲自满的船队中只有一条船"阿古哈"号回到了西班牙。这条船是被奥万多看成最平凡的船,他把它派给管理哥伦布被没收财产的代理人使用。这条船得庆生还,带回波巴迪拉被迫退回哥伦布的4 000比索金子。这笔款子安全地交到堂·迭戈·哥伦布手中。难怪哥伦布的仇敌曾造谣说,这次飓风是他用魔术刮起来的。

统帅的船队毫无损失地躲过了这场灾难。这不是说哥伦布早三个世纪就懂得了气旋风暴的规律,但是他懂得怎么办。一场西印度群岛

---

① 拉斯·卡萨斯(《西印度群岛的历史》第2卷第149页)是这段历史的提供者,他觉得需要保卫哥伦布免负巫术之责,于是指出有经验的水手预言风暴会像天文学家预言日食月食那样容易。需要做这种解释显示出哥伦布经常要与之争论的那种愚昧、迷信和蓄意诬蔑的严重情况。

② 西班牙金衡单位,合0.02金马克,即46.09克。——译者

第四十四章 飓风

飓风是一个直径几百英里的风团，它逆时针方向旋转，从东到西沿一个广阔的曲线徐徐运动。迹象表明，这次飓风和1928年9月一次飓风相似，后者跟着波多黎各的中央山脉前进，通过莫纳海峡刮到伊斯帕尼奥拉岛北部。安东尼奥·德·托雷斯的船队处在旋风中央和北部，它一开始就赶上从东北部和东部来的这场旋风，以致被甩到下风岸。圣多明各处在南部，风从北面、西面、西南面逼来，显然离风中心不很远，因为我们听说：这座还只是用木壁和草顶建成的城市竟被这场飓风夷为平地。

哥伦布在被拒绝进入圣多明各港时，发现飓风将从正北岸上刮来。他把船队向西移动几英里，紧靠着陆地抛锚。这里大概就在海尼亚河口附近，他找到了抵御北方和西方来风的屏障。费迪南德说过：水手们大肆咆哮，埋怨不停，因为圣多明各城市当局拒绝他们上岸避风。次日船队航行顺利，因为风力已加强。但是到了6月30日夜晚，风魔又开始以最高音尖声呼啸，只有"卡皮坦"号的锚泊装置支持得住。其他船只都被来自伊斯帕尼奥拉山丘的怕人的狂风刮离锚地，抛入激涛怒海之中。由于黑夜，由于狂啸的飓风，使每条船都只能自己照顾自己，拼死拼活地为生存而战，相信其他船只都已人船俱亡。统帅在收集船上每一片金属工具，用以加固"卡皮坦"号的缆索后，一会儿咒骂奥万多，一会儿祷告上帝，交替进行，通夜不休。他写道："什么人忍受得了呢？碰上这种天气，人人都为儿女、兄弟、同事和自己寻找避难所，甚至连约伯①也不例外；可是，这时候却有人禁止我们进港口，禁止我们上岸，试问谁个不因此绝望得要命呢？靠上帝的意旨，靠自己的累死累活地干，我毕竟为西班牙赢得了胜利。"的确，靠上帝的旨意、靠良好的船舶驾驶技术，哥伦布的船队平安度过了这场灾难。

---

① 《圣经》中约伯为人正直、敬畏上帝、远离恶事，他却频遭灾难。但他仍旧信仰上帝，不怨天尤人，最后终于获得财富增加，子孙繁茂、健康长寿的结果。——译者

行船摇晃不稳的"圣地亚哥"号本是他拿去交换、试图丢开的一条船，由于船长波拉斯（一个靠政治关系而被任命的人）是个除好天气外毫无用处的人，所以遇到飓风就几乎船毁人亡。幸而前代总督巴塞洛缪（他的侄子称他为船队中最佳水手）自告奋勇负起船长职责、果敢地找到海上的活动余地，设法把它挽救脱险。"加列加"号丢失了一条小划子，那是在它溜出海时掉在水中沉没的，船头缆索也就不得不予以割断了事。船长特雷罗斯眼看着小划子完蛋。"比斯凯纳"号在它的热那亚船长菲耶斯基指挥下似乎干得很好，没出一点儿差错。

在暴风雨来袭击以前，原已商量好：如果他们被风暴打散，就到一个哥伦布熟悉的有陆地包围的极好的小港口集合，小港口就是在奥科阿湾顶部的埃斯孔迪多港，现名阿苏阿老港。随着飓风向北向西过去了，海上转为东南风，东南风正好把这条船送到指定的集合港口。7月3日星期天，4艘受过打击的帆船逐一驶入阿苏阿港，安全地抛了锚。在一个安息日的黄昏，应该高唱一首真的赞美诗啊！船长们即使每人带来一位气象学家和一个鲍迪奇①，那也不能比这次干得更好。

哥伦布急于启程，但终于明智地决定利用这段时间修理船舶，并让船员们休息，恢复元气。他的小儿子费迪南德记得阿苏阿最好辟作良好的渔场。一天，他们捕到一头海牛，费迪南德很聪明，认为它是哺乳动物不是一条鱼。又一次"比斯凯纳"号的划子漂到一条熟睡在水面的魟鱼身上，魟鱼大如一张中等的床铺。水手们用渔叉击中它的要害，这条鱼很快就把绳索绷紧，拖起划子快跑，以致使船上的人奇怪是什么巫术使得这条划子不用风帆不用桨却跑得这么快。一会儿这条大鱼发出声音，死了。当时它已到了"比斯凯纳"号旁边，于是大家用滑车把它拉上船。

船队从阿苏阿开航，绕过贝阿塔岛和阿尔塔·贝拉礁（哥伦布

---

① 鲍迪奇（Nathaniel Bowditch，1773—1838年）：美国数学家及天文学家。——译者

1498年的着陆地点），前进到哈克梅尔一个锚地以躲避正在逼近的又一次风暴。风暴的威胁过去后，他们在7月14日启程。后来这几条船舶没有哪一条再见过伊斯帕尼奥拉岛。

这次西航哥伦布较早和较好的计划曾经是考察四年前他曾路过的马加里塔岛的大陆海岸，和顺风岸，直到他找到海峡为止。访问圣多明各、甩掉"圣地亚哥"号的决定，使他这个航程计划不可能实行，现在他的航程偏北偏西已经太远，要逆着信风和海流走回去已不可能。因此，他决计深入尚未了解的加勒比海西半部去，希望在那里找到陆地，再沿着海岸往回考察。他不打算停留在牙买加。第三天，船队离开哈克梅尔，通过一个平坦的平静海面，到达莫兰特群岛。这是一群沙洲小岛，在牙买加东端南南东方向，相距约33海里，天气晴朗时从这些小岛上可以望见牙买加岛上的蓝山山脉。他们在一个哥伦布把它叫作波萨斯岛的岸边停泊，其所以把它起名波萨斯岛（水池岛）是因为水手们在沙洲上钻洞找到了淡水。① 他没久停，随即启程继续前进，但东南风和赤道流推动他再过牙买加，走西北方向，通过格兰德和小开曼群岛之间，到达古巴附近的沙洲带，这里和1494年他发现的皮诺斯岛平行。从7月24—27日，他在一个沙洲附近停泊，这个沙洲大概就是拉戈岛（他们称它为阿内加达岛）。② 27日，风向转为东北风，船队于是向西快跑，3天走了360英里。当风力缓和时，一名水手爬上桅柱，想看看是不是有良好的游泳场所或鲨鱼踪迹，结果却看到了前面有一座高耸的岛屿。这就是洪都拉斯海岸附近巴亚群岛中的一个岛屿——博纳卡岛。③

---

① "靠沙洲东北或东南的中心部分打洞可以获得淡水，但要注意，不要把洞打得深与海平面相齐。"《西印度群岛航海指南》（1885年）第56页，描写了这个莫兰特沙洲。

② 这部分航海日程已整理清楚，载《文件和研究全集》第1辑第2卷197页注1，参考第223页第39行；第224页第9、19行。

③ 《哥伦布诉讼案卷》第2卷第51页。洛利斯在《文件和研究全集》第1辑第2卷178页对博纳卡岛的异体有一长注，哥伦布清楚地称之为瓜纳卡或瓜纳拉，但迭戈·德·波拉斯却称它为皮诺斯岛（《哥伦布诉讼案卷》第1卷第253页）。

第四十五章　探寻海峡

1502年7月30日—10月16日

> 希兰差遣他的臣仆将船只和熟悉泛海的仆人送到所罗门那里。他们同着所罗门的仆人到了俄斐,得到了450塔连特金子,运到所罗门王那里。
>
> ——《历代志》下卷,第8章,18节

博纳卡是座美丽的海岛,长约8英里,高1 200英尺,四周是一溜溜的珊瑚礁,通过珊瑚礁就容易找到航道,进入有保护的水域。① 西班牙人在这里除看到高高的松树惹人注目地挺立在山岭之上以外,没有发现什么有用的东西。巴塞洛缪带两只小舟靠岸,登陆后遇见一伙印第安人。他把珍珠和金粒给他们看,但这些土人对这些珍贵物品非常无知,以致提出要买进,而不是采集更多的拿来出售。西班牙人的确找到了费迪南德的一些翻译所称呼的 terra calcide 或 lapis calaminaris。翻译讲印第安人把这些东西和铜熔合成金子。海员们误以为这就是纯金,所以收集了一些,并"把它长期隐藏下来",因为私人买卖黄金是不许可的。也许这就是硫铜矿或愚人金。它后来在本世纪曾在澳大利亚的卡捷岛和吉尔伯特河以及在加拿大的弗罗比舍湾掀起过一阵虚幻的希望。②

---

① 考虑航队进入的角度,它们大概是在派恩里奇湾西北边停泊。
② 按照塞缪尔·K.洛思罗普博士的意见,印第安人把这种东西和铜融合,说明这就是真金。参考前面第四十章关于瓜银的注解。

第四十五章 探寻海峡

在博纳卡岛，统帅看见印第安造船术的一个有意义的实例。一条巨型独木舟长如大帆船，宽 8 英尺，驶入视域。它载 25 名水手，还有许多妇女和儿童旅客坐在舟中间，舟中间用不透水的棕榈叶做遮篷掩护这些妇女和儿童。西班牙趁独木舟桨手看见外来船只惊慌失措时，毫不费力地将其俘获，然后把它带到"卡皮坦"号旁边。哥伦布允许舟中土人自由处理其货物。这一舟货物说明这里是一个比前此访问过的新大陆任何地区都进步得多的一个文明发源地。这里产棉织外罩和染织奇妙的无袖衬衫，也产彩色披巾，披巾像在格拉纳达见过的摩尔人的外套。这里产长柄木刀，刀口嵌入坚硬物，切物可比钢刀。这里有铜斧、铜铃和熔铜的坩埚。粮食方面，块根作物和谷粒与阿拉瓦克人食用的相同。有一种发酵饮料，滋味像英国的啤酒。[①] 印第安人在他们所有货物中最重视的是一种"坚果"，无疑这就是"可可豆"，他们把它当货币使用[②]。统帅对这里妇女的羞怯态度印象很深刻（她们蒙着脸孔好像格拉纳达那里漂亮的莫拉丝），吩咐自己的船员好好对待她们，把一些不大值钱的东西交换已拿到手的东西。他强制留下他们的舟长，想用他做翻译。这是一个名叫什么卢姆贝的老头子，后来被改名为胡安·佩雷斯，事实证明他很聪明、很有用。[③]

这条独木舟从哪里来的，其中载的是什么人呢？喜欢贬损哥伦布的人把这次遭遇用来证明他是到尤卡坦去"没搭上车"，因为到了尤卡坦他就可以发现卓越的玛雅文化。费迪南德说：这条独木舟

[①] 费迪南德著《海洋统帅克·哥伦布的生平和事业史》第 2 卷第 196—197 页。这种饮料和委内瑞拉的契茶相似，是洪都拉斯海岸乔罗特甘文化区的特征。它是利用各种淀粉材料如槟榔麦制成，另用预先磨碎的薯根以加速发酵。

[②] 从墨西哥到哥斯达黎加几乎所有原始民族都用可可豆做货币使用。见奥维多著《西印度群岛通史和自然史》第 8 篇第 30 章（第 1 卷第 316 页）。该书讲，在尼加拉瓜一个奴隶值 100 个可可豆，一个妓女每回要价 8—10 个可可豆。S. K. 洛思罗普写信告诉我：他在萨尔瓦多同一老人谈过话，老人记得 20 个可可豆换半个里亚尔（西班牙和拉美国家旧时通用的银币和货币单位。——译者）。

[③] 《文件和研究全集》第 1 辑第 2 卷第 223 页第 41 行，第 224 页第 10 行。

"装满新西班牙外围西部地区的商品",他所指的西部地区就是墨西哥,不过他写这件事是在事件发生30年以后。① 巴塞洛缪1506年描写这件事时说:独木舟来自"某一个名叫玛安的省区"。② 因此几乎每个人都设想遇到的是航海的玛雅人。但是如后来所显示的,正对博纳卡岛的那一部分洪都拉斯海岸被希卡克印第安人叫作玛亚(它曾经是科科梅斯的玛雅帝国的一部分,科科梅斯倒台在1485年),独木舟的形态、舟内货物中的棉布衣服、锋口坚硬的刀子、铜斧和铜铃都是洪都拉斯的特征,而不是玛雅潘的尤卡坦部分的特征。博纳卡岛也不在独木舟从洪都拉斯到尤卡坦这条航路的沿岸。这些印第安人显然就是在博纳卡岛和洪都拉斯大陆之间做买卖。③ 这已使得北美洲的人差不多花了一个世纪去评价玛雅文明在尤卡坦的光辉业绩,斯蒂芬斯在1843年对之还有过很好的描写,但是少数人还是认识到中美、南美和北美的土人熔炼金、银、铜等金属,制造精美的铸件和生产金属工艺品技术可以向古代墨西哥的最佳技术挑战,比一比高低。④

这些航海者用手势把西部人民的"财富、文化和实业"这样一些高级概念传达给统帅,借以诱导统帅改变航程,跟随他们到那里去。如果他统帅照此做,他们无疑会把他引到洪都拉斯湾,也许引到危地马拉著名的内陆海——杜尔塞海去。但考虑到以后从古巴顺风地去访问那里一定容易,所以他决定去东方探寻海峡。虽然他前去考察洪都拉斯湾的机会永不再来,但他后来在同一次航行中,沿哥斯达黎加和巴拿马还是遇到了同样高度的文化。

---

① 《海洋统帅克·哥伦布的生平和事业史》第2卷第95页。
② 哈里斯著《最古老的美洲图书》附录第473页:"una cierta provintia Chiamata Maiam vel Iuncatam"(意思是:某一个名叫玛安的省区)。但塞缪尔·K. 洛思罗普查过原稿,他说最后两字是后人添进去的,不属于原来笔迹,因此这句话的意思就是"某一个名叫玛安的省区"。
③ S. K. 洛思罗普著《玛雅一词和哥伦布第四次西航》,载《印第安人纪事》第4卷(1927年)第350—363页。
④ 特别参看S. K. 洛思罗普的《科克莱》(《哈佛大学皮博迪博物馆论文集》第7卷,1937年)。

第四十五章 探寻海峡

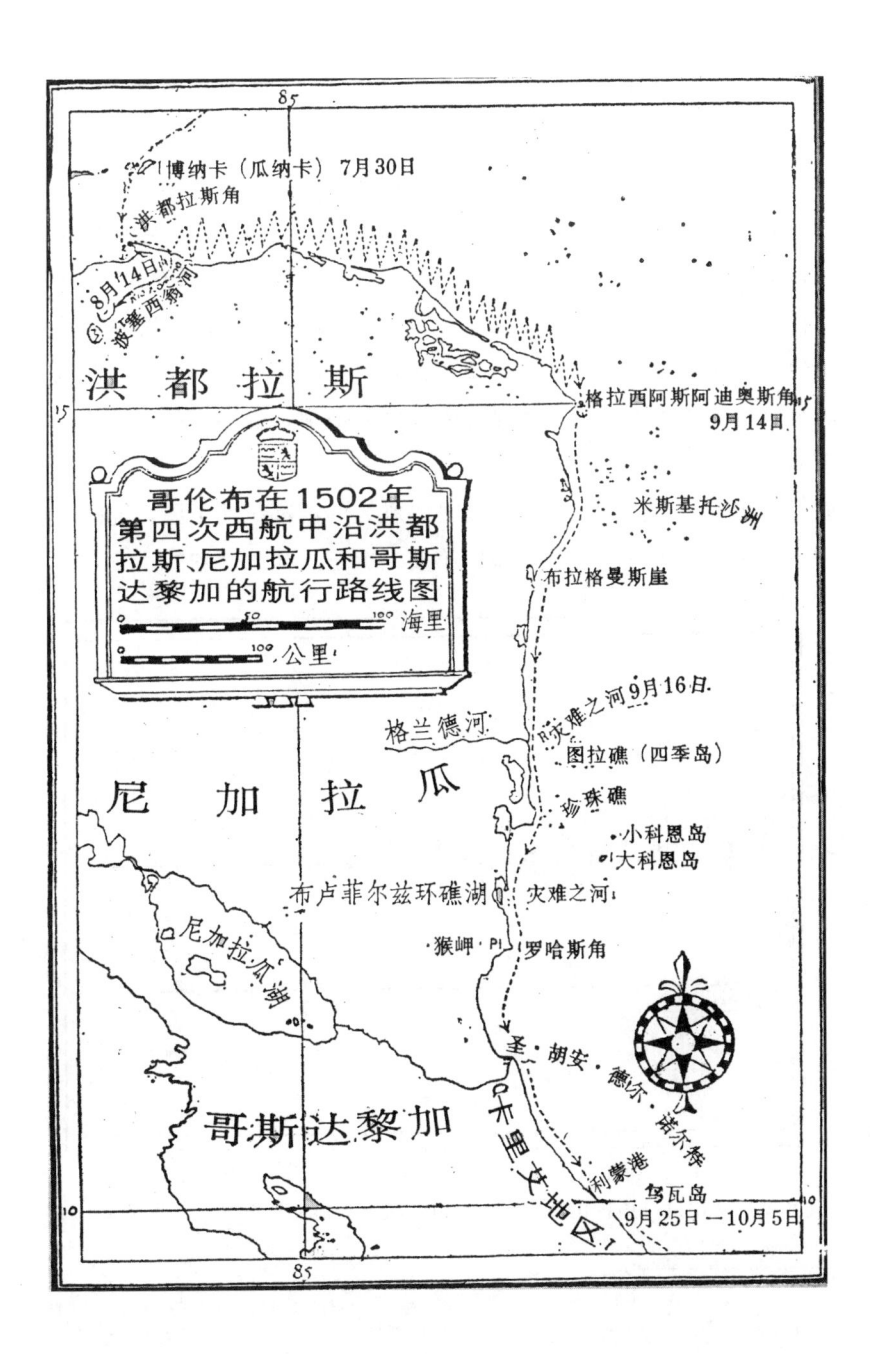

哥伦布在1502年第四次西航中沿洪都拉斯、尼加拉瓜和哥斯达黎加的航行路线图

现在是 8 月初，哥伦布把船开向在博纳卡望得见的大陆，距离大约是 30 英里。船队到达洪都拉斯角、大陆边停泊，哥伦布给这个角取名卡克希纳斯角。卡克纳斯是根据他在那里看见一棵树的阿拉瓦克语名字起名的，这种树长果子，费迪南德把它描写成"粗糙如海绵体，好吃，如果煮熟更好吃"。这大概就是可可李（大香蕉果），在洪都拉斯海岸一带，这种水果是常见的。① 船队在该角背风面一个港口停泊，若干年后西班牙人在这里兴建特鲁希略城——殖民地洪都拉斯的大城市。哥伦布在这里遇见穿着如同先前那艘做买卖的巨型独木舟上的土著人一样的希卡克印第安人，他们中间有些人穿粗厚棉上衣，缝得结实，足以防御弓箭。这里是玛雅人的洪都拉斯王国，统帅的船员中有些人后来宣誓做证，说印第安人就是这样称呼它的。②

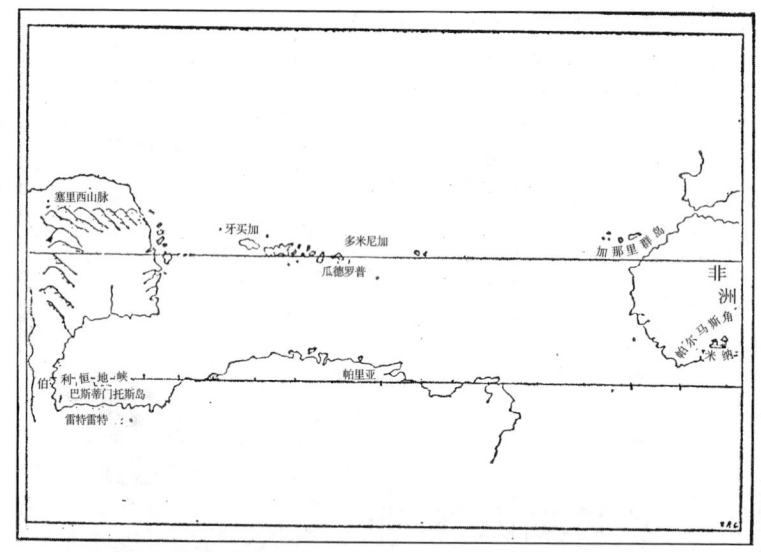

巴塞洛缪·哥伦布绘制的中美洲、哥伦比亚和委内瑞拉海岸略图
注意塞里西山脉（中国山脉）和伯利恒地峡。赤道上每段等于 1 小时或 15 度

---

① 同第 305 页注①费迪南德著作第 90 章（第 2 卷第 200 页）；参考拉斯·卡萨斯著《西印度群岛的历史》第 2 卷第 21 章（1927 年，第 2 卷第 206 页）；鉴别人为哈瓦那、科莱吉奥·德·拉萨莱的布罗特·莱昂。

② 巴尔塔萨尔·卡尔沃与胡安·莫雷诺的诉讼案卷，载《文件和研究全集》第 1 辑第 2 卷第 222、224 页。

第四十五章 探寻海峡

现在，船队开始了一次长久的逆风换抢航行。8月14日，星期天，它们停泊在哥伦布命名为波塞西翁河的河口附近。波塞西翁意译为占有，因为他在下一个星期三正式为他的双王占领了这个大陆，亚历山德雷修士举行了弥撒仪式。① 这个地区"青翠而美丽，虽然低洼。这里有许多松树、栎树，有七种棕榈，有状如伊斯帕尼奥拉岛那儿的樱桃李。这里也有众多的山豹、鹿和瞪羚"。②

好几百印第安人赶来观看占领仪式，接着便用鹰铃、小珠和普通货物进行活跃的物物交易。印第安人带来"比我们的好的本地家禽、烤鱼、红豆和白豆"以及其他像伊斯帕尼奥拉出产的同样商品。他们的肤色比阿拉瓦克人的较黑、眉目较低，绝大部分人裸体，皮肤上画有像狮、鹿样的花纹和角塔状城堡，"他们的脸孔涂上红色和黑色，似乎美丽，但实在活像魔鬼。"他们的耳朵都钻孔洞，大得足以穿过禽蛋，因此哥伦布称这个地区为"双耳海岸"。③ 这些人或者是帕亚人或者是希卡克印第安人——一种从南美洲森林中迁移出来的食肉的印第安人。④

沿洪都拉斯的米斯基托海岸，从罗马诺河口到格腊西阿斯·阿·迪奥斯角，船队面对顶头风和恶劣的天气，白天离岸逆风换抢航行，夜晚紧靠陆地停泊，一连28天，天天如此。⑤ 哥伦布自己写道："天上大雨连绵不断，间以电闪雷鸣，船只听任自然力支配，风帆被撕得

---

① 波拉斯的记述载纳瓦雷特著《航海和发现文集》第1卷第284页；参考第327页注①。波拉斯讲，从卡希纳斯角到格拉西阿斯·阿·迪亚斯角距离80里格；实际上约63里格。他说从卡希纳斯角到波塞西翁河大约是15里格；照比例缩减距离为35英里 把船队带到罗马诺河（沿岸最大的河）口。再向东走10海里，山脉就下到海里去了。谈到做弥撒，按费迪南德著作第90章（第2卷第201页），这是全航程中唯一的一次。亚历山德雷修士显然未起多的作用。
② 见费迪南德著作第2卷第202页。这段描写仍继续有效。现在这种小红鹿还猎获得多。奥维多用一章篇幅写槟榔麦，一种带药性的野生李子，它使人想起樱桃李。
③ 原文为 La Costa de las Orejas。——译者
④ 伍尔夫甘·冯·哈根："托鲁潘（希卡克）印第安人人种学"，即将刊载在《印第安人纪事》中。
⑤ E. G. 伯恩在《北方人哥伦布和卡沃特》的注释中（第391—392页），洛利斯在《文件和研究全集》第1辑第2卷第179—180页整理了这一部分航海的时间次序，因为在费迪南德著作的意文译本中和《最珍贵的书简》中由于印刷错误造成了许多混乱之处。

寸裂，锚、索具、大缆和小舟以及其他许多物资都大受损失。船员们累得筋疲力尽，垂头丧气，在无可奈何中就老是赌咒发誓，要做好事，要去朝圣进香，如此等等。是的，甚至听到他们彼此表示忏悔，祈求上天宽恕！我见过多次暴风雨，但是像这样凶猛无情、这样持久不息的暴风雨却从未见过。许多老水手在我们看来的确是坚强不屈的人，竟也丧失了他们的勇气。最令我难过的是我的小儿子也跟着一道受尽苦难。想想这孩子这么年轻，才13岁就应该遭受这么多折磨吗！我们的天主给他以这么大的勇气，以致他不但自己像曾经毕生在海上的老水手那样工作，甚至还能鼓舞其余的人振作精神。这使我感到很宽慰。我自己有病并且多次濒临死亡边缘，可是我仍然从水手帮我在船尾收拾的一间窝棚里发号施令。我弟弟坐一条最蹩脚的船，那条行驶起来摇摇晃晃的船，我觉得可怕，因为是我叫他参与这次西航，这本是违反他自己意愿的。"①

这的确是一次令人沮丧的经历，比行船在深水里还要糟糕得多，因为在深水里碰到这种天气，船只尽可以顶风停泊。每天早晨天一亮，风就从东方劲吹过来。水手们狼吞虎咽地吃了一顿冷冷的早餐，就从小舱里拿出残余的一幅卷着的最小风帆挂上帆桁，然后曳起锚，升起帆，船头朝着上风以右舷抢风，在杂乱无章的浅滩浪涛中离开海岸。这种浅水浪涛常常把船冲到下风处。雨来了，雨下得这么急骤，以致使船上每一个孔洞都有如瀑布倾泻，雨雾迷蒙，海天一色，使得这条船看不见另外几条船。中午前后，统帅爱用公开的字母和信号通知船队以尾部向风。待它们集拢来，在下风处摇晃一会儿，然后急转航向以左舷抢风顽强地朝海岸前进。任何人不许休息。船舱里当班的必须时刻从船中舀水。长30英寻的湿绳索必须卷好，以备随时可以抛锚。雨和雷飑更大了、水浅了、低海岸线正在朝你奔来，把测深锤

---

① 这是据《最珍贵的书简》意译的，原文载《文件和研究全集》第1辑第2卷第180页。

卷起了，统帅用信号通知"抛锚！"，抓紧舵柄（4人掌舵），投锚，除后帆外，降下所有风帆。锚被拖曳动了就多放松出一些锚索，做好准备如果需要就扬帆。锚终于咬住了，船在锚缆的牵制下停了下来。在这个关头站在前甲板上的悲观分子一眼望到岸上就号叫起来——我们今天早晨和它告别的那棵该死的树不就站在那里吗？！

每一件东西都泡湿了，想到炉边烤烤也不可能。肚子饿了，身上原带有食物，刚要在湿衣服中什么地方去拿一片生虫的饼干和一块盐渍的马肉，船只却在上下颠簸、在溅起水沫、在叹息呻吟、在吱嘎作响，而且还发出格格声。风力缓和了，蚊子就从红树丛里飞出来，吮吸西班牙人的血、塞饱肚子，水手们疲倦了，竟连这种吸血虫也懒得动手去掸掉。

在这28天里，船队最多不过走了165—170海里。哥伦布拒不承认自己精神沮丧，拒不改变航行计划，也不肯走顺风溜到他听说过的产金产银的宝地里去，这是他性格坚忍刚毅的又一例证。他摇摇晃晃地坐在一条过度疲劳、呻吟不已的漏船上，在逆风和浪涛中挣扎，受阵雨和浪花淋浴，受暴风骤雨抽打，身子半淹在海浪之中，拉索和舀水两项工作把他搞得筋疲力尽，却从不梦想把恶风恶浪变成顺风静浪去过骄奢淫佚的快乐生活，他是什么样的一名水手啊！[①] 一个简单的口令——"抓紧转帆索！转舵使船只向风！慢，当心！"就使得他的船队在两分钟内从地狱走到天堂，暴风雨似乎变成了一阵活泼、顺利的大风，船只也顺风走得欢快，既不慌忙，也不紧张。但海洋统帅必须探寻海峡。这是他此行所追求的目的。他不能停留在海上过夜，因为加勒比海西部还不曾考察过，那里可能到处是珊瑚礁和岛屿。夜间在西向海流中顶风停船一定会漂流太远丧失太长距离。此外，统帅还害怕错过某些事物。他盼望并祈求上帝快些结束他的天罚。有几个下午

[①] 夏尔科著《航海家克·哥伦布》第284页。

当船队近岸时竟然出现晴朗天气，风也转变了方向，像红海为摩西开道一样，这一溜水没了的海岸也迅速地一处处露出来了，海峡就敞开在前面，于是船队就咆哮地通向印度洋、塔普罗巴纳，① 他们从此有了长久的愉悦。

那里的海峡并不没有什么来报答这一切努力和一切苦难。但是，正如海员们所讲的，恶劣天气必须终止，命运必须改变，到9月14日，船队就发现海岸在向南延展。绕过一个海角，大陆就缓缓地向西倾斜起来。船队沿着海岸向西南行驶，于是东来的风和海流就变成了顺风和顺流。这也就是慈悲的主的恩赐！因此统帅给这个海角起名格拉西阿斯·阿迪奥斯② 。常去那个海岸的海员们曾问过我：为什么这样低矮的、其貌不扬的一个海岬却获得这样一个美好的地名呢？统帅在这里的一段航海故事就足以把这点解释清楚。这个地点的意思就是"感谢上帝！"因为海岸线从这里向南倾斜，就赐予了帆船以顺风航行的机会。

船队绕过格拉西阿斯·阿迪奥斯角，沿现在的尼加拉瓜共和国的东海岸向南航行。③ 能够坚持一个航向航行，甚至还能稍许松动帆脚索，这对于水手们乃是一种值得庆幸的宽慰。此外，当船队飞快地驶过米斯基托航道，并经过一个陡峻的红泥岬（现名布拉格曼斯陡崖）时，还可得到离岸的一溜溜沙洲的掩护。前进60海里又一溜沙洲（军舰礁和珍珠礁）与海岸并列，构成一道掩护航道。9月16日船队

---

① 原文 Taprobana，斯里兰卡古名。——译者
② 原文 Gracias á Dios，意译应为上帝的恩赐。——译者
③ 彼得·马蒂尔在《新大陆》（1516年）中这样描写过这一段航程：适合大船行驶的其次一条河（格兰德河？）出现了，河口有4个小岛，（图加珊瑚礁？）构成一个港口。他给这4个小岛起名"四季岛"。从此处向东13里格，船只就得逆流行驶，他又遇见12个小岛（珍珠礁？）。因为这些小岛产一种像我们的柠檬似的水果，所以他给这些小岛取名利蒙纳雷护。照同一方向前进12里格，他发现一个大港口，港口深入内陆3里格（布卢菲尔德湖？），但港口不宽，有一条大河流入其中。这里就是后来尼库耶萨（约1465—1511年，西班牙征服者。——译者）在寻找贝拉瓜时船只失事的地方。因此后来开拓者把它叫作佩尔迪多斯河。统帅哥伦布对着暴怒的海洋继续前驶，发现了好些山和小谷、河谷和港口。他说，一股温馨喜人的香气从那些地方飘来，我的同事在到达土人称之为基库里的地区以前没有一个生病的。

抵达一个又宽又深的河口，抛锚停泊。船队派出一条小舟越过河口沙洲去搞木柴和淡水。一阵从海上吹来的劲风，掀起澎湃的大浪竟越过沙洲，把一条小舟吞没，船员中有两人淹死。① 因此，统帅给这条河取名德·萨斯特雷斯河（"灾难之河"）。据费迪南德描写，这个地方测量深度像格兰德河，但据迭戈·德·波拉斯的航行日记，这里似乎就是布卢菲尔兹。② 如果这里是布卢菲尔兹，那么，他们从格拉西阿斯·阿迪奥斯角起已经连续航行了一天一夜。

随后 8 天，他们继续沿着海岸向南航行 130 英里，经过尼加拉瓜的南部边界，到达山岭重叠，风景如画的哥斯达黎加。从他们此次开航以来，显然船队晚晚停泊，因为这一带在离岸的安全距离内、5—7 英寻深的锚地到处可以找到。他们经过一个波拉斯称之为罗哈斯角的海岬，这一定是具有红色悬崖峭壁的猴岬。他们又经过圣胡安·德

---

① 波拉斯的船员名单中提到两个人都来自比斯凯纳，死于 1502 年 9 月 17 日，见《文件和研究全集》第 1 辑第 2 卷第 216 页。
② 迭戈·德·波拉斯对这个记事补充了一段行程记录，刊载在纳瓦雷特著作第 1 卷第 288 页。要使它和费迪南德著作（见第 319 页注①、注⑥）及其他作品中的地名或月日符合一致是困难的。下表左半部我写出波拉斯记的行程，距离为 1 里格折合 3.18 海里。右半部是我对此的解释，方向（正确的）、距离都是实际的，日期根据费迪南德所记，我的解释指明了确定的地点。

波拉斯的记载			我的解释		
起讫地点	航向	距离	起讫地点	方向	距离
卡希纳斯角——格拉西阿斯·阿迪奥斯角	东	25′4	洪都拉斯角——格拉西阿斯·阿迪奥斯角（9 月 14 日）	西、西南偏西	190
格拉西阿斯·阿迪奥斯角——灾难之河	南	222	格拉西阿斯·阿迪奥斯角——布卢菲尔兹（9 月 16 日）	南、南偏西	200
灾难之河——罗哈斯角	南	38	布卢菲尔兹——猴港	南	25
罗哈斯角——卡里艾	东南	175	猴港——利蒙（9 月 25 日）	南、南南东	106
卡里艾——阿布雷马	东南	134	利蒙（10 月 5 日）——奇里基	南南东、南	90
阿布雷马——埃斯库多岛	东南	48	奇里基（10 月 17 日）——埃斯库多岛	南东	25
埃斯库多——普拉多斯角	东	89	埃斯库多岛——诺姆布雷·德·迪奥斯		125
普拉多斯角——巴斯蒂门托斯	东北东	111			
巴斯蒂门托斯——雷特雷特	东偏南	48	诺姆布雷·德·迪奥斯——埃斯克里瓦诺斯	东 1/2 南	20

此表使人想起，波拉斯像统帅一样（统帅的航海日志他可能已抄阅过了），对沿岸距离用陆地里格（合 1.5 海里左右）计算，离岸后则用海上里格计算距离。

尔诺尔特旧址（格雷镇），这里是尼加拉瓜运河的加勒比海终点。9月25日，他们到达一个印第安人称之为卡里艾的地方，在一个印第安人称之为基里维里的美丽而多树林的岛后停泊，度过了10天。这个岛统帅命名为拉胡尔塔岛，意即花园岛。它大概就是鸟瓦岛，就是现在哥斯达黎加的利蒙港。①

340　在这地方为了让水手得到休息，统帅决定耽搁一些时间，这就暗示他们可以尽情享受一番。一大群塔拉曼卡印第安人聚集在岸边，有些人佩带弓箭，有些人持以鱼骨做枪头的棕榈枪支，另一些人则拿棍棒。男人把头发扎成辫子，把辫子缠在头上。男的和女的颈根周围都有鹰形低质金饰品，"好像我们佩带有羔羊图像的圣牌或其他圣物盒子一样。"统帅担心出乱子，叫水手都留在船上，但是这些印第安人却非常想做买卖，竟带着一些棉织衣物和低质金饰品游水到船上来。哥伦布很快摸清当地贸易情况，印第安人并没有纯粹的黄金。因此，他拒绝进行贸易，也不接受礼物，而是把来客给以礼品送上岸。这样似乎冒犯了他们，他们丢下这几件小东西，捆在一起放在小舟靠岸处。印第安人还是想做生意。他们又用一古老的办法来引诱客人买卖。他们派两个贞女，一个大约8岁，一个大约14岁，到指挥船上来，不知道西班牙人如何对待他们所喜欢的女孩子。费迪南德写道："这两个小姑娘显得十分勇敢，因为对这些基督教徒虽然完全陌生，她们却既不忧虑，也不害羞，外表看来样子很愉快很谦恭。她们受到统帅良好的款待，他叫她们穿衣服，吃东西，然后送她们上岸。送她们上船来的老人们迎接她们回去，

---

① 有几位二流作家说卡里艾就是布卢菲尔兹或格雷陶恩，但是根据个人的考察，根据 R. 费兰德斯·瓜尔迪亚在所著《发现和征服哥斯达黎加的历史》（万杜克译本，第29页）所引述的论点及证据，我相信这个地点就在利蒙港或很靠近这个港口。格雷陶恩附近海上没有岛屿，即使灾难之河就是格兰德河，波拉斯的航程记录也否决了布卢菲尔兹。8月航行一定使船队走到了这些港口以南。据费迪南德说，从卡里艾到阿尔米兰特湾仅仅一天航程。以前在利蒙河畔有个塔拉曼卡印第安人住的村庄，位置就在现在利蒙港的市镇上，甚至在上一世纪他们还把它叫作夸雷埃，这条河叫作夸雷迪河。

感到十分满意。"费迪南德当时才 13 岁，他相当敬佩姑娘们的朴素。他的在场说明西班牙水手非常克制。这使土人很惊诧，他们认为来客具有非凡的品性。

次日，巴塞洛缪总督带一个秘书上岸，秘书的任务是记录他所能获得的有关卡里艾的情况。当他开始询问两个作为官方欢迎使节向他走来的头目，秘书拿出纸、笔、墨水准备记录他们的回答时，这些书写工具被土人视为巫术，吓得赶快逃走。随后他们向天空抛出一些草木粉末，用以驱赶这些对少女毫不动心的天神的巫术。①

哥伦布对待这些土人似乎很小心谨慎，到 10 月 2 日他就派遣一个武装的陆上考察队去考察这个地区。考察队员看到这里动物品种和数量都比安的列斯群岛丰富，印象深刻。他们报告看见了鹿、山豹和一种野生火鸡。哥伦布描写这种火鸡是"一种大禽，羽毛像羊毛"。② 不过他们所见最奇怪、最有趣的东西还是"一座木质结构的大宫殿，殿上盖藤竹之类，殿内有几座坟墓，其中一座存放干尸，干尸涂香油防腐……尸体无臭气，包以棉布。每座坟上立一木碑，碑上雕刻兽像，有几个死人模拟像用珠子、低质金子及其他他们最珍视的物品加以装饰"。③ 其实卡斯蒂利亚人还注意到一种土人的葬仪：在尸体下葬前，他的亲戚朋友要举行安葬舞蹈。由于土壤潮湿，没有一块木头墓碑保存完整，而费迪南德所提到的许多模拟人像都已经被挖坏了。④

由于缺乏翻译（原翻译胡安·佩雷斯因这里已越过了他的语言区，所以已释放多时），统帅又设法俘虏了两个印第安人带上船。

---

① 这种草木粉末大概是辣椒（胡椒）之类。参考里奥内尔·瓦费尔写的《新航海》（哈克卢特社，1934 年）第 92 页注释。
② 《文件和研究全集》第 1 辑第 2 卷第 200 页。这种火鸡可能是孔雀（Pavon [Crax globicera Lin.]），据哥斯达黎加国家博物馆馆长 J. V. 罗德里格斯博士研究，哥斯达黎加的印第安人把它驯化成家禽。
③ 费迪南德著作第 91 章（第 2 卷第 208 页）。
④ 亨利·F. 比蒂尔著《关于布里维里印第安人人种学笔记》（圣何塞，1938 年）第 24 页。

土人以为西班牙抓人是想赚取赎金,所以派人拿议和礼物来谈判,礼物中包含两头西猯猪——美洲野猪。哥伦布也派使节带礼品上岸答谢,但没有把俘虏送回去。他留下的一只野猪非常凶暴,在甲板上攻击每一个人,甚至连统帅所有的一头爱尔兰狼犬也被它赶下船舱,待在那里不敢出来。不过在船队开航以前,野猪却遇到了它的对手——一只大蛛猴。蛛猴是几个弓箭手在森林里猎来的,它已负伤,带上船时一条腿已被打断。① 野猪一看见蛛猴,就怒目而视,步步退却,但统帅吩咐把它们丢在一起。蛛猴虽然出血过多,还是用它的尾巴去缠野猪的嘴巴,用它残留的前脚爪去抓野猪的颈根,它咬可怜的野猪,使野猪痛得直嚎。全体船员幸灾乐祸,高兴得大笑大叫,因为在16世纪,人类对动物还谈不到优待二字。哥伦布在一封呈双王的书信中甚至把此事作为一件新奇事情和一种"高尚的娱乐",认为值得向他俩一提。②

这些塔拉曼卡印第安人使用低质金子装饰品的很多,哥伦布根据这点得出结论:他们这些人属于他在西尔维乌斯所著《自然史》中读到过的马萨赫格民族。同往常一样,他按照古代地理学来辩证他自己的发现,又一次走远了几千英里。

10月5日(星期三),船队离开卡里艾沿海岸向东南航行。到黄昏之际,从出发点(最后锚地)算起,走了50英里多一点,他们发现一条航道通一个大海湾。海峡终于找到了!③ 但这只是又一次大失所望。这里叫作龙口海峡(巴拿马),它通向一个岛屿众多的现在名叫阿尔米兰特(海洋统帅)的大海湾。航道东面有个岛,现名哥伦岛,但据两个印第安向导所知,它土名卡拉姆瓦鲁、塞拉瓦罗或索罗

---

① 这是指红猴子(蛛猴属),一种大蛛猴,哥斯达黎加的印第安人现仍猎获做肉食。
② 《文件和研究全集》第1辑第2卷第199页。
③ 迭戈·德·波拉斯的叙述(见纳瓦雷特著作第1卷第284页)。他对统帅的信赖是勉强的,这里他说道:"由于他是在寻找港口和海湾,他想找到海峡,他来到一个大海湾,这块陆地的地名叫作塞拉瓦罗。"

瓦罗，哥伦布把其中一个地名当作整个海湾的名字。①

在阿尔米兰特湾里面那个大陆，印第安人称它为基里克塔纳。这个地名给我们这位航海语言学家一个有价值的线索，他就是这么想的。正如他在第一次西航中从把锡瓦奥推论成希潘戈（日本国）一样，这里他就把基里克塔纳曲解为印度支那②——马可·波罗给交趾支那取的名字。③何况他已超越瓜银这种铜金合金之外，在阿尔米兰特湾，"发现了纯金的征兆，那是一个印第安人佩在胸前像一块大奖章，他把它换到手。"④费迪南德告诉我们，这是个金盘，值10个杜卡特（就算23美元吧），只花3个鹰铃，大约值1分钱换来的。甚至还有更重的金盘也是用同一标准的代价换来的。

美洲大西洋岸从戴维斯海峡到普拉特河的开拓者，在至少两个世纪的长时间内，每个人在探寻道路时都被印第安人用宽大的手势指引错了。印第安人首先张开他们的双臂，然后轻弹他们的手指，他们的动作是表达一个海湾、一个湖泊或在扩大河流的意思，但是满怀希望的欧洲人却误以为他们指的是印度洋、大南海或那里的海洋入口。这一次印第安人怂恿哥伦布去另一个大海湾，基里克塔纳（奇里基湖），他把它理解成大洋。完全不错，这是一个海峡。船队前进，"仿如走进一条街道，它一旁是一个岛屿，另一旁，树叶扫掠着船上的索具。"

1940年1月14日，我们乘汽艇考察了这两个海湾之间的通道，想找一个符合费迪南德描写的地方。克劳尔·卡伊通道、孙沃德通道和进出帕洛斯和波拉斯湖的通道都与费迪南德描写的不符，因为它们

---

① 费迪甫德著作第92章（第2卷第211页）。这个地名有15种异体，见曼纽埃尔·M.德·佩拉尔塔著《哥斯达黎加共和国历史地理和领土主权》（1900年）第12页，这种详尽无遗的地区和地名的研究还有极好的《历史地图集》（马德里，1890年）做辅助工具。本地传说：哥伦布在粮食岛（bastimentos译意为粮食，译音为巴斯蒂门托斯）获得粮食，在波卡斯·德尔·托罗镇对面卡雷宁沙洲（译意为倾修沙洲）把船侧倾进行修理。头一个故事可能是真的，但以后出的事故证明，哥伦布忽视了熟练海员应有的警惕性，没有在此地把他的船侧倾进行修理并涂上沥青以防虫蛀。
② 原文为 Ciamba。——译者
③ 《文件和研究全集》第1辑第2卷第181页。
④ 迭戈·德·波拉斯语，纳瓦雷特著作第1卷第284—285页。

都有一些低矮的红树排列成行，但是在斯普利特·希尔通道我们找到了海峡。这里在高树成行的两岸之间有一狭窄的、曲折的通道，汽艇通过时靠一岸靠得这么紧，使我们能够很好想象到哥伦布的4条帆船一定是索具擦着树枝而过的。今天，这个通道水深只有7英尺，但一个老引水员告诉我：1912年地震把水底抬高了，在地震以前他引水通过这里，水深14英尺。"卡皮坦"号、"圣地亚哥"号、"加列加"号和"比斯凯纳"号在1502年10月6日通过这条通道，相信这里是通印度洋的海峡。

又是一次失望，船队从这条狭窄的通道出来后，就进入一个辽阔的由陆地围成的海湾，海湾长30英里、宽15英里。哥伦布称它为阿尔布雷马海湾，我们现在称它为奇里基湖。这里一片美丽的孔雀绿的水域、一个内陆碱水湖。它周围是一溜青绿色的山脉，海拔11 000英尺。统帅这番努力在这里得到了补偿。10月7日，船队在湖边靠岸。金盘、"鹰形护身符"和粮食物物交易就在这里开始。费迪南德回忆道："他从这里开始沿岸到处做买卖。土人脸上身上都涂上颜色，白的、黑的、红的都有。""只在生殖器部分遮上一块狭窄的破布片。"① 这些印第安人是瓜伊米人。他们以前人数很多，占据着从奇里基到运河区一带海岸。他们的后人被西班牙人赶进森林中的空旷地和山脉内的大草原上，脸上仍涂着黑、红、白等颜色。②

一连10天（10月6—16日），船队待在奇里基湖、打鱼、拜访印第安人的村庄，把带来的小商品去换取黄金和粮食。通过卡里艾来的翻译获得了许多信息。这两名翻译似乎以惊人的速度懂得了卡斯蒂利亚语言。他们肯定履行了本地翻译者的职责，把白人希望听到的一切确切地告诉白人。在这个场合他们讲了一定数量的真话。哥伦布从

---

① 纳瓦雷特著作第1卷第285页；费迪南德著作第1卷第284—285页。
② 亨利·F. 比蒂尔文章，载《国家地理杂志》XXIII（1912年）第640页。

他们口中首次有限地知道,他已经到达两个海洋之间的一个地峡上,一个名叫锡瓜雷的印度省就在跨过这条山脉前进九天就到达的大洋边。他把锡瓜雷对奇里基的位置和威尼斯对比萨的位置相比较,显然,锡瓜雷(而不是奇里基)就是马可·波罗的印度支那(交趾支那)。锡瓜雷人拥有非常多的黄金,他听说,这里显然就是托勒密的黄金半岛。锡瓜雷人也佩带珊瑚装饰品,而哥伦布在某些地方也了解到,在印度支那珊瑚片片被用来当货币使用。[①]辣椒、胡椒在统帅眼(或鼻)中是通向摩鹿加群岛经久不忘的线索,而锡瓜雷当然也有。这些锡瓜雷人或印度支那人是大买卖人,翻译用无言的手势讲他们怎样在本地市场上或定期集市上做生意。锡瓜雷人不是不穿衣裤的野蛮人,而是穿着丰盛的服装,配着刀剑和胸甲的文明人。作为他们是文明的东方人的证据,哥伦布却禀告双王说他们在战争中使用骑兵,还拥有配备大炮的兵舰。从他们海岸到印度的恒河只有10天航程。哥伦布在他的致双王的《最珍贵的书简》中关于这一点重复了推罗的马里努斯[②]和他1494年亲自在古巴附近观察到的月全食的论据,大意是他已到达了中国东部的经度,他当时是沿着黄金半岛(马来亚半岛)的海岸航行,那是所罗门送纯金给希兰的地方,他已经接近地球上最大的贵金属产地的中心。

奇怪得很,他到达一个地峡上这个证据似乎已把哥伦布探寻海峡的努力终结了。从任何方面考虑这次航行,除奇里基以外,再没有其他暗示指引这次探寻了。在贝拉瓜,统帅和他的儿子继续逗留了三个多月,他们频频同土人交谈,在写作中没有一次提到地峡或海峡。在巴拿马运河开始的一个港口他度过了圣诞节和新年,也没有猜想到通

[①] "印度支那是一个以珊瑚作货币的王国。"此语刻在马丁·贝海姆的地球仪上(拉文斯特因著《贝海姆》第85页)。但是马可·波罗说这是西藏的事情,不是印度支那的事情。有许多人根据某一点事实联想到哥伦布和贝海姆在1486年以前曾经合作过。这是这些联想之一,但任何人都无法把它证实。

[②] 推罗的马里努斯是公元1—2世纪叙利亚地理学家,他的著作没有流传下来,其断简残篇主要由托勒密在自己的著作中加以引述。——译者

太平洋的锁钥已掌握在他手里。比起他早先对坏天气的坚韧不拔的苦斗精神来，他对这个海峡或地峡是缺乏穷追细究的韧劲的。对于这点我能提供的唯一解释是锡瓜雷人的报道已使他深信：这里没有充水的海峡，一个也没有！自然他没有办法翻过大山脉前进。巴尔沃亚在一次困难不大的跨越中只需几百西班牙人和一千印第安人。①

　　不管可以有些什么理由，哥伦布从奇里基湖起，已把他的注意力集中在此行的第二个目标上，即寻找黄金上，探寻海峡的努力已经过去了。

----

　　① 巴尔沃亚（1475—1517年）：西班牙探险家，1513年9月率领一批西班牙移民，由土人带路，越过巴拿马地峡，从山顶上望见西南方有一片汪洋大海，他称之为"南海"。但不久便被他的竞争对手佩德拉里亚斯处死。这个"南海"其实就是太平洋。——译者

第四十六章　贝拉瓜

1502年10月17日—11月30日

　　耶稣对他们说：是我，不要怕。

　　　　　　　　　　——《圣经·约翰福音》，第6章，20节

　　船队花了10天时间来考察奇里基湖，换取黄金并收集锡瓜雷人的夸口故事。他们停泊的这个最后港口大概就是现在的布卢菲尔兹湾。这是他们在抵达贝洛港以前所找到的最佳港口。

　　10月17日，船队选好一个刮西风的日子，从老虎海峡（其所以这样称呼是因为它的入口处有个奇形怪状的红色珊瑚礁）出海，绕过奇里基尖端，发现一个小岛，形状像一个西班牙的盾形纹章，哥伦布给它起名为埃斯库多岛①，直到今日它仍然叫作贝拉瓜的埃斯库多。②船队现在到了缺乏港口的莫斯基托斯湾。

　　他们折向南面朝大陆航行，在一条名叫瓜伊加河③的河口停泊，这一天航行了38英里。一个地区从这里开始，土人把它叫作贝拉瓜地区。这是一个重要的黄金产地，土人这样告诉西班牙人，在这一点上他们讲的是真话。1536年当总督夫人堂娜·玛利亚·德·哥伦-托莱多

---

① 原文 escutcheon 读音埃斯库恩。——译者
② 见上章第313页注②波拉斯的旅程记录。我已测量过阿布雷马至埃斯库多的旅程和至布卢菲尔兹港的旅程相同。关于前一段航程卡里艾至阿布雷马，波拉斯似乎把船队考察奇里基湖时所有距离，以及从卡里艾起的距离都包含在内。
③ 或称古伊加湖（波拉斯）：既名奇里基河，又名丘塔加河，河口距布卢菲尔兹湾不到40英里，如果从贝拉瓜的埃斯库多岛里面通过的话。纳瓦雷特著作（第1卷第285页）以语言学为依据，认为这就是贝拉瓜河，但船队在一日之内不可能向东走得这么远。

以她儿子堂·路易斯·哥伦（统帅的孙子）的名义，宣布放弃他继承来的对整个西班牙西印度地区的爵衔和权利时，作为补偿他在这个地区从皇帝查理斯五世获得了25平方公里领土及贝拉瓜公爵的爵位。这个爵位由统帅的后嗣世袭至今。①

船队希望与土人接触，在瓜伊加河似乎停留了几天，因为贝拉瓜印第安人的村庄分布在海岸后面较远距离的河流旁边。10月20日，西班牙人表达了他们的意愿，发现贝拉瓜的印第安人远比这次西航中所遇到的任何印第安人好战。费迪南德（这时他已经是14岁的大孩子，父亲已允许他参与每一件事务）讲，他们如何乘小舟上岸，发现岸上有100多印第安人凶狠地袭击他们，泗水冲入他们中间，挥舞长矛，吹号角，擂战鼓，向基督教徒泼水，口里喷出嚼碎了的气味难闻的药草。西班牙人试图安抚他们，获得了一些成就，因为他们也在设法走近一些，用价值150杜卡特的16面纯金"镜子"交换西班牙人的货物，每面镜子交换两三个鹰铃。第二天他们又去试一试，发现印第安人在警戒中，他们占据海岸边的临时掩蔽所在等待着，似乎要伏击来访的外人。当西班牙人得不到安全保障的手势就拒绝登岸时，印第安人就以昨日的同样姿态冲入水中，用手势表示如果小舟不赶快退回去，他们就要动武。一个西班牙人伤了一个印第安人的手臂，另一个西班牙人开了炮，炮的威力非常大，以致把这些勇士都吓上岸去了。事后，西班牙人获得了三块多金片，印第安人解释说：他们到岸边来是准备打仗的，不是来做买卖的，所以没有带来更多的。费迪南德写道："统帅在这段航程中所要追求的是收集样品。"从这些瓜伊米印第安人手中，他一定收集了花色品种众多的货物样品。②

---

① 撒切尔著《哥伦布：生平、事业和遗物》第3卷第627—629页。
② 费迪南德著《海洋统帅克·哥伦布的生平和事业史》第92章（第2卷第213—214页）。

第四十六章 贝拉瓜

　　船队沿着贝拉瓜海岸迎着信风航行。莫斯基托斯海湾沿岸外表引人入胜，但实际上不适宜住人。从奇里基湖到利蒙湾（加勒比人进入巴拿马运河的入口），距离超过 125 英里，除一个河口偶尔有个沙洲、洲旁水深足以容纳船只外，没有一个港口；现在是任何港口都没有了。海岸平原很狭窄，有些地方不过几码宽。平原背后是一个崎岖不平的高原地区，其中有难以穿越的丛林，有青山峻岭。信风吹打海岸，形成一片片长长的沙滩，中间间以岩石陡岸，使得船只要停泊很危险，甚至连乘小舟也常常不能着陆。雨水过多，使得任何大规模的农业经营无利可图。现在居住在沿岸的少数土人除独木舟外别无交通工具可与外界联系。小舟只在海上特别平静时才能下水。独木舟循河流上驶可深入内地，但再要同共和国的居民定居地区联系却甚至连人行小道也缺少。我们哈佛哥伦布远征考察队发现这里是统帅探险发现事业最困难的一部分，只有得到巴拿马政府的协助，提供两艘当地海岸炮舰并派出一位本地领航员在拍岸浪中经过多次各式各样的翻滚以后，才设法在贝伦河着陆。

　　哥伦布在这个海岸上唯一关心的事是确定土人所佩带的金饰品的出产地。翻译告诉他，这个地区某个地方有金矿，这一切财宝都出自那里。哥伦布向东方探索前进要求准确无误显然办不到，在所有叙述这次探索细节的人中，费迪南德没有记录前进距离、只记录了少数日期，和一些印第安地名。要把这些记录连续不断地标记在地图上当然不够用。① 船队在访问瓜伊加（可能即奇里基河）后，次一个目标是一个名叫卡特瓦或卡蒂瓦的地方，他们在"一条大河的河口"停泊。这里土人又用喇叭和大鼓掀起一次警报，但如水手们讲的，警报马

---

① 波拉斯的行程表（见前章第 313 页注②）提到埃斯库多岛和诺姆布雷·德·迪奥斯之间只有一个中间站，他把它叫作普拉多斯角（牧草地之角）。贝拉瓜海岸沿岸没有角，我看见或听说过那里有天然牧草，可能有一处已被铲除改作庄稼地，庄稼地从远处去看，也像牧草地。既是远处，就使得纳瓦雷特把这里解释为贝洛港是不可思议的。

上平息了，随即进行金片交易。土人的首领头戴一片奇大无比的树叶（大概为了防雨）① 接待基督教徒上岸，用他自有的金片，交换西班牙人的货物。

费迪南德报道他在卡蒂瓦的一个发现，这预示他后来会变成一个学者和一个人文主义者。"这是印度头一个地方，他们在这里看到了建筑物的迹象。这是一大堆灰墁，看来它是用石头和石灰建筑成的。统帅吩咐采取一部分作为纪念品，追溯那个古代。"② 这个奇怪的报道是在这次航行没有其他记述中提出来的。玛雅人从未到过那个远东地点，西班牙人的确对一堆天然岩石和一堆倾圮的建筑物的差别能够分辨得很清楚。而且，如果哥伦布看见这个建筑物，他一定会在他呈双王的书简中提到它，把它作为某一个衰亡的东方帝国的证据。对此，我承认自己完全迷惑，无法解释清楚。

迭戈·波拉斯写道："他从这里奋力前进到另一个名叫科布拉瓦的地区，③ 因为这里没有港口，他不曾进行考察，只找了一个印第安人当翻译。他迅速经过贝拉瓜海岸，没有了解它的秘密。他一个劲儿向前赶路，想发现更多的地方，一过这里，少量黄金出现了。"④ 费迪南德写过科布拉瓦后，船队经过"五个大贸易村庄"，其中一个是贝拉瓜。印第安人说，这里黄金是采集的，"镜子"是做成的，这里是1503年2月巴塞洛缪诱获一个酋长的村庄。次日，他们来到一个名叫库维加的村子，从卡里艾来的印第安人说，这个"贸易地区"从阿尔米兰特湾开始，沿海岸往回走50里格就到达了终点。⑤

---

① 这不是有人想断定的大蕉叶，因为香蕉是西班牙人从加那利群岛引去的。参见克劳德·W. 沃德洛著《加勒比土地上的绿色浩劫》（伦敦，1935年）。
② 费迪南德著第92章（第2卷第215页）。
③ 卡蒂瓦和科布拉瓦必定在贝拉瓜河以西，因为1503年2月14日当他们同到这个海岸时，巴塞洛缪在贝伦河以西划行7里格到达一个名叫乌里拉（大概就是库洛韦波拉河）的地方，再向西从陆上到达科布拉瓦和卡蒂瓦。因此，最后两个地点一定在弗龙通·德·瓜潘（西经81度28分）和圣·卡塔利纳（西经81度17分）之间。
④ 纳瓦雷特著《航海和发现文集》第1卷第285页；费迪南德著第3卷第215页。
⑤ 库维加可以是贝伦河与科克莱河之间的任何地方，但离阿尔米兰特绝不是50里格，因为那样会把船队差不多拉到了贝洛港。科克莱河口在西经80度35分，沿海岸走离波卡·德尔·托罗（牛口）大约115英里。

第四十六章　贝拉瓜

情况就是如此，哥伦布提议返回贝拉瓜附近的采金中心，做进一步考察。在他能够这样做以前，两个月过去了。雨季已经到来，这是一个非同寻常的雨季，而且刮着猛烈的北风和强劲的西风。在他离开库维加的一个深夜，"这里掀起了非常猛烈的暴风雨，我们迫不得已只好任它吹到哪就到哪。"统帅自己写道，"我在风前，随它摆布，毫无抵抗能力。"船队被驱逐着随波逐流经过未来的巴拿马运河入口，靠老天庇佑进入一个良好的港口。它向来客张开大口，这正是他所需要的港口。统帅给此港命名贝洛港，"因为这个港口很大，景色美丽，已有人居住，周围都是耕作良好的土地。"11月2日船队从"'两岛之间'①开进去。船在港内可以靠岸，如果要开出去，出去也方便。港口附近地区土地并不崎岖，而且业已耕种，房屋栉比相去不过一石或一箭之地。风景如画，最美的东西美到你从未见过。由于雨水不停和天气恶劣，我们在那儿逗留7天，7天中独木舟不断地从那些地方开来，向我们出售各种食品和一支一支的棉纱，换回一些镀铜的小物件，如挂衣襻和绣花边的针之类。"②

对贝洛港的这段描写至今仍然合适，除库纳库纳印第安人一度开垦好的田土已被长成的丛林掩盖以外。港口这样美丽，防风浪能力这么好，进出这么方便，以致后来到本世纪西班牙人还是选它作为一条跨越巴拿马地峡的骡马小道的加勒比方面的终点站。在每年六个星期的集市期间，当大帆船从西班牙开来把它的货物交换秘鲁的金银财宝和达连的产品时，贝洛港就变成了美洲最繁荣的市镇。弗朗西斯·德·雷克爵士1596年准备来进攻这里时，死在船上。托马斯·盖奇1637年来到这里说他看见两百匹骡子满装银锭，堆在市场上像堆木材一样。

---

① 指贝尔德岛和萨尔梅迪纳礁；这证明他是从北方进去的。大概当他看见口子时就决定让船队沿海岸快驶，在这里寻找庇护所。他确实抓住了一个机会，而且得到了很好的报偿。哥伦布说，他在圣西蒙和圣犹大日前夜（10月27日）离开库维加（《文件和研究全集》第1辑第2卷第183页），他儿子费迪南德说船队是11月2日开入贝洛港。库维加到贝洛港不能多过60英里，船队不可能顺风沿海岸走6天，而且也不可能只走60英里，可见他父子二人所讲的日期总有一个有错误。伯恩认为，哥伦布凭记忆把天气骤变的日期提早了几天，费迪南德所记开入贝洛港的日期是正确的。

② 费迪南德著作第2卷第216页。

到 18 世纪集市停办时市镇缩小几乎搞到一无所有，但曾经用以守护市镇的堡垒的残垣、坍圮的海关旧址仍足以证明贝洛港往日的宏伟面貌。

11 月 9 日，船队离开这个令人愉快的地方，绕过曼萨尼洛岬向东航行了 15 英里或 20 多英里，但是到 10 日风又转为东风，迫使他们退回 13 英里，"于是他们驶入紧接大陆的几个小岛之间，现在这里叫作诺姆布雷·德·迪奥斯。由于这里海岸和岛上盛产玉米，他们就称它为巴斯蒂门托斯港，意即粮食港。"① 船队在这里停留 12 天，修理船只和木桶。费迪南德记录了他们停留期间一件有趣的事情。西班牙船中只有一条小舟看见一条印第安独木舟，决定和它打招呼，当他们走拢时，这个印第安人从舟上跳下水，像水禽一样潜入水中。当这个印第安人浮出水面时，小舟试着赶过他，但他总是相隔一箭或两箭的射程朝另一方向一会儿潜入水中，一会儿又浮出水面。小舟连续追逐了几个小时毫无结果，大船上的水手对土人这种猎狗式的狂暴和野兔式的技巧哄笑不已。

11 月 23 日，船队离开诺姆布雷·德·迪奥斯（为了如哥伦布给一个海角命名为格拉西阿斯·阿迪奥斯的同样理由，尼库埃萨于 1508 年给它重新取了这个名字），同日抵达一个名叫基瓜的地方，它大概就是库莱布拉河口。小舟在这里靠岸，做了一些小买卖。统帅不曾提到这次访问，只说"经过巨大的努力"走了 15 里格以后，到达诺姆布雷·德·迪奥斯东面，风和海流驱使船队后退。但再挣扎一番又到达我已离开的港口，继续前驶我发现另一个港口，给它起名"雷特雷特港"②，冒着巨大的危险，怀着懊恼的心情进入这个港口寻找掩护，"我和船员都很疲倦。"③ 这一天是 11 月 26 日（星期六）。

---

① 费迪南德著作第 93 章（第 2 卷第 217 页）。哥伦布为什么在可以等待另一天让东风把船队送回贝拉瓜时，却继续朝东方航行，这一点不清楚。也许在已向东方走了这么远以后，他决心在返回贝拉瓜以前对这个地区做进一步的考察。

② 原文西班牙文 Retrete（雷特雷特）意为"厕所"或"小间"。这个词当时并无厕所含义。

③ 《文件和研究全集》第 1 辑第 2 卷第 185—86 页。

波拉斯也把雷特雷特港写成次等港口，说它规模很小。费迪南德讲得最详细。船队在港口外顶风停泊，派小舟探测入口和港内深度。小舟水手带回有关此地的一个过分讨人喜欢的报告，因为他们被风浪颠簸得很疲倦，希望上岸与土人进行贸易。他们发现港内海岸陡峭，船只将不得不靠着陡岸停泊，港口是这么小，"不能同时容纳五六条船。"入口有 75—100 英尺宽，还有"锋利如钻石"的岩石竖立在港岸之上，不在这一边，就在另一边。但航道非常深，如果你喜欢哪一边，在进港时就能够跳上岸爬到岩石上去。①

这个小小的隐蔽港口是什么港口呢？一般认为是现代的埃斯克里瓦诺斯港，位置在诺姆布雷·德·迪奥斯以东 20 英里左右，从海上可以望见。它是哥伦布派遣小舟进去希望找到能提供良好掩护的天然港口，船只从岩石之间一条航道进去，航道深 10—12 英尺，宽度与其说接近 100 英尺，不如说更接近 100 码。在港内船只可以靠任一岸边停泊。但现在这个港口比费迪南德当日描写的要大得多，甚至比现代海图上标示的也要大一些。像哥伦布统率的那种船只至少可停泊 30—40 艘，水的深度也足够支持。

1940 年 1 月，我在探寻雷特雷特时，曾把费迪南德的描写文字高声念给当地一位有知识的领航员听，他立刻说那很像埃斯克里瓦诺斯西面 2 英里一个小小的避难港，它在这里与库莱布拉河之间，名叫波尔特特。这个位居珊瑚礁中的小海湾作为一个装卸椰子果的地方早在本世纪初当地就已具有某种重要性。吸水 14—15 英尺的纵帆船常常进港并在岸边停泊。地区周围土地都是平坦的，同费迪南德描写的

---

① 费迪南德著作第 2 卷第 218—219 页。奥赫达在 1513 年的审讯中说他和巴斯蒂达斯已在哥伦布以前到达过雷特雷特（《文件和研究全集》第 1 辑第 2 卷第 224 页）；但是奥赫达的著名航行并不曾向西走得那么远。"比斯凯纳"号上少年水手罗德里戈·德·埃斯科瓦尔宣誓证明：雷特雷特的印第安人同第四次西航中其他地方的印第安人一样，看待基督教徒"仿佛他们来自天堂，他问他们是否看见过其他基督教徒及其他和他同种的人，他们回答说没有看见过"（《哥伦布诉讼案卷》第 1 卷第 132 页）；"比斯凯纳"号上的佩德罗·德·莱德斯马虽然对哥伦布不友好，但还是承认：波纳卡岛和圣布拉斯湾之间每一事物都是他发现的（《哥伦布诉讼案卷》第 265 页）。

雷特雷特邻近地区一样。波尔特特由于珊瑚礁的成长在上半个世纪就已大为缩小，入口现在仅 15 英尺宽，里面已容纳不下哥伦布的船队，甚至把 4 条船绑在一起也容纳不了。它们只有在 1502 年才能挤泊在那里。这个地方是个小"盒子"或"小房子"，它不是埃斯克里瓦诺斯。另一方面，沿海岸航行的人没有哪个会猜测那里是个港口，会派小船去测量水深。当哥伦布从东方向这里靠近时，他一定首先看见埃斯克里瓦诺斯敞开着。最早的海图表示雷特雷特不过是个黑点，一幅 1570 年左右的法国地图把它画成杯子形，位置和埃斯克里瓦诺斯一致[①]。因此哈佛哥伦布考察队经过长久的讨论，不顾费迪南德对它的容量的软弱无力的陈述，做出结论说，埃斯克里瓦诺斯港就是统帅到过的雷特雷特。我们以为，在他访问过后，一次地震把它大大地扩大了。

　　说到码头，由于 1502 年雷特雷特的地面小，船队不得不沿岸停泊，这就给水手们以经营他们所需要的私人买卖的可乘之机。夜晚，或职员防范疏忽时，他们就三三两两地溜上岸。尾随印第安人到当地村庄里去。他们带着一支枪做相当多的买卖。费迪南德说："他们犯下千次罪行，激起印第安人改变他们的态度，和平破裂，双方多次战斗发生。"大量印第安人集结在接近船舶的海岸边。哥伦布试图以忍让和礼节赢得他们，但最后"察觉他们傲慢无礼，为了恐吓他们，就放了几炮，他们则大喊大叫，用棍棒打落树枝，用各种各样的威胁姿态来回答大炮声，表示他们无所畏惧，他们以为大炮只不过能发出轰隆声以恐吓他们而已。因此，统帅就不再忍受他们的傲慢无礼，免得他们蔑视基督教徒，当他们蚁集在一座小山上时，就向他们放了一炮，炮弹落在他们中间，他们才知道这一声巨响打来了雷电。以后他们就几乎不敢从小山背后隐蔽处走到我们面前来了。这个地区的人民

[①] M. 曼努埃尔·德·佩拉尔塔著《哥斯达黎加的历史地理》（1900 年）附图 6。

是迄今为止在印第安人中间所看到的身体最结实的人。他们身体高瘦，腹部不凸胀，面貌好看"①。看来他们与身体结实、胸部宽广，但双腿短小得出奇（是世世代代生活在独木舟上的结果）的库纳·库纳或圣布拉斯印第安人不同，似乎是另一个种族。可是库纳·库纳族被猜想已向西扩展远到查格雷斯那里去了。

雷特雷特是这次西航中费迪南德提到短吻鳄的头一个地方。"港口内有很巨大的蜥蜴或鳄鱼，它们趴在岸上睡觉，散布一种香气好像全世界的麝香都被它们集中了一样，但是它们非常凶残贪食，以致如果发现有一个人熟睡在岸上，就会把这个人拖入水中吞吃掉，虽然它们在受到攻击时会胆怯和逃跑。这种鳄鱼在大陆其他许多地方都找得到，有些人已肯定宣告它们是鳄鱼，像尼罗河的鳄鱼一样。"②

鳄鱼——尼罗河——地上天堂！哥伦布在他第三次西航时曾经这样论证过，但是他现在年老醒悟了。"另一个大陆"不是天堂，而是一个多暴风雨的、未开辟的海岸，诚实的商人会发现这里难以谋生。只要在那无尽止的山脉中出现一个豁口，那就会让他通过豁口走到印度洋去！沿着这崎岖多石的海岸边逆风换抢行船把他弄得疲倦，确实觉得这里没有有水的海峡。也许你可以奴役印第安人去开凿一条海峡或者跨过地峡修一条骡马驮运道路——为什么不呢？人们天天从热那亚旅行到威尼斯呀！但是那样做要花费一大笔钱，而哥伦布很清楚地知道如果他回国没有黄金可以奉献，只有花钱的计划上报，那他从女王那里获得的就只是皱眉蹙额，从国王那里得到的就只有尖酸的粗暴无礼的语言。所以最佳的选择只是寻找更多的黄金。黄金和珍珠是他在卡斯蒂利亚最喜欢讲的两种财宝。因此，他就告别雷特雷特，重返

---

① 费迪南德著作第 2 卷第 219 页。佩德罗·德·莱德斯马做证：许多印第安人在雷特雷特被杀害（《哥伦布诉讼案卷》第 1 卷第 265 页）。关于库纳库纳印第安人的最佳叙述之一见里奥内尔·瓦费尔著的《1680—1688 年的新航海》(L. E. 乔伊斯版，哈克卢特社，1934 年第 78—111 页)。

② 费迪南德著作第 2 卷第 220 页。彼得·马蒂尔到过埃及，他说："当鳄鱼逃走或潜水时，它留下的气味比麝或海狸的更香甜。尼罗河沿岸居民告诉我，母鳄的同一情况：它肚子里散出一切阿拉伯香气。"就它们各自对香气的嗅觉而论，20 世纪的人和文艺复兴时代的人是没有区别的。

贝拉瓜去开采金矿。

"12月5日（星期一），统帅察觉东风和东北风猛烈程度没有降低，跟当地土人的买卖做不成，就决定回头去考证印第安人所讲过的贝拉瓜的矿产情况，因此这一天就在贝洛港以西10里格的地方歇息。"①次日，12月16日，船队按航线前进，但没走几英里风向突然又转为西风，随后整整一个月船队迫不得已就在贝洛港和查格雷斯河西面一个地方之间来往漂荡。如费迪南德所记录的，沿岸海流老是随风流动，这是一种冬季风，逆风换抢行驶，使得你任何地方都不便停泊。

哥伦布简短地但雄辩地描写过这个糟糕透顶的一个月。"暴风雨起来了，把我困扰得筋疲力尽，简直使我不知道何处是好转之地。我的旧伤口发作了，一连九天感到不知所措，丧失了生活的希望。眼里从来没有见过海浪这么高峻、狂怒，带上浪沫这么多。风不光阻止我们前进，而且不让我们有躲到海岬背后寻找庇护所的机会。因此我们不得不漂泊在这血的海洋上，像水壶在红火上面受熬煎一样。天也从来没有显得这样可怕，整天整夜像一个炉子在燃烧。闪电划破天空那威力是这么凶猛以致我时刻都在惊惧：它是不是已夺去了我的桅杆和风帆。闪电的光芒也是这么刺目和可怕，使我们大家都觉得船只就会毁灭无余。雨水时刻不停地从天空中倾泻下来，我不说这是下雨，因为这像又一次大洪水②。人们是这么样焦虑不安精疲力竭，以致竟渴望死亡，以期了结他们的可怕的苦难。"③

费迪南德告诉我们电闪雷鸣骤雨倾盆的可怕景象，诉说海员们日日夜夜浑身湿透，得不到半小时休息的苦恼。他们"同全部自然要素斗争，害怕它们一切。在这样可怕的暴风骤雨中，他们怕火，因为火

---

① 费迪南德著作第94章（第2卷第220—221页）。从埃斯克里瓦诺斯到贝洛港距离大约35英里。
② 第一次大洪水指《圣经·创世记》里那次大洪水。
③ 《文件和研究全集》第1辑第2卷第186页。

焰会闪光；他们怕空气，因为空中会刮暴风；他们怕水，因为水中会掀起巨浪；他们怕土地，因为在不熟悉的海岸边会遇到暗礁和岩石；一个人在走近一个他必须进去，但又不知入口的港口，这类障碍物有时候会忽然出现在他面前，这时候他宁可选择其他自然要素去做斗争。①……除这各种各样的恐怖以外，还出现另一种恐怖，其危险和使人惊奇的程度一点儿也不少。12月13日（星期二），一阵龙卷风卷起的水柱（海龙卷）从船边经过。水手们觉得他们如若不背诵一段《约翰福音》来化解，毫无疑问一定会淹没它所碰到的一切东西。因为龙卷风掀起的巨浪随风旋转，粗如大水桶，高与云齐。"正是哥伦布，他想起用驱魔术来化解海龙卷。他左手举起《圣经》，右手亮出佩剑在空中画十字，指着他的整个船队画圆圈。一面读《圣经·约翰福音》中有名的迦百农附近的暴风雨故事②，读到"是我，不要怕！"为止！③

就在这一天夜晚，"比斯凯纳"号看不见其他三条船了，幸好运气不坏，经过3个很黑暗的可怕日子以后又相逢在一起。在这期间它丧失了它的僚船，曾一度停泊，但不得不割断它的绳索。随后两天风平浪静，但由于迷信，它们还是同遇到暴风雨一样恐怖，因为船队被一大群鲨鱼包围着，水手们用钩子和链条捉它们、杀它们，直到大家被这种血淋淋的游戏搞得精疲力竭方止。尽管有人认为吃鲨鱼肉是凶兆，但大家还是狼吞虎咽，在储存食物快耗完时，大块大块的新鲜鲨鱼肉自然是一种很受欢迎的佳肴。费迪南德说道，到这个时候，由于炎热和潮湿我们船上的饼干都已生虫，上帝保佑，我看见许多人在等天黑去吃用这种饼干煮的粥，因为那样吃才看不见里面的蛆虫。另一些人吃惯了这种饼干，他们甚至懒得去把虫子拣出来，因为如果这样

---

① 费迪南德著作第94章（第2卷第22页）。按照费迪南时代的自然科学，自然界只有四个要素：土、气、火、水。
② 见《约翰福音》第六章。——译者
③ 赫雷拉著《通史》第1卷第3章。诗句载《约翰福音》第5章，17—20节，参见本章首行引语。

挑剔，他们就可能吃不上晚餐。

12月7日（星期六），船队开入一个印第安人名叫乌伊瓦的港口，它位于佩隆岩以东3里格处。他们在这个像大海峡的港口休息了三天。附近印第安人只有3个居民。12月20日，船队趁好天气开航，但好天气不长久，他们一走到海上，暴风雨又猛烈起来，把他们赶入另一个港口。"到第三天我们看见天气似乎好转就离开这里。但暴风雨却像个敌人在守候一个人一样，再度袭击我们，迫使我退回佩隆。当我们希望进入这个港口时，风似乎在同我们开玩笑，几乎就在这个港口边非常猛烈地刮了起来"，迫使船队开入它以前待过的一个港口。"我们在这里从圣诞节第二天（12月26日）停泊到1503年1月3日。"哥伦布说他们在圣诞节举行弥撒礼仪时"回到戈多港……"因为有预言土星（农神）冲火星（战神），天气会变得更坏，他不敢保证海上不起风浪。这次星辰作对的凶象，将发生在12月29日。统帅绝不忽视他的历书。

把哥伦布的记述和他儿子的记述做比较，似乎乌伊瓦和戈多是同一个港口，大概在利蒙湾，就是现在运河区的港口——克里斯托瓦尔港，或者在附近的曼萨尼亚湾，那里建成了一座科隆城（又名巴拿马城）①。戈多港在一部诉讼案卷中被描写为位于拉加尔托斯河（哥伦布给查格雷斯河起的名字，现用作它南面一个支流的名字）② 和贝洛港之间。在这两点之间只有另一个港口，即曼萨尼亚以东的米纳斯湾，我们认为对西班牙人来说，它似乎毋宁是条小"航道"，而不是条大"航道"。佩隆的意义是一座石崖或海岬，它一定是查格雷斯河口的一个岬，那里是古代洛伦索堡垒的所在地。③ 指明利蒙湾或曼萨尼拉湾

---

① 《文件和研究全集》第1辑第2卷第187页。附来自《哥伦布诉讼案卷》脚注的引文。费迪南德著作第2卷第225—226页。

② 奥维多著作（第1卷第78页）中说过，哥伦布给查格雷斯河起名拉加尔托斯河。

③ 这个考证得到彼得·马蒂尔的支持，他在一个地方（dec. ii 第2章，加法雷尔译本，第153页）说，佩隆在贝洛港西面28罗马里处；在另一个地方（dec. iii 第4章，《文件和研究全集》第1辑第2卷第209页）说是在贝洛港西面6里格处。尼库埃萨提议在这里筑城堡是在1510年。贝洛港离圣洛伦索堡大约是23海里远。

是戈多港的另一情况是"加列加"号曾在那里拉上岸清除船底、刷沥青漆，这两个海湾都有适于船只倾侧的滩岸。

因此，我们可以肯定的是：哥伦布的船队圣诞节和新年就是在我们的科科索洛海军基地的所在地，或者在巴拿马运河入口处可以看到的克里斯托瓦尔停泊的，而"加列加"号则是在其附近海滩上倾侧进行维修、把船底清洗干净、把缝隙用沥青涂刷堵死的。费迪南德是个先知，无意中把这个地方叫作运河。但是，考虑到哥伦布错过了这个地点，这是可悲的。如果当时他像找黄金那样热心去找海峡，如果他像在奇里基湖那样仔细地访问印第安人，他就会派他的小舟走5英里绕过托罗岬溯查格雷斯河而上，再换乘本地人的独木舟前进到离太平洋浪潮仅仅10英里或12英里的地方。一个人能够清楚地懂得他为什么不这样做。这里有个时机问题，一个海员在经过一场可怕的海上搏斗后，只能像一条经过熊斗后舔伤口的狗，躺在舱口边休息。哥伦布当时已经是这样精疲力竭、心虚胆怯，已经没有余力再从事开拓事业。他手下的职员和水手也只太喜欢轻松、歇息了。所以，从达连高地"以不着边际的推测神情凝视"太平洋的任务就只好留给瓦斯科·努涅斯·德·巴尔沃亚去干了。

第四十七章　贝伦

1503年1月—4月16日

> 外邦为什么这样争闹，万民为什么谋算虚妄的事？
>
> ——《圣经·诗篇》，第2篇，1节

土星冲火星现象过去了，没有发生不愉快的事情，这是1503年新年的一个幸福的兆头。"卡皮坦"号、"圣地亚哥"号、"比斯凯纳"号和修整过的"加列加"号备足了玉米、木柴和淡水，于1503年1月3日从未来的巴拿马运河入口处附近的戈多港开航。费迪南德说风突然转向，给船队又一次干扰，所以统帅给这个海岸起名"对立海岸"（La Costa de los Contrastes）。不过，统帅自己却说天气还好，"虽然船舶不适宜航海，海员也不带劲。"① 不论怎么说，由于天气，这支船队3天只走了60英里。1月6日他们在一条哥伦布命名贝伦（伯利恒）河附近抛锚，其所以命名贝伦（伯利恒），是因为这一天是主显节②或三王节。③

由于这条河的位置和贝拉瓜河的位置变成了巴拿马和哥斯达黎加两国边界争端中的竞争骰子，对于现在的贝伦河是不是就是哥伦布命

---

① 《文件和研究全集》第1辑第2卷第187页。
② 主显节——1月6日，纪念耶稣显灵的节日。《圣经》记载，耶稣在这一天向6个从东方来的智者显灵。——译者
③ 迭戈·堂·波拉斯（纳瓦雷特著《航海和发现文集》第1卷第286页）说：他们首先在贝拉瓜河附近停泊，然后回到贝伦，贝伦的印第安名字大约是耶布拉。拉斯·卡萨斯（见所著《西印度群岛的历史》第24章［1927年，第2卷第216页］）使用同一名字。费迪南德著作（第2卷第208页）称之为谢乌拉。

名的贝伦河，已引起了许多怀疑。为此，哈佛哥伦布远征考察队就特别注意沿莫斯基托斯海湾那一部分考察这两条河，借以鉴别出哥伦布的"伯利恒河"。经过几次十分吃力的抛锚，在拍岸浪中靠岸时舟复人翻，又沿着浮木堆积高与膝齐的海岸边步行了许多英里，我们才有把握地说：现时名叫贝伦的这条河，完全符合费迪南德所描写的、他和他父亲所发现的贝伦河（伯利恒河）。①

当船队停泊在贝伦河口附近的开敞锚地时，哥伦布乘小舟测量河口沙洲水的深度，也测量贝拉瓜河口（在西面1里格）沙洲水的深度。他发现贝伦河口沙洲水深10拃（约7英尺），而贝拉瓜河口则浅得多，于是决定在开发这个地区寻找金矿时以贝伦为指挥部驻地。他说道："我经过好大的困难才开进这个河口，次日暴风雨就回来了。如果我还逗留在外面，我就跨不过这个沙洲开进来。"②"卡皮坦"号和"比斯凯纳"号于1月9日开进来，两船的小舟立即向河上游行驶去做买卖。"加列加"号和"圣地亚哥"号错过了当日涨潮，到10日才越过沙洲。

刚好在沙洲里面，贝伦河形成了一个水洼，现在这里水深超过3英寻，水域足够容纳哥伦布那样的帆船20艘或30艘。水洼上面是个笔直的深水河段，长约2英里。小舟能溯流而上深入10英里或11英里，我们听说独木舟还能更深入远得多的高地。这里是开发贝拉瓜理想的指挥部地址。哥伦布决定至少要在这里住到雨季过去。淫雨持续了一个多月没有停止。

---

① 这个海岸测量很不完善，以致我们给不出贝伦河口的准确纬度和经度。曼纽埃尔·德·佩拉尔塔在所著《哥斯达黎加的历史地理》（1900年）中说其纬度为北纬8度54分，经度为西经80度51分。美国水文局第945号海图载该地（未标出河流）为北纬8度55分，西经80度49分30秒。

② 《文件和研究全集》第1辑第2卷第188页。费迪南德（见所著《海洋统帅克·哥伦布的生平和事业史》第2卷第228页）说，沙洲在水位高时有4英寻深。比较一下。证明费迪南德著作的译者所讲热那亚寻长22.9英寸，而不是卡斯蒂亚寻的65.75英寸。10拃为82英寸，4英寻为92英寸；但费迪南德是按高水位估算的，潮水涨落平均差额大约为10英寸。1825年贝伦沙洲上水深4英尺，现时为2英尺，只有一种印第安独木舟能够跨过它，而且只在风平浪息时。在我们访问贝伦河的那天，波浪并不汹涌，沙洲完全通得过。

瓜伊米印第安人的村庄分布在贝伦河和贝拉瓜河的上游，他们态度不友好，也不大想做买卖。幸而有个翻译大约是在奇里基同西班牙人交谈过的，自告奋勇告诉本地印第安人说西班牙人是好人。1月12日，巴塞洛缪率领几条小舟，沿海岸走几英里，再上溯贝拉瓜河到达一个酋长驻地，访问酋长基维安。随后酋长带几名武士乘他的独木舟顺流而下来回访高贵的访客。"在会谈差不多要开始时，这位酋长的仆人关心他的土王陛下，害怕他站着办事有失身份，就去附近河边搬来一个石头，小心洗净、擦干，恭敬地放在酋长身后。酋长一就座就点头示意，让我们知道他已允许我们考察他的河流。"① 次日，基维安又登上"卡皮坦"号拜访统帅，通过翻译交谈了一个小时左右，并接受了适当的礼品。

"我们就这样很安逸、无忧无虑，"费迪南德写道，"但1月24日（星期二），贝伦河忽然猛涨，事前我们没有准备，也没有拉粗绳上岸，猛烈的洪水冲击'卡皮坦'号，水力来得这么凶猛，竟把它的两根锚链冲断一根，它还猛撞后面的'加列加'号，把它的波纳芬图后桅冲走。当时船舶失去控制，随波逐流互相碰撞，以致使全体水手职员都面临灭顶的巨大危险。"② 洪水是这个地区的特点。山区由于信风吸收了大量的潮湿气，使这里土壤的含水量已达饱和状态，暴雨骤降，洪水滚滚流下，就使河水猛涨，泛滥成灾。为什么贝拉瓜的金矿（其丰富程度哥伦布并未予以夸大）从来不曾成功地开采出来过，其原因就在这里。如一位老探矿工作者所告诉我们的，你一修好淘洗金矿用的流矿槽或其他机具，一场洪水泛滥就把它们冲到极远的地方去了。

瓢泼的大雨，汹涌的洪水和海浪冲击着沙洲，阻止了进一步考察达两星期之久。海员们除重新装修帆具索具、捻堵船只的缝隙以外，

---

① 彼得·马蒂尔著《新大陆》dec. iii4章（《文件和研究全集》第1辑第2卷第209页末段）。
② 费迪南德著作第2卷第230—231页；《文件和研究全集》第1辑第2卷第188页。

别无他事可做。到2月6日，当海浪下落、平静到足以使小舟越过沙洲时，巴塞洛缪统率三条小舟和68名海员沿海岸走1里格，然后开入贝拉瓜河上驶。他们在基维安的村子里过了一夜，再由当地向导带路向内地前进，一天渡河44次。第二天他们到达一个林木茂盛、土地含金、瓜伊米印第安人在那里采得黄金的地区。有一天，西班牙人在没有任何工具，仅用自己的小刀子也采得了价值两三卡斯特亚诺（大约合6—9美元）的黄金。① 这一队人平安地回到驻地，皆大欢喜。这次发现"金矿"，使统帅印象深刻。他于是决定在这里建筑一座市镇，留下他弟弟来管理，而他自己则赶回西班牙寻求增援。他已错过了海峡，但是那没有关系，因为他已找到了比伊斯帕尼奥拉岛任何地方都丰富得多的金矿。

开拓工作进行迅速。2月14日巴塞洛缪带54名船员沿海岸向西航行22英里，到达一个地区，那里有条河，印第安人称它为乌里拉河，大约就是现在的库洛韦波拉河。他们受到了当地酋长友好的接待，酋长的左右土人不停地咀嚼一种干香草，那可能就是古柯叶。他们在一间大房子里睡了一夜，又遇到另一位酋长。他们以物物交易方式换取金盘，把金盘送回船上。这位前代总督巴塞洛缪办事总是努力不懈，他又带领30个人步行赶到两个名叫科布拉瓦和卡蒂瓦的村庄，在那里发现广袤的玉米田地，并获得大量的金盘。"金盘像托圣餐杯的盘子，土人用线穿起它挂在颈项下，好像我们挂绘有羔羊图像的圣牌一样。"

巴塞洛缪一回来，新殖民地的建设工作就开始。哥伦布给这个新殖民地起名圣玛利亚·德·贝伦。费迪南德描写它位于贝伦河西岸，离河口有大炮射程那么远，"在一条流入贝伦河的冲沟那边，冲沟脚下有一小丘。"② 1940年1月12日，我站在贝伦河对岸，发现这个地点

---

① 波拉斯的记述，见纳瓦雷特著《航海和发现文集》第1卷第286页。
② 费迪南德著作第96章（第2卷第235页）。

容易确定，但对它的防卫能力却印象不深刻，因为河上小丘受地势较高的山林控制。几间房屋、一间仓库或贮藏室是用木材构造的，屋顶是棕榈叶盖的。食物如酒、饼干、油、醋、乳酪和谷类都从西班牙运来，堆在"加列加"号上面。统帅打算在自己回国后把这些东西都留给他弟弟支配使用。

费迪南德在这里对于瓜伊米人及其生活方式插入了一段最有趣的记述。他们同人讲话时，常常背转身子，老是咀嚼那种腐蚀牙齿的干香草。他们的主食是鱼，他们用渔网打鱼，用一根结实的线钓鱼。对叫蒂蒂及其他像沙丁鱼的小鱼，他们用小网在水面上网罗上来，照药剂师用纸包药的样子，用阔树叶包扎回去，放在灶上烤干吃。打沙丁鱼的办法是用桨击水，迫使它们跳上独木舟，舟中用棕榈叶装成帐幕让小鱼落入其中。他们喝一种发酵的饮料（契茶），是用玉米酿造的。还有一种味浓的烈性酒，像法国的加斯科尼酒，是用一种棕榈汁做的；也有用他们自己专门栽培的菠萝制成的菠萝酒，和用曼密果做成的曼密酒。

当圣玛利亚·德·贝伦已建起10栋或12栋房屋，统帅要离开的一切准备都已就绪的时候，天上雨停了，河里水面急剧下落，沙洲上水深不过两英尺。现在船队要出去却出不去。费迪南德写道："我们没有什么要留恋的，但祈求老天下雨，像以前我们祈祷天晴一样。"就在这个时候，在船队陷入困境的时候，当地土人的态度不可避免地发生了变化。这是一切美洲印第安人的特点，他们在认识到这些"来自天上的人"打算定居下来的时候就都会改变态度。哥伦布讲过，"他们很单纯，而我们的人则很讨厌。"① 毫无问题，西班牙人像在雷特雷特一样三三两两、偷偷摸摸地潜入丛林之中用武力诈骗土人的黄金。贝拉瓜和雷特雷特并没有联系，但土人的野性是十足的，西班牙

---

① 费迪南德著作第97章（第2卷第239页）；《文件和研究全集》第1辑第2卷第189页。

人必须滚开。

不久，船队就开始受到一队队成战斗序列的印第安人的光顾。他们假装是同基维安一起向科布拉瓦及其他西方村庄作战的。迭戈·门德斯（"圣地亚哥"号上志愿参加西航的绅士之一）告诉统帅，他不喜欢这种现象，看来有某种事故将要发生。统帅也认为如此。迭戈自告奋勇地划小舟沿海岸去贝拉瓜查看这些队伍驻扎在那里的营房。绕过海岬一两英里，他发现有上千武士扎营在海岸边。他们又叫又闹喧哗不停，对自己正在图谋的事件兴高采烈。迭戈以西班牙人的惊人的镇静态度（这种镇静态度源于他对异教徒的过分傲慢的优越感）单人上岸去向那些人讲话。讲完话以后回到小舟中，他叫桨手把小舟保持在离岸不远的地方，以便整夜可以观察印第安人的动静。印第安人知道他能从水路首先赶回贝伦报警，因此就不敢向贝伦开动。次日早晨桨手用力把小舟划回贝伦，在一小时内迭戈就把情况报告了统帅。

这应该已经给了哥伦布一个暗示：他提出的殖民计划没有压倒一切的优势力量是实现不了的。但没有更确切的情报，他拒绝放弃这个计划。迭戈·门德斯又自告奋勇地去搜集这个情报。这一次他只带一个伙伴沿海岸步行前往。当走近贝拉瓜河口时，他发现两条独木舟，舟上陌生的印第安人坦白地告诉他：集合的武士已经转移了，打算在两天之内开始进攻西班牙船队。迭戈在过去6个星期里似乎已努力学好了瓜伊米语言，他再三说服这几个印第安人，使他们十分不情愿地用桨划舟逆流上驶到基维安酋长的村子里去，那些战斗队员就在村子里安营扎寨。迭戈托词是来帮酋长治疗箭伤，才获得准许进入"王宫"外围的院子里，这时他就想看看酋长那所精致的房屋。他一走近就听到一阵可怕的吵闹声音发生在妇女和儿童之间。酋长的一个儿子冲出门来，用他的土语说了一些很不好听的话，还用手推迭戈，差点把他推倒在地。迭戈修养有素，泰然自若，对这种粗暴举动虽然憎恨，但他把憎恨之意藏在心里。他冷静地演出了一段熟练的小把戏。他知道印第安人对任何新事物都有好奇心，就拿出一个简单理发箱，箱子里面有镜子、梳子、剪刀。他自己坐到地上，他的伙伴罗德里戈·德·埃斯科瓦尔就郑重其事地帮他梳头理发。正如他所期望的，基维安酋长对这件事很感兴趣，他也喜欢罗德里戈帮他理发（的确，罗德里戈是理发行家，梳子很坚固，剪刀是托莱多钢做的）。理完发以后，迭戈随即把这只理发师的箱子送给了酋长。迭戈要吃点东西，食品和饮料都拿出来了，于是他们两人就同酋长一道吃了一顿友好的午餐。午餐后两人回到哥伦布的船上，带回一个情报：印第安人正在准备消灭他们的来客。

哥伦布再次同迭戈·门德斯商议，后者建议抓获基维安及其左右亲信做人质，认为这是唯一安全可靠的办法，他还建议抓人要使用计谋。巴塞洛缪、迭戈·门德斯带队率领80人左右溯流而上，到达酋长的村庄里，分散埋伏在酋长驻扎地的小山上。两位带队和三个随从勇敢地走向前要求和酋长谈话。基维安走出来会巴塞洛缪，后者装作关心他的伤势，出其不意把他抓住。迭戈带的先锋队伍有人放了一枪作为信号，这时其他西班牙人从埋伏地里冲出来，围攻酋长住房，把酋长及其将近30名家庭成员（包括妻子儿女）全部俘获带走。

基维安及其主要僚属都被捆绑好，交船队的主要舵手胡安·桑切斯送回贝伦，其余绝大部分西班牙人则留下来做扫尾工作。但是对于俘获者来说，酋长是太狡猾了。他埋怨绳索把他捆伤了，哄桑切斯解开其他绳索，只留下西班牙人带的一根。黄昏之际，当他们仍在顺流下驶时，基维安跳入水中，迫使桑切斯放开绳索，而不能跟在他后面拉住他。基维安就这样顺利地逃脱了。巴塞洛缪和迭戈·门德斯未受损伤回到贝伦，带回价值300杜卡特的战利品，式样有金盘、"金鹰徽"和"金带"之类，他们"把这些东西做成王冠的样子，戴在头上"。这一切战利品，除留下 20％贡献给王室以外，其余都归大家瓜分了。①

一个大胆的计策，执行也执行得好；但酋长一逃脱就全盘皆糟了，因为酋长逃回去以后立刻就发动全地区人民反对西班牙人。这时多亏天上下了雨，河水已涨过沙洲，有三条船已拖出沙洲打算回国，巴塞洛缪被留下和副手迭戈·门德斯一道统率一部分人管理这个殖民地。4 月 6 日，当要回去的大伙人站在船外向留下保卫圣玛利亚·德·贝伦的仅有 20 人（外加一条爱尔兰狼犬）告别时，突然有 400 名武装土人携带弓、箭、梭镖、弹弓出现在俯瞰这个村庄的山岭上。他们猛攻西班牙人这些住房的篱笆。杀死一人，伤了好几人，巴塞洛缪也受了伤。但是，他们"受到利刀的惩罚和狼狗凶狠的追逐"终于逃跑了。"战斗持续了整三个小时，我们的主奇迹般地把胜利赐予我们，我们人数是这样少，而他们的人数是那样多。"迭戈·门德斯是这样记录这次战斗的。

继之而来的事是灾难性的。战斗刚刚开始以前"卡皮坦"号船长迭戈·特里斯坦奉命乘一只小舟上岸去取最后一次淡水。在战斗时，他和他的船员们呆头呆脑地留在小舟上观战。他说，因为他接到的命令是去取淡水，而不是要做别的事。②等战斗结束，这位船长才安然无事地划船去贝伦河取新鲜淡水。他受过警告说印第安人可能会抓他。但是他说没有关系，他是奉统帅之命令去取水的，他能够自己注意自身安全。当他的小舟沿着两岸都有大量树枝叶簇的排列成行的河流上溯 1 里格时，印第安人突然跳出来扑向这只小舟。他们用戈矛刺

---

① 费迪南德著作第 97 章，迭戈·门德斯的叙述见 C. 简著《航海文选》第 1 卷第 114—119 页。
② 费迪南德在其著作第 98 章（第 2 卷 247 页）中谈到这次战斗中一件偶然事情，他是把它作为典型的意大利性格来说的，因为迭戈·特里斯坦的性格是卡斯蒂利亚人的性格。在这次战斗中间，迭戈·门德斯是在跑进一间棚屋里才看见一个名叫巴斯蒂阿诺的伦巴第人。门德斯说："回过头来，巴斯蒂阿诺，你到哪里去呢？"对此，这个意大利人回答说："让我去，你这魔鬼，我是去拯救我自己的！"

穿特里斯坦的眼睛把他和他的同伴一概杀死。只有一个人潜入水下游到戈矛刺不到的地方才得幸免于难。他这样逃脱，去报告这个坏消息。印第安人还破坏了这只小舟。

这里是一个困难相当大的进退两难之境。三艘本来就要启程回国的船舶现停泊在一个开敞的锚地里，它们中间只剩下一条小舟。印第安人围着殖民站几栋房屋掀起一阵阵恐怖的叫喊声和吵闹声。迭戈·特里斯坦和他的死难船员的尸体已漂流下来，尸体上的伤痕令人伤心惨目，想吃腐肉的乌鸦在它们上面飞翔，景象十分凄惨。岸上全体卫戍人员都希望驾船逃离险境，但没有办法使"加列加"号跨过沙洲，他们没有小舟；统帅也无法把唯一的小舟送到他们那里去。

当战斗进行之际，哥伦布一人留在"卡皮坦"号上面，该船停泊在离岸1英里多的海面上。他本已因疟疾发作而颤抖不已，听到战斗的厮杀声就显得神志昏迷，接着是不祥的寂静，又是他的船长回不来的凶讯。他说过："我爬登这条船的最高点，在可怕的喧闹声中，我大声呼喊向两位陛下的在各方面战斗的船长们求助，但是没有一个人有答复。最后我力竭声嘶，睡着了。我听到一个同情的声音说道：'啊，痴人，慢慢来吧！相信你的上帝，为你的上帝办事，上帝是每个人的上帝！他为摩西做的事、为他的仆人大卫做的事比为你做的事多些什么呢？从你诞生下来，他就叫你担负特别任务。当他看见你达到成年的时候，他就奇迹般地让你的名声响彻大地之上。印度是地球上非常富庶的一部分，他为了你的一家把它赐予你，你把它划分为几部分，因为这使你喜欢。海洋的那些关卡是用坚固的锁链锁起来的，他就把锁钥赐给你。他为以色列的人民、为大卫做了些什么呢？大卫是个牧羊人，他把他提拔起来担任犹太的国王。回心向他，承认你自己的过错；你年纪老了，也不会妨碍你做大事，因为他掌握了许多巨大的财产……不要怕，要有信心。这一切贡献都刻记在大理石碑上，不是无缘无故的。'我听到了这一切，仿佛是在晕厥中，但是我没有用肯定语言答复，只为我的违犯天规而哭泣。"①

一些骨干水手从离岸的另两条船上调来充实"卡皮坦"号。八天以来，事件仍旧在僵持着。天气转好使得锚地已无转移必要，但靠一条小舟跨越沙洲仍嫌不足。幸而基维安对西班牙的狼狗和火器还相当畏惧，所以经过三天警戒和犹豫后，印第安人都退回去了。

与此同时，另一些在贝拉瓜袭击中俘获的土人在"圣地亚哥"号的牢舱中却变得很不安分。夜晚，他们被关在甲板底下，舱盖用锁链锁住。有一晚，更不小心，锚没有上好锁链（因为舱口有块平板可供睡眠）。几个比较有胆量的俘虏就偷偷地堆起压船石，站在石头上用肩膀顶开舱盖走出舱口，把睡在甲板上的水手推开，跳入水中。等到警报发出，他们已游上岸去了。值班的人这才重新把舱盖锁牢。天亮后，当移开窗盖以便给其他俘虏放风时，海员们眼前出现了一幕可怕的景象。夜间这些可怜的俘虏，其中有几名妇女，已用收集在舱里的绳索把自己吊在甲板的横梁下，当他们被窒死时都无畏地屈起两膝，因为舱里太低矮，净空不够他们伸腿上吊。

现在哥伦布醒悟到，已经没有人质可用以保证基维安的善良行为，他弟弟在岸上的处境已岌岌可危，可是河口沙洲仍阻碍交通，连小舟也不能进去。佩德罗·德·莱德斯马自动站出来表示，如果剩下的这只小舟把他送到水浅地点，他就游泳过去，采访殖民站的消息。这件事他勇敢地做好了，带回信息是戍守人员之间互相争吵，防卫力量薄弱，大家吁请统帅把他们接到船上来。这个意思就是要放弃圣玛利亚·德·贝伦殖民站。但是权衡他弟弟和其他同事的生命，哥伦布也别无办法。很可能他还记得纳维达德的命运。迭戈·门德斯用两只独木舟和其他木材扎成一个木排，设法在两天之内把全部卫戍人员、供应物品和帆具索具驳运过沙洲，只丢弃了那条笨重的虫蛀坏的"加

---

① 《文件和研究全集》第 1 辑第 2 卷第 191—192 页。

列加"号。为这个以及其他功劳，统帅亲密地拥抱迭戈并提升他担任"卡皮坦"号的船长以接替迭戈·特里斯坦。

最后，1503 年 4 月 16 日，这支仅余 3 艘船的船队从这个命运多舛的地点开航，如他们所希望的，朝伊斯帕尼奥拉岛前进。这个使他们牺牲了 10 名优秀水手的村庄就永远放弃了。在以后三个半世纪中，西班牙人还不时企图在贝伦河及贝拉瓜上游建立殖民地，但事实证明，开采黄金的困难是不可克服的，当地气候对白人是要命的，这些开矿野营一个个地被放弃了。现在那里原先的瓜伊米印第安人早已被驱逐出他们的村庄和田野，幸存的混血种后代都远居山岭之上，在少数林中空旷之处搭起棕榈叶盖顶的茅房，过着悲惨的生活。两河下游地区现时比哥伦布在 1503 年三王节初次看见它们时已更加荒无人烟了。

第四十八章　漏船航海

> 只因见风甚大，就害怕；将要沉下去，便喊着说，主啊救我。
> ——《马太福音》，第 14 章，30 节

哥伦布在 1503 年复活节夜晚从贝伦河启程时，计划是到圣多明各以便让船员们养精蓄锐并修理好船只，然后动身回西班牙。船队里所有舵手都相信伊斯帕尼奥拉或波多黎各位于他们的正北方，但实际上他们是在古巴西恩富戈斯这个子午圈上，而离伊斯帕尼奥拉岛的最近点在东北方、在当地盛行的风口里行着。哥伦布看到赤道水流使得船队不可能长途逆风换抢航行，在船只处于它们目前这种状态下尤其如此，所以决定沿海岸向东行驶，直到到达一个地点，再从那里找到某种机会按一个方向走到伊斯帕尼奥拉岛。这个合理的、熟练海员做出的决定引起船员们的不满，因为他们相信舵手。他们指责哥伦布是打算用力不胜任的、供应恶劣的船只直接开回西班牙。[①]

当船队无所事事地待在贝伦沙洲以内的时候，凿船虫或船蛆已经在加紧从事凿船活动。为什么哥伦布不在戈尔多港把几条船都拖到岸边，倾侧修补，涂刷沥青漆，而仅仅修理了"加列加"一条船呢？这个问题没有得到解释。也许他的沥青只够修补一条船，所以把它应用

[①] 《最珍贵的书简》(《文件和研究全集》第 1 辑第 2 卷第 197—198 页)；费迪南德《海洋统帅克·哥伦布的生平和事业史》第 99 章（第 2 卷第 254—255 页）。迭戈·德·波拉斯说（纳瓦雷特著《航海和发现文集》第 1 卷第 287 页)，统帅在这里没收船员所有海图，这些海图标示了返回贝拉瓜采金的航路。也许这点可以说明尼库埃萨在 1509 年找不到贝拉瓜，而且在向西航行中在某处失事的原因。

379 到一条情况最糟的船上。到这个时候,要挽救几条船已经太迟了,因为凿船虫之对于凿船,有如少年的第一支雪茄,如果他抽过了第一支,他就一定会继续抽下去。凿船虫一旦钻入船底,就没有什么东西能够阻止它,它就要继续钻下去,把船壳板弄得百孔千疮才肯罢休。为什么统帅不在抵达古巴时,像他在第一次西航中所做的那样,把所有船只倾侧加以清洗呢,或者就在波纳卡岛或在洪都拉斯角这样做呢?把一条木质帆船搁在热带海域超过 6 个月之久而不把它拉开,即使使用铜质涂料,也是不安全的。何况统帅的船队在离开贝伦时已经在海上漂荡了一年多。然而就凿船虫来说,这可能是非常糟糕的一年,哥伦布在他的呈双王的最珍贵的书简中答复了我们那些事后批评,其中写道:

> 让那些喜欢说三道四、吹毛求疵的人,舒舒服服地坐在屋子里去诘问"你为什么不如此这般地去做呢?"我希望他们参加这次远航。我有理由地相信另一次不同的远航正在等待他们,否则我们的信念就一钱不值了。①

换句话就是说,一切躺在安乐椅里的统帅和一切纸上谈兵的航海家,站开些!见鬼去吧!

"比斯凯纳"号已于 4 月 23 日被迫丢弃在贝洛港,其他两艘,"卡皮坦"号和"圣地亚哥"号的情况都不怎么好。② 迭戈·门德斯回忆说:"船上全体拿唧筒、水壶及其他容器舀水的人不够对付从虫孔冒出来的水。"③ 两艘破船只剩下一只小舟担负上岸任务,粮食短

---

① 《文件和研究全集》第 1 辑第 2 卷第 194、195 页。
② 费迪南德著《海洋统帅克·哥伦布的生平和事业史》第 2 卷第 255 页。日期据王室支付船主租金的一份公文。尼库埃萨于 1509 年在那里找回船锚(《文件和研究全集》第 1 辑第 2 卷第 194 页注②)。
③ 撒切尔著《克·哥伦布:生平、事业和遗物》第 2 卷第 650、660 页。

缺，情况远不使人乐观。

两艘破船绕过贝洛港的石岬，向东行进，经过雷特雷特，开入圣布拉斯湾。根据我们的体验，这里是哥伦布第四次西航中所发现的最美丽的地区，也是我们之中任何人都不曾希望看见的最佳冬季旅游胜地。在圣布拉斯角，向东延伸的海岸线从这里折向南方大约走 7 英里，半岛本身突然分裂出一系列参差不齐的林木茂盛的沙洲，哥伦布恰当地给它命名为拉斯·巴尔巴斯（意为连鬓胡须）。沙洲离大陆 1 里格左右，当时无人居住，船队在其中一个沙洲停泊过夜，有人粗略地测量北极星，报道该地纬度为 13 度 30 分，比实际多了 4 度以上[①]。这些沙洲（小岛）的现代名称为穆拉塔斯群岛。此名很不合适，因为现时住在这些岛上的库纳库纳印第安人或圣布拉斯印第安人（根据经验获悉，岛上没有疟疾为害）保持了他们的语言、他们的习俗、他们的血统和他们的尊严。在兴建巴拿马运河期间，一个高级官员曾想购买其中一个沙洲上的沙子，做建筑材料使用。该处掌权的酋长答复说："造成沙子的主，是为不再住在这里的库纳库纳人，为今天住在这里的那些人，也为将来要住在这里的那些人造的。所以，这些沙子不光是我们这些人的，我们不能把它卖给你们。"[②]

我们获悉，波科罗萨是 1503 年库纳库纳酋长的名字，但哥伦布却急于让他的船队抢时间出去进行物物交易。他不曾谈到那崎岖的山脉，其地平线出现在海岸 10 英里之内，他也不曾谈到其中掩蔽着好些珍贵木材的宏伟的森林，那里面有优质的松树桅杆，再混合着桃花心木、雪松、丝光木棉树、乌木、椴木、青龙木、巴西木或洋苏木，在殖民地时代这些木材都是该地区的主要出口货。不时有一棵树挺立在这翻滚的绿叶海洋之中，绽开一簇簇桃红色的或橙红色的花朵，光

---

① 《哥伦布诉讼案卷》第 1 卷第 265 页。
② 亨利·皮蒂尔讲的，见《国家地理杂志》第 13 卷（1912 年）第 649 页。

彩夺目，好似火炬从黑暗的丛林中升起。

5月1日，从贝洛港起8天走了大约125英里，船队到达一个大陆岬，没有什么明显的理由哥伦布给它起名马莫雷奥（大理石）。很可能这个岬就是北纬9度07分和西经77度52分的莫斯基托角。① 海岸在这里开始明确地折向东南，进入达连湾，舵手和船长们以为自己已经到了加勒比诸岛的东方，就劝说哥伦布离开大陆，开向伊斯帕尼奥拉岛。其实他们的位置在牙买加的正南方，离加勒比诸岛西面有900英里左右！哥伦布最好是越过达连湾沿海岸前进，一直走到贝拉角，再离开大陆，那样他就有适当的机会利用夏季常有的轻微的东信风直航伊斯帕尼奥拉岛。奥赫达1499年从贝拉角直航海地的哈克梅尔，1502年也走这条航路战胜暴风雨到达了贝阿塔岛。

哥伦布自己也谈过这一点。他认为试图在加勒比海尽可能逆风行驶，这是没有效用的，其所以无用并不是因为船舶设计不好或船舶行动笨拙（他说即使是葡萄牙的轻快帆船也不好使），而是因为风、气流、海流几种力量一齐压在帆角索，使得这种走法不可能。② 因此，最可取的走法是让船队继续沿海岸向东方行驶，走到它们能够赶上反向海流、能够利用不经常的岛屿掩护、能够利用夜间陆上微风的地方。从一个地点起这样向东走几百英里，他们就能够取一个很好的倾斜方向到达伊斯帕尼奥拉岛。但是从穆拉塔斯群岛到贝拉角的海岸线

---

① 费迪南德著《海洋统帅克·哥伦布的生平和事业史》第100章（第2卷第255—256页）。有些作家以为船队走到了喀里里多尼亚湾，那个马莫雷奥就是埃斯科塞斯角；1697年达连公司在这里创办一个殖民站，巴尔沃亚1513年在它附近开始他的跨越地峡的进军。不过，我记得，莫斯基斯托角有些东西带白色，而埃斯科塞斯角却笼罩在青枝绿叶之中。此外，关于距离的不同叙述也表明莫斯基托斯比埃斯科塞斯更切合。费迪南德讲，马莫雷奥超出巴尔巴斯10里格，那就正好与莫斯基托斯角相合。佩德罗·德·莱德斯马在1513年哥伦布诉讼案卷中做证说，他们航行越过雷特雷特"15里格，到乌拉瓦湾或达连湾"，统帅应舵手和船长的请求离开巴尔巴斯。胡安·金特罗做证说，他们向雷特雷特东面航行了25里格。这两个说法也正好说明那里是莫斯基托角（《哥伦布诉讼案卷》第1卷第265、280页）。

② 载在《最珍贵的书简》中的这段话对于航海者是很有意义的。"如果印度的船舶只能以船尾横梁背风顺风航行，那这不是由于船舶设计不良或船舶行动笨拙所致。那里强大的海流与风结合在一起，就这样使得谁也不能逆风行船，因为他们努力奋斗7天所得，只要一天就能丧失净尽。除驾轻快帆船外，我也别无办法，即使使用葡萄牙三角帆船也是如此。这就是他们有时会在港内停泊6个月、8个月，除非遇到顺风就不开航的原因。这并不奇怪，同样的事情在西班牙也常常发生。"

还不熟悉，即使是一位统帅，有时他也不能不重视群众的意见。① 当群众深信指挥官所做的事绝对错误，会把他们引向灭亡的时候，领导船队航海是一件困难的事。显然，舵手们已说服船员们相信，如果不马上转向北方航行，他们就一定会错过向风群岛，随着船壳板的漏水孔日益加多，那就意味着大家都会被淹死。因此，哥伦布只得违反自己的比较正确的判断，最后向美洲大陆告别，尽量利用风力，尽可能向北航行。

这次航海的其次一段航程，我们只获悉极少情节。费迪南德写道："1503 年 5 月 1 日（星期一），尽管风和海流来自东方，我们坚持向北航行，但总是尽可能极力使帆吃风前进。虽然所有舵手都坚决认为我们已走过了加勒比群岛东部，统帅还是担心我们将到达不了伊斯帕尼奥拉岛。事情变得果然如此。因为 5 月 10 日（星期三）我们看见了两个很小很低的岛屿，岛边布满海龟（因为都在海边，看起来好像小岩石）。从这时起这些岛屿被命名为托尔图加岛，意即海龟岛。"② 这些岛屿就是小开曼岛和开曼布腊克岛，位置在牙买加西北 115 英里处，现在仍旧是一个巨大的海龟工业中心。从莫斯基托角到这里的直线航程是 650 英里，方位是 349 度正或北偏西，但是因为风向变化了几个罗经点，自东向西的赤道流每天流速变化也达 10—50 英里，所以随风行动的实际航程比这个直线航程要长得多。在这些情况之下，再加上船壳板百孔千疮有如牛的反刍蜂窝胃，"卡皮坦"号和"圣地亚哥"号走得很好，平均每日速度为 72 英里。它们运道好，通过佩德罗、塞拉尼拉和其他几个有裂口的珊瑚礁之间平安无事。

在开曼群岛没有停泊。"在随后的星期五（5 月 12 日）晚，30 里格以远，我们来到哈尔迪内斯·德·拉雷纳群岛，这是古巴南面很大

---

① 巴斯蒂达斯向西航行远到达连湾，但除非哥伦布在圣多明各对他讲过（拉斯·卡萨斯否认讲过），对贝拉角以西海岸的情况无论直接或间接他都一无所知。
② 费迪南德著《海洋统帅克·哥伦布的生平和事业史》第 100 章（第 2 卷第 255—256 页）。开曼群岛这个名称在最早的地图上就出现过（《文件和研究全集》第 1 辑第 2 卷第 195 页注②）。

的一个岛群。"现实主义的费迪南德是这样讲的,但他父亲却别出心裁地报告双王道:"我在5月13日到达蛮子省,那是震旦的一部分。"他永不放弃古巴属于亚洲大陆这个概念。

他们到达古巴的这个地方在拉韦伦托·德·多塞·莱瓜斯的西北部,在哥伦布第二次西航中称为王后花园群岛的西南边。这里布雷顿和辛科·巴拉斯礁构成一个浅浅的、石质的港口。1940年我们考察了这个港口,确定了哥伦布船队找它作为庇护所的最可信的地点。① 迭戈·门德斯,尽管忠于统帅,但相信舵手们是对的,在他的笔记里关于这点他写道:"这样我们离卡斯蒂利亚比我们离开贝拉瓜到那里要远300里格以上。"其实,哥伦布向东少走90英里左右,向北部多走了700英里。没有哪个人乘他所拥有的那两条破船能够走得比他更好。

"船只在这个离古巴10里格的地方停泊,"费迪南德写道,船上"充满一片饥饿和苦恼的气氛,因为他们除一些硬饼干、少量的植物油和醋以外,已没有什么可以吃的。由于船只已被无数虫蛆蛀蚀得快要沉没,船员们不得不用3个唧筒日日夜夜排水,搞得精疲力竭。夜晚又受到一次暴风雨的打击,'百慕大'号('圣地亚哥'号)经受不住这个打击,它碰撞着我们,撞坏我们的船头,而且已经开不动,船尾撞破几乎连舵也碰坏了。由于大雨大风阻挡,我们经过巨大的努力,幸而使两船离开。我们虽然放下了所有的锚和绳索,除指挥船的备用大锚外,没有一个锚支持得住。天色微明时,我们发现所有绳索仅剩一股未断,如果夜再长一个小时,这股绳也非断不可。这里是个满布石头的坚硬锚地,我们不能不提防我们后面碰上石头。幸而上帝

---

① 布雷顿岛在小开曼北偏东1/2东(16度整)90英里左右(约30里格),离古巴32英里(10里格),这个距离数与费迪南德在所著《海洋统帅克·哥伦布的生平和事业史》第100章(第2卷第257—258页)所讲的相同。迭戈·门德斯(见撒切尔著《克·哥伦布:生平、事业和遗物》第2卷第650页)补充说:它同1514年兴建的特立尼达一样在同一省区。特立尼达在布雷顿岛西北方,距离约45英里。

愿意，像他已经多次从其他危险中解救我们一样，这次又让我脱离了险境。"① 哥伦布又补充说，他们在这个危机四伏的珊瑚底锚地损失了 3 个锚。

6 天以后，大约是 5 月 20 日，天气转好了，于是哥伦布继续向东航行，"两条船已经丧失了全部备用的锚泊装置，船只本身又被凿船虫蛀得比蜂窝还糟，人们都没精打采，垂头丧气。"它们开进过两个港口，第一个已经辨认不出，第二个，波拉斯说靠近克鲁斯角，费迪南德把它叫作马卡卡，大概就是皮隆港。② 两条船显然已只留下一个锚。"圣地亚哥"号不得不用绳索系在"卡皮坦"号的艉部，或者在风平浪静的港口里，就首尾与指挥船并列，用绳索系牢。

迭戈·波拉斯在他的记事中下了一个很苛刻的结论，说哥伦布从这个港口能够"很容易地走到"伊斯帕尼奥拉岛去，他断言距离不过 50 里格（159 英里）。其实从皮隆港到最近的海地锚地热雷米也有 200 英里远，方向为东南东而且要逆风和逆流行驶。这两条破船要直接地逆风行驶根本不可能，因为无数凿船虫在蛀蚀船壳，漏水现象一天比一天厉害。哥伦布挽救他这次西航的航程计划是最切合实际的，他坚决主张以左舷抢风向牙买加驶去，尽可能抢风驶到该岛，到那时，如果两船仍然浮得起，就等机会做最后一跃，开到伊斯帕尼奥拉岛去。如果它俩不能再走了，以左舷抢风去牙买加比直接逆风去古巴要有把握得多，孤立无援地困在那里至少不会比困在古巴更糟。船员们都相信，过几个礼拜他们就能够使船只行动起来，他们宁愿做单调的唧筒排水工作，希望有朝一日到一个基督教国家去。

---

① 费迪南德著《海洋统帅克·哥伦布的生平和事业史》第 2 卷第 258—259 页。
② 费迪南德著《海洋统帅克·哥伦布的生平和事业史》第 2 卷第 258—259 页；《文件和研究全集》第 1 辑第 2 卷第 195 页；纳瓦雷特著《航海和发现文集》第 1 卷第 287 页。马卡卡是克鲁斯角周围地区的印第安地名，皮隆港是这个角和圣地亚哥之间的唯一良港，哥伦布在 1494 年曾访问过圣地亚哥。

从他们到达这个古巴珊瑚礁之日起，差不多一个月已经过去了，到这个时候两条半沉的船舶才从皮隆港开始它们的最后一次航海。费迪南德写道："我们用三个唧筒在船上排水，日日夜夜从不停息，如果有一个坏了，我们就不能不用小锅代替，直到唧筒修好为止。"在船上一切令人沮丧的工作中，给无望的漏水船排水是最苦的工作，这个工作使人疲累到达极点，没有一点暂息的机会。你明明知道这点，却永远不能加以改进。哥伦布在他呈双王的书简中承认：他犯了个错误，没有尽快赶到牙买加去。他借左舷抢风的风力向前航行。在到达一个据他按测程器和罗盘推算离海地[①]为 28 里格的地点以前，还是希望到伊斯帕尼奥拉岛去。到达这个地点时，水开始涌入"圣地亚哥"号，速率是这样惊人以致两船不得不调正它们的帆桁孤注一掷地顺风开向牙买加。6 月 22 日夜晚，水差不多涌上"卡皮坦"号的甲板，23 日清晨如他们所料想的，两船抵达布埃诺港。

哥伦布在辨认地点方面在这里犯了他的少数错误之一。布埃诺港（现名布埃诺河）是牙买加的港口，他在 1494 年 5 月第二次西航时曾到这里修理过船舶并向土人采办过粮食。这次再来时，布埃诺港还是旧形象、旧规模，离另一岛的向风面有 3 英里左右。如它的现代地名德赖港[②]所表示的，这里没有可饮用的鲜水，附近没有印第安人村庄可以做供应品的来源。因此，两船保持着漂浮不定状态过了圣约翰节。到 25 日才乘陆上清风向东航行 12.5 英里进入一个"珊瑚三面围住的"港口，哥伦布在 1494 年曾给它起名圣格洛利亚港。

费迪南德继续写道："进入港口后，两船就不能再保持漂浮状态了，我们尽可能远地把它们拉上岸，船舷挨船舷地并列在岸上，船两边用斜撑撑住，使它们一点也不能移动。搁在这个位置上，有时

[①] 如果他的船位推算正确，那么这个地点就在牙买加莫兰特角的子午线上，那里刚好看不见蓝山山脉。但考虑到他到达的港口，我不认为他调正航向时已走过加利纳角子午线以东。
[②] 原文 Dry Harbor.——译者

潮水上来差不多能涌上甲板。船前船尾都搭盖舱屋让船员可以居住，还设法加固以防土人加害，因为那时该岛还没有被基督教徒征服或移民。"①

于是，他们就在这里居住下来。

---

① 费迪南德著《海洋统帅克·哥伦布的生平和事业史》第 100 章（第 2 卷第 260 页）。

第四十九章　困在牙买加

1503年6月25日—1504年3月7日

锡安说，耶和华离弃了我，主忘记了我。

——《以赛亚书》，第49章，14节

确定"卡皮坦"号和"圣地亚哥"号被拉上岸后作为住家用船不光荣地结束它们生命的地址，是1940年1月哈佛哥伦布远征考察队的最后任务之一。我们请一位以前的海员兼土木工程师、曾专门研究这个问题的利梅学院的查理士·S.科特尔先生做向导，跟踪哥伦布那个紧缩了的、浸满水的船队到达它们的最后安息地。在圣安海湾（几年后它被重新命名圣格洛利亚海湾）西部，一条足够水深的航道，把我们引入一个潟湖（环礁湖）。这个潟湖被一溜珊瑚礁保护得这样好，致使我们进行考察的那一天虽然刮起了北风，也确保完全无恙。潟湖南岸有一溜渐次斜入深水的沙滩，眺望海洋的海岸呈150度的弧形。海滩后面有一座小的高地可以布置警卫。1508年西班牙人在高地上建了一座新卡斯蒂利亚营房——他们在牙买加的第一个殖民站。连续不断的海滩、低矮的海岸，使当地印第安人没有机会从设伏地进攻陆上船只，宽阔的海上视野使海上过往船舶易于被发现和受欢呼。

一个人可能容易设想，这两条破船是怎样运上岸的。首先把"卡皮坦"号，其次把"圣地亚哥"号停泊在沙滩附近。然后把船上的储备品搬运上岸，再把压船的石头扔到船外边。[①] 拿一根绳索一头捆在

[①] 他们显然是在这里做过这些事情的，因为我的一本1881年《西印度群岛的航海指南》（第76页）中写道，正好在珊瑚礁里边、海滩东面"有一堆压船石，石上水深只有1英寻"。

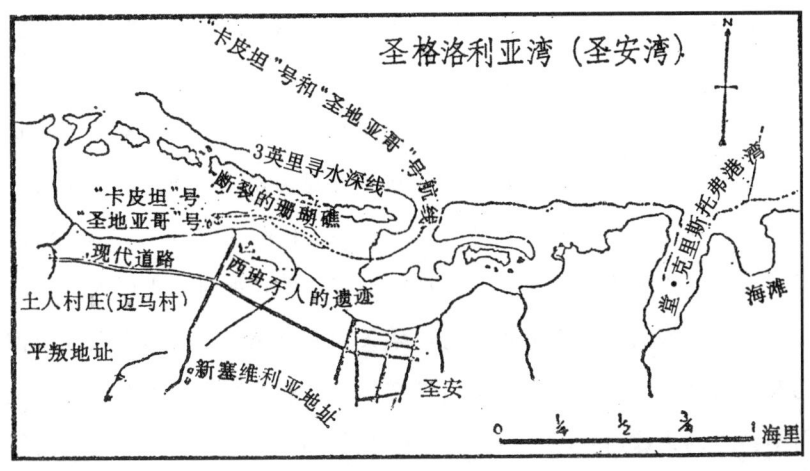

圣格洛利亚地图

树干上，一头连系第一条船的起锚机，两条船的船员齐心合力组成一支排水队，把船中的水舀干，以减少它的吃水深度。在海水水位高时，一些人转动起锚机拉，另一些人使用长桨抬、撬，尽可能远地把它拉上海滩，乘潮落以前，用新砍的木材把它撬上海岸，上岸后压船所需沙子，则在低水位时已把它们倒入船舱里。次日天亮，海潮涨起来了，又用同一办法，起运另一条船。当两条蛆蛀坏的船都安置在沙岸上时，就在甲板上盖起用棕榈叶做屋顶的棚屋，以蔽风雨，大炮和枪支都摆出来，使无论来自岸上或来自独木舟队的攻击都能击退。

就这样两条破船"船舷挨船舷地"搁置着，如费迪南德所讲的，它们变成了干燥的住房，却不是简陋的堡垒。附近有两条鲜水溪流，一座大的印第安人村庄、迈马村，村子相距大约半英里远，便于作为供应来源。在牙买加北岸，再也找不到更合适的困守待援地址了。[①]

[①] 离圣安湾以东1英里或2英里，有一个狭窄的V形小海湾在18世纪的地图上名叫堂·克里斯托瓦尔湾或堂·克里斯托弗湾，在最新现代地图和海图上叫哥伦布湾。牙买加公众意见和弗兰克·昆达尔的标准《牙买加史》(1915年，第272页)都确认它就是两船拖上岸的地方。但是有许多理由说明不可能是这个地方。费迪南德两次说这个海滩是在圣格洛利亚湾里面，而不是在它外面。奥维多(见其著作第1卷第79页)说，这两艘船"安置在现时名叫塞维利亚的海岸上"。新塞维利亚的遗址已找到，离我们描写的海滩有几百码远。

就安全着想，船员们现在住在这里也相当好。迭戈·门德斯谈到过，可能存在的唯一的危险是印第安人可以在夜晚偷袭他们，放火烧他们的棚屋。当前紧迫的问题是粮食问题，因为船上的储备品不是吃光了就是损坏了。船队原来定员（水手和见习水手）140人，在抵达贝拉瓜以前已有6人死亡或开了小差，在贝伦战斗中有12人被杀害，以后又有6人死亡。剩下116人都要给养，而且那时西班牙人都不是一般容易吃饱的人。哥伦布知道，牙买加人口稠密，虽然土人都跟古巴及巴哈马土人一样，与泰诺人同文化，虽然他们由于绝对没有黄金而不会受侵犯，① 但在第二次西航中已显示出战斗精神。统帅根据经验知道，即使是一个泰诺人也能够被西班牙人的行为逼得起来拼命。如果他让他的部下这些"天生桀骜不驯的人到处乱跑，窜进印第安人的家里，拿他们所找到的东西，撩拨他们的妇女和小孩，那就一定会使本地土人变成冤家仇敌，给自己惹麻烦，像在雷特雷特发生的事变那样。于是，船员们奉命留住在船上，不获准许就不得上岸"②。迭戈·门德斯船长被派遣带3名同伴尽其所能通过外交途径去采办粮食。

门德斯谈过他怎样吃完最后一份饼干和酒，然后拿起刀子带3个同伴朝内地走去。"幸而上帝保佑，我发现本地人非常温和，对我毫无伤害，他们怀着善意，友好地请我吃东西。"在一个名叫阿瓜卡迪瓦的村子里，他同印第安人谈好：他们把木薯粉、狩猎品和鱼送到船上，再换回西班牙人的货物。费迪南德告诉我们，议妥的物物交换价格是两只名叫硬毛鼠的大啮齿动物换一个针绣花边，一个木薯面包换两个或三个玻璃珠，一只鹰铃换大量什物，另外把几件特别礼物如一

---

① 没有一件金饰品，或实在是金属做成的任何东西在牙买加印第安人的坟墓中找到过。像所有其他没有防卫工具的西印度人一样，牙买加的泰诺人被西班牙人斩尽杀绝，到1655年英国人到来时已一个不留。

② 费迪南德著《海洋统帅克·哥伦布的生平和事业史》第101章（第2卷第261—262页）。

顶红帽子、一面镜子或一把剪刀送给酋长或其他重要人物。门德斯先打发一个人回来报告统帅,再前往另一个村子做同样的谈判,又打发第二个人回来报信。从那里再去拜会一个名叫胡阿雷奥的大酋长。①这位酋长住在梅利拉村,渴望做买卖。门德斯又派第三个同伴回去报告统帅。胡阿雷奥于是派两名印第安人给门德斯当搬运工,"一个搬运我睡的吊床,另一个输送食物。"门德斯在该岛东部会见一位名叫阿美罗的酋长,同他成为亲密的朋友,甚至同他交换姓名。②门德斯把一个黄铜头盔、一个斗篷和一件衬衫向阿美罗购回一条上等独木舟,独木舟由六名印第安桨手划动,装载一批粮食由海道胜利地开回圣格洛利亚。哥伦布拥抱他,他也拥抱哥伦布,因为两只陆地船上已经一片面包也不剩,西班牙人正在挨饿。我不懂为什么他们不能下水去捉鱼,或者到附近的迈马村去买玉米和木薯。但是现在远远的印第安人每日都送粮食来换东西,"我们何时吃东西"的问题有好几个月不曾再提出来。

其次一个问题是怎样回家去。后来的航海者得到先行者经验的启发,常常拿起斧头、刀子以及其他工具砍树,把树木变成船料,但是哥伦布没有一件工具,他的两名捻船缝的木匠已在贝伦被土人杀死了。他的船员们没能力修补"卡皮坦"号和"圣地亚哥"号两条破船,制造一条新船就差得更远。从伊斯帕尼奥拉派船来照顾他们毫无希望,偶然碰上探险者来到这里的机运也等于零。就我们已有记录的材料而论,自1494年以来,除奥赫达的第二个船队中有两条船在1502年曾从贝拉角来到牙买加南岸寻找粮食外,③来访问

---

① 牙买加的历史学家似乎不曾确定岛上第二个西班牙城镇梅利拉的位置。根据阿隆索·德·圣克鲁斯著《海岛图集》中的地图(1918年图112),梅利拉位在圣玛利亚港,离圣安湾约7里格远,迭戈·门德斯说是13里格;洛佩斯·贝拉斯科的《地理学》(1894年第120页)说梅利拉离新塞维利亚是12里格或14里格。

② 阿美罗所住村庄的原址已由科特尔先生确定在莫兰特灯塔角正西2英里处的一个高地上,它和大海之间隔一沼泽地。

③ 纳瓦雷特著《航海和发现文集》第3卷第106—108页。

古巴或牙买加的西班牙人甚至一个也没有。原因很清楚，哥伦布已报道过，那里没有黄金。因此唯一可能解救的办法是派使者乘印第安人的独木舟到伊斯帕尼奥拉岛去租船。必须先得到一条独木舟，因为在贝伦战斗中救出来的唯一的一条小舟已在布雷顿岛的大风中损坏了。

391　　7月哥伦布向门德斯谈了自己的心里话，要求赶紧行动，因为感情易变的土人随时可能倦于供应粮食，而被限制在旱船上的西班牙人一旦讨厌和憎恨这种生活，就可能控制不住。门德斯迟疑不决。这也并不奇怪，因为从牙买加东端到伊斯帕尼奥拉岛西角航程105英里，一路都要逆风和逆流航行；而在抵达圣多明各以前还有350英里要用桨沿海岸划行。此外，他还说明，统帅在各种场合都把职责加在他身上，现已引起别人妒忌，因此他建议统帅召开全体职员会议，看有谁愿做一次独木舟航行，如果无人自动出来，那么他迭戈·门德斯就愿意豁出这条生命再一次为统帅效力。事情果然如他所预料的，大家都不想去，于是门德斯又自告奋勇冒险前往。

　　由于门德斯想立刻动身，哥伦布很快就在甲板上舱里写了一封致双王的信，此信被称为《最珍贵的书简》。① 这是一个人在心身两方面都饱受痛苦之后的作品，它没有条理、夸大其词，还夹杂着宇宙志及贝伦幻象的讨论，然后又忽然勉强插入像野猪和猴子在卡里艾斗狠这一类的情节。他吁请双王给他部下那些"经历了想象不到的艰苦和危险的船员付报酬"，但是除他弟弟以外，不要给任何人以信任。他坚决认为贝拉瓜的金矿是"从未带回西班牙过的最佳新闻"。他还提到自己被囚禁、手镣脚铐地押送回国的耻辱。但是这封条理不清的冗

---

① 《最珍贵的书简》是根据1810年哈科波·莫雷利再版本的书名命名的。书简于1505年在威尼斯用意大利文译本首次印行。这个版本以摹真本重印在撒切尔所著《克·哥伦布：生平、事业和遗物》第2卷第669—682页，并附译文。此书简的最早的西班牙文手稿颇多讹误，早期的意大利文译本有助于恢复原状。最佳原文载《文件和研究全集》第1辑第2卷第175—205页；新译文载拙编《〈航海日志〉及其他文件》。

长的信却以高尚的而雄辩的语言做结束：

> 我在 28 岁时前来效忠两位陛下，① 到现在头上已没有不白的头发，身体衰弱，筋疲力尽了。一切属于我和我弟弟的东西都已被夺走、被出卖，甚至连我披的斗篷也未能幸免，这是我的奇耻大辱。我相信，这都不是奉两位陛下之命做出来的。恢复我的名誉，偿还我的损失，惩办那些打击我、掠夺我的珠宝，贬损我的统帅权利的人，这将有助于增加王室尊荣。如若陛下肯这样做，那么，作为可铭感的、公正的双王，最高尚的道德，没有前例的威望就都会归诸两位陛下，而这种光荣的纪念将为西班牙永存。我在为两位陛下效忠时所常常表现的诚实目的，对比这种过分无情的凌辱，的确使我的灵魂不能保持沉默，即使我愿意沉默也沉默不了。我恳求两位陛下宽恕。像我已说过的我已被毁灭。在此以前我为别人哀伤，现在我呼天喊地怜悯自己，为自己哀伤！关于物质方面，我甚至一文不名；关于精神方面，我甚至已在印度这里停止举行仪式。在这种痛苦中感到孤立无援，身体衰弱，每日希望死亡；这里周围有成百万充满残暴行为的野蛮人和敌人，因而又使我脱离神圣教堂的神圣礼仪，如若灵魂离开了肉体，灵魂怎么不会受怠慢呢!? 为我自己哀伤，谁具有博爱、真理和正义的情怀！参加这一次西航，我不是来追求收益、荣誉或财富，那是肯定的；因为当时这一切的希望都已破灭了。我抱着诚实的目的和真正的热情投奔两位陛下，我不说谎。我恭敬地请求两位陛下，如果上帝乐意，今后把我调动，那就求您俩帮助我前往罗马，再一次朝拜圣灵。愿神圣的三位一体保佑两位陛下长

---

① 即使错成 38 岁，也不正确。我们已经知道，哥伦布是 1451 年出生的，他认为自己从 1486 年 1 月起为西班牙国王效劳。

寿永远至尊无上。

    1503年7月7日写于印度、牙买加岛。①

  我们感觉这不是那种向王室索取恩典的信件，我们的感觉由信件被接受后的处理情况得到进一步证实。这封信的效果非常小，以致在哥伦布回国后几个月，双王不曾接见他，尽管那里有他儿子在御前。掠夺他的人和迫害他的人都不曾受到惩办，他的总督职位在他生时也不曾恢复。双王对贝拉瓜金矿的故事漠然置之。他没有找到海峡，也没有到达香料群岛。在双王心目中，这次西航纯粹是浪费金钱，统帅是个缠扰不休的惹人讨厌的人。

  比较合现代口味的是哥伦布刚好有点时间写给他的朋友的一封短笺，他这位朋友就是塞维利亚的拉斯库埃瓦斯修道院的加斯帕尔·戈里西奥修士。②

  可尊敬的和很亲爱的神父：

    如果我这次航海有助于个人健康和家庭幸福，像它已许诺为王国政府和国王及女王两位陛下谋利益那样，那么我将盼望活一百多个欢乐的节日。我没有时间写多点写详细点。我希望带信人是一位能够通过口头把比一千封信还多的语言告诉你的人。堂·迭戈也会给你传达信息。

    我恳请可敬的院长和所有的同道们在你们祈祷的时候慈爱地记着我。

    1503年7月7日写于牙买加岛。

    等候阁下的吩咐。

---

① 《文件和研究全集》第1辑第2卷第204—205页。哥伦布脱离教堂的圣礼是什么原因？换言之，跟亚历山德雷修士有什么关系？据波拉斯造的薪饷册，他和所有幸存者一道平安回家。
② 《文件和研究全集》第1卷第174页。

第四十九章　困在牙买加

$$\begin{array}{c} \cdot S \cdot \\ S \cdot A \cdot S \\ X \quad \bar{M} \quad r \\ X\bar{P}O \quad FERENS \end{array}$$

迭戈·门德斯把他从阿美罗那里买来的大独木舟拉出来，安装一条假龙骨，在舟底涂沥青和油脂，在舟头和舟尾安装防波板以避海浪，再装上桅和帆。他带 1 名基督教徒和 6 名印第安人勇敢地开始航海。他在加勒比海域经过几个风景最美的地方：白色的珊瑚海滩上棕榈成行，瀑布溅落在岩石之上流入海洋；裂口很深的山谷上通蓝山山脉，山岭之巅集聚着毛毯似的云彩。他们白天航海，夜晚找小港做安全的庇护所。在圣托尼奥港有个多树的岛屿，使他们得到完全保护。在靠近东北角的某地（他相信这里离伊斯帕尼奥拉最近），门德斯以他惯有的无畏精神离舟上岸，深入一个森林。他突然被一批印第安人包围了，他猜想那些人有意杀他，抢劫他的独木舟和给养。那批土人玩了一个撞运气的把戏，赢家就有权杀他。迭戈乘他们玩把戏时逃回舟上，加快划桨赶回圣格洛利亚。

哥伦布对这次企图失败并不表示失望，他机智地隐瞒真相，看见门德斯活着回来表示十分高兴，但要求他再试。门德斯同意再去，但要求统帅派一支武装警卫队保护他们到岛的东北角他们打算离开的地点，以防那些心怀敌意的印第安人。因此，巴塞洛缪就带相当多的一支武装力量组成一个独木舟队陪门德斯去牙买加东端。

在这第二次东航企图求救的行动中，门德斯还有另一条大独木舟由巴托洛梅·菲耶斯基指挥陪他同行。弗利斯科，如哥伦布所称呼的，属于热那亚一个贵族之家，这个家庭在哥伦布家庭贫穷、微贱之时曾不止一次对他们友好相待。当哥伦布招募西航船员时，巴托洛梅来到塞维利亚应募。由于统帅常常喜欢任用同乡人担任负责职位，菲耶斯基被任命为"比斯凯纳"号的船长。①

曾经商定，门德斯和菲耶斯基应各带 6 名基督教徒和 10 名印第安人东航，希望至少有一条独木舟能通过海峡到达伊斯帕尼奥拉岛。如果两条独木舟都到达了，门德斯就应该赶到圣多明各去租一条船，而菲耶斯基则返回牙买加报告救援即将到来的消息。独木舟队一到达牙买加东北角，迭戈·门德斯就向上帝和我们安提瓜的圣母致意，菲耶斯基无疑也向他故乡城市的保护神圣乔治祈祷，然后面向巴塞洛缪·哥伦布热泪盈眶地互道珍重、互喊再见。在那些日子里，当他们觉得忍不住时，最坚强的人也并不以掉泪为耻。巴塞洛缪站在海岸边目睹双舟走向大海，直到望不见时，才转身回到圣格洛利亚，久久地等候回音。

迭戈·门德斯对准备渡海讲得详细，对实际渡海却讲得简短。幸而通过费迪南德我们获悉了菲耶斯基讲的经历。从牙买加东北角到伊斯帕尼奥拉最近的陆地，在达姆·玛丽角和蒂布龙角之间，距离为 108 海里左右，但从牙买加走 78 英里可到纳瓦萨岛使旅程暂停一下。这个岛平坦，礁石高出海平面约 300 英尺，长 2 英里，现在美国在这里建有一座灯塔。独木舟开航时水面平静，但划手们没有理由指望这种情况能维持长久，因为在这个地区 7 月份是信风活跃的一个月。

每一条独木舟除船长外还载运 6 名基督教徒，操舟的印第安人大约是 10 名。每舟都从废弃的船上拿来一个罗盘，这是可想而知的。第一天把他们热得要命，甚至连印第安人也忍受不了，因之不得不轮流下水游泳以图清凉自己。到日没时，蓝山山脉已经隐没不见了，划

---

① 门德斯不曾谈到菲耶斯基，也不曾让我们知道他自己的独木舟是怎样单独跨越海峡的。但是哥伦布却谈到了（《文件和研究全集》第 1 辑第 2 卷第 227 页第 5 行）。费迪南德讲菲耶斯基的部分，见他的著作第 101 章和第 105 章。另一方面，费迪南德既没有谈门德斯开始的企图也没有指名道姓地谈他怎样向印第安人采办粮食。显然这是由这次西航中热那亚人和卡斯蒂利亚人之间的血缘关系不同所致，双方谁也没有慷慨大方到给对方以充分信任。

手交班，两舟继续朝东方前进。次日早晨，早餐后，发现印第安人携来自用的淡水已喝完，到中午他们已渴得不能操作。幸而每个船长都保留了一小桶水自用，把这小桶水拿出来正好足以维持这些划手继续操作，然后以天黑以前会航近纳瓦萨的希望鼓励他们前进。太阳落下去了，纳瓦萨岛还是看不见。每个人都十分沮丧，因为据他们推算船位，他们已划进了64英里，如果航路不错，本应该看见这个岛了。费迪南德写道："这使他们大失所望，筋疲力尽、颓丧不堪。因为由于海流走向和由牙买加到伊斯帕尼奥拉的航向相反，一条独木舟24小时划进10里格已是快得不能再快了。"第二个夜晚过去，一个印第安人渴死，另外几个印第安人都过于虚弱和沮丧，以致什么事也不能做，一齐躺倒在船底板上。他们有时只得用海水漱口润润喉咙。费迪南德说："这是我主赐予的安慰，他曾经说过：'我渴了。'"利用这种盐水的安慰设法在第三天继续前进。夜幕再次降临，还是没有看见纳瓦萨的影子。但是当月亮升起时，迭戈·门德斯望见了"一个小岛，小岛的低矮的边缘有阴影，像一次日食或月食一样"。这一发现鼓舞了他们，到第四天早晨（从牙买加算起已72小时），两条独木舟靠岸，船员们登陆。费迪南德说道："他们尽最大努力才得登陆那里。"而爬上那些峭壁岩石也困难到了极点。他们首先感谢上帝，然后到处找鲜水，鲜水是从岩洞里找出来的。有几个印第安人放肆喝水，以致被水呛死，其他的人也"得了急症"。迭戈·门德斯用打火石碰铁点火，收集水生贝壳类动物，煮熟吃；但最使他们高兴的还是望见了高高的蒂布龙角耸立在东方。因此，他们趁夜晚凉爽又鼓棹前进，在清晨以前走完了到伊斯帕尼奥拉岛的余下30海里。

在蒂布龙角岸上休息两天以后，巴托洛梅·菲耶斯基这位要保持他的信誉的绅士提议开始返航，但是没能说服一名船员与他同行。这些印第安人宁愿冒死在伊斯帕尼奥拉之险，而不肯再走这条航道；那些基督教徒认为自己是"刚从鲸鱼肚子里释放出来的，他们的三天三夜同先知约拿的三天三夜相符合"，断言这一去是挑战似的面对上帝再去试一试他们的命运。比起中太平洋波利尼西亚人的定期独木舟航海来，比起英国人和美国人的许多次小舟航海，特别是现代战争中，这种横跨向风海峡的百海里航海"并不值得着重去写它"，但是美洲印第安人却不习惯这种航行。这是我们知道的南欧人参加过这种航海的第一次机会。①迭戈·门德斯在他长长的光辉一生中做过许多英雄的事业，不过在他的遗嘱中（其中对这些英雄的行为有详细的叙述），他却给他的墓碑和墓志铭留下以下一些言论：

> 这里安息着可尊敬的绅士迭戈·门德斯。他在和值得辉煌地纪念的统帅堂·克里斯托瓦尔·哥伦一道发现和征服印度的事业中，为西班牙王室服务，贡献颇大。他发现了这些地方，后来连同他自己的船舶、自己的生命一起奉献出来。他死……为了上帝之爱他恳请做念主祷文的祷告，唱万福玛利亚赞歌。
>
> 在上述石碑中，请刻上一条独木舟，那是一根整树凿成的小船，印第安人坐在里面划桨，因为我曾乘这样一条独木舟航行三百里格；舟上方让他们刻上几个字——独木舟。②

"我把我的独木舟开到一个很方便的海滩上，"门德斯在他的记事中写道，"那里有许多土人下来观看，送许多食品让我们吃。"他招到6名新印第安桨手，忍受着三日一发疟疾之苦沿海岸朝圣多明各前进。到达阿苏阿港（一年以前船队在遭遇飓风袭击后曾到这里或其附近集合）后，他获悉奥万多总督已去哈腊瓜省平乱。门德斯放弃这条独木舟走到内地，在总督的战地指挥部会见奥万多。

---

① 在葡萄牙人航海史里，无论当时或50年间从没有小舟远航的记载；在北欧历史中，自从爱尔兰教士乘兽皮包覆的柳条小舟从设得兰群岛航行至冰岛以后，再也没有可以和1503年探险相比的远程航行。

② 撒切尔著《克·哥伦布：生平、事业和遗物》第2卷第655、665页。注意其中把距离夸大了。从牙买加到蒂布龙角距离不是35里格，到阿苏阿大约是80多里格。

哥伦布被困在牙买加的消息，绝不会使奥万多不高兴。他害怕统帅带着新发现的新光荣回来，那将促使双王恢复他的总督权力，那就意味着他奥万多要从赚大钱的高位上引退。他把门德斯阻留在他的指挥部7个月，这期间他用最血腥的最彻底的，甚至连现代征服者也望尘莫及的手段压平印第安人的叛乱，他活活吊死或烧死印第安酋长及其他首领大约80人，其中包括美丽的女酋长阿娜科阿娜。门德斯来到奥万多这里是1503年8月，直到1504年3月才获准步行去圣多明各。他在圣多明各等西班牙来的船舶等了两个多月。政府有一条小船在圣多明各，但奥万多不让他使用。至于菲耶斯基，在他同哥伦布回西班牙以前我们没再听说他的情况。显然，他已发现再雇桨手划独木舟回牙买加不可能。他在1506年目击统帅临终的遗嘱和遗言，后来回到热那亚，几年后我们知道他曾指挥一支拥有15艘船舶的舰队参加对法战争。①

在圣格洛利亚，哥伦布和他的船员们时刻都在等待和盼望中。他们等待的时间越久，对使者到达伊斯帕尼奥拉的希望越渺茫。夏去秋来，秋去冬来，在呆板单调的生活方面，变化很少；但在生活舒适方面却变化很大。因为冬天到来，常刮北风，船只所在的海滩在圣格洛利亚湾方面虽然有珊瑚礁防御汹涌的海浪，但对北方来的暴风骤雨却束手无策。西班牙人经常被他们的统帅严格限制在旱船上，时间越久就越是害怕、越是不安和不满，叛乱的苗头开始显露，于是一个阴谋就在波拉斯兄弟周围那些人中间形成。

"圣地亚哥"号船长弗朗西斯科·德·波拉斯和王室代表、审计官迭戈·德·波拉斯是靠政治背景而被任命的人，像许多同性质的人一样，从来没有做好过一件分内工作。巴塞洛缪·哥伦布是"圣地亚

---

① 洛利斯注，载《文件和研究全集》第1辑第2卷第93页。奥万多和哥伦布的关系在次页评论过。

哥"号的实际负责船长，虽然不拿薪水。迭戈·波拉斯除保管上船黄金账目外，在全航程中都是一名懒汉。他们对航海技术是外行，不能理解把两艘破船拖上岸的真正原因。那些船员在精神颓丧、心怀不满的情况下也只乐意听玩邪恶把戏的议论。他们彼此发问：为什么统帅要把他们留难在牙买加？如果他喜欢，他完全能够好好地把两条船开到伊斯帕尼奥拉去。当然，他现在身体不好，但只要这个热那亚人许可，波拉斯船长就一定能率领他们前往，在统帅把"圣地亚哥"号拉上岸以前，这条老船并没有什么大不了的过错呀！事情的根源在这里：哥伦的流放期限没有满——你没注意到他们不许他在圣多明各上岸吗？他不能回到那里，也不打算回到那里，把独木舟派去纯粹是为料理他的私人事务、黄金或其他等，他哪里会关心我们的利益！十分可能，如果有一条船来了，他一定会把我们丢在这里任印第安人去屠杀，像在纳维达德那些可怜的家伙所遭遇到的一样。的确，在贝伦，如果不是巴塞洛缪这个前代理总督要救自己命的话，纳维达德的灾祸一定会降临我们头上。对于我们来说，唯一可行的办法是夺取几条独木舟、拐骗少数印第安人操舟，大家逃到伊斯帕尼奥拉去。凭老天的名义讲，大家躺在这里等待腐烂，有什么意义？让这些乞丐般的热那亚冒险家高兴吗？对，假定我们到了伊斯帕尼奥拉，对我们的叛变行为要受审判吗？——一点也不可能。奥万多总督是统帅的仇敌，他一定高兴看见我们没有他。——对，多半会这样。至于费迪南德和伊莎贝拉双王会怎样呢？统帅同他们似乎相当好。毕竟这些船只是他们的船，我们的工资也是他们付的。谁付我们的工资？卡斯蒂利亚的高级司库，很高尚的堂·阿隆索·德·莫拉莱斯的情人是我、弗朗西斯科·德波·拉斯的妹妹，绅士们！

当然，那就使得这种论证成为确定无疑。那就意味着波拉斯兄弟能够叛逃和谋杀，而这正是他们要做的。

留在圣格洛利亚的100名左右的水手和见习水手中有48人参加叛乱阴谋。这时统帅因关节炎发作痛倒在船舱里。这就给叛乱者一个良好时机。在这个凄凉的圣诞节和不愉快的新年里,既没有葡萄酒用来祝贺,也没有一口合适的圣餐可吃,波拉斯兄弟就在1504年1月2日开始发难。清晨弗朗西斯科来到"卡皮坦"号船上,不经邀请走进统帅舱里,开口就说:"先生,你不设法回卡斯蒂利亚去是什么意思呢?把我们陷在这里饿死、冻死吗?"哥伦布从他那傲慢的语气中琢磨到会发生事故,镇静地回答说,他同任何人一样急切想回去,但是在伊斯帕尼奥拉派船来接以前,他看不出他们怎么能够回去;如果他有其他好办法要提出来,请把它提交职工会议讨论。对此,波拉斯回答说:"现在没有时间讨论了,快快上船,否则留在这里去见上帝。"话一说完,他就车转身向聚集在听觉所及范围内的船员高喊:"我回卡斯蒂利亚去,同那些愿意跟我的一道走!"这是对阴谋分子发出的信号,于是全体阴谋分子开始高声大叫:"我们跟你走!"他们很快就占据前后船楼和主桅上的桅楼,高喊:"回卡斯蒂利亚去!回卡斯蒂利亚去!"统帅本来躺在床上,在喧闹声中跟跟跄跄地走出来,如果不是三四名忠实的仆人扶着他迫他转去,很可能遭受杀害。现在他弟弟巴塞洛缪手拿一支长矛赶来,统帅的仆人夺下他的长矛,把他推入统帅的舱里,他们同时吁请波拉斯要走就自己走,不要伤害人,如果杀了人,万一能回去就一定会受到惩罚。

叛乱分子挤入系在船边的10条独木舟,许多没有参与阴谋的人也加入他们一起,给少数忠诚的和生了病的海员带来巨大的灾难。费迪南德说过,没有疑问,如果这些人身体健康,那就不会有20个人留在统帅一起。结果,留下的和叛走的人数大致相等。①

波拉斯兄弟和他们那一伙兴高采烈的船员开始沿海岸向东航行,

---

① 费迪南德著《海洋统帅克·哥伦布的生平和事业史》第102章(第2卷第268—272页)。人数增减不是当时要点,所以要得到确切数字相当困难。以波拉斯的船员名单为基础,减去那些抵达牙买加以前死亡的和开小差的,我们得出抵达圣格洛利亚的人数为160人——迭戈·门德斯说是230人!门德斯和菲耶斯基两条独木舟带去14人,原来参加波拉斯一伙的阴谋分子48人。余下跟哥伦布的54人,但后来费迪南德说忠诚人数大约是50人。在最后一分钟跟波拉斯的不超过4人。

"好像他们已经到达了卡斯蒂利亚某个港口一样。"他们所到之处，抢劫印第安人的财物，却叫他们去向统帅索取价款，或者杀死他，如果他们愿意的话。他们在牙买加东北角等了几天，他们想，一碰到风平浪静的日子就划舟去伊斯帕尼奥拉。但是1月份那里水面很久不平静。刚走4里格，风就从东方对面吹来，于是他们决定返航。风是这么暴烈，他们除手中武器以外什么东西都丢入水中。丢弃财物后，又来丢弃印第安桨手。桨手们可怜地抓住舟舷上缘，结果连手也被斫断了。只有少数得到宽恕，留下来操舟。叛乱分子在牙买加极东一个村子里逗留了一个月，靠土人生活，又两次企图跨越海峡，两次都不成功。最后，丢弃他们的小舟，垂头丧气地开始徒步返回圣格洛利亚，沿路靠掠夺印第安人为生并且凌辱他们。

在圣格洛利亚，统帅和他的50名忠诚船员这段时间里却过得安宁。印第安人不断送粮食来交换舶来物品，病人健康也完全恢复。但几个礼拜以后，印第安人的贸易开始萎缩。费迪南德写道："他们是一个不肯尽力设法耕种的民族，而我们的消费一天要超过他们20天所吃的。此外，他们对我们的货物的需要量也渐渐少了。"每一个泰诺人都已经有了他所需要的鹰铃、玻璃珠、黄铜圈和针刺花边，那为什么还要做买卖呢？买来的粮食天天在减少，而西班牙人又不知是什么原因老是不会用打鱼打猎的办法来养活自己，他们很快就得忍饥挨饿了。如果允许抢劫印第安人的粮食，那就一定会导致大屠杀。

在这个关键时刻，哥伦布想出一个计策。在船上尚存的几本书中，有一本纽伦堡出版的本世纪末以前的天文历书，其中载着30年的日、月食时间预报。[①] 该历书预报，1504年2月29日夜晚将有月全食。哥伦布因此派一个印第安使者[②]邀请当地的酋长及其他重要人

---

① 1501年以前印行的历书有几个版本，哥伦布所带的历书属哪一版，不知道。据1474年版本复制的有关的一页（第16页反面）已转载在撒切尔著《克·哥伦布：生平、事业和遗物》第2卷第630页和费迪南德著《海洋统帅克·哥伦布的生平和事业史》（卡德奥版）第2卷第276页。该版本已由哈拉索维茨于1937年在莱比锡制出摹真本，前面附有埃恩斯特·钦内尔所写序言。

② 这个印第安人其他地方没有提到，他来自伊斯帕尼奥拉岛，跟西班牙人生活在一起。他大概是个流浪人，被迫坐独木舟到了牙买加，他宁愿同基督徒做一伙，而不想留在本地同泰诺人在一起。

员来开会。29 日这一天，客人集合在"卡皮坦"号船上。统帅通过翻译先讲一番话。基督教徒尊敬天上奖善惩恶的神。神不准波拉斯叛乱，所以不让他们跨海去伊斯帕尼奥拉岛，而是让他们经历一切考验和危险，这是全岛都知道得很清楚的。至于印第安人，神十分不赞许地看到他们是怎样不认真给虔诚的宗教信徒供应粮食，因此已经决定用饥荒和瘟疫来惩罚他们。他现在让他们看看天上神要惩罚他们的表示。为此，统帅邀请他们仔细观看当夜月亮上升。月亮将现血红色和火红色升起，这表示印第安人将因为自己不认真适当地供养基督教徒而引起灾祸。

哥伦布讲完时，印第安人分成两种，一种人害怕，一种人讪笑。"但是，月食在月亮上升中开始，月亮升起渐高，月食渐渐扩大时，印第安人凝神观看，越看越害怕，最后害怕得大声嚎叫痛哭，从四面八方跑向两只旱船，把粮食装满船舱，恳求统帅用一切办法替他们祷告天神，别把天罚降临他们头上，他们答应今后勤恳地供应基督教徒所需一切。对此，哥伦布答复说：他愿意把他们的请求转告天神。当月食持续时，印第安人始终哀求统帅帮助他们。当统帅看到月全食将逐渐过去，月亮会重现光辉时，他从他舱里走出来说他已恳求他的天神，已代他们祈祷，并代他们向神保证今后一定改过向善，一定好好对待基督教徒，供应所需粮食及其他必需物品。因此神已宽恕他们。作为宽恕的表示，他们就会看见月亮的愤怒和激动过去，月亮重放光明。他的话见了效，印第安人纷纷向统帅道谢并崇拜他的天神，这样持续不已直到月食结束。从此以后，他们常常注意供应西班牙人所需一切。"①

统帅回到他的舱里后，并没有花时间去祈祷，而是用他的沙漏时

---

① 费迪南德著《海洋统帅克·哥伦布的生平和事业史》第 104 章（第 2 卷第 276—277 页）。迭戈·门德斯对这件事很感兴趣，所以他虽然不在场也把它写进他的遗嘱里。

计计算月食持续时间，借以计算牙买加的经度。他把计算结果记录在他《预言书》中：

"1504 年 2 月 29 日（星期四），我在印度牙买加岛一个名叫圣格洛利亚的港口里（港口差不多位处岛中部北边），看见一次月食。月食在太阳没落以前就已开始，我只能看到它的结束，那时月亮刚刚重现光明。这一定是在夜幕降临两个半小时以后，最多是 5 个沙流时间①。印度牙买加岛中部和西班牙加的斯岛之间的时差为 7 小时又 15 分，所以在加的斯太阳落水时间比牙买加早 7 小时 15 分（可参看历书）。"②

假如哥伦布知道加的斯的正确经度（西经 6 度 17 分），这个时差化为弧度（108 度 45 分），就会把圣格洛利亚置于西经 115 度 02 分，即下加利福尼亚、圣欧亨尼奥角的子午线。圣安湾（圣格洛利亚）的正确经度是 77 度 12 分，离加的斯的正确时差是 4 小时又 44 分！哥伦布在时差方面错 2 小时 31 分、在弧度方面错 37 度 45 分，③他怎么可能错到这样大呢？他说，月食在天黑前，在月亮升起以前开始，这是对的。1504 年 2 月 29 日，圣格洛利亚太阳下落时间为 17 点 50 分，黄昏时的光线隐现到 19 点，二者都是地方近似时。食中时间为 19 点 21 分，生光时间（当月亮开始复明时）为 19 点 46 分。哥伦布看到生光时间在日没后 2 点 30 分，那一定是在 20 点 30 分。这大概意味着他的"船上时间"快 34 分。如果他看到食既（全食开始），他一定或者应该做结论说，照他自己的时间，中间持续时间到了 20 点或下午 8 点。天文历告诉他，在纽伦堡（东经 11 度 05 分）中间持续时间为午夜后 1 点 46 分，即 3 月 1 日晨 1 点 46 分。照哥伦布在圣格洛利亚的"船上时间"

---

① 一个沙流时间为半小时。——译者
② 《文件和研究全集》第 1 辑第 2 卷第 141—142 页。《预言书》是在 1501—1502 年间编撰的，这个备忘录显然是以后插进去的。
③ 应为 37 度 50 分（115 度 02 分减 77 度 12 分等于 37 度 50 分）。——译者

差别为 5 点 46 分或 86 度 30 分。假定哥伦布设想天文历的时间是为加的斯的子午线（西经 6 度 17 分）而不是为纽伦堡的子午线计算的。[①] 那只说明他错 17 度 22 分（1 点 9.5 分）的原因，还有一半多，22 度 15 分（1 点 29 分）仍旧没有讲清。如果他适当减少纽伦堡和加的斯之间的经度差，就还有一个 2 点 38.5 分（39 度 37 分）的误差说不清原因。诚然，天文历对纽伦堡的数字有一个 22 分的误差，但那只解释了哥伦布的很小一部分误差，而且差不多被他的"船上时钟"快 34 分抵消了。不论你喜欢用什么方法去计算，统帅在经度计算上的错误是不可原谅的。我只能根据下面假设来解释这点，那就是他有意捏造他的数字，借以证明他常常坚持的一点，即西印度群岛就在东亚附近[②]。

把月食记入《预言书》，接着又计算圣格洛利亚的纬度。他的计算几乎是很正确的。在牙买加圣格洛利亚港，当护极星处于"手臂"位置时，北极星的高度是 18 度。圣安湾那个海滩实际纬度为 18 度 26 分 45 秒，因此哥伦布计算的误差不到半度。考虑他现在有个完全平稳的站台去"瞄准"，经过整年的反复观测，然后把多次数据加以平均，获得这个结果那就一点不算夸大。不过这点也肯定证明哥伦布使用象限仪的技术自前次西航以来已有进步。它毕竟是 16 世纪早期有记录的最佳纬度观察成果之一。[③]

[①] 在有星历表的历书中每一个版本都没有刊载加的斯的经度，但是在他的历书（奥格斯堡，1498 年）中他给出纽伦堡—里斯本的经度差为 1 小时 40 分，纽伦堡—科尔多瓦为 1 小时 27 分或 22 度 30 分，大约多 5 度之巨。

[②] 哥伦布的月食观测
1504 年 2 月 29 日

	时间	弧度
圣格洛利亚（哥伦布时）和纽伦堡（雷氏时）之间中间持续食实际差	5 点 46 分	86 度 30 分
减去纽伦堡—加的斯经度差	1 点 9.5 分	17 度 22 分
圣格洛利亚—加的斯时差和经度差	4 点 36.5 分	69 度 08 分
哥伦布所讲时差	7 点 15 分	108 度 45 分
哥伦布的误差	2 点 38.5 分	39 度 37 分

[③] 关于纬度的进一步讨论，参见《美洲海神》第 1 期（1941 年）第 134—135 页。

第五十章　援救和结局

1504—1506 年

> 于是他们在苦难中哀求耶和华，——他从他们的祸患中搭救他们。
>
> ——《圣经·诗篇》，第 107 篇，6 节

虽然现在粮食问题已暂时解决，但怎样回国的问题还是没有办法，而叛乱分子仍旧在岛上闲荡，惹是生非。到 1504 年 3 月月底，门德斯和菲耶斯基奉命去伊斯帕尼奥拉已经 8 个月有余，关于他们的情况毫无消息。传说有几个印第安人乘空载的独木舟漂流到海岸边，它在圣格洛利亚人中引起难以控制住的议论。当一个名叫贝纳尔的来自巴伦西亚的药剂师正在煽动另一次叛变阴谋时，一条小船忽然从海上开来，在陆上船只附近靠岸。小船的到来更证实一次令人痛心的失望，因为奥万多并不是派它来接哥伦布，而是来侦探他的情况，回去做报告的。小船当日黄昏就开回去了。小船的船长迭戈·德·埃斯科瓦尔上岸来到"卡皮坦"号，送给统帅一桶葡萄酒和一大块盐猪肉，并传达了总督几句问候的话。另外还带来门德斯的信息，大意说他已平安抵达伊斯帕尼奥拉，一俟获得船只，立即前来援救[1]。哥伦布好不容易写了一封严肃的感谢信给总督：期待"上帝和你的援助"[2]。

甚至连选择埃斯科瓦尔担任使者，也是对哥伦布的一个公然侮

---

[1] 费迪南德著《海洋统帅克·哥伦布的生平和事业史》第 104 章（第 2 卷第 282 页）。
[2] 拉斯·卡萨斯著《西印度群岛的历史》第 34 章（1927 年，第 2 卷第 249 页）。

第五十章 援救和结局

辱,因为他这个人乃是罗尔丹领导下的叛乱头目之一。奥万多无疑希望他报告哥伦布已死,这样就可使印度总督职位出缺。拉斯·卡萨斯当时在伊斯帕尼奥拉,这至少是他个人的确定不移的见解。

哥伦布装出若无其事的样子,对船员们说小船的匆匆离去是因为它太小不能把全体人员一起运去,他本人宁愿跟大伙一起留下,等待门德斯搞一艘大小合适的船来,让每人都能回去。就这样,这只小船一次短暂而神秘的访问把贝纳尔的阴谋扑灭了。现在,统帅用值得赞许的宽宏度量来对待波拉斯一帮叛乱分子。他派两个使者前往他们营地,送去奥万多捎来的一大块咸猪肉,借以证明有小船前来访问并对全体参加叛乱的人表示宽恕。波拉斯故意提高谈判条件——索要很多的粮食和衣服、要求船上划出很大的地盘——迫使使者望而生厌,无法接受,谈判终于破裂。叛乱分子于是朝圣格洛利亚前进,希望征服一些忠诚分子并夺取可供住家的两条破船。5月19日,当他们抵达两船附近的印第安人村庄——迈马村时,哥伦布派他的弟弟巴塞洛缪前去迎战或谈和。巴塞洛缪率领50名忠诚分子做后盾。波拉斯喜欢战斗,把那些不附合他的人视为无用或软弱。于是一场小规模的对阵战展开了,因为缺乏弹药,战斗大部分使用刀子。印第安人在一旁观战,欣赏基督教徒自相残杀的景象。

忠诚分子获胜。波拉斯被擒,前舵手长胡安·桑切斯丧命,其他有的负伤,有的被囚。佩德罗·德·莱德斯马、船队的游泳冠军跌落崖下,脑袋破裂,让别人能看见他的脑髓。他一臂脱臼下垂,一条小腿部分脱皮像松弛的长袜子;一足脚底从脚踵到趾尖皮肉分离,活像一只拖鞋:这是费迪南德讲的。可是后来他毕竟康复,又做过一件有损于哥伦布的事。次日,余下的人都认输投降,全部获得宽恕,被允许留居在岸上由统帅任命一个头目管理,而弗朗西斯科·德·波拉斯则用镣铐锁住关在船上。

这时候,迭戈·门德斯装好了一艘救援船,但奥万多不让他把船

409　停泊在圣多明各，使他不得不等待西班牙船舶的到来。最后一个由三艘船编成的船队到了，其中一艘哥伦布称它为"卡拉维隆"号，是一条小船，门德斯租了它，把粮食备足后，由统帅一位忠实仆人迭戈·德·萨尔塞多指挥①，开往牙买加。门德斯乘另外一条船遵照哥伦布的吩咐回西班牙向双王、帕德雷·戈里西奥及堂·迭戈送信。

"卡拉维隆"号到1504年6月底才到达圣格洛利亚，29日载上全体幸存者（大约100名身体强健的）向伊斯帕尼奥拉岛驶去。他们被困在牙买加共一年零五天。这次航海逆风又逆流，旅途长久而沉闷。"卡拉维隆"号也不是一条情况良好的船只。它的主桅有裂缝，风帆破烂，船底沾满海藻；由于捻缝工作做得不扎实而且陈旧，漏水很快，以致保持漂浮海面也感到有些困难。②有一段长时间被恶劣天气阻留在巴西港（哈克梅尔）和贝阿塔岛。8月3日哥伦布从这里派人送一封感谢信给奥万多。③十天后该船抵达圣多明各，奥万多会见哥伦布，假装喜欢把他引进自己住室，但表示真正感情的是把波拉斯兄弟释放。这一对宝贝兄弟从未因叛乱而受到惩罚，当牙买加平定后，弗朗西斯科还奉派往那里担任一个政府的公职。④

在圣多明各另外租了一条船，统帅、他的儿子和弟弟以及其他22名船员都上了船，于9月12日⑤开往西班牙。第四次西航大部分

---

① 《文件和研究全集》第2辑第2卷第231页。1502年奥赫达的船队包含"卡拉维隆"号（"圣塔纳"号）通瓦雷特著《航海和发现文集》第2卷第105页。
② 费迪南德的没有注日期的备忘录"关于他的父亲在牙买加的全部费用"，载杜克萨·贝里克-阿尔瓦著《哥伦新手稿》第44页。
③ 拉斯·卡萨斯著《西印度群岛的历史》第2卷第36章（1927年，第2卷第255页）。
④ 哥伦布痛苦地埋怨奥万多的行为，因这既伤害他的尊严，又伤害他的权利。作为海洋统帅他对他的船队有民事和刑事裁判权，奥万多无权干预。1504年11月21日给堂·迭戈的信札（《文件和研究全集》第1辑第2卷第233页）。
⑤ 迭戈·罗德里格斯是这条船的主人，但我们不知船名。给卡斯蒂利亚司库的通知现存三件签名仅有"Xpo ferens"，时间为1504年9月7日、8日和9日（《文件和研究全集》第1辑第2卷第229—231页），通知内容：(1) 付给罗德里格斯16 000马拉维迪，"他卖给我饼干40担以供船员食用，每担价400马拉维迪；另付活动索具款8杜卡特及25人迁来卡斯蒂利亚船费80金比索"；(2) 付给"比斯凯纳"号罗德里格斯8个供船上使用的木桶价款56雷亚尔（3.5比索），单价每桶7雷亚尔；付给弗朗西斯科·尼里奥四个木桶和3个标准单位的箍及枝条（大概是供箍桶用）总价款42雷亚尔；(3) 付给迭戈·萨尔塞多15个金比索，此人在牙买加采办了15卡尔加（合150—200升。——译者）粮食，"供小船上船员食用，当我们从牙买加回来时他任小船船长。"

幸存者宁愿留在伊斯帕尼奥拉，而不想再过以航海为业的海上生涯。其中有些后来变成波多黎各的第一批定居者，少数乘把他们从牙买加带回的"卡拉维隆"号回国。在航程中，它的桅杆在奥萨马外面破裂，不得不中途折返，大约在11月底①才终于回到西班牙。波拉斯兄弟显然是坐这条船回家的。

统帅乘租赁的船只回国，其航程也是漫长而困难的，但是他坐的船走的是什么航路我们找不到一点线索。10月19日，主桅断成四节，幸而哥伦布兄弟足智多谋，把帆桁用绳索和板条捆扎坚固，权做应急桅杆使用，但在另一次风暴中前桅也生了裂缝。1504年11月7日，从圣多明各起经过56天航海后，统帅的最后一次航行终于在桑卢卡尔·德·巴拉梅达锚地平安结束。

费迪南德出航时尚不足14岁，而今却要过他的16岁生日了。前代总督巴塞洛缪仍然身体健壮、精力充沛，准备从事更多的航海探险。但统帅年满53岁，即使壮志无损而身体健康已垮了。他很清楚地知道他没有做成他希望做的事情，没有找到海峡。但他发现巴拿马地峡、发现一个比伊斯帕尼奥拉黄金丰富得多的藏金地区。他的心里已感到满足，因为他已尽了最大的努力。他回家不久就给他的儿子写道：②

> 为了赢得地上天堂和更多美好的东西，我已尽我所能以巨大的努力和热爱为两位陛下效忠：这是肯定的。如果有些地方我做得不够，那是因为那些事情本来是办不到的，或者是超出我的知识和能力范围之外的。在这种情况下我们的主上帝所要求于人

---

① 《文件和研究全集》第1辑第2卷第237页。
② 给堂·迭戈的信，1504年11月21日于塞维利亚。《文件和研究全集》第1辑第2卷第232—234页。

的只是他们的善良意愿，而不是别的什么东西……

爱你胜过爱自己的父亲

・S・

S・A・S

X　M　r

XP̃O　FERENS

把其余的话留下不写，这是恰当的。

邀请海外远海归来的人入宫报告远航的故事，这是王室给予每一个航海家的恩典，哪怕对一次并不重要的远航的略微出色的领导人物也要这么做，但这次哥伦布却没有接到双王邀他入宫的通知。表面理由是女王生病了。事实上，她卧在她临终的病床上，使她不愿把令他更加苦恼的话讲给他听，因为当好些朝臣和亲信围在她的病榻旁边的时候，她是完全能够抽出一刹那时间让哥伦布吻她的手的。毫无疑问，哥伦布接不到入宫通知的真正原因是担心他会利用这个机会讲不幸的故事，而不是用逗人喜欢的发现和探险的故事安慰病倒的女王。

他可以拿从贝拉瓜带回来的"金鹰"、"金盘"和其他金质小玩意儿献给女王取乐，但确确实实他上朝的主要目的是诉说他所受奥万多的不公正待遇，诉说王室司库的亲信的叛乱行为，和呼吁恢复他的各种权利。双王早已听够了哥伦布所诉说的这一切，他们对此一向是不理不睬，无所作为。那为什么还要让自己在那个英勇而又使人厌烦的老海员面前感到良心不安呢？

伊莎贝拉在1504年11月26日去世，这意味着哥伦布的最后机会丧失了；就他自己任何利益而论，他的第四次亦即最后一次西航也徒劳了。女王曾常常信任他，在他受折磨时常常安慰他，在他有需要时接济他。国王脑中的王室政策概念是没有感情存在的余地。奥万多在伊斯帕尼奥拉为王室办事办得很好，他送回来的黄金继续增加就是明证。把一个倒霉的以前曾觉得伊斯帕尼奥拉太热的发现家去取代他是没有意义的。这种没有实际意义的公正行为无助于处理殖民地事务。"无论统帅也好，或他的弟弟也好，都不应该再到这些岛上来"，这是一个以转变土人信仰为他的头等利益的殖民地开拓者的断然声明。①哥伦布一家是太不受欢迎了。

哥伦布病得厉害，不能在听到女王去世的消息时旅行。不过他在宫中有个忠诚的、利益与共的拥护者——大儿子迭戈，迭戈根据长期的体验知道那只特殊船舶的内情。在第四次西航期间，堂·迭戈升迁得超过他的小侍从职位范围，变成了女王贴身侍卫队里的一个侍卫。这个侍卫队在女王去世后解散了，但这个年轻人（现在大约24岁）跟国王也相处得好，被任命为他的侍卫。论为他父亲办事的地位谁也不会比堂·迭戈更方便，但他能够办的事却很少。这一点我们从1504年11月21日—1505年2月25日哥伦布给他儿子一连串值得注意的信函中可以看得出来。②

在这3个月中，哥伦布居住在塞维利亚圣玛利教区一栋租赁的房子里，金钱供应充裕，仆役和随从配备齐全。必须记住，哥伦布不仅从贝拉瓜带回许多金器，而且从伊斯帕尼奥拉开采金矿所取"十分之一"佣金中获得大量进款。卡瓦哈尔乘逃过1502年飓风的那条船回国帮他平安地带回的黄金数量也不少。我们有个记录，卡瓦哈尔和乔瓦尼·詹内托（"约翰尼"）·哥伦波在1503—1504年间为统帅账户出售了22金马克（约值3300美元）。③此外，奥万多在哥伦布最后一

---

① 胡安·德·特拉西拉给某些基督教会高级职员的信，1500年写于圣多明各。手稿存纽约公立图书馆。
② 最佳文本载《文件和研究全集》第1辑第2卷第232—254页，原文的摹本（现存"印度"档案馆）、本文、译文及大量注释载撒切尔《哥伦布：生平、事业和遗物》第3卷第285—405页。
③ 在撒切尔上述著作第3卷第378—383页及《文件和研究全集》第1辑第2卷第280页，两书中都可找到在西班牙为哥伦布出售黄金的清单，单上未注日期。但大概都属于1503—1504这两年中的事。此外，他遣派费迪南德觐见时曾带去一整袋金币。他和塞维利亚的热那亚银行家的信用往来是无限制的。在他死后他儿子堂·迭戈所保持的豪华派头也足以证明他所得遗产是丰富的。很可能的是哥伦布所"拿到手的"远不及他应得的，但是他在生命终结时却没有必要为他的所谓贫困流眼泪。

次西航中交他带回一箱硬币，哥伦布主张留 60 000 金比索（约值 180 000 美元）在伊斯帕尼奥拉，而驻塞维利亚的热那亚银行家也允许他兑取这笔款项。所有这一切，哥伦布还认为远远达不到他所应得的权益。但无论如何，在他生命的最后两年中，他总算是一个比较富裕的人。可是，由于他固执的个性一成不变，这个时期他写给儿子的每一封信函总是要他向国王请求颁发谕旨：立刻公道地支付他应得的"十分之一、八分之一和三分之一"。

必须承认，哥伦布心里如果把他的特别"权利"少高估一点儿，那么他的晚年一定会过得幸福得多；国王也可能倾向于确认他的称号和荣誉，如果这种举动不涉及对王室殖民地收入的一种永远分成权的话。在他给儿子的一封信中，哥伦布说：称号和官职应该首先恢复，特权跟着恢复，他向国王递交了一封措辞强烈的请愿书希望产生这个效果。如果能够确认他的职务，即使不让他真正履行职责，像（一个异教地区的主教）那样，他无疑也会幸福些。但是国王很清楚地知道，任何这类恩典都会助长哥伦布的特殊要求，于是对他的要求就采取不理会的态度。

我们谈哥伦布的财产权利已谈了这么久，以致读者可能已忘记了统帅所谓他的十分之一、八分之一和三分之一是什么意义。所谓十分之一指 1492 年"投降书"曾保证他有权对他新发现地区的净产品抽取 10% 归己有。这个权利从未正式取消，哥伦布埋怨王室给他的仅仅是王室所得黄金（只算这一种产品）1/5 中的 10%，即他所得的仅 2%，而不是 10%。所谓八分之一指哥伦布海外航行的利益。1492 年"投降书"给他一种做买卖图利的特权，这种特权究竟是什么并没有什么详细说明留给我们，但大概是哥伦布曾运出一批粮食和西班牙货物做买卖，而波巴迪拉或奥万多把这项收入没收了。[①] 所谓三

[①]《航海家哥伦布》（即本书）缩写本解释得清楚些，"八分之一……，那是说，哥伦布有权使用和'印度'贸易的任何船只来装运自己的货物，他的货物可占该船总运输量的八分之一。"——译者

分之一是他设想的担任统帅的特权之一。在编撰他的"权利书"时，哥伦布发现卡斯蒂利亚大统帅对他辖区范围内各地贸易有权征收 $33\frac{1}{3}$％的贸易税。所以他也要求对印度贸易享受同样的权利。这种过分的要求从未获得双王承认过，更从未实现过。①

哥伦布也担心波拉斯兄弟先到国王跟前谈第四次西航的故事，不过他最担忧的还是金钱事务。他敦促归还他私人垫付的租救援船只的费用和给养费用，以及把船员们运送回国的费用。他也不会不关心他自己的损失。他三次要迭戈敦促王国司库莫拉莱斯支付他部下那些"可怜人"、那些"经历千难万险"的海员的工资。西航船队里每人都在1502年3月预支了6个月的工资，但这次西航历时32个月，绝大部分与统帅回来的幸存者抵家时已身无分文。有些人靠在塞维利亚做短工度日；有些人靠统帅救济，大家都盼望补发工资。由于哥伦布的劝告，他们组成一个代表团上宫廷，带去哥伦布写给堂·胡安·丰塞卡（现在是帕伦西亚主教）一封强有力的信札。哥伦布还叫堂·迭戈尽一切努力帮这些人迅速获得偿付，"虽说这些人中有些人（指叛乱分子）应得到的是惩罚，而不是恩典。"

在这些信函中有许多充满人情味的，甚至富于幽默感的笔触。12月，哥伦布打发他的弟弟巴塞洛缪和次子费迪南德走他前头先赴宫廷。他显然担心他们两人在堂·迭戈这个温文尔雅的朝臣眼中似乎是粗鲁的航海者。所以统帅要求迭戈对叔叔要尊敬，对弟弟要友爱；记住弟弟现在已不复是个"小孩"，第四次西航已把他锻炼成为大人了。巴塞洛缪早在枫丹白露担任过廷臣，一定不会有人以他在西班牙上朝为羞耻；但想到迭戈不止一次地盼咐弟弟别再讲那些海龙卷和飓风的故事，可知那些西班牙绅士对这类事情漠不关心到了何等程度！这是

---

① B. F. 斯蒂文斯著《克里斯托弗·哥伦布：他自己的权利》（摹真版，伦敦，1893年）第21、222、229页。

个讲究奢华的时刻，使得小家伙也不得不买一整套盔甲，并学习骑士团的规矩和语言。

哥伦布给新教皇朱利叶斯二世写了一个西航报告，报告不封口送给堂·迭戈，叫他先让塞维利亚现任大主教迭戈·德·德萨过目，表面是请他看看报告措辞是否适合教皇观点，实质上是提醒这位显赫一时的大主教想想老友的工作和痛苦。有个消息传到塞维利亚，说要任命几个主教去印度，哥伦布希望插手主教人选事务。他一定乐意以此来亲切地报答加斯帕尔修士、胡安·佩雷斯修士或其他和他友善的教士。不过，实际上他的朋友中只有杰拉尔迪尼曾被任命登上了新大陆的主教教座，那已是他去世15年后的事情了。

在以前那些叛乱分子中，"加列戈"号上的志愿西航绅士贡萨洛·卡马乔在岸上制造的麻烦最多，仅次子波拉斯兄弟。他是死在牙买加的佩德罗·德·特雷罗斯船长的亲密老友，他伪造一份遗嘱把自己变成船长的唯一继承人，其实特雷罗斯家里有后嗣并且写了真正的遗嘱。此外，卡马乔还在塞维利亚周围散布"一千个谎言"中伤哥伦布。统帅有充足的证据在这两点上驳倒了他。这使得他惊恐万状，只得到塞维利亚教堂寻求庇护。哥伦布逗人发笑地给他儿子描写了这个无赖，说他连圣诞节假日也躲在教堂里，害怕被投入监狱不敢离开这个神圣的教堂区域一步。

1504—1505年这个冬季里，哥伦布在塞维利亚由于身患痛风（由于年老，由于长年的海上艰苦生活所造成的关节炎）受尽了痛苦的折磨。要不然的话，他一定会在11月中旬前往塞哥维亚在女王的葬礼中露面，寻找机会与国王交谈。时光一个个礼拜地溜走了，迭戈还不曾送来他的事情有进展的可靠消息。哥伦布不顾疾病，开始想方设法跨越西班牙北部去入宫。在塞维利亚大教堂里有一辆漂亮的灵车，那是在因凡塔多公爵兼红衣主教堂·迭戈·乌尔塔多·德·门多萨的豪华葬仪中使用过的。哥伦布想，正好利用这个工具让他做跨越全国的旅行。他向大教堂牧师会提出借用请求，牧师会以保证归还为条件同意借用。幸而"气候很恶劣，似乎不能启程"，所以该市才没有目睹一位患痛风的老统帅乘灵车上朝的荒唐可笑又可怜的奇怪景象。①

哥伦布于是放弃他的要求稍微过高的交通想法，请求王室准许他骑骡前往。先是安达卢西亚养马的人对人们雇用骡子做驮畜的日益增加似乎非常害怕，业已请求政府制定法律禁止把骡子做这种用途。哥伦布相信骑安达卢西亚马旅行，马的步法太紧太快，他受不了鞍上颠簸之苦，骑温顺的骡子缓步行进，自己能够忍受。他的请求得到国王批准。但一直等到1505年5月他觉得自己身体较健才开始享受这个宽厚的权利——国王费迪南德给这位美洲发现家的唯一恩典。

到1505年元旦，哥伦布认定要想恢复伊斯帕尼奥拉的总督现职就是再做进一步的努力也是无用的。他的年龄和疾病已不允许他再做一次横渡大西洋的航行了。因此他和他的儿子同时吁请国王把总督和副王两职衔交给堂·迭戈，哥伦布在呼吁中还不明智地提到1502年飓风"奇迹"证明神灵不同意波巴迪拉接任他的职位。② 对此，国王没有答复。他亲眼看见这个堂·迭戈身体魁伟健壮，现年25岁，长长的脸孔像他父亲，是个好青年人。但要让这样一个从未理过政务的年轻人，一个正在培养、性情急躁的廷臣去担任一个像伊斯帕尼奥拉那样的骚乱频生的殖民地的总督，这是办不到的。

最后国王还是满足了哥伦布的意愿。他不反对堂·迭戈在他父亲去世后继承统帅职位，3年以后，即1509年，果然任命他为伊斯帕尼奥拉总督。但是这种迟来的恩典毋宁由于迭戈娶了一位宫廷小姐、堂娜·玛利亚·德·托莱多为妻，她是国王的亲戚。堂·迭戈以担任第二任"印度"统帅普遍闻名，他留在伊斯帕尼奥拉时间长久，证明他

---

① 撒切尔著《哥伦布：生平、事业和遗物》第3卷第314、318页。
② 纳瓦雷特著《航海和发现文集》第3卷第525—527页。

有足够能力主持那里业经奥万多整顿就绪并上了正轨的政务。他兴建了一座庞大的石头城堡，其遗迹至今尚存圣多明各港口边。但他绝大部分时间还是花在西班牙，致力于获得全"印度"副王的继承权。他1526年死于西班牙。总督夫人，堂娜·玛利亚·德·哥伦托莱多当时就变成他们的幼儿堂·路易斯的摄政，路易斯成了个无足轻重的人。正是这位女摄政代替儿子放弃了他作为哥伦布后嗣所得到的短暂的衔头、官职和特权，以换取贝拉瓜公爵的领地。①

哥伦布有几个人在宫廷里为他工作——他的两个儿子，他的弟弟巴塞洛缪、一直忠诚可靠的迭戈·门德斯、曾参加缔结1492年协议的胡安·德·科洛马和阿梅里戈·韦斯普奇（至少他是这样希望和相信的）。哥伦布1505年2月25日写给他儿子的信札是经韦斯普奇之手送往塞哥维亚的。韦斯普奇从又一次南美航海回来，应召入宫谈"航海事情"。统帅说过："他是个可尊敬的人，常常想要使我喜欢，他决计为我做每一桩可能做到的事。看见哪里他能够做什么于我有利的事，就试图让他去做。"哥伦布很少怀疑他和奥赫达一道倒填他的西航记事日子，用"新大陆"的名义发表，以致使这个佛罗伦萨人戴上新大陆发现家的桂冠，由于这个伪造的记事，使哥伦布发现的新大陆被命名为亚美利加洲。②

韦斯普奇替哥伦布做了什么事情，如果做了的话，也不知道。国王

---

① 堂·迭戈及其后嗣的最佳记述见哈里斯著《克·哥伦布》第2卷第227—262页和撒切尔著第3卷。堂·迭戈和他的妻子堂娜·玛利亚·德·托莱多生有4个女儿和3个儿子。大儿子就是第三任"印度"统帅和第一任贝拉瓜公爵堂路易斯。这个公爵衔头由堂路易斯的妹妹伊莎贝拉·哥伦-托莱多的后人继续承袭了几代。伊莎贝拉·哥伦-托莱多嫁给葡萄牙国王堂约翰一世的后嗣葡萄牙的堂奥尔赫。18世纪，通过这个家族的一个女儿和英国詹姆士二世的孙子詹姆士·费茨-詹姆士·斯图亚特结婚，贝拉瓜公爵领地就和贝里克（利里亚和阿尔巴）公爵领地台并。1790年，贝拉瓜公爵领地由西班牙宫廷赠给纪雷亚特吉家族。这个家族是从第三任统帅堂路易斯的一个弟弟堂·克里斯托瓦尔·哥伦-托莱多传来的。他们的后嗣拥有这个爵衔至今。哥伦布的后人人数很多，只要西班牙君主制度继续存在，他们每个人就都可以从王室领到一小笔年金，作为统帅当年所得"十分之一"的象征。

② 撒切尔著《哥伦布：生平、事业和遗物》第3卷第395—399页。这里没有篇幅来剖析这个"韦斯普奇问题"的错综复杂的内容，这个问题已被瓦恩哈根、菲斯克、温索、维尼奥、阿尔马贾及其他人深入研究和探索过了。我只能说拉斯·卡萨斯已提前引用了一些最公正的学者关于"1497年"航海的结论，刊载在他著的《西印度群岛的历史》第2章（1927年，第2卷第137—139页）。还有E. G. 伯恩在他著《西班牙在美洲》（1904年）第7章中也写了一篇优秀的和有见识的概要。

在1505年为哥伦布一家所做的一切就是命令补发费迪南德充当女王小侍从在第四次西航期间的全部欠薪,因为他的名字没有列入船队工饷册内。另一方面,国王吩咐奥万多卖掉统帅在伊斯帕尼奥拉的动产,并密令把出售动产所得收益连同已送回西班牙的统帅的其他财产都交纳王家金库以便偿付哥伦布的债务。① 这些文件显然带有波拉斯兄弟的臭味,并显示他们和卡斯蒂利亚王室司库莫拉莱斯卑鄙的关系。幸而哥伦布似乎并不知道他们这些勾当,他注意到从印度来的船只装着一箱箱的黄金,"但没有一件归他。"他责备奥万多,但不怪国王。

1505年5月,哥伦布终于觉得适宜于骑骡远行了,他预见到长长的一段时间有好天气,因此他开始长途旅行,越过瓜达拉马山脉从马德里去老卡斯蒂利亚的塞哥维亚。在适当的时候,获恩准晋见国王,不过他这次晋见对他们还是一无所获。陛下对他是温文有礼的,但凡事不表示意见。他固然提议任命一个仲裁人来解决统帅的要求,而且同意哥伦布建议请他以前的支持者塞维利亚大主教迭戈·德·德萨充当这个角色。德萨不曾参与这个麻烦的任务,因为哥伦布认为只有他的金钱要求应当仲裁,而国王则坚持他的统帅职位、副王职位要一并仲裁。哥伦布则认为这些权利是不能仲裁的。正如国王要求一个已由自己封为公爵的人去仲裁他的公爵职位一样,哥伦布已被国王和女王封为统帅、副王和总督,对这些职位,他本人及其后嗣已明明白白地拥有合法的权利,对这个问题,他只承认一方,不认为有另一方。国王也曾露出口风:哥伦布如果愿意放弃这些职衔以及随这些职衔所产生的额外收入,他将在卡斯蒂利亚赐给他一座有丰厚租金收入的漂亮庄园。统帅的子孙也常常希望他接受这个交换条件。但哥伦布的已经受了伤害的荣誉感和他那使他能够排除人间的和自然界的无数艰难险阻,完成世界史上最伟大的四次西航的天生的固执和顽强的性

---

① 纳瓦雷特著《航海和发现文集》第3卷第527页;哈里斯著《克·哥伦布》第2卷第137页。

格阻止他牺牲已经赢得的希望之果。他宁愿要么整个都拿到手,要么什么都不要。结果他什么都没有得到。

1505年间,宫廷迁到萨拉曼卡,然后又迁到巴利亚多利德,哥伦布也忍受痛苦跟着搬迁。他的关节炎越来越厉害,绝大部分时间都卧在床上。这些磨死人的痛苦难道是给他的一切发现和他所经历的艰苦险阻的唯一报答吗?他经常从注定他受许多痛苦的不可测知的神意那里寻求某些解释。是上帝对统帅在把整个新大陆踩在脚下那些勇敢的日子里的骄傲自满仍然在生气吗?是神怜悯他,要结束他的苦难,在他到另一个世界去以前赐予他某些王室仁慈的标志吗?显然,这是统帅所希望的,因为在他的生命的最后日子里,我们发现他在安排他的未来进款的用途:把一笔钱用来偿还他那无远见的父亲的旧债,捐款在伊斯帕尼奥拉兴建一座教堂,在教堂里举行弥撒可以说是使他的灵魂永远安息;拨一笔偿债基金用以收复耶路撒冷圣墓。哥伦布对自己所提要求的正当性是这样深信不疑,以致他似乎确信,上帝将看到即使不给他确认下来,也会给他儿子和后人确认下来。如果上帝想惩罚他,那他的意旨就实现了,但上帝无疑会认可他在他的遗嘱和遗书中所做的这些虔诚的安排,会这样看到他的后嗣会使用某一种方式实现他这些要求。

几乎就在生命垂危的最后时刻,传来一线新的希望之光。由于女王伊莎贝拉之死,国王已经以摄政名义代他们的女儿胡安娜公主和她的丈夫奥地利的菲利普大公爵统治着她的卡斯蒂利亚王国。费迪南德这个老狐狸打算娶法国国王路易十二世的年轻的侄女为王后,生一个儿子继承卡斯蒂利亚王位,好骗胡安娜夫妻放弃其世袭权利。这个婚娶给菲利普和胡安娜一个启示:他们最好早日获得他们的继承权,不要再迟延。1506年4月他们抵达拉科鲁尼亚。现在哥伦布希望从胡安娜公主那里获得被她父亲否决的公道。她毕竟是伊莎贝拉的女儿,当哥伦布带回第一批印第安人,向女王叙述黄金印度的奇妙故事时,她坐在她母亲身边吃惊地细听。如果他身体足够好的话,他会去找这个新女王，拜倒在她跟前，但是他不能走动。因此他叫他弟弟巴塞洛缪代表他去吻这两位卡斯蒂利亚年轻的双王之手，恳请他们给他的受委屈但很杰出的哥哥颁赐恩典。

到这个时候统帅的疾病正在迅速加剧，陪伴他的人都知道：末日临近了，其中有几个海员摸着自己的胡须说统帅像一个海员所应当做的那样，将随着另一次落潮离去。1506年5月19日，哥伦布批准他的最后遗嘱和遗书，命堂·迭戈为他的全部财产和权利的继承人，并使所有直属亲人包括继配比阿特丽丝·恩里克斯·德·哈拉纳蒙受他的仁慈福荫。他留下一小笔遗产用以偿还热那亚和里斯本的道义债务。在这位虔诚的统帅生命终结的前一天，他对长期盼望着要去耶路撒冷恢复圣陵的十字军也不曾忘记。

5月20日，耶稣升天节的前夜，哥伦布病情突然恶化。唉！他大弟弟去新双王驻地还没有信息传来！请上帝促成他的恳求吧！围在他床前送终的有他的可爱的小弟弟迭戈、他的大儿子兼继承人堂·迭戈、他的小儿子兼西航同事费迪南德、"卡皮坦"号和"比斯凯纳"号两船船长兼独木舟跨海的领导人勇敢的迭戈·门德斯和菲耶斯基，还有少数忠诚的家人仆役。对于海洋统帅、"印度"岛屿和大陆的副王和总督来说，这是一种十分可怜的临终景况，但是现在没有盛大的仪式或场面能够帮助他了。请来了牧师，举行了弥撒，凡属他的朋友和亲戚，人数虽少，每个人都接受了圣餐。临终的圣餐也安排给快要去世的统帅。在结束最后的祈祷以后，他记起他的上帝、救世主的最主要的一句话（他有时把自己的遭遇去比他的苦难），哥伦布听到说：天父啊！我将我的灵魂交在你手里。

说完这句话，他就咽了气。①

---

① 费迪南德著《海洋统帅克·哥伦布的生平和事业史》第2卷第303页；拉斯·卡萨斯著《西印度群岛的历史》第38章（1927年，第2卷第263页）。

附录一　哥伦布首次西航的书简

这是1893年后发表的头一个新译本。它是根据哥伦布书简第一版的复制本翻译出来的。复制本现在仅存的一本是纽约公立图书馆善本书之一。原件对开四页黑体活字，既无篇名，也无版本记录。所有文献专家一致认为，这是哥伦布手写本的首次复制本，印刷地点在巴塞罗那，时间大概在1493年4月中旬。手写本写作日期是2月15日，地点在"尼尼亚"号船上，先在船上写好，再于1493年3月从里斯本寄发。原文我利用过伦敦夸里奇书店1891年出版的摹真本——西班牙文的《哥伦布书简》。在约翰·波伊德·撒切尔编著的《哥伦布的生平、事业和遗物》中也有个摹真本（1903年版，第2卷第17—20页），但不大清楚。我把书简重新译出，因为截至现在我所见过的一切摹真本，除夸里奇书店的以外，都是根据一个古典文学学者综合几个版本所编成的综合本摹制的。

在1493年4月底以前，哥伦布书简由罗马一个名叫科斯科的学者译成拉丁文，同年5月在罗马印行。在1493—1499年这6年当中，这个译本至少印了17版。科斯科误解了原文某些地方，并且试着照自己的理解做了修订，而现有译本差不多都是照他这个拉丁文译本转译的。当时哥伦布其他书简也相当多，印刷错误也相当多，没有迹象表明科斯科曾经不怕麻烦——做过改正。但是在我这个译本中却对其中某些印错的地方，逐一加上了注解。

这封书简通常称为《哥伦布致桑坦赫尔书简》，因为原件是先送给这位王室司库的，但也有人说是送给阿拉贡王家司库桑切斯的（有说加布里伊尔·桑切斯的，有说伊尔·桑切斯的，还有把桑切斯说成桑赛斯的），拉丁文译本就是这么说的。实际上，这是哥伦布关于第一次西航写给费迪南德和伊莎贝拉的正式报告，送给他们的还有一封说明信，但早已失传。当时西班牙认为哥伦布给国王或女王写了一份不恭敬的报告，那大概就是指的这个报告，因为他们认为只有最高贵族或王家大臣才能写这种报告。但不管怎样，哥伦布常常把报告送给他的一位宫廷朋友，由这位朋友找适当机会把报告递给双王或念给双王听。哥伦布把信送给桑坦赫尔是很自然的，因为桑坦赫尔是说服女王批准他西航并为西航筹措经费的重要官员。哥伦布当年还在塞维利亚寄出同样一份书简，也许那是寄给加夫列尔·桑切斯的。另外，拉丁文本译者设想王家司库是桑切斯而不是桑坦赫尔，收书简的人是前者而不是后者。这也有可能。

纽约公立图书馆也藏有初版拉丁文译本的复制品（巴塞尔，1493 年）。它中间有插图：一个插图是一条越洋船只，另一个是所谓哥伦布登陆图（离开一条地中海的四桨船上岸），在早年瑞士出版的著作中总附有这种插图，其实它与哥伦布第一次西航没有关系。图书馆已把这个拉丁文译本复制并翻译出来。密执安州安阿伯市克莱门图书馆也藏有拉丁文第一版的复制品，已在 1952 年影印并译成英文。

哥伦布书简不仅是关系美洲历史的头一份重要史料，而且是关系统帅本人的一份重要文献。它谈到了哥伦布希望那些显要人物对于他的发现要认真想想。它激起这些显要人物的贪财心，吁请他们虔诚对待这桩事。它隐瞒了他不想传开的一些事情，例如：他的部下谋叛、他的指挥船沉没、马丁·阿隆索·平松对他不忠等。

专有名词照原文拼音译出用粗体字印刷。原文几乎完全没有标点，我逐一加了标点，并且按照文意逐一分段。

425

哥 伦 布 书 简

陛下：

承蒙你们，最杰出的国王和女王，拨给我一个船队。靠我们的天主保佑，我们航行 20 天①到达了印度。我知道，你们听见这个胜利消息，一定很高兴，所以我写这封信向你们报告我是如何取得这个巨大胜利的。在印度那边，我发现了很多岛屿，岛上住着无数人民。我每到一岛就展开王室的旗标，宣布该岛归陛下所有，那里并无一人表示反对。我把我发现的第一个岛取名圣萨尔瓦多，用以纪念天国的上帝。是他以神奇的力量把这一切赐给我们。印度人称这个岛为瓜纳哈尼。第二个岛，我给它取名圣玛利亚·德·康塞普西翁岛；给第三个岛取名费兰迪纳岛；给第四个取名贝拉岛②；给第五个取名胡安娜岛。对每个岛我都照样取个名字。

当我到达胡安娜以后，我沿着它的海岸向西航行。我发现它的海岸非常长，我认为它一定是个大陆，是震旦的一个省③。不过它岸上既没有集镇，又没有城市，而只有小村庄。村里有多少人，我说不清，因为居民一见我们就逃开了。我沿同一航线继续前进，总想找到大城市和集镇。走了好远好远，情况依然如故。海岸引我向北，但这不合我的意愿，因为冬天已开始，我打算从北向南航行。何况风向有利，我决计不待天气转变就回到一个著名港口④。我派两个人从此地出发到内地去了解那里是否有国王

---

① 原文为 Veinte，大概是 treinte 或 XXX III 之误。我们知道，实际时间是 33 天。原本中其他数字都是罗马字。
② 这是印刷错误，应是伊莎贝拉岛，这是他给克鲁克德岛取的名字。康塞普西翁即腊姆岛，费兰迪纳即长岛，胡安娜岛即古巴岛。
③ 意思就是中国的一个省。
④ 指古巴的希瓦拉港。

或大城市。他们走了3天，只发现无数小村庄和居民，没有得到什么重要收获，就转身回来。

我连续多次①从抓住的印度人口中知道，这块陆地是一个海岛，于是我沿着它的海岸向东航行107里格，直到海岸尽头——海角。从这个海角向东，我发现了另一个海岛。它距离前岛有18里格远，我立刻给它取名伊斯帕尼奥拉。我到了那里，沿着北岸，继续着从胡安娜来的航向成直线向东方前进，走了178大里格。我到过的岛屿都像胡安娜一样，土地极其肥沃，而此地更是特别好。此处海岸上港口很多，与我在基督教世界所知道的其他港口不能相比。它有许多河流，河流又大又好，看了使人惊奇。它的地势很高，其中有许多山岭，还有很高的山脉。特内里费岛②是不能和它相比的。这些地方风景秀丽，千姿百态，容易进去。其中树林很多，树木上千种，长得高可撑天。听本地人说，这些树木四季常青，我相信这个说法，因为此时我看到的树木还同西班牙5月的树木一样青绿、美丽。有些树在开花，有些树上结了果子，有的由于树种不同，别有一番景象。我到达这里的时候，时令已是11月，夜莺和千百种其他小鸟还在树上唱歌。此地有6种或8种棕榈树，由于形态美丽多样，看起来真是赏心悦目。其他树木、果实和野草也是如此。此地有奇异的松林和广阔的平原，还有蜜蜂，有各种鸟和不同的水果。内地有许多金属矿产，人口也众多。伊斯帕尼奥拉是奇妙的，高山峻岭，平原旷野，应有尽有。土地肥沃富饶，适宜于种植农作物，适宜于饲养各种牲畜，适宜于建筑城市集镇。沿海港口也是又多又好。你们没有亲眼看见，可能不会相信。河流也是又大又多，还有一些美

---

① 原文 Continuamente，意思大概是说古巴人连续多次告诉他：古巴是个海岛。
② 原文 Centrefei 显然是 Tenerife（特内里费）之误。特内里费岛属加那利群岛。

丽的小溪流，它们中间大都产金子。这里的树木、水果和农作物与胡安娜那边的大不相同。这里产大量香料，有许多金矿，还有许多其他金属矿。

此岛居民和我发现的其他岛上居民一样，无论男女，一生下来就赤身露体，一丝不挂。只有某些妇女间或用几片树叶或一块破布遮住身上某个地方。有些岛我没有去过，听说也是如此。他们没有铁、没有钢，也没有兵器。他们虽然身体强壮，孔武有力，但因为胆子特别小，所以不能使用武器。说他们有武器，武器就只是用竹木削成的戈矛。在播种季节到来时，他们把一根小而尖的棍子安在戈矛尖端上。我说他们不敢使用武器，因为常常发生这种事情：我派两三人上岸到一个村镇里去做宣传，分明有许多人在那里，一见有人走近，就一齐逃跑了。跑得很急，甚至连做父亲的也不等儿子。这并不是因为我们的人谁有错误，相反，在我去过或去宣传过的每一个地点，我都把自己带的东西，如布料和许多别的物品送给他们，并且不要他们拿东西来交换。他们也喜欢我们的东西，但是胆小得不可救药。确实，他们在消除疑虑、消除恐惧以后，就显得天真纯朴、豪爽痛快，把自己所有一切都拿出来。这种天真豪爽情况，不是亲眼看见，简直不敢相信。他们有什么东西，你如果问他要，他们绝不说二话。他们甚至请人家去分享他们的东西，好像要把心掏给你一般。你把什么东西给他们，不论东西贵重不贵重，也不论这是什么东西，他们立刻表示满意。我禁止把陶器、破玻璃或皮带尾子这类无价值的东西给他们。虽然他们得到之后也把它们当作世间宝贝。据查明，我们有一个船员拿一根皮带换回了重两个半卡斯特亚诺①的

---

① 7.50美元，或一个半几尼金币。

金子。还有其他船员用更不值钱的物品,例如用一个新布兰卡斯①换到他们手中价值两个或三个卡斯特亚诺重的金子,或一两个阿罗瓦②的棉布,可以说他们手里有什么就把什么拿出来。他们甚至为了一段破酒桶箍就拿出自己的牲口来换。我觉得这不对,就禁止这种交易。我拿出我买来的上千种逗人喜爱的好物品,使他们喜欢我们,而且使他们做基督教徒;使他们敬爱陛下并乐意为陛下服务,为整个卡斯蒂利亚民族服务;使他们帮助我们把蕴藏丰富而我们最需要的物产拿给我们。他们除相信天是一切力和善之源以外,不知道什么宗教教派,也不知道什么偶像崇拜。他们坚信我、我的船舶和我的船员都是从天上来的。因为有了这个信仰,所以在恐惧心消除以后就到处欢迎我。想到他们把一切都拿出来,这是令人惊奇的。这并不是由于他们愚昧无知,他们聪明有智力、善于航海,而是由于他们从来没有见过像我们这样穿衣或坐船的人。

我一到达印度就在我发现的第一个岛上抓了几个本地人,教他们懂卡斯蒂利亚语言,叫他们把当地出些什么物产告诉我们。这样做工作,他们很快就通过语言或手势了解我们,我们也了解他们。他们是肯帮忙的。我现在仍然同他们在一起。不管我和他们怎样来往,他们仍然认为我是天上来的。无论我走到哪里,他们首先要宣告这一点。他们从这家走到那家,从这个市镇走到那个市镇,高声喊叫:"来呀!来呀!来看天上来的人呀!"他们一信任我们,就男男女女一起走向前来,大人小孩都争先恐后。他们带着出奇的敬爱之情送来吃的喝的。这些岛上有许多像划船一样的独木船。有的比较大,有的比较小,有的比一条备有18块

---

① 一个值半个马拉维迪的铜币,价值不到 0.25 便士。
② 重量单位,等于 25 磅或 11.5 公斤。

坐板的划船①还大。独木船因为是用一根木头凿成的，所以不宽，但它比划船走得快。速度之快，简直不可思议。本地人乘独木船航行到无数岛屿。运送他们的货物。我看见过有些独木船载运 70 人或 80 人，船上都有桨。

在所有这些岛上，人从外貌上、习惯上和语言上我看不出他们有多大的差别。他们彼此互相都能理解，这是很异常的事情。因为这点，我希望陛下决心教导他们改信我们神圣的宗教。对于我们的宗教信仰，他们是会乐意接受的。

我已经讲过，我是怎样沿胡安娜岛海岸自西向东一直走了 107 里格的。由于这次航行的结果，我能够说，这个岛比英格兰和苏格兰还要大些。因为除这 107 里格以外，西部还有两个省我没有去过，其中一个他们把它叫作阿乌阿乌，那里的人生来就有尾巴②。我身边有些印第安人了解这些岛屿，从他们那里知道，这两个省的长度不会少于 50 里格或 60 里格。另一个岛屿叫作伊斯帕尼奥拉岛。环行该岛一周，比环行整个西班牙海岸（从科隆亚到达维斯卡亚的富恩特拉比亚③）一周路线还要长，因为我只航行该岛一边从西到东直线距离就有 188 大里格。这是一块值得抓到手的土地，谁一看见它就永远不想放弃它。岛上物产比我所知道的或比我所能够讲的更丰富。我已为陛下完全掌握它们。陛下可以绝对控制它们，就像控制卡斯蒂利亚的领土一样。在这个伊斯帕尼奥拉岛上，我选择了一个交通最方便、与金矿最接近、与本大陆以及与大汗属地最好做生意的地方（与大汗属地会大有买卖

---

① 地中海常见的一种又长又轻快的船只，主要靠桨划动。
② 在西班牙文对开本中是 Auau，在西班牙文四开本中是 Avan，在拉丁文译本中是 Anan。哥伦布的意思大概是讲 Avan，这是一个古巴地区的土名即哈瓦那。长尾巴的人是约翰·曼德维列爵士编造的流行故事之一。哥伦布和同伴常常向土人打听这件事。土人可能以为他们是打听猴子，所以回答说："有。"哥伦布听不明白，就误以真正有长尾巴的人。
③ 即从科利乌尔（利翁湾一港口，当时属阿拉贡）绕整个西班牙半岛到富恩特拉比亚（在比斯开湾）。

可做、大有利可图）建设了一个大市镇。我给这个市镇取名拉维拉·德纳维达德。市镇里面建筑了堡垒，加强了防卫设施。此时已建筑完成了。为此目的，我留下了足够的人力和枪炮，并储备了一年多的粮食，还留下一条划船和一位熟悉多种手艺的造船师傅①以便制造其他用具。我与当地土王很友好，友善程度达到他以访问我为荣耀并待我如兄弟。即使他变了心，想攻击我们的人，但无论他或他的部下都不知道使用武器。前面已经讲过，他们天真纯朴，是世上最胆小怕事的人，所以我虽然只留下这一部分人员已能够摧毁那一切地方。如果他们安分的话，这个海岛是没有危险的②。

在这些岛上，似乎所有男人都只有一个妻子，但是他们却让他们的马伊奥拉尔（土王）拥有20个。在我看来，女人干的工作比男人还多。我不知道他们是否有私有财产，他们一个人有了什么东西，别人就都有份。我看这确是真的，特别对食物更是如此。

迄今为止我在这些岛上没有发现过许多人传说的畸形怪人，相反，这些人的形象都好，值得尊敬③。他们也不像几内亚的黑人，只是有一头散乱飘拂的头发。他们并不是生长在阳光特别灼人的地方，虽然那里离开赤道有26度④远，太阳的确还是有些威力。这些岛上有高高的山脉，冬天很冷，但他们一则过惯了，二则利用所吃食物和许多过热的调味品，所以忍受得住。我没有找到怪物，也没有听说过。只知道有个岛⑤，它是进入印度的第

---

① 这个师傅指"圣玛利亚"号的木匠安东尼亚·德·库埃尼拉尔，或指"尼尼亚"号的木匠阿隆索·德·莫拉莱斯。
② 多么美好的设想啊！如我们已经知道的，这些人有的互相残杀，剩下的全被卡奥纳波酋长消灭了。
③ 此处含义不清楚，拉丁文译者认为哥伦布说这些人是可敬的。
④ Viente e seis，数字要更正。哥伦布有两个不正确的计算：一个是说古巴纬度为北纬42度，一个说伊斯帕尼奥拉岛在北纬34度。实际上一个是北纬21度，一个是北纬20度。
⑤ 拉丁文本说岛名查理士。查理士（或卡里）是多米尼加的土名。注意：哥伦布俘获的土人已把这个岛的位置告诉过他，并且也把加勒比人的情况告诉了他。

二个门户。岛上住着一些吃人肉的人。他们是一切岛民中最凶恶的人。他们有许多独木船。他们乘船走遍印度各岛,尽力抢劫,有什么要什么。他们的形状并不比别人奇怪,只是有蓄长发的习惯,头发长如妇女。他们用竹竿树枝做弓箭,因为没有铁,就削尖竹木做箭头。他们对待非常胆小的人异常凶恶。不过,除此以外关于他们的情况我知道得也不多。从西班牙到印度去,路上遇见的第一个岛名叫马特雷莫尼奥岛①。同岛上妇女有过来往的人说,岛上只有妇女,没有男人。这些妇女不做女人的事,反而如前所述,像加勒比人一样,佩带弓箭。她们身上除武装外还有铜牌,她们那里铜牌很多。另外还有一个岛,据说比伊斯帕尼奥拉岛还大。岛上居民没有头发②。岛上黄金多得不可数计。我在这个岛上并从其他岛上带来几个印迪奥斯人③做证据。

　　总而言之,我只谈到我在这次匆忙的航行中已取得的成就。陛下从这里就能看到,只要你们再给我一点帮助,你们需要多少黄金我就能提供多少黄金。还有香料和棉花,陛下吩咐吧,要多少有多少;还有乳香,直到现在只在希腊、在希俄斯岛上发现过,色格诺里政府④要高兴才肯发售,陛下将来下令吧!要多少就运回多少;还有沉香木,也是要多少就运回多少;除此以外还有奴隶,也是要多少有多少,他们将是盲目崇拜者。⑤ 我相信,我已找到了大黄和肉桂;我还将找到 1 000 种其他有价值的物品。这些物品就由那些留在那里的人继续去寻找。因为如果风向便于开航,我就会留在纳维达德,不再到别的地方去。留在纳维达德是要把这个市镇搞得安全,便于居住。说实在的,只要船只

---

① 两个西班牙文本都是 Matremonio,在拉丁文本中是 Mateunin。在哥伦布的《航海日志》中是 Matinino,这就是后来为法国人所占据的马提尼克岛。
② 哥伦布讲的是什么岛什么人都无从猜测。
③ 哥伦布指的是美洲土人。
④ 指热那亚政府。哥伦布年轻时代到过希俄斯岛一次或两次。
⑤ 这就是说:如果基督教徒不是受害者,奴隶贸易就是合法的。

随情况需要听我指挥①，我一定能够做出更多的事情。

　　我的报告已经完了。上帝我们的主，他让那些照天道行事的人取得了胜利，好些看来办不到的事情也办到了。这次西航便是一个明显的例子。②因为人们虽然讲过或写过这些地方，但大家都是猜测，没有人去看过它一眼。结果就使得那些听说过的人绝大部分也只能把它听成或看成海外奇谈，而不认为其中有任何事实，哪怕有一点事实。③

　　就这样，因为我们的救世主把这个胜利赐给我们的最杰出的国王和女王，赐给他们的名扬海外的王国，因为有这么多人改信我们的宗教，以后又会获得许多物质利益，整个基督教世界都一定感到欢欣鼓舞，一定会举行盛大的庆祝仪式，一定会兴高采烈地用多次庄严的祈祷，郑重感谢神圣的三位一体。从此以后不仅西班牙，而且所有基督教徒都将获得精神利益和物质利益。以上就是已经做好的事情，④虽然写得简单。

　　1493年2月15日写于加那利群岛⑤附近船上。

　　听候您的吩咐。

海洋统帅

附言⑥随信到达

　　书简写完后，我正到达卡斯蒂利亚的海面上。海上刮起了巨

---

　　① "平塔"号曾擅自离开他单独航行。这里对该船负责人做了颇为含蓄的指责，但对指挥船遇难一事却只字未提。
　　② 西班牙文原本中此句没有动词，拉丁文中插入了几个虔诚的呼吁字眼。
　　③ 他心里大概是想着马可·波罗的东方游记，当时欧洲大部分有知识的人都认为这部书是海外奇谈。
　　④ Segun el fecho，一个法律字眼，字面意义为"执行"。
　　⑤ 两个西班牙文本都是这样。其中肯定有印刷错误。因为"尼尼亚"号在返航途中所经过的最后岛屿是亚速尔群岛中的圣玛利亚岛。
　　⑥ Anima，信写完后用纸包封，再用蜡封。

大的南风和西南风，①使我不得不亲自操舵稳船。②今天我把船开入里斯本港。这就成了轰动世界的大事。我从这里发信给陛下。在印度各地我常常发现天气和这里的 5 月一样。我前往印度走了 33 天。回来应该走了 28 天，但因为在这个海上遇到了暴风雨把我阻留了 23 天。此地所有水手都说：这里从来没有见过气候这样恶劣的冬天，也没有损失过这么多的船只。

3 月 14 日③写完书简。

这份哥伦布送给王家司库④的书简，内容是报告在"印度"发现岛屿的情况，由司库转呈国王和女王陛下。

---

① Sudoeste 误印成 Suest，据《航海日志》可以看得出来。
② 在两个西班牙文版本中船字都是复数。
③ quatro 误印成 Quatorze。
④ 这个司库指哥伦布的友人路易斯·德·桑坦赫尔。

附录二　哥伦布安葬在何处？

　　常常有人问我："哥伦布的真正遗体葬在哪里？"这个问题不是三言两语可以回答得了的。把他的遗体几次搬迁的经过说明一下，就可以把问题讲清了。

　　他是在巴利亚多利德去世的。他的遗体起先安葬在巴利亚多利德。若干年以后，第二任海洋统帅和"印度"副王、他的儿子堂·迭戈把他的遗体迁到拉斯·奎瓦斯修道院（在塞维利亚附近瓜达尔基维尔河对岸）。后来，迭戈去世，他的遗体也埋葬在这个地方。

　　1541年，第三任统帅和副王堂·路易斯把他父亲和祖父的遗骸都跨洋迁到圣多明各。为了运输方便，把两具灵柩中的遗骸分别转到两个小型铅皮棺材里。两个小棺都被安置在圣多明各大教堂高祭坛前面的圣坛内。哥伦布的小棺附有碑铭。1655年，当圣多明各有遭受维纳布尔斯将军和彭恩海军上将攻击的危险时，两具小棺都被移动，加以隐藏。移动以后，再未放回原处。

　　1795年，西班牙被迫把圣多明各让给法国。贝拉瓜公爵不愿把先人遗骸放在法兰西共和国的旗帜下。他获得批准，准备把小棺移到哈瓦那。到这个时候已经没有人确切记得哥伦布和堂·迭戈的小棺放在什么地点。工人在高祭坛北面开挖，很快找到一个铅皮小棺，大家认为这就是哥伦布的棺材。贝拉瓜公爵把它运到哈瓦那大教堂并举行了盛大的安灵仪式。1898年，古巴独立后，这个铅皮棺又运到了西班牙，跟塞维利亚大教堂内哥伦布的纪念碑安置在一起。

1877年，圣多明各大教堂的内殿扩大，工人在高祭坛北面墙下发现一座墓穴，墓穴内有一个铅皮棺材，形状、大小都和运回西班牙的那个一样。棺材两面和两头都刻有 CCA 三个大写字母，大约就是 Cristóbal Colón Almirante 三字的缩写。于是当事人把大主教、外交使团和当地其他重要人物请来，当众打开棺材，发现其中有骨殖、灰烬和一颗子弹。棺盖内刻有铭文：

Illtre y Es^{do} Varon
Dn. Criztoval Colon

把这两行字翻译出来就是："杰出的、著名的绅士堂·克里斯托瓦尔·哥伦。"棺盖表面也有铭文：*D. de la A. Per A*^{te}，这大概就是：

Descubridor de la America Primer Almirante

的缩写，翻译出来就是：亚美利加洲的发现者海洋统帅。

1878年，大教堂修理工程完竣，这个铅皮棺材经过再检查，又发现其中有一块上次未注意到的小银牌。经鉴定，这块银牌显然是原来灵柩内的牌子。它是1541年移动遗骸时保存下来的。银牌一面有铭文：

U^a pte de los r tos
del p mer Al te D
Cristoval Colon Des'.

这大致是 *Ultima parte de los restos del primer Almirante D. Cristoval Colon Descubridor*，即美洲发现者、海洋统帅克里斯托瓦尔·哥伦的遗骸。

专家们认为这块银牌进一步证实了铅皮棺盖上的铭文，所以这个铅皮棺装的是哥伦布的真正的遗骸。他们就把这个铅皮棺连同哥伦布的纪念碑一齐安置在圣多明各大教堂里。我同意他们的结论。

但是，运回塞维利亚的那具棺材里面装的是什么呢？显然，那是哥伦布的儿子堂·迭戈的遗骸。不过，有许多西班牙人硬不承认1877

年这个发现，他们说这是圣多明各方面耍的阴谋诡计。他们最大的理由是要到1700年左右，西班牙才用"亚美利加"一词来称呼"新大陆"。这个说法是对的，但"亚美利加"一词在北欧却早已广泛使用，棺盖上的铭文可能是德国工人或弗拉芒工人刻的，因为在查理五世和菲利普二世时代已有大批德国人和弗拉芒人住在西班牙。这些人肯定会想到"新大陆"是"亚美利加"而不是"印度"，"D. de la A."可能是别的什么意思而不是"美洲的发现者"。

还有一种说法，也言之成理。因为哥伦布比儿子更加著名，所以他的遗骸埋葬地点一定更靠近高祭坛。1795年挖掘时，工人如果再勤快点儿，继续向前挖，一定可能挖到第二具棺材，那么哥伦布的遗骸就不待1877年来发现了。

哥伦布的纪念碑在奥萨马河下游圣多明各对岸建成后，他的遗骸也迁到了那里。

索 引

（如已在正文中谈到，注释中的资料就不再单独做索引。页码为本书边码，因原章节注改为页下注，致部分边码未连续。）

缩语

B. Bahía, Bay　湾
C. Cabo, Cape　角、岬
C. C. Christopher Columbus　克里斯托弗·哥伦布
D. Don, Dom, Doña, Dona　堂（先生）、堂娜（夫人）
Fr. Fray, Brother　修士、僧侣

G. Golfo, Gulf　湾、海湾
Is. Islco, Island, Islands　岛、群岛
Pta. Punta, Point　岬
Pto. Puerto, Harbor　港
R. Río, River　江、河
V. Voyage　航海、航行

A

Acklin, Is. & Bight of　阿克林岛和阿克林湾　I. 326—328
Acul B.　阿库尔湾　I. 379—383
Adelantado　代理总帅　II. 164。参考后面巴塞洛缪·哥伦布
Admiral, the office & title　统帅，官职与衔头　I. 95—96、139、312、436, II. 19—21、413；蚊式舰队的统帅　II. 302
Afonso V of Portugal　葡萄牙的阿方索五世　I. 43、45—47、52、80
Africa, disc. & voyages　非洲，发现与航行　I. XXXiX—Xli、42—44。见迪亚士、几内亚
agave　龙舌兰（植物）　I. 326、328、342
Aguado, Juan　胡安·阿瓜多　II. 56、175—176、223

Aguja Caravel　"阿古哈"号轻快帆船　II. 325
ajes　薯蓣　I. 350、391、408, II. 153
Alcáçovas, Treaty of　阿尔卡苏瓦什条约　I. 52、427、439
Alcatraz, Pta.　阿尔卡特拉斯岬　II. 266
Alexander VI　亚历山大六世　I. 3, II. 21—27；哥伦布致他的信　II. 315
Alfragan　阿尔弗腊甘　I. 54、87
Alhandra　阿良德拉（葡）　I. 443—444
Alixandre, Fr.　亚历山德雷修士　II. 321、336
alligators　短吻鳄　II. 357
Almirante B.　阿尔米兰特湾　II. 342—343
aloes　见前面 agave
Alpha & Omega, C.　阿尔法和奥米加角　II. 118—119
Alta Vela　阿尔塔·贝拉　II. 157、287、327

索引 401

Amazons 亚马孙族女战士 I.124、404—405，II.182
America, so named 亚美利加，何故如此命名 11，41，417；参见 Continent
ampolleta 沙漏计时器（计时器）I.220—222，II.402
Anacoana 阿娜科阿娜（人）II.295、397
anchors & anchorages 锚和锚地 I.163—164；在博物馆 II.92、271；哥伦布在锚地 I.318、329、365，II.383
Anegada Is. (Cuba) 阿内加达岛（古巴）II.328；（维尔京群岛）II.79，98
Anjos (Santa Maria) 安霍斯村（圣玛利亚岛） I.424—428
Antigua 安提瓜 II.73
Antilles, name 安的列斯群岛，命名 I.442
Antillia 安第利亚 I.47、80、86、442；杜尔莫的探寻 I.97
Arab ships 阿拉伯船舶 I，xxxviii
Arabic 阿拉伯语 I.187、338
Arawaks 阿拉瓦克人，见 Tainos 泰诺人
Aristotle 亚里士多德谈1度之长 I.103；去印度航道 I.45、78—79、123；纬度相同，产品相同 I.304、369，II.233、256
Arzila 阿尔济拉 II.323
Asia 亚洲，谈长度 I.86—91、122—124；对美洲关系 II.40—41、280、344
Astrolabe 星盘 I.93、241、244、257、409
Asunción Is. 阿松森岛 II.276—277
Atlantic 大西洋，宽度 I.87—91、122—123、131—132
Azores, disc. of 亚速尔群岛的发现 I.39—41、79—80；纬度 I.416；第一次西航 I.410—414、418—431；第二次西航 II.185—188
Azua, Pto. 阿苏阿港 I.327、396
Azurara, 阿祖拉拉（葡史学家） I.42、48

B

BABEQUE I.396，巴韦克，见大伊纳瓜岛，与牙买加发音的区别 II.123
Bahama Is. 巴哈马群岛 II.299—330；海图 I.321；形状变化 I.306
Balandra, Pta. 巴兰德拉角 I.399、403，II.90
Balboa, Vasco Núñez de 巴尔沃亚，瓦斯科·努涅斯·德 II.345、362
Ballester, Miguel 巴列斯特，米格尔 II.298
Baracoa 巴拉科阿 I.156、359—362
Barbas, Las 巴尔巴斯（沙洲、小岛群）II.379—380
Barcelona, Court at 在巴塞罗那的宫廷 II.4、6；哥伦布在巴塞罗那 II.11、14—21、26；梅毒在巴塞罗那 II.203—205、209—210
Bariay, B. 巴里艾湾 I.330、335—337
Brrros, João de 巴罗斯，若昂·德，论哥伦布 I.93—94
Bastidas, Rodrigo de 巴斯蒂达斯，罗德里戈·德 II.313—314、364
Batabanó, G. de 巴塔瓦诺湾 II.136—140、150
Bay Islands 巴亚群岛，又称海湾群岛 II.328
Bayona 巴约纳 II.3—4
Beata Is. 贝阿塔岛 II.157、287—288、327、409
Beaujeu, Anne de 博热，安娜·德 I.119，II.163
Bechaila ship "贝恰拉"号船 I.31—32
Behaim, Martin 贝海姆，马丁 I.99—101；地球（插图）I.88—89；提到的 91、207、315，II.349
Behechio 贝赫奇奥（酋长名）II.172、295—296
Belén R. de 贝伦河 II.366—376
Berardi, Juanoto 贝拉尔迪，胡安诺托 I.138，II.51
Bergantinas 双桅帆船 II.178、317
Bermejo, Juan Rodríguez 贝尔梅霍，胡安·罗德里格斯 I.191、298
Bermuda 百慕大 I.407、409
Bermuda Caravel "百慕大"号帆船（见

Santiago)

Bermúdez, Juan & Fran. 百慕德斯，胡安和弗朗西斯科 II. 228、320

Bernal 贝纳尔 I. 407—408

Bernáldez, Andrés 贝尔纳德斯，安德烈斯，哥伦布在他家做客 II. 221—223；教皇史 II. 125；谈航速 I. xlii；航巴 I. 252；古巴航行 II. 119—120、133—150；多处见，牙买加 II. 123—124、154—156

Bird Rock. 伯德礁 I. 324—326

Birds, sea, 海鸟，第一次西航 I. 268、271—272、275、280—282、408, II. 63；第二次西航 II. 66、81、139、150；陆地，秋季迁徙 I. 283—284；看到多种鸟类 I. 319、341、371、382, II. 89、130、341；羽毛 II. 155；参看鹦鹉

Blanquilla 布兰基亚（岛） II. 277、287

Blue Mountains 蓝山山脉 II. 156、328、393—395

Bluefields 布卢菲尔兹 II. 339；布卢菲尔兹湾 II. 350

Boavista 博阿维斯塔 II. 237—238

Bobadilla, Fran. de 波巴迪拉，弗朗西斯科·德 II. 302—303、311、314—315、325

Bobadilla family, Pedigree 波巴迪拉家族谱系 I. 218

Boca del Dragón (Panama) 龙口海峡（巴拿马） II. 342

Boca de la Sierpe 锡厄佩海峡（蛇口） II. 253、255—259

Bocas del Dragón (Paria) 龙口海峡（帕里亚湾） II. 255、258—261、268、275—277

Bohio 博希奥（土语：房屋的称呼） I. 327

Bologna Map of Hispaniola 博洛格纳的伊斯帕尼奥拉岛地图 I. 375

Boma, Pto. 博马港 I. 361

Bonacca Is. 博纳卡岛 II. 328、331—333

Book of Privileges 权利书 II. 317

Book of Prophecies 预言书 I. xi, II. 311—313

Boqueron Bay 博克隆湾 II. 89

Borgia, Cesare 博尔哈，塞萨雷 II. 22、198

Bourbon, Mme, de 波旁夫人，见博热条

braccio 布拉乔寻（意大利长度单位） I. 32n.、157, II. 376

braza 寻（西班牙长度单位）

Brazil 巴西 II. 28、301、313

Brazil, Pto. see Jacmel 巴西港，见哈克梅尔（雅克梅尔）

Brazilwood 巴西木

Breton, Cayo 布雷顿岛 II. 132、153、382

Bueno, Pto. 布埃诺港 II. 124—125、384

Buil, Fr. 布伊尔修士 II. 51、57、94、103、115、166—167、175

C

CABOT, JOHN 卡博托（一译卡波特），约翰 I. 81、140, II. 36—37、271

Cacao money 可可豆货币 II. 332

Caciques of Hispaniola 伊斯帕尼奥拉岛的酋长（土王）们 II. 297（图上注记）

Cádiz 加的斯 II. 9、51、54、58、170、190—91、210—211、303、309、314、322

Camacho, Gonzalo 卡马乔，贡萨洛 II. 414—415

Camoens, *Iusiads* 卡蒙斯《卢济塔尼亚人之歌》 I. 19、39、44、193、236、259、313, II. 239

Campana, C. 坎帕纳角 I. 358

Canary Is., disc. & conquest 加那利群岛，发现和征服 I. 19、114、211—212；地图 211；第一次西航 I. 204、207、210—216；第二次西航 II. 59；第三次西航 II. 236—7；第四次西航 II. 323

Cannibal, the word, 吃人的生番、语言 II. 70

Canoes, descibed 独木舟，描写 I. 302—303、305、316—318、360, II. 34、72；牙买加的 II. 123—124；有舱的 II. 265、331—332

Canonical hours & offices 规定祈祷时间和

索引　403

场所　I. 62—63、208—209、224—225

Cantabrian barques　坎塔布连三桅帆船　II. 55、88

Cantino Map　坎蒂诺地图　I. 447, II. 142

Cão, Diogo　卡奥, 迪奥戈　I. xli、92、96—98

Caonobó　卡奥纳波　II. 91—5、104、113、223; 俘虏和死亡　171—2、180; 亲属　222

Cape verde Is.　佛得角群岛　I. 41、43、124, II. 189; 哥伦布的访问　II. 237—239

Capitana flagship　"卡皮坦"号旗舰（第四次西航）　I. 165、II. 319、326、366、375、379、383、387—388、399

Capitulations of 1492　1492 年的协议条款　I. 138—142

Caracol Bay　卡拉科尔湾　I. 393—395, II. 91—96; 其地图　II. 93

Caravels　轻快帆船　I. xxxvii—xliii、150—155, II. 55—56、228—229、319—323; 现代型式和再造　I. 150、157—160、163—169、174—176、277—278; 武装的轻快帆船　I. 169; "卡拉维隆"号　II. 409

Carbia Rómulo D.　卡维亚, 罗慕洛·堂　I. 20、101、145、206、289

Cardera caravel　"卡德拉"号轻快帆船　II. 55—56、117—118、173

Cardinal of Spain, D. Pedro Gonzáles de Mendoza　西班牙大主教, 堂·佩德罗·冈萨雷斯·德·门多萨　I. 115, II. 14—15、49

Cariai　卡里艾　II. 339—342

Carib Indians, encountered　加勒比印第安人, 遭遇　II. 68、70—72、84—85、90、182—185; 奴役　II. 106—107、168; 哥伦布视其敌人　II. 152、159; 泰洛人恐惧　I. 305、356、359、362、381、392、404; 在特立尼达　II. 255—256

Caribean sea, C. C. 's crossings of　加勒比海, 哥伦布横渡　II. 82、182、286、328、381—382; 他的航向　II. 236; 航海情况　II. 385—386; 其他人的考察　II. 300—301、312—313、364

Caribbee Islands　加勒比群岛, 其发现　II. 63—81; 风景　II. 74; 重访　II. 182—185、323—324; 其地位　II. 184、380

Carracks　大帆船　I. XXXVi, II, 61

Carthage C.　迦太基角　I. 28—30

Carvajal, Alonso Sánchez de　卡瓦哈尔, 阿隆索·桑切斯·德　II. 56、115、228—229、296、314、412

Carvajal, Bern. de　卡瓦哈尔, 贝尔纳迪诺·德　II. 24

Casablanca　卡萨布兰卡　I. 413、416

Cascais　卡斯凯什　I. 434

Casenove, Guil·de　卡塞诺瓦, 吉·德　I. 32

Casilda　卡西尔达　II. 132—133、151

Cassava bread　木薯面包　I. 304、371、391, II. 70、151、153—154、159、183—184、298、389; 毒　II. 174、183

Castanheira, João de　卡斯塔涅拉, 若昂·德　I. 426—430

Castanheira, S. Antonio de　卡斯塔涅拉, S. 安东尼奥·德　I. 442—443

Castile, 见 Spain

Castro, D. João de　卡斯特罗, 堂·若昂·德　I. 243、259

Cat Is　卡特岛　I. 300、331

Cathalina　卡塔琳娜　II. 157、177

Catherine of Aragon　阿拉贡的凯瑟琳　II. 321

Cattle　牛　I. 210, II. 59、238

Caxines, Pta.　卡克西纳斯角　II. 333

Cayman Is.　开曼群岛　II. 328、381—382

Cayo Moa Grande, Is. & Pto.　卡约·莫亚·格兰德, 岛和港　II. 344、356—357

Cazones, G. de　卡索内斯湾　II. 134

Celeste, B.　塞莱斯特湾　II. 258、260—261

Centurione, house of　琴图廖内家族（商号）　I. 30、49、52, II. 227

Cervera, Admiral　塞韦拉, 海军上将　II. 122

Chacachacare Is.　恰卡恰卡雷岛　II. 259、275

Chachu　查丘（水手长）　I. 188—190、394

Chagres R.　查格雷斯河　II. 358、361—362

Chanca, Dr. Diego Alvarez　昌卡，迭戈·阿尔瓦雷斯医生　II. 56、104—105；谈哥伦布　II. 63；第二次西航　II. 65—101；散见多处，209

Chanteys　起锚时的劳动号子　I. 228—230、232—233

Charcot, Jean　夏尔科，让　I. 180、256、273

Charles VIII of France　法兰西的查理八世　I. 119、II. 193、197—198、202—204、213、224、281

Charts, C. C.'s　哥伦布的海图　I. 248、272、274

Chersonese, Golden　黄金半岛　II. 40、139—140、147、160、315、344—345

Chicago, Columbian Exposition　芝加哥，哥伦布博览会　I. 65、150、176

Chicha　契茶（饮料）　II. 265、267、370

China, Marco Polo on　马可·波罗谈中国　I. 45—46. 86；抵达机会　I. 79、86、93—94；哥伦布的关注　I. 129；协议中　I. 140—141；探寻，第一次西航　I. 283、315、327—328、337—339、341—342、363；证据　I. 380、II. 280、344；参考 Mangi

Chios　希俄斯　I. 30—31、340

Chiriqui Lagoon　奇里基湖（环礁湖）　II. 343—344、350；河，352

Christianity, decline in prestige　基督教威信下降　I. 3；扩张，哥伦布的目的　I. 302、341、363—364、II. 268—269、288

Christiansted, harbour　克里斯蒂安斯特德港　II. 82—83

Ciamba　印度支那　II. 342—344

Cibao, report of　锡瓦奥，其报告　I. 383、391—392、397；其开发、考察　II. 102—105、108—112、171—172；其地图　II. 109；示巴　II. 115

Cienfuegos　西恩富戈斯　II. 132—134

Ciguare　锡瓜雷人　II. 344—345、350

Ciguayo Indians　锡瓜约印第安人　I. 399—401、404、II. 90—91、296

Cipango　希潘戈，见 Japan 日本

Ciudad Trujillo　特鲁希略城　II. 295

Cochinos, G. de　猪湾　II. 134、151

Coco Solo　科科索洛（巴拿）　II. 362

Coconuts　椰子果　I. 345—346

Colin, Bart.　科林，巴托洛梅　I. 199，II. 180、187、227—228

Colina ship　"科利纳"号　II. 56、88

Coloma, Juan de　胡安·德·科洛马　I. 138、II. 416

Colombo, Giovanni (Giannetto)　哥伦波，乔瓦尼（詹内托）　I. 16—17、II. 229、236、296、412

Colombo family of Genoa　热那亚的哥伦布家族　I. 12—17

Colombo Junior　小科伦波　I. 36—37

Colón, D. Diego, son of C. C. & 2d Admiral　哥伦，堂·迭戈，哥伦布的儿子，第二任海洋统帅　I. 112—113、II. 229、411—416、419—420；出生和童年　I. 51、54、107—108、132—133、422，II. 11、58；少年侍卫　II. 223、301、311、317、325；墓地　435

Colón, Digo (Indian)　科隆，迭戈（印第安人）　I. 337—338、II. 14、92、133、138—139

Colón, D. Luis (3d Admiral)　哥伦，堂·路易斯（哥伦布之孙，第三任海洋统帅）　I. 69、II. 350、416、425

Colòny Toled, D. Maria　哥伦·托莱多，堂娜·玛利亚，　I. 113、II. 350、416

Colonial policy of C. C.　哥伦布的殖民政策　I. 364、II. 7—9、50、106—107、113—114、166—177、298—304；国王的训令 II. 51—52、107、225—227

Columbus, Bartholomew　哥伦布，巴塞洛缪 II. 163—164、301；早年生活　I. 13—14、26、47—48、50、107；在英国和法国　I. 118—119，II. 163；封贵族　II. 18；代理总督　II. 164、170—182、226、288、294—303、310—311；制图　I. 103、169、II. 280、335；航海技术　II. 326、

写作 I.106、127、II.332；第四次西航 II.320—326、331、337、340、367—373、393—394、408—420

COLUMBUS, CHRISTOPHER 哥伦布,克里斯托弗（四次西航,分别索引）,准确 I.26—27、310、346—347、367、398、418；行政管理人,见殖民政策；雄心 I.5—6、61、95—96、135、II.12、234；形象和性格 I.6、8、61—67、II.11；纹章 I.14、II.16—18；美感 I.268、325、346、357；宽厚、温和 I.254、274、II.149、164；售书 I.119、131；肯定 I.137；环航计划 II.139；贪心 I.297、II.412；后裔 II.421—422；庄重和服饰 I.62—63、66、II.10—11、54、221、304；早期生活与航海 I.13—20、26—38、48—49、53—55；鸡蛋故事 II.15；印度事业 I.76—106、138—142、II.234；地理概念 I.78—91、116、129、II.42（参见 Asia China Otro Mundo, Strait, Terrestrial Paradise）；手稿 I.62、120；健康 I.253、II.58、159、166、235、264、278、299、373、391、399、410、415—418；继承人 II.229；荣誉、权利、权力、头衔 I.95—96、111、134—135、138—140、204、208、217、II.7—8、18—21、107、225、311—317、391、412—413、417—418；人道 II.156、189—190；被捕 II.303—304、309—310；所用语言 I.18—19、39、62.93；恋爱与结婚 I.49—52、111—113、215；制图 I.47、50、134、143、204、250（地图再制 I.374）,II.71；箴言 II.17；姓名、名声 I.37、93、117、130、137、144、II.33—39；航海和航海技术 I.240—56、266 及以下诸页、286、318、339—340、353、371、405—417、432、II.58、63—68、143、149、181、184—190、242—249、258—260、281—282、286—288、321—322、325—327、338、378—384、410；固执 I.134—137、290、II.42、313—314. 418；虔诚 I.6—7、12、62—65、224、341、421—

422、II.10、53、73、156、246；肖像 I.65—67、73—74；旁注 I.120—125；贫困 I.115—118、131、II.310—311、392；预言 I.79、364、II.268—269；读书 I.120—125；论理 I.91、367、398、II.279—280、282、285；遗骸 II.423—426；沉默寡言 II.260；签名 II.9—10、393、410、420；幻影 II.374；哥伦布的写作,航海技术 I.256—257、II.225、315；《权利书》II.317；《预言书》（圣经等古书抄本）I.125、129、II.311；第一次西航航海日志 I.203—207、422；第三次西航航海日志 II.250；第一次西航书简 I.413—414；附言 I.435；传送 II.6；印行和翻译 II.21、34—36；摘录 I.303、II.32；书目 I.417；《最珍贵的书简》 II.391—392；致堂·迭戈信函 II.410、413—15；致朝廷权贵的信札 II.309—310；致戈里西奥信札 II.311—312、392—393；致堂娜·胡安娜·德拉·托雷斯 II.250、304；致教皇 II.315；1498 年的信函和报告 II.250, 298；继承权 I.7、II.229—230、312；1493 年政策备忘录（国王和女王的复谕）II.8—9；托雷斯备忘录 III.106—107；遗嘱 I.7、I.317、418—419

Columbus, Diego 哥伦布,迭戈（哥伦布之弟） I.13、15、17、22、II.57—58、310—311、420；封贵族 II.18；在伊斯帕尼奥拉 II.108、115、164—169、301—303

Columbus, Felipa Perestrelloy Moniz 哥伦布,费莉帕·佩雷斯特雷洛·莫尼丝（哥伦布之妻） I.49—52、107、113、437、II.323

Columlus, Ferdinand 哥伦布,费迪南德 I.68—70、II.229、409—20,多处可见；诞生 I.111—112；童年 I.422、II.11、54、58、223、301、311；他的《历史》I.69—70、74、205；描述其父 I.62；第一次西航 I.275、289—290、300；第二次西航 II.185、188—189；第四次西航 II.322、327—388 多处可见

Columbus Bank, Bahamas 哥伦布滩，巴哈马群岛 I.329
Compass, the mariner's 航海罗盘（罗经）I.244—247；方位 I.367；刻度盘 I.246；弗拉芒和热那亚的 II.64、185—188；鸢尾 I.260；针 I.262；罗经点 I.246；修改 I.28—29；磁差（磁偏角）I.246—247、270—271、279、281、331、II.25、64、185—189、282；书目 I.259—260
Concepción Is. 康塞普西翁岛 II.276—277
Concepción de la Vega 康塞普西翁·德拉·贝加 II.296—298
Continent, American, existence of, see João II. 大陆，美洲，其存在，参看 João, II. 哥伦布的见解 II.254；第一次着陆 II.262—4；帕里亚被认作 II.279；范围 II.313
Copper & brass 铜和黄铜 II.155、171、265、331—333；参看 guanin
Córdova 科尔多瓦，哥伦布在科尔多瓦 I.67、111—113、II.11、54；关系 I.422、II.6
Córdova, Gonsalvo de 科尔多瓦的冈萨尔沃 I.72、II.202—203、224、312
Coronel, Pedro Fernández de 科罗内尔，佩德罗·费尔南德斯·德 II.56、115、228、296
Correa da Cunha, Pedro 科雷亚·达·坎哈，佩德罗 I.50、82
Correo Carvel "科列奥"号帆船 II.229、237、263、268、280、298
Corsica 科西嘉 I.27、II.138—139
Cortés, B. 科尔特斯湾 II.139—140、149
Corvo 科尔武 I.41、79—80
Cosa 见 La Cosa
Costa de los Contrastes 对立海岸 II.366；双耳海岸 II.336
Costa Rica 哥斯达黎加 II.339—342
Cotton 棉花 I.301、303、317、319、322—323、340、382、II.155；加勒比人棉毯 II.70；绣花腰带 I.381—382；做贡品 II.168、173
Coullon viejo 见 Caseuove

Crecence, Letter 信任状、介绍信 I.141
Criminals, in C. C.'s Crew 哥伦布船队中的罪犯 I.184；当作殖民者 II.226
Crooked Is. & Passage 克鲁克德岛和海峡 I.320、324—329、347
Cross staff 十字杆 I.241
Crosses erected 竖立十字架 I.345、360、370、379、II.68、118、158、264
Cruz, D. 克鲁斯角 II.122—123、125、128、154、383
Cuba 古巴哥伦布首次提到 I.327；独木舟航路 I.329—330；着陆 I.330、335；考察，第一次西航 I.335—64；第二次西航 52.117—122、128—143、149—154；第四次西航 II.328、382—384；缺金矿 II.337—340；哥伦布到最西端 I.338、II.140；其长度 II.141；大陆或岛屿？I.339、363、II.140—142、160；命名 II.148；地图 I.336、354、II.124、134、142
Cubagua Is. 库瓦瓜岛 II.280—281、290
Cuipo tree 奎波树 I.83
Culebra R. 库莱布拉河 II.355—356
Cuna cuna Indians 库纳库纳印第安人 II.354—357、380
Cuneo, Michele de, 库内奥，米凯莱·德 I.15、336、II.56、150—151；谈比阿特丽丝 II.59；谈"尼尼亚"号 I.151；论哥伦布航海 I.253—254；谈不满 II.176；谈黄金 II.104、111—112、123；论伊莎贝拉 II.113；论奴隶 II.85、169—170；谈古巴 II.141—142；命名地方 II.157—158；返航 II.211
Cuneo, Sebastiano, 库内奥，塞巴斯蒂亚诺 I.17
Currents, effect on sailing 海流，对航行影响 I.xxviii—xxx、xl、255、II.381；第一次西航 I.274；赤道流 II.240、244；在加勒比海 II.286—287、381、395

D

D'AILLY, PIERRE, Imago Mundi 戴伊德阿伊利（一译戴伊·皮埃尔）I.121；

哥伦布的边注 I. 53—55、120—125

D'Albertis, Ernesto 德·阿尔贝蒂斯，埃内斯托 I. 150、312；V. in Corsaro, I. 278

Damas, G. de las 女士们的海湾 II. 245

Darien, G. of, 达连湾 II. 313、364、380

David, C. C. compares himself with 大卫，哥伦布将自己与大卫比较 I. 63, II. 234、374

D'Azambuja, Diege 阿赞布雅，迭戈 I. 53—54

deer 鹿 II. 254、336、341

degree, length 度的长 I. 54—55、87—91、122, II. 259；表 I. 103

Demarcation, lines of 分界线 I. 254、II. 23—28、167、233；地图 II. 23

Desastres, R. 德萨斯特雷斯河 II. 339

Désirade 德西拉德岛 II. 67

D'Este, Ercole 德斯特，埃尔科莱 I. 57, II. 34—35

Deza, Diego de 德萨，德·迭戈 I. 116, II. 414、417

Días, Bartholomew 迪亚士，巴塞洛缪 I. 436；航海 98—99、265, II. 140—141

Días de Isla, Ruy 迪亚斯·德·伊斯拉鲁伊 II. 203—205、209

dogs, dumb 哑狗 I. 323、336—337, II. 132；西班牙的 II. 125、167、171、174、341、373

Doldrums 赤道无风带 II. 240—244

Dominica 多米尼加 II. 67—68、236—237、323—324

driftwood 浮木 I. 82—83、100—101

Dry Harbor 德赖港 II. 384

Dulmo, Fernão 杜尔莫，费尔南（葡人） I. 97—98、100

E

EARTH, nobody believes to be flat 地球，无人相信它是平坦的 I. 45. 117；哥伦布说是梨子状 II. 284；大小 I. 45—47、87、103, II. 40

eclipses 食 I. 243；1494年的月食 II. 158—159；1504年的月食 II. 401—403

egg story 鸡蛋的故事 II. 15

Eleuthera I. 伊柳塞拉岛 I. 85、325

encomiendas 封地制 II. 299

Engaño, C. 恩加尼奥角 II. 90、159、182

England & English 英国和英国人，哥伦布谈到 I. 32、128、379；无人跟他 I. 184；啤酒 II. 332

Enriquez, Pedro 恩里克斯，佩德罗 II. 78—80

Enriquez de Harana, Beatriz 恩里克斯·德·哈拉纳，比阿特丽丝 I. 111—113、118—119、429, II. 11、54、317、419

Ericcson, Leif 埃里克森，莱夫 I. 25

Erin Pt. 埃林港 II. 254

Escalante, Juan de 埃斯卡兰特，胡安·德 II. 313

Escobar, Diego de 埃斯科瓦尔，迭戈·德 II. 407—408

Escobedo, Rodrigo de 埃斯科韦多，罗德里戈·德 I. 188、190、301、382、394, II. 95

Escocesa Bay 埃斯科塞萨湾 I. 398—399

Escribanos, Pto. 埃斯克里瓦诺斯港 II. 355—356

Escudos de Veragua 贝拉瓜的埃斯库多 II. 350

Esdras, On Land & Water 以斯德拉，论陆地和水域 I. 94 页注、123, II. 279—280

Española, la Isla, so named 伊斯帕尼奥拉岛，如此命名 I. 370；见 Hispaniola

espingardas 原始滑膛枪 I. 166, II. 50

Evangelista 埃万赫利斯达（福音传教士） II. 148—149、160

F

Ferdinand, King 费迪南德国王 I. 114、214；他与哥伦布 I. 132、137, II. 311、412—418；得信任 II. 38；外交政策 II. 224、301、310—312、419；他与女王的联合行动，见 Isabella.

Fernán, Dr. Garcia 费尔南，加西亚医师 I. 108、133

Fernández, Alejo. 费尔南德斯，阿莱霍

I. 67

Fernández, García, steward 费尔南德斯，加西亚，乘务员 I. 178、191、311

Fernández Duro, Cesare 费尔南德斯·杜罗，塞萨雷 I. 150、289、445

Fernandina (long) Is. 费尔南迪纳岛（长岛） I. 317—318

Ferrer. Jaime 费雷尔，海梅 II. 233—234；哥伦布 I. 254

Ferro, departares from. 费罗（岛），离开该岛 I. 216、266, II. 59、237、323；其纬度 I. 302、305

Fieschi, Bart. 菲耶斯基，巴托洛梅 II. 321、327、420；独木舟航海 II. 394—397

First Voyage To America 第一次美洲航行，航海日志 I. 203—207（伪造航海日志 I. 422）；西航计划 I. 207—208、277；协议 I. 138—142；准备 I. 146—149；费用 I. 137—138；船队 I. 149—169；人员 I. 177—193；健康 II. 206—209；工饷名册 I. 185；粮食 I. 148—149、193、212—215；开航 I. 195、208；帕洛斯到费罗 I. 209—216、248—249；出航航路 I. 264—299；距离表 I. 279、291—293；叛变 285—291；着陆 294—299；巴哈马群岛 I. 300—330；古巴 I. 335—363；伊斯帕尼奥拉 I. 367—401；返航 I. 403—435；登岸 I. 423、433；最后一段航程 II. 3—5；新闻传播 II. 32—40、163

fish, observed by C. C. 哥伦布看见鱼 I. 275、370—371、408—409 II. 158、327；泰诺鱼席 II. 120—122；用吸盘捕龟的鱼 II. 131—132

flagship of 3d v. 第三次西航的指挥船 II. 229、237、268、298

Flecha, C. 弗莱查角 II. 85

Flechas, Las 弗莱查斯 I. 399—403, II. 90

Flores 弗洛雷斯 I. 41、411—413

Florida 佛罗里达 I. 284, II. 56

Fogo 福古岛 II. 239

Fonseca, D. Juan de 丰塞卡，堂·胡安·德 II. 49—50、54—55、170、227、300、413

Food, aboad ship 船上食品 I. 227、231—232, II. 51、183、421；在殖民地 II. 50、113—114、200、294、303；改变的影响 II. 105、200；海上缺粮 II. 153、185、189、246、253、359—360、382；在印第安人中间 II. 165、183；在牙买加 II. 389—390、400—402、407

Fort Liberté 利贝泰堡 II. 94

Fortune Is. 佛尔岑岛 I. 325—326

Fourth Voyage To America 第四次美洲航行，海图 II. 334、360；其目的，准备 II. 314—322；跨渡海洋 II. 323；飓风 325—326；在加勒比海 II. 323—328、381—385；沿着大陆 II. 331—381；家 II. 409—410；书目 II. 328—329

Fracastoro, Girolamo 弗拉卡斯托罗，吉罗拉莫 II. 193—194、200

Fraile, Pta. del 弗赖莱角 I. 362

France, C. C. and 法国，哥伦布和 I. 119、132、136；参看 Charles VIII

fruit, tropical 热带水果 I. 381, II. 70、262

Funchal 丰沙尔 I. 49、52, II. 235—236

fustas 单桅帆船 II. 61、168

G

GALERA or Galeota, C. de la 加莱拉角 II. 247

Galicia 加利西亚 I. 155；人 I. 188

Gallega "加列加"号船（1）"圣玛利亚"号的诨名 I. 155；（2）第二次西航的"加列加"号 II. 55、88、166、173；（3）第四次西航的"加列加"号 II. 320、326、343、366—369、373、375

galleys 大帆船 I. xxi—xxii、xxxvi

Gallo, Antonio 加洛，安东尼奥 I. 21、26、47, II. 184

Galway 戈尔韦 I. 33—34、124

Gama, Vasco da 伽马，瓦斯科·达 I. 231、244、259、435、443 II. 194、239；双王给达·伽马的信 II. 316

Garcia, Bart 加西亚，巴托洛梅 I. 189、

192、II. 321

García Palacio, Instrucción Náuthica 加西亚·帕拉西奥,《航海指南》 I. 186—187、199、222、238、249、258

Genoa & Genoese 热那亚和热那亚人 I. 19—20、48;哥伦布出生地 I. 7—10、93, II, 35、39—40;其住址 I. 13—20、26—31、49;与该地关系 I. 7、23、104、II. 229—230、419、421;同船水手,第一次西航 I. 183;二次西航 II. 56、117—118;四次西航 II. 320—321;圣·乔治银行 I. 7、18、21、23、II. 229、317;方言 I. 18;编年史学家 I. 21;侨民 I. 30—32、48、112;制图 I. 19、48;首航新闻传播 II. 35、44;其海上运输 I. xxxv、19、30—31、418

Geraldini, Alex. 杰拉尔迪尼 II. 88—89、414;谈哥伦布 I. 8、102、130、133—134;谈教皇权利 II. 30、谈新大陆 II. 41

Gibra, Pto. 希瓦拉港 I. 337—343、348—349

Giovio, Paolo 焦维奥,保洛 I. 66

Giustiniani, Agostino 朱斯蒂尼亚尼,阿戈斯蒂诺 I. 7、21

"glasses" 沙钟(沙漏计时器) I. 220—222

globe, 见 Earth

gold, C. C.'s interest in 黄金,哥伦布重视黄金 I. 123、140;散见每次西航中的记述;政策 II. 9、52;他的黄金展示与财产 II. 10、222—223、325、412、417;哥伦布第一次见到 I. 314—317;首批纯金 I. 397;I. 349;采金、献金 II. 173—175、226、298、300、303;金冠 I. 401、II. 256;盘和"鹰"牌 II. 265—266、340—343、351—352、369、372;冶炼 I. 378—379、I. 104、265、331—333;金河 II. 34、37

Golden Age 黄金时代 I. 303—304、II. 37、152—153

Gomera 戈梅拉岛 I. 211—216、II. 59、236—237

Gorbalán, Ginés de 哥尔瓦兰,希内斯·德 II. 56、102—104

Gorda Is 戈尔达岛 II. 79—81;维尔京·戈尔达岛 II. 88

Gorda caravel "戈尔达"号轻快帆船 II. 232、303、309

Gordo, Pto 戈多港 II. 361—362、366

Gorricio, Fr. Gaspar, 戈里西奥,加斯帕尔修士 II. 309、317;哥伦布致他的信 II. 311—312

Gould, Alice Bache (Alicia G. y Quincy) 艾丽斯·贝奇·古尔德(艾丽西亚·古尔德-昆西) I. 21、183、197、199

Gracia, R. de 格拉西亚河 I. 398

Gracias á Díos, C. 格拉西亚斯·阿·迪奥斯角 II. 338—339

Granada, conquest 格拉纳达,其征服 I. 114、118、130—135、138、203;哥伦布在格拉纳达 I. 133—142、204、II. 311—312;儿子们在该地 II. 301—302

Grand Canary 大加那利 I. 210—214、II. 59、323

Grand khan 大汗 I. 45—46、124、140、203;大汗的加勒比臣民 I. 359、370;致大汗信 I. 141—142;译员 I. 187;寻觅 I. 315 及以下诸页, II. 117

Grade, R. (Nicaragua) 格兰德河(尼加拉瓜) II. 339;(委内瑞拉) II. 255、268、279

Gratiosa 格拉蒂奥萨 II. 88—89

Great Inagua Is. 大伊纳瓜岛,平松发现 I. 396;寻找 I. 343—378 多处可见

Greenland 格陵兰 I. 34—35

Grenada 格林纳达岛 II. 277

gromets 索环工、见习水手 I. 185、189、225—226、231—232, II. 321—322

Guacanagari 瓜卡纳加利(酋长) I. 381—383, II. 118;他与纳维达德 I. 390—395、II. 91—95;忠诚 II. 165、170

Guacanayabo, G. of 瓜卡纳亚沃湾 II. 128—129

Guadalquivir R. (Haiti) 瓜达尔基维尔河(海地) I. 372;(西班牙) II. 230、257、268、322

Guadalupe（Estremadura） 瓜达卢佩（埃斯特雷马杜拉） II. 52—54、223

Guadelope 瓜德罗普 II. 69—73、182—185；其纬度 II. 184—185；其地图 II. 71

Guagugiona 瓜古乔纳 I. 404、II. 196

Guaiacum 愈疮树 II. 194—196、199—205

Guaiga, R. of 瓜伊加河 II. 350—351

Guanahani 瓜纳哈尼，见圣萨尔瓦多

Guanches 关切斯人（加那利群岛土人） I. 211—212；与印第安人相比 I. 302、305、341

Ganin 瓜银（劣质金子） I. 399、II. 155 页注、265—267、340—342

Guantanamo Bay 关塔那摩湾 II. 120—122

Guardias, las 瓜尔迪亚斯岛 II. 276—278

Guartionex （酋长）瓜里翁内赫 II. 174、296、325

Guatiguaná 瓜蒂瓜纳 II. 169—170

Guaymi Indians 瓜伊米印第安人 II. 343—344、351—353、367—376

Guillény Tato, D. Julio 堂·胡利奥·纪廉·塔托 I. 150、156—157、163

Guinea, C. C.'s reminiscences, of 几内亚，哥伦布的回忆 I. 54、304—305、360、364、379、382、398；航行去那里 I. xliv—xlv、43、53—55；涉及第三次西航 II. 233—234、239、256

Guiria, R. & Pto 圭里亚，河与港（委） II. 263、266

Gulf Stream 湾流 I. 82、255、284

gulfweed 马尾藻 I. 269—270、409

gumbo-limbo 秋葵 I. 30、340、342

Gutiérrez, Pedro 古铁雷斯，佩德罗 I. 188、190、296、390、394、II. 95

H

Haití, name 海地，现国名 I. 383—384；海地北岸海图 I. 368、374—375、387；参考伊斯帕尼奥拉岛

Haitien, c. 海地角 I. 379、385、393—394、II. 94、96

hammocks 吊床 I. 322、II. 390

Harana, Beatriz Enríquez de，见 Enríquez

Harana, Diego de 哈拉纳，迭戈·德 I. 112、187—188、190、373、390、394、II. 95

Harana, Pedro de 哈拉纳，佩德罗·德 I. 111—112, II. 229、236、296

Harkness, Albert Jr. 哈克内斯，小阿伯特 II. 116

Harrisse, Henry 哈里斯，亨利 I. 24、69、II. 346

hawks'bells 鹰铃 I. 302、305、317、391；作交易尺度 II. 173—174；参见 trading goods

Heaven, Men from 来自天堂的人 I. 307

Henrique, Infante D., "the Navigator" 堂·亨利亲王"航海家" I. xl—xli、40—43、50、80、182、278、II. 27

Henry VII of England 英国的亨利七世 I. 119、140

heraldry, Columbian 纹章，哥伦面的 II. 16—18；船舷 I. 166、176、301、375、II. 58

Heredia, José-María de, Les Corquérants 埃雷迪亚，何塞-玛利亚·德，《征者服》 I. 238、II. 120

Hermoso, C. 埃尔莫索角 I. 325、347

Hidalgos, Pto. de los 伊达尔戈港口 II. 109、112、170

Hispaniola, map 伊斯帕尼奥拉岛，地图 II. 297；地名 I. 370、383；平松发现 I. 365；哥伦布看见 I. 362、367；长度与位置 I. 371、243、415、II. 184；海岸考察 I. 367—401、II. 90—102、118、157—159、181—182；内地 103—104、108—115；明细地图 I. 368、374—375、387、400、II. 93、109；征服 II. 165—177；病在 II. 200—202、212—213、296；不满 II. 176、301；哥伦布的统治 II. 8—9、173—176、225—227、294—303；奥万多的统治 II. 303—304、314、397；第四次西航 II. 316—317、324—327、395—397、409

hobo，见 myrobalans 樱桃李

Hojeda, Alonso de 奥赫达，阿隆索·德

II. 102—104、110—114；征伐与遭遇战 II. 165、170—172；航海 I. 250、317、II. 267、279、300、313—314、364、390

Holguin 霍尔古因镇 I. 338、341

Honduras 洪都拉斯 II. 331—339

horse Latitudes 马纬度 I. 265—266、408, II. 185

horses, taken to America 马, 运到美洲 I. 210, II. 50、59、106；印第安人和马 II. 94、100、112、171

Huareo 胡阿雷奥（酋长） II. 389—390

Huelva 韦尔瓦 I. 107—109、133；圣玛利亚·德拉·辛塔寺 I. 433, II. 6

Huevos Is. 韦沃斯岛 II. 259、275

Humboldt, Alex. von 洪堡, 亚历山大·冯 I. 85、269、309、367, II. 245

hurricanes, of 1495, 1495 年的飓风 II. 172—173；1502 年的飓风 II. 324—327、416

hutías 硬毛鼠 I. 345、391, II. 121、295、298、389

Hutten, Ulrich Von 郝登, 乌尔里希·洪 II. 200

I

Icacos PT. 伊卡科斯角 II. 255—256

Iceland 冰岛 I. 32—35

iguanas 鬣蜥 I. 305、326、328, II. 121、295

Imago Mundi, 见 D'Ailly

India & the Indies 印度和印度人 I. 324；其距离和特征 I. 86—92、122—123、315；哥伦布的目的 I. 76—101、139—142、203—204、275、282；卡波特的 I. 140；葡萄牙探寻 I. 43—45、99, II. 239；教皇训谕中 II. 21—27；新闻中 II. 38—34

India Caravel "印度"号帆船 II. 173、176；其航行 II. 180—191、227—228

Indians, American, C. C.'s ist impressions 印第安人、美洲的, 哥伦布的初步印象 I. 301—305；后来态度 II. 114—115、166—175、389；哥伦布的绑架 I. 302, II. 266、341；建议予以奴化 I. 305、319、377—378, II. 168—169（参见奴隶贸易）；哥伦布的俘虏 I. 437、440—441, II. 5—7、10—11、14、63、90、99、106、169—170、180、184、189、222—223；其转化 I. 12、63、204、217、364, II. 9、51—52、152、165、225、298；其疾病 II. 195—197、209—214；欧洲人的利益 II. 37；参考加勒比锡瓜约人、库纳人、瓜伊米人、译员、吉卡克、玛雅人、帕亚人、泰诺人、塔拉曼卡印第安人

interpreters, C. C.'s Indian 译员, 哥伦布的印第安人译员 I. 315—316、337、364、371, II. 332、341、344；参见"Diego Colón"；希伯来译员, 见 Luis de Torres

Ireland & Irish, C. C.'s V. 爱尔兰和爱尔兰人, 哥伦布航行到爱尔兰 I. 33—35、124；迭戈·德·特维的航行 I. 80、182；单独航行 I. 184；爱尔兰狼犬 II. 341、373

Irving, Washington 欧文, 华盛顿 I. 36、117、219、309、426, II. 15

Isabela (Crooked I.) 伊莎贝拉（克鲁克德岛） I. 324—328

Isabela, town 伊莎贝拉镇 II. 96、101—105、108、113、117、171—177、295；其废墟 II. 177

Isabela, Queen of Spain 伊莎贝拉, 西班牙女王 I. 113—115；与哥伦布事业, 第 VII、VIII 章；其珠宝 I. 137；与犹太人 I. 194；给哥伦布付款 I. 117、133, II. 266；外交 II. 21—28、36、224；致哥伦布信（1493） I. 7—8、(1494) 27—28、107—108、164、167、(1495) 175、(1497) 231；冷落平松；II. 4；给哥伦布荣誉 II. 11、14、18、311；谕令第二次西航 II. 7—8、50—52；与印第安人 II. 168、301；其敕令（1497 年） II. 225—227；决定更换哥伦布 II. 301—302；拖延 II. 311—314；谕令第四次西航 II. 315—316；病与死 II. 410—411

Islands in C. C.'s Scheme 诸岛, 在哥伦布的方案中 I. 79—80、139—140；印度的

I.123；神秘的岛屿 I.80—82、97、124、274—275、280、282，II.238

J

JACMEL 哈克梅尔 II.157、300、327、409

Jagua, B. 哈瓜湾 II.134

Jaina, R. 海尼亚河 II.157、326

Jamaica, descr of 牙买加，概况 II.123—125、154—156；地图 II.124、142；地名鉴别 II.127；第四次西航 II.328、383—409

Jane, Cecil 简，塞西尔 I.101—102、129、417、445

Janico, R. 贾尼科河 II.103、110

Japan (Cipangu) 日本（希潘戈），马可·波罗报道的 I.45—47、86、93、104；距离 I.87—91、96；哥伦布建议的目的地 I.95—96、207；协议书中 I.140—141；地图上 I.315；平松的关心 I.179—180、282—283；哥伦布探寻，第X、VII 章；辨别古巴锡瓦奥、伊斯帕尼奥拉和日本 I.327、330、383、442

Jardín de la Reina 王后花园群岛，参见 Queen's Garden

Jardines, Los 哈尔迪内斯，洛斯 II.266—267

Jardines Bank 哈尔迪内斯浅滩 II.134—135

Jean Rabel, Pt 让·拉贝尔港 I.367、369

Jerusalem, C. C.'s ambition to reconquer 耶路撒冷，哥伦布收复该圣地的雄心 I.5、64、131、392，II.312、418—419；希望去访问 II.139

Jews, C. C. notone 犹太人，哥伦布不是一个犹太人 I.22—23、273；哥伦布提到 I.273；排除在西印度群岛之外 I.364；放逐出西班牙 I.138、146、193—194、204；数学家 I.243、259；参见桑坦赫尔、路易斯·德·托雷斯、维辛奥、萨库托

Jicaque Indians, 希卡克印第安人 II.331—336

João II of Portugal 葡萄牙的若奥二世 I.52—53；非洲的冒险 I.44、53—55、98—99；与海岛 I.97—98，II.238；与哥伦布的贡献 I.92—96、98—99；对哥伦布的态度（1492—1493） I.216、427、435—444；主张和外交政策 I.439，II.22—28；设想存在大陆 II.233—234、239

jogging off and on 时而近岸时而离岸行驶 I.xxxiv、298、330，II.286

Juan, Infante D. 堂·胡安王子 I.72、335、344，II.11、14、223—225、281、311

Juana (Cuba) 胡安纳（古巴） I.335，II.118

Juana, Infante D. 堂娜·胡安娜公主 II.224—225、419

Jururú, R. 茹鲁鲁河 I.348

K

KNOT 节，定义 I.247

L

LABERINTO DE DOZE LEGUAS 拉韦伦托·德·多塞·莱瓜斯 II.129—130、153、382

La Cosa, Juan de (1) 拉科萨，胡安·德（1） I.156、186—188、196、198、386—390

La Cosa, Juan de (2) 拉科萨·胡安·德（2） I.186—187、198；世界地图 I.24、73，II.71、75、142、313；复制部分 I.374，II.80、142；图上地名考证 II.79、127、148；哥伦布指教 I.254—255；第二次西航 II.56、71、117、141；他的航海 II.300

landfalls 初见陆地，第一次西航，幻觉 I.274—275、283、296—297；真的着陆 I.297—298；书目 I.309；返航 I.423、433—434；第二次西航 II.66、190；第三次西航 II.246—247、287；第四次西航 II.323、328

Lanzarote 兰萨罗特 I.211—212

La Rábida 拉拉维达 I.108—109、132—133、208—209, II.7

索引

Largo, Cayo　拉戈岛　II. 328
La Roncière, Charles de　拉隆西埃尔，查理斯·德·I. 134
Las Casas, Bart de　拉斯·卡萨斯，巴托洛梅·德　I. 70, II. 7, 182,《航海日志》摘录，第一次西航　I. 205—206;《西印度群岛的历史》　I. 70; 描写哥伦布　I. 62—63, 137, II. 153—154, 234; 谈不知名的舵手　I. 84—85; 谈对葡萄牙的建议　I. 95—96, 111; 谈塔拉维拉报告　I. 131—132, 142—143; 谈哥伦布登陆　I. 301—303; 谈吸烟　I. 342; 谈酋长拜访　I. 376—377; 谈印第安人的待遇　I. 378, II. 173—174, 184, 266; 谈海上昆虫　II. 25—26; 谈梅毒　II. 195—196; 谈帕里亚湾　II. 285
Lateen rig　三角帆装具　I. xxxvii—xli, 153—154, 213—214, II. 55
Latitude　纬度　I. 54—55, 93, 99, 242; 哥伦布和纬度，第一次西航　I. 205, 207, 241, 243—244, 248, 339—340, 352—353, 371, 409—410, 432; 第二次西航　II. 184—185; 第三次西航　II. 242—245, 247, 259—260, 282; 第四次西航　II. 379, 403
Laying-to　顶风停泊　I. xxxiii—xxxiv, II. 82
Lead, Sounding　测深锤　I. 250—251, 272
Leage, the sea　里格（海用里格）I. 247—248, 260—261; 哥伦布的"陆上"里格　I. 248, 262, 316, II. 254, 272, 348; 比较表　I. 261
L'Ecu, Port à　莱库港　I. 370
Ledsma, Pedro de　莱德斯马，佩德罗·德　I. 199, II. 236, 264; 第四次西航　II. 321, 375, 408
Leeward Is.,　见 Caribbee Is.
Leonor, of Portugal.　葡萄牙的莱昂诺尔（王后）　I. 442—443
Leprosy, turtle Cure　麻风（病），海龟治疗　II. 238
Limón Bay　利蒙湾　II. 361—362
Limón, Pto.　利蒙港　II. 339—342

Lisbon　里斯本　I. 44—45; 哥伦布住在　I. 32, 49—51, 54, 98—99; 离开日期　I. 125—126; 1493 年　I. 437—437, 445, II. 3; 卡尔莫　I. 51, 437; 二圣修道院　I. 49, 58
Log, Chip　拖板计程仪　I. 247;"荷兰人的"　I. 260
logwood　洋苏木　I. 325, II. 226, 253, 300, 380
Lombards (cannon)　伦巴德炮弹　I. 166, 377, 395; 射程 I. 318 注。
Long Is.　长岛　I. 316—324, 329; 哥伦布港　I. 321
longitude　经度　I. 242—343; 哥伦布与经度　I. 205, 207, 243, 248, 339, 350, 432; II. 147, 158—159, 283, 402—403
Los Is.　洛斯群岛　I. 55, 93, II. 243
Los Palacios　洛斯·帕拉西奥斯　II. 221
Lucerna, Abbt of.　卢塞纳修道院院长　II. 141—142
Lucrecia, Pta.　卢克雷西亚岬　I. 343
Luxan, Juan de　卢克森，胡安·德　II. 112、115

M

MADRIAGA, SALVADOR DE　萨尔瓦多·德·马达里加　I. 9、21、26—27
Madeira, settlement of　马德拉殖民地　I. 41、50—51; 哥伦布西航经此　I. 49; 居住 I. 52; 访问　II. 169、235—236
Magellan, Ferd.　麦哲伦　I. 217、220、238、245
Magnaghi, Alberto　马尼亚吉，阿尔贝托　I. 256、339
Maisi, C.　迈西角　I. 359、362, II. 118—119
maize　玉米 I. 319、332、341、360, II. 153
Maldonado, Melchior　马尔多纳多，梅尔奇奥尔　II. 56、94、184
manatee　海牛 I. 397—398, II. 131、134、327
manchimeel　毒胶苹果树　II. 69、260
Mandeville, Sir John　约翰·曼德维列爵士

I. 320、340、359、II. 34、128—129、133、292

Mangi 蛮子省 I. 46、86、II. 133、140、280、215、382

Manuel I of Portugal 葡萄牙的曼纽埃尔一世 I. 443、II. 224、233、316 注

Manzanilla Bay 曼萨尼亚湾 II. 361—362

Maravi, Pta. 马拉维港 I. 358—359

Marchena, Fr. Antonio 马切纳，安东尼奥修士 I. 108—110、255、II. 58

Margarit, Mosén Pedro 马加里特，莫森·佩德罗 II. 56、112—114、165—167；和梅毒 II. 201—202、211—112

Margarita Is. 玛格丽塔岛 II. 277—278、280—281、286、301

Margarita of Austria 奥地利的玛格丽塔 II. 224—225、281、315

Mariagalante ship "玛利亚加朗特号" I. 173、II. 55、67、88、106、115

Mariegalante 玛利亚加朗特岛 II. 67—69、182

Merinus of Tyre 提尔的马里努斯 I. 87—90、122

Márquez, Diego 马克斯，迭戈 II. 69—71

Martinique 马提尼克岛 I. 404—405、II. 63、323

Martins, Fernão 马丁斯，费尔南 I. 45—46、57、86

Martyr, Peter d'Anghiera 马蒂尔，彼得·德安赫拉 I. 71；谈黄金时代 I. 304、II. 152—153；谈哥伦布的地理学 II. 284；论第一次西航的信札 II. 39—42；谈第二次西航 II. 65、84—85、121、131、151、160；谈飓风 II. 172；谈经度 II. 191—192、谈尼加拉瓜 II. 347；书信 I. 75

marvels & monsters 怪事和奇迹 I. 33、320、340、359、397、404、II. 34、134—135、158

Maspalomas 马斯帕洛马斯 II. 323

Mass. 1st In America 弥撒，首次在美洲 II. 103；首次在大陆 II. 336；在古巴 II. 151；"干"弥撒 II. 65

Massey, George B., 梅西，乔治, B. I. 309、312、331

mastic 乳香 I. 30—31、340、II. 41

Mata, Pto 马塔港 I. 362

Mateos, Hernán Pérez, 马特奥斯，埃尔南·佩雷斯 I. 199、II. 13、251

mathematics 数字 I. 243、255、259

Matinino, 见 Martinique

Mayaguana 马亚瓜纳 I. 300

Mayas 玛雅人 II. 332—333、353

McElroy, John W. 麦克尔罗伊，约翰 W. I. 277—281、414—416

Medel, Alonso 梅德尔，阿隆索 II. 117、180、227—228

Medina, Pedero de, Arte de Nauegar 梅迪纳，佩德罗·德，《航海的技术》，谈速度 I. xlii；谈罗盘 I. 36、260、II. 189

Medina Celi, Duke of 梅迪纳塞利公爵 I. 110、115、120、132、138、II. 32、103

Medina Sidonia, Duke of 梅迪纳·西多尼亚公爵 I. 110

Mejillones, Cerro 梅希洛内斯，山 II. 257、262

Méndez, Diego, 门德斯，迭戈 II. 320、416、420；在贝伦 II. 370—377；在牙买加 II. 388—390；独木舟航海 II. 391—397、407—409

Menéndez Pidal, Ramón 梅嫩德斯·皮达尔，拉蒙 I. 18

metates 石碾盘 I. 341

México 墨西哥 II. 196、332—333；其经度 I. 243

miles, length of different 英里，各种长度 I. 87、103；罗马里（哥伦布用的）I. 247、260—261

Mina, S. Jorge da 圣若热·达米纳 I. xli、53—55、II. 50；哥伦布被禁止访问 I. 147、439

Miskito Coast 米斯基托海岸 II. 336—339

Molyart, Miguel 莫利阿特，米加埃尔 I. 58、108、133

Mona Is. & Passage 莫纳岛和海峡 II. 90、159、236、325

索引

Moniz family 莫尼斯家族 I. 50、58
Monkey Pt. 猴港 II. 339
monkeys. 猴 II. 254、262、341—342
Monserat 蒙塞拉特 II. 73
Monte Cristi 蒙特克里斯蒂 I. 395—397、II. 91、96、118
Montego Bay 蒙特戈湾 II. 125、154
Moon, and tide 月，与潮汐 I. 346；见 eclipses
Morales, Alonso de 莫拉莱斯，阿隆索·德 II. 320、398、413、417
Morant Cays. 莫兰特群岛 II. 328；角岬 II. 156
Mosquito, Pta de 莫斯基托角 II. 380—382
Mostique Bay 莫斯蒂克湾 I. 370—372
Moxica, Adrian de 莫西卡，阿德里安·德 II. 302
Moya, Marquesa de 莫亚，马魁萨·德 I. 144、214
Mulatas, Archipelago de las 穆拉塔斯群岛 II. 380—381
Müntzer, Hier. 门泽尔，希埃罗尼穆斯 I. 100、141
Murdock, Admiral J. B. 默多克海军上将 I. 297、309、312
myrobalans 樱桃李 II. 262、233

N

Naples, "siege" of 那不勒斯"围攻" II. 197，继承 II. 224、310、312
Naranjo Pto. 纳兰霍港 I. 343
Navarrete, Martin Fernández de 纳瓦雷特，马丁·弗兰德斯·德 I. 339
Navassa 纳瓦萨 II. 394—395
Navidad 纳维达德，堡垒和港口 I. 393—394；其地图 II. 93；被杀害人员 I. 190—192；事变真相 II. 95；返回到 II. 91—94、118
Navigation, Celestial and D. R. 航海，天文定位和用罗盘和测程仪简易定位 I. 240—256；堂·亨利克与 I. 41；经纬度测量 I. 54—55；仪表 I. 92—93、220—223、241—251；信号 I. 209、217、324、326、420；速度 I. 247—248；时间 I. 220—224、值班 I. 221—222、226—227；从西班牙到印度群岛 I. 265—266，II. 67—68；从印度到西班牙 I. 405—407、416，II. 169、181、184；参见哥伦布、航海、罗盘、度、经、度、纬度、北极星等词条

Negro, Paolo di, 尼格罗，保罗·迪 I. 30—31、49
Negroes, Compared with Indians 黑人，与印第安人比较 I. 302、304—305、343
Nevis 内维斯 II. 73—74、77—78
New World, 1st mention of 新大陆，第一次提到 II. 40；参见 Otro Mundo
news letters 传播大发现新闻的信札 II. 32—42、105—106
Nicaragua 尼加拉瓜 II. 339
Niebla, Condado de 尼夫拉的孔达多 I. xlI、107—108；地图 109
Niña Caravel "尼尼亚"号 I. 150—154、161、168、171—173；船员 I. 178、192；改换帆装 I. 213—214；第一次西航 I. 271、283、291；修理 I. 357、397；在纳维达德 I. 385—395；改作旗舰 I. 395；船漏 I. 401；返航航道 I. 403 及以下诸页，II. 3—6；迎风换抢航行 I. 406；第二次西航 II. 55—56；哥伦布收买 II. 106；古巴航行 II. 117 及以下诸页；搁浅 II. 129、150；躲过飓风 II. 173；返航 II. 180—190；罗马之行 II. 227—228；去印度群岛 II. 228
Niño, Cristóbal Pérez 尼尼奥，克里斯托瓦尔·佩雷斯 II. 56
Niño, Francisco 尼尼奥，弗朗西斯科（1）I. 181、192；(2) II. 56、117
Niño, Juan 尼尼奥，胡安 I. 151、181、192、288，II. 13、56
Niño, Peralonso 尼尼奥，佩拉隆索 I. 181、187、190、196；第一次西航 I. 272、281、295、310、412—413；受哥伦布指教 I. 254—255；以后航行 II. 190、227、278、294、300—301
Niño family of Moguer 莫格尔的尼尼奥家族 I. 181，II. 6

Nipe Bay 尼佩湾 I.344
Noli, Antonio da 诺利,安东尼奥,达 I.48
Nombre de Dios 诺姆布雷·德·迪奥斯 II.354—355
Noronha, Martin de 诺隆哈,马丁·德 I.436—437、442
Nuevitas 努埃维塔斯 I.335、349
Nunn, George E. 纳恩,乔治·E. I.60、103、265、406
Nuremberge Chronicle 纽伦堡纪事 I.4—5、100、II.36

O

O'BRASIL 巴西岛 I.80—81、182、215
Ocampo, Sebastián de 奥坎波,塞巴斯蒂安·德 II.148
Odiel. R. 奥迭尔河 I.107、209
Ojeda 见 Hojeda
Ophir 奥菲尔(圣经中译俄斐) I.123、II.116、194、331
Organos, Sierra de los 奥尔加诺斯山脉 II.139、146
Oriente, Province of 奥连特省 第xvii、xix章;地图 I.354;南岸 II.119—122
Orinoco, R. 奥里诺科河 II.254—255、258、279
Ortiz de Vilhegas, Diego 奥蒂斯·德·维尔希加斯,迭戈 I.92—94
Otro Mundo 另一个大陆 II.268—269、280、282、357
Ovando, Nicolás de 奥万多,尼科拉斯·德 II.303—304、314—315、324—325、397、407—413;其船队 II.314、325—326
Oviedoy Valdes, G. Fernández de 奥维多·巴尔德斯,贡萨洛·费尔南德斯·德 I.71—72;出生、简历 I.72、75;谈哥伦布 I.61—62;谈不知名舵手 I.83—84;谈第一次西航 I.276、290;谈航海 II.181;谈梅毒 II.200—203;谈总督 II.304
Ozama, R. 奥萨马河 II.177、182、288、324

P

PACHECO PEREIRA, DUARTE 帕切科·佩雷拉,杜亚尔特 I.258、II.250、280、313
Padre, Pto. 帕德雷港 I.335、348—349
Paix, port de 派克斯港 I.373
Palos 帕洛斯 I.107;选择原因 I.146;哥伦布的抱怨 I.156;离开 I.195、208—209;到达 II.5;几内亚贸易 I.xli;圣乔治教堂 I.146—147、195;当地海员 I.182—184、II.321
Panama Rep. of 巴拿马共和国 II.342—381,边界 II.366;地图 II.360—361
Panama Canal & Isthmus 巴拿马运河与地峡 II.353—354、361—362
Pane, Fr. Ramón 帕内,拉蒙(修士) II.57、166、176、196、298
Papal bulls respecting discoveries 教皇对各次发现的训谕,授予权力 II.30;永久分界线 I.439、II.22—23;中间分界线(1) II.22—23;中间分界线(2) II.24—25;非常的许诺 II.24;II.29
Paradise, Terrestrial 地上的伊甸园 I.430、II.282—285;德阿伊利论 I.121、124、II.283
Paraíso, Valle del 天堂河谷 I.372—373
Paria, G. & Península 帕里亚湾和半岛 II.255—269、275—279、282—284;其海图 II.248—249、260—261;计划殖民 II.298;其中印第安人 II.264—267、290;后来航行 II.300
Parrots 鹦鹉 I.303、326、371、382、II.10、70、106、151、183、222、256;作为印度的证据 II.43
Passport of 1492 1492年护照 I.141
Paya Indians 帕亚印第安人 II.366
pearls & pearl coast 珍珠和珍珠海岸 II.150、267、278—281、316;在日本 I.314
Peccaries 猫猪 II.341—342
Peñón 佩尼翁 II.360、362
pepper 胡椒 I.43—44;美洲 I.340、II.106、344、348

Peraza family of Genoa 热那亚的佩拉萨家族 I.214—215、218

Perazay Bobadilla, Beatriz de 佩拉萨·波巴蒂娜，比阿特丽丝·德 I.212—215，II.59

Perdidos, R. & Pto. de los 佩尔迪多斯河、港 II.347

Perestrello family 佩雷斯特雷洛家族 I.49—51、58

Pérez, Alonso 佩雷斯，阿隆索 II.246

Pérez, Cristóbal, 佩雷斯，克里斯托瓦尔 II.118

Pérez, Hernán 佩雷斯，埃尔南 II.229、264

Pérez, Fr. Juan 佩雷斯，胡安修士 I.108—109、133、136、138、146，II.7

Physicians, as mathematicians & Navigators 医生，作为数学家和航海家 I.45、92、259；谈梅毒 II.194—214 散见多处

Pigafetta, Antonio, 皮加费塔，安东尼奥 I.243、260、262，II.206

Pilón, Pto. 皮隆港 II.383—384

Pilots, duties of 舵手（领港）的职责 I.187、249；"感恩祷告" I.270—271；非天文航海者 I.243—244；第一次西航中船位推算 I.272、412—413；其愚笨 II.190、378、381；"无名的舵手" I.83—85、145

Pina, Ruy de 皮纳，鲁伊·德 I.439—442

pine trees 松树 I.357，II.331、336

pine apples 凤梨 II.70、370

Pines, Is. 皮诺斯（松树）岛 II.138、160

Pinos-Puente 皮诺斯-蓬特村 I.136

Pinta caravel "平塔"号 I.154—155、168、173—173；船员 I.178、191—192；第一次西航 I.210—211、274、283、291、298；与哥伦布分开及复合 I.353—354、394—397；漏水 I.401；返航路线 I.403、406—407、410、420—421，II.4—5

Pinzon, Arias Pérez, Diego and Francisco Martín 平松，阿里亚斯·佩雷斯、迭戈和弗朗西斯科·马丁 I.178—181、186、191、396

Pinzon, Martín Alonso 平松，马丁·阿隆索 I.133、177—181；非"平塔"号主人 I.172；在罗马已获信息 I.179；协助 I.180、196；第一次西航 I.210—213、274、278、282、286—289、298、320；与哥伦布不和 I.345、353—355、394—395；重新与哥伦布同航 I.396—397；在巴约纳 II.3—4；死亡 II.5

Pinzon, Vicente Yáñez, 平松，比森特·亚涅斯 I.178、181；第一次西航，见"尼尼亚"号，与哥伦布同航 I.254；在纳维达德 I.389 及以下诸页；支持兄弟 I.397；返航 I.441—413；亚马孙航行 I.185；285，II.272、301；总督 II.314

Pinzon myth, the 平松神话 I.179—180、286—289、395

Pinzon, the syphilitic 平松，梅毒 II.204、209

Piri Reis Map 皮里·雷伊斯地图 II.71—72；地名 II.77

Pisa, Bernal de 皮萨，贝尔纳尔·德 II.108

Pizarro, Francisco 皮萨罗，弗朗西斯科 II.53

Plata, Mt. & Pto. 普拉塔，山与港 I.398，II.181—182

Playa, Pta. de la 普拉亚岬 II.255

Pleitos de Colón 《哥伦布诉讼案卷》 I.177—182；奥维多谈论 I.290

Pliny, Natural History 普林尼，《自然史》 II.268；哥伦布的抄本 I.120、122、129

Polaris (Pole Star) 北极星，极距 I.270、279，II.283—284；计时 I.222—223；价验罗盘, I.270, 参见 latitude

Polo, Marco 马可·波罗 I.93、320、327、346、404，II.133、280、342；与托斯卡内利 I.45—46、57、86；哥伦布抄本 I.104、120、129、331；其影响于哥伦布 I.129，II.315

Ponce de León 庞塞·德·莱昂 II.56、89
Pontevecra documents 庞特韦德拉文件 I.8—9
Porras, Diego de 波拉斯, 迭戈·德 II.320—321、397—398、408—409；旅程 II.348；记事 II.328、353、383
Porras, Franc, de 波拉斯, 佛朗西斯科·德 II.316、320、326、408—409、413、417；叛乱 II.397—400；战斗 II.408
Portland Bight 波特兰湾 II.154—156
Portland Hbr.（Bahamas） 波特兰港（巴哈马） I.326、328
Port Bello 贝洛港 II.353—354、358、379
Porto Santo 圣港 I.41、50—52、82；哥伦布在圣港 I.51、54、II.235
Portugal & Portuguese, Shipping & African Voyages 葡萄牙和葡萄牙人，海运与非洲航行 I.xxxvi—xli、39—55、92、141、305；寻找大西岛 I.79—81、97、182—183；作为航海者 I.54—55、243—244；对哥伦布态度 I.9、216、238、424—429、435、438—442、II.59；参见卡蒙斯、迪亚士、伽马、若奥二世、麦哲伦
Posesión, R. de la 波塞西翁河 II.336
Potatos 土豆 I.340—341；参看 ajes
Prayers 祈祷 I.224—226、233—235
Prester John 约翰祭司（教王约翰、神父约翰） II.21、137—138
Priests 教士、牧师、神父。首航中无一个教士 I.193；第二次西航中 II.51、56—57、136、151；第三次西航 II.225；第四次西航 II.321；在印度群岛 II.315；见 Buil、Pane
Providencias, Cayos 普罗维登西亚群岛 II.135
Ptolemy, Claudius 托勒密（托勒致），克拉迪乌斯，"气候" I.248；地理 I.119、121—122、124；论地球经纬度和大小 I.87、103、II.41—42；谈冰岛 I.32—33
Puebla Vieja 别哈村 II.322
Puerto Rico 波多黎各 I.167、254、282、II.159、169、236；报道 I.404；发现 I.415、II.89—90；征服 II.56、409；土人 II.279
Puerto Sta. María 圣玛利亚港 I.110、186、194
pumas 山豹 II.336、341

Q

QUARANTS 象限仪 I.241—242、258、353、409—410；图解 I.242
Queen's Garden 女王的花园 II.129—132、153、382
Quibián, El 基维安（酋长） II.367—375
Quinsay 行在（杭州） I.46、91、327—328、337—338
Quintero, Cristóbal 金特罗, 克里斯托瓦尔 I.155、182、186、191、210
Quintero, Juan 金特罗, 胡安 I.182、189、191、II.320
Quiriquetana 基里克塔纳 II.342—343

R

RAGGED CAYS 拉吉德珊瑚礁 I.329
Redonda 雷东达岛 II.73
Regiomontanus 雷吉奥芒塔努斯 I.99—100；星历表 I.242、251、II.158、400—403；书目 I.262—263
René d'Anjou 安茹的雷内 I.28—30
Restello 雷斯特洛 I.435、444、II.3
Retrete, Pto. del 雷特雷特港 II.355—358
rhubarb 大黄 I.367、380
Rico, Jácome el 里科, 贾科梅·埃尔 I.183、191、II.95
Rodrigo (physician) 罗德里戈（医生）I.92—94
Rodríguez, Dr. J. V. 罗德里格斯 II.349
Roldán, Bart. 罗尔丹, 巴托洛梅 I.187、192、412—413、II.300
Roldán, Fran. The Rebel 罗尔丹, 弗朗西斯科, 叛乱首领 II.295—299、302
Romano R. 罗曼诺 R. II.336
Rome news of lst. V. & diplomacy at 罗

马，首次西航新闻和外交 II. 24—26、
36；哥伦布希望回访 II. 392；航行去
I. 179、II. 227；梅毒 II. 198；梵蒂冈图
书馆 I. 179—180
Roxana ship 罗哈纳船 I，39
Ruiz de Gama, Sancho 鲁伊斯·德·伽
马，桑乔 I. 187、192、272、413
Rum Cay 拉姆岛 I. 300、316—318、331

S

SABA 萨巴岛 II. 78—81
Sacavem 萨卡韦姆 I. 437
St. Ann's Bay 圣安湾 II. 123—124、384、387—409；其地图 II. 388
St. Augustine 圣奥古斯丁 I. 84、117、123、131、134
St. Brendan 圣布伦丹的航海 I. 40—41；圣布伦丹岛 I. 41、80、215、II. 238
St. Christopher, Legend of 圣克里斯托弗的传说 I. 11
St. Christopher (St. Kitts) 圣克里斯托弗（圣基特斯） II. 78—82
St. Croix 圣克鲁斯 II. 82—86
St. Eustatius (Statia) 圣尤斯塔歇斯岛（斯塔歇岛） II. 78—82
St. Martin 圣马丁岛 II. 73
St. Nicolas Môle, C., & Port 圣尼古拉斯·莫莱，角和港 I. 363、367、369、II. 118
St. Thomas 圣托马斯 II. 88
St. Ursula 圣厄休娜 II. 86—87
St. Vincet, C., end of world 圣维森提角，世界之末端 I. 87、90、362、II. 119；天文台 I，40—41；海战 I. 32；初见陆地 I. 431；哥伦布绕过该角 II. 4、190
Saintes, Les 拉桑特群岛 II. 67、69
Salamanca 萨拉曼卡 I. 116—117
Salazar, Eugenio 萨拉萨尔，欧亨尼奥·德，卡塔斯 I. 225—234、237、412
Salcedo, Diego de 萨尔塞多，迭戈·德 II. 409
Salcedo, Pedro de 萨尔塞多，佩德罗·德 I. 191、296

Saltés, R. Is. & bar 萨尔季斯，河、岛、沙洲 I. 107、209、217、II. 5、12
Salve Regina 万福啊，慈爱的圣母 I. 225、233、240、II. 65、67、246；语言和音乐 I. 235
Sama, Pto. 萨马港 I. 343
Samná, B. & C. 萨马纳，湾与角 I. 399—404、II. 90—91、181、296；地图 I. 400
San Blas, G. 圣布拉斯湾 II. 379—381
San Felipe, Cays 圣费利佩岛（沙洲） II. 139
San Jorge 圣豪尔赫 II. 79—82
San Juan Bautista 见 Puerto Rico
San Juan Caravel "圣胡安"号 II. 55—56、117—118、173
San Juan del Norte 圣胡安·德尔·诺尔特 II. 339
San Juan R. (Cuba) 圣胡安河（古巴） II. 133、151；（委内瑞拉） II. 263、279
San Miguel C. 圣米格尔角（见 Tiburón）
San Rafael, c. (见 Engaño)
San Salvado or Wartling 圣萨尔瓦多或华特林岛 I. 294—2313；哥伦布上岸 I. 312；地图 I. 299
San Salyador (Cuba) 圣萨尔瓦多（古巴） I. 335
San Sebastián 圣塞瓦斯蒂安 I. 212—216、II. 59、236
Sánchez, Ambrosio 桑切斯，安布罗西奥 II. 320
Sánchez, Juan 桑切斯，胡安 I. 112、188、190、II. 320、372、408
Sánchez de Segovia, Rodrigo 桑切斯·德·塞戈维亚，罗德里戈 I. 188、190、301
Sanlúcar de Barrameda 桑卢卡尔·德·巴拉梅达 II. 232、257；往返港口 II. 228、230、233、322、410
Santa, Pta. 圣塔角 I. 385
Santa Craz, Alonso de, Isolario 圣克鲁斯，阿隆索·德，《海岛图》 I. 416、II. 79—81、181
Santa Fe 圣塔菲 I. 133、136

Santa Gloria 见 Ann's Bay
Santa Hermandad 圣赫尔曼达德 I.137—138
Santa Maria, Azores 圣玛利亚岛（在亚速尔群岛） I.423—429；图 I.425
Santa María, flagship "圣玛利亚"号旗舰，第一次西航 I.148—150、155—166；深水 I.155、173；船员 I.190—191；锚 II.92；吃水深度 I.156、173—174；帆装 I.328；第一次西航 I.210、216、267 及以下诸页；末端 I.385—395；模型 I.150、169、173—175；重建，见 caravels
Santangel, Luis de 桑坦赫尔，路易斯·德 I.136—137、144
Santiago, de Cuba 圣地亚哥（古巴） II.122
Santiago de Palos Caravel "圣地亚哥·德·帕洛斯"号 II.320、324、326、343、366—367、379、382—383、387—388
Santo Domingo 圣多明各、地址和建设，II.177、182、295；波巴迪拉在 II.302—303；哥伦布与波巴迪拉 II.230、236—237、286—288、294；第四次西航 II.324—326、397、408—409；堡垒 II.416；哥伦布墓址 II.423—426
Santo Tomás, fort 圣托马斯堡垒（营寨） II.111—114、157、165、172
São Miguel（Azores）圣米格尔（亚速尔） I.423、428, II.187—189
São Tiago（C. Verde） 圣地亚哥（佛得角） II.189、238—239
Saona 绍纳岛 II.158—159、286、325
Sardinia 撒丁岛 I.28—29, II.227
Sargasso Sea 马尾藻海 I.269—270、408—409, II.186
Savona 萨沃纳 I.14—15、26、30—31、II.158
Sea grape 海葡萄 II.89、120、137、262
seamen, characteristics 海员，特点 I.224、233、266、284—285、II.66、140、246；生活 I.220—239；衣着与工资 I.185—186, II.320、413

Second Voyage To America 第二次美洲航行，计划和准备 II.8、49—58；船舶 II.51、55、105—106；越洋航行 II.58—59、63—67；在该岛之间 II.68—90、97；古巴和牙买加 II.117—160；回家 II.380—391；健康 II.209—213；报告 II.106—107；参考书目 II.75、125
Segovia 塞哥维亚 II.417
Seneca, Medea 塞尼加《美狄亚》I.69、76、79、101
Serafín, Pta. del 塞拉芬角 II.136、148
Seville 塞维利亚 哥伦布在该处 I.119、131, II.7—10、54、222—223、309—315、412—415；目的地 II.12；第三次西航出发地 II.228—230；奴隶市场 II.170；梅毒 II.211；哥伦布图书馆 I.69、74；兄弟会，同行 I.67；拉斯·奎瓦斯修道院 II.7、309、315、317、423
Sharks 鲨鱼 I.408、II.359
Sheba, queen of 示巴女王 I.179—180、II.115
Shellfish 水生贝壳类动物 I.345、391、II.150, 395
Shipbuilding 造船 II.317；在美洲造船 II.168、173；在加利西亚 I.155
SHIPS 船舶 I.xxxv—xli、149—168；设备 I.165—166；锚 I.163—164、175；武装 I.166—167；压舱物 I.161—162、420；罗经柜 I.245；小舟（小艇）I.166；船的倾侧修理 I.161、350, II.322；船楼 I.158；租金 II.319—321；颜色 I.166、176、301、375；船口炊饪 I.165、231；船员职务与工资 I.185—189、228；扣件 I.161；配备 II.228；船头 I.230；船舶说明 I.xxxvi—vii、40、148—149、152—159、163；船名 I.151、230；油漆 I.161；供给 I.231—232, II.51、237—238、242、315、421；抽水 I.162、227；索、帆、桅、桁 I. xxxvi— xl、153—154、159—163、328—329；日常工作与宗教仪式 I.220—235；航海技术 I.xxii—xxxv；速度 I.xli—xlii、281、410—411, II.65；驾驶工具 I.xxxdi、164、

索引 421

210、213、229—230、245、267；桨 I.166；吨位 I.151—152；蟹 I.162、II.25—26；轮班 I.221—222、226—227、234；参见轻快帆船、粮食、航海等条目

Siboney Indians 西沃内印第安人 II.139

Sierra Leone 塞拉利昂 I.43；其纬度 I.54—55，II.239、243、255—256

Sintra, Rock 辛特拉崖 I.434

Slave Trade, African 非洲奴隶贸易 I.XL、378，II.175；印第安 II.106—107、168—170、180、295—298、301、316

South, Valuables to be found 南方可找到的有价值之物 II.119、234、239

South America，见 Continet

Spain & Spaniards, united 西班牙和西班牙人，联合 I.113—114；哥伦布在西班牙 I.107—149、II.5—21、49—58、221—227、309—317、410—420；哥伦布在西人中间不得人心 II.224—226、302—304；地理知识 I.143；去美头衔 II.21—28；在土人眼中 II.151—152、156；王家婚事 II.224、312、316

Spices 香料，哥伦布注意香料 I.140、340，II.106、168

Spinola, Battista & Nicolo 斯皮诺拉，巴蒂斯塔和尼科洛 I.30—31

Stars 星辰，哥伦布与星辰 I.339—340、352—353、371，II.245，参见 Polaris

Storms 风暴 1493年的 I.418—422、431—434，II.64—65；1493年的 II.123、129、150、153—154、158；1495年 II.172—173；1502年 II.324—327、353、358—361

Strabo 斯特拉波 I.45、78、119、121

Strait, Search for the 寻找海峡 II.316、338、342—345；哥伦布买粮 I.49；种甘蔗 II.105

Surgeons, Ships 医师 I.188、190—192、394，II.56

Sylkcio, Nicolò, on 2dv 锡拉西奥第二次西航 II.55、68、91；谈梅毒 II.210

Sylvius, Aeneas, Historia Rerum 西尔维乌斯，埃涅阿斯，《自然史》 I.124、II.342；哥伦的边注 I.33、37、53、120—125

Syphilis 梅毒 II.193—218

T

Tagus, R. 塔古斯（特茹）河 I.44、357，II.53；河谷地图 I.441；"尼尼亚"号停泊在 I.434—436、444—445、448，II.3

Taino Indians 泰诺族印第安人 I.304—305、315及以下诸页、337及以下诸页；人工制造品 I.381—382，II.222—223；其消灭 I.305，II.174—175；房屋 I.323、327；神话 I.404，II.196；诱拐 I.343、404，II.168—169；加勒比人中间的奴隶，II.72、84—85；西班牙人违诺与引起反抗，II.114—115、166—167、170；哥伦布说"好战"，II.304；在古巴 I.343 及以下诸页 359 及以下诸页，II.120—122、128、131—139、151—154；在牙买加，II.124—125、154—156、389—402；在伊斯帕尼奥拉岛 I.370—379、391—401，II.110—157

Talamanca Indians 塔拉曼卡印第安人 II.340—342

Talavera, Hernando de 塔拉韦拉，赫南多·德 I.116—119、131—132

Tánamo B. 塔那摩湾 I.344—347、352

Teive, Diego de 特维，迭戈·德 I.41、80、182—183

Tenerife 特内里费 I.212—213、216、248，II.59

Teredos 凿船虫 II.378—379、382—383

Terreros, Pedro 特雷罗斯，佩德罗·德 I.188、191，II.56、117；第三次西航 II.229、246、264；第四次西航 II.324—327、390、414

Testigos, Los 特斯蒂戈斯群岛（委）II.276—278

Thacher, John Boyd 撒切尔，《哥伦布》 I.310，II.10

Third Voyage To America 第三次西航，海图 II.240、248、260；准备 II.223—230；计划 II.233—234、239；船只

II. 228—229、232；伊岛骑兵 II. 236—237、296—298；横渡大西洋 II. 239—247；特立尼达和帕里亚 II. 246—269、275—279；马加里塔到圣多明各 II. 286—288

Tiburón, C. 蒂布龙角 II. 157、394—395

Tides, in Iceland 冰岛潮 I. 32—34；在古巴 I. 346；在塔古斯河 I. 448；在帕里亚湾 II. 257—258

Tinto 亭托河 I. 107—119

Titulo of 1492 1492年授衔令 I. 139—140

tobacco 烟 I. 317、342

Tobago 多巴哥 II. 261

Tordesillas 托德西拉斯条约 II. 27—28、167

Torre, José de la 托雷，乔塞·德·拉 I. 126

Torres, Antonio de 托雷斯，安东尼奥·德 II. 55；他的航海 II. 105—106、167—170、181、210—211、325—326

Torres, Bart de 托雷斯，巴托洛梅·德 I. 184、190

Torres, D. Juana de 托雷斯，堂娜·胡安娜·德，哥伦布致她的信 II. 304、309

Torres, Luis de 托雷斯，路易斯·德 I. 187、190、338、341—342、394

Tortuga 托尔图加，海峡 I. 367、372—375、II. 118

Toscanelli, Paolo, Letters 托斯卡内利，保罗，信札 I. 45—47、56—58、85—86；地图 I. 102

trading goods 货物 I. 95、301—305、313、317—319、360、391、II. 92、256、264—266、336、389

Trevisan, Angelo 特雷维桑，安杰洛，《手册》，哥伦布的发现 I. 8、61；谈珍珠海岸的航行 II. 280—290

Triana, Rodrigo de，见 Bermejo

Trinidad 特立尼达 II. 246—247、253—261；海图 II. 249、361；长度与位置 II. 269

Trinidad, Sierra del (Cuba) 特立尼达山脉（古巴） II. 132—133、151

Tristán, Diego 特里斯坦，迭戈 II. 56、117、319—320、373

Trois Rivières 三河镇 I. 371—372, II. 118

Trujillo, Pto. 特鲁希略港 II. 333

tuna fish 金枪鱼 I. 271、408

Tunis, C. C.'s Voyage to 哥伦布航行到突尼斯 I. 28—30

turkeys 火鸡 II. 341

Turks Is. 特克斯岛 I. 283、300

turtles 海龟 II. 131、139、150、238、381

U

ULLOA, ALFONSO 乌略亚，阿方索 I. 69—70

Uva. Is. 乌瓦岛 II. 339

V

VACA, B. 巴卡湾 II. 154—156

Valladolid 巴利亚多利德，哥伦布在该地 II. 223、418—420、423

Valleijo, Fran. Garcia 巴列霍，弗朗西斯科·加西亚 I. 191、278、310—311

Van der Gucht 巴·德尔·格奇特（小） I. 261、348

Vaqueños Caravel "巴凯纽斯"号 II. 229、237、256—258、268、298

Vasques, Pedro 巴斯克斯，佩德罗 I. 80、182—183、197、278

Vega Real 贝加·雷亚尔（意为王家平原） II. 110、165、170、298；地图 II. 109

Vela, C. de la 贝拉角 II. 290、300、381

Velásquez, Diego de 贝拉斯克斯，迭戈·德 II. 122

Venezuela 委内瑞拉 II. 254、258—281、290；命名含义（小威尼斯） II. 300

Venice, Shipping, 威尼斯，造船 I. xxxvi；哥伦布的贡献 I. 104；哥伦布的新闻在威尼斯 II. 35；玻璃珠 I. 305、339

Veragua, R. & Duchy of 贝拉瓜，河与公爵领地 II. 350—353、366—376

Vespucci, Amerigo relations with C. C. 韦斯普奇，阿梅里戈，与哥伦布关系

II. 416—414；航海 II. 300、313；新大陆 II. 41、206、285、300、417

Vieqes Is. 比克斯岛 II. 88—89

Vignaud, Henry 维尼奥，亨利 I. 27、101、105—106、132、140、206、289；《考察》（研究）I. 58—59；《历史考证》I. 125

Villiers Alan 比利尔斯，阿兰 I. xxxviii—xxxix、175

Virgin Islands 维尔京群岛 II. 86—88

Virgin Mary, the Blessed 圣母玛利亚，圣母报喜 I. 375；圣母升天节 II. 276、291；安提瓜 II. 73；瓜德罗普的 II. 53—54、69；蒙塞拉特 II. 73；航海者的圣母 II. 卷首插图 I. 67；哥伦布的奉献 I. 316

Virginia 弗吉尼亚 II. 101、234、304

Virtudes 贝尔图德斯 I. 438—442、446

Vizcaina Caravel "比斯凯纳"号 II. 321、327、343、366—367、379、359

Vizinho, José 若泽·维辛奥 I. 55、92—94、125—126、259、263，II. 243

W

Water Proportion to Land 水，水对陆的比 I. 94 页注、99、123、131；在巴哈马 I. 318—319；在船上 II. 66、242、246；取水地点 II. 254

Wheat 麦子 II. 51、105、241

Wilson, Woodrow 威尔逊，伍德罗 I. 6

winds, the eight 八个基本方位 I. 246；与航行 I. xxii—xxxiv；在北大西洋 I. 81、84—85、403、410；在加勒比海 I. 385，II. 288、381；东北信风 I. 207、265、271—273、346 II. 65、239、244—245、286；东南信风 II. 243—244；见 storms

Windward, defined 向风（上风、逆风），定义 I. xxiv 页注；逆风换抢 I. xxvi—xxvii、406—407，II. 96、151—154、182、336—338；哥伦布在 II. 381

Windward Passage 向风海峡 I. 362—363，II. 118、157；独木舟航行过该峡 II. 394—396

Women, European, first in America 欧洲妇女首次抵美洲 II. 57、172、225

Women, Is. of 妇女岛 I. 404—405、420，II. 182

Wood, as export 木材出口 II. 168

X

XARAGUA 哈腊瓜 II. 172、295—299、397

Xeres, Juan & Rodrigo de 胡安·德·赫雷斯，罗德里戈·德·赫雷斯 I. 190、339、342

Y

YACUA, ENS. 阿库阿湾 II. 262—263

yams 薯蓣属植物 I. 340、360、381；见 ajes

Yaque de Norte, R. 北雅克河 I. 397，II. 91、110—113

Yeguas, G. de las 耶瓜斯湾（牝马之海湾）I. 210

Yucatán 尤卡坦 II. 332—333

Yumuri B. 尤穆里湾 I. 365—366

Yunque, El 埃尔·云克 I. 358

Z

ZACUTO, ABRAHAM 萨库托，亚伯拉罕 I. 92—93、242、263

Zaitun 刺桐 I. 86、99、283、328、338

Zapata Peninsula 萨帕塔半岛 II. 135—136

Zedo, Fermín 塞多，费尔明 II. 222

Zenaro, Hannibal 泽纳罗，汉尼拔 II. 33—35

Zorobaro 索罗瓦罗湾 II. 342

外文书刊译名表

A

A Marinharia dos Descorimentos　地理发现的航海技术
An Introduction to the History of Medicine　医学史引论
Annali della Illust Republica la Genoa　热那亚共和国史
Anales de Sevilla　塞维利亚史
Annotations ad Cornelium tacitum　对科内伊·塔西佗的注释
American Neptune　美洲海神（杂志）
Apologetica Historia Las Indias　印度历史的辩解或为印度历史辩护
Archéologie Navale　航海考古学
Arte de Nauegar　航海的技术
Arte and Archaeology　艺术和考古学
Artlas zur Entdeckungsgeschichte Americas　发现美洲历史地图集
An Introduction to the History of Medicine　医学史引论

B

Beiträge Zur Geschichte der Syphilis in Ostasien　东亚梅毒历史文献
Biblioteca Maritima Española　西班牙航海丛书
Boll. K. Soc. geog. Ital.　意大利王家地理学会学报
Book of Ser Marco Polo　马可·波罗游记
BRAH　王家历史科学研究院学报

C

Cartografia e Cartografos Portuguese　葡萄牙的制图术和制图师
City of Genoa　热那亚市文件
C. Colon en la Gomera　哥伦布在戈梅拉岛
Chr. Colomb un par un marin　航海家哥伦布
Chr. Columbus: His Life Hisworks His Remains　克·哥伦布：他的生平、著作、遗物
Compendium Cosmographiae　宇宙志概要
Cocle　科克莱
Cristoforo Colombo nella sua vita morale　精神生活方面的哥伦布
Colony Pinzón　哥伦布与平松
Colón Españo　西班牙的哥伦布

D

Decades of Asia　亚洲几十年
De Insulis inuentis Epistola Christoferi Colon　海岛发现者克里斯托弗·哥伦布书简
De Navigatione Columbi　哥伦布航海
De Orbe Novo　新大陆
Descubrimiento de Puerto Rico　波多黎各的发现
Description de la Partia francaise de Saint-Domingue　圣多明各法国部分概况
De Rebus Genuensibus　热那亚之谜
Der ursprung der Syphilis　梅毒的起源
Die litteratur über die venerischen Krankheiten　研究性病文献
Dicionário Illustrado de Marinharia　图解船舶驾驶辞典
Die Geographie das Ptolemaeus　托勒密地理学

Dictionnaire Universal des Poids et mesures 度量衡通用辞典
Discovery of Nother America 北美的发现
Disquisicions Nautics 航海术研究
Documentos Ineditos 未发表的文献或未刊文献

E

El Libro de Marco Polo aus dem Vermachtus des Dr. Hermann Knust 来自赫尔曼·克鲁斯特博士遗物中的马可·波罗游记
El descubrimiento de America y las Joyas de doña Isabel 美洲的发现与伊莎贝拉的首饰
Enciclopedia Universal Illustrada 插图通用百科辞典
En Torno al Bojeo de Cuba 古巴的周长
Encyclopaedia Britannica 不列颠百科全书
Entdeckung Amerika's Atlas 发现美洲地图集
Escritas á May Particulares amigos Suyos 致他的一个十分特殊的友人的书信
Esmeraldo de Situ Orbis 世界上的绿宝石
European Bagginning in western Africa 欧洲人在西非洲的开端
European Treaties Bearing on the History of the U. S. and Its Dependencies 影响美国及其属地历史的欧洲条约
Examen Critipue 批判研究（洪堡著）

F

Ferdinand 费迪南德著作：海洋统帅克·哥伦布的生平和事业史
First Three English Books on America 关于美洲的最初三部英文书籍

G

Geographical Conceptions of Columbus 哥伦布的地理概念
Geschichte der Spanischeu Malerei 西班牙绘画史
Geschichte der Päpste 教皇史

H

Hakluyt Society 哈克卢特社

Historia 历史（西印度群岛的历史，拉斯·卡萨斯著）
Historia Rerum 自然史（或物质史，或物质的探究）
Historia de los Reyes Católicos 教皇史（安·贝尔纳德斯著）
Historia de la geografia y de la Cosmografia 地理学和宇宙志的历史
Historia da Colonicacāo Portugueses do Brasil 葡萄牙在巴西殖民史
Historia del Nuevo Mundo 新大陆史（J. B. Muñoz 著）
Historia del Mondo Nuovo 新大陆史（Girolamo 著）
Historia General de las Indias 印度通史
Historie Critique de la Grande Enterprise de chr. Colomb 哥伦布伟大事业的历史考证
Historie de la Science Nautique Portuguaise 葡萄牙航海科学史
Hisp. Am. Hist. Review 西班牙美洲历史评论

I

Imago Mundi 世界的形象
Instrucion Nauthica 航海指南
ISIS 伊西斯
ISlario General 海岛图集
Itinerarium 旅程（A. Geraldini 著）

J

Journal 航海日志
Journal And Other Docs. 航海日志和其他文件

K

Koberger's Press 科伯格新闻

L

La Carabela Santa Maria "圣玛利亚"号三桅帆船
Lacunes et Surprises dans l'histoire des decouvertes maritimes 航海发现史中的缺点与惊奇事物（莫科布拉，1930）

La Decouverte de l'Afrique au moyen âge 中世纪非洲的发现（Charles de la Rouciere 著）
La Nao Santa Maria "圣玛利亚"号
La Nueva Historia del Discubrimiento de America 发现美洲新历史
La Patria de Cdón 哥伦布的故乡（D. 卡维亚著）
L'Arte della Navigazione al Tempo di Chr. Colombo 哥伦布时代的航海技术
La Rabida：Historia documental Critica 拉拉维达：文献评论史
L'Astronomie Nautique au Portugal 葡萄牙航海天文学
Le Historia della Vita e dei Fatti di Christofor Colombo 克里斯托弗·哥伦布的生平和事业
Letter Rarissima 最珍贵的书简（哥伦布）
Leben und wirken des Johannes Muller von Königsberg genannt Regiomontanus 柯尼斯堡的约翰内斯·米莱尔（雷吉奥芒塔努斯）的生平与事业
Libretto de Tutta la Navigatione 全航程手册
Life And Voyages of Columbus 哥伦布的生平与航海

M

Magnetism And Atmospheric Electricity 磁学和大气层电流
Mariner's Mirror 海员之镜（杂志）
Martin Behaim：His Life And His Globe 马丁·贝海姆：他的生平和他的地球仪
Memorias de la Real Academia de la Historia 王家历史科学研究院学术论文集

N

Navarrete 航海和发现文集（纳瓦雷特著）
Narrative of Magellan's Voyage 麦哲伦航海的故事
Nevous Autografos de Colon 哥伦布新手稿
Nouvean Voyage aux Isles de l'Amerique 美洲诸岛的新航行
Northern Columbus And Cabot 北方人哥伦布与卡博托
Nuremberg Chronicle 纽伦堡纪事（杂志）

O

Opus Epistdarum of 1530 1530 年书信集
Ovied 西印度群岛通史和自然史（奥维多著）

P

Pinzon en el Descubrinmiento 平松在这次发现中
Pleitos 哥伦布诉讼案卷
Portuguese Voyages to America 葡萄牙人的美洲航行
Portuguese Voyages 葡萄牙人的航海
Primeiro Roteiro de Costa da India 印度海岸初级航程指南
Precursors of Cartier 卡蒂尔的先驱

R

Raccolte 文件和研究全集
Regimiento Navegacion 航海守则
Rise of the Spanish Empire 西班牙帝国的兴起

S

Sailing Directions for West Indies 西印度航海指南
Sea Grammar 航海入门
Second Voyage of Columbus 哥伦布的第二次航海
Select Documents Illustrating the Four Voyages of Columbus 说明哥伦布四次航行的最好解说
Sons of Sinbad 辛巴德的子孙
Spain in America 西班牙在美洲
Summario 西印度群岛自然史（摘要本）

T

Thacher 克·哥伦布的生平、事业和遗物（撒切尔著）
The Colombian Tradition on the disco very of America 哥伦布发现美洲的传说
The Lusiads (2vols.) 卢济塔尼亚人之歌

The Rape of Lucrece　鲁克丽丝受辱记（莎士比亚）
The Voyage of Columubs　哥伦布的航海
Torres Memorandum　托雷斯备忘录
Toscanelli And Columbus　托斯卡内利与哥伦布

U

Uma Epistola de Nicolai Clenardo a Fernando Colomb　尼科拉伊·克莱纳多致费兰多·哥伦波的一封信
Un Rarissime Americanum　一个非常杰出的美洲人（Henry Harrisse 著）

V

Varones Ilustres del Nuevo Mundo　新大陆令人尊敬的人物
Vasco Nuñez del Balboa　瓦斯科·努涅斯·德·巴尔沃亚
Venetian Ships And Shipbuilders of the Renaissance　文艺复兴时代威尼斯的船舶和造船术
Voyages of Cadamosto　卡达莫斯托的航海
Voyages of Columbus　哥伦布的航海
Voyages　航海

W

Who Gave the World Syphilis? the Haitian Myth　谁给世界带来梅毒？海地神话

译后记

这部书1986年开译，1990年1月交齐稿子，1992年排好版，打出校样。看来，它的出版已指日可待了。学术著作出版难是近年文化界的一个热门话题，这部七八十万字的巨著能够出版，自然值得欣慰。欣慰之余还应该说几句话。

《光明日报》1992年1月8日有篇署名文章，题为《向暗补者致敬》。文中谈到，为了解决学术著作出版难的问题，有些出版社特别设立"学术著作出版基金"，用以帮助学术著作的出版，这叫作明补；有些出版社没有设立这种基金，却"以书养书"，年年出版大量学术著作，这叫作暗补。明补者固然值得赞扬，暗补者也同样值得投以花环，致以敬礼。商务印书馆为了建设这桩文化伟业，上上下下默默耕耘多载，暗补之数何止千百万。因而，本书得以出版，首先应感谢商务印书馆的远见卓识和宏伟气魄。

其次，本书内容丰富，涉及的学科多，语种多，翻译较难，审校也不易。本书责编曹兴治先生与我们虽从未谋面，但审校认真负责，呕心沥血，特此致谢。

参与翻译工作的有陈礼仁和袁大中先生，陈译上下卷各八章的初稿，袁译下卷第31—37章，最后由我统一校阅整理。此外，钟吕恩教授对此书翻译有促成之功，特致谢忱。

陈太先

1995年3月，时年80岁

图书在版编目（CIP）数据

哥伦布传（全二卷）/（美）莫里森著；陈太先等译. —北京：商务印书馆，2014（2020.8重印）
（世界名人传记丛书）
ISBN 978 - 7 - 100 - 09594 - 5

Ⅰ.①哥… Ⅱ.①莫…②陈… Ⅲ.①哥伦布，C.(1451~1506)—传记 Ⅳ.①K835.465.89

中国版本图书馆 CIP 数据核字（2012）第 250518 号

权利保留，侵权必究。

世界名人传记丛书
哥 伦 布 传
（全二卷）

〔美〕塞·埃·莫里森 著
上卷：陈太先 陈礼仁 译
下卷：陈太先 袁大中 陈礼仁 译

商 务 印 书 馆 出 版
（北京王府井大街36号 邮政编码100710）
商 务 印 书 馆 发 行
北京新华印刷有限公司印刷
ISBN 978 - 7 - 100 - 09594 - 5

2014年7月第1版　　开本787×960　1/16
2020年8月北京第2次印刷　印张56¼　插页5
定价：138.00元

世界名人传记丛书（新版）已出书目

巴尔扎克传	〔法〕亨利·特罗亚	福泽谕吉自传	〔日〕福泽谕吉
林肯传	〔美〕本杰明·P.托马斯	哈耶克评传	〔美〕布鲁斯·考德威尔
维多利亚女王传	〔英〕里敦·斯特莱切	法拉第传	〔美〕约瑟夫·阿盖西
爱迪生传	〔苏联〕拉皮罗夫－斯科勃洛	怀特海传（全两卷）	〔美〕维克多·洛
柴可夫斯基传	〔德〕克劳斯·曼	莫泊桑传	〔法〕亨利·特罗亚
巴赫传	〔德〕克劳斯·艾达姆	彼得大帝传	〔苏联〕B.B.马夫罗金
茜茜公主	〔奥〕布里姬特·哈曼	黑格尔传	〔美〕特里·平卡德
马拉传	〔苏联〕阿·列万多夫斯基	苏格拉底传	〔英〕A.E.泰勒
杰斐逊自传	〔美〕托马斯·杰斐逊	奥古斯都	〔英〕特威兹穆尔
托克维尔传	〔英〕拉里·西登托普	罗马皇帝尼禄	〔英〕阿瑟·韦戈尔
罗素自传（全三卷）	〔英〕伯特兰·罗素	哥伦布传（全二卷）	〔美〕塞·埃·莫里森
亚当·斯密传	〔英〕约翰·雷		
达尔文回忆录	〔英〕查尔斯·罗伯特·达尔文		
逃亡与异端——布鲁诺传	〔法〕让·昊西		
西塞罗传	〔英〕伊丽莎白·罗森		
罗斯福	〔美〕詹姆斯·麦格雷戈·伯恩斯		
法布尔传	〔法〕乔治－维克托·勒格罗		
肖斯塔科维奇传	〔俄〕л.B.丹尼列维奇		
上帝难以捉摸：爱因斯坦的科学与生平	〔美〕派斯		
居里夫人传	〔法〕艾芙·居里		
罗伯斯庇尔传	〔法〕热拉尔·瓦尔特		
恺撒评传	〔苏联〕谢·勒·乌特琴柯		
拿破仑传	〔苏联〕叶·维·塔尔列		
爱德华·萨丕尔——语言学家、人类学家、人文主义者	〔加〕雷格娜·达内尔		

世界名人传记丛书